최신 관세론

– 관세법 · 환급특례법 –

박 종 수 · 김 종 권

法　文　社

머 리 말

글로벌화된 세계경제는 과거와는 다른 새로운 규범과 질서를 강화해 가고 있습니다. 더욱 치열하게 전개되고 있는 무한경쟁시대에서 우리나라는 세계적으로 가속화되고 있는 글로벌화 시대에 지속가능한 발전전략으로서 적극적 시장개방을 통하여 국제경쟁력을 높여가야 한다. 개방과 공정한 경쟁을 통하여 경쟁력이 낮은 산업을 도태시키고 경쟁력이 높은 산업만이 생존하는 경제 및 관세제도의 선진화를 달성해야 한다.

따라서 앞으로 산업정책과 관세정책의 초점은 시장개방과 공정경쟁을 통하여 경쟁력이 높은 산업이 바르게 성장할 수 있도록 여건을 조성하는 데 맞추어져야 한다. 글로벌화 시대에 산업 및 관세제도는 더욱더 상호 연계되어 발전하는 추세를 띨 수 밖에 없다.

한 나라의 관세정책은 대외경제정책의 가장 중요한 위치를 차지하고 있으면서 동시에 국내산업정책의 근간이기도 하다. 그것은 관세정책이 국내산업과 계층에 상이한 영향을 미치고 이들의 이해관계와 세력에 따라 그 기본방향이 결정된다. 이런 의미에서 관세정책은 각국의 경제발전단계, 산업구조, 대외여건 등 구체적 경제현실을 반영한 것이라 할 수 있다. 국가간, 기업간 경쟁이 첨예화된 개방화, 세계화된 글로벌화 시대에서는 경쟁력 증진의 한 방편으로 우리 스스로 효율적인 관세정책과 제도가 필요하고 동시에 각국의 관세 및 무역관리 메커니즘을 제대로 알아서 대처할 수 있는 노력이 그 어느 때보다 절실히 요구된다.

최근 관세법과 FTA(자유무역협정)의 이행을 위한 "관세법의 특례에 관한 법률" 등은 수출입통관의 효율성 강화 및 보다 효과적인 관세수입의 확보, 그리고 계속해서 확대되고 있는 FTA의 반영과 그 시행에 따른 제반 문제점을 보완하기 위하여 지속적인 개정이 이루어지고 있다. 이에 그러한 변경 사항을 반영하고 기존 본서의 부족한 부분을 보완하고자 수정・보완작업을 거쳐 드디어 그 개정판을 출간하게 되었다.

어려운 출판환경에도 불구하고 개정판을 낼 수 있도록 물심양면으로 도움을 주신 도서출판 법문사 사장님과 편집부 및 영업부 임직원 여러분께도 진심으로 감사드립니다. 또한 자료정리와 원고교정 등 잡다한 모든 일들을 도맡아 준 순천향대학교 국제통상학과의 심선화 박사에게도 감사의 마음을 전합니다.

2015년 8월
공저자 씀.

차　　례

제 2 부 관세법〔Ⅰ〕

제 5 장 관세법 총칙

제 6 장 관세의 과세요건(납세의무의 성립)

제 3 부 관세법〔II〕

제 10 장 운송 및 보세구역제도

제 4 부 관세환특법 등〔III〕

제 14 장 관세환급특례법

제 01 장

관세의 기본개념

제 1 절 관세의 연혁

Ⅰ. 관세의 기원

모든 현상에 대해서 그렇듯이, 관세와 관세제도를 정확히 이해하기 위하여는 과거의 역사적인 흐름을 바르게 파악하는 것이 필요할 것이다. 특히 관세에 관하여는 그것이 가지고 있는 국제성과, 일국의 관세정책과 제도를 이해하기 위해서는 거기에 관련한 세계적인 제 사정에 정통할 필요가 있다.

관세의 기원은 아담 스미스(Adam Smith)의 『제 국민의 부』에서 "관세는 내국소비세보다 아득히 오래된 것으로서 관세로 이름지워진 것은 그것이 기억에 없을 정도로 옛날부터 행하여진 관습적 지불(customary payments)로 표시되어 있기 때문인 것으로 생각된다." 관습에서 시작한 것이 비록 관세에 한한 것만이 아니다. 관세와 관습관계가 특히 강조되는 이유는 영어 customs란 어원에서 찾을 수 있다.

그런데 프랑스어나 독일어, 중국어에도 관세는 관습과는 전혀 관계가 없는 말이다. 이탈리아인은 당시의 관세를 portorium으로 불렀으나 이 말은 어원적으로 transport(porto)의 세, 물품의 이동에 따라 과세되는 것으로 역시 관습과는 관계가 없다.[1)]

영어에 있어서도 관세가 관습에서 유래되었는지에 대하여 이설이 없는 것은 아니다.

길버트(C. B. Gilbert)는 customs(관세)라 하는 말은 관습에서 유래한 것이 아니라, 그 옛날 영국에서 customs로 불리던 보관료에서 기원한 것으로 생각하였다(즉 customs

1) 朝倉弘教, 세계관세사, 일본관세협회, 1984, pp. 1~3.

의 어원은 custodium인 것으로 설명하고 있다).

관세가 증물(贈物)로부터 징발로, 자유의지에서 강제로 역사적 변천을 거쳤으며 이것은 관세뿐만 아니라 조세일반에 적용되는 것이고 관세에 대해서만 그 관습적 증물의 유래를 강조할 이유는 합당치 않은 것 같다.

관세는 관습의 관계 등이 아니고, 관세는 당초에 단지 상인의 이윤에 대한 조세로 간주하고 그것이 프라이스 메커니즘(price mecanism)에 의해 최종적으로는 소비자의 부담으로 되돌아 온다는 것이 이해되지 못했다는 점이다.

관세란 상품의 수출 또는 수입에 따라 거기에 부과되는 일종의 조세라는 일반적 정의에 의거한다면 관세가 세계사에 출현하기 위하여 필요한 조건은 첫째, 공권력(국가이든 도시이든)이 존재할 것, 둘째, 해당 국가 또는 도시의 영역을 넘어서 교역이 이루어질 것, 즉 대외무역이 존재해야만 되었다.

관세의 역사는 상업의 역사와 같은 정도로 오래된 것으로 보고 있다. 관세에 대한 최고의 기록은 이집트에 관한 것으로 이미 고왕조(기원전 35,000~2,000년경)에 있어서 관세가 존재했다고 한다. 이집트 고왕조의 관직명 리스트 중에 캬라반(대상)국장의 관명을 볼 수 있어, 이 사실에서 당시에 이미 관세가 존재했다고 추측되고 있다. 또 앗시리아 등에서도 관세가 있었던 것 같으나 당시의 관세에 관한 기록이 단편적이고 다분히 추측적이기 때문에 관세의 최초의 발생지는 역시 오리엔트 동지중해역이라고 보는 것이 합당할 것 같다. 이 지방에서 성행된 고대상업의 발전형태는 역사적으로 아주 다양해서 관세의 발생에 대해서도 일률적으로 단정하기는 어렵지만 일반적으로 다음과 같이 말할 수 있을 것이다.

즉 원시적인 생산물의 교환시대와 대외무역이 신전과 왕실에 독점된 시대를 거쳐 전문화한 사적 상인이 나타나서 상품의 생산과 교환이 보다 일반화된 시대에 있어서 관세라는 것이 점차 조세의 형태로 갖추어졌다고 생각된다.

Ⅱ. 관세사와 무역사

일반적으로 관세가 무역정책의 수단으로 인식된 것은 근대 이후의 일이고, 그 이전시대의 관세는 전적으로 재정목적을 위한 것이었다고 한다. 그러나 지방 위정자가 관세를 무역정책의 수단으로써 인식하지는 못했지만 항상 관세가 무역에 영향을 끼쳤던 것이다.[2)]

고율관세로 인해 항구와 도시가 사라져 간 예는 근대 이전에도 많이 찾아 볼 수 있다.

관세는 그것이 세계역사상에 등장한 이래 무역에 크게 영향을 끼치면서 4,000~5,000년의 긴 세월을 걸어왔다. 그러므로 관세의 역사는 무역의 변천을 떠나서 쓸 수 없고, 무역사 또한 관세를 도외시해서는 존립될 수 없다.

고대에 있어서도 관세가 무역에 미치는 영향이 확실히 인식된 경우로는 유명한 로도즈(Rhodos) 섬의 관세를 예로 들지 않을 수 없다.

로도즈 섬은 제3차 마케도니아(Macedonia)전쟁(기원전 168년) 이전에는 에게해의 상업・정치의 중심지로 크게 번영하고 있었다. 또한 중계무역에 의해 얻어지는 부와 많은 관세수입에 의하여 강력한 해상경비를 강화함으로써 이 해역에는 해적의 접근이 어려웠다.

그러나 제3차 마케도니아전쟁시 로도즈 섬이 페르시아측에 가담한 이유 때문에 로마는 로도즈 섬으로부터 무역의 번영을 빼앗을 목적으로 같은 에게해의 데로즈에 관세가 없는 자유항을 설립하였다. 상인들은 자유항에 대하여 매력을 느껴 로도즈 섬에는 발길을 끊는 바람에 로도즈 섬의 관세수입은 100만드라크마에서 15만드라크마로 85%나 줄어 들었다. 로도즈 섬은 재정위기에 빠져 충분한 해상경비를 할 수 없어 그 번영은 끝나고 말았다.

이 로도즈 섬의 관세에 대한 이야기는 고대에 있어서도 관세가 무역에 얼마나 큰 영향력을 끼쳤는가를 입증하는 것이다. 동시에 로마의 위정자가 로도즈 섬에 대한 경제제재의 수단으로서, 근접지역에 자유항의 설립이라는 수단을 쓴 것은 그들이 관세가 무역에 미치는 영향을 충분히 생각하고 있었던 것을 입증하는 셈이 된다. 이러한 관점에서 볼 때 관세와 무역은 옛날이나 오늘날에 있어서도 끊을 수 없는 불가분의 관계가 있음을 알 수 있다.

Ⅲ. 관세변천의 시대구분

관세 및 관세제도의 발전과정은 지역에 따라 다양하여, 어느 시대에 획기적(epoch making)인 변화가 있었는지를 파악하기는 용이한 일이 아니다.

셀리그만(E. R. A. Seligman)은 조세에 관한 여러 가지 호칭에 대하여 어원학상(etymolgic)의 고증을 들었으며, 유럽에 있어서의 조세발달을 7단계[3]로 분류하였다. 또

2) 상게서, pp. 31~33.

3) ① 증여 또는 기부시대, ② 정부가 국민의 지원을 바라던 시대, ③ 국민이 정부를 원조하는 시대, ④ 개인이 국가를 위해 희생이 되는 시대, ⑤ 국민의 의무로 된 시대, ⑥ 강제시대, ⑦ 부과시대.

와그너(A. Wagner)는 부과징수의 방법에서 3단계[4]로 분류하고 있다. 그러나 셀리그만과 와그너의 구분을 관세변천사의 시대구분에 액면대로 도입하는 데는 약간의 모순이 있다.

여기서는 관세변천의 시대구분으로 통상 사용되는 3단계발전설, 즉 수수료시대, 내국관세시대, 국경관세시대로 구분하여 살펴보기로 한다.

1. 제1기(고대): 수수료시대

고대도시국가는 국가로서의 확정된 영역을 갖고 있지 않았으며 도시간의 무역을 통하여 번영하였다. 따라서 도시주변의 도로, 교량, 항만시설, 창고 등을 사용하는 자로부터 그 대가로 수수료, 사용료를 징수하게 되고, 운송화물이나 통과여객에 대하여는 보호, 경비 등의 수수료를 받아왔다.

고대 페니키아의 식민지인 카르타고의 주요재원은 국영광산수입, 무역수입, 공납 등과 함께 관세도 포함되고 있고, 로마의 치벨항에는 BC 2세기의 도시국가시대에 이미 세관창고 등이 있었다는 사실이 전하여지고 있다. 한편 동양에서는 AD 1세기반경 인도양, 페르샤만, 홍해 등을 항해한 이집트인이 쓴 『애류토라해 안내기』에 의하면 인도의 서해안 도시국가에는 무역에 따른 수수료로써 각종의 헌납품이 있었다고 하는 바 이러한 것이 바로 관세의 초기단계의 형태라 할 수 있다.

이와 같이 관세는 연혁적으로 특정의 역사나 공공설비를 사용한 보상으로서 부과하거나, 통과화물을 보호하는 수수료의 성질을 가진 것으로서 초기에 있어서는 엄격히 말하여 조세라기보다는 어떤 시설물의 사용에 대한 반대급부적인 성격이 강하였다.

2. 제2기(중세): 내국관세시대

중세국가는 많은 장원과 도시로 성립되었으며, 조세는 이들 장원이나 도시가 독자적으로 부과하였던 것이다. 베니스나 나폴리 등의 중세도시에서는 시에 소속한 상인의 이익을 보호하기 위하여 외래자에 대하여 시장세, 토지사용세, 통과세, 교량사용료 등을 받았다. 이와 같은 제세는 외래자와 화물에 부과한다는 의미에서 통행세와 관세의 복합세라고 볼 수 있다.

특히 장원영주는 재정수요를 충족하기 위하여 통행세 외에도 화물수송에 대한 조세를 비롯하여 시장판매에 대해서도 과세하였다. 더욱이 일정한 통로 이외의 통행을 금지

---

4) ① 독단적 부과시대, ② 군민협정적 결정시대, ③ 입헌적 협찬시대.

하는 도로강제가 시행되었고, 이 때 벌써 세관이 설치되었다. 이러한 도로강제와 세관의 설치는 관세영역의 개념을 발생시켰고 도시국가의 사용료와 수수료는 반대급부가 아닌 강제징수의 관세로서 확립되었다. 그러나 관세의 징수는 국경에서 행하여지지 아니하고 국내의 통상과 교통의 요소에서 부과되었기 때문에 내국관세라고 할 수 있다. 그런데 이것은 조세이기는 하나, 통치자의 의사에 의한 것으로 법률에 근거를 둔 것이 아니며, 그 영주의 사적 수입일 뿐 근대의 조세와는 상당히 거리가 멀다.

그러나 도시 및 장원에 의한 내국관세도 중세로부터 근대에 이르는 과정에서 점차 소멸되어 갔다. 즉 십자군 이후 무역은 놀라울 만큼 발전하여 내국관세가 결국 무역발전에 장해가 되고 국내물가를 등귀시키는 역할밖에 하지 못하게 되었기 때문이다. 그것은 정치적으로 근대국가의 성립과 국가권력의 강화 특히 중상주의사상의 강력한 대두에 기인하였다고 보겠다.

그림 1-1 중세의 로와루강의 세관소재지

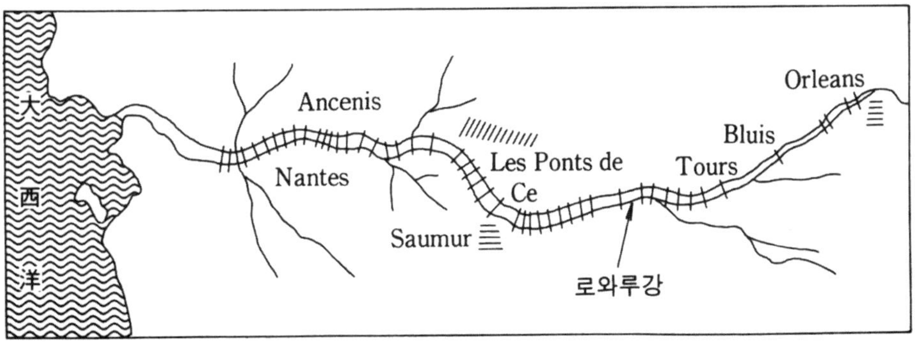

강을 가로지른 선이 세관소재지를 표시, 세관밀집지역(예로서 Saumur)에 있어서는 강의 외측에 모아서 선을 표시한 것임.

3. 제3기(근대): 국경관세시대

시대사적으로 볼 때 근대 초기는 산업혁명의 발단기로 이 시대는 프랑스와 영국 등에서는 관세의 경제정책상의 중요성이 인식되어 국가적인 차원에서 관세제도의 정비, 통일이 추진되었다.

또 근대 후기는 프랑스혁명에 의하여 프랑스의 관세제도의 통일이 완성된 시대에서 시작되지만 같은 때에 미국이 독립하여 미국세관은 연방정부에 있어서 사실상의 제1호 관청으로서 탄생한다. 즉 미국관세사의 출발점이기도 하다.

한편 산업혁명을 한 영국은 자유무역주의에 입각하여 관세(재정관세는 제외)를 전폐하고 산업혁명 후발 여러 나라의 관세의 경감, 철폐의 압력이 가해진다.

정치적으로 근대국가의 권력이 강화되고 경제적으로는 화물의 유통량이 증대됨에 따라 도시나 장원과 같은 협의의 관세영역은 사라지고 일국 전체를 결합하는 광의의 관세영역이 나타났다. 특히 중상주의가 지배적 사상으로 등장하게 되자 국내물가를 올리는 작용만을 해 오던 내국관세는 점차 폐지되었다. 역사상 그 대표적인 예는 1666년 콜베르(Colbert)가 실시한 프랑스 내국관세의 통일정책과 1833년에 성립하여 1852년에 전 독일의 통일을 가져오게 한 독일관세동맹이다. 이와 같이 내국관세가 종말을 고하고 근대적인 국경관세시대가 도래한 것이다.

국경관세의 특징은 관세영역이 국가영역으로 확대됨에 따라 종래 관세가 재정수입목적으로만 과세되던 것이 무역정책목적 특히 국내산업보호의 목적이 더 중요시되게 되었다는 점이다. 관세가 무역정책의 무기로서 활용된 가장 오래된 사례로써 들 수 있는 것은 프랑스의 콜베르가 17세기에 이미 제조공업용품의 수입세를 면제하고 가공제품에 대한 수입세를 중과하여 프랑스제조상품의 수출세를 완화함으로써, 수입을 억제하고 수출을 신장시켜 중상주의의 요청에 부응하려고 한 것이었다.

영국의 곡물조례에 의한 국내농업의 보호(1815~1846년), 프랑스의 「메링」관세법에 있어서의 복관세제도에 의한 보호관세주의의 확립(1892년), 제1차대전 후의 관세전쟁, 그 결과로 일어난 블록경제에 있어서의 차별관세 등도 대표적인 것으로 들 수 있다.

관세의 재정수입목적의 비중이 줄어들고, 무역·경제정책으로서 큰 의의를 지니게 되자 외국시장진출에 장해가 되는 수출세나 화물운송에 장해가 되는 통과세는 점차 그 자취를 감추고 오늘날에는 관세라고 하면 주로 수입세를 의미하기에 이른 것이다.

각국이 관세를 산업보호의 수단으로 지나치게 활용하게 되자 마침내 세계무역의 발전을 저해하는 요인으로 작용하게 되어 양차의 세계대전을 겪은 각국은 여기에 대한 반성으로써 무역자유화를 부르짖고 그 구체적인 표현으로서 GATT의 발족(1948년), 동경라운드의 제창(1973년), WTO(1995년) 및 DDA(2002년) 출범 등의 움직임이 일어나게 되었으며, 한편 저개발국에 대하여 관세상의 특혜를 부여하는 것을 목적으로 한 UNCTAD(1964년)와 같은 국제기구가 탄생하게 된 것이다.

참 고 **다자간 관세시대의 출현**

2차 세계대전 후 줄곧 관세는 무역상의 장해요인 철폐와 완화를 지향하고 있는 GATT가 가장 실질적이고 지대한 공헌을 했다. GATT 제8차 UR는 GATT체제의 한계를 극복하고 더욱 효과적으로 세계자유무역질서를 규율하기 위해 WTO를 탄생시키게 되었다. 1995년 1월부터 새로운 국제적인 경제기구로서 다자간 무역기구인 세계무역기구(WTO)가 창설되어 새로운 국제무역 및 관세질서를 책임지게 되었다.

이와 같이, WTO에 의하여 각국의 국제무역 및 관세의 관리운용이 가장 큰 영향을 미치게 됨에 따라 앞으로 각국의 관세는 WTO 등의 국제기구에 의하여 관세의 관리운용에 많은 영향을 받게 되고, 또한 다국간의 협정에 따라 관세를 관리・운용하게 되었음으로 국제기구 또는 다국간 관세시대라고 할 수 있다.

이와 같이, WTO에 의하여 각국의 국제무역 및 관세의 관리운용이 가장 큰 영향을 미치게 됨에 따라 앞으로 각국의 관세는 WTO 등의 국제기구에 의하여 관세의 관리운용에 많은 영향을 받게 되고, 또한 다국간의 협정에 따라 관세를 관리・운용하게 되었음으로 국제기구 또는 다국간 관세시대라고 할 수 있다.

이와 같이 관세는 처음에는 용역이나 이익의 반대급부인 사용료, 수수료 등을 징수하는 수수료 시대에서 출발하여 중세봉건시대에 이르러 반대급부가 없는 조세 즉, 내국소비시대로 이어지면서 관세영역의 개념이 성립되었으며, 근대에 들어와서는 관세가 국경관세로 통일되고 더욱이 수입관세로 집약되었다가 UR협상의 타결로 1995년부터 WTO체제가 출범함에 따라 국제기구 또는 다국간의 협정에 따라 관세를 관리하게 되었다.

제 2 절 관세의 의의와 성격

Ⅰ. 관세의 의의

일반적으로 관세(customs, customs duties, tariffs)라 함은 일국의 관세영역을 통과하는 물품에 대하여 부과하는 조세이다. 그러나 관세는 그 연혁에서 본 바와 같이 그 발전단계에 따라서 성격과 형태 및 기능이 달랐다. 그러므로 총괄적으로 관세란 무엇이다라고 단적으로 정의를 내리기는 곤란하지만, 현행 관세법규를 종합 검토하여 볼 때 "관세란 국가가 재정수입을 목적으로 관세영역을 통과하는 물품에 대하여 반대급부없이 법률이나 조약에 의하여 부과・징수하는 조세이다"라고 할 수 있다. 따라서 관세는 국가재정수입의 큰 몫을 담당하고 있을 뿐만 아니라 수출입의 촉진과 억제를 통해 자국산업발전을 도모하는 데 그 목적을 두고 있다.

이를 보다 자세히 설명하면 다음과 같다.

1. 관세징수의 주체

관세는 조세의 일종으로서 징수주체는 국가이다. 예컨대, 지방자치단체는 일정한 지방세(위임받은 내국세 포함)의 징수주체는 될 수 있으나 관세의 징수주체는 될 수 없다.

2. 관세징수의 목적

관세를 부과 징수하는 가장 근본적인 목적은 국가가 필요로 하는 재정수입을 얻기 위한 것이다. 국가나 정부도 하나의 조직으로서 조직이 운용 또는 현상 유지되기 위하여서는 지출에 요하는 재정이 필요하며 그것에 충당하기 위하여 재정의 수입이 있어야 하는 바 재정수입의 목적으로 관세가 부과되는 것이다.

3. 관세징수의 영역

관세는 관세영역을 출입하는 물품에 대하여 부과 징수한다. 관세영역(customs boundary, customs territory)이란 관세법의 효력이 미치는 영역을 말한다.

헌법상 「대한민국의 영토는 한반도와 그 부속도서로 한다(제3조)」라고 규정되어 있으므로 우리나라의 관세영역은 영토(한반도와 그 부속도서)와 그 주변의 3해리까지의 영해를 포함하는 것으로 해석·운영되고 있다.

4. 관세부과의 객체

관세는 관세영역을 출입하는 물품에 부과된다. 여기서 말하는 물품이란 원칙적으로 유체물(有體物)만을 말하나, 특허권·의장권·실용신안권과 같이 그 가치가 가격에 구체화하여 상품가격에 첨가되어 거래될 때에는 무체물도 관세의 부과대상이 된다.

5. 관세부과의 근거

관세도 조세의 일종이므로 헌법상 원칙인 조세법률주의에 따라 법에 근거하여 관세를 부과하여야 한다. 또한, 우리나라 헌법 제6조 ②항에서는 「헌법에 의해 체결 공포된 조약과 일반적으로 승인된 국제법규는 국내법과 같은 효력으로 본다」고 규정하고 있어 법률 이외의 국가간에 체결되는 조약(협정, 협약)도 법률과 동일한 효력을 갖는 것으로서 관세징수의 근거가 될 수 있다.

6. 관세부과의 방법

관세부과는 일정한 급부 의무를 명하는 재정하명(財政下命)으로서 수명자(受命者)는 반대급부 없이 관세를 납부할 의무를 지게 된다. 따라서, 관세부과(재정하명)는 국가가 허가 또는 특허 등에 의하여 일정한 권리나 이익을 부여하고 그 반대급부로 징수하는 수수료·사용료 등과는 다른 것이다.

7. 관세납부의 수단

관세는 앞에서 정의한 대로 '금전적 급부'이다. 여기서 말하는 금전이란 현금과 수표(자기앞수표, 당좌수표 포함)만을 지칭한다.

Ⅱ. 관세의 성격

관세의 성격은 크게 조세적 성격과 소비세적 성격 그리고 내국세와 다른 법제적 및 기타 특수적 성격을 가지고 있다.

1. 조세적 성격

(1) 관세는 반대급부 없이 강제징수

국가가 허가 또는 특허 등에 의하여 일정한 권리나 이익을 부여하고 그 반대급부로 징수하는 수수료·사용료 등과는 달리 관세는 국가가 법률에 의하여 반대급부 없이 강제로 징수한다. 즉, 관세징수대상물품이 수입된 경우 국가가 독자적으로 정한 방법으로 국가가 독자적으로 정한 금액을 납세자인 수입자의 의사와는 상관없이 징수한다.

(2) 관세는 법률 또는 조약에 의하여 부과

법에는「조세의 종목과 세율은 법률로써 정한다」고 규정하고 있으므로, 관세를 포함한 모든 조세는 조세법률주의에 따라 법률에 의하여 부과 징수할 수 있다. 이와 같이 관세의 징수가 법률에 의하여서만 가능한 것이나, 오늘날에는 급변하는 경제여건에 적응하는 관세정책을 실시하기 위하여 법률에서 일정한 범위를 정하여 행정권이 관세율을 높이거나 낮출 수 있도록 하는 이른바 탄력관세제도를 채택하고 있는 바, 이 탄력관세제도는 조세법률주의에 대한 하나의 예외라고 볼 수 있다.

또한 관세는 조약에 의하여서도 부과하거나 감면하는 경우가 있는데, 일반적으로 조약은 국내법인 법률과 동일한 효력을 가지는 것이므로 조세법률주의와 상치하는 것은 아니다. 대체로 관세에 관한 국제협정에는 국내법에 의해서 부과되는 관세를 감면하거나 세율을 낮추도록 규정하는 경우가 많다.

2. 소비세적 성격

(1) 관세의 궁극적인 대상은 소비

관세는 소비세로서 최종적으로 소비될 것을 대상으로 하여 부과되는 조세이다. 다만, 관세의 경우에는 일반소비세에 비하여 소비의 의미가 어느 정도 넓은 것으로 해석되고 있다. 즉, 음주 또는 흡연 등의 좁은 의미의 소비에 국한되는 것이 아니라 생산을 위한 원재료·기계 등의 사용, 영업을 위한 기구 등의 설치도 관세의 경우에는 소비의 개념에 포함된다.

(2) 관세는 간접소비세로 전가

관세는 납세자와 담세자가 동일하지 않은 간접소비세로, 납세자로부터 담세자에게 그 부담을 떠넘기게 되는 바, 이것을 조세의 전가(shifting)라 하는데, 관세의 경우에도 관세를 직접 납부한 자는 가격인상 등의 형태로 그 세액을 타인에게 전가하게 된다. 관세가 전가되는 형태는 다음과 같이 구분할 수 있다.

㈎ **전전(前轉: forward shifting)**: 수입물품에 관세가 부과되었다면 원칙적으로 수입자로부터 관세가 징수되지만 그 부담을 수입자가 세액을 상품가격에 첨가하여 수입업자→도매업자→소매업자→소비자의 순으로 이를 전가해 갈 경우 이를 전전이라 한다.

㈏ **후전(後轉) 또는 역전(逆轉)**: 수입물품에 관세가 부과된 경우 원칙적으로 수입자로부터 관세가 징수되지만 그 부담을 상품가격에서 세액을 공제하여 수입업자→상품 수출자→생산자의 순으로 전가해 가는 것을 후전(backward shifting) 또는 역전이라 한다.

(3) 관세는 대물세이며, 수시세

관세는 관세영역을 출입하는 물품에 부과하는 대물세로 소득세, 재산세와 같은 대인세와는 구별된다. 대물세는 납세자와 담세자가 일치하지 않으므로 간접세이며 종국적으로 물품의 소비를 대상으로 하기 때문에 소비세이기도 하다. 또한, 관세는 소득세나 법인세와 같이 정기적으로 부과·징수하는 정기세가 아니라 물품이 수출입될 때마다 수시로 부과·징수하는 것이기 때문에 수시세이기도 하다.

(4) 생필품보다 사치품에 중과

일반적으로 소비세는 생필품보다는 사치품에 중과된다. 이와 같이 생활필수품의 세율은 낮게 하고 사치품의 세율을 높게 부과하는 것은 국민생활의 안정을 도모하고 사치와 낭비풍조를 억제하려는 데 그 목적이 있다. 따라서, 관세도 소비세의 일종이므로 생필품 경과·사치품 중과의 원칙이 적용된다.

이 원칙은 소비세에서 일반적으로 적용되는 원칙이다. 또한 관세는 국내 제조업의 육성·고용증대·국제수지개선 등을 위해 원료품에는 저세율을 적용하고, 최종 소비재인 완제품에는 고세율을 적용하며, 중간재와 시설재 등에는 확대재생산을 위한 비교적 저세율을 적용한다.

3. 법제적 성격

(1) 형사법 및 소송법적 성격

관세법은 형법, 형사소송법, 조세범처벌법 등과는 별도로 관세범의 조사·처분 및 이에 대한 처벌 규정을 두고 있다. 이러한 이유로 관세법은 일반 형사법인 형법 및 행정소송법과는 특별적인 지위에 있으며 내국세 분야의 처벌법규인 조세범처벌법 및 동 절차법과도 독립된 법체계하에 있다.

이밖에 관세법은 관세행정 처분에 의하여 권익을 침해당한 자가 그 구제를 받을 수 있도록 이의신청, 심사청구, 심판청구 등의 행정심판제도를 규정하고 있어 소송법적인 성격을 갖고 있다.

(2) 국제법적 성격

관세법은 국제성, 경제통제성, 행정의 탄력성 내지 위임입법성을 잘 반영해 주고 있으므로 이와 같은 성격은 대외경제법 내지 국제법의 주요 특징의 하나이다.[5)]

관세법은 국제무역과 긴밀히 관련되어 있어 국제간 협상의 결과를 반영하고 있기 때문에 세율 등의 조정권이 각종 협약에 의해 제약을 받게 된다.

4. 특수성격

(1) 수입물품에 대한 부과

관세는 관세영역으로 들어오는 물품(수입)·관세영역으로부터 나가는 물품(수출)·관세영역을 지나는 물품(통과)에 부과된다. 오늘날 통과세를 납부하는 나라는 없으며, 수출세는 현재 일부 국가에서 일부 품목에 한하여 부과하고 있다. 따라서 관세라 하면 수입세를 일컬을 만큼 거의 모든 나라에서 수입세만을 부과하고 있다. 우리나라에서도 수입되는 물품에 한하여 관세를 부과하며 수출·통과되는 물품에 대하여는 관세를 부과하지 않는다. 따라서, 어떠한 물품이든 그것이 수입물품이라면 관세의 과세대상이 된다. 그러므로 일반세법(예: 개별소비세, 주세법)과 같이 과세대상의 종류가 한정되지 않는

5) 이종원, 경제법 연구, 일신사, 1994, p. 21.

다. 이것을 관세의무주의 또는 관세포괄주의라고 한다.

(2) 관세영역 출입시 부과

관세영역(customs territory, customs boundary)는 일국의 관세법령의 효력이 미치는 영역을 말한다. 즉, 관세는 외국물품이 관세영역을 통하여 국내로 반입될 때 과세된다. 관세영역은 한 나라의 통치영역과는 반드시 일치하지 않는다.

일국의 통치영역에서 자유항이나 자유무역지역은 관세영역에서 제외되며, 또한 2개국 이상의 국가가 조약을 체결하여 모든 제3국에 대하여 통일적 관세영역을 형성하는 관세동맹(customs union) 등이 있다.

관세동맹의 예로서는 유럽연합(EU), 북미자유무역협정(NAFTA), 동남아시아국가연합(ASEAN) 등이 있다.

비교설명 관세영역과 통치영역

일반적으로 관세영역과 통치영역은 대체로 일치한다. 그러나, 하나의 통치영역 안에 여러 개의 관세영역을 가지는 경우도 있으며 그 반대의 경우로 여러 개의 통치영역이 하나의 관세영역으로 되어 있는 경우도 있다.

① 하나의 통치영역 안에 여러 개의 관세영역을 가지는 경우

- 우리나라의 마산, 이리 자유무역지역
- 대만의 Kao-Shing 자유지역

② 여러 개의 통치구역이 하나의 관세영역을 이루는 경우

- 베네룩스(벨기에, 네덜란드, 룩셈부르크) 관세동맹
- 유럽연합(European Union, EC, EEC)
- 북미자유무역협정(NAFTA)

(3) 무역장벽

관세는 자유로운 무역의 장벽으로 작용한다. 무역의 3대 장벽은 보통 수량제한, 외환관리, 관세를 말한다. 이 중 수량제한과 외환관리는 직접통제수단이며, 관세는 간접통제수단이다. 또한 관세를 제외한 무역규제를 비관세장벽(NTB: non tariff barrier)이라고 한다.

표 1-1 무역장벽

구 분	종 류
수량제한	수출입허가제, 수출입추천제, 수출입링크제, 수입쿼터제
외환관리	환율의 조작, 외환사용의 규제
관세	통관절차, 관세율

최근 UR협상의 성공적 타결에 의한 WTO체계의 성립은 자유주의의 확산을 억제하고 국제무역의 안정성과 예측가능성을 높이는 한편, 관세 및 비관세장벽을 완화시켜 세계교역 확대에 기여하고 있다. 즉, 자유무역을 통한 세계무역시장 기반이 확대됨으로써, 선·개도국 모두 무역을 통한 성장기회가 증대된 것이다.

WTO체제에서는 관세인하는 물론 특정분야에 대한 무관세도입으로 관세율의 하향평준화를 달성하였으며, 모든 회색조치를 4년 내 폐지하는 기능의 비관세장벽의 철폐를 강화하였다. 그리하여 관세의 산업보호수단으로서의 기능이 약화되었다.

Ⅲ. 관세의 기능

1. 국가재정수입의 확보

관세의 부과로 국가재정수입이 증가할 때 이를 재정수입효과라고 한다. 당초 관세는 재정수입 확보를 목적으로 부과되었으나, 오늘날에 있어서는 국내산업 보호, 물가·소득재분배 등의 경제정책목적에도 이용되고 있다.

그러나 재정수입을 얻기 위하여 관세를 부과함에는 일정한 한계가 있다. 지나치게 고율의 관세를 부과하면 수입이 억제·제한되기 때문에 오히려 재정수입은 감소되는 결과가 된다.

따라서 관세율의 변화와 수입량의 변화간의 상관관계에 대하여 적정관세율이 결정되어야 할 것이다. 우리나라의 2013년도 관세징수실적은 10조 5,616억원이고 총 국세수입에 차지하는 비율은 5%로 국가재정수입원으로서 중요한 위치를 차지하고 있다.

2. 국내산업보호

수입물품에 대한 관세의 부과는 외국상품에 대한 가격상승요인으로 작용하여 수입이 억제되고 경쟁상품을 생산하는 국내산업에는 그만큼 생산을 증대할 수 있게 되어 고용이 늘어나는 등 국내산업이 발전하게 되는 바 이러한 현상을 국내산업 보호효과라 한다.

국내산업의 발전을 위해 취해야 하는 무역정책에 관하여는 두 가지 주장이 있는데, 영국의 A. Smith는 국제분업의 이익, D. Ricardo는 비교생산비설을 들면서 자유무역이 산업발전을 위한 최선책이라는 자유무역론을 주장하였다. 한편 독일의 F. List, 미국의 A. Hamilton 등은 선진공업국의 우수한 제품과 경쟁단계를 이룰 때까지 자국의 유치산업을 보호해야 한다는 보호무역론을 주장하였다.

오늘날 각국은 이 두 가지 주장의 장단점을 취사선택하여 정책에 반영하고 있다. 상대적으로 불리한 산업은 보호육성되어야 하나 지나친 보호는 무역이익의 희생, 소비자의 희생을 가져오는 것이기 때문에 그 희생이 최소가 되도록 하여야 한다.

3. 소비억제

수입물품에 관세를 부과하면 일반적으로 수입물품의 가격이 올라가고 수입물품의 가격이 올라가면 그 물품에 대한 수요가 줄어들어 소비가 억제된다.

관세의 부담은 가격에 그 전액이 전가되지는 않지만, 수요의 가격탄력성의 크기에 따라 가격의 영향을 미치며 가격의 상승은 수요량·수입량을 감퇴시킨다.

즉, 생활필수품과 같이 수요의 가격탄력성이 적은 품목은 관세의 소비억제효과가 작으며, 사치품과 같은 수요의 가격탄력성이 큰 품목은 소비억제효과가 크게 나타난다. 따라서 불요불급한 고급사치품에 고율의 관세를 부과하면 사치품의 소비는 억제되고, 재정수입은 증대될 수 있다.

4. 수입대체 및 국제수지 개선

어떤 상품이 국내에서도 생산이 가능하더라도 수입물품의 가격이 싸면 외국으로부터 수입되는 경우가 있다. 이 경우 일정수준 이상의 관세를 부과하여 수입물품의 가격을 국내생산품보다 높게 하면 수입은 억제되어 감퇴된 수입량만큼 국내생산을 더하게 됨으로써 그 수요에 대한 충족을 국산품으로 대체할 것이다.

이러한 수입대체능력이 없는 부분에 고율의 관세를 부과하게 되면 오히려 수입가격의 앙등을 통한 인플레만 조장할 우려가 있다. 따라서 국산 대체가능성 및 잠재력을 고려하여 관세율의 조정이 이루어져야 할 것이다.

5. 수출의 촉진 및 교역조건의 개선

수출물품 생산을 위한 시설재나 가계 및 수출용원재료를 수입할 경우에 이들의 수입시에 관세를 감면하거나 관세율을 인하할 경우에는 동 수출물품의 국제경쟁력이 증대되어 수출증대의 효과를 가져올 수 있다. 또한 관세가 수입물품에 부과되면 그만큼 수입물품의 가격이 상승되어 국내소비자는 국내생산품으로 대체 사용하거나 소비를 억제하게 되는데, 이 경우에 수출국의 수출자는 수출물품의 가격을 인하하여야만 수입국의 시장에 진출이 가능하게 되어 수입국의 수입물품가격이 하락함으로써 수입국의 입장에서 볼 때 교역조건이 개선된다.

6. 관세기능의 한계

관세를 경제정책수단의 하나로 활용하는 데는 다음과 같은 한계가 있다.

① 특정물품의 소비를 억제하기 위하여 관세를 부과하는 경우 부수적으로 해당 물품의 국내생산이 증가되어 자원분배의 왜곡현상을 가져올 가능성이 크다. 따라서 특정물품에 대한 소비억제는 관세부과보다는 내외국물품의 차별을 두지 않는 소비세 부과가 보다 효율적이라고 할 수 있다.

② 세수확보수단에 있어서도 관세는 각종 세제 중에서 가장 자원배분의 왜곡효과가 큰 것이므로 내국세 특히 직접세보다 열등한 세수확보수단이라고 할 수 있다.

③ 유치산업 등과 같은 국내산업 보호를 위한 정책수단에 있어서도 관세부과보다는 보조금지급이나 내국세 및 금융상의 지원정책과 같은 직접지원정책이 보다 효율적이라고 할 수 있다. 그러나 관세는 국내산업 보호수단으로서의 수입제한과 같은 직접적인 규제수단보다는 보다 효율적인 정책이다.

제 3 절 관세의 분류

관세는 여러 가지 기준에 의하여 분류할 수 있다. 첫째 과세기회에 의한 내국관세와 국경관세, 둘째 과세방법에 의한 종가세 · 종량세 · 선택세 및 복합세, 셋째 과세의 목적에 의한 재정관세와 보호관세, 넷째 제도적 성격에 의한 일반관세와 특수관세로 각각 분류할 수 있다. 이를 요약하면 다음과 같다.

- 관 세
  - 과 세 기 회
    - 내국관세
    - 국경관세－수입세 · 수출세 · 통과세
  - 과 세 방 법 － 종가세 · 종량세 · 선택세 · 복합세
  - 과 세 목 적
    - 재정관세
    - 보호관세
      - 육성관세 · 공황관세
      - 금지관세 · 방지관세
  - 제도적 성격
    - 일반관세 － 국정관세 · 협정관세
    - 특수관세 － 특혜관세 · 차별관세 · 탄력관세

Ⅰ. 과세기회에 의한 분류

근대국가의 성립에 따라 국경관세제도가 확립되면서 내국관세제도가 소멸되었다는 것은 관세의 연혁에서 살펴본 바와 같다. 따라서 그것에 관한 설명은 생략하기로 하며, 또한 현대 관세제도의 대종을 이루고 있는 수입세도 본서 전체를 통해서 다루어질 것이므로 여기에서는 간단히 설명하기로 한다.

1. 수입세

물품의 이동방향에 따라 일정 관세영역 안으로 이동할 때 부과하는 관세를 수입세(import duty)라 한다. 오늘날 관세라 하면 곧 수입세를 말한다.

관세법 제14조에서 '수입물품에 관세를 부과한다'고 규정함으로써 우리나라에서는 수출세 · 통과세는 부과하지 않고 오직 수입세만을 부과한다고 명백히 하였다.

2. 수출세

수출세(export duty)는 국내물품이 외국에 수출될 때 부과하는 관세로서 국가의 재정수입을 확보하고, 특정물품이 국내에서 유출되지 못하게 하며, 특정물품의 대외유출로 인한 국내시장물가의 등귀를 억제하기 위하여 부과된 예가 있었지만 이 제도는 결국 국내생산자의 부담이 되고 자국상품의 수출가격을 인상시켜 대외경쟁력의 약화를 초래하여 판매축소로 귀착되기 때문에, 오늘날에는 특별한 경우[6] 이외에 거의 모든 국가가

6) 여기서 특별한 경우란 재정수입의 확보, 전략물자와 자국공업에 필요한 원료 등의 국내확보, 국내가격 앙등의 방지를 위하여 수출세가 부과되는 세계적인 독점물품을 의미한다. 즉 브라질의 커피, 스페인의 cork, 이탈리아의 유황, 태국의 쌀, 필리핀의 logs, 말레이시아의 고무, 파키스탄의 jute 등이 그 예이다.

인정하지 않고 있다. 우리나라도 인정하고 있지 않으며 일본도 1899년 전폐하였고, 미국은 헌법상 금지하고 있다.

3. 통과세

통과세(transit duty)란 화물이 단순히 자국을 통과하는 사실에 대하여 관세를 부과하는 초기단계의 관세의 지배적 유형이었다. 그러나 이 제도는 국제통상을 방해하는 결과를 초래하게 되어 통과무역의 이익을 상실하게 되므로 1921년 바르셀로나(Barcelona)협정에 의하여 폐지됨으로써 통과자유의 원칙이 확립되었다. WTO에서도 통과화물에 관하여 관세 및 통과세를 면제하여야 한다는 뜻을 규정하고 있다.

Ⅱ. 과세목적에 의한 분류

관세는 과세의 목적에 따라서 재정관세와 보호관세로 구분된다. 원래 관세가 순재정수입을 목적으로 하였다는 것은 관세연혁에서 설명하였다. 다만 국가의 경제적·사회적 인식이 제고됨에 따라서 재정상의 수입증대보다는 오히려 관세가 국내의 생산과 소비에 미치는 영향에 따라서 관세율을 결정하게 되었다.

1. 재정관세

재정관세(revenue duty)는 세입관세 또는 수입관세라고도 하며, 주로 국고수입을 목적으로 부과되는 것이다. 따라서 관세의 설정 및 세율의 결정에 대하여는 재정수입을 확보한다는 것이 주된 목적이며, 이로 인해서 국내산업보호의 효과가 있다 하더라도 그것은 부수적인 목적일 뿐이다.

일반적으로 국내생산이 거의 불가능하여 부득이 수입에 의존할 수밖에 없는 경우, 수입을 억제할 필요는 없으나 권장할 가치가 없는 물품, 이미 국내산업이 확립되어 더 이상 보호할 필요가 없을 때 부과된다. 우리나라의 경우 원유는 대표적인 재정관세이다.

재정관세는 대개 선진국의 경우 커피, 차, 연초, 향료 등 기호품에 부과되고, 저개발국의 경우 국산가능성이 희박한 중요산업용 기계, 생활필수품 등에 부과된다.

2. 보호관세

보호관세(protective duty)란 국내산업보호를 목적으로 한 관세이다. 관세는 당초에 재정수입이 주된 목적이었으나 근래에 이르러서는 후진국에서는 유치산업을 보호하기 위하여, 선진국에서는 사양산업, 정체산업 등 국내의 유치산업보호와 기존산업의 유지를 위한 유력한 수단으로 등장하게 되었다.

수입물품에 관세가 부과되면 그 물품의 국내가격이 관세액만큼 상승하게 되므로 수입물품에 대한 수요가 줄고 수입이 감소되어 수입물품과 경쟁관계에 있는 국내산업이 보호를 받게 된다.

보호관세는 여러 가지 기준에 따라 다음과 같이 구분할 수 있다.

(1) 보호관세의 목적

㈎ 육성관세(育成關稅)

유치산업 및 기존산업의 보호・육성을 목적으로 부과하는 관세

㈏ 유지관세(維持關稅)

기존 약소(弱小)산업이나 쇠퇴(衰退)산업의 보호・유지를 목적으로 부과하는 관세

㈐ 공황관세

타국의 경제공황으로 인하여 저렴한 가격의 상품이 수입되는 것을 방지하기 위하여 부과하는 관세

㈑ 금지관세

외국물품에 높은 세율을 부과하여 수입을 실질적으로 금지하기 위한 관세

㈒ 방위관세

국내시장에 대한 외국물품의 압박을 방지하기 위하여 부과하는 관세

(2) 보호대상에 따른 분류

㈎ 공업보호관세

㈏ 농업보호관세

(3) 보호기간에 따른 분류

㈎ 일시적 보호관세

㈏ 계속적 보호관세

(4) 보호관세의 부과방법에 따른 분류

㈎ 활척관세

상품가격의 등락에 따라 세율을 변화시키는 관세이다. 수입가격이 낮으면 그에 따라 높은 세율이 적용되고 수입가격이 높으면 낮은 세율이 적용된다.

㈏ 차액관세

수입물품의 과세가격과 일정가격과의 차액을 세액으로 부과하는 관세이다.

차액관세의 효과는 수입품의 가격이 일정수준 이하로 하락할 경우 그 수준 이하로

국내시장에 유통시키는 것을 방지할 수 있고, 수입가격이 일정수준 이상으로 등귀한 경우에는 자동적으로 관세부담이 경감되도록 하여 국산품의 보호와 물가안정의 조화를 도모할 수 있다는 데 있다.

㈐ 계절관세

농산물과 자연산품 등은 계절에 따라 가격변동이 심한데 이러한 물품의 수입으로 인하여 국내물가에 미치는 영향을 관세율의 조정에 의거 제거하는 관세이다.

Ⅲ. 과세의 방법에 따른 분류

1. 종가세

종가세(ad valorem duties)란 수입물품의 가격을 관세액 산정의 기준(과세표준)으로 하는 관세이다. 우리나라의 관세율표는 대부분의 품목이 종가세로 되어 있다.

관세액＝실거래가격(CIF가격)×환율×관세율

종가세는 종량세에 비하여 공평하게 세부담이 되고, 인플레시에는 세율변경 없이도 세수가 증가한다는 장점이 있으나, 절차가 복잡함에 따라 과세가격확정시 많은 비용이 소요되고 저가품에 대한 관세부담 경감으로 이 경우 국내산업 보호기능이 미약하다는 단점이 있다.

표 1-2 종가세의 장 · 단점

장 점	단 점
① 관세의 부담이 수입물품의 가격에 상응하여 균등 공평하게 적용할 수 있다. ② 시장가격의 등락에 불구하고 과세부과의 균형을 항상 유지할 수 있다. ③ 가격변동이 심하거나 인플레하에 적합한 과세방법이다.	① 과세가격 결정에 많은 어려움이 있다. ② 수출국의 상이에 따라 관세액에 차이가 있다. ③ 국내산업의 보호기능이 약하다.

2. 종량세

종량세(specific duty)는 물품의 수량을 기준으로 부과하는 관세로서 수입물품의 개수, 부피, 중량, 치수 등을 확인하면 쉽게 관세액을 산출할 수 있다.

관세액=단위수량당 세액(kg 등 500원)×수량(10kg)

종량세는 과세방법이 용이하여 부과행정상 편리하고 저가품에 대해 상대적으로 세부담이 크므로 산업보호기능이 강하나, 관세의 불공평을 초래할 수 있고, 물가앙등시 관세부담이 가볍고 하락시 무겁다는 단점이 있다.

표 1-3 종량세의 장·단점

장 점	단 점
① 과세방법이 간단하다. ② 어느 나라에서 수입이 되든 동종물품인 경우에는 관세가 같다. ③ 국내산업의 보호기능이 강하다.	① 가격변동에 적응성이 없다. ② 관세부담의 공평성이 없다. ③ 상품의 중량산출이 어렵다.

3. 혼합세

혼합세(combined duty)에는 종가세율과 종량세액을 동시에 정하고 그 중 높게(또는 낮게) 산출되는 세액을 선택하여 부과하는 선택세(alternative duty)와 종가세율 및 종량세액을 동시에 정하고 산출된 세액을 합하여 부과하는 복합세(compound duty)가 있다.

(1) 복합세

복합세(compound duties)란 한 품목에 대하여 종가세율과 종량세율을 동시에 정해 놓고 두 가지 방법으로 산출된 세액을 합하여 과세하는 관세를 말한다. 이는 국내산업을 특별히 보호하려고 할 때 이용된다. 우리나라의 현행 관세율 표에서는 이를 채택하고 있지 않다.

(2) 선택세

선택세(alternative duties)란 한 품목에 대하여 종가세율과 종량세율을 동시에 정해 놓고 그 중 높게 또는 낮게 산출되는 세액을 선택하여 부과하는 관세를 말한다. 이는 양질의 물품이나 시가가 등귀할 때에는 종가세를 적용하고, 염가품이나 시가가 하락할 때는 종량세를 적용하는 것이 일반적이다.

Ⅳ. 과세근거에 의한 분류

1. 국정관세(national duties)

일국이 국내법에 의하여 정하여진 관세율을 국정세율(national tariff)이라 하고, 국정세율에 의해서 부과되는 관세를 국정관세라고 한다. 이를 달리 자주관세(autonomous duty) 또는 일반관세(general duty)라고도 한다.

관세를 일국이 자주적으로 정하는 것은 국가주권상 당연하며, 이를 관세자주권(tariff autonomy)이라고 한다. 즉 한 나라의 주권에 의하여 정하여진 관세가 곧 국정관세인 것이다. 우리나라에는 국정관세로서 기본관세율과 잠정관세율 및 탄력관세율 등이 있다.

2. 협정관세

외국과의 통상조약 또는 관세조약에 의하여 특정물품에 대하여 관세율을 협정하고 그 조약의 유효기간중에는 그 세율을 변경하지 아니할 의무를 지는 것을 협정관세(conventional duties)라 한다. 협정관세는 당초의 상호주의 원칙에 의하여 설정되었기 때문에 그 개폐에 있어서도 상호주의원칙이 적용되며 일방만이 단독으로 개폐할 수 없는 것이 원칙이다.

협정관세는 국정관세율보다 낮은 것이 일반적이며 또한 협정세율은 국정세율에 우선하여 적용되는 것이 원칙이다.

협정관세는 2개국간의 협정에 의하여 설정되는 경우도 있으며, 다수국가의 협정에 의하여 설정되는 경우도 있는 바, 다수국에 체결된 협정관세는 일반적으로 협정에 가입한 모든 국가는 협정에 의한 동등한 이익의 대우를 받도록 하는 최혜국약관(most favoured nations clause)이다.

우리나라 현행의 협정관세의 종류로는 ① 세계무역기구(WTO)협정 일반 양허 관세, ② 세계무역기구(WTO)협정 개발도상국간의 양허 관세, ③ 방콕협정(ESCAP) 개발도상국간의 양허 관세, ④ UNCTAD 개발도상국간 특혜무역제도(GSTP)에 관한 협정관세 등을 정하고 있다.

3. 편익관세

편익관세(beneficial duties)는 협정세율의 적용을 받지 않는 특정국가의 특정상품에 대하여 협정세율의 범위 내에서 그 나라에 유리한 세율을 적용하는 것으로 협정관세와 거의 유사한 제도이다.

편익관세는 2국간에 관세에 관하여 최혜국의 대우를 정하는 통상조약을 체결할 때까지의 잠정조치 또는 조약을 체결하기에는 이르지 아니하였으나, 당사국의 무역정책 상호적 또는 일방적으로 최혜국의 대우 또는 일반세율보다도 저세율에 의한 편익을 부여하는 것이 적당한 경우에, 정부가 대통령에 의하여 이를 부여할 수 있음을 법률에 규정하는 경우가 있다.

Ⅴ. 과세세율에 의한 분류

1. 단일세(single tariff)

동일상품에 대해서는 국가의 차별 없이 일정한 법정세율을 적용하는 방법으로 고정관세(固定關稅)라고도 한다.

2. 다수세(multi-linear tariff)

동일한 상품에 대하여 두 가지 이상의 세율을 정하는 경우로서 자기 나라 상품이 유리한 취급이나 불리한 취급을 받는 경우에 대비하여 설정한다.

Ⅵ. 관세제도적 성격에 의한 분류

관세는 제도적 성격에 따라 일반관세, 특혜관세, 차별관세, 탄력관세로 구분될 수 있다.

1. 일반관세

일반관세는 국정관세와 협정관세로 구분되는데, 자세한 설명은 앞에서 한 바와 같다.

2. 특혜관세

특혜관세란 특정국과의 통상확대 즉, 무역관계를 특별히 발전시키기 위하여 특정국가에서 특정물품이 수입될 경우에 한하여 부여하는 할인관세를 말한다. 특혜관세제도는 기존특혜(지역특혜)와 일반특혜로 구분된다.

참 조 **특혜관세와 협정관세**

① 공통점

특혜관세와 협정관세는 일반적으로 특정국가 또는 협정가입국에 대하여 관세상의 특혜를 부여한다.

② 차이점

일반특혜관세는 선진국이 개발도상국에 대하여 어떠한 대가도 받지 않고 일방적으로 비상호적으로 공여하는 것이 특혜관세의 특징이다. 따라서 개발도상국이 관세특혜를 부여받았다고 하여 해당 특혜공여 선진국으로부터 수입되는 물품에 대하여 관세특혜를 부여할 필요가 없다. 그러나 협정관세는 양국간 또는 다자간 협정에 의하여 체결된 협약에 의하여 약정기간 내에는 상호적으로 특혜를 부여하여야 한다.

(1) 기존특혜관세

기존특혜는 구 식민지와 종주국간에 거래되는 물품에 대하여 타국으로부터 수입되는 물품보다 저율의 특혜관세를 적용하는 제도로서 영연방(英聯邦)특혜가 그 전형적인 예이다. 그러나, 이는 차별관세의 일종으로서 이와 같은 차별적 관세제도는 세계경제의 블록화를 초래하고 자유무역을 저해할 염려가 있어 GATT에서는 특혜관세제도의 신설 또는 확대를 금지하였었다.

(2) 일반특혜관세

일반특혜관세란 선진국이 개발도상국으로부터 수입되는 농산품 및 공산품에 대하여 비상호적·일방적으로 개도국에 대하여 무차별로 관세율을 인하하여 특혜를 공여하는 것을 말한다. GATT에서는 차별과세의 일종인 특혜관세제도의 신설 또는 확대를 금지하여 왔으나 개발도상국의 경우 수출의 확대와 공업화의 촉진 등 경제발전을 도모하기 위한 수단으로서 특혜관세제도를 이용할 필요가 있게 되었다. 따라서 1964년경부터 이에 관한 것이 중요한 국제문제로 제기되어 UNCTAD, GATT, OECD 등에서 오랜 기간 동안 수 차례에 걸친 논의를 거쳐 1970년 가을에 개최된 UNCTAD 특혜특별위원회에서 특혜공여안에 합의를 보고 1971년부터 각 선진국은 일반특혜관세(GSP : generalized system of preferences)제도를 실시하게 되었다.

3. 차별관세

관세는 모든 국가의 동일상품에 대하여 동등하게 부과하는 것이 원칙이나 특정한 경우에 있어서는 특정국의 상품 또는 특정품목에 대하여 다른 상품과 세율을 달리 부과하는 경우가 있는데 이를 차별관세(differential duties)라 한다. 이에는 다른 상품보다 낮은 세율을 적용하는 할인관세(discount duties)와 높은 세율을 적용하는 할증관세(additional duties)가 있다.

차별관세는 기본적으로 보호관세주의적 입장에서 중상주의시대 및 제2차대전 전의 관세전쟁에서 흔히 이용된 바 있었지만, 최근에 와서는 최혜국약관의 보급, WTO협정 등에 의하여 그 적용에는 적어져 가고 있다.

4. 탄력관세

급변하는 국내외 경제환경에 신속히 대처하는 관세정책을 수행할 수 있도록 일정한 범위 내에서 행정부가 관세율을 탄력적으로 조정·변경할 수 있는 관세를 말한다. 이는 조세법률주의의 예외로서 국내산업보호, 물가수급의 조정, 국제수지의 개선 등 긴급한 경제상황의 변동에 효율적으로 대응할 수 있도록 마련된 제도이다. 우리나라의 현행 탄력관세(flexible duties)의 종류는 다음과 같다.

표 1-4 탄력관세제도

구 분	발동요건	발동근거	관세율 변경범위	공정성 여 부
덤핑방지관세 (제51조)	외국물품이 정상가격 이하로 수입되어 1. 국내산업이 실질적인 피해를 받거나 2. 받을 우려가 있거나 3. 국내산업의 확립이 실질적으로 지연되었음을 조사를 통하여 확인되고 4. 국내산업을 보호할 필요가 있는 경우	기획재정부령: 물품, 공급자, 공급국 지정 대통령령: 피해조사, 적용시한, 부과방법	기본세율+[(정상가격－덤핑가격)차액] ※ 잠정조치시 : 담보제공	불공정 무역
보복관세 (제63조)	교역상대국이 우리나라의 수출물품 등에 대하여 1. 우리나라 권익을 부인, 제한하거나 2. 부당, 차별적인 조치를 취하는 행위를 함으로써 우리나라의 무역이익이 침해되는 경우	대통령령: 대상국가, 물품, 수량, 세율, 적용시한	기본세율+피해액 상당액 범위내	불공정 무역

긴급관세 (제65조)	특정물품의 수입의 증가로 동종물품 또는 직접적인 경쟁관계에 있는 물품을 생산하는 1. 국내산업이 심각한 피해를 받거나 2. 받을 우려가 있음이 조사를 통해 확인되고 3. 해당 국내산업을 보호할 필요가 있다고 인정될 때	기획재정부령: 대상물품, 세율, 적용기간, 수량	기본세율＋피해방지, 치유, 조정을 촉진하는 데 필요한 범위 내	공정무역
특정국물품 긴급관세 (제67조의 2)	해당물품의 수입증가로 국내시장이 교란되거나 특정국가가 자국피해를 구제하기 위하여 취한 조치로 우리나라에 수입되거나 우려가 있는 경우	피해를 구제하거나 방지하기 위하여 필요한 범위 내 발동 : 기획재정부령	기본세율에 추가하여 부과	공정무역
조정관세 (제69조)	1. 산업구조의 변동 등으로 물품간 세율이 현저히 불균형하여 이를 시정할 필요가 있는 경우 2. 국민보건, 환경보존, 소비자보호 등을 위하여 필요한 경우 3. 국산개발된 물품 중 일정기간 보호가 필요할 경우 4. 농림축산물 등 국제경쟁력이 취약한 물품의 수입증가로 국내시장이 교란되거나 산업기반을 붕괴시킬 우려가 있어 이를 시정·방지할 필요가 있는 경우	대통령령: 물품, 세율, 적용시한	(100/100－기본세율)＋기본세율 범위 내	공정무역
농림축산물에 대한 특별긴급관세 (제68조)	국내외 가격차에 상당한 율로 양허한 농림축산물의 수입량이 급증하거나 수입가격이 하락하는 경우	기획재정부령: 물품, 세율적용시한, 수량	대통령령으로 정한 양허한 세율을 초과하여 부과	공정무역
상계관세 (제57조)	외국에서 제조·생산·수출에 관하여 직·간접으로 보조금, 장려금을 받은 물품의 수입으로 1. 국내산업이 실질적인 피해를 받거나 2. 받을 우려가 있거나 3. 국내산업의 확립이 실질적	기획재정부령: 물품, 수출국, 수출자지정 대통령령: 피해조사, 적용시한, 부과방법	기본세율＋보조금 등의 금액 이하 추가 부과	불공정무역

	으로 지연되었음이 조사를 통하여 확인되고 4. 국내산업을 보호할 필요가 있는 경우			
편익관세 (제74조)	관세에 관한 편익을 받지 아니하는 나라의 생산물로 수입되는 것은 기존 외국과의 조약에 의하여 부과하고 있는 관세상 혜택의 범위한도 내에서 관세에 관한 편익을 부여하는 제도	대통령령: 나라, 물품	기정 외국과의 조약의 규정에 의한 한도 내	불공정 무역
계절관세 (제72조)	가격이 계절에 따라 현저하게 차이가 있는 물품으로서 동종물품, 유사물품, 대체물품의 수입으로 1. 국내시장이 교란되거나 2. 생산기반이 붕괴될 우려가 있는 경우	기획재정부령: 물품, 세율, 적용시한	· 기본세율보다 높게 부과 · 기본세율보다 낮게 부과	×
할당관세 (제71조)	1. 원활한 물자수급 또는 산업의 경쟁력강화를 위하여 특정물품의 수입을 촉진시킬 필요가 있는 경우 2. 수입가격이 급등한 물품 또는 이를 원재료로 한 제품의 국내가격 안정을 위하여 필요한 경우 3. 유사물품간 세율이 현저히 불균형해 시정할 경우	대통령령: 물품, 수량, 세율, 적용시한	기본세율－100/40	공정 무역
	· 특정물품의 수입을 억제할 필요가 있는 경우		기본세율＋100/40	

기 출 문 제

1. 관세의 일반적 개념에 대하여 논술하라(관세사 제10회).
2. 편익관세와 특혜관세의 차이점(관세사 제10회)
3. 재정관세와 보호관세(5급 승진시험)

예 상 문 제

1. 논술형
   - 관세의 의의와 관세변천에 대하여 논하라.
   - 관세의 성격과 기능에 관하여 논하라.
   - 일반특혜관세제도에 관하여 논하라.
   - 관세의 연혁에 관하여 논하라.
   - 관세의 기원과 발전단계에 대하여 논하라.

2. 서술형
   - 관세의 전가
   - 종가세의 의의와 장단점
   - 종량세의 의의와 장단점
   - 일반특혜관세제도
   - 보호관세제도

3. 약술형
   - 관세영역
   - 관세의 전전
   - 관세의 소득재분배효과
   - 협정관세
   - 차별관세
   - 내국관세시대
   - 국경관세시대
   - 다자간관세시대

제 02 장

관세의 기본이론

제 1 절 관세의 기능 및 효과

Ⅰ. 수입관세와 가격변동

관세를 부과하는 목적은 우선 국내판매가격을 높이려는 것이라고 볼 수 있다. 다른 수입제약요인이 없다면 수입품에 대하여 관세가 부과되면, 해당 품목의 국내가격은 인상되며, 교역상대국의 가격도 변동될 가능성이 있다. 이 관계를 부분균형분석방법(partial equilibrium analysis)[1)]을 통하여 살펴보기로 한다. 즉 교역국은 A·B 두 나라만이 존재한다고 가정하고 D_a, S_a는 수입국인 A국의 수요·공급곡선이며, D_b, S_b는 수출국인 B국의 수요·공급곡선이다([그림 2-1] 참조).

무역이 성립되기 전에 A국의 균형가격은 P_a, B국의 균형가격은 P_b에서 이루어진다. 따라서 양국간의 가격차는 $P_a P_b$이므로, 상품은 B국에서 A국으로 이동된다. 이와 같이 가격이 낮은 B국에서 가격이 높은 A국으로 상품이 이동됨에 따라, A국에서는 해당 상품의 가격이 하락되고, B국에서는 상승된다. 이 결과로 국제균형가격은 P에서 성립된다.

이 국제균형가격하에서 운송비 등을 고려하지 않으면 A국은 OQ_1을 생산해서 OQ_2를 소비하므로 그 초과수요량 $Q_1 Q_2$를 수입하지 않으면 안 된다. 한편 B국은 OQ_6

1) 부분균형분석이란 다른 재화의 가격, 수급에 영향을 끼치는 여러 가지 조건은 모두 일정하다고 가정하고 어느 한 재화만의 수요와 공급을 규정하고 있는 조건의 변화가 그 재화가격에 어떤 영향을 미치는가를 분석하는 방법이다. 부분균형분석은 여러 가지 요소를 사상하여 문제를 특정한 재화의 분석에만 한정하므로 문제해결의 단순화를 기할 수 있어 흔히 유력한 수단이 되고 있다.

그림 2-1 수입관세와 가격변동

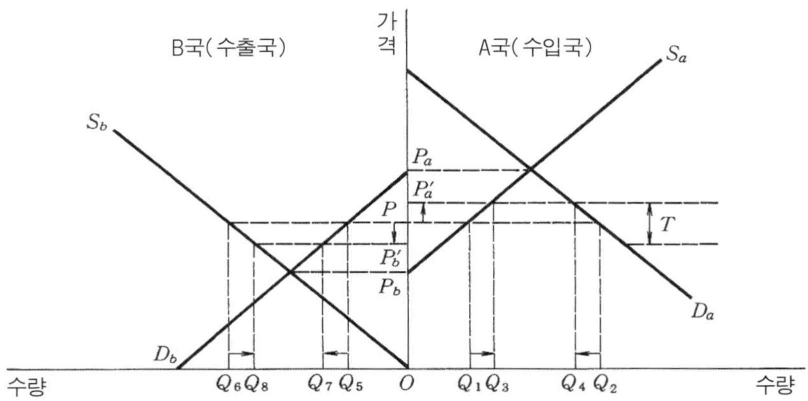

을 생산해서 OQ_5를 소비하므로 그 초과공급량 Q_5Q_6을 수출한다. 따라서 양국의 초과수요량과 초과공급량이 상호 일치되는 점에서 국제균형가격이 성립된다.

그런데 A국이 B국으로부터 수입하는 상품에 대하여 종가관세를 부과하면, A국의 상품가격은 인상되지 않을 수 없기 때문에 그 가격은 $P_a{}'$로 인상된다. 따라서 A국의 생산량은 OQ_3으로 증가되고 소비량은 OQ_4로 감소되어 수입량은 Q_3Q_4로 감소된다. 관세에 의하여 A국에서 결정된 이 초과수요량 Q_3Q_4는 P 가격하에서 B국의 초과공급량 Q_5Q_6에 미달하므로 B국에서는 이를 조정하기 위하여 가격을 인하시키지 않으면 안 된다. B국에서 가격을 $P_b{}'$로 인하시킨다면 생산량은 OQ_8로 감소되고 소비량은 OQ_7로 증가되어 초과공급량은 Q_7Q_8로 결정된다.

B국의 초과공급량 Q_7Q_8은 A국의 초과수요량 Q_3Q_4와 일치하므로 양국간의 무역균형이 성립되고, 이 무역균형하에서 A국의 가격은 $P_a{}'$, B국의 가격은 $P_b{}'$로 결정된다. 결국 $P_a{}'$와 $P_b{}'$의 차이를 나타내는 T가 수입상품의 단위당 관세액이 된다. 따라서 B국의 공급곡선이 완전탄력적이 아닌 경우에는, A국이 관세를 부과함에 따라 이 나라의 가격이 인상되더라도 B국의 가격이 인하되기 때문에 A국에서는 관세액만큼 가격이 인상되지 않는다.

이상과 같이 A국이 관세를 부과함에 따라 B국의 수출가격이 인하되고, 종래 A국에서 B국으로 수출되는 상품의 가격이 변동되지 않는다면, A국의 교역조건은 개선되고 B

국의 교역조건은 악화된다.

관세부과에 의하여 교역상대국의 수출가격이 인하되더라도 그 인하율은 그 나라의 공급곡선의 탄력성에 따라 결정된다.[2] 가령 B국의 공급곡선이 한층 더 탄력적이라면 가격의 인하율은 종전보다도 낮고, 이에 따라 관세부과국의 교역조건은 조금밖에 개선되지 않는다.

즉 [그림 2-2]에 표시된 바와 같이 B국의 공급곡선이 S_b'처럼 한층더 탄력적이라면 B국의 가격은 A국에서 부과된 관세에 의하여 P_b''로 인하된다. 이 가격하에서 OQ_8이 생산되고 OQ_7이 소비되므로 초과공급량 Q_7Q_8이 A국의 초과수요량 Q_3Q_4와 일치된다. 따라서 B국의 공급곡선 S_b'처럼 탄력적이라면 양국간의 수출입의 균형이 성립되기 위해서는 B국의 가격은 자유무역가격 P 에서 P_b''로 조금밖에 인하되지 않는다. 이에 따라 A국의 교역조건도 조금밖에 개선되지 않는다.

그림 2-2 교역당사국의 공급탄력성과 국내가격의 변동

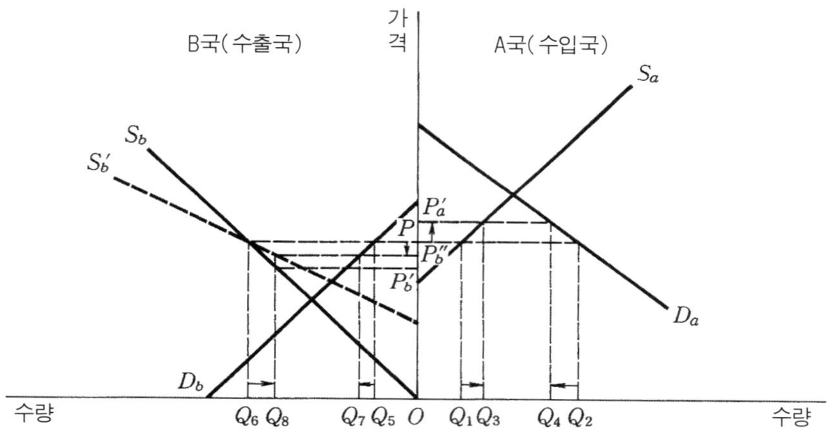

2) 신현종, 국제무역이론, pp. 230~231, 원출처는 D. Salvatore, *International Economics*(New York: McGraw-Hill, 1975), pp. 83~85.

Ⅱ. 관세의 효과분석

1. 개　　설

수입품에 대하여 관세가 부과되면 해당 국가의 국민경제에는 여러 가지 경제적인 효과가 발생된다. 관세의 부과는 생산 · 소비 · 사회후생 · 교역조건 · 관세수입 · 국민소득과 고용 및 국제수지에 변화를 일으킨다. 이 중에서 국민소득과 고용 및 국제수지는 관세의 거시경제적인 부문이며 이 거시경제적인 부문과 관세수입을 제외한 나머지 부분들은 관세의 미시경제적인 분야라고 할 수 있다.

킨들버거(C. P. Kindleberger)[3]는 관세의 경제적 효과로서 보호효과, 소비효과, 재정수입효과, 재분배효과, 교역조건효과, 경쟁효과, 소득효과 및 국제수지효과를 들고 있다. 그러나 이러한 관세의 경제적인 효과는 논자에 따라 그 견해가 다소 상이하다.

그러면 수입관세의 이러한 제 효과를 다음과 같은 경우를 전제로 하여 설명하고자 한다.

◈ 전제조건
① 관세부과국은 소국이다.
- 무역상대국의 수입수요조건과 수출공급조건이 일정하다.
- 관세부과국은 국제시장의 가격을 변동시키지 못하는 가격순응자(price-taker)이다.
② 관세는 종가세이고, 금지적 관세가 아니다.
③ 관세가 부과되는 상품은 독립재이며, 다른 상품에 대한 파급효과가 없다.

비교설명 소국과 대국

관세를 부과하는 경우 관세부과국의 크기가 소국인가 대국인가에 따라 관세의 효과에 중요한 영향을 미치게 된다.

① 소국이란?

국제경제 현상과 관련하여 소국(a small country)은 지리적 크기나 인구의 규모에 의해서가 아니라 세계시장에서 차지하는 경제적 비중에 의해서 정의된다. 만약 어느 국가가 세

3) C. P. Kindleberger, *International Economics*, 5th Ed.(Homewood, Illinois: Richard D. Irwin, Inc., 1973), Ch. 7, "Commercial Policy-Tariff."

계 시장에서 가격에 아무런 영향을 주지 못하는 가격순응자(a price taker)라면, 그 국가는 아무리 국토가 넓고, 인구가 많더라도 소국이다. 즉, 세계 시장에서 차지하는 비중이 미미하기 때문에 이 국가가 이 상품을 더 많이 사거나 말거나, 또는 팔거나 말거나 세계 시장에서 이 상품의 가격에는 아무런 영향을 주지 못한다. 다시 말하자면, 소국에게 있어서는 교역조건(the terms of trade)이 외부적으로 결정된다는 뜻이다. 소국의 기업들은 이렇게 외부적으로 결정된 교역조건하에서 생산 결정을 하게 된다.

② 대국이란?

대국(大國, a large country)은 세계시장에서 차지하는 비중이 크기 때문에 대국의 공급 또는 수요의 변화는 세계시장에서 이 상품의 가격에 영향을 줌으로써 교역조건을 변화시킬 수 있다. 이 점에서 대국은 소국과 다르다. 예로 들어, 말레이시아(Malaysia)는 대부분의 상품시장에서는 소국이지만, 천연고무 시장에서는 대국이다. 말레이시아가 천연고무의 생산을 변화시키면 세계시장에서 천연고무의 가격이 영향을 받기 때문이다. 한편 인도네시아는 원목생산면에서 대국이고, 콜롬비아는 세계 커피시장에서 공급자로서 대국이다(미국은 세계 커피시장에서 수요자로서 대국이다. 한국은 커피 수요면에서 대국일까? 한국인들이 하루에 마시는 커피의 양을 반으로 줄인다면 세계 커피시장에서 커피가격이 떨어질까?).

일국에 있어서 어느 특정상품에 대한 국내 총수요곡선을 D_d, 국내 공급곡선을 S_d로 그리고 상대국의 수출공급곡선과 수입수요곡선을 S_f로, 국제시장가격을 P로 표시한다면 국내시장가격은 OP'', 수입가격은 OP가 되며 OP'는 관세부과 후의 수입가격을 나타내고 있다. 따라서 관세가 부과되기 전의 자유무역조건하에서는 국내의 총수요

그림 2-3 관세의 효과(부분균형)

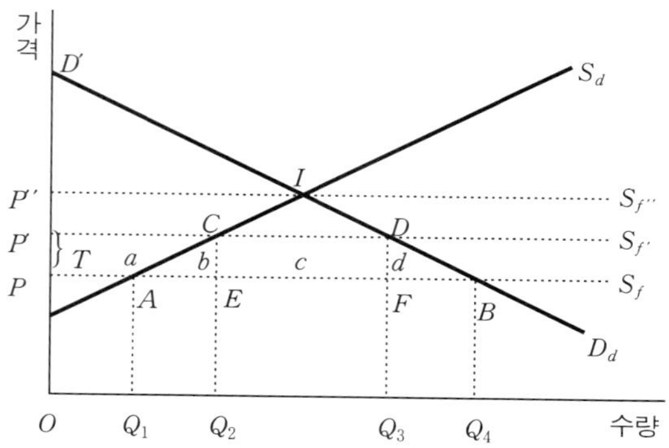

OQ_4에 대하여 국내공급은 OQ_1밖에 충족치 못하므로 그 나머지 초과수요분 Q_1Q_4는 수입하게 된다.

보충설명

여기서 상대국의 수출공급곡선과 수입수요곡선이 소국이라는 가정 때문에 종축의 국제시장가격(P)으로부터 횡축과 평형하게 그은 직선(S_f)이 된다. 이는 상대국의 수출공급곡선과 수입수요곡선이 무한히 탄력적이기 때문에 횡축과 평행한 직선이 된다. 즉, 대국인 경우 상대국이 관세를 부과하였을 때는 그 해당물품이 전체 수출공급량에 차지하는 비중이 작으므로 비탄력적이지만, 소국인 경우 상대국의 관세부과 등의 가격변화에 민감하여 수출공급량의 변화율이 굉장히 크다. 따라서, 소국인 경우 수출공급곡선과 수요곡선이 무한히 탄력적이라고 가정한 것이다.

그런데 이 경우 T율($=PP'/OP$)만큼의 수입관세가 부과될 경우, 수입재의 국내 가격은 OP'가 된다. 따라서 (i) 그 수입재의 국내생산이 Q_1Q_2만큼 증가되고(생산효과 혹은 보호효과), (ii) 국내총수요는 Q_3Q_4만큼 감소되며(소비효과), (iii) 수입량은 Q_1Q_4에서 Q_2Q_3으로 줄게 되어 수입금액은 $OP\times(Q_1Q_4-Q_2Q_3)$만큼 감소된다(국제수지효과). 또한 (iv) 기술이 불변일 경우, OQ_1에서 OQ_2로 Q_1Q_2만큼 국내생산이 증가하게 되면 당연히 OQ_2/OQ_1만큼의 고용증대가 생기게 되며 따라서 그만큼의 본원적인 소득이 증가된다(소득효과 혹은 고용효과).

한편 이에 따른 소비자의 손실을 보면 OQ_3만큼의 상품구입(수입분+국내공급분)을 함에 있어서 PP'만큼의 가격인상에 의하여 $P'PFD$면적의 추가 부담을 지게 되는데, 이 중에서 (v) CEFD는 수입관세를 부과한 정부의 수입이 되며(재정수입효과), (iv) $P'PAC$는 생산자에 대한 소비자의 실질소득의 재분배를 나타내고 있다(재분배효과).

이와 같이 관세를 부과함에 따라 발생되는 경제적 효과는 그 나라의 수요·공급곡선의 탄력성과 관세율에 의하여 지배된다는 것은 전술한 바와 같다. 중복되어 지루한 감이 있으나 이하에서는 이들 제 효과를 세분하여 살펴보고자 한다.

2. 관세의 제 효과

(1) 소비효과

관세의 부과는 일차적으로 수입물품의 가격을 등귀시키고 가격등귀는 소비를 억제하는 효과가 있다. 이를 가격효과 또는 소비억제효과(consumption effect)라고 한다. 관세의 부담은 가격에 전액 전가되는 것은 아니지만 수요탄력성의 크기에 따라 가격에 영향을 미치며, 가격의 상승은 수요량·수입량을 감퇴시키게 된다. 여기서 수요·공급곡선이 주어져 있고 외국공급자는 일정한 가격으로 국내소비자가 필요로 한 만큼의 그 물품을 충분히 공급하고자 한다는 가정하에 관세가 가격기구를 통하여 수요에 미치는 영향을 살펴보자.

㈎ 소비량의 감소

수입물품에 PP' 만큼 관세가 부과됨으로써 국내소비량은 OQ_4에서 OQ_3로 줄어들게 되었다.

㈏ 소비효과 크기의 결정요인

일정한 관세의 부과로 나타나는 소비효과의 크기는 국내의 수요곡선의 기울기와 탄력성에 달려 있다. 국내수요곡선(D_d선)의 기울기가 완만하면, 즉 수요의 가격탄력성이 크면 약간의 관세에도 큰 소비억제효과를 가져온다. 반대로 국내수요곡선의 기울기가 급하면, 즉 수요의 가격탄력성이 작으면 가격을 인상해도 국내소비가 감소하는 비율이 그렇게 크지 않기 때문에 동일한 관세율을 적용해도 소비억제효과는 작다.

그림 2-4 소비효과

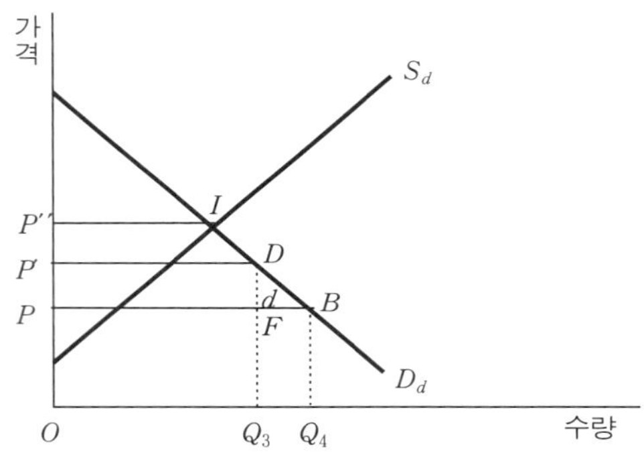

㈐ 소비부문의 손실

소비자의 손실은 P′DBP의 면적(PBIP″−P′DIP″) 즉, $a+b+c+d$ 가 된다. d부분의 경우에는 소비자가 외국상품을 구매할 때 DBQ_4Q_3만큼 증가시킬 수 있는 데도 불구하고 외국의 저렴한 상품에 관세를 부과함으로써 관세분만큼 동 상품의 국내가격이 인상됨으로써 그만큼 소비가 감소하게 된다. 따라서 상품을 인상 전의 가격으로 계산하면 FBQ_4Q_3의 면적만큼 감소하나 실제로 P가격에서 P'가격으로 인상하였기 때문에 인상 후의 가격으로 환산하면 DBQ_4Q_3만큼이 감소하게 된다. 그러므로 DBQ_4Q_3면적에서 FBQ_4Q_3면적을 빼면 DBF의 d면적이 사실상 국제교환이 어렵게 됨으로써 발생하는 손실이 되는 것이다. 즉, 저렴한 수입상품 대신에 비싼 국내상품을 소비하지 않을 수 없는 소비자의 손실인 d면적은 교환불가능으로부터 발생하는 손실이 된다.

(2) 생산 또는 보호효과

수입품에 대한 관세의 부과는 외국상품의 수입을 억제하고 자국상품의 국내시장에서의 가격경쟁력을 강화시켜 국내생산공급을 증대시키고 국내의 유치산업을 보호 · 육성하는 역할을 한다.

또한 수입품에 대한 관세의 부과로 특정의 산업이 보호되면 그 업종에 대한 투자를 유발시켜 자원을 배분하게 되므로 보호관세에 의하여 보호를 받는 산업은 보호를 받지 않는 산업보다 더 많은 자원을 배분받게 된다.

그러나 관세에 의한 산업보호는 상대적으로 유치산업을 보호하기 위한 수단으로 이용되고 있지만, 그 보호로 인하여 비능률적인 산업부문을 보호하게 되어 희생을 가져오기도 한다.

㈎ 생산량의 증가

수입물품에 PP'만큼 관세가 부과됨으로써 수입품과 경쟁관계에 있는 국내생산

그림 2-5 생산 또는 보호효과

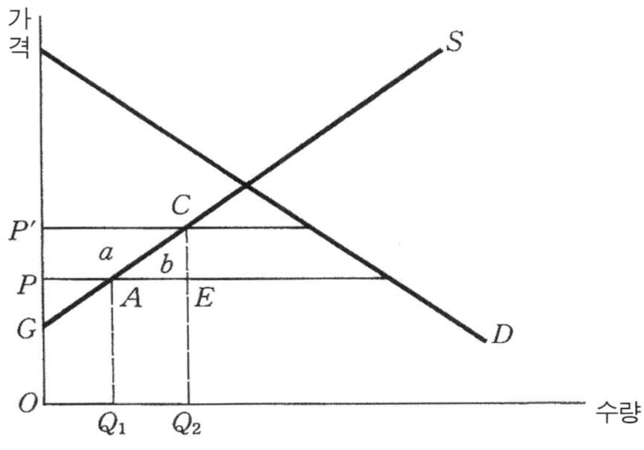

은 OQ_1에서 OQ_2으로 늘어난다.

(나) 생산효과 크기의 결정요인

일정한 관세의 부과로 나타나는 생산효과(product effect)의 크기는 국내의 공급곡선의 기울기와 탄력성(가격변화에 따른 수요 및 공급변화의 정도)에 달려 있다. 국내공급곡선(S선)의 기울기가 완만하면, 즉 공급의 가격탄력성(price elasticity of supply)이 크면 약간의 관세에도 큰 생산효과를 가져온다. 반대로 국내공급곡선의 기울기가 급하면, 즉 공급의 가격탄력성이 작으면 가격을 인상해도 국내생산이 증가하는 비율이 그렇게 크지 않기 때문에 동일한 관세율을 적용해도 생산효과는 작다.

(다) 생산부문의 관세 Cost

관세는 확실히 국내산업에 대하여 생산효과를 가져오지만, 반면 국민경제 전체로 보면 자원을 비교열위에 있는 부문에 보다 많이 사용하기 때문에 자원의 비율적인 배분의 의하여 손실이 발생한다. 이것이 그림에서 b부분으로 표시된 삼각형의 면적이며, 생산부문에 나타나는 관세의 코스트이다. 이를 상세히 살펴보면, 관세의 부과로 국내에서의 생산량은 Q_2Q_1만큼 증가되는데, 이 양을 외국으로부터 수입하면 그 비용이 AEQ_2Q_1인데 반하여, 이를 국내에서 생산할 때에는 ACQ_2Q_1만큼의 비용이들게 됨으로써 사실상 삼각형 b만큼의 추가비용이 들게 된다. 결국, 관세의 부과로 국내에서 증가된 생산량의 비용은 이를 외국으로부터 수입하는 비용보다 더 비싸기 때문에 이를 관세의 보호비용이라고도 한다.

(3) 재정수입효과

관세의 부과로 재정수입이 증가할 때 이를 재정수입효과(revenue effect)라 한다. 당초 관세는 재정수입을 확보하기 위하여 부과되어 오다가 오늘날에 이르러 관세는 산업보호・물가 등의 무역정책수단으로 이용되고 있으나, 아직까지 저개발국에서 관세가 총재정수입에서 차지하는 비중은 적지 않다.

재정수입을 얻기 위하여 관세를 부과하더라도 그만큼 산업보호가 되는 것이며, 산업보호를 위하여 관세를 부과하는 경우에도 재정수입은 증대된다. 그러나 재정수입을 얻기 위하여 관세를 부과함에 있어서는 일정한 한계가 있다. 지나치게 고율의 관세를 부과하면 수입이 억제되기 때문에 오히려 재정수입은 감소되는 결과를 가져오기 때문인 것이다. 따라서 관세율의 변화와 수입량의 변화간의 상관관계에 대하여 적정관세율이 결정되어야 할 것이다. PP'에 해당하는 관세를 부과하였을 때 수입량은 Q_2Q_3가 된다. 따라서 총재정수입은 □ c로서 나타난다.

그림 2-6 재정수입효과

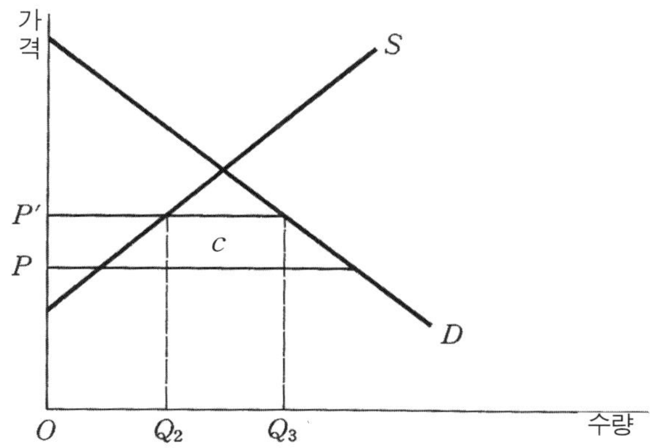

(4) 재분배효과

관세부과에 의하여 수입품의 가격이 인상되고 이어 국내의 수입경쟁재의 가격이 인상됨에 따라, 소비자잉여의 일부분이 생산자잉여로 전환되어 소득이 재분배되는 것을 재분배효과(redistribution effect)라 한다.

자유무역하의 가격 P에서 소비자잉여는 $D'PB$이지만 $T(PP')$만큼의 관세가 부과되면 가격은 P'로 인상되므로 소비자잉여는 $D'P'D$로 감소된다. 따라서 관세부과에 의하여 소비자잉여는 $PP'DB$만큼 감소된다. 이는 소비자의 손실을 의미한다(그림 2-7 참조). 소비자잉여의 감소부분 중 $CDEF$는 관세수입으로 정부로 돌아가고 $PP'CA$는 생

그림 2-7 재분배효과

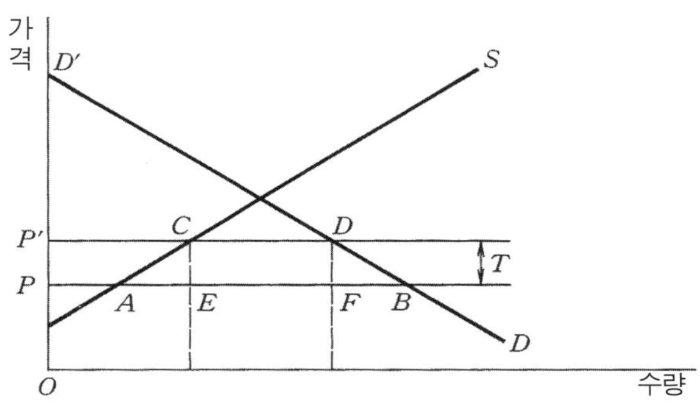

산자잉여의 증가형태로 생산자에게 돌아간다. 이 $PP'CA$부분은 관세에 의하여 소비자잉여에서 생산자잉여로 전환된 것이므로 이를 재분배효과라고 한다.

보충설명 **소비자잉여와 생산자잉여**

소비자잉여는 수요곡선이 가격선 그리고 수직축과 함께 만드는 삼각형의 넓이를 나타낸다. 이 삼각형의 넓이가 크면 클수록 소비자의 후생은 커진다. 왜냐하면 시장가격이 낮을수록 이 삼각형의 넓이가 커지고, 소비자는 낮은 시장가격의 혜택을 크게 받게 되기 때문이다. 반면에 공급곡선이 시장가격선 그리고 수직축과 만드는 삼각형의 넓이는 생산자잉여(producers' surplus)라고 한다. 시장가격선이 높을수록 이 삼각형의 넓이가 커지고 생산자 후생도 커진다. 제품의 가격이 낮을수록 소비자들의 후생수준은 높아지고, 반면에 제품의 가격이 높을수록 생산자들의 후생수준이 높아지는 것은 각각 소비자잉여와 생산자잉여의 증가를 반영한다. 여기서 '후생(厚生, welfare)'이라는 표현은 소비자와 생산자의 전반적인 효용수준을 의미한다.

그림 2-8 **교역조건효과**

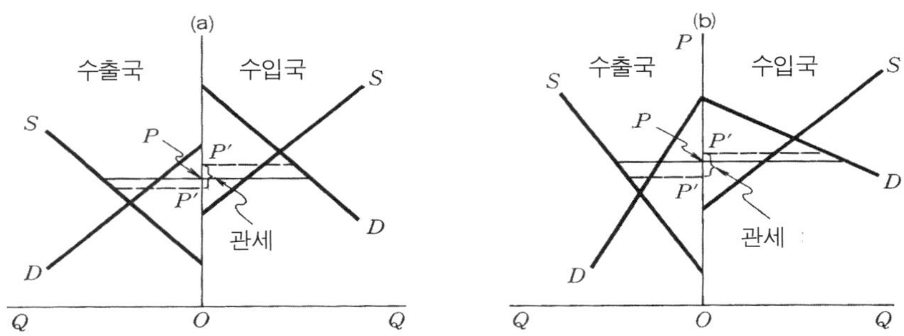

(5) 교역조건효과(terms of trade effect)

㈎ 부분균형분석

관세는 관세부과국의 교역조건을 개선시키고, 그 교역상대국의 교역조건을 악화시킨다. 그러나 관세가 부과된다고 하여 관세부과국의 교역조건이 반드시 개선된다고 할 수 없다. 그것은 교역상대국의 오퍼곡선의 탄력성에 달려 있다. [그림 2-8]은 관세가 수출국과 수입국의 가격격차를 확대하는 효과가 있다는 것을 나타내고 있다.

P는 관세부과 전의 교역가격이고(운송비 무시), P'는 관세부과 후의 양 시장가격을 나

타낸다.

[그림 2-8(a)]에서는 두 나라에 있어서 수요와 공급의 탄력성이 거의 비슷한 경우로서 어느 정도 수입국의 가격을 인상시키고 수출국의 가격을 인하시킨다. 그러나 수출국의 가격이 조금이라도 하락하면 관세부과국은 상품을 그만큼 싸게 구입할 수 있다. [그림 2-8(b)]에서처럼 수출국에 있어서의 공급이 매우 비탄력적이고 수입국수요가 매우 탄력적이라면 관세를 부과하더라도 수입량은 거의 변동되지 않고 훨씬 유리하게 구입할 수 있다.

㈏ 일반균형분석

다음은 마샬-에지워드(Marshall-Edgeworth)[4]의 오퍼곡선(offer curve)에 의하여 일반균형분석방법(general equilibrium analysis)을 통하여 살펴보기로 한다. 오퍼곡선을 통한 관세의 교역조건분석은 무역의 순수이론에 속하기 때문에 수출과 수입이 화폐에 의하여 결제되지 않고 실물에 의하여 결제되는 barter trade를 전제로 한다.

① 관세부과와 오퍼곡선: [그림 2-9]의 (a)와 (b)에서 점, O, B, A는 일국의 자유무역 오퍼곡선에 위치한다. 만약 세율 T로써 관세를 부과한다면, 오퍼곡선은 어떻게 변화하는지를 보기로 하자.

(a)에서 B점은 자유무역의 경우, 이 국가의 국민들은 OD의 수입재를 얻기 위해 BD의 수출재를 기꺼이 지불하려고 하며, OD와의 교환으로 그 국가가 외국에 기꺼이 수출하려는 것은 BD의 전량이라는 것을 나타낸다. 그러나 만약 관세가 존재하면, 총지불액 BD 중의 일부는 관세로써 정부에 반드시 납부되어야 하고, 일부분만 외국에 대해 교환될 것이다. 여기서 C점은 BC/CD가 관세율 T와 일치하도록 그려진 것이다. 이 때, OD의 수입재를 획득하기 위해서 이 국가의 국민들은 총 BD를 기꺼이 지불하려 하며, 이 중에서 BC는 관세지불액이다. 따라서 그 국가는 OD의 수입재와 교환으로 외국에 CD의 수출재를 기꺼이 지불한다. 그래서 C점은 관세가 부과된 상황에서 교역되는 수량을 표시한다. 또한 B는 관세의 결과 T의 비율로 C까지 하향이동하였다.

관세부과의 효과는 동일하여 각 점은 관세로 인해 비율 T만큼 하향이동한다. 자유무역 오퍼곡선의 모든 점에서도 마찬가지이다. (b)에서 점 O, J, C, F를 통하는 곡선은 관세가 부과된 오퍼곡선이다.

② 관세와 교역조건: 이상에서는 관세의 오퍼곡선에 대한 효과를 보았다. 이제 관세의 교역조건에 대한 효과를 보기로 하자. [그림 2-10]의 (a), (b), (c)에서 OB는 자국의 자

4) R. W. Jones, "Tariffs and General Equilibrium," *American Economic Review*, Vol. LIX(June 1969), pp. 418~424.

유무역 오퍼곡선이며, OA는 외국의 자유무역 오퍼곡선을 나타낸다. 따라서 E점은 자유무역에서 양국간에 교환되는 무역량을 표시하며, (수출재의 국제상대가격으로 표시되는)교역조건은 OH/EH이다. 이제 자국이 관세를 부과했다면, 자국의 오퍼곡선은 OB'로 관세율만큼 하향이동하여 E'점이 무역량을 표시한다.

일반적으로 관세는 대국(국제가격에 영향을 줄 수 있을 만큼 큰 국가)의 수출재의 교역조건을 개선시킨다. (a)에서 관세부과 후 수출재의 교역조건은 $OH'/E'H'$여서 자유무역에서의 교역조건 OH/EH보다 더 유리하다(수입재의 교역조건은 보다 불리하게 되었다). 마찬가지로 (b)에서도 (a)처럼 극적으로 수출재의 교역조건이 개선되지는 않았지만 다소 개선되었다. 일반적으로 일국은 관세를 부과하여 자국의 오퍼곡선을 하향이동시켜 국제균형점을 외국의 오퍼곡선을 따라 원점으로 이동하게 하므로, 관세부과국의 수출재 교역조건은 개선된다. 또한 (b)보다는 (a)에서와 같이 외국의 오퍼곡선이 비탄력적일수록 수출재 교역조건의 개선은 더 커진다.

그런데 국제가격에 영향을 줄 수 없을 정도로 아주 작은 소국이 관세를 부과한다면, 수출재 교역조건의 개선은 전혀 없고, 단지 동일한 가격으로 무역량만 줄 뿐이다. (c)에서 자유무역에서와 관세부과 후의 교역조건은 동일하여, $OH'/E'H' = OH/EH$이다. 따라서 소국은 관세를 부과하면 생산비용과 소비비용을 상쇄시킬 수출재 교역조건개선의 이익이 전혀 발생하지 않으므로 반드시 손실만 보게 된다.

그림 2-9 오퍼곡선에 대한 관세의 효과

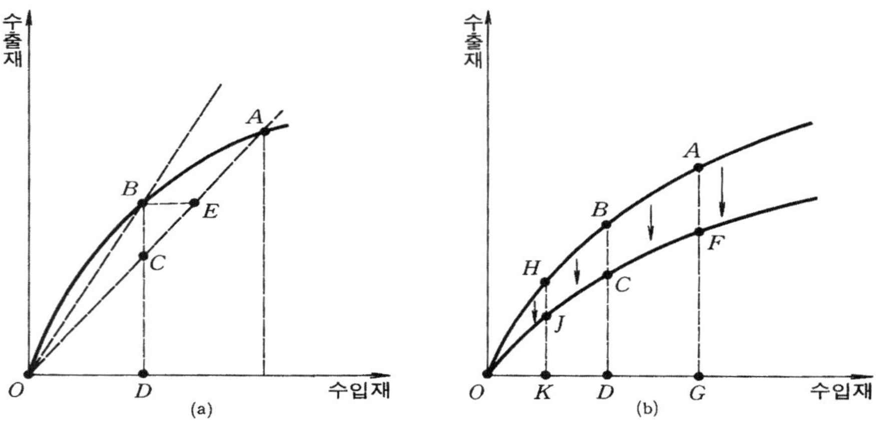

③ 교역조건개선의 실현가능성: 실제로 관세는 세계경제에서 특화의 정도를 감소시키므로 세계후생이 감소된다는 가설이 성립된다. 그래서 교역조건논쟁은 일국이 스스로 무역이익을 더 많이 점유하여 자국후생을 향상시키기 위해 관세를 이용할 수 있다는 국가적인 안목만을 가진 것이다.

비록 이러한 주장이 논리적으로 정확하고 무역이론과 일치하더라도, 대부분의 경제학자들은 이를 자유무역이 한 국가의 후생을 극대화시킨다는 일반적인 법칙에 대한 상대적으로 하찮은 예외로 생각해 왔다. 이러한 이유는 다음과 같다.

첫째, 현대의 세계에서 150개국 이상이 세계가격에 큰 영향을 행사하기에는 충분히 크지 않다. 따라서 이들 국가에 대해서는 교역조건논쟁이 무관하다.

그림 2-10 관세의 교역조건에 대한 효과

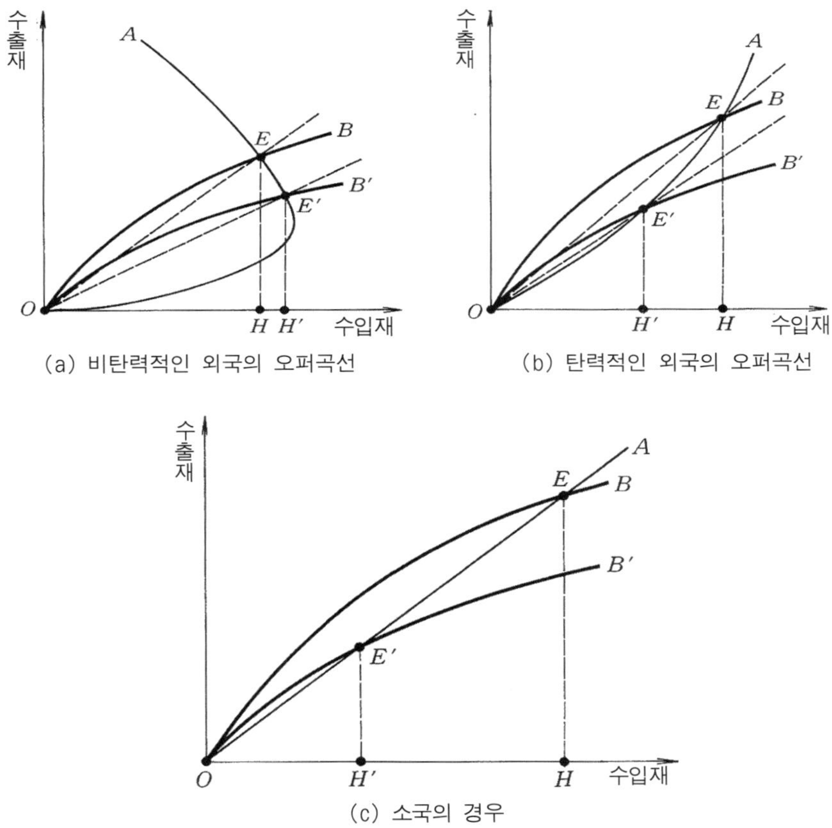

(a) 비탄력적인 외국의 오퍼곡선 (b) 탄력적인 외국의 오퍼곡선

(c) 소국의 경우

둘째, 대국에서조차 개선된 교역조건을 통해 획득된 이익도 만약 타국들이 그들 자체의 관세를 부과하여 보복을 한다면 소멸될 수도 있다. 만약 각국이 연속적으로 관세율을 인상시키는 관세전쟁이 발생하면, 세계무역은 점차 감소하여 특화의 이익이 상실되고 세계산출고가 감소할 것이이서 모든 국가가 손해를 볼 것이다.

보충설명 **교역조건의 개선효과**

대개 소국의 기업들은 외부적으로 결정된 교역조건하에서 생산결정을 하게 된다. 소국의 경우 기본적으로 한 나라가 관세의 부과로 수입을 제한함에도 해외 가격의 변화가 영향을 미치지 않는다는 것을 전제로 하고 있다.

그러나 대국의 경우 관세의 부과는 상대수출국의 수출가격에 영향을 주게 된다. 즉, 수출국은 상대 수입국 시장에서 가격경쟁력을 만회하기 위하여 가격을 낮추어 수출하게 되는데, 그 결과 관세부과국에 교역조건이 개선되는 효과를 가져오게 되는 것이다(즉, $\frac{\text{수입물량}}{\text{수출물량}} = \frac{\text{수출가격}}{\text{수입가격}} > 1$).

관세부과가 교역조건에 미치는 효과의 분석은 마샬 - 에지워드의 오퍼곡선으로 산출할 수 있음은 전술한 바와 같다. OA는 A국이 X재를 수출하는 대가로 Y재를 수입하는 경우에 나타나는 오퍼곡선이다. 무역초기에 자유무역이라면 E점에서 균형 수입량이 결정될 것이다. 이 선을 연결하는 OT가 국제 상거래가격, 즉 교역조건이 될 것이다. 그런데 A국이 Y재 수입에 대해 관세를 부과하면 일정한 국제 상거래 가격하에서 관세부과는 자국의 수입량 감소를 가져오게 되어 다음과 같은 효과를 나타나게 된다.

① 상대국의 보복조치가 없는 경우

이 경우 B국에서 아무런 조치를 취하지 않으면(즉, 보복조치가 없다면). E'점에서 균형이 될 것이다. 경사가 더 급하기 때문에 관세부과가 $(X_{1x} - Y_{1y}) = a$만큼 A국이 교역조건이 유리하게 될 것이다. 다시 말하면 A국의 교역조건이 유리하게 되어 같은 양의 수출로 많은 양의 수입이 가능하다는 뜻이다. 결국 관세는 부과국의 교역조건의 개선을 가져올 수 있다.

② 상대국이 보복조치를 하는 경우

그런데, B국에서 보복관세를 부과할 경우에는 국제 무역량이 현저히 줄어들어 자국이 당초에 기대했던 관세효과는 상쇄되어 역효과가 발생하게 된다. 즉 균형무역량이 $E' \to E''$으로 이동되면서 교역조건이 다시 환원된다. 결국, 두 나라간에 보복과 역보복이 악순환되면서 교역량(E'')은 크게 줄어들어 교역당사국의 사회 후생을 감소시키게 된다.

그림 2-11 보복관세와 교역조건

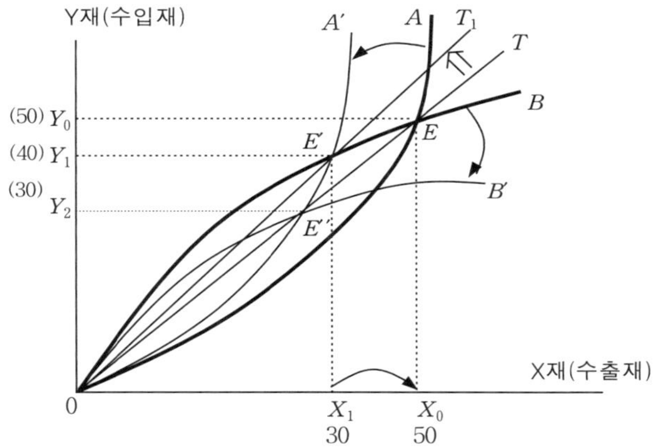

[그림 2-11]에서 B국이 A국의 관세에 대해 자국의 관세부과로 반응하면, 자국의 오퍼곡선은 OB'로 이동하고, 교역조건선은 OE''로 복귀하여, A국은 초기의 상태에서보다 후생이 더 감소한다.

최근에 특히 수출세를 통해 OPEC(석유수출국기구)가 수출재의 교역조건을 개선시키는 데 성공한 이후부터 교역조건에 관한 관심이 재개되었다. 보오크사이트에서 바나나 등에 걸친 많은 타상품의 생산국들은 OPEC의 선례에 자극받아 그들도 유사한 방식으로 자국상품의 가격을 인상시킬 수 있다는 희망을 갖게 되었다. 저개발국들은 세계가격이 시장세력에 의해 영향을 받는다는 것과 특히 그들의 교역조건이 선진국들에 의해 그들에게 불리하게 조작되어 왔다는 것을 오랫동안 의심해 왔다. 교역조건의 격심한 변화가 발생하도록 독점력을 행사한 OPEC의 성공은 그 의구심에 대한 확인으로 나타났으며, 이는 저개발국들의 교역조건개선을 위한 어떤 종류의 국제적 행위의 요구를 다시 새롭게 했다. 사실, 이것이 "신국제경제질서"(New International Economic Order: NIEO) 제안의 가장 현저한 특징 중의 하나이다.

(6) 경쟁효과

자급자족의 경제체제(autarky)는 독점을 형성하기 쉽다. 관세장벽에 의해서 외국과 경쟁이 차단되면, 해당 산업은 독점을 누릴 수 있으나 반면 침체와 나태를 면할 길이 없을 뿐만 아니라, 일시적 관세가 타성과 덤핑에 대한 방어물로서 가끔 존속되고 있는 경향이 있다. 따라서 관세의 경쟁효과(competitive effect)는 어느 의미에서는 반경쟁효과라고 할 수 있다. 왜냐하면 관세장벽의 제거에 의해서 경쟁이 촉진될 수 있기 때문이다.

관세의 경쟁효과는 과거나 현재나 할 것 없이 중요한 것으로 생각된다. 예컨대 1860년의 영·프간의 통상협정은 프랑스로 하여금 산업혁명에의 박차를 가하는 전환점이 되었으며, 그 결과 프랑스에서는 철용광로(iron forge)를 목탄에서 석탄으로 전환하고, 방직업도 수공업에서 기계공업으로 돌릴 수 있었던 것이다. 오늘날의 EC는 한편으로는 시장확대와 규모의 경제를 실현할 수 있었지만 다른 한편으로는 경쟁의 제고로 가맹국의 국내 기존 독점산업을 해체하면서 비능률적인 기업을 능률적인 기업으로의 흡수·합병시킴으로써 산업을 재편성하여 외국과의 경쟁을 이겨낼 수 있었던 것이다.

(7) 수입대체효과 및 국제수지효과

(가) 수입대체효과

어떤 상품이 국내에서도 생산이 가능하면서도 수입가격이 싸기 때문에 외국으로부터 수입되는 경우도 있다. 이 경우 일정수준 이상의 관세를 부과하여 수입가격을 국산가격보다 높게 하면 수입은 억제되고 해당 상품의 국내산업이 억제된 수입만큼 더 많은 생산을 하게 되는 바 이것을 수입대체효과 또는 소득효과라고 한다.

상대적으로 열위에 놓여 있는 국내산업도 관세에 의하여 보호된다면 그만큼 경쟁력이 강화되어 관세가 없을 때 유휴상태에 있는 자원마저 이용되어 생산력을 높일 수 있는 것이다. 관세의 부과로 총체적인 수요는 감퇴되지만 수입대체효과로 인하여 국내산업은 상대적인 이익을 누릴 수 있는 것이다. 다만 국산 대체능력이 없는 부분에 걸쳐 고율의 관세를 부과하게 되면 오히려 수입가격의 앙등을 통한 인플레만을 조장할 우려가 있는 것이다. 따라서 국산 대체가능성 및 잠재력을 고려하여 점진적인 관세조정이 이루어져야 할 것이다.

자국의 국민소득을 향상시키는 동시에 고용기회를 창출하기 위하여 고율의 관세를 부과하는 것은 근린궁핍화정책(beggar-my-neighbor policy)의 소산이다. 일국이 외국으로부터 수입하는 물품에 대하여 관세를 부과하고, 이에 따라 그 나라의 소득과 고용이 증가되는 것은 상대적으로 수출의 감소가 불가피한 외국의 소득과 고용의 희생에서 결과된 것이기 때문이다.

관세가 부과되지 아니하면, 총수요량은 OQ_4가 되고 이 경우 국내공급량은 OQ_1, 수입량은 Q_1Q_4가 된다. PP'에 해당하는 관세가 부과되면 총체적인 수요량은 OQ_4로부터 OQ_3으로 줄지만, 국내공급량은 OQ_1로부터 OQ_2로 증가하므로 수입량은 Q_2Q_3으로 더 한층 축소되는 것이다. 요컨대 Q_2Q_1만큼의 수입대체효과가 나타나게 된다(그림 2-12 참조).

(나) 국제수지효과

일반적으로 관세율이 인하되면 수입이 증가되기 때문에 국제수지는 악화되지만 관세율이 인상되면 수입이 감소하므로 국제수지는 개선된다고 한다. 그러나 관세의 국제수지효과는 수입대체효과에 있어서보다 불확실한 면이 있다. 즉 수입품에 대체되는 국산품을 증산하기 위하여 생산을 확대하면 고용의 증가를 가져올 것이고, 수입이 억제되면 그만큼 외화사용이 줄어들기 때문에 국제수지가 개선되는 것이다.

관세의 국제수지효과가 있다고 하기 위해서는, 해외에서 지출되지 않은 화폐가 모두 관세부과국에서 저축되고, 이에 따른 수출업자의 소득손실은 거시적 경제정책에 의하여 상계되는 경우에 한하여 가능한 것이다. 만일 이러한 여건이 충족되지 않는 이상 관세의 국제수지효과는 상대국의 관세보복이나 반작용으로 상계될 것이다.

그림 2-12 수입대체효과

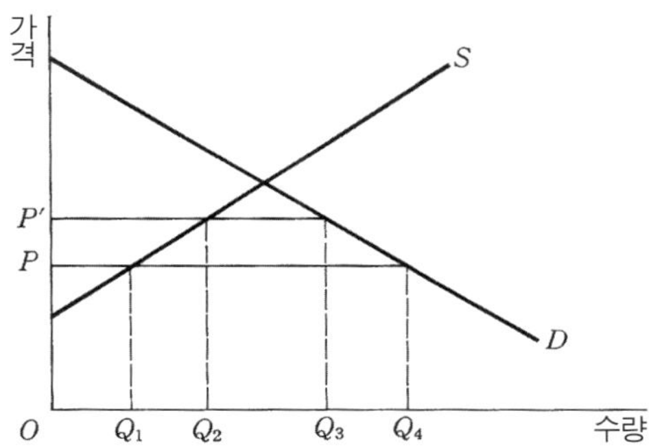

Ⅲ. 관세와 수입할당제

1. 수입쿼터의 의의

수입쿼터란 특정 상품에 대해 일정 기간 동안 수입할 수 있는 양에 대하여 직접적인 한도(수량, 금액)를 설정함으로써 수입품의 가격과는 무관하게 수입량을 제한하는 조치이다. 가장 간단하고 직접적인 비관세 무역장벽 수단이 수입쿼터(import quota)이다.

여러 국가가 수입쿼터를 실시하는 이유는 관세를 부과하는 이유들과 유사하다. 그 중에서도 가장 대표적인 두 가지 이유는 외국과의 경쟁으로부터 자국의 산업을 보호하는 것과 무역수지 적자를 해소하는 것이다. 수입쿼터의 유형을 보면, 선진국들(예로, 일본,

미국, EU 등)은 주로 자국의 농산물 생산자들을 보호하기 위해 수입쿼터를 실시한다. 일본의 쌀 수입쿼터와 미국의 원당(原糖) 수입쿼터가 이에 해당된다. 반면에 개발도상국들은 대개 제조업 부문을 보호하기 위해 수입쿼터를 실시한다는 점에서 선진국과 차이가 난다.

이러한 쿼터에는 크게 총량쿼터와 국별쿼터로 대별된다. 즉, 전자는 세계 모든 국가들로부터 수입누계량이 사전에 설정된 수입할당총량에 도달할 때까지만 수입을 허가해주는 방법이다. 이에 반해 후자는 수출입국가간에 사전협의를 통해 국가별로 수입할당량을 배분하는 방법이다.

2. 수입쿼터의 효과

관세와 성격은 다르지만 쿼터제도도 수입량을 제한함으로써 국내가격을 상승시키기 때문에 결과적으로는 관세와 같은 효과를 갖게 된다.

아래의 [그림 2-13]에서 S_d는 Q재의 국내공급곡선, S_f 를 Q재의 해외공급선이라 하고 수입량을 q_1q_4에서 q_3q_2로 줄이기 위하여 관세 대신에 직접적으로 q_3q_2만큼의 수입할당제(import quota)를 실시하였을 경우를 살펴보자. 이 경우 그 재화의 국내총공급은 국내생산+수입할당액이 되어 총공급곡선은 $S_d + Q_a$가 되고, 수요곡선은 DD와 D점에서 교차함으로써 그때의 국내가격(OP'), 국내생산량(Oq_2), 수입량(q_3q_2), 수요량(Oq_3) 등은PP'/OP율만큼의 관세를 부과했을 경우와 동일하게 된다.

그러나 관세와 수입할당제와의 중요한 차이점은 전자의 경우에는 관세부과에 따른 국제가격과 국내가격과의 차액이 재정수입(□c)으로 국고에 귀속되는 데 대하여 후자의 경우에는 수입제한에 따른 그 가격차액이 쿼터를 할당받은 수입업자에게 프리미엄형태로 돌아간다는 점이다. 따라서 수입쿼터제를 실시하는 경우에는 이러한 초과이윤이 특정수입업자에게 자의적으로 귀속되는 것을 방지하기 위하여 수입허가시 PP'/OP에 해당하는 금액을 징수하거나 혹은 대외경쟁력이 약한 산업과 연결시키는 방법을 취해야 한다.

위에서 설명한 바와 같이 관세와 수입할당제는 동일한 효과를 가져온다고 해서 이를 관세의 수량제한의 동일성(the equivalance of tariff and quotas)이라고 하는 바, 이를 더욱 세분하여 비교하면 다음과 같다.

그림 2-13 관세와 수입할당제

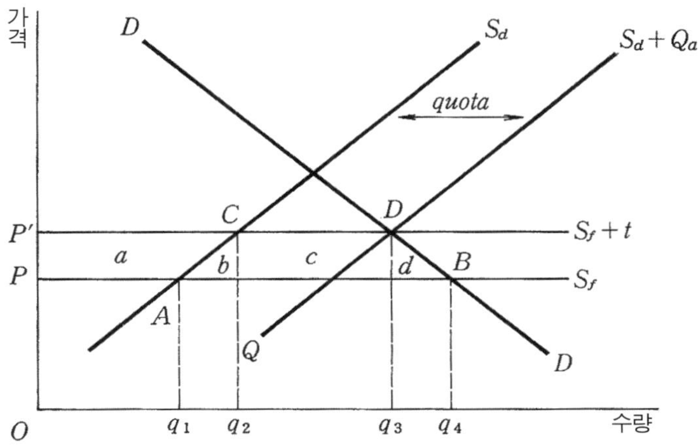

3. 부분균형분석에 의한 비교

(1) 관세와 쿼터의 동일성

관세와 쿼터(Quota)는 대체적인 수단으로 간주되어 왔다. [그림 2-13]을 통해 수입품에 대한 명목관세의 분석과 주어진 쿼터의 분석간에 어떤 유사성이 있다는 것을 알 수 있다.

관세의 경우, □c는 소비자로부터 관세부과당국으로의 재분배인 관세수입이 되나, 쿼터의 경우 이는 수입허가보유자인 수입업자에 대한 쿼터이윤을 나타낸다. 당국이 이러한 잉여를 전용할 수 있는 유일한 방법은 수입허가를 행정적으로 할당하기보다는 사전에 수입허가를 경매시키는 것이다. Corden(1971)이 지적했듯이, 잉여는 수입허가의 희소가치로 인해 수입허가에 귀속되는 경제적 렌트이다. 만약 수입허가가 행정상으로 할당된다면, 허가보유자는 렌트를 획득할 것이다. 만약 당국이 허가를 경쟁시장에서 경매한다면, 수입허가의 판매가격은 렌트의 할인된 가치와 동일한 것이며, 그로 인해 당국은 이익을 전용한다.

참 조 쿼터지대(Quota rent)

앞 [그림 2-13]에서 관세부과의 경우 영역 c는 수입국 정부에 귀속되는 관세수입이었다. 그러나 수입쿼터의 경우에는 이와 다르다. 영역 c는 수입쿼터에 의해 창출되는 '수입(收入)'으로 '쿼터지대(地代, rent)'라고 불리운다. 흔히 '지대'는 '땅을 빌린 데 대한 대가'로 생각되어지지만, 사실은 경제적 용어로서 '지대(rent)'에는 '땅'이라는 의미는 없다. 지대는 토지 외에도 어떠한 형태의 자연자원에도 적용될 수 있는 개념이다.

경제적 용어로서 쿼터는 특정 생산요소가 갖는 자신의 기회비용보다 더 많이 받게 되는 보수를 나타낸다. 기회비용보다 더 높은 보수를 받는 생산요소의 가장 대표적인 것이 '토지'인데, 토지는 원래부터 존재하는 자연자원이기 때문에 토지를 사용하는 데 따른 기회비용은 낮다고 볼 수 있다. 그러므로 토지의 경우 사용에 대한 보수가 지급되지 않아도 토지는 생산력을 제공한다. 이 점에서 토지는 노동이나 자본과는 다르다. 그러므로 토지에 대한 사용의 대가(代價)로 지불되는 '지대'는 토지의 기회비용을 초과한다고 할 수 있다. 이러한 의미에서 역사적으로 토지 사용에 대한 보수인 '지대(地代)'는 종종 불로소득(不勞所得)으로 몰리곤 하였다.

우리말 표현인 '지대'는 토지와 관련된 의미가 강하지만, 지대로 번역되는 영어 표현인 '렌트(rent)'라는 용어에는 '토지'라는 개념은 들어가 있지 않다. 경제 용어로서 '렌트'는 토지뿐 아니라 기회비용을 초과하여 보수가 지급되는 어떤 생산요소에도 적용될 수 있는 표현이다. 따라서 영어 표현 렌트는 '생산요소가 받는 기회비용을 초과하는 보수'의 의미로 사용되어야 한다. 지대가 기회비용을 초과하는 보수이므로, 지대보다는 그냥 '렌트'라는 표현이 더 나을지 모른다.

수입허가의 할당방법과 어떤 부차적인 수입허가거래가 존재하는지의 여부에 대한 의문은 흥미있고 중요한 것이다. 예를 들어 수입허가거래의 가능성은 허가의 독점적 통제가 초래될 것을 인식할 수 있게 하여, 그러한 경우 가격은 더욱 상승하여 수입은 감소한다. 여기에서는 수입허가가 행정적으로 배분되어 최초배분에 따른 수입허가거래는 전혀 발생되지 않는다는 가정을 채택하자.

이러한 수입효과는 쿼터와 관세간의 주된 차이점으로 자주 고려되어 왔다. 이것이 두 경우 모두에 대해 소득이전이 되는 한, (비록 동등성의 고려가 수입허가보유자가 더 높은 소득집단이 되는 경우와 같이 어떤 수단을 상대적으로 선호하게 할 수는 있더라도) 정태적 효율성에 대한 이들의 효과를 조건으로 이들 수단간에서 선택을 한다는 것은 곤란하다.

(2) 관세와 쿼터의 차이

㈎ 관세의 경우 통제메커니즘은 가격메커니즘이다. 반면에 쿼터의 경우 가격메커니

즘의 작용은 실제로 무효가 된다. 만약 시장의 보이지 않는 손이 자원배분에 대해 가장 효과적인 신호메커니즘이라는 견해를 직관적으로 갖는다면, 다른 조건들이 일정하게 유지되는 한은 관세가 더 선호될 것 같다. 반면에 시장에 대한 계획이 필요하고 바람직하다면, 쿼터가 선호될 것 같다.

(나) 시장메커니즘에 대한 수량제한의 효과는 보다 더 동태적 관계에서 수입재수요의 증가를 관련시켜 고려하면 가장 명백히 설명될 수 있다. 이러한 경우를 [그림 2-14]를 통해서 보기로 하자.

(a)에서 단위당 t의 명목관세는 수입품의 국내가격을 P_1에서 P_2(세계가격에다 관세를 더 한 가격)로 인상시켜 수입량을 CD로 제한한다. (b)에서 이와 동일한 수량 및 가격효과가 수입량을 $C'D'$로 제한하는 쿼터에 의해 달성될 수 있다는 것을 보기로 하자. 이제 가처분소득의 증가는 수입품의 국내수요곡선을 D_1에서 D_2로 이동시킨다고 가정하자.5)

(a)와 같은 관세의 경우 국내가격은 반드시 P_2이고, 증가된 수요량은 CD에서 CF로의 수입증가에 의해 충당될 수 있다. 사중삼각형(the deadweight triangles)이 변하지 않도록 D_1과 D_2를 구성했다고 하자. 대조적으로 (b)에서 쿼터의 존재는 수입량을 수요증가 이후에도 여전히 C″D″(=$C'D'$)로 제한한다. 그래서 국내가격은P_3이 된다. 이 경

그림 2-14 관세와 쿼터의 비교

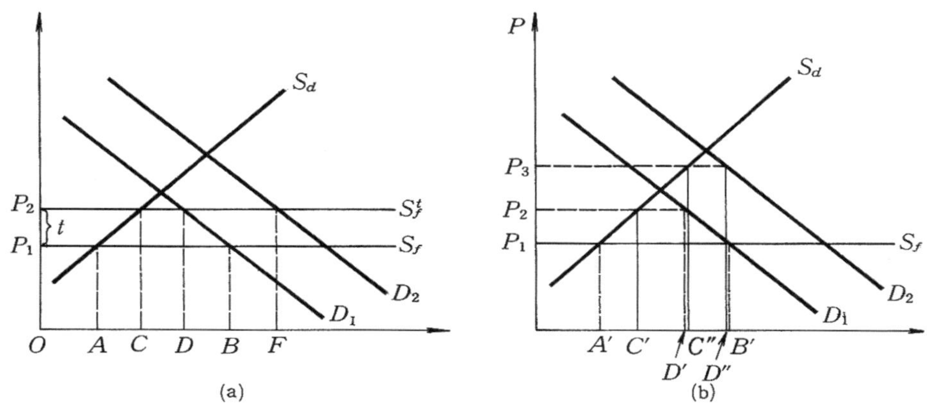

5) 최의목 · 문창권, 무역정책, 삼영사, 1991, p. 434.

우 수입은 계속 제한되어 추가수요는 반드시 수입대체부문의 공급증가로 충당된다. 결과적으로 사중삼각형은 크기가 확대된다. 따라서 국내시장이 확대될 경우, 관세제도는 생산을 상대적으로 효율적인 외국생산자에서 직접 이전시키는 반면에, 쿼터제도는 상대적으로 비효율적인 국내생산자에게 공급을 더욱 집중시킨다.

㈐ 위의 결과에 따라 쿼터는 관세보다 더 크게 성장과정을 억제시킨다고 주장할 수 있다. 성장을 발생시키는 중요한 요인은 상대적으로 효율적인 부문을 위해 상대적으로 비효율적인 부문의 이용가능한 자원을 감소시키는 자원배분이다. 주어진 고정된 쿼터는 성장하는 시장에서 수입품의 가격을 인상시킴으로써 수입대체부문에 주어진 실효보호를 높여 준다. 따라서 쿼터는 성장을 촉진시키기보다는 좌절시킨다.

㈑ 또 하나의 자원분배효과는 역시[6]의 결과에서 유추할 수 있다. 쿼터는 공급을 국내생산자에게 집중시켜 주는 반면에, 관세는 공급을 해외원천에 집중시킨다. 쿼터는 해외공급자들에 대해 차별하기 때문에, 수입되는 수입품은 최소생산비를 가진 공급자들에게 집중되지 않는 것은 당연하다. 이러한 현상이 일부 공급자들에 대해서만 통제하는 신보호주의의 보다 현저한 특성이다.

이상의 분석을 기준으로 관세와 쿼터의 부과시기를 비교할 수가 있으며, 조정수단으로써 쿼터보다는 관세가 언제나 우위의 수단인 것으로 판단할 수도 있다. 그러나 실제로는 경제적 기준이 행정적 고려사항보다 열위가 되기 쉽다. 쿼터는 행정상으로 관세보다 더 간단하지만, (수입허가의 할당과 가능한 이전으로 인해)남용의 여지가 더 많다. 그러나 수입이 관세와 관련하여 발생한다면, 더 높은 행정경비도 수입발생으로 상쇄될 수 있다. 관세와 쿼터를 비교할 때는 완전한 비용편익분석이 두 수단 모두에 대한 순이익을 평가할 수 있도록 이상적으로 시행되어야 한다.

---

6) Greenaway, David, *International Trade policy: From Tarriffs to the New Protectionism*, the Macmillan Press Ltd., 1983, pp. 131~137.

제 2 절 관세관련 제 학설과 실행상의 문제

Ⅰ. 제반 이론적 기초

리카도(D. Ricardo)에 의하여 설명된 국제분업의 비교우위이론은 신고전학파의 이론체계와 결합함으로써 다만 비교우위 결정요인을 구명하는 데서 머무르지 않고 일반균형의 경제이론체계에서 추구할 수 있는 각 부분의 경제분석을 보다 분석적으로 수행할 수 있게 되었다.

따라서 국제무역의 이론체계는 비교우위의 결정요인을 규명하는 문제뿐만 아니라 교역으로 인한 재화생산의 변화, 생산요소 고용의 변화, 생산요소 소득의 배분, 국민복지에 미친 효과, 국제교역균형과 교역조건의 결정 등 광범위한 문제에 이르기까지 복잡한 문제를 간단한 이론모형 속에서 동시적으로 설명할 수 있게 되었고 더 나아가서 이 문제들이 서로 어떤 관계를 가지고 있는지를 유기적으로 설명할 수 있게 되었다.[7)]

국제무역을 설명하는 데 사용되고 있는 신고전학파의 이론적 틀은 대체로 신고전학파 이론구조의 특징을 정확하게 투영하고 있는 네 개의 정리에 의해서 표현될 수 있다. 이 정리들은 헥셔-오린(Heckscher-Ohlin) 정리, 요소가격 균등화 정리, 스톨퍼-사뮤엘슨(Stolper-Samuelson) 정리, 립진스키(Rybczinski) 정리이다.

1. 헥셔-오린 정리

헥셔-오린 정리는 어떤 재화가 수출되고 어떤 재화가 수입되는지 하는 무역패턴을 결정하는 요인이 무엇인가를 규명하는 내용의 정리이다. 즉 상대적으로 풍부하게 부존된 생산요소를 보다 집약적으로 사용하여 생산한 재화에 비교우위를 갖게 된다는 것이다.

예컨대 중국이나 동남아의 개발도상국과 같이 노동의 부존이 다른 나라에 비하여 풍부한 국가는 노동을 보다 집약적으로 투입해야 되는 섬유·봉제·경공업 잡제품·단순조립 산업제품과 같은 재화에 비교우위를 갖게 되며, 자본의 부존이 풍부하고 고도의 기술수준을 확보하고 있는 일본과 같은 국가는 고도의 자본 및 기술집약 상품인 정밀기계제품·첨단전자제품·정밀화학제품 등에 비교우위를 갖는다는 것이다.

---

7) 이성섭, 관세의 상식, 한국경제신문사, 1991 pp. 39~40.

한국과 같이 선발중진국의 위치에 있는 국가는 아직 기술수준의 저위성과 자본축적의 부족으로 선진국 경제가 할 수 있는 만큼 첨단 및 정밀제조업제품에 비교우위를 갖고 있지 못하나 철강・자동차・조선・섬유・직물・전자제품과 같은 중화학제품에 비교우위를 갖고 있다.

2. 관세와 요소부존량이론

일반적으로 관세는 수입재의 국내상대가격을 증가시킨다는 것을 앞에서 보았다. 이러한 사실에서 관세는 국내에서 상대적으로 희소한 자원을 집약적으로 사용하는 상품의 국내가격을 증가시킨다고 말할 수 있다. 따라서 관세는 자국의 상대적 희소자원을 집약적으로 사용하는 산업을 보호한다. 이러한 논점을 기초로 한 저가노동설은 미국과 같은 고임금국가에서 관세에 대해 가장 효과있는 주장이 된다.

요소부존량이론은 또한 보호가 국내의 소득분배에 어떻게 영향을 주는지를 설명해준다. 어떤 상품의 가격상승은 그 상품의 생산에 집약적으로 사용되는 생산요소의 가격을 보다 더 큰 비율로 상승하게 하여, 다른 생산요소의 보수는 하락하게 한다는 Stolper-Samuelson 정리를 생각해 보자. 이에 따르면 관세로 인하여 국내의 희소한 생산요소의 보수가 증가하는 반면에, 국내의 풍부한 생산요소의 보수는 감소한다.

이러한 요소부존량(요소비율)이론은 미국과 같은 고임금국가에서 저가노동설(the cheap-labor argument)이라는 가장 확산적이며 정치적으로 효과 있는 주장을 지지한다. 이러한 주장은 이들 국가의 희소자원인 노동에 대한 보수가 빈민노동(pauper labor)을 보유한 국가의 상품이 수입됨에 따라 감소하므로, 값싼 외국노동에 의해 생산된 상품의 수입을 방어하도록 관세장벽을 설치하여 자국노동자들의 임금을 보호해야 한다는 것이다. 이는 국내의 특정기업이나 산업이 낮은 화폐임금에 기초한 수입경쟁에 의해 피해를 볼 수 있다는 것을 주장하기 위한 것이었다.

그래서 관세는 관세부과국에서 소득을 재분배하므로, 어떤 계층은 보호를 찬성하고 어떤 계층은 보호를 반대한다. 관세의 교역조건효과가 소비 및 생산비용을 초과하지 않는 한, 국가전체로서는 손해를 볼 것이다. 이는 관세로 인해 풍부한 생산요소의 손실이 희소한 생산요소의 이익보다 더 크다는 것을 의미한다. 원칙적으로 풍부한 생산요소는 희소한 생산요소가 보호를 포기하도록 뇌물을 주어도 관세과시보다 후생은 여전히 더 크게 될 수 있다. 그러나 어떤 종류의 보상이나 재분배가 없다면, 희소한 생산요소의 소득이 소득원천인 사람들은 비록 보호가 자국전체에 대해서는 해로운 것이더라도 보호의 이익을 명백히 가질 것이다. 실제로 무역자유화에 따른 저가노동을 기초로 한 상품의 수입증가로 인한 특정기업이나 산업의 피해가 발생하여, 이들 국가들은 피해기업이나 노동자에 대해 조정지원(adjustment assistance)을 제공하게 되었다.

3. 스톨퍼-사뮤엘슨 정리와 립진스키 정리

스톨퍼-사뮤엘슨 정리와 립진스키 정리는 한 나라의 경제가 일반균형에 도달했을 때 나타나는 비교정학의 상황을 묘사하고 있다. 즉 국제교역이론에 기초를 두고 있는 신고전학파 일반균형이론모형의 특성을 명쾌하게 표현하고 있다.

여기서 흥미있는 사실은 스톨퍼-사뮤엘슨 정리와 립진스키 정리가 하나의 경제체제에 나타날 수 있는 두 개의 대칭적 현상을 표현하고 있다는 점이다. 이런 의미에서 이 두 정리를 가리켜 쌍대관계에 있다고 표현한다. 스톨퍼-사뮤엘슨 정리는 경제내에 생산요소의 부존에 변화가 없다고 가정할 때 재화가격체제의 변화는 생산요소가격체제에 어떤 영향을 줄 것인가를 구명하는 데 비하여 립진스키 정리는 재화 및 생산요소의 상대가격에 변화가 없다는 조건에서 생산요소 부존의 변화가 재화생산의 구성에 미치는 효과를 분석한다.

스톨퍼-사뮤엘슨 정리는 경제가 일반균형을 이룩하고 한 국가의 생산요소 부존이 일정한 수준에 머무르며, 경제에 다른 교란요인이 발생하지 않을 때 어떤 재화의 가격상승은 그 재화생산에 집약적으로 사용된 생산요소의 가격을 상승시키며 다른 생산요소의 가격은 그보다 낮은 비율로 상승시키거나 또는 하락시키게 된다는 것이다. 나아가서 이 정리는 가격이 상승된 재화의 생산과정에 집약적으로 사용된 생산요소의 가격상승이 이러한 생산요소의 가격상승을 유발한 해당 재화의 가격상승률보다 높은 비율로 상승하는 경향이 있다는 사실을 밝히고 있다.

예컨대 일반균형의 상황에서 다른 조건에 변화가 나타남이 없이 노동집약산업의 재화가격이 상승했다면 그 결과 노동임금이 상승하게 되며 이 때 노동임금의 상승률은 노동집약산업의 재화가격 상승률보다 높게 되는 경향이 있다는 것이다.

립진스키 정리는 경제가 일반균형의 상태에 있고, 재화 및 생산요소 가격이 고정되어 있고, 다른 조건에 변화가 없다는 가정 위에서 어떤 생산요소의 부존이 증가하는 경우 재화생산의 변화는 부존이 증가한 그 생산요소를 집약적으로 사용하여 생산한 재화의 생산이 증가하며, 여타 재화는 생산의 증가가 그에 미치지 못하거나 또는 감소하는 경향이 있다는 것이다.

Ⅱ. 관세와 소득분배문제

1. 관세의 소득분배

스톨퍼-사뮤엘슨 정리가 무역정책의 운용과 관련해서 관심을 모으는 것은 다음과 같은 이유에 근거하고 있다. 즉 어느 수입품에 관세가 부과되었다고 한다면 그 재화의 국내가격은 상승하게 된다. 이 때 다른 조건에 변화가 없다고 한다면 그 재화의 국내 상대가격은 상승하게 되며 이 상황은 스톨퍼-사뮤엘슨 정리에서 상정하고 있는 것과 같은 상황이다. 즉 이와 같은 관세부과로 인하여 수입품의 가격뿐만 아니라 국내 수입경쟁품목의 가격도 상승하게 되고 이들 산업에 집약적으로 고용된 생산요소의 가격도 상승하게 된다. 이 때 생산요소의 가격상승은 관세부과로 인한 재화가격의 상승률보다 더 높은 율로 이루어지게 된다.

예컨대 미국과 같이 선진공업단계에 처한 경제에서 국내의 노동집약산업이 개발도상국으로부터 수입에 의해서 도산 내지는 생산감축의 위험에 처하게 되었다고 한다면 이 산업의 생존에 이해관계를 맺고 있는 집단은 수입으로부터 산업을 보호하려는 움직임을 보이게 마련이다. 이러한 이해집단 중에서 노동조합의 로비활동이 두드러지는 경향을 보이는데, 스톨퍼-사뮤엘슨 정리는 이러한 경향을 설명하는 데 도움을 주고 있다.

즉 이 정리에 의하면 노동집약산업 제품의 수입에 관세를 부과하게 되면 바로 노동자들의 임금이 관세부과로 인한 수입품의 가격상승 못지않게 상승한다는 것이다. 선진공업국의 노동조합이 노동집약산업 제품의 수입에 보호주의 무역조치를 취하도록 정부에 압력을 가하는 근본적인 이유는 바로 여기에 있다.

그러면 어떤 사유로 노동집약(자본집약)산업 제품의 수입에 관세가 부과되면 노동임금(자본이자)이 상승하게 되는지 살펴보자. 여기서 분석의 편의상 관세가 부과된 산업이 다른 산업에 비하여 보다 노동집약(자본집약)적인 생산방법을 사용하고 있다고 가정하고 있다. 먼저 노동집약(자본집약)산업 제품의 수입에 관세가 부과되면 이 국가의 경제가 세계교역에서 차지하는 비중이 국제교역조건에 변화를 초래할 수 있을 정도로 크지 않는 한 관세가 부과된 수입품의 국내가격은 상승하게 마련이다. 수입품의 국내가격 상승은 동 수입품과 경쟁적 위치에 있는 노동집약(자본집약)적 수입대체품의 가격을 상승시켜서 이 산업에 속한 기업의 수익성을 제고시킨다. 따라서 이 산업에 생산규모가 확장되기 시작하고 수익성이 이 산업보다 못한 국내의 다른 산업에 고용되어 있던 자원의 이동을 유발시켜 이 산업에 흡수되도록 한다.

노동집약산업 제품수입에 관세를 부과함으로써 노동소득을 증가시킨다는 것은 이미 살펴본 바와 같이 효과적인 정책이기는 하지만 국민경제적 입장에서는 오히려 복지의 손실을 초래하는 경향이 있다. 결국 수입품에 관세를 부과함으로써 노동소득의 증대를 도모한다는 것은 국민경제복지에 희생이 오는 것을 무릅쓰고 이를 추진한다는 것을 말한다. 이것은 국민경제 전체의 복지에는 변화를 초래함이 없이 한 계층의 소득을 다른 계층으로 이전시키는 것이 아니라 국민경제의 복지에 감소를 수반하면서 계층간의 소득 재분배를 도모한다는 의미에서 일종의 제로섬 게임의 성격을 갖게 된다.

국제무역이 무역에 참가하는 국가들에게 이들을 가져다 주는 것은 각각의 국가들이 주어진 여건의 제약 때문에 자국 내에서 효율적으로 생산할 수 없는 재화까지 생산함으로써 생산의 효율을 저하시키지 말고 각자 자국에서 가장 효율적으로 생산할 수 있는 재화의 생산에 치중함으로써 전 세계적으로 생산효율을 높이고 그렇게 해서 얻은 이익을 무역에 참가하는 국가가 나누어 공유할 수 있기 때문이다.

그런데 수입품에 대하여 관세를 부과하게 되면 자국에서 생산하는 대신 해외에서 생산하여 수입하는 것이 보다 효율적인 재화의 국내생산이 증가하게 된다. 이것은 같은 자원을 갖고 보다 생산의 효율을 높일 수 있는 비교우위산업 제품을 생산하는 대신에 생산의 효율이 낮은 수입대체품을 생산한다는 것을 의미한다. 따라서 그만큼 전세계의 생산효율은 떨어지고 국제교역량도 감소하게 됨에 따라 국제분업과 교역을 통하여 얻을 수 있는 이익도 감소하게 된다.

2. 관세보호의 소득분배효과

관세의 소득재분배효과에 의해 관세는 일국의 상대적 희소요소의 실질소득을 증가시키고 상대적으로 풍부한 요소의 소득을 감소시킨다고 했다. 일국이 이러한 형태로 소득을 배분시키는 것이 바람직하다면 그것은 관세부과의 중요한 동기가 될 수 있다. 그러나 관세는 보다 직접적인 방법에 의해 피할 수 있는 바람직하지 못한 부수적 결과를 수반한다. 관세는 희소요소의 이익보다 더 큰 손실을 풍부한 요소에 줄 수 있기 때문에 전체적인 손실을 초래할 수도 있다. 최적관세 논의에서도 검토될 것이나 교역조건의 충분한 개선이 없는 경우는 국가 전체로서는 이익이 보장될 수 없기 때문에 적은 이익을 누가 더 많이 갖는냐 하는 것일 뿐이다. 이러한 손실은 소득의 총액분배(lum-sum redistributions)로 회피될 수 있다. 보호의 분배적 결과는 상당히 미묘하다. 그 한 이유는 생산요소가 산업간 쉽게 이동되지 않는 데도 불구하고 소득분배의 논의는 그러한 이동이 일어나는 장기적 상태를 전제한다. 일국의 자본 저장량은 실물적 형태로 구체화(공장시설 재고 등)되거나 노동력의 교육훈련, 사회간접자본 등으로 구체화되기 때문에 이동이 어렵다. 특정 요소(specific factors)들은 한 산업으로부터 다른 산업으로 이동될 수 없고 특정용도에만 사용된다. 대부분의 요소들은 단기에서는 매우 고정적이지만 시간의 경과에 의해 이동되고, 충분한 기회만 주어지면 이동될 수도 있다. 특정요소의 경우, 관세는 어떤 결과를 가져오는가를 보자. 자본(C)과 노동(L)이 X재와 Y재를 생산한다고 하자. X재가 상대적으로 C집약재라 하고 X재는 수출되고 Y재는 수입된다고 하자.

[그림 2-15]에서 자유무역에서 교역조건이 HB로 주어지면 생산점은 F다. Y재에 대한 관세부과는 국내가격비율을 GH/FC로 Y재의 가격을 증가시켜서 새로운 생산균형점은 G가 된다. 만약 C와 L이 자유롭게 이동된다면 생산점 $F \to G$가 된다. 그러나 요소들은 다만 장기에 있어서만 자유롭게 이동된다. 단기에 있어서는 생산점이 F에 있게 될 것이다. Y재의 가격은 등귀했기 때문에 Y재에 고용된 요소는 더 많은 수입을 얻을 수 있어 소득이 증대된다. X재에 고용된 요소들은 그 반대이다. 단기에 있어서는 중요한 것은 요소의 소재(location)이다. 즉, Y재 산업에 소재하는 요소이냐 X재 산업에 소재하는 요소이냐가 중요하다. 시간이 지남에 따라서 더 높은 보수가 가능한 Y재 산업으로 요소는 이동된다. 이러한 이동은 X재 산업이(shutdown)된다면 비자발적인 것이 된다. 이 때는 요소들이 일시적인 실업을 겪게 되고 그 기간은 요소가 얼마만큼 특정된 것이냐에 달려있다. 어쨌든 요소이동은 생산점이 $F \to G$가 되게 한다. $F \to G$의 과정에서 Y산업은 요소를 흡수하고 X산업은 요소를 방출하지만 Y는 노동집약재이고 X는 자본

그림 2-15 보호의 장단기 소득분배효과

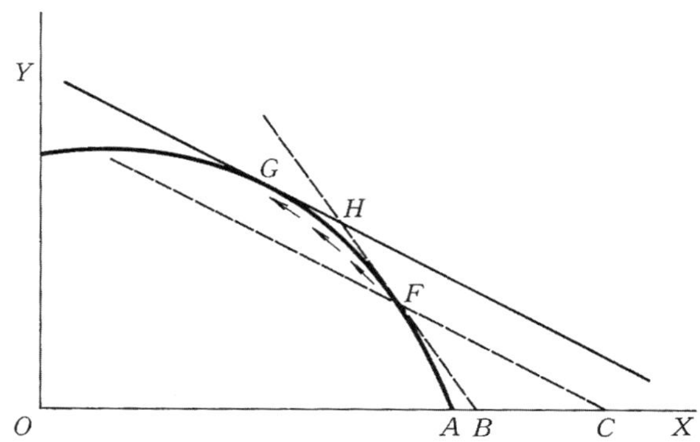

집약재이므로 Y산업의 임금은 상승하고 이자율은 하락한다. X재는 자본보다는 노동자를 유지하는데 더 어려움을 겪기 때문에 임금은 상승한다.

마침내 G에 도달하면 동일한 임금, 동일한 이자율을 양산업에서 지불하기 때문에 더 이상 이동할 이유는 없다. 양산업에서 임금은 관세부과 전에 비해 실질단위로 증가하고 이자율은 하락이다. 여기서 중요한 것은 요소의 소재가 아니라 요소의 동일성(identity of the factor)이다. 이러한 사실은 관세의 소득배분효과에 의해서도 확인된 바 있다. 단기에는 요소소득이 소재에 의해서 결정되고 장기에는 동일성에 의해 결정된다. 이를 요약하면 <표 2-1>과 같다.

표 2-1 노동집약재(Y)에 대한 관세의 소득효과

기 간	실질소득증가	실질소득감소
단 기	Y재 L요소	X재 L요소
	Y재 C요소	X재 C요소
장 기	Y재 L요소	Y재 L요소
	X재 L요소	X재 C요소

어떤 요소는 장단기에 같은 방향으로 영향을 받고 다른 것은 반대방향으로 영향을 받는다. Y산업의 노동자들은 단기에 이익이 있고(Y산업에 종사), 장기에도 이익이 있다(보호되는 산업에 의해 집약적으로 사용된 요소). 그러나 최초에 Y산업에 종사했던 자본은 명백하지 않다. 단기에는 이익이 있으나 장기에는 종국적으로 손해를 입기 때문이다. 따라서 Y산업에 자본소유자들은 기간범위(time horizon)에 따라 그들 산업에 대한 보호의 결과가 유익할 수도 있다. 이러한 모순(discrepancy)은 왜 개별적으로 관세문제에 있어서 Stolper-Samuelson 정리에 의해 예측된 바와 같은 그들 자신의 이기에 대해 반대적인 입장을 취하는냐 하는 것을 설명해 준다. 예컨대 선진제국의 섬유산업과 같은 L-집약산업에 투자한 자본주(owners of capital)들은 $S-S$ 정리가 그러한 행위가 비록 그들의 이익에 반대가 된다고 예측하지만 종종 보호에 대해 항변한다. 관세문제에 있어서 개인의 이익관계에 따라 개인의 입장을 잘 판단할 수만 있다고 하면 소득분배적 동기는 실제로 보호의 강력한 동기가 된다.

Ⅲ. 관세와 국내왜곡문제

국내왜곡이론은 경제발전영역에서 직접 발생된 이론으로 주로 시장메커니즘이 파레토최적을 달성하지 못하게 하는 각종 왜곡들과 국내왜곡을 중화시키고 파레토최적을 회복하기 위한 권고정책들을 다루는 이론이다. 따라서 국내왜곡이론은 관세를 주요수단으로 하는 무역정책의 역할을 격하시켜 적어도 정통적인 최적관세율과는 괴리된 자유무역의 경우를 회복시켰다.

관세는 일국의 내부가격구조와 자원의 배분에 영향을 미치기 때문에 국내경제의 왜곡과 관련될 수 있다. 그러한 왜곡은 일국경제가 최적행위를 하지 못하도록 하며, 여러 가지 이유들 때문에 왜곡이 일어날 수 있다. 독점, 노동조합, 외부경제(external economy) 혹은 비경제(diseconomy), 정부행위 및 규제 등이다. 관세를 부과하여 부분적으로 그러한 왜곡을 제거하여 후생이 증대된다면 국내왜곡의 존재시 이를 시정하기 위해 관세보호가 필요하다는 것은 한 동기가 될 수 있다.[8)]

1. 국내왜곡의 이론

전후 국제경제학은 전통적으로 보호이론으로써 중시되던 유치산업보호론(infan-tindustry argument)을 재평가하는 과정에서 유치산업보호를 포함하여 전산업부문을 포함하는 보호이론으로 확장을 시켰다. 이러한 전산업으로 확장된 보호이론이 앞서 지적한 요인들에 의한 국내왜곡 즉 시장가격과 기회비용과의 차이에 관한 이론, 즉 국내왜곡의 이론이다.

이 이론은 전후 미개발국의 경제발전의 속도를 가속화하기 위해서, 그리고 생활수준을 향상시키기 위해 보호를 위한 새로운 관심을 야기시킴으로써 전통적 유치산업보호론을 포함한 전산업의 분야로 보호이론을 확장시킨 과정의 결과이다. 국내왜곡은 내생적 왜곡(endogenous distortions)과 정책유발적 왜곡(policyinduced distortions)으로 나누어진다. 전자는 외부경제, 판매독점력 혹은 구매독점력, 시장구조 등과 같은 시장의 불완전성으로 인한 왜곡이고, 후자는 관세, 생산보조금, 소비세와 같은 경제정책의 결과에 의한 왜곡이다. 다음에서 논의되는 것은 주로 내생적 왜곡에 관한 것이다. 그 이유는 정책유발적 왜곡은 다만 원인이 되는 정책의 제거로써 왜곡이 시정되기 때문이다.

---

8) 최의목 · 문창권, 전게서, pp. 278~280.

국내왜곡이론 자체는 시장메커니즘이 파레토최적을 달성하는 데 방해되는 여러 가지의 왜곡현상과 국내왜곡의 중화 및 파레토최적상태의 회복을 위한 정책권고에 관한 것이기 때문에 보호의 이론은 아니며, 무역제한만이 왜곡의 시정을 위한 치료약도 아니다. 다음에서의 논의는 왜곡시에 과연 관세수단을 통해서 왜곡을 시정할 수 있느냐하는 문제에 초점을 맞춘다.

2. 해외왜곡과 최적관세

해외왜곡(foreign distortions) 즉, 국제시장에서의 왜곡은 개방경제가 대국이어서 판매독점, 수요독점과 같은 요인이 있기 때문에 국내가격(비용)≠한계교역조건으로 왜곡이 일어난다. 이 때 최적관세는 이 왜곡을 제거시키기 때문에 최선의 정책(first-best policy)이 된다. 소국에는 자유무역이 파레토최적을 달성하기 때문에(즉 국내가격비율=평균교역비율=한계교역비율) 왜곡이 없다. 그러나 이러한 최적관세 논의는 대국의 입장에서 본 견해이고 세계전체로는 자유무역이 후생극대를 달성한다. 요컨대,

① 자유방임(laissez faire)은 국제무역에서 독점판매, 독점구매력이 없는 완전경쟁적인 경제에서는 최선책이다(소국의 경우에서).

② 자유방임은 세계 전체에는 최선책이다.

③ 국제무역에서 독점판매, 독점구매력이 있어 왜곡이 발생하면 일국의 입장에서 파레토최적성은 최적관세에 의해 달성된다. 최적관세는 근원적으로 혹은 적당한 비율로 왜곡을 제거한다.

④ 관세가 항상 국가후생을 증대시키는 것은 아니다. 금지적 관세는 모든 무역을 제거하고 따라서 무역이익을 포기하게 한다.

Ⅳ. 최적관세론의 실용성문제

1. 최적관세의 의의

일국이 무역을 통하여 국제분업의 이익을 최대로 얻으려고 한다면, 교역조건을 개선시키고 이 개선된 교역조건하에서 무역량을 증가시켜야 한다. 전술한 바와 같이 관세는 교역조건을 개선시킬 수 있는 주요한 수단이 될 수 있다. 그러나 관세는 일반적으로 교역조건을 개선시키는 반면에 무역량을 감소시킨다. 즉 교역조건의 개선을 위하여 수입관세율을 인상할 경우 이는 다른 한편으로는 교역량의 감소를 초래함으로써 교역이익의 희생을 수반하게 된다. 따라서 관세부과국은 교역량의 감소에서 오는 경제후생의 손실

보다 교역조건의 유리화에서 오는 경제후생의 증대를 최대화할 수 있는 최적상태(점)를 찾지 않으면 안된다. 이와 같이 교역을 통하여 최대의 무역이익을 얻을 수 있도록 부과하는 관세를 최적관세(optimum tariff)라고 한다.[9)]

지금까지는 관세를 부과하는 해당 국가의 교역규모가 전 세계의 교역규모에 비하여 왜소하기 때문에 한 국가의 관세정책이 국제무역의 교역조건에 영향을 미칠 수 없다는 소국의 가정 위에서 관세정책의 효과를 조사하였다. 그러나 한 국가의 교역규모가 커서 한 국가의 관세정책이 국제교역조건에 영향을 미칠 수 있게 되면 관세는 그것을 부과한 국가에서 언제나 복지의 감소를 초래한다는 지금까지 발견한 결론이 더 이상 성립하지 않게 된다.

지금까지 소국경제를 가정하고 관세가 부과되면 생산과 소비구조가 왜곡되어 교역량이 감소하고 따라서 관세를 부과한 국가의 복지가 감소한다는 사실을 설명했다. 그러나 관세를 부과하는 국가의 복지를 감소시킬 뿐만 아니라 생산 및 소비구조를 왜곡시켜 세계경제의 복지를 감소시킨다.

이와 같은 세계경제의 복지감소에도 불구하고 관세정책을 통하여 국제교역조건에 영향을 미칠 수 있는 대국경제는 국제교역조건이 자국에게 유리한 방향으로 움직이도록 관세정책을 조정함으로써 관세가 부과되기 이전과 비교하여 자국경제의 복지증가를 도모할 수 있다.

따라서 자국의 관세정책을 통하여 국제시장의 물자수급에 영향을 주고 국제교역조건에 변화를 줄 수 있는 위치에 있는 국가는 그것이 가능하다면 국제교역조건을 자국에게 유리한 방향으로 변화시키려고 한다. 즉 상대방 국가가 자국의 관세정책에 대하여 아무런 반응을 보이지 않는다면 자국이 부과하는 관세의 크기에 따라서 해당 국가의 복지수준에 변화를 줄 수 있다. 이 때 이 국가가 추구할 수 있는 최선의 정책은 관세율을 변화시킴으로써 자국의 복지를 최대로 향상시킬 수 있는 수준에서 관세율을 정하는 것이다. 이 수준의 관세율을 가리켜서 최적관세율이라고 한다.

이와 같이 대국을 가정하고 최적관세를 부과하는 것이 가능한 것은 상대방 국가가 자국의 최적관세정책에 대하여 아무런 반응을 보이지 않기 때문이다. 최적관세정책을 취하는 국가는 소위 교역오퍼곡선(offer curve)에서 나타나는 상대방 국가의 무역반응행태를 알고 있을 뿐만 아니라 상대방 국가가 자국의 관세정책에 대하여 아무런 보복정책을 취하지 않을 것을 알고 있다고 가정한다.

---

9) 그러나 실제에 있어서는 관세율을 어느 정도로 하는 것이 그 나라의 후생을 최대로 할 것인가는 정확한 계측이 불가능한 것이기 때문에 최적관세율이란 사실상 관념적 표현에 불과하다.

◈ 정 리

관세의 부과는 관세부과국의 교역조건을 개선시킬 수 있는 반면, 수입량을 감소시킨다. 수입량의 감소는 경제후생상 불이익이기 때문에 관세부과에 의해 교역조건을 개선시켜도 반드시 이익을 가져오리라고는 단언할 수 없다. 그러나 일정한 관세율을 적용하면 교역조건의 개선의 이익이 수입감소의 불이익을 상쇄한 후 관세부과국에 이익을 최대로 하는 경우도 있다. 여기서 관세부과국이 그 나라의 후생을 최대로 하는 관세를 최적관세(Optimum Tariff)라 하며, 이 관세율을 최적관세율(Optimum Tariff Rate)이라고 한다.

2. 관세의 이익과 불이익

관세를 부과하는 국가는 국제시장에서 독점자와 같이 행동하며 시장의 독점자가 독점이윤을 추구하기 위하여 한계비용과 한계수입이 일치하도록 공급량을 조절하듯이 관세정책을 통하여 무역에서 발생하는 이익을 독점할 것을 도모한다.

[그림 2-16]에서 S_x는 상대국의 수출공급곡선, D_m은 관세부과국의 수입수요곡선을 나타낼 때, 관세의 이익과 불이익을 소비자잉여와 생산자잉여의 합계가 되는 총잉여로 본다.

위 그림에서 관세의 부과가 관세부과국의 수입상품의 국제가격을 OP_0에서 OP_1^*로 인하시킴으로써 수입량은 OQ_0에서 OQ_1으로 감소하였다(교역조건개선의 효과).

한편, 관세의 부과는 관세부과국의 수입상품의 국내가격을 OQ_0에서 OQ_1으로 인상시킨다.

그림 2-16 관세의 이익 · 불이익

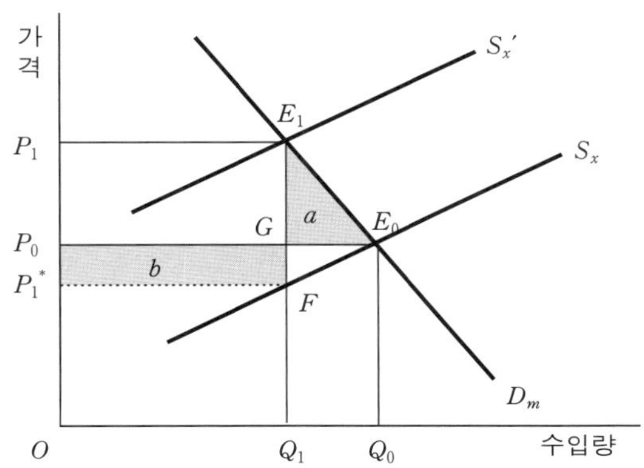

이 결과 관세의 부과는 관세부과국의 총잉여를 $P_1E_1E_0P_0$의 면적만큼 감소시키는 반면, $P_1E_1EP_1^*$의 면적만큼 관세수입을 징수할 수 있다. 여기서 관세수입이 소비자에게 배분되는 것으로 가정하면, 관세의 부과는 $P_0GFP_1^*$의 b면적으로 표시된이익과 E_1E_0G의 삼각형으로 된 a면적의 손실이 발생하게 된다. 여기서 a를 관세부과에 의한 총잉여의 감소라 하고 b를 관세수입의 증가라 할 때, 교역조건을 개선시키는 관세의 부과가 관세부과국에 주는 순이익은, $b-a$로 표시된다.

따라서 순이익을 얻기 위해서는 $a<b$라는 조건이 충족되어야 한다.

3. 최적관세율의 도출

최적관세율의 도출은 오퍼곡선과 무역무차별곡선에 의하여 도출할 수도 있고 규범적 분석에 의하여 도출할 수도 있으나 여기서는 규범적 분석에 의하여 최적관세율을 도출하고자 한다.

관세부과로 인한 잉여의 증가분 $P_0GFP_1^*(b)$가 관세부과로 인한 잉여의 감소분 $E_1E_0G(a)$보다 클 경우에 교역조건의 개선을 통한 이익이 주어지는 바 교역조건의 개선 이익이 최대가 되기 위해서는 $(b-a)$가 최대가 되는 관세율을 책정하여야 한다. 따라서, 관세율의 인상과 a, b의 면적과의 관계를 살펴보자.

(1) 관세율의 인상과 b면적과의 관계

앞의 그림에서와 같이 관세부과국의 수입수요곡선(D_m)과 상대국의 수출공급곡선(S_x)의 상태를 불변이라 하고 관세율을 인하하면 E_0점은 S_x선을 따라 F점으로 이동한다. 그러므로 b의 면적이 생기며, 관세율이 제로(0)일 때 관세수입 b는 제로(0)이며, 관세율이 어느 일정 수준에서는 관세수입은 최대가 된다. 더욱이 관세율이 금지적이라면 수입을 차단하기 때문에 관세수입은 다시 제로(0)가 된다. 따라서 관세율과 관세수입인 b면적과의 관계는 다음 그림에서 위쪽의 곡선으로 표시된다.

(2) 관세율과 a의 면적과의 관계

초기의 무역상태인 E_0점에서 관세를 인상하면 E_0점은 D_m선을 따라 E_1점으로 이동한다. 따라서 a면적은 관세율이 높으면 높을수록 커진다. 따라서, 관세율과 a면적과의 관계는 다음 그림에서 아래쪽의 그림으로 표시된다.

그림 2-17 관세율과 이익 · 불이익

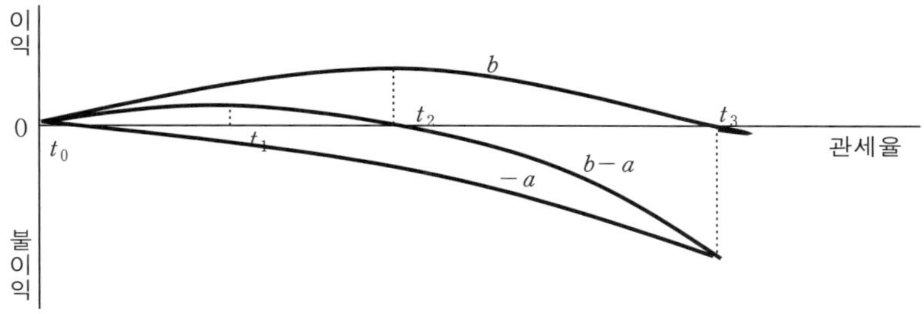

(3) 최적관세율의 도출

관세가 어느 적정 수준에서 부과되면 아래와 같이 관세부과국의 후생은 높아지지만 그 수준 이상으로 높은 관세가 부과되면 오히려 후생을 저하시킨다. 이 경우 후생을 최대로 하는 적정수준의 관세율을 최적관세율이라고 하며, 그 산출은 다음과 같다.

관세의 부과로 인한 총이익이 감소하는 곡선은 a라고 하고, b를 관세수입의 증가 곡선이라 가정한다. 이 경우 교역조건을 개선시키는 순이익은 b-a가 가장 클 때 최대치가 된다. 즉, 관세부과로 인한 불이익곡선(a)은 관세율이 높으면 높을수록 잉여의 감소를 가져오게 된다. 한편 b곡선은 적정수준의 관세(t_2)까지는 관세부과국의 이익은 높아지지만, 일정 수준 이상부터는 이익이 줄어들게 된다. 따라서 이익(b)-불이익(a)의 최대치가 되는 t_2가 최대의 이익이 된다. 이 수준의 관세율은 관세부과국의 순이익을 최대로 하는 관세율이며, 이를 최적관세율이라고 한다.

(4) 최적관세의 한계

최적관세율은 후생경제이론상으로는 매우 흥미있고 유용한 것이지만, 현실적인 관세정책에 적용하기가 무척 곤란한 다음과 같은 한계를 가지고 있다.

첫째, 최적관세율은 현실적으로 구해질 수가 없다. 이는 특정국의 수입량증감이 국제가격에 현저하게 영향을 미치게 되는 사례가 많지 않을 뿐만 아니라 사회후생수준(소비자잉여와 생산자잉여 등)을 객관적으로 계측하여 그 적정관세율을 산출하는 것이 불가능하기 때문이다.

둘째, 최적관세율이 구해진다 해도 상대국이 보복관세를 부과하지 않는다는 것을 전제로 하고 있다.

현실적으로 한 나라가 수입품에 관세를 부과하면 상대국은 이 나라의 수출품에 보복관세를 부과하게 될 것이다. 이것은 상호 무역의 축소를 가져오게 되며, 무역의 축소는 무역이익의 상실을 초래한다. 따라서 보복관세가 부과되면 최적관세의 이익은 크게 감소될지도 모른다. 이와 같은 이유에서 최적관세라 할지라도 관세정책이 자유무역보다도 유리한 정책이라고는 반드시 주장할 수 없는 것이다.

4. 최대수입관세율

(1) 최대수입관세율의 개념

관세부과국의 국민후생을 극대화시키는 관세를 최적관세라고 한다면 과세국의 관세수입을 최대로 하는 관세를 최대수입관세라고 한다. 이처럼 최대수입관세율은 최적관세율과는 다른 개념이다.

최대수입관세율이란 관세수입을 최대로 하는 관세율로서 그 나라의 후생이라든가 국내산업보호 등은 무시하고 국가재정수입면만을 고려한 것이다.

최대수입관세율은 수입수요의 탄력성에 따라 상품별로 그 크기가 달라진다. 예컨대, 생필품과 같이 수요탄력성이 작은 품목은 관세율이 높아짐에 따라 관세수입도 커지므로 최대수입관세율은 높은 편이며, 사치품과 같이 수요 탄력성이 큰 품목은 반대로 최대수입관세율은 낮게 될 것이다. 그러면 그림을 통하여 보다 구체적으로 살펴보기로 하자.

(2) 최대수입관세율의 도출

관세부과로 인하여 관세수입의 증가분인 b가 최대치가 되는 관세율이 최대 수입 관세율이다. 따라서, [그림 2-17]에서 관세율 t_2가 관세수입을 최대로 하는 관세율즉, 최대수입관세율이 된다.

(3) 최대수입관세율의 크기 결정요인

최대수입관세율은 수입수요의 탄력성에 따라 상품별로 그 크기가 달라지는데 생필품과 같이 수요탄력성이 적은 품목은 관세율이 높아짐에 따라 관세수입도 커지므로 최대수입관세율은 높은 편이며, 사치품과 같이 수요탄력성이 큰 품목은 반대로 최대수입관세율은 낮은 편이 될 것이다.

V. 관세에 의한 무역정책운용의 한계

시장의 가격기구는 자원을 배분함에 있어서 지금까지 고안된 그 어느 인위적인 방법보다도 효율적인 제도이다. 그러나 시장가격기구에 결함이 없는 것은 아니다. 대표적인 예가 독과점의 출현과 외부경제 및 외부비경제이다. 독과점이 발생하게 되면 독과점기업들은 인위적으로 생산공급을 사회적으로 바람직한 수준보다 낮은 수준으로 감축함으로써 독점이윤을 도모한다. 따라서 이 경우에 국가가 민간의 경제활동에 개입하는 것이 정당화되고 독과점기업으로 하여금 생산공급을 사회적으로 바람직한 수준까지 확대하도록 유도할 수 있다.

1. 외부경제

기업의 생산활동에 외부경제가 발생하는 경우에도 사정은 유사하다. 예컨대 어느 기업이 스스로의 생산활동을 위하여 많은 비용을 지불하고 기술개발을 시도하고 있다고 하자. 이렇게 해서 기술이 개발되면 이를 위하여 비용을 지불한 해당 기업이 1차적인 혜택을 보겠지만 이 기술의 개발을 위하여 하등의 비용을 지불하지 않은 다른 기업들도 혜택을 입게 된다. 이렇게 되면 기술개발을 위하여 비용을 지불한 기업은 기술개발에 소요되는 비용과 기술개발로 인하여 자신이 얻게 되는 이익을 저울질하여 기술개발의 규모를 결정한다. 그러나 이렇게 해서 공급된 기술개발수준은 사회적으로 바람직한 수준에 미치지 못한다. 왜냐하면 기술개발비용을 지불하는 기업은 기술개발에 의해서 발생한 이익 중에서 자신에게 돌아오는 부분이 자신이 지불한 비용을 보전해 주는 만큼의 수준에서 기술개발을 그치기 때문이다. 그러나 한 기업의 기술개발로 인해서 발생한 이익 중에는 기술개발과정에 전혀 투자비용을 지불하지 않은 사회의 다른 구성원에게로 돌아간 부분이 있다. 즉 사회적 입장에서 보면 한 기업에 의해서 이루어진 기술개발의 이익은 해당 기업에게 뿐만 아니라 사회구성원 전체에게 귀속된 모든 이익까지 포함되어야 한다.

국가의 입장에서 사회적으로 바람직한 수준에 이르기까지 한 기업이 기술개발투자를 증가시키도록 유도하기 위해서는 기술개발투자로 인하여 발생한 이익 중에서 다른 사회구성원에게 귀속되었던 부분만큼 투자한 기업에게 보상해 주어야 한다. 이 경우에도 민간부문의 경제활동에 대한 정부의 개입이 정당화되고 해당 기업의 기술개발투자가 사회적으로 바람직스러운 수준에 이르도록 유도하는 정책을 채택할 수 있다.

2. 외부비경제

재화를 생산하는 기업의 생산과정에는 산업폐기물과 같은 의도하지 않았던 부산물이 함께 생산되는 경우가 흔히 있다. 이러한 산업폐기물이 사회환경을 파괴하지 않도록 이들을 제거하는 데 소요되는 비용이 해당 생산기업에게 부담되어야 하는 것이 당연하지만 현실적으로는 이러한 비용이 해당 기업에게 완전히 부담되지 않는 경우가 많다. 이 경우 이 기업은 해당 기업에서 생산된 산업폐기물로 사회에 피해를 입히는 외부비경제를 유발시키는 것이다.

이러한 외부비경제를 유발하는 기업의 생산은 사회적으로 바람직스럽다고 생각되는 수준보다 많은 양이 생산되는 경향이 있다. 왜냐하면 재화의 생산비용 속에 공해물질을 제거하는 비용이 충분히 포함되어 있지 않기 때문에 기업은 이 재화의 생산과정에서 더 많은 수익성을 확보할 수 있고 결과적으로 공해물질을 부산물로 생산하는 재화가 사회적으로 바람직스러운 수준보다 많은 양이 생산되게 된다.

3. 관세정책을 통한 정부개입

이 경우에도 민간경제가 스스로 사회적으로 바람직한 경제상황을 만들어낼 수 없기 때문에 정부개입이 요망되는 경우이다. 민간의 의사결정과정에 정부개입이 요구되는 이 모든 경우에서 정부는 어떤 정책수단을 사용하여 민간경제의 의사결정과정에 영향을 미침으로써 사회적인 최적의 경제상태가 민간경제 스스로의 의사결정을 통하여 달성되도록 할 수 있을 것인가 하는 것은 중요한 과제이다. 특히 관세정책이 이러한 정부개입에 사용될 수 있는 유효한 정책수단이 될 수 있을 것인가 하는 문제를 고찰할 필요가 있다.

외부경제에 의해서든 또는 외부비경제에 의해서든 혹은 다른 어떤 원인에 의해서든 간에 시장가격기구에 의해서 운용되는 민간경제가 자원배분에 체계적인 왜곡을 경험하게 되는 경우 정부는 이런 왜곡을 시정하기 위해서 어떤 형태로 개입하는 것이 가장 적절한가? 여기에서 가장 적절한 개입이 의미하는 바는 정책수단이 소기의 정책목표를 추구하는 데는 유효하지만 그 밖에 다른 부작용을 초래하지는 않는다는 것을 의미한다.

경제체제의 운용상에 결함이 존재하여 자원배분이 왜곡될 때 이를 구제하는 최선의 정책운용은 경제정책의 효과가 직접적으로 경제체제의 결함 위에 작용하도록 하여 자원배분상의 왜곡을 교정하도록 하나 그 정책의 효과가 여타부문으로 확산되지 않도록 함으로써 그 정책으로 인해 나타날 수 있는 다른 부작용을 방지하도록 하는 것이다.

이런 의미에서 국내경제의 운용 중 발생하는 자원배분상의 왜곡을 시정하기 위한 정책수단으로 관세정책을 사용하는 것은 부적절하다. 설혹 관세정책이 목적한 경제운용상의 왜곡현상을 시정할 수 있다고 하더라도 관세정책은 이와 함께 부작용을 수반한다는 의미에서 최선의 정책이라고는 할 수 없다.

왜냐하면 관세는 국내 상대가격을 왜곡해서 국제가격과 다르게 만들어 놓기 때문에 관세정책의 효과는 경제의 특정부문에 국한되는 것이 아니고 경제전반으로 확산된다.

따라서 목적한 경제구조상의 결함에서 오는 왜곡을 시정할 뿐만 아니라 이와 동시에 아무런 결함이 없는 경제부문에 새로운 왜곡을 유발시킨다.

예컨대 관세는 해당 산업부문의 생산을 증가시키는 효과를 주기도 하지만 이와 함께 해당 부문의 소비를 떨어뜨리는 부작용도 수반한다.

위에서 열거한 생산부문의 구조결함에서 오는 자원배분상의 왜곡이 발생할 때는 관세가 아니라 그 특정부문의 생산에만 적용되어 생산왜곡을 교정하고 여타부문에 영향을 주지 않는 정책수단, 즉 특정부문에 생산보조금을 공여하는 정책이 최선의 정책이라고 할 수 있다. 관세정책이 최선의 정책수단으로 간주될 수 있는 경우는 경제구조상의 결함이 해외에서 발생할 때 뿐이다.

예컨대 국제 상품시장에서 한 국가가 독점력을 행사할 수 있는 위치에 있을 때 관세수단을 이용하여 독점이윤을 취하는 최적관세(optimal tariff)의 경우가 전형적인 예이다. 그 외에 국내경제의 구조적 결함에서 오는 왜곡에 대해서는 관세가 최선의 정책이 되는 경우는 없다. 다만 생산보조금정책이 방대한 재정자금을 소요할 때에는 관세정책이 최선의 정책수단일 수는 없더라도 자금부담을 수반하지 않는다는 점에서 생산보조금정책과 병행하여 사용되기도 한다.

제 3 절 유치산업보호론과 관세의 후생효과

Ⅰ. 유치산업보호론

1. 개 설

유치산업보호론(argument for the protection of infant industry)이란 비록 현재는 미개발된 산업으로서 비교우위성이 전혀 없는 산업이지만 그를 육성할 경우 그 산업의 생산성이 증대되어 국제시장에서 외국제품과의 경쟁이 가능하며 따라서 국민경제발전에도 기여할 수 있는 가능성이 충분한 산업은 보호・육성시켜야 한다는 주장을 뜻한다. 이 이론은 자유무역주의의 이론과 그 정책의 타당성을 배척하고 경제정책에 대한 국가의 역할을 중시하면서 국민경제의 여건에 부응하여 실천적 이론을 수립한 리스트(Friedrich List, 1789~1846)에 의하여 제기되었다.[10)]

10) 신현종, 신고무역정책, 박영사, 1983, pp. 77~82.

유치산업보호이론은 해밀톤(Alexander Hamilton)에 의하여 제창되었으나 사실상 이 이론은 체계화한 것은 리스트였다. 리스트는 해밀톤의 영향을 받아서 신흥공업국에 있어서 공업보호를 정당화하기 위한 근거로서 유치산업보호론을 최대로 활용한 것이다. 그러나 이 보호론은 보호무역론자보다 밀(J. S. Mill), 바스테블(C. F. Bastable) 등 자유무역론자에 의하여 더욱 발전되었다.

고전적 보호무역론을 형성한 리스트 자신의 보호무역론에는 다음 네 가지 내용이 포함되어 있다. 즉 (i) 당시 영국의 산업이 지배한 세계시장의 독점에 대하여 대항력을 가져야 한다. (ii) 경제성장을 달성하기 위해서는 산업과 공업의 균형적 발전이 반드시 필요하다. (iii) 농업생산에만 의존한다면 외국으로부터 상당한 영향을 받게 된다. (iv) 국민소득은 국내산업의 보호에 의하여 일시적으로 감소되지만 그 산업이 장래 성장되면 국민소득은 증가된다. 이 중에서 마지막 내용이 리스트가 주장한 전형적인 유치산업보호론이다.

리스트의 보호무역론의 이론적 특징은 보호에 의하여 발생된 현재의 손실이 피보호산업의 발전에 따른 장래의 이익에 의하여 보상되고, 더욱 보호 당시에 발생되는 손실을 최대한으로 줄이기 위하여 장래 발전가능성과 확실성이 있는 유치산업을 선택하여 보호할 필요가 있다고 주장한 점이다. 이것은 제한적 보호론으로서 자유무역론과 타협될 수 있는 여지가 있고 이론적으로도 용납될 수 있는 성질을 지니고 있다.[11)]

2. 유치산업보호론의 기준

유치산업이 정당화되기 위해서는 몇 가지의 조건이 충족되어야만 하는데, 이것들은 유치산업보호의 기준이 된다.

(1) 밀의 기준(Mill test)

유치산업보호론에 대한 가장 명백한 정식화는 J. S. Mill의 언급이다. Mill은 유치산업으로 보호되기 위해서는 유치(infant)가 궁극적으로 역사적 결함(handicap)을 극복하고 보호없이 효과적으로 선두주자(기존종사국)와 경쟁할 만큼 성장할 것인가에 달려있다고 했다.

(2) 바스테이블의 기준(Bastable test)

Bastable은 Mill의 기준은 필요조건은 되지만 충분조건은 되지 못한다고 반박하고 Mill의 기준에 더하여 보호를 필요로 하는 습득기간(learning period)동안 소비자의 손실

---

11) 이에 반해 오늘날의 신보호무역주의는 선진국에 의하여 확대되고 있으며 또한 보호의 대상이 유치산업이 아니고 사양산업이라는 점에서 그 근본적인 차이가 있는 것이다.

을 보상하기 위하여 종국에 가서 충분한 비용보상(savings in costs)이 있어야 한다는 것이다. 요컨대 장래이익의 현재할인가치(present discounted value)는 적어도 유치산업이 성장하기까지 보호를 하는 데 발생한 최소비용만큼은 되어야 한다는 것이다.

(3) 존슨의 기준(Johnson test)

Johnson은 비록 Bastable의 기준을 통과할 때라도 본질적으로 유치산업보호론은 자유경쟁이 사회적인 투자자원의 비효율적 배분을 일으키게 한다는 주장을 면하기 어렵다고 지적한다. 따라서 유치산업보호론은 사적 불이익을 가져오지만 사회적으로 이익가능한 투자로 인한 충분한 이익에 의해서 사회적 투자수익률(social rate of return on investment)이 사적 투자수익률(private rate of return on investment)을 능가하거나 투자유인을 위해 필요로 하는 사적 수익률이 다른 투자에 의한 가능한 수익률을 능가한다는 입증을 하지 않으면 안 된다는 것이다.

유치산업 그 자체는 외국경쟁 때문에 유치산업 소재국에서의 가격이 지나치게 낮게 유지되고 있어 발전이 억제되고 있는 미성숙 혹은 확립되지 않는 산업을 말하지만 보호를 받을 수 있는 자격은 상기 몇 가지의 기준이 충족되어야 한다. 유치산업으로 선정되어 보호를 하면 규모의 경제의 이익에 의해 일종의 내부경제(internal economies)가 존재한다. 따라서 규모의 경제에 의한 이익을 얻을 때까지만 일시적 보호를 할 필요가 있고 다시 자유무역이 허용되면 더 큰 이익을 얻게 된다.

[그림 2-18]에서 처음에 일국은 SS의 PPF(생산가능경계선)를 갖고 교역조건은 P_iP_i로 주어져 P에서 접한다. 일국은 무역을 하면 P와 T로 생산 및 소비점이 결정된다. 그 산업을 경쟁으로부터 보호하기 위해 금지적 관세(prohibitive tariff)를 부과한다고 하자. 그 결과 생산자와 소비자에 대한 가격은 P_hP_h가 된다. 이 가격선은 P'에서 PPF와 접한다. Y재에 금지적 관세를 부과했기 때문에 P'는 생산점=소비점이다. 보호에 의해 소비점은 $T \rightarrow P'$이므로 후생은 낮아졌다. 그러나 이것은 일시적 현상일 뿐이다. 보호받은 산업은 산업기술의 습득 등으로 내부경제의 이익을 받게 되어 생산능력의 증가로 PPF는 외부로 확대된다. 일정한 보호기간 후에는 새로운 PPF는 $S'S$이다. 교역조건이 일정하다면 P''에서 생산한다. 이제 자유무역을 하면 소비점은 T'에 도달하고 더 높은 후생을 얻는다.

또한 유치산업보호의 결과는 외부경제규모를 발생시킬지도 모른다. 이것은 산업의 확장이 확장되는 개별기업에 대해 단순히 비용을 감소시킬 뿐만 아니라 그 산업의 모든 관여자(participants)의 비용을 감소시킨다. 그러한 경우에 어떤 단일기업은 그의 활동의

그림 2-18 유치산업보호의 결과

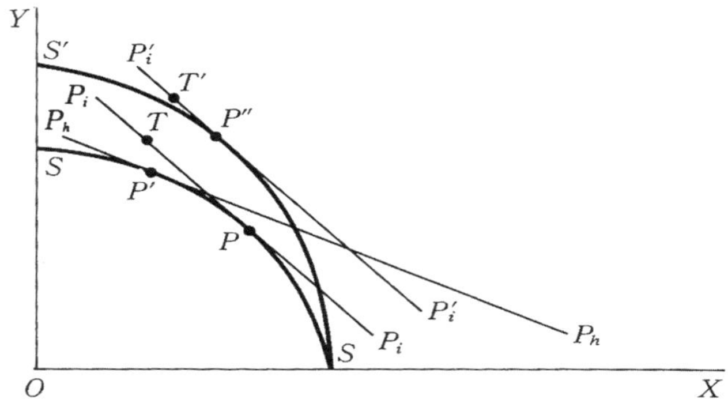

확장으로 인한 완전한 사회적 이익을 가질 수가 없기 때문에 사회적으로 바람직한 만큼 확장되지는 않을 것이다. 이 경우에도 이러한 왜곡은 보호의 정당한 이유가 된다. 그러나 어떠한 경우이든 관세에 의한 보호는 소비비용이 수반되지만 보조금과 같은 직접조치는 또 다른 왜곡을 발생시키지 않는다는 것이다. 정치적 목적도 때때로 제기되는 문제이다. 즉 산업이 스스로의 다리로 걸을 수 있을 때까지 일시적 보호를 한다는 데 대해 냉소적인 사람들(cynics)은 보호를 받을 만큼 정치적으로 강력한 힘을 갖는 산업은 훨씬 더 강력하게 된 후에까지 특별한 취급을 받는다고 주장한다.

Ⅱ. 관세의 후생효과

1. 개 설

유치산업보호론에서도 본 바와 같이 관세는 국민의 후생에도 상당한 영향을 미친다. 관세가 국민의 후생을 향상시키느냐, 저하시키느냐 하는 것은 한마디로 말할 수 없다. 수입품에 대하여 관세가 부과되면 수입품이나 수입경쟁품의 가격이 인상되기 때문에 국민의 효용수준은 일시적으로 저하된다. 그러나 관세의 부과에 의하여 국내산업이 육성되고 이에 따라 경제성장이 실현된다면, 국민의 효용수준은 오히려 향상된다는 것이다. 이와 같은 논리는 주로 수입품에 대하여 관세가 부과되면 해당 상품의 수입가격이 인상되기 때문에 상품의 국내가격비율과 국제가격비율간에 차이가 생긴다. 이는 주로 경제규모가 작은 나라에서 발생된다.

관세는 한 국가경제의 여러 집단 또는 부문에 대하여 많은 영향을 아주 다르게 미치고 있다. 어떤 사람들은 이러한 효과를 좋아하고 다른 사람들은 싫어한다. 이러한 상황이 관세에 대한 많은 주장을 발생시킨다. 특정관세로 인해 혜택을 입은 어떤 사람・기업 또는 지역은 관세를 찬선할 동기를 가질 것이다. 그들이 아는 이익은 그들 자신의 이익이므로 아주 실질적이면 중요하다.

이러한 이유로 관세주장을 평가하고 그 주장이 유효한 정도를 판단할 때에는, 명확한 관점을 필요로 한다. 통상 관세논쟁은 세계 또는 국가수준에 대한 것이므로, 어떤 상황에서 단일국가 또는 세계 전체가 관세로 혜택을 받을 것인지를 알아야 한다. 관세는 특정한 특수이익을 일국내에서 갖는 것이 명백하므로 이러한 수준을 부분적으로 선택해야 한다. 특정상품에 부과된 관세는 그 상품의 생산에 연류된 노동자와 자원의 소유자들에게 혜택을 주는 것으로 예상될 수 있다. 가끔 이러한 혜택은 임금이 보호된 산업에서 상승되지만 궁극적으로는 경쟁압력에 의해 타산업의 임금과 동일하게 되돌려 질 때는 단지 단기적인 것으로 된다. 그렇다고 하더라도 그러한 단기간이 노동자와 연류된 다른 사람들에게 크게 중요한 정도로 길 수도 있다.12)

경제학자들이 자유무역을 열심히 주장할 때 그들은 가끔 함정에 빠져 한 산업의 생산자들이 그 산업에 대한 관세에서 이익을 볼 것이라고 확신하려 한다. 그러나 무역은 여러 상품의 가격과 이윤획득능력을 변화시켜 자원을 어떤 산업에서 타산업으로 이동시킨다. 이러한 변화는 그 산출량이 감소하는 산업에 대해서는 고통스러운 것이다. 그 산업의 공장은 폐쇄되게 되고, 노동자들은 직업을 잃어 새로운 기술을 배워야만 하며, 공장소유자는 공장과 기계의 가치가 감소되는 손해를 입게 되므로 사회전체가 소득이 감소되어 불경기가 될 수 있다. 그러한 상황에서 위와 같은 특수한 이익집단은 관세보호로 명백히 혜택을 받을 수 있다.

국가(또는 세계)후생을 강조하면 어떤 관세로부터 일부집단은 이익을 일부집단은 손해를 본다는 사실에 의해 악화되는 또 다른 곤란에 직면하게 된다. 그러므로 이러한 각각의 이익과 손실을 어떻게 해서라도 합계하여 총이익과 총손실을 일치시켜 불가능한 개인간의 후생비교에 대한 문제를 회피할 수 있어야 한다. 이익을 본 개인이 손해를 본 개인에게 보상을 할 수 있는지의 여부를 결정하는 것이 가능하지만 여전히 다른 문제를 남긴다. 만약 보상을 할 수 있다면, 사회전체는 주어진 조치로 인해 혜택을 받았다고 할 수 있다. 그러나 실질적인 관점에서 이러한 해결상의 곤란은 대부분의 경우에 보상이 실

12) 최의목・문창권, 전게서, pp. 151~153.

제로 이루어지지 않을 것이라는 것이다. 관세가 인하될 때, 그 국가의 다른 부문의 국민들이 보다 값싼 수입재를 구매할 수 있어 이익을 볼 것이라는 사실은 손해본 사람에게는 큰 위안이 되지 못한다. 그러므로 관세정책에 관한 가열된 많은 논쟁들은 이와 같이 초보적이지만 중요한 문제로부터 기인된다.

물론 이러한 곤란은 관세문제 또는 국제경제학에 한정된 것이 아니라 모든 경제정책 행위에서도 존재한다. 예를 들어 정부가 댐이나 고속도로를 건설하는 경우, 일부 개인들은 이익을 얻지만 다른 개인들은 손해를 본다. 그러므로 사회는 손익의 상대적 크기에 대한 어떤 실용적인 의사결정기법을 사용하여야 한다. 무역론은 무역이 적어도 일국에 대해서는 소비가능곡선을 확장시킨다고 주장한다. 무역이 없다면 그 국가는 [그림 2-19]와 같이 자국의 생산가능곡선 *FC*상의 위치하는 상품의 결합에 한정된다. 주어진 세계교역조건으로 그 국가는 그림의 빗금친 부분으로 표시되는 추가적인 결합물을 이용할 수가 있다. 이와 같은 소비가능곡선의 확장은 적어도 그 국가의 후생이 무역을 통해 향상될 수 있는 기회를 제공한다.

관세인하가 특정한 산업과 부문에 손해를 준다는 사실은 대부분의 국가에서 관세협상이 완만하게 진행되는 중요한 이유 중의 하나이다. 특정한 관세인하로 손해를 본 개인들은 그들 자신을 보호하기 위해 싸울 것이며, 민주국가에서는 관세인하에 의해 위협받는 다른 개인들과 제휴하여 관세보존을 위한 공동목표를 달성하려고 할 것이다. 손해가

그림 2-19 무역을 통한 소비가능성곡선의 확장영역

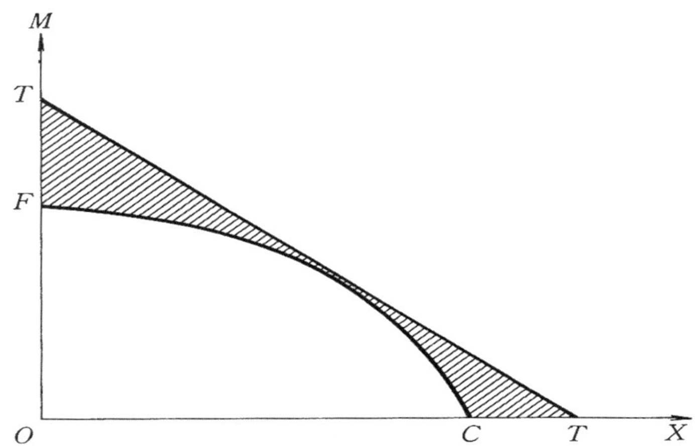

어떤 작은 집단에 집중되어 있다는 바로 그 사실이 그 집단을 강력하고, 설득력 있게, 정치적으로 영향력을 갖도록 만드는 경향이 있다. 반면에 관세인하의 이익은 각 개인이나 가족이 그들이 얻을 관세의 이익을 거의 알지 못하며, 정치적으로 그 이익을 추구하는데 있어서 보다 더 활동적이지 못한 많은 사람들에게 파급될 수 있다.

2. 관세가 경제적 후생에 미치는 효과

관세부과가 경제적 후생에 어떤 영향을 끼치는지를 [그림 2-20~23]을 통해 보기로 하자.

어떤 국가가 관세율 t로 모든 수입품에 관세를 부과함으로써 국내가격(q)과 국제 가격(p)간에 차이가 생긴다고 가정하자. 그러면 관세가 경제적 후생에 미치는 효과는 어떻게 될까?

결론적으로 q가 p보다 더 높다는 사실은 관세가 대체로 세계에 비효율적이라는 것을 암시한다. 만일 어떤 경제가 두 가지의 재화만을 생산하여 그 양재의 상대가격인 양재간의 한계변형률(MRT_{XM} : marginal rate of transformation), 즉 타재를 1단위 더 생산하기 위해서 버려야 하는 어떤 재화의 양이 같아서 수입할 수 있는 것과 수출할 수 있는 상품이 모두 국내와 외국에서 생산된다면 q가 p를 초과한다는 사실은 MRT_{XM}이 국내에서 더욱더 크다는 것을 의미한다. 즉 외국에서보다 국내에서 더 많은 수입가능상품을 생산하기 위해 더 많은 수출품이 희생되어야 한다는 것이다.

이러한 사실은 만일 국내경제가 자원을 수입가능품으로부터 수출품으로 전환시킬 수 있으며 여타 세계는 그 반대로 하여 그 두 나라가 무역을 많이 하게 된다면 세계는 두 재화 가운데 어느 한 재화를 더욱 많이 생산하도록 특화할 수 있다는 것을 의미한다.

마찬가지로 q는 각각 국내소비자의 한계대체율(MRT_{XM}: marginal rate of substitution) 같고 p는 각 외국소비자의 MRT_{XM}과 같아서 전자가 후자를 초과하게 된다면 각 국내소비자는 각 외국소비자가 공급하기를 바라는 것보다 좀더 많은 수입을 하기 위해 더 많은 수출을 기꺼이 희생한다. 따라서 양국의 소비자들은 무역을 함으로써 더욱더 부유하게 된다.

그러나 관세가 부과된다면 이러한 비교우위의 논리가 붕괴되므로 관세부과국은 두 가지 면에서 해를 입게 된다. 즉 관세부과국은 생산비용과 소비비용을 지불하게 되어 결국 관세는 세계에 비효율적이 된다.

(가) 관세의 생산비용

여기서의 생산비(production cost)란 관세를 부과하는 나라가 생산할 수 있는 것보다 더 낮은 국제가격에서 여러 가지 재화의 믹스(mix)를 생산한다는 사실을 의미한다.

위에서 언급한 사실을 [그림 2-20]을 통하여 보기로 하자. (수입재로 표시된 수출재의)국제상대가격은 AC선과 BD선이 평행이어서 OD/OB와 동일한 OC/OA와 같고, (수입재로 표시된 수출재의)국내상대가격은 국제상대가격보다 관세액만큼 더 낮은 OG/OH와 같다. 국내생산가능곡선은 TT'이다. 국내기업은 MRT_{XM}과 국내상대가격이 일치하는 E점에서 생산을 한다. AC선은 국제가격으로 생산점 E와 동일한 가치로 된 두 재화의 모든 결합을 보여준다. 그래서 OC는 수입재로 표시된 국내산출고의 국제가치를 보여주고, OA는 수출재로 표시된 국내산출고의 국제가치를 보여준다.

만약 그 경제가 MRT_{XM}과 국제상대가격이 일치하는 F점에서 생산을 한다면, 국내산출고의 국제가치는 수출재와 수입재로는 각각 OB와 OD일 것이다. 그래서 관세로 인해, 국제가격으로 된 국내산출고의 가치는 수입재로는 CD만큼, 수출재로는 AB만큼 더 감소했다. 이러한 손실은 관세의 생산비용이다. 이는 관세가 국내기업으로 하여금 진정한 국제상대가격 대신에 왜곡된 국내상대가격에 대해 반응하도록 하기 때문이다.

그림 2-20 관세의 생산비용

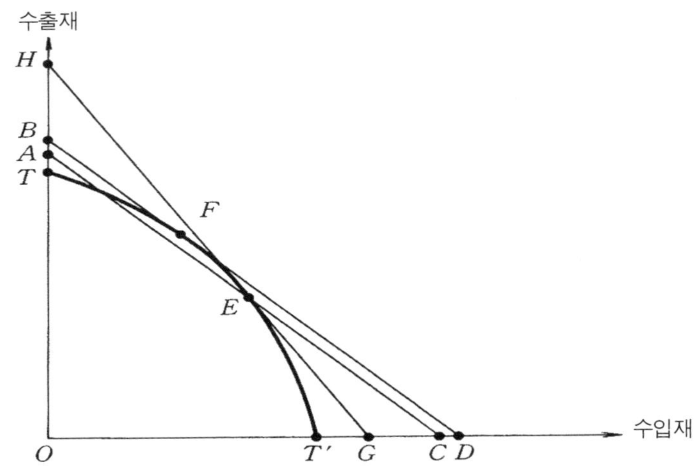

㈏ 관세의 소비비용

국내가격 q가 국제가격 p를 초과하기 때문에 소비자들은 그들이 국제가격으로 구입할 수 있는 것보다 더 적은 수입품을 구입하게 된다. 즉 소비자들이 관세액만큼 세금을 낸다는 사실이 그들 소비자들로 하여금 그들의 소비형태를 왜곡하게 되는 것이다. 다시 말해 국내가격 q는 각 소비자자의 MRS_{XM}, 즉 소비자가 수입품을 한 단위 더 얻기 위하여 기꺼이 희생하게 되는 수출품과 동일하며 $MRS_{XM}(q)$이 관세에 의해 p를 초과하기 때문에 소비자는 국제시장에서 지불해야 하는 것보다 추가수입을 하기 위해 더 많은 수출을 기꺼이 희생해야 한다. 즉 각 소비자가 국제가격으로 구입할 수 있는 것보다 덜 바람직한 재화의 조합을 구입하게 되는 그 사실로부터 나오는 후생의 손실이 소비비용인 것이다.

[그림 2-21]을 통해 관세의 소비비용을 보다 상세하게 보기로 하자. E점은 관세부과시의 생산점이며, AC선은 무역으로 달성가능한 소비가능곡선이다(OC/OA는 수출재의 교역조건과 일치한다). 달성가능한 최상의 소비점을 AC가 사회무차별곡선 U_0U_0와 접하는 M이다. 그러나 관세로 인해 한계대체선 MRS_{XM}이 국내상대가격과 일치하게 되어, 소비점은 U_0U_0보다 더 낮은 사회무차별곡선 U_1U_1이 국내상대가격과 동일한 기울기를 가지고 예산선 AC에서 교차하는 N점이 된다.

관세의 소비비용은 N점이 M보다 더 낮은 무차별곡선에 위치하여, 관세는 그 사회가 하위최적으로 실질소득을 지출하게 한다는 사실로 반영된다. 이 비용을 수입재로 표

그림 2-21 관세의 소비비용

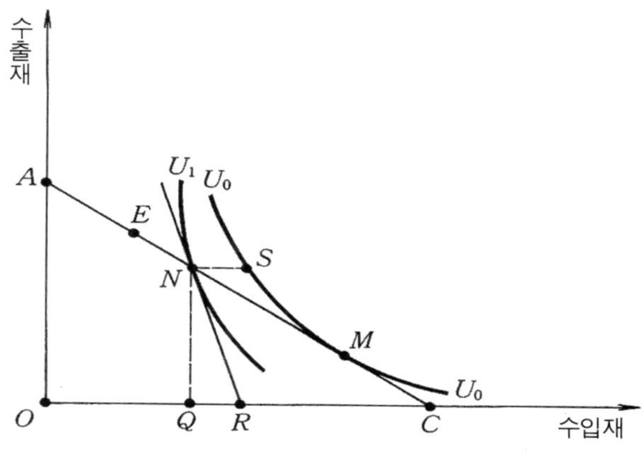

시하면, 두 곡선간의 수평거리 NS로 측정된다.

[그림 2-22]는 국내경제에 대한 과세의 총효과를 보여준다. 수입재의 교역조건을 $OD/OB(=OC/OA)$라고 하자. 이 가격으로 국내경제가 획득할 수 있는 최고의 무차별곡선은 생산점 $F(MRT_{XM}$=국제상대가격)이 위치하는 U_FU_F이다. 그러나 관세는 수입재의 국내상대가격을 인상시켜 국내생산을 E점에서 하도록 하여, CD의 생산비용을 초래함으로써 달성가능한 최고의 무차별곡선은 U_0U_0가 되게 한다. 또한 관세는 이와 마찬가지로 소비자의 의사결정을 왜곡시켜 M점보다는 N점에서 소비하게 하여, 이러한 곡선에도 도달하지 못하게 한다. E와 N을 통과하는 접선은 국내상대가격을 반영하는 공통된 기울기를 가진 평행선이다.

그러나 만약 관세가 수출재의 교역조건을 개선시킨다면, [그림 2-22]와 같은 결과는 교역조건(국제상대가격)이 불변인 경우여서 성립될 수 없다. [그림 2-23]은 관세가 수출재의 교역조건을 개선시켜 그 국가의 후생을 더욱 증가시켜 주는 경우를 보여 주고 있다. 관세가 없는 경우, 수출재의 교역조건은 OC^1OA^1이며, 달성가능한 최고의 무차별곡선은 F에서 생산하여 F'에서 소비함으로써 도달할 수 있는 U_FU_F이다. 관세가 수출재의 교역조건을 OC/OA로 개선시켜, 소비점이 F'보다 더 높은 무차별곡선상에 있는 N에서 달성된다면, 그 국가는 생산비용과 소비비용에도 불구하고 관세로 인해 후생이 증가되었다.

그림 2-22 관세의 일반균형

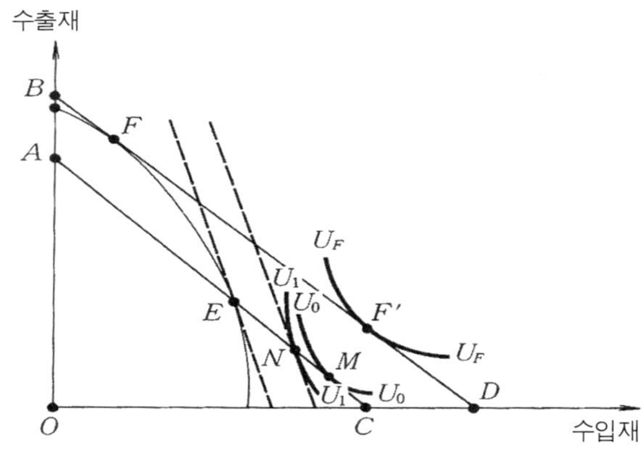

그림 2-23 생산 및 소비비용을 능가하는 수출재 교역조건의 개선

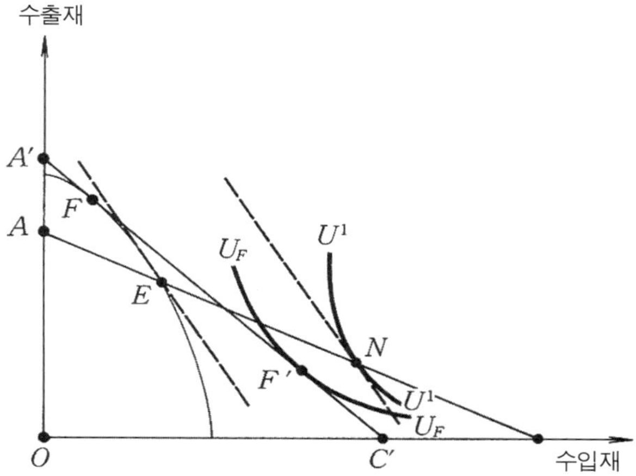

기 출 문 제

1. 일반적으로 수입품에 대한 관세를 부과한 나라에 미치는 영향(관세직 9급)
2. 부분균형분석에 의해 관세의 경제적 효과를 설명하시오(관세직 7급).
3. 소국이 수입재에 관세를 부과할 때 관세비용에 미치는 영향은?(관세직 7급)
4. 관세의 경제적 효과를 설명(관세직 7급)
5. 수입품에 관세를 부과하여 발생되는 경제적 효과 중 무역수지개선효과(관세직 9급)
6. 세계시장이 대국인 경우 관세부과의 경제적 효과(관세직 7급)

예 상 문 제

1. 논술형
   - 관세의 경제적 효과를 부분균형분석을 중심으로 논하라.
   - 관세의 교역조건 효과에 대하여 논하라.
   - 관세와 수입쿼터제도에 대하여 논하라.
   - 관세와 소득배분 문제에 대하여 논하라.
   - 관세에 의한 무역정책운용의 한계에 대하여 논하라.

2. 서술형

- 수입관세와 가격변동
- 관세의 이익과 불이익
- 관세의 소비효과
- 관세의 생산 또는 보호효과
- 관세의 재분배효과
- 관세의 후생효과
- 유치산업보호론과 그 기준

3. 약술형

- 최적관계
- 최대수입관세율
- 유치산업보호론
- 수입대체효과
- 관세의 국제수지효과
- 소비자잉여
- 생산자잉여

제 03 장

관세정책의 기조

제 1 절 관세정책의 개요

Ⅰ. 관세정책의 의의

관세정책이란 수입 또는 수출되는 상품에 대해 품목별 관세수준을 결정하는 관세율(종량세의 경우는 관세액) 정책과 법률로 정해진 관세수준을 경우에 따라서 경감하는 관세감면, 관세환급, 그리고 탄력관세 등의 적용기준과 범위를 정하는 일련의 정책을 말한다.

우리나라에서는 수출관세는 없고 종량세는 예외적인 경우에만 사용되고 있으므로 수입관세의 세율결정, 관세감면이나 탄력세율의 적용 등이 관세정책의 기본골격이 되는 것이다.

관세정책은 산업생산의 구조를 결정하고 무역의 크기와 형태에 지대한 영향을 미칠 뿐만 아니라 정부의 재정운영에 있어서도 매우 중요한 정책이다. 특히 한국과 같이 무역이 전체 경제활동에서 차지하는 비중이 큰 나라에서는 더욱 그러하다.

관세가 생산, 가격, 그리고 소비에 미치는 영향은 한 국가 안에 살고 있는 여러 부류의 사람들의 후생수준에 변화를 가져온다. 대체로 관세의 부과는 생산과 소비면에서 자원배분의 비효율성을 초래한다. 바로 이 점 때문에 과거의 GATT나 지금의 WTO가 자유무역을 강하게 표방해 온 것이다.

자유무역의 실시는 가장 낮은 비용으로 생산될 수 있는 곳에서 재화의 생산이 일어나게 함으로서 생산과 소비의 비효율을 방지할 수 있다. 그러나 한 가지 주의해야 할 것은 현실에서는 관세정책의 당위성과 필요성이 존재하는 경우가 있다. 주식(主食)의 자급을 위해서 농업을 보호할 필요성이라든지, 전략산업의 비교우위 확보를 위해서 관세가 사용된다. 그러나 이러한 경우에도 수입관세의 부과는 자원배분의 비효율성을 초래한다는 이유에서 신중하게 결정되어야 한다.

한국경제가 발전을 지속해 온 지난 20여년 동안 관세정책도 변화하는 경제여건과 경제운영 목표에 적합하게 계속 개편됨으로써 오늘의 한국경제를 이룩하는 데 크게 기여하였다고 보아야 할 것이다. 정책의 지속성을 고려할 때 너무 자주 변경되어서는 안되겠으나 관세 정책의 제반 문제점을 시정하고 변화하는 여건에 부응하는 방향으로의 정책 개편은 계속 필요하다 하겠다.

관세정책은 광의의 관세정책과 협의의 관세정책으로 구분해 볼 수 있다.

1. 광의의 관세정책

광의의 관세정책은 국가의 재정수입, 합리적 국내산업보호, 물가안정, 수출진흥 등의 국가경제상의 목표를 달성하기 위한 관세관련 제반정책을 말한다. 이처럼 관세정책은 한 국가의 산업생산의 구도를 결정하고 무역의 크기와 형태에 지대한 영향을 미칠 뿐만 아니라 정부의 재정운영 등 국가경제목표 전반에 대하여 매우 중요한 정책적 의의를 지닌다.

2. 협의의 관세정책

좁은 의미의 관세정책은 국가경제의 제반 목표를 달성하기 위하여 수입되는 상품에 대해 품목별 관세수준을 결정하고 정책과 법률로 정해진 관세수준을 경우에 따라서 경감하는 관세감면, 관세환급 그리고 탄력관세 등의 적용기준과 범위 등을 정하는 일련의 정책을 말한다.

Ⅱ. 관세정책의 상호관계

관세정책은 관세율과 관세감면, 관세환급제도 등의 변경을 통하여 생산자원의 배분과 국제무역에 결정적인 영향을 미치게 된다. 그러나 생산자원의 배분을 통해 산업생산의 구조와 크기에 영향을 미치며 국제무역의 결정과 구조변화에 영향을 미치는 정책은 관세정책 외에도 많다.

예를 들어 비관세 무역장벽의 완화는 수입을 증가시키고 국내에서 수입경쟁적 상품의 가격을 떨어뜨리게 하는 점에서 관세인하와 같은 효과를 갖는 것이며, 특정산업의 지원을 위해 법인세 등에서 혜택을 주는 정책은 그 산업의 수입관세를 인상하는 방법이나 그 산업의 설비투자에 필요한 수입자본재에 대해 관세를 감면하는 방법에 의해서 이룩할 수 있는 것과 같은 효과를 갖는다. 수출에 있어서도 수출금융의 지원이나 수출에 투입되는 수입원자재에 대한 관세환급이나 같은 역할을 하는 것이며, 외국과의 관세협상을 통해 외국의 대 한국 수입에 대한 관세율을 인하시키는 것 역시 중요한 수출지원이 된다. 이밖에도 노동생산성의 증가나 기술개발을 촉진하는 정책, 해외투자나 외국의 대 한국 직접투자에 관한 정책도 모두가 산업·무역정책으로서 중요한 것이다.

따라서 관세정책의 운영은 다른 산업·무역정책과 조화를 이루며 보완적인 관계를 가져야 한다. 정부의 산업·무역정책이 설정된 방향에 따라 관세정책의 목표가 설정되어야 할 것이며, 여러 가지 정책목표가 동시에 추구되는 경우에는 관세정책과 다른 산업·무역정책 사이에는 정책수단으로서 비교우위에 따른 역할의 분담이 이루어져야 할 것이다.

산업정책은 산업별 우선 순위에 따라 선별적으로 육성·보호하는 선별적 산업정책을 펼 수도 있으며, 이와는 반대로 정책목표를 산업 전체의 경쟁확대와 투자 촉진, 기술개발 촉진 등에 두고 비교우위에 따른 산업구조가 시장 여건에 의해 형성하도록 하는 중립적(일반적) 산업정책을 펼 수도 있다.

1. 물가안정과 관세정책

물가의 등귀는 경제성장이나 수출신장, 그리고 소득의 증가를 상쇄하는 결과를 초래하고 국민경제생활에 지대한 영향을 미치므로 국민경제의 발전과 안정을 위하여는 물가안정이 극히 중요하다. 따라서, 세계 모든 나라는 경제성장이나 완전고용과 물가안정을 경제정책의 주요목표로 삼고 있다.

우리나라도 물가안정을 경제시책의 주요 과제로 삼고 이를 위하여 모든 정책수단을 총동원하고 있는 실정이다.

관세는 수입상품 가격인상을 통하여 수입수요를 조절하고 국내물가를 등귀시키는 요인이 되므로 관세가 물가에 미치는 영향력을 고려해서 관세정책을 외환정책 등과 같이 물가안정을 위한 경제정책의 일환으로 파악하고 운용할 수 있다.

일반적으로 국내물가가 등귀할 경우에는 물가등귀의 선도적 역할을 하는 품목의 수출을 가급적 억제하고 이와 동시에 해당 품목의 수입을 개방하는 정책이 효과적이다. 또한 재화의 수급불균형에서 야기되는 국내 비정상가격의 형성은 관세율의 조정을 통하여 수급을 균형시키고 정상시장가격에 도달하게 할 수 있다. 이와 같이 수입자유화는 물가

안정과 직결되는 정책수단이며, 관세율조정은 물가상승을 진정시킬 수 있는 관세정책수단이 된다.

한편 국내물가와 외환시세는 서로 함수관계에 있기 때문에 국내물가는 국제수지의 개선과 외환시세의 안정을 통하여 진정시킬 수 있다. 관세의 물가조절기능을 위한 관세정책수단으로서 물가평형관세제나 관세할당제와 같은 탄력관세제도를 들 수 있다. 그 중에서도 차액관세와 활척관세 및 계절관세는 국내물가의 안정과 국내외가격의 평형 및 국내산업을 보호·육성하기 위한 제도이다.

이와 같이 물가안정을 위한 관세정책이 실효를 거두기 위해서는 관련정책과 조화를 이루어야 할 것이며, 물가안정을 위한 관세정책이 그 기능을 충분히 발휘하기 위하여는 물가연동관세제나 계절관세, 차액관세 등의 물가평형관세제나 관세할당제 등을 탄력적으로 운영하여 국내물자의 수급을 원활히 하고 독과점의 횡포로부터 소비자를 보호하여야 할 것이다.

참 조 **물가인상 요인**

일반적으로 물가가 등귀하는 원인은 인건비, 원자재가격 등의 생산비가 오른 데서 연유하는 코스트 푸시(cost push) 요인과 수요가 공급을 초과하는 디맨드 풀(demand pull) 요인으로 이해된다.

케인즈는 물가가 등귀하는 인플레의 주요인을 초과수요에 바탕을 두고 있고, 화폐수량설은 통화량의 증가에 근거를 두고 있지만 소비수요의 증가나 투자수요의 증가 등으로 공급은 달리고, 수요가 팽창하는 경우 이를 관세측면에서 볼 때 고율의 관세부과는 수입수요를 감소시켜 물가앙등을 초래할 것이고, 관세장벽의 제거를 통한 무역자유화는 물가를 진정 내지 안정시키는 데 크게 기여할 수 있을 것이다.

2. 재정수입과 관세정책

관세는 재정수입을 증대시키는 동시에 수입제한을 통하여 국내산업을 보호하므로 관세가 갖는 이러한 양면성으로 인하여 관세정책에 있어서도 재정정책적 측면과 산업정책적 측면으로 구분할 수 있다.

재정수입증대를 위한 관세정책은 가능한 한 수입수요억제를 완화하고 수입자유화에 의한 세수증대를 도모하게 된다. 반면 산업정책과 관련된 관세정책은 수입수요를 억제하여 자국산업발전에 역점을 두게 된다. 따라서, 재정정책적 관세정책과 산업정책적 관세정책은 상충·역비례의 관계에 있다고 볼 수 있다.

즉, 중요산업 감면제도나 탄력관세제도는 국내산업 보호를 위한 주요한 관세정책수단이지만, 이는 실질관세수입을 감소시켜 재정수입확보를 어렵게 한다. 또한, 관세율정책에 있어서도 고율의 관세부과는 오히려 재정수입을 감소케 한다.

일반적으로 관세의 부과는 자유무역을 제한하고, 자원의 최적배분을 저해하며 비능률적인 국내산업을 보호하게 되므로 관세는 인하 또는 철폐되어야 한다는 주장이다. 그러나, 기업의 자본축적이 부족하고, 경제발전 의욕이 충만한 개도국에 있어서는 투자재원의 상당부분을 위한 외국자본에 의존하고 있는 형편이므로 관세의 재정수입기능과 세수증대를 위한 관세정책적 배려를 경시할 수는 없다.

따라서 미시적 재정이익이나 산업이익은 거시적인 국가이익과 균형·조화를 이루도록 하는 것이 관세정책의 과제라고 할 수 있다.

3. 무역조절과 관세정책

교역상품에 대한 관세의 부과는 무역거래량의 감소를 초래하므로 관세정책은 일반적으로 무역제한정책의 하나로 활용된다. 그러나, 관세부과시 개별상품에 대한 각기 상이한 관세율의 적용은 무역상품구조를 바꾸어 놓을 뿐 아니라 다양한 관세제도는 정책목표에 따라 무역제한정책이나 무역진흥정책으로 운용될 수 있다.[1]

첫째, 무역제한을 위한 관세정책은 무역수지의 균형과 국내산업의 보호·육성을 위한 수입수요의 조절을 목적으로 실시되고 있다. 무역제한을 위한 관세정책수단으로서는 수입수요를 조절할 수 있는 관세율조정책과 특수관세제도를 들 수 있다.

특수관세제도에 의한 무역제한은 자국상품에 대하여 교역상대국이 불리한 차별대우를 하는 경우 상대국의 수입품에 대하여 보복적인 관세를 부과하는 보복관세제도, 수출국의 수출장려금 등의 지원에 의한 저가수입품을 억제하기 위한 상계관세, 수입상대국의 부당염매로 인한 수입증대를 규제하기 위한 덤핑방지관세, 계절적인 수입수요증대를 조절하기 위한 계절관세, 일정량을 초과하는 수입에 대하여는 보다 높은 관세율을 적용하여 수입을 제한하는 관세할당제 및 비상시 수입억제를 위한 관세 등을 들 수 있다.

둘째, 무역진흥을 위한 관세제도로서는 관세환급제도, 관세감면제도, 보세제도, 자유항제도 및 편익관세 등을 들 수 있다.

관세환급제도는 징수한 관세를 환급해 주는 사후면세제도로서 능률적 수출지원을 할 수 있으며, 관세감면제도는 시설재나 원자재의 수입에 대하여 관세를 감면함으로써 관

1) Endel J. Koled, International business Enterprise, Prentice-Hall Inc., 1987. p. 423.

세가 갖는 가격인상효과를 배제할 수 있어 수출지원 효과를 기대할 수 있다. 보세제도는 국내의 일정 지역에 한하여 수입화물에 대한 관세를 부과하지 않음으로써 중계무역 및 가공무역의 진흥을 도모할 수 있다. 자유항제도는 국가영토의 일부를 관세영역 외에 두고 관세가 갖는 수입억제기능을 완전히 배제하여 수입화물의 자유로운 이동을 허용하는 제도로서 중계가공무역을 통하여 무역을 진흥시킬 수 있다.

예를 들어 기술집약적 산업의 육성과 수출증대를 정책목표로 할 경우 단순한 기술수준 향상을 위한 투자의 지원이나 기술인력의 양성을 위한 지원 이상으로 기술집약적 상품의 국내생산을 촉진시키는 관세정책이 있어야 할 것임을 전제로 하는 것이다. 또한 고부가가치 생산이나 부품산업의 성장이 바람직하다고 할 경우 이러한 목표달성은 관세정책의 수단이 있어야 용이하게 이루어질 수 있다.

Ⅲ. 관세정책의 한계

관세는 관세영역(customs territory)을 출입하는 물품에 대하여 일정한 비율로 부과되는 조세로서 각국의 대외경제정책 중에서 가장 중요한 역할을 한다. 정부는 상품에 따라 각각 상이한 관세율을 적용함으로써 수출입상품의 가격을 변화시켜서 자국의 무역패턴과 대외적인 교역물량을 조정할 수 있다.

수입물품에 관세를 부과함에 따라 상술한 바와 같은 경제적효과를 거둘 수 있겠으나 관세를 경제정책의 수단으로 활용하는 데에는 다음과 같은 한계가 있다.

첫째, 사회적인 이유로 소비행위를 억제할 필요가 있다 하여 관세를 부과하는 경우 관세는 부수적으로 해당 재화의 국내산업에 아까운 자원이 사용되는 것을 조장하고 대신 다른 산업의 성장을 저해하여 시장기능을 왜곡하게 된다. 반면에 소비세 부과는 이와 같은 부작용이 없으며 관세보다 세수효과도 크다 하겠다.

둘째, 기업의 성장에 따른 지식 및 기술인력의 사회적 축적 등과 같이 사회에 혜택을 주는 외부경제(external economy) 효과가 있는 생산행위를 촉진하기 위하여 관세를 부과하는 경우 부수적으로 해당 재화의 소비를 억제하고 대신 다른 재화의 소비를 촉진하는 시장기능 왜곡효과가 있다.이 경우 관세보호보다는 보조금 지급, 내국세 및 금융상의 지원과 같은 직접지원이 최선의 방법이라 하겠다. 그러나 관세보호와 달리 직접지원은 재정에 부담을 주는 사실에 유의할 필요가 있다.

셋째, 관세 때문에 국제수지가 호전되는 것은 국내 고용이 낮고 전방산업의 역보호효과가 낮을 때에만 가능하므로 관세의 국제수지 조절역할은 불확실한 것이다.

국민경제의 이동률이 아주 높은 상황하에서는 관세부과로 인하여 국내 인플레 압력이 증가하고 오히려 국제수지가 악화된다.

따라서 국제수지의 경상적자는 국민경제가 생산능력 이상으로 자본을 사용하는 것을 반영하는 만큼 국제수지 관리에 대한 올바른 정책적 접근은 국민생산의 증가와 저축증대를 목적으로 재정, 통화, 금융, 환율 등의 거시적 정책수단을 사용하는 것이 보다 바람직하다.

넷째, 세수확보의 수단으로서는 각종 세제 중에서 관세가 자원배분 왜곡효과가 가장 큰 것이므로 내국세, 특히 직접세에 비하여 열등한 징수수단이다. 반면 관세는 세원의 보충이 가장 용이하다는 장점이 있다 하겠다.

다섯째, 보호관세에 의하여 유치산업을 육성시켜 나가는 과정에서 일반적으로 나타나는 문제점은 먼저 그 보호관세가 반영구화되는 경향이 있고 다음은 이러한 국내산업의 보호혜택을 흔히 외국투자기업들이 향유하게 되는 것이다.

유치산업에 대한 관세보호는 그 산업이 성숙하여 대외경쟁력을 갖추게 될 때까지의 시한부 정책인데 실제로는 국내시장이 협소하여 규모의 경제(Scale Merit)가 극히 제약되어 있을 뿐만 아니라 대부분의 경우 해당 생산품의 국내공급이 소수기업에 의하여 독과점으로 지배되고 있어 경쟁을 통한 기술개발이나 생산성향상이 잘 이루어지지 않으며, 따라서 보호관세는 쉽사리 철회할 수 없게 된다.[2)]

국내기업들은 보호관세의 온상 속에 안주하고 있기 때문에 상호경쟁보다는 공존주의를 택하게 되고, 또한 독점이윤을 향유하고 있는 한 신상품이나 새로운 기술개발에 따른 비용 및 위험부담을 회피하려고 한다.

게다가 개발도상국, 특히 부존자원이 빈약한 국가들의 경우 그들의 개발과정에서 공통적으로 봉착하게 되는 국제수지 역조문제를 해결하기 위해 수입억제가 불가피하게 됨에 따라 보호관세의 장벽은 반영구화되는 경향이 있게 된다.

한편 개발도상국에서 국내산업육성을 위하여 관세장벽을 쌓게 되면 종래 완제품을 공급하던 외국생산자들은 일단 현지국 내에 그들의 합작회사를 설립하여 관세 장벽을 피하기 위해 거의 완제품단계의 생산물을 공급하여 현지회사의 단순조립과정만을 거쳐 판매함으로써 국내 부가가치에의 기여가 거의 없거나 그러한 제품에 그들 본국의 완제품 상표를 그대로 사용하여 시장을 석권함으로써 토착 현지 생산업자의 시장참여가 어려워지며, 본국으로부터 중고생산시설을 이전설치하거나 낙후된 기술을 그대로 사용함

2) 박상태, 관세정책요론, 한국관세연구소, 1996, pp. 26~36.

으로써 경쟁이 치열한 수출시장보다는 내수시장만을 목표로 하기 때문에 국제수지 개선 효과를 크게 기대할 수 없을 뿐만 아니라 그 산업에 필요한 원료와 주요부품 그리고 기계를 고가로 본국에서 계속 들여와 내국소비자에게 그 부담을 전가시키는 사례를 흔히 보게 된다.

그러나 이러한 보호관세의 반영구화 현상이나 국내산업 보호이익의 외국기업에의 귀속현상 등은 보호관세제도 그 자체의 결함에서 오는 문제라기보다는 정책적용의 잘못에서 초래되는 것이며 합리적인 정책에 의해서 최소화될 수 있는 문제라 하겠다. 따라서 국내산업의 보호와 육성을 위한 관세정책은 장기적으로 볼 때 수입대체를 가능케 하고 국내 여타산업에의 파급효과(linkage effect)를 통하여 공업화를 촉진시킬 수 있는 정책수단임에는 틀림없다 하겠다.

제 2 절 관세정책의 운용형태

Ⅰ. 관세율정책

관세율정책은 국내산업보호, 재정수입확보, 소비의 억제, 고용의 증대, 소득의 재분배, 국제수지의 개선, 교역조건의 개선 등의 목적을 달성하기 위해 적정한 관세율을 책정하고 또한 책정된 관세율을 인상하거나 인하하는 정책을 말한다.

이러한 관세율정책은 관세정책의 가장 근간이 되는 정책으로서 일국의 관세율을 결정함에 있어서는 그 나라산업의 보호육성, 물가의 안정, 고용의 증대 등의 경제여건과 재정상태, 외국과의 경제적・정치적 관계 등이 종합적으로 고려・조정되어야 한다.

1. 관세율 결정의 의의

관세율이란 관세액을 결정하는 데 있어서 과세표준에 대하여 적용하는 세율을 말하고, 관세율표는 수입물품에 대하여 개별적으로 부과할 관세율을 규정한 표를 말한다.

일국의 관세율을 결정함에 있어서는 국제협정, 경제여건, 재정상태, 국민경제상의 긴요성 및 산업정책 등이 종합적으로 고려되어야 하지만 관세율을 조정하거나 재정하는 데 있어서는 일반적으로 생활필수품 경과, 사치품 중과 및 원료품 경과, 완제품 중과의 두 가지 원칙이 있다.

(1) 생필품 경과, 사치품 중과의 원칙

생필품 경과, 사치품 중과의 원칙이란 생활필수품의 세율은 저세율로 하고 사치품의 세율은 고세율로 하여 국민생활의 안정을 도모하고 소비자를 보호하며 사치와 낭비풍조를 억제하기 위한 경제정책적 · 사회정책적 목적에서 나온 것이다.

(2) 원료품 경과, 완제품 중과 원칙

원료품 경과, 완제품 중과 원칙은 관세율표에 모든 물품을 종류마다 가공단계별로 순차적으로 나열하고 저가공의 원료품에는 저세율을 하여 국내 제조업을 육성하고 고용증대를 꾀하며, 국제수지 개선을 도모하고, 중간재 · 시설재에도 비교적 저세율을 적용하여 확대 재생산을 꾀하며, 완제품 등의 최종소비재에는 고세율을 적용하여 고가공품의 수입을 억제하는 효과를 노리고 있다.

일국의 관세율을 어떻게 책정하는 것이 효율적인가를 연구한 관세율정책을 위한 기초이론에는 다음과 같은 것이 있다.

2. 재정관세율과 보호관세율

(1) 재정관세율의 결정

관세는 원래 재정수입을 목적으로 부과되었지만 오늘날의 관세는 재정수입목적보다 오히려 국내산업보호에 역점을 두고 있다. 그러나 여기서는 관세가 오직 재정수입만을 위하여 부과한다고 가정하고 재정수입의 극대화를 위하여 어떠한 수준에서 관세율을 결정하여야 할 것인가를 살펴보기로 하자.

관세율이 지나치게 높으면 수입량이 줄게 되어 재정수입도 감소될 것이며 관세율이

그림 3-1 재정관세율

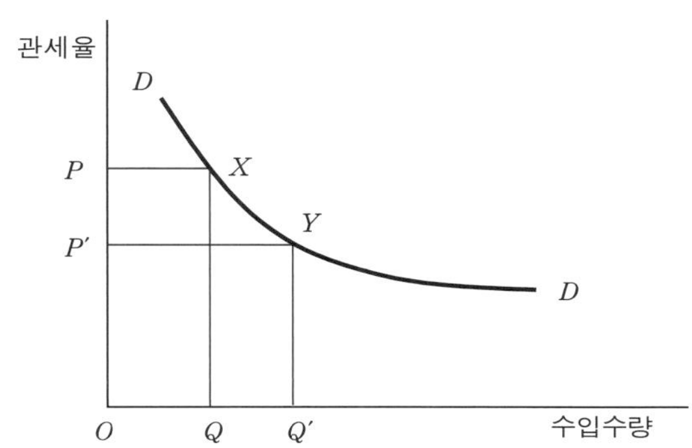

과도히 낮으면 수입량은 증대될지 모르나 재정수입은 오히려 축소될 것이다.

위 그림에서 보는 바와 같이 관세율이 P로 결정되면 수입량은 Q가 되어 재정수입은 $OPXQ$가 되고 관세율이 P'로 결정되면 수입량은 Q'가 되어 재정수입은 $OP'YQ'$가 될 것이다. 여기서 $OPXQ$와 $OP'YQ'$를 비교하면 $OP'YQ'$가 더 크다. 그러므로 재정수입을 극대로 하기 위한 관세율은 OP보다는 OP'에서 결정되어야 한다. 그러나 실제에 있어서 관세율이 재정수입의 극대만을 위하여 결정되는 경우는 거의 없고 산업구조・경제개발・재정수요 등을 고려하여 결정되며 재정관세율은 일국의 총재정수요의 크기에 따라 정책적으로 결정된다.

(2) 보호관세율의 결정

국내산업을 보호・육성하기 위하여는 외국에서 수입되는 물품에 대해 적절한 관세를 부과하여 가격을 인상시켜 줌으로써 국산품에 대하여 경쟁력을 제고시켜 주어야 한다. 이처럼 국산품에 대한 국제경쟁력을 제고시켜 주기 위한 관세율을 책정하기 위하여 제품의 국내가격과 국제가격(수입가격)과의 차이를 분석한 국내외가격차율이 고려되어야 한다. 예컨대, 국산 TV가격이 400,000원이고 외국산 TV가격은 200,000원이라 하면 여기서 TV에 대하여 관세 이외의 다른 조세가 부과되지 않는다고 가정하고 외국산 TV가격을 400,000원으로 인상시켜 국산품과 경쟁하도록 하기 위해서는 200,000원만큼의 관세를 부과하여야 하므로 이 때의 관세율은 100%로 결정되어야 할 것이다. 따라서, 다음과 같은 산식이 산출된다.

$$\text{관세율} = \frac{\text{국산품가격} - \text{외국물품가격}}{\text{외국물품가격}} \times 100 = \text{내외가격차율}$$

이와 같이 관세율을 결정하는 요소 중에서 가장 중요한 것이 내외가격차라고 할 수 있지만 이 밖에도 여러 가지 요소가 있다. 가령 중요산업용 기계・기구와 같이 내외가격차는 크지만 그 차이만큼 그대로 관세를 부과한다면 오히려 공업발전을 저해할 우려가 있으며, 사치성물품과 같이 내외가격차는 크지 않지만 그만큼의 관세부과로서는 국내산업을 충분히 보호할 수 없는 경우가 있다. 그리하여 관세율은 내외가격차 이외에도 부가가치라든가 국민경제상의 긴요도・가공도 등 제반여건을 고려하여 결정된다.

3. 차등관세율과 균등관세율

(1) 차등관세율제도

원료품의 관세율은 무세 또는 저세율로 하고 가공도가 높을수록 고세율로 하여 최종 제품의 관세율을 더욱 높게 하는 관세의 경사구조를 차등관세율제도(tariff escalation system)라고 한다. 이는 원재료의 저가격 수입을 도모하는 동시에 제품의 수입을 규제하여 국내가공・제조업을 육성하고 고용증대・국제수지의 개선효과를 도모하는 데 그 목적이 있다.

그림 3-2 가공단계에 관계없이 차등세율 적용원칙

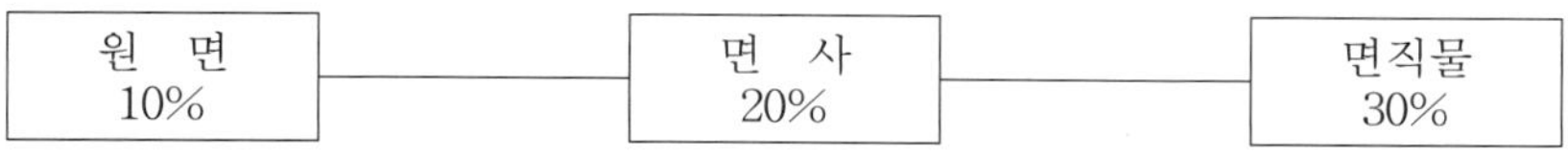

(2) 균등관세율제도

장기적으로 무세를 지향하면서 부가가치에 대해 동일세율을 적용하는 것으로서 가공단계에 관계없이 동일세율을 적용하는 관세구조를 균등관세율제도(uniform tariff system)라고 한다. 이는 수입물품에 대한 관세상 차별을 두지 않기 때문에 관세에 대산업중립성을 보장하여 주고 관세로 자원배분의 왜곡현상을 일으키지 않도록 함으로써 자원을 자연적으로 배분되게 하여 비교우위산업의 자연적 특화가 이루어질 수 있도록 하는 것을 목적으로 한다.

그림 3-3 가공단계에 관계없이 동일세율 적용원칙

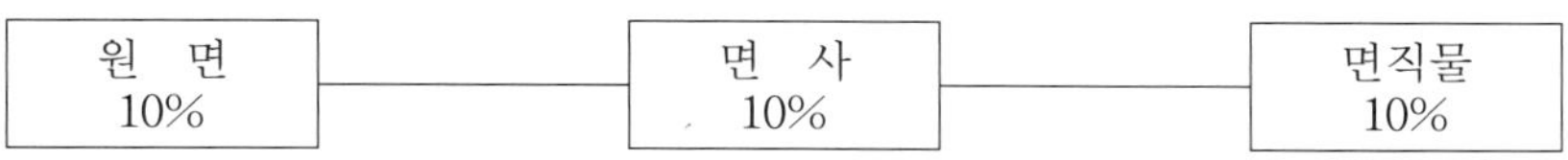

4. 실효보호관세율

(1) 실효보호관세율의 의의

실효보호율이란 국내산업 보호를 위해서 사용되는 관세율정책, 외환관리 및 무역관리 등의 정책이 국내 부가가치의 상승에 미치는 효과를 말한다.

그 가운데서도 관세의 실효보호율(effective rate tariff)은 수입품에 대하여 관세를 부과하면 국내산업을 보호하는 효과가 발생하는 데 있어서, 그 보호의 정도를 나타내는 비율을 말한다. 여기서, 보호라는 뜻은 국내산업의 부가가치를 높인다는 것이다. 따라서 관세의 실효보호율이란 보호관세에 의하여 발생하는 국내생산의 부가가치의 변화율이라고 할 수 있다.

(2) 실효보호관세율의 계산방식

실효보호관세율은 다음과 같은 산식으로 구할 수 있는데 산식에서 볼 수 이는 바와 같이 관세의 부과로 보호받고 있는 산업이 실질적으로 어느 정도의 보호를 받고 있는가를 나타내는 것이다.

$$\text{실효보호관세율} = \frac{\text{관세부과 후의 부가가치} - \text{관세부과 전의 부가가치}}{\text{관세부과 전의 부가가치}}$$

$$E = \frac{t_i A - t_j B}{A - B}$$

$$\frac{\text{수입완제품에 부과되는 관세율} \times \text{완제품가격} - \text{투입재에 부과되는 관세율} \times \text{투입재가격}}{\text{완제품가격} - \text{투입재가격}}$$

A: 완제품의 가격 B: 투입재의 가격

t_i: 완제품에 부과되는 관세율 t_j: 투입재에 부과되는 관세율

(3) 명목보호관세율과 실효보호관세율

명목관세율의 크기만으로 관세의 산업보호효과를 알 수 없으며, 그 효과를 정확하게 파악하기 위해서는 투입재에 부과되는 관세율도 합쳐 고려하지 않으면 안 된다. 완제품과 투입재에 부과되는 관세율에 따라 명목보호율과 실효보호율의 크기는 다음과 같이 3가지 경우로 나누어 볼 수 있다.

① 완제품에 부과되는 관세율과 투입재에 부과되는 관세율이 똑같은 경우 → 명목관세율과 실효보호율의 값이 같다.

$t_i = t_j$(완제품에 부과되는 관세율과 투입재에 부과되는 관세율이 같은 경우) 앞의 예제를 통해 살펴보면(투입재 관세율을 30%로 가정)

$$E = \frac{10,000 \times 0.3 - 5,000 \times 0.3}{10,000 - 5,000} = 0.3$$

즉, 실효보호율과 명목관세율의 값이 같아진다.

② 완제품에 부과되는 관세율이 투입재에 부과되는 관세율보다 고율인 경우→실효보호율이 명목관세율보다 크다.

t_i 〉 t_j(완제품 관세율이 투입재 관세율보다 높은 경우): t_i→30%, t_j→20% $$E=\frac{10{,}000\times0.3-5{,}000\times0.2}{10{,}000-5{,}000}=0.4$$ 즉, 실효보호율이 40%, 명목관세율이 30%로서 실효보호율이 크게 나타난다.

③ 완제품에 부과되는 관세율이 투입재에 부과되는 관세율보다 저율인 경우 → 실효보호율이 명목관세율보다 작다.

t_i 〈 t_j (투입재 관세율이 완제품관세율보다 높은 경우): t_i→30%, t_j→50% $$E=\frac{10{,}000\times0.3-5{,}000\times0.5}{10{,}000-5{,}000}=0.1$$ 즉, 실효보호율이 10%로서 명목관세율 30%보다 작아 실효보호율이 작게 나타난다.

예제 1

A상품 1단위의 최종재가격이 1만원, 그에 대한 관세율이 30%이며, A상품의 원료인 B상품의 가격은 5천원, 그에 대한 관세율이 20%일 때 A상품의 실효보호율은?

〈풀이〉

$$E=\frac{t_iA-t_jB}{A-B}=\frac{10{,}000\times0.3-5{,}000\times0.2}{10{,}000-5{,}000}=40\%$$

즉, A에 부과된 명목관세율은 30%이나 관세부과로 인하여 실질적인 보호정도를 나타내는 실효보호율은 40%이다.

예제 2

완제품의 수입시에는 100%의 수입관세를 부과하고 수입원재료에는 50%의 수입관세를 부과한다고 가정하자. 어떤 상품의 생산에 수입원재료가 50% 사용되었을 경우 이 때의 실효보호관세율(effective rate of Protection)을 구하면?

답: ③

① 100% ② 50% ③ 150% ④ 220% ⑤ 300%

(4) 관세율정책방향

관세의 실효보호율이 구체적으로 어떻게 나타나느냐는 그 물품의 가공도에 따라서 다르다. 즉, 완제품에 대한 관세부과는 국내 부가가치의 상승효과를 가져올 것이며, 원료 등에 대한 관세부과는 국내 부가가치의 하락효과를 가져올 것이다.

따라서 원료품에 대하여는 무세 내지 저세율로 중간재에 대하여는 저세율로, 완제품에 대하여는 고세율로 부과하는 것이 실효보호율을 높이는 바람직한 관세율정책 방향이다.

이와 같이 가공도가 높아짐에 따라 관세율이 높아지는 현상에 주목하여 이를 경사관세(tariff escalation)라고도 한다. 오늘날 공업화를 지향하는 모든 국가들은 이러한 경사관세정책을 쓰는 것이 현실이다.

5. 최적관세율과 최대수입관세율

최적관세율(optimum tariff)이란 과세국의 후생을 최대로 하는 관세율이라 할 수 있다.

관세부과국은 관세부과에 의하여 자국의 교역조건을 점차 유리하게 개선시키는 반면에 수입의 감소로 경제적 후생을 불리하게 하는 경향이 있다. 여기에서 교역조건 개선의 이익이 수입감소의 불이익을 상쇄한 후 관세부과국에 이익을 최대로 하는 최적관세를 생각할 수 있는데 이는 실제에 있어서 정확한 계측이 불가능하다.

또한 최적관세율이란 최대수입관세율과는 다른 개념이다. 최대수입관세율이란 관세수입을 최대로 하는 관세율로서 그 나라의 후생이라든가 국내산업보호 등을 무시하고 국가재정수입면만을 고려한 개념이다.

최대수입관세율을 수입수요의 탄력성에 따라 상품별로 그 크기가 달라진다. 이를테면 생필품과 같이 수요탄력성이 적은 품목은 관세율이 높아짐에 따라 관세수입도 커지므로 최대수입관세율은 높은 편이며, 사치품과 같이 수요탄력성이 큰 품목은 반대로 최대수입관세율은 낮은 편이 될 것이다.

Tip 현행 관세율정책의 문제점과 개선방안

1. 관세율정책의 문제점

(1) 균등관세율체계에서 차등관세율체계로의 전환 문제

관세정책당국은 기본관세율체계에 있어 '관세율인하예시제'에 의거하여 균등관세율체계를 정립하기 위한 정책적 시도를 하여왔다. 제1·2차 관세율 인하 5개년 계획에 의하여 균등관세율체계로 점차 전환되는 모습을 보이고 있다. 중공업품과 광산품은 평균관세율이 하향 안정화 추세에 있고, 제품간 관세율격차도 현저히 줄어들어 균등한 관세율체계로의 이행 효과가 보이고 있으나, 경공업품과 농림수산품은 평균관세율이 1990년대 하반기에 들어와 상향추세에 있고, 제품간 관세율 격차도 크게 확대되었다. 2007년의 기본관세율은 여전히 8%를 중심관세율로 하나, 0%, 1%, 1.8%, 2%, 3%, 4%, 4.2%, 5%, 5.4%, 8%, 9%, 10%, 13%, 20%, 18%, 20%, 21%, 22.5%, 25%, 27%, 32.8%, 36%, 40%, 45%, 50% 등(0%에서 50%까지) 품목별로 크게 다단계화하면서 가공단계별 차등관세율체계로 전환하는 모습을 보이고 있다.[3)]

(2) 탄력관세, 관세감면제도 및 양허관세의 운영 문제

탄력관세와 관세감면 등의 폭넓은 운영으로 기본관세율체계의 기본정신이 훼손되고 있다. 기본관세율보다 우선 적용되는 탄력관세의 운영이 폭넓게 이루어지고 있고, 관세감면 또한 그 감면율이 높은 수준에서 이루어지고 있어 이는 기본관세율이 견지하는 기본정책방향에서 벗어날 가능성이 있다. 또한 양허관세의 적용비율이 증가하여 기본관세율의 적용비율이 해마다 감소하고 있는 것도 문제점으로 지적된다.

(3) 역관세현상의 심화 문제

실행관세율(실제로 적용되는 관세율)을 기준으로 보면 역관세(Reverse Tariff Escalation) 현상이 농산품, 공산품 등 전품목에 걸쳐 발생하고 있는데, 이 또한 기본관세율이 견지하는 기본정책방향에서 어긋날 수 있다.

2. 관세율 정책(체계)의 개선방안

(1) 관세율을 가공단계별 중심관세율 수준으로 수렴하여야 한다

국제경쟁력 보유산업과 국제경쟁력 잠재산업이 자생적 성장을 촉진하기 위하여 산업부문 간의 실효보호율 격차를 최대한 완화되도록 산업중립적 균등관세율체계를 지속적으로 견지해 나가되 이를 효율적으로 뒷받침하기 위하여 기본적인 명목중심관세율을 선정하여 가공단계별로 산재해있는 관세율을 가공단계별 중심관세율수준으로 수렴시키되, 높은 세율은 대폭 인하하고 낮은 세율은 소폭 인하하는 방식을 채택하는 것이 좋겠다. 그리고 최근 경제여건 변화의 속도가 가속화되고 있으므로 이전의 5개년 예시제보다는 2, 3개년 정도의 단기간 제도 운영으로 기업이 느끼는 미래 불확실성을 줄여주어야 할 것이다.[4)]

(2) 기본관세율체계가 실질적으로 적용될 수 있도록 하여야 한다.

① 기본관세율체계가 영허관세율에 의거 훼손되고 있으므로 양허관세율의 분포도를 기본관세율체계 개편시 함께 고려하여야 한다.

② 탄력관세와 관세감면 또한 기본관세율체계를 왜곡시키고 있으므로 명료성과 객관성이 보장되는 세부운용세칙을 마련하고 탄력관세 등의 적용기한을 일몰법(sun-set law)체계로 전환하여 기본관세율 중심의 관세율 운영이 준수되도록 하여야 한다. 2007년 관세법 개정과 함께 기본관세율 구조를 개편함에 있어, 장기간 할당관세가 적용되어 온 생사・면

3) 이명호, 관세법, 박문각, 2007, pp. 166~168.
4) 방상태, 관세법강의, 삼일인포마인, 2004.

사 및 요소(尿素) 등의 물품에 대한 할당세율 또는 잠정세율을 기본세율로 하도록 한 점은 이러한 개선이 실질적으로 이루어지고 있음을 보여준다.

(3) 역관세체계의 해소방안을 강구하여야 한다.

역관세 현상 발생품목에 대한 명확한 조사, 유사물품간 세율불균형과의 구분 등을 통하여 현재의 역관세 체계를 정확히 진단하고, 역관세현상이 발생하였다고 판단되는 경우 이를 시정하기 위하여 기본관세율조정, 탄력관세율제도와 지정공장제도 및 보세공장제도 등을 활용하여야 할 것이다.

Ⅱ. 관세감면 및 분할납부제도

경제개발 초기단계에 있어서 국민경제에 중요한 영향을 미치는 기간산업 등 전략산업을 지원 육성하는 관세정책으로 관세면세·감세·분할납부제도 등이 이용된다.

감면세 및 분할납부의 대상이 되는 것은 국내생산이 불가능하거나 제작이 곤란한 시설재 및 기계 등의 설비용품이 주가 되고, 국내에서 사용할 물품을 만들 원재료에 대하여는 방위산업이나 항공기 제작과 같은 특수분야에 한해서만 감면세의 대상으로 하고 있다.

1. 관세감면제도

수입물품에는 관세법 규정에 의하여 관세를 부과하는 것이 원칙이다. 그러나 수입물품이 일정한 요건을 갖춘 경우에는 그 수입자에 대하여 무조건 또는 일정조건하에 관세납부 의무의 일부 또는 전부를 면제하는 경우가 있다. 이를 관세감면제도라 한다.

여기서 감세란 납세의무를 일부 면제하여 납부하여야 할 세액을 경감하는 것을 말하고, 면세란 납부하여야 할 세액을 전액 면제하는 것을 말한다. 또한 무세란 용도에 관계없이 물품에 따라 처음부터 관세납부의무를 지우지 않는 것이다.

2. 분할납부제도

관세의 분할납부제도는 특정물품에 대하여 수입신고수리시에 관세 전액을 징수하지 아니하고 일정기간 동안 분할하여 납부하는 제도이다.

산업시설에 소요되는 자금부담을 분산하여 완화시킴으로써 중요산업 건설을 지원하고 정부, 지방자치단체, 학교, 직장훈련원, 비영리법인 등의 예산사정 등을 고려하여 일시적 자금부담을 완화하는 데 그 목적이 있다. 따라서, 관세의 분할납부는 수입신고수리할 때 관세의 전액을 납부함으로써 생기는 자금부담의 집중을 일정한 기간 내에서 분산시키고 이의 결과로 오는 자금의 이자부담을 경감시키는 효과가 있을 뿐만 아니라 수입물품을 분할납부기간에 사용함으로써 생기는 이익금으로 관세를 납부할 수 있는 편익이 있다.

Ⅲ. 탄력관세제도

탄력관세제도(flexible tariff system)란 법률에 의하여 일정한 범위 안에서 관세율의 변경권을 행정권에 위임하여 세율을 탄력적으로 변경함으로써 관세율조정의 신축성을 발휘하는 제도이다. 이러한 탄력관세제도의 목적은 국내외적 경제여건의 급격한 변화에 대응해서 신축성 있는 관세정책을 수립하려는 데 있다.

조세법률주의 원칙하에서 관세율의 책정과 조정권은 국회만이 가질 수 있는 것이 원칙이나 그 권한의 일부를 법률에 의하여 제한된 범위 내에서 행정부에 위임하여 운영함으로써 법률의 경직성 탈피, 관세의 보호기능의 발휘, 물가안정 도모, 주요 자원의 안정적 확보, 산업불균형의 시정 등의 필요가 있을 때 탄력관세의 발동이 요구된다.

Ⅳ. 수출지원 관세정책

1. 관세환급제도

관세환급이란 세관에서 일단 징수한 관세 등을 특정한 요건에 해당하는 경우에 그 전부 또는 일부를 되돌려주는 것을 말한다.

현행 관세법상에는 납세의무의 형평과 징수행정의 공평을 기하기 위한 관세·가산금 또는 체납처분비의 과오납금을 납세의무자에게 환급하는 과오납환급과 위약물품을 재수출한 경우에 수입시 납부한 관세를 환급하는 위약물품의 관세환급이 있으며, 수출용원자재에 대한 관세 등 환급에 관한 특별법에 의거 원재료를 수입할 때에 일단 관세 등을 납부하였거나, 징수를 유예받은 물품 또는 이를 원료로 하여 제조·가공한 물품을 수출의 용도에 공한 때에 이미 납부한 관세를 환급해주는 환급특례법상 관세환급이 있는데, 수출지원 관세정책상의 관세환급은 환급특례법상 환급을 말한다.

2. 보세제도

보세제도는 관세를 부과하여야 할 물품에 대하여 일시 그 부과를 유보하는 제도인데, 이 중 수출지원제도와 가장 관련이 깊은 것은 수출용 보세공장제도와 종합보세구역제도이다.

보세공장은 내수용 보세공장과 수출용 보세공장의 두 가지로 나눌 수 있는데, 수출용 보세공장은 원자재수입에 따른 관세 등의 부담도 없고 수입통관절차도 거치지 않고 물품을 제조·가공하여 수출할 수 있으므로 수출의 효과적인 지원방법이 된다.

종합보세구역이란, 특허보세구역에서 수행되는 기능을 복합적으로 수행할 수 있도록 지정된 지역을 말한다. 즉, 특허보세구역에서 수행되는 기능(제조·장치·보관·건설·판매·전시 등)을 동일지역(종합보세구역)에서 모두 수행할 수 있도록 함으로써 물류비용을 절감하고 수출입편의를 도모하게 하였다.

- 보세제도
  - 보세구역
    - 지정보세구역 – 지정장치장, 세관검사장
    - 특허보세구역 – 보세장치장, 보세공장, 보세창고, 보세전시장, 보세판매장, 보세건설장
    - 종합보세구역
  - 보세운송

3. 자유무역지역제도

(1) 의 의

자유무역지역이란 특정구역을 관세영역 밖에 둠으로써 관세법에 의한 관리와 규제를 완화하거나 배제시켜 제조, 물류, 무역업 등을 진흥할 목적으로 지정한 구역을 말한다.[5]

자유지역제도는 원래 중계무역을 진흥할 목적으로 설치된 제도인데, 이의 대표적인 예가 홍콩의 자유항(free port)이나 싱가폴의 자유무역지역(free trade zone)이다. 자유항이나 자유무역지역이란 다같이 관세의 부과 없이 자유로이 외국상품이 출입할 수 있는 곳으로서 처음에는 그 지역 안에서 가공·제조 등은 하지 아니하고 단순히 무역거래만을 하였는데, 오늘날에는 자유지역 안에서 외국으로부터 가져온 원재료를 가공·제조하

---

5) 자유무역지역의 지정: 자유무역지역 인근의 항만 및 그 배후지와 물류 단지도 자유무역지역이므로 지정될 수 있게 하여(단, 항만은 산업단지와 연계되는 경우에만 지정할 수 있도록 함) 산업단지의 제조기능과 항만의 물류기능을 연계하여 그 기능을 더욱 활성화할 수 있도록 하였다. 또한 자유무역지역이 지정권자인 기획재정부와 사전 협의토록 함으로써 관세자유지역과의 중복을 피하도록 하였다.

여 이를 다시 외국으로 수출함으로써 외화획득, 고용증대, 외국기술도입 등의 효과를 얻고 있다. 이러한 목적을 위하여 지정된 지역을 자유무역지역이라고 한다.

(2) 관세 등의 지원

자유무역지역에 입주한 기업체가 자유무역지역에 반입하는 기계, 기구, 설비 및 장비와 그 부분품과 원재료, 사무용 컴퓨터 및 건축자재에 대하여는 물품수입시에 부과, 징수되는 조세가 원칙적으로 보세 조치될 뿐만 아니라 입주 기업체에 대하여 조세특례제한법이 정하는 바에 따라 법인세, 소득세, 취득세, 등록세, 재산세, 종합토지세 등 직접세도 감면된다.

(3) 종 류

자유무역지역제도는 그 구역의 광협이나, 그 기능의 상위에 따라 ① 자유항시, ② 자유항구, ③ 자유지구, ④ 자유무역지대, ⑤ 자유무역지역으로 분류할 수 있다.

㈎ 자유항시

자유항시(free trade port)라 함은 자유항의 전부를 관세영역 외에 두고 이 지역 내에 한해서 외국상품은 전부 관세부과대상에서 제외되며, 더구나 그 상품의 적재 · 저장 · 개장 · 분할 · 혼합 · 수선 · 가공 · 제조 등을 자유롭게 하며, 개인의 거주도 인정해주어 자유항제도로서는 가장 광범위한 것이다.

㈏ 자유항구(free port quarter)

자유항시와 같이 무역항의 전부를 자유항으로 하는 것이 아니라 다만 항구에 접하고 있는 지역의 전부 또는 일부를 구획하여 이를 관세영역 외에 두고, 이 지역 내에 한하여 출입하는 외국상품에 대해 관세부과대상에서 제외하고, 이 상품의 적재 · 개장 · 분할 · 수선 · 가공 · 제조 등은 자유로이 하도록 인정하지만 그 지역 내에서의 거주는 금지하는 곳이다.

㈐ 자유지구

자유항구와 같은 것이지만 다른 점은 자유항구에서 인정되는 외국상품의 제조 및 가공이 자유지구(free district)에서는 인정되지 않는다.

㈑ 자유무역지대(foreign trade zone)

미국의 foreign trade zone을 통칭하는 말이다. 상항의 항내 또는 그 부근의 일대를 비관세지구로 한 미국의 자유항으로서 1934년의 외국무역지대법에 의하여 설치되었다.

이는 중계무역 및 가공무역을 위한 것으로서 그 지대 내의 화물에 대하여는 관세수속도 없고, 관세도 부과되지 않으며, 화물의 장치 · 이적 · 개장 · 혼합 · 조립 · 제조 등의 조작이 가능하며 이를 통하여 재수출이 이루어졌다.

(마) 자유무역지역

자유무역지역(free export zone)이란 선진외국의 자본과 기술을 유치하여 자국의 수출진흥을 도모함과 동시에 기술의 도입 및 고용의 증대를 기할 목적으로, 국가가 임해의 일정한 지역을 구획하여 지정한 지역으로서, 관세법령의 적용이 전부 또는 일부가 배제되거나 완화된 보세구역의 성격을 띠고 있다.

표 3-1 세 가지 지원제도 비교

구 분	자유무역지역	관세자유지역(폐지)	종합보세구역
근거법령	자유무역지역설치법	관세자유지역설치법	관세법 197조
담당기관	산업통상자원부	기획재정부	기획재정부장관지정, 관세청장 관리
주요기능	제조업을 중심으로 무역업, 물류업(하역, 운송, 창고, 판매 등)	물류기능을 중심으로 장치, 저장에서부터 상표부착, 재포장, 가공조립, 제조, 전시, 재수출	특허보세구역의 개별기능을 종합적으로 수행(보관, 제조, 가공, 전시, 판매, 건설)
주요혜택	보세구역의 성격(관세 면제)	관세법상 외국지역(관세, 내국세 면세 등)	관세부과 유보
관리주체	자유무역지역관리소장	해당 부처장	운영인

이 지역 내에는 관세의 부담 없이 외국물품이 자유로이 출입할 수 있다. 처음 설치했을 때에는 중계무역의 진흥을 목적으로 그 지역에서는 가공·제조 등은 하지 않고 단순히 무역거래만을 하였으나, 오늘날에 와서는 특히 부존자원이 부족한 국가에서는 원자재를 외국에서 도입하여 이를 제조·가공하여 다시 외국으로 수출한다.

대만의 고웅(Kao-shiung), 우리나라의 마산과 익산시에 자유무역지역이 설치되어 있다.

우리나라의 자유무역지역의 지정 및 운영에 관한 법률에서 국가가 일정한 지역을 확정하여 지정한 지역으로서 관세법령 등의 적용이 전부 또는 일부가 배제되거나 완화된 보세구역의 성격을 띤 지역이라고 규정하고 있다.

4. 관세동맹

(1) 의 의

관세동맹이란 이국(二國) 또는 그 이상의 다수국이 관세에 관한 동맹을 체결하여 동맹국간에는 관세 및 기타 무역장벽을 철폐함과 동시에 동맹 외의 국가에 대해서는 역외 공동관세를 부과하는 제도를 말한다.

(2) 관세동맹의 효과

① 무역창출효과-무역창출(trade creation) 효과는 관세동맹으로 인하여 회원국 사이에 관세가 철폐됨에 따라 역내에서 상품의 생산지가 생산비가 높은 회원국으로부터 생산비가 낮은 회원국으로 이동하고 그에 따라 무역이 발생하는 것을 말한다. 따라서 무역창출효과는 역내에서 회원국들이 비교우위에 따라 생산에서 특화를 할 수 있게 하고 그 결과 역내에서 효율적인 자원배분을 가능하게 해 줌으로써 역내국의 후생을 증대시키는 긍정적인 역할을 하게 된다.

② 무역전환효과-무역전환(trade diversion) 효과는 관세동맹을 결성하기 전에 역외국으로부터 수입하던 상품이 관세동맹으로 인하여 비회원국에 대하여 차별적인 관세가 부과됨에 따라 생산비가 높은 역내에서 생산이 이루어지는 것을 말한다. 따라서 무역전환효과가 발생하면 상품의 생산지가 생산비가 낮은 역외국으로부터 생산비가 높은 역내국으로 이동하게 되므로 자원이 비효율적으로 재배분되고 그에 따라 역내국의 후생이 감소하게 된다.

(3) 관세동맹의 이익

관세동맹을 결성하게 되면 회원국의 경제적인 여건에 따라 또는 상품의 성격에 따라 무역창출효과와 무역전환효과가 함께 나타나게 된다. 따라서 무역창출효과와 무역전환효과만을 고려해 볼 때 관세동맹의 3회원국들은 무역창출효과가 무역전환효과보다 큰 경우에만 관세동맹으로 인하여 이익을 얻게 된다.

제 3 절 비관세정책

Ⅰ. 비관세정책의 개요

1. 비관세조치의 개념

비관세조치(NTM: Non-Tariff Measures)란 일반적으로 비관세장벽(NTB: Non-Tariff Barriers)이라고 지칭되는 것으로써 국제통상을 제한하는 관세 이외의 모든 규제수단들을 의미한다. 특히 이러한 비관세조치에는 간접적인 통상제한 수단뿐만 아니라,

다른 목적달성을 위한 특정 조치가 결과적으로 통상에 영향을 미칠 경우 간접적인 통상제한 조치도 포함된다.

그러나 비관세조치는 그 형태 및 영향이 매우 복잡하고 다양하며 국제적으로 일관된 정의를 내리기는 어렵다. 다만, 일반적으로 널리 통용되고 있는 정의에 따르면 비관세조치란 ① 외국의 수출업자나 국내 수입업자에게 비용을 증가시키고 ② 수입량을 양적으로 제한시키거나 또는 외국 수출업자와 국내 수입업자에게 위험을 부담시킴으로써, 국내 수입가격을 인상시키고 수입량을 감소시키려는 목적으로 실시되는 관세 이외의 모든 제한 조치라 할 수 있다.

2. 비관세조치의 특징

비관세조치는 관세장벽과 비교해 볼 때 상대적으로 다음과 같은 특징이 있다.

① 비관세조치는 규제대상국을 선별적으로 선택할 수 있다.

관세는 일반적으로 수입국의 국경을 넘어서는 모든 수입물품에 대하여 부과됨으로써 수입품의 가격상승과 국내생산량의 증대를 유발시키는 반면에, 비관세조치는 규제하고자 하는 품목, 국가, 수량, 가격 등 각종 수입요소에 대해 차별적·선별적으로 적용시킬 수 있다.

② 비관세조치는 적용이 비교적 용이하고 신속하다.

일반적으로 관세율 설정 및 변경은 조세법률주의에 의해 국회의 의결을 거치는 등 다소 절차가 복잡한 반면에, 비관세조치는 행정부의 조사활동과 수입업계의 협조에 의해 비교적 쉽게 적용이 가능하다. 또한 관세의 경우 명시적으로 관세율을 통해 쉽게 파악될 수 있으나, 비관세조치는 품목·수량·가격 등에 행정적 신축성을 발휘할 수 있어 통관 당국의 자의와 재량의 여지가 많다.

③ 비관세조치는 파악이 용이하지 못하다.

비관세조치는 오늘날 매우 다양한 방법으로 실시되고 있어서, 수출국들은 수입국의 비관세조치에 대해 명확하게 파악하기가 곤란하다.

④ 비관세조치는 관세장벽에 비해 다자간 무역협상의 대상이 되기가 어렵다.

이는 수출업자들이 비관세장벽에 대한 정보가 부족하여 제도의 변칙적 운용으로 인한 수출상의 효과를 정확하게 측정할 수 없고, 수입국의 정책이 수시로 변경되어 국제적으로 통일화시킬 수 있는 지표의 설정이 매우 어렵기 때문이다.

Ⅱ. 수입억제를 위한 비관세정책

1. 수량제한과 관련된 비관세조치

각국 정부는 수출입수량을 제한하기 위해 쿼터, 수입허가제, 수출자율규제, 국산품 사용의무 등 광범위한 조치들을 시행하고 있다. 수량제한의 다양한 유형 중에서 오늘날 비관세조치로 널리 사용되고 있는 수단들을 중심으로 살펴보기로 한다.

(1) 쿼 터

쿼터란 특정상품에 대해 일정기간동안 수입할 수 있는 양에 대하여 직접적인 한도(수량, 금액)를 설정함으로써 수입품의 가격과는 무관하게 수입량을 제한하는 조치이다.

이러한 쿼터에는 크게 총량쿼터와 국별쿼터로 대별된다. 즉, 전자는 세계 모든 국가들로부터 수입누계량이 사전에 설정된 수입할당총량에 도달할 때까지만 수입을 허가해 주는 방법이다. 이에 반해 후자는 수출입국가간에 사전협의를 통해 국가별로 수입할당량을 배분하는 방법이다.

(2) 수출자율규제

수출자율규제(VER: Voluntary Export Restraint)란 수입국과 수출국이 일정기간동안 수출량의 상한선에 대해 합의를 하고 이를 수출국이 자율적으로 이행함으로써 수출량을 제한하는 조치이다. 다만, 수출자율규제는 일반적으로 수입국측의 정부나 업계의 강력한 요구에 의해 수출 상한선에 관한 협상 또는 합의가 이루어지므로 수출국이 자율적으로 수출을 규제한다고 볼 수 없다.

(3) 수입허가제

수입허가제는 상품을 수입할 경우 사전에 수입국 정부로부터 허가를 받아야 하는 제도이다. 일반적으로 수입국 정부는 일정기간의 수입계획을 수립하고 이를 토대로 수입을 허가해 주는데, 수입허가서 발급기준이 모호하고 복잡할 경우 궁극적으로 수입량을 제한하는 효과를 초래하게 된다.

(4) 국영무역

국영무역이란 국영기업이나 국가에 의해 배타적 권리를 부여받은 사기업에게 재화나 용역의 독점적 수입권을 인정하는 것을 의미한다. 이러한 국영무역은 국내시장 상황에 따라 수입량을 임의로 조정하는 등 수입제한조치로 널리 사용되고 있다.

(5) 정부조달정책

정부조달정책은 정부 및 공공기관 또는 정부의 통제 및 영향력하에 있는 기업체가 국내상품의 우선구매를 장려하는 조치이다. 이와 같은 정부조달정책은 외국상품을 차별적으로 대우함에 따라 국제무역을 제한시키게 된다.

2. 가격에 영향을 미치는 비관세 조치

(1) 수입과징금

수입과징금은 국내상품의 경쟁에서 수입품의 경쟁우위를 감소 또는 배제시키기 위해 관세를 대신하거나 또는 관세에 부가하여 과세하는 과징금을 의미한다. 이러한 수입과징금은 수출국의 수출가격 인상을 초래하게 되므로 무역을 왜곡시키게 된다.

(2) 수입예치금

수입예치금은 수입업자가 수입허가 신청시 일정 비율의 요금을 세관이나 기타 정부기관에 예치하도록 하는 제도이다. 이러한 수입예치금은 수입업자의 자금부담을 가중시켜 궁극적으로 수입비용 인상을 초래하게 되므로 무역을 제한시키게 된다.

(3) 이중환율제도

이중환율제도는 주요 외환과 자국 통화와의 교환율을 모든 거래에 일률적으로 적용하지 않고 수출과 수입에 각기 다른 환율을 적용시키는 제도를 말한다. 이러한 이중환율제도는 궁극적으로 수출입 가격에 영향을 미쳐 수출은 진흥시키고 수입은 제한하는 조치로 널리 활용될 수 있다.

3. 관세형 조치

(1) 국경조정세

국경조정세는 수입물품에 대해 수입관세뿐만 아니라 국내산품에 부과하는 부가가치세, 일반 소비세, 판매세 등과 같은 세금을 추가로 징수하는 제도이다. 이러한 국경조정세는 준관세성격을 띠므로 수입을 저해하게 된다.

(2) 관세할당제도

관세할당제도란 수량 또는 금액으로 일정한 수입량을 설정해 놓고 동 수입량 이하로 수입되는 상품에 대해서는 무세 또는 저율의 관세를 부과하고, 동 수입량을 초과하는 상품 수입에 대해서는 기본세율 또는 고율의 관세를 적용시키는 일종의 이중관세율제도를 말한다.

(3) 계절관세

계절관세란 동일한 상품에 대해 1년중의 각 시기에 따른 관세율을 적용시키는 조치로서 보통 농산물의 무역에 많이 적용된다.

(4) 관세평가

관세평가란 거래단계, 거래수량, 수입시점 등에 따른 수입상품의 다양한 가격 중에서 유리한 과세가격을 결정하는 일련의 절차를 의미한다. 따라서 어떠한 수입가격을 과세표준으로 선정하느냐에 따라 부과 과세액이 차이가 나므로 관세평가는 수출입에 영향을 미치게 된다.

Ⅲ. 수출진흥을 위한 비관세정책

수출은 국내산업에 대한 유효수요를 증대시킴으로써 국내산업을 육성시키고 동시에 외화획득의 원천이 된다. 그러므로 각국 정부는 수출장려금을 지급하여 국내 수출업자의 국제경쟁력을 강화시킨다든가 수출업자에게 독점수출권을 부여함으로써 수출을 장려하기도 한다. 그 밖에도 수출산업기반의 확충을 위한 시설금융과 수출품의 대금결제에 이르기까지 각 단계에 걸쳐서 자금을 융통하여 주는 수출금융지원제도라든가, 세제면의 감면조치 등으로 수출업자를 지원하여 국제경쟁력을 강화시키기도 한다.

그런데 이상과 같은 수출지원정책은 수입국의 상계관세를 유발할 위험성이 있지만, 오늘날 개발도상국들은 수출산업의 육성을 위하여 그러한 정책을 보편적으로 실시하고 있다.

1. 수출보조금

수출보조금(export subsidy) 또는 수출장려금(export bounty)이란 국제경쟁력을 강화하기 위하여 특정한 상품수출에 대하여 지급하는 보조금과 장려금을 말한다. 이 제도는 17세기 중상주의 시대부터 수출진흥제도로서 채택되었으나 오늘날에는 자유무역을 저해하는 요인이 되고 있다.

이 제도를 채택하게 되면 채택한 국가의 입장에서 보면 수출가격이 저하되므로 해외시장에서 경쟁력이 강화되어 무역확대의 효과를 발휘할 수 있으며, 국내에서는 해당 수출산업을 보호 및 육성하는 효과가 나타나게 되나 정부의 재정부담이 가중된다. 그리고, 수입국의 입장에서 보면 일종의 덤핑(dumping)으로 인정되어 보복·상계관세를 부과함으로써 이를 막으려고 한다. 우리나라도 1960년대 이후 수출보조금을 지원해 왔으나 그 후 폐지하였다.

2. 수출입링크제

수출입링크제(export-import link system)란 수출을 촉진시키기 위해 수출과 수입을 연계(link)시켜서 일정한 수출과 교환할 것을 조건으로 하여 수입을 링크하는 제도이다. 수출·수입의 연결 방식에 따라 수출의무제와 수입권리제로 구분된다.

수출의무제는 먼저 원재료의 수입을 허가하고 일정한 기간 내에 원재료를 사용하여 만든 제품의 수출을 의무화하는 방식이며, 수입권리제는 수출실적에 따라 수입할 수 있는 수출을 의무화하는 방식이며, 수입권리제는 수출실적에 따라 수입할 수 있는 권리를 부여하는 방식이다.

우리나라에서는 무역거래법시행령 제32조에 상품별 수출·입링크를 동법 제24조에서는 지역별 수출입링크를 규정하고 있었으나 1978년 폐지되었다.

3. 수출입검사제도

수출검사는 수출품에 대한 검사를 함으로써 수출품의 품질 및 대외성과를 유지하고 건전한 수출을 조성하기 위해서 법령에 의하여 정부기간 및 민간기관이 수출품을 검사하는 제도이다. 우리나라에서는 1962년 10월에 입법화된 후 1968년 7월과 1973년 2월에 개정되어 지금까지 사용하고 있으며, 1980년 8월에 검사규정과 검사기관에 대해서 일부 간소화되었다.

검사대상은 지정물품의 품질검사·재료검사 및 제조검사·포장검사 등이 있다. 현재 선진제국에서는 별도의 수출검사제도가 없고 자율적인 사내규정에 의해 검사하고 있으며, 기타 일본·한국·대만 등이 검사를 실시하고 있으며 일본을 제외하고는 대부분 개도국에 속하는 국가들이다.

4. 수출금융지원제도

수출금융지원제도(export banking system)는 수출에 대한 금융지원을 원활하게 함으로써 수출증대에 기여함을 목적으로 한다. 즉, 수출용 원자재의 구입 과정에서부터 이를 생산 및 판매하기에 이르기까지 대금결제에 필요한 자금을 공급하는 것을 말한다. 따라서, 단기운전자금은 물론 연지급방식에 의한 중기자금도 이에 포함된다. 그러나, 수출을 지원하는 경우에도 시설자금이나 외국차관 등은 무역금융에 포함되기도 하고 제외되기도 하는 것이 관례이다.

현재, 우리나라에서 실시되고 있는 수출금융에는, ① 단기수출지원금융, ② 중기수출지원금융, ③ 국제금융 등이 있다.

5. 수출보험제도

수출보험제도(export insurance system)는 흔히 제2의 수출금융이라고도 하며 수출무역 및 기타 대외거래에서 발생하는 위험 중에서 일반보험으로는 구제하기 어려운 여러 위험으로 인한 손실을 보상하기 위해 마련된 특수보험제도이다. 따라서, 수출보험제도는 수출을 진흥·확대하기 위한 일종의 수출진흥정책이다. 수출보험은 ① 수출상의 특수 불안의 제거, ② 일반금융을 보완하는 금융보완적 지원, ③ 무역관리수단으로서의 수출촉진, ④ 해외무역상사의 신용조사에 따른 수출지원 등의 기능을 발휘하고 있다.

수출보험의 내용을 보면, 비상위험·신용위험·기업(상업)위험·재산위험을 미리 방지하거나 사후에 보상함으로써 수출을 진흥하고 확대하는 데 이용되고 있다.

6. 관세의 감면 및 환급제도

이 제도는 수출상품의 국제경쟁력을 강화하고 수출을 촉진하기 위해 수출용원자재 수입시 관세의 일부 또는 전부를 감면 또는 면세하는 세제상의 지원제도이다. 따라서, 이에는 ① 관세사전면세, ② 관세환급, ③ 관세대치면세, ④ 주요산업용 시설·기재에 대한 면세 등이 있다.

7. 보세제도

보세제도(bond system)는 관세의 과징을 보류하는 보세지역에서 수출입절차를 거치지 않고 원자재 및 완제품을 반입한 후, 이를 원형 또는 가공한 후 다시 반출하는 제도를 말한다. 따라서, 외국상품이 자국에 도착된 후 관세의 과징이 유보된 상태에서 일정기간 동안 보세구역에서 보관·장치·운송·정시·가공을 허용하는데, 이에 따른 일련의 행정절차를 보세제도라고 한다.

Ⅳ. 수출입균형을 위한 비관세정책

앞서 살펴본 수출진흥정책과 수입제한정책 이외의 기타 무역균형정책으로 다음과 같은 것들이 있다.

1. 바터무역

자국수출의 한도 내에서 상대국의 수입을 허가하여 수출입의 균형을 유지하려는 제도가 바터제(barter system) 또는 구상무역(compensation trade)이다. 이 무역은 수출이 곤란한 경우에 상대국으로부터 수입하는 대가로서 자국의 수출을 상대국에게 의무지우는 무역형태이다. 일반적으로 무역적자가 심한 국가가 입초를 시정하기 위해서 바터무역을 채택한다.

바터무역이란 원래는 물물교환을 의미하므로 외국환을 개입시키지 아니하는 거래를 의미한다. 그러나, 순수한 물물교환과는 달리 외국환이 사용되기 때문에 바터무역을 구상무역이라 하게 된다. 구상무역이란 환거래에 의한 결제를 통해서 바터를 실현시키는 무역형태이다.

구상무역의 거래방식은 ① 거래하는 양 당사자가 동시에 신용장을 개설하는 back to back 신용장에 의한 수출·수입, ② 먼저 수입한 측이 그 대금을 은행에 적립해 놓고 후에 수입하는 측이 그 계정금액으로 수입금액을 지급하는 escrow신용장에 의한 수출·수입, ③ 한쪽이 수입신용장을 송달하는 데 대해서 다른 한쪽이 일정기간 내에 같은 금액의 수입신용장을 개설한다는 보증장을 내게 되는 토마스신용장에 의한 수출·수입 등으로 나누어진다.

1980년대에 들어 바터무역이 성행하였고, 이는 전체 세계무역이 약 25%를 점하였다. 1970년대의 경우 동서무역의 20%가 바터거래였고, 공산국가들간의 무역은 거의 대부분이 바터거래이며, 개발도상국간의 무역은 40%가 바터거래로 이루어지고 있었다.

2. 쌍무협정

무역당사국 상호간에 수출입의 균형과 무역장애의 완화를 도모하기 위하여 체결되는 협정을 쌍무협정(bilateral agreement)이라 하며, 이 협정에 의해 행해지는 무역을 협정무역이라고 한다. 협정무역에서는 상호간의 수출입량이 예정된 양적 비율을 유지할 수 있게 협정에 따라 거래된다. 즉, 협정에 따라 무역상품의 종류와 수량이 결정되고 거래가 이루어진다. 예컨대, 쌍무협정을 맺은 국가들은 외국에 대한 지불을 외환에 의하지 않고 석탄 몇 톤에 대해서 직물 몇 야드라는 식으로 모든 무역상품간의 비율을 미리 정하여 놓고 거래하는 방식을 취할 수도 있고, 또 무역금융의 결재방식에 관한 지불협정의 방식을 취할 수도 있다.

그러므로 쌍무협정은 두 나라 사이의 쌍무적인 무역협정 및 지불협정을 기초로 하여 상호간에 교환할 수 있는 상품의 종류와 수량을 정하여 놓고 당사국간에 무역을 균형시키는 데 목적을 두고 있다.

V. 기타 행정, 기술 및 규제적 기준

수많은 기술적 규제와 행정적 규제 및 기타의 규제(technical, administrative and other regulations)가 역시 국제무역을 저해하고 있다. 이 중에는 자동차와 전기설비에 대한 안전규제(safety regulation), 위생품 및 수입된 식료품의 포장에 대한 보건규제(health regulation) 그리고 원산지와 내용을 표시하도록 하는 표시규제(labeling regulation) 등이 포함된다. 이러한 규제 중 많은 것들이 합당한 목적을 수행하고 있지만 이 중 일부는 수입을 규제하기 위한 수단에 불과하다.6)

정부로 하여금 국내공급자로부터 구매하도록 하는 법률(이른바 정부조달정책) 때문에 기타의 무역규제가 생기기도 한다.

1. 행정 및 기술의 기준

각국의 정부는 전통적으로 다양한 형태로서 자국 내의 경제활동을 규제하는 정부의 역할을 중시한다. 규제의 내용으로는 건강, 안전 및 상표내용과 특정직종에 대한 허가와 언론매체에 대한 규제 등을 들 수 있다. 정부의 규제조항들은 국내적 목적으로 적용되지만, 결과적으로는 무역장벽으로서 작용하는 경우가 있다. 정부는 수입식품의 기준검사를 하고, 장난감 등은 안전검사를 실시하며, 상품의 상표는 소비자들에게 적절한 정보를 제공하도록 하기 위하여 그와 관련된 법률을 위반하지 않도록 규제한다.

이러한 정부의 규제들은 경우에 따라서 보호무역적인 효과를 갖게 될 수 있다. 어떤 경우에는 보호무역적인 효과가 대단히 커서 정부의 이러한 조항들이 보호무역을 위한 위장이라는 주장이 제기되기도 한다. 유럽연합은 유럽에서 만들어진 프로그램들에 대하여 특정 TV 방송시간을 할당해야 한다는 쿼터제도를 운영하고 있다.

2. 환경기준의 강화

무역과 환경문제의 연계는 1980년대 이후 두드러지게 나타나기 시작한 현상이다. 환경보호주의자(environmentalists)들은 무역자유화가 환경에 대한 무절제한 '덤핑(dumping)'을 가져올 것을 우려하고 있다. 다시 말하자면, 환경규제가 약한 국가들이 국제무역에서 생산비용상 유리한 위치를 갖는다면 다른 국가들도 이러한 약한 환경규제를 따

6) 박종수, 국제통상론, 박영사, pp. 126~128.

라갈 수 있다는 것이다. 따라서 환경에 바람직하지 못한 방식에 의해 생산되거나 얻어진 재화에 대하여 수입을 제한하여야 한다는 주장이 제기되고 있다.

3. 표준제도의 적용

국제교역이 빠르게 늘어나면서, 수출에 관련되는 기업들은 새로운 도전에 직면하고 있다. 이들 기업들은 국제적인 표준에 맞는 제품들만을 글로벌 시장에 내놓을 수 있기 때문이다. 세계의 주요국가들은 외국으로부터 자국 내로 들어오는 재화에 대하여 제품의 구조, 안전, 표준성 등에 대한 국내기준을 적용하는 사례가 늘고 있다.

4. 정부조달정책

많은 국가들은 특정한 형태의 '국산품 구매조항(buy-domestic requirements)'을 가지고 있다. 이 조항은 법적으로 또는 비공식적으로 정부로 하여금 국산품 구매를 선호적으로 실시하도록 하고 있다. 이 조항의 강도(强度)는 국가별로 많은 차이를 갖는데, 어떤 국가에서는 정부가 특정 수입품목을 구매하지 못하도록 직접적으로 제한하는 경우도 있고, 다른 경우에는 외국의 기업보다는 국내기업을 배려하는 지침 등을 사용하고 있다. 전자의 예로는 공무(公務)와 관련되어 여행을 할 경우 자국 항공사를 이용해야 한다든지, 또는 공공기관은 자국 보험회사와만 계약을 해야 하는 규정 등이 있다.

미국의 경우 법률적으로「The buy american act of 1933」에 의해 정부조달시 자국기업에 대하여 6%의 마진을 유리하게 배려하도록 하고 있다. 다시 말하자면, 외국의 기업이 정부의 계약을 따기 위해서는 국내 기업보다 최소한 6% 낮게 차이를 가지고 입찰되어야 한다.

이와 같이 정부조달은 세계경제에서 중요한 비중을 차지하고 있음에도 불구하고 WTO 등 다자무역체제에서는 그 동안 규정적용의 예외로 인정받아 왔다. 그러나 국제적으로 정부조달의 중요성이 점점 인정됨에 따라 정부조달은 다자협상이나 국제협상 또는 양자협상 과정에서 중요한 협상 이슈로 부상하고 있다.

기 출 문 제

1. 수출지원을 위한 관세정책(관세사 제4회)
2. 관세의 정책적 의의(관세사 제8회)
3. 관세동맹(관세사 제3회)

예상문제

1. 논술형
   - 관세정책의 의의와 한계에 대하여 논하라.
   - 관세정책을 논하라.
   - 실효보호관세율에 관하여 논하라.
   - 물가안정을 위한 관세정책에 관하여 논하라.
   - 무역정책과 관세정책에 관하여 논하라.
   - 관세율 정책에 관하여 논하라.

2. 서술형
   - 최적관세율과 최대수입관세율을 비교 설명하라.
   - 관세동맹의 효과에 대해서 설명하라.
   - 자유무역지역을 설명하라.
   - 국산품 사용의무 및 수출제한에 대해 설명하라.
   - 수입억제적 비관세장벽에 대해 설명하라.
   - 수출진흥을 위한 비관세장벽에 대해 설명하라.
   - 행정, 기술 및 국제적기준과 관련된 무역장벽에 대해 설명하라.

3. 약술형
   - 차등관세율
   - 균등관세율
   - NTB
   - 무역창출효과
   - 수출자율규제(VER)
   - 수출입링크제
   - 쌍무협정
   - 바터무역
   - 국경조정세
   - 엄격한 행정 및 기술 기준
   - 정부조달정책

제 04 장

무역원활화와 관세협력

제 1 절 무역원활화와 통관환경

Ⅰ. 무역원활화와 통관간소화

1. 무역원활화의 개요

(1) 무역원활화의 의의

국제무역 및 운송에 있어 요구되는 형식, 절차 및 서류요건 등은 상품 및 서비스의 국경간 이동을 감시하고 관세징수, 보건, 안전, 환경보호 등 합법적 정책목표를 달성하기 위한 수단으로 이용되어 왔다. 그러나 세계경제의 통합이 가속화되고 무역규모가 증가함에 따라 무역과 관련한 과도하고 비효율적 절차는 원활한 교역을 저해하는 장애요인으로 인식되기 시작했다. 특히 UR협정 체결 이후 관세장벽이 대폭 감소하고 정보・통신기술의 발달로 상품의 국경간 이동 및 유통체제가 대폭 개선됨에 따라 무역절차를 보다 효율적이고 합리적으로 개선함으로써 거래비용과 시간을 절감하고 기업의 경쟁력을 강화할 수 있는 무역원활화에 대한 관심이 더욱 고조되었다.[1)]

세계관세기구(WCO: World Customs Organization), UN무역개발위원회(UNCTAD: United Nations Committee on Trade and Development), 유럽경제이사회(UN/ECE: United Nations Economic Commission for Europe) 등 다양한 정부간 국제기구들은 일찍부터 무역원활화의 중요성을 인식, 이와 관련한 다양한 사업을 추진해왔다. 또한 EU,

1) 손찬현・윤진나, WTO 무역원활화 논의와 전자무역, KIEP, 2001. 12, pp. 20~29.

APEC, ASEM, FTAA, ASEAN 등 지역협력기구들도 지역경제통합을 가속화 또는 심화하기 위한 수단으로 무역원활화 조치를 적극 활용하고 있다.

◈ 국제기구에서의 무역원활화 개념

여러 국제기구 또는 지역 차원에서 무역원활화 사업이 추진되고 있기 때문에 무역원활화에 대한 개념도 매우 다양하게 정의되고 있다. WTO는 무역원활화를 "국제무역절차의 간소화와 조화"로 정의하고 있다. 여기서 무역절차란 국제무역에 있어 상품의 국경간 이동시 요구되는 자료의 수집, 제출, 정보교환, 처리와 관련한 모든 활동, 관행 및 형식을 의미한다. 따라서 WTO에서 무역원활화의 의미는 통관, 수출입허가 등 모든 수출입 절차와 운송형식, 대금지불, 보험 및 다른 금융제반요건 등을 포함하는 개념이라고 할 수 있다. WTO는 이러한 정의를 바탕으로 통관절차 및 상품의 국경간 이동 절차를 중심으로 무역원활화에 대한 논의를 전개해 오고 있다. APEC은 무역원활화의 개념을 통관절차의 간소화뿐만 아니라 "세관행정, 표준, 기술규정, 기업인 이동 등 무역과 관련한 모든 절차 및 행정상 장애의 간소화"라는 보다 포괄적인 의미로 사용하고 있다. 또한 유사한 개념으로 "관료주의 절차의 폐지(cutting the red tape)" 또는 "기업원활화(business facilitation)"라는 표현을 사용하고 있다.

한편 UNCTAD는 무역원활화를 "법령과 규정의 조화, 절차 및 문서의 단순화, 운송, 정보·통신체제와 같이 무역 인프라의 표준화 등을 통한 무역효율성의 증대"로 이해하고 있다. UN/ECE는 "절차 및 정보흐름의 간소화 및 조화를 통한 국제거래의 원활화"로 정의하고 있다.

무역원활화는 흔히 비관세장벽(NTBs: Non Tariff Barriers)의 철폐와 혼동되어 사용되기도 한다. 그러나 비관세장벽 철폐가 기술장벽, 원산지규정, 수입허가, 관세평가 등의 협정에 따라 무역제한적인 기술적, 행정적, 법률적 규제 및 형식을 각국이 WTO에서의 양허결과 또는 WTO 의무규정에 따라 완화 또는 폐지한다는 소극적이고 수동적인 의미라면, 무역원활화는 무역관련 모든 절차, 관행 및 인프라를 각국이 서로 조화하고 효율화함으로써 국제교역을 촉진한다는 보다 적극적이고 상호적인 의미라고 할 수 있다.

이러한 다양한 개념을 종합해 볼 때 무역원활화는 '무역과 관련한 모든 비효율적으로 과도하거나 복잡한 절차, 관행 및 인프라를 제거 또는 간소화, 조화, 자동화함으로써 거래비용의 감소와 효율성 증대를 통해 교역을 확대할 수 있는 모든 조치 및 활동'이라고 정의할 수 있다.[2)]

---

2) 최낙균·박영호, 무역원활화에 대한 국제적 논의현황과 한국의 정책과제, 2000. 12.

표 4-1 무역원활화의 개념

	개 념
WTO	통관절차 및 상품의 국경이동에 대한 국제무역절차의 간소화와 조화
APEC	세관행정, 표준・기술규정, 기업인 이동, 전자상거래 등 무역과 관련한 모든 절차 및 행정상 장애의 간소화
UNCTAD	법령과 규정의 조화, 절차와 문의 단순화, 운송・정보・통신체제 등 무역인프라의 표준화를 통한 무역효율성 증대
종합적 개념	무역과 관련하여 불필요하거나 복잡한 절차, 관행 및 인프라를 제거 또는 간소화, 조화, 자동화함으로써 거래비용의 감소와 효율성 증대를 통해 교역을 확대할 수 있는 모든 조치 및 활동

(2) 무역원활화의 범위

무역원활화에 대한 명확한 개념과 일관된 국제원칙이 부재한 가운데 그 포괄 분야도 매우 다양하여 현재 통일된 명확한 범위도 정립되어 있지 않은 실정이다. 따라서 각 국제기구들은 해당 전문분야 내에서 독자적으로 무역원활화의 범위를 설정하고 이를 토대로 무역원활화 사업을 추진해 오고 있다. 우선 UN/ECE는 무역원활화의 범위를 ① 정보의 흐름, ② 서류요건, ③ 전자거래, ④ 선적 및 운송 요건, ⑤ 통관을 위한 공식요건, ⑥ 대금지불절차 등 여섯 분야로 구분하고 있다.[3] 특히 전자자료교환(EDI: Electronic Data Interchange)과 이를 위한 표준인 EDIFACT(Electronic Data Interchange for Administration, Commerce and Transport)을 도입함으로써 '서류 없는 무역(Paperless Trading)'의 활성화를 통한 무역원활화에 중점을 두고 있다. UNCTAD는 1994년 개최된 UN 무역효율화 심포지엄에서 국제무역에 있어 효율성 증대를 가져올 수 있는 분야를 ① 세관, ② 운송, ③ 은행 및 보험, ④ 무역정보, ⑤ 기업관행, ⑥ 통신 등 여섯 분야로 구분하고 이에 대한 행동계획, 권고안 및 지침을 발표한 바 있다.

세관과 관련한 대표적인 국제기구인 WCO는 ① 통관절차의 조화 및 간소화, ② 세관 개혁 및 근대화, ③ 세관의 부패방지 등 3대 분야에 역점을 두어 무역원활화를 추진하고 있다. 특히 1999년에 개정된 교토협약에서는 통관절차의 조화 및 간소화의 일환으로 자동화, 전자상거래, 사후심사, 위험관리기법 등 세부조치를 추가하게 되었다.

가장 포괄적인 무역원활화의 범위를 제시하고 있는 기구는 바로 APEC이다. APEC은 최근 무역원활화 심포지엄을 통해 무역원활화가 통관절차에만 국한되는 것이 아니라

3) UN/CEFACT(2001), *Compendium of Trade Facilitation Recommendations*.

표 4-2 관련 국제기구별 무역원활화의 범위

	범 위	
WTO	• 수출입절차 및 요건 • 대금결제 및 금융요건	• 운송 및 통과화물 • 자동화 및 정보기술의 사용
APEC	• 통관절차 • 기업인이동	• 표준 및 기술규정 • 전자상거래
UN/ECE	• 정보의 흐름 • 전자거래 • 통관을 위한 공식요건	• 서류요건 • 선적 및 운송요건 • 대금지불절차
UNCTAD	• 세관 • 은행 및 보험 • 통신	• 운송 • 기업관행
WCO	• 통관절차의 조화 및 간소화 • 세관의 부패방지	• 세관 개혁 및 근대화

표준 및 기술규정, 기업인 이동, 전자상거래 등 국제무역과 관련한 전 분야와 연계되어 통합적으로 추진되어야 한다는 입장을 제시하고 있다.

한편 WTO 차원에서 논의되고 있는 무역원활화의 범위는 ① 수출입 절차 및 요건, ② 운송 및 통과화물, ③ 대금결제 및 금융요건, ④ 자동화 및 정보기술의 사용 등 크게 네 분야로 구분된다고 볼 수 있다. 현재 대부분의 논의가 수출입 절차 및 요건을 중심으로 정보 및 서류요건의 조화와 공식절차의 간소화에 집중되고 있다. 그러나 앞으로는 기존의 WTO 관련 공식절차의 간소화에 집중되고 있으며, 기존의 WTO 관련 협정 및 국제기구 등의 작업을 토대로 표준·인증 분야와 서비스, 무역인프라, 전자시설 분야 등 다른 분야에 대한 논의로 점차 확대되어 나갈 것으로 기대된다.

2. 무역원활화의 경제적 효과

세계경제가 정보통신기술 발전과 함께 디지털경제시대로 옮겨가고 있는 가운데, 무역원활화는 기업활동의 글로벌화를 심화, 확대하고 기존의 국제무역방식과 관행을 근본적으로 변화시키는 동인으로 작용하게 될 것이다. 무역원활화가 국제적 이슈로 등장하여 활발하게 논의되고 있는 것은 무엇보다도 통관절차의 간소화 및 통관자동화에 따른 비용절감 등 많은 경제적 이익이 수반되기 때문이다. 아울러, 기술규제가 새로운 수입장벽으로 대두되고 있는 상황에서 이를 해소할 수 있는 효과가 있기 때문이다.

무역원활화는 국경간 상품교역의 흐름을 신속화·간소화하여 시간·금전·인적자원 측면에서 비용을 절감함으로써 국가경제에 매우 긍정적인 영향을 미치는 것으로 나타나고 있다. 뿐만 아니라 보다 정확한 관세징수, 정보입수 및 통계산출이 가능하게 됨에 따라 밀수 및 부정부패를 방지할 수 있으므로 세관의 통제기능을 향상시킬 수 있다.[4)]

(1) 수출입 비용의 절감

통관절차를 간소화할 경우 그에 따른 잠재적 이익은 모든 관세 및 기타부과금을 철폐할 때 예상되는 이익을 훨씬 상회할 수 있을 정도로 무역원활화에 따른 경제적 파급효과는 실로 지대하다. 특히, 개도국의 경우 관세 및 비관세장벽이 WTO 출범과 함께 대폭 완화되었다고는 하나, 이 국가들의 국경장벽보다 실제로 통관되는 과정에서 나타나는 각종 규제와 비효율성이 부정적으로 더 큰 영향을 끼치고 있다는 지적이 많다. 통관지연에 따르는 비용이 관세보다 높은 경우가 발생하기도 한다는 것이다. 통관절차에 있어 서류상의 규제는 당연히 수입코스트를 유발하게 되는데, 추가적으로 부담하는 비용이 세계무역금액의 7~10% 정도에 달한다는 분석도 보고되고 있다.

결국, 무역원활화는 수출입업자에 대해서는 시간과 경비절감을, 생산자에 대해서는 값싼 중간재의 이용가능성 제고를, 그리고 소비자에 대해서는 상품구입가격의 하락이라는 다양한 형태의 경제적 혜택을 제공하게 된다. 또한 정부에 대해서는 효율성 제고 및 통제유효성 제고(enhanced control effectiveness), 그리고 정확한 통계의 이용가능성 등의 혜택을 제공하며 특히, 정확한 통계데이터베이스가 구축되면 정부로서는 보다 정확하게 경제를 예측할 수 있다. 또한, 기업의 입장에서 볼 때 적시(just-in-time) 제조·유통시대에 있어 원활한 수출입환경을 조성하는 것은 기업의 경쟁력을 제고하는 데 중요한 관건으로 작용한다.

표 4-3 무역자동화에 따른 경제적 효과(비용절감)

	구 분	건당 처리비용(원)		절감효과(%)
		EDI 도입 이전	EDI 도입 이후	
비용절감 효과	수출(1건)	119,700	23,148	81%
	수입(1건)	79,800	16,682	79%

자료: KTNET(매일경제신문(2001. 10. 12)에서 인용보도).

4) 전게서, KIEP, pp. 8~11.

(2) 자동화에 따른 이점

통관절차 및 검사절차 등에 대한 자동화는 무역원활화에 있어 핵심적인 요소를 이루고 있다. 통관자동화는 관련정보 및 자료의 오류를 줄일 수 있을 뿐만 아니라, 정보의 이중기입을 방지하고 정보의 흐름을 원활하게 하며, 화물의 대기시간을 최소화하면서 세관통제 및 관세징수능력을 제고할 수 있다.

WTO 회원국보고에 따르면, 한 회원국의 경우 자동통관시스템(automated customs clearance system)을 도입한 이후에, 통관시간이 해상화물의 경우 26.1시간에서 5.6시간으로, 그리고 육상화물의 경우 2.3시간에서 0.7시간으로 획기적으로 절감되었으며, 또 다른 회원국은 전자서류시스템 도입으로 관련정보자료의 입력시간이 15~30분으로 대폭 단축되었다고 소개하기도 하였다. 또한, 요르단의 경우에는 UNCTAD가 개발한 관세자동화 응용소프트웨어(ASYCUDA++)를 1997년에 도입, 제1단계로 2개의 세관에서 이를 실험적으로 운영하며 세관행정의 전산화를 추진해 왔는데, 그 결과 무신고수입품(Green Lane)에 대한 통관시간이 2시간으로 단축되었고, 관세인하에도 불구하고 관세수입이 일정하게 유지되었다. 또 최신의 정확한 무역통계를 산출할 수 있는 혜택을 누리게 되었다고 소개하기도 하였다.

> 한국의 경우, 수출에 있어 신용장을 수취하는 데 평균 3일이 소요되었으나 EDI 도입으로 0.3일로 단축되고 수출승인도 하루에서 0.3일로 줄어드는 등 수출업무를 처리하는 데 소요되는 시간이 평균 24일에서 5.7일로 단축되는 것으로 집계되었다. 수입업무에서도 신용장 개설의 경우 3일에서 0.4일로, 수입통관은 3일에서 0.3일로 처리시간이 크게 줄어들어 평균 24일이 소요되는 수입업무가 5.2일로 단축되는 것으로 나타나고 있다.

EDI는 서로 다른 기업 또는 조직간에 표준화된 상거래 양식 또는 공공서식을 서로 합의한 표준에 따라 컴퓨터간에 교환하는 정보전달방식으로, EDI의 핵심은 구조화된 메시지 또는 표준전자문서를 컴퓨터로 상호 교환하여 자료를 재입력하지 않고 이를 즉시 활용할 수 있다는 데 있다.

(3) 기술규제에 따른 통상분쟁 해소

국제무역규모가 빠르게 확대되면서 국가간 상이한 표준, 검역절차, 기술장벽 등이 국경간 원활한 상품이동을 저해하는 요인으로 작용하고 있다. 특히, 개도국들은 선진국의 기술규제가 각 나라마다 상이하게 규정되어 있고, 또 자의적으로 운영되고 있기 때문에 일종의 수입장벽으로 작용하고 있다고 주장하고 있다.

최근 무역원활화와 관련하여 WTO 분쟁해결기구에 제소된 사례들을 보면, 세관분류,

표 4-4 무역자동화에 따른 경제적 효과(업무처리시간 절감)

수출업무 처리시간 단축	신용장 수취: 3일 → 0.3일
	수출승인: 1일 → 0.3일
	수출통관: 2일 → 0.3일
	기타: 18일 → 4.8일
	계: 24일 → 5.7일
수입업무 처리시간 단축	신용장 개설: 3일 → 0.4일
	수입승인: 1일 → 0.3일
	수입통관: 3일 → 0.3일
	기타: 17일 → 4.2일
	계: 24일 → 5.2일

관세징수, GSP 적용 등의 통관절차 분쟁의 경우에는 대체적으로 WTO 판정에 순응하고 있으나, 기술규제의 경우에는 불복하는 경우가 많은 것으로 집계되고 있다. 결국, 무역원활화를 제고하기 위해서는 국제적인 기술협력문제가 중요한 과제로 부각되고 있다.

이 외에도 무역원활화조치는 보다 신속하고 정확한 관세평가와 징수를 가능하게 할 뿐만 아니라 불법거래와 통관절차의 부패행위를 방지하는 데에도 크게 영향을 미치므로, 세관행정의 효율성을 제고하고, 과세기반을 확충하는 이외에도 정부수입의 증대, 그리고 행정비용을 절감하는 등 여러 가지 혜택을 기대할 수 있다.

Ⅱ. 통관절차 간소화에 관한 국제적 노력

WTO는 GATT 협정상 무역원활화 관련 조항을 토대로 관세평가위원회, 선적검사위원회, 원산지규정위원회 등에서 각종의 무역장벽 및 불필요한 규제의 제거를 위한 검토가 진행되었는데 1996년 제1차 WTO 각료회의에서 상품교역이사회로 하여금 무역절차 간소화에 관한 여러 관련기구의 작업에 기초하여 동 부문에서 WTO의 규율범위를 가늠하기 위한 탐색적·분석적 작업에 착수하도록 지시하였다. 또한 1998년 제네바에서 개최되었던 WTO 무역원활화 심포지엄에서는 화물의 이동, 수출입절차, 대금지급, 보험 등의 재정적 측면, 그리고 전자설비의 효용성 등과 같은 4개 패널로 나누어 논의가 진행되었다.

한편 1999년까지 네 차례에 걸쳐 속개되었던 WTO 상품교역이사회 주최 무역원활에 관한 비공식회의 가운데에서 1998년 9월 제네바에서 개최되었던 제1차 비공식회의에의 주된 이슈는 WCO의 교토협약 개정 동향과 동 협약을 WTO 체제 내에서 하나의 협약으로 수용하여 보다 강한 법적 규범력, 동 협약 가입국 숫자의 확대, WTO 분쟁해결절차의 활용을 가능케 하는 문제 등이었다. 또한 2차 회의에서는 교토협약의 WTO에의 귀속, 통관전산화, 통관심사요소의 축소 및 국제적 조화, 수출입 및 통관행정상의 단일창구접근체제의 구축, 전자상거래제도 등에 관해서 WTO 회원국의 의견을 취합한 뒤 상기사안을 핵심으로 신협약초안을 준비하여 3차 각료회의에 제출토록 하였다.

개정 교토협약과 관련한 WTO 무역원활화 논의의 주요내용을 정리하면 다음과 같다. 첫째, WCO 체제하의 교토협약 개정협약상의 핵심내용을 WTO 체제하의 협약으로의 전치여부에 대한 검토, 둘째 관세행정의 전산화, 셋째 신속통관 문제, 넷째 수출입 및 통관행정상의 단일창구 문제, 다섯째 무역 및 통관법규의 투명성확보 문제, 여섯째 WTO 각 협약의 원활한 시행을 위한 대개도국 기술협력 문제, 일곱째 무역원활화와 관련된 WTO 체제하의 각 기존협약의 규정에 대한 개정 및 수정 검토 등이다.

아울러 APEC 세관절차 소위원회를 통해 수출입 통관절차의 개선 및 개혁, 정보기술의 자동화, 전자상거래, 기업인 이동, 표준과 기술, 재산권 보호 등에 대한 논의를 지속적으로 전개하고 있으며 ASEM에서는 관세행정 책임자 회의를 통해 수출입 통관절차의 개선 및 개혁을 비롯한 정보흐름-정보교환-통신, 기업인 이동, 표준과 기술, 재산권 보호 등에 대해서 폭넓은 논의를 해왔다.

1. WTO와 통관간소화

(1) WTO의 개요

(가) WTO의 출범배경

GATT가 주최한 다자간무역협상의 제8차가 되는 UR협상은 1985년 5월 윌리엄스버그(Wiliamsburg)에서 열린 미・일 경제정상회담에서 처음 문제가 제기된 이후, 1986년 9월 우루과이의 푼타 델 에스테(Punta del Esta)에서 개최된 각료회담이 동경라운드 이후 New Round라고 불리웠던 다자간협상을 UR로 명명하고 이를 정식 출범시키기로 합의하였다.

이에 따라 GATT의 UR 다자간무역협상은 1994년 4월 15일 모로코의 마라케쉬(Marrakesh)에서 개최된 각료회담에서 UR협상 결과를 총정리하고 있는 UR최종의정서(Final Act Embodying the Results of the UR of Multilateral Trade Negotiations)가 채택됨으로써 공식적으로 종결되었다. 보다 중요하게 WTO 설립협정이 첨부되어 있는 UR 최종의정서(즉, WTO협정문)에 전 세계 123개국의 대표들이 참가한 UR각료회담이 서명함으로써 47년간 군림했던 GATT 1947체제하의 국제교역질서가 WTO체제로 이행되었다. WTO협정은 우리나라를 포함한 76개국의 비준서기탁을 받아 1995년 1월 1일부터 발효하였다.

(나) WTO의 의미

WTO는 세계무역기구(World Trade Organization)를 지칭하며 국가간 무역을 관장하는 국제기구이다. WTO는 상품·서비스·지적재산권까지를 망라하는 부속무역협정을 가지고 있으며 전 세계 142개 국가가 회원국으로 가입해 있는 국가간 무역규범을 취급하는 국제기구로 평가할 수 있다. WTO는 가능한 한 국가간 무역자유화(trade liberalization)의 신장을 목표로 하고 있다.

GATT는 최근에 와서 체약국간의 보호무역주의의 확산이나 차별적인 지역주의의 대두를 효과적으로 규율하지 못함은 물론 새로운 국제무역의 구도변화를 충분히 포괄하지 못하는 등의 어려움에 이르렀다. 이에 따라 세계는 우루과이라운드 협상 결과에 의해 탄생된 WTO로 하여금 과거 GATT체계가 가지고 있던 한계를 극복하려고 하였다.[5)]

① 세계는 UR협정의 이행기구 및 국제무역에 관한 UN으로 역할을 할 WTO를 설립함으로써 GATT체제가 가지고 있던 한계를 극복하려고 하였다.

② WTO체제는 GATT기능을 더욱 강화하여 서비스·지적재산권 등 새로운 교역과제를 포괄하고, 회원국의 무역관련법, 제도, 관행 등의 명료성을 제고시킴으로써 세계교역을 증진하려고 하는 것이다.

③ GATT출범시 시도되었던 브레튼우즈(Bretton Woods)의 3두체제, 즉 외환분야의 IMF, 경제개발분야의 IBRD, 국제무역분야의 ITO가 ITO(국제무역기구)의 설립실패로 무산되었으나, WTO의 신설로 인해 ITO의 뒤늦은 출범이 되었다.

④ WTO체제의 출범은 결국 세계경제가 하나의 규범(즉, WTO협정)과 하나의 기구(즉, WTO)로 통일되어 한지붕경제권이 됨을 뜻하고, 산업·무역의 세계화와 함께 국경없는 무한경쟁시대로 돌입하는 새로운 국제무역환경의 기반이 조성되었다.

(다) GATT와 WTO의 비교

GATT와 WTO는 서로 다른 차원의 무역기구이다. WTO는 GATT 이상 가는 무역기구이다.

관세와 무역에 관한 일반협정(GATT)은 첫째, 국제무역에 관한 규범을 규정해놓은 문서로 국제협정의 성격을 지니며, 둘째, 이러한 협정을 지원하기 위해 창설된 국제기구

5) 박종수, 국제통상론, 박영사, 2000.

라는 두 가지 특성을 동시에 가지고 있다. 협정문안은 법에 비교되어 질 수 있으며, 기구는 하나의 조직 내에 입법부와 사법부가 합쳐져 있는 것과 같은 형태를 하고 있다.

국제기구로서의 GATT는 더 이상 존재하지 않는다. 지금은 세계무역기구(WTO)에 의해 대체되었다. GATT 협정은 여전히 존재하지만 더 이상 국제무역에 있어서 유일한 규범도 아니며, 좀더 현실적으로 수정되었다.

한편 제2차 세계대전 이후 국제무역에서 어떤 변화가 일어났는가? 제2차 세계대전 이후 GATT가 창설되었을 때, 국제상거래는 상품무역이 지배하고 있었다. 하지만 그 이후에는 운송 · 여행 · 은행 · 보험 · 통신 · 상담 등과 같은 서비스무역이 더욱더 중요해졌고, 발명과 디자인, 그리고 이러한 "지적재산권"을 구체화한 상품과 서비스 같은 아이디어무역도 점점더 중요해졌다.

관세와 무역에 관한 일반협정은 항상 상품무역을 다루고 있으며, 현재도 여전히 그러하다. 따라서 이러한 상품무역에 관한 협정 GATT는 개정되어 새로운 WTO협정 내로 수용되었다. 새롭게 개정된 GATT는 새로운 서비스무역에 관한 일반협정(General Agreement on Trade in Service: GATS)과 무역관련 지적재산권 협정(Agreement on Trade-related Aspects of Intellectual Property Rights: TRIPS)과 함께 존재한다. WTO는 이러한 세 가지 협정을 단일 조직과 단일 규범, 그리고 분쟁해결을 위한 단일 제도에 합쳐 놓은 체제이다. 간단히 말하자면, WTO는 GATT의 단순한 연장이 아니라 그 이상의 차원을 지니고 있다고 볼 수 있다.

참 조 GATT와 WTO의 주요 차이점

- GATT는 임시적이며 잠정적인 성격을 가지고 있다. GATT는 회원국의 의회에 의해 비준되지 않았으며, 기구의 창설에 관한 규정을 갖고 있지 않았다. 반면 WTO와 WTO협정들은 영구적인 성격을 가지고 있다. 국제기구로서 WTO는 회원국들이 WTO 협정을 비준하였으며, 그 협약 자체가 WTO가 어떻게 기능할지를 설명하고 있기 때문에 법적인 토대를 가지고 있는 것이다.
- WTO는 "회원국(members)"을 가지지만, GATT는 공식적인 GATT가 법률전문(legal text)이라는 사실을 배경으로 하기 때문에 "체약국(contracting parties)"을 가진다.
- GATT는 상품무역만을 다루는 데 비하여 WTO는 서비스와 지적재산권분야까지 다루고 있다.
- WTO의 분쟁해결제도는 GATT의 시스템보다 빠르고 자동적이다. 또한, WTO 분쟁해결제도의 판결은 강제력을 가진다.

㈑ WTO의 설립목적 및 기능

세계무역기구(WTO)는 국가간 통상에 관한 규범을 다루는 유일한 국제기구이다. 이 WTO의 핵심은 국제무역을 행하고 있는 대부분의 국가에 의해서 합의·조인된 WTO 협정이다. WTO 협정은 국제상거래를 위한 법률적 기본원칙을 제공하고 있다. WTO 협정은 근본적으로 각 정부의 무역정책을 동의된 범위 안에서 수행하도록 구속하는 국제간의 계약이다. 비록 정부에 의해서 합의되고 조인되었다 할지라도 WTO 협정은 자신의 사업영역에서 활동하는 상품 및 서비스의 생산자와 수출·수입업자를 도우는 데 목적이 있다.

WTO의 주요 기능은 무역자유화의 추구, 다자주의 무역체제의 확립, 세계무역질서 확립에 의한 각 회원국의 경제적이익(economic benefit) 증대라고 할 수 있는데 이를 세분하여 설명하고자 한다.

1) 무역자유화의 가속화

WTO의 주요 기능으로 무역자유화의 추구를 지적할 수 있는데 무역자유화로 인해 시장개방이 가속화됨으로써 세계 각국은 경제적 혜택을 보게 된다. 무역자유화가 가져다 주는 경제적 혜택으로 소비자의 입장에서는 소득이 향상되고 다양한 제품의 선택가능성이 커지게 되며 생산자의 입장에서는 경쟁력 있는 제품생산에 특화(specialization)함으로써 생산의 효율성(efficiency of production)을 제고시킬 수 있게 된다.

물론 무역자유화로 인해서 모든 국가와 모든 계층의 시민이 이익을 보는 것은 아니다. 하지만 무역자유화로 얻게 되는 총이익이 총손실을 초과하기 때문에 결국 무역자유화로 인해 세계의 후생(global welfare)은 증대하게 된다.

2) 다자간 세계교역질서 확립

WTO체제가 출범함으로써 국제교역에 있어서 다자주의(multilateralism) 체제가 확립되었다고 평가할 수 있다. WTO는 국제경제 및 무역관계에 있어서 법의 지배(ruling of law)가 가능하도록 규칙(rule)에 의한 국제질서(international order)를 정착시키는 역할을 수행한다. 즉 특정국가의 일방적인 국내법(domestic law) 대신에 WTO 규범이 세계의 교역규범이 되도록 일정한 룰을 정하는 것이 WTO의 주요 역할이 되고 있다.

3) 무역분쟁의 합리적 해결에 따른 경제적 이익 증대

WTO는 회원국들간에 발생하는 무역분쟁을 자체의 분쟁해결기구(DSB) 및 절차를 통해 해결하는 역할을 수행한다. 분쟁해결기구의 결정사항을 이행하지 않는 경우에는 교차보복 등 보복조치를 강구할 수 있도록 허용함으로써 GATT체제하에서보다 훨씬 더 구속력 있는 분쟁해결기능을 갖추고 있다.

WTO의 목표인 국제무역의 원활화를 이룩하기 위해서는 시장개방이 확대됨과 동시에 각국 무역규범이 국제교역규범에 적합하도록 개정되어야 하며 통상분쟁의 해결시스템을 강화시켜야 한다. 따라서 회원국들은 무역분쟁시 WTO규범의 합치(合致)여부에 따라 발언권을 확보할 수 있게 되었기 때문에 WTO의 출범으로 개발도상국들은 특히 선진국과의 무역분쟁시 이전보다 훨씬 공정한 해결과정을 밟을 수 있게 되었다.

㈒ WTO체제의 특징과 기본원칙

1) WTO체제의 특징

① **규범성**: WTO체제하에서는 일부 예외를 제외하고는 원칙적으로 분쟁해결기구(DSB: dispute settlement boby)가 모든 분쟁해결 규정 및 절차를 관장한다.

분쟁해결절차는 과거 GATT가 분쟁해결절차에 많은 시일이 소요되고 구속력이 약하다는 비판이 있었는 데 비하여, DBS는 패널설치, 상소보고서의 채택, 패널의 결정 및 권고의 이행에 대한 감시양허 및 기타 의무에 대한 승인 등의 권한을 보유한다.

그리하여 WTO의 가장 큰 특징은 'rule integrity'를 강화하여, 회원국의 협약 불이행에 대하여 강력한 제재를 가할 수 있게 국제경제사회에서 법의 지배를 실현할 수 있는, 무역에 관한 UN을 창설하였다.

② **포괄성**: 과거 GATT체제하에서 배제되어왔던 서비스교역 · 지적재산권 분야를 포함하고, 상품교역분야에서도 사각지대였던 농업 · 섬유분야를 WTO체제에 편입시키고, 동경라운드협정 등을 다자간체제로 복귀시켜 교역에 관한 모든 분야와 문제를 포괄함으로써 국제교역에 관한 총괄적 규범을 제정하였다.

③ **진보성**: WTO체제는 관세 및 비관세장벽을 축소 철폐하고, GATT 체제의 강화, 서비스 및 지적재산권 보호 등 새로운 과제에 대한 새로운 규범을 마련하고, 무역정책평가기구(TPRB)에서 각국의 교역정책 · 관행을 주기적으로 감시하게 함으로써 국경 없는 교역을 위한 획기적인 진전을 이룩하고 있다.

④ **발전단계별 고려**: WTO체제는 발전단계가 낮은 국가들의 협약 시행상의 어려움을 고려하여 개도국 · 저개발국에 대해 상응하는 협약시행 유예기간을 부여함으로써 모든 후진국의 참여를 유도하고 있다.

2) WTO체제의 기본원칙

① **최혜국대우**(MFN: most-favoured nation treatment) **원칙**: 이는 국가간의 무차별원칙으로서, 한 회원국의 어떤 조치에 의한 혜택이 일정한 국가에게만 돌아가는 것이 아니며, 전 회원국에 똑같이 베풀어져야 함을 의미한다. 즉, WTO체약국은 모두 '최혜국'으로 동등하게 대우해야 한다는 것을 의미하며, 모든 분야에서 요구되는 핵심원칙이다.

② **내국민대우**(national treatment) **원칙**: 이는 외국인과 내국인을 똑같이 대우해야 한다는 원칙으로, 지적재산권협정(TRIPs)에서는 이 원칙의 무조건 적용이 요구되나 서비스협정(GATS)에서는 내국민대우원칙 적용에 대한 구체적인 약속을 국별 양허표에 기재하도록 하고 있다.

그러므로 양허계획서에 별도로 명기되지 않는 한 타회원국들의 서비스나 서비스 공급자에 대해 자국의 서비스나 서비스 공급자들보다 불리하지 않은 대우를 취해야 한다.

③ **시장접근**(market access) **보장**: 이는 관세나 조세를 제외한 재화용역의 공급에 대한 일체의 제한을 철폐해야 한다는 원칙으로, 내국민대우원칙과 함께 시장개방의 양대요소를 이루고 있다.

그러나 서비스(GATS) 협정에서는 각 회원국이 타회원국들의 국내시장 접근에 있어서 양허계획서에 명시한 사항보다 불리한 대우를 받지 않는다고 규정하고 있어, 국별양허표에 분야별로 구체적인 시장접근 범위를 정하도록 하고 있다.

④ **투명성**(transparency)**의 원칙**: 각국의 행정·사법기관의 의사결정이나 법령적용, 제도운용이 합리적이며 예측 가능하여야 하고, 결정에 관한 이유가 고지되어야 하며, 그러한 결정의 기초가 되는 모든 법령 및 자료들이 공개되어야 한다는 원칙으로 개방의 실질적인 요소라 할 수 있다.

WTO협정에서는 체약국들의 무역관련법·제도·정책 및 관행을 정기적으로 평가하기 위하여 TPRM(trade policy review mechanism: 무역정책심사제도) 기능을 더욱 강화하도록 하여, 중장기적으로 회원국들의 무역관련 제도를 감시함으로써 세계교역환경을 보호무역 추세로부터 방어하는 역할을 담당하고 있다.

㈓ 관세관련 WTO협정

WTO협정 제16조 4항에 따라 모든 회원국은 자국의 국내법규를 WTO협정에 합치(conformity)시키도록 의무화하고 있다. 따라서, WTO 규정에 인정되지 않는 일방적 무역보복조치나 WTO협정에 어긋나는 불필요한 교역장벽 등은 모두 위법으로서 금지된다. 따라서, 우리나라 관세법에서도 WTO협정의 제반 협약을 수용하고 있는 바 관세법과 관련되는 협정 및 관세법 수용규정은 다음과 같다.

국제협약	관세법 수용 규정
WTO신관세평가협약	과세가격의 결정원칙(관세법 제9조의 3)
WTO덤핑방지관세협약	덤핑방지관세(관세법 제10조)

WTO긴급수입제한조치에 관한 협정(safeguard)	긴급관세(관세법 제12조)
WTO농산물협정에 의한 특별긴급수입제한조치(special safeguard)	농림축산물에 대한 특별긴급관세(관세법 제12조의 3)
WTO보조금·상계관세협정	상계관세(관세법 제13조)
· WTO일반양허관세 · WTO개발도상국간 양허관세	국제협력관세(관세법 제43조의 8)
WTO지적재산권협정(TRIPs)	지적재산권 보호(관세법 제140조의 2)
WTO통일원산지규정	원산지결정기준(관세법시행규칙 제31조)

(2) 통관간소화 논의 배경

무역원활화는 각국의 통관절차의 간소화, 전산화, 국제적 조화를 모색하고자 하는 논의인 바, WTO는 그 동안 여러 차례에 걸쳐 각국의 의견을 청취한 바 있다. 무역원활화 논의와 관련한 WTO의 의도는 WCO의 교토협약을 WTO협정으로 전환시켜 법적 구속력을 강화시키고, WTO/DSB(분쟁해결절차)에 복속시키고자 하는 것이다. 나아가, 무역과 관련한 금융문제, 수출대금의 지급, 운송문제, 무역보험문제, 전자상거래 문제에 관해서도 WTO가 관여할 수 있는 영역을 구축하려는 것이다.

무역원활화는 그 동안 WCO·UNCTAD·UNECE 등 정부 및 비정부기구뿐만 아니라 APEC·ASEM 등의 지역협력차원에서도 적극 논의되어 왔다. 그러나, 기존의 이러한 무역원활화 이행은 자발적·비구속적으로 이루어지므로 법적 구속력을 지니고 있지 않아, 이를 WTO 뉴라운드에 포함시켜 국제규범화하기 위한 논의가 진행되고 있다.

제3차 WTO 각료회의(시애틀, 1999. 11. 30~12. 3)가 결렬된 이후에도 WTO/ CTG는 몇 차례의 비공식 회의를 개최하여 무역원활화에 대해 논의하고 있다. 비록 WTO 내에서 무역원활화에 관한 논의는 비록 회원국간 접근방식의 차이로 큰 진전은 없지만 사안의 중요성을 감안할 때, 향후 국제사회에서 무역원활화를 위한 많은 노력들을 조화시키는 데 있어 WTO가 주도적인 역할을 담당해 나갈 것이며 이에 따라 무역원활화 논의는 더욱 활발히 이루어질 것이다.

(3) 무역원활화관련 WTO의 규범내용

현행 WTO 규범에는 국경간 화물의 원활한 이동과 직접적으로 관련된 다수의 조항과 협정규정들이 존재하고 있다. 즉, 무역원활화의 기본원칙이 이미 기존의 WTO 협정 내에도 존재하고 있기 때문에 기존규범을 충실히 이행하고 개정함으로써 무역원활화의 원칙을 강화할 수 있다.

GATT 1994의 경우, '통과의 자유(Freedom of Transit, 제V조)', '관세평가(Valuation for Customs Purposes, 제VII조)', '수출입관련 수수료 및 절차(Fees and Formalities connected with Importation and Exportation, 제VIII조)', '원산지표시(Marks of Origin, 제IX조)', '무역규정의 공표 및 집행(Publication and Administration of Trade Regulations, 제X조)' 등은 국제무역의 원활한 흐름을 목적으로 회원국들의 의무(obligations)를 규정하고 있다.

또한, 기존의 몇몇 WTO 협정들은 무역원활화와 직접적으로 관련되어 있는데, 여기에는 '관세평가에 관한 협정(Customs Valuation)', '수입허가절차에 관한 협정(Import Licensing Procedures)', '선적전검사에 관한 협정(Preshipment Inspection)', '원산지규정에 관한 협정(Rules of Origin)', '무역에 관한 기술장벽협정(Technical Barriers to Trade)', '위생 및 식물위생조치에 관한 협정(Application of Sanitary and Phytosanitary Measures)' 등이 있으며, 서비스무역에 관한 일반협정(GATS)은 운송, 금융, 통신 등 무역원활화에서 중요한 여러 서비스산업의 자유화에 관한 스케줄을 포함하고 있다.

(4) 무역원활화관련 주요 이슈

WTO의 무역원활화관련 위원회들의 논의와는 별도로 WTO 상품교역이사회(CTG)에서는 무역원활화 심포지엄 등을 통해 무역절차 간소화를 위한 분석작업과 회원국들의 의견수렴을 주도적으로 추진해 나가고 있다.

현재 WTO 차원에서 논의되고 있는 무역원활화의 주요 이슈는 크게 수출입 절차 및 요건, 신속통관(Rapid Release of Goods), 국제무역 원활화를 위한 전자시스템(Electronic Facilities), 무역 및 통관법규의 투명성(Transparency), 통관심사요소(Common Data Element)의 축소 및 국제적 조화, 통관행정의 단일창구(Single Window Access), 국경간 상품이동에 영향을 미치는 제반 금융요건, 위험관리(Risk Management), 개도국에 대한 기술지원문제 등이다.

표 4-5 WTO 무역원활화의 주요 이슈

이 슈	주요 내용
세관 및 국경통관 절차	· 수출입관련 제출정보의 축소·통일, 국제기준의 채택 · 통일된 서류형식의 채택 · 통관의 One-Stop 서비스 및 Single Window Access · 통관자동화시스템에 기초한 통관자동화, 사전승인제도 및 사후심사제도 추진

	· 국경에서의 관련정부기관간 통관절차 조정 · 상품의 신속통관(rapid release of goods) · 국제적으로 상호호환적인 EDI 시스템 도입 · 수출입 관련서류의 국가간 상호인정
상품의 이동	· 복합운송 등 상품이동과 관련된 기존의 UN/ECE, WCO 등의 관련작업을 WTO 무역원활화의 체제 내로 귀속 · 운송방식과는 관계없이 운송 각 단계에서의 동일하고 간소한 자료 및 서류의 사용 · 복합운송에 의해 운반되는 상품에 관해 단일의 국제규칙 개발의 조정 · 관장
대금지불 · 보험 · 기타 금융요건	· 신용정보에 대한 접근 개선 · 상업거래에 있어 대금지불 지연문제에 대해 WTO 논의
기존 WTO협정의 이행 · 개정	· 무역원활화 관련 기존 WTO협정의 완전 이행 · 세관기법의 현대화, 단일창구 정보제출, 통관절차의 자동화 등을 수입허가 절차, TBT, SPS, PSI, 원산지규정에 관한 협정에 적용 · 사전판정제도, 상품의 반출, 항소 등의 개념을 다수의 협정으로 확대
기술지원	· 무역원활화를 이행하기 위한 기술지원 · 무역원활화 분야에 기술지원을 제공하고 있는 여타 정부간 기구와의 협력을 위한 기반을 마련 · 개도국에 대한 실질적인 기술지원을 제공할 수 있는 방안 강구

2. WCO

(1) WCO의 의의

WCO(world customs organization)는 세계관세기구로서 각국의 관세행정제도를 고도로 통일화하고 조화시켜 제반의 관세법규를 개선함으로써 국제무역의 확대를 이룩하고자 설립한 정부간 기구이다. 현재 관세제도, 관세평가 및 품목분류 등 여러 분야에서 필수적인 국제기구로 활동하고 있다.

세계경제를 발전시키고 각국의 생활수준을 높이기 위해서는 국제무역의 확대가 불가결의 요건인 바 국제무역 제1선의 세관수속이 너무 복잡하거나 나라마다 크게 다르면 원활한 국제무역이 저해될 우려가 있다.

따라서 20세기 초 이후 각국의 세관수속을 간소화하고 표준화하는 노력이 계속되어 왔다. 1923년에 국제연맹에서 작성된 세관수속의 간소화에 관한 국제조약은 그 최초의 성과라고 할 수 있다.

WCO는 현재 관세에 관한 범세계적 국제조직으로서 각 회원국에 관세절차에 관한 정보 및 기술적 지원활동을 활발히 전개하고 있는 바, 특히 최근 WTO의 발족으로 WTO 협정의 관세관련 기술적 문제는 모두 WCO에서 주관하게 됨에 따라 1995년 1월 1일 이후 그 중요성이 상대적으로 부각되고 있다.

(2) WCO의 성립배경

세관수속의 간소화·표준화에 대한 노력은 제2차 세계대전 후, 특히 구주에서 활발하게 이루어졌다. 즉, OEEC(구주경제협력기구, 현재의 OECD의 전신으로 1948년 4월에 발족)의 전신인 구주경제협력위원회의 구성국 16개국 중 13개국이 1947년 9월 12일 구주관세동맹의 설립을 검토하는 뜻의 공동성명을 발표하고 브뤼셀에 구주관세동맹 연구단을 설립하였다. 이 연구단이 오늘의 WCO의 모체가 되었다.

이듬해 1948년에 이 연구단은 관세동맹에 관한 경제문제를 연구하는 경제위원회와 관세제도에 관한 국제적인 표준화를 위한 기술적인 문제를 연구하는 관세위원회를 설치하였는데, 전자는 OEEC의 발족에 따라 활동분야가 OEEC와 중복하게 되었기 때문에 동 작업을 중지하였다.

이 때문에 연구단은 관세위원회를 중심으로 각국에 공통으로 적용하게 될 관세상의 품목분류표 작성, 관세평가 정의의 채용 및 기타 세관수속에 관한 사항의 연구에 전념하게 되어, 전후의 경제부흥과 1948년의 GATT발족에 따른 국제무역의 활발화에 따라 관세제도의 조화 및 통일화를 위해 전문적인 입장에서 각종 검토를 가하게 되었다.

> 연구단은 이들 연구성과를 구주지역에만 한정시키지 않고 전 세계적인 규모의 것으로 만들기 위해 1950년 12월 15일 브뤼셀에서 관세제도에 관한 세 가지의 중요한 조약을 작성하였다. 즉,
>
> ① 관세협력이사회를 설립하는 협약(convention establishing a customs cooperation council: 1952년 11월 4일 효력 발생)
>
> ② 관세율표에 있어서의 물품분류를 위한 품목표에 관한 협약(convention on nomenclature for the classification of goods in customs tariffs: 1959년 9월 11일 효력 발생)
>
> ③ 관세에 있어서의 물품평가에 관한 협약(convention on the valuation of goods for the customs purpose: 1953년 7월 28일 효력 발생) 등이다.
>
> 이로써 관세협력이사회가 태동하게 되었다. 이의 본부는 벨기에 수도인 브뤼셀에 있다.

관세협력이사회(CCC: customs cooperation council)가 1994년 6월 총회에서 관세협력이사회의 비공식 명칭을 WCO로 개칭하기로 결정함에 따라 CCC사무국은 1994년 1월 3일부터 법률적 성격 이외의 모든 문서에 WCO명칭을 사용하기로 하였다.

(3) WCO의 목적과 임무

WCO의 목적은 설립협약의 전문에 기재되어 있는 바와 같이 가맹국간 관세제도에 최고도의 조화와 통일을 확보할 것과 특히 관세기술 및 이에 관련되는 관세법제의 발전과 개선의 고유문제를 연구하게 되어 있다.

설립협약 제3조에는 WCC의 임무를 다음과 같이 정하고 있다.

① 체결정부가 이 협약의 일반적 목적에 비추어 촉진한 것에 합의하는 관세사항에 관한 협력에 관하여 모든 문제를 연구할 것

② 구성원에 대하여 가급적 고도의 조화 및 통일을 달성하는 실제적 수단을 제한하는 목적으로 관세제도의 기술적 측면 및 이에 관련하는 경제적 요소를 검토할 것

③ 협약안 및 협약 개정안을 작성할 것 및 그 채택을 이해관계를 갖는 정부에 권고할 것

④ 이사회 활동의 결과로서 체결되는 조약·품목표협약 및 평가협약의 통일적인 해석적용을 확보하기 위해 권고할 것 및 이들 협약에 의해 명시적으로 부과된 임무를 수행할 것

⑤ 제 협약 규정에 따라 이들 협약의 해석 또는 적용에 관한 분쟁을 해결하기 위해 조정기관의 자격으로서 해결할 것. 분쟁의 당사자는 일치된 의사에 따라 이사회 권고에 따를 것을 사전에 약속할 수 있다.

⑥ 세관의 규칙 및 수속에 관한 정보의 보급을 확보할 것

⑦ 자신의 발의에 의해 또는 청구에 부응하여 동 협약의 일반적 목적의 범위 내에서 이해관계를 갖는 정부에 대하여 관세사항에 관한 정보를 제공·조언하며 권고할 것

⑧ 자신의 권한에 속하는 사항에 관하여 기타 정부간 기관과 협력할 것

(4) WCO 조직 및 기구

(가) WCO의 조직

그림 4-1 WCO 조직

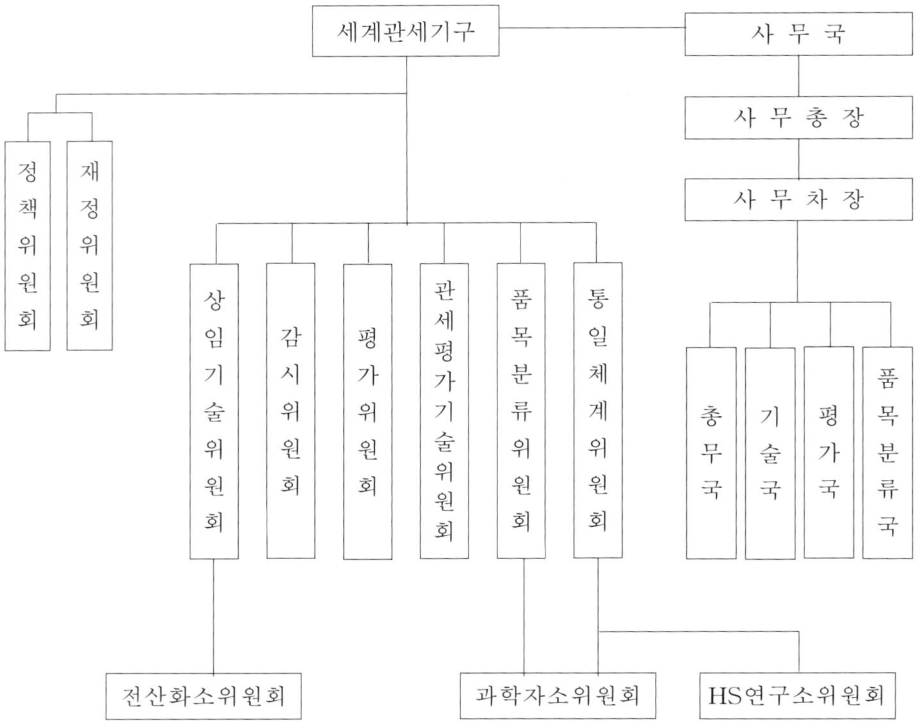

(나) WCO 기구

WCO기구는 최고의사결정기관인 이사회 및 동 이사회를 보좌하는 기관으로서 정책위원회, 상임기술위원회, 품목분류위원회, 평가위원회, 재정위원회 및 사무국 등으로 구성되고 있다. 각 기관의 개요는 다음과 같다.

1) 이사회

이사회(council)는 WCO의 총회이며 최고의사결정기관인데, 원칙적으로 매년 1회 이사회의 본부가 위치하는 브뤼셀 또는 이사회가 결정하는 기타 장소에서 개최되고 각 보좌기관의 제안사항에 관한 의결을 한다.

구성멤버는 설립협약의 체결정부(체약국) 대표인 관세국장 또는 장관인데, 비가맹국인 정부 또는 국제기관의 대표자에 대해서도 이사회에 옵서버로 참가할 것을 인정하고 있다. 또한 이사회는 13명의 재정위원과 1979년 설립된 17개국의 정책위회원국의 보좌를 받는다.

2) 정책위원회

정책위원회(policy committee)는 1979년 5월 제53/54차 CCC총회(호주 캔버라)시 이사회결정에 의거 설립되었다. 회의개최는 1979년 11월 제1차 정책위원회 개최 이후 매년 2회씩(83년은 3회) 개최하고 있으며, 그의 중요한 기능은 다음과 같다.

① WCO 활동과 관련한 광범위한 정책문제 총괄

② 이사회에 대하여 실질적인 운영위원회 역할

③ 이사회의 정책 · 실무 · 절차 등을 검토하여 WCO 활동의 종합적인 목표달성을 위해 이사회 지원

④ 동 임무수행을 위해 이사회 · 정책심의회 구성회원과 사무총장이 제기한 문제를 검토

⑤ 위원회 결정사항을 이사회에 대하여(긴급시에는 사무총장에게) 권고, 구성은 WCO 총회 의장(정책위 의장 겸임) 1인, WCO 부의장국 4인, 이사회 선임 대표국 12인(지역대표국 6개국, 적극공헌국 6개국) 등 총 17인으로 구성되어 있다.

정책위원회는 이사회의 주요 정책문제를 자문하는 등 이사회 내의 가장 활동력 있고 중추적인 임무를 담당하고 있는 실질적인 최고결정기관이다.

동 협약상 부과되고 있는 업무의 수행을 보좌하기 위해 필요한 기술적 문제를 연구함과 동시에 가끔 이사회 사항에 관해서도 연구를 하고 있다.

동 위원회의 구성은 이사회의 구성멤버의 대표자로 이루어지고 있다. 여기서 결의된 사항은 정책위원회와 총회에 상정되고 동 위원회의 회합은 연 4회로 되어 있으나, 반기별로 통합하여 연 2회 개최하고 있다. 통칭 PTC라고 한다.

3) 감시위원회

불법마약 및 밀수방지를 위한 세관 통제기술 · 방법 등 각국의 감시단속분야의 제문제를 토의 · 의결하는 회의로서 여기서 결의된 사항은 정책위원회와 총회에 상정되고 연 2회 개최된다. 산하에 감시위원회(enforcement committee)에 상정할 안건에 대하여 회원국의 실무자들이 참석하여 검토 · 의논하는 감시실무회의가 있다.

4) 평가위원회(valuation committee)

구평가협약(BDV)에 따라 관세대상물품의 가격결정에 대하여 통일적인 토의 · 해석

을 하는 회의인데 연 2회 개최된다.

5) 통일체계위원회(harmonized system committee)

신품목분류협약인 HS협약에 따라 관세대상물품을 통일적으로 분류·해석하는 기술적인 검토회의로서 여기서 결정된 주요사항은 정책위원회 및 총회에 상정하며, 연 2회 개최한다.

주요기능은 HS조약 개정안 검토, HS의 통일적 해석을 위한 해설서 등의 작성, HS에 관한 정보의 수집을 한다.

6) 관세평가기술위원회(technical committee on customs valuation)

WCO 평가협약에 의거하여 관세평가에 관한 기술적인 검토를 WTO로부터 위임받아 회의를 운영하는데, 여기서 결정된 사항은 정책위원회 및 총회에 상정하며, 연 2회 개최된다. 위원회의 구성은 WTO 평가협약 가입국으로 구성된다.

7) 품목분류위원회(nomenclature committee)

구품목분류협약에 따라 새로운 물품의 품목분류를 토의하는 회의인데, 우리나라는 CCCN을 탈퇴하고, 신품목분류협약에 가입하고 있어 참가하지 않고 있고, 연 2회 개최한다.

8) 재정위원회(finance committee)

WCO 예산조달·지출·회계감사 등 예산·회계에 관한 실질적인 결정기관으로, 여기서 결정된 사항은 총회에 상정하는데 분담금 기여도가 높은 주요국가로 구성되어 있으며, 연 1회 개최된다.

(5) WCO의 협약

㈎ 품목분류협약

CCC의 가장 큰 업적은 복잡한 각국의 관세율표를 공통의 분류방식으로 변경하게 한 BTN(brussels tariffs nomenclature) 제도의 편성이다. BTN은 관세부과의 목적으로 상품을 가공도에 따라 분류하는 방식을 말한다.

BTN은 당초 CCC의 사무국이 위치한 브뤼셀에서 제정되었기 때문에 BTN이라고 명명하였으나 전 세계적인 BTN이 되었으므로 1976년부터는 그 명칭을 바꾸어 CCCN(Customs Cooperation Council Nomenclature)이라고 명하였다.

그리고 CCC에서는 이후에 세계무역량이 급증함에 따라 국제무역의 원활화를 도모하고자 당시까지 국가 및 산업부문별로 다양하게 되어 있던 상품분류체계, 즉 SITC, CCCN, TSUSA(tariff schedule of the united states annotated: 미국 관세율표) 등을 국제적으로 통일·적용하기 위하여 CCCN을 골격으로 하여 관세율뿐만 아니라 통계·무역·운송과 관련된 모든 상품의 분류를 가능하게 하도록 하는 다목적 품목분류표인 통일상품명 및 부호체계에 관한 국제협약(HS: the harmonized commodity description and coding system)을 체결하였다.

㈏ 브뤼셀평가협약

제2차 대전 후 유럽의 단일 경제권을 만들기 위해 유럽관세동맹연구단이 설립되었는바 이 연구단은 전술한 품목분류협약과 함께 GATT 제7조를 구체화하는 평가협약을 제정하였다.

이 평가협약은 전문 및 17개조의 본문과 부속서로서 구성되어 있고 동 부속서에 이른바 브뤼셀평가 정의 및 그 해석주(解釋註)가 있다. 그러나 브뤼셀 평가협약은 가격결정의 장소에 관한 기준을 CIF로 하고 있기 때문에 FOB를 과세가격의 기준으로 채택하는 국가에는 동 협약에 가입할 수 없게 되어 1974년에 FOB를 채택하는 국가도 가입할 수 있도록 개정하였으나, 미국·캐나다 등 주요 국가가 가입하지 않고 GATT(동경라운드)에 의한 다자간 무역협상에서 신평가협정이 성립됨에 따라 소멸하여 가는 과정에 있다.

㈐ 일시면세수입에 관한 협약

WCO는 관세행정의 국제적인 조화와 통일을 달성하기 위하여 통관수속에 관한 협약, 일시면세 수입협약 등 몇 가지의 협약을 제정하였는데 이들을 간단히 살펴보면 다음과 같다.

1) 포장용기의 일시 수입에 관한 관세협약

이것은 화물포장용기(컨테이너 제외)를 일정 기간(월) 내 재수출조건으로 면세수입을 인정하자는 것으로 1962년부터 발효하였다.

2) 직업용구의 일시수입에 관한 관세협약

본 협약은 보도용구, 방송용구, 영화촬영용구 등 작업용구를 재수출조건으로 일시면세수입을 인정하자는 것으로 1962년 발효되었다.

3) 전시회·박람회·회의 등에서의 전시 또는 사용될 물품의 수입상 편의에 관한 관세협약

이것은 전시회 등에 사용될 물품을 6개월 내 재수출조건으로 관세를 면제하고 수입에 편의를 제공하자는 것으로 1962년 발효되었다.

4) 물품의 일시수입을 위한 ATA carnet에 관한 관세협약

이 협약은 일시수입되는 상품 견본, 작업용구, 전시회 등의 용품, 포장용품 등의 면세수입과 세관통관절차를 간소화하려는 것으로 1963년 발효되었다.

5) 선원의 후생용 물품에 관한 관세협약

이것은 국제항해하는 선원의 문화용, 교육용, 종교용, 스포츠용품의 이용과 이전을 용이하게 하기 위하여 일시수입되는 물품의 면세수입을 허용하고 통관을 간소화하자는 것으로서 1965년에 발효되었다.

6) 과학장비의 일시수입에 관한 관세협약

이 협약은 과학연구 또는 교육용 기기 등이 국가의 승인하에 특정단체에 의거 비영리목적으로 일시수입하였을 때 재수출부조건으로 면세수입을 허용하고 통관을 간소화하자는 것으로 1969년에 발효되었다.

7) 교육용 기자재의 일시수입에 관한 관세협약

이 협약은 교육훈련용 자재의 일시면세수입을 허용하는 것으로 1971년 발효되었다.

8) 화물의 국제통과에 의한 관세협약

이것은 컨테이너, 도로차량, 철도차량 등에 의하여 국제운송되는 화물의 통과국의 세관수속을 간소화하려는 것으로 1971년에 체결되었다.

9) 세관절차의 조화 및 간소화에 관한 국제협약

이것은 관세제도 전반에 걸쳐 각국에 지켜야 할 기준을 정한 것으로 그 부속서로 세관창고, 환급제도 등 30~40개의 개별규정이 있다.

10) 상품견본을 위한 까르네에 관한 관세협약

이 협약은 까르네(수첩)을 이용하여 상품견본의 일시수출입에 관한 수속을 간소화하는 것을 목적으로 한 것으로 1957년에 발효되었으나 ATA Carnet에 흡수되었다.

(6) 최근 통관간소화 노력

1973년 일명 교토협약이라 불리는 "통관절차의 간소화 및 조화에 관한 국제협약"이 제정되었다. 교토협약은 통관절차를 간소화하고 조화하여 무역원활화를 이루고자 하는 국제적인 노력의 산물로서, "국제관세법"으로 불리면서 무역원활화를 촉진하는 국제적 수단으로 중요한 역할을 담당하고 있다.

㈎ 교토협약의 의의

교토협약(Kyoto Convention)의 공식명칭은 "세관절차의 간소화 및 조화에 관한 국제협약"[6]으로 세관절차의 단순화의 조화를 통해 무역확대에 기여할 목적으로 1973년 교토에서 개최되었던 관세협력이사회 총회에서 채택되었다. 동 협약은 종전의 단편적인 세관절차 간소화·조화에 대한 접근들을 망라한 종합적이고 체계적인 내용으로 인해 일

6) International Convention on the Simplification and Harmonization of Customs Procedures.

명 국제관세법이라고도 불리어진다.

그러나 교토협약은 협약된 내용의 집행과 준수에 대한 구속력이 약하여 협약의 목적인 무역원활화를 유도하는 데 있어 성과가 미미하다는 비판을 받게 되었고 이에 따라 CCC의 후신인 세계관세기구(WCO: World Customs Organization)에서 1994년부터 동 협약의 개정작업을 시작하였다.

2002년 3월 기준으로 대략 60여개국이 기존의 교토협약에 가입하고 있으며 한국은 1983년 가입하였다. 개정 교토협약의 경우 기존협약에 가입한 40개국 이상이 이를 수락한 후 3개월이 경과되면 발효될 예정으로 있는데 2002년 4월 현재 캐나다를 비롯하여 호주, 뉴질랜드, 일본, 중국, 알제리, 모로코, 레소토 등이 수락하였다.

표 4-6 기존 협약과 개정협약의 비교

	기존 교토협약	개정 교토협약
체결시기	1973년(GATT 체제)	1999년(WTO 체제)
주도기관	관세협력이사회(CCC)	세계관세기구(WCO)
성격	선언적	구속적
내용	총론적	각론적
협약준수	권고적	의무적
구성	협약본문 및 31개 부속서	협약본문, 일반부속서
		10개의 특별부속서
조문의 유보 여부	모든 조문에 대해 유보 가능	일반부속서: 의무가입
		특별부속서: 유보가능

(나) 최근 교토협약의 개정배경

1) 세관절차 간소화에 대한 국제규범의 강화

GATT 체제하에서 세계는 지속적으로 전통적인 무역장벽인 관세 및 비관세장벽들의 철폐 및 축소에 상당한 성과를 거두어왔으나 복잡하고 불투명한 행정 및 통관상의 절차 등으로 인해 야기되는 무역절차상의 장벽(TPBs)[7]에 의한 무역장애 및 규제가 점증함에 따라 WTO는 이와 같이 복잡한 무역절차의 개선을 통한 국제무역의 원활화 논의를 위해 New Round 의제에 '무역원활화' 이슈를 포함시켜 그 동안 지속적으로 동 의제와 관련한 일련의 규범을 정립시키고자 노력해 왔다. 이에 따라 WTO의 상품교역이

7) TPBs: Trade Procedures Barriers.

사회(CTG)에서 무역원활화조치에 관한 논의를 진행해 왔으며 WCO에서도 기존의 교토협약 개정에 대한 필요성을 강하게 인식하게 되었다.

2) 협약의 구속성 강화

GATT가 협정에 대한 구속력 마비 및 협정 위반시 이를 제재할 수 있는 제도적장치가 없었던 이유로 인해서 결국 WTO라는 보다 강력한 조직으로 확대・개편되었던 것과 마찬가지로 기존의 교토협약은 협약과 관련하여 체약국이 부속서에 가입하더라도 핵심조항은 물론 어떠한 조항에도 유보가 가능함으로써 단지 선언적・권고적 규범에 그친 취약성을 지니고 있었다. 즉, 체결국가들로 하여금 모든 규정에 대하여 유보를 허용함으로써 비록 협약에 가입하였다 하더라도 핵심적 조항에 대해서는 유보할 수 있는 일종의 면책을 허용하였던 것이다.

또한 기존 협약은 부속서의 조항에 대한 정확하고 상세한 설명과 구체적이고 실체적인 지침이 결여되어 체약국들로 하여금 자국에 유리한 상이한 해석을 가능하게 함으로써 많은 혼동을 초래하였다. 이를 보완하기 위해 개정 협약에서는 가입국들이 필수적으로 수락해야 할 내용을 일반부속서에 편입시키고 선택적으로 수락 가능한 부분에 대해서는 특별부속서로 편입시켜 강제 이행사항과 선택사항을 명확히 구분함으로써 협약의 구속성을 종전의 교토협약에 비해 훨씬 강화시켰다.

3) 정보기술의 발달에 따른 무역환경 변화

1990년대 이후 세계는 각종 첨단기술(IT, BT, NT)의 급격한 발달로 인해 무역관련 감시, 검사 기술이 현저하게 성장하였으며 정보기술에 따른 EDI 이용, 위험관리기법(risk management)의 활용, transaction-based control에서 audit-based control로의 전환 등 현대적 기법의 반영이 필요하게 되었다. 이러한 시대적 변화와 더불어 세계적으로 수출입 물동량이 급증하게 됨에 따라 수출입 통관지점이 대폭 늘어났으나 상대적으로 세관인력이 이를 따르지 못하게 되면서 통관에 대한 신속처리의 필요성이 요구되기에 이르렀다. 한편 기술진보에 따라 세관의 임무가 종전의 징수업무와 통관업무 같은 전통적 임무에 부가하여 사회안전과 보호라는 측면의 화물 감시기능이 중요하게 부각되었다.

이러한 시대적 환경변화에 따라 각국의 상이한 법적, 제도적, 절차적 규제에 따른 불필요 비용 제거를 위한 다자간 협력차원의 노력이 절실히 요구되었으며 종전의 무역자유화(Trade Liberalization)의 확대로부터 무역효율화(Trade Efficiency & Effectiveness)의 확대를 통한 무역원활화(Trade Facilitation)의 확대로 무역 패러다임이 변화하게 되었다.

(다) 개정협약의 주요 내용

개정 협약의 주요 내용을 간략히 요약하면 다음과 같다.

표 4-7 개정협약의 주요 내용

분야	주요 내용
1. 통관절차의 간소화	· 세관은 최소한의 신고사항만을 요구 · 외국 세관의 봉인 인정 · 여행자 휴대물품에 대한 구두신고 허용
2. 통관절차의 신속화	· 담보제공에 의한 물품반출 허용 · 업무시간 외 통관 허용 · 일반적인 우편물에 대한 세관 통제 금지 · 구호용 탁송품에 대한 우선적 통관
3. 통관절차의 국제표준화	· 표준화된 신고양식의 사용 · 국제적으로 인정된 표준을 사용하는 컴퓨터 응용프로그램의 도입 · 여행자 통관시 복수통관제도 도입 · 원산지 결정시 실질변형기준 채택 · 통관 관련 분쟁 발생시 독립기관에 대한 불복청구권 허용
4. 관세의 감면	· 이사물품, 선물용품, 상업용 견본 등 · 일정수량 이하의 담배, 술, 향수 등 · 일시수입물품 · 선박, 항공기 등 상업용 운송수단 · 선용품 및 기용품 · 구호용 탁송품 · 일정한 한도 내의 비거주자 개인용 휴대품 · 국외 가공을 통해 재수입되는 경우 · 허가를 받은 국내가공을 위한 수입
5. 최혜국대우	· 물품의 원산지국·행선지국에 상관없이 동일한 세관절차의 적용
6. 정보기술의 이용	· 전자적 수단에 의한 물품신고 허용 · 전자이체에 의한 관세 납부

3. UNCTAD

(1) UNCTAD의 의의

선진국 중심의 무역체제인 GATT에 대한 개도국의 불만으로 말미암아 개도국의 통상이익을 확대할 수 있는 새로운 국제기구의 설립을 추진하게 되었다. 이에 따라 1962년

아시아, 아프리카, 라틴아메리카의 75개 개도국은 이집트 카이로에서 「국제무역 및 개발에 관한 국제회의」를 개최할 것을 내용으로 하는 카이로 선언을 발표하였다. 이러한 개도국의 움직임에 대해 선진국은 UNCTAD가 GATT의 활동을 저해할 우려가 있다는 점에서 소극적 자세를 보였다. 그러나 결국 1962년 UN 총회에서 UN무역개발회의(UNCTAD: UN confernce on trade aid and development)를 개최하자는 개도국의 제한을 채택함으로써 1964년 1차 UNCTAD 총회가 개최되었다. UNCTAD가 제창한 새로운 무역기구 설립안은 선진국의 반대로 거부되었지만 개도국의 무역확대 문제에 관심을 불러일으킴으로써, GATT는 1965년 2월 무역개발위원회를 설치하여 개발도상국의 무역, 개발문제를 다루게 함과 동시에, GATT의 호혜무차별원칙을 개도국에 대하여 수정・완화시키는 계기를 마련하였다.

UNCTAD의 발생은 요컨대 GATT체제의 불신에서 비롯하여 '강자의 논리'라고까지 불리어지는 GATT체제의 문제점을 수정・보완하고 '원조가 아닌 무역을 통한 개발(trade, nor aid)'로 개도국 발전을 이룩하려는 데 UNCTAD 본래의 취지가 있다.

따라서 GATT체제하에서는 선진국의 이해관계가 보다 중시되고 개도국의 이해는 외면되어 온 반면에 UNCTAD에서는 선진국과 개도국간의 무역에 관련된 제반문제의 해결에 초점을 두고 있다.

이러한 UNCTAD의 탄생은 역사상 최초로 선진공업국과 개발도상국간의 경제・무역에 관한 문제가 개발도상국들 스스로에 의해 주도되었다는 점과 선진공업국들의 개발도상국에 대한 책임이 최초로 논의되었다는 점, 그리고 기존 경제질서를 이제는 새로운 질서로 전환시켜야 할 필요성을 세계각국이 깊이 인식하게 되었다는 점 등에서 그 의의를 찾을 수 있다.

(2) 일반특혜관세제도(GSP)

㈎ GSP제도의 의의

일반특혜관세(GSP: generalized system of preference)란 개발도상국의 수출증대 및 공업화를 촉진하기 위해 개발도상국으로부터 수입하는 농수산물・공산품의 제품, 반제품에 대하여 보상 없이 일방적으로 무관세를 적용하거나 저율의 관세를 부과하는 선진국들의 일방적인 관세상의 특혜대우를 말한다.

GSP제도는 1968년 2월 1일부터 3월 29일 인도 뉴델리에서 개최된 제2차 UNCTAD 총회 결의 21에서 'system of generalized, reciprocal and non-discriminatory preference'라고 언급하여 칭하는 것으로 일반적・무차별・비상호주의적인 특혜제도를 의미한다.

여기서 말하는 일반적(generalized)이라는 의미는 기존 특혜제도는 영연방특혜 · 프랑스연합특혜 등과 같이 특정지역간의 특혜와 구분하기 위한 것으로 기존 특혜가 지리적으로 수 개 국가에 국한된 데 비하여 일반특혜관세제도는 범세계적이란 점을 강조한 것이다.

또한 무차별적 · 비상호주의적(non-discriminatory and non-reciprocal)이란 지역 통합, 자유무역지역 및 관세동맹에서 나타나는 역외국가에 대한 차별을 배제하여 수혜국에게 상호주의를 요구하지 않는다는 것을 의미하는 것이다.

(나) GSP제도의 기본구조

GSP제도의 기본구조라 함은 일반특혜관세제도의 골격을 이루고 있는 사항으로서 GSP에 따라 특혜관세를 공여하는 나라들은 특혜대상품목, 특혜폭, 특혜기간, 수혜국, 원산지기준 등을 정하여 이러한 제반요건을 충족시키는 경우에 한해 GSP를 공여하고 있다.

1) 특혜대상품목(product coverage)

제4차 특혜특별위원회의 후기회의에서는 일반특혜관세제도의 실시목적이 개발도상국의 공업화를 위하여 그들의 수출소득을 증진시키는 것임을 고려, 공산품에 대하여는 negative list제를 채택하여 예외품목(exception)을 제외한 전 공산품에 대하여 무세수입을 허용하고, HS 1~24류의 농산품에 대하여는 positive list제를 택하여 특혜대상품목을 열거하기로 합의하였다. 그러나 뉴질랜드 · EU 및 미국은 공산품에 대해서도 positive list를 채택하고 있다.

2) 특혜의 폭(depth of cut)

관세의 인하폭은 일반적 원칙으로 농산품에 대하여는 GATT 세율의 20~100%의 품목별 인하, 공산품은 무세를 적용하는 선에서 합의하였다. 이에 따라 현재 공산품에 대한 특혜폭은 국별로 상이하다. GSP대상품목에 대한 GSP특혜폭은 일본 · 캐나다 · 호주 · 뉴질랜드를 제외한 전체 공여국이 공산품에 대해 완전무세를 적용하고 있으며, 농수산품에 대하여는 노르웨이가 완전무세를 적용하고 기타 공여국은 품목별로 관세율을 인하하고 있다.

3) 보장조치(safeguard mechanism)

개발도상국에 대한 면세 또는 관세상의 특혜로 인하여 GSP공여국의 수입이 급증함에 따라 공여국의 국내산업이 심각한 피해를 입거나 피해의 우려가 있을 경우에는 특혜수입의 제한조치를 취할 수 있도록 하고 있다. 현재 선진국들이 채택하고 있는 보장조치로는 escape clause와 ceiling제의 두 가지가 있다.

보충 Escape Clause

사후제한형으로 처음에는 무제한으로 특혜수입을 허용하나 특정품목의 특혜수입이 급증함에 따라 국내산업에 피해를 초래하는 경우에는 특혜공여를 정지하는 제도이다.

예 예를 들어 미국에서는 각종 섬유제품 · 신발류 · 석유화학제품 · 잡화 등에 대해서 자국산업을 보호한다는 명목 아래 특혜대상에서 제외시키고 있다.

Ceiling

사전제한형으로 특혜대상품목별로 특혜수입한도를 설정하고, 동 한도 내에서만 특혜를 공여하는 제도이다.

4) 특혜기간(duration of preference)

플레비쉬보고서(Prebisch report)에는 특혜공여기간을 10년으로 정하고 필요한 경우 예외적으로 연장할 것을 제한하였으나, 알지에 헌장에서는 20년으로 하고 최종연도에 연장여부를 검토하도록 하였다. 그러나 제4차 특혜특별위원회에서는 특혜실시시간을 10년으로 하고 최종연도에 연장여부를 결정하기로 하였으며, 현재 대부분의 GSP공여국은 특혜기간을 연장하여 시행하고 있다.

5) 수혜국(beneficiary country)

제4차 특혜특별위원회에서는 자기 선택의 원칙(self-election)에 입각하여 77그룹에 속하는 개발도상국을 특혜수혜국으로 하고 해외속령이나 기타 지역에 관하여는 당사국간의 자유재량에 두기로 하였다. 이에 따라 공여국은 타국의 GSP 수혜요청을 고려하여 스스로 수혜국을 결정하고 있다.

6) 원산지기준

특혜관세혜택은 GSP 수혜국을 원산지로 하는 상품에 대하여 적용되는 것이므로 어떠한 요건이 충족되어야 GSP 수혜국의 물품에 해당하는가에 관해 국제적으로 통일된 기준에 접근, 세계 각국은 이러한 통일된 기준을 가능한 한 고려하여 공여국별로 국내절차를 취하도록 하고 있다. 이와 같은 기준에 의해 GSP 수혜를 받을 수 있는 수출물품은 완전생산품 또는 수입원자재가 관련된 상품과 해당 수혜국으로 수입된 원산지가 미상인 원자재나 부품을 전부 또는 부분적으로 사용하여 제조한 상품이어야 한다. 그런데 GSP의 실제 적용에 있어서 1차 산품과 같이 GSP 수혜대상인 개도국에서 전적으로 생산된 상품의 경우에는 별다른 문제가 없으나, 수입된 원자재나 부품을 사용하여 제조한 상품의 경우에는 원래의 수입원자재와는 다른 물품으로 실질적인 변형(substantial transformation)이 이루어져야만 특혜대상이 된다. 이 때 실질적인 변형이 개도국에서 이루어졌는지의 여부를 판단하는 기준으로는 가공도기준과 부가가치기준이 있다.

(3) 개도국간 무역특혜제도(GSTP)

(가) GSTP의 의미

GSTP(global system of trade preferences among developing countries)란 개도국 상호간 관세 및 비관세장벽을 완화하여 무역·생산 및 고용 증진을 도모하기 위한 제도로서 GSTP 협정국이 정한 관세양허 대상품목의 수출입에 대해 상호간에 특혜관세를 적용하는 것이다. GSTP는 남남협력의 일환으로 비동맹 77그룹 개도국간 상호 무역장벽 완화 혹은 철폐를 통한 무역·생산 및 고용 증진을 목적으로 한 UNCTAD 주관하의 무역협정을 가리킨다.

즉, GSTP는 제2차 세계대전 이후 국제무역질서를 주도해온 선진국 위주의 GATT체제하에서 논의된 케네디라운드·동경라운드 등 다자간 무역협상의 성과가 개도국의 무역증진보다는 선진제국간의 국제무역질서 재편에 불과하였다는 반성 위에서 개도국간의 실효성 있는 무역체제의 확립을 모색한 최초의 개도국간 무역체제라 할 수 있다.

(나) GSTP의 성과

동 제도가 최초 거론된 것은 1976년 6월 UNCTAD 제4차 총회에서이며, 이어 1982년 10월 77그룹 각료회의시 GSTP에 대한 각료선언을 채택하고, 1988년 4월에 협정에 조인하여 발효되었다. 현재 적용대상국(회원국)은 한국·방글라데시·페루·베트남 등 40개국이며, 주요 협상원칙으로는 개도국 상호간의 호혜주의에 입각한 양허 및 양허의 무차별적용 등으로 정하고, 협상대상은 관세·유사관세·직접투자조치 등을 포괄하고 있다.

당초 GSTP는 협상요소로서 관세·직접무역조치 등을 포괄하고 있었으나, 현재까지 나타난 가시적인 성과는 관세협상 결과에 국한하고 있다.

이는 GSTP의 성공적 출범을 위해서 참가국간 비교적 협의가 쉬운 관세만을 대상으로 제1라운드 협상을 시작하였기 때문인데, 향후 제2라운드 협상에서는 현재 전체 77그룹 회원국의 38%에 불과한 회원국 수의 확충과 함께 협상대상의 확대문제에 대해서도 논의될 전망이다.

현재, GSTP 회원국(적용대상국)은 비준서 기탁국인 한국 등 40개국이고, 이 중 탄자니아·방글라데시·기니 3개국은 참가국 중 최저개발도상국(least developed countries)으로서 최빈국이라 하여 더욱 많은 품목에 한하여 양허관세를 적용받으며, 우리나라는 생강·야자유·밀납·사탕수수당·당밀 등 26개 품목에 대해 GSTP 양허관세를 인정한다.

그리고 쌍무협상의 다자화로 인해 우리나라가 관세양허의 혜택을 받고 있는 품목류는 17개 협정국의 1,170개 품목에 이른다.

GSTP 양허관세 품목의 원산지증명서는 GSP와 마찬가지로 각 시・도에서 발급한다.

(4) GSP와 GSTP 비교

㈎ 공통점

GSP와 GSTP제도는 모두 무역거래에 있어서 특혜를 주기 위한 목적으로 만들어졌으며, 기본세율보다 낮은 세율의 관세를 적용하기 위하여 통관단계에서 "원산지 확인제도"를 두고 있다.

㈏ 차이점

1) 목적면에서의 차이

GSP제도는 선진국과 저개발국간의 경제발전의 수준의 차이와 이에 관련된 제반 남북문제를 해결하기 위하여 만들어진 제도이며, GSTP 제도는 개도국 상호간 관세 및 비관세 장벽을 완화하여 무역, 생산 및 고용증진을 도모하는 것을 목적으로 한다.

2) 근거면에서의 차이

GSP제도는 법 제76조(일반특혜관세)에 근거하여 제정된 탄력세율의 일종에 해당하며, GSTP제도는 국제협력관세(제73조)를 근거로 하여 UNCTAD 개발 도상국간 특혜무역제도에 관한 협정에 조인하였는 바, 우리나라는 시행령으로 WTO 협정 등에 의한 양허관세규정 4조(개발도상국간 특혜무역제도의 양허관세)를 제정하여 시행하고 있다.

3) 특혜 주장면에서의 차이

GSP제도는 "국제협력관세"가 아닌 개도국에 일방적으로 무관세, 저세율을 적용하므로 특혜대상물품의 수입의 증가를 원인으로 국내산업에 피해를 주는 경우에는 적용정지를 할 수 있다. 이 경우 상대국은 양허세율의 적용주장이나 대항할 수가 없는 반면에, "GSTP"제도는 다국간 또는 특정국가가 협상에 의하여 양허한 세율로서 양허의 철회 및 수정조치시에는 그에 따른 보상조치를 해야 하며, 상대국이 철회, 수정에 따른 조치를 취하지 않을 경우에는 일정한 범위 안의 대항조치를 취할 수 있다.

(5) 최근 통관간소화 노력

무역원활화가 세계적 차원에서 보다 효율적으로 다루어지기 위해서는 UN의 기능이 강화될 필요가 있다는 인식 아래 무역원활화 문제가 UNCTAD의 주요 이슈로 다루어지고 있다.

1970년 UN/ECE에서 UNDP로 하여금 UNCTAD의 국제 프로젝트에 행정적 지원을 하도록 제안하면서 UNCTAD는 무역원활화 문제를 전 세계적 차원에서 기술적인 전문의견을 제시하는 역할을 담당하기로 상호 합의하였으며, 1975년에는 '무역원활화 특별프로그램(FALPRO: Special Programme on Trade Facilitation)'이라고 불리는 별도의 사무조직이 설립되었다.

1992년 UNCTAD 8차 총회에서는 교역흐름의 효율성에 대한 전문가그룹을 UNCTAD 내에 창설하기로 결정하였다. 전문가그룹은 여타 국제기구의 제안사항들을 지원하고, 교역흐름의 효율성을 제고하기 위한 구체적 방안들을 추진하기 위해 필요한 가이드라인을 제정하는 역할을 수행하였다. 이러한 작업의 결과 1994년 10월에는 미국 오하이오주에서 무역흐름의 효율성에 대한 국제심포지엄이 장관급회의로 개최되었다. 동 회의에서 무역효율성과 관련하여 채택된 각료선언문에서는 교역효율성을 강화하기 위한 국내조치가 무역거래비용을 상당 폭 감축할 것이며, 그 효과는 세계 총교역액의 7~10%에 이를 것이라는 분석결과를 제시하기도 하였다. 또한, 동 각료선언문은 통관분야에서 각국 정부가 수입화물 통관의 지연을 야기할 수 있는 통관비용 결정 과정을 단순화시킬 것을 촉구하였는데, 이를 위해 GATT가 규정하고 관세협력이사회가 관리하는 관세평가기법을 사용할 것을 권고하였다. 동 선언문은 선적전검사기관에서는 가능한 한 세관관련행위를 하지 말아야 한다고 촉구하였다. 이러한 세관관련행위가 불가피한 경우도 있겠지만, 이는 잠정적조치에 그쳐야 하며 선적전검사협정 규정에 합치되게 이루어져야 한다는 것이다. 아울러, 각료선언문은 UNCTAD의 국제무역사무소 국제네트워크(Trade Point Global Network)의 발족을 선언하였다. 동 프로그램은 데이터베이스를 기반으로 하는 인터넷 사이트로서 무역업자에게 잠재적 구매자와 판매자의 제품 및 서비스에 대한 목록을 제공하고 있다.

현재 130개국에 200개 이상의 무역사무소(Trade Points)가 설립되었으며, 이 중 54개가 운영되고 있다. 한국의 경우 현재 무역협회가 서울 무역사무소를 운영하고 있으며 국내 무역업체, 은행, 정부기관 및 기타 무역관련기관을 포함하여 8만 8천명의 회원이 가입되어 있다.

동 센터는 기본적으로 개도국 및 체제전환국이 국제무역에 참여할 수 있도록 도와주며, 무역원활화를 제고하기 위한 국내지원센터의 역할을 수행한다. 또한, 동 센터는 참여국들의 무역거래비용을 감축하고 무역관련정보와 세계적 네트워크에 보다 효과적으로 접근할 수 있도록 지원하는 역할을 수행하고 있다. 이에 따라, 동 센터에서는 세관과 수출입업자 등이 함께 참여하여 모든 형태의 무역거래서비스를 제공하고 있다.

4. APEC

(1) APEC의 의의

아·태 경제협력체(APEC: Asia Pacific Economic Cooperation)는 1989년 한국, 미국, 일본, 캐나다, 호주, 뉴질랜드와 ASEAN 6개국(총 12개국)이 아·태지역에서의 무역·투자 자유화와 경제·기술협력을 촉진하기 위해 창설한 지역경제협력체이다. 이후 중국, 대만, 홍콩과 멕시코, 파푸아뉴기니, 칠레가 가입, 현재 회원국은 18개국이며 베트남을 비롯해 가입을 희망하는 나라가 많아 그 규모는 더욱 확대될 것으로 보인다.

APEC은 개방적이며 제도화가 덜된 지역주의라는 특징을 갖고 있다. 달리 말하면, 초국가적인 성격이 거의 없고 의사결정과정이 모든 회원국들의 합의에 의해 이루어지며 무엇보다도 개방된 지역주의를 표방하고 있다는 점이 여타 지역주의와는 다르다.

이에 반해 EU는 내부지향적이며 고도로 제도화된 형태의 지역주의이다. EU는 상당히 광범위한 범위에 걸친 경제통합을 목표로 하고 있으며 초국가적인 성격을 많이 지니고 있고 그 체제가 EU 내의 사법기관에 의해 집행되는 특징을 지니고 있다. 한편 NAFTA는 이들 APEC과 EU의 중간성격을 지니고 있다.

(2) APEC와의 관세협력

APEC는 출범 당시만 해도 지역경제문제나 소규모 연구프로젝트에 국한된 느슨한 협의기구 성격에 머물렀으나 1993년 2월 싱가포르에 상설 사무국이 설치되고 회원국 공동기금설립에 합의하면서 역내무역자유화 및 공동사업 협력추진 등 구체적인 경제협력을 위한 발판을 마련하였다. APEC와의 관세협력은 관세율 데이터베이스 구축, 통관절차 간소화, 관세율 인하, 초기 가시화 조치로 요약될 수 있다.

㈎ 관세율 데이터베이스 구축

회원국의 무역업자 및 통관회사 등이 신속·정확한 최신 관세율정보를 이용할 수 있도록 함으로써 APEC 역내국가들의 상호교역을 증진시키려는 목적으로 관세관련 데이터베이스 CD롬으로 완성하였고, 인터넷에 올려 활용하는 방안을 강구중에 있다.

㈏ 통관절차 간소화

APEC Bogor 선언을 통관측면에서 뒷받침하기 위하여 역내 통관절차의 조화 및 간소화를 위한 공동행동계획(common action plan)을 작성하기로 1995년 2월 후크오카 회의에서 결정하였고, 이에 따라 각국의 자발적인 행동계획을 기초로 공동행동계획(안)을 작성하여 1995년 11월 오사카 정상회담시 이를 정식으로 채택하였는데, 이 계획은 다음과 같다.

(3) 세율 인하

APEC의 18개 회원국 정상들은 1994년 11월 보고르 선언을 통하여 선진국은 2010년, 개도국은 2020년까지 역내무역·투자자유화를 이룩할 것임을 천명하였고, 이를 위하여 관세, 서비스·투자, 통관절차, 규제완화 등의 분야에서 무역·투자 자유화를 위한 행동계획 도출에 합의하였다.

표 4-8 통관절차간소화를 위한 공동행동계획

공 동 계 획	이행기한
· 품목분류(HS)협약 원칙의 채택(준수)	1996
· 관세법, 규정, 행정지침, 절차, 예규 등에 관한 정보 공표	1998
· 교토협약원칙의 채택(준수) (회원국으로 하여금 WCO의 교토협약 개정작업에 능동적으로 참여)	1998
· 통관절차 표준인 EDIFACT 채택 및 지원	1999
· WTO 평가협정원칙의 채택(준수)	2000
· WTO 지적재산권협정(TRIPs) 원칙의 채택(준수): 국경통제 관련 부문	2000
· 명확한 불복규정의 도입	2000
· 품목분류 사전회시제도 도입	2000
· 일시 통관시 편의제공: ATA*협약 가능	2000

* ATA(상품견본을 위한 까르네에 관한 관세협약): customs convention regardign E.C.C Carnet for commercial samples carnet→E.S.C 까르네협약.

(4) 초기 가시화 조치(down payment)

1995년 11월 19일 APEC은 무역·투자자유화 의지를 천명하기 위해 각국의 초기 가시화 조치(initial action)를 공동발표한 바 있는데, 한국·일본·캐나다·호주 및 대만 등은 주로 관세율 인하실적을 발표하였다.

(5) 최근 통관절차 간소화 노력

무역원활화의 범위를 포괄적으로 규정하고 있는 APEC은 무역원활화가 통관절차에만 국한되는 것이 아니라 표준 및 기술규정, 기업인 이동, 전자상거래 등 국제무역과 관련한 제반분야와 연계되어 통합적으로 추진되어야 한다는 입장을 제시하고 있다.

APEC에서 무역원활화 논의는 1994년 통관절차작업그룹이 통관절차소위원회(SCCP: Sub-Committe on Customs Procedures)로 재편되면서 더욱 활성화되고 있는데, 동 위원회는 매년 2~3회 회의를 개최, 역내 통관절차의 간소화 및 조화에 대해 논의해 왔으며, 그 결과 공동행동계획(CAP: Collective Action Plan)을 수립하고 그 이행을 위해 기

표 4-9 SCCP의 무역원활화 공동행동계획(CAP) 목표

목 표	주 요 내 용
HS협약의 시행을 통한 관세구조(Tariff Structure)의 조화	국제표준의 상품분류체계인 HS협약 시행을 통한 일관성 및 공정성 확보
관세법·규정·행정지침·판정에 관한 정보의 활용성 제고	무역업자에게 정확하고 일관성 있는, 그리고 이용하기 용이한(user-friendly) 정보접근 보장
교토협약 원칙에 입각한 간소화 및 조화	통관절차의 간소화 및 모범관행(best practice)을 통한 세관통과 및 상품이동의 효율성 제고
UN/EDIFACT 및 PL(Paperless) 통관제도의 도입	UN/EDOFACT 사용을 통한 자동통관전산망 구축
WTO/관세평가협정 원칙의 적용	상품가치평가에 있어 WTO관세평가협정 적용
WTO/TRIPs협정 원칙의 적용	지적재산권 보호를 위한 국가간 행정절차 확립
명확한 행정소송 규정의 도입	불공정한 세관판정에 대한 투명하고 적시의 행정소송 기회 제공
사전품목분류제도(Advance Classification Ruling System) 도입	품목분류에 대한 수입전 정보제공을 통해 통관 간소화 촉진
일시수입관련 통관편의 규정 도입	샘플, 전시용품 등과 같은 상품의 일시수입허용에 관한 표준절차 마련
APEC Data Elements	APEC 회원국간 교역자료의 표준화를 위한 공동데이터요소 개발 및 이를 통한 정보교환 촉진, 공통문서양식·전자상거래 기반구축
위험관리(Risk Management) 기법 도입	우범가능성이 높은 화물의 정확한 식별 및 이에 대한 집중적 관리
신속통관제도(Express Consignments Clearance)의 도입	신속화물통관에 관한 WCO 가이드라인 원칙 도입
통관행정의 청렴성(integrity) 제고	통관행정의 일관성·신뢰성·투명성 제고

자료: APEC, “A Blueprint of the APEC Sub-Committee in Customs Procedures: Meeting the Challenges of Modern Business Enviornment,” 2000. 10.

술을 지원하는 등 협력사업을 수행해 오고 있다.

1995년 1월에는 SCCP의 무역원활화를 위한 다섯 가지 지침원칙으로 FACTS, 즉 원활화(Facilitation)·책임성(Accountability)·일관성(Consistency)·투명성(Transparency)·간소화(Simplification)을 채택하였으며 통관절차 간소화와 관련하여 9개 부문에 대한 공동행동계획(CAP)을 수립하였다. 이러한 공동행동계획은 기술발전 등 세계무역환경의 변화에 따라 2000년부터 "서류 없는 교역(paperless trading)", "청렴성(integrity)" 등이 추가됨으로써 13개 부문에 대한 시행계획이 완료되어 현재 추진중에 있다.

5. DDA

(1) DDA의 성립배경

도하개발아젠다(Doha Development Agenda)는 새로운 다자간 무역협상을 의미하며 지난 1995년 출범한 이래 국가간 무역을 관장하고 있는 WTO가 회원국들간의 협상을 주관하게 된다.

지금까지 관세인하 및 비관세장벽 완화를 위한 다자간 무역협상(MTN: Multilateral Trade Negotiations)은 8차례 이루어진 바 있는데 시장개방의 확대와 무역규범제정을 통해 제2차 세계대전 이후 국제무역 및 세계경제의 성장에 크게 기여하였다.

WTO 회원국들은 UR협상타결 당시에 농산물과 서비스분야의 합의내용이 미흡하다고 판단하여 2000년부터 추가적인 자유화 협상을 추진하기로 약속한 바 있다. 그러나 다수의 회원국들은 UR의 합의결과를 이행하는 과정에서 나타난 여러 가지 문제점을 인식하여 타 분야에서도 추가적인 협상을 시작할 것을 제안하였으며 이에 따라 WTO회원국들은 1998년 5월 스위스 제네바에서 개최된 '제2차 WTO 각료회의'에서 폭넓은 분야에서의 무역자유화를 위한 새로운 다자간 무역협상을 준비하기로 합의하였다.

1999년 12월 미국의 시애틀(Seattle)에서 개최된 '제2차 WTO 각료회의'에서는 다자간 무역협상 출범을 위한 본격적인 협상을 개시하였으나 개발도상국들의 반대와 협상의제에 대한 합의도출이 실패함에 따라 뉴라운드의 출범이 무산된 바 있다. 뉴라운드 출범에 대한 WTO논의는 2001년 들어서면서 본격화되기 시작하여 '제4차 WTO 각료회의' 개최직전인 2001년 10월 27일 각료선언문의 2차 초안이 마련되었다.

지난 2001년 11월 카타르 도하에서 개최된 WTO 각료회의에서 DDA(Doha Development Agenda)협상을 개시하기로 합의함에 따라 2002년 3월부터 협상 아젠다 세팅, 협상방식 및 스케줄 협의 등 본격적인 새로운 다자간 무역협상을 전개하게 됐다.

(2) DDA의 의의

미국과 일본, EU 등 주요 선진경제권의 경기침체로 세계경제는 2000년 말 이후 성장세가 둔화되기 시작하였으며 최근에는 9·11 미 테러사태 및 미국의 대(對)테러전쟁 선언 등으로 세계경제의 불확실성 증대 및 세계경기침체의 가능성이 그 어느 때보다 커지고 있다.

특히 1990년대 이후 세계경제의 상호의존성(interdependence of world economy)이 크게 증대되고 있고 무역이 경제성장에 미치는 영향이 커지고 있기 때문에 세계경제의 성장세를 회복하기 위해 뉴라운드 협상이 절실히 필요하게 되었다.

또한 세계경제의 침체에 따라 세계 각국의 보호주의(protectionism)로의 회귀 가능성이 점증하고 있어 이러한 보호주의 추세를 억제하기 위한 세계적 차원에서의 협력이 증대되고 있다. 더욱이 최근 들어 자유무역협정(FTA) 등 지역주의(regionalism)가 만연하고 있어서 WTO의 기본정신인 다자주의의 신뢰성에 대한 의문이 제기되는 시점에서 도하 아젠다는 세계무역질서에 있어서 예측가능성과 안정성을 제고하는 데 크게 기여할 것으로 기대되고 있다.

1999년 11월 미국 시애틀에서 개최된 WTO 제3차 각료회의 실패 이후 다자간 무역체제에 대한 신뢰회복이 필요하다는 인식이 확산되던 상황에서 2001년 11월 카타르 도하에서 제4차 각료회의가 개최되었다. 이 회의에서 각료들은 포괄적인 의제를 대상으로 2002년부터 2005년 1월 1일까지 3년간의 일정으로 새로운 다자간 무역협상을 개시하기로 합의하는 도하각료선언(Ministerial Declaration)을 채택하였다.

WTO 출범 이후 처음으로 개최되는 다자간 무역협상인 동 협상은 종전과 달리 '라운드(Round)'라는 명칭 대신 개도국들의 요구를 받아들여 '도하개발아젠다(Doha Development Agenda: DDA)'로 명명되었다.

(3) DDA의 협상방식 및 협상체계

도하 아젠다에서 취급하게 될 협상의제의 범위는 기확정의제(built-in agenda)인 농산물 및 서비스시장의 추가개방과 함께 공산품의 관세인하 등을 포함하게 되고 이에 따라 부문별 협상이 아닌 포괄적 협상으로 진행될 것으로 기대되고 있다. 즉 시장개방분야, 반덤핑·보조금·지역무역협정 등 규범분야, TRIPs, 무역과 환경 등 광범위한 의제가 논의되고 있다.

㈎ 협상방식

도하 아젠다의 협상방식은 모든 의제에 대한 협의를 동시에 진행, 동시에 완료하고 모든 참가국이 협상결과를 수용하는 일괄타결방식(single undertaking: package deal)이 적용된다. 다만 주요 의제에 대해 회원국간 조기합의가 이루어질 경우 조기시행이 가능하도록 합의해놓고 있다. 향후 도하 아젠다 협상은 2005년 1월 1일까지 종료할 예정으로 있으나 부문별 협상의 마무리 시한은 시차를 두고 진행하기로 하였다.

㈏ 협상체계

WTO의 최고의사결정기구는 각료회의이기 때문에 '제5차 각료회의'는 도하 아젠다 협상의 진전상황을 점검하고 필요한 결정을 채택할 예정으로 있다. 주요 의제에 대한 협상이 종료되면 '특별각료회의'를 개최하여 협상결과의 채택 및 이행에 관한 최종 조치를 마련할 예정으로 있다. 한편, 주로 각국의 WTO 대사가 대표로 참석하는 상설기구인 일반이사회 산하에 신설되는 '무역협상위원회'는 전반적인 협상과정을 총괄하게 된다.

(4) DDA의 분야별 주요내용

(가) 농업분야

농업협상은 UR 당시의 합의에 따라 2000년 초부터 협상을 하기로 되어 있는 이른바 '기설정의제(built-in agenda)'이기 때문에 2000년 초부터 협상이 진행되어 왔으며 제4차 각료회의 이후 도하개발아젠다 협상의 일부로 진행되고 있다.

도하각료선언에서는 농업협상의 장기목표를 공정하고 시장지향적인 무역체제의 수립이라고 명시하고 ① 시장접근의 실질적 개선(substantial improvement), ② 수출보조의 단계적 폐지(phasing-out), ③ 국내보조의 실질적 감축(substantial reduction) 등 3대 협상목표를 설정하되, 협상결과는 예단하지 않기로 명시했다. 현재 협상을 진행중인데 그 동안 우리나라를 포함한 EU, 일본 등이 주장하는 농산물시장 개방시 식량안보, 환경, 농촌개발 등 농업의 비교역적 고려사항(NTC: non-trade concerns)이 협상과정에서 어느 정도 고려되겠지만 농업분야의 보호장벽을 실질적으로 감축하고, 국내보조의 감축 및 수출보조의 단계적인 철폐 등이 폭넓게 논의될 것으로 보인다.

협상일정을 보면 2003년 3월까지 세부 협상원칙(modalities)을 수립하고 양허안을 제출하도록 되어 있으며 제5차 각료회의에서의 중간검토를 거쳐 2005년 1월 1일 포괄적 의제로 타결(single undertaking)하도록 되어 있다.

(나) 서비스

서비스협상 역시 기설정의제로서 서비스분야의 시장개방 및 양허업종에 부과되는 각종 제한 및 국내규제를 완화하기 위한 후속협상을 하기로 되어 있었기 때문에 2000년 2월 후속협상이 개시되었다. 2001년 3월에 제1단계 작업을 완료하여 협상범위와 방식, 일정 등에 대한 협상가이드라인을 채택하였으며 도하 각료선언에서는 진행중인 서비스협상에 대한 만족을 표시하고, 2001년 3월 서비스이사회에서 채택된 협상가이드라인을 승인했다. 서비스 후속협상에서의 최대 관심사는 회원국 서비스시장의 개방 확대와 양허한 서비스 업종에 있어 외국의 서비스공급자에게 부과되는 각종 시장접근 및 내국인대우에 대한 제한을 가능한 한 감축하는 데 있다.

협상일정은 도하각료회의 합의사항에 따라 2002년 6월말까지 1차 양허 요청안(initial request)을, 2003년 3월말까지 1차 양허안(offer)을 각각 제출하도록 되어 있다.

㈐ 비농산물 시장접근

비농산물 시장접근 협상은 공산품, 임·수산물에 대한 관세 및 비관세장벽을 완화 또는 철폐하는 것을 골자로 하고 있다. 수산물, 임산물도 함께 다루게 되지만 협상의 중심은 공산품 시장접근, 그 중에서도 특히 관세인허가 될 것이다. 공산품 관세인하는 UR을 포함하여 지금까지 여덟 차례의 대규모 다자간 협상을 통해 많은 성과를 거둔 것이 사실이다. 그러나 선진국의 경우 아직도 섬유, 신발 등 특정 품목에 관세율이 매우 높은 소위 첨두관세(tariff peaks)를 두고 있으며, 개도국은 아직도 평균관세율이 20% 수준을 상회할 정도의 고관세(high tariff)를 두고 있다. 또한 가공도에 따른 차등관세율 구조(tariff escalation)도 문제가 되고 있어 이와 같은 사항들에 대한 협상이 이루어질 것이다.

협상에서는 ① 양허범위의 확대 ② 협상 기준관세 ③ 관세인하의 폭 등이 협상초기의 쟁점이 될 것으로 보인다.

㈑ 무역관련 지적재산권(TRIPs)

도하 각료회의에서는 그 동안 EC 등이 꾸준이 제기하여 이슈가 되었던 포도주(wine) 및 주정(spirits)에 대한 지리적표시(geographical indications) 보호를 목적으로 WTO 회원국 내에서 보호대상이 되는 포도주와 주정의 지리적표시의 통보와 등록을 관장할 다자간체제를 수립하기 위한 협상을 추진토록 하였다. 등록시스템 도입을 위한 협상은 제5차 각료회의(2003년 9월)까지 완료하기로 하였다. 우리나라의 경우 포도주와 주류와 관련, 외국에서 경쟁력 있는 지리적표시가 별로 없다는 점에서 일방적인 부담만 안게될 가능성도 있다.

한편, 도하각료회의에서는 각료선언과는 별도로 '지적재산권(TRIPs)과 공중보건에 관한 별도 선언문(Declaration on the TRIPs Agreement and Public Health)'을 채택하였다. 동 선언을 통해 개도국에 공중보건 특히 에이즈, 결핵, 말라리아 등과 같은 전염병이 심각한 문제가 되고 있음을 인정하고 회원국이 TRIPs협정을 융통성 있게 활용하도록 하였는데, 각 회원국이 강제실시를 허락할 권리를 가지며 그 발동요건을 비교적 자유롭게 설정할 수 있도록 TRIPs협정을 완화하는 방안을 검토하기로 하였다.

㈒ WTO 규범(Rules) 개선

규범과 관련하여 각료선언에서는 반덤핑, 보조금협정, 수산보조금, 지역협정(RTAs)의 명료화 및 개선을 위한 협상을 개시하기로 하였다. 반덤핑협정 개정과 관련하여 미국내 산업계 및 의회의 반대에도 불구하고 협상을 개시하기로 한 것은 반덤핑피소로 인해 큰 피해를 당하고 있는 우리나라로서는 성과가 아닐 수 없다.

반덤핑협정의 개정 협상은 공산품관세 인하 협상과 더불어 우리나라 무역업계가 가장 큰 관심을 갖고 있는 협상분야이다. WTO 출범 이후 2001년까지 7년간 우리나라는 138건의 반덤핑 조사개시를 당하여 중국(255건) 다음으로 반덤핑조사로 인한 피해를 당해왔다. 따라서 현행 반덤핑협정의 개정을 통해 제소남용을 억제하고 조사과정의 투명성을 높임과 동시에 조사당국의 재량을 축소하는 방향으로의 협정개정을 기대하고 있다.

보조금·상계조치 협정도 개정협상을 하기로 하였으며 이와 함께 수산보조금도 관련 규정을 명확히 하고 개선하기로 함으로써 제4차 각료회의를 통해 수산보조금이 처음으로 독자적인 관심의 대상으로 명시화된 점도 주목할 만하다. 수산보조금 중 규제대상보조금의 범위와 규모는 협상에서 결정되겠지만 수산자원을 늘리는 데 사용되는 환경 친화적인 보조금은 확대되겠지만 어획능력을 높이는 어선 건조자금 등과 무역왜곡을 야기할 수 있는 보조금은 규제가능성이 높아 축소가 불가피할 것으로 보인다.

지역협정 문제도 협상의제로 이루어져 지역협정을 체결하는 국가간 무역을 촉진하되 역외국에 대한 무역장벽을 높이지 않도록 하는 방향으로 협정개정이 검토될 것으로 보인다.

이 밖에 현행 WTO 분쟁해결양해(DSU)의 개정을 위한 협상을 개시하기로 하였는데, 본 건은 다른 의제와는 달리 2003년 5월까지 회원국간 입장이 균형된 개정안을 도출하여 마무리하기로 하였으며 일괄타결원칙의 예외로 합의가 이루어지면 조기에 발효하기로 하였다.

㈓ 환경분야

환경분야에 있어서는 현행 WTO규범과 다자간 환경협정(MEAs)상에서 규정한 무역관련 특정의무가 상충될 때의 관계 및 상호 협의 절차, 환경상품 및 환경서비스 시장의 개방 문제 등이 협상의제로 설정되었다. 이 밖에 환경라벨링(eco-label) 등 기타 환경관련 이슈들은 무역과 환경위원회(CTE)에서 논의하여 협상가능성 등을 5차 각료회의에 보고하여 여기서 결정하기로 하였다. 협상이 본격적으로 진행될 경우 환경보호를 위한 폭넓은 무역규제조치를 주장하는 EU와 이에 반대하는 개도국과의 견해차이가 주요 쟁점으로 부각될 것으로 보인다. 아울러 유전자변형농산물(GMO)에 대한 수출국(미국 등)과 수입국간의 이해관계 대립도 주요 환경 이슈 중의 하나가 될 것으로 보인다.

㈔ 싱가포르 이슈(투자, 경쟁, 무역원활화, 정부조달 투명성)

싱가포르 이슈는 지난 1996년 제1차 각료회의(싱가포르)에서의 결정으로 무역과의 관계에 대한 분석작업이 진행되어온 분야이다. 이번 도하각료회의에서는 이들 이슈에 대해 우선 다자규범에 포함시킬 요소에 대해 논의를 진행하고, 제5차 각료회의에서 협상방식을 결정한 후 협상을 진행하도록 하였다. 따라서 현재 정식 협상의제가 아닌 작업반 차원에서 논의가 진행되고 있다.

(아) 개도국 우대조항

이번 도하개발아젠다 협상은 그 명칭에서 보듯 개도국의 발언권 강화에 따라 협상의제 및 분야별 협상목표에 개도국의 입장을 폭넓게 반영하였다.

'무역과 외채 및 금융'간의 관계를 검토하여 진전상황을 제5차 각료회의에 보고하도록 한 점, '무역과 기술이전'간의 관계를 검토하고 개도국으로의 기술이전을 촉진할 수 있는 방안을 검토하여 제5차 각료회의에 보고토록 한 점, 최빈개도국(LDC) 상품에 대한

표 4-10 협상의제별 주요 내용

협상의제	주요내용	협상일정
농업	· 시장접근 개선, 수출보조와 국내보조 감축을 목표 · 비교역적 관심(NTC) 고려	· 2000. 1 : 협상시작 · 2003. 3 : 협상방식 수립 · 5차 각료회의 전 : 양허안 제출
서비스	· 기 합의된 협상가이드라인(2001. 3)에 따라 협상	· 2000. 1 : 협상시작 · 2002. 6 : 개방요구안 제출 · 2003. 3 : 양허안 제출
비농산물	· 관세, 비관세 장벽 삭감 · 포괄적 분야를 대상	
지적재산권	· 포도주, 증류주의 지리적표시에 관한 등록시스템	· 5차 각료회의 전 : 종료
규범	· 반덤핑, 보조금, 지역무역협정의 개선 및 명확화 · 수산보조금협상 별도 명기	
분쟁해결	· 분쟁처리절차의 개선과 명확화	· 2003. 5 : 종료 후 조기발효
환경	· 다자환경규범(MEAs)과의 관계에 관한 협상 개시 · 기타 의제는 연구 지속	· 2002. 1 : 일부의제 협상개시 · 5차 각료회의 후 : 추가 협상 여부를 검토
싱가포르 의제	· 투자, 경쟁정책, 무역원활화, 정부조달투명성	· 5차 각료회의 전 : 연구작업 · 5차 각료회의 후 : 협상개시
기타 이슈	· 전자상거래, 무역과 부채, 금융, 기술이전	· 5차 각료회의시 연구 보고

무관세, 무쿼터라는 목표를 지향할 것을 약속한 점, WTO 규범이행을 위한 대개도국 기술지원 및 능력개발을 지원토록 한 점 모두 개도국의 발언권 강화에 따른 조치라고 볼 수 있다.

이러한 점들을 고려할 때 개도국특례(S&D Treatment)가 이번 DDA협상의 최대 쟁점 중의 하나라는 점도 우리나라의 협상 포지션을 잡는 데 참고하여야 할 것으로 보인다.

제2절 국제간 관세양허 및 관세특혜제도

Ⅰ. 국제협력관세

1. 의 의

국제협력관세란 주로 무역장벽의 제거 내지 완화나 관세제도의 국제적 조화와 개선을 도모함으로써 국제무역을 증대시킬 목적으로 각국 정부나 국제기구에 의해 수행되어지는 국제간협력을 말하는데 이는 관세인하협상과 비관세조치 완화협상을 통해 이루어지고 있다.

관세협력에 관한 국제기구로는 WTO, UNCTAD, WCO 등의 범세계적 다자주의 기구가 있고, 지역주의는 과거에 인접한 국가끼리 뭉쳤던 초창기 특성에서 벗어나 지역적 원근이 문제가 아니라 지역그룹 자체의 성장잠재력이 통합의 중요한 전제조건이 되어, EU, NAFTA, AFTA 등이 활발한 활동을 하고 있다.

무역장벽 등의 완화를 위한 관세협력은 관세인하협상과 비관세조치완화협상을 통하여 이루어지는데 이러한 협상은 WTO, UNCTAD에서의 다자간 협상 및 EU, NAFTA 등 지역경제블록에 의한 협상을 통해 이루어졌다. 또한 관세제도의 국제적 조화와 개선을 위한 관세협력은 WCO의 주도하에 추진되어 왔는데 주로 수출입상품의 국제적 이동과 관련하여 국제상거래 장벽을 완화하거나 통관절차의 간소화 등을 통하여 무역증대에 기여하여 왔다.

2. 국제협력관세의 유형

국제협력관세의 방식별로는 2국간 협력과 다자간협력으로 나누어 볼 수 있는데, 두

나라간 협력방식은 우리나라와 미국간의 우호통상 및 항해협정 등과 같이 두 나라 사이에 이루어지는 협력관세를 말하며, 다자간 협력관세는 WTO, UNCTAD 등을 그 예로 들 수 있고 주로 국제기구를 통하여 이루어지게 된다. 또한 그 내용별로는 다음과 같이 분류할 수 있다.

(1) 관세양허협력

국가간의 관세·무역에 관한 협상에서 협상당사국이 특정품목의 관세를 일정수준 이상으로 부과하지 않겠다고 약속하는 것을 말한다. 관세양허에는 3가지의 개념이 포함되어 있다.

① 현행관세율을 인하하는 관세인하(reduction)

② 관세를 더 이상 올리지 않겠다고 약속하는 거치(binding)

③ 현행세율을 인상하더라도 일정수준 이상으로 올리지 않겠다는 인상한계점 설정(ceiling binding) 등이 있다.

관세양허의 결과는 해당 국가의 관세양허표(Tariff Schedule) 형태로 협정문에 부속시키며, 일단 관세양허된 품목의 세율은 협상 상대국과 협상하지 않고는 변경할 수 없다.

현재 우리나라의 양허관세는 특정국가와의 관세협상에 의한 양허관세와 국제기구와의 관세협상에 의한 양허관세로 구분되어 있다.

㈎ 특정국가와의 관세협상

정부는 우리나라의 대외무역의 증진을 위하여 필요하다고 인정할 때에는 특정국가와 관세에 관한 협상을 할 수 있다. 이 협상에서 필요하다고 인정할 때에는 관세를 양허할 수 있다(관세법 제73조의 ①, ②항). 특정국가와 관세에 관한 협상을 함에 있어 그 적용을 받을 물품·세율과 적용기간 등은 대통령령으로 정하도록 되어 있는데 그 구체적인 시행을 위하여 「특정국가와의 관세양허협력에 따른 국제협력관세의 적용에 관한 규정」을 두고 있다. 이 규정에서는 적용대상국가에 대한 제한 규정이 없다.

㈏ 국제기구와의 관세협상

정부는 대외무역의 증진을 위하여 필요하다고 인정할 때에는 국제기구와 관세에 관한 협상을 할 수 있다. 이 협상에서 필요하다고 인정할 때에는 관세를 양허할 수 있다.

국제기구와의 관세협상을 함에 있어 그 적용을 받을 물품·세율과 적용기간 등은 대통령령으로 정하도록 되어 있는데 그 구체적인 시행을 위하여 「세계무역기구협정 등에 의한 양허관세 규정」을 두고 있다. 이 규정에서는 협정 체약당사국의 물품에 대하여 적용하도록 규정하고 있으므로 협정에 의한 양허관세는 해당 협정의 체약당사국과 최혜국약관이 있는 쌍무협정당국의 물품에 대해서만 적용한다.

1) WTO 협정에 의한 일반 양허관세

WTO의 모체였던 GATT회원국은 그간 개별국가간 또는 다자국의 관세협상을 하여 많은 품목의 관세율이 인하되었다. 특히, 우루과이라운드협상결과 세계무역기구협정이라는 항구적인 다자간 무역체제를 출범시키고 관세양허에 있어 상당한 성과를 거두었다. 따라서, 기존의 GATT의 관세양허와 우루과이라운드 양허관세가 1994년 GATT의 한 구성부분인 「1994년도 GATT에 대한 마라케시의정서」의 양허표로서 1995년 1월 1일부터 발효하였다. 우리나라는 WTO협정 양허세율을 WTO정회원국 110개국, 편익관세 적용대상국 36개국, 그리고 쌍무협정에 규정된 최혜국조항 적용국 5개국 등 거의 모든 국가에 대해 적용하고 있다.

2) ESCAP개발도상국간 양허관세

UN산하기구인 ESCAP(아시아, 태평양 경제사회위원회)의 개발도상국간의 무역협정(방콕협정)에 의거하여 인도, 방글라데시, 스리랑카 및 라오스에게 관세를 양허하는 것으로서 개발도상회원국간의 무역확대를 위하여 상호관세를 양허하였다.

여기에는 관련 4개국에 대해 모두 적용되는 일반양허 품목 57개(HS 4단위)와 방글라데시에 대한 8개의 양허품목, 라오스에 대한 5개 품목의 개별양허가 있다.

3) WTO개발도상국간의 양허관세

이 양허관세는 세계무역기구협정 개발도상국간의 무역협상에 관한 의정서의 양허관세로서 GATT체약국 여부에 관계없이 모든 개발도상국가에서 상호이익의 원칙에 입각한 협상을 통하여 관세를 양허하였다. 이것은 당초 GATT체제하에서 개발도상국간 협상(Protocol relating to Trade Negotiations among Developing Countries)에 의해 우리나라가 6개 품목에 대하여 브라질 · 이집트 · 인도 · 이스라엘 · 페루 등 14개국에 대하여 관세를 양허하는 것을 말한다. GATT가 소멸되고 WTO가 대신 성립함으로써, WTO개발도상국간의 관세양허로 존속하게 되었다.

4) GSTP(개발도상국 특혜무역제도)에 의한 양허관세

이 양허관세는 유엔무역개발회의 개발도상국간 특혜무역제도에 관한 협정의 양허관세로서 개발도상국간 특혜무역제도가 77그룹의 개발도상국간 무역의 증진 및 이들 국가들의 생산과 고용의 증대를 위해 이 협정을 체결하였다. 이것은 GSTP (Agreement on the Global System of Trade Preferences among Developing Countries)에 의하여 페루 · 이라크 · 인도 · 이집트 · 태국 · 브라질 · 수단 등 39개국 22개 품목에 대해 품목에 따라 4.5%에서 10%까지 관세를 양허하는 것이다. 최빈국인 방글라데시, 탄자니아, 기니

아에 대해서는 4개 품목에 대해 특별히 낮은 관세율로 양허하였다.

(2) 관세면세협력

관세면세협력은 국제간의 우호증진, 자본협력, 기술협력, 사회복지증진, 문화협력 등의 목적으로 특정물품에 대하여 관세를 면제할 것을 약정하는 조약이나 협정을 체결하는 경우를 말한다.

이 협정의 구체적인 예로는 한미기술원조협정, AID차관협정, 한미주둔군지위협정(SOFA) 등이 있다.

관세법상 국제협력차원에서 관세를 면세하는 규정의 구체적인 예로는 외교관용물품 등의 면세, 재수출면세, 학술연구용품의 감면세, 특정물품의 면세, 정부용품 등의 면세 등으로 찾아볼 수 있다.

관세면세에 관한 국제조약의 구체적인 예로는 다음과 같은 것들이 있다.

① 대한민국정부와 미합중국정부간의 상호방위원조협정
② 국제민간항공협약
③ 대한민국과 미합중국간의 상호방위조약 제4조에 의한 시설과 구역 및 대한민국에서의 합중국군대의 지위에 관한 협정
④ 전문기구의 특권과 면제에 관한 협약
⑤ 외교관계에 관한 비엔나 협약
⑥ 전시회, 전람회, 회의 기타 유사한 행사에서의 전시 또는 사용을 위한 물품의 수입상 편의에 관한 관세협약
⑦ 포장용기의 일시적 수입에 관한 관세협약
⑧ 선원의 후생용품에 관한 관세협약
⑨ 영사관계에 관한 비엔나 협약
⑩ 직업용구의 일시 수입에 관한 관세협약
⑪ 상품견본 및 광고용 물품의 수입편의를 위한 국제협약
⑫ 과학장비의 일시수입에 관한 관세협약
⑬ 교육용구의 일시수입에 관한 관세협약
⑭ 1972년 컨테이너에 관한 관세협약

(3) 관세행정편의와 국제화를 위한 협력

관세제도와 관세행정의 국제적 통일 및 조화를 도모하고 관세행정의 발전을 위하여 조사·연구하고 권고하는 국제협력기구로 WCO가 있다.

WCO의 기본조약 아래 품목분류협약, 신관세평가협약, 세관절차의 간소화와 조화에

관한 협약(교토협약: 국제관세법) 및 협약부속서 등 30여개가 있다.

참 조 **조약의 유형**

조약에 해당하는 문서의 명칭으로 주로 조약(Treaty) · 헌장(Charter) · 협정(Agreement) · 협약(Convention) · 의정서(Protocol) · 약정(Arrangement) · 각서교환(Exchange of Notes) · 합의의사록(Agreed Minutes) · 잠정협정(Provisional Agreement) · 양해각서(Memorandum of Understanding) · 의정서(Act) · 최종의정서(Final Act) · 일반의정서(General Act) 등의 각종 용어가 사용되고 있는 바, 그 중 주요한 용어에 대한 관행상 특성을 열거하면 다음과 같다.

① 조약(條約, Treaty)

조약은 가장 격식을 따지는 정식의 문서로서 주로 당사국간의 정치적 · 외교적 기본 관계나 지위에 관한 포괄적인 합의를 기록하는 데 사용된다.

이 형태의 조약으로 평화 · 동맹 · 중립 · 우호 · 통상 · 항해 · 방위 · 영토조약 등이 있다.

② 협정(協定, Agreement)

협정이라는 명칭은 주로 정치적인 요소가 포함되지 않은 전문적 · 구체적인 주제를 다룸으로써 조정하기가 그다지 어렵지 아니한 특정문제를 상호 호혜적으로 취급하는 조약에 많이 사용되고 있다.

협정의 내용은 범위가 제한되어 있으며 단일 대상에 국한되는 경우가 많다.

③ 약정(約定, Arrangment)

약정이라는 명칭은 주로 '협정'에 비하여 상대적으로 중요성이 적고 실무적인 사항을 규정하거나 그 시행이 일회적이거나 그 유효기간이 짧은 문서에 주로 사용된다. 또한 모협정에 규정된 사업을 구체적으로 실시하기 위한 조건에 관한 합의문서에 사용되기도 한다.

④ 양해각서(諒解覺書, Memorandum of Understanding)

양해각서는 이미 합의된 내용 또는 조약 본문에 사용된 용어의 개념들을 명확히 하기 위하여 당사자간 외교교섭의 결과 상호 양해된 사항을 확인 · 기록하는 데 주로 사용된다.

㈎ 통일상품명 및 부호체계에 관한 협약

HS협약이라고도 하며 1988년 1월 1일부터 발효되어 현재에 이르고 있다. 종래의 순수한 관세목적을 위한 품목표인 CCCN은 미국, 캐나다 등의 주요 교역국가가 이를 채택하고 있지 않아서 CCCN채택국과 이들 나라 사이에 무역교섭의 공통기반이 결여되어 있었고, 무역통계의 비교에 많은 노력이 소요되어 관세율표의 국제적 통일효과를 반감시키고 있었다. 또한, 운송, 보험, 창고 등을 위한 상품분류가 있기는 하지만 공통성이 없어서 국제무역의 원활화를 위해 무역관계의 통일상품분류제도의 수립이 필요하게 되었다. 이에 관세협력이사회의 주관하에 CCCN과 국제표준무역분류 기준인 SITC를 모체로 해 관세, 무역통계, 운송, 보험 등 모든 분야에 공통적으로 사용할 수 있도록 다목적 상품분류제도인 HS를 제정하게 되었다. 우리나라의 관세법 별표인 관세율표의 품목분류는 이 협약의 부속서에서 분류하고 있는 품목분류에 의하고 있다.

㈏ 일시면세수입에 관한 협약 등

WCO는 관세행정의 국제적인 조화와 통일을 달성하기 위하여 통관수속에 관한 협약, 일시면세수입협약 등 몇 가지의 협약을 제정하였는데 이들을 간단히 살펴보면 다음과 같다.

1) 포장용기의 일시 수입에 관한 관세협약

이는 화물포장용기(컨테이너 제외)를 일정기간 내 재수출조건으로 면세수입을 인정하자는 것으로 1962년부터 발효하였다.

2) 직업용구의 일시수입에 관한 관세협약

이는 보도용구, 방송용구, 영화촬영용구 등 직업용구를 재수출조건으로 일시면세수입을 인정하자는 것으로 1962년 발효되었다.

3) 전시회, 박람회, 회의 등에서의 전시 또는 사용될 물품의 수입상 편의에 관한 관세협약

전시회 등에 사용될 물품을 6개월 내 재수출조건으로 관세를 면제하고 수입에 편의를 제공하자는 것으로 1962년 발효되었다.

4) 물품의 일시수입을 위한 ATA Carnet에 관한 관세협약

이는 일시 수입되는 상품견본, 직업용구, 전시회 등의 용품, 포장용품 등의 면세수입과 세관통관절차를 간소화하려는 것으로 1963년 발효되었다.

5) 선원의 후생용물품에 관한 관세협약

이는 국제항해하는 선원의 문화용, 교육용, 종교용, 스포츠용품의 이용과 이전을 용이하게 하기 위하여 일시수입되는 물품의 면세수입을 허용하고 통관을 간소화하자는 것으로 1969년에 발효되었다.

6) 과학장비의 일시수입에 관한 관세협약

이는 과학연구 또는 교육용 기기 등이 국가의 승인하에 특정단체에 의거 비영리목적으로 일시 수입하였을 때 재수출부조건으로 면세수입을 허용하고 통관을 간소화하자는 것으로 1969년에 발효되었다.

7) 교육용 기자재의 일시 수입에 관한 관세협약

이는 교육훈련용 자재의 일시 면세수입을 허용하는 것으로 1971년 발효되었다.

8) 화물의 국제통과에 의한 관세협약

이는 컨테이너, 도로차량, 철도차량 등에 의하여 국제운송되는 화물의 통과국의 세관 수속을 간소화하려는 것으로 1971년에 체결되었다.

9) 세관절차의 조화 및 간소화에 관한 국제협약

이는 관세제도 전반에 걸쳐 각국이 지켜야 할 기준을 정한 것으로 그 부속서로 세관 창고, 환급제도 등 30~40개의 개별규정이 있다. 교토협약이라고도 한다.

10) 상품견본을 위한 까르네에 관한 관세협약

이는 까르네(수첩)를 이용하여 상품견본의 일시 수출입에 관한 수속을 간소화하는 것을 목적으로 한 것으로 1957년에 발효되었으나 ATA Carnet에 흡수되었다.

(다) 1994년도 GATT 제7조의 이행에 관한 협정(WTO 신관세평가협약)

이 협정은 우리나라가 WTO협정에 가입함에 따라 1995년 1월 1일부로 발효된 것으로 세계무역기구협정의 부속서 1. 가에 속하는 협정이다. 이 협정은 1994년도 GATT 제7조(과세가격 평가)의 중요성을 인식하고, 이를 시행함에 있어 보다 통일성과 확실성을 기하기 위하여 그 적용을 위한 규정을 제정하는 데 그 목적이 있다. 1994년 GATT 제7조에서 관세상의 평가에 관하여 규정하고 있으나 그 규정이 일반적이고, 추상적이기 때문에 실제의 해석과 적용에 어려움이 있어 이를 해결하기 위하여 1994년도 GATT 제7조를 근거로 하여 제정한 협정이다. 우리나라 관세법에서도 WTO신관세평가협약을 반영하여 과세가격을 결정하는 원칙으로 운용하고 있다.

(라) 원산지규정에 관한 협정(WTO통일원산지 규정)

이 협정은 1995년 1월 1일부로 우리나라에 발효된 것으로 세계무역기구협정의 부속서 1. 가에 규정하고 있다. 원산지 규정에는 특혜원산지규정과 비특혜원산지규정이 있는 바 원산지규정에 대한 명확한 국제규정이 확립되지 않아 각국이 원산지규정을 자의적으로 운용하여 무역제한 수단으로 활용하는 경향을 띠게 되어 UR협상에서 원산지규정의 통일문제가 논의되어 본 협정이 채택되었다. WTO 통일원산지 규정은 원산지규정이 무역에 대해 불필요한 장애를 초래하지 않도록 보장하며, 원산지규정에 관한 법률·규정 및 관행상의 투명성을 제공하고, 원산지규정이 공정하고 예측가능하며 일관되고 중립적인 방식으로 마련되고 적용될 수 있도록 보장하여 국제무역의 흐름을 원활하게 하는 데 그 목적이 있다. 우리나라 관세법에서도 WTO원산지규정에 관한 협정과 부합되는 특혜원산지규정을 두고 있다.

(마) 무역관련 지적 재산권에 관한 협정

이 협정은 1995년 1월 1일부로 우리나라에 발효된 것으로 세계무역기구부속서 1. 다에 속하는 협정이다. 특허권, 상표권, 저작권 등의 지적재산권에 대하여 그 보호를 위한 실효성이 있는 국제적인 법규가 없어 지적재산권의 효과적이고 적절한 보호를 위해 지적재산권 침해물품에 대한 국내 및 국경에서의 단속절차 등을 내용으로 하는 협정을 새로이 제정하였다. 우리나라 관세법에서도 지적재산권협정에서 규정하고 있는 국경조치로서 지적재산권 침해물품에 대하여는 수출입을 금지하고 통관을 보류하는 등의 규정을 두고 있다. 부속서 1. 가에 규정하고 있다.

3. 관세법상 국제협력관세

(1) 국제협력관세

(가) 국제협력관세의 협상

정부는 대외무역증진을 위하여 필요하다고 인정할 때에는 특정국가 또는 국제기구와 관세에 관한 협상을 할 수 있다.

이는 국제 경제정세 및 무역환경에 부응하는 국제적 관세협상을 적극적으로 수행할 수 있는 권한을 행정부에 위임하여 관세협상과 관세에 관한 협정을 체결할 수 있도록 한 것이다.

그러나 관세협상의 내용이 국민의 권리의무에 직접 관련이 되는 WTO설립협정 같은 것은 조약의 형식을 취하여 국회의 비준을 받고 있다.

(나) 관세의 양허

특정국가 또는 국제기구와 관세협상을 수행함에 있어서 필요하다고 인정할 때에는 관세를 양허할 수 있는데, 다만 특정국가와의 관세협상을 수행함에 있어서는 기본관세율의 100분의 50의 범위를 초과하여 관세를 양허할 수 없다.

국제협력관세의 적용을 받을 물품, 세율과 적용기간 등은 대통령령으로 정하도록 되어 있다. 이의 구체적인 예로는 특정국가와의 관세협상에 따른 국제협력관세의 적용에 관한 규정이 있다.

이와 같이 행정부가 관세율을 변경하는 것은 조세법률주의에 위배되나 국제적 협상의 일정범위에서의 관세양허는 오늘날 급변하는 국제무역환경 여건에서는 국익을 위하여 불가피하므로 법률이 행정부에 탄력적인 운영권을 부여한 것이다.

(다) 양허의 철회 및 수정

1) 양허의 철회 및 수정의 요건

정부는 외국에 있어서 가격하락 기타 예상하지 못하였던 사정의 변화 또는 조약상의 의무이행으로 인하여 특정물품의 수입이 증가됨으로써 이와 동종의 물품 또는 직접 경쟁관계에 있는 물품을 생산하는 국내생산자에게 중대한 피해를 가져오거나 가져올 우려가 있다고 인정할 때에는 양허의 철회 및 수정과 그에 따른 보상조치를 정부가 할 수 있도록 하고 있다.

이는 특정물품의 수입가격의 저락 등으로 수입이 급증하여 그것이 국내산업에 중대한 피해를 가져올 때에 국내산업보호를 위해 대응조치를 할 수 있다는 것이다.

2) 양허의 철회 및 수정

조약에 의하여 관세의 양허를 하고 있는 경우에는 그 조약에 의하여 특정물품에 대한 양허를 철회 또는 수정하여 이 법에 의한 세율 또는 수정 후에 세율에 의하여 관세를 부과하는 조치를 할 수 있다.

여기서 조약이란 국회의 비준을 받은 조약(Treaty)은 물론이고 관세법 제73조 ①, ② 항의 규정에 의하여 정부가 체결한 협정(Agreement)이나 협약(Pact, Accord) 같은 것도 포함된다고 보아야 한다.

양허의 철회란 세율인하를 앞으로 적용하지 않게 하는 조치로서 철회에 의하여 관세법에 의한 세율로 돌아가는 것이며, 양허의 수정이란 세율의 인하율을 변경하는 것으로서 본조에서 말하는 수정이란 인하율을 축소하는 것을 뜻한다.

3) 보상조치

특정물품에 대하여 관세의 철회 또는 수정조치를 하고자 하거나 그 조치를 한 경우에는 해당 조약에 의한 협의에 따라 그 물품 이외에 이미 양허한 물품의 관세율을 수정하거나 양허품목을 추가하여 새로 관세의 양허를 하고 수정 또는 양허한 후의 세율을 적용하는 조치를 할 수 있다.

이는 국내산업보호를 위하여 특정물품에 대하여 양허를 철회 또는 수정하는 대신에 그 상대방국가와 협의하여 다른 품목에 대하여 새로운 양허를 하거나 이미 양허한 다른 품목의 양허세율을 더욱 확대시키는 조치를 하는 것을 말한다. 이와 같은 보상조치는 양허의 철회 또는 수정에 대한 보상으로서 필요한 범위 안에 한한다.

따라서 그 범위를 넘어서 새로운 양허가 되는 결과를 가져와서는 안 된다. 그리고 양허의 철회 및 수정과 그에 대한 보상조치 등에 관한 조치의 시기·내용, 기타 필요한 사항은 대통령령으로 정한다.

4) 대항조치

정부는 외국정부가 우리나라의 특정수출물품에 대하여 양허관세를 적용하고 있던 것을 철회·수정 기타의 조치를 하였거나 또는 조치를 하려고 하는 경우에 정부는 해당 조약에 의하여 대항조치를 할 수 있다고 인정할 때에는 특정물품에 대하여 관세율을 인상하여 징수하거나 관세양허를 적용정지하는 등의 조치를 할 수 있다.

이와 같은 대항조치는 관세법 제3관의 보복관세와 유사한 것이나 보복관세는 우리나라의 수출물품 등에 대하여 불리한 취급을 하는 나라로부터 수입되는 물품에 대하여는 피해상당액의 범위 안에서 관세를 부과하는 제도이다.

> ◈ 대항조치&보복관세
>
> 대항조치는 보복관세제도와 유사한 것이나 보복관세는 우리나라의 수출품이나 선박, 항공기에 대하여 불리한 취급을 하는 나라의 상품에 대하여 관세를 올려서 부과하는 제도인데 반하여 본조의 대항조치는 우리나라 상품에 대하여 양허를 부여하던 나라가 그 양허를 철회하는 등의 조치를 한 경우에 대항하는 조치를 취한다는 점에서 다소 다르다.

㈑ 양허 및 철회의 효력

1) 양허철회의 효력

조약에 의하여 우리나라가 양허한 품목에 대하여 그 양허를 철회한 때에는 해당 조약에 의하여 철회의 효력이 발생한 날로부터 관세법에 의한 세율을 적용한다(법 제43조의 11 ①항).

2) 보상에 따른 양허의 효력

양허의 철회에 대한 보상으로 우리나라가 새로 양허한 품목에 관하여는 그 양허의 효력이 발생한 날로부터 관세법에 의한 세율을 적용하지 아니한다(법 제43조의 11 ②항).

표 4-11 양허의 철회 · 수정/보상조치/대항조치

사정변화(가격변화 등) 특정물품 수입증가하면	➡	양허의 철회 · 수정	양허 철회 ⇨ 관세법의 세율 적용
			세율 수정 ⇨ 수정 후 세율 적용
우리가 양허철회 · 수정하면	➡	보상 조치	기존양허물품의 관세율 수정 ⇨ 수정 후 세율 적용
			새로운 양허 ⇨ 양허 후 세율 적용(관세법 세율 ×)
외국이 양허철회 · 수정하면	➡	대항 조치	관세법의 관세 외 ⇨ 과세가격상당액 범위 내 관세 부과
			양허 적용정지 ⇨ 관세법 세율 적용

(2) 품목분류의 수정

통일상품명 및 부호체계에 관한 국제협약에 의한 관세협력이사회의 권고 또는 결정이 있거나 새로운 상품의 개발 등으로 별표 관세율표 또는 관세양허품목으로 정한 품목분류를 변경할 필요가 있을 때에는 그 세율을 변경함이 없이 대통령으로 정하는 바에 의하여 품목분류를 하거나 다시 분류할 수 있다(법 제43조의 12).

관세율표는 관세법의 별표로서 조세법률주의에 의해 국회에서 법률로서 정한 사항이다. 따라서 원칙적으로 행정부가 임의적으로 관세율표를 수정하는 것은 불가능하다.

그런데, 우리나라의 관세율표상의 품목분류는 WCO의 통일상품명 및 부호체계에 관한 국제협약에 의하여 HS방식으로 되어 있다. 이러한 HS는 WCO의 품목분류위원회에서 계속 연구하여 수시로 그 내용을 수정하거나 새로운 개발상품에 대한 분류번호가 추가되기도 한다.

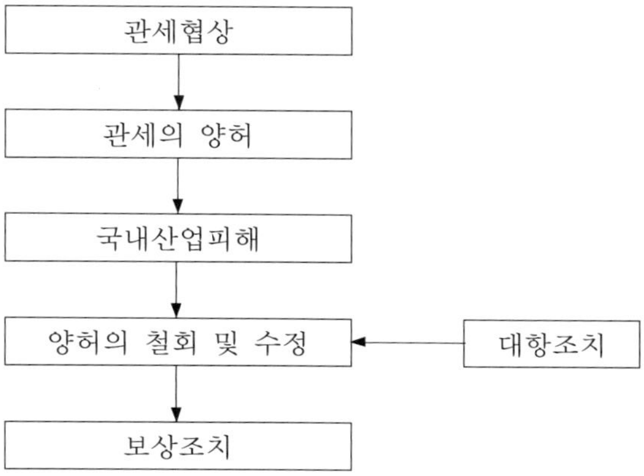

이러한 품목분류의 변경을 매번 관세법 개정형식으로 국회의 의결을 거치는 것은 매우 번거롭고 많은 시간이 소요되므로 대통령령에 의해 행정부에서 품목분류를 변경할 수 있도록 하고 있는 것이다.

다만, 이 경우에도 세율은 변경할 수 없도록 하고 있는데, 이는 조세법률주의에 위배되기 때문이다.

◈ **관세 · 통계통합분류표**

기획재정부장관은 통일상품명 및 부호체계에 관한 국제협약의 규정에 의하여 수출입품목의 신속한 통관 및 통계파악 등을 위하여 협약 및 관세율표를 기초하여 품목을 세분한 관세 · 통계통합분류표를 고시할 수 있다(영 제53조의 5 ①항).

이러한 관세 · 통계통합분류표(Harmonized System of Korea: HSK)는 HS협약 가입국들이 자국의 사정에 맞추어 HS 6단위 분류코드를 기초로 품목을 세분류할 수 있도록 하고 있음에 따라 우리나라 10단위 분류코드에 의해 상품분류를 하고 있는 관세율적용 및 무역통계 작성의 기초가 되는 통합품목분류표를 말한다.

(3) 통관절차의 특례

㈎ 의 의

국제무역 및 교류를 증진하고 국가간의 협력을 증진하기 위하여 우리나라에 대하여 통관절차의 편익을 제공하는 국가에서 수입되는 물품에 대하여는 상호조건에 따라 간이한 통관절차를 적용할 수 있다(법 제43조의 12).

정상적인 수입통관절차를 거치는 경우에는 수입신고를 하고 세관검사 후에 수입신고수리를 받아야 하며, 이 과정에서 수입신고서, 수입허가서, B/L 등의 서류를 제출해야 하고 수입신고수리일로부터 15일 이내에 관세를 납부해야 한다.

그러나 예외적으로 우리나라에 대하여 통관절차의 편익을 제공하는 국가에서 수입되는 물품에 대해서는 상호조건에 따라 간이한 통관절차를 적용할 수 있도록 하고 있다.

이 밖에도 외교관면세대상물품 및 관세법 제137조에 규정된 간이통관절차대상물품(휴대품, 우편물, 재수출면세대상물품 등)에 대해서는 간이한 통관절차를 적용할 수 있다.

㈏ 통관절차의 특혜 대상국가

통관절차의 특례를 받을 수 있는 국가는 다음과 같다.

① 우리나라와 통관절차의 편의에 관한 협정체결국

② 우리나라와 무역협정 등을 체결한 국가

통관절차의 편의에 관한 협정으로는 물품의 일시수입을 위한 ATA Carnet 협약, 직업용구 일시 수입에 관한 협약, 세관절차의 간소화 및 조화에 관한 국제협약, 상품견본 및 광고용 물품의 수입편의를 위한 국제협약 등이 있다.

참 조 ATA Carnet(일시수입통관증서)

① ATA는 일시수입이라는 뜻의 불어 "Admission Temporarie"와 "Temporary Admission"의 머리글자를 딴 것이고 Carnet는 불어로 증서를 말한다.

즉, ATA Carnet란, 빈번하게 각국의 국경을 넘나드는 일시수입·재수출되는 물품들에 대한 통관절차를 간소화하기 위하여 수출입신고서와 면세신청서 서식을 국제적으로 통일하고 재수출조건부면세에 따르는 담보제공을 국제적인 보증조직을 이용하여 면제하는 통관증서를 말한다.

ATA Carnet는 1961년 12월 6일 WCO에서 「물품의 일시수입을 위한 일시수입통관증서에 관한 관세협약(ATA협약)」을 채택함에 따라 탄생하였다.

② ATA Carnet의 이용

각국에서 발급 및 보증된 ATA Carnet는 일시수입통관서류 및 관세 등의 담보로서 받아들여지고, 만일 물품이 각국에서 정하는 일정기간에 재수출되지 않을 경우에는 일시수입국의 세관당국은 자국에 있는 보증단체(상공회의소)에 관세 등의 납부를 청구하고 보증단체는 국제상업회의소(ICC)산하 국제상의 사무국(IBBC)을 통하여 ATA Carnet 소지인의 거주국에 있는 보증단체에게 납부한 금액의 지불을 청구한다.

③ ATA Carnet 이용가능국가

ATA Carnet 협약에 가입한 국가에 한하며, 동 국가에서도 일시수출입협약에 가입한 물품에 한하여 이용 가능하다.

다만, 일시수입국의 국내법령에 의하여 재수출면세가 허용되는 물품에 대하여는 협약에 가입한 물품이 아니라도 세관에서 허용하면 ATA Carnet를 이용할 수 있다.

④ 재수출면세기간

재수출면세 승인시 재수출면세기간은 구체적인 수입사유에 따라 수입국의 세관장이 정하는데, 우리나라의 경우 재수출면세기간은 수입신고수리일로부터 1년의 범위 내에서 세관장이 정하도록 하고 있고, 부득이한 경우 1년의 범위 내에서 연장할 수 있도록 되어 있다.

다만, ATA Carnet의 유효기간은 발급일로부터 1년이고 연장할 수 없으므로 ATA Carnet의 재수출면세기간은 1년을 초과할 수 없다.

(4) 원산지규정

㈎ 원산지규정의 의의

원산지규정이란 국제무역에 있어서 거래되는 상품이 어느 나라에서 생산되고 제조되었는지를 판단하는 기준으로서 원산지를 판정하기 위한 제반법률 및 행정절차 등을 총칭하는 것을 말한다.

우리나라 원산지제도의 법령체계는 관세법에 의한 "특혜원산지규정"과 대외무역법에 의한 "비특혜원산지규정"의 이원적체계로 구분되며, 그 내용에 따라 원산지결정기준, 원산지증명제도, 원산지표시제도로 구분된다.

특혜원산지규정(Perferential Rules of Origin)에 관한 법령에는 관세법(제232조), 관세법시행령(제236조), 관세법시행규칙(제31조 등)이 있으며, 비특혜원산지규정(Non-Perferential Rules of Origin)에 관한 법령에는 대외무역법(제23조), 대외무역법시행령(제52조 등), 대외무역관리규정(제6장 등), 농수산물 가공산업 육성 및 품질에 관한 법(제17조) 등이 있다.

㈏ 원산지제도의 필요성

생산활동의 세계화(Globalization) 현상으로 생산활동이 2개국 이상에 걸쳐 전개되는 경우가 빈번해지면서 원산지의 정확한 판정을 위한 방법 등에 관한 요구가 증가하고 있다.

1) 소비자 보호의 필요성

해외 유명브랜드의 3국 생산이 증가되고, 국내산과의 혼합이 용이하고 원산지 식별이 곤란한 농산물의 수입규모가 확대되어 소비자보호의 필요성이 증대되었다.

2) 무역조치의 실효성 확보

① **특혜무역관련제도**(특혜원산지규정): 관세특혜를 부여하는 경우 적용하는 제도로 지역경제공동체인 EU, 자유무역지대의 운영을 위한 NAFTA 등과 특정 국가나 개도국간의 특혜무역협정 및 일반특혜관세제도(GSP)를 운영하는 경우에 적용하고 있다.

② **비특혜무역관련제도**(비특혜원산지규정): 특정국가에 대한 수입제한, 반덤핑관세・상계관세 부과, 수출입 물품에 대한 원산지표시, 무역통계 작성 등 무역 정책상 원산지를 구별할 필요가 있는 경우에 적용되는 원산지규정을 말한다.

(다) 원산지제도의 체계

우리나라에서 원산지제도는 관세법과 대외무역법에 기술되어 있는데, 관세법에서는 특혜원산지규정을 대외무역법에서는 비특혜원산지규정을 서술하고 있다.

또한 원산지제도는 원산지를 어디에 어떻게 표시해야 하는가 등의 원산지표시방법을 규정한 원산지표시부문과 그 제품의 원산지를 어디로 볼 것인가 하는 원산지판정부문으로 구성된다.

원산지 표시	원산지 판정
・원산지표시 대상품목 지정	・원산지판정기준
・원산지표시 방법 및 면제	・원산지사전판정기준
・원산지표시 확인	・원산지확인

◈ 원산지표시와 원산지증명서

수입물품에 대한 원산지 문제는 「원산지의 표시」와 「원산지증명서 제출」로 구분된다. 「원산지표시」와 「원산지증명서 제출」은 모두 원산지를 확인하기 위한 것이지만 그 목적은 각각 다르다.

즉, 「원산지표시」는 수입된 물품에 대하여 원산지를 표시하도록 함으로써 소비자가 시장에서 수입물품을 구매하는 데 있어서 올바른 구매판단을 하도록 하는 데 있으며, 「원산지증명서 제출」은 특혜적용 국가에서의 물품 수입확인 및 북한산 물품의 판정 등을 하는 데 목적이 있다.

Ⅱ. 일반특혜관세

1. 의　　의

일반특혜제도(Generalized System of Preference; GSP)란, 개도국의 수출증대 및 공업화의 촉진을 위하여 개도국으로부터 수입하는 농수산물, 공산품의 제품・반제품에 대하여 보상 없이 일방적으로 무관세를 적용하거나 저율의 관세를 부과하는 관세상의 특혜우대제도를 말한다.

특혜관세는 차별관세의 일종이다. 일반적으로는 차별관세라 함은 특정국가의 특정물품에 대하여 기본세율보다 높은 관세를 부과하는 것을 말하는 협의의 차별관세를 말하나, 기본세율보다 낮은 관세(또는 무세)를 부과하는 특혜관세도 광의의 차별관세에 속함으로 일종의 차별관세라 할 수 있다.

특혜관세는 특정국가에 한하여 적용되는 것임으로 통상항해조약에 있어서도 최혜국약관불채용의 유보규정이 있는 것이 일반적이다.

특혜관세는 무역의 Bloc화를 초래하여 무역자유화를 방해하게 됨으로 하바나(Havana)무역헌장에서 특혜관세의 폐지를 그 목적의 하나로 하고 있었고 1994년도 GATT(세계무역기구설립을 위한 마라케시협정의 부속서 1. 가 상품무역에 관한 다자간 협정에 속하는 협정으로서 1947년 10월 30일자 GATT 즉 당초의 GATT(이것을 1994년도 GATT와 구별하기 위하여 1947년도 GATT라 한다)를 그 구성 부분으로 하고 있다. 따라서 1994년도 GATT와 1947년도 GATT의 내용은 같다)에서도 무차별최혜국대우원칙을 채택하고 있다. 다만 기존특혜(지역특혜 또는 구특혜) 자유무역지역, 관세동맹 및 신특혜(일반특혜 또는 남북특혜)를 예외적으로 인정하고 있을 뿐이며 이 밖의 특혜관세 설정에 있어서는 1994년도 GATT의 의무면제조항(제25조 제5항)에 의한 1994년도 GATT의 승인을 받도록 되어 있다.

2. 형　　태

(1) 기존특혜관세(구특혜)

기존특혜관세란 세계 제2차대전 전부터 있던 특혜관세로서 종주국에서 식민지에 부여하는 경제 Bloc적 특혜이다. 이것은 1947년도 GATT 창립과 동시에 폐지하여야 할 것이었으나 한꺼번에 폐지하면 오히려 세계무역질서를 문란하게 할 우려가 있어 다음 조건을 붙여 이의 존속을 인정한 것이다. 첫째, 특혜관세의 신설은 인정하지 않는다. 둘째, 1947년도 GATT 성립시의 특혜세율과 최혜국세율과의 차(특혜 Margin)의 확대는 인정하지 않는다.

이 예외에 의하여 인정한 특혜로서는 ① 영연방특혜(영국을 중심으로 Canada, Australia, India, Ceylon 등 구영제국 제국간에 만들어진 것으로서 1932년 Ottawa 협정에 의하여 현재의 것으로 정비), ② France 연합특혜(1934년 발족, France, Algeria 불령적도 Africa, Tunisia, Laos, Cambodia, Viet-Nam 등이 포함되어 있었으나 Yaounde 협정에 흡수되는 등 현재는 France, Algeria, Tunisia의 관계뿐이다). ③ Benelux 관세동맹과 속령과의 특혜(1948년 발족, Benelux, Burundi, Congo, Luanda, New Guinea, Surinam, Indonesia 네덜란드령 안티유 등이 포함되어 있다) ④ 미국과 Philippines간의 특혜(1956년 성립) ⑤ 미국과 Cuba간의 특혜(1947년 발효. 그 후 양국간의 정치적 관계 악화로 특혜는 정지되었다) ⑥ Chile와 그 인접국간의 특혜(구성국은 Chile, Argentine, Bolivia Peru) ⑦ Uruguay, Paraguay간의 특혜(1943년 발효) ⑧ Lebanon 및 Syria와 그 인접국간의 특혜(구성국은 Lebanon. Syria, Palestina, Trans Jordan)가 있다.

(2) 일반특혜관세

일반특혜관세는 UNCTAD에서 남북문제해결의 일환으로서 1971년부터 선진국이 개발도상국에 대하여 실시하고 있는 일반적 특혜관세(GSP)이다. 기존 특혜제도인 연연방특혜 등은 지리적으로 수 개 국가에 국한된 데 비하여 일반특혜관세는 범세계적이고 무차별적이며 수혜국에게 상호주의를 요구하지 않는다는 점이다.

일반특혜관세는 1968년 개최한 2회 UNCTAD에서 1970년대 초기에 실시할 것을 합의하였으며 각 선진국은 그에 따라 1971년부터 이를 실시하여 현재에 이르고 있다.

일반특혜관세는 선진국이 원칙적으로 모든 개발도상국에 대하여 전체적으로 공여하고 선진국은 개발도상국으로부터 아무런 대상을 요구함이 없이 일방적으로 공여하는 특혜관세이다.

GSP는 첫째 선진국이 원칙적으로 모든 개발도상국(Developing Country)에 대하여 전체적으로 공여하고(Global 성격), 둘째 선진국은 개발도상국으로부터 아무런 대상을 요구함이 없이 일방적으로 공여하는(일방적 성격) 것을 그 성격으로 하고 있다.

1994년도 GATT는 1994년도 GATT신장(제4부 무역 및 개발, 개발도상국 조항이다)의 성립(1966년 6월 27일 정식 발효)과 호주에 의한 대개발도상국특혜제도의 승인(1966년 4월 12일 발효)으로 상호주의와 무차별 최혜국대우의 기본원리가 완화되어 대개발도상국특혜가 생기게 된 것이다.

대개발도상국특혜의 실시에 있어서 그 수익국의 결정에 있어서는 자기선택의 원칙에 의하도록 하였다. 즉 자기 스스로가 개발도상국가라고 주장하는 나라를 특혜관세 수익국으로 하는 방법이다. 당시에 자기선택을 한 개발도상국은 UNCTAD 총 가맹국 136개국 중 우리나라를 비롯한 101개국이며 특혜관세공여국은 미국을 비롯한 19개국이었다.

3. 우리나라의 일반특혜관세

(1) 개 요

그 동안 우리나라는 개도국의 지위에서 일반특혜관세의 수혜국이었으나 무역 및 경제규모의 증대에 따라 1996년 12월 30일 관세법을 개정하여 일반특혜관세의 특혜수혜국에서 특혜공여국으로 전환하는 계기를 마련하였다.

우리나라는 1996년 12월 12일 O.E.C.D(Organization for Economic Cooperation and Development; 유럽 경제협력개발기구)에 가입하는 등 국제경제무대에서 지위가 향상됨에 따라 이에 상응하는 역할을 수행하고 적극적인 관세협력을 통한 개발도상국과의 무역증진을 도모하기 위하여 개발도상국에 선진국으로서 일반특혜관세를 공여할 수 있도록 1996년 12월 30일 관세법을 개정하였으며(법률 제5194호) 구체적인 공여 대상국가·물품·세율·적용기간 및 시행시기 등은 따로 대통령령으로 정하도록 하였다(법 제76조 4항).

이에 따라 1999. 12. 31 대통령령 “최빈개발도상국에 대한 특혜관세공여규정”을 제정공포하고 이를 2001. 1. 1부터 시행함으로써 우리나라도 일반특혜관세의 공여국이 되었다.

(2) 일반특혜관세의 공여내용

우리나라는 개발도상국가를 원산지로 하는 물품이 수입될 때에는 기본세율보다 낮은 세율의 관세를 일방적으로 부과할 수 있다. 이것을 일반특혜관세라 한다. 우리나라는 모든 개발도상국가를 원산지로 하는 모든 물품에 대하여 일반특혜관세를 부과하는 것이 아니고, 대통령령으로 정하는 개발도상국가와 물품에 대하여서만 일반특혜관세를 부과한다(법 제76조 1항). 개발도상국가 중 국제연합총회의 결의에 의한 최빈개발도상국가를 원산지로 하는 물품이 수입될 때에는 다른 개발도상국가를 원산지로 하는 물품이 수입될 때보다 우대하여 일반특혜관세를 부과할 수 있다. 이 경우도 모든 최빈개발도상국가를 원산지로 하는 물품에 대하여 우대하는 것이 아니고, 대통령령이 정하는 최빈개발도상국가를 원산지로 하는 물품에 대하여서만이 우대를 한다(법 제76조 3항).

일반특혜관세의 세율·적용기간 기타 필요한 사항은 대통령령으로 정하여 시행한다(법 제76조 4항). 일반특혜관세를 부과함에 있어서 그 대상물품의 수입이 국내산업에 미치는 영향 등을 감안하여 그 물품에 적용되는 세율에 차등을 두거나 그 대상물품의 수입수량 등을 한정할 수 있다(법 제76조 2항).

(3) 일반특혜관세의 적용

㈎ 특혜관세의 부과

대통령령이 정하는 개발도상국가(특혜대상국)를 원산지로 하는 물품 중 대통령령이 정하는 물품(특혜대상물품)에 대하여는 기본세율보다 낮은 세율의 관세(특혜관세)를 부과할 수 있다.

㈏ 특혜관세의 차등부과

특혜관세를 부과함에 있어 해당 특혜대상물품의 수입이 국내산업에 미치는 영향 등을 감안하여 그 물품에 적용되는 세율에 차등을 두거나 특혜대상물품의 수입수량 등을 한정할 수 있다.

UN의 결의에 의한 최빈개발도상국 중 대통령령이 정하는 국가를 원산지로 하는 물품에 대하여는 다른 특혜관세대상국보다 우대하여 특혜관세를 부과할 수 있다.

특혜관세 물품에 적용되는 세율, 적용기간 등 필요한 사항은 대통령령으로 정한다.

(4) 일반특혜관세의 적용 정지 및 적용 배제

㈎ 일반특혜관세의 적용 정지

기획재정부장관은 특정한 특혜대상물품의 수입이 증가하여 이와 동종의 물품 또는 직접적인 경쟁관계에 있는 물품을 생산하는 국내산업에 중대한 피해를 주거나 줄 우려가 있는 등 특혜관세를 부과하는 것이 적당하지 아니하다고 판단되는 경우에는 대통령령이 정하는 바에 따라 해당 물품과 그 물품의 원산지인 국가를 지정하여 특혜관세의 적용을 정지할 수 있다.

㈏ 일반특혜관세의 적용 배제

기획재정부장관은 특정한 특혜대상국의 소득수준, 우리나라의 총수입액 중 특정한 특혜대상국으로부터의 수입액이 차지하는 비중, 특정한 특혜대상국의 특정한 특혜대상물품이 지니는 국제경쟁력의 정도, 기타의 사정을 감안하여 특혜관세를 부과하는 것이 정당하지 아니하다고 판단되는 경우에는 대통령령이 정하는 바에 따라 해당 국가 및 물품을 지정하여 특혜관세의 적용을 배제할 수 있다.

기 출 문 제

1. GSP와 GSTP를 비교 설명하라(관세사, 제17회).
2. 국제협력관세제도를 개발하고, 양허품목에 대한 긴급조치에 대하여 설명하라 (관세사, 제14회).
3. 일반특혜관세제도에 대하여 설명하라(관세직 5급 승진시험).

예 상 문 제

1. 논술형
   · 무역원활화와 통관간소화
   · 무역원활화의 의의와 경제적 효과
   · 통관절차의 조화 및 간소화에 관한 국제협약
   · 국제협력관세의 의의와 유형
   · WCO와 통관 간소화
   · DDA의 성립배경 및 의의

2. 서술형
   · 무역원활화의 개념과 범위
   · WTO와 통관 간소화
   · WTO의 특징과 기본원칙
   · 교토협약의 의의 및 개정협약과 기존협약의 차이점
   · APEC과의 관세협약
   · WTO와 GTT와의 차이점
   · WCO의 기능과 조직
   · DDA의 협상방식 및 협상체계

3. 약술형
   · WTO
   · WCO의 의의
   · WCO의 목적
   · GSP
   · DDA의 의의
   · GSTP
   · 원산지규정
   · 관세면세협력
   · 관세양허
   · ATA Carnet
   · 교토협약

제 2 부

관세법[I]

제 05 장

관세법 총칙

제1절 관세법 개설

Ⅰ. 관세법의 목적 및 성격

1. 관세법의 목적

관세법은 법 제1조에서 '관세의 부과·징수 및 수출입물품의 통관을 적정하게 하여 국민경제의 발전에 기여하고 관세수입의 확보를 기함을 목적으로 한다'고 규정하고 있다. 이와 같이 관세법은 국민경제의 발전과 관세수입의 확보를 목적으로 규정하고, 이러한 목적달성을 위해 관세의 부과·징수와 수출입물품의 적정한 통관을 수단으로 규정하고 있다.

(1) 국민경제의 발전

수출입물품의 적정한 통관 과정에서 관세 자체가 국내산업을 보호하고 소비를 억제하며 국제수지를 개선하는 역할을 하고, 관세율과 관세제도의 조정을 통하여 국내물가의 안정과 수출지원을 도모하여 국민경제발전에 기여하게 된다.

(2) 관세수입의 확보

관세는 과세의 목적에 따라 재정관세와 보호관세로 대별된다. 최근에 이르러서는 국가의 재정수입을 목적으로 부과하는 재정관세의 기능이 점차 약화되고 국내산업의 보호를 목적으로 부과하는 보호관세의 기능이 중요시되고 있다. 그러나, 아직도 관세부과로 인한 관세수입은 국가재정수입의 큰 비중을 차지하고 있다.

2. 관세법의 성격

위와 같은 관세법의 목적을 볼 때 우리나라 관세법은 과세의 부과・징수・감면에 관하여 규정하고 있어 조세법적 성격을 지니고 있으며, 수출입물품의 통관・운송수단에 관한 규제・보세제도 등의 통관법적 성격과 법의 실효성 확보를 위한 처벌규정 및 처분의 불복에 대한 절차(행정쟁송)를 규정하고 있으며 국제협약 등의 내용(국제법적 체계)을 포함하고 있다.

(1) 조세법적 성격

관세법은 그 명칭이 「세법」인 바, 관세의 부과・징수・감면에 관하여 규정하고, 징수의 확보를 위하여 보세제도・운송수단에 대한 규제, 처벌 등을 규정하고 있다.

조세법으로서의 관세법은 실체법인 동시에 절차법이란 양면성을 가지고 있다. 즉, 관세의 납세의무 등 과세요건과 감면요건을 규정하는 동시에 그 징수절차와 감면절차도 함께 규정하고 있다. 이와 같은 조세법적 성격은 관세법의 대부분의 규정에 나타나 있다.

(2) 통관법적 성격

관세법 제1조에서 국민경제의 발전과 관세수입의 확보의 수단으로서 「수출입물품의 통관을 적정하게 하여」라고 규정한 것으로 보아 관세법이 통관법적인 성격을 가지고 있음을 알 수 있다.

통관이란 수출입관계법령의 수출입규제효과를 확보하기 위해 수출입물품의 통로를 개항이라는 특정장소에만 허용하고, 이 개항에 세관을 설치하여 실물을 최종적으로 확인하고 집행하는 것을 말한다. 수출입관계법령 자체가 실체법적 성격을 가지고 있다면 수출입물품의 통관에 관한 관세법규정은 절차법적인 성격을 가지고 있다.

또한, 관세법은 물품의 통관에 관한 규제뿐만 아니라 관세법의 규제를 받는 물품과 관계가 있는 운송수단, 물품취급인, 보세제도 등에 대한 규제를 두고 있어 이는 직・간접으로 통관과 관련되는 규정이라 할 수 있다.

(3) 형사법적 성격 등

관세법에서는 벌칙과 조사 및 처분에 관한 방대한 규정을 두고 있어 이를 관세형법이라고 한다.

관세형법이란 관세징수와 통관의 적정을 확보하기 위한 수단으로서, 내국세 분야의 처벌법규인 조세범처벌법이나 일반형사법규인 형법 및 형사소송법과는 별도로 관세법에 대한 처벌법규를 두고 있는 것이다.

또 관세법은 관세행정 처분에 의하여 권리나 이익을 침해당한 자가 피해구제를 받을 수 있도록 쟁송절차(이의신청, 심사청구 또는 심판청구)에 대하여 규정하고 있다.

(4) 국제법적 성격

관세법은 국제무역과 밀접히 관련되어 있으므로 세계시장의 변화에 능동적으로 대처하는 한편 관세법에 규정된 관세의 과세가격평가, 품목분류, 원산지규정, 양자간협정 또는 다자간협정에 따른 국제협력관세 등의 각종 조약의 내용을 충실히 수행하고 있다. 따라서 관세법은 국제법적인 성격을 내포하고 있다.

표 5-1 한국의 조세체계

구 분	국 세			지 방 세
	내 국 세		관 세	
통칙법(기본법)	국세기본법 국세징수법 조세특례제한법 조세범처벌법 조세범처벌절차법		관세법 (내국세의 통칙법 일부 또는 전부 준용)	지방세법 (내국세의 통칙법 일부 또는 전부 준용)
			통칙세법과 개별세법으로서의 양면성을 지닌 단일 세법전 형태	
개별세법	직 접 세	소득세법 법인세법 등	관 세 법	지방세법
	간 접 세	부가가치세법 개별소비세법 주세법 등		
	목 적 세	교통 · 에너지 · 환경세법 · 교육세법 · 농어촌특별세법		
기타 법률	세무사법 국제조세조정에 관한 법률		관세사법 수출용원재료에 대한 관세 등 환급에 관한 특별법, 임시수입부가세법	지방교부세법

자료: 나성길, 한국관세법의 조세법상 문제점과 개선방안.

◈ 관세법의 양면성과 타세법과의 관계

- **관세법의 양면성** – 내국세법의 통칙적인 국세기본법, 국세징수법 등에서 규율하고 있는 사항들의 일부를 관세법 통론부문에 별도로 규정하고 있기 때문에 통칙법과 개별세법으로서의 양면성을 지닌 독립세법전 형태라고 성격지을 수 있다.
- **타세법과의 관계** – 관세법 또는 환급특례법에 세관장이 부가 · 징수하는 내국세에 관한 특례규정이 없는 경우 국세기본법이 적용되고, 특례규정이 있는 경우 국세기본법은 적용되지 않고 관세법에 의하여 관세와 함께 징수된다. 관세담보 제공이 없는 경우에 제2차 납세의무

자에 대한 관세의 징수와 심판청구는 전적으로 국세기본법을 준용하도록 하고 있다. 국세징수법은 관세의 체납발생시 체납처분절차와 양도담보권자에 대한 국세징수절차규정이 준용된다. 그리고, 관세법에 대한 처벌과 그 절차규정은 관세법에 독자적으로 정하여져 있어 조세법처벌법과 동 절차법은 적용되지 않는다.

Ⅱ. 관세관련법원 및 체계

1. 관세행정의 법원

관세행정의 법원이란 관세행정권의 조직과 작용 및 그 구제에 관한 법의 존재형식 또는 인식근거를 말한다. 법원에는 성문의 형식으로 되어 있는 성문법원과 성문의 형식이 아닌 불문법원으로 구분되는 바, 관세의 법원은 성문법주의를 원칙으로 하고 있다. 또한, 관세는 조세의 일종이므로 헌법상 원칙인 조세법률주의에 따라 관세행정권 발동의 예측가능성과 법적 안정성을 보장하고 국민의 권익을 보장한다는 측면에서도 관세행정의 법원은 성문법이어야 한다.

관세행정의 기본법은 관세법규지만 타법령이나 국가간의 조약 및 협정도 관세행정의 법원이 된다.

표 5-2 관세행정의 법원

구 분		법 규 명 칭
성문법원	관세법규	·관세법, 동 시행령, 동 시행규칙, 총리령, 관세청고시 ·관세사법 ·관세환급특례법 등, 임시수입부가세법, SOFA 실시에 따른 관세법 등의 임시특례에 관한 법률
	타법규	·국세징수법, 국세기본법, 조세특례제한법
	타법규	·개별소비세법, 부가세법, 주세법, 교육세법, 교통세법 ·자유무역지역의 지정 및 운영에 관한 법률, 외국인투자촉진법, 남북교류협력에 관한 법률 ·형법, 형사소송법, 특정경제범죄가중처벌법, 대외무역법, 외국환거래법 등
	조약 및 협정	·WTO 협정 및 WCO의 제 조약, ATA Carnet협약, SOFA 등 ·WTO 협정 양허세율, WTO 협정 개발도상국간의 양허세율 ·ESCAP 협정 양허세율
불문법원		·관례법 ·관습법

(1) 성문법으로서 법원

조세법률주의원칙에 따라 경제생활의 안정과 장래의 예측가능성을 보장하는 점에서도 관세의 주된 법원은 성문법, 그 중에서도 법률이 주를 이루고 있다.

그러나 명령 기타의 성문법이 전혀 성립할 수 없는 것은 아니다. 따라서 관세의 성문법원은 국내법으로서는 헌법, 법률, 명령으로 구분할 수 있고 국제관계에 있어서는 조약 및 일반적으로 승인된 국제법규가 있다. 여기서는 관세행정의 가장 중요한 중심적 법원이 되는 여러 법률 등에 대하여 설명한다.

◈ 관세의 성문법원

1. 헌 법

헌법은 국가의 기본조직과 작용에 관한 기본법인데, 그 중에서 관세행정조직에 관한 규정과 관세행정작용에 관한 규정, 관세행정구제에 관한 규정은 관세행정의 최고법원이 된다.

2. 법 률

법률은 국회가 헌법상의 입법절차에 따라 만든 법으로 관세행정의 가장 중요한 중심적 법원이다. 현행 관세에 관한 법률은 관세에 관하여 직접 규정하고 있는 법률과 이 법률에 의하여 준용되는 법률 및 헌법의 규정에 의하여 국내법과 같은 효력을 갖는 조약 및 일반적으로 승인된 국제법규가 있다.

3. 명 령

명령이란 국가행정권에 의하여 만든 법으로서 대통령령 또는 기획재정부령 등을 말한다. 이와 같은 명령은 위임의 범위를 벗어나지 않는다면, 중요한 조세법의 법원이 된다. 현재 관세에 대한 명령은 대통령령인 관세법 시행령과 기획재정부령인 관세법시행규칙이 있다.

㈎ 관세법규

1) 관세법

관세법은 관세제도에 관한 기본법으로서 정부수립 후인 1949년 11월 23일 제정공포하여 53회의 개정을 거쳐 현재에 이르고 있다. 관세법은 관세행정에 관한 모든 근거를 포괄적으로 규정하고 있으며 그 구성은 13장 제329조 부칙으로 구성되고 있고 별표인 관세율표가 부속되어 있다. 관세법의 내용은 과세요건 및 과세의 부과징수절차, 통관절차, 보세제도, 행정쟁송제도 및 관세법에 관한 사항으로 구성되고 있다.

2) 관세환급특례법

관세환급특례법은 1975년 7월 1일부터 시행된 관세환급제도에 관한 기본법으로서 이 법에 의하여 관세법, 임시수입부가세법, 개별소비세법, 주세법, 교통·에너지·환경세법 및 농어촌특별세법 등에 규정된 수출용원재료에 대한 면세제도의 적용이 배제되고 수출용원재료를 수입시에는 일단 관세 등을 납부하였다가 수출이 이행된 후에 다시 관세 등을 환급받는 제도로 변경되었다. 이 법의 실시목적은 수출용원재료 등에 대한 관세의 환급을 적정하게 함으로써 능률적인 수출지원과 균형 있는 산업발전에 이바지함에 있다.

3) 기타 관세관련 법규

① 관세사법

관세사의 통관서비스기능을 높이고 시대흐름에 맞도록 관세사제도를 개선함과 아울러 전문자격인으로서 관세사의 역할을 제고하기 위하여 관세법의 일부로 되어 있는 관세사제도를 분리하여 별도의 관세사법으로 1995년 12월 6일에 법률 제1,984호로 공포하였다.

관세사법의 제정배경은 1975년 관세사제도 도입 이후 관세법의 일부로 규정되어 있던 관세사 관련규정을 세무사나 변호사 등 다른 자격사의 경우처럼 독립법으로 제정하여 관세사의 책임감과 사명감을 고취시키고 원활한 통관서비스제공에 기여할 수 있도록 하고, 관세사의 자격과 직무 및 징계 등을 내용으로 하는 관세사법은 그 성격상 별도의 법으로 제정함이 타당하고, 국민의 입장에서도 관세사 관련규정을 알아보기 편하도록 관세사법을 독립법으로 제정한 것이다.

② 임시수입부가세법

임시수입부가세법은 1973년 3월 5일 법률 제2,568호로 제정된 것으로 1973년도 당시에 존재하였던 임시특별관세법이 폐지됨에 따라 국제수지가 악화되고 긴급히 수입을 억제할 필요가 있을 때 대통령령이 정하는 바에 따라 모든 수입품(무세품과 면세품은 제외)에 대하여 일률적으로 과세가격의 30% 범위 내에서 세액을 관세에 부가할 수 있도록 한 법으로서 현재까지 수입부가세를 징수한 경우는 없다.

③ 자유무역지역의 지정 등에 관한 법률

이 법은 자유로운 제조 및 무역활동 등이 보장되는 자유무역지역을 지정·운영함으로써 외국인투자의 유치, 국제무역의 진흥 및 지역개발 등을 촉진하여 국민경제의 발전에 이바지함을 목적으로 하고 있다.

④ SOFA실시에 따른 임시특례법

SOFA(status of forces agreement)의 정식명칭은 「대한민국과 아메리카합중국간의 상호방위조약 제4조에 의한 시설·구역 및 대한민국에서의 합중국 군대의 지위에 관한 협정」으로서 우리나라에 주둔하는 미군의 지위에 관한 한·미간의 행정협정으로서 1967년 2월 9일부터 발효된 것이다.

이 협정의 각 규정 중에는 제9조 통관과 과세에 관한 기본규정을 둔 것 이외에 제13

조에 비세출자금기관, 제15조에 초청계약자, 제20조에 군사우체국 등에 대한 과세・면세・통관 등에 대한 규정을 두고 있어 관세법원의 역할을 하고 있다.

또한, 동 협정의 원활한 운영을 위하여 최고 협의기관으로서 한・미합동위원회(joint committee)가 설치되고, 관세와 세관문제의 협의기관으로 재무분과위원회(finance sub committee)가 설치되어 있으며, 면세물품의 부정거래를 방지하기 위한 협의기관으로 면세물품 부정거래에 관한 임시분과위원회를 설치하고 있다.

미국의 구성원・군속 및 그 가족들이 수출입하는 물품에 대하여는 SOFA의 제9조에 정하는 바에 따라서 통관처리되는 것이다.

동 규정에 정한 바가 없는 사항에 대한 통관 및 세관 등의 문제를 규정하고, 관세법상의 규정에 대한 특례를 규정하기 위하여 우리 정부가 제정한 법률이 SOFA실시에 따른 임시특례법이다.

⑤ 외국인투자촉진법, 조세특례제한법 및 해저광물자원개발법

이들 법률에서는 관세의 감면에 관한 내용을 일부 정하고 있다. 외국인투자촉진법에서는 외국인투자에 대하여 조세특례제한법이 정하는 바에 따라 조세를 감면할 수 있다고 규정하고 있으며(동법 제9조), 조세특례제한법에서는 도시철도 등의 건설용물품, 농업기계화촉진을 위하여 도입하는 농업기계제조용 부분품 등 국가지원사업용 물품에 대한 관세의 경감(동법 제118조)과 외국인투자촉진법의 규정에 의하여 산업통상자원부장관에게 외국인투자를 신고한 내용에 따라 수입하는 자본재에 대한 관세의 면제(동법 제121조의 3)를, 해저광물자원개발법에서는(제31조) 해저광물의 탐사 및 채취사업에 사용하기 위하여 수입하는 기계, 장비, 자재 등에 대한 관세의 면제를 정하고 있다.

⑥ 세계무역기구협정이행에 관한 특별법

이 법은 세계무역기구협정을 이행함에 있어서 이 협정의 회원국으로서의 우리나라의 권리와 이익을 확보하고 이 협정의 이행으로 인하여 발생할 수 있는 피해를 최소화 함으로써 국민경제의 건전한 발전을 보장하기 위하여 각 분야에 걸쳐 특별한 규정을 두고 있다.

관세분야에 관하여는 농림수산물의 수입물량이 급증하거나 국제가격이 현저히 하락하는 때에는 정부는 이 협정과 관계법령이 정하는 바에 따라 양허한 세율을 초과하여 특별긴급관세를 부과할 수 있다고 규정하고 있다(동법 제6조).

⑦ 남북교류협력에 관한 법률

이 법은 군사분계선 이남지역(이하 “남한”이라 한다)과 그 이북지역(이하 “북한”이라 한다)간의 상호교류와 협력을 촉진하기 위하여 필요한 사항을 규정함을 목적으로 한다.

관세분야에 관하여는 "물품의 반출·반입에 대하여는 대통령령이 정하는 바에 의하여 조세의 부과·징수·감면 및 환급 등에 관한 법률을 준용한다. 다만, 물품의 반입에 있어서는 관세법에 의한 과세규정 및 다른 법률에 의한 수입부과금에 관한 규정은 이를 준용하지 아니한다"고 동법 제26조 제2항에서 규정하여 원산지가 북한인 물품이 우리나라에 반입될 경우에는 관세를 부과·징수하지 아니하도록 하였고 관세환특법의 준용에 있어서는 남북교류협력에 관한 법률의 규정에 의한 물품의 반출은 관세환특법 제2조의 규정에 의한 "수출 등"으로 보며, 관세를 준용함에 있어서 남·북한간을 왕래하는 선박 또는 항공기는 관세법 제2조의 규정에 의한 "외국무역선"또는 "외국무역기"로 보도록 규정하고 있다.

(나) 준용법규(관세법과 타법)

관세법은 조세체계상으로는 국세에 해당되지만, 단행 독립 세법전 형태로 되어 있는 관계로 내국세법의 통칙법인 국세기본법 등의 일부규정을 준용하도록 규정하고 있다.

그러나 관세법은 조세부과에 필요한 기본적인 내용을 별도로 규정함으로써, 일부 준용 규정을 제외하고는 국세기본법을 적용하지 않는다. 관세법이 조세부과에 관한 기본

표 5-3 관세법과 타법과의 관계

구 분	규율내용	준용내용	근 거
국세기본법	총칙, 국세부과와 세법적용, 납세의무, 국세와 일반채권과의 관계, 과세, 국세환급금과 국세 환급가산금. 심사와 심판, 납세자의 권리, 보칙	(공통) · 세관장이 부과·징수하는 내국세에 대하여 관세법 및 환급특례법에 특례규정이 없는 경우 국세기본법 준용	국세기본법 제3조 ②항 (세법 등과의 관계)
		(개별) · 관세담보 등이 없는 경우 제2차 납세의무자에 대한 관세의 징수 · 심판청구(국세기본법 제7장 제3절)	· 관세법 제19조 ④항 · 관세법 제119조
국세징수법	총칙, 징수, 체납처분	· 관세의 체납발생시 체납처분절차 · 납세의무자가 국세기본법 제42조 ②항의 규정에 의한 양도 담보재산이 있는 경우 담보권자로부터의 징수절차	· 관세법 제26조 ①항 · 관세법 제19조 ⑥항

조세특례 제한법	총칙, 직접국세, 간접국세, 지방세, 기타조세특례, 보칙	이 법은 조세의 감면 또는 중과 등 조세의 특례와 이의 제한에 관한 규정으로서 관세법은 이를 준용하지 않음	
조세범처벌법 및 동절차법	총칙, 범칙행위, 처벌절차	이 법은 내국세법의 위반에 대한 처벌을 정한 규정으로써 관세법은 이를 준용하지 않음	조세범처벌법 제2조

자료: 나성길, 전게논문.

적이고 공통적인 사항까지 관세법 내에 별도로 규정하고 있으므로, 관세법의 성격을 논함에 있어 '관세법의 통칙법적 성격'을 제시하기도 한다.

1) 국세통칙법

① 국세기본법

국세기본법은 국세에 관한 기본적인 사항 및 공통적인 사항과 위법 또는 부당한 국세처분에 대한 불복절차를 규정함으로써 국세에 관한 법률관계를 확실히 하고, 과세의 공정을 도모하며, 국민의 납세의무의 원활한 이행에 기여함을 목적으로 하여 1974년 12월 21일 법률 제2,679호로 제정되었다. 관세를 국세징수법의 예에 의하여 징수할 때 체납처분의 대상이 해당 관세를 납부하여야 할 물품이 아닌 재산인 때에는 징수의 우선순위는 국세기본법에 의한 국세와 동 순위로 한다고 규정하고 있고, 또한 관세에 관한 심판 청구를 할 때에는 국세기본법을 준용하도록 되어 있다(관세법 제43조의 6). 이를 볼 때 국세기본법은 관세의 법원이 될 수 있다.

② 국세징수법

국세징수법은 국세의 징수에 관하여 필요한 사항을 규정하여 국세수입을 확보하기 위하여 1974년 12월 21일 법률 제2,680호로 제정·공포되었다. 관세법상 담보제공이 없거나 징수한 금액에 부족이 있어 체납처분절차를 취할 경우에 국세징수법에 규정된 동법상의 절차를 준용하도록 되어 있다(관세법 제23조). 이를 볼 때 국세징수법은 관세의 법원이 될 수 있다.

③ 조세특례제한법

조세특례제한법은 국산이 불가한 물품 중 도시철도 건설용물품·농업기계 제조용 부분품·태양에너지 이용기기 제조용 기자재·동계유니버시아드대회용품·첨단의료용기기에 대하여 관세를 경감할 수 있도록 규정하고 있다.

2) 내국세법

수입물품에는 관세법의 규정에 의한 관세 이외의 각 내국세법의 규정에 의거하여 해당 물품의 종류 또는 성질에 따른 소정의 내국세 즉, 개별소비세, 부가가치세, 주세, 교육세, 교통・에너지・환경세 및 농어촌특별세가 부과된다.

과세행정의 기술상 수입물품에 대한 각종 국세의 부과, 징수는 동일물품에 관한 국가의 과세권 행사이므로 관세의 부과・징수의 시점에서 단일행정관청인 세관장에 의하여 행사되는 것이 가장 합리적이고 능률적일 뿐만 아니라 국세보전의 차원에서도 가장 확실한 과세권의 확보방안이기 때문에 조세법률주의에 의거 관세법은 물론 각 내국세법 즉, 부가가치세법, 개별소비세법, 주세법, 교육세법, 교통・에너지・환경세법, 농어촌특별세법에서도 이와 같은 요지의 규정을 명문화하고 있다.

Tip 관세법과 국세기본법과의 관계

(1) 국세기본법상의 '국세'

국세기본법에서는 구체적인 세목을 열거함으로써 '국세'의 범위를 한정하고 있다. 관세법은 국세기본법상의 '국세'에 포함되지 않는다. 국세기본법에서 다루는 국세는 '소득세, 법인세, 상속세와 증여세, 재평가세, 부당이득세, 부가가치세, 개별소비세, 주세, 인지세, 증권거래세, 교육세, 교통・에너지・환경세, 농어촌특별세, 종합부동산세'를 말한다.

(2) 국세기본법 제3조

국세기본법 제3조에서는 "이 법은 세법에 우선하여 적용한다"고 명시하고 있다. 즉 국세기본법을 다른 법률에 우선하여 적용할 것을 명시하고 있으나, "관세법 및 수출용원재료에 대한 관세등환급에 관한 특례법에서 세관장이 부과・징수하는 국세에 관하여 이 법에 대한 특례규정을 두고 있는 경우에는 동법이 정하는 바에 의한다"고 덧붙여 관세법 및 환급특례법에서 명시하고 있는 규정이 있다면 국세기본법에 우선하여 그 규정을 따를 것을 규정하고 있다.

(3) 유사 규정

관세법상의 규정 중에 일부는 국세기본법의 내용을 수용하여 관세법 체계에 적합하게 수정한 것이다. '기간과 기한', '서류의 송달', '법 적용의 원칙', '환급, 환급가산금', '납세자의 권리', '심사와 심판' 등의 규정은 양법의 체계가 흡사하다.

(4) 국세기본법 규정의 준용

관세법에서는 국세기본법과 중복되는 내용으로서 상호 충돌하지 않는 부분에 있어서는, 국세기본법의 규정을 준용하도록 하고 있다.

① 제2차 납세의무

② 담보제공이 없거나 징수한 금액에 부족이 있는 관세의 징수
③ 심판청구 규정 등

3) 기타 무역관련 법규

현재 대부분의 국가에선 정도의 차이는 있으나, 수출입거래에 대하여 어떠한 형태이던 규제 또는 지원을 하고 있다. 우리나라도 수출입의 단계마다 해당되는 각종 법규에 의거, 제한과 금지 또는 우대조치를 취하고 있으며, 그러한 수출입관리를 위한 3대 기본법규로는 대외무역법, 외국환거래법, 관세법 등이 있다.

「대외무역법」에 의해서는 수출입과 관련되는 무역업 및 무역대리업에 대한 관리와 수출입물품에 대한 관리 및 일반적인 수출입절차와 수출입거래형태에 대한 관리방법을 규정하고 있으며, 「외국환거래법」에서는 수출입대금의 결제방법 등에 대하여 규제하고 있고, 수출입을 승인받은 대로 물품이 통관되는지 여부에 대하여 수출입통관절차를 정하고 있고, 이와 함께 수입물품에 대한 과세방법을 정하고 있다.

무역은 물품의 국제간 이동이고, 이동 즉, 소유권 이전에 대한 대가로서 대금결제가 되면 무역거래가 종결된다고 볼 때, 이동에 대하여는 관세법상 통관절차에 의해 대금결제에 대하여선 외국환거래법상 결제방법에 의해 이행되고, 대외무역법에선 이러한 물품의 이동과 대금결제를 총괄적으로 관리한다.

이와 같이 관세법, 외국환거래법 및 대외무역법 등 무역관련 3대법규에 의해서 우리나라의 일반적인 무역절차는 통제되고 관리되나, 이와 같은 무역관련 3대법규 이외에도 수출용원자재의 조달 및 수출상품의 생산, 가공 및 집하 등에 필요한 자금을 지원하기 위한 「한국은행 금융중개지원 대출관련 무역금융지원 프로그램운영 세칙」이 있으며, 수출용원자재를 수입할 때 환급하여 주어 수출산업의 경쟁력 제고를 지원하기 위한 「수출용원자재에 대한 관세 등 환급에 관한 특례법(환급특례법)」, 수출대금 미회수에 따를 위험을 커버하기 위한 「무역보험법」, 「자유무역지역의 지정 및 운영에 관한 법률」 등 수출촉진을 위한 법규와 규정이 있으며 마약법, 약사법, 식품위생법 등 50여개 개별법에 의해 해당 개별법상 소관품목의 수출입에 대하여 규제하고 있다.

4) 기타 처벌 법규(형법, 형소법, 특가법)

관세형벌제도는 관세법상에 별도로 마련되어 있다. 관세의 벌칙조항은 특별한 규정이 있는 경우를 제외하고는 형법총칙의 규정이 그대로 적용된다. 또한, 조사와 처분은

관세법의 조사방법과 처벌절차를 규정한 것으로서 관세법에서 규정된 것 이외는 형사소송법을 준용하도록 하고 있다. 한편, 죄질이 중한 특정 관세범을 가중 처벌하기 위하여 1966년 2월 23일 제정된 특정경제범죄가중처벌등에 관한 법률이 있다.

㈐ 관세관련 조약 및 협정

관세를 통한 국제협력은 대부분 조약(경우에 따라서는 협정이라고도 한다)에 의하여 이루어지고 있다. 조약의 집행을 위한 효력에 대하여는 조약 자체의 효력에 관한 규정을 두고 있는 경우가 대부분이며, 국내법에서도 조약의 효력에 관한 규정을 두고 있다.

관세조약은 체약 당사국간 비거주자 내지 외국법인의 납세의무에 관하여 여러 가지 협약하는 것이기 때문에 세법의 법원으로서 매우 중요하다. 우리 헌법은 '헌법에 의하여 체결, 공포된 조약과 일반적으로 승인된 국제법규는 국내법과 같은 효력을 가진다(헌법 제6조 ①항)고 규정하고 있으므로 조약과 국제법규가 국내 관세행정에 관한 사항'을 포함하고 있을 때에는 그 범위에서 관세관련 법원이 된다.

조약에서 규정하고 있는 관세에 관한 주된 내용은 관세율의 구속 또는 인하, 관세의 감면, 통관절차의 간소화, 최혜국약관 등이다. 이들 내용을 담은 전형적인 조약을 몇 개 예시하면 관세율의 구속 또는 인하에 관한 것으로는 1994년도 GATT, 관세의 감면에 관한 것으로는 외교관계에 관한 비엔나협약, 통관절차의 간소화에 관한 것으로는 관세협력이사회의 제 협정 등이며 최혜국약관은 각 통상조약에서 규정하는 것이 일반적이다.

관세 관련 조약 및 협정으로는 세계무역기구(WTO)협정, 세계관세기구(WCO)의 제 협약, 방콕협정(ESCAP협정), ATA Carnet 관세협약, SOFA, AID 차관협정, WTO협정 개발도상국간의 무역협상에 관한 의정서, 개발도상국간 특혜무역제도에 관한 협정, 한미기술원조협정, 한미항공협정 등이 있다.

◈ 최혜국약관

국제간의 통상관계를 규정하는 협정을 보면 통상조약, 통상협정, 수교조약, 수교통상항해조약, 기타 여러 가지의 명칭으로 표현되고 있다.

이와 같이 조약에는 여러 가지 명칭이 있으나 그것은 단순히 외형상의 차이에 지나지 않는 것이며 그것이 국가간의 계약이라는 성질과 효력면에서는 차이가 없는 것이다. 통상에 관한 조약에는 관세에 관한 구체적인 조항을 두는 경우도 있으나 일반적으로는 최혜국약관을 둔다.

최혜국약관은 체약국의 한쪽이 체약상대국의 국민에 대하여 제3국의 국민에 현재 주고 있거나 장래에 줄 일정의 이익에 균점시키는 것을 약속하는 조항을 말한다. 이것을 최혜국약관(최혜국조관) 또는 최혜국민대우조항이라고 부른다.

최혜국약관에 의하여 균점하는 권리 또는 이익은 초기에 있어서는 주거권, 여행권, 영업권, 소유권, 소송권, 연안무역권, 영사특권, 과세의무에 관한 특전, 기타 여러 가지가 포함된 상당히 광범위한 것이었으나 최근에 있어서의 국제관행은 통상, 특히 관세상의 이익에 한정되는 경향이 있다.

최혜국대우에 대하여는 종래 국제관례로서 몇 가지 예외가 인정되고 있다. ① 국경무역, ② 관세동맹, ③ 지역적 협정, ④ 특혜관세 등이다. 이들에 의한 권리 또는 이익은 최혜국약관에서 제외되고 있다. 1994년도 GATT에서도 이 예외는 인정하고 있는 형편이다(1994년도 GATT 제24조 ③항 내지 ⑤항).

(2) 불문법으로서 법원

조세법률주의의 원칙에 의하여 지배되는 관세법역에 있어서는 다른 법역보다 불문법원이 가지는 중요성은 크지 않다. 실제로 관세의 과세요건 등이 법률에 의하여 정해지기 때문이다. 그렇다고 관세법의 불문법원성이 전적으로 부정되는 것은 아니고 한정적이지만 법원으로 인정될 불문법이 있다고 보아야 할 것이다.

㈎ 판례법

판례는 재판의 선례를 말한다. 따라서, 법원의 판례는 법해석에 의하여 추상적으로 규정되어 있는 법규의 내용을 구체성 있게 명확히 하고, 혹은 관습법의 존재와 그 내용을 명백히 하거나, 무엇이 조리인가를 선언하는 등의 기능을 통해서 성문법의 해석기준을 제시하고 성문법의 결함을 보충한다.

관세법의 구체적인 해석적용에 있어서 의문이 있을 때에는 종국적으로 법원의 판결에 의하고 있다. 법원의 판결은 추상적인 관세법규를 구체화하고 그 내용을 명백히 해준다. 또한 판결은 직접적으로는 사건을 해결해 주는 데 지나지 않지만 그 중에 나타나 있는 합리성은 다른 유사한 사건에 대하여서도 자연히 같은 내용으로 해결하는 쪽으로 작용하는 경향이 있으므로 판결의 누적에 의하여 일반적인 법규범을 성립시키게 된다.

관세법의 해석적용에 관하여는 대법원의 판결에 의하여 최종적으로 정해진다. 물론 대법원의 판례도 불변한 것은 아니지만 쉽게 변경할 수 있는 것은 아니기(법원조직법 제7조 ①항) 때문에 판례의 누적에 의하여 판례법에 형성되며 일종의 법원으로서의 지위를 가지게 된다고 할 수 있다.

㈏ 관습법

관습법은 사실인 관습(관행) 중 법규범으로 될 만한 관행이 사회에서 ‘법적 확신’ 내지 법적 인식을 얻음으로써 대다수에 의해 지켜질 정도가 된 것을 뜻한다. 관습법에는 행정선례법과 일반관습법이 있으며 여기에는 문의에 대한 회신, 행정각부의 결정 선례 등이 행정선례법에 해당한다.

㈐ 조 리

조리란 사회일반의 정의 또는 도리에 비추어 반드시 그러하여야 할 것이라고 인정되는 것, 즉 사물의 본질 법칙을 말한다. 조리는 ① 관세법규가 예상하지 못한 사태가 발생할 경우, ② 관세법규 상호간에 모순 결함이 생긴 경우, ③ 법령 해석상 의문이 있거나 법령 규정상 미흡한 점이 있는 경우 다른 법 분야에서보다는 행정법의 법원으로서 더 중요성을 갖는데, 조리를 통한 해석으로 이러한 문제들을 해결할 수 있다.

2. 관세법의 체계 및 구성

(1) 관세법령의 체계

관세행정의 기본법인 관세법은 관세징수와 통관절차에 관한 모든 사항을 포괄적으로 규정하고 있다. 관세법은 장・절・관・조・항・호・목 체계로 구성되어 있고, 일반 세법과는 다르게 부과・징수에 관한 내용 이외에 운송수단・통관 등 물품관리, 범법 조사에 관한 내용도 규정하고 있다. 이것은 관세법이 세법, 물품관리법, 형사법적 성질을 동시에 가지고 있다는 것을 의미한다.

관세법 하위 법령으로 대통령령・총리령・부령이 있으며, 관세법규로서 법령 이외에 고시・훈련・예규・공고, 협약・조약 등이 있다. 또한 2000. 1. 1.부터는 관세법 기본통칙을 제정하여 운영하고 있다. 이 통칙은 관세법상 용어해설과 적용기준의 통일성을 부여하여 법 집행의 투명성・통일성을 기하기 위해 제정되었고, 그 효력은 통칙 내용이 종전의 고시・훈령・지침 등과 상충될 때 통칙을 우선 적용하도록 정하고 있다.

㈎ 관세법

관세행정의 기본법으로서 관세징수와 통관절차에 관한 모든 사항을 포괄적으로 규정하고 있고, 국회에서 법률로서 제정된다. 현재 관세법은 총 13개장(1조: 총칙~329조 권한의 위임, 위탁)으로 구성되어 있고 별표로서 "관세율표"가 있다.

㈏ 관세법 시행령

관세법의 시행에 필요한 사항과 관세법에서 위임한 사항을 규정하고 있고, 대통령령으로 제정된다. 현재 관세법 시행령은 총 13개장(1조: 기간 및 기한의 계산~290조: 규제의 검토)으로 구성되어 있고, 시행령 별표로서 평균수입가격 적용대상 물품(별표 1), 간이세율표(별표 2), 과세자료의 범위 및 제출시기(별표 3)이 있다.

㈐ 관세법 시행규칙

관세법 시행규칙은 관세법 및 동 시행령의 시행에 필요한 사항과 관세법 및 동 시행령이 위임한 사항을 규정하고 있고, 기획재정부령으로 제정된다. 현재 시행규칙은 "1조: 담보의 관세충당~86조: 전자문서중계업무의 수수료"로 구성되어 있다.

(2) 관세법의 구성

관세법은 총 13개장과 부칙으로 되어 있으며, 별표로서 관세율표가 부속되어 있는데, 관세법의 주요 구성내용을 보면, 다음과 같다.

1) 제1장(총칙)

이 장에는 목적, 정의, 관세징수의 우선, 내국세 등의 부과・징수, 법적용의 원칙 등, 기간과 기한, 서류의 송달 등으로 구성되어 있다.

2) 제2장(과세가격과 관세의 부과・징수 등)

이 장에는 과세물건, 과세표준, 과세물건확정시기 적용법령, 과세환율, 납세의무자, 납세의무의 소멸, 납세담보, 과세가격의 신고 및 결정, 부과와 징수(세액의 확정, 가산세과 가산금), 체납자료의 처분, 관세환급금의 환급 등이 규정되어 있다.

3) 제3장(세율 및 품목분류)

이 장에는 세율의 종류와 우선순위, 덤핑방지관세 등 각종 탄력관세, 간이세율 등 세율의 조정, 세율의 적용, 품목분류에 관한 규정이 있다.

4) 제4장(감면・환급 및 분할납부 등)

이 장에는 감면, 위약물품의 환급, 사후관리에 대한 내용으로 구성되어 있다.

5) 제5장(납세자의 권리 및 불복절차)

이 장에는 납세자의 권리와 심사 및 심판의 내용으로 구성되어 있다.

6) 제6장(운송수단)

이 장에는 개항, 선박과 항공기의 입출항절차, 차량의 각종 규제내용으로 구성되어 있다.

7) 제7장(보세구역)

이 장에는 보세구역은 통칙, 지정보세구역, 특허보세구역, 종합보세구역, 유치 및 처분으로 구성되어 있다.

8) 제8장(운송)

이 장에는 보세운송, 내국운송, 보세운송업자 등으로 구성되어 있다.

9) 제9장(통관)

이 장에는 통관요건, 원산지의 확인 등, 통관의 제한, 수출・수입・반송절차, 우편물의 통관으로 구성되어 있다.

10) 제10장(세관공무원의 자료제출요청 등)

이 장에는 세관장 등의 자료 제출 요청 등, 세관공무원의 물품 검사 등으로 구성되어 있다.

11) 제11장(벌칙)

이 장에는 밀수출입죄 등 각종 벌칙으로 구성되어 있다.

12) 제12장(조사와 처분)

이 장에는 통칙, 관세범의 조사, 처분으로 구성되어 있다.

13) 제13장(보칙)

보칙에는 가산세 세목, 통계표작성·교부, 세관설비의 사용, 전산처리설비의 이용, 청문, 권한의 위임·위탁 등으로 구성되어 있다.

Ⅲ. 관세행정기관

관세행정은 실제 기획·집행을 하는 일반행정기관과 특정사항에 대하여 심의의결하는 행정위원회 또는 회의가 있다.

일반행정기관으로서는 기획재정부, 관세청 및 세관이 있으며 행정위원회 또는 회의로서는 관세심사위원회, 관세체납정리위원회, 국세심판관회의, 관세포상위원회, 관세품목분류위원회가 있다.

1. 일반행정기관

(1) 중앙관세행정기관

관세행정의 중앙행정기관은 기획재정부와 관세청이다. 즉, 정부조직법에서는 「기획재정부장관은 – 관세 – 에 관한 사무를 장리한다」고 규정되고 있고, 또한 「관세의 부과, 감면, 징수와 수출입물품의 통관 및 밀수출입 단속에 관한 사무를 관장하게 하기 위하여 기획재정부장관 소속하에 관세청을 둔다」고 규정되어 있으므로 관세행정의 중앙기관은 기획재정부와 관세청이라 하겠다.

㈎ 기획재정부

기획재정부에는 관세에 관한 사무를 관장하는 보조기관으로서 세제실에 관세심의관을 두고 있다. 관세심의관은 관세정책, 관세율정책, 국제관세협력 등의 기획입안 사무를 담당하고 있고, 관세의 부과, 감면, 징수와 수출입물품의 통관, 밀수출입단속 및 무역통계에 관한 사무를 관장한다. 관세심의관 밑에는 ㉠ 관세제도과, ㉡ 산업관세과, ㉢ 관세협력과를 두고 있다.

㈏ 관세청

관세청은 관세행정 분야를 담당하여 주로 일선세관의 관세행정 업무를 집행을 지도·감독하는 동시에 한편으로는 관세정책과 관세제도에 관한 건의를 하기도 한다. 정부조직법에는 관세의 부과, 감면 및 징수와 수출입물품의 통관 및 밀수출입 단속에 관한 사무를 관장하기 위하여 기획재정부 장관 소속하에 관세청을 둔다(정부조직법 제27조 ⑦항)고 규정함으로써 관세청과 세관에서 관세에 관한 행정을 집행한다. 관세청의 임무는 국경을 통과하는 사람과 재화에 대하여 국내법규(68개)와 국제협정(28개)을 종합 집행한다. 즉, 국가의 재정수입 확보, 국내산업의 보호육성 및 수출지원, 수출입물품의 합리적인 통관관리, 밀수 및 부정무역의 감시단속, 안보위해물품 및 대테러 위해물품 반입방지, 보세구역 내 위조상품 및 상표권 단속, 보세구역 내 마약단속, 수출입물품의 원산지확인 등이다. 관세청 고유 업무 이외에도 국가 안위를 보전하기 위한 안보감시 제반업무를 수행하고 있다.

(2) 지방관세행정기관

관세청 산하기관으로는 6본부세관, 2개 직할세관, 47개 세관, 5개 지소, 7감시소, 중앙관세분석소를 두고 있다.

㈎ 세 관

세관은 관세에 관한 사무뿐만 아니라 수입물품에 부과되는 임시수입부가세와 내국세인 부가가치세, 개별소비세, 주세, 교육세, 교통·에너지·환경세 및 농어촌특별세도 부과징수 또는 감면한다. 또한, 세관은 수출입하고자 하는 물품에 대하여 제 법령에 의한 규제사항을 실물에 의하여 최종적으로 확인하는 역할을 한다. 이러한 세관 고유의 관세행정업무 이외에도 밀수단속이나 간첩이나 적의 침입을 막는 안보감시의 업무도 담당하고 있다.

세관의 역할은 국제간 인적·물적 교류의 최일선에서 수출입의 통관을 적정하게 함으로써 산업의 발전과 국민생활의 향상 및 안정에 기여하는 것이다. 정부조직법상 세관의 소관사무는 관세의 부과·징수와, 수출입물품의 통관, 그리고 밀수출입의 단속으로 규정되어 있다. 오늘날 세관 업무에 있어 중점이 되고 있는 것은 대체로 <표 5-4>와 같다. 이와 같은 업무는 모두 국내 산업 또는 국민의 생활과 밀접한 관련이 있는 것이다.

무역업자가 통관을 위해 수출 또는 수입신고를 할 수 있는 행정기관은 전국의 세관과 출장소이다. 현재 수출 또는 수입의 신고는 원칙적으로 통관하고자 하는 물품이 장치된 구역을 관할하는 세관에 하여야 하므로 신고를 위해서는 해당 물품이 장치된 구역을 관할하는 세관 또는 출장소가 어디인가를 확인하여야 한다. 만일 출장소와 세관

표 5-4 세관의 주요 업무내용

업무영역	주 요 내 용
외항선(기)관리	입출항절차 관리, 선용품적재 관리, 여행자휴대품검사 등
보세구역관리	보세구역·관세자유지역 등의 관리
통관관리	수출입물품의 적정한 통관
과 세	관세의 부과·징수, 감면세, 환급, 수입물품에 대한 내국소비세의 부과징수
밀수출입 단속	관세포탈물품, 사회안정·국민의 건강보호·환경보호 저해물품단속
공정무역 조장	원산지허위표시·지적재산권침해물품 등의 단속
외환사범단속	불법적인 외국환의 거래 또는 자금세탁의 단속

의 관할구역이 중복될 경우에는 수출입통관을 위한 신고는 해당 출장소에 하여야 한다. 세관과 출장소별 관할구역은 일반 지방 행정기관의 시·군·구 등의 영역과 일치하지 않는 경우가 많다.[1)]

(나) 지소

수출입물량이 많은 개항과 내륙공업지역 또는 출입국여객이 많은 개항에는 세관을 두며, 그렇지 않은 개항 또는 내륙공업지역에는 그곳을 관할하는 세관에서 업무량을 감안하여 지소를 설치하여 세관의 사무를 관장하게 하고 있으며, 국제우체국 중 수출입물량이 많고 세관과의 거리가 먼 경우에는 그 곳을 관할하는 세관에서 지소를 설치하는 경우도 있다. 이러한 지소는 전국에 5개가 있다.

2. 행정위원회

관세심사위원회(법 제124조)는 관세청장에게 제기된 심사청구를 심의하고 (관세청에 설치), 과세전적부심사(법 제118조)는 세관장 또는 관세청장에게 청구한 과세전적부심사청구를 관세심사위원회가 심사하며(세관 또는 관세청에 설치), 관세포상위원회(법 제324조)는 밀수방지에 공이 있거나 관세행정의 개선이나 발전에 특별한 공로가 있는 자에 대한 포상여부, 포상금 지급 여부와 그 지급금액, 기타 포상에 관한 필요한 사항을 심의결정하고(관세청 및 세관에 설치), 관세체납정리위원회(법 제45조)는 관세의 체납정리에 관한 사항을 심의하며(세관에 설치), 관세품목분류위원회(법 제85조 1항)는 ① 관세

1) 세관의 관할구역은 법제처 홈페이지(www.moleg.go.kr)에서 종합법률정보/현행법률정보/관세청과 그 소속기관 직제 시행규칙(별표 1)을 접속하여 구체적으로 확인할 수 있다. 관세청과 그 소속기관 직제 시행규칙에서는 관세청 및 세관에서 행하는 각종 업무의 국·과별 업무분장 내용도 확인할 수 있다.

청장이 정할 품목분류의 적용기준, ② 수출입신고를 할 수 있는 자가 수출입신고를 하기 전에 해당 물품에 적용될 품목분류를 심사하여 줄 것을 관세청장에게 신청한 경우의 이의 사전심사, ③ 관세청장이 사전심사한 품목분류 또는 직권으로 한 품목분류의 변경, ④ 기타 품목분류에 관하여 관세청장이 부의하는 사항 등을 심의하고(관세청에 설치) 국세심판관회의 또는 국세심판관합동회의(국세기본법 제72, 78조)는 국세심판원장에게 청구한 심판청구에 관한 조사와 심리를 한다(국세심판원에 설치).

구 분	소 속	업 무	구 성
중앙관세품목분류위원회(법 제85조 ②항)	관 세 청	품목분류에 관한 사항 심의	· 위원장관세청 차장 · 위원 7인 이상 11인 이하의 위원(위원장 1인 포함)
관세심사위원회(법 제124조)	관 세 청	관세청장에게 제기된 심사청구를 심의	· 위원장: 관세청 차장 · 위원: 관세청장 지정 4인 이내와 관세청장 위촉 6인 이내
관세포상심사위원회(법 제324조)	세 관	포상에 관한 사항 심의	· 위원장: 관세청 차장 · 위원: 관세청장 지정 6인
관세체납정리위원회(법 제45조)	관세청 또는 세 관	관세 등의 체납정리에 관한 사항을 심의	· 위원장: 세관장 · 위원" 5인 이상 7인 이내
과세전적부심사 위원회(법 제118조)	관세청 및 세관	과세전 적부심사 청구를 심사	· 위원장: 관세청 차장(세관장) · 위원: 관세청장(세관장) 임명 4인(3인) 이내와 관세청장(세관장) 위촉 6인(4인) 이내
무역위원회(대외무역법)	산업자원부	국내산업 피해의 조사, 판정, 구제조치 건의	· 위원장: 산업통상자원부 장관의 제청으로 대통령이 임명 · 위원은 상동

제 2 절 관세법의 해석과 적용

Ⅰ. 개 요

조세의 징수는 국민의 재산권과 밀접한 관계가 있으므로 조세법의 해석과 적용에 있어서 부당하게 납세자의 재산권이 부당히 침해되어서는 안 되며, 새로운 해석이나 관행에 의하여 소급하여 과세되어서는 아니된다는 훈시적 규정이다.

국민의 재산권은 보장되며(헌법 제23조), 조세의 종목과 세율은 법률로서 정한다(헌법 제59조)라고 헌법에 규정하고 있다.

이와 같은 헌법에서 보장하는 국민의 재산권이 조세법의 해석이나 적용에 있어서 부당하게 침해되거나 소급 과세되어서는 아니된다는 조세법의 해석과 적용에 관한 원칙을 규정한 것이다.

우리나라 관세법에서는 '이 법의 해석・적용에 있어서는 과세의 형평과 해당 조항의 합목적성에 비추어 납세자의 재산권이 부당히 침해되지 아니하도록 하여야 하며(법 제5조의 제1항)' '법의 해석 또는 관세관행이 일반적으로 납세자에게 받아들여진 후에는 그 해석 또는 관행에 의한 행위 또는 계산은 정당한 것으로 보며 새로운 해석 또는 관행에 의하여 소급하여 과세되지 아니한다(법 제5조의 제2항)'는 명시적 규정을 두고 있다.

Ⅱ. 관세법 해석과 적용기준

관세법의 해석・적용에 있어서는 과세의 형평과 해당 조항의 합목적성에 비추어 납세자의 재산권이 부당히 침해되지 아니하도록 하여야 한다는 원칙이다(법 제5조의 제1항).

조세법의 규제대상인 경제현실은 대단히 복잡다양하고 항상 변천하므로 조세법의 규정은 이러한 경제적 현실에 대처하는 데 있어서 완전하다고 할 수 없으며, 또한 조세법에서 사용되고 있는 용어도 민법, 상법 등 다른 분야의 용어를 그대로 빌어 쓰는 경우가 흔히 있어 조세법의 용어가 규제대상인 내용은 정확하게 표현하지 못하는 경우도 있다. 이러한 사정에 비추어 볼 때 조세법의 의미내용을 명백히 하는 조세법의 해석은 중요하며 따라서 그 해석의 방법 또는 태도에 대한 견해도 서로 다르게 되므로 조세법의 해석은 조세법학에 있어서 중요한 과제로 되어 있다.

1. 과세형평의 원칙

관세법을 해석하는 데 있어서의 첫째의 기준은 과세의 형평원칙에 따라 납세자의 재산권이 부당히 침해되지 아니하여야 된다는 것이다.

과세의 형평이란 과세자와 납세자간의 형평과 서로 다른 납세자간의 형평으로 구분할 수 있다. 과세자와 납세자의 형평이란 종래 과세자의 일방적인 세수 증대 일변도의 처리방법을 지양하여 납세자에게 억울함이 없어야 한다는 것이며, 납세자간의 형평이란 납세자들간에 차별이 있어서는 안 된다는 것으로서 조세의 공평성 또는 평등원칙을 의미한다고 할 수 있다.

여기서 조세의 공평이란 부담능력에 상응하는 누진세제도를 의미하는 것이지만, 관세의 경우에는 대물세이고 간접세이기 때문에 담세능력의 문제는 고려대상이 되지 않는다.

2. 합목적성원칙

관세법을 해석하는 데 있어서 다음의 기준은 합목적성원칙인데, 여기서 합목적성원칙이란 조세법의 개개의 조항을 해석하는 데 있어서는 개개조항의 형식이나 그 표현에 너무 구애받지 말고 조세법의 기본이념을 기초로 하여 그 조항의 목적에 맞도록 합목적으로 해석을 하여야 한다는 것이다.

이와 같이 규정하고 있는 것은 조세법은 복잡 다양하고 그 때마다 변천하는 경제현상을 그 규제의 대상으로 하고 있기 때문에 그러한 조세법의 목적을 정확히 파악하여 조세법의 문장에 너무 구애받지 말고 경제적·실질적 의의와 여러 가지 사정의 발전을 고찰하고, 또한 국민의 통념에 어긋나지 않도록 조세법의 목적에 따라 합목적적으로 해석하라는 뜻으로 이해한다.

Ⅲ. 신의성실의 원칙 적용

1. 의　　의

신의성실의 원칙이라 함은 사람은 사회 공동생활의 일원으로서 서로 상대방으로부터 일반적으로 기대되는 신뢰를 저버리지 않도록 성의를 가지고 행동하여야 한다는 원칙을 말한다.

신의성실의 원칙은 원래 사법의 대원칙으로서 우리 민법의 기본원리이고, 권리의 행사와 의무의 이행에 있어서 지켜야 할 기준이다. 이 원칙은 국가사회의 일원으로서 상대방의 신뢰에 반하지 않도록 성의 있게 행동해야 한다는 도덕적 규범을 법적 가치판단의 한 내용으로 도입한 것이다.

이 원칙의 적용에 관하여 관세법에서는 "납세자는 그 의무를 이행함에 있어서는 신의에 좇아 성실히 하여야 한다. 세관공무원이 그 직무를 수행함에 있어서도 또한 같다"고 규정하고 있다(법 제6조).

2. 적용대상 및 요건

(1) 적용대상

신의성실의 원칙은 관세채무자인 납세의무자와 과세관청인 세관의 세관공무원에 다 같이 적용된다. 그러나 납세의무자에 대하여는 이 원칙은 극히 제한적으로 적용된다고 할 수 있다. 즉, 납세의무자가 과세관청에 대하여 신의성실의 원칙에 반하는 행위를 하게 되면 위법 또는 부당한 행위가 되거나 의무불이행이 되는 경우가 대부분이므로 관세법에 의한 조사를 받게 되어 그 결과에 따라 처리되거나 가산세를 부담하는 등의 불이익을 받게 되므로 이 원칙은 극히 제한적으로 적용된다고 할 수 있다.

(2) 적용요건

납세의무자에 대하여는 그 적용이 극히 제한적이므로 적용요건에 대한 설명의 필요성이 없으므로 그 설명을 생략하고, 과세관청에 대한 신의성실의 원칙을 적용할 때 필요로 하는 적용요건에 대하여서만 설명한다.

과세관청의 행위에 대하여 신의성실의 원칙이 적용되는 요건으로서는 ① 납세의무자의 신뢰의 대상이 되는 과세관청의 언동은 과세관청의 공적인 견해 표명에 의한 것이라야 한다. ② 납세의무자가 과세관청의 공적인 견해표면을 신뢰함은 물론 그 신뢰를 함에 있어서 납세의무자에게 귀책사유가 없어야 한다. ③ 납세의무자가 그 신뢰를 바탕으로 어떤 행위를 하였을 것 ④ 과세관청이 자기의 공적인 견해표명에 반하는 처분을 소급하여 적법하게 함으로써 납세의무자의 이익이 침해되어야 한다 등이다. 이상 네 가지 요건이 모두 갖추어졌을 때 과세관청에 대하여 신의성실의 원칙이 적용된다.

Ⅳ. 소급과세금지의 원칙 적용

1. 의　　의

조세법의 해석은 국민의 재산권과 밀접한 관계가 있으며, 특히 납세자에게 받아들여진 해석 또는 관행은 그것이 변경된다 하여 변경된 것을 소급하여 적용 과세하면 국민이 불의에 재산상 손실을 볼 수 있으므로 소급과세는 하여서는 안 된다.

소급과세의 금지란 일반적으로 조세법률관계에 있어서 법적 안정성 및 예측가능성을 보장하기 위하여 행정법규의 효력발생 전에 완결된 사실에 대하여 새로 제정된 법을 적용하지 아니한다는 것을 의미하며, 또한 조세법의 해석 또는 관행이 일반적으로 납세자에게 받아들여진 후에 이들 해석이나 관행의 변경은 새로운 입법의 성질과 같은 것이므로 변경된 해석이나 관행을 소급하여 적용하여서는 아니된다는 의미를 포함한다.

이와 같이 소급과세를 금지하는 것은 조세법률관계에 있어서의 법적 안정성과 예측가능성을 보장하고 국민의 신뢰를 보호하여 국민의 재산권을 보호하고자 하는 데 그 궁극적인 목적이 있다고 할 수 있다.

2. 소급과세금지의 내용

소급과세의 금지는 소급입법에 의한 소급과세의 금지와 법률해석 또는 행정관행의 소급적용에 의한 소급과세의 금지가 있다.

(1) 소급입법에 의한 소급과세의 금지

우리나라 헌법(제13조 2항)에 "모든 국민은 소급입법에 의하여 재산권을 박탈당하지 아니한다"고 규정하고 있으므로 일반적으로 이 헌법 정신에 따라 국민의 재산권이 침해되는 소급입법은 하지 아니하는 것이 원칙이다. 따라서 소급입법에 의한 소급과세는 거의 없다고 할 수 있다.

(2) 법률해석 또는 행정관행의 소급적용에 의한 소급과세의 금지

㈎ 소급과세금지의 원칙

조세법의 해석이나 조세행정의 관행이 잘못되어 새로운 조세법의 해석을 하거나 그 조세행정의 관행을 변경하여야 할 경우가 있을 수 있다. 이러한 경우에는 조세법률주의의 파생 원칙의 하나인 합법성의 입장에서는 새로운 조세법의 해석 또는 지금까지의 조세행정의 관행을 소급하여 적용하거나 변경하여야 할 것이다. 그러나 이로 인하여 조세법률관계에 있어서 국민의 법적 안정성과 예측가능성을 저해함은 물론 국민의 과세권자에 대한 신뢰가 무너지므로 관세법에서 규정한 일정한 법정요건을 갖춘 경우에는 새로운 조세법의 해석 또는 지금까지의 조세행정의 관행을 소급하여 적용하거나 변경함으로써 소급과세를 할 수 없도록 하고 있다.

㈏ 소급과세금지의 적용요건

소급과세를 할 수 없는 일정한 법정요건은 ① 관세법의 해석이나 관세행정의 관행이 일반적으로 납세자에게 받아들여져야 하고 ② 그것이 받아들여진 후에 그 해석과 관행에 의한 행위 또는 계산이 있어야 한다는 것이다. 이 중 둘째 요건은 해석에 어려움이 없으므로 첫째 요건에 대한 설명만을 한다.

"관세법에 의한 해석 또는 관세행정의 관행이 일반적으로 납세자에게 받아들여진" 것이라 함은 비록 잘못된 해석 또는 관행이라 하더라도 특정한 납세자가 아닌 불특정의 일반 납세자에게 그 해석이나 관행이 정당한 것으로 이의 없이 받아들여지고 그 해석이나 관행을 신뢰하는 것이 무리가 아니라고 인정될 정도에 이른 것을 말한다고 대법원에

서 해석하고 있다(93. 5. 16 91누9893). 이 해석은 이 요건의 해석으로 타당하다고 생각된다.

이 법률해석이나 행정관행의 소급적용에 의한 소급과세의 금지는 신의성실의 원칙의 파생원칙 또는 예시적인 것이라 할 수 있으므로 신의성실의 원칙과 같이 합법성의 원칙을 희생하여서라도 납세자의 신뢰를 보호함이 정의에 합당한 것으로 인정되는 특별한 경우에 한하여 적용한다고 보아야 할 것이다.

표 5-5 신의성실의 원칙과 소급과세금지 원칙 비교

구 분	신의성실의 원칙	소급과세금지의 원칙
의 의	세법의 기본원칙 중의 하나	신의 원칙을 구체화 한 하부원칙
적용범위	① 과세관청과 납세자 모두 적용 ② 모든 권리행사는 의무이행에 적용	① 과세관청에만 적용 ② 행정해석, 행정관행에만 적용
적용요건	개별적, 구체적	일반적, 획일적

Ⅴ. 세관공무원의 재량한계

세관공무원은 재량권을 행사할 때 그 한계를 넘거나 그 남용이 있어서는 아니된다. 즉 세관공무원은 그 재량에 의하여 직무를 수행함에 있어서는 과세의 형평과 관세법의 목적에 비추어 일반적으로 타당하다고 인정되는 한계를 엄수하여야 한다(법 제7조).

행정은 법에 의하여야 함은 물론이고 특히 관세행정에 있어서는 조세법률주의에 의하여야 함으로 관세법의 정하는 바에 따라 관세행정을 하여야 한다. 그러나 법률은 입법기술상 모든 경우를 예상하여 만들 수 없고, 또한 행정은 항상 변천발전하는 사회에 맞추어서 하여야 함으로 입법할 때 불확실 개념을 사용하거나 행위여부와 수개의 행위 중 선택할 수 있는 여지를 행정청에 부여하는 경우 등이 적지 않기 때문에 행정청이 재량에 의하여 행정을 하는 경우가 많게 된다.

이와 같이 행정청에 재량이 인정된 경우라 하더라도 행정청의 자의나 독단을 인정한 것은 아니므로 재량에는 일정한 한계와 일정한 원칙이 지켜져야 한다.

따라서 행정청이 자기의 재량에 속하는 처분이라 하더라도 재량권의 한계를 넘거나 그 남용이 있는 때에는 법원은 이를 취소할 수 있다(행정소송법 제27조).

◈ 재량행위

재량행위란 행정청의 견해와 직권으로 어떤 판단과 선택의 여지가 일정한 범위 내에서 인정되는 행위를 말한다. 재량권을 행사할 때 행위의 성질 및 행정목적에 적합하지 아니하면 재량권의 남용이라 하고, 법이 인정하는 재량권의 범위를, 넘는 경우를 재량권의 유월이라 한다. 이와 같이 재량이란 스스로 판단하여 처리하는 것을 의미하지만, 재량에는 한계가 있는 것이다. 과세 형평과 법 목적에 비추어 일반적으로 타당하다고 인정되는 범위가 관세법에서 정한 재량의 한계라 할 수 있다.

제3절 관세법상의 용어의 정리

Ⅰ. 수 입

관세법에서 '수입'이라 함은 ① 외국으로부터 우리나라에 도착된 물품(외국의 선박 등에 의하여 공해에서 채포된 수산물 등을 포함한다) 또는 ② 수출신고가 수리된 물품을 우리나라에 반입하는 것(보세구역을 경유하는 것은 보세구역으로부터 반입하는 것)을 말한다(법 제2조 ①항, ④항).

또한 우리나라에서 소비 또는 사용하는 것(우리나라 운송수단 안에서의 소비 또는 사용하는 것을 포함하며, 법 제239조의 각호의 1(수입이 아닌 소비대상)에 해당하는 소비 또는 사용을 제외한다)을 말한다.

1. 수입의 대상

관세법상 수입의 대상은 외국물품이 되는 바 외국물품은 다음과 같다.

(1) **외국으로부터 우리나라에 도착된 물품**(외국선박 등에 의해서 공해에서 채집된 수산물 포함)

외국으로부터 우리나라에 도착된 물품으로서 수입의 신고가 수리되기 전의 것, 외국의 선박에 의하여 공해에서 채집 또는 포획된 수산물로서 수입신고가 수리되기 전의 것을 포함하고 있는 것은 외국의 선박(우리나라 국적의 선박으로 외국의 법인 또는 개인에게 용선되어 있는 경우 포함)이 공해에서 채포한 수산물 또는 그 수산물을 원료로 가공·제조한 물품을 우리나라에서 반입하는 것은 경제적으로 외국으로부터 도착된 물품을 우리나라에 반입하는 것과 차이가 없기 때문이다.

(2) 수출신고가 수리된 물품

수출신고가 수리된 물품을 우리나라에 다시 반입하는 것도 수입이라고 정의하고 있는데, 그것은 내국물품이 수출신고수리를 받음으로써 외국물품화되어 관세법상 외국물품으로 취급되기 때문이다. 여기서 '수출신고가 수리된 물품'이란 수출신고가 수리되었으나 아직 선적되지 않은 물품이나 외국에 도착하기 이전에 반송된 물품을 말한다. 수출신고가 수리된 물품은 외국물품이라 하더라도 보세운송을 거치지 않는다.

(3) 외국물품의 의제

다음에 해당하는 물품도 관세법상 외국물품으로 간주되어 보세구역으로부터 반입하는 경우에는 수입에 해당된다.

㉠ 보세구역에 장치된 물품에 대한 보수작업의 결과 외국물품에 부가된 내국물품(법 제158조)

㉡ 보세공장에서 외국물품과 내국물품을 원료나 재료로 하여 작업을 한 경우, 그로써 생긴 물품(법 제101조)

㉢ 관세환급을 받을 목적으로 일정한 보세구역 또는 자유무역지역에 반입한 물품(환급특례법 제18조 ②항)

2. 수입의 의제

외국물품은 원칙적으로 수입신고 수리를 받는 통관절차를 거쳐야 수입이 되는 것이나 다음과 같은 경우에는 수입되는 물품의 특수성 및 관세행정상의 목적을 달성함에 지장이 없는 점을 감안하여 통관절차를 거치지 아니하고도 수입신고가 수리된 것으로 간주한다(법 제240조 ①항).

① 체신관서가 수취인에게 교부한 우편물
② 법령에 의하여 매각된 물품
③ 관세법에 의하여 몰수된 물품
④ 동 법에 의해 통고처분으로 납부된 물품
⑤ 법령에 의하여 국고에 귀속된 물품
⑥ 동 법에 의하여 몰수에 갈음하여 추정된 물품

3. 수입으로 보지 아니하는 소비 또는 사용

외국물품이 사실상 국내에 반입된 것으로 볼 수 없는 경우나 물품의 국내 반입이 이루어졌지만 이를 관세법상의 수입으로 보아 관세를 부과·징수하는 것이 불합리한 다음과 같은 경우에는 과세대상물품에서 제외하고 있다. 이와 같은 물품은 수입통관절차를 거칠 필요가 없으며 관세 등도 부과되지 않는다(법 제239조).

① 선용품·기용품을 운수기관 내에서 그 용도에 따라 소비 또는 사용하는 경우
② 여행자가 휴대품을 관세통로·운송수단 내에서 소비 또는 사용하는 경우
③ 관세법상의 규정에 의하여 인정된 바에 따라 소비 또는 사용하는 경우
㉠ 보세구역에 장착된 외국물품이 재해, 기타 부득이한 사유로 멸실되거나 미리 세관장의 승인을 얻어 폐기한 경우
㉡ 보세운송중에 재해, 기타 부득이한 사유로 멸실되거나 미리 세관장의 승인을 얻어 폐기한 경우

Ⅱ. 수　　출

관세법상 수출이란 내국물품을 외국으로 반출하는 것을 말한다(법 제2조 ②항). 수출이라 함은 일반적으로 국내에서 외국으로의 물품을 판매하거나 국내에서 외국으로의 물품을 이동시키는 것을 말한다. 관세법상 수출의 정의를 구체적으로 검토하면 다음과 같다.

1. 수출의 대상

수출의 대상이 되는 것은 내국물품이다. 여기서 내국물품이란 다음과 같다.

(1) 우리나라에 있는 물품으로서 외국물품이 아닌 것

㈎ 수입신고가 수리된 물품

원칙적으로 외국물품은 '수입신고 수리 후'에 내국물품이 된다.

㈏ 보세구역에 반입된 물품을 검사상 필요에 의하여 사용·소비한 견품

세관공무원은 보세구역에 반입한 물품에 대하여 검사상 필요가 있는 경우에는 그 물품의 일부를 견품으로 채취할 수 있으며, 채취된 물품이 사용·소비된 때에는 관세를 납부하고 수리된 것으로 본다(법 제161조).

㈐ 수입의 의제 대상 물품

수입통관절차를 거치지 않았다 하더라도 일정물품에 대하여 관세법 규정에 의하여 적법하게 수입된 것으로 보아 내국물품으로 간주한다(법 제240조).

(2) 우리나라의 선박 등에 의하여 공해에서 채포한 수산물 등

우리나라의 선박에 의하여 공해에서 채포된 수산물(이를 원료로 가공 또는 제조한

물품 포함)을 수출의 대상으로 한 것은 우리나라의 선박에 의하여 공해에서 채포된 물품을 그대로 외국에 반출하는 경우에는 기타의 내국물품을 외국에 반출하는 것과 동일한 경제적인 의미를 가지기 때문이다. 여기서 우리나라 선박이라 함은 우리나라 국적의 선박을 말하나 외국 국적 선박이라 하더라도 우리나라 개인 또는 법인이 나용선한 선박은 우리나라 선박으로 취급한다.

(3) 입항 전 수입신고가 수리된 물품

수입하고자 하는 물품의 신속한 통관이 필요한 경우 물품을 선(기)적한 선박 또는 항공기가 입항하기 전에 수입신고를 할 수 있으며 화물검색결과 검사대상으로 결정되지 아니한 물품에 대하여는 입항 전에 그 수입신고를 수리할 수 있다. 이렇게 입항 전에 수입신고가 수리된 물품은 관세법상 내국물품으로 취급되어 외국으로 반출하는 경우에는 수출에 해당된다고 할 수 있다.

(4) 수입신고 수리전 반출의 승인을 받은 물품

수입신고한 물품에 대하여 납부하여야 할 관세에 상당하는 담보를 제공하고 세관장의 승인을 얻은 경우에는 수입신고가 수리되기 전에 반출할 수 있는데, 이 때 반출신고를 하고 반출된 물품은 내국물품이 된다.

(5) 수입신고 즉시 반출승인을 받은 물품

수입하고자 하는 물품을 수입신고 전에 운수기관 또는 이 법에 규정된 장치장소로부터 즉시 반출신고 후 반출을 할 수 있는데, 이 때 반출신고를 하고 반출된 물품은 내국물품이 된다.

2. 수출의 의제

체신관서가 외국으로 발송한 우편물은 관세법의 규정에 의하여 적법하게 수출 또는 반송이 이루어진 것으로 본다(법 제240조 제②항).

보 충

관세법상 수입, 수출의 개념과 대외무역법상의 수입, 수출의 개념은 다르다.

대외무역법상 수입은,

① 매매, 교환, 임대차, 사용대차, 증여 등을 원인으로 외국으로부터 국내로의 물품의 이동

② 유상으로 외국에서 외국으로 물품을 인수하는 것으로서 산업통상자원부 장관이 정하는 것을 말하고

대외무역법상 수출은,

① 매매, 교환, 임대차, 사용대차, 증여 등을 원인으로 국내에서 외국으로의 물품의 이동
② 유상으로 외국에서 외국으로 물품을 인도하는 것으로서 산업통상자원부장관이 정하는 것을 말한다.

즉, 대외무역법상 수입은 수입승인으로부터 최종단계인 수입신고수리까지의 일련의 수입절차 과정으로 보고, 관세법상 수입은 수입신고수리시점을 중심으로 하여 우리나라에 반입하는 개념으로 파악하고 있다. 또한, 대외무역법상 수출은 수출승인으로부터 최종단계인 수출대금의 회수까지의 일련의 수출절차를 의미하고, 관세법에서는 수출신고수리시점을 기준으로 하여 반출하는 것을 수출로 보고 있다(보세공장에서 만든 제품을 외국으로 반출할 때 관세법에서는 이를 반송이라 하고, 대외무역법 등에서는 이를 수출로 본다).

Ⅲ. 외국물품

관세법에서 '외국물품'이라 함은 외국으로부터 우리나라에 도착된 물품(외국의 선박 등에 의하여 공해에서 채포된 수산물 등을 포함)으로서 수입신고가 수리되기 전의 것과 수출신고가 수리된 물품을 말한다(법 제2조 ④항).

1. 외국으로부터 우리나라에 도착된 물품으로서 수입신고 수리되기 전의 것

수입의 대상이 되는 외국물품은 수입신고를 하여 수리가 되어야 내국물품이 된다. 어떤 물품이 단지 외국으로부터 우리나라에 도착하였다 할지라도 수입신고가 수리되기 전에는 외국물품으로 간주한다. 시중에서 유통되고 있는 밀수품은 수입은 이루어졌다고 할 수 있지만 수입신고가 수리되지 않았기 때문에 외국물품으로 취급된다.

2. 외국의 선박 등에 의하여 공해에서 체포된 수산물 등

공해에서 체포된 수산물 중에서 우리나라 선박으로 채포된 것은 내국물품이고, 외국선박에 의해서 채포된 것은 외국물품으로 취급하고 있는데, 이는 외국선박이 공해에서 채포한 수산물은 경제적 이익에 있어 외국에서 들어오는 일반화물과 다를 바가 없기 때문이다.

또한, 수산물 등은 공해에서 채포한 수산물 이외에 외국의 발굴장비에 의하여 공해에서 발굴된 천연가스, 석유, 광물자원을 말한다.

참 조 **수입물품과 외국물품의 구별**

① 수입물품은 수입신고의 수리여부와 관계없이 외국으로부터 우리나라에 반입된 물품
② 외국물품은 외국에서 도착된 물품 중에서 수입신고가 수리되기 전과 수출신고가 수리된 물품을 말하는 것으로, 순수한 국산품이라도 수출신고가 수리된 것은 외국물품이 된다.

내용정리

• 관세법상 외국물품

각종 시험에 자주 출제되니 예문을 잘 기억해 둘 것

① 외국으로부터 우리나라에 도착된 물품으로서 수입신고가 수리되기 전의 것
② 외국의 선박 등에 의하여 공해에서 채포된 수산물 등으로서 수입신고가 수리되기 전의 것
③ 수출신고가 수리된 물품
④ 보수작업의 결과 외국물품에 부가된 내국물품
⑤ 보세공장에서 외국물품과 내국물품을 원재료로 하여 작업을 한 경우, 그로써 생긴 물품
⑥ 보세공장 또는 자유무역지역에 반입한 물품
⑦ 현재 시중에 유통중인 밀수품
⑧ 외국으로부터 우리나라에 도착하여 보세운송중인 물품
⑨ 수입신고를 하였으나 아직 수리중에 있는 물품

3. 수출신고가 수리된 물품

내국물품을 외국으로 반출하고자 할 때에는 수출신고를 하여 수리가 되어야 한다. 즉, 수출신고가 수리된 물품은 외국물품이 되는 것이다.

수출신고수리를 받은 물품은 그 물품이 우리나라 안에 있다 하더라도 외국물품으로 취급되고, 아직 선적이 안 된 물품을 수출하지 않고 국내에서 사용하려면 다시 수입신고수리를 받아야 한다.

4. 보세구역 내에서 보수작업으로 외국물품에 부가된 내국물품

보세구역에 장치된 물품에 대하여는 그 현상을 유지하기 위하여 필요한 보수작업과 그 성질은 변하지 아니하는 범위 안에서 개장·구분·분할·합병 기타 유사한 보수작업을 할 수 있다. 이러한 보수작업으로 외국물품에 부가된 내국물품은 외국물품으로 본다(관세법 제158조).

5. 보세공장에서 외국물품과 내국물품을 혼합하여 만든 제품

내수용 보세공장에서 외국물품 또는 외국물품과 내국물품을 원료로 하거나 재료로 하여 작업을 할 때에는 그로써 생긴 물품은 외국으로부터 우리나라에 도착된 외국물품으로 본다. 다만, 세관장의 승인을 받고 외국물품과 내국물품과를 혼용할 때에는 그로써 생긴 제품 중 해당 외국물품의 수량 또는 가격에 상응하는 것만을 외국으로부터 우리나라에 도착된 외국물품으로 본다(관세법 제188조).

Ⅳ. 내국물품

관세법상 내국물품이란 ① 우리나라에 있는 물품으로서 외국물품이 아닌 것, ② 우리나라의 선박 등에 의하여 공해에서 채집하거나 포획된 수산물 등, ③ 입항 전 수입신고가 수리된 물품, ④ 수입신고 수리전 반출승인을 받아 반출된 물품, ⑤ 수입신고 전 즉시반출신고를 하고 반출된 물품을 말한다(법 제2조 ⑤항).

1. 우리나라에 있는 물품으로서 외국물품이 아닌 것

① 우리나라에서 생산되어 수출신고가 수리되지 아니한 것

② 외국에서 생산되어 우리나라에 반입된 물품 중 외국물품이 아닌 것

· 수입신고가 수리된 물품

· 체신관서가 수취인에게 교부한 우편물

· 관세법에 의하여 매각 · 몰수에 갈음하여 추징된 물품

  − 매각된 물품

· 원산지 허위표시 물품에 대한 매각

· 유치품 및 예치품에 대한 매각(법 제207조)

· 장치기간 경과물품에 대한 매각(법 제208조)

· 압수물품의 매각

  − 몰수된 물품(법 제282조)

  − 몰수에 갈음하여 추징된 물품(법 제282조)

· 관세법에 의한 통고처분으로 납부된 물품

· 법령에 의하여 국고에 귀속된 물품

  − 장치기간 경과물품의 국고귀속(법 제299조)

  − 압수물품의 국고귀속(법 제299조)

– 압수물품의 환부미청구시 국고귀속(법 제313조)

· 신고수리 전 반출의 승인을 받은 물품

③ 보세구역에 반입된 물품을 세관공무원이 검사상 필요에 의하여 사용·소비한 견품

2. 우리나라의 선박 등에 의하여 공해에서 채포된 수산물 등

우리나라의 선박에 의하여 공해에서 채포한 수산물을 내국물품으로 보는 것은 경제적으로 볼 때 국내에서 생산된 물품과 차이를 둘 필요가 없기 때문이다. 외국으로부터 나용선한 선박은 우리나라 선박에 준하므로 이들 선박이 공해에서 채포한 수산물은 내국물품이 된다.

3. 입항 전 수입신고가 수리된 물품

관세법상 입항 전 수입신고가 수리된 물품은 내국물품으로 본다. 이는 수입하고자 하는 물품의 신속한 통관이 필요한 경우 해당 선박(기)이 입항하기 전에 수입신고하여 화물검색 결과 검사생략물품으로 지정되었을 때에는 신고 즉시 수입신고가 수리되어 부두직통관을 하게 되는데, 이 경우에 입항 전 수입신고가 된 물품은 우리나라에 도착된 것으로 본다(법 제244조의 1).

4. 수입신고가 수리된 물품

외국물품은 수입신고가 수리되므로 해서 내국물품이 된다.

5. 체신관서가 수취인에게 교부한 우편물

외국물품으로서 체신관서가 수취인에게 교부한 우편물은 적법하게 수입된 것으로 본다. 외국으로부터 우리나라에 도착한 우편물은 특별한 경우를 제외하고 수입신고가 생략되며 검사를 마친 때에 수입신고가 수리된 것으로 보아 내국물품이 된다.

6. 관세법에 의하여 매각된 물품

외국물품으로서 관세법에 의하여 매각된 물품은 적법하게 수입된 것으로 보아 내국물품으로 간주한다. 관세법상 외국물품의 매각에 대한 규정은 다음과 같다.

(1) 원산지 허위표시 물품에 대한 매각(법 제231조)

다음 각호에 해당되어 세관장이 이들 외국물품을 유치한 경우에 지정된 이행기간 내

에 원산지표시의 수정 등 세관장의 명령을 이행하지 아니한 때에는 이를 매각할 수 있다.

㉠ 원산지표시가 법령에서 정하는 기준에 적합하지 않거나 허위로 표시되거나 원산지를 표시하지 아니한 물품

㉡ 세관장의 허가를 받아 외국물품을 일시적으로 우리나라에 양육하고자 하는 경우, 원산지가 우리나라로 허위표시된 물품

㉢ 세관장의 허가를 받아 외국물품을 다른 선박에 이적하고자 하는 경우, 원산지가 우리나라로 허위 표시된 물품

(2) 유치품 및 예치품에 대한 매각(법 제207조)

다음에 해당하는 물품의 원활한 통관을 위하여 필요하다고 인정할 때에는 해당 물품의 유치 또는 예치기간 내에 수출·수입 또는 반송하지 아니하면 화주등에게 1개월내에 수출·수입 반송할 것을 통고한 후 매각할 수 있다.

㉠ 여행자 또는 우리나라와 외국간을 왕래하는 운수기관에 종사하는 승무원의 휴대품으로서 수출입법령에서 정한 조건을 구비하지 아니한 물품 유치품

㉡ 여행자 또는 우리나라와 외국간을 왕래하는 운수기관에 종사하는 승무원의 휴대품으로서 수입할 의사가 없는 물품 예치품

(3) 장치기간 경과물품에 대한 매각(법 제208조)

세관장은 보세구역에 반입한 외국물품이 장치기간을 경과한 때에는 공고한 후 매각할 수 있다. 다만, 다음 각호에 해당하는 경우에는 기간경과 전이라도 공고한 후 매각할 수 있다.

㉠ 살아있는 동식물

㉡ 부패하거나 부패할 우려가 있는 물품

㉢ 기간의 경과로 실용가치가 없어지거나 현저히 감소할 우려가 있는 것

㉣ 관세청장이 정하는 것 중 화주의 요청이 있는 것

㉤ 창고나 다른 외국물품에 해를 끼칠 우려가 있는것

(4) 압수물품의 매각(법 제303조)

세관공무원이 관세범조사에 의하여 발견한 물품이 범죄의 사실을 증명하기에 충분하거나 몰수할 것으로 인정될 때에는 압수할 수 있는 바, 압수물품이 다음 각호의 사유에 해당하는 경우에는 피의자 또는 관계인에게 통고한 후 매각할 수 있다.

㉠ 부패 또는 손상 기타 실용기간이 경과될 우려가 있는 경우

㉡ 보관상 극히 불편하다고 인정하는 경우

㉢ 처분지연으로 상품가치가 크게 감소될 우려가 있는 것
㉣ 피의자 또는 관계인이 매각을 요청하는 경우

7. 관세법에 의한 통고처분으로 납부된 물품

관세법 제311조 규정에 의해 관세청장 또는 세관장은 관세법의 조사결과 범죄의 확증을 얻은 때에는 벌금에 상당하는 금액, 몰수에 해당하는 물품 또는 추징금에 해당하는 금액을 납부할 것을 통고할 수 있다. 이 때 몰수에 해당하는 물품을 통고처분에 의해 납부하는 경우에 그 납품된 물품은 적법하게 수입된 것으로 보아 내국물품이 된다.

8. 법령에 의하여 국고귀속된 물품

외국물품이 법령에 의하여 국고에 귀속되는 경우에는 적법하게 수입된 것으로 보아 내국물품이 된다. 관세법 규정에 의하여 외국물품이 국고에 귀속되는 경우는 다음과 같다.

(1) 장치기간 경과물품의 국고귀속(법 제212조)

보세구역에 반입한 외국물품이 장치기간을 경과한 경우에 세관장은 이를 매각할 수 있으나, 매각처분되지 아니한 경우에는 그 물품의 화주로부터 지체 없이 장치장소로부터 반출할 것을 통고하여야 한다. 이 때 통고일로부터 1월 내에 반출되지 아니한 때에는 소유권이 포기된 것으로 보고 해당 물품을 국고에 귀속시킬 수 있다.

(2) 압수물품의 국고귀속(법 제299조)

밀수출입죄, 관세포탈죄, 밀수품의 취득죄에 해당되어 몰수할 것으로 인정되는 물품을 압수한 경우에는 몰수일로부터 6월 이내에 해당 물품의 소유자 및 범인을 알 수 없는 경우에는 해당 물품을 유실물로 간주하여 유실물의 공고를 하여야 한다. 이 때 공고일로부터 1년이 경과하여도 소유자 및 범인을 알 수 없는 경우에는 해당 물품은 국고에 귀속된다.

(3) 압수물품의 반환(법 제313조)

압수물품을 몰수하지 아니할 때 그 압수물품을 환부하여야 하는 바 환부받을 자의 주소 및 거소가 불명하여 환부를 공고한 경우에 그 공고일로부터 6월이 경과하여도 환부의 청구가 없을 때는 그 물품은 국고에 귀속된다.

9. 관세법 제282조(몰수 · 추징)규정에 의하여 몰수에 갈음하여 추징된 물품

밀수출입죄, 관세포탈죄, 밀수품의 취득죄에 해당되어 몰수할 물품의 전부 또는 일부를 몰수할 수 없는 물품의 범칙 당시의 국내도매가격에 상당한 금액을 범인으로부터 추

징한다. 이렇게 몰수에 갈음하여 추징된 물품은 적법하게 수입된 것으로 보아 내국물품이 된다.

10. 신고수리 전 반출의 승인을 받은 물품(법 제252조)

수입신고를 한 물품을 수입신고수리 전에 그 장치장으로부터 반출하고자 하는 자는 납부하여야 할 관세에 상당하는 담보를 제공하고 세관장의 승인을 얻어 수입신고수리 전에 반출할 수 있다. 이렇게 반출된 물품은 내국물품으로 본다.

표 5-6 외국물품과 내국물품의 요약

외 국 물 품		내 국 물 품	
원 칙	-외국으로부터 우리나라에 도착된 물품으로서 수입신고가 수리되기 전의 것(외국의 선박 등에 의하여 공해에서 채포된 수산물 등 포함) -수출신고가 수리된 물품	원 칙	-우리나라에 있는 물품으로서 외국물품이 아닌 것 -우리나라의 선박 등에 의하여 공해에서 채포된 수산물 등 -입항 전 수입신고가 수리된 물품 -수입신고수리 전 반출승인을 받은 물품 -수입신고 전 반출승인을 받은 물품
의 제	-보세공장에서 외국물품과 내국물품을 혼합하여 만든 제품 -보수작업으로 외국물품에 부가된 내국물품	의 제	-수입의 의제 대상 물품 (교부우편물, 매각, 국고귀속, 통고처분, 몰수, 몰수 갈음 추정) -검사상 필요에 의해 사용·소비한 견품

V. 외국무역선(기)와 내항선(기)

1. 외국무역선(기)

외국무역선이란 무역을 위하여 우리나라와 외국간을 왕래하는 선박을 말하고, 외국무역기라 함은 무역을 위하여 우리나라와 외국간을 왕래하는 항공기를 말한다(법 제2조 ⑥항 및 ⑦항).

외국무역선 또는 외국무역기란 무역을 위하여 우리나라와 외국을 왕래하는 것을 말하므로 군용선(기)이나 경찰용 선박 등은 여기에 포함되지 않는다. 그러나, 원양어선의 경우 공해에서 작업을 한 후 그 어획물을 외국에 수출하고자 외국에 기착하려면 외국무역선의 자격을 가져야 한다. 또한, 외국을 왕래하는 여객기는 여객뿐만 아니라 항공화물과 여행자의 휴대품도 운송하기 때문에 외국무역기로 간주된다.

이러한 외국무역선(기)은 외국물품을 적재한 채로 국내에 정박하거나 국내에서 운항을 할 수 있으므로 관세법상 그 내부는 일종의 외국 또는 보세구역과 같은 곳으로 취급되므로 세관의 엄격한 규제를 받게 된다.

2. 내항선(기)

내항선이란 국내에서만 운항하는 선박을 말하고, 내항기라 함은 국내만을 왕래하는 항공기를 말한다(법 제2조 ⑧항 및 ⑨항). 내항선(기)은 원칙적으로 세관의 규제대상이 아니다. 그러나, 다음과 같은 경우에는 관세법의 규제를 받는다.

(1) 외국귀착의 보고(법 제139조)

재해 기타 부득이한 사유로 인하여 내항선 또는 내항기가 외국에 기항하고 우리나라로 귀착하였을 때에는 선장 또는 기장은 지체 없이 그 사실을 세관장에게 보고하여야 하며 외국에서 적재한 물품이 있을 때에는 그 목록을 제출하여야 한다.

(2) 자격변경(법 제144조)

외국무역선 또는 외국무역기가 내항선 또는 내항기로, 내항선 또는 내항기가 외국무역선 또는 외국무역기로 그 자격을 변경하고자 할 때에는 선장 또는 기장은 세관장의 승인을 얻어야 한다.

보 충

내항선이 우리나라 공해에서 포획한 어획물을 일본으로 수출하기 위해 운송하고자 할 경우에는 외국무역선으로 자격변경을 하여야 하고, 반대로 미국에서 원면을 선적하고 부산에 입항한 우리나라 외국무역선이 원면을 부산항에서 수입 통관한 후에 부산에서 내국물품인 생사를 싣고 인천항으로 운항하려면 내항선으로 자격변경을 하여야 한다.

Ⅵ. 선용품과 기용품

1. 선용품

선용품이라 함은 음식료・연료・소모품・밧줄・수리용 예비부분품 및 부속품・집기, 기타 이와 유사한 물품으로서 해당 선박에서만 사용되는 것을 말한다(법 제2조 ⑩항).

2. 기용품

기용품이라 함은 음식료 · 연료 · 소모품 · 밧줄 · 수리용 예비부분품 및 수속품 · 집기, 기타 이와 유사한 물품으로서 해당 항공기에서만 사용되는 것을 말한다(법 제2조 ⑪항).

3. 관세법상 선(기)용품 관련 규정

(1) 내국물품의 선(기)용품 적재(법 제143조)

내국물품은 수출신고수리를 받은 후에 외국무역선(기)에 적재할 수 있으나, 선(기)용품의 경우는 수출신고수리를 받지 아니하고 세관장의 적재허가만으로 적재할 수 있다.

(2) 외국물품의 선(기)용품 적재

일반적으로 외국으로부터 우리나라에 도착한 외국물품을 그대로 외국으로 다시 반출하고자 하는 경우에는 반송의 신고수리를 받아야 한다. 그러나 외국으로부터 우리나라에 도착한 외국물품을 외국무역선(기)의 선(기)용품으로 적재하고자 할 때에는 반송의 신고수리를 받지 아니하고 세관장의 적재허가만으로 외국물품 그대로 적재할 수 있다. 또한, 선(기)용품 종류 및 수량은 세관장이 타당하다고 인정하는 범위 안의 것이어야 하며 적재허가대로 운수기관에 적재되지 않은 때에는 즉시 관세를 징수하게 된다.

(3) 수입이 아닌 소비(법 제239조)

외국물품을 수입신고수리를 받지 아니하고 소비 또는 사용한 때에는 수입으로 보아 즉시 관세를 징수한다. 그러나 선(기)용품을 운수기관 내에서 그 용도에 따라 소비 또는 사용한 경우에는 수입으로 보지 않아 소비 또는 사용에 따른 관세를 징수하지 아니한다.

Ⅶ. 통　　관

통관이라 함은 이 법에서 규정한 절차를 이행하여 물품을 수출 · 수입 · 반송하는 것을 말한다(법 제2조 ⑬항). 따라서, 통관은 수출통관 · 수입통관 · 반송통관으로 구분된다. 내국물품은 수출통관절차를 거쳐 외국물품화 되고, 외국물품은 수입통관절차를 거쳐 내국물품화 된다. 그러나, 반송통관은 외국으로부터 우리나라에 도착된 물품을 수입신고수리 전에 외국물품상태 그대로 외국에 반출하는 것을 말한다.

Ⅷ. 기간과 기한

1. 기간 · 기한의 의의

(1) 기 간

기간이란 어느 시점에서 다른 시점까지의 계속된 시간의 구분으로서 기간은 그것만으로는 법률요건이 성립되지 않으나, 기간의 만료에 의하여 법률효과를 발생시킨다.

(2) 기 한

기한이란 법률행위의 효력의 발생 · 소멸 또는 채무의 이행을 장래의 확실한 사실에 의존하게 하는 부관(附款)이다.

2. 관세법상의 기간 및 기한의 계산(법 제8조)

(1) 관세법의 규정에 의한 기간의 계산에 있어서 수입신고수리 전 반출승인을 얻은 때에는 그 승인일을 수입신고의 수리일로 본다.

(2) 관세법의 규정에 의한 기간의 계산은 관세법에 특별한 규정이 있는 것을 제외하고는 민법에 의한다.

(3) 관세법의 규정에 의한 기한이 다음에 해당하는 때에는 그 다음날을 기한으로 한다.

> ① 공휴일
> ② 금융기관(한국은행 국고대리점 및 국고수납대리점인 금융기관에 한한다. 이하 같음) 또는 체신관서의 휴무, 그 밖에 부득이한 사유로 인하여 정상적인 관세의 납부가 곤란하다고 관세청장이 정하는 날

(4) 관세청 · 세관의 전산처리설비가 일정한 장애로 인하여 가동이 정지되어 이 법의 규정에 의한 신고 · 신청 · 승인 · 허가 · 수리 · 교부 · 통지 · 통고 · 납부 등을 할 수 없게 되는 때에는 그 장애가 복구된 날의 다음날을 기한으로 한다.

〈장애의 사유〉

> ① 정전
> ② 프로그램의 오류
> ③ 한국은행(대리점 포함)의 정보처리장치의 비정상적인 가동
> ④ 체신관서의 정보처리장치의 비정상적인 가동
> ⑤ 기타 관세청장이 정하는 사유

3. 기한의 연장(법 제10조)

세관장은 일정한 사유로 인하여 관세법의 규정에 의한 신고, 신청, 청구 기타 서류의 제출, 통지, 납부 또는 징수를 정하여진 기한까지 할 수 없다고 인정되는 때에는 1년을 초과하지 아니하는 기간을 정하여 그 기한을 연장할 수 있다. 한편 납부기한을 연장함에 있어 채권의 확보를 위해 담보를 제공하게 할 수 있다.

〈기한 연장의 사유〉

① 천재・지변 ② 전쟁・화재 등 재해나 도난으로 인하여 재산에 심한 손실을 입은 경우 ③ 사업에 현저한 손실을 입은 경우 ④ 사업이 중대한 위기에 처한 경우 ⑤ 기타 세관장이 인정하는 경우

참 조 민법에서의 '기간' 규정(민법 제1~6장)

제155조【본장의 적용범위】 기간의 계산은 법령, 재판상의 처분 또는 법률행위에 다른 정한 바가 없으면 본장의 규정에 의한다.

제156조【기간의 가산점】 기간을 시, 분, 초로 정한 때에는 즉시로부터 기산한다.

제157조【기간의 기산점】 기간을 일, 주, 월 또는 년으로 정한 때에는 기간의 초일은 산입하지 아니한다. 그러나 그 기간이 오전 영시로부터 시작하는 때에는 그러하지 아니하다.

제158조【연령의 기산점】 연령계산에는 출생일을 산입한다.

제159조【기간의 만료점】 기간을 일, 주, 월 또는 년으로 정한 때에는 기간 말일의 종료로 기간이 만료한다.

제160조【력에 의한 계산】 ① 기간을 주, 월 또는 년으로 정한 때에는 력에 의하여 계산한다.
② 주, 월 또는 년의 처음으로부터 기간을 기산하지 아니한 때에는 최후의 주, 월 또는 년에서 그 기산일에 해당한 날의 전일로 기간이 만료한다.
③ 월 또는 년으로 정한 경우에 최종의 월에 해당일이 없는 때에는 그 월의 말일로 기간이 만료한다.

기출문제

1. 관세법상 수출과 수입의 정의(관세사 제2회)
2. 관세법상 수출입의 개념(국제무역사)
3. 관세행정의 2대 기능을 논하라(관세사 제2회).

예상문제

1. 논술형
    - 관세법 해석의 기준과 소급과세의 금지에 관하여 논하라.
    - 관세법의 목적과 성격에 관하여 논하라.
    - 관세법상 외국물품과 내국물품에 관하여 비교 논하라.
    - 관세법상 수출과 수입에 관하여 비교 논하라.

2. 서술형
    - 관세법상 외국무역선(기)과 내항선(기)에 대해 비교 설명하라.
    - 관세법의 해석기준에 대해 설명하라.
    - 관세법상 수입의 개념과 대상에 대해 설명하라.
    - 관세법상 수출의 개념과 대상에 대해 설명하라.
    - 관세상 내국물품에 대해 설명하라.
    - 관세관련 타 법규에 대해 설명하라.
    - 중앙관세행정기구와 지방관세행정기구를 비교 설명하라.

3. 약술형
    - 외국물품
    - 소급과세의 금지
    - 법령에 의하여 국고에 귀속된 물품
    - 관세법에 의하여 매각된 물품
    - 선(기)용품

제06장

관세의 과세요건(납세의무의 성립)

제1절 개 설

Ⅰ. 납세의무의 성립

1. 의 의

납세의무란 납세자가 세금을 납부하여야 할 의무를 말하는 것으로서, 납세의무는 법률에 의한 과세요건이 충족된 경우에 성립된다. 이와 같이 성립된 납세의무는 추상적인 개념이므로 그 성립을 위한 과세관청이나 납세의무자의 특별한 행위가 필요없이 자동적으로 발생하는 것이다. 이 때 과세요건의 충족에 의하여 성립한 납세의무를 강학상 추상적 관세채무라고 한다. 이렇게 추상적으로 성립된 납세의무는 구체적으로 확정하여야 하며 납세자가 납부 등을 함으로써 소멸하게 된다. 결국 납세의무는 성립, 확정, 소멸의 과정을 거친다.[1)]

2. 과세요건

관세를 징수하기 위해서는 일정한 요건을 갖추어야 하는데 이러한 요건을 과세요건이라 한다. 여기에서 과세요건이란 납세의무의 성립에 필요한 법률상의 요건을 말하며 일반적으로 납세의무자, 과세물건, 과세표준과 세율을 들 수 있다. 과세요건을 갖추었을 때 비로소 국가는 조세를 부과 징수할 수 있는 관세채권이 발생하고 그 상대방은 관세를 납부하여야 할 관세채무가 발생한다.

1) 여주호, 전게서, p. 86.

참 조 관세의 과세요건

과세요건	개 념	관세법상 규정
납세의무자	납세의무자란 관세법 규정에 의하여 관세를 납부할 의무가 있는 자를 말하며, 관세채권, 채무관계의 당사자가 된다.	수입화주(법 제19조)
과세물건	과세물건이란 과세객체라고도 하며, 관세채권·채무관계의 성립에 필요한 물적 요소를 말한다.	수입물품(법 제14조) (포괄적 규정)
과세표준	과세표준이란 관세법에 의하여 직접적으로 관세액 산출의 기초가 되는 과세물건의 수량 또는 가액을 말한다.	수입물품의 가격 또는 수량 (법 제15조)
세 율	세율이라 함은 관세를 산출하기 위하여 과세표준에 곱하는 비율을 말하며, 종량세와 종가세가 있다.	별표 관세율표 (법 제50조 제①항)

Ⅱ. 납세의무의 확정 및 소멸

1. 납세의무의 확정

납세의무의 성립이 추상적인 납세의무의 발생이라 하면, 납세의무의 확정이란 성립한 납세의무의 내용을 구체적으로 확인하여 확정함으로써 조세채권을 행사할 수 있게 하는 것을 말한다. 납세의무의 확정은 납세의무를 새로이 창설하는 것이 아니라 이미 성립하여 객관적으로 존재하는 납세의무를 사후적으로 확인하는 절차이다. 이 때 확인을 제1차적으로 납세의무자에 맡기는 제도가 신고납세제도이고, 그 확인을 과세관청의 조사결정에 의하도록 하는 것이 부과과세제도이다.

2. 납세의무의 소멸

확정된 납세의무는 그 세액의 납부 등 여러 가지 원인에 의하여 소멸하게 되는 바, 관세법상 납세의무의 소멸사유는 납부 등 납세의무가 실현된 상태에서 소멸되는 경우와 제척기간 만료 등 납세의무가 미실현 상태에서 소멸되는 경우로 대별된다.

참 조 납세의무의 성립·확정·소멸

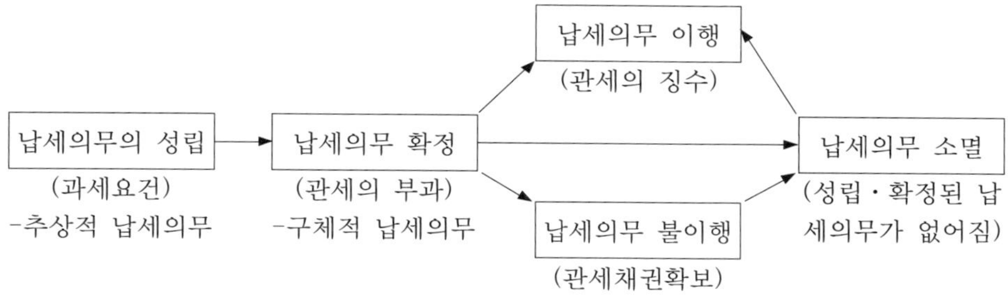

제 2 절 납세의무자

Ⅰ. 납세의무자의 개요

1. 납세의무자의 의의

법률에 의한 과세요건이 충족하면 납세의무가 성립하며, 과세요건은 일반적으로 납세의무자, 과세물건, 과세표준, 세율을 말한다. 여기에서 납세의무자란 국가에 대해 관세를 납부할 법률상의 의무를 부담하는 자를 말한다. 관세채권확정의 주체로서 관세법상 납세의무자는 원칙적으로 그 물품을 수입한 무역업자가 되는 것이 일반적이나 관세는 간접소비세이므로 그 물품을 최종 소비하는 자가 관세를 부담하게 된다.

관세의 납세의무자에 관하여는 관세법 제19조(납세의무자)에서 규정하고 있으나 본조 이외의 조문이나 다른 법률에서 동조에서 규정하는 관세 납세의무자와는 달리 규정하는 경우가 있으며 이런 경우에는 다른 조문 또는 다른 법률에서 정하는 자를 관세의 납세의무자라 한다.

2. 납세자의 분류

관세의 납세의무자는 원칙적으로 물품을 수입한 화주이며, 이 외에도 특별납세의무자, 연대납세의무자, 납세보증인, 제2차 납세의무자, 양도담보권자의 물적 납세의무 등이 있다.

관세의 납세의무자는 그 물품이 수입되는 방법에 따라 각각 다르다. 물품이 수입되는 방법은 정상 수입신고에 의하여 수입되는 방법(일반납세의무자)과 정상 수입신고에 의하지 아니하고 수입되는 방법(특별납세의무자)이 있다. 이 때 일반납세의무자와 특별납세의무자를 본래적 납세의무자라고 하며, 관세의 징수를 확보하기 위하여 본래의 납세의무자 이외의 자에게 납세의무를 지우는 납세의무가 확장되는 경우가 있는 바 그 내용은 다음과 같다.

납세의무자
- 원칙적 납세의무자 ┐ 본래 납세의무자
- 연대납세의무자 ┤
- 특별납세의무자 ┘
- 납세보증자 확장된 납세의무자
- 제2차 납세의무자
- 양도담보권자의 물적 납세의무

(연대납세의무자 ~ 양도담보권자의 물적 납세의무: 확장된 납세의무자)

Ⅱ. 본래적 납세의무자

1. 원칙적 납세의무자

수입신고한 물품에 대해 그 물품을 수입한 화주가 원칙적으로 관세 납부의무자가 된다. 수입신고를 한 물품에 대하여는 그 물품을 수입한 화주가 납세의무자가 되며, 화주가 불분명한 때에는 다음 각목의 1에 해당하는 자를 말한다(법 제19조 ①항).

① 수입을 위탁받아 수입업체가 대행수입한 물품인 때에는 그 물품의 수입을 위탁한 자

② 수입을 위탁받아 수입업체가 대행수입한 물품이 아닌 때에는 대통령령이 정하는 상업서류에 기재된 수하인

③ 수입물품을 수입신고전에 양도한 때에는 그 양수인

2. 특별납세의무자

수입되는 물품은 일반적으로 수입신고를 하는 통관절차를 거치나, 물품에 따라서는 수입신고 없이 사실상 수입이 되는 즉, 정상수입이 아닌 특별한 경우의 납세자를 특별납세의무자(법 제19조 ①항 2호~9호)라 하는데, 이와 같은 경우에는 다음에 해당되는 자가 납세의무자가 된다.

(1) 미적재 선(기)용품(제2호)

외국 물품인 선용품 또는 기용품과 외국무역선(기) 안에서 판매할 물품이 하역허가의 내용대로 운송수단에 적재되지 않아 관세를 징수하는 물품에 대하여는 하역 허가를 받은 자

(2) 지정기간 내 미반입 보세구역 외 보수작업물품(제3호)

승인받고 보세구역 밖에서 보수작업을 하는 경우에 지정기한 내 미반입하여 관세를 징수하는 물품에 대하여는 보세구역 밖에서의 보수작업의 승인을 얻은 자

(3) 장치물품 멸실·폐기물품(제4호)

보세구역에 장치된 외국물품이 멸실되거나 폐기된 때에 관세를 징수하는 물품에 대하여는 운영인 또는 보관인

(4) 지정기간 내 미반입 보세공장(보세건설장, 종합보세구역) 외 보세작업물품(제5호)

보세공장의 작업허가를 받은 물품이 지정된 기간이 경과하도록 그 작업장에 있어 관세를 징수하는 물품에 대하여는 보세공장 외 작업, 보세건설장 외 작업 또는 종합보세구역 외 작업의 허가를 받거나 신고를 한 자

(5) 보세운송기간 내 미도착 물품(제6호)

보세운송의 신고(승인)을 받은 물품이 지정된 기간 안에 목적지에 도착되지 않아 징수하는 경우에는 보세운송 신고를 하거나 승인을 얻은 자

(6) 소비·사용한 물품(제7호)

소비 또는 사용을 수입으로 보지 아니하는 물품을 제외한 외국물품의 소비 또는 사용을 수입으로 보아 관세를 징수하는 물품에 대하여는 그 소비자 또는 사용자

(7) 즉시 반출한 물품(제8호)

수입하고자 하는 물품을 수입신고 전에 운송수단 · 관세통로 · 하역통로 또는 이 법의 규정에 의한 장치장소로부터 즉시 반출하는 경우에 세관장에게 즉시반출신고를 하지 않아 관세를 징수하는 물품에 대하여는 해당 물품을 즉시 반출한 자

(8) 우편물(제9호)

우편에 의하여 수입되는 물품에 대하여는 그 수취인이 관세의 납부의무를 진다.

(9) 도난 또는 분실물품(제10호)

외국물품이 수입신고수리 전에 도난 또는 분실된 때에는 그 도난, 분실을 수입으로 보아 관세를 징수하게 되는데 다음에 해당하는 자가 관세의 납부의무를 진다.

① 보세구역의 장치물품 – 그 운영인 또는 화물관리인

② 보세운송물품 – 보세운송의 신고를 하거나 승인을 얻은 자

③ 기타 물품 − 그 보관인 또는 취급인

3. 원칙적인 납세의무자와 특별납세의무자의 경합

원칙적 납세의무자인 수입물품의 화주 또는 연대납세의무자인 신고인과 특별납세의무자가 경합할 때에는 특별납세의무자로 규정된 자가 납세의무자가 된다(법 제19조 ②항).

수입화물이 특허보세구역 내에 장치중에 분실되었을 경우에는 그 물품을 수입한 화주와 보세구역 설영인이 납세의무자가 되므로 같은 물품에 납세의무자가 2인이 되어 서로 경합된다. 이와 같은 경우에는 화주는 납세의무가 소멸하고 해당 특허보세구역의 설영인이 납세의무를 진다.

Ⅲ. 납세의무의 확장

1. 연대납세의무자

(1) 수입신고인의 연대납세의무

수입신고한 물품에 대하여는 수입화주가 납세의무를 지는 것이 원칙이나, 다음 요건을 충족하는 경우에는 그 신고인은 해당 물품을 수입한 화주와 연대하여 해당 관세를 납부하여야 한다(법 제19조 ①항 1호, 단서).

① 수입신고가 수리되어 반입한 물품 또는 신고수리 전 반출승인을 받고 반출된 물품에 대하여 납부하였거나 납부할 관세액에 부족이 있는 경우로서,

② 해당 물품을 수입한 화주의 주소 및 거소가 불명하거나 신고인이 화주의 소재를 명백히 하지 못할 때

(2) 합병·분할·분할합병 등의 연대납세의무

관세의 분할납부 승인을 얻은 법인이 합병·분할·분할합병된 때에는 합병·분할·분할합병 후 존속하거나 합병·분할·분할합병으로 인하여 설립된 법인이 연대하여 관세를 납부하여야 한다(법 제107조 ⑥항).

2. 납세보증자

관세법 또는 다른 법령이나 조약, 협약 등의 규정에 의하여 관세의 납부를 보증한 자는 보증액의 범위 안에서 관세납부의 의무를 진다(법 제19조 제③항).

납세보증자는 특정인이 납부하여야 할 관세를 납부하지 못하는 경우에는 보증액의

범위 안에서 관세납부의무를 진다.

<table>
<tr><th colspan="2">구 분</th><th>납세보증자</th><th>근 거</th></tr>
<tr><td colspan="2">은행지급보증</td><td>은행</td><td>법 제24조 제①항 3호</td></tr>
<tr><td colspan="2">납세보증보험증권</td><td>납세보증보험회사</td><td>법 제24조 제①항 4호</td></tr>
<tr><td colspan="2">신용보증기금법에 의한 신용보증 및 신용보증재단에 의한 신용보증</td><td>신용보증기금 및 신용보증재단</td><td>법 제24조 제①항 6호 및 6-1</td></tr>
<tr><td colspan="2">신기술사업금융지원법률에 의한 신용보증</td><td>기술신용보증기금</td><td>법 제24조 제①항 7호</td></tr>
<tr><td rowspan="2">시행령이 정하는 보증인의 보증</td><td>국제도로운송증서</td><td rowspan="2">보증단체
(상공회의소)</td><td rowspan="2">법 제24조 제①항 10호</td></tr>
<tr><td>일시수입통관증서</td></tr>
<tr><td colspan="2">약속어음 보증</td><td>관세청장 인정자</td><td>법 제24조 제①항 11호</td></tr>
</table>

3. 제2차 납세의무자

제2차 납세의무는 주된 납세자의 재산에 대하여 체납처분을 집행하여 관세 등을 충당하기에 부족한 경우에 주된 납세자와 '특수한 관계'에 있는 자에게 그 부족액에 대하여 보충적으로 관세의 부담을 지우는 것을 말한다. ① 관세담보로 제공된 물품이 없고, ② 관세 납부의무자와 관세의 납부를 보증한 자가 관세납세의무를 이행하지 아니하는 경우 관세의 납세의무를 진다(법 제19조 ⑨항). 국세기본법상(제38조~제41조)의 제2차 납세의무자의 종류는 다음과 같다.

(1) 청산인 등의 제2차 납세의무(국세기본법 제38조)

법인이 해산(합병에 의한 해산은 제외)한 경우에 그 법인에게 부과되거나 그 법인이 납부할 국세, 가산금 및 체납처분비를 납부하지 않고 잔여재산을 분배 또는 인도한 때에 그 법인에 대하여 체납처분을 집행하여도 징수할 금액에 부족한 경우에는 청산인 또는 잔여재산을 분배, 인도받은 자가 그 부족액에 대해 제2차 납세의무를 진다(국세기본법 제38조 ①항)

(2) 출자가의 제2차 납세의무(국세기본법 제39조)

법인의 재산으로 그 법인에게 부과되거나 그 법인이 납부할 국세, 가산금 및 체납처분비에 충당하여도 부족한 경우에는 그 법인의 무한책임사원과 일정한 과점주주가 그 부족액에 대해 제2차 납세의무를 진다(국세기본법 제39조 ①항).

(3) 법인의 제2차 납세의무(국세기본법 제40조)

법인의 무한책임사원 또는 과점주주(이하 '출자자'라 한다)의 재산(당행 법인의 발행주식 또는 출자지분 제외)으로 그 출자자가 납부할 국세, 가산금과 체납처분비에 충당하여도 부족한 경우에는 해당 법인은 그 출자자의 소유주식 등을 환가할 수 없는 경우에 한하여 그 부족액에 대하여 제2차 납세의무를 진다(국세기본법 제40조 ①항).

(4) 사업양수인의 제2차 납세의무(국세기본법 제41조)

사업의 양도, 양수가 있는 경우에 해당 사업에 관한 국세, 가산금과 체납처분비를 양도인의 재산으로 충당하여도 부족이 있는 때에는 사업의 양수인은 그 부족액에 대하여 양수한 재산의 가액을 한도로 제2차 납세의무를 진다(국세기본법 제41조 ①항).

4. 양도담보재산에 대한 체납세 징수(물적 납세의무자)

(1) 의 의

양도담보설정자가 납세의무를 이행하지 않은 경우에 해당 부족분에 대하여 양도담보권자가 납세의무를 지게 되는 것을 '양도담보권자의 물적 납세의무'라 한다. 즉, 납세의무자(납세보증자, 제2차 납세의무자 포함)가 관세, 가산금, 가산세 또는 체납처분비 등을 체납한 경우에 그 납세의무자에게 양도담보재산이 있는 때에는 그 납세의무자의 다른 재산에 대하여 체납처분을 집행하여도 징수할 금액이 부족한 경우에 한하여 그 양도담보재산으로서 관세, 가산금, 가산세와 체납처분비를 징수할 수 있다(법 제19조 ⑩항).

(2) 물적 납세의무의 성립요건

물적 납세의무가 성립하기 위하여는 다음의 요건을 갖추어야 한다.

① 양도담보설정자가 관세, 가산금, 체납처분비를 체납하여야 한다.
② 양도담보가 체납관세의 납세신고일(부과고지의 경우는 납세고지서 발송일) 후에 설정되어야 한다.
③ 양도담보설정자(양도담보재산 제외)에 대하여 체납처분을 집행하여도 징수할 금액이 부족하여야 한다.
④ 양도담보권자에게 양도담보설정자로부터 제공받은 양도담보 재산이 있어야 한다.

그림 6-1 납세의무의 확장

제3절 과세물건

Ⅰ. 과세물건의 개요

1. 과세물건의 의의

관세의 과세물건이라 함은 과세의 객체 또는 과세대상을 말한다. 관세의 과세물건은 수입물품이다. 즉, '수입물품에는 관세를 부과한다'고 관세법에 규정하고 있다(법 제14조). 따라서 우리나라는 수출품은 과세물건이 아니므로 관세를 부과하지 아니한다.

관세의무주의(관세포괄주의)를 채택하고 있는 우리나라는 원칙적으로 모든 수입물품이 과세물건이 된다. 그러나 실제로 수입물품 중 관세를 납부하지 않아도 되는 경우가 있는데, 그것은 ① 관세율표상의 무세품 및 관세법상의 면세물품, ② 관세법 이외의 타법에서 관세를 감면하는 경우, ③ 국제협력관세적용 물품이다.

2. 과세물건의 범위

관세의 과세물건은 수입물품인데, 수입물품이란, 「만져서 알 수 있는 유체물」을 말한다. 이는 대체로 민법상의 동산과 일치하고 있다.

그러나 유체물 가운데서도 무가치물의 경우는 과세대상이 되지 않는다. 원칙적으로 특허권 등의 무체재산권은 유체물이 아님으로 관세의 과세대상이 될 수 없으나 해당 수입물품에 관련되고, 사용함에 따른 대가가 수입물품의 가격에 포함되어 있는 경우에는 예외적으로 과세대상이 된다고 생각한다.

Ⅱ. 관세물건확정의 시기

관세의 과세대상인 수입물품이 외국에서 선적되어 우리나라에 반입되기까지는 많은 절차와 과정을 거치게 된다. 이렇게 수입물품이 수입절차과정을 거치는 동안 물품의 수량이나 성질, 가격 등이 달라지는 경우가 흔히 있을 수 있다. 즉, 해상운송이나 하역작업 중에 상품의 무게나 양이 감소되거나 부패할 수도 있으며, 보세구역 장치중에 재해로 인하여 변질·손상될 수도 있다. 이와 같은 경우에 어느 시점에서의 물품의 상태의 수량과 성질을 가지고 과세를 할 것인가 하는 것이 과세물건확정의 시기이다. 과세물건의 확정시기는 그 물품이 수입되는 방법에 따라 다음과 같다.

1. 정상통관절차에 의해 수입하는 물품의 과세물건 확정시기

외국물품의 수입시 수입신고를 하고 정상적인 절차에 의해 수입되는 물품의 경우를 일반물품과 원료과세물품으로 구분하여 설명하고자 한다.

(1) 일반수입물품

관세는 수입신고를 할 때의 물품의 성질과 수량에 의하여 부과한다(법 제16조). 따라서, 관세의 과세물건확정의 시기는 수입신고시점으로 하는 것이 원칙이다. 이렇게 수입신고시점을 과세물건의 확정시기로 하는 것은 수입신고시점이 해당 물품을 수입하고자 하는 최초의 의사표시시점이고, 또한 세관에서 해당 물품에 대한 검사를 행하는 가장 가까운 시점이기 때문이다.

따라서, 수입신고 전에 변질되거나 손상된 물품은 변질 또는 손상 이후에 수입신고가 되기 때문에 수입신고한 때의 성질과 수량에 의하여 관세를 부과하게 되고, 수입신고 이후에 변질되거나 손상된 물품은 원칙적으로 수입신고 한 때의 성질과 수량에 의하여야 하나 수입신고 이후부터 수입신고수리 전까지의 사이에 변질 또는 손상된 경우에는 아직 관세를 납부하지 아니한 상태에 있으므로 대외적으로 변질 또는 손상한 후의 성질과 수량에 의하여 관세를 부과한다.

(2) 원료과세 해당물품

보세공장에서 제조된 물품을 수입하는 경우 사용신고 전에 미리 세관장에게 해당 물품의 원료인 외국물품에 대한 과세의 적용을 신청한 경우에는 수입신고당시 물품에 과세함에도 불구하고 사용신고를 한 때의 그 원료의 성질 및 수량에 따라 관세를 부과한다(법 제189조).

> ◈ 보세공장 제조물품의 과세방법
>
> ① **원료과세** – 원료과세는 제품세율보다 낮은 원재료의 세율을 적용함으로써, 원재료 상태로 보세공장에 반입하여 완제품을 제조, 가공토록 하여 국내제조업의 육성, 고용증대 및 외국인 투자유치 등을 촉진하기 위한 제도이다(원재료의 세율×원재료의 과제표준 =세액).
>
> ② **제품과세** – 제품과세는 제품전체에 대하여 과세하는 방식으로 제품에 포함된 내국물품도 외국물품으로 간주되어 과세물건 전체에 대하여 과세된다(제품의 세율×제품의 과세 표준 =세액).

2. 정상통관절차에 의하지 않고 수입하는 물품의 확정시기

관세의 과세물건확정의 시기는 수입신고시점을 원칙으로 하고 있으나 다음과 같은 경우에는 수입신고에 의하지 아니하는 것으로서 이는 물품이 특수성에 의하여 수입신고를 생략하거나 본질적으로 수입신고를 할 수가 없어 수입되는 경우이다. 따라서, 다음의 하나에 해당하는 것은 그 때의 물품의 성질과 수량에 의하여 부과한다(법 제16조 단서).

(1) 미적재 선(기)용품

선용품 또는 기용품과 외국무역선 또는 외국무역기 안에서 판매할 물품을 외국무역선 또는 외국무역기에 하역하거나 환적하고자 할 때에는 세관장의 허가를 받아야 한다. 따라서 외국으로부터 우리나라에 도착한 외국물품인 선용품 또는 기용품과 외국무역선 또는 외국무역기 안에서 판매할 물품이 하역 또는 환적허가를 받은 바에 따라 운송수단에 적재하지 아니하였을 때에는 허가를 받은 자로부터 즉시 관세를 징수한다(법 제143조 ④항). 이 경우의 과세물건 확정시기는 그 적재허가를 받은 때이다. 따라서, 적재허가를 받은 때의 그 외국물품의 성질과 수량에 의하여 관세를 부과한다.

(2) 멸실 또는 멸각물품

보세구역에 장치된 외국물품이 멸실되거나 폐기된 경우로서 그것이 재해나 부득이한 사유로 멸실되거나 사전에 세관장의 승인을 얻어 멸각된 경우를 제외하고는 그 보세구역 운영인 또는 보관인으로부터 즉시 그 외국물품에 대한 관세를 징수한다(법 제160조 ②항). 이 경우의 과세물건 확정시기는 멸실 또는 멸각된 때이다. 따라서, 멸실 또는 폐기된 때의 해당 외국물품의 성질과 수량에 따라 관세를 부과한다. 다만, 재해, 기타 부득이한 사유로 인하여 멸실된 때와 미리 세관장의 승인을 얻어 폐기한 때에는 예외로 한다.

(3) 보세구역 내 보수작업 물품

보세구역에 장치된 물품에 대하여는 그 현상을 유지하기 위하여 필요한 보수작업과 그 성질을 변하지 아니하게 하는 범위에서 포장을 바꾸거나 구분·분할·합병을 하거나 그 밖의 비슷한 보수작업을 할 수 있다. 이 경우 보세구역에서의 보수작업이 곤란하다고 세관장이 인정할 때에는 기간과 장소를 지정받아 보세구역 밖에서 보수작업을 할 수 있다.

지정된 기간이 지난 경우 해당 공장외 작업장에 허가된 외국물품이나 그 제품이 있을 때에는 해당 물품의 허가를 받은 보세공장의 운영인으로부터 그 관세를 즉시 징수한다(법 제158조 ⑤항).

(4) 보세구역외 보수작업물품

세관장은 가공무역 또는 국내산업의 진흥에 필요한 때에는 대통령령이 정하는 바에

의하여 기간·장소·물품 등을 정하여 해당 보세공장 외(보세건설장, 종합보세구역외)에서 제조, 가공작업을 허가(종합보세구역: 신고)할 수 있다. 이 경우 지정된 기간이 경과한 경우 해당공장(보세건설장, 종합보세구역) 외 작업장에 허가된 외국물품 또는 그 제품이 있는 때에는 해당 물품의 허가를 받은 운영인으로부터 그 관세를 즉시 징수한다(제187조 ⑥항, 제195조 ②항, 제202조 ③항)

(5) 보세운송기간 내 미도착 물품

보세운송물품이 지정된 운송기간 내에 운송목적지에 도착하지 아니하였을 때에는 그 물품이 재해, 기타 부득이한 사유로 망실이 되거나 미리 세관장의 승인을 받아 폐기한 경우를 제외하고는 보세운송신고인으로부터 즉시 그 물품의 관세를 징수한다(법 제217조). 이 경우의 과세물건 확정시기는 보세운송의 신고를 하거나 승인을 얻은 때이다. 따라서, 보세운송의 신고를 하거나 승인을 얻은 때의 그 물품의 성질과 수량에 의하여 관세를 부과한다.[2)]

(6) 수입신고수리 전에 소비·사용한 물품

외국물품을 수입신고수리 전에 우리나라에서 소비 또한 사용하게 되면 그 소비 또는 사용을 수입으로 보아 그 물품을 소비 또는 사용한 자로부터 그 물품의 관세를 즉시 징수한다. 그러나, 외국물품의 소비 또는 사용이 다음 각호에 해당하는 경우에는 수입으로 보지 않아 관세를 징수하지 아니한다(법 제239조).

㉠ 선용품, 기용품을 운송수단 내에서 그 용도에 따라 소비 또는 사용한 경우

㉡ 여행자가 휴대품을 관세통로, 운송수단에서 소비 또는 사용하는 경우

㉢ 관세법의 규정에 의하여 인정된 바에 따라 소비 또는 사용하는 경우

(7) 수입신고 전 즉시반출 물품(제7호)

수입하고자 하는 물품을 수입신고 전에 운송수단·관세통로·하역통로 또는 이 법의 규정에 의한 장치장소로부터 즉시 반출하고 하는 자는 대통령이 정하는 바에 의하여 세관장에게 즉시 반출신고를 하여야 한다(법 제253조 ①항). 즉, 즉시반출규정에 의하여 반출된 물품의 과세물건확정은 수입신고시가 아니라 반출신고시를 기준으로 한다.

(8) 우편에 의하여 수입되는 물품

우편에 의하여 수입되는 물품은 특별한 경우를 제외하고는 간이통관절차에 의하여 수입신고가 생략되며 그 검사를 마친 때에 수입신고가 수리된 것으로 본다. 즉, 체신관

2) 제187조 ⑥항(제195조 ②항 및 제202조 ③항의 규정에 의하여 준용되는 경우를 포함한다)의 규정에 의하여 관세를 징수하는 물품: 보세공장외 작업, 보세건설장 외 작업 또는 종합보세구역 외 작업의 허가를 받거나 신고를 한 때.

서가 수취인에게 교부한 우편물은 적법하게 수입된 것으로 보며 이 경우의 과세물건 확정시기는 통관우체국에 도착한 때가 된다. 따라서, 우편에 의하여 수입되는 물품은 통관우체국에 도착한 때의 성질과 수량에 의하여 관세를 부과한다.

(9) 도난 또는 분실물품

우리나라에 반입된 외국물품이 수입신고수리 전에 도난 또는 분실되었을 때에는 특허보세구역의 장치물품인 경우에는 특허보세구역 운영인, 보세운송 물품인 경우에는 보세운송 신고인, 기타 물품인 경우에는 보관인, 또는 취급인 등으로부터 해당 물품에 대한 관세를 징수한다. 이 때의 과세물건 확정시기는 외국물품이 도난 또는 분실된 때이다. 따라서, 도난 또는 분실된 때의 물품의 성질과 수량에 의하여 관세를 부과한다.

(10) 관세법에 의하여 매각된 물품

외국물품으로서 관세법에 의하여 매각된 물품은 적법하게 수입된 것으로 본다. 이와 같이 매각되는 물품에 대하여는 매각대금에서 그 물품매각에 관한 비용·관세 및 제세 순으로 필요한 금액을 충당하고 잔금이 있을 경우에는 화주에게 교부한다. 이 경우의 과세물건 확정시기는 매각된 때이다. 따라서 매각된 때의 그 외국물품의 성질과 수량에 의하여 관세를 부과한다.

(11) 기타 수입신고를 하지 아니하고 수입된 물품

수입신고를 하지 않고 수입된 물품이라 함은 수입신고와 신고의 수리절차 없이 수입된 물품 중 앞의 제1호에서 제10호까지의 해당하는 물품과 수입신고된 물품을 제외한 물품을 말한다. 예를 들어, 관세법 위반에 해당되어 압수된 물품이 몰수되지 아니하면 그 물품은 소유자에게 환부하게 된다. 그 물품이 관세를 납부하여야 할 물품인 때에는 그 관세는 소유자 또는 점유자로부터 징수한다. 이 경우는 그 물품이 수입된 때의 성질과 수량에 의하여 관세를 부과한다.

내용정리

● 관세법상 외국물품

구 분	정리방법	과세물건의 확정시기(적용방법)
1. 원칙적인 시기		
① 일반수입물품		① 수입신고시점
② 원료과세물품		② 사용신고시점(사전신청물품에 한함)
2. 예외적인 시기	1) 허가, 승인사항: ~를(을) 받는 때 2) 그 이외의 사항: ~된(한) 때	
① 적재허가대로 적재하지 않은 선(기)용품		① 선(기)용품 하역허가를 받은 때
② 지정기간을 경과한 보세공장 외 작업허가 물품		② 보세공장 외 작업허가를 받은 때
③ 지정기간을 경과한 보세건설장 외 허가물품		③ 보세건설장 외 작업허가를 받은 때
④ 보세운송기간 경과물품		④ 보세운송 신고를 한 때 또는 승인을 받은 때
⑤ 도난, 분실물품		⑤ 도난된 때, 분실된 때
⑥ 매각물품		⑥ 매각된 때
⑦ 우편물(수입 신고해야 하는 것 제외)		⑦ 통관우체국에 도착된 때
⑧ 수입신고수리 전 소비, 사용물품		⑧ 소비된 때, 사용된 때
⑨ 멸실, 멸각물품		⑨ 멸실된 때, 멸각된 때
⑩ 수입신고를 하지 않고 수입된 물품		⑩ 수입된 때
⑪ 즉시 반출물품		⑪ 즉시 반출신고를 한 때

● 과세물건의 확정시기 중 예외적인 시기

예외적인 시기를 정리하는 방법은 관세징수사유가 허가, 승인사항이냐 아니냐에 따라 다음과 같이 알아두면 정리가 된다.

① 허가, 승인 사항 ~를(을) 받은 때

㉠ 선(기)용품을 적재허가대로 적재하지 않은 경우 관세를 징수하는데, 이 때의 과세물건 확정시기는?

선(기)용품의 적재는 허가사항이므로 적재허가를 받은 때의 물품의 수량과 성질에 따라 관세를 부가한다.

㉡ 지정기간 경과한 보세공장 외 작업물품 및 보세건설장 외 작업물품도 보세공장(보세건설장) 외 작업허가를 받은 때의 물품의 수량과 성질에 따라 관세를 부과한다.

② 허가, 승인사항 이외의 경우 ~된(한) 때

㉠ 매각물품 허가, 승인사항이 아니므로 매각된 때

㉡ 도난·분실물품, 소비·사용을 수입으로 보는 경우 위 두 가지 경우 허가, 승인사항이 아니므로 과세물건의 확정시기는 도난·분실된 때, 소비·사용된 때이다.

Ⅲ. 적용법령의 시기

관세의 과세대상인 수입물품이 외국에서 선적되어 우리나라에 반입되기까지는 많은 절차와 과정을 거치게 된다. 이렇게 수입물품이 수입절차과정을 거치는 동안 관세율 및 관세와 관계되는 법령이 변경될 수도 있다.

예를 들어, 수입승인시의 관세율이 5%인 물품이 수입신고시에 8%로 변경되었다고 가정하자. 이와 같은 경우에 어느 시점이 시행되는 관세율 또는 법령을 적용할 것인가 하는 것이 적용법령의 시기이다. 관세법령의 적용시점은 그 물품이 수입되는 방법에 따라 다음과 같다.

1. 정상통관절차에 의해 수입하는 물품의 법령적용시점

정상적인 통관절차에 의해 수입되는 물품의 경우를 일반물품과 보세건설장 반입물품으로 구분하여 설명한다.

(1) 일반물품

수입신고에 의하여 수입되는 물품의 관세는 「수입신고 당시의 법령에 의하여 부과한다(법 제17조)」라고 규정하고 있어 수입신고 시점이 적용법령의 기준시점이 된다.

(2) 보세건설장 반입물품

보세건설장에 반입된 물품은 그 수입신고가 수리된 날에 시행되는 법령에 따라 관세를 부과한다(법 제17조 2호). 보세건설장은 기계류나 시설재 등을 외국으로부터 반입하여 정유공장, 발전소 등과 같은 큰 Plant를 건설하는 경우에 그에 소요되는 미조립된 개개의 반입물품에 대하여 개별적으로 과세하지 않고 조립이나 건설을 거쳐서 하나의 세번(HS)이 이루어지는 단위 공정별로 과세단위가 확정되는 제품이나 시설물 단위로 과세를 하여 수입신고수리를 하는 제도이다.

따라서 시설재나 기계류 등이 반입될 때에는 수입신고만 하고 검사한 후에 건설공사에 투입하여 사용할 수 있게 한 후에 일정관세 단위로 조립 또는 건설된 물품에 대하여 건설완료 보고를 한 후에 수입신고수리를 하게 된다. 이 경우 수입신고하는 때의 물품의 상태(미조립 시설재 또는 기계류)와 수입신고수리를 하는 때의 물품의 상태(조립된 기계 또는 건설된 시설물)가 다르게 되는데, 과세와 수입신고수리는 조립 또는 건설 완료된 기계나 시설재에 대하여 하는 것이므로 장기간의 조립 또는 건설되는 과정에 관세관련 법령의 개정이 이루어졌을 경우 수입이라는 사실이 이루어지는 때와 가장 가까운 수입신고수리시점에 시행되는 법령을 적용한다.

2. 정상통관하지 아니하고 수입될 경우 시기

수입신고의 절차를 거치지 않고 수입된 물품에 대하여는 해당 물품에 대한 과세물건의 확정시점인 다음의 시점에서 시행되는 법령을 적용한다.

① 선(기)용품을 허가대로 적재하지 않아 추징하는 경우에는 그 적재허가를 받은 때
② 보세구역장치물품의 멸실·멸각에 따른 추징의 경우에는 멸실 또는 멸각된 때
③ 지정된 기간이 경과한 경우 해당 보세구역 외 작업장에 허가된 외국물품을 징수하는 경우는 적재허가를 받은 때
④ 보세공장 외(보세건설장, 종합보세구역)의 작업시 작업허가 기간의 경과로 인하여 징수는 물품은 작업 허가를 받은 때
⑤ 보세운송기간 경과물품에 대한 추징의 경우는 보세운송 신고를 하거나 승인을 얻은 때
⑥ 즉시반출한 물품에 대하여 신고기한 경과하여 관세를 징수하는 물품의 경우 반출신고한 때
⑦ 수입이 아닌 과세대상 소비물품이나 사용물품에 대하여는 소비되거나 사용한 때
⑧ 우편에 의하여 수입되는 물품은 통관우체국에 도착된 때
⑨ 도난물품이나 분실물품에 대하여는 도난되거나 분실된 때
⑩ 관세법에 의하여 매각되는 물품에 대하여는 매각된 때
⑪ 수입신고를 하지 아니하고 수입된 물품(제①항 내지 제⑩항에 규정된 것은 제외)에 대하여는 수입된 때

내용정리

• 과세물건 확정시기/납세의무자/적용법령

구 분	과세물건 확정시기	납세의무자	법령적용 시기
원 칙	수입신고를 하는 때	화주(수입위탁자, 수하인, 양수인)	수입신고 당시
보세건설장 반입물품	사용 전 수입신고를 하는 때		사용전 수입신고 수리일
① 선(기)용품·차량용품, 외국무역	하역허가를 받은 때	하역허가를	사실이

선(기)·국경출입차량 판매물품 허가 위반 적재		받은 자	
② 보세구역 외 보수작업 승인기간 경과	승인을 얻은 때	승인을 얻은 자	
③ 보세구역 장치물품 멸실·폐기	멸실되거나 폐기된 때	운영인·보관인	
④ 보세공장 외와 보세건설장 외 작업 허가기간 경과, 종합보세구역 외 작업기간 경과	작업허가를 받거나 신고한 때	작업허가를 받거나 신고한 자	
⑤ 보세운송기간 경과	보세운송신고를 하거나 승인을 얻은 때	보세운송신고를 하거나 승인을 얻은 자	
⑥ 수입신고수리 전 소비·사용 (수입으로 보지 않는 경우 제외)	소비·사용한 때	소비자·사용자	
⑦ 수입신고 전 즉시반출물품	수입신고 전 즉시반출신고를 한 때	즉시반출한 자	발생한 날
⑧ 우편물	통관우체국에 도착된 때	수취인	
⑨ 도난물품, 분실물품	도난되거나 분실된 때	• 보세구역 장치물품 : 운영인·화물관리인 • 보세운송물품 : 운송신고를 하거나 승인을 얻은 자 • 기타 물품 : 보관인·취급인	
⑩ 매각되는 물품	매각된 때		
⑪ 기타 수입신고를 하지 않고 수입되는 물품	수입된 때	소유자·점유자	
		관세법·다른 법률의 규정에 의하여 따로 납세의무자로 규정된 자	

제4절 과세표준

Ⅰ. 과세표준의 개요

1. 의 의

관세의 과세요건은 과세물건, 납세의무자, 세율 및 과세표준의 4대 요건에 있는 바,

이 중 세액을 실제로 산출하는 데 기준이 되는 것은 과세표준과 세율이라고 할 수 있다.

즉, 과세표준×세율=세액이 되는 것이므로 과세표준은 관세액 결정의 2대 요건 중의 하나라고 할 수 있다. 여기에서 과세표준이란 세법에 의하여 직접적으로 세액 산출의 기초가 되는 과세물건의 수량 또는 가격(국세기본법 제2조)을 말하며 관세의 과세표준은 수입물품의 가격(종가세) 또는 수량(종량세)이 된다(법 제15조).

우리나라는 수입물품 대부분의 과세표준을 수입물품의 가격으로 하는 종가세주의를 취하고 있기 때문에 사실상 관세의 과세표준이라 함은 과세가격을 의미하는 것이다.

2. 과세가격의 평가

종량세의 과세표준인 수량은 용기의 중량 또는 무게를 과세표준에 포함시킬 것이라는 문제 이외는 단순하고 해석에 어려움이 없으나 종가세의 과세표준인 가격은 때와 장소에 따라 다를 뿐만 아니라 어떤 가격을 표준으로 할 것인가 하는 어려움이 있다.

따라서, 가격을 과세표준으로 하는 수입물품에 대하여 정하여진 원칙에 따라 관세의 과세가격을 결정하는 일련의 절차를 관세평가라 한다. 이러한 관세평가의 목적은 수입물품의 저가신고를 방지하여 관세수입을 확보하고, 부정무역 및 불공정무역을 방지하며, 또한 고가신고로 인한 부당한 외화도피 및 조세회피와 합법무역거래를 가장한 불법자금세탁행위(money laundering)를 방지함으로써 공평하고 적정한 과세확보를 도모하는 데 그 목적이 있다. 그러므로 세계각국은 관세평가의 합리성, 객관성 및 통일성을 확보하기 위한 과세가격평가에 관한 국제규범을 정립해 오고 있다.

Ⅱ. 과세가격의 형태

1. 발송가격(FOB가격)

FOB(free on board)가격이란, 본선인도가격으로서 운임·보험료가 포함되지 않은 가격을 말한다. 즉, 지정된 선적항에서 물품을 본선에 선적할 때까지의 모든 비용은 매도인의 책임이나 선적 이후에 발행하는 운임, 보험료 등의 모든 비용은 매수인이 부담한다.

그 장점으로는 ① 납세자의 관세부담이 줄어들고 수입물품의 가격이 인하된다는 것, ② 근거리 수입촉진 효과의 제거를 통한 수입선 전환효과가 있으며, ③ 계산이 쉬우며, 통관을 신속하게 할 수 있다는 점이다.

또 단점은 운임 · 보험료에 대하여 비과세함으로 재정수입이 감소되는 점이다.

2. 도착가격(CIF가격)

CIF(cost insurance & freight)가격이란, 운임 · 보험료포함가격으로서 매도인이 목적항까지의 해상운임과 보험료를 부담하게 된다(FOB가격+운임+보험료=CIF가격). 현재 우리나라가 과세가격으로 채택하고 있다.

그 장점으로 운임, 보험료에 대하여 과세함으로 관세수입이 증대하는 점이 있다.

또, 단점은 ① FOB가격에 비하여 과세가격이 높아 납세자의 관세부담이 증가하고, ② 운임과 보험료가 적게 드는 근거리 수입품이 원거리 수입품보다 적게 과세되어 근거리 무역이 조장된다는 점이다.

3. 법정가격

법정가격이란, 국내시장에서 일정기간 동안 조사한 평균가격을 기초로 하여 결정한 과세가격을 말한다.

그 장점으로는 과세가격결정이 간편하다는 점이고, 또 단점은 과거 일정기간 내의 평균가격을 기초로 하므로 과세의 공평을 기할 수 없다는 점이다.

4. 시가역산가격(도착지시장가격)

수입물품과 동종 · 동질 물품의 도착지의 국내도매시장 가격에서 수입제세와 수입관련비용, 수입 후 판매할 때까지의 정상판매비용과 정상이윤을 공제한 것을 과세가격으로 하는 방법을 말한다. 우리나라에서 여행자 휴대품 등의 과세가격평가에 사용되기도 한다.

표 6-1 과세가격 형태별 장단점

구 분	장 점	단 점
FOB가격	· 납세자의 관세부담이 줄어들고 수입물품의 가격이 인하된다. · 근거리 수입촉진 효과의 제거를 통한 수입선 전화효과가 있다. · 계산이 쉬우며, 통관을 신속하게 할 수 있다.	· 운임, 보험료에 대하여 비과세함으로 재정수입이 감소되는 단점이 있다.

CIF가격	· 운임, 보험료에 대하여 과세함으로 관세수입이 증대하는 장점이 있다.	· FOB가격에 비하여 과세가격이 높아 납세자의 관세부담이 증가한다. · 운임과 보험료가 적게 드는 근거리 수입품이 원거리 수입품보다 적게 과세되어 근거리무역이 조장된다.
법정가격	· 과세가격결정이 간편하다.	· 과거 일정기간 내의 평균가격을 기초로 하므로 과세의 공평을 기할 수 없다
시가역산가격	· 국내도매시장 판매가격과 이에 공제되는 비용요소 등만 확정되면 과세가 비교적 간편하게 이루어진다.	· 일반적으로 국내도매시장가격 및 공제되는 비용요소 등은 평균치의 개념으로 확정되므로 과세가 공평하지 않을 수 있다.

장점은 국내도매시장 판매가격과 이에 공제되는 비용요소 등만 확정되면 과세가 비교적 간편하게 이루어진다는 점이고, 단점은 일반적으로 국내도매시장가격 및 공제되는 비용요소은 평균치를 개념으로 확정되므로 과세가 공평하지 않을 수 있다는 점이다.

제 5 절　과세표준과 관세평가

Ⅰ. 관세평가제도의 개요

1. 관세평가의 의의

관세평가란 수입물품의 과세가격을 결정하는 절차와 방법을 말한다. 관세의 과세요건에는 과세물건, 납세의무자, 관세율 및 과세표준의 4대 요건이 있다. 과세표준×관세율=관세가 되는 것이므로 실제로 관세산출의 기초가 되는 것은 과세표준과 관세율이다.

그러므로 관세의 2대 결정요인 중 하나가 과세표준이며, 관세의 과세표준은 수입물품의 가격 또는 수량이다(관세법 제15조). 물품의 가격을 과세표준으로 하는 경우에 이를 종가세라 하고, 물품의 수량(개수 · 중량 · 길이 · 면적 등)을 과세표준으로 하는 경우에는 종량세라 한다. 현재 우리 관세법에서는 종가세가 주류를 이루고 있다.

종가세 대상물품의 경우 관세액을 산출하기 위한 과세표준은 수입물품의 가격인데, 이 가격을 과세표준으로 하는 수입물품에 대하여 정하여진 원칙에 따라 관세의 과세가격을 결정하는 절차를 관세평가(customs valuation)라 한다.

2. 관세평가의 연혁

(1) 관세와 무역에 관한 일반협정(GATT)

관세평가에 대한 국제적인 합의가 이루어진 것은 1947년 제네바에서 개최된 무역 및 고용에 관한 UN회의라고 볼 수 있다.

1947년 제네바회의 결과 관세와 무역에 관한 일반협정(GATT)에 구체화하게 되었는데, 1947년 10월 30일 23개국에 의하여 제네바에서 조인되었으며 평가관계규정은 이 협정의 제7조에 규정하게 되었다. 그라나 GATT 제7조는 관세평가에 적용할 일반적인 원칙만 정하여 국제적인 통용규범이 되지 못하였다.

(2) 브뤼셀 평가협약

GATT 제7조의 제정 이후 평가제도에 관한 국제적인 발전은 유럽관세동맹연구단에 의하여 이루어졌다. 이 연구단은 관세동맹에 사용할 CIF평가정의를 기초하고 있기 때문에 FOB를 과세가격의 기준으로 하는 나라에서는 동 협약에 가입할 수 없게 되어 1947년에 FOB를 채택하는 국가도 가입할 수 있도로 개정하였고, 1978년에는 이를 적용하는 국가가 103개에 달했다. 그러나 신평가협정의 성립에 따라 점차 감소해 소멸되고 있다.

(3) GATT 및 WTO 신평가협약

브뤼셀 평가체제는 CIF주의를 채택하고 있어 FOB주의를 사용하는 미국・캐나다 등 무역강국이 가입하지 않아 국제적 통일을 기한다는 당초 목적을 충분히 달성할 수 없었다. 이리하여 1973년 시작된 동경라운드 무역협상에서 미국의 주도로 새로운 평가제도가 탄생되었는 바, 1981년 1월 1이 발효된 GATT 제7조의 이행에 관한 협약(GATT 신평가협약)이 그것이다.

GATT 신평가협약은 CIF주의를 택하느냐 FOB를 택하느냐는 각국의 국내법에서 정하도록 하였으며, 브뤼셀 평가협약상의 관념적 가격개념 대신에 실증적인 가격개념을 사용하였다.

그러나 GATT 신평가협약은 관세평가제도로서는 괄목할 진전을 이루었다고 할지 모르겠으나 이 협약에의 가입이 각국의 재량에 속하기 때문에 여전히 가입국의 숫자가 적어 국제적 통일을 기한다는 당초의 목표에 미치지 못하게 됨에 따라 제8차 무역협상인 우루과이라운드의 결과로 WTO체제가 1995년 1월 1일 출범할 때에 신평가협약을 WTO체제에 완전히 편입시킴으로써 신평가협약에 가입하지 않고는 WTO에 가입할 수 없도록 하였다.

이러한 WTO 체제로 편입으로 인하여 관세평가제도의 국제적인 통일이라는 당초의 목적 달성에 큰 계기를 이루었다고 할 수 있다. WTO 체제 아래에서의 평가협약을 「신평가협약 1994」라 부르는데 정식명칭은 GATT 제7조의 이행에 관한 협약이라고 한다.

(4) 관세평가협정과 우리나라 평가제도

(가) 우리나라의 관세평가제도의 발달과정

우리나라는 1968년 7월 브뤼셀 평가협약에 가입한 이래로 16년간 브뤼셀 평가체계를 운용하여 왔으나 GATT신관세평가제도가 시행되자 81년 1월 5년간의 시행유보 조건으로 동 협약에 가입하였다. 그 후 1984년 7월 1일부터 신관세평가제도의 내용을 미리 시행하여 오다가 1986년 2월 5일부터는 전면 시행하였다. 이어서 GATT신관세평가제도가 WTO평가협약으로 자동 편입됨에 따라 오늘에 이르렀다.

(나) 우리나라의 관세평가제도의 법적 근거와 운용

우리나라의 관세평가는 관세와 무역에 관한 일반협정 제7조의 이행에 관한 협약 1994, 관세법(법 제30조~35조), 관세법 시행령, 관세법 시행규칙 및 수입물품 과세가격 결정에 관한 고시를 근거로 하여 이루어지고 있다. WTO 관세평가협약에서는 과세가격을 체약국의 임의대로 FOB 또는 CIF가격으로 할 수 있도록 규정하고 있는데 우리나라는 CIF가격(운임, 보험료 포함가격)을 과세가격으로 채택하고 있다.

관세법 및 WTO관세평가협정에서는 다음과 같은 6가지 방법에 의하여 과세가격을 결정하고 있으며, 선순위의 평가방법을 적용할 수 없는 경우에 한하여 후순위의 평가방법을 적용할 수 있다.

① 제1방법 - 해당 수입물품의 거래가격(transaction value)을 기초로 한 과세가격의 결정 방법
② 제2방법 - 동종・동질물질의 거래가격(transaction value of identical goods)을 기초로 한 과세가격 결정방법
③ 제3방법 - 유사물품의 거래가격(transaction value of similar goods)을 기초로 한 과세가격 결정방법
④ 제4방법 - 국내판매가격을 기초로 한 과세가격 결정방법(deductive value method)
⑤ 제5방법 - 산정가격을 기초로 한 과세가격 결정방법(computed value method)
⑥ 제6방법 - 합리적 기준에 의한 과세가격 결정방법(fall-back method)

3. 관세평가의 목적

관세는 일반적으로 관세의 징수를 통한 재정수입의 확보와 국제경쟁력이 약한 국내산업을 보호하는 산업정책적 기능을 가지고 있으며, 또는 국제수지 개선효과를 가지고

있다. 그러므로 관세율의 적정한 책정과 부과는 중요한 임무를 띠고 있다. 그런데 만약 관세율이 적정하게 책정되었다 하더라도 관세평가면에서 공정한 과세가격이 포착되지 못한다면 과세부과는 그 목적을 충실히 달성할 수 없으므로, 과세가격을 '제2의 관세율'이라고 부르고 있다.

관세평가의 목적은 수입물품의 저가신고를 방지하여 관세수입을 확보하고, 부정무역 및 불공정무역을 방지하며, 아울러 고가신고로 인한 부당한 외화도피 및 조세회피와 합법무역거래를 가장한 불법자금 세탁행위(money laundering)를 방지함으로써 공평하고 적정한 과세확보를 도모하는 데 그 목적이 있다.

그러므로 세계각국은 관세평가의 합리성, 객관성 및 통일성을 확보하기 위한 관세평가의 국제규범을 정립해오고 있는 것이다.

Ⅱ. 관세평가 방법

1. 관세평가방법의 종류와 적용순위

여기서 말하는 관세평가방법이란 과세가격을 결정하는 방법을 말하며 현행 관세법 및 WTO 관세평가협약은 과세가격의 결정방법을 합리적이고도 중립적인 6가지의 방법으로 다음과 같이 구분하여 규정하고 있다.

수입물품의 과세가격은 상기의 6가지 방법을 순차적으로 적용하며, 선순위의 평가방법을 적용할 수 없는 경우에 한하여 후순위의 평가방법을 적용한다(수입물품 과세가격 결정에 관한 고시 제96-27호. '96. 6.13).

순 위	종 류	근 거	
		WTO 관세평가협약	관세법
제1평가방법	해당 물품의 거래가격을 기초로 한 과세가격의 결정방법	제1조	제30조
제2평가방법	동종·동질물품의 거래가격을 기초로 한 과세가격의 결정방법	제2조	제31조
제3평가방법	유사물품의 거래가격을 기초한 과세가격의 결정방법	제3조	제32조
제4평가방법	국내판매가격을 기초로 한 과세가격의 결정방법	제4조	제33조
제5평가방법	산정가격을 기초로 한 과세가격의 결정방법	제5조	제34조
제6평가방법	합리적인 기준에 의한 과세가격의 결정방법	제6조	제35조

다만, 수입자는 제4방법을 적용하기 전에 제5방법의 적용을 요청할 수 있는 선택권(importer's option)을 갖는다.

만약 수입자가 요청하였으나 제5방법에 의하여 과세가격을 결정할 수 없을 때에는 제4방법(이 방법이 가능한 경우)에 의하여 과세가격을 결정한다.

(1) 해당 물품의 거래가격을 기초로 한 과세가격 결정방법(제1방법)

㈎ 의 의

이 방법은 관세평가에 있어 가장 기본적이고 원칙적인 방법으로 여기에서 거래가격이라 함은 수입거래에 대하여 그 물품의 수입국에 수출 판매(Sale for Export)되는 때에 구매자가 판매자에 대하여 직접 또는 간접적으로 지급하였거나 지급할 금액의 총액으로 거래요건을 갖춘 물품에 대하여 실제로 지급되는 금액에 조정요소를 가감하고 운임, 보험료를 가산하여 과세가격을 결정하는 방법이다.

다시 말하면, 제1방법의 거래가격은 ① 우리나라(수입국)에 수출판매된 물품에 대하여, ② 실제로 지급하였거나 지급하여야 할 가격에, ③ 가산·조정되는 요소를 조정한 가격으로, ④ 거래가격의 성립요건을 구비한 가격이다. 동 방법의 흐름도를 정리하면 [그림 6-2]와 같다.

㈏ 거래가격의 성립요건

해당 물품의 거래가격을 기초로 과세가격을 결정하기 위해서는 다음 각호의 요건을 갖추어야 한다.

① 해당 물품이 우리나라에 수출·판매되는 것이어야 한다. 예컨대, 무상 또는 임차수입물품·위탁판매를 위한 물품, 임대차계약에 의한 수입물품 등은 수출하는 때에 판매된 물품이 아니다.

그림 6-2 평가방법 적용순위

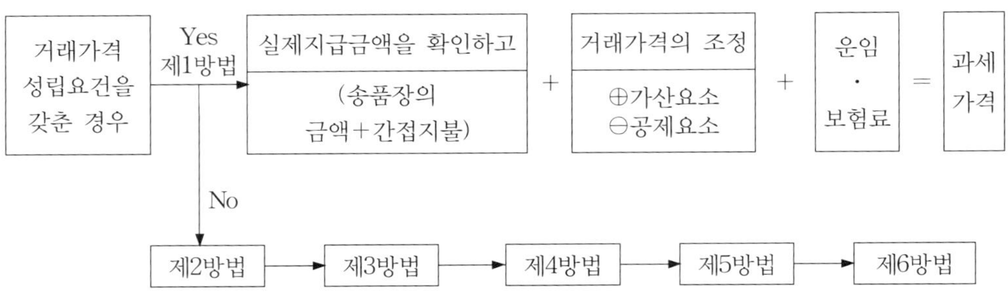

② 구매자가 물품을 처분 또는 사용함에 있어 제한이 없어야 한다. 다만, 다음에 해당하는 경우에는 제한으로 보지 아니한다.

㉠ 우리나라의 법령이나 법령에 의한 처분에 의하여 부과되거나 요구되는 제한

㉡ 수입물품이 전매될 수 있는 지역의 제한

㉢ 기타 수입가격에 실질적으로 영향을 미치지 아니한다고 세관장이 인정하는 제한

③ 해당 물품에 대한 거래의 성립 또는 가격의 결정이 금액으로 계산할 수 없는 조건 또는 사정에 의하여 영향을 받지 않아야 한다. 금액으로 계산할 수 없는 조건 또는 사정에 의하여 영향을 받은 경우의 예로는 다음과 같다.

㉠ 구매자가 판매자로부터 특정수량의 다른 물품을 구매하는 조건으로 해당 물품의 가격이 결정되는 경우 ㉡ 구매자가 판매자에게 판매하는 다른 물품의 가격에 따라 해당 물품의 가격이 결정되는 경우 ㉢ 판매자가 반제품을 구매자에게 공급하고 그 대가로 그 완제품의 일정수량을 받은 조건으로 해당물품의 가격이 결정되는 경우

④ 해당 물품의 수입 후의 전매·처분 또는 사용에 따른 수익의 일부가 직·간접으로 판매자에게 귀속되지 않아야 한다. 다만, 판매자에게 귀속되는 금액이 일정한 가산금액으로서 적절히 조정할 수 있는 경우에는 예외로 한다.

⑤ 구매자와 판매자간에 다음에 해당하는 특수관계가 있어 그 관계가 수입물품의 가격에 영향을 미치는 것이 아니어야 한다.

· 특수관계의 범위

㉠ 구매자와 판매자가 상호 사업상의 임원 또는 관리자인 경우

㉡ 구매자와 판매자가 상호 법률상의 동업자인 경우

㉢ 구매자와 판매자가 고용관계에 있는 경우

㉣ 특정인이 구매자 및 판매자의 의결권이 있는 주식을 직접 또는 간접으로 5% 이상 소유하거나 관리하는 경우

㉤ 구매자 및 판매자 중 일방이 타방에 법적으로 또는 사실상으로 지시나 통제를 할 수 있는 위치에 있는 등 일방이 타방을 직접 또는 간접으로 지배하는 경우

㉥ 구매자 및 판매자가 동일한 제3자에 의하여 직접 또는 간접으로 지배를 받은 경우

㉦ 구매자 및 판매자가 동일한 제3자를 직접 또는 간접 공동지배하는 경우

㉧ 구매자와 판매자가 국세기본법 시행령 제20조(친족 기타 특수관계인의 범위) 제1

호 내지 제8호의 하나에 해당하는 친족관계에 있는 경우

다만, 구매자와 판매자가 특수관계에 있는 경우 해당 물품의 가격이 특수관계에 의해 영향을 받지 않았음을 구매자가 증명하는 때에는 그 특수관계가 해당 물품의 가격에 영향을 미치지 아니한 것으로 본다.

〈해당 수입물품의 거래가격을 기초로 한 과세가격 결정방법〉

구 분	내 용
거래가격의 성립요건	• 우리나라에 수출·판매된 물품일 것
	• 구매가자 해당 수입물품의 처분 또는 사용함에 있어 어떠한 제한도 없어야 한다.
	• 해당 수입물품에 대한 거래의 성립 또는 가격의 결정이 금액으로 계산할 수 없는 조건 또는 사정에 의하여 영향을 받지 아니하여야 한다.
	• 해당 수입물품의 수입후의 전매·처분 또는 사용에 따른 수익의 일부가 직접 또는 간접으로 금액으로 확인할 수 없는 사후귀속이익이 없어야 한다.
	• 판매자와 구매자의 특수관계가 가격에 영향을 미치지 않아야 한다.

↓ 구비○ ↳ 구비× : 제2방법

구 분	구매자가 실제로 지급하였거나 지급하여야 할 가격
가산 요소	해당 수입물품의 대가로서 구매자가 실제로 지급하였거나 지급하여야 할 총금액으로서 직접지급과 다음의 간접지급을 포함한다. ① 판매자의 요청에 의하여 수입물품의 대가 중 전부 또는 일부를 제3자에게 지급하는 경우 그 지급금액 ② 구매자가 해당 수입물품의 거래조건으로 판매자 또는 제3자가 수행하여야 할 하자보증을 대신하고, 그에 해당하는 금액을 할인받았거나 하자보증비 중 전부 또는 일부를 별도로 지급하는 경우 해당금액 ③ 수입물품의 거래조건으로 구매자가 지급하는 외국훈련비 또는 외국교육비 ④ 기타 일반적으로 판매자가 부담하는 은행수수료(Banking Charge), 팩토링 수수료(Factoring Charge) 등을 구매자가 지급하는 경우 그 지급금액
공제 요소	구매자가 실제로 지급하였거나 지급하여야 할 가격에서 다음을 명백히 구분할 수 있는 경우에는 그 금액을 공제한다. ① 수입 후에 행하여지는 해당 수입물품의 건설·설치·조립·정비·유지 또는 해당 수입물품에 관한 기술지원에 필요한 비용 ② 수입항 도착 후에 해당 수입물품의 운송에 필요한 운임·보험료 기타 운송에 관련되는 비용

	③ 우리나라에서 해당 수입물품에 부과된 관세 등 제세 및 기타 공과금 ④ 연불조건의 수입의 경우에는 해당 수입물품에 대한 연불이자

+

구 분	법정 가산요소의 가산조정
가산 요소	① 구매자가 부담하는 수수료 및 중개료. 단, 구매수수료를 제외한다. ② 해당 물품과 동일체로 취급되는 용기의 비용과 해당 물품의 포장에 소요되는 노무비 및 자재비로서 구매자가 부담하는 비용 ③ 생산지원비용 ④ 특허권·실용실안권·의장권·상표권 및 이와 유사한 권리를 사용하는 대가(권리사용로) ⑤ 해당 수입물품의 수입 후 전매·처분·사용에 따른 수익금액 중 판매자에게 직접 또는 간접으로 귀속되는 금액(사후귀속이익) ⑥ 수입항까지의 운임·보험료 기타 운송에 관련된 비용 ※ 가산시 객관적이고 수량화할 수 있는 자료가 없는 경우 → 제2방법

(다) 실제지급금액의 확정

거래가격이 전술한 성립요건을 모두 갖춘 수입물품은 과세가격의 결정을 제1평가방법에 의하게 된다. 제1방법에서 과세가격의 기초가 되는 것은 '수입물품의 구매를 위하여 실제로 지급하였거나 지급하여야 할 총금액'이 된다.

1) 실제 지급하였거나 지급하여야 할 가격 등

해당 수입물품의 대가로서 구매자가 지급하였거나 지급하여야 할 총금액을 말하며, 지급하여야 할 가격은 가격에 대한 합의는 이루어져 있으나 아직 지급이 이루어지지 않은 경우를 말하며, 직접지급·간접지급 금액을 모두 포함한다.

① **직접지급 금액:** 구매자가 판매자에게 직접 현금·수표 및 신용장에 의하여 결제하는 방법 등을 말한다.

② **간접지급 금액:** 수입물품의 가격은 신용장, 송품장의 금액이 일치하고 이들 금액은 그 물품의 대가의 전부인 경우가 대부분일 것이나, 아래와 같은 경우 간접지급 금액으로 과세가격에 포함시켜야 한다.

- 구매자가 판매자의 요청에 의하여 수입물품의 대금의 일부를 제3자에게 지불하는 경우 그 금액 또는 그 금액에 상응하는 물품이나 용역비용
- 기타 수입물품의 거래조건으로 직·간접으로 지불되는 금액
- 판매자나 제3자가 수행하는 하자보증비 중 구매자가 해당 수입물품의 거래조건으로서 부담하는 금액
- 구매자가 판매자의 제3자에 대한 채무를 변제하는 금액
- 구매자가 해당 수입물품의 대가와 판매자의 채무를 상계하는 금액 그러나, 구매자가 자기계산으로 수행한 활동은 비록 그것이 판매자에게 이익이 된다고 할지라도 간접지급으로 보지 않는다(판촉, 광고, 물품보증).

2) 대금결재조건과 할인

매매는 물품과 대금을 동시에 상호교환하는 것을 기본으로 하고 있으므로 현금지불의 경우 할인은 실제지급금액을 과세의 기준으로 하는 원칙에 적합하며, 실제의 무역 거래에서는 선적서류의 수령과 동시에 대금을 결제하는 것(At sight)까지 물품과 대금의 상호조건으로 볼 수 있을 것이다.

① **대금의 선불:** 대금을 선불하는 경우의 할인액은 과세가격에 포함을 시키지 않고, 그 할인된 만큼을 제외한 금액이 과세가격이 된다.

② **대금의 후불:** 대금을 후불하는 경우에 부가되는 이자에 해당하는 금액이 송품장, 계약서 등에 의하여 명백히 구분되고, 이자로서 타당성이 있는 경우에 한하여 과세가격에서 공제하여 주도록 되어 있다.

③ **수량할인:** 수량할인은 일정수량 이상을 구매하는 경우에 인정된다. 그러나 대량구매를 조건으로 할인되었으나, 분할선적된 경우에는 해당 수량이 전량 수입되고, 해당 할인 후의 가격이 실제로 지급되는 것을 조건으로 지급하여야 할 금액을 확정하게 된다.

㈑ 거래가격의 조정

1) 가산요소

수입물품의 거래가격이 그 성립요건을 모두 갖추고 실제지급금액이 확정된 후에도 물품의 수입과 관련하여 구매자가 부담하는 어떤 금액이 수입물품에 대한 실제지급금액에 포함되어 있지 않은 경우 이 금액은 실제지급금액에 가산하여야 한다. 이들 금액을 가산하는 이유는 이 금액을 별도로 지급한다 하더라도 물품가격의 일부를 구성한다고 보기 때문이다.

이러한 가산금액은 구매자와 판매자에게 수입물품 구매에 따른 실제지급금액에 동 금액을 포함하여 지급한 경우에는 별도로 가산할 필요가 없으며, 현실적으로 가산대상

이 되는 것은 이 가산금액이 실제지급금액과는 별도로 지급되거나 처리될 경우이다.

참 조 **가산요소**

① 특허권 등의 권리사용료
② 사후귀속이익
③ 생산지원비용
④ 포장비용
⑤ 수수료 및 중개료
⑥ 용기의 비용

① **특허권 등의 권리사용료:** 구매자가 해당 수입물품의 대가로 지급하였거나 지급하여야 할 가격에 가산할 권리사용료는 다음에 해당하는 권리 등을 사용하는 대가를 말한다.

- 특허권 · 실용신안권 · 디자인권 · 상표권 등 산업재산권
- 저작권 등의 법적인 권리
- 법적 권리에는 속하지 아니하지만, 경제적가치를 가지는 것으로서 상당한 노력에 의하여 비밀로 유지된 생산방법 · 판매방법, 기타 사업활동에 유용한 기술상 또는 경영상의 정보 등(이하 '영업비밀'이라 한다)

다만, 특정한 고안이나 창안이 구현되어 있는 수입물품을 이용하여 우리나라에서 그 고안이나 창안을 다른 물품에 재현하는 권리(복제권)을 사용하는 대가를 제외한다.

이러한 권리의 사용에 대한 대가가 송장가격에 포함되어 있지 않고 물품가격과는 별도로 지급하는 경우에는 권리사용료를 과세가격에 산입하여야 하는 바 이러한 권리사용료를 산입함에 있어서는 다음의 요건을 갖추어야 한다.

◈ 통 칙

우리나라에서 재현하는 권리

특정한 고안이나 창안이 구현되어 있는 수입물품이 우리나라에서 재현하는 데에만 사용되고 수입물품 자체가 판매되거나 분배되지 않는 경우, 재현하는 권리 이외의 판매권 등은 의미 없는 공허한 권리에 불과하므로 이러한 수입물품에 대한 권리사용료는 과세대상이 아니다.

◈ 권리사용료의 가산요건

1. 해당 물품에 대하여 구매자가 실제로 지급하였거나 지급하여야 할 가격에 가산하여야 할 권리사용료는 해당 물품에 관련되어야 한다. 다음 각호에 해당하는 경우에는 권리사용료가 해당 물품과 관련되는 것으로 본다.
   ① **권리사용료가 특허권에 대하여 지급되는 경우**
      ㉠ 수입물품이 특허발명품인 경우
      ㉡ 수입물품이 방법에 관한 특허에 의하여 생산된 물품인 경우
      ㉢ 국내에서 해당 특허에 의하여 생산될 물품의 부분품, 원재료 또는 구성요소로서 그 자체에 해당 특허의 내용이 전부 또는 일부가 구현되어 있는 제품인 경우
      ㉣ 방법에 관한 특허를 실시하기에 적합하게 고안된 설비·기계 및 장치(그 주요특성을 갖춘 부분품 등 포함)인 경우
   ② **권리사용료가 디자인권에 대하여 지급하는 경우**
      ㉠ 수입품에 해당 디자인을 표현하는 물품인 경우
      ㉡ 국내에서 해당 디자인권에 의하여 생산된 물품의 부분품 또는 구성요소로서 그 자체에 해당 의장의 전부 또는 일부가 표현되어 있는 경우
   ③ **권리사용료가 상표권에 대하여 지급하는 경우**
      ㉠ 수입물품에 상표가 부착된 경우
      ㉡ 수입 후 희석·혼합·분류·단순조립·재포장 등의 경미한 가공 후에 상표가 부착되는 경우
   ④ **권리사용료가 저작권에 대하여 지급하는 경우** – 수입물품에서 가사·선율·영상·컴퓨터 소프트웨어 등이 수록되어 있는 등 저작권의 내용을 포함하고 있는 경우
   ⑤ **권리사용료가 실용신안권·영업비밀에 대하여 지급되는 경우** – 해당 실용신안권·영업비밀이 수입물품과 특허권에 대하여 권리사용료가 지급되는 경우에 준하는 관련이 있는 경우
   ⑥ **권리사용료가 기타 권리에 대하여 지급되는 경우** – 해당 권리가 수입물품과 위 ①항 내지 ⑤항의 규정 중 권리의 성격상 해당 권리와 가장 유사한 권리에 대한 규정에 준하는 관련이 있는 경우
2. 해당 물품에 대하여 구매자가 실제로 지급하였거나 지급하여야 할 가격에 가산하여야 할 권리사용료는 해당 물품의 거래조건으로 구매자가 직접 또는 간접으로 지급하여야 한다. 다음 각호에 해당하는 경우에는 권리사용료가 해당 물품의 거래조건으로 지급되는 것으로 본다.
   ① 구매자가 수입물품을 구매하기 위하여 판매자에게 권리사용료를 지급하는 경우
   ② 수입물품의 구매자와 판매자간의 약정에 의하여 구매자가 수입물품을 구매하기 위하여 해당 판매자 외의 자에게 권리사용료를 지급하는 경우
   ③ 구매자가 수입물품을 구매하기 위하여 판매자 외의 자로부터 특허권 등을 사용에 대한 허락을 받아 판매자에게 그 특허권을 사용하게 하고 해당 판매자 외의 자에게 권리사용료를 지급하는 경우

② 사후귀속이익: 해당 수입물품의 수입 후 전매·처분·사용에 따른 수익금 중 판매자에게 직접 또는 간접으로 귀속되는 부분이 있는 경우에는 이를 실제지급금액에 가산함으로써 제1방법의 적용이 가능하다. 수익 후 전매·처분·사용에 따른 수익이라 함은 해당 수입물품의 판매·사용 등에서 얻어지는 매상대금·임대료·가공임 등을 말하며 주식배당금과 같이 수입물품과 직접 관련이 없는 것은 이에 해당하지 않는다.

◈ 통 칙

수입 후의 전매·처분 또는 사용에 따른 수익

법 제302조 제3항 제3호에서 '수입 후의 전매·처분 또는 사용에 따른 수익'이라 함은 해당 수입물품의 판매, 사용 등에서 얻어지는 판매대금, 임대료, 가공임 등을 말하며, 해당 수입물품의 현물출자로 인하여 발생하는 주식배당금과 같이 수입물품과 직접 관련이 없는 것은 이에 해당되지 아니한다.

③ 생산지원비용: 해당 수입물품의 생산 및 수출거래와 관련하여 구매자가 무료 또는 인하된 가격으로 물품 또는 용역을 직·간접으로 공급하는 것을 생산지원이라고 한다.

구체적으로 설명을 한다면, 우리나라의 수입자가 외국에 원자재나 기계 등을 무상 또는 저렴한 가격으로 보내주고 그 외국업자로 하여금 제품을 생산하게 한 후 그 물품을 수입한다면 외국의 제조자는 자기가 받은 금액만 우리나라 수입자에게 청구할 것이다.

다만, 생산지원이 제값을 완전히 받고 판매한 경우에는 가산요소에서 제외됨은 물론이다. 구매자가 해당 물품의 생산 및 수출거래를 위하여 무료 또는 인하된 가격으로 직접 또는 간접으로 다음에 해당하는 물품 및 용역을 공급하는 때에는 그 가격 또는 인하차액을 해당 물품의 대가로 구매자가 실제로 지급하였거나 지급하여야 할 가격에 가산하여야 한다.

- 수입물품에 결합되는 재료, 구성요소, 부분품 기타 이와 비슷한 물품
- 수입물품의 생산에 사용되는 공구, 다이스, 모울드 및 해당 수입물품의 조립·가공·성형 등의 생산과정에 직접 사용되는 기계·기구
- 수입물품의 생산과정에 소비되는 물품
- 수입물품의 생산에 필요한 기술·설계·공예·의장·고안. 다만 우리나라에서 개발된 것은 제외한다.

◈ 생산지원비용의 가산요건
① 구매자가 수입할 물품의 생산 및 수출거래를 위하여 공급한 것이어야 한다.
② 구매자가 무료 또는 인하된 가격으로 공급한 것이어야 한다.
③ 구매자가 직접 또는 간접으로 공급한 것이어야 한다.
④ 구매자가 공급하는 것이 물품인 경우에는 수입물품에 결합되거나, 수입물품이 생산에 사용되거나 수입물품의 생산과정에서 소비되는 것이어야 한다.
⑤ 구매자가 공급하는 것이 용역인 경우에는 수입물품의 생산에 필요한 것이어야 하며 우리나라에서 개발된 것은 제외한다.

④ **포장비용**: 일반적으로 포장에 소요되는 비용들은 송장가격에 이미 포함되어 과세가격을 산출함에 있어 포장비용을 별도로 가산하는 문제가 발생하지 않는다. 그러나, 수입업자의 요청에 의하여 특수한 포장 등을 함으로써 구매자가 그 비용을 부담하는 경우에 포장에 소요되는 노무비 및 자재비 등을 과세가격에 가산하여야 한다. 이 경우에도 송장가격에 이미 포장비용이 포함되어 있다면 그 비용은 가산하지 않는다.

⑤ **수수료 및 중개료**: 물품의 수입과 관련된 수수료가 과세가격에 포함되는 것은 구매수수료를 제외한 수수료와 중개료이다.

첫째, 수수료는 수입물품을 구매 또는 판매함에 있어서 구매자 또는 판매자를 대리하여 행하는 용역의 대가로 구매자 또는 판매자가 지불하는 비용을 말한다.

◈ 통 칙
별도로 지급된 Pallet 비용의 과세
수입물품이 적재된 Pallet 가격은 수입물품가격에 포함되는 것이 일반적인 무역관행이므로 구매자가 Pallet 가격을 별도로 지급하였다면 이는 법 제30조 제1항 제2호에서 정한 포장에 소요되는 자재비에 해당한다.

◈ 구매수수료(과세가격에서 제외함)
해당물품을 구매함에 있어 해외에서 구매자만을 위하여 그를 대리하여 행하는 용역의 대가로 구매자가 그 대리인에게 지불하는 비용이다.
어떤 물품을 수입하기 위하여 구매자 자신이 해외에 출장을 가서 구매협상을 하거나, 직원을 보낼 경우 발생하는 여행경비 및 봉급은 구매자의 비용이며, 이 비용은 물품에 대한 간접적인 지급으로 간주하여 과세가격에 가산되어서는 안 된다.
이유는 외부대리인을 채용하여 이와 동일한 일을 수행하게 하는 데 따른 비용을 포함시킬 이유가 없기 때문이다. 따라서 과세가격에서 구매수수료는 제외되는 것이다.

◈ 판매수수료

수입물품을 판매함에 있어서 판매자를 대리하여 행하는 용역의 대가로 판매자가 지불하는 비용이다.

판매수수료를 판매자 자신이 부담하는 경우에는 따로 가산할 금액이 없는 것이지만, 판매조건으로 구매자로 하여금 송품장 가격에 추가해야 할 수수료를 직접 중간역할을 한 자에게 지불토록 하는 경우에는 이 수수료는 거래가격 결정시 가산되어야 한다.

둘째, 중개료는 구매자나 판매자로부터 독립적인 중개인이 양자 사이에서 거래알선 및 중개역할을 대가로 쌍방으로부터 받은 거래알선료 말한다.

즉, 판매자가 중개인에게 중개료를 지급하여 이 금액이 송품장 가격에 이미 포함되어 있는 경우에는 가산 문제는 발생하지 않지만, 판매자가 지급하여야 할 중개료가 송품장 가격에 포함되어 있지 않고 이를 구매자가 따로 부담하는 경우에는 실제 지급금액에 가산하여야 한다.

◈ 용기의 비용

해당 수입물품과 일체로 취급되는 용기의 비용은 수입물품의 과세가격에 포함된다. 여기서 해당 수입물품과 일체로 취급한다 함은 관세목적상 일체로 취급되는 것을 의미하며, 이것은 품목분류에 있어 용기가 내용물품과 개별로 취급되지 않고 동일한 세번으로 분류되는 것을 말한다(악기와 케이스, 카메라와 케이스 등). 해당 수입물품과 일체로 취급되는 용기의 비용이 송품장 가격에 이미 포함되어 있는 경우에는 가산문제가 발생되지 않지만 포함되어 있지 않은 경우에는 이를 가산하여야 한다.

2) 공제요소

수입물품의 과세가격 결정기준은 수입항 도착시점이므로 구매자와 판매자간의 거래에 있어서 수입항 도착 이후에 발생하는 비용이 포함되어 있고, 이를 명백히 구분할 수 있는 경우에는 그 금액을 공제한다.

① 수입 후에 행하여지는 해당 수입물품의 건설·설치·조립·정비·유지 또는 해당 수입물품에 관한 기술지원에 필요한 비용. 이러한 비용 등은 송품장, 신용장, 계약서 등에 물품가격과 구분표시되어 있다면 과세가격에서 제외된다.

② 수입항 도착 후에 해당 수입물품의 운송에 필요한 운임, 보험료, 기타 운송에 관련되는 비용. 동 금액이 판매자에게 실제 지급하였거나, 지급할 금액에 포함되어 있거나 운송업자 또는 보험업자에게 지불된 운임·보험료에 포함되어 있으면서 그 비용이 구분가능한 경우에는 이를 과세가격에 가산하지 않는다.

수입항 도착은 해당 수입물품에 대한 본선하역 준비가 완료된 시점과 장소를 말하며, 수입 후 운임은 수입 후의 적재·양하비 및 기타 운송관련 비용을 말한다.

③ 연불조건 수입의 경우 해당 수입물품에 대한 연불이자 구매자에 의해 맺어진 지불협정에 따라 수입물품 구매와 관련되어 발생하는 이자비용은 다음 제 요건을 충족시키는 경우 과세가격에 포함시켜서는 안 된다.

- 이자액이 수입물품의 대가로 실제 지불되었거나 지불할 금액으로부터 구분되고
- 지불협정이 서면으로 체결되고
- 필요로 하는 경우, 구매자는 수입물품이 신고된 금액으로 실제 지불하였거나 지불할 금액으로 실제 판매되었으며, 합의된 이자율이 금융이 제공된 국가에서 당시 그러한 거래에서 통용되고 있는 수준을 초과하지 않는다는 사실을 입증할 수 있어야 한다.

④ 우리나라에서 해당 수입물품에 부과된 관세 등 제세 및 기타 공과금

(마) 운임 및 보험료

1) 운임·보험료의 가산여부 및 산정근거

WTO 평가협약은 수입물품의 국제운송에 소요되는 운임, 보험료 기타 운송관련비용을 실제 지급금액에 가산할 것인지 여부를 체약국에 위임하고 있다. 우리나라는 수입물품의 과세가격 결정기준을 수입항 도착기준으로 하여 국제 운임, 보험료 등을 포함한 가격을 과세가격으로 하고 있다.

2) 운 임

① 운임의 범위: 수입물품을 공장도 조건으로 구매한 경우에는 공장으로부터 항구까지의 운송비용, 항구에서의 선적비, 해상운송비를 구매자가 부담할 것이고, 이러한 운송에 소용되는 비용을 과세가격에 가산하여야 한다.

② 기타 운송관련비용: 기타 운송관련비용은 수출국에서의 내국운송비용, 수출국에서의 선적전 대기보관료, 수출국에서의 통관 비용, 수출국에서의 선적비용을 포함하는데, 이는 수입물품을 수입항까지 운송하기 위하여 구매자가 부담하는 비용 중 운임과 보험료를 제외한 것으로 한다.

3) 보험료

보험료는 수입물품에 대하여 실제보험에 부보된 경우에만 과세가격에 포함한다. 보험료는 해당 사업자가 발급한 보험명세서 또는 이에 갈음한 서류에 의하여 계산한다. 다만, 보험회사와의 특별한 보험계약(포괄예정보험)에 의하여 과세가격 신고시에 보험료

가 확정되지 않은 경우에는 다음 각호의 1의 방법으로 계산한다.

① 수입신고시 보험사업자가 발행한 보험료명세서를 제출하는 경우에는 이를 보험료로 계산한다.

② 수입허가서에 보험료 부보내역이 기재된 경우에는 이를 보험료로 계산하고, 보험료명세서는 수입신고시에 제출하지 아니한다.

> ◈ 통 칙
> **기타 운송관련비용의 의의**
> '기타 운송에 관련되는 비용'이라 함은 해당 수입물품을 수입항까지 운송하기 위하여 구매자가 부담하는 비용 중 운임과 보험료를 제외한 추가로 구매자가 부담하는 운송관련비용(운송수단 변경시의 양하·적하비용, 동물에 대한 사료공급비용 등)을 말한다.

(2) 동종·동질물품의 거래가격을 기초로 한 과세가격 결정방법(제2방법)

㈎ 의 의

수입물품의 거래가격이 특수관계자간의 거래 등을 원인으로 하여 거래가격으로서의 요건을 갖추지 못했거나 수입물품의 대가로 구매자가 실제로 지급하였거나 지급하여야 할 가격에 가산하는 금액이 객관적이고 수량화할 수 있는 자료에 의하지 못하는 경우에는 수입물품의 거래가격을 기초로 한 과세가격 결정방법에 의해 과세가격을 결정하지 않고 후순위인 동종·동질 물품의 거래가격을 기초로 과세가격을 결정하는 방법이다.

㈏ 동종·동질물품의 정의

동종·동질물품이라 함은 해당 수입물품의 생산국에서 생산된 것으로서 물리적 특성, 품질 및 소비자의 평판 등을 포함한 모든 면에서 동일한 물품(외양에 경미한 차이가 있을 뿐 그 밖의 모든 면에서 동일한 물품을 포함한다)을 말한다.

㈐ 거래가격의 요건

제1방법으로 과세가격을 결정할 수 없을 경우에는 동종·동질 물품의 거래가격으로서 다음 각호의 요건을 갖춘 가격을 기초로 하여 과세가격을 결정한다.

① 과세가격을 결정하고자 하는 해당 물품의 생산국에서 생산된 것으로서 해당 물품의 선적일에 선적되거나 선적일을 전후하여 가격에 영향을 미치는 시장조건이나 상관행에 변경이 없는 기간중에 선적되어 우리나라에 수입된 것이어야 한다.

② 거래단계·거래수량·운송거리·운송형태 등에 있어서 해당 물품의 그것과 동일한 것이어야 하며, 양자간에 차이가 있는 경우에는 그에 따른 가격차이를 조정한 가격이어야 한다.

③ 과세가격으로 인정된 사실이 있는 동종·동종물품의 거래가격이라 하더라도 그 가격의 정확성과 진실성을 의심할만한 합리적인 사유가 있는 경우 그 가격을 과세가격 결정의 기초자료에서 제외한다.

㈑ 거래가격이 둘 이상 있는 경우

거래가격이 둘 이상 있는 경우에는 생산자·거래시기·거래단계·거래수량 등이 해당 물품과 가장 유사한 것에 해당하는 물품의 가격을 기초로 하고, 거래내용 등이 같은 물품이 둘 이상이 있고, 그 가격도 둘 이상이 있는 경우에는 가장 낮은가격을 기초로 하여 과세가격을 결정한다.

(3) 유사물품의 거래가격을 기초로 한 과세가격 결정방법(제3방법)

㈎ 의 의

수입물품의 과세가격을 결정함에 있어 제1평가방법과 제2평가방법을 적용할 수 없는 경우에 과세가격으로 인정된 바 있는 유사물품의 거래가격을 기초로 과세가격을 결정하는 방법이다.

㈏ 유사물품의 정의

유사물품이라 함은 해당 수입물품의 생산국에서 생산된 것으로서 모든 면에서 동일하지는 아니하더라도, 동일한 기능을 수행하고 대체사용이 가능할 수 있을 만큼 비슷한 특성과 구성요소를 가지고 있는 물품을 말한다.

㈐ 거래가격의 요건

① 과세가격으로 인정된 바 있는 유사물품의 거래가격이어야 한다.

② 과세가격을 결정하고자 하는 해당 물품의 생산국에서 생산된 것으로서 해당 물품의 선적일에 선적되거나 선적일을 전후하여 가격에 영향을 미치는 시장조건이나 상관행에 변동이 없는 기간중에 선적되어 우리나라에 수입된 것이어야 한다.

③ 거래단계·거래수량·운송거리·운송형태 등에 있어서 해당 물품의 그것과 동일한 것이어야 하며, 양자간에 차이가 있는 경우 그에 따른 가격차이를 조정한 가격이어야 한다.

④ 과세가격으로 인정된 사실이 있는 동종·동종물품의 거래가격이라 하더라도 그 가격의 정확성과 진실성을 의심할만한 합리적인 사유가 있는 경우 그 가격을 과세가격 결정의 기초자료에서 제외한다.

㈑ 거래가격이 둘 이상 있는 경우

유사물품의 거래가격이 둘 이상 있는 경우에는 거래내용 등이 해당 물품과 가장 유사한 것에 해당하는 물품의 가격을 기초로 하고, 거래내용 등이 같은 물품이 둘 이상 있고 그 가격이 둘 이상이 있고, 그 가격도 둘 이상이 있는 경우에는 가장 낮은 가격을 기초로 하여 과세가격을 결정한다.

(4) 국내판매가격을 기초로 한 과세가격 결정방법(제4방법)

(가) 의 의

제1방법 내지 제3방법에 의하여 과세가격을 결정할 수 없는 때에는 그 물품을 수입통관한 이후에 국내에서 판매하는 가격에서 수입 후 발생되는 법정공제요소금액(수수료, 이윤 및 일반경비)을 공제한 가격을 과세가격으로 결정하는 방법이다. 그러나 수입자는 세관에 제4평가방법과 제5평가방법의 적용순서를 바꾸어 주도록 요청할 수 있기 때문에 수입자의 의사에 따라서는 제4평가방법에 따라 결정할 수 없는 경우에는 제5평가방법의 순서에 따라 과세가격을 결정한다.

(나) 국내판매가격의 요건

① 해당 물품, 동종·동질물품 또는 유사물품이 수입된 것과 동일한 상태로 국내판매되는 단위가격이어야 한다.

수입통관 후 가공을 거쳐 판매되는 경우에는 국내판매가격을 기초로 과세가격을 결정할 수 없다. 다만, 납세의무자의 요청이 있는 때에는 추가가공 후 국내에서 판매되는 가격을 기초로 과세가격을 결정할 수 있다.

② 해당 물품의 수입신고일 또는 수입신고일과 거의 동시에 국내 판매되는 단위가격이어야 한다.

수입신고일과 거의 동시에 판매되는 단위가격은 해당 물품의 종류와 특성에 따라 수입신고일의 가격과 가격변동이 거의 없다고 인정되는 기간중의 판매가격으로서 수입신고일로부터 90일 이내에 판매되는 단위가격을 말한다.

③ 특수관계가 없는 자에게 국내 판매되는 단위가격이어야 한다.

④ 가장 많은 수량으로 국내 판매되는 단위가격이어야 한다.

⑤ 수입 후 최초의 거래에서 판매되는 단위가격이어야 한다. 다만, 최초 거래에서의 구매자가 판매자 또는 수출자와 특수관계에 있거나 최초 거래에서의 구매자가 판매자 또는 수출자에게 수입물품의 생산 또는 거래에 관련하여 수입물품의 생산에 필요한 물품 또는 기술 등을 무료 또는 인하된 가격으로 공급하는 경우에 판매되는 가격은 이를 국내에서 판매되는 단위 가격으로 보지 아니한다.

(다) 과세가격의 산출

1) 동일한 상태로 국내판매되는 경우

해당 물품, 동종·동질물품 또는 유사물품이 수입된 것과 동일한 상태로 해당 물품의 수입신고일 또는 수입신고일과 거의 동시에 특수관계가 없는 자에게 가장 많은 수량으로 국내판매되는 단위가격을 기초로 하여 산출한 금액에서 다음 각호의 금액을 뺀 가격을 과세가격을 한다. 그러나 국내에서 판매되는 단위가격이라 하더라도 그 가격의 정확성과 진실성을 의심할만한 합리적인 사유가 있는 경우에는 적용하지 않을 수 있다.

㉠ 국내판매와 관련하여 통상적으로 지급하였거나 지급할 것으로 합의된 수수료 ㉡ 동종·동류의 수입물품이 국내에서 판매될 때 통상적으로 부가되는 이윤 및 일반경비에 해당하는 금액 ㉢ 수입항 도착 후 국내에서 발생된 통상의 운임·보험료, 기타 관련 비용(예 : 하역비, 수입국 내륙 운송비용, 통관비용, 수입항 도착 이후에 발생하는 보험료, 수입부담금 등) ㉣ 해당 물품의 수입 및 국내판매와 관련하여 납부하였거나 납부하여야 할 조세, 기타 공과금(예: 관세, 부가가치세, 개별소비세, 주세, 농어촌특별세, 교육세)

2) 수입 후 추가가공을 거치는 경우

해당 물품, 동종·동질물품 또는 유사물품이 수입된 것과 동일한 상태로 국내판매되는 사례가 없는 경우에 납세의무자의 요청이 있는 때에는 해당 물품이 국내에서 가공된 후 특수관계가 없는 자에게 가장 많은 수량으로 판매되는 단위가격을 기초로 하여 산출된 금액에서 다음의 금액을 뺀 가격을 과세가격으로 한다.

㉠ 국내판매와 관련하여 통상적으로 지급하였거나 지급할 것을 합의된 수수료

㉡ 동종·동류의 수입물품이 국내에서 판매될 때 통상자금에 부가되는 이윤 및 일반경비에 해당하는 금액

㉢ 수입항 도착 후 국내에서 발생된 통상의 운임·보험료, 기타 관련비용

㉣ 해당 물품의 수입 및 국내판매와 관련하여 납부하였거나 납부하여야 할 조세, 기타 공과금

㉤ 국내 가공에 따른 부가가치

(5) 산정가격을 기초로 한 과세가격의 결정방법(제5방법)

㈎ 의 의

제1평가방법 내지 제4평가방법으로 수입물품의 과세가격을 결정할 수 없는 경우에는 해당 물품 수출국의 외국제조업자가 수입국 세관에 제시한 제품의 원가계산서를 검토하여 생산하는 데에 소요된 비용을 산정하여 산출한 가격으로 과세가격을 결정하는 방법이다.

따라서, 제5평가방법은 수입물품의 생산 및 거래와 관련된 비용명세를 수입자를 통

하여 간접적으로 얻을 수밖에 없기 때문에 수입자와 수출자가 같은 목적하에 연대되어 있는 다국적기업 등 특수관계거래에서 제한적으로 운용될 수 있을 것이다.

㈏ 과세가격의 산출

다음 각호의 금액을 합한 가격을 기초로 하여 과세가격을 결정한다.

① 해당 물품의 생산에 사용된 원자재비용 및 조립, 기타 가공에 소요되는 비용 또는 그 가격 단, 납세의무자가 금액에 필요한 자료를 제출하지 않는 경우는 적용을 제외한다.

② 우리나라에 수출하기 위하여 수출국 내의 생산자가 제조한 해당 물품과 동종 또는 동류의 물품판매시 통상적으로 반영되는 이윤 및 일반경비에 해당하는 금액

③ 해당 물품의 수입항까지의 운임·보험료, 기타 운송에 관련된 비용

(6) 합리적인 기준에 의한 과세가격결정방법(제6방법)

㈎ 의 의

제1방법 내지 제5방법에 의해 과세가격을 결정할 수 없는 경우에는 제1방법 내지 제5방법에 정하는 원칙과 부합되는 합리적인 기준에 따라 과세가격을 결정하는 방법이다. 합리적인 기준에 의한 방법은 특별한 방법이 아니고 전술한 과세가격결정방법을 적용함에 있어 신축성을 부여하여 과세가격을 결정하는 방법이다.

㈏ 합리적인 기준

합리적인 기준에 따라 과세가격을 결정함에 있어 우선적으로 다음 각호의 규정을 정한다.

1) 제2·제3방법 적용요건의 신축 해석

동질·동종·유사물품의 거래가격을 기초로 과세가격을 결정함에 있어 다음의 요건을 신축적으로 해석·적용하는 방법

㉠ 동종·동질·유사물품은 과세가격을 결정하고자 하는 해당 물품의 생산국에서 생산된 것이어야 한다.

㉡ 동종·동질·유사물품은 해당 물품이 선적일에 선적되거나 선적일을 전후하여 가격에 영향을 미치는 시장조건이나 상관행에 변동이 없는 기간중에 선적되어 우리나라에 수입된 것이어야 한다(선적시기에 관한 요건을 신축 해석·적용).

2) 제4평가방법 적용요건의 신축 해석

국내판매가격을 기초로 과세가격을 결정함에 있어 다음의 요건을 신축적으로 해석·적용하는 방법

㉠ 과세가격을 결정할 때에 수입된 것과 동일한 상태로 판매되어야 한다는 요건

㉡ 과세가격을 결정할 때에 수입신고일로부터 90일 이내에 판매되어야 한다는 요건

3) 제4 · 제5방법의 신축 적용

국내판매가격 및 산정가격을 기초로 과세가격을 결정함에 있어 과세가격으로 인정된 바 있는 동종 · 동질물품 또는 유사물품의 과세가격을 기초로 과세가격을 결정하는 방법

㈐ 사용불가능한 가격

합리적인 기준에 의한 과세가격을 결정함에 있어 제1방법 내지 제5방법의 과세가격 결정방법을 신축적으로 해석 · 적용한다 할지라도 다음에 해당하는 가격을 기준으로 할 수 없다.

① 우리나라에서 생산된 물품의 국내판매가격
② 선택가능한 가격 중 반드시 높은 가격을 과세가격으로 하여야 한다는 기분에 따라 결정하는 가격
③ 수출국의 국내판매가격
④ 동종 · 동질물품 또는 유사물품에 대하여 산정가격방법에 의하여 생산비용을 기초로 가격을 결정하는 방법 외에 다른 방법으로 생산비용을 기초로 결정된 가격
⑤ 우리나라 외의 국가에 수출하는 물품의 가격
⑥ 특정수입물품에 대하여 미리 설정하여 둔 최저과세기준 가격
⑦ 자의적 또는 가공적인 가격

(7) 특수물품의 과세가격 결정

다음에 열거되는 특수한 거래에 해당하는 물품의 경우에는 제1평가방법 내지 제6평가방법까지 순차적으로 적용함을 원칙으로 한다. 이러한 규정에 의해 제6방법을 적용하는 경우에는 「과세가격 결정에 관한 고시」에서 정하고 있는 다음과 같은 방법을 적용하여 과세가격을 결정한다.

㈎ 수입신고 전에 변질 · 손상된 물품

수입신고 전에 변질 또는 손상된 물품에 대한 과세가격은 다음 각호에서 정하는 방법을 순차적으로 적용하여 결정한다.

① 실제 지급하였거나 지급할 가격은 변질 또는 손상된 물품의 대가로 지급한 것이 아니므로 제1방법을 적용할 수 없다. 다만, 물품의 일부만 변질 또는 손상이 되고 나머지 물품은 정상물품인 경우에는 물품의 전체물량 중에서 정상물품이 차지하는 비율에 대한 가격은 제1방법에 의하여 과세가격을 결정한다.

② 변질 또는 손상된 물품과 동종 · 동질물품의 거래가격이 있는 경우에는 제2방법에 의하여 과세가격을 결정한다. 이 경우 과세가격을 결정하고자 하는 물품의 생산국에서

생산된 것이 아닌 경우에도 제2방법에 의하여 과세가격을 결정할 수 있다.

③ 변질 또는 손상된 물품과 유사물품의 거래가격이 있는 경우에는 제3방법에 의하여 과세가격을 결정한다. 이 경우 과세가격을 결정하고자 하는 물품의 생산국에서 생산된 것이 아닌 경우에도 제3방법에 의하여 과세가격을 결정할 수 있다.

④ 변질 또는 손상물품이 국내에서 판매되고 또한 국내에서 판매되는 가격이 제4방법으로 과세가격을 결정할 수 있는 요건을 갖추고 있는 경우에는 제4방법에 의하여 과세가격을 결정한다. 이 경우 수입된 것과 동일한 상태로 판매되어야 한다는 요건과 90일 이내에 판매되어야 한다는 요건은 신축성 있게 적용될 수 있다.

⑤ 위의 방법에 의하여 과세가격을 결정할 수 없는 경우에는 변질 또는 손상되지 아니한 물품의 거래가격을 기초로 하여 과세가격을 결정한다. 이 경우 변질 또는 손상되지 아니한 물품의 거래가격의 기초에는 구매자와 판매자간에 변질 또는 손상으로 인하여 다시 결정된 가격

(나) 여행자 휴대품 등

여행자 및 승무원 휴대품, 우편물, 탁송품 및 별송품의 과세가격을 결정하는 때에는 아래의 가격을 기초로 세관장이 결정한다.

① 관세청장이 조사한 가격

② 신고인이 제시한 가격, 다만 세관장이 타당하다고 인정하는 경우에 한한다.

③ 외국에서 통상적으로 거래되는 가격으로서 객관적으로 조사된 가격

④ 해당 물품과 동종·동질물품 또는 유사물품의 국내 도매가격에 시가역산율을 적용하여 과세가격으로 환산한 가격

⑤ 국내 공인감정기관의 감정가격

보충 시가역산율

시가역산율은 국내도매가격에서 이윤, 판매비용, 수입제세와 수입관련비용을 공제하여 과세가격을 산정하기 위한 비율을 말하며, 다음 각목의 계산방법에 의하여 산출된다.

(1) 수입물품의 가격이 과세표준으로 되는 물품으로서 국내도매가격에 부가가치세가 포함되는 있는 경우(종가세)

① 개별소비세의 기준가격이 없는 경우

$$과세가격 = \frac{WP}{1.485+1.1C+1.1S(1+C)(1+E+F)}$$

$$시가역산율 = \frac{1}{1.485 + 1.1C + 1.1S(1+C)(1+E+F)}$$

② 개별소비세의 기준가격이 있는 경우

$$과세가격 = \frac{WP + 1.1S \times SP(1+E+F)}{1.485 + 1.1C + 1.1S(1+C)(1+E+F)}$$

$$시가역산율 = \frac{WP + 1.1S \times SP(1+E+F)}{WP[1.485 + 1.1C + 1.1S(1+C)(1+E+F)]}$$

(2) 수입물품의 가격이 과세표준으로 되는 물품으로서 국내도매가격에 부가가치세가 포함되어 있지 않는 경우(종가세)

① 개별소비세의 기준가격이′없는 경우

$$과세가격 = \frac{WP}{1.35 + C + S(1+C)(1+E+F)}$$

$$시가역산율 = \frac{1}{1.35 + C + S(1+C)(1+E+F)}$$

② 개별소비세의 기준가격이 있는 경우

$$과세가격 = \frac{WP + S \times SP(1+E+F)}{1.35 + C + S(1+C)(1+E+F)}$$

$$시가역산율 = \frac{WP + S \times SP(1+E+F)}{WP[1.35 + C + S(1+C)(1+E+F)]}$$

(3) 수입물품의 가격이 과세표준으로 되는 물품으로서 국내도매가격에 부가가치세가 포함되어 있지 않는 경우(종량세)

① 개별소비세의 기준가격이 없는 경우

② 개별소비세의 기준가격이 없는 경우

$$과세가격 = \frac{WP - 1.1C'Q[1 + S(1+E+F)]}{1.485 + 1.1S(1+E+F)}$$

$$시가역산율 = \frac{WP - 1.1C'Q[1 + S(1+E+F)]}{WP[1.485 + 1.1S(1+E+F)]}$$

③ 개별소비세의 기준가격이 있는 경우

$$과세가격 = \frac{\wp - 1.1C'Q[1 + S(1+E+F)] + 1.1S.SP(1+E+F)}{1.485 + 1.1S(1+E+F)}$$

$$시가역산율 = \frac{WP - 1.1C'Q[1 + S(1+E+F)] + 1.1S.SP(1+E+F)}{WP[1.485 + 1.1S(1+E+F)]}$$

(4) 수입물품의 가격이 과세표준으로 되는 물품으로서 국내도매가격에 부가가치세가 포함되어 있지 않는 경우(종량세)

① 개별소비세의 기준가격이 없는 경우

$$과세가격 = \frac{WP - 1.1C'Q[1 + S(1+E+F)]}{1.35 + S(1+E+F)}$$

$$시가역산율 = \frac{WP - 1.1C'Q[1 + S(1 + E + F)]}{WP[1.35 + S(1 + E + F)]}$$

② 개별소비세의 기준가격이 있는 경우

$$과세가격 = \frac{\wp - 1.1C'Q[1 + S(1 + E + F)] + S.SP(1 + E + F)}{1.35 + S(1 + E + F)}$$

$$시가역산율 = \frac{WP - 1.1C'Q[1 + S(1 + E + F)] + S.SP(1 + E + F)}{WP[1.35 + S(1 + E + F)]}$$

· 국내 도매가격 : WP
· 관세종량세(국내도매가격 형성시 실제 적용된 관세종량세) : C'
· 교육세율 : E
· 단위수량 : Q
· 관세율(국내도매가격 형성시 실제 적용된 관세율) : C
· 개별소비세율, 주세율, 교통·에너지·환경세법율 : S
· 농어촌특별세율 : F
· 개별소비세 기준가격 : SP

㈐ 임차수입물품

임차수입물품의 경우 제1평가방법 내지 제6평가방법에 의하여 과세가격을 결정하고 제6방법에 의해 과세가격을 결정하는 때에는 아래의 가격을 순차적으로 적용하여 결정한다.

① 임차료 산출기초가 되는 해당 임차수입물품의 가격
② 해당 임차수입물품, 동종·동질물품 또는 유사물품을 우리나라에 수출할 때 적용되는 유효한 카다로그 기재가격(중고물품의 경우 신품의 카다로그 기재가격에서 물리적 및 기능적 감가상각)을 고려하여 조정한다.
③ 해당 임차수입물품의 경제적 내구 연한 동안 지불될 총예산 임차료를 기초로 계산한 가격

㈑ 중고물품의 과세가격 결정

중고물품의 경우는 제1평가방법 내지 제6평가방법에 의하여 과세가격을 결정한다. 제6평가방법에 의해 과세가격을 결정하는 때에는 다음 가격을 순차적으로 적용한다.

① 국내 공인감정기관의 감정가격을 기초로 하여 산출한 가격
② 국내 도매가격에 시각역산율을 적용하여 산출한 가격
③ 사용으로 인한 가치감소의 산정기준에 의하여 산출한 가격

㈒ 보세공장에서 국내로 반입하는 물품

외국물품에 국내물품을 혼합하는 경우에는 관세법 제188조(제품과세) 규정에 의하여 전체물품이 외국물품으로 간주된다. 따라서, 내수용 보세공장에서 외국물품과 내국물품을 혼합하여 제품을 만들어 국내에 반입하는 경우에는 그 판매금액 전체가 과세가격이 되어야 원칙이다.

그러나 보세공장제도의 의의를 살리고 합리적인 평가를 위해서 원료과세인 경우에는 수입원재료의 수입가격을 기초로 일반평가 원칙에 의하여 과세가격을 결정하고 제품과세인 경우에는 국내판매금액 중 내외자재 혼용비율에 의하여 외국물품의 차지하는 비율에 상당하는 금액을 과세가격으로 한다(수입물품 과세가격 결정에 관한 고시 제5－5조).

㈓ 범칙물품의 과세가격

일반수입물품이 범칙물품이 될 때에는 제1평가방법 내지 제6평가방법에 의하여 과세가격을 결정한다. 이 때 납세의무자가 신고하였어야 할 가격신고의 내용은 범칙조사 결과에 따라 결정한다.

㈔ 매각물품의 예정가격 및 과세가격

장치기간 경과물품의 과세가격 및 예정가격은 정상결제방식에 의한 수입물품으로서 거래가격을 확인할 수 있는 경우에는 평가 제1방법 내지 제6방법에 의하여 산출한 가격을 과세가격으로 하며, 이에 관세와 부가가치세 등 제세를 합한 금액을 예정가격으로 한다. 여행자 휴대품 등 특수물품에 해당하는 물품의 경우는 각 물품별 평가방법에 의하여 산출한 가격을 과세가격으로 하고, 관세, 부가가치세 등 제세를 합한 금액을 그 예정가격으로 한다.

㈕ 수리가공 후 재수입하는 물품

외국에서 수리 또는 가공 후 재수입하는 물품의 과세가격은 수리가공하기 위하여 수출된 물품의 가격에 다음 각호의 비용을 가산하여 결정한다.

① 수리 또는 가공하는 국가까지의 해당 물품의 운임 및 보험료
② 수리 또는 가공하는 국가에서의 양하비 및 수리가공업자에게 인도하는 데 소요된 기타의 제비용
③ 수리 또는 가공에 소요되는 비용
④ 수리 또는 가공 후의 운송 및 선적비
⑤ 수리 또는 가공한 국가의 수출항으로부터 최초 수입항까지 해당 물품의 운임 보험료 및 기타 비용

㈑ 수리 선박 등의 과세가격

외국에서 선박 또는 항공기의 일부를 수리 또는 개체한 후 수입신고된 선박 또는 항공기의 과세가격은 그 수리 또는 기체를 위하여 지급하는 비용으로 한다.

㈒ 보세구역 보수작업 물품의 평가

세관장의 승인을 받아 보세구역에 장치된 물품에 대하여 그 현상을 유지하기 위한 보수작업과 그 성질을 변하지 아니하는 범위 안에서 개장, 구분, 분할, 합병 기타 유사한 보수작업을 하는 물품의 경우 보수작업으로 외국물품에 부가된 내국물품은 외국물품으로 간주된다. 따라서, 보수작업 후 수입하는 물품의 과세가격은 보수작업으로 증가된 가치분(보수작업에 소요된 자재비, 인건비, 공구 사용비 등)을 포함하여 결정한다.

그러나 위에 제시된 방법으로 과세가격을 결정할 수 없을 때에는 국제거래시세 산지조사가격을 조정한 가격을 적용하는 방법 등 거래의 실질 및 관행에 비추어 합리적으로 인정되는 방법에 따라 과세가격을 결정한다.

(8) 가산율 또는 공제율의 적용

㈎ 의 의

거래가격을 기초로 과세가격을 결정하는 방법(제1평가방법)을 적용함에 있어 해당 수입물품의 대가로 구매자가 실제로 지급하였거나 지급하여야 할 가격에 가산하는 금액과 국내판매가격을 기초로 과세가격을 결정하는 방법(제4평가방법)에 있어 공제하는 금액이 있는 경우에 가산 또는 공제 항목별로 금액을 계산하는 것은 매우 복잡하며 계산이 까다롭다. 따라서, 이러한 불편을 감안하여 장기간 반복수입되는 물품에 대하여 납세의무자의 요청이 있는 경우에는 일정한 가산율 또는 공제율을 적용할 수 있도록 하고 있다. 이러한 가산율 또는 공제율의 적용은 납세의무자 측면에서는 납부세액계산의 편의를 세관 측면에서는 과세행정의 편의 및 신속한 통관을 도모하는 데 그 목적이 있다고 하겠다.

㈏ 적용요건

관세청장 또는 세관장은 다음 각호의 요건을 모두 갖춘 경우에 해당 물품에 대하여 통상적으로 인정되는 가산율 또는 공제율을 적용할 수 있다.

· 가산율 또는 공제율 적용 요건

① 장기간 반복수입되는 물품이어야 한다.

② 납세의무자의 편의를 위하여 필요하다고 인정되어야 한다.

③ 신속한 통관업무를 위하여 필요하다고 인정되어야 한다.

④ 납세의무자의 요청이 있어야 한다.

(다) 적용요건

1) 적용신청

장기간 반복하여 수입하는 물품에 대하여 통상적으로 인정되는 가산율 또는 공제율의 적용을 받고자 하는 자는 가산율(공제율) 산정신청서에 다음 각호의 서류를 첨부하여 관세청장 또는 세관장에게 제출하여야 한다.

㉠ 최근 1년간의 해당물품의 수입실적자료

㉡ 영 제4조 ①항 각호에서 정하는 서류

㉢ 최근 1년간 해당 수입물품의 국내판매가격 자료와 이윤 및 일반경비(공제율산정의 경우에 한한다)

2) 결정의 교부

신청을 받은 관세청장 또는 세관장은 이를 심사하여 21일 이내에 가산율(공제율) 결정서를 신청자에게 교부하고 이를 통관예정시 세관장에게 통보하여야 한다. 통상적으로 인정될 수 있는 가산율 또는 공제율의 산정이 곤란한 경우에는 그러하지 아니한다.

(9) 과세환율

(가) 의 의

송품장, 선하증권(B/L) 등 과세가격을 결정하는 자료에는 일반적으로 외국통화로 가격이 표시되어 있다. 이렇게 수입물품의 가격이 외국통화로 표시되어 있을 때에는 그것을 내국통화로 환산하여 그 환산금액에 관세율을 곱하여 관세액을 산출한다. 이와 같이 과세가격 결정에 소요되는 환율을 과세환율이라 한다.

(나) 과세환율의 결정

과세가격을 결정함에 있어 외국통화로 표시된 가격을 내국통화로 환산할 때에는 다음 각호에 규정하는 날이 속하는 주의 전주의 외국환매도율을 평균하여 관세청장이 그 율을 정한다.

구 분		과세환율 기준 시점
원칙	수입신고물품	수입신고일
	보세건설장 반입물품	수입신고일
	선(기)용품을 허가대로 적재하지 않아 관세를 추징하는 물품	적재허가를 받은 날
	보세구역 장치물품의 멸실·멸각으로 관세를 추징하는 물품	멸실 또는 멸각된 날
	보세공장 외 작업시 지정기간이 경과하여 관세를 추징하는 물품	작업허가를 받은 날

예외	보세건설장 외 작업시 지정기간이 경과하여 관세를 추징하는 물품	작업허가를 받은 날
	보세운송시 지정기간이 경과하여 관세를 추징하는 물품	보세운송신고일 또는 승인일
	수입신고 전 반출신고를 하고 반출된 물품	반출신고를 한 날
	외국물품의 사용·소비를 수입으로 보아 관세를 추징하는 물품	소비 또는 사용한 날
	우편에 의하여 수입되는 물품	통관 우체국에 도착한 날
	도난 또는 분실물품	도난 또는 분실된 날
	관세법에 의한 매각물품	매각된 날
	기타 수입신고를 하지 않고 수입된 물품	수입된 날

Ⅲ. 관세평가의 절차(과세가격 결정절차)

1. 가격신고제도

(1) 가격신고의 의의

관세의 납부가 원칙적으로 신고납부제로 전환됨에 따라 물품을 수입하고자 하는 자는 수입신고서에 납세신고와 아울러 해당 수입물품의 가격을 결정하여 신고하는 제도를 말하는데, 이 때에 거래관계사실 등 과세가격 결정에 필요한 자료를 상세히 기재한 가격신고서를 제출하여야 한다.

가격신고는 결국 관세액을 결정하는 한 요소로서 과세가격을 납세자 스스로 신고하는 것을 말하며, 세관은 이를 검증하여 관세액을 확정하게 된다.

납세의무자인 수입자가 스스로 과세표준과 과세액을 결정하여 신고하는 신고납부방식에 있어서는 납세자의 성실하고 정확한 가격신고가 있어야만 그 실효를 거둘 수 있는바, 동 가격신고서는 수입물품의 거래상대방, 계약내용, 수입목적 등 해당 수입관련거래에 관한 내용을 밝히고 평가방법을 결정하는 거래관계사실신고서와 관세가격 산출내용에 관한 사항으로 관세 등 제세액을 산출하는 계산근거서인 세무조정계산서로 구성된다.

(2) 가격신고의 대상

관세의 납세의무자는 수입신고를 하는 때에 세관장에게 해당 물품의 가격에 대한 신고를 하여야 한다(관세법 제27조 ①항).

모든 수입물품이 원칙적으로 가격신고의 대상이 되지만, 관세누락의 우려가 없는 다음의 물품에 대하여는 세관행정의 편의를 위하여 가격신고서 제출을 생략할 수 있도록 하고 있다(시행규칙 제2조 ①항).

① 정부 또는 지방자치단체가 수입하는 물품

② 정부조달물품

③ 「공공기관의 운영에 관한 법률」 규정에 의한 공공기관이 수입하는 물품

④ 관세 및 내국세 등이 부과되지 아니하는 물품

⑤ 방위산업용 기계와 동 부분품 및 원재료로 수입하는 물품. 다만, 해당 물품과 관련된 중앙행정기관의 장의 수입확인 또는 수입추천을 받은 물품에 한한다.

⑥ 수출용 원재료

⑦ 「특정 연구기관 육성법」의 규정에 의한 특정연구기관이 수입하는 물품

⑧ 과세가격이 미화 1만불 이하인 물품으로 관세청장이 정하는 물품

⑨ 그 밖에 과세가격결정에 문제가 없다고 관세청장이 인정하는 물품

다만, 상기 물품에 해당되는 경우에도 아래와 같은 경우에는 가격신고를 하여야 한다.

① 과세가격 결정시 구매자가 실제로 지급하였거나 지급하여야 할 가격에 가산조정한 금액이 있는 경우

② 부과고지 대상물품

③ 관세의 체납중에 있는 자가 신고하는 물품

④ 불성실 신고인이 신고하는 물품

⑤ 물품의 가격변동이 크거나 기타 수입신고수리 전 세액심사 대상물품

⑥ 잠정가격신고 대상물품

(3) 가격신고의 방법

㈎ 원칙적인 가격신고

관세의 납세의무자는 수입신고를 하는 때에 세관장에게 해당 물품의 가격에 대한 신고를 하여야 하는 바, 가격신고를 하고자 하는 자는 다음의 서류를 세관장에게 제출하여야 한다(법 제27조의 ①, ②항).

① 수입관련 거래에 관한 사항

② 과세가격 산출내용에 관한 사항

㉠ 송품장 ㉡ 각종 비용의 금액 및 산출근거를 나타내는 증빙자료 ㉢ 계약서 ㉣ 기타 가격신고의 내용을 입증하는 데 필요한 자료

다만, 해당 물품의 거래의 내용, 과세가격 결정방법 등에 비추어 과세가격결정에 곤란이 없다고 세관장이 인정하는 경우에는 과세자료의 일부를 제출하니 아니할 수 있다(영 제15조의 ⑤항 단서).

㈏ 수입신고 전 가격신고

통관의 능률화를 위하여 필요하다고 인정하는 경우에는 물품의 수입신고일 이전에 가격신고를 할 수 있다(법 제27조 ①항 단서). 이는 신속통관을 위해 과세가격의 사전평가를 원할 때 하는 것으로, 거래관계사실신고서 및 세무조정계산서와 함께 가격신고사유서에 과세자료를 첨부하여 수입신고 예정 세관장에게 제출하여야 한다.

(4) 잠정가격신고제도

㈎ 잠정가격신고제도의 의의

잠정가격신고제도는 거래관행상 수입 후 일정기간이 경과된 후에 거래가격이 결정되는 수입물품에 대하여 수입신고시에는 일단 잠정가격으로 가격신고하여 해당세액을 납부하게 하고 사후 확정가격을 기초로 과부족세액을 징수 또는 환급하는 제도이다(관세법 제28조의 ①항, 영 제16조).

거래관행이나 거래특성에 따라 현실적으로 납세의무자(구매자)의 의사와 관계없이 수입신고시에 신고할 가격이 확정되지 않은 경우가 있을 수 있다. 즉, 수입물품의 가격에 가산조정할 로열티나 기술용역비가 해당 물품의 국내판매 후에야 금액이 정해지는 경우나, 원유나 광석 등의 가격이 수입 후의 품질・성분 등의 검사결과에 따라 정해지는 경우에는 사실상 수입신고시에는 정확한 가격신고를 할 수 없다.

이런 경우 종전에는 '잠정가산율'을 적용하거나 과세가격 사전심사(사전평가) 절차에 따라 처리하여 왔으나, 전자의 경우에는 추징에 따른 가산세를 납세의무자의 귀책사유 없이 부과하게 되는 불합리한 점이 있고, 후자의 경우에는 과세가격 사전심사제도의 편법적 운용이라는 문제점이 있다.

그림 6-3 잠정가격신고제도의 절차

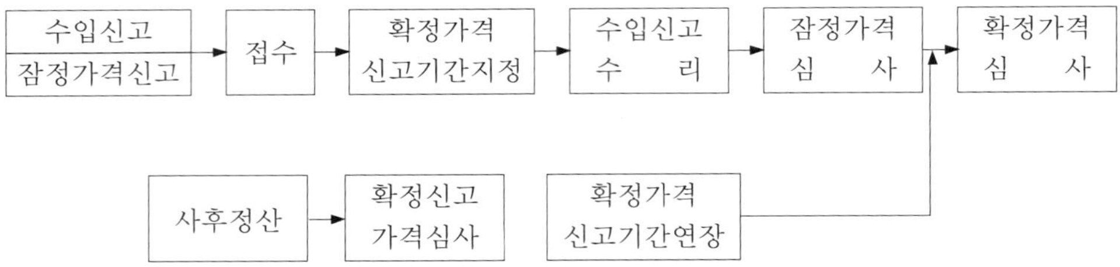

(나) 잠정가격신고의 대상

잠정가격신고 대상물품은 원칙적으로 관세법 제28조의 ①항의 규정에 의한 거래가격(transaction value) 평가대상물품만이 그 적용대상이 된다. 잠정가격은 거래가격이 존재하지만 다만 그 확정시기가 수입신고 이후에 이루어질 뿐이라는 점에서 거래가격이 없거나 배제되는 수입물품과 차이가 있다.

① 거래관행상 거래 성립시부터 일정기간이 경과된 후에 가격이 정하여지는 물품으로서 수입신고일 현재 그 가격이 정하여지지 아니한 경우(영 제16조 ①항) : 여기서, 총리령이 정하고 있는 물품은 원유·곡물·광석 등과 같은 일차산품이 한정된다.

② 우리나라에 수출판매되는 물품에 대하여 구매자가 실제로 지급하였거나 지급하여야 할 가격에 가산조정할 금액이 수입신고일부터 일정기간이 경과된 후에 정하여질 수 있음이 잠정신고 첨부서류 등에 의하여 확인되는 경우

③ 계약의 내용이나 거래특성상 잠정가격으로 가격신고를 하는 것이 필요하다고 인정하여 관세청장이 정하는 경우

(다) 잠정가격신고절차

잠정가격으로 가격신고를 할 경우 가격신고서 제출을 잠정가격 신고로 갈음할 수 있다.

1) 잠정가격신고서

가격신고서(수입통관고시 별지 제3호 서식)에는 기본적으로 거래내용 및 잠정가격 신고 사유, 잠정가격 및 잠정가격의 산정내역과 가격확정 예정시기를 반드시 기재하여야 한다.

2) 첨부서류

해당 잠정거래 계약의 내용과 잠정가격(잠정가산율) 산정내역의 확인을 위해서 제출해야 하는 자료를 말한다(영 제16조 ②항).

㉠ 송품장

㉡ 계약서

㉢ 각종 비용의 금액 및 산출근거를 나타내는 증빙자료

㉣ 기타 가격신고의 내용을 입증하는 데에 필요한 자료

그러나 세관장은 동일한 거래계약에 관련된 수입물품이 일정기간 분할 수입된 경우 가격심사에 곤란이 없다고 세관장이 인정하는 때에는 위 첨부서류의 일부 또는 전부의 생략이 가능하다(동 고시 제2-1-15조 제②항).

3) 신고절차

① **신고방법:** 잠정가격으로 가격신고를 하고자 하는 자는 통관세관장에게 수입신고시 잠정가격신고와 첨부서류를 제출하면 된다.

사실상, 수입신고와 납세신고 및 가격신고는 동시에 이루어지지만 수입신고와 납세신고는 관세사가 수입신고를 작성하여 세관에게 제출함으로써 이루어지고, 가격신고서는 납세의무자 회사의 가격신고 책임자인 직원이 직접 작성하여야 하며, 이를 관세사에게 위임할 수는 없다.

② **접수와 확정신고기간 지정:** 잠정가격신고를 맡은 세관직원은 접수에 필요한 형식적 요건을 심사한 후 잠정가격신고사항을 잠정가격신고대장에 기재하여야 한다.

그리고 수입신고수리 전까지 납세의무자가 신고한 가격확정 예정시기를 기초로 확정가격 신고기간을 지정하여, 이를 화주용 수입신고서의 세관기재란에 기재하여야 한다. 이 때의 확정가격 신고기간은 수입신고일로부터 2년을 초과하지 않은 범위 내에서 정한다.

③ **잠정가격의 심사:** 잠정가격신고 대상물품의 적정여부, 잠정가격 결정방법의 적정여부에 대한 심사는 수입신고수리 후에 개별적으로 통관지 세관장이 담당한다.

따라서 기업사후조사 대상업체가 잠정가격으로 신고한 경우에도 해당 잠정가격신고건에 대해서는 원칙적으로 통관지 세관장이 개별심사하게 된다. 심사결과 납세의무자가 제출한 자료가 사실과 다를 경우에는 추징을 할 수 있고, 이 경우 가산세가 부과됨을 유의하여야 한다.

㈑ 잠정가격결정방법

① 수입 후에 물품 자체의 가격이 확정되는 경우 – 수입시에는 잠정가격으로 거래를

하고 수입 후에 물품 자체의 가격이 확정되는 물품은 다음 방법으로 잠정가격을 결정한다.

즉, 잠정가격 대상물품이 처음으로 수입되는 경우에는 거래계약상의 잠정지급금액이 잠정신고가격이 된다.

② 해당 수입물품의 수입 후의 사용수익 또는 판매수익 등의 결과에 따라 가산금액이 확정되는 경우 – 로열티 등의 가산금액이 수입 후에 확정되는 경우

첫째, 수입거래관련 계약서상의 예상판매량 등을 근거로 잠정가산금액을 산출할 수 있을 때에는 해당 예상지급금액이 잠정가산금액으로 결정한다.

둘째, 위 방법에 의해서도 잠정가산금액을 산출할 수는 없으나 동종 또는 유사물품의 전년도 지급실적이 있는 경우에는 이를 기초로 산출된 추정지급금액을 잠정가산금액으로 결정할 수 있다. 이 두 가지의 방법은 순차적으로 적용하여야 한다.

(5) 가격신고서

㈎ 개 요

관세법 제19조에 의해 관세의 납세의무자는 수입신고를 하는 때에 세관장에게 해당 물품의 가격에 대한 신고를 하여야 하며, 이러한 가격신고는 가격신고서에 의하여야 한다.

관세법은 수많은 수입자의 거래관계내용을 일일이 확인할 수 없는 문제점과 대부분의 수입자가 성실한 납세를 할 것을 예견하여 수입자가 스스로 자기의 거래 내용을 밝히고 법령에 적합한 세액을 신고하도록 규정하고 있다.

〔별지 제3호 서식〕

가격신고서(A) - 실제거래가격(제1방법)

<참고사항> : 이 가격신고서는 2면으로 구성되어 있습니다. 가격신고서를 작성하기 전에 <별표 제6호> 작성요령을 참고하시어 성실히 작성해 주시기 바랍니다.

1. 납세의무자 상호 및 사업자등록번호(가격신고자)	※ 수입신고번호
2. 판매자의 이름과 주소(수출자와 다른 경우에만 기재)	※세관기재란(심사담당자가 특이사항 기재)
	「 」
3. 구매자의 이름과 주소(납세의무자와 다른 경우에만 기재)	
4. 송품장번호와 발행일	
5. 계약번호와 계약일	

	적용되는 칸에 ∨ 표기
6. 구매주문서(Purchase Order) 번호와 주문일	
7. (a) 구매자와 판매자는 관세법 시행령 제23조 제1항중 특수관계에 해당합니까? (해당하지 않으면, (b), (c), (d), (e)는 기재하지 마세요)	□ 예 □ 아니오
(b) 질문7 (a)에서 특수관계에 해당한다면 관세법 시행령 제23조 제1항중 어느 특수관계에 해당합니까? ① 구매자와 판매자가 상호 사업상의 임원 또는 관리자인 경우 ② 구매자와 판매자가 상호 법률상의 동업자인 경우 ③ 구매자와 판매자가 고용관계에 있는 경우 ④ 특정인이 구매자 및 판매자의 의결권 있는 주식을 직접 또는 간접으로 5퍼센트 이상 소유하거나 관리하는 경우 ⑤ 구매자 및 판매자중 일방이 상대방에 대하여 법적으로 또는 사실상으로 지시나 통제를 할 수 있는 위치에 있는 등 일방이 상대방을 직접 또는 간접으로 지배하는 경우 ⑥ 구매자 및 판매자가 동일한 제3자에 의하여 직접 또는 간접으로 지배를 받는 경우 ⑦ 구매자 및 판매자가 동일한 제3자를 직접 또는 간접으로 공동지배하는 경우 ⑧ 구매자와 판매자가 「국세기본법 시행령」 제1조의2제1항 각 호의 어느 하나에 해당하는 친족관계에 있는 경우	[①~⑧ 택1]
(c) 특수관계가 수입물품의 가격 결정에 영향을 미쳤습니까?	□ 예 □ 아니오
(d) 거래가격이 관세법시행규칙 제5조의 비교가격에 근접합니까?(선택적 기재)	□ 예 □ 아니오
(e) 특수관계자간 거래시 수입물품의 가격결정방법은 어느 것입니까? ① 비교가능제3자가격법 ② 재판매가격법 ③ 원가가산법	[①~⑧ 택1]

다음페이지 계속

210㎜×297㎜(일반용지 60g/㎡(재활용품))

④ 이익분할법　　⑤ 거래순이익률법(영업이익률) ⑥ 거래순이익률법(총원가가산율) ⑦ 거래순이익률법(Berry Ratio)　　⑧ 기타(　　)	
8. (a) 수입물품의 처분 또는 사용에 있어서 다음 각 호 이외의 제한이 있는가? - 수입국의 법령에 의한 강제 또는 의무 이행 - 상품판매 지역의 제한 - 상품가격에 실질적으로 영향을 미치지 아니하는 제한 (b) 상품가격 이외 판매 또는 가격과 관련한 조건 또는 사정이 있습니까? (만일 위 질문에 '예'라면 상세한 정보를 별도 제출하시오)	□ 예　□ 아니오 □ 예　□ 아니오
9. (a) 수입물품의 거래조건으로 직접 또는 간접 지급되었으나 실제지급금액에 포함되지 아니한 로열티나 권리사용료가 있습니까? (b) 수입물품의 사용 또는 재판매 수익의 일부가 직접 또는 간접으로 판매자에게 귀속됩니까? (만일 각각 질문의 답변이 '예'라면, 상세한 조건들과 영향의 환산 금액을 질문 15, 16번에 기재하시오)	□ 예　□ 아니오 □ 예　□ 아니오

10. 잠정가격신고의 경우

(a) 잠정가격신고번호　　(b) 잠정가산율　　(c) 잠정가산되어야 할 금액

(d) 가격확정예정시기(분할확정시기)　　(e) 관련수입거래 계약기간

(f) 잠정가격신고 사유(Y, N)

수수료	[ ]	중개료	[ ]	용기 비용	[ ]
포장노무비	[ ]	포장자재비	[ ]	생산지원비용	[ ]
권리사용료	[ ]	사후귀속이익	[ ]	보험료	[ ]
운임	[ ]	운송관련비용	[ ]	실제지급금액	[ ]

원유, 곡물, 광석 등 1차산품으로서 수입신고일 현재 가격이 정해지지 않은 경우 [ ]

특수관계자간 거래가격 결정방법 사전심사(ACVA) 신청·승인업체인 경우 [ ]

국내판매가격에 기초로 한 과세가격 결정(제4방법)으로 가격결정에 장시간 소요되는 경우 [ ]

턴키방식 플랜트 등 물품의 최초 발주 이후 상당기간 후 인도 완료되는 경우 [ ]

기타 [ ]　　기타의 경우 사유 [　　]

※ 기타는 수입 이전에 최종가격 산출공식이 확정되고, 산출공식은 수입이후 발생 변수에 근거하며, 그 변수는 거래당사자가 통제할 수 없는 경우에 한함(수입물품 과세가격 결정에 관한 고시 제49조 ①항3호 참고)

11. 가격신고서 작성 책임자(대표이사, 재무이사, 구매관리자 등) 연락처	
(a) 부서 및 직위	(b) 성 명
(c) 전화번호	

12. 가격신고서 작성 실무자 연락처	
(a) 부서 및 직위	(b) 성 명
(c) 작성일자	(d) 전화번호

가격신고 상세 내용

※ 신고당시의 원화로 환산하되, 수입신고서가 2란 이상인 경우에는 합산된 총 금액으로 기재

구분	항목	금액
A. 산출근거	13.(a) 송품장 화폐 단위로 표시된 거래가격(관세평가목적상 실제 지급했거나 지급할 가격) (환율:)	
	(b) 직접·간접지급금액, 할인(조건,사정해당), 채무상계, 변제금액 등(원화)	
	14. 국내화폐로 환산한 총액(A)	
B. 가산금액	15. 구매자 부담비용 (a) 구매수수료를 제외한 수수료(커미션)	
	(b) 중개료	
	(c) 용기 및 포장비용	
	16. 무료 또는 인하된 가격으로 구매자에 의해 제공된 재화와 용역으로서 수입물품의 제조와 수출에 사용된: (a) 수입물품에 결합된 재료 또는 구성요소	
	(b) 수입물품의 생산에 사용되는 공구, 금형, 다이스 및 이와 유사한 물품	
	(c) 수입물품의 생산과정에서 소비되는 물품(비료, 촉매 등)	
	(d) 외국에서 수행된 것으로, 수입물품의 생산에 필요한 기술, 설계, 고안, 공예 및 의장, 스케치	
	17. 로열티 및 권리사용료-8(a)란 참조	
	18. 판매자에게 귀속되는 수입후의 전매, 처분 또는 사용에 따른 수익금액	
	19. 수입항까지의 운송비용(소계)	
	(a) 운임, 왕복운임	
	(b) 적하, 양하, 환적비용, 기타 운송관련비용 등	
	(c) 보험료	
	20. 가산비용 총액	
C. 공제금액	21. 수입장소 도착 후 운송비용	
	22. 수입 후 행해진 건설, 설치, 조립, 유지보수 또는 당해 수입물품에 대한 기술지원 금액	
	23. 기타비용(계약과 관련없이 구매자 자신의 필요에 의해 사용된 검사비용, 구매수수료, 교육훈련비, 연불이자 등)	
	24. 현금할인, 수량할인 등 인정하는 가격할인 금액(필요시 기재) 수출국에서 수출시 경감 또는 환급받아야 할 관세와 내국세 금액	
	25. 공제비용 총액	
26. 신고납부 과세가격(A+B-C)		

2. 과세가격 심사제도

납세의무자는 수입신고시에 납세신고를 하게 되며 납세신고를 받은 세관장은 신고사항 중에서 각종 제출서류가 구비되었는지 여부와 신고서의 기재사항이 정확하게 기재되었는지 여부 등에 대한 형식적인 요건에 대한 확인심사와 수입통관 허용여부를 결정하기 위하여 필요한 사항을 심사하는 이외에 신고한 세액이 정당한지 여부를 심사하게 되는데, 이 신고세액의 심사는 세번·세율·감면·분할납부의 정확한 적용여부와 가격신고사항의 정당여부에 대한 심사가 될 것이다. 이와 같이 세관장이 납세의무자의 가격신고 등을 근거로 하여 수입물품의 과세가격을 심사하여 확정하는 과정을 가격심사제도라 한다.

(1) 과세가격의 사후심사

㈎ 의 의

과세가격 심사는 세액심사의 한 부분으로서 종가세물품의 과세표준인 과세가격을 결정하거나 심사하는 업무를 말한다. 세액심사는 수입신고수리 후 세액심사가 원칙이나, 일정한 물품의 경우에는 수입신고수리 전에 세액심사를 하여야 한다.

세액의 심사항목은 ① 과세표준의 적정여부(과세가격의 심사), ② 신고된 세율의 적정여부 ③ 신고 또는 납부세액의 적정여부 ④ 감면대상 및 감면율의 적정여부이다.

과세가격의 제1차적인 기초는 거래가격이며 납세의무의 확정은 신고주의를 원칙으로 하기 때문에 납세의무자는 스스로 과세표준이 되는 해당 물품의 과세가격을 결정하여 신고하도록 하고 이 가격신고로써 일단 과세가격은 결정되는 것이지만, 세관당국은 납세의무자의 가격신고를 믿고 이에 근거하여 수입신고를 수리하고 사후에 신고한 가격을 심사한다. 통관 이후에 신고한 과세가격을 심사하는 기능은 사후 선별평가제도와 통관적법성 조사제도로 크게 분류할 수 있다.

1) 사후선별평가제도

사후선별평가제도는 수입신고수리와 동시에 가격관련 자료를 제출받아 서면으로 신고가격을 심사한다. 이는 사후선별평가제도를 통하여 무역관련 자료의 보관이나 일반적으로 인정된 원칙에 따라 회계처리가 되지 않아 일정기간이 지난 다음에는 신고가격의 심사가 불가능하게 될 우려가 있는 업체나 물품의 거래를 선별하여 가격 심사를 하는 것이다.

① 사후선별평가대상: 무역거래 상황이나 수입물품의 가격변동 등을 고려하여 전산상의 선별작업을 통하여 제도의 취지에 부합하는 사후개별평가의 대상으로 지정된 개개의 수입신고건을 대상으로 한다.

② **사후선별평가절차:** 사후선별평가절차의 대상인 경우 수입신고수리필증 교부와 동시에 15일 이내에(세관장이 타당하다고 인정한 기간까지 연장 가능) 자료를 제출받아, 제출된 자료를 근거로 하여 60일 이내에 통관지 세관에서 평가를 종결한다. 평가한 결과에 따라 세관에서는 신고한 과세가격을 인정하거나 세액을 결정, 환급하거나 제출자료의 위조 또는 변조 등의 사실이 확인된 경우 통관적법성 심사를 의뢰한다.

2) 통관적법성 사후조사제도

수출입 물류흐름을 촉진하기 위한 수입신고제의 실시로 통관단계에서 세관의 통제를 축소하면서, 성실하고 선량한 수출입 행위를 유도하기 위해 일정기준에 의해 선별된 업체에 대해 무역관련 제반 법규위반 여부를 종합적으로 조사하는 제도로서 가격심사 기능이 이 조사제도의 일정부분을 차지하고 있다.

① **조사의 대상:** 위법 통관의 혐의가 있거나 우려가 높은 업체 등 일정기준에 해당하여 조사대상 업체로 선별된 기업의 일정기간 동안(통상 2년)에 이루어진 일체의 무역거래를 그 대상으로 한다.

② **조사의 절차:** 관세청이나 본부세관에서 조사대상 업체, 조사기간, 서면 및 실지조사 여부나 부분 및 종합조사 여부 등 조사방법을 정하여 원칙적으로는 조사대상자의 협조에 의하여 예외적으로 강제조사나 금융계좌 추적 등을 통하여 조사를 한다.

3) 불성실한 과세가격 신고에 대한 제재

사후 선별평가나 통관적법성 조사 등을 통하여 신고가격의 적정성을 심사하여 그 내용이나 정도에 따라 납세의무자는 다음과 같은 제재를 받는다.

① **거래가격의 적용배제:** 거래가격 배제요건에 해당되거나 신고가격이 동종동질물품, 유사물품과 현저한 차이가 있는 등 이를 과세가격으로 인정하기 곤란한 경우 신고내용의 진실성 또는 정확성이 입증되지 않으면 거래가격을 과세가격으로 할 수 없고, 제2방법 이하의 방법으로 과세가격을 결정하게 된다.

② **가산세의 징수:** 납세의무자의 가격신고에 의하여 과세가격 및 관세액을 결정한 후 사후에 이러한 가격신고가 불성실함이 판명되어 부족세액을 추가징수하는 때에는 해당 추가징수세액에 더하여 추가징수세액의 100분의 20을 가산세로 징수한다. 다만, 납세의무자가 수정신고를 통하여 해당 세액을 납부한 경우에는 가산세액의 100분의 50을 경감하여 징수한다.

③ **관세부과의 제척기간의 연장:** 관세는 해당 관세를 부과할 수 있는 날부터 2년이 지난 후에는 부과할 수 없으나 사위 기타 부정한 방법으로 관세를 포탈하였거나, 관세법의 규정에 의한 가격신고를 하지 아니하였거나 과세가격의 일부를 신고하지 아니하여 납부

할 세액이 부족한 경우에는 이 기간이 5년으로 연장된다.

(2) 과세가격의 사전심사

(가) 의 의

관세의 확정은 전술한 바와 같이 원칙적으로 납세의무자의 납세신고에 의하여 확정되는 신고납세 방법에 의하므로 납세의무자가 납세신고할 때 수입하고자 하는 그 물품의 과세가격을 확정지어 신고하여야 한다. 그러나, 신고할 과세가격이 법에서 정하고 있는 과세가격에 합당한 것인지 여부에 대하여 의문이 있을 수 있다. 이 경우에 납세의무자의 편의를 위하여 그 과세가격을 세관에 신고하기 전에 관세청장 또는 세관장에게 미리 가격에 대한 심사를 요청할 수 있는 바, 이것을 과세가격의 사전심사라고 한다.

(나) 사전심사 신청

납세신고를 하여야 할 자가 과세가격 결정이 기초가 되는 다음 각호의 사항에 관하여 의문이 있는 경우에는 가격신고 전에 관세청장 또는 세관장에게 미리 심사하여 줄 것을 신청할 수 있다.

① 해당 수입물품의 대가로서 구매자가 실제로 지급하였거나 지급하여야 할 가격을 산정함에 있어서 더하거나 빼야 할 금액

② 거래가격을 기초로 한 과세가격 결정방법(제1방법)을 적용함에 있어 다음 각호의 요건을 갖추었는지의 여부

㉠ 해당 물품의 처분 또는 사용에 제한이 없어야 한다. ㉡ 해당 물품에 대한 거래의 성립 또는 가격의 결정이 금액으로 계산할 수 없는 조건 또는 사정에 의하여 영향을 받지 않아야 한다. ㉢ 해당 물품의 수입 후에 전매·처분 또는 사용에 따른 수익의 일부가 직접 또는 간접으로 판매자에게 귀속되지 않아야 한다. ㉣ 구매자와 판매자간에 특수관계가 있어 그 관계가 해당 물품의 가격에 영향을 미치지 않아야 한다.

③ 동종·동질물품의 거래가격을 기초로 과세가격을 결정함에 있어 다음의 요건을 갖추었는지의 여부

㉠ 동종·동질물품은 가격신고한 수입물품과 같은 나라에서 생산된 것이어야 한다.

㉡ 동종·동질물품은 가격신고한 수입물품의 선적일에 선적되거나, 선적일을 전후하여 가격에 영향을 미치는 시장조건이나 상관행에 변동이 없는 기간중에 선적되어 우리나라에 수입된 것이어야 한다.

㉢ 동종 · 동질물품은 거래단계, 거래수량, 운송거리, 운송형태 등도 가격신고한 수입물품과 같아야 한다. 만일 서로 다른 경우에는 그에 따라 가격차이를 조정한 것이어야 한다.

④ 합리적 기준에 의한 과세가격결정에 있어 합리적인 기준에 해당되는지의 여부

㈐ 사전심사신청시 제출서류

사전심사를 신청하고자 하는 자는 다음 각호의 서류를 관세청장 또는 세관장에게 제출하여야 한다(영 제31조 ①항).

① 다음 각호의 사항을 기재한 과세가격 사전심사 신청서

㉠ 거래당사자

㉡ 통관예정세관

㉢ 신청내용

② 거래관계에 관한 기본계약서(투자계약서 · 대리점계약서 · 기술용역계약서 · 기술도입계약서 등)

③ 수입물품과 관련된 사업계획서

④ 수입물품 공급계약서

⑤ 수입물품 가격결정의 근거자료

⑥ 기타 과세가격결정에 필요한 참고자료

그리고, 관세청장 또는 세관장은 과세가격에 관한 사전심사를 위하여 제출된 신청서 및 서류가 과세가격의 심사에 충분하지 아니하다고 인정되는 때에는 일정기간을 정하여 보정을 요구할 수 있다(영 제31조 ②항).

㈑ 사전심사기간

사전심사요청을 받은 과세청장 또는 세관장은 이를 심사하여 1월 이내에 과세가격 사전심사서를 신청인에게 교부하여야 한다.

㈒ 사전심사서의 효력

세관장은 관세의 납세의무자가 사전심사서에 의하여 납세신고를 한 경우에 해당 납세의무자와 과세가격 사전심사 신청인이 일치하고 수입신고된 물품 및 그 가격신고가 사전심사상의 내용과 동일하다고 인정되는 때에는 다음에 해당하는 경우를 제외하고는 사전심사서의 내용에 따라 과세가격을 결정하여야 한다.

① 법령의 개정에 따라 사전심사의 내용이 달라지게 된 경우

② 사전심사의 기초가 되는 거래관계와 거래내용이 달라지게 된 경우

③ 신청인 허위자료제출 또는 자료제출누락 등으로 사전심사에 착오가 있는 경우

3. 수입신고수리 후 평가

수입신고수리 전 평가대상물품을 제외한 모든 신고납부 대상수입물품에 신속통관과 수입자의 물류비용절감을 위하여 신고한 세액을 그대로 인정하여 수입신고수리하고, 수입신고수리 후 일정기간별로 신고한 과세가격에 대하여 사후에 심사하는 것을 말한다.

보 충 기업별 사후조사제도

기업별 사후조사제도란 수입화물과 관련된 과세표준 등의 신고가 관세법 등의 신고가 관세법 등 제반 관련법규에 따라 적정하게 이루어졌는지의 여부에 대하여 수입통관 후에 확인하는 조사를 말한다.

관세에 있어서 신고납부제도는 신속을 위하여 적정하고 공평한 과세의 실현을 납세의무자의 자진신고에 맡기는 것을 본래의 취지로 하고 있지만, 자진신고가 반드시 세관당국이 기대한 대로만 이루어진다고는 단정할 수 없다. 따라서, 신고납부제도의 근본은 납세의무자의 신고내용의 적정여부에 대한 확인이 극히 중요한 과제이다.

기업별 사후조사는 이와 같이 신고납세제도의 과세표준을 화물의 수입통관 후에 조사를 실시하여 선의의 신고자를 지도하며, 납세동의가 낮은 자에 대하여는 제반관계법규를 엄격히 적용하여 불성실 신고를 예방하여 적정하며 공정한 과세의 실현과 수출입질서의 유지에 기여케 하는 등 신고납세제도를 보완하는 데에 극히 중요한 의의와 목적을 가진다.

기출문제

1. 관세평가의 2대 국제협약에 대하여 논하라(관세사, 제6회).
2. 관세의 과세가격 평가제도를 설명하라(관세사, 제7회).
3. 제1방법에 의한 과세가격의 결정(관세사, 제5회)

예상문제

1. 논술형
   - 관세평가제도에 관하여 논하라.
   - 과세가격결정 방법 중 제1평가방법에 대하여 논하라.
   - 특수물품에 대한 과세가격결정방법(평가방법)에 대하여 논하라.
   - 잠정가격 신고제도에 대하여 논하라.

- 과세가격 사전심사제도를 논하라.
- 거래가격의 성립요건을 논하라.
- 과세가격신고제도와 심사방법을 논하라.
- 관세평가상 법정가산요소에 관하여 논하라.

2. 서술형
- 과세가격의 형태에 대하여 설명하라.
- 기업별 사후조사 제도를 설명하라.
- 거래가격의 성립요건을 설명하라.
- 임차수입 물품의 과세가격 결정방법을 설명하라.
- 법정 가산요소 중 생산지원비용에 대하여 설명하라.
- 실제지급금액의 확정 중 간접지급금액에 대하여 설명하라.
- 운임・보험료, 기타 운송관련 비용의 가산여부 및 산정 근거를 설명하라.
- 불성실신고자 지정제도에 대하여 설명하라.

3. 약술형
- 과세가격의 요건
- 관세평가목적
- 중고물품의 과세가격
- 시가역산가격
- 사후귀속이익
- 구매수수료와 판매수수료
- WTO 관세평가협정
- 중고물품의 과세가격
- 잠정가격신고 대상물품
- 관세평가목적
- 관세환율
- 사후귀속이익
- 권리사용료(Royalties)의 가산요건

제6절 관 세 율

Ⅰ. 관세율의 개요

1. 세율의 의의

세율이란, 과세의 4대요건 중의 하나로서 세액을 결정하는 데 있어서 과세표준에 대하여 적용되는 비율을 말한다. 즉, 세액은 「관세율×과세표준」으로 산출되기 때문에, 세율은 과세표준과 더불어 세액을 결정하는 2대 요인 중의 하나로서 세액산출에 중요한 역할을 한다.

이러한 세율은 조세법률주의에 따라 국회에서 법률로 정하는 것이 원칙이나, 국내외 경제여건변화 등의 신속한 대응을 위해 법률에서 위임된 범위 안에서 대통령령 또는 기획재정부령으로 탄력세율을 정할 수 있고, 외국과의 조약, 협정 등에 의해 협정 세율을 정할 수 있다.

이 밖에도 휴대품 등에 대한 '간이세율', 일괄수입신고된 다품목·소량물품에 대한 '합의에 의한 세율' 및 용도에 따라 세율을 달리하는 '용도세율'이 있다.

2. 관세의 종류

(1) 관세율의 종류

우리나라 관세율의 종류는 크게 국정세율과 협정세율로 분리될 수 있다.

- 관세율
  - 국정세율
    - 기본세율
    - 잠정세율
    - 간이세율
    - 일반특혜관세율
    - 탄력세율
    - 환급에 갈음하는 인하세율
  - 협정관세율 (양허세율)
    - 다자간 협정세율
      - WTO 일반양허관세율
      - WTO 개도국간 양허관세율
      - 방콕협정 양허관세율
      - GSTP에 의한 양허관세율
    - 양자간 협정세율
      - 쌍무협정에 따른 양허관세율
      - FTA 협정관세율

㈎ 국정세율

국정세율이란, 우리나라가 독자적으로 정한 세율을 말하며, 기본세율, 잠정세율, 탄력세율, 간이세율, 환급에 갈음하는 인하세율, 일반특혜관세율이 있다.

1) 기본세율

관세법의 별표인 관세율표상의 기본세율을 말한다. 국회에서 제정된 법률에 의해 확정되며, 수입물품에 대하여 원칙적으로 적용되는 세율이다.

표 6-2 기본관세율의 구조

(단위 : %)

구 분	'88	'89	'90~'91	'92	'93	'94~'98	'99 이후
평균관세율							
전 체	18.1	12.7	11.4	10.1	8.9	7.9	7.9
공산품	16.9	11.2	9.7	8.4	7.1	6.2	6.2
농산물	25.2	20.6	19.9	18.5	17.8	16.6	16.6
중심관세율	20	15	13	11	9	8	8
(공산품)							
• 비경쟁기초원자재	5	1~2	1~2	1~2	1~2	1~2	1~2
• 경쟁기초원료	10	5	5	4	4	3	3
• 중간재, 기계류, 일반소지배	20	15	13	11	9	8	8
• 사치성소비재	30~50	20	16	13	10	8	8
• 자동차	50	25	20	17	15	10 ('95 : 협8)	10 (WTO양허8)
(농산물)							
• 곡 물	10	5	5	5	5	5	3
• 육 류	30~50	30~50	30~50	30~50	30~50	30~50	30~50
• 과실, 채소류	50	50	50	50	50	50	50
• 농산물가공식품	20	15	13	11	9	8	8
• 맥 주	100	50	50	40	40	30	30

자료 : 기획재정부

2) 잠정세율

잠정세율이란, 관세율표에 기본세율과 함께 표시되어 있는데, 일정한 경우에 특정품목에 대하여 기본세율과는 다른 세율을 잠정적으로 적용하기 위하여 마련된 것을 말한다.

3) 탄력세율

급변하는 국제 경제환경에 대응하기 위하여 법률이 정한 일정한 범위 내에서 행정부에게 관세율의 변경권을 위임하고 있는 관세율을 말한다.

현재 관세법 제51조 내지 제77조까지 규정된 10가지 세율이 있다.

4) 환급에 갈음하는 인하세율

수출용 원재료 중에서 대부분이 수출용으로만 사용될 것으로 예상되는 몇 개의 특정 품목에 대하여는 일반적으로 적용되는 세율보다 인하한 세율을 적용할 수 있다.

즉, 수입시에 인하된 세율을 적용하는 대신 그 원재료를 가지고 수출을 이행한 경우에도 환급을 하지 않도록 하고 있는데, 이러한 인하세율 및 그 적용품목은 대통령령으로 한다.

5) 간이세율

간이세율이란, 신속·간편한 과세를 위하여 휴대품·우편물 등에 대하여 부과되는 관세·부가가치세·개별소비세 등의 제세율을 통합한 하나의 세율을 말한다.

6) 일반특혜관세율

일반특혜관세율이란, 개도국의 수출증대 및 공업화의 촉진을 위하여 개도국으로부터 수입하는 농수산물, 공산품의 제품·반제품에 대하여 보상 없이 일방적으로 적용하는 관세율을 말한다.

(나) 협정세율

협정세율이란, 우리나라의 통상과 대외무역의 증진을 위하여 필요하다고 인정될 때에 특정 국가 또는 국제기구와 조약 또는 행정협정 등으로 정한 세율을 말한다.

협정세율은 양국간의 협정과 다국간의 협정에 의한 경우가 있고, 해당 국가의 원산지 증명에 의해 원산지를 확인하고 양허세율을 적용하게 된다.

1) 다자간 협정에 의한 세율

① WTO협정 일반양허관세율: 이는 GATT의 마라케시 의정서에 의하여 WTO회원국에 대하여 적용할 일반양허관세율이다. WTO일반양허관세는 「세계무역기구협정 등에 양허관세규정 제73조(대통령령 제15,204호 96.12.31)」에 규정되어 있다.

② WTO협정 개도국간의 양허관세율: WTO협정 개도국간의 무역협정에 관한 의정서에 의하여 동 의정서에 가입한 국가에 대하여 적용할 양허관세율을 말한다.

동 협정에는 우리나라를 비롯한 브라질·칠레·인도 등 모두 15개국으로 구성 운영되고 있으며 우리나라는 오리엔트종 잎담배 등 13개 품목을 양허한 바 있으며, 참여국간에 총 470여개 품목을 양허·시행하고 있다. WTO 개도국간의 양허관세는 「세계무역기구협정 등에 의한 양허관세 규정 제73조」에 규정되고 있다.

③ 방콕협정 양허관세율: 이는 UN의 산하기구인 ESCAP(아시아·태평양 경제사회위원회)의 개도국 회원국간 무역협상에 관한 협정인 방콕협정에 의하여 동 협정에 가입한 국가에 대하여 적용할 관세율을 말한다.

적용대상국은 한국, 인도, 스리랑카, 방글라데시, 라오스 모두 5개국으로 구성되어 있으며, 이 중 최후진국인 방글라데시와 라오스에 대하여는 일부 품목에 대하여 특별양허를 허용하고 있다.

방콕협정 양허관세는 「세계무역기구협정 등에 의한 양허관세 규정 제76조」에 규정되어 있다.

④ 개발도상국간 무역특혜제도(GSTP)의 양허관세율: 이는 UN 무역개발회의(UNCTAD) 개발도상국간 무역특혜제도(GSTP)에 관한 협정에 가입한 국가에 대하여 적용할 일반관세율을 말한다.

적용대상국은 우리나라를 포함한 40개국이며, 「세계무역기구협정 등에 의한 양허 관세규정 제76조」에 규정되어 있다.

2) 양자간 협정에 의한 세율

이는 관세법 제73조의 2의 규정에 의하여 특정국가와의 관세협상에 따른 국제협력관세율을 말한다. 적용대상물품과의 세율은 「특정국가와의 관세협상에 따른 국제협력 관세의 적용에 관한 규정(대통령령 제15,202호 96.12.30)」에 규정되어 있다.

표 6-3 협정관세 적용국가

협정관세	적용국가	비 고
세계무역기구협정 일반양허관세 (WTO일반협정관세)	1. WTO회원국 2. 편익관세 적용대상 국가 아시아 : 아프카니스탄·부탄 중 동 : 이란·이라크·레바논·시리아 대양주 : 나우르 아프리카 : 코모로·에티오피아·리베리아·소말리아 유럽 : 안도라·모나코·산마리노·바티칸 3. 쌍무협정에 규정된 최혜국조항 적용국(11개국) 네팔, 수단, 요르단, 대만, 캄보디아, 카자흐스탄, 우즈베키스탄, 리투아니아, 크로아티아, 우크라이나, 에티오피아	

세계무역기구협정 개발도상국간의 양허관세 (WTO개도국협정관세)	세계무역기구협정 개발도상국간의 무역협상에 관한 의정서에 의하여 동 의정서에 서명·가입한 국가 - 방글라데시, 브라질, 칠레, 이집트, 이스라엘, 멕시코, 파키스탄, 페루, 루마니아, 튀니지, 터키, 우루과이, 유고	수입신고시 원산지증명서 제출
아시아·태평양 무역협정 양허관세	아태무역협정에 의하여 동 협정에 서명·가입한 국가 - 한국, 인도, 스리랑카, 방글라데시, 라오스, 중국	수입신고시 원산지증명서 제출
유엔무역개발회의 개발도상국간 특혜무역제도의 양허관세 (UN개도국협정관세)	유엔무역개발회의(UNCTAD)개발도상국간 특혜무역제도에 관한 협정에 서명·가입한 국가 - 가나, 가이아나, 기니, 나이지리아, 니카라과, 루마니아, 리비아, 말레이시아, 멕시코, 모로코, 모잠비크, 미얀마, 방글라데시, 베냉, 베트남, 볼리비아, 북한, 브라질, 수단, 스리랑카, 싱가포르, 아르헨티나, 알제리, 에콰도르, 유고, 이라크, 이란, 이집트, 인도, 인도네시아, 짐바브웨, 칠레, 카메룬, 콜롬비아, 쿠바, 탄자니아, 태국, 튀니지, 트리니다드토바고, 파키스탄, 페루, 필리핀, 한국	수입신고시 원산지증명서 제출 (GSTP원산지 규정을 충족해야 한다)
특정국가와의 관세협상에 따른 국제협력관세	전세계	

◈ 국제간 협정관세 관련 용어

① **관세양허(Tariff Concession)**

관세율의 양허란, 국가간의 관세·무역에 관한 협상에서 협상 당사국의 특정품목의 관세를 일정수준 이상으로 부과하지 않겠다는 약속을 말한다.

② **관세양허의 형태**

① Reduction(현행 관세율을 인하하는 관세인하), ② Binding(관세를 더 이상 올리지 않겠다고 약속하는 거치), ③ Ceiling Binding(현행 관세율을 인상하더라도 일정수준 이상으로는 올리지 않겠다는 한도양허) 등이 있다.

③ **관세화(Tariffication)**

관세 이외의 각종 비관세조치를 관세의 형태로 전환하자는 것으로서 미국이 최초로 제한하였다. UR 농업협상에 있어서 농산물 교역자유화를 위한 수단으로 사용되었다. 관세화의 구체적인 방법으로는 비관세장벽의 관세로의 전환시 관세상당치로 관세를 부과하되, 향후 협의된 기간 동안에 합의된 수준으로 점차적으로 감축하기로 하였다.

④ **관세상당치(TE : tariff equivalent)**

관세화의 구체적인 방안으로서 국내외 가격차이에 상당하는 율을 말한다. 따라서 관세에 관한 협상에서 국내외 가격차에 상당한 율(관세상당치)로 양허한 경우는 위에서 열거한 관세양허의 형태 중 한도양허(Ceiling Binding)로서 다시 말하면, 최대 국내외 가격차이만큼만 관세를 부과하겠다는 것이다.
(TE = (국내가격-국제가격) /국제가격×100)

⑤ **최소시장접근(Minimum Market Access)**

UR협정문에서 모든 농산물에 대한 최소시장접근허용으로 수입이 없거나 미미한 품목의 경우 국내소비량의 3~5%를 허용된 기간 내에 수입해야 한다는 것을 말한다. 이렇게 최소시장접근원칙에 의하여 수입되는 물량을 시장접근물량이라 한다.

Ⅱ. 관세율 적용

1. 관세율의 우선순위

(1) 관세율 적용순서

특정물품에 대하여 여러 가지 관세율이 정해져 있는 경우에는 어떤 관세율이 우선 적용되어야 하는가의 문제가 있는 바, 관세법 제50조에서는 관세율간의 적용순서에 관하여 규정하고 있다.

관세의 세율은 관세율표에 의하되 잠정세율은 기본세율에 우선하여 적용한다. 그리고 관세법에 의해 대통령령 또는 기획재정부령이 정하는 세율은 다음 각호의 순서에 따라 관세율표의 세율(잠정세율 · 기본세율)에 우선하여 적용한다.

① 덤핑방지관세 · 보복관세 · 긴급관세 · 특정국물품 긴급관세 · 농림축산물에 대한 특별긴급관세 및 상계관세의 규정에 의한 세율

② 편익관세 및 국제협력관세의 규정에 의한 세율. 이 호의 세율은 기본세율 · 잠정세율 및 제3호의 각 세율(조정관세 · 계절관세 및 할당관세)보다 낮은 경우에 한하여 우선 적용한다. 다만, 국제기구와 관세에 관한 협상에서 국내외 가격차에 상당한 율로 양허하거나, 국내시장개방과 함께 기본세율보다 높은 세율로 양허한 농림축산물 중 대통령령이 정하는 물품에 대하여 양허한 세율(시장접근물량에 대한 양허세율을 포함한다)은 기본세율 · 잠정세율에 우선한다.

③ 조정관세 · 계절관세 및 할당관세의 규정에 의한 세율

④ 일반특혜관세의 규정에 의한 세율

⑤ 잠정관세

⑥ 기본관세

(2) 상기(1)의 규정에 불구하고 우선적용

① 편익관세 및 국제협력관세는 타세율(③④⑤⑥)보다 낮은 경우에 한하여 우선 적용한다.

표 6-4 관세율의 적용순위

<table>
<tr><th>순위</th><th colspan="2">관세율 종류</th><th>우선순위</th></tr>
<tr><td>1</td><td colspan="2">덤핑방지관세, 보복관세, 긴급관세, 특정국물품 긴급관세, 특별긴급관세, 상계관세</td><td>가장 우선하여 적용</td></tr>
<tr><td rowspan="2">2</td><td colspan="2">칠레FTA협정관세</td><td rowspan="2">3·4·5·6·7 보다 낮은 경우에 한하여 우선 적용</td></tr>
<tr><td colspan="2">싱가포르FTA협정관세, EFTA협정관세, 아세안FTA협정관세</td></tr>
<tr><td rowspan="10">3</td><td rowspan="2">WTO일반양허관세</td><td>공산품·수산물 및 단순 양허한 농림축산물에 대한 양허 관세 (별표 1의가)</td><td>4·5·6·7 보다 낮은 경우에 한하여 우선 적용</td></tr>
<tr><td>단순 양허한 농림축산물 중 시장접근물량 설정물품에 대한 양허 관세 (별표 1의다)</td><td rowspan="7">4·5·6·7 보다 낮은 경우에 한하여 우선 적용</td></tr>
<tr><td colspan="2">WTO개도국간의 양허관세(별표 2)</td></tr>
<tr><td rowspan="3">아태협정양허관세(APTA)</td><td>일반 양허(별표 3의가)</td></tr>
<tr><td>방글라데시에 대한 양허 관세 (별표 3의라)</td></tr>
<tr><td>라오스에 대한 양허 관세 (별표 3의마)</td></tr>
<tr><td colspan="2">유엔무역개발회의 개발도상국간 협정관세 (GSTP)(별표 4)</td></tr>
<tr><td colspan="2">특정국가와의 관세협상에 따른 국제협력관세</td></tr>
<tr><td>WTO일반양허관세</td><td>국내외 가격차에 상당한율로 양허하거나 국내시장 개방과 함께 기본세율보다 높은 세율로 양허한 농림축산물에 대한 양허관세(별표 1의나)</td><td rowspan="2">6·7 보다 우선하여 적용 4·5 보다 낮은 경우에 한하여 우선 적용</td></tr>
<tr><td>아태협정양허관세(APTA)</td><td>녹차와 누에고치의 일반 양허 관세(별표 3의다)</td></tr>
<tr><td rowspan="2">4</td><td colspan="2">조정관세, 계절관세</td><td>5·6·7 보다 우선 적용</td></tr>
<tr><td colspan="2">할당관세</td><td>5 보다 낮은 경우에 한하여 우선적용 6·7 보다 우선 적용</td></tr>
<tr><td>5</td><td colspan="2">최빈개발도상국에 대한 특혜관세 (GSP)</td><td>6·7 보다 우선 적용</td></tr>
<tr><td>6</td><td colspan="2">잠정관세</td><td>7 보다 우선 적용</td></tr>
<tr><td>7</td><td colspan="2">기본관세</td><td></td></tr>
</table>

② 3순위의 할당관세는 4순위의 일반특혜관세보다 세율이 낮은 경우에 한하여 우선 적용한다.

③ 다만, 국제협력관세 중 농림축산물양허관세[3]는 잠정세율과 기본세율에 우선하여 적용한다.

④ 탄력관세규정에 의한 세율을 적용함에 있어서 적용대상물품이 관세율표상 종량세 대상인 경우에는 해당 종량세율을 적용하여 관세를 징수한다.

2. 관세율의 적용

(1) 잠정세율의 적용

(가) 의 의

잠정세율이란, 관세율표에 기본세율과 함께 표시되어 있는데, 일정한 경우에 특정 품목에 대하여 기본세율과는 다른 세율을 잠정적으로 적용하기 위하여 마련된 것을 말한다.

잠정세율은 기본세율과 같이 국회의 의결을 거친 것이나 잠정세율의 적용을 받는 물품에 대해서는 대통령령이 정하는 바에 의해 잠정세율의 적용 정지 또는 기본세율과의 세율차를 좁히도록 잠정세율의 인상·인하 여부를 결정할 수 있다(법 제50조 ④항).

(나) 잠정세율의 적용 요청

1) 잠정세율 개정의 요청

잠정세율의 적용을 받는 물품과 관련이 있는 관계부처의 장 또는 이해관계인은 잠정세율의 적용정지나 잠정세율의 인상 또는 인하의 필요가 있다고 인정할 때에는 다음 각 호의 사항에 관한 자료를 기획재정부장관에게 제출하여 이를 요청할 수 있다(영 제57조 ①항).

㉠ 해당 물품의 세번·품명·규격·용도 및 대체물품
㉡ 해당 물품의 제조용 투입원료 및 해당 물품을 원료로 하는 관련제품의 제조공정 설명서 및 용도
㉢ 적용정지하여야 할 이유 및 기간
㉣ 변경하여야 할 세율·이유 및 그 적용기간
㉤ 최근 1년간의 월별 주요 수입국별 수입가격 및 수입실적
㉥ 최근 1년간의 월별 주요 국내제조업체별 공장도가격 및 출고실적
㉦ 기타 참고사항

3) 관세법 제73조의 규정에 의거 국내외 가격차이에 상당하는 양허세율 또는 국내시장개방과 함께 기본세율보다 높은 세율로 양허한 농림 축산물 중 대통령령이 정하는 물품에 대한 양허세율

2) 협조의 요청

기획재정부장관은 잠정세율의 적용정지 등에 관한 사항을 조사하기 위하여 필요하다고 인정할 때에는 관계기관·수출자·수입자, 기타 이해관계인에게 관계자료의 제출, 기타 필요한 협조를 요청할 수 있다(영 제57조 ③항).

(2) 간이세율의 적용

㈎ 의 의

수입물품에는 관세뿐만 아니라 부가가치세·개별소비세·주세 등의 내국소비세도 부과되는 바, 소액물품 수입시 각 세제별로 세율과 과세가격을 결정하여 세액을 산출하는 방식은 매우 번잡하며, 여행자 휴대품과 같이 수입하는 물품의 종류는 많은 반면 그 금액은 소액인 경우에 각 품목마다 세제별로 과세통관하는 것은 장기간이 소요되는 여행자에게 큰 불편을 주는 결과를 초래한다. 이에 따라 여행자 휴대품 또는 우편물 등에 대하여 관세·임시수입부가세 및 내국세의 세율을 기초로 하여 정한 단일세율을 적용하여 과세의 간소화를 통한 국민의 편의를 도모하고 있는 바, 이 때 적용되는 세율이 간이세율이다.

표 6-5 간이세율표

품 명	세율(%)
1.다음 각 목의 어느 하나에 해당하는 물품 중 개별소비세가 과세되는 물품	
가. 투전기·오락용 사행기구 그 밖의 오락용품, 수렵용 총포류	55
나. 보석·진주·별갑·산호·호박 및 상아와 이를 사용한 제품, 귀금속 제품, 고급 시계, 고급 사진기와 그 관련 제품, 고급 가방	37만 400원+185만 2천원을 초과하는 금액의 50
다. 녹용	45
라. 방향용 화장품	35
마. 로얄제리	30
바. 전기냉장고, 전기냉방기, 전기세탁기, 텔레비전수상기	27
2. 수리선박(관세가 무세인 것을 제외한다)	2.5
3. 다음 각 목의 어느 하나에 해당하는 물품 중 기본관세율이 10퍼센트 이상인 것으로서 개별소비세가 과세되지 아니하는 물품	
가. 모피의류·모피의류의 부속품 그 밖의 모피제품	30
나. 가죽제 또는 콤포지션레더제의 의류와 그 부속품, 방식용 섬유와 방직용 섬유의 제품, 신발류	25

4. 다음 각 목의 어느 하나에 해당하는 물품. 다만, 고급모피와 그 제품, 고급융단, 고급가구, 승용자동차, 주류 및 담배를 제외한다. 가. 제1호 내지 제3호에 해당하지 아니하는 물품 나. 제1호 및 제3호에 불구하고 여행자가 휴대수입하는 물품으로 1인 당 과세대상 물품가격의 합산총액이 미화 1천불 이하인 물품(녹용 및 방향용 화장품을 제외한다)	20

* 간이세율 적용시 유의사항

수출용원재료에 대한 관세환급을 하는 경우, 수입시 납부하는 관세와 부가가치세의 환급기관이 다르므로 수출용원재료 수입시 개별조세가 구분이 되지 않는 간이세율을 적용하면 해당 원재료를 가공하여 수출한 후에도 관세환급을 받을 수 없다. 즉, 수출용원재료에 대하여는 휴대반입 등을 한 경우에도 간이세율을 적용하지 않도록 유의하여야 한다.

㈏ 적용대상 물품

다음 물품 중 대통령령으로 정하는 물품(간이세율표상의 품목)에 대하여 간이세율을 적용한다(법 제81조 ①항).

㉠ 여행자 또는 외국에 왕래하는 운송수단의 승무원이 휴대하여 수입하는 물품

㉡ 우편물(수입신고를 하여야 하는 정상무역품은 제외)

㉢ 외국에서 선박 또는 항공기의 일부를 수리 또는 개체하기 위하여 사용한 물품

㉣ 탁송품 또는 별송품

㈐ 간이세율 적용제외 물품

상기의 간이세율 적용대상물품이라 할지라도 다음에 해당하는 물품에 대하여 간이세율을 적용하지 않는다(영 제96조 ②항).

① 관세율이 무세인 물품과 관세가 감면되는 물품

② 수출용원재료

③ 관세법의 범칙행위에 관련된 물품

④ 종량세가 적용되는 물품

⑤ 상업용으로 인정되는 수량의 물품, 고가품, 해당 물품의 수입이 국내산업을 저해할 우려가 있는 물품

⑥ 여행자 또는 승무원의 휴대품으로서 그 총액이 대통령령으로 정하는 금액 이하인 경우에 해당되는 관세・임시수입부가세 및 내국세 등의 세율을 감안하여 단일한 세율을 적용한 경우, 이러한 단일한 간이세율의 적용이 과세형평을 현저히 저해할 우려가 있는 물품으로서 관세청장이 정하는 물품

⑦ 화주가 수입신고시 과세대상물품이 전부에 대하여 간이세율의 적용을 받지 아니

할 것을 요청한 경우의 해당 물품

㈑ 간이세율 적용물품 세액산출방식

대 상	세액=과세가격×간이세율	
	과세가격	간이세율
휴대품·우편물·탁송품 또는 별송품	실제거래가격	간이세율표상의 세율
외국에서 사용된 선박 등의 수리용 물품	수리비용(외화지급가격)	간이세율표상의 세율

(3) 합의에 의한 세율 적용

㈎ 의 의

일괄하여 수입 신고된 물품으로서 물품별로 관세율이 다른 경우에는 각 품목마다 각 품목의 세율을 적용하는 것이 원칙이다. 그러나 품목에 따라 세율을 달리 산정하고 품목별로 각각 세액을 산출하는 과세방식이 매우 번잡스럽기 때문에 신고인의 요청이 있는 경우 품목별 세율 중 가장 높은 세율을 모든 품목에 적용하여 과세 통관할 수 있도록 하고 있다. 이를 합의에 의한 세율적용이라고 하며 이는 과세편의와 신속통관을 도모하는 데 그 목적이 있다.

㈏ 적용요건

합의에 의한 세율을 적용하기 위해서는 다음의 요건을 갖추어야 한다(법 제82조의 ①항).

㉠ 일괄하여 수입 신고된 물품이어야 한다.

㉡ 물품별 세율이 상이하여야 한다.

㉢ 화주의 신청이 있어야 한다.

㈐ 세액산출방식

납부세액 = 품목별 과세가격의 총계 × 합의에 의한 세율

합의에 의한 세율은 품목별 세율 중 가장 높은 세율을 말한다.

(라) 행정쟁송제도의 적용배제

합의에 의한 세율을 적용한 경우에는 사전에 납세의무자가 합의한 것이므로 심사청구와 심판청구와 같은 행정상 쟁송을 할 수 없다(법 82조 ②항).

(4) 용도세율의 적용

㈎ 의 의

동일한 물품이라도 해당 물품의 용도에 따라 관세율이 상이한 경우가 있는데 이와

같이 동일한 물품의 경우 용도에 따라 달리하는 세율 중에서 낮은 세율을 용도세율이라 한다. 즉, 국민경제적으로 볼 때 수입을 늘려야 할 필요가 있는 용도에 사용하는 경우에는 세율을 인하해 줄 필요가 있고, 불요불급의 용도에 사용할 경우에는 세율을 올려야 할 경우가 있는데 이 때 적용하는 세율이 용도세율이다.

〈용도세율 예시〉 액정디바이스(LCD : Liquid Crystal Devices)의 관세율

HSK	용 도		관세율	비고
9013.80-1010	광전자식 시계용의 것	for opto-electronic watches	8%(기본)	
9013.80-1020	전자계산기용의 것	for electronic calculators	8%(기본) 0%(WTO협정)	용도세율
9013.80-1030	텔레비전용의 것	for televisions	8%(기본)	
9013.80-1090	기타	other	8%(기본)	

(나) 용도세율 적용신청 및 승인

용도세율의 적용을 받고자 하는 자는 해당 물품의 수입신고를 하는 때부터 해당 수입신고가 수리되기 전까지 그 품명·규격 수량·가격·용도·사용방법 및 사용장소를 기재한 신청서를 세관장에게 제출하여 승인을 얻어야 한다. 다만, 물품의 성질과 형태가 그 용도 외의 다른 용도에 사용할 수 없는 경우에는 그러하지 아니하다.

(다) 사후관리

① 용도 외 사용금지 등

용도세율의 적용을 받은 물품은 수입신고수리일부터 3년의 범위 내에서 대통령령이 정하는 기준에 따라 관세청장이 정하는 기간 내에는 해당 용도 외의 다른 용도에 사용하거나 그 용도 외의 다른 용도에 사용하고자 하는 자에게 양도할 수 없다. 다만, 대통령

표 6-6 용도세율 적용물품의 사후관리기간

품 명	용도외 사용 금지기간 및 양도 금지기간
가. 부분품 및 원재료	1년. 다만, 1년 이상 해당 용도 불사용시는 최초사용일
나. 기계·기구·시설용품	
(1) 내용연수 5년 이상	3년
(2) 내용연수 4년	2년
(3) 내용연수 3년 이하	1년
다. 상기 가, 나 이외의 물품	1년

령이 정하는 바에 의하여 미리 세관장의 승인을 얻은 경우 또는 물품의 성질과 형태가 그 용도 외의 다른 용도에 사용할 수 없는 경우에는 그러하지 아니하다.

② 추 징

사후관리 규정을 위반한 경우, 해당 물품을 특정용도 외에 사용한 자 또는 그 양도인으로부터 해당 물품을 특정용도에 사용할 것을 요건으로 하지 아니하는 세율에 의하여 계산한 관세액과 해당 용도세율에 의하여 계산한 관세액과의 차액에 상당하는 관세를 즉시 징수하며, 양도인으로부터 해당 관세를 징수할 수 없는 때에는 그 양수인으로부터 이를 징수한다. 다만, 재해 기타 부득이한 사유로 인하여 멸실되거나 미리 세관장의 승인을 얻어 폐기한 때에는 그러하지 아니하다(법 제83조 ③항).

③ 물품의 반입 및 변경신고

용도세율의 적용 승인을 받은 자는 설치 또는 사용할 장소에 해당 물품을 수입신고 수리일부터 1월 내에 반입하여야 한다. 물품을 반입한 자는 해당 장소에 물품관련사항을 기재한 장부를 비치하여야 한다.

④ 용도세율 적용물품 수출시

용도세율의 적용을 받은 물품을 세관장의 승인을 얻어 수출한 때에는 용도외 사용으로 보지 아니하고 사후관리를 종결한다. 다만, 용도세율의 적용을 받은 물품을 가공 또는 수리를 목적으로 수출한 후 다시 수입하거나 해외시험 및 연구목적으로 수출한 후 다시 수입하여 재수입면세 또는 해외임가공물품 등의 감세 규정에 의한 감면을 받은 때에는 사후관리를 계속한다.

3. 해외관세율 조회

각 국가의 실행관세율(실제 적용되는 관세율)을 해외에서 파악하기는 쉽지 않은 일이다. 관세율은 각국의 법률에 의해서만 결정되는 것이 아니라, 행정부가 잠정적 또는 임시적으로 적용하는 관세율도 있으며, 조약 또는 협정에 의한 관세율도 있는 까닭에 수시로 변하는 각국의 관세율을 해외에서 파악하고자 하는 경우 오류가 생길 여지가 많다. 그러므로 해외의 관세율을 파악하는 가장 좋은 방법은 그 상대국의 사정을 더 잘 알고 있는 거래 상대방에게 해당 국가 내의 실행관세율을 파악해달라고 요구하는 것이다.[4)]

그러나 시장조사 차원에서 해외의 관세율을 파악하고자 할 때에는 확정된 거래 상대방이 존재하지 않으므로, 이런 경우 인터넷을 통하여서라도 해외관세율을 파악하여야

4) 위 해외관세율을 조회할 때에는 HS 코드로서 관세율을 검색할 수 있는데, 우리나라에서 쓰는 HS 코드 중 앞의 6단위(6자리)만이 국제공통이므로 그 이하의 세부코드는 각국의 HS 코드표에서 별도로 찾아내야 한다.

할 것이다. 아래의 홈페이지에 접속하면 해외관세율을 파악할 수 있으나 인터넷의 특성상 운영자의 업데이트가 늦어지는 경우 지난 정보를 얻게 될 수도 있으니 이 점은 유의해야 한다.

Tip 해외 관세율 조회

(1) **주요 거래국 관세율 조회(대한민국 관세청 홈페이지)**
- 주소 http://www.customs.go.kr/hs/jsp/index.jsp
- 관세율 조회 가능국가 : 미국, EU, 호주, 인도, 캐나다, 일본, 중국, 파키스탄

(2) **APEC 회원국 관세율 조회**
- 주소 http://www.apectariff.org/tdb.cgi/ff31303038/apeccgi.cgi
- 관세율 조회 가능국가 : 호주, 칠레, 홍콩, 중국, 뉴질랜드, 필리핀, 태국, 브루나이, 인도네시아, 말레이시아, 파푸아뉴기니, 러시아, 미국, 캐나다, 대만, 일본, 멕시코, 페루, 싱카포르, 베트남

(3) **미국 관세율 조회(전용)**
- 주소 http://www.usitc.gov/tata/hts/bychapter/index.htm
- 관세율 조회 가능국가 :

(4) **일본 관세율 조회(전용)**
- 주소 http://www.customs.go.jp/tariff/2005/index.htm

4. 자유무역협정(FTA)에 의한 관세특례

(1) FTA와 관세행정의 변화

FTA가 확대되면서 관세행정에도 큰 변화가 예고된다. 관세채권확보에 투입되던 많은 에너지가 원산지확인, 불공정무역방지 등으로 전환되고 있다.5)

① 무역규모 확대, 제도의 복잡화

동시다발적인 FTA 추진에 따라 교역규모가 크게 증가하고 있다. 한편, 각 협정마다 세율이 달라 하나의 품목에 1개의 세율이 적용되던 체제(MFN)에서 원산지에 따라 세율이 달라지는 체제로 전환되는 등 제도의 다양화로 관세행정 운영의 난이도가 크게 상승할 전망이다.

5) 이명호, 전게서, pp. 168~172(관세청자료)

② 원산지증명의 다양화

칠레·캐나다·미국 등은 자율증명제, 싱가포르·ASEAN 등은 기관증명제를 채택하는 등 원산지증명 방식이 다양화되면서, FTA 확대에 따른 수출물품의 원산지증명 수요 및 복잡한 원산지규정에 따른 원산지검증(Origin verification) 업무가 증대할 것이다.

③ 공정무역질서 유지와 감시로의 전환

전반적인 세율인하에 따라 관세감면이나 관세환급제도와 같은 관세지원제도의 중요성이 약화되고, 협정이행의 실효성을 확보하기 위해 우회수입방지 또는 시장개방을 악용한 불법무역 등 공정무역질서 유지와 감시로의 방향전환이 이루어지고 조직 및 인력의 재배치가 필요해질 것이다.

④ 관세행정 서비스·절차는 관세영역 밖으로 확대

FTA체결국의 수출자를 대상으로 특혜세율 등의 적정여부 조사, 원산지규정의 복잡성 등에 따른 현지 우리기업의 지원 등 관세행정 수요자의 범위가 확대될 것이며, FTA 체결국과의 정보교환 및 협조가 가능한 쌍방향 커뮤니케이션 형태의 협력체제 구축이 필요할 것이다.

(2) FTA관세특례법 주요내용

㈎ FTA관세특례법의 목적

FTA관세특례법은 우리나라가 체약상대국과 체결한 자유무역협정의 이행을 위하여 필요한 관세의 부과·징수 및 감면, 수출입물품의 통관 등 관세법의 특례에 관한 사항과 자유무역협정에 규정된 체약상대국과의 관세행정협조에 관하여 필요한 사항을 규정함으로써 자유무역협정의 원활한 이행과 국민경제의 발전에 기여함을 목적으로 한다.

㈏ FTA관세특례법상 용어의 정의

① 자유무역협정

우리나라가 체약상대국과 관세의 철폐, 세율의 연차적인 인하 등 무역의 자유화를 내용으로 하여 「1994년도 관세 및 무역에 관한 일반협정」 제24조의 규정에 따라 체결한 국제협정을 말한다.

② 원산지

관세의 부과·징수 및 감면, 수출입물품의 통관 등에 있어서 협정이 정하는 기준에 따라 물품의 생산·가공·제조 등이 이루어진 것으로 보는 국가를 말한다.

㈐ 관세법과의 관계

① FTA관세특례법은 관세법에 우선하여 적용한다. 다만, FTA관세특례법에서 정하지 아니한 사항에 대하여는 관세법에서 정하는 바에 따른다.

② FTA관세특례법 또는 관세법이 협정과 상충되는 때에는 협정을 우선하여 적용한다.

③ FTA관세특례법의 규정에 불구하고 「대한민국정부와 칠레공화국정부 간의 자유무역협정」의 이행에 따른 관세의 부과·징수 및 감면, 수출입물품의 통관 등에 관한 사항은 「대한민국정부와 칠레공화국정부 간의 자유무역협정의 이행을 위한 관세법의 특례에 관한 법률」에서 정하는 바에 따른다.

㈑ 협정관세의 적용

① 협정관세의 결정

협정에 따라 체약상대국을 원산지로 하는 수입물품에 대하여 관세를 철폐하거나 세율을 연차적으로 인하하여 부과하여야 할 관세의 연도별 세율·적용기간·적용수량 등은 협정에서 정하는 관세의 철폐·인하비율·수량기준 등에 따라 대통령령으로 정한다.

② 세율적용의 우선순위

협정관세의 세율이 관세법 제50조의 규정(세율적용의 우선순위)에 따른 적용세율보다 높은 경우에는 관세법 제50조의 규정에 따른 적용세율을 우선하여 적용한다. 다만, 관세법 제51조(덤핑방지관세)·제57조(상계관세)·제63조(보복관세)·제65조(긴급관세) 및 제68조(농림축산물에 대한 특별긴급관세)의 규정에 따른 세율은 협정관세의 세율보다 우선하여 적용한다.

㈒ 긴급관세조치

기획재정부장관은 협정에서 허용하는 범위 안에서 체약상대국을 원산지로 하는 특정물품의 수입증가로 인하여 동종물품 또는 직접적인 경쟁관계에 있는 물품을 생산하는 국내산업에 심각한 피해를 초래하거나 초래할 우려가 있다고 대통령령이 정하는 조사를 통하여 확인한 때에는 그 심각한 피해 등을 구제하기 위하여 필요한 범위 안에서 해당물품을 대하여 대통령령이 정하는 바에 따라 협정관세의 연차적인 인하적용을 중지하거나 세율을 인상하는 등의 긴급관세조치를 할 수 있다.

㈓ 원산지결정기준

① 원산지결정기준

협정 및 FTA관세특례법에 따른 협정관세의 적용, 수출입물품의 통관 등을 위하여 물품의 원산지를 결정하는 때에는 협정이 정하는 바에 따라 다음 어느 하나에 해당하는 국가를 원산지로 한다.

㉠ 해당 물품의 전부를 생산·가공 또는 제조한 국가

㉡ 해당 물품이 2국가 이상에 걸쳐 생산·가공 또는 제조된 경우에는 품목번호와 일

정단위 이상 다른 경우 해당 물품을 최종적으로 생산·가공 또는 제조한 국가, 일정 수준 이상의 부가가치를 창출한 국가, 생산·가공 또는 제조의 주요공정을 수행한 국가 등

㉢ 그 밖에 해당 물품이 협정에서 정한 원산지인정요건을 충족시킨 국가

② 직접운송원칙

위 규정에 따라 원산지로 결정된 경우에도 해당 물품이 생산·가공 또는 제조된 이후에 원산지가 아닌 국가를 경유하여 운송되거나 원산지가 아닌 국가에서 선적된 경우에는 그 물품의 원산지로 인정하지 아니한다.

Ⅲ. 관세율 적용을 위한 품목 분류

1. 관세율표

(1) 의 의

관세율표란 수입물품에 대하여 개별적으로 부과한 관세율을 규정한 표를 말한다. 이 관세율표는 과세물건인 수입물품을 분류하기 위한 상품 품목표와 각 품목마다의 관세율로 구성되어 있다.

현행 관세율표는 우리나라가 1988년 1월 1일 통일상품명 및 부호체계에 관한 국제협약에 가입함으로써 동 부속서인『국제통일상품명 및 코딩시스템』에 의해 품목이 분류되고 있다. 이를 통칭 Harmonized System(조화제도)이라고 하며 약칭으로는 HS라고 부르는데, 현재의 품목분류는 21부 97류, 4단위 1,224개호, 6단위 5,205개 소호, 10단위 12,232개 품목으로 분류되어 있다.

우리나라 관세법은 모든 수입물품을 과세물건으로 하는 관세포괄주의를 채택하고 있으므로 유세품과 무세품의 구별 없이 무역대상이 되는 모든 물품이 관세율표에 포함된다. 분류방식에 의한 관세율표의 성격은 국제협약과 국내법인 관세법의 통합체로서의 지위를 가지게 된다.

종합적으로 볼 때, 이 표는 국제협약 사항인 6단위까지의 상품분류, 관세법의 지위에 있는 8단위까지의 관세율표, 10단위까지는 기획재정부 고시사항인 통계분류가 하나로 통합되어 있다.

참 조 골프채의 HS품목번호

	류호	소호	부호
	9506	31.	0000
HS국제협약	→ 6단위		
관세법	→ 8단위		
기획재정부 HSK 고시	→ 10단위		

(2) HS협약

HS협약은 협약 본문 20개 조항과 부속서로 구성되어 있으며, 영어와 불어를 공식어로 사용하고 있다.

통상 부속서인 「HS품목표」를 HS로 통용하고 있고, 현재 한국, 미국, EU, 일본 등 세계 103개국에서 시행중이며 동 협약에는 우리나라를 포함한 140여개국이 가입하고 있다.

HS협약 제1조에 따라 부속서 협약의 필수적인 부분으로 규정되어 있고, 6개의 분류통칙과 21부, 97류, 4단위 1,224개 호, 6단위 5,205개 소호 및 부·류의 주와 소호의 주로 구성되어 있다. 여기서, 부와 류 및 절의 제목은 편의상 부여한 것이므로 법적인 구속력은 없으며 이를 제외한 모든 내용은 협약으로 지켜야 할 사항으로서 용어, 구독점, 문장 등의 하나 하나가 모두 법적 의미를 갖는다.

HS품목표는 소재부터 가공도가 높아지는 순서대로 물품을 분류하는 것을 원칙으로 하고, 여기에 성분별, 용도별 분류를 추가, 분류하여 나열한 품목표로서 경영학적인 상품분류보다는 주로 물질의 성질을 기준으로 하여 자연과학적인 상품 분류의 특성을 가지고 있다.

(3) HS품목표의 구조

HS의 분류체계는 무역 거래되는 국제상품을 농·공산업별 생산품과 기술제품 순으로 상위차원(대분류) 수준에서 21개의 부로 수평배열하고, 각 부는 중위차원으로 총 97개 류로 중분류, 각 류는 하위차원으로 1,224개 호의 소분류, 또한 호는 하위차원으로 5,205개 소호로 세분류하는 순으로 하양 수직배열되어 있다.

즉, 부(section) → 류(chapter) → 호(heading) → 소호(sub-heading)의 순으로 배열되어 있고, 소호 아래 7단위부터는 각국이 자체실정에 맞게 임의로 세세 소호를 설정할 수 있다.

우리나라는 10단위로 소호를 세분류하여 HSK(harmonized system of Korea)로 운영하고 있다. 여기에서 중분류인 류(chapter)는 2단위, 소분류인 호(heading)는 4단위로서 처음 2단위는 류를 나타내고 위의 2단위는 가공별 또는 용도별로 순위를 배열한 호의 위치표시이며, 세분류인 소호는 5, 6단위이다. 그리고 마지막 7단위부터 10단위까지가 HSK로서 통계부호이다. 이와 같이 HS코드의 번호는 10진법에 의하여 점진적으로 부여되고 있다.

(4) 관세 · 통계 통합품목분류표(HSK)

HSK는 HS협약 가입국들이 자국의 사정에 맞추어 HS 6단위 분류코드를 기초로 품목을 세분류할 수 있도록 하고 있음에 따라 우리나라가 10단위 분류코드에 의해 상품분류를 하고 있는 관세 · 통계 통합품목분류표를 말한다.

이러한, HSK는 관세율, 무역통계 작성뿐만 아니라 수출입공고, 통합공고, 감면 및 분할납부품목, 관세환급제도상 품목운용에도 사용하고 있어서 관세 · 무역관계 업무수행에 기본요소가 되고 있다.

2. 품목분류 사전심사

(1) 의 의

수출입물품에 대한 세액을 산출하기 위해서는 과세가격과 함께 세율을 알아야 한다. 그러나 수출입품이 어떤 품목(HS번호)에 해당되는지 분명하지 않은 경우가 있을 수 있다.

품목분류 사전심사란, 수출물품이 관세율표상의 어떤 품목(HS번호)에 분류되는지 의문이 있는 자가 관세청장에게 질의해서 회시를 받을 수 있는 제도이다. 즉, 관세율표상의 어떤 품목번호(HS)에 해당하는지 분명하지 않을 경우, 자기가 수출입하고자 하는 물품의 품목분류를 사전에 확실히 하여 각종 수출입 규제에 해당 여부 및 세율과 세액을 미리 알아두고자 할 경우에 관세청장에게 미리 질의하여 회답을 받는 제도를 품목분류 사전심사라 한다.

(2) 사전심사의 신청과 결정

㈎ 사전심사 신청

물품을 수출입하고자 하는 자, 수출할 물품의 제조자 및 관세사 · 관세사법인 · 통관취급법인(이하 '관세사' 등)은 수출입신고를 하기 전에 신청서, 신청대상 물품의 견본 1개, 기타 설명자료를 갖추어 관세청장에게 해당물품에 적용될 별표 관세율표상의 품목분류를 미리 심사하여 줄 것을 신청할 수 있다(법 제86조 ①항).

그림 6-4 품목분류 사전심사 절차

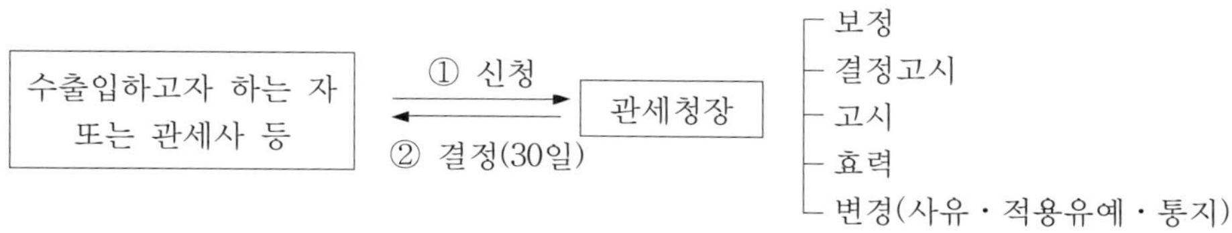

(나) 품목분류 결정 통지

품목분류 사전심사 신청을 받은 관세청장은 해당 물품에 적용될 품목분류를 심사하여 사전심사 신청을 받은 날부터 30일 이내에 이를 신청인에게 통지하여야 한다. 다만, 제출자료의 미비 등으로 품목분류를 심사하기 곤란한 경우에는 그 뜻을 통지하여야 하며(법 제86조 ②항), 20일 이내의 기간을 정하여 보정을 요구할 수 있다. 그리고, 통지를 받은 자는 통지받은 날부터 30일 이내에 신청서, 신청대상 물품, 그 밖의 설명자료를 갖추어 관세청장에게 재심사를 신청할 수 있다. 이 경우 재심사의 기간 및 결과의 통지는 재심사의 신청을 받은 날부터 30일 이내에 이를 신청인에게 통지하여야 한다. 품목분류를 심사하여 신청인에게 통지하는 경우에는 통관예정세관장에게도 그 내용을 통지하여야 한다. 이 경우 설명자료를 함께 송부하여야 하며,(법 제106조 ⑤항) 통지받은 품목분류 사전심사 또는 재심사 결과의 유효기간은 3년으로 한다.

(3) 품목분류의 고시

관세청장은 품목분류를 심사한 물품 및 재심사 결과에 따른 적용할 품목분류가 변경된 물품에 대하여는 해당 물품에 적용될 품목분류와 품명, 용도, 규격, 그 밖에 필요한 사항을 고시 또는 공표하여야 한다. 다만, 해당 물품에 적용될 품목분류를 고시 또는 공표하는 것이 적당하지 아니하다고 인정되는 물품에 대하여는 고시 또는 공표하지 아니할 수 있다(법 제86조 ④항).

(4) 품목분류 사전회시서의 효력

세관장은 수입신고된 물품이 해당 물품에 적용될 품목분류를 정하여 이를 신청인에게 통지된 물품 또는 품목분류가 정하여져 해당 물품의 품목분류와 품명, 규격, 기타 필요한 사항이 고시된 물품과 동일한 때에는 그 통지 또는 고시된 내용에 따라 품목분류를 하여야 한다(법 제86조 ⑤항).

(5) 분석수수료

관세청장은 품목분류를 정하기 위하여 해당 물품에 대한 구성재료의 물리적, 화학적 분석이 필요한 경우에는 해당 품목분류를 심사 또는 재심사하여 줄것을 신청한 자에게 수수료를 납부하게 할 수 있다(법 제86조 ⑥항).

(6) 특정물품에 적용되는 품목분류의 변경

관세청장은 심사 또는 재심사한 품목분류를 변경하여야 할 필요가 있거나 그 밖에 관세청장이 직권으로 한 품목분류를 변경하여야 할 부득이한 사유가 생겼을 때에는 해당 물품에 적용할 품목분류를 변경할 수 있다.

관세청장은 품목분류를 변경하였을 때에는 그 내용을 고시하고, 신청인에게는 그 내용을 통지하여야 하며, 통지를 받은 자는 통지받은 날부터 30일 이내에 서류를 갖추어 관세청장에게 재심사를 신청할 수 있다.

관세청장은 품목분류를 변경하였을 때에는 고시일부터 변경된 품목분류를 적용하여야 한다. 다만, 변경고시일부터 30일이 지나기 전에 우리나라에 수출하기 위하여 선적된 물품에 대하여 변경 전의 품목분류를 적용하는 것이 수입신고인에게 유리한 경우에는 변경 전의 품목분류를 적용할 수 있다(법 제87조).

품목분류를 변경할 필요가 있거나 기타 부득이한 사유가 생긴 때라 함은 다음의 경우를 말한다(영 제107조).

① 관계법령에 따라 품목분류가 변경된 경우

② 법 제84조(품목분류의 수정)의 규정에 의하여 품목분류를 변경한 경우

③ 신청인의 허위자료의 제출 등으로 품목분류의 중대한 착오가 있을 때

(7) 품목분류의 적용기준

(가) 의 의

기획재정부장관은 품목분류를 적용하는 데에 필요한 기준을 정할 수 있다.

기획재정부장관은 관세협력이사회가 협약에 따라 권고한 통일상품명 및 부호체계의 품목분류에 관한 사항을 관세청장으로 하여금 고시하게 할 수 있다. 이 경우 관세청장은 고시할 때 기획재정부장관의 승인을 받아야 한다(법 제99조).

(나) 중앙관세품목분류위원회

관세청에 다음 각 호의 사항을 심의하기 위하여 관세품목분류위원회를 두며, 관세품목분류위원회의 구성, 기능, 운영 등에 필요한 사항은 대통령령으로 정한다.

① 품목분류 적용기준의 신설 또는 변경과 관련하여 관세청장이 기획재정부장관에게 요청할 사항

② 특정물품에 적용될 품목분류의 사전심사 및 재심사
③ 특정물품에 적용될 품목분류의 변경 및 재심사
④ 그 밖에 품목분류에 관하여 관세청장이 분류위원회에 부치는 사항

제7절 탄력관세율제도

Ⅰ. 탄력관세율제도의 개요

1. 의 의

탄력관세율제도(flexible tariff system)란 법률에 의하여 일정한 범위 내에서 관세율의 변경권을 행정부에 위임하여 관세율을 탄력적으로 변경함으로써 급격하게 변동하는 국내외 경제환경에 신축성 있게 대응하기 위한 제도이다.

조세법률주의 원칙에 따라 관세율 또한 관세법과 같이 입법사항으로 국회의 심의·의결을 거쳐 결정 또는 변경하여야 한다. 그러나 급격하게 변동하는 국내외적 경제여건 변화에 신속하게 대처할 목적으로 관세율의 변경권을 행정부에 위임하여 행정권이 세율을 탄력적으로 변경·운영할수 있도록 하고 있는 바, 이를 탄력관세제도라 한다.

이러한 탄력관세는 기본세율을 변경하는 것이 아니라 기본세율은 그대로 두고 정책목적에 따라 정하여진 세율을 임시적으로 적용하는 것이며 그 세율의 변경범위도 법률에서 정한 한도 내에서만 가능하다.

표 6-7 현행 탄력관세의 근거규정

명 칭	근거조항	발동사유(요약)	세부사항 규정
① 덤핑방지관세	법 제51조~제56조	덤핑수입이 되는 경우	기획재정부령
② 상계관세	법 제57조~제62조	제62조 보조금 등을 지급받은 물품이 저가수입되는 경우	기획재정부령
③ 보복관세	법 제63조~제64조	교역상대국이 부당한 조치를 하는 경우	대통령령
④ 긴급관세	법 제65조~제67조	특정물품의 수입이 증가하는 경우	기획재정부령
⑤ 특정국물품긴급관세	법 제67조의2	특정국으로부터의 수입이 증가하는 경우	기획재정부령

⑥ 농림축산물에대한 특별긴급관세	법 제68조	농림축산물의 수입이 급증하거나 가격이 급락하는 경우	기획재정부령
⑦ 조정관세	법 제69조~제70조	세율불균형 시정 등 다양한 경우	대통령령
⑧ 할당관세	법 제71조	물자수급을 위하여 수입을 촉진하거나 특정물품의 수입을 억제하고자 하는 경우	대통령령
⑨ 계절관세	법 제72조	계절에 따라 가격변동이 큰 물품의 수입량을 조절하고자 하는 경우	기획재정부령
⑩ 국제협력관세	법 제73조	대외무역 증진을 위하여 필요한 경우	대통령령
⑪ 편익관세	법 제74조~제75조	조약 미체결국가에 편익을 제공하고자 하는 경우	대통령령
⑫ 일반특혜관세	법 제76조~제77조	개발도상국가를 원산지로하는 물품의 경우	대통령령

2. 특 성

(1) 임시적인 세율

탄력관세제도는 기본세율을 변경하는 것이 아니라 기본세율은 그대로 두고 그때 그때의 정책목적에 따라 수시로 정하여지는 세율을 임시적으로 적용하는 것이다.

(2) 조세법률주의의 예외

조세법률주의의 원칙에서 세율조정권은 국회만이 가질 수 있는 것으로 탄력관세제도가 조세법률주의 원칙에 위배된 것처럼 보이지만 그 권한의 일부를 법률에 의하여 제한된 범위 내에서 행정부에 위임한 것이므로 조세법률주의의 원칙에 위배된 것이 아니며 예외적인 사항이라고 볼 수 있다.

또한, 세율의 변경범위도 법률에서 정해진 한도 내에 그쳐야 하지 무한정 변경하는 것은 조세법률주의 원칙에 위배되는 것이다.

3. 기 능

(1) 국내산업의 적정보호

㈎ 불공정무역으로 인한 산업피해의 구제

외국물품이 정상가격 이하로 수입되거나, 외국에서 생산 또는 수출과 관련하여 보조금 등을 받은 물품의 수입으로 국내산업이 심각한 피해를 받거나 받을 우려가 있을 경우 대통령령 또는 기획재정부령으로 신속히 관세율을 조정하여 해당 국내산업을 보호하게 된다. 또한, 교역상대국이 우리나라의 수출물품 등에 대하여 부당한 대우를 함으로써 우리나라의 무역이익이 침해되는 경우에 관세율 조정을 통하여 피해 등을 방지하거나 치유하게 된다. 현재 시행되고 있는 탄력관세로서 덤핑방지관세, 상계관세, 보복관세 등이 이러한 제도적 의의를 가진다.

㈏ 공정무역으로 인한 산업피해의 구제

대외무역 개방과 관세인하에 따라 외국물품의 수입량이 급증하거나 또는 가격하락으로 인해 동종의 국내산업이 심각한 피해를 받거나 받을 우려가 있는 경우 대통령령 또는 기획재정부령으로 관세율을 조정하여 해당 국내산업을 보호한다. 현재 시행되고 있는 탄력관세로서 긴급관세, 특정국물품 긴급관세, 농림축산물에 대한 특별긴급관세, 조정관세, 할당관세, 계절관세 등이 이러한 제도적 의의를 가진다.

(2) 물가안정 도모

오늘날 대부분 국가경제정책의 목표가 안정적 성장에 있는 바, 그 중에서도 물가의 안정이 핵심목표이다. 이러한 물가안정화 목표에 부응하여 관세율은 국제원재료가격이 급등, 이를 원료로 한 국내 생필품가격의 등귀요인이 있으면 일부 수입관세율을 인하함으로써 수입을 촉진하게 하여 물자수급을 원활히 함으로써 물가상승 용인을 완화하게 된다.

즉, 수입원재료의 관세율 인하로 제품가격을 인하시키고, 수입농산물 등의 관세율 인하로 국내농산물의 가격폭등을 방지함으로써 국내 물가를 조절하는 기능을 한다. 현재 시행되고 있는 탄력관세로서 할당관세, 계절관세 등이 이러한 제도적 의의를 가진다.

(3) 주요자원의 안정적 확보

기초 원자재의 해외의존도가 높은 우리나라는 자원민족주의에 의하여 자원파동이 있거나 원자재 가격이 급등하는 경우에는 국내경제가 심각한 영향을 받게 된다. 따라서, 기초원자재의 원활한 수급 또는 산업의 경쟁력강화를 위하여 수입을 촉진시킬 필요가 있는 경우에 적정한 관세율의 조정을 통하여 주요 자원을 안정적으로 확보한다.

현재 시행되고 있는 탄력관세로서 할당관세가 이러한 제도적 의의를 가진다.

(4) 세율의 불균형 시정

산업구조의 변동으로 물품간의 세율이 현저히 불균형하거나 유사물품간의 세율이 현저히 불균형한 경우 적정한 관세율의 조정을 통하여 세율의 불균형을 시정한다.

현재 시행되고 있는 탄력관세로서 조정관세, 할당관세가 이러한 제도적 의의를 가진다.

4. 탄력관세의 형태

수입의 자유화, 관세인하 등을 통한 국내시장의 개방에 따라 외국으로부터의 덤핑수입이나 보조금을 지급받은 물품의 수입 또는 특정 외국물품의 수입의 급증으로 국내산업이 입게 되는 피해로부터 국내산업을 보호하는 제도를 산업피해구제제도라 한다.

그런데 국내산업피해의 원인은 국내시장의 개방에 따라 공정무역에 의한 수입과 불공정무역에 의한 수입으로 해서 국내산업이 피해를 받는 대표적인 예이다.

공정무역에 의한 수입이란 가격의 임의적 조작에 의하지 않고 이루어진 물품의 단순한 과다한 수입을 말하며, 불공정 무역에 의한 수입은 가격의 임의적 조작에 의한 물품 즉, 덤핑수입이나 보조금 등을 지급받은 물품의 수입을 말하는데, 이들 물품의 수입이 국내산업에 피해를 준다.

관세법상 규정된 현행 우리나라의 탄력관세의 종류는 다음과 같다.

종 류	공정성여부	관련 국제협약
덤핑방지관세	불공정무역	WTO반덤핑협약
상계관세	불공정무역	WTO보조금·상계조치협정
보복관세	불공정무역	
긴급관세	공정무역	WTO긴급수입제한조치(safeguards)에 관한 협정
조정관세	공정무역	
특정국물품긴급관세	공정무역	중국의 WTO 가입에 따른 WTO 한시적 수입제한 조치
농림축산물에 대한 특별긴급관세	공정무역	WTO농산물협정에 관한 특별긴급 수입제한조치(special safeguards)
계절관세	공정무역	
할당관세	공정무역	
편익관세	국제간 특혜 및 양허	

참 조 **산업피해구제제도의 분류**

산업피해구제제도는 근거법률에 따라 관세법상의 산업피해구제제도와 대외무역법상의 산업피해구제제도로 나눌 수 있다.

① **관세법상의 산업피해구제제도** – 덤핑수입 및 보조금 지급 등 불공정 무역으로 인한 산업피해 구제로 덤핑방지관세, 상계관세, 보복관세 등이 있으며, 공정무역으로 인한 산업피해구제는 긴급관세, 조정관세, 농림축산물에 대한 특별긴급관세 및 할당관세 등이 있다.

② **대외무역법상 산업피해구제제도** – 대외무역법상 산업피해구제제도는 공정무역이기는 하나 수입의 급격한 증가나 무역 및 유통서비스 공급의 급증으로 인한 산업피해구제제도와 지적재산권침해 등 불공정무역으로 인한 산업피해를 구제하는 세이프가드제도(safeguard)가 있다.

세이프가드제도(safeguard)란 수입의 급격한 증가로 말미암아 국내산업에 심각한 피해가 발생하거나 발생할 위험이 있는 경우에 발동하는 제도를 말한다.

Ⅱ. 탄력관세의 분류

1. 공정무역으로 인한 산업피해구제제도

(1) 긴급관세(관세법 제65조)

㈎ 의 의

특정물품의 수입증가로 인하여 동종물품 또는 직접적인 경쟁관계에 있는 물품을 생산하는 국내산업이 심각한 피해를 받거나 받을 우려가 있음이 조사를 통하여 확인되고 해당 국내산업을 보호할 필요가 있다고 인정될 때에는 해당 심각한 피해 등을 방지하거나 치유하고 조정을 촉진하는 데 필요한 범위 안에서 관세를 추가하여 부과하는 제도를 긴급관세(emergency duty)라 한다.

즉, 긴급관세는 수입의 급격한 증가로 국내산업이 심각한 피해 등을 입게 되는 경우, 기본관세율로서는 그 효과를 거둘 수 없기 때문에 별도로 관세율을 인상하여 관세를 부과하여 국내산업을 보호하는 데 그 목적이 있는 것이다.

㈏ 잠정긴급관세

긴급관세의 부과 여부를 결정하기 위하여 조사가 시작된 물품 또는 「불공정무역행위 조사 및 산업피해구제에 관한 법률」에 따라 잠정조치가 건의된 물품에 대하여 조사기간 중에 발생하는 심각한 피해등을 방지하지 아니하는 경우 회복하기 어려운 피해가 초래되거나 초래될 우려가 있다고 판단될 때에는 조사가 종결되기 전에 피해의 구제등을 위하여 필요한 범위에서 잠정긴급관세를 추가하여 부과할 수 있다.

긴급관세의 부과 또는 수입수량제한등의 조치 여부를 결정한 때에는 잠정긴급관세의 부과를 중단하며, 조사한 결과 수입증가가 국내산업에 심각한 피해를 초래하거나 초래할 우려가 있다고 판단되지 아니하는 경우에는 납부된 잠정긴급관세를 환급하여야 한다.

㈐ 부과대상 및 부과기간

긴급관세 및 잠정긴급관세는 부과조치 결정시행일 이후 수입되는 것에 한하여 적용되고 긴급관세의 부과기간은 4년을 초과할 수 없고, 잠정긴급관세는 200일을 초과하여 부과할 수 없다. 다만, 재심사 결과 부과기간을 연장하는 경우에는 적용기간 및 그 연장기간을 포함한 총 적용기간은 8년을 초과할 수 없다.

㈑ 재심사 및 세율 등

기획재정부장관은 긴급관세의 부과결정을 재심사하여 부과내용을 변경할 수 있으며 그 변경은 최초의 조치내용보다 더 강화할 수는 없으며, 긴급관세나 잠정긴급관세의 대상물품, 세율, 적용기간, 수량, 수입관리방안, 그 밖에 필요한 사항은 기획재정부령으로 정한다.

㈒ 긴급관세 및 잠정긴급관세 부과

1) 긴급관세의 부과

긴급관세는 해당 국내산업보호의 필요성, 국제통상관계, 긴급관세 부과에 따른 보상수준 및 국민경제 전반에 미치는 영향 등을 검토하여 부과여부 및 그 내용을 결정하며, 긴급관세의 부과여부 및 그 내용은 무역위원회의 부과건의가 접수되는 날로부터 1개월 이내에 결정하여야 한다. 다만, 주요 이해당사국과 긴급관세의 부과에 관한 협의 등을 하기 위하여 소요된 기간은 이에 포함되지 아니한다.

2) 잠정긴급관세의 부과

부과의 검토	잠정긴급관세의 부과 여부 및 그 내용은 무역위원회의 부과건의가 접수된 날부터 1월 이내에 긴급관세 부과시의 검토사항을 고려하여 결정하여야 한다. 다만, 기획재정부 장관은 필요하다고 인정하는 경우에 20일의 범위 내에서 그 결정기간을 연장할 수 있다(영 제88조 ①항).
잠정긴급관세의 부과	잠정긴급관세의 부과조치결정 시행일 이후 수입되는 물품에 한하여 적용된다. 또한 잠정긴급 관세는 200일을 초과하여 부과할 수 없다(법 제65조 ⑤항).

* 잠정긴급관세를 부과하여야 하는 대상물품, 세율 적용기간과 수량 등에 관하여는 기획재정부령으로 정한다.

3) 잠정긴급관세의 부과 중단 및 환급

부과중단	긴급관세의 부과 또는 대외무역법에 의한 수입수량제한 등의 조치여부를 결정한 때에는 잠정긴급관세의 부과를 중단한다(법 제66조 ②항).
잠정긴급관세의 환급	잠정긴급관세의 부과 또는 수입수량제한 등의 조치여부를 결정하기 위한 조사결과 수입증가가 국내산업에 심각한 피해를 초래하거나 초래할 우려가 있다고 판단되지 아니하는 경우에는 납부한 잠정긴급관세를 환급하여야 한다(법 제66조 ③항).

* 이 경우 무역위원회가 국내산업의 피해가 없다고 판정하고 이를 기획재정부장관에게 통보한 경우에는 동 피해와 관련하여 납부된 잠정긴급관세를 환급하는 조치를 하여야 한다(영 제88조 ③항).

㈓ 긴급관세의 재심사

1) 의 의

기획재정부장관은 필요하다고 인정하는 경우 긴급관세의 부과결정에 대하여 재심사를 할 수 있으며, 재심사 결과에 따라 부과내용을 변경할 수 있다(법 제67조). 이 경우 변경된 내용은 최초의 조치내용보다 더 강화되어서는 아니된다.

2) 재심사의 결정

기획재정부장관은 부과중인 긴급관세에 대하여 무역위원회가 그 내용의 완화, 해제 또는 연장 등을 건의하는 경우에는 그 건의가 접수된 날부터 1월 이내에 재심사를 하여 긴급관세부과의 완화, 해제 또는 연장 등의 조치여부를 결정하여야 한다. 다만, 기획재정부장관은 필요하다고 인정하는 경우에는 20일의 범위 내에서 그 결정기간을 연장할 수 있다(영 제89조).

(2) 조정관세(제69조)

㈎ 의 의

정부의 수입자유화 개방정책 실시에 따라 그 부작용을 관세정책면에서 이를 시정·보완하려 목적에서 1984년부터 실시된 제도가 조정관세이다. 즉, 무역관계법령 등에 의하여 새로이 수입자동승인품목으로 지정된 물품의 수입이 급격히 증가하거나 저가수입되어 국내산업을 저해하거나 국민소비생활을 어지럽힐 가능성이 높기 때문에 무역계획상으로는 자유화 시켰지만 수용태세가 충분히 갖추어 질 때까지 일정기간 동안 관세율을 상향 조정하는 등 관세장벽에 의하여 수입을 억제하여 국내산업을 보호하려는 것이 이 제도의 목적이다.

㈏ 발동요건

다음 각호의 1에 해당하는 경우에는 100분의 100에서 해당 물품의 기본세율을 뺀 율을 기본세율에 가산한 율의 범위 안에서 관세를 부과할 수 있다. 다만, 농림축산물 또는 이를 원재료로하여 제조된 물품의 국내외 가격차가 해당 물품의 과세가격을 초과하는 경우에는 국내외 가격차에 상당한 율의 범위 안에서 관세를 부과할 수 있다.

① 산업구조의 변동 등으로 물품간의 세율이 현저히 불균형하여 이를 시정할 필요가 있는 경우
② 국민보건, 환경보전, 소비자보호 등을 위해 필요한 경우
③ 국내에서 개발된 물품을 일정기간 보호가 필요한 경우
④ 농림축산물 등 국제경쟁력이 취약한 물품의 수입증가로 국내시장이 교란되거나 산업기반을 붕괴시킬 우려가 있어 이를 시정·방지할 필요가 있는 경우

㈐ 적용기간 등

조정관세의 적용을 받는 물품, 세율 및 적용기간 등은 대통령령으로 정한다.

㈑ 조정관세의 부과절차

관계부처의 장 또는 이해관계인이 조정 관세의 부과 조치를 요청하고자 할 때에는 해당 물품과 관련된 사항에 관한 자료를 기획재정부장관에게 제출하여 한다. 기획재정부장관은 필요하다고 인정하는 때에는 관계기관, 수출자, 수입자 기타 이해관계인에게 관계자료의 제출, 기타 필요한 협조를 요청할 수 있다(영 제91조 ①, ②항).

㈒ 조정관세의 부과

1) 부과여부검토

조정관세를 부과할 때에는 해당 국내산업보호의 필요성, 국제통상관계, 국민경제 전반에 미치는 영향 등을 검토하여 부과여부 및 그 내용을 정한다(법 제70조). 조정관세의 적용을 받은 물품, 세율 및 적용기간은 대통령령으로 정한다.

2) 부과방법

일반적인 경우	조정관세율은 100분의 100에서 해당 물품의 기본세율을 뺀 율을 기본세율에 가산한 율의 범위 안에서 관세를 부과할 수 있다. (조정관세율=(100/100－기본세율)+기본세율의 범위 내)
농림축수산물인 경우	농림축산물 또는 이를 원재료로 하여 제조된 물품의 국내외 가격차가 해당 물품의 과세가격을 초과하는 경우에는 국내외 가격차에 상당하는 율의 범위 안에서 관세를 부과할 수 있다.

(3) 특정국물품긴급관세(제67조)

㈎ 의 의

특정국가 물품의 수입증가가 국내시장의 교란 또는 우려의 중대한 원인이 되거나 다

른 세계무역기구 회원국이 특정국가 물품에 대하여 자국의 피해를 구제하거나 방지하기 위하여 취한 조치로 인하여 우리나라에 대한 수입증대가 발생할 경우 긴급관세를 부과할 수 있도록 하였다. 동 제도는 2001년 12월 중국의 WTO 가입시 가입조건의 하나로 중국산 물품에 대하여 한시적인 수입제한조치(TSG: Transitional Safeguard)를 허용한 중국과 WTO 회원국간의 합의사항을 국내법 체계에 수용하기 위하여 도입되었다.

(나) 부과 요건

특정국물품의 부과요건은 다음과 같다.

① 국제조약 또는 일반적인 국제법규에 의하여 허용되는 한도 내에서 대통령령이 정하는 국가를 원산지로 하는 물품으로서,

② 다음 각호의 1에 해당하는 것(법 제67조의 2 ①항)이어야 하며,

㉠ 해당 물품의 수입증가가 국내시장의 교란 또는 교란우려의 중대한 원인이 되는 경우

㉡ 세계무역기구 회원국이 해당 물품의 수입증가에 대하여 자국의 피해를 구제하거나 방지하기 위하여 취한 조치로 인하여 중대한 무역전환이 발생하여 해당 물품이 우리나라로 수입되거나 수입될 우려가 있는 경우

③ 조사를 통하여 확인된 때이어야 한다.

참 조 특정국물품에 대한 긴급관세(2003년 신설)

〈주요 내용〉

① **대상국**: 중국(시행령규정)

② **적용요건**

・수입증가로 인해 국내 시장교란 및 교란우려

・타 WTO 회원국의 동 긴급관세조치로 인해 우리나라로 무역전환 발생

③ **적용세율의 범위**

・피해의 구제 또는 방지를 위해 필요한 범위 내에서 기본세율에 추가하여 부과

④ **잠정긴급관세**

・200일 이내에서 부과

・최종 미부과 결정시 잠정 부과 징수분 환급

⑤ **긴급관세 부과**

・긴급관세 부과시 이해당사국과 해결책 모색을 위한 사전협의.

・긴급관세 및 잠정긴급관세의 부과대상물품・세율・적용기간・수량・수입관리방안 등은 기획재정부령으로 정함

⑥ **제도 운용 기간(영 부칙에 규정)**

・가입 발효일로부터 12년(중국의 WTO가입 후 12년간, 2013. 12. 10까지)

㈐ 특정국물품 긴급관세의 부과

① 부과의 범위: 적용의 범위는 피해를 구제하거나 방지하기 위하여 필요한 범위 안에서 관세를 추가하여 부과할 수 있다(법 제67조의 2 ①항).

② 부과대상 등: 특정국물품긴급관세 또는 특정국물품잠정긴급관세를 부과하여야 하는 대상물품·세율·적용기간·수량·수입관리방안 등에 관하여 필요한 사항은 기획재정부령으로 정한다(동조 ③항).

③ 특정국물품긴급관세의 부과결정기간: 특정국물품긴급관세의 부과여부 및 그 내용은 무역위원회의 부과건의가 접수된 날부터 1월 이내에 결정하여야 한다. 다만, 주요 이해당사국과 긴급관세의 부과에 관한 협의 등을 하기 위하여 소요된 기간은 이에 포함되지 아니한다(영 제87조 준용).

④ 이해당사국과 협의: 기획재정부장관은 특정국물품긴급관세를 부과하는 때에는 이해당사국과 해결책을 모색하기 위하여 사전협의를 할 수 있다(동조 ④항).

⑤ 국내경제 영향 등 검토: 특정국물품긴급관세는 해당 국내산업보호의 필요성, 국제통상관계, 긴급관세 부과에 따른 보상수준 및 국민경제 전반에 미치는 영향 등을 검토하여 부과여부 및 그 내용을 결정한다(법 제65조 ②항 준용).

⑥ 이해관계인의 협조요청: 기획재정부장관은 특정국물품긴급관세 또는 특정국물품 잠정긴급관세의 부과여부를 결정하기 위하여 필요하다고 인정되는 때에는 관계행정기관의 장 및 이해관계인 등에게 관련자료의 제출 등 필요한 협조를 요청할 수 있다(법 제65조 ⑦항 준용).

⑦ 부과시점: 긴급관세의 부과와 특정국물품 잠정긴급관세의 부과는 각각의 부과조치 결정 시행일 이후 수입되는 물품에 한하여 적용한다(동조 ④항).

㈑ 특정국물품 잠정긴급관세의 부과

① 부과요건과 기간: 다음의 경우에는 조사가 종결되기 전에 피해를 구제하거나 방지하기 위하여 필요한 범위 안에서 특정국물품에 대한 특정국물품 잠정긴급관세를 200일의 범위 안에서 부과할 수 있다.

㉠ 특정국물품 긴급관세의 부과여부를 결정하기 위한 조사가 개시된 물품에 대하여

㉡ 조사기간중에 발생하는 국내시장의 교란을 방지하지 아니하는 경우에

㉢ 회복하기 어려운 피해가 초래되거나 초래될 우려가 있다고 판단되는 때

② 부과결정기간: 잠정긴급관세의 부과여부 및 그 내용은 무역위원회의 부과건의가 접수된 날부터 1월 이내에 법 제65조 ②항의 검토사항을 고려하여 결정하여야 한다. 다만, 기획재정부장관은 필요하다고 인정하는 경우에는 20일의 범위 내에서 그 결정기간을 연

장할 수 있다(영 제88조 ①항 준용).

③ 부과를 결정한 경우의 조치: 잠정긴급관세가 적용중인 특정수입물품에 긴급관세를 부과하기로 결정한 경우로서 긴급관세액이 잠정긴급관세액과 같거나 많은 경우에는 그 잠정긴급관세액을 긴급관세액으로 하여 그 차액을 징수하지 아니하고, 적은 경우에는 그 차액에 상당하는 잠정긴급관세액을 환급하는 조치를 하여야 한다(영 제88조 ②항 준용).

④ 특정국물품 잠정긴급관세의 환급: 특정국물품긴급관세의 부과여부를 결정하기 위한 조사결과 국내시장의 교란 또는 교란우려가 있다고 판단되지 아니하는 때에는 납부된 특정국물품 잠정긴급관세를 환급하여야 한다(동조 ⑥항). 무역위원회가 국내산업의 피해가 없다고 판정하고 이를 기획재정부장관에게 통보한 때에는 동 피해와 관련하여 납부된 잠정긴급관세액을 환급하는 조치를 하여야 한다(영 제88조 ②항 준용).

⑤ 부과의 중지 등: 특정국물품긴급관세 부과의 원인이 된 세계무역기구 회원국의 조치가 종료된 때에는 동 종료일부터 30일 이내에 특정국물품 긴급관세 부과를 중지하여야 한다(동조 ⑦항). 또한 긴급관세의 부과 또는 대외무역법에 의한 수입수량제한 등의 조치여부를 결정한 때에는 특정국물품 잠정긴급관세의 부과를 중단한다(법 제66조 ②항 준용).

㈒ 특정국물품긴급관세의 재심사

① 의 의: 기획재정부장관은 필요하다고 인정하는 경우 특정국물품긴급관세의 부과결정에 대하여 재심사를 할 수 있으며, 재심사 결과에 따라 부과내용을 변경할 수 있다. 이 경우 변경된 내용은 최초의 조치내용보다 더 강화되어서는 아니된다(법 제67조 준용).

② 재심사절차: 기획재정부장관은 부과중인 긴급관세에 대하여 무역위원회가 그 내용의 완화·해제 또는 연장 등을 건의하는 때에는 그 건의가 접수된 날부터 1월 내에 법 제67조의 규정에 의한 재심사를 하여 긴급관세부과의 완화·해제 또는 연장 등의 조치여부를 결정하여야 한다. 다만, 기획재정부장관은 필요하다고 인정되는 때에는 20일의 범위 내에서 그 결정기간을 연장할 수 있다(영 제89조 준용).

(4) 농림축산물에 대한 특별긴급관세(제68조)

㈎ 의 의

UR협상에서 그간 수입이 제한되었던 농산물도 예외 없이 자유화되었는데, 이들 농산물에 대하여는 국내외 가격차만큼 관세상당치로 양허되어 수입자유화된 품목에 대해 수입량이 급증하거나 수입가격이 하락한 경우에 대해 일정기준을 충족할 경우 관세상당치에 자동적으로 추가관세를 부과할 수 있도록 하여 국내 농·축산업 보호대책으로 만든 제도이다.

㈏ 특별긴급관세의 부과요건

특별긴급관세를 부과할 수 있는 경우는 다음 각호의 1과 같다. 다만, 각호의 기준에 모두 해당하는 경우에는 기획재정부령이 정하는 바에 따라 각호 중 1을 선택하여 적용할 수 있다(영 제90조 ①항).

① 해당 연도 수입물량이 기준발동물량을 초과하는 경우(물량기준)

② 원화로 환산한 운임, 보험료를 포함한 해당 물품의 수입가격이 88년~90년까지의 평균 수입가격의 100분의 10을 초과하여 하락한 경우(가격기준)

㈐ 부과방법

1) 특별긴급관세의 부과는 물량기준과 가격기준 두 가지가 있다.

물량기준	해당 연도의 수입물량이 급등하여 정해진 기준발동물량을 초과할 경우, 국내외 가격차에 상당한 율의 해당 양허세율(TE)에 그 양허세율의 1/3까지를 추가한 세율로 부과할 수 있다(영 제90조 ③항).
가격기준	CIF가격이 1988~1990년까지의 평균수입가격(=기준가격)의 10%를 초과하여 하락하는 경우에 국내외 가격차에 상당한 율의 해당 양허세율에 의한 관세에 다음과 같이 계산된 금액을 추가하여 부과할 수 있다(영 제90조 ④항). (수입물품의 CIF가격(기준가격의 90%인 경우, 수입물품에 부과되는 관세≥양허세율(관세상당치)에 의한 관세+가격기준 특별긴급관세)

* 기준발동물량 = 기준발동계수×최근 3년간 평균 수입량+전년대비 소비변화량

다만, 상기기준규정을 적용함에 있어서 부패하기 쉽거나 계절성이 있는 물품에 대하여는 기준발동물량을 산정할 때 3년보다 짧은 기간을 적용하거나 기준가격을 산정할 때 다른 기간 동안의 가격을 적용하는 등 해당 물품의 특성을 고려할 수 있다.

2) 물량기준 및 가격기준에 동시 해당하는 경우

물량기준 및 가격기준에 동시 해당되는 경우에는 세율이 높은 것을 적용한다.

구 분	물량기준	가격기준
근 거	농업협정문 제5조 제1항(i)	농업협정문 제5조 제1항(ii)
기 준	수입수량이 기준발동물량을 초과하는 경우	수입가격이 기준발동가격을 초과하여 하락하는 경우
범 위	TE + 1/3 TE	가격차에 따라 누진세율 적용 (Case by case)
기 간	부과 해당 연도에 한함	별도 제한 없음

제외대상물품	부과 이전에 계약되어 수출국에서 선적된 물품	수입량이 6개월 이상 계속 감소하는 물품

* 물량기준특별긴급관세는 최근 3년간 평균수입량 및 전년대비 소비변화량에 의하여 조정되므로 부과기간은 해당 연도에 한하며, 가격기준 특별긴급관세는 수입건별로 기준가격의 90%에 미달하는 경우에 부과되므로 사례별로 부과된다.

㈑ 부과절차

관계부처의 장 또는 이해관계인이 특별긴급관세의 부과조치를 요청하고자 할 때에는 해당 물품과 관련된 필요 자료를 기획재정부장관에게 제출하여야 한다. 기획재정부장관은 필요 인정시 관계기관, 이해관계인에게 관계자료의 제출, 기타 필요한 협조를 요청할 수 있다(영 제90조 ⑧, ⑨항).

◈ 특별긴급관세의 부과

① 특별긴급관세 부과대상은 다음 각호의 1과 같다.
1. 해당 연도 수입량이 기준발동물량(아래항 규정을 초과하는 경우)
2. 수입가격이 1988년부터 1990년까지 평균수입가격(기준가격)의 10%를 초과하여 하락하는 경우

② 위 ①호의 기준물동량을 최근 3년간의 평균수입량에 다음 각호의 1의 기준발동계수를 곱한 것과 최근 연도 국내소비량의 전년대비 변화량을 합한 물량으로 한다.
1. 최근 3년간의 그 물품의 국내소비량에 대한 수입량비율(시장점유율)이 10% 이하인 때는 기준발동계수는 100분의 125
2. 시장점유율이 10% 초과, 30% 이하인 때는 동 계수는 100분의 110
3. 시장점유율이 30% 초과시는 동계수의 100분의 105
4. 시장점유율을 산정할 수 없을 때에는 동 계수의 100분의 125

③ 전 ①항 1호에 의한 특별긴급관세는 국내외 가격차에 상당한 율인 해당 양허세율에 그 세율의 3분의 1까지 추가한 세율로 해당연도 말까지의 수입분에 부과할 수 있다.

④ 전 ①항 2호의 특별긴급관세는 국내외 가격차에 상당한 율인 해당 양허세율에 의한 관세에 기준가격 대비 수입가격 하락률에 따른 4단계 차등금액을 추가하여 부과할 수 있다.

⑤ 위 ①항을 적용할 때 부패하기 쉽거나 계절성이 있는 물품은 기준발동물량 산정시 해당물품의 특성을 고려하여 기간이나 가격을 산정할 수 있다.

⑥ 법 제43조의 8(국제협력관세)에 의거 양허된 시장접근물량으로 수입되는 물품은 특별긴급관세 부과대상에서 제외된다.

(5) 할당관세(제71조)

㈎ 의 의

특정물품이 정부가 정한 일정수량까지 수입될 때에는 저세율의 관세를 부과하고, 일

정수량을 초과하여 수입될 때에는 고세율의 관세를 부과하는 제도로서 일종의 이중관세율제도이다.

이 제도는 특정물품에 대하여 그 수입을 억제하려는 국내 생산자측의 요청과 이 물품을 싼 값으로 수입하려는 수요자측의 상반되는 요청이 공존하고 더욱이 그 물품의 국내 총생산량이 총수요량에 따르지 못할 경우에 이중관세율에 의거 양자의 요청을 동시에 만족시키려는 데 목적이 있다.

본 제도는 수입수량통제와 함께 자유무역의 확대를 위하여 바람직한 것은 아니나 국내산업보호를 위해서는 필요하다는 의미에서 WTO에서도 무차별적용을 조건으로 인정을 해주고 있다.

(나) 부과요건과 부과방법

1) 관세율의 인하

다음 각호의 1에 해당하는 경우에는 기본세율의 100분의 40의 범위 안의 율을 기본세율에 감하여 관세를 부과할 수 있다. 이 경우 필요하다고 인정되는 때에는 그 수량을 제한할 수 있다.

① 원할한 물자수급 또는 산업의 경쟁력강화를 위하여 특정물품의 수입을 촉진시킬 필요가 있는 경우

② 수입가격이 급등한 물품 또는 이를 원재료로 한 제품의 국내가격의 안정을 위하여 필요한 경우

③ 유사물품간의 세율이 현저히 불균형하여 이를 시정할 필요가 있는 경우

㉠ 인하대상 및 수량 : 물자수급상 국내공급이 부족하여 수입할 필요가 있는 물품 등 위 세 가지 해당물품으로서 대통령령으로 지정한 물품이 인하대상이 되며, 인하된 세율이 적용될 수량도 대통령령으로 정하는 바 그 수량은 국내공급이 부족한 양, 즉 총수요량(총국내공급량)이 될 것이다.

㉡ 세율: 기본세율 − {(기본세율×40/100)의 범위 내}

㉢ 적용시기: 실시가 필요한 기간을 대통령령으로 정하여 그 기간 내에서만 적용된다.

2) 관세율의 인상

특정물품의 수입을 억제할 필요가 있을 때에는 일정수량을 초과하여 수입되는 분에 대하여 100분의 40범위 안의 율을 기본세율에 가산하여 관세를 부과할 수 있다. 다만, 농림축산물의 경우에는 기본세율에 동종물품·유사물품 또는 대체물품의 국내외 가격차에 상당한 율을 가산한 율의 범위 안에서 관세를 부과할 수 있다.

① 인상대상 및 수량 − 어떤 물품이 필요 이상 수입되어 국내산업을 압박하거나 외

화를 낭비할 우려가 있어 그 물품의 수입을 억제할 필요가 있을 때, 그 물품을 대통령령으로 지정하여 그 물품이 대통령령으로 정한 수량을 초과하여 수입될 때에는 인상한 관세율을 적용한다. 일정한 수량을 초과하여 수입될 때에는 인상한 관세율을 적용한다. 일정한 수량이란 그만한 수량이 수입되어도 국내경제에 나쁜 영향을 미치지 않을 수량으로서 그 수량을 초과하여 수입되는 것은 억제를 하여야 할 수량이 될 것이다.

② 세율 – 기본세율+{(기본세율×40/100)의 범위 내}. 다만, 농축산물은 국내외 가격차만큼의 관세를 가산할 수 있게 하여 국내농업보호를 도모하고 있다.

③ 적용기간 – 실시가 필요하여 대통령령으로 정한 기간 내에서만 적용된다.

참 조 할당관세의 인상 및 인하

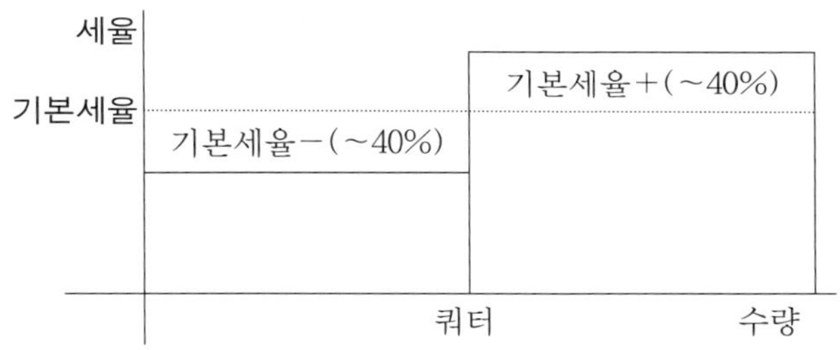

㈐ 부과절차

관계부처의 장 또는 이해관계인이 관세의 부과를 요청하고자 할 때에는 해당 물품에 관련된 사항에 관한 자료를 기획재정부장관에게 제출하여야 한다. 기획재정부장관은 필요 인정시에 관계기관, 수출자, 수입자 기타 이해관계인에게 관계자료의 제출, 기타 필요한 협조를 요청할 수 있다(영 제92조 ①항).

할당관세율의 적용을 받은 물품, 수량, 세율, 적용기간 등은 대통령령으로 정한다(법 제71조 ③항). 관세율을 인하하는 할당관계의 적용에 있어 일정수량의 할당은 해당 수량의 범위 안에서 주무부장관 또는 그 위임을 받은 자의 추천으로 행한다.

2. 불공정무역으로 인한 산업피해구제제도

(1) 덤핑방지관세(제51조)

㈎ 의 의

「덤핑」이라 함은 시장독점을 위하여 생산원가보다 낮은 가격으로 판매하는 가격 또는 국제시장에서 정상적으로 거래되는 가격보다 훨씬 낮게 물품을 판매하는 행위를 말한다.

덤핑방지관세란 위와 같이 부당하게 싼 값으로 판매하는 행위를 방지하기 위한 수단으로 부과하는 관세를 말한다. 이러한 덤핑방지관세에는 1904년 캐나다에서 최초로 채택하였으며 WTO 제6조에서도 덤핑방지관세는 국내산업에 중대한 위협을 주는 경우에 한하여 부과하도록 하고 있다.

특정한 수입물품이 공급국 내의 통상거래가격(정상가격)보다도 낮은 가격으로 수입국에 수입되어 국내에 판매된 사실이 있고, 이와 같은 덤핑판매로 인하여 동종의 상품을 생산하는 국내산업에 실질적인 피해가 있거나 피해의 우려 또는 국내산업의 확립이 지연되었음이 판명되고 또한 해당 국내산업을 보호할 필요성이 있는 경우 해당 물품의 정상가격과 덤핑가격과의 차액 이하만큼을 기본관세 이외에 추가하여 부과하는 제도로, 이는 외국의 상품이 덤핑이라고 하는 불공정무역행위로 국내시장을 침범하려고 할 때 이를 방지하기 위하여 부과하는 차별관세의 일종이다.

㈏ 특 징

① 관세부과의 적용이 용이하다 – 덤핑방지관세는 특정 공급자 또는 공급국의 상품에 대하여 선별적으로 부과할 수 있으므로 비교적 쉽게 부과할 수 있다.

② 타국으로부터 비난의 대상이 되지 않는다 – 덤핑방지관세는 공급국의 귀책사유에 의하여 부과되므로 공급국 또는 제3국으로부터 비난의 대상이 되지 않는다.

③ 발동이 용이하다 – 통상 국내산업 이해관계자의 요청에 의하여 조사되므로 발동이 용이하고 공급국 여론의 정도가 비교적 적다.

㈐ 발동요건

외국의 물품이 정상가격 이하로 수입되어 국내산업이 실질적인 피해를 받거나 받을 우려가 있거나 또는 국내산업의 확립이 실질적으로 지연되었음이 조사를 통하여 확인되고 해당 국내산업을 보호할 필요가 있다고 인정될 때에는 기획재정부령으로 그 물품과 공급자 또는 공급국을 지정하여 해당 물품의 기본관세 외에 정상가격과의 차액에 상당하는 금액 이하의 관세를 추가하여 부과할 수 있다.

㈃ 부과절차

1) 부과요청

① 요청인: 덤핑물품의 수입으로 실질적인 피해 등을 받은 국내산업에 이해관계가 있는 자 또는 해당 산업을 관장하는 주무부 장관은 기획재정부령이 정하는 바에 의하여 기획재정부장관에게 덤핑방지 관세의 부과를 요청할 수 있으며, 이 요청은 무역위원회에 대한 덤핑방지관세의 부과에 필요한 조사신청으로 갈음한다.

② 국내산업의 정의: 덤핑방지관세에 있어서 국내산업이라 함은 정상가격 이하로 수입되는 물품과 동종물품의 국내생산산업(해당 수입품의 공급자 또는 수입자와 기획재정부령이 정하는 특수관계에 있는 생산자에 의한 생산산업과 해당 수입물품의 수입자인 생산자로서 기획재정부령이 정하는 자에 의한 생산산업을 제외할 수 있다)의 전부 또는 국내 총생산량의 상당부분을 점하는 국내생산산업으로 한다.

③ 이해관계인의 정의: 실질적인 피해 등을 받은 국내산업에 속하는 국내생산자와 이들을 구성원으로 하거나 이익을 대변하는 법인·단체 및 동종물품의 국내생산자로 구성된 협회·조합 등을 말하며, 해당 수입물품의 수출자 또는 수입자와 특수관계에 있는 생산자나 해당 물품의 수입자인 생산자는 해당되지 않는다.

2) 덤핑 및 실질적인 피해 등 조사개시

무역위원회는 조사신청을 받으면 덤핑사실과 실질적인 피해 등의 사실에 관한 조사개시 여부를 결정하여 조사신청을 받은 날로부터 1월 이내에 그 결과와 다음 각호의 사항을 기획재정부장관에게 통보하여야 하고, 또한 무역위원회는 조사개시 결정을 한 때에는 그 결정일부터 10일 이내에 조사개시의 결정에 관한 사항을 조사신청자, 해당 물품의 공급국 정부 및 공급자 기타 이해관계인에게 통지하고 관보에 게재하여야 한다.

① 조사대상 물품(조사대상 물품이 많은 경우에는 기획재정부령이 정하는 바에 따라 선정된 조사대상물품)

② 조사대상기간

③ 조사대상 공급자(조사대상 수출자가 많은 경우에는 기획재정부령이 정하는 바에 따라 선정된 조사대상 공급자)

3) 덤핑 및 실질적 피해 등의 조사

① 조사과정

무역위원회는 관보에 게재된 날부터 3월 이내에 예비조사를 하여 그 결과를 기획재정부장관에게 제출하고, 특별한 사유가 없는 한 예비 조사 결과를 제출한 날의 다음날부터 본조사를 개시하여야 하며, 본조사 개시일부터 3월 이내에 본조사 결과를 기획재정부장관에게 제출하여야 한다. 조사 후 무역위원회는 미소마진 및 수입량이 기준에 미달하는 등 피해가 경미하다고 인정될 때에는 조사를 종결하여야 한다.

② 덤핑사실여부조사

㉠ 의 의: 덤핑사실 및 실질적 피해 등의 사실에 관한 조사는 대통령령이 정하는 바에 의한다(법 제52조 ①항). 기획재정부장관은 덤핑방지관세를 부과함에 있어서 관련 산업의 경쟁력 제고, 물가 안정, 통상협력 등을 고려할 필요가 있는 때에는 이를 조사하여 반영할 수 있다(법 제52조 ②항).

㉡ 정상가격, 덤핑가격의 산정: 덤핑사실조사란 특정 수입물품의 공급국에서 통상적으로 거래되는 가격(정상가격: normal value)보다 낮은 가격으로 수입되었는지를 확인하는 것으로 정상가격과 덤핑가격을 조사・비교하는 것을 말한다.

정상가격	정상가격은 해당 물품의 공급국에서 소비되는 동종물품의 통상 거래가격으로 한다. 그러나 해당 물품의 원산지국으로부터 직접 수입되지 아니하고 제3국을 거쳐 수입되는 경우에는 그 제3국의 통상거래가격을 정상가격으로 본다. 또한 시장경제체제가 확립되지 아니한 국가로부터 수입되는 경우에는 시장경제국가의 통상거래가격을 정상가격으로 결정하게 된다(영 제58조 ①,②,③항).
덤핑가격	덤핑가격이라 함은 덤핑관세 부과를 위한 덤핑 및 실질적인 피해 등의 조사가 개시된 물품에 실제로 지급하였거나 지급해야 할 가격을 말한다. 다만, 공급자와 수입자 또는 제3자 사이에 특수관계 또는 보상약정이 있는 경우에는 재판매 가격이나 비용과 이윤 등을 참작한 구성가격을 덤핑가격으로 한다(영 제58조 ④항).

비교설명 **정상가격과 덤핑가격**

정상가격과 덤핑가격의 비교는 가능한 한 동일한 시기 및 동일한 거래단계(통상적으로 공장도 거래단계를 말한다)에서 비교하여야 한다.

이 경우 해당 물품의 물리적 특성, 판매수량, 판매조건, 과세상의 차이, 환율변동 등이 가격비교에 영향을 미치는 경우에는 기획재정부령이 정하는 바에 따라 정상가격 및 덤핑가격을 조정하여야 한다.

㉠ **물리적 특성의 차이에 대한 조정** : 정상가격과 덤핑가격을 비교하는 경우에는 원칙적으로 거래 및 가격을 가중 산술평균한 것으로 비교하여야 하고, 물리적 특성의 차이로 가격조정을 하는 경우에는 물리적 특성이 공급국의 시장가격에 미치는 영향을 기준으로 계산하여야 한다. 다만, 공급국의 시장가격에 관한 자료를 구할 수 없거나 그 자료가 가격 비교 목적에 적합하지 아니한 경우에는 물리적 특성의 차이에 따른 제조원가의 차이를 기준으로 조정할 수 있다.

㉡ **환율변동으로 인한 조정** : 환율변동으로 가격을 조정하는 경우는 환율이 지속적으로 일정한 방향으로 변동하는 경우에 한한다.
㉢ **판매수량 및 판매조건 차이에 대한 조정** : 이해관계인이 물리적 특성, 판매수량 및 판매조건의 차이로 가격조정을 요구할 때에는 그러한 차이가 시장가격 또는 제조원가에 직접적으로 영향을 미친다는 사실을 입증하여야 한다.
㉣ **과세상의 차이에 대한 조정** : 조사대상 물품의 원료가 수입에 의한 경우 수입시 납부한 세금이 내수용 판매물품에는 환급되지 않았으나 수출용 판매물품에는 환급되었거나 또는 수출조건부로 수입관세 및 제세가 면제되는 등 내수용과 수출용간의 과세차이가 발생하는 경우 이에 대한 차이를 조정한다.

㉢ 실질적인 피해 등의 조사 · 판정

피해여부	무역위원회는 실질적인 피해 등의 사실을 조사 · 판정하는 경우에는 덤핑물품의 수입물량, 덤핑물품의 가격, 덤핑차액의 정도, 국내산업의 생산량, 기타 국내산업에 미치는 영향 등을 포함한 실질적 증거에 근거하여야 한다.
피해우려 여부	실질적인 피해를 받을 우려가 있는지의 판정은 추가적으로 덤핑물품의 현저증가, 생산능력 증가, 추가적 수입수요 가능성, 재고상태 등을 포함한 사실에 근거를 두어야 하며 덤핑물품으로 인한 피해는 명백히 예견되고 급박한 것이어야 한다.

표 6-8 반덤핑관세 조사절차 개요

부과요청 →	조 사 →	조 치
(이해관계인)	(무역위원회)	(기획재정부)
(주무부처장관)	-덤핑수입여부조사(덤핑률산정) -산업피해여부조사(피해판정) -조사대상(정상가격 · 덤핑가격) -조사절차(예비조사 · 본조사)	-잠정조치여부결정 -약속제의 · 수락 -조사중지 · 결정권 -덤핑방지관세부과여부결정

4) 실질적인 피해 등의 판정

무역위원회는 실질적인 피해 등의 사실을 조사 · 판정하는 경우 다음 각호의 사항을 포함한 실질적 증거에 근거하여야 한다.

㉠ 덤핑물품의 수입물량(해당 물품의 수입이 절대적으로 또는 국내생산이나 국내소

비에 대하여 상대적으로 뚜렷하게 증가되었는지의 여부를 포함한다)

㉡ 덤핑물품의 가격(국내 동종물품의 가격과 비교하여 뚜렷하게 하락되었는지의 여부를 포함한다)

㉢ 덤핑차액의 정도(덤핑물품의 수입가격이 수출국 내 정상가격과 비교하여 뚜렷하게 하락되었는지의 여부를 포함한다)

㉣ 국내산업의 생산량, 가동률, 재고, 판매량, 시장점유율, 가격(가격하락 또는 인상억제의 효과를 포함한다), 이윤, 생산성, 투자수익, 현금수지, 고용, 임금, 성장, 자본조달, 투자능력, 기술개발

보 충 실질적 피해의 기준

실질적인 피해 등을 조사 판정하는 경우 실질적인 피해를 받을 우려가 있는지의 판정은 다음 각호의 사항을 포함한 사실에 근거를 두어야 하며, 덤핑물품으로 인한 피해는 명백히 예견되고 급박한 것이어야 한다.

① 실질적인 수입증가의 가능성을 나타내는 덤핑물품의 현저한 증가율

② 우리나라에 덤핑수출을 증가시킬 수 있는 생산능력의 실질적 증가(다른 나라에의 수출가능성을 감안한 것이어야 한다)

③ 덤핑물품의 가격이 동종물품의 가격을 하락 또는 억제시킬 수 있는지의 여부 및 추가적인 수입수요의 증대 가능성

④ 덤핑물품의 재고 및 동종물품의 재고상태

㉤ 제㉠호 및 제㉡호의 내용이 국내산업에 미치는 실제적 또는 잠재적 영향

5) 부과의 건의 및 반덤핑 조치

무역위원회는 예비조사 및 본조사의 결과를 제출하는 경우 필요하다고 인정되는 때에는 기획재정부장관에게 ① 잠정조치, ② 약속의 제의, ③ 덤핑방지관세의 부과를 건의할 수 있다(영 제61조 ⑨항).

예비조사결과 긍정판결이 있는 경우, 본조사 결과에 따라서 무역위원회는 기획재정부장관에게 잠정조치 또는 약속의 제의 및 덤핑방지관세의 부과를 건의할 수 있으며, 기획재정부장관은 잠정조치 또는 약속의 제의 및 수락을 하거나, 건의된 내용에 따라 덤핑방지관세를 부과할 수 있다.

6) 잠정조치

잠정조치란 예비조사결과 긍정판결이 내려진 경우, 덤핑으로 인하여 조사기간중에

발생하는 국내산업의 피해를 방지하기 위하여 잠정적으로 취하는 덤핑방지조치를 말한다.

① 잠정조치 요건: 기획재정부장관은 조사가 개시된 경우로서 조사기간중에 발생하는 피해를 방지하기 위하여 필요하다고 인정되는 경우에는 조사가 종결되기 전이라도 다음 각호의 1에 해당하는 경우에는 잠정조치를 취할 수 있다(법 제53조 ①항).

㉠ 해당 물품에 대한 덤핑사실과 그로 인한 국내산업의 실질적인 피해 등의 사실이 있다고 추정되는 충분한 증거가 있는 경우

㉡ 수락한 약속을 위반하거나 약속의 이행에 관한 자료제출 요구 및 제출자료의 검증 요구에 불응한 경우에는 이용가능한 최선의 정보가 있는 경우

② 잠정조치의 방법: 잠정조치의 적용요건에 해당하는 경우에는 그 물품과 공급자 또는 공급국 및 기간을 정하여 다음과 같은 조치를 취할 수 있다(법 제53조 ①항).

㉠ 잠정 추계된 덤핑차액에 상당하는 금액 이하의 잠정덤핑방지관세를 추가하여 부과할 것을 명하거나

㉡ 담보의 제공을 명하는 조치

③ 잠정조치 기간과 시기

㉠ 조치 결정기간: 잠정조치는 무역위원회의 예비조사결과가 기획재정부장관에게 제출된 날로부터 1월 이내(20일 연장가능)에 결정되어야 하며(영 제61조 ③항), 잠정조치는 최소한 예비조사 결과 긍정적 예비판정이 있는 경우로서, 해당 조사의 개시 후 최소한 60일이 경과한 날 이후부터 적용할 수 있다(영 제66조).

㉡ 조치시기: 잠정조치는 조치일 이후에 수입되는 물품에 대하여 적용하며(법 제55조), 잠정조치의 적용기간은 4월 이내로 하여야 한다. 다만, 해당 물품의 무역에 있어서 중요한 비중을 차지하는 공급자가 요청하는 경우에는 그 적용기간을 6월까지 연장할 수 있다. 그러나, 기획재정부장관은 필요 인정시 잠정조치의 적용기간을 연장할 수 있다(영 제66조 ②, ③항).

④ 잠정조치의 종결

㉠ 잠정조치의 철회: 잠정조치가 취하여진 물품에 대하여 다음 각호 1에 해당하는 경우에는 잠정조치에 의하여 납부된 잠정덤핑방지관세를 환급하거나 제공된 담보를 해제하여야 한다(법 제53조 ②항).

i) 잠정조치를 한 물품에 대한 덤핑방지관세의 부과요청이 철회되어 조사가 종결된 경우 ii) 덤핑방지관세 부과 여부가 결정된 경우 iii) 약속이 수락된 경우

㉡ 잠정덤핑방지관세의 정산: 잠정덤핑방지관세가 부과된 물품으로서 다음 각호의 1에 해당하는 경우에는 덤핑방지관세액이 잠정덤핑방지관세액을 초과하는 때에는 그 차액을 징수하지 아니하며, 덤핑방지관세액이 미달하면 그 차액을 환급한다(법 제53조 ③항).

i) 수출자 또는 기획재정부장관이 제의한 약속이 덤핑과 그로 인한 산업피해에 대한 조사결과 긍정판결이 내려진 이후에 수락한 경우

ii) 덤핑방지관세를 소급하여 부과하는 경우

7) 약속의 제의 및 수락

덤핑방지관세의 부과여부를 결정하기 위한 조사가 개시된 물품의 수출자가 약속을 제의하거나 피해조사를 계속하여 줄 것을 요청하고자 할 때에는 본 조사의 결과에 따른 최종판정이 있기 전에 서면으로 그 뜻을 무역위원회에 제출하여야 한다. 이 경우 무역위원회는 제출된 내용을 지체 없이 기획재정부장관에게 통보하여야 한다.

약속이란 덤핑방지관세의 조사절차의 진행중에 과세조치를 취하는 대신에 수입국 당국과 공급국(또는 공급자) 사이에 가격수정 및 덤핑수출중지에 대하여 서로 합의하에 조사를 종결시키는 조치를 말한다.

① 약속의 제의 및 수락의 방법

㉠ 약속제의: 덤핑방지관세의 부과여부를 결정하기 위한 예비조사결과 해당 물품에 대한 덤핑과 그로 인한 실질적 피해 등의 사실이 있는 것으로 내려진 경우(이하 '긍정판결')에는 해당물품의 수출자 또는 기획재정부장관은 덤핑으로 인한 피해가 제거될 정도의 가격수정이나 덤핑수출의 중지에 관한 약속을 제의할 수 있다(법 제54조 ①항).

약속의 제의 방법은 다음과 같다.

기획재정부장관	기획재정부장관은 필요하다고 인정하는 경우에는 수출자를 지정하여 가격수정 또는 덤핑수출의 중지에 관한 약속을 제의할 수 있다(영 제77조 ③항).
수출자	덤핑방지관세의 부과여부를 결정하기 위한 조사가 개시된 물품의 수출자가 가격수정 또는 덤핑수출의 중지에 관한 약속을 제의하거나 피해조사를 계속하여 줄 것을 요청하고자 할 때에는 본조사의 결과에 따른 최종판정이 있기 전에 서면으로 그 뜻을 무역위원회에 제출하여야 한다(영 제68조 ①항).

㉡ 약속수락

약속의 수락 방법은 다음과 같다.

기획재정부장관	가격수정, 수출중지 등을 제의한 약속의 내용이 즉시로 가격을 수정하거나, 약속일로부터 6월 이내에 덤핑수출을 중지하는 것인 때에는 기획재정부장관은 그 약속을 수락할 수 있다(영 제68조 ②항).
수출자	기획재정부장관으로부터 가격수정 또는 덤핑수출의 중지에 대한 약속의 제의를 받은 수출자는 1월 이내에 수락여부를 통보하여야 한다(규칙 제4조의 7 ④항).

② 약속제의 및 수락시점

기획재정부장관	기획재정부장관은 예비조사결과 덤핑 및 그로 인한 실질적 피해 등의 사실에 관한 긍정적 예비 판정이 있기 전에는 약속의 제의 및 수락을 할 수 없다(영 제68조 ④항).
수출자	덤핑조사 대상물품의 수출자는 본조사 결과 최종판정이 있기 전에 약속제의를 할 수 있으며 기획재정부장관의 약속제의에 대해서는 1월 이내에 수락여부를 통보하여야 한다.

③ 약속수락의 효력

㉠ 가격수정 또는 덤핑수출의 중지 약속이 수락된 경우 기획재정부장관은 잠정조치 또는 덤핑방지관세의 부과 없이 조사가 중지 또는 종결되어야 한다. 다만, 기획재정부장관이 필요하다고 인정하거나 수출자가 조사를 계속하여 줄 것을 요청한 때에는 그 조사를 계속할 수 있다(법 제54조 ②항).

기획재정부장관은 조사를 계속한 결과 실질적인 피해 등의 사실이 없거나 덤핑차액이 없는 것으로 확인되는 경우에는 해당 약속의 효력을 소멸시켜야 한다(영 제68조 ⑥항).

㉡ 약속의 이행 및 거부

실질적인 피해 등의 사실이 없거나 덤핑차액이 없는 원인이 약속으로 인한 것으로 판단되는 때에는 기획재정부장관은 적정한 기간을 정하여 약속을 계속 이행하게 할 수 있다(영 제68조 ⑥항 단서).

또 수출자가 그 약속의 이행을 거부하는 때에는 이용가능한 최선의 정보에 의하여 잠정조치를 실시하는 등 덤핑방지를 위한 신속한 조치를 취할 수 있다(동조 ⑥항).

④ 약속의 유효기간

수락된 약속은 기획재정부령으로 약속의 시행일로부터 5년이 지나면 그 효력을 상실한다. 재심사 후 내용을 변경하는 경우에도 변경된 내용의 시행일로부터 5년이 지나면 그 효력을 상실한다(법 제56조 ②항).

8) 덤핑방지관세의 부과

무역위원회는 본조사 결과가 끝난 후 기획재정부장관에게 덤핑방지관세의 부과 요청을 할 수 있으며, 기획재정부장관은 정상가격과 덤핑가격과의 차액이 상당한 금액 이하의 관세를 추가하여 부과할 수 있다. 기획재정부장관은 덤핑방지관세를 부과함에 있어서 관련 산업의 경쟁력 제고, 물가안정, 통상협력 등을 고려할 필요가 있는 때에는 이를 조사하여 반영할 수 있다(법 제52조 ②항).

① 부과시기와 결정

원 칙	덤핑방지관세의 부과는 조치일 이후 수입되는 물품에 대하여 적용하며(법 제55조), 기획재정부장관은 본조사 결과가 접수된 날로부터 1월 이내(20일 연장 가능)에 덤핑방지 관세의 부과여부 및 내용을 결정하여 부과를 하되, 관보게재일로부터 1년 이내(6월 내 연장 가능)에 덤핑방지관세의 부과조치를 하여야 한다(영 제61조 ③, ④항).
소급부과	잠정조치가 적용된 물품에 있어서 실질적인 피해의 판정이 내려진 경우 등이거나 비교적 단기간 내에 대량수입되어 실질적 피해가 발생한 경우 등 시행령이 정하는 일정하나 사유에 해당하는 때에는 덤핑방지관세를 소급하여 부과할 수 있다(법 제55조).

② 부과방법(산정방법)

덤핑방지관세는 공급자 또는 공급국별로 덤핑방지관세율 또는 기준수입가격을 정하여 부과할 수 있다. 다만, 정당한 사유 없이 자료를 제출하지 아니하거나 해당 자료의 공개를 거부하는 경우 및 기타의 사유로 조사 또는 자료의 검증이 곤란한 공급자에 대하여는 단일 덤핑방지관세율 또는 단일 기준수입가격을 정하여 부과할 수 있다(영 제65조).

㉠ 덤핑방지관세율에 의한 부과: 정률세로 부과하는 경우에는 다음과 같이 산정된 덤핑률의 범위 내에서 결정한 율을 과세가격에 곱하여 산출한 금액을 덤핑방지관세로 부과한다(규칙 제17조 ①항 1호).

$$\cdot\ \text{덤핑률}(\%) = \frac{(\text{조정된 정상가격} - \text{조정된 덤핑가격})}{\text{과세가격}} \times 100$$

$$\cdot\ \text{덤핑방지관세} = \text{과세가격} \times \text{덤핑률}$$

· 조정된 정상가격: 조사대상국에서 통상거래되는 정상가격을 공장도 가격으로 환원한 가격

· 조정된 덤핑가격: 조사대상국에서 수입되는 가격을 공장도 가격으로 환원한 가격

* 여기에서 과세가격은 조사가 개시된 조사대상물품에 대하여 실제로 지급하였거나 지급하여야 할 가격으로서 조정되기 이전의 덤핑가격을 말한다(CIF가격).

㉡ 기준수입가격에 의한 부과: 기준수입가격으로 부과하는 경우에는 수출국의 정상가격에 수입관련 비용을 가산한 범위 내에서 기준수입가격을 정하여, 동 가격에서 과세가격을 차감하여 산출한 금액을 덤핑방지관세로 부과한다(규칙 제17조 ①항 2호).

덤핑방지관세=기준수입가격-과세가격

③ 기타 덤핑방지관세 부과방법

㉠ 조사대상으로 선정되지 아니한 공급자에 대한 부과

일반적인 경우	조사대상으로 선정되지 아니한 공급자에 대하여는 조사대상으로 선정된 공급자의 덤핑방지관세율 또는 기준수입가격을 기획재정부령이 정하는 바에 따라 가중평균한 덤핑방지관세율 또는 기준수입가격에 의하여 덤핑방지관세를 부과한다(영 제65조 ②항).
조사에 필요한 자료제출시	조사대상기간중에 수출을 한 자로서 조사대상으로 선정되지 아니한 자 중 조사 및 덤핑방지관세의 부과 여부 등을 결정하기 위하여 필요한 자료를 제출한 자에 대하는 개별적으로 덤핑방지관세율 또는 기준수입가격을 정하여 덤핑방지관세를 부과한다(영 제65조 ②항 단서).

㉡ 신규공급자에 대한 부과

신규공급자에 대한 부과는 덤핑방지관세가 부과되는 공급자와 특수관계가 있느냐의 여부에 따라 다음과 같이 부과된다.

특수관계에 있는 경우	공급국을 지정하여 덤핑방지관세를 부과하는 경우 조사대상기간 이후에 수출하는 해당 공급국의 신규공급자가 덤핑방지관세가 부과되는 공급자와 특수관계에 있는 때에는 그 공급자에 대한 덤핑방지관세율 또는 기준수입가격을 적용하여 덤핑방지관세를 부과한다(영 제65조 ③항).
특수관계에 있지 않는 경우	신규공급자가 특수관계에 있지 아니하다고 증명하는 경우에는 조사를 통하여 별도의 덤핑방지관세율 또는 기준수입가격을 정하여 부과할 수 있다. 이 경우 기획재정부령이 정하는 바에 따라 기존조사대상자에 대한 조사방법 및 조사절차 등과 달리할 수 있다(영 제65조 ③항 단서).

④ 부과유효기간

덤핑방지관세의 부과 또는 수락된 약속은 기획재정부령으로 그 적용시한을 따로 정한 경우를 제외하고는 해당 덤핑방지관세 또는 약속의 시행일부터 5년이 지나면 그 효력을 잃으며, 덤핑과 산업피해를 재심사하고 그 결과에 따라 내용을 변경하는 경우에는 기획재정부령으로 그 적용시한을 따로 정한 경우를 제외하고는 변경된 내용의 시행일부

그림 6-5 **덤핑방지관세 결정과정**

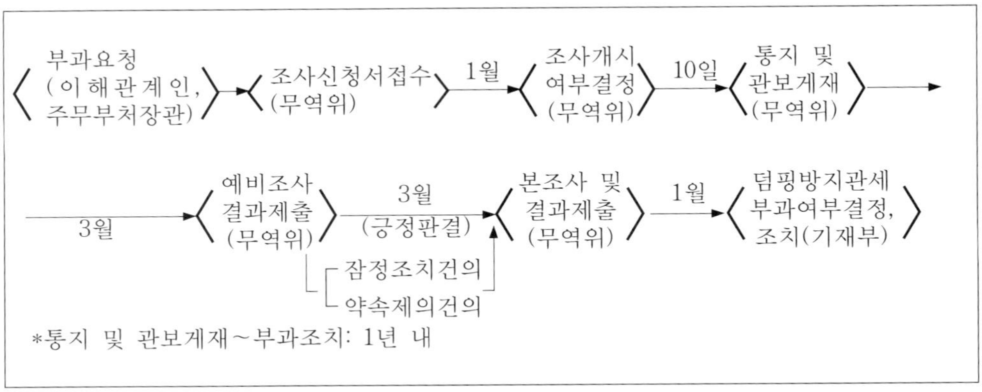

터 5년이 지나면 그 효력을 잃는다(법 제56조 ②항)

9) 부과조치 등에 대한 재심사

기획재정부장관은 필요하다고 인정시 덤핑방지관세의 부과 및 가격수정·수출중지 약속에 대하여 재심사를 할 수 있으며 재심사의 결과에 따라 덤핑방지관세의 부과 및 약속의 내용변경, 환급 등에 관한 필요한 조치를 할 수 있다(법 제56조 ①항).

재심사의 요청은 이해관계인이나 해당 산업을 관장하는 주무부장관이 덤핑방지관세 또는 약속의 시행일부터 1년이 경과된 날 이후에 할 수 있으며, 덤핑방지관세 또는 약속의 효력이 상실되는 날 6월 이전에 요청하여야 한다.

무역위원회는 재심사 개시일부터 6월 이내에 조사를 종결하여 그 결과를 기획재정부장관에게 제출하여야 한다. 기획재정부장관은 조치가 필요한 경우에는 조사경과를 제출받은 날부터 1월 이내에 해당 조치를 하여야 한다.

(2) 상계관세(제57조)

㈎ 의 의

수출국에서 보조금, 장려금 등을 지급받은 물품이 수입되어 국내산업을 저해하는 경우에 기본세율 이외에 해당 보조금 등의 금액 이하의 관세를 추가하여 이러한 물품의 수입을 억제하기 위한 제도를 상계관세제도라 한다. 보조금, 장려금을 받은 수출물품은 그만큼 국제경쟁력이 생겨 타 수입국시장진출이 용이하고 수입국에서는 그에 따라서 국내산업이 저해될 가능성이 발생한다. 즉, 가격의 임의 조작에 의한 수입임으로 불공정무

그림 6-6 덤핑방지관세제도 운용절차

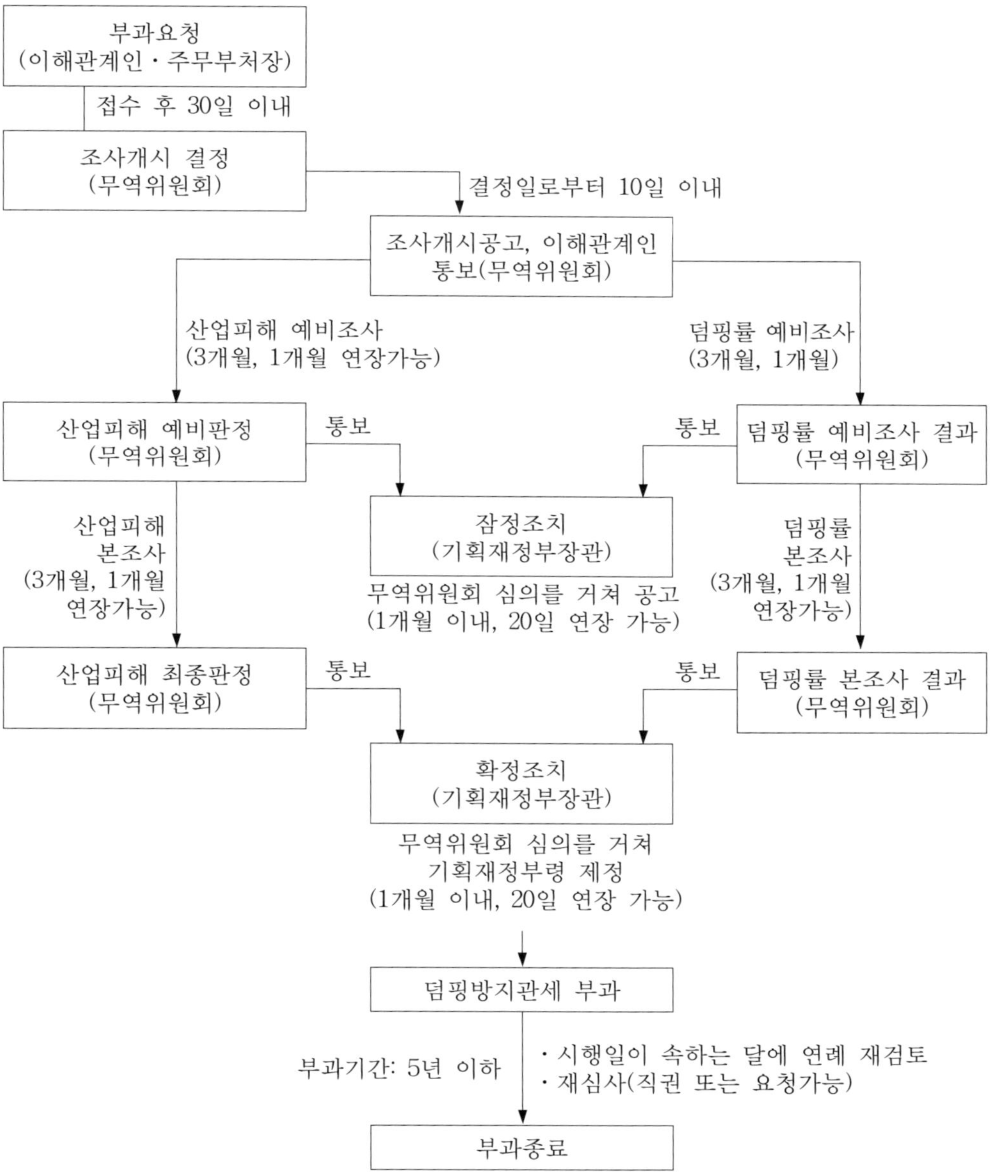

역으로 간주한다.

㈏ 부과요건

외국에서 제조, 생산 또는 수출에 관하여 직접·간접으로 보조금 또는 장려금을 받은 물품의 수입으로 국내산업이 실질적인 피해를 받거나 받을 우려가 있거나 또는 국내산업개발이 실질적으로 지연되었음이 조사를 통하여 확인되고 해당 국내산업을 보호할 필요가 있다고 인정될 때에는 기획재정부령으로 그 물품과 수출자 또는 수출국을 지정하여 해당 물품에 대하여 관세 외에 해당 보조금 등의 금액 이하의 관세를 추가하여 부과할 수 있다.

㈐ 보조금 등

1) 의 의

정부 또는 공공기관 등의 재정지원 등에 의한 혜택 중 특정성이 있는 것을 말한다. 다만, 기획재정부령이 정하는 보조금은 제외한다.

기획재정부령이 정하는 보조금은 특정성은 있으나, 연구·지역개발 및 환경관련 보조금으로서 국제협약에서 인정하고 있는 보조금을 말한다.

2) 특정성

보조금 등이 특정기업이나 산업 또는 특정기업군이나 산업군에 지급되는 경우를 특정성이라 하며, 구체적인 판별기준은 기획재정부령으로 정한다.

다음 각호의 1에 해당하는 것은 특정성이 있는 것으로 본다.

㉠ 보조금 등이 일부 기업 등에 대하여 제한적으로 지급되는 경우 ㉡ 보조금 등이 제한된 수의 기업 등에 의하여 사용되어지는 경우 ㉢ 보조금 등이 특정한 지역에 한정되어 지급되는 경우 ㉣ 기타 국제협약에서 인정하고 있는 특정성의 기준에 부합되는 경우

3) 보조금 등의 산정기준

보조금 등의 금액을 산정함에 있어서 다음 각호의 기준에 의한다.

㉠ 지분참여 형태의 경우: 해당 지분참여와 통상적인 투자형태와의 차이에 의하여 발생하는 금액 상당액

㉡ 대출의 경우: 해당 대출금리에 의하여 지불하는 금액과 시장금리에 의하여 지불하는 금액과의 차액 상당액

㉢ 대출보증의 경우: 해당 대출에 대하여 지불하는 금액과 대출보증이 없었을 경우 비교 가능한 상업적 차입에 대하여 지불하여야 할 금액과의 차액 상당액

㉣ 재화・용역의 공급 또는 구매의 경우: 해당 가격과 시장가격과의 차이에 의하여 발생하는 금액 상당액

㉤ 기타 국제협약에서 인정하고 있는 기준에 의한 금액

㈑ 상계관세의 부과절차

1) 부과요청

보조금 등을 받은 물품의 수입으로 실질적인 피해 등을 받은 국내산업에 이해관계가 있는 자 또는 해당 산업을 관장하는 주무부장관은 대통령령이 정하는 바에 의하여 기획재정부장관에게 보조금 등을 받은 물품의 수입사실과 해당 물품의 수입으로 국내산업에 실질적인 피해 등이 발생된다는 사실에 관한 충분한 증거를 제출하여 해당 물품에 대한 상계관세부과를 요청할 수 있으며, 신청서는 무역위원회에 제출하여야 한다.

2) 조 사

기획재정부장관은 상계관세부과의 요청이 있는 경우 또는 보조금 등을 받은 물품의 수입으로 국내산업에 실질적인 피해 등이 발생된다는 사실에 관한 충분한 증거가 있는 경우 필요하다고 인정할 때에는 무역위원회에 조사하도록 하는 등 조사의 방법・조사의 기간 등 모두 덤핑방지관세의 경우에 준하도록 하고 있다.

3) 잠정조치

기획재정부장관은 상계관세부과 여부를 결정하기 위하여 조사가 개시된 물품이 보조금 등을 받아 수입되어 국내산업에 실질적인 피해 등이 발생된 사실이 있다고 추정되는 충분한 증거가 있는 경우 국내산업을 보호하기 위하여 필요하다고 인정될때에는 조사가 종결되기 전이라도 그 물품의 수출국 또는 수출자 및 기간을 정하여 보조금 등의 추정액에 상당하는 금액 이하의 잠정상계관세의 부과를 명하거나 담보를 제공하게 할 수 있다.

4) 약속제의

상계관세의 부과여부를 결정하기 위한 조사가 개시되어 보조금 등의 지급사실과 보조금 등을 받은 물품의 수입으로 인한 국내산업피해에 대한 예비조사결과 긍정판정이 내려진 경우에 해당 물품의 수출국 정부 또는 기획재정부장관은 해당 물품에 대한 보조금 등을 철폐 또는 삭감하거나 보조금 등의 국내산업에 대한 피해효과를 제거하기 위한 적절한 조치에 관한 약속을 제의할 수 있으며, 해당 물품의 수출자는 수출국정부의 동의를 얻어 보조금 등의 국내산업에 대한 피해효과가 제거될 수 있을 정도로 가격을 수정하겠다는 약속을 제의할 수 있으며, 수출자의 가격수정 약속이 수락된 경우 기획재정부장관은 잠정조치가 취하여진 때에는 해당 조치를 철회하여야 한다. 다만, 기획재정부장

그림 6-7 상계관세의 부과절차

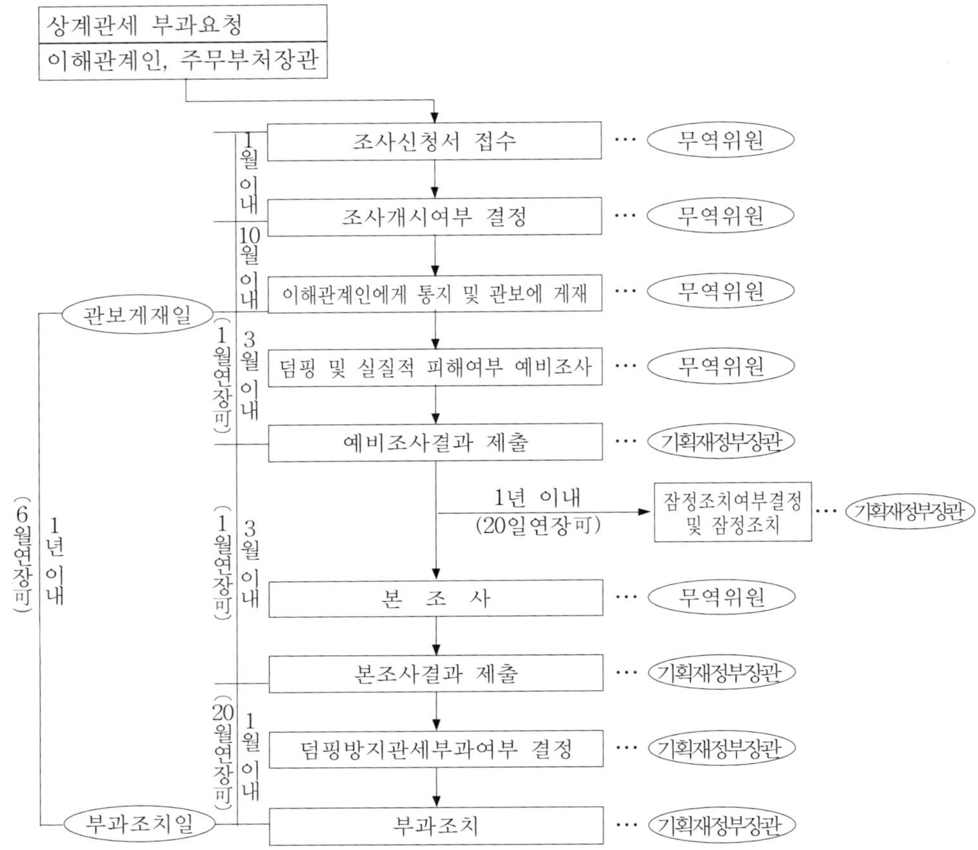

관이 필요하다고 인정하거나 수출국정부가 피해조사를 계속하여 줄 것을 요청한 때에는 그 조사를 계속할 수 있다.

5) 상계관세의 부과

① 의 의

무역위원회는 본조사 결과가 끝난 후 기획재정부장관에게 상계관세의 부과 요청을 할 수 있으며, 기획재정부장관은 보조금 등의 금액 이하의 관세를 추가하여 부과할 수 있다. 기획재정부장관은 상계관세를 부과함에 있어서 관련 산업의 경쟁력 제고, 물가

안정, 통상협력 등을 고려할 필요가 있는 때에는 이를 조사하여 반영할 수 있다(법 제58조 ②항).

◈ 보조금률의 산정과 상계관세의 계산

상계관세를 부과하는 경우 상계관세는 다음의 산식에 의하여 산정된 보조금률의 범위 안에서 결정한 율을 과세가격에 곱하여 산출한다(규칙 제29조).

$$\cdot \text{보조금률} = \frac{\text{보조금 등의 금액}}{\text{과세가격}} \times 100$$

⇒ 과세가격×보조금률=상계관세액

② 부과시기와 결정

㉠ 원칙: 부과조치일 이후에 부과

상계관세의 부과는 조치일 이후 수입되는 물품에 대하여 적용하며(법 제61조), 기획재정부장관은 본조사 결과가 접수된 날로부터 1월 이내(20일 연장 가능)에 상계관세의 부과여부 및 내용을 결정하여 부과를 하되, 관보 게재일로부터 1년 이내(6월 내 연장가능)에 상계관세의 부과조치를 하여야 한다(영 제75조 ⑦, ⑧항).

㉡ 상계관세의 소급부과

잠정조치가 적용된 물품에 있어서 실질적인 피해의 판정이 내려진 경우나 비교적 단기간 내에 대량 수입되어 실질적 피해가 발생한 경우 등 시행령이 정하는 다음에 해당하는 때에는 상계관세를 소급하여 부과할 수 있다(법 제61조).

표 6-9 상계관세의 소급부과의 사유(영 제82조 ①항)

구분	내용
실질적 피해 등	실질적 피해가 있다고 최종판정이 내려진 경우 또는 피해의 우려가 있다는 최종판단이 내려졌으나 잠정조치가 없었다면 실질적 피해가 있다는 최종판정이 내려졌을 것으로 인정되는 경우에는 잠정조치가 적용된 기간동안 수입된 물품
단기간 대량수입	비교적 단기간 내에 대량 수입되어 발생되는 실질적 피해 등의 재발을 방지하기 위하여 상계관세를 소급하여 부과할 필요가 있는 다음과 같은 경우로서 잠정조치를 적용한 날부터 90일 전 이후에 수입된 물품 ① 해당 물품이 과거에 보조금 등을 받아 수입되어 실질적 피해 등을 입힌 사실이 있었던 경우 또는 ② 수입자가 보조금 등을 받은 물품의 수입사실과 그로 인한 실질적 피해 등의 사실을 알았거나 알 수 있었을 경우

약속의 위반	약속을 위반하여 잠정조치가 적용된 물품의 수입으로 인한 실질적 피해 등의 사실이 인정되는 경우에는 잠정조치를 적용한 날부터 90일 전 이후에 수입된 물품(약속위반일 이전에 수입된 물품을 제외)
기 타	기타 국제협약에서 정하는 바에 따라 기획재정부장관이 정하는 기간에 수입된 물품

③ 부과유효기간

상계관세의 부과 또는 수락된 약속은 기획재정부령으로 그 적용시한을 따로 정한 경우를 제외하고는 해당 상계관세 또는 약속의 시행일부터 5년이 지나면 그 효력을 잃으며, 보조금 등의 지급과 산업피해를 재심사하고 그 결과에 따라 내용을 변경하는 경우에도 변경된 내용의 시행일부터 5년이 지나면 그 효력을 잃는다(법 제62조 ②항).

(마) 준 용

덤핑방지관세에 관한 규정은 상계관세의 경우에 준용된다. 상계관세의 소급부과, 상계관세의 정산, 약속의 재심사, 상계관세 또는 약속의 효력 등은 덤핑방지관세 규정을 준용한다.

그리고, 상계관세의 부과에 따른 보조금 등의 금액, 실질적인 피해 등의 조사, 약속에 관한 사항, 상계관세 잠정조치의 적용시한 및 부과방법 등에 관한 사항은 대통령령으로 정한다.

(3) 편익관세(제74조)

(가) 의 의

조약에 의하여 관세상의 편익을 받지 않은 나라의 생산물품이 수입될 때 기존의 타국과의 조약에 의하여 부여하고 있는 편익의 범위 내에서 관세에 관한 편익을 부여하는 제도를 말한다.

편익관세는 특정국가와의 유지 또는 무역확대에 그 목적이 있으며, 관세상의 편익에는 세율에 의한 편익 외에도 통관절차에 관한 편익도 포함되지만 대체로 세율에 의한 편익이 많다.

(나) 특 징

① 편익은 조약에 의하지 않고 우리나라의 법령에 의하여 일방적으로 상대국에 부여되므로, 조약에 의한 관세상의 편익과 다르므로 상대국은 편익을 권리로서 주장할 수 없다.

② 편익은 이미 우리나라가 다른 나라와 체결한 조약에 의하여 부여하고 있는 범위

내에 한한다.

③ 정치적 · 경제적 유대관계를 긴밀히 하고자 하는 데 주목적이 있다.

㈐ 최혜국대우와의 비교

① 최혜국대우의 의의: 하나의 국가에 주어지는 무역상의 특혜나 제한은 자동적으로 여타의 체약국들에게 동일하게 주어지도록 하는 국제무역의 기본원칙을 말한다.

② 편익관세와의 차이점: 편익관세는 최혜국대우와 비슷한 점을 갖고 있으나, 최혜국대우는 조약에 의하여 편익을 부여하는 것이지만, 편익관세는 일국이 일방적으로 최혜국대우의 범위 안에서 편익을 주는 것으로 타국은 권리로서 그 편익을 주장할 수 없다.

㈑ 편익관세의 부과

관세에 관한 조약에 의한 편익을 받지 아니하는 나라의 생산물로서 수입되는 것은 대통령령으로 그 나라와 물품을 지정하여 기존 외국과의 조약의 규정에 의한 편익의 한도 내에서 관세에 관한 편익을 부여할 수 있다.

㈒ 적용국가와 세율

관세에 관한 편익을 받을 수 있는 국가는 다음과 같다.

표 6-10 편익관세의 적용대상국가

지 역	국 가
1. 아시아	아프가니스탄 · 부탄
2. 중동	이란 · 이라크 · 레바논 · 시리아
3. 대양주	나우루
4. 아프리카	코로모 · 에티오피아 · 라이베리아 · 소말리아
5. 유럽	안도라 · 모나코 · 산마리노 · 바티칸

그리고, 편익관세의 적용대상 국가가 관세에 관한 편익을 받을 수 있는 물품은 세계무역기구 협정 등에 의한 관세양허 규정에 규정된 물품으로 한다.

㈓ 편익관세의 적용정지 등

기획재정부장관은 다음 각호의 1에 해당하는 사유가 있을 때에는 국가, 물품 및 기간을 정하여 편익관세의 적용을 정지시킬 수 있다.

① 편익관세의 적용으로 국민경제에 중대한 영향이 초래되거나 초래될 우려가 있을 때

② 기타 편익관세의 적용을 정지시켜야 할 긴급한 사태가 있을 때. 또한, 기획재정부

장관은 편익관세의 적용에 관하여 필요한 사항을 조사하기 위하여 필요하다고 인정하는 때에는 관계기관, 수출자, 수입자, 기타 이해관계인에게 관계자료의 제출, 기타 필요한 협조를 요청할 수 있다.

(4) 계절관세(법 제72조)

㈎ 의 의

농산물과 자연산물 등은 계절에 따라 가격이 많이 변하는데, 그러한 가격 변동이 심한 물품의 수입으로 인하여 국내물가에 영향을 미치는 것을 관세율의 조정에 의거 제거하려는 것이 계절관세제도이다.

만약, 외국으로부터 바나나가 수입되는 경우 국내에는 10월부터 3월까지는 사과, 배 등이 출하기에 해당되므로 4월부터 9월의 기간에 수입되는 바나나는 낮은 세율을, 10월부터 3월의 기간에 수입되는 바나나는 높은 세율을 부과하여 국내의 과일가격과 수량을 조절할 수 있다.

㈏ 목 적

일반적으로 계절관세의 목적은 국산품의 출하기가 계절적으로 편중되어 있는 경우 그 출하기에 이와 경합되는 수입물품에 대하여 높은 관세를 부과함으로써 국산품을 보호하며, 기타의 계절에는 낮은 세율을 적용함으로써 국민생활의 안정을 도모하기 위해서이다.

㈐ 부과요건

가격이 계절에 따라 현저하게 차이가 있는 물품으로서 동종물품, 유사물품 또는 대체물품의 수입으로 국내시장이 교란되거나 생산기반이 붕괴될 우려가 있는 경우에는 계절 구분에 따라 해당 물품의 국내외 가격차에 상당하는 율의 범위 안에서 기본세율보다 높게 관세를 부과하거나, 기본세율에 100분의 40의 범위 안의 율을 기본세율에서 감하여 관세를 부과할 수 있다.

㈑ 계절관세의 부과절차

관계부처장 또는 이해관계인은 기획재정부장관에게 계절관세의 부과를 요청하고자 할 때에는 일정사항을 기재한 자료를 기획재정부장관에게 제출하여야 한다. 기획재정부장관은 필요 인정시에 관계기관, 기타 이해관계인에게 관계자료의 제출, 기타 필요한 요청을 할 수 있다(영 제93조 ①, ②항).

㈒ 계절관세의 부과

계절관세를 부과할 물품, 세율 및 적용시한 등은 기획재정부령으로 정한다(법 제72조 ②항).

세율의 인상	해당 물품의 국내외 가격차에 상당하는 율의 범위 안에서 기본세율보다 높게 관세를 부과할 수 있다.
세율의 인하	100분의 40의 범위 안의 율을 기본세율에 감하여 낮게 관세를 부과할 수 있다.

(5) 보복관세(제63조)

㈎ 의 의

우리나라의 수출물품, 선박 또는 항공기에 대하여 불리한 대우를 하는 경우에 그 나라로부터 수입되는 물품에 대하여 보복적으로 관세를 부과하는 제도를 말한다.

즉, 교역상대국의 부당한 대우나 제재조치를 견제하고 자국의 이익을 보호하기 위한 제도이다.

㈏ 발동요건

교역상대국이 우리나라의 수출물 등에 대하여 다음 각호의 1에 해당하는 행위를 함으로써 우리나라의 무역이익이 침해되는 경우에는 그 나라로부터 수입되는 물품에 대하여 피해상당액의 범위 안에서 관세를 부과할 수 있다.

① 관세 또는 무역에 관한 국제협정이나 양자간 관세 또는 무역협정 등에 규정된 우리나라의 권익을 부인하거나 제한하는 경우

② 기타 우리나라에 대하여 부당 또는 차별적인 조치를 취하는 경우

㈐ 발동요청 및 조사

관계부처의 장 또는 이해관계인이 보복관세를 요청하고자 할 때에는 기획재정부장관에게 제출하여야 한다.

또한 기획재정부장관은 보복관세의 적용에 관하여 필요한 사항을 조사하기 위하여 필요하다고 인정하는 때에 관계기관, 수출자, 수입자, 기타 이해관계인에게 관계자료의 제출, 기타 필요한 협조를 요청할 수 있다.

㈑ 발동절차

보복관세의 부과는 특별한 사유가 없는 한 관련 국제기구 또는 당사국과 사전협의를 거친 후에 하여야 하고, 보복관세의 적용을 받을 대상국가·물품·수량·세율 및 적용시한은 대통령령으로 정한다.

기출문제

1. 관세의 4대요건(관세사, 14회)
2. 연대납세의무자(관세사, 13회)
3. 관세법상의 납세의무자(관세사, 4회)
4. 관세율의 종류와 적용순위(관세사, 3회)
5. 품목분류사전 회시제도(관세사, 4회)
6. 덤핑방지관세의 부과에 있어서 관세법상 정상가격(관세사, 15회)

예상문제

1. 논술형
    - 과세물건의 확정시기에 관하여 논하라.
    - 관세법상 과세의 4대요건에 대하여 논하라.
    - 현행 관세율의 종류와 그 적용순서에 대하여 논하라.
    - 관세율적용에 대한 회시제도에 대하여 논하라.
    - 탄력관세제도에 대하여 논하라.
    - 상계관세와 보조금에 대하여 논하라.
    - 덤핑방지관세의 의의와 부과절차를 논하라.
    - 관세법상 공정무역으로 인한 산업피해구제제도에 대하여 논하라.
    - 관세법상 불공정무역으로 인한 산업피해구제제도에 대하여 논하라.

2. 서술형
    - 국정관세율과 협정관세율을 설명하라.
    - 제2차 납세의무자에 대하여 설명하라.
    - 정상통관절차에 의한 수입물품의 과세물건 확정시기
    - 간이세율의 적용에 대하여 설명하라.
    - 특정국물품에 대한 긴급관세를 설명하라.
    - 덤핑방지관세의 성립요건을 설명하라.
    - 편익관세와 최혜국대우의 차이점
    - 조정관세의 발동요건에 대하여 설명하라.

3. 약술형
    - 원칙적 납세의무자와 특별납세의무자의 경합
    - 특별납세의무자
    - 과세표준
    - 용도세율의 적용

· 관세율표	· HS협약	· HSK
· 합의에 의한 세율	· 세번회시	· 할당관세제도
· 편익관세	· 긴급관세	· 계절관세
· 조정관세	· 농림축산물에 대한 특별긴급관세	

제07장

관세의 부과 · 징수

제1절 납세의무의 확정

Ⅰ. 관세의 확정과 징수

관세의 납부의무는 과세요건이 충족되어야 성립된다. 과세요건의 충족으로 성립된 납세의무는 조세법률관계의 당사자 중 어느 일방이 이를 확인하고 상대방에게 통지함으로써 구체화되는데, 이러한 절차를 납세의무의 확정이라 한다.

납세의무확정방법은 신고납세제도와 부과과세제도로 구분된다. 신고납세제도는 납세의무가 세법이 정하는 바에 따라 자율적으로 세액을 계산하여 세관장에게 신고함으로써 확정하는 것을 원칙으로 하며, 신고한 세액에 오류나 탈루가 있는 경우에 한하여 세관장의 행정처분에 의하여 확정하는 방법이다. 반면, 부과과세제도는 세관장의 행정처분인 납세의 고지에 의하여 납세의무의 내용을 확정하는 방법이다.

신고납세제도는 부과과세제도보다 징세비를 절약하고 조세마찰을 감소시키는 민주적이고 합리적인 제도이지만, 국민의 납세의식이 높은 수준이 되지 않고서는 적용할 수 없다. 따라서, 관세법에서는 신고납부방법을 원칙으로 하고, 예외적으로 부과고지방법을 적용하고 있다.

Ⅱ. 신고납부방식

1. 의 의

신고납부란 관세의 납세의무자가 수입신고를 할 때에 스스로 과세표준 및 납부세액 등을 결정하고 납세신고하고 스스로 납부하는 제도를 말한다. 즉, 납세의무자가 스스로 세액을 결정하여 세관장에게 신고하여 납부하는 제도인데, 자진신고납부제라고도 한다.

신고납부대상은 부과고지 대상물품을 제외한 모든 수입물품이다.

2. 납세신고

(1) 의 의

납세신고란 납세자가 관세법의 규정에 따라 소정의 신고서를 갖추어 과세표준과 세액을 세관에 신고하는 요식행위이다. 즉, 물품(세관장이 부과고지하는 물품은 제외)을 수입하고자 하는 자는 수입신고를 할 때에 대통령이 정하는 바에 의해 세관장에게 관세의 납부에 관한 신고(이하 '납세신고')를 하여야 한다(법 제38조 ①항).

(2) 납세신고인

납세신고자는 여러 납세의무자 가운데서도 원칙적으로 물품을 수입한 화주가 된다. 또한 수입신고인은 수입통관절차를 목적으로 한 신고인으로서 수입화주 · 관세사 또는 통관취급법인이 될 수 있으나, 납세신고는 납세의무자만이 할 수 있다.

(3) 납세신고 내용

납세신고자는 수입신고서에 다음 사항을 기재하여 제출하여야 한다(영 32조 ①항).

① 해당 물품의 품목분류 · 세율 · 납부세액

② 관세의 감면을 받는 경우에는 그 감면액과 법적 근거

③ 특수관계의 범위에 해당하는지의 여부

④ 기타 과세가격 결정에 참고가 될 사항

보 충

납세신고는 납세신고사항을 수입신고서상의 해당란에 기재하여 수입신고함으로써 납세신고에 갈음한다. 즉, 납세신고와 수입신고는 별도로 하는 것이 아니며 동시에 이루어진다. 납세신고제하에서도 과세표준과 세액의 신고의무를 이행하지 아니한 경우에는 행정벌적 성격의 가산세 제재를 받는다. 그러므로 신고납세제하에서도 신고 행위는 납세의무를 확정하는 효력과 협력의무를 이행하는 효과가 있는 것이다.

그림 7-1 신고납부 방법 및 절차

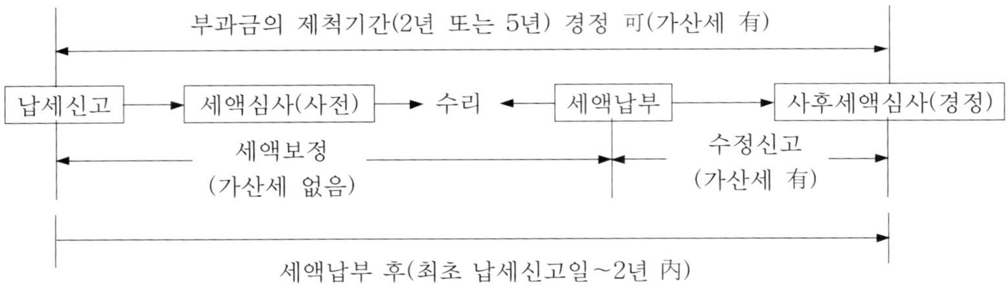

3. 세액심사

납세신고를 받은 세관장은 수입신고서상의 기재사항과 관세법 규정에 의한 확인사항을 심사하되 신고한 세액에 대하여는 수입신고를 수리한 후 심사한다.

다만, 신고한 세액에 대하여 관세채권의 확보가 곤란하거나 수입신고수리 후에 세액심사를 하는 것이 부적당하다고 인정되는 다음의 물품의 경우에는 수입신고를 수리하기 전에 심사한다.

(1) 원칙(수입신고 수리 후 : 사후세액심사)

세관장은 납세신고를 받은 때에는 수입신고서상의 기재사항과 관세법의 규정에 의한 확인사항 등을 심사하되, 신고한 세액에 대하여는 수입신고수리 후에 이를 심사한다(법 제38조 ②항 본문). 이에 따라 세액심사의 원할을 기하기 위하여 필요한 때에는 심사방법 등에 관한 기준을 정할 수 있다(영 제32조 ②항).

(2) 예외(수입신고 수리 전 : 사전세액심사)

신고한 세액에 대하여 관세채권의 확보가 곤란하다고 인정되거나, 수입신고를 수리한 후 세액심사를 하는 것이 부적당하다고 인정되어 기획재정부령이 정하는 다음에 해당하는 경우에는 수입신고를 수리하기 전에 이를 심사한다(법 제38조 ②항 단서)(규칙 제8조).

① 법률 또는 조약에 의하여 관세 및 내국세의 감면을 받고자 하는 물품

② 관세의 분할납부를 하고자 하는 물품

③ 관세의 체납중에 있는 자가 신고하는 물품

④ 납세자의 성실성 등을 참작하여 관세청장이 정하는 기준에 해당하는 불성실신고

인이 신고하는 물품

⑤ 물품의 가격변동이 크거나 기타 수입신고 후에 세액을 심사하는 것이 적합하지 아니하다고 인정하여 관세청장이 정하는 물품(단, ①, ②는 수입신고 수리 후에 할 수 있다(동조 ②항)).

보 충 통관심사와 세액심사

세관장이 수입신고를 받아 통관 여부를 결정하기 위한 심사는 다음과 같이 구분된다.

① 통관심사 : 품명, 수량, 규격, 용도 등을 확인하여 수입물품이 수입신고 내역과 일치하는가 여부와 허가, 추천 등 구비서류 및 적용법 등에 관한 사항을 심사, 즉 통관 적법성 심사라고도 한다.

② 세액심사 : 수입물품에 부과되는 세액을 심사하는 것으로서 세액산출의 적정여부를 심사하는 것이다. 심사대상은 적용세율, 감면여부, 과세가격, 납부세액의 적정여부를 심사

현행 통관제도는 수입신고수리 전에는 통관심사만 하고 세액심사는 수입신고수리 후에 하는 사후세액심사제도를 채택하고 있어 수입신고 수리 전 세액심사대상을 제외하고는 통관시에는 세액심사를 원칙적으로 금하고 있다.

4. 납세 신고한 세액의 납부

납세의무자는 납세신고가 수리된 날로부터 15일 이내에 해당 세액을 납부하여야 한다. 이 경우 납세의무자는 수입신고수리 전에도 해당 세액을 납부할 수 있다(법 제9조 ①항 1호).

5. 세액 정정

(1) 의 의

납세의무자가 과세표준, 세액 등을 계산, 자진하여 납세신고를 하거나 자진 신고 납부한 후 세율적용 착오, 과세가격적용 착오 등 그 세액이 납부하여야 할 세액에 부족하거나 또는 초과 납부한 사실이 있음이 발견된 경우, 납세의무자와 과세관청은 납부하여야 할 정당한 세액으로 정정하게 된다. 이를 세액의 정정이라 한다.

세액을 정정하는 방법은 보정, 수정, 경정 및 경정청구를 할 수 있다.

그림 7-2 세액정정 절차

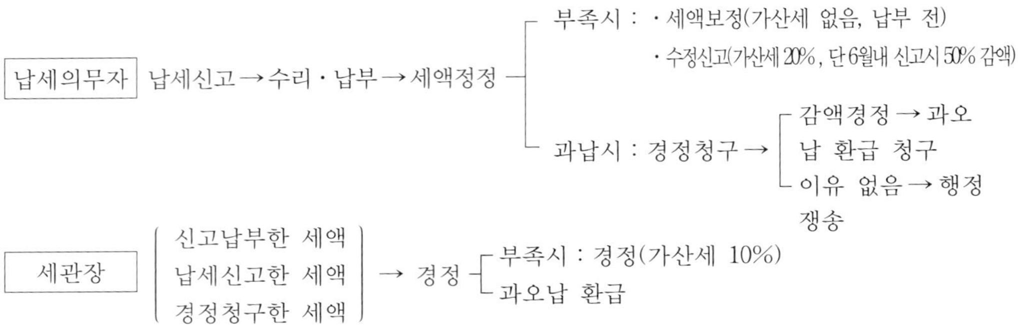

(2) 세액 보정

㈎ 의 의

납세의무자는 해당 세액을 납부하기 전에 납세 신고한 세액에 과부족이 있는 것을 안 때에는 납세신고한 세액을 보정하는 방법에 의하여 해당 세액을 정정할 수 있다.

㈏ 보정절차

납세신고한 세액을 보정하고자 하는 자는 세관장에게 세액 보정 신청을 하여 해당 납세신고와 관련된 서류를 교부받아 과세표준 및 세액, 기타 관계사항을 보정한 후 보정한 곳에 날인하여 해당 세액납부 전까지 세관장에게 제출하여야 한다. 이 경우 납부기간은 당초의 납부기한으로 한다.

(3) 수정신고

㈎ 의 의

납세의무자는 신고 납부한 세액에 부족이 있는 때에는 수정신고를 할 수 있다. 이 경우 수정신고한 날의 다음날까지 해당 관세를 납부하여야 하며, 수정신고에 의하여 부족한 관세를 추가 납부하는 경우에는 불성실한 의무이행에 따른 가산세를 세관장에게 납부하여야 한다(법 제38조의3 ①항 본문). 이는 납세자 스스로 자기 보정에 의하여 부족세액을 신고, 납부케 함으로써 행정력을 절감하고 납세의무자도 가산세의 감면특혜를 받을 수 있도록 하는 제도이다.

보 충

수정신고는 수입신고를 수리하기 전에 하는 것이 원칙이지만 추가 납세신고를 하려는 경우에는 수입신고를 수리한 후에도 경정이 있기 전까지 할 수 있다. 또한 수입신고 후 수입신고를 수리하기 전에 변질 또는 손상된 물품에 대하여는 손상 감세 규정에 의하여 손상감면신청을 할 수 있으나 수정신고도 가능하다. 그리고 보세 건설장에 반입된 물품은 그 수입신고수리의 날에 시행되는 법령을 적용하여야 하므로 수입신고일 이후 수입신고가 수리되기 전에 세율이 변경되었다면 이 또한 수정신고가 가능하다고 볼 수 있다.

(나) 신고서의 제출 및 납부기한

수정신고를 하고자 하는 자는 과세표준, 세액 등의 사항을 기재한 수정신고서를 세관장에게 제출하여야 하며(영 제33조), 이 경우 납세의무자는 수정신고한 날의 다음날까지[1]와 동시에 해당 관세를 납부하여야 한다(법 제38조의3 ①항).

(다) 가산세

납세의무자는 신고납부 불성실에 따른 가산세를 추가로 납부할 세액에 가산하여 납부하여야 하며, 가산세는 해당 부족세액의 10%로 한다. 다만, 납세의무자가 신고납부일로부터 6월 내에 수정신고하는 경우에는 가산세액의 100분의 50을 경감하여 징수한다(법 제42조 ①, ②항).

다만, 관세조사의 사전통지(법 제114조 ①항)의 규정에 의한 해당 물품에 대한 관세조사 통지 후 또는 과세 전 적부심사 통지(법 제118조 ①항)의 규정에 의한 징수의 통지 후에 납세의무자가 수정신고를 한 경우에는 그러하지 아니한다.[2]

(4) 경 정

(가) 의 의

세관장은 납세의무자가 납세 신고한 세액 또는 신고 납부한 세액, 경정청구한 세액을 심사한 결과 납세 신고한 세액 또는 납부세액에 과부족이 있는 것을 안 때에는 그 세액을 경정하여야 하며 그 부족세액에 대하여 납세 고지하여야 한다(법 제38조의3 ④항). 또한, 세관장은 경정을 한 후 그 세액에 과부족이 있는 것을 발견한 때에는 그 경정한 세액을 다시 경정하여야 한다(영 제34조 ⑤항).

---

1) 수정신고시 납부일의 개정(2003년).
이는 세관징수 시스템의 전산화로 세관의 전산처리절차상 납세의무자가 수정신고 당일 납부할 수 없는 경우가 발생함에 따른 문제점을 보완하기 위한 것임.
2) 수정신고 후 가산세 감면대상의 제한(2003년 개정).

㈏ 경정절차

세관장은 세액을 경정하고자 할 때에는 납부세액 등의 사항을 기재한 경정통지서를 납세의무자에게 교부하여야 한다(영 제34조 ③항). 이 경우 이미 납부한 세액에 부족이 있거나 납부할 세액에 부족이 있는 경우에는 그 부족세액에 대하여 세관장이 납세고지를 하여야 한다(동조 ④항).

㈐ 가산세

경정에 의하여 부족세액을 징수하는 경우에는 신고납부 불성실에 따른 가산세를 추가로 납부할 세액에 가산하여 납부하여야 한다. 이 경우 해당 부족세액의 10%의 범위 안에서 대통령령이 정하는 금액을 가산세로 징수한다(법 제42조 ①항).

표 7-1 세액정정 방법의 비교

구 분	시 기	주 체	납부기한	가산세	비 고
세액 보정	납부 전 세액에 과부족이 발생한 경우	납세의무자	변동이 없음	해당이 없음	· 세액납부 전에 가능하다.
수정 신고	신고납부세액에 부족이 발생한 경우	납세의무자	수정신고와 동시	신고납부한 날로부터 6개월 이내 수정신고를 하는 경우 부족세액의 10% 징수	· 수입신고수리와 관계가 없다. · 경정이 있기 전까지 할 수 있다.
경정	신고납부한 세액 또는 납세 신고한 세액에 과부족이 발생한 경우	세관장	납세고지를 받은 날로부터 15일 이내	부족액의 2% 징수	· 수정신고보다 범위가 넓다. · 재경정이 가능하다.
경정 청구	최초 납세신고일부터 5년 이내	납세의무		없음	

(5) 경정청구

㈎ 의 의

납세의무자는 신고납부한 세액이 과다한 것을 안 때에는 최초로 납세신고를 한 날부터 5년 이내에 대통령령이 정하는 바에 의하여 신고한 세액의 경정을 세관장에게 청구할 수 있다(법 제38조4 ①항). 이는 신고납부제하에서 부과에 대한 행정처분의 부존재로 인하여 과다납부시 행정쟁송을 할 수 없는 문제점이 발생됨에 따라 경정청구에 대한 통지를 처분으로 보아 이를 입법적으로 해결하려고 한 것이다. 경정청구제도는 납세 의무자의 과다신고 등을 구제할 수 있는 중요한 제도라고 할 수 있다.

㈏ 요 건

신고된 과세표준 및 세액이 신고하여야 할 과세표준 및 세액을 초과하거나 신고된 환급세액이 신고하여야 할 환급세액에 미달하는 경우에는 최초납세신고를 한 날로부터 5년 이내에 경정을 청구할 수 있다.

㈐ 경정청구의 절차

경정의 청구를 하고자 하는 자는 경정사유 등 사항을 기재한 경정청구서를 세관장에게 제출하여야 한다(영 제35조). 이 경우 경정의 청구를 받은 세관장은 그 청구를 받은 날로부터 2월 이내에 세액을 경정하거나 경정할 이유가 없다는 뜻을 그 청구한 자에게 통지하여야 한다(법 제38조의3 ②).

㈑ 경정청구의 효력

경정청구는 청구행위의 그 자체만으로 납세의무를 감액 변동시키는 확정력을 갖지 못하며, 단지 과세관청으로 하여금 일정기간 내에 결정 또는 경정을 하여야 할 법률상의 의무를 지울 뿐이다. 과세관청이 이를 거부하거나 해태하면 '거부처분' 또는 '부작위'가 성립되어 행정쟁송을 다툴 수 있게 된다.

㈒ 경정청구와 수정신고와의 관계

경정청구제도는 납세의무자의 경정청구에 의하여 바로 납부세액 등이 결정되는 것이 아니라 청구를 받은 세관장이 이를 조사하여 경정할 사항이 있으면 경정하고 그렇지 않으면 경정할 이유가 없다는 이유를 통지하는 것이므로 세관장의 경정에 의하여 납세 의무가 확정되며, 이에 반해 당초 신고 납부한 세액에 부족이 있어 납세의무자가 하는 증액수정신고의 경우에는 신고 납부제도의 본질상 등 신고와 동시에 세액이 확정된다는 점에 그 차이점이 있다.

구 분	수정신고	경정 청구제도
신고(청구)자	법정신고시한 내에 과세표준신고를 한 자	법정신고기한 내에 과세표준신고를 한 자
신고(청구)의 사유	당초에 과소신고를 한 경우	당초에 과대신고를 한 경우
신고(청구)의 기한	결정, 경정하여 통지하기 전까지	최초 납세신고일로부터 2년 이내
신고(청구)의 효력	증액확정력이 인정됨	감액확정력은 없으나 과세관청으로 하여금 2월 이내에 경정하여야 할 법률상의 의무

Ⅲ. 부과고지방식

1. 의 의

부과과세란 세관장의 부과처분에 의하여 과세표준과 세액을 결정하여 이를 고지하면 납세의무자가 고지를 받은 날로부터 고지된 세액을 소정의 기일 내에 납부하는 제도를 말한다.

우리나라는 1978년 관세법 개정으로 1979년부터 대부분의 수입물품에 대하여 신고납부방식에 의한 관세징수를 원칙으로 하여 현재는 일부 예외적인 수입물품에 대하여만 부과고지방식을 적용하고 있다. 따라서, 부과고지의 대상은 과세가격결정에 관한 자료가 미비한 무환수입물품이나 탄력관세 적용품 등 특수한 경우에 한하고 있는데, 이러한 물품들에 대하여는 납세의무자가 정확한 세액결정을 할 수 없으므로 처음부터 세관에서 세액을 결정하여 고지하는 것이다.

2. 부과과세의 대상

다음에 해당하는 경우에는 세관장이 관세를 직접 부과 징수한다(법 제39조의 ①항 각호).

① 과세물건 확정시기의 예외적인 경우로서 일정한 사실이 발생했을 때 관세를 부과 징수하는 경우
② 보세건설장에서 건설된 시설물이 수입신고수리 전에 가동된 경우
③ 보세구역에 장치된 물품이 수입신고수리되기 전에 반출된 경우
④ 납세의무자가 관세청장이 정하는 사유로 과세가격·관세율 등에 결정하기 곤란하여 부과고지를 요청하는 경우
⑤ 즉시 반출한 물품을 신고 기간 내에 수입신고를 하지 아니하여 관세를 징수하는 경우
⑥ 기타 납세신고가 부적당하다고 인정되는 기획재정부령으로 정한 물품[3]

3) 기타 납세신고가 부적당하다고 인정되는 기획재정부령으로 정한 물품은 다음과 같다.
㉠ 여행자 또는 승무원의 휴대폰 및 발송품
㉡ 우편물(수출입 승인을 받은 우편물은 제외)
㉢ 법률의 규정에 의하여 세관장이 관세를 부과·징수하는 물품
㉣ 기타 납세신고가 부적당하다고 인정되어 관세청장이 지정하는 물품

◈ **부과고지 요청제도**(2001 관세법 신설)

납세자가 신고납부하기가 곤란할 경우에는 부과고지를 요청할 수 있는 제도를 도입하게 된 것이다(법 제39조 ④항). 이는 세액계산 등의 능력이 부족한 중소기업 등 영세기업을 보호하기 위하여 납세자가 과세가격이나 관세율을 정하기 곤란하여 부과고지 요청하는 경우에는 신고납부가 아닌 부과고지에 의하여 관세를 청구할 수 있도록 하였다.

현행 관세납부제도는 원칙적으로 수입자가 세액을 계산하여 신고납부하도록 되어 있으나 납세자가 정확한 세액 등을 계산하기 어려워 신고납부하기가 곤란한 경우에는 세관장이 세액을 계산하여 부과할 것을 요청할 수 있도록 규정하여 추후 부족세액에 대하여 20%의 가산세를 부과받는 불이익을 당하는 것을 보완하였다.

㉠ 우리나라의 거주자에게 기증되는 탁송품으로서 수증자가 사용할 물품

㉡ 세관장이 경정하고자 하는 물품(납세신고한 세액은 제외)

㉢ 분할납부고지 대상물품

3. 납세고지

세관장이 직접 부과하는 경우 및 경정하는 경우에 세관장이 관세를 징수하고자 할 때에는 대통령령이 정하는 바에 의하여 납세의무자에게 납세고지를 하여야 한다(법 제39조 ③항). 납세고지의 방법에는 서면고지와 구두고지가 있다.

(1) 서면고지

서면고지는 납부하여야 할 세목, 세액, 납부기한 등을 기재한 납부고지서에 의한다. 납부고지서를 교부받은 납세의무자는 수납기관에 해당 관세를 납부하여야 한다.

(2) 구두고지

여행자의 휴대품 또는 조난선박으로부터 양육한 물품으로서 보세구역이 아닌 장소에 장치한 물품에 대한 관세의 납세고지를 구두로 고할 수 있고 또한 이 경우에는 그 물품을 검사장소에서 직접 수납할 수 있다.

물품을 검사한 공무원이 관세를 수납하는 때에는 부득이한 사유가 있는 경우를 제외하고는 다른 공무원을 입회시켜야 한다. 출납공무원 아닌 공무원이 관세를 수납한 때에는 지체 없이 출납공무원에게 인계하여야 하며, 출납공무원이 아닌 공무원이 선량한 관리자로서의 주의를 게을리 하여 수납한 현금을 망실한 때에는 이를 변상하여야 한다(법 제43조 ②, ③, ④항).

4. 납 기

납세고지를 받은 자는 그 고지를 받은 날로부터 15일 내에 해당 세액을 세관장에게 납부하여야 한다. 가령, 수입업자가 10월 1일 세관장으로부터 납부고지서를 받은 경우에는 10월 16일까지 해당 세액을 납부하여야 한다(초일불산입, 말일산입).

보 충 관세법 및 국세징수법 등의 규정에 의한 납부기한

구 분		납부기한
관세법	일반수입물품	수입신고가 수리된 날 또는 납부고지를 받은 날로부터 15일 이내
	분할납부승인물품	분할납부기간 만료일
	즉시반출물품	반출신고한 날로부터 15일 이내
국세 징수법	법령 등에 납부기한이 정해져 있는 경우	법령 등에 정해진 날(납기개시 5일 전에 고지)
	법령 등에 납부기한이 정해져 있지 않은 경우	15일 이내의 납부기한을 정함
	독촉장을 발부하는 경우	10일 이내의 납부기한을 정함

Tip 관세의 납부기한

(1) 의 의

관세의 납부기한이란, 관세법상의 규정에 의하여 납세의무자가 조세 채무를 이행하여야 하는 기한을 말한다.

(2) 일반적인 관세의 납부기한

1) **납세의무자가 신고납부 규정(법 제38조)에 의한 납세신고를 한 경우**

납세의무자는 납세신고가 수리된 날로부터 15일 이내에 해당 세액을 납부하여야 한다.

2) **세관장이 부과고지 규정(법 제39조)에 의한 납세고지를 한 경우**

납세고지를 받은 자는 그 고지를 받은 날로부터 15일 이내에 해당 세액을 세관장에게 납부하여야 한다.

3) **수입신고 전 즉시반출신고를 한 경우**

납세의무자는 수입신고일부터 15일 이내에 해당 세액을 납부하여야 한다.

4) **세액을 정정하는 경우**

납세의무자가 세액의 보정을 신청한 경우 해당 보정신청을 한 날의 다음날까지 해당 관세를 납부하여야 하며, 수정신고를 한 경우 수정신고한 날의 다음날까지 해당 관세를 납부하여야 한다. 다만, 납세의무자가 납세신고한 세액을 납부하기 전에 정정을 한 경우 납부기한은 당초의 납부기한으로 한다.

(3) 예외적인 납부기한

1) 사전납부

납세의무자는 일반적인 납부기한 규정에 불구하고, 수입신고수리 전에도 해당 세액을 납부할 수 있다.

2) 분할납부

세관장은 납부기한별로 부과고지 규정에 의한 납세고지를 하여야 한다. 다만, 관세를 지정된 기한까지 납부하지 않았거나, 파산선고를 받은 경우 또는 법인이 해산한 경우 등으로 인하여 관세를 징수하는 때에는 10일 이내의 납부기한을 정하여 납세고지를 하여야 한다.

3) 월별납부

세관장은 납세실적 등을 고려하여 일정요건을 갖춘 성실납세자가 신청을 하는 때에는 일반적인 납부기한 규정에 불구하고, 납부기한이 동일한 달에 속하는 세액에 대하여는 동기한이 속하는 달의 말일까지 일괄하여 납부하게 할 수 있다.

(4) 납부기한 경과시의 조치

1) 가산금의 징수

관세를 납부기한까지 완납하지 아니하는 때에는 그 납부기한이 경과한 날부터 체납된 관세에 대하여 100분의 3에 상당하는 가산금을 징수하며, 체납된 관세를 납부하지 아니하는 때에는 그 납부기한이 경과한 날부터 매 1월이 경과할 때마다 체납된 관세의 1,000분의 12에 상당하는 중가산금을 다시 가산하여 징수한다.

2) 담보의 관세 충당

세관장은 담보를 제공한 납세의무자가 그 납부기한 내에 해당 관세를 납부하지 아니하는 때에는 그 담보를 해당 관세에 충당할 수 있다.

3) 관세징수권의 행사

납부기한이 경과하면 과세관청에게 체납관세를 강제징수할 수 있는 권리가 형성된다. 관세징수권은 일반적으로 납부기한이 만료된 날의 다음날부터 5년간 행사하지 아니하면 소멸시효가 완성된다.

(5) 납부기한의 연장

천재·지변 등이 발생한 경우 1년을 초과하지 아니하는 범위 내에서 납부기한을 연장할 수 있다. 납부기한이 공휴일·근로자의 날·금융기관 등의 휴무일에 해당하는 때에는 그 다음날을 기한으로 한다. 또한 정전, 프로그램의 오류, 한국은행 또는 체신관서의 정보처리장치의 비정상적인 가동 등으로 납부기한 내에 납부를 할 수 없게 된 때에는 전산처리 설비의 장애가 복구된 날의 다음날을 기한으로 한다.

5. 추　징

신고납부방식이나 부과고지방식에 의해 관세를 징수한 후에 과세표준, 세율, 감면세 등에 착오가 있어 징수한 세액에 부족이 있음을 사후에 발견하여 그 부족액을 징수하는 것을 추징이라고 말한다. 이 경우도 부과고지 방식에 의하여 관세를 징수한다.[4]

보 충　신고납부방식과 부과과세방식의 비교

신고납부제도는 납세의무의 확정을 1차적으로 납세의무자에게 부여하고, 과세권자의 확정권은 2차적, 보충적 지위에 유보하는 제도를 말하며 두 제도를 비교하면 아래와 같다.

구 분	신고납부방식		부과과세방식
의의	1차적 납세의무자에게 확정권 부여	2차적 무신고시 과세권자가 확정	과세권자에게만 확정권을 부여
확정주체	납세자	과세관청	과세권자
확정방식	수입신고시	과세표준과 세액결정	과세표준과 세액결정
확정효력 발생시기	신고서 제출시	결정통지서(고지서) 도달시	결정통지서(고지서) 도달시

Ⅳ. 가산금과 가산세

1. 가산금

(1) 의　의

관세를 납부기한까지 납부하지 아니한 때에는 가산금을 징수한다. 즉, 신고납부의 경우에는 수입신고서가 수리된 날, 부과고지의 경우에는 납세고지서를 받은 날로부터 15일 이내에 납부하지 아니하면 가산금을 징수한다. 이는 관세를 소정의 기한 내에 납부하도록 자금상의 압박을 주어 관세의 체납을 방지하려는 목적이 있다.

(2) 가산금의 종류

㈎ 1차 가산금

관세를 납부기한까지 완납하지 아니 한 때에는 그 납부기한이 경과한 날로부터 체납

4) 범칙물품은 밀수법으로부터 몰수하여야 하나 여러 가지 사유로(전매, 멸각, 해상투기)몰수하지 못하는 경우에는 해당 물품에 갈음하여 범칙 당시의 국내도매가격 상담금액을 징수하는데 이를 또한 추징이라고 한다.

된 관세에 대하여 3%에 상당하는 가산금을 징수한다(법 제41조의 ①항).

㈏ 중가산금

체납된 관세를 납부하지 아니한 때에는 납부기한이 경과한 날로부터 매 1월이 경과할 때마다 1차 가산금에 체납된 관세의 1.2%에 상당하는 가산금을 1차 가산금에 다시 가산하여 징수한다. 이 경우 중가산금을 가산하여 징수하는 기간은 60월을 초과하지 못한다(법 제41조 ②항).

구 분	기한구분	가 산 금
1차 가산금	납부기한까지 완납하지 아니한 때	체납관세의 3/100
중가산금	납부기한 경과 후 매 1월이 경과할 때마다	12/1000씩 가산

(3) 가산금의 부적용

㈎ 중가산금의 부적용

체납된 관세(세관장이 징수하는 내국세가 있는 경우 그 금액을 포함)가 100만원 미만인 경우에는 이를 적용하지 아니한다(법 제41조 ③항).

㈏ 가산금의 부적용(법 제41조 ④항).

다음과 같이 국가 또는 지방자치단체가 직접 수입하는 물품 등 대통령령으로 정하는 물품은 가산금 규정을 적용하지 아니한다(영 제38조).

1. 국가 또는 지방자치단체(지방자치단체조합을 포함)가 직접 수입하는 물품과 국가 또는 지방자치단체에 기증되는 물품 2. 우편물(단, 법 수입신고를 하여야 하는 것은 제외)

또한 관세의 담보로 제공한 금전을 납부기한이 경과하여 관세에 충당하는 경우

구 분	징수시기	가산금	적용한도	가산금 부적용
1차 가산금	납부기한이 지난날부터	체납된 관세의 5%		• 국가 · 지방자치단체 · 지방자치단체조합 직접수입, 기증물품 • 우편물 • 금전담보 충당시
중가산금 (2차 가산금)	납부기한이 지난날부터 매 1월이 경과할 때마다	체납된 관세의 1.2%	가산 징수기간은 60월 이내, 체납관세 100만원 미만인 경우 비적용	

(4) 국세환급 가산금

과오납의 환급시 지급하는 가산금과 과다환급금의 징수시 징수하는 가산금이 있다. 이들은 과오납 환급시에 환급액 지급시 또는 과다 환급액의 징수시에 가산되는 것으로서 일종의 부당이익을 환급 또는 환수하는 데 따른 이자 성격으로서 연체세의 성격을 가진 가산금과는 차이가· 있다.[5)]

과다환급액의 징수시 가산세(법 제47조 ②항)	세관장은 관세·가산금·가산세 또는 체납처분비의 과다환급액을 징수하는 때에는 과다환급한 날의 다음날부터 징수결정을 하는 날까지의 기간에 대하여 대통령령이 정하는 이율에 따라 계산한 금액을 과다환급액에 가산하여야 한다.
과오납금환급시 가산금(법 제48조)	세관장은 관세·가산금·가산세 또는 체납처분비의 과오납금을 환급 또는 충당한 때에는 과오납한 날의 다음날부터 환급 또는 충당결정을 하는 날까지의 기간에 대하여 대통령령이 정하는 이율에 따라 계산한 금액을 환급금에 가산하여야 한다. 다만, 가산금을 부과하지 않는 물품(법 제41조 ④항)은 제외한다.

2. 가산세

(1) 의 의

가산세란 관세법이 규정하는 의무의 성실한 이행을 확보하기 위하여 관세액에 가산하여 징수하는 금액을 말한다. 납세의무자가 신고납부한 세액이 납부하여야 할 세액에 부족한 경우에는 그 부족한 관세액을 징수하는 때에 가산세를 추가하여 징수한다. 이러한 가산세는 납세의무자의 고의 또는 과실을 고려함이 없이 불성실신고에 대한 과태료적 성격을 가지고 있다.

(2) 신고납부 불성실 가산세

세관장은 부족한 관세액을 징수하는 때에는 해당 부족세액의 100분의 10의 범위안에서 대통령령이 정하는 금액을 가산세로 징수한다. 세관장은 납세의무자가 수정신고를 신고납부일로부터 6월 이내에 한 때에는 가산세액의 100분의 50을 경감하여 징수한다(법 제42조 ①항).

그러나 다음과 같은 경우에는 가산세를 부과하지 않는다(법 제42조 ①항 단서)(영 제39조 ②항).

① 수입신고가 수리되기 전에 관세를 납부한 결과 부족세액이 발생한 경우로서 수입

5) 여주호, 전게서, pp. 387~389.

신고가 수리되기 전에 납세의무자가 해당 세액에 대하여 수정신고를 하거나 세관장이 경정하는 경우

② 잠정가격신고를 기초로 납세신고를 하고 이에 해당하는 세액을 납후한 경우(다만, 납세의무자가 제출한 자료가 사실과 다름이 판명되어 추징의 사유가 발생한 경우에는 제외)

③ 기획재정부령이 정한 물품 중 감면대상 및 감면율을 잘못 적용하여 부족세액이 발생한 경우

④ 가산금 규정을 적용하지 아니하는 경우(면제대상)

(3) 수입(반송)신고지연 가산세

㈎ 의 의

수입 또는 반송을 하고자 하는 물품을 지정장치장 또는 보세창고에 반입하거나 보세구역외장치 허가를 받아 보세구역이 아닌 장소에 장치한 자는 그 반입일 또는 장치일로부터 30일 이내에 수입 또는 반송이 신고를 하여야 한다(법 제241조 ③항). 이 경우 동 기간을 경과한 물품 중 관세청장이 정하는 물품은 가산세 적용대상이 된다.

㈏ 가산세율

수입(반송)신고 지연에 따른 가산세율은 해당 과세가격의 100분의 2의 범위 내에서 부과 · 징수하며, 가산액은 500만원을 초과할 수 없다(영 제247조 ②항).

신고기한이 경과한 날부터		
20일 내에	신고를 한 때에는	과세각격의 1천분의 5(0.5%)
50일 내에		과세가격의 1천분의 10(1%)
80일 내에		과세가격의 1천분의 15(1.5%)
이외의 경우		과세가격의 1천분의 20(2%)

㈐ 부과범위 등

가산세액은 신고기한의 경과일수에 따라 0.5%~2%까지 부과되며, 500만원을 초과할 수 없다(영 제247조 ②항). 신고 지연 가산세를 징수할 물품은 물품의 신속한 유통이 긴요하다고 인정하여 보세구역의 종류와 물품특성을 감안하여 관세청장이 정하는 물품으로 한다(영 제248조).

(4) 재수출 불이행 가산세

㈎ 의 의

재수출면세 또는 재수출감면세의 규정에 의하여 수입시 일정기간 재수출할 것을 조

건으로 관세의 감면을 받은 물품을 그 기간 내에 재수출하지 아니한 경우에는 가산세를 부과한다.

㈏ 가산세의 부과

세관장은 관세의 감(면)세를 받은 물품 중 기획재정부령이 정하는 물품을 규정된 기간 내에 수출하지 아니한 때에는 500만원을 초과하지 아니하는 범위안에서 해당 물품에 부과될 관세의 100분의 20에 상당하는 금액을 가산세로서 징수한다(법 제97조 ④항).

(5) 미신고 휴대품 등에 대한 가산세

세관장은 다음 각 호의 어느 하나에 해당하는 경우에는 해당 물품에 대하여 납부할 세액(관세 및 내국세를 포함한다)의 100분의 20(제1호의 경우에는 100분의 40으로 하되, 반복적으로 자진신고를 하지 아니하는 경우 등 대통령령으로 정하는 사유에 해당하는 경우에는 100분의 60)에 상당하는 금액을 가산세로 징수한다(법 제241조 ⑤항).

① 여행자나 승무원의 휴대품·탁송품 또는 별송품(제96조 제1항 제1호 및 제3호에 해당하는 물품은 제외한다)을 신고하지 아니하여 과세하는 경우

② 우리나라로 거주를 이전하기 위하여 입국하는 자가 입국할 때에 수입하는 이사물품(제96조 제1항 제2호에 해당하는 물품은 제외한다)을 신고하지 아니하여 과세하는 경우

(6) 수입·반송신고기한 경과 가산세

㈎ 의 의

수입하고자 하는 물품을 수입신고 전에 운송수단·관세통로, 하역통로 또는 이 법에 규정된 장치 장소로부터 즉시 반출하고자 하는 자는 대통령령이 정하는 바에 따라 세관장에게 즉시 반출신고를 하여야 한다. 이 경우 즉시 반출신고를 하고 반출을 한 자는 즉시 반출신고를 한 날로부터 10일 이내에 수입신고를 하여야 한다(법 제253조 ①항, ③항).

㈏ 가산세 부과

세관장은 반출신고를 한 자가 전술한 기간 내에 수입신고를 하지 아니하는 때에는 관세를 부과·징수한다. 이 경우 해당 물품에 대한 관세의 100분의 20에 상당하는 금액을 가산세로 징수한다(법 제253조 ④항).

표 7-2 가산세와 가산금의 비교

구 분	가 산 세	가 산 금
의의 목적 성격	① 관세법에 규정된 의무이행 확보를 위하여 부과하는 것 ② 의무불이행에 대한 과태료적 성격으로 ③ 성실신고 유도, 협력의무이행	① 확정된 세액을 납기내에 ② 징수하기 위하여 부담지우는 것. 체납방지 ③ 연체세로서의 성격
가산 요건	① 불성실신고가산세: 신고납부한 세액이 납부세액이 미달하는 때 ② 재수출불이행가산세: 재수출면세 또는 재수출 감면세를 받은 물품을 재수출 기간 내에 재수출하지 아니한 때 ③ 수입 · 반송신고기한 경과 가산세: 수입 또는 반송신고기한 내에 신고를 하지 아니한 경우 ④ 과세대상 여행자휴대품 등 미신고가산세: 여행자휴대품 등 면세대상에 해당하지 아니하는 물품을 신고하지 아니하여 과세하는 경우 ⑤ 수입신고기한 경과 가산세: 수입신고 전 반출신고 후 반출된 물품에 대하여 반출신고일로부터 10일 이내에 수입신고를 하지 아니한 때	① 1차 가산금: 관세를 납부기한까지 완납하지 아니한 때 ② 중가산금: 체납된 관세를 납부하지 아니한 때
부과 금액	① 불성실신고가산세: 부족세액의 20%(수정신고시 10%) ② 재수출불이행가산세: 해당 물품에 부과될 제세액의 20%(500만원 초과 못함) ③ 수입, 반송신고기한 경과 가산세: 과세가격의 0.5%~2% ④ 과세대상 휴대품, 이사물품 등 미신고가산세: 납부세액의 20%(단, 여행자휴대품: 40%) ⑤ 수입신고한 경과 가산세: 해당 관세의 20%	① 1차 가산금: 체납관세의 3% ② 중가산금: 납부기한이 경과한 날로부터 매 1월이 경과할 때마다 체납된 관세의 1.2%(징수기간 최대 60개월)
	① 불성실신고가산세(부과하지 아니하는 경우) ㉠ 사전납부에 해당하는 경우 ㉡ 잠정가격에 의한 납세신고를 하고 이에 해당하는 세액을 납부하는 경우(단, 불성실신고로 추정사유발생시 제외) ㉢ 사전세액심사 대상물품 중 감면대상 및 감면세율을 잘못 적용하여 부족세액이 발생한 경우 ㉣ 가산금 불적용 대상→우측 참조(국가 등이 직접 수입, 기증, 우편물) ② 재수출 불이행가산세: 해당 없음 ③ 수입, 반송신고 기한 경과 가산세	① 소액부징수: 체납관세(내국세포함)가 100만원 미만인 경우에는 중가산금을 적용하지 아니한다. ② 가산금 불적용 대상 ㉠ 국가 또는 지방자치단체(지방자치단체조합을 포함)가 직접 수입하는 물품과 국가 또는

제한 내용	㉠ 국가, 지방자치단체가 직접 수입하는 물품과 기증되는 물품 ㉡ 수출용 원자재 ㉢ 외교관 면세대상 물품 및 SOFA 적용대상물품 ④ 과세대상 여행자 휴대품 등 미신고 가산세: 해당 없음 ⑤ 수입신고 기한 경과 가산세: 해당 없음	지방자치단체에 기증되는 물품 ㉡ 우편(다만, 수입신고하여야 하는 것은 제외)

(7) 납세고지

관세의 현장수납대상물품에 대하여 물품을 검사한 공무원이 관세를 수납하는 경우에는 물품검사 공무원으로 하여금 말로써 고지하게 할 수 있다(영 제5조의 8 단서).

(8) 수납요령

물품을 검사한 공무원이 관세를 수납할 때에는 다른 공무원을 입회시켜야 하며 출납공무원이 아닌 공무원이 관세를 수납한 때에는 지체 없이 출납공무원에게 인계하여야 한다. 출납공무원이 아닌 공무원이 선량한 관리자로서의 주의를 다한 때를 제외하고는 수납한 현금을 망실한 경우에는 변상하여야 한다.

Ⅴ. 내국세 등의 부과징수

1. 내국세 등

수입물품에는 관세법의 규정에 의한 관세 이외에 각 내국세법의 규정에 의거하여 해당물품의 종류 또는 성질에 따른 소정의 내국세를 관세납부시에 함께 납부하도록 하고 있다. 국세기본법 및 국세징수법에 불구하고 수입물품에 대하여 세관장이 부과・징수하는 부가가치세・개별소비세・주세・교육세 및 교통・에너지・환경세법의 부과・징수・환급 결손처분 등에 관하여 국세기본법・국세징수법・부가가치세법・개별소비세법・주세법 및 교육세법 및 교통・에너지・환경세법의 규정과 관세법의 규정이 상충하는 경우에는 관세법의 규정을 우선하여 적용한다.

세관장이 수입물품에 대하여 부과・징수하는 내국세의 징수, 환급, 결손처리 등에 관하여 내국세법(국세기본법 및 국세징수법 포함)의 규정과 관세법이 규정이 서로 다른 경우에는 관세법을 우선하여 적용하도록 함으로써 관세법의 규정에 따라 부과징수하도록 일원화되었다. 이는 수입물품에 부과되는 내국세 등의 부과, 징수규정을 관세법으로 일원화함으로써 그 절차의 통일과 간소화를 기하여 납세자의 편의를 도모하는 데 그 목적이 있다.

2. 내국세 가산금·가산세 및 체납처분비의 징수

내국세 가산금 · 가산세 및 체납처분에 소요되는 체납처분비의 부과 · 징수 · 환급 등에 대하여도 관세의 부과 · 징수 · 환급 등에 관한 규정을 적용한다.

수입물품에 대한 내국세 등은 세관장이 징수하고 내국세에 대한 가산금 · 가산세 및 체납처분비도 관세의 가산금 · 가산세 및 체납처분비와 함께 징수하도록 규정하고 있으므로 모두 관세의 부과 · 징수 · 환급과 같은 절차와 방법으로 부과 · 징수 · 환급된다.

3. 관세와 함께 징수되는 내국세의 산출식

관세와 함께 징수되는 내국세에는 개별소비세, 주세, 교통 · 에너지 · 환경세, 교육세, 농어촌특별세 및 부가가치세가 있다. 즉, 수입물품에 대한 총 납부세액은 관세와 이들 내국세의 합계액이다.

표 7-3 내국세의 세액산출식

세 종	세액 산출식
개별 소비세	(1) 일반물품 개별소비세=(관세의 과세가격+관세)×개별소비세율(5~20%) (2) 기준가격이 설정된 물품 개별소비세={(관세의 과세가격+관세)−기준가격}×개별소비세율(20%)
교통 에너지 환경세	(1) 휘발유 및 이와 유사한 대체유류의 교통 · 에너지 · 환경세율 교통 · 에너지 · 환경세=수입물량×교통 · 에너지 · 환경세율(475원/ℓ) (2) 경유 및 이와 유사한 대체유류 교통 · 에너지 · 환경세=수입물량×교통 · 에너지 · 환경세율(340원/ℓ)
주 세	(1) 주정 주세=주정의 수량(kℓ)×주세율(57,000원+가산금액) (2) 주정 이외의 주류 주세=(관세의 과세가격+관세)×주세율(5~72%)
교육세	(1) 개별소비세 납부물품 교육세=개별소비세액×30%(등유, 중유, 부탄가스 등의 유류 15%) (2) 교통 · 에너지 · 환경세 납부물품 교육세=교통 · 에너지 · 환경세액×15% (3) 주세 납부물품 교육세=주세액×10%(주세율이 70%를 초과하는 주류에 대하여는 30%)

농어촌 특별세	(1) 관세감면물품 농어촌특별세=관세의 감면세액×농어촌특별세율(20%) (2) 개별소비세 납부물품 농어촌특별세=개별소비세액×농어촌특별세율(10%)
부가 가치세	(관세 과세가격+관세+개별소비세+주세+교통·에너지·환경세+교육세)×10%

제2절 납세의무의 이행(관세채권의 실현)

Ⅰ. 관세의 징수절차

신고 또는 부과에 의하여 확정되는 관세채권은 납세자의 자진납부 또는 과세관청의 납세고지에 의해 관세 등을 납부함으로써 실현된다. 관체채권의 실현은 납세자의 자진납부에 의한 방법과 납세고지를 한 후 납세자가 관세를 납부하지 않으면 과세관청이 다시 독촉에 의하여 그 이행을 최고하여 납부케하는 방법이 있는 바, 이와 같이 일련의 단계를 관세채권의 임의적 실현절차(임의징수)라고 한다. 그런데 납세자가 독촉에 의하여 지정한 납부기한까지도 관세채무를 이행하지 아니하면 세관관서는 부득이 납세자의 재산을 압류한 후 재산을 환가하여 그 환가대금을 관세채권에 충당, 청산하는 절차를 밟게 된다. 이에는 징세관서의 강제권 발동이 수반되므로 이를 강제적 징수절차(체납처분)라고 한다.

1. 징수기관과 수납기관

납부고지서를 발부하는 기관을 징수기관(예산회계상으로는 '세입징수관'이라 한다)이라 하고 관세의 수납을 행하는 기관을 수납기관이라 한다. 예산회계법상 징수기관과 수납기관의 겸직은 원칙적으로 금하고 있다.

(1) 징수기관

신고납부서나 부과고지서를 발부하는 기관을 징수기관이라 하는데, 예산회계법상으로는 이것을 세입징수관이라 한다. 관세의 세입징수관은 세관장이 되고 필요한 경우에는 분임세임징수관(세관출장소장)이 된다.

(2) 수납기관

확정된 관세는 수납기관에 납부하여야 하는데, 직접 수납기관인 수입금 출납공무원에게 납부하는 경우와 위탁수납기관인 한국은행 또는 체신관서에 납부하는 경우가 있다.

2. 고지서의 송달(법 제11조)

(1) 인편 또는 우편에 의한 송달

납세고지서는 납세의무자에게 직접 발급하는 경우를 제외하고는 인편 또는 우편으로 송달하여야 한다.

(2) 공시송달

세관장은 납세의무자의 주소, 거소, 영업소 또는 사무소 모두 분명하지 아니하여 관세의 납세고지서를 송달할 수 없을 때에는 해당 세관의 게시판이나 기타 적당한 장소에 납세고지 사항을 공시할 수 있으며 이 경우에는 공시한 날로부터 14일이 경과한 때에 납세의무자에게 송달된 것으로 본다.

3. 수납절차

확정된 관세는 수납기관에 납부하여야 하는 바, 직접 수납기관인 수입금 출납공무원에게 납부하는 경우와 위탁수납기관인 한국은행 또는 체신관서에 납부하는 경우가 있다.

Ⅱ. 관세의 임의징수

1. 관세의 납부

(1) 의 의

관세채무의 이행을 관세법에서는 관세의 납부라고 한다. 신고납부주의를 취한 관세법상의 관세의 납부는 관세채권채무를 확정시키고 절차인 납세신고 수리 후 15일 내에 납부하는 것을 원칙으로 한다. 그러나 신고납세제도하에서도 자진신고납부가 불이행되었거나 경정 결정에 있어서 자진 납부세액이 과소한 경우에는 과세관청의 고지 납부절차가 따르게 된다.[6]

6) 임상엽, 세법개론, 상경사, 1999년 p. 1061.

(2) 납부기한

㈎ 일반적인 납부기한

관세의 납부기한은 이 법에서 달리 규정하는 경우를 제외하고는 다음 각호의 구분에 의한다(법 제9조).

① 자진 납세신고를 한 경우: 납세신고 수리일부터 15일 이내

② 납세고지를 한 경우: 납세고지를 받은 날부터 15일 이내

③ 수입신고 전 즉시반출신고를 한 경우: 수입신고일부터 15일 이내

납세의무자는 상기 규정에 불구하고 수입신고가 수리되기 전에 해당 세액을 납부할 수 있다(동조 ②항).

㈏ 수정신고 후 납부

납세의무자는 신고납부한 세액에 부족이 있는 때에는 대통령령이 정하는 바에 의하여 수정신고를 할 수 있다.

이 경우에는 수정신고한 날의 다음날까지 관세를 납부한다(법 제38조의3 ①항).

㈐ 즉시 징수사유에 해당되는 경우

① 분할납부중인 관세를 징수하는 경우에는 세관장은 15일 이내의 납부기한을 정하여 납세고지를 하여야 한다(영 제127조 ②항).

② 세관장은 천재지변, 기타 부득이한 사유로 관세 등의 납부기한의 연장 또는 분할납부 승인을 할 수 있는데, 일정한 사유로 인하여 이를 취소한 경우에는 15일 이내의 납부기한을 정하여 납세고지를 하여야 한다(영 제2조 ⑦항).

㈑ 일괄납부의 경우(환특법)

관세환급특례법에 의한 관세의 일괄납부업체는 일괄납부기간 동안에 납부하여야 할 관세액과 환급받아야 할 관세액을 정산한 결과 납부세액이 발생한 경우에는 일괄납부기간이 종료되는 날의 다음날 15일까지 관세 등을 납부하여야 한다(환특법 제7조 ③항).

(3) 납부기관 등

납부고지서를 발부하는 기관을 징수기관(예산회계법상으로는 '세입징수관'이라 한다)이라 하고 관세의 수납을 행하는 기관을 수납기관이라 한다. 예산회계법상 징수기관과 수납기관의 겸직은 금하고 있다. 따라서, 세입징수관은 세관출장소장이 되며, 수납기관은 출납공무원이 된다.

2. 납세고지

(1) 의 의

납세고지는 확정된 구체적 관세채권에 대하여 징세관서가 납부기한을 지정하여 그 이행을 청구하는 행위이다. 또한 제2차 납세의무자, 물적 납세의무자 또는 납세보증인에 대하여 그의 보충적인 납세의무를 이행하도록 청구하는 절차는 납부통지서에 납세고지서를 첨부하여 고지한다(국세징수법 12조). 이들이 지정기한까지 납세의무를 불이행하면 납부최고를 한 다음 체납처분을 할 수 있다. 따라서, 이 납부통지는 넓은 의미에 있어서 납세고지에 해당한다.

(2) 납세고지의 법적 성격과 효력

㈎ 납세고지의 법적 성격

고지행위의 법적 성질은 재정상의 '급부청구권'의 하나로 보는 것이 통설이다. 따라서, 납세의 고지는 징수절차의 하나이며, 확정된 조세채권의 이행을 청구하는 효력을 가질 뿐 확정처분 그 자체는 아닌 것이므로 납세의무를 확정시키는 효력을 갖지는 않는다는 것을 의미한다.[7]

㈏ 납세고지의 효력

납부고지와 수납권능	납세의 고지에 의하여 납세자에게는 기한 내에 관세채무를 현실적으로 이행할 의무가 발생하며, 이를 불이행하면 체납이 된다. 또, 세관관서는 납세자가 납부하는 관세를 확정적으로 수령(수납)할 정당한 권능이 생긴다.
체납처분의 전제조건 충족	납세고지는 독촉, 압류의 절차를 취할 수 있는 기본적 전제를 충족시킨다. 납세고지가 없이는 독촉이 불가능하고, 또 독촉절차를 거쳐야만 체납처분으로서의 압류 개시가 가능해지는 것이다.
소멸시효의 중단	납세고지는 관세징수권을 행사하는 것이므로 국세징수권의 소멸시효의 진행을 중단시키는 효력이 있다.

(3) 납세고지의 방법

㈎ 서면고지

세관장은 법 제39조(부과고지)의 규정에 의하여 관세를 징수하고자 할 때에는 세목·세액·납부장소 등을 기재한 납세고지서를 납세의무자에게 교부하여야 한다.

7) 여주호, 전게서, pp. 394~396.

㈏ 구두고지(관세의 현장수납)

대 상	다음에 해당하는 물품의 관세는 그 물품을 검사한 공무원이 검사장소에서 수납할 수 있다(법 제43조 ①항). ⓘ 여행자의 휴대품 ⓘⓘ 조난선박에 적재된 물품으로서 보세구역이 아닌 장소에 장치한 물품
납세고지	상기 규정에 의하여 물품을 검사한 공무원이 관세를 수납하는 경우에는 그 공무원으로 하여금 말로써 고지하게 할 수 있다(영 제36조 단서).
수납방법	물품을 검사한 공무원이 관세를 수납할 때에는 다른 공무원을 입회시켜야 하며 출납 공무원이 아닌 공무원이 관세를 수납할 때에는 지체 없이 출납공무원에게 인계하여야 한다. 또한, 출납공무원이 아닌 공무원이 게을리 하여 수납한 현금을 망실하는 때에는 이를 변상하여야 한다(법 제43조 ②③④항).

(4) 고지서의 송달

송달이란 일정한 사항을 당사자 또는 이해관계인 등에게 알리기 위하여 서류를 송부하는 절차이다. 송달방법은 인편 또는 우편에 의한 송달방법과 공시송달방법이 있다(법 제11조).

(5) 징수금액의 최저한도

세관장은 납세의무자가 납부하여야 하는 세액이 대통령령이 정하는 금액 미만인 때에는 이를 징수하지 아니한다(법 제40조). 세관장이 징수하지 아니하는 금액은 1만원으로 하고 동 규정에 따라 징수하지 아니하게 되는 경우에는 해당 물품의 수입신고수리일을 그 납부일로 본다(영 제37조 ②항).

3. 독촉과 납부최고

(1) 독 촉

독촉은 관세채권자인 징세관서가 납부기한까지 불이행되어 체납된 조세채무에 관하여 납세자에게 그 이행을 촉구하는 최고를 뜻한다. 이 독촉은 강제징수절차로 이행하는 전단계절차로서 필요적이므로 단순한 이행최고 이상의 효력이 있다. 독촉은 독촉장에 지정한 납부기한까지 독촉된 체납관세와 가산금을 완납하지 아니하면 압류요건이 충족되는 법률적 효과가 발생된다.

(2) 납부최고

제2차 납세의무자, 납세보증인 등이 납부통지된 조세를 그 기한 내에 완납하지 아니한 때에는 10일 내에 납부 최고서를 발부하여야 한다(국세징수법 제23조 ②항). 이는 세관장만이 발부하게 되며, 독촉장 또는 납부최고서를 발부하는 때에는 납부기한을 발급일로부터 20일 내로 한다.

Ⅲ. 관세의 강제징수

관세의 강제적 실현절차는 다음과 같이 세 가지의 경우로 구분하여 살펴 볼 수 있다.

1. 담보의 관세충당

관세채권의 확보를 위해 관세법에는 납세담보제도를 두고 있는데, 관세법상의 담보제도란 국가가 담보물 위에 담보물권을 취득하고, 납세의무자가 관세를 납부하지 않을 경우에는 그 담보물에 의거 관세채무를 변제하는 일종의 공법상의 담보제도이다. 세관장은 담보를 제공한 납세의무자가 그 납부기한 내에 해당 관세를 납부하지 아니한 때에는 기획재정부령이 정하는 바에 의하여 그 담보물을 해당 관세에 충당할 수 있다(법 제25조).

2. 담보 등이 없는 경우는 강제징수

관세법 제26조 제①항에 '담보제공이 없거나 징수한 금액에 부족이 있는 관세의 징수에 관하여는 이 법에 규정이 있는 것을 제외하고는 국세기본법과 국세징수법의 예에 의한다'라고 규정하고 있어 이 경우에는 국세징수법에 의한 체납처분절차에 의거 납세의무자의 재산을 압류한 후 매각한 대금을 관세에 충당하게 된다.

3. 장치기간 경과물품의 매각

장치기간이 경과한 물품을 체화라고 한다. 세관장은 보세구역에 반입한 외국물품이 장치기간을 경과한 때에는 보세구역의 효율적 관세의 적기징수를 위하여 체화물품을 공고한 후 절차에 따라 매각할 수 있으며, 그 매각대금으로서 관세에 충당할 수 있다(법 제208조).

제 3 절 관세채권의 확보

1. 관세징수권의 우선

(1) 의 의

관세징수권의 우선이란 관세채권과 공과금 및 기타 채권이 납세자의 재산에 경합되어 징수 또는 변제되는 경우에는 공과금 및 채권보다 관세채권을 우선적으로 징수할 수 있도록 하는 제도이다.

납세의무는 납세자가 해당 관세를 납부함으로써 소멸된다. 그러나, 납세의무자가 스스로 납세의무를 이행하지 않은 경우에는 관세채권의 확보가 어렵게 될 수 있다. 그러나 관세 또한 정부가 반대급부 없이 일방적으로 징수하는 금전적 급부인 조세의 일종이므로 관세채권의 확보를 위해 사법상의 채권·채무관계와는 달리 국가에 특권을 부여하고 있다.

관세를 납부하여야 할 수입물품이 보세구역에 장치되어 있는 동안은 보세화물 그 자체가 관세의 담보물이기 때문에 특별한 관세채권의 확보책이 요구되지 않지만 해당 보세화물이 보세구역에서 반출된 후에 관세를 징수하여야 할 사유가 발생할 때에는 관세채권을 확보하기 위한 법률상의 특권이 보장되어야 한다. 관세법에 규정되어 있는 관세체권의 확보책으로는 관세징수권의 우선, 관세의 담보제도, 관세의 강제징수, 납세의무의 확장 등을 들 수 있다.

㈎ 관세미납 물품에 대한 관세징수의 우선

관세를 납부하여야 할 물품에 대하여는 다른 조세, 기타의 공과 및 채권에 우선하여 그 관세를 징수하도록 규정되어 있다(법 제3조 ①항).

㈏ 관세미납 물품이 아닌 체납자의 일반 재산에 대한 징수의 우선

국세징수의 예에 의하여 관세를 징수하는 경우에 체납처분의 대상이 해당 관세를 납부하여야 할 물품이 아닌 재산인 때에는 관세징수의 우선 순위를 국세기본법에 규정한 국세와 동 순위로 한다(법 제3조 ②항). 국세기본법 제35조에는 「국세·가산금 또는 체납처분비는 다른 공과금, 기타의 채권에 우선하여 징수한다」라고 규정하고 있으므로 관세는 국세와 같이 다른 공과·채권에 우선하여 징수된다.

담보제공 없이 조건부 감면을 받아 수입된 물품 또는 분할납부의 승인을 받은 물품 등에 대하여 용도 외 사용 등의 추징 사유가 발생하거나 수입신고수리 후에 세율적용 착오, 평가 착오, 감면세 착오 등을 발견하여 추징할 경우에 납부고지서를 받은 납세의무자가 자진하여 납부하지 않은 때에는 국세기본법과 국세징수법의 규정에 의한 체납처분절차에 의해 강제징수를 하여야 하는데, 이 때 체납처분의 대상인 재산이 관세를 납부하여야 할 물품인 경우에는 당연히 관세가 제일 우선하여 징수되지만 관세의 납부대상물품이 아닌 납세의무자의 일반재산인 경우는 관세는 국세와 같은 순위로 우선권이 있다.

2. 관세의 담보제도

(1) 의 의

관세의 담보란 관세채권을 확보할 목적으로 관세법에 의하여 납세자 등으로부터 제공받는 담보를 말한다.

관세법상 담보제도는 국가가 일정한 물품에 대한 담보물권을 취득하고 추후에 납세의무자가 관세를 납부하지 않을 경우에 그 담보물을 처분하여 관세채무를 변제하는 일종의 공법상의 담보제도이다. 관세의 담보는 일반적으로 일반담보와 특별담보 두 가지 형태가 있는데, 일반담보란 관세를 납부하여야 할 물품자체를 말하고, 특별담보란 세관장의 담보제공 요청에 의해 특별히 제공되는 담보물을 말한다.

(2) 담보물의 종류

관세법상 규정에 의하여 제공할 담보물의 종류는 다음과 같다.

㈎ 금 전

금전은 담보제공의 부담이 크므로 대개 수입신고수리 전 반출의 담보로서 주로 이용된다

㈏ 국채 또는 지방채

국채 또는 지방채를 담보로 제공하려는 자는 해당 채권에 관하여 모든 권리를 행사할 수 있는 자의 위임장을 담보제공서에 첨부하여야 한다. 국가 또는 지방자치단체가 발행하는 채권 및 증권의 평가는 시가에 의한다.

㈐ 세관장이 인정하는 유가증권

유가증권을 담보로 제공하려는 자는 해당 증권발행자의 증권확인서와 해당 증권에 관한 모든 권리를 행사할 수 있는 자의 위임장을 담보제공서에 첨부하여야 한다.

㈑ 납세보증보험증권 및 보증인의 납세보증서

납세보증보험증권이나 세관장이 인정하는 보증인의 납세보증서를 담보로 제공하려

는 자는 그 납세보증보험증권 또는 납세보증서를 담보제공서에 첨부하여야 한다. 이 경우 담보가 되는 보증 또는 보험의 기간은 해당 담보를 필요로 하는 기간으로 하되, 납부기한이 확정되지 아니한 경우에는 관세청장이 정하는 기간으로 한다.

㈒ 토지

토지를 담보로 제공하려는 자는 저당권을 설정하는 데에 필요한 서류를 담보제공서에 첨부하여야 한다. 이 경우 세관장은 저당권의 설정을 위한 등기 또는 등록의 절차를 밟아야 한다.

㈓ 보험에 가입된 등기 또는 등록된 건물·공장재단·광업재단·선박·항공기 또는 건설기계

건물·공장재단·광업재단·선박·항공기나 건설기계를 담보로 제공하려는 자는 저당권을 설정하는 데에 필요한 서류를 담보제공서에 첨부하여야 한다. 이 경우 세관장은 저당권의 설정을 위한 등기 또는 등록의 절차를 밟아야 한다. 이를 담보로 제공하려는 자는 그 보험증권을 제출하여야 하며, 이 경우에 그 보험기간은 담보를 필요로 하는 기간에 30일 이상을 더한 것이어야 한다.

② 제1항 제4호에 따른 납세보증보험증권 및 제7호에 따른 납세보증서는 세관장이 요청하면 특정인이 납부하여야 하는 금액을 일정 기일 이후에는 언제든지 세관장에게 지급한다는 내용의 것이어야 한다.

③ 제1항에 따른 담보의 제공에 필요한 사항은 대통령령으로 정한다.

④ 납세의무자(관세의 납부를 보증한 자를 포함한다)는 이 법에 따라 계속하여 담보를 제공하여야 하는 사유가 있는 경우에는 관세청장이 정하는 바에 따라 일정 기간에 제공하여야 하는 담보를 포괄하여 미리 세관장에게 제공할 수 있다.

(3) 담보제공사유

일반적으로 수입물품 자체가 관세담보이나(일반담보), 관세채권을 확보하기 위하여 특별담보를 받을 수 있는 경우는 다음과 같다.

㈎ 덤핑방지관세의 잠정조치를 할 때(법 제53조 ①항)

기획재정부장관은 덤핑방지관세의 부과 여부를 결정하기 위하여 조사가 시작된 경우로서 조사기간 중에 발생하는 피해를 방지하기 위하여 해당 조사가 종결되기 전이라도 그 물품과 공급자 또는 공급국 및 기간을 정하여 잠정적으로 추계(推計)된 덤핑차액에 상당하는 금액 이하의 잠정덤핑방지관세를 추가하여 부과하도록 명하거나 담보를 제공하도록 명하는 조치를 할 수 있다.

㈏ 상계관세의 잠정조치를 할 때(법 제59조 ①항)

기획재정부장관은 상계관세의 부과 여부를 결정하기 위하여 조사가 시작된 물품이 보조금등을 받아 수입되어 국내산업의 보호를 위하여 조사가 종결되기 전이라도 그 물품의 수출자 또는 수출국 및 기간을 정하여 보조금등의 추정액에 상당하는 금액 이하의 잠정상계관세를 부과하도록 명하거나 담보를 제공하도록 명하는 조치를 할 수 있다.

㈐ 조건부 감면세 또는 분할납부의 경우(법 제108조 ①항)

관세법이나 그 밖의 법령·조약·협정 등에 따라 관세를 감면받거나 분할납부를 승인받은 물품에 대하여 그 물품을 수입할 때에 감면받거나 분할납부하는 관세액에 상당하는 담보를 제공하게 할 수 있다.

㈑ 타소장치의 허가의 경우(법 제156조 ②항)

크기 또는 무게의 과다나 그 밖의 사유로 보세구역에 장치하기 곤란하거나 부적당한 물품을 보세구역이 아닌 장소에 장치하려는 자는 세관장의 허가를 받아야 하며, 세관장은 외국물품에 대하여 허가를 하려는 때에는 그 물품의 관세에 상당하는 담보의 제공, 필요한 시설의 설치 등을 명할 수 있다.

㈒ 보세운송의 경우(법 제218조)

세관장은 보세운송신고를 하거나 승인을 얻고자 하는 물품에 대한 관세의 담보를 제공하게 할 수 있다.

㈓ 수입신고 전 물품 반출시(법 제253조 ①항)

수입하고자 하는 물품을 수입신고 전에 운송수단·관세통로 또는 이 법에 규정된 장치장소로부터 즉시 반출하고자 하는 자는 대통령령이 정하는 바에 따라 세관장에게 즉시 반출신고를 하여야 한다. 이 경우 세관장은 납부하여야 할 관세에 상당하는 담보를 제공하게 할 수 있다.

㈔ 지적재산권보호를 위한 통관보류 요청의 경우(법 제235조의 ③항)

세관장은 지식재산권을 침해하였다고 신고된 물품이 지식재산권을 침해하였다고 인정될 때에는 그 지식재산권을 신고한 자에게 해당 물품의 수출입, 환적, 복합환적, 보세구역 반입, 보세운송 또는 일시양륙의 신고 사실을 통보하여야 한다. 이 경우 통보를 받은 자는 세관장에게 담보를 제공하고 해당 물품의 통관 보류나 유치를 요청할 수 있다.

㈕ 천재·지변으로 인한 기한의 연장(법 제10조, 법 제107조 ①항)

천재지변 등으로 인하여 1년 범위 내에서 관세 등의 납부기한을 연장하거나 징수할 세액을 분할하여 납부하도록 하는 경우에 채권확보를 위하여 필요하다고 인정하는 때에는 담보를 제공하게 할 수 있다.

(4) 담보의 제공절차

㈎ 담보제공

관세의 담보를 제공하고자 하는 자는 담보의 종류·금액·수량 및 담보사유를 기재한 담보제공서를 세관장에게 제출하여야 한다. 또한, 제공할 담보의 금액은 납부하여야 할 관세에 해당하는 금액 이상이어야 한다.

표 7-4 담보제공사유

담보제공사유	담보제공여부
① 상계관세의 잠정조치를 할 때	① 세관장이 담보를 제공하게 할 수 있다
② 조건부감면세의 경우	② 〃
③ 덤핑방지관세의 잠정조치를 할 때	③ 〃
④ 관세분할납부의 경우	④ 〃
⑤ 보세운송의 경우	⑤ 세관장이 담보를 제공하게 할 수 있다.
⑥ 수입신고수리시	⑥ 담보를 제공하여야 한다.
⑦ 천재지변 등으로 인한 납부기한 연장시	⑦ 세관장이 담보를 제공하게 할 수 있다.
⑧ 타소장치의 경우	⑧ 〃
⑨ 지적재산권보호를 위한 수입신고수리 보류요청의 경우	⑨ 담보를 제공하여야 한다.
⑩ 수출용원재료의 관세 등을 일괄 납부하는 경우	⑩ 세관장이 담보를 제공하게 할 수 있다.
⑪ 수입신고 전 즉시반출의 경우	⑪ 〃

㈏ 담보를 제공하지 아니한 경우의 납세고지

세관장은 담보제공대상이 다음에 해당하는 경우에는 납세고지를 할 수 있다.

① 관세의 담보를 제공하고자 하는 자가 담보액의 확정일로부터 10일 내에 담보를 제공하지 아니한 경우

② 납세의무자가 수입신고 후 10일 이내에 담보를 제공하지 아니하는 경우

㈐ 담보변경

관세의 담보물을 제공한 자는 담보물의 가격감소에 따르는 세관장의 담보증가 또는 담보물 변경의 통지가 있을 때는 지체 없이 이를 이행하여야 한다. 또한, 제공된 관세의 담보물·보증회사·은행지급보증에 의한 지급기일 및 납세보증보험 기간을 변경하고자 할 때에는 세관장의 승인을 얻어야 한다.

(5) 포괄담보

㈎ 의 의

납세의무자(관세의 납부를 보증한 자를 포함)는 담보제공에 있어서 담보제공사유가 있을 때마다 개별적으로 제공하는 경우가 일반적이나 계속하여 담보를 제공하여야 할 사유가 있는 경우에는 관세청장이 정하는 바에 의하여 일정한 기간에 제공하여야 할 담보물을 포괄하여 제공할 수 있는데 이를 포괄담보라 한다(법 제24조 ④항).

㈏ 포괄담보의 용도

포괄담보는 다음 각호의 사유가 발생하여 담보제공이 필요한 경우에 담보로 사용될 수 있다.

① 수입신고 전 물품반출승인

② 재수출조건부 감면승인

③ 타소장치허가

④ 보세공장의 공장 외 작업허가

⑤ 보세건설장의 역외 작업허가

⑥ 보세운송신고 또는 승인

⑦ 기타 세관장이 담보를 요구한 경우

㈐ 포괄담보제공

담보를 포괄하여 제공하고자 하는 자는 그 기간 및 담보의 최고액과 담보제공자의 전년도 수출입실적 및 예상수출입물량을 기재한 신청서를 세관장에게 제출하여야 한다.

3. 담보물의 관세충당

(1) 의 의

세관장은 담보를 제공한 납세의무자가 그 납부기한 내에 해당 관세를 납부하지 아니한 때에는 그 담보물을 해당 관세에 충당할 수 있다. 이 경우에 담보로서 제공된 금전을 해당 관세에 충당하는 때에는 납부기한 경과 후에 충당하더라도 가산금 규정을 적용하지 아니한다(법 제25조 규칙 제1조).

담보물의 관세충당은 매각비용 · 관세 · 가산세 · 제세 및 가산금의 순서로 충당한다. 그리고 제공된 담보물로 이런 것들을 충당하는데 부족하면 담보물이 없는 경우의 징수절차인 일반재산에 대한 강제집행을 하게 된다.

담보물의 종류	충당방법
· 국가 또는 지방자치단체가 발행한 채권 및 증권 · 세관장이 인정하는 유가증권 · 토지 · 보험에 가입된 등기 또는 등록된 건물, 공장재단, 광업재단, 선박, 항공기 또는 건설기계	매 각
· 납세보증보험증권, 세관장이 인정하는 보증인의 납세보증서	보증인에게 담보한 관세에 상당하는 금액을 납부할 것을 즉시 통보

또한, 납기가 경과되어 담보물을 관세에 충당하는 경우에는 소정의 가산금이 부과되지만 현금을 담보로 제공하여 이를 관세에 충당할 때에는 납기가 넘어서 충당하더라도 가산금을 징수하지 않게 하고 있는데, 이는 현금을 담보로 제공한 것은 사실상 해당 관세액을 납부한 것과 동일한 것으로 간주되기 때문이다.

(2) 담보물의 충당방법

담보를 제공한 납세의무자가 납부기한 내에 해당 관세를 납부하지 아니한 때의 담보물을 관세에 충당하는 경우에는 다음 방법에 의한다.

(3) 담보물의 매각

세관장은 담보물을 매각할 때에는 담보제공자의 주소·성명·담보물의 종류·수량·매각사유·매각장소 등을 공고하여야 한다. 매각 예정일 1일 전까지 관세와 비용을 납부한 때에는 매각을 중지하여야 한다(영 제14조 ①, ②항).

(4) 잔금교부

세관장은 담보물을 관세에 충당하고 잔금이 있을 때에는 이를 담보로 제공한 자에게 돌려주어야 하고, 돌려줄 수 없을 때에는 공탁할 수 있다(법 제25조 ②항). 또한, 관세의 납세의무자 이외의 자가 관세의 납부를 보증한 경우에 그 담보물로 관세에 충당하고 잔금이 있을 때에는 그 보증인에게 직접 돌려주어야 한다(법 제25조 ③항).

4. 관세의 강제징수(관세담보 등이 없는 경우)

납세의무자가 납부하여야 할 관세를 스스로 납부하지 아니한 경우에 세관장이 강제적으로 관세채무의 이행을 실현시키는 것을 강제징수라 하는데, 보세구역에 장치중인 물품으로서 납부기한까지 납부하지 아니한 체납, 관세의 특별담보를 제공한 물품으로서 납부기한까지 관세를 납부하지 아니한 체납은 보세구역장치 물품이나 제공된 담보를 매각 또는 처분함으로써 체납된 관세를 충당할 수 있기 때문에 관세채권을 확보하는 데에는 문제가 없다.

그런 담보의 제공이 없는 관세 또는 이미 징수한 금액에 부족이 있는 관세의 징수에 있어서 납세의무자가 그 관세를 납부기한까지 납부하지 아니하는 경우에 국세기본법과 국세징수법에 의한 체납처분을 하게 된다.

(1) 장치기간 경과물품의 강제징수

세관장은 보세구역에 반입한 외국물품이 장치기간을 경과한 때에는 공고한 후 매각할 수 있다.

㈎ 매각방법

장치기간 경과물품의 매각은 일반경쟁입찰·지명경쟁입찰·수의계약·경매 및 위탁판매에 의하여야 한다.

㈏ 매각대금 충당

세관장은 매각방법의 규정에 의한 매각대금 중에서 그 물품매각에 관한 비용·관세 및 제세순으로 필요한 금액을 충당하고 잔금이 있을 때에는 화주에게 교부한다.

(2) 관세담보 등이 있는 경우의 강제징수

관세의 담보가 제공되어 있는 경우 납세의무자가 그 납부기간 내에 해당 관세를 납부하지 아니한 때에는 기획재정부령이 정하는 바에 의하여 그 담보물을 해당 관세에 충당할 수 있다(관세담보제도 참조).

(3) 관세담보 등이 없는 경우의 징수

㈎ 징수방법

담보제공이 없거나 징수한 금액에 부족이 있는 관세의 징수에 관하여는 관세법에 규정이 있는 것을 제외하고는 국세기본법과 국세징수법의 규정에 의한 체납처분절차에 의거 징수한다.

세관장은 관세의 체납처분을 하는 때에는 재산의 압류·보관·운반과 공매에 소요되는 비용에 상당하는 체납처분비를 징수할 수 있다(법 제26조 ②항).

㈏ 국세징수법에 의한 체납처분절차

관세의 체납에 대하여는 국세징수법의 규정에 의한 체납처분절차에 의하여 징수한다. 국세징수법의 규정에 의한 체납처분은 다음과 같은 절차로 행하여진다.

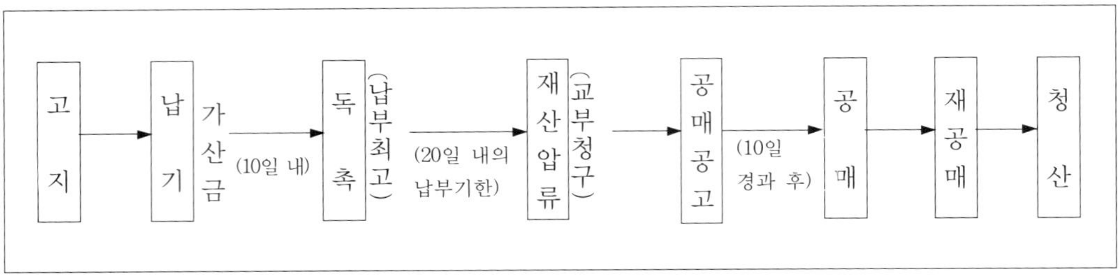

① **독촉**: 세관장은 납세의무자가 관세를 납부기한까지 완납하지 아니한 때에는 납기 경과 후 10일 내에 독촉장을 발부하여야 한다(국세징수법 제23조 ①항).

독촉장의 발부는 하나의 계고행위로서 재산을 압류하기 전에 반드시 선행되어야 할 절차이다. 독촉장 또는 납부최고서를 발급할 때에는 발급일로부터 20일 내에 독촉장을 발부한다(국세징수법 제23조 ③항).

관세의 납부기한은 신고납부방식의 경우 수입신고수리일로부터 15일까지이며, 부가고지방식의 경우에는 부과고지를 받은 날로부터 15일까지이다. 납부기한 내에 관세를 납부하지 않으면 관세법의 가산금 규정에 의하여 다음과 같이 가산금이 부과된다.

구 분	가 산 금	관 세
① 납부기한까지 완납하지 아니한 때 (가산금)	체납관세의 3/100	당초세액
② 납부기간 지난날부터 매 1월이 경과할 때마다(중가산금)	12/1000씩 가산(다만, 중가산금을 더하여 징수하는 기간은 60개월 초과 불가)	당초세액

② **재산압류**: 체납자가 독촉장(납부최고서 포함)을 받고 지정된 기한까지 관세와 가산금을 완납하지 아니할 때에는 체납자의 일반재산을 압류한다(국세징수법 제24조 제①항).

그리고 생활필수품인 의복・침구・가구, 3개월분 식료와 연료 등 압류가 금지된 물품은 압류할 수 없다(국세징수법 제31조).

압류방법은 다음과 같다.

> ㉠ 동산과 유가증권의 압류는 세무공무원이 점유함으로써 행한다. 다만, 운반하기 곤란한 재산은 시장·군수·체납자 또는 제3자로 하여금 보관하게 할 수 있다. 이 경우에는 봉인, 기타의 방법으로 압류재산임을 명백히 하여야 한다(국세징수법 제38조).
> ㉡ 채권의 압류는 채무자와 체납자에게 그 뜻을 통지하여야 하고, 그 통지를 한 때에는 관세·가산세금과 체납처분비를 한도로 하여 채권자에 대위한다(국세징수법 제41조).
> ㉢ 부동산·공장재단·광업재단 또는 선박을 압류할 때에는 압류등기를 소관등기소에 촉탁하여야 하고, 항공기·건설기계·자동차를 압류할 때에는 압류의 등록을 관계 관서에 촉탁하여야 한다(국세징수법 제45조, 제46조). 상기 압류의 효력은 그 압류의 등기 또는 등록이 완료된 때에 발생한다.
> ㉣ 무체재산권 등을 압류한 때에는 그 뜻을 해당 관리자에게 통지하여야 한다(국세징수법 제51조).

③ **교부청구:** 교부청구란 체납자의 재산에 대하여 이미 체납처분, 강제집행, 파산선고 또는 경매와 같은 법적 절차가 진행되고 있는 경우에 징세관청이 이미 진행되고 있는 법적 절차에 참여하여 배당을 청구하는 것을 말한다.

체납자가 다음에 해당하는 경우에는 해당 관서·공공단체·집행법원·집행공무원·강제관리인·파산관리인 또는 청산인에 대하여 관세·가산금 및 체납처분비의 교부를 청구할 수 있다(국세징수법 제56조).

> ㉠ 다른 국세·지방세 또는 공과금의 체납으로 체납처분을 받은 경우
> ㉡ 강제집행을 받은 경우
> ㉢ 어음법 및 수표법에 따른 어음교환소에서 거래정치처분을 받을 때
> ㉣ 그 재산이 경매가 시작된 경우
> ㉤ 법인이 해산되는 경우
> ㉥ 국세를 포탈하려는 행위가 있다고 인정될 때
> ㉦ 납세관리인을 정하지 아니하고 국내에 주소 또는 거소를 두지 아니하게 된 때

이 경우 체납처분·강제집행 및 청산 등에 있어서 우선순위는 다음과 같다.

㉠ 관세를 납부하여야 할 물품에 대하여는 다른 조세 기타의 공과 및 채권에 우선한다.

㉡ 국세 가산금 및 체납처분비는 다른 공고금 기타의 채권에 우선하여 징수한다.

④ **참가압류:** 참가압류란 체납자의 재산에 대하여 이미 다른 기관에 의하여 압류가 행해진 경우에 교부청구의 대체적인 절차로서 그 선행압류에 참가하는 것을 말한다.

압류하고자 하는 재산이 이미 다른 기관에서 압류하고 있는 재산인 때에는 교부청구에 갈음하여 그 재산을 이미 압류한 기관에 참가압류통지서를 송달함으로써 그 압류에 참가할 수 있다(국세징수법 제57조).

참가압류를 하면 압류재산이 관세를 납부하여야 할 물품이면 관세의 우선권을 인정할 수 있고 체납자의 다른 일반재산이면 이미 압류한 타 기관이 국세와 동 순위에 의한 우선권이 확보된다.

표 7-5 교부청구와 참가압류의 차이

구 분	교부청구	참가압류
요건	- 해당 국세가 확정되어 있을 것 (압류의 요건이 충족될 필요는 없음) - 이미 강제환가 절차가 개시되어 있을 것	- 해당 국세가 압류의 요건을 충족하고 있을 것 - 이미 압류가 행해져 있을 것
절차	교부청구서를 기집행기관에 송달 * 등기, 등록 불필요	참가압류통지서를 기압류기관에 송달 * 참가압류의 등기, 등록 필요
효력	- 매각대금 배분요구의 효력 - 징수권 소멸시효 중단의 효력 - 기집행기관에 대해 매각 최고를 할 수 없다. - 기집행기관의 강제환가절차가 해제 또는 취소되면 효력을 상실한다.	- 매각 대금 배분 요구의 효력 - 징수권 소멸시효 중단의 효력 - 기압류기관에 압류재산의 매각을 최고할 수 있음 - 이미 행해진 압류가 해제되면 참가 압류시점으로 소급하여 압류로 전환된다.
해제	- 해제사유 : 납부충당, 부과취소 등 - 해제절차 : 교부청구 해제 통지서를 기집행기관에 송달	- 해제사유 : 압류의 해제사유 준용 - 해제절차 : 압류의 해제절차 준용

⑤ 압류재산의 매각: 압류재산의 매각이란 압류한 재산을 금전으로 바꾸기 위하여 그 소유권을 체납자의 의사에 반하여 강제적으로 이전시키는 행정처분으로서 금전 외의 재산을 환가하는 수단이다. 압류재산을 매각하는 방법에는 공매와 수의계약의 두 가지가 있으며, 공매는 경매와 입찰로 나뉘어진다.

압류한 동산・유가증권・부동산・무체재산권, 체납자를 대위하여 받은 물건 등의 재산은 공매에 붙인다. 다만, 특정의 경우에는 수의계약에 의하여 이를 매각할 수 있다(국세징수법 제61조 ①항, 제62조).

압류재산을 공매에 붙이고자 할 때에는 그 매각예정가격을 정하여야 하고, 입찰가격의 10% 이상의 입찰보증금 또는 계약보증금을 받을 수 있으며, 공매는 입찰 또는 경매의 방법에 의한다. 공매는 공고한 날로부터 10일이 경과한 후에 행하고, 입찰에 있어서는 매각 예정가격 이상인 최고액의 입찰자를 낙찰자로 한다.

참 조 **재공매**

재산을 공매에 붙여도 매수희망자가 없거나 그 가격이 매각예정가격 미만인 때 또는 공매에 의한 매수인이 매수대금의 납부기한까지 납부하지 아니한 때에는 그 매매를 해약하고 재공매에 붙인다. 만약 압류재산에 대해 2회 공매를 하여도 유찰되거나 응찰자가 없는 때에는 매각예정자격의 100분의 50에 해당하는 금액을 한도로 하여 다음회부터 공매를 할 때마다 매각예정가격의 100분의 10에 해당하는 금액을 체감한다(국세징수법 제61조 내지 제74조).

⑥ **청산:** 청산이란 체납처분의 최종단계로서 압류재산의 매각대금을 국세 · 가산금 · 체납처분비와 기타 채권에 배분하는 것을 말한다.

채권 · 유가증권 · 무체재산권 등의 압류로 인하여 체납자 또는 제3자로부터 받은 금전과 압류재산을 매각한 대금은 다음의 각호에 배분한다.

㉠ 압류에 관계되는 국세 · 가산금과 체납처분비 ㉡ 교부청구를 받은 국세 · 체납처분비 · 지방세 또는 공과금 ㉢ 압류재산에 관계되는 전세권 · 질권 또는 저당권에 의하여 담보된 채권

이의 배분순위와 금액은 관세법, 국세기본법 제35조 내지 제37조 및 민법 등의 규정에 의한다. 그 배분순위는 ㉠ 압류재산이 관세를 납부하여야 할 물품이면 관세, 동 가산금 및 체납처분비가 최우선이고, ㉡ 체납자의 다른 일반재산을 압류한 것이면 다른 국세, 동 가산금 및 체납처분비와 동 순위로서 다른 채권에 우선되나, 여기에는 국세기본법 제35조 단서의 예외규정이 있다.

이상과 같이 배분한 금전에 잔액이 있을 때에는 이를 체납자에게 지급한다.

제4절 납세의무의 소멸

Ⅰ. 납세의무 소멸의 개요

1. 의 의

납세의무, 즉 관세채무(관세・가산금 또는 체납처분비의 납부할 의무를 총칭한다)는 그 목적인 급부가 실현되면 그 목적이 달성되어 소멸한다. 즉, 납세의무자의 이행에 의하여 소멸한다. 납세의무자의 이행은 구체적으로 확정된 관세채무를 납부기한까지 납부하는 것을 말한다.

납세의무는 목적의 소멸, 즉 납부 이외의 원인에 의하여서도 소멸한다. 즉, 충당 부과의 취소, 관세부과권의 제척기간 만료, 관세징수권의 소멸시효 완성, 면제, 결손처분에 의하여서도 납세의무는 소멸한다.

2. 소멸사유

성립 확정된 관세・가산금 또는 체납처분비에 대한 납세의무는 여러 가지 원인에 의해 소멸된다(법 제20조).

구 분	소멸사유	내 용
만족을 얻으면서 소멸하는 사유	납 부	세액을 국고에 납부
	충 당	・납부할 관세 등과 관세 환급금을 상계 ・공매대금으로 체납액을 충당
만족을 얻지 못하고 소멸하는 사유	부과취소	유효하게 행하여진 부과처분을 당초 처분 시점으로 소급하여 효력을 상실시키는 처분
	부과권의 제척기간의 만료	장래를 향하여 부과권 소멸
	징수권의 소멸시효의 완성	기산일에 소급하여 징수권 소멸

Ⅱ. 관세납부 및 무효·취소

1. 관세의 납부

관세의 납부는 관세채무의 내용인 급부를 하는 관세채무자의 행위이다. 이에 의하여 관세채권은 그 목적을 달성하고 소멸한다. 납세의무자가 관세채무의 내용인 해당 세액에 상당하는 금전 또는 증권을 신고납부서 또는 납세고지서와 같이 수납기관에 제출함으로써 납부가 이루어지며 이에 의하여 관세채무가 소멸한다. 납부는 관세채무 소멸의 주된 원인이다.

2. 관세의 무효와 취소

(1) 과세의 무효

관세의 과세(신고납부 및 부과고지)에 중대하고도 명백한 하자가 있어 그 과세자가 무효인 것이 확정된 경우에는 형식상 성립한 관세채무는 처음부터 존재하지 아니한 것이 되므로 그 관세채무는 당초에 소급하여 소멸하게 된다.

(2) 과세의 취소

과세에 하자가 있어 그 과세가 취소되고 그것이 확정된 경우에도 관세채무는 당초에 소급하여 소멸하게 된다.

과세의 취소는 행정청의 직권에 의하는 경우와 과세에 대하여 당사자간에 분쟁이 있어 행정쟁송 즉, 이의신청·심사청구·심판청구 또는 행정소송의 결정·재결 또는 판결에 의한 경우가 있다.

Ⅲ. 충　　당

1. 의　　의

법령에서 규정한 일정요건을 충족하는 경우 법령이 정하는 바에 따라 이미 징수한 관세를 납세자에게 되돌려 주는 것을 관세환급이라고 한다. 그런데 관세환급시에 납세의무자가 지급해야 할 채무가 있다면 환급금과 해당 채무를 상계처리할 수 있는데, 이를 충당제도라고 한다.

관세채권자인 세관장이 납세의무자에 대하여 환급금 등의 채무가 있는 경우에 그 환급금 등의 채무와 납세의무자의 관세채무와 대등액으로 소멸시키는 세관장의 처분을 말하며 이 충당에 의하여 충당대등액의 관세채무가 소멸한다.

2. 충당의 종류

(1) 담보물의 관세충당(법 제25조)

관세채권의 확보를 위하여 관세를 납부하여야 할 물품에 대하여는 원칙적으로 수입신고가 수리되기 전에 관세에 상당하는 담보를 제공하게 하며, 관세법상 담보제공이 필요한 경우 세관장은 담보를 제공하게 할 수 있다. 이와 같이 담보를 제공한 납세의무자가 관세를 납부기한 내에 납부하지 아니한 때에는 그 담보물을 관세에 충당하는데, 이로써 관세채무는 소멸이 된다.

(2) 체납처분금의 관세충당

납세의무자가 관세채무를 납부기한까지 이행하지 아니하는 경우 납세의무자의 일반재산에서 강제 징수하여 관세에 충당함으로써 관세채무는 소멸이 된다.

(3) 보세구역 장치기간 경과물품 매각대금의 관세충당

보세구역에 장치된 관세가 부과된 미통관물품이 장치기간을 경과하였을 때 이를 매각할 수 있으며, 그 매각대금으로 그 물품의 관세, 제세 및 매각비용에 충당하고 잔금이 있을 때에는 그 물품의 화주에게 교부한다.

이와 같이, 장치기간 경과물품의 매각대금으로 관세 등에 충당함으로써 관세채무는 소멸이 된다.

(4) 환급금의 충당

세관장이 관계 당사자에게 금전을 환급하여야 할 채무로서는 과오납금의 환급과 관세의 환급으로 크게 구분할 수 있으며, 관세환급금이라 함은 관세법에서 정하는 일정한 사실이 발생하였을 때 그 법률의 정하는 바에 따라 금전을 환급하는 것으로서 위약물품 관세환급, 멸실물품 관세환급 및 수출용 원재료 관세환급금이 있다.

㈎ 과오납금의 충당

과오납금의 충당이라 함은 납세의무자가 세관장에게 관세, 가산금, 가산세 또는 체납처분비를 과오납(과다납세신고에 의한 과다납부의 경우도 포함한다)하고, 이를 환급 청구할 때에는 세관장은 이를 환급하여야 하며 또한 세관장이 직접 확인한 과오납금은 청구가 없다 하더라도 환급한다.

이 때 세관장은 과오납금을 환급받을 자가 세관에 납부하여야 할 관세, 제세, 가산금, 가산세 또는 체납처분비가 있을 때에는 이 환급금에서 이들에 충당하는 것을 말한다.

㈏ 위약물품 관세환급금의 충당

위약물품 관세환급금의 충당이라 함은 수입신고가 수리된 물품이 계약내용과 상위하고 수입신고 당시의 성질 또는 형상이 변경되지 아니한 물품을 일정기간 내에 보세구역에 반입하여 수출하거나 수출에 갈음하여 세관장의 승인을 얻어 멸각 또는 폐기한 때에는 이미 납부한 관세를 환급하며, 이 때 세관장은 이 환급금을 환급받을 자가 세관에 납부하여야 할 관세, 제세, 가산금, 가산세 또는 체납처분비가 있을 때에는 이 환급금에서 이들에 충당하는 것을 말한다.

㈐ 멸실물품 관세환급금의 충당

멸실물품 관세환급금의 충당이라 함은 수입신고가 수리된 물품이 그 수리 후에 계속 지정보세구역에 장치되어 있는 중 재해로 인하여 멸실되거나 변질 또는 손상되었을 때에는 그 관세의 전부 또는 일부를 환급하며, 이 때 세관장은 이 환급금을 환급받을 자가 세관에 납부하여야 할 관세, 제세, 가산금, 가산세 또는 체납처분비가 있을 때에는 이 환급금에서 이들에 충당하는 것을 말한다.

㈑ 수출용원재료 관세환급금의 충당

수출용원재료 관세환급금의 충당이라 함은 수입할 때 관세를 납부한 수출용원재료를 사용하여 일정한 기간 내에 수출물품을 제조, 가공한 후에 수출한 때에는 세관장은 그 원재료의 관세를 환급하며, 이 때 세관장은 이 환급금을 환급받을 자가 세관에 납부하여야 할 관세, 제세, 가산금, 가산세 또는 체납처분비가 있을 때에는 이 환급금에서 이들에 충당하는 것을 말한다.

Ⅳ. 관세부과권의 제척기간 만료

1. 의　　의

관세법에서는 관세 부과 · 징수권과 환급청구권의 소멸시효에 관하여 특별히 규정함으로써 공법상의 일반규정인 예산회계법상의 시효제도에 관한 적용을 배제하고 있다.

부과권은 통상 이미 성립된 조세채무의 구체적 내용, 즉 세액의 확인을 주된 내용으로 하는 일종의 공법상 형성권이라고 한다. 제척기간이란 법률상 정해진 존속기간을 뜻하며, 부과권의 제척기간이 만료되면 관세의 납세의무가 소멸하게 된다.

이와 같이 제척기간을 설정한 취지는 조세법상 장기간 불안정 상태를 조속히 안정시키고 납세의무자의 법적 안정성을 보장하기 위하여 부과권에 대한 시효제도를 두고 있다.8)

그림 7-3 제척기간과 소멸시효의 비교

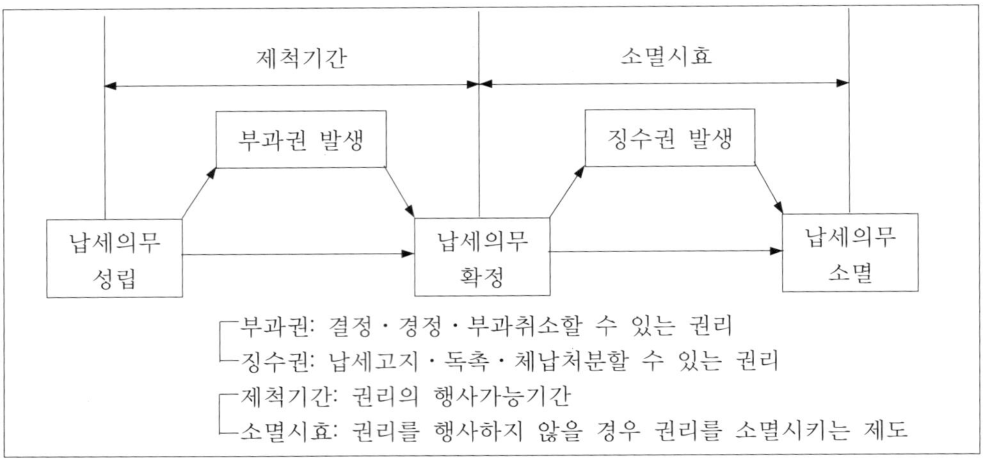

2. 관세부과의 제척기간 및 기산일

(1) 관세부과의 제척기간

(가) 일반적인 제척기간(법 제21조 ①항)

1) 원 칙

관세는 해당 관세를 부과할 수 있는 날부터 5년이 지난 후에는 부과할 수 없다.

2) 예 외

부정한 방법으로 관세를 포탈하였거나 환급 또는 감면 받은 경우에는 관세를 부과할 수 있는 날부터 10년간 지난 후에는 이를 부과할 수 없다.

(나) 특례적인 제척기간

① 이의신청 · 심사청구 또는 심판청구에 대한 결정이 있는 경우 ② 감사원법에 의한 심사청구에 대한 결정이 있는 경우 ③ 행정소송법에 의한 소송에 대한 판결이 있는 경우 ④ 제313조 규정에 의한 압수물품의 반환결정이 있는 경우

위 각호의 1에 해당하는 때에는 상기 규정에 불구하고 결정 또는 판결이 확정된 날부터 1년이 경과하기 전까지는 해당 결정 또는 판결에 따라 경정결정, 기타 필요한 처분을 할 수 있다(법 제21조 ②항).

8) 전게서, pp. 339~441.

(2) 관세부과 제척기간의 기산일

관세를 부과할 수 있는 날은 다음과 같다(영 제6조).

1) 원 칙

일반적인 경우 '관세를 부과할 수 있는 날'은 해당 물품의 수입신고한 날의 다음날

2) 예 외

① 과세물건 확정시기의 예외적인 경우에 해당하는 경우: 그 사실이 발생한 날의 다음날

② 감면된 과세를 의무불이행 등의 사유로 징수하는 경우: 감면받은 관세를 징수한 사유가 발생한 날의 다음날

③ 보세건설장에 반입된 외국물품의 경우: 건설공사 완료보고를 한 날과 특허기간의 만료되는 날 중 먼저 도래한 날의 다음날

④ 과다환급 또는 부정환급 등의 사유로 징수하는 경우: 환급한 날의 다음날

⑤ 잠정가격을 신고한 후 확정된 가격을 신고한 경우: 확정된 가격을 신고한 날의 다음날

3. 중단과 정지

국세부과의 제척기간은 권리관계를 조속히 확정시키려는 것이므로 국제징수권 소멸시효와는 달리 진행기간의 중단이나 정지가 없다.

4. 제척기간 만료의 효과

제척기간이 만료되면 다음과 같은 효과가 발생한다.

① 제척기간까지 국세를 부과하지 못한 경우 제척기간 이후에는 더 이상 국세를 부과할 수 없다.

② 과세관청의 부과 또는 납세의무자의 신고에 의하여 국세가 확정된 후 제척기간이 만료된 경우 과세관청은 이미 확정된 과세표준과 세액을 변경시키는 어떤 결정, 경정도 할 수 없다.

③ 제척기간 내에 부과되지 않는 조세에 관하여 그 후속단계인 징수권이 새로이 발생할 여지가 없으므로 성립된 납세의무가 확정됨이 없이 소멸하게 되며, 결손처분절차를 필요로 하지 않는다.

V. 관세징수권의 소멸시효 완성

1. 개 요

일정한 사실상태가 장기간 계속되는 경우에 이를 존중하여 진실한 법률관계의 여부를 불문하고 그 사실상태를 그대로 존중하여 이를 권리관계로 인정하여 법률생활의 안정을 도모하려는 제도를 말하며, 이에는 소멸시효와 취득시효가 있다.

구 관세법에서는 관세징수권의 소멸시효만을 규정하고 있어 동 규정이 관세부과권의 제척기간도 동시에 규정한 것으로 해석하고 있었다. 그러나 부과권은 이미 성립된 조세채권을 확인하는 것이고, 징수권은 부과권에 의하여 확정된 세액의 이행을 청구하는 권리로서 성질이 다른 것이기 때문에 부과권, 징수권을 구분하여 규정하고 있다.

2. 관세부과권 및 징수권의 비교

관세채권을 행사하기 위하여 구체적인 납세의무의 내용을 확정하는 관세채권자의 권리를 관세부과권이라 하며, 부과권의 행사에 의하여 구체적인 납세의무의 내용이 확정된 경우에 그의 이행을 요구하는 관세채권자의 권리를 관세징수권이라 하는데, 부과권은 형성권[9]이므로 시효중단 및 정지가 없는 제척기간의 적용대상이며, 징수권은 청구권[10]의 일종으로서 시효중단 및 정지가 있는 소멸시효의 적용대상이 된다. 이를 비교하면 아래와 같다.

구 분	관세부과의 제척기간	관세징수권의 소멸시효
개 념	국가가 관세를 부과할 수 있는 기간	국가가 관세징수권을 장기간 행사하지 않는 경우에 그 징수권을 소멸시키는 것
대 상	국가의 부과권(형성권)	국가의 징수권(청구권)
기산일	관세를 부과할 수 있는 날	관세징수권을 행사할 수 있는 날
기 간	5년(예외 10년)	5년(5억원 이상의 관세: 10년)
중단 및 정지	없음	· 징수권 행사로 인해 중단 · 징수권 행사가 불가능한 기간에는 정지
기간만료의 효과	· 장래를 향하여 부과권 소멸 · 결손처분 불필요	· 기산일에 소급하여 징수권 소멸 · 결손처분 필요

9) 형성권: 상대방의 어떠한 협력을 필요로 함이 없이 권리자의 일방적 행위만으로 행사되고, 또한 만족을 얻는 권리.

10) 청구권: 특정인에 대하여 특정의 행위(작위, 부작위)를 요구하는 권리.

3. 관세부과권

(1) 의 의

부과란 국가가 납세의무를 확정하는 절차를 말하며, 관세부과권은 관세채권을 행사하기 위하여 이미 성립된 관세채권을 확인하는 관세채권자의 권리로 형성권의 일종으로 제척기간의 적용대상이다. 제척기간이란 일정한 기간 내에 권리를 행사하지 않으면 권리가 소멸되는 것을 말한다.

이와 같이, 관세의 과세권자가 관세를 부과할 수 있는 기간 내에 부과권을 행사하지 않으면 납세의무는 소멸하게 된다.

(2) 관세부과권의 제척기간의 목적

만일 이러한 제척기간이 없다면 국가는 영원히 부과권을 행사할 수 있기 때문에 납세의무자는 장기간 불안정한 상태에 놓이게 될 것이다. 이러한 결과를 방지하고 조세법률 관계를 조속히 안정시킴으로써 납세의무자의 법적 안정성을 보장하기 위해 설정하고 있다.

(3) 제척기간 만료의 효과

제척기간이 만료되면 부과권이 장래를 향하여 소멸된다. 따라서, 국가는 더 이상 결정, 경정결정, 재경정결정, 부과취소를 할 수 없게 된다.

그리고 제척기간 내에 부과되지 않은 조세에 관하여는 그 후속단계인 징수권이 새로이 발생할 여지가 없으므로 성립된 납세의무가 확정됨이 없이 소멸하게 되며, 결손처분절차를 필요로 하지 않는다.

(4) 관세부과권의 제척기간

구 분	대 상	제척기간
원 칙	일반적인 경우	5년
예 외	· 관세포탈 및 부정환급, 부정감면	10년

(가) 원칙적인 기간

관세는 해당 관세를 부과할 수 있는 날로부터 5년이 지난 후에는 부과할 수 없다.

(나) 예외적인 기간

다만, 다음에 해당하는 경우에는 관세를 부과할 수 있는 날로부터 10년이 지난 후에는 부과할 수 없다.

① 부정한 방법으로 관세를 포탈

② 부정한 방법으로 관세환급

③ 부정한 방법으로 관세감면

㈐ 제척기간의 기산일

제척기간의 기간일, 즉 관세를 부과할 수 있는 날에 대하여는 조세마찰을 없애기 위하여 명문의 규정을 두고 있다.

관세를 부과할 수 있는 날은 수입신고한 날의 다음날로 한다. 다만, 다음의 경우에는 해당호에 규정된 날을 관세를 부과할 수 있는 날로 본다(영 제6조).

① 과세물건의 확정시기의 예외적인 경우에 해당될 경우에는 그 사실이 발생한 날의 다음날

② 감면된 관세를 의무불이행 등의 사유로 추징하는 경우에는 감면받은 관세를 징수한 사유가 발생한 날의 다음날

③ 보세건설장에 반입된 외국물품의 경우에는 건설공사 완료보고를 한 날과 특허기간(연장기간 포함)이 만료되는 날 중 먼저 도래한 날의 다음날

④ 과다환급 또는 부정환급 등의 사유로 관세를 징수하는 경우에는 환급한 날의 다음날

⑤ 잠정가격을 신고한 후 확정된 가격을 신고할 경우에는 확정된 가격을 신고한 날의 다음날

4. 관세징수권

(1) 의 의

일정한 사실상태가 일정기간 계속된 경우에 그 상태가 진실한 권리관계에 합치하느냐 여부를 묻지 않고 그 사실상태를 그대로 존중하여 이로써 권리관계를 인정하려는 제도로서 오랜기간 동안 권리를 행사하지 않는 경우 그 권리를 소멸시키는 것을 말한다.

(2) 관세징수권의 소멸시효

㈎ 의 의

관세징수권은 이미 확정된 납세의무에 관하여 국가가 납세고지, 체납처분 등에 의하여 그 이행을 청구하고 강제할 수 있는 권리로 청구권의 일종이며, 소멸시효란 국가가 관세징수권을 일정기간 행사하지 않는 경우 그 징수권을 소멸시키는 것을 말한다.

이와 같이 국가가 관세징수권을 일정기간 행사하지 않는 경우 납세의무가 소멸된다.

㈏ 소멸시효 완성의 효과

소멸시효가 완성되면 기산일에 소급하여 징수권이 소멸되는데, 이 때에는 관세는 물

론이고 시효기간중에 발생한 관세의 가산금, 체납처분 및 이자 상당세액도 함께 소멸된다. 관세징수권이 이처럼 소멸시효의 완성에 의하여 소멸하면 납세의무도 당연히 소멸하는 것이지만, 이미 납세의무가 확정된 바 있으므로 형식상 결손처분을 거치게 된다.

㈐ 관세징수권의 소멸시효의 완성

관세의 징수권은 이를 행사할 수 있는 날로부터 5억원 이상의 관세는 10년, 그 외의 관세는 5년간 행사하지 아니하면 소멸시효가 완성된다. 즉, 소멸시효가 완성된다는 의미는 5년 동안 징수권을 행사하지 않고 지나면 납세의무가 없어지고 관세채권이 소멸되는 것을 의미한다.

㈑ 관세징수권의 소멸시효의 기산일

관세징수권을 행사할 수 있는 날이란 법률상의 장애가 없어진 날 즉, 강제징수가 가능한 시점이 관세징수권 소멸시효의 기산일이 된다. 따라서, 관세의 징수권을 행사할 수 있는 날은 다음 각호의 날로 한다.

① 신고납부하는 관세에 있어서는 수입신고가 수리된 날로부터 15일 경과한 날의 다음날 다만, 월별납부의 경우에는 그 납부기한이 경과한 날의 다음날

② 수정신고에 의하여 납부하는 관세에 있어서는 수정 신고일의 다음날의 다음날

③ 부과고지하는 관세에 있어서는 납세고지를 받은 날로부터 15일이 경과한 날의 다음날

④ 기타 법령에 의하여 납세고지하여 부과하는 관세에 있어서는 납부기한을 정한 때에는 그 납부기한이 만료된 날의 다음날

㈒ 소멸시효의 적용규정

표 7-6 관세징수권의 소멸시효와 기산일

시효기간	소멸시효의 기산일		시효중단 사유와 시효의 진행	시효 정지
	구 분	기 산 일		
관세징수권을 행사할 수 있는 날로부터~5년	신고납부	수입신고수리일로부터 15일이 경과한 날의 다음날	- 납세고지 - 경정처분 - 납세독촉, 최고 - 통고처분 - 고발 - 특가법에 의한 공소제기 - 교부청구 - 압류	- 분할 납부 기간 - 징수 유예 기간
	수정신고	수정신고한 날의 다음날의 다음날		
	부과고지	납세고지 받은 날로부터 15일이 경과한 날의 다음날		
	수입신고 전 물품반출	수입신고한 날부터 15일 경과한 날의 다음날		
	기 타	납부기한이 만료된 날의 다음날		

소멸시효에 관하여 관세법에 규정이 있는 것을 제외하고는 민법의 규정을 준용한다.

(3) 관세징수권의 시효중단

㈎ 의 의

시효의 중단이란 시효가 진행되다가 어떤 사유에 의해서 진행을 중지하는 것을 말한다. 이 제도는 징수권의 확보, 환급권의 확보 등 권리자의 보호에 목적이 있다. 시효가 중단되면 중단사유가 발생한 날까지의 시효는 효력이 소멸되고, 해당 중단사유가 끝난 날부터 다시 진행된다.

㈏ 관세징수의 시효중단사유

관세의 징수권에 대한 소멸시효의 중단사유는 다음과 같다(법 제23조 ①항).

① 납세고지
② 경정처분
③ 납세독촉(납부최고를 포함)
④ 교부청구
⑤ 압류
⑥ 통고처분
⑦ 고발
⑧ 특가법 제16조의 규정에 의한 공소제기

㈐ 관세징수권의 시효중단기간

시효중단사유에 의하여 중단된 관세징수권의 소멸시효는 다음 각호의 기간이 경과한 때부터 새로 진행한다(영 제9조).

시효 중단 사유	시효의 중단 기간
납세고지	고지의 납부기간
경정처분	
납세독촉, 납부최고	독촉, 납부최고에 의한 납부기한(20일)
통고처분	통고이행기간
고 발	판결 또는 판결과 유사한 처분일까지의 기간
특가법 제16조의 규정에 의한 공소제기	공소에 대한 판결일자의 기간
교부청구	교부청구중의 기간
압 류	압류해제까지의 기간

(4) 관세징수권의 시효 정지

㈎ 의 의

시효기간이 진행중에 권리자(조세채권자)가 중단사유에 해당하는 행위를 하는 것이 불가능하거나 현저히 곤란한 사유가 있는 경우 소멸시효의 완성을 유예하는 것이다. 즉, 시효의 진행을 일시적으로 멈추게 하고 그러한 사유가 해소되면 나머지 기간만 진행함으로써 시효가 완성되도록 하는 제도이다.

㈏ 시효정지사유

관련법상 시효의 정지사유로 규정한 것은 다음과 같다(법 제23조 ③항).

① 관세의 분할납부기간

② 징수유예기간

③ 체납처분유예기간 또는 사해행위 취소 소송기간

(5) 소멸시효의 민법규정 준용

관세의 징수권과 환급청구권의 소멸시효에 관하여 이 법에 규정이 있는 것을 제외하고는 민법의 규정을 준용한다(법 제23조 ⑤항).

(6) 환급청구권의 소멸시효

㈎ 의 의

관세 납세자의 과오납금 또는 그 밖의 관세의 환급청구권은 이를 행사할 수 있는 날로부터 5년간 행사하지 아니하면 소멸시효가 완성된다.

즉, 과오납금의 환급, 위약물품의 환급, 수출용원재료에 대한 환급에 대한 청구권의 시효기간은 5년으로, 이 기간 동안 행사하지 아니하면 그 권리가 소멸되고 국가는 지급할 의무가 없어지게 된다.

㈏ 환급청구권 소멸시효의 기산일

환급청구권을 행사할 수 있는 날은 환급청구권 소멸시효의 기산일을 말하는 것으로 다음과 같다.

① 과오납금의 환급 경우에는 과오납을 한 날

② 위약물품 환급의 경우에는 해당 위약물품의 수출신고수리를 받은 날 또는 보세공장반입신고일

③ 착오납부 또는 이중납부로 인한 환급의 경우에는 그 납부일

④ 수입신고 또는 입항 전 수입신고를 하고 관세를 납부한 후 신고가 취하 또는 각하된 경우에는 신고의 취하일 또는 각하일

⑤ 경정으로 인한 환급의 경우에는 경정결정일

표 7-7 환급청구권 소멸시효의 기산일

구 분	기 산 일
경정으로 인한 환급의 경우	경정결정일
착오납부 또는 이중납부로 인한 환급의 경우	그 납부일
계약과 상이한 물품 등에 대한 환급의 경우	해당 물품의 수출신고수리일 또는 보세공장 반입신고일
수입신고 또는 입항 전 수입신고를 하고 관세를 납부한 후 신고가 취하 또는 각하된 경우	신고의 취하일 또는 각하일
적법하게 납부된 후 법률의 개정으로 인한 환급의 경우	그 법률의 시행일
수입물품의 폐기, 멸실, 변질 또는 손상된 물품의 환급의 경우	해당 물품이 폐기, 변질 또는 손상된 날.
종합보세구역에서 물품을 판매하는 자가 환급받고자 하는 경우	환급에 필요한 서류제출일

⑥ 적법하게 납부된 후 법률의 개정으로 인한 환급의 경우

⑦ 수입물품의 폐기, 멸실, 변질 또는 손상된 물품의 환급의 경우

⑧ 종합보세구역에서 물품을 판매하는 자가 환급받고자 하는 경우

㈐ 환급청구권의 시효중단

1) 시효중단 사유

환급청구권에 대한 소멸시효는 환급청구권의 행사로서 중단된다(법 제23조 ②항). 환급청구권의 행사란 환급금의 지급신청과 이에 의한 지급을 말한다.

2) 시효의 진행

환급청구권의 소멸시효는 환급청구금액 중에서 일부가 지급된 경우에는 미지급금에 대하여 그 일부가 지급된 날부터 다시 진행된다(영 제9조 ②항).

㈑ 민법의 준용

환급청구권의 소멸시효에 관하여 이 법에 규정이 있는 것을 제외하고는 민법의 규정을 준용한다.

표 7-8 시효기간의 정리

구 분	기 간
관세부과권의 제척기간	원칙 5년, 예외 10년
관세징수권의 소멸시효	5년
관세환급청구권의 소멸시효	5년

5. 시효의 정지와 중단

(1) 개 요

소멸시효가 진행하기 위해서는 권리를 행사할 수 있음에도 불구하고 이를 행사하지 않는 상태가 계속되어야 한다.

그러한 사실상태가 깨어지는 경우에는 「정지와 중단」이라는 이른바 시효완성의 장애가 생기게 된다.

(2) 시효의 정지

㈎ 의 의

시효의 진행중에 권리자가 권리를 행사할 수 없는 사유가 발생하면 권리자에게 가혹하지 않도록 하기 위해 그 기간만큼 시효의 완성을 유예하는 것을 시효의 정지라 한다.

이 경우에는 이미 진행한 시효가 효력을 잃어버리지 않고 그 사유가 종료한 후 잔여기간만의 진행에 의해 시효가 완성된다는 점에서 중단과 대조적이다.

㈏ 시효정지의 사유

관세법상 시효의 정지사유로 규정한 것은 다음과 같다(법 제23조 ③항).

① 관세의 분할납부기간

그림 7-4 소멸시효의 중단과 정지

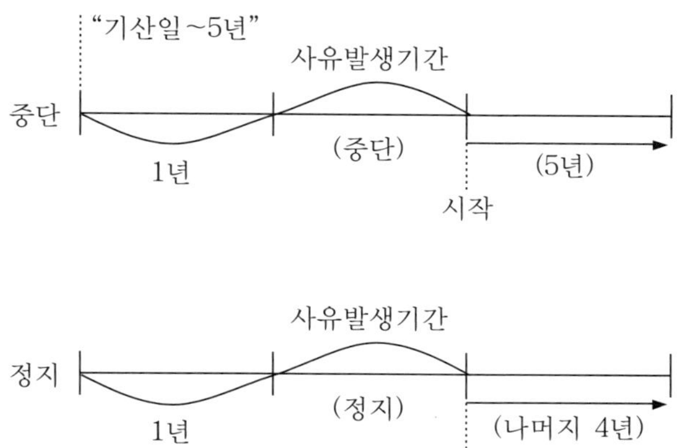

* 소멸시효의 중단은 중단사유가 발생한 날까지의 시효는 효력이 소멸되고, 중단사유가 끝난날부터 다시 시효가 진행되는 반면에, 시효의 정지는 이미 진행된 시효가 그 효력을 잃지 않고 시효의 정지 사유가 종료한 후 잔여기간의 진행에 의해 시효가 완성된다.

② 징수유예기간

③ 체납처분의 유예기간 또는 사해행위 취소소송기간

(3) 시효의 중단

(가) 의 의

시효의 중단이라 함은 시효가 진행되다가 어떤 사유에 의하여 그 진행이 멈추고 시효가 새로이 진행되는 것을 말한다. 따라서, 시효가 중단되면 중단사유가 발생한 날까지의 시효는 효력이 소멸되고, 해당 중단사유가 끝난 날부터 시효가 다시 진행이 되어 해당 사유가 끝난 다음날에 시효의 기산일이 된다.

(나) 관세징수권의 시효중단 사유

다음과 같은 사유가 발생되면 이미 진행한 시효기간은 그 효력이 상실되고 이러한 사유가 끝난 후에 다시 새로이 시효가 진행된다(법 제23조 ①항).

시효중단사유	시효의 진행	비 고
납세고지	납부기한이 지나면 시효가 다시 진행	납세고지서가 납세자에게 송달된 때 시효중단
경정처분	납부기한이 지나면 시효가 다시 진행	경정처분이 납세자에게 송달된 때 시효중단
납세독촉 · 최고	독촉 · 최고에 의한 납부기한(10일)이 지나면 시효가 다시 진행 최고의 독촉만이 시효중단의 효력이 있다	독촉장 또는 납부최고서가 납세자에게 송달된 때 시효중단
통고처분	통고이행기한이 지나면 다시 시효가 진행	통고처분은 관세범의 조사결과 범죄의 확증을 얻은 때 관세청장 · 세관장이 벌금에 해당하는 금액을 납부하는 것을 통고
고 발	고발에 대한 확정(불기소, 판결 등)이 있은 후부터 다시 시효가 진행	고발사유 - 관세범이 징역형에 해당 - 통고처분 불이행 - 통고처분을 이행할 능력이 없는 경우
특정범죄가중처벌 등에 관한 법률 제15조의 규정에 의한 공소제기	공소에 대한 판결 등 확정이 있은 후부터 다시 시효가 진행	검사가 직접 공소제기

교부청구	교부받지 못한 관세 등은 그 청구의 익일부터 다시 시효가 진행	–
압 류	압류해제 절차가 끝나면 다시 시효가 진행	–

Ⅵ. 결손처분 및 기타사유

1. 결손처분

(1) 의 의

결손처분이란 납세의무자에게 일정한 사유의 발생으로 인하여 부과된 조세를 징수할 수가 없다고 인정할 경우에 그 납세의무를 소멸시키는 과세권자의 행정처분을 말한다.

결손처분은 납세자에게 재산이 없어 체납처분을 집행하는 것이 불가능한 상태이거나 체납처분을 집행할 경우 징세비만 낭비하게 될 뿐만 아니라, 체납처분의 집행이 체납자의 생활을 본질적으로 위협하는 결과가 되어 조세정의에 부합되지 아니한다는 등의 이유로 설정된 제도이다(관세법 제44조). 따라서, 과세권자의 결손처분에 의하여 관세채무는 소멸된다.

(2) 결손처분의 효과(취소)

세관장은 결손처분 당시에 체납자의 재산을 발견하지 못하였기 때문에 결손처분을 하였으나 결손처분 후 압류할 수 있는 다른 재산을 발견한 때에는 지체 없이 그 처분을 취소하고 체납처분을 하여야 한다.

그러나 결손처분 이후에 새로 생긴 재산에 대하여는 결손처분을 취소할 수 없고 관세징수권을 행사할 수 없다.

(3) 결손처분 절차

㈎ 재산의 유무조사

체납처분을 하는 경우에는 지방행정기관 또는 금융기관에 대하여 그 행방 또는 재산의 유무를 조사 확인하여야 한다.

㈏ 관세체납정리위원회

관세(세관장이 징수하는 내국세 등을 포함)의 체납정리에 관한 사항을 심의하게 하기 위하여 관세청과 세관에 관세체납정리위원회를 둘 수 있다(법 제45조 ①항). 관세체납정리위원회의 조직과 운영에 관하여 필요한 사항은 대통령령으로 정한다(동조 ②항).

소 속	위 원 장	구 성	의결방식
세 관	세관장	5인 이상 7인 이내 (위원장 1인 포함)	재적의원 과반수 출석 및 출석의원 과반수 찬성(가·부동수 위원장 결정)

(4) 체납자료의 제공

세관장은 관세징수 또는 공익목적을 위하여 필요한 경우로서 신용정보의 이용 및 보호에 관한 법률 제2조의 규정에 의한 신용정보업자 또는 신용정보집중기관 등의 요구에 의하여 체납자의 인적사항 및 체납액에 대한 자료를 요구한 경우에는 이를 제공할 수 있다. 이를 제공할 수 있다(법 제44조 ①항).

2. 기타의 소멸사유

(1) 면 제

관세법 등에 정해진 관세납부의무의 전부 또는 일부를 해제하는 것(관세의 감면세)을 면제라 하는데, 면제는 조세부담의 공평의 원칙에 대한 예외조치이므로 모두 법률에 근거가 있어야 한다. 결국 법률의 근거에 의하지 않고 과세관청과 납세의무자간의 계약 등에 의한 면제는 할 수 없다. 즉, 납세의무는 이 면제에 의하여 소멸된다.

(2) 납세의무 경합물품에 대한 납세의무의 소멸

특허보세구역 내에 장치중인 물품이 도난, 분실된 경우에는 그 물품을 수입한 화주와 보세구역 설영인이 납세의무에 대하여 경합되는데, 이 때에는 특별납세의무자인 보세구역 설영인이 납세의무를 지므로 물품을 수입한 화주는 도난, 분실물품에 대한 납세의무는 소멸된다.

(3) 우편물의 반송

수입우편물에 대하여 수입통관할 수 있는 요건을 갖추지 못한 경우, 우편물이 오송되거나 내용물의 차이 등으로 수취인이 수취를 거부하는 경우, 수취인의 주소가 불명한 경우, 수입관세 등의 부과가 과다하다는 이유로 수취인이 관세 등을 납부하지 않고 수취를 거부하는 경우에는 우편물을 반송하는데, 이러한 우편물 반송함으로써 우편물에 대한 관세의 납세의무는 소멸한다.

기출문제

1. 부과고지의 대상물품(관세사, 4회)
2. 가산금(관세사, 6회)
3. 관세의 담보제도에 관하여 논하라(관세사, 5회).
4. 관세법상 납세의무의 확장(관세사, 8회)
5. 결손처분의 사유(관세사, 5회)
6. 환급청구권의 시효와 중단사유(관세사, 6회)
7. 관세징수권의 시효중단 사유(관세사, 13회)
8. 관세법상의 소멸시효(관세사, 14회)

예상문제

1. 논술형
   - 관세 채권 · 채무의 확정방식에 대하여 논하라.
   - 관세법상 신고납부방식에 관하여 논하라.
   - 관세법상 세액정정에 관하여 논하라.
   - 신고납부방식과 부과고지방식에 관하여 비교 논하라.
   - 관세징수권의 우선에 대하여 논하라.
   - 관세 담보제공제도에 대하여 논하라.
   - 납세의무 불이행시 관세채권의 확보책에 관하여 논하라.
   - 관세의 강제징수(체납처분)에 관하여 논하라.
   - 관세채권의 확보책에 관하여 논하라.
   - 관체채권 · 채무(납세의무)의 소멸에 대하여 논하라.
   - 관세의 시효제도에 대하여 논하라.
   - 결손처분에 대하여 논하라.
   - 관세의 부과권과 징수권을 비교 논하라.
   - 시효의 정지와 중단에 대하여 비교 논하라.

2. 서술형
   - 경정청구에 대하여 설명하라.
   - 신고납부방식과 부과고지방식을 비교 설명하라.
   - 가산세와 가산금을 비교 설명하라.
   - 과세전 과세적부심사제도에 관하여 설명하라.
   - 관세징수방법에 대하여 설명하라.

- 관세의 현장수납에 관하여 설명하라.
- 관세채권을 확보하기 위한 담보제공사유에 대해 설명하라.
- 담보물의 관세충당에 대하여 설명하라.
- 납세의무의 확장에 대하여 설명하라.
- 국세징수법에 의한 체납처분절차에 대하여 설명하라.
- 관세법상 환급금의 충당에 대하여 설명하라.
- 관세징수권의 소멸시효에 대하여 설명하라.
- 관세법상 납세의무의 소멸사유에 대하여 설명하라.
- 관세에 관한 시효를 설명하라.
- 관세부과권의 의의와 제척기간에 대하여 설명하라.

3. 약술형

- 세액보정
- 경정
- 수정신고
- 세액심사
- 가산세
- 가산금
- 내국세 등의 부과 징수
- 포괄담보
- 관세담보 등이 없는 경우의 징수
- 재산압류
- 교부청구
- 강제징수
- 압류재산의 매각
- 시효중단
- 소멸시효의 가산일
- 관세의 부과권
- 담보물의 관세충당
- 체납처분금의 충당
- 결손처분 사유
- 환급청구권의 소멸시효

제 08 장

감면 · 환급 및 분할납부 등

제 1 절 관세의 감면세제도

Ⅰ. 감면세제도의 개요

1. 감면세의 정의

관세는 본래의 목적을 실현하기 위하여 당초에 책정된 그대로 시행되어야만 소기의 목적을 달성할 수 있는 것이다. 관세의 과세대상인 수입물품에는 관세를 부과하는 것이 원칙이나 수입물품이 일정한 요건을 갖춘 경우에는 특별히 그 수입자에 대하여 관세납부 의무의 일부 또는 전부를 면제하는 경우가 있다. 이와 같은 관세의 납부의무(관세채무)를 특정의 경우에 무조건 또는 일정한 조건하에서 일부 또는 전부를 면제하는 제도를 관세감면제도라 한다.

이 때 납부의무를 일부 면제하여 납부하여야 할 세액을 경감하는 것을 감세라고 하며 납부하여야 할 세액을 전부 면제하는 것을 면세라고 한다.

보 충

무세란 관세율표상 세율이 「0%」인 것을 말하고, 면세란 관세율표상에는 무세품이 아닌 것으로 과세대상이지만 특정의 경우에 납세자의 신청에 의하여 세액을 면제하는 것을 말한다. 관세의 감면은 조세부담을 경감하는 것이므로 조세법률주의에 의해야 하고, 따라서, 반드시 법률에 규정이 있어야 감면할 수 있다.

2. 감면세의 목적

감면세제도는 여러 가지 정책목적의 실현수단으로 이용된다. 국가의 재정수입을 확보하고 유치산업의 보호·육성을 위하여 수입물품에는 관세를 부과하고 있다. 이와 같은 관세의 부과목적을 실현하기 위해서는 수입물품별로 일단 책정된 관세율 그대로 시행하여야 비로소 그 목적을 달성할 수 있는 것이다.

그러나, 관세의 재정수입 목적을 희생하면서까지 다음에 열거하는 목적을 위해 관세 납부의 전부 또는 일부를 면제하고 있다.

목 적	관세법 규정
외교관례	외교관면세·준외교관면세 정부용품 등 면세
기술개발 주도산업의 육성	첨단기술 및 방위산업감면세 항공기제조용 원료품감면세
방위산업의 육성	방위산업용품감면세
학술연구의 촉진	학술연구용품감면세
사회정책의 수행	특정물품감면세
가공무역의 증진	재수출면세, 재수출감면세
환경오염방지	환경오염방지물품 등에 대한 감면세

3. 감면세의 종류

(1) 관세법상 감면세

관세감면제도는 감면 승인시의 조건 유무에 따라 무조건감면세와 조건부감면세의 두 종류로 나눌 수 있다.

㈎ 무조건감면세

무조건감면세란 수입하는 때의 특정한 사실에 의거 감면세를 하는 것으로서, 수입신고수리 후에 예정된 용도가 아닌 다른 용도에 사용하였다 하더라도 원칙적으로 감면한 관세를 추징하지 아니하며, 또한 세관의 사후관리 대상도 아니다.

㈏ 조건부감면세

조건부감면세란 수입할 때 일정한 용도에 사용할 것을 조건으로 관세를 감면하는 것으로서 지정된 용도 외에 사용하게 되면 감면한 관세를 징수하는 것을 말한다. 관세법에서는 이러한 조건부감면물품에 대하여 조건의 이행을 확인하기 위하여 사후관리제도를 두고 있다. 조건부감면세 물품에 대하여는 그 조건 이행을 확인하기 위

종 류		목 적	사후관리, 조건	대상물품
무조건감면세	외교관용 등 면세 (법 제88조)	외교관 예우 준외교관 신분에 대한 관세 혜택	양도제한 물품은 3년	외교관용 물품·공용품·정부와의 사업계약자가 수입하는 물품
	정부용품 등 면세 (법 제92조)	정부기관 등 통관물품	사후관리 없음	국가기관, 자방자치단체 기증품 등
	소액물품 등 면세 (법 제94조)	소액물품 등 통관편의	〃	표창장, 기록문서 견본 등 주로 소액물품
	여행자휴대품, 이사물품 등(제96조)	여행자의 통관절차 편의	〃	여행자 휴대용품, 이사물품
	재수입면세 (제99조)	내국물품이 수출되었다가 재수입	수출된 물품은 2년 이내 다시 수입(일반물품)	수출품, 수출품 용기, 해외시험 및 연구용품 등
	해외임가공물품감면세(제101조)	해외위탁가공 지원	사후관리 없음	가공수리품 85류(전기, 전자), 90류(카메라)
	손상감세(제100조)	멸실, 변질, 손상 부분만큼 감세	〃	
조건부감면세	세율불균형물품 (제89조)	기간산업육성과 세율불균형시정(항공산업·반도체 육성)	〃 (단, 반도체부분품은 사후관리)	항공기 부분품, 반도체 제조용 장비
	학술연구용품감면세 (제90조)	교육, 학술사업지원	수입신고수리일부터 3년	학술연구용품, 교육용품, 실험용품 등
	종교, 자선, 장애인용품(제91조)	복지, 공익적 목적	〃	종교용품·자선용품 등
	특정물품면세 (제93조)	특정사업 지원	〃	종교, 자선, 국제적십자사 구호용품
	환경오염방지물품 등에 대한 감면세 (제95조)	환경오염 방지 장비 지원, 방위산업 원재료와 방위산업 소요물품 지원	〃	오염물질, 폐기물 처리용품 등
	재수출면세 (제97조)	일시 수입물품을 수출할 때 관세면제하여 통관편의 증진	1년 이내 재수출	수입물품, 수출물품, 보장용품, 일시입국자의 신변용품 등
	재수출감면세 (제98조)	장기간 사용 후 수출할 때 관세면제하여 통관편의 증진	2년(장기 : 4년) 이내 재수출	내용연수가 5년 이상, 관세액이 500만원 이상 물품 등

하여 사후관리 제도를 두고 있으며 사후관리기간은 통상 수입신고수리일로부터 3년이다.

(2) 관세법 이외의 다른 법령 등에 의한 감면세

㈎ 조세특례제한법상 관세감면

조세특례제한법 제118조	도시철도용으로 도입하는 물품 등
조세특례제한법 제121조의 3	외국인투자촉진법에 의한 자본재 등

㈏ 조약 · 협정에 의한 관세감면

SOFA, 각종 차관협정, 항공협정 등 다자간 · 양자간 조약 · 협정에 의하여 관세감면이 규정되며, 여기에는 상대국가가 제공한 감면수준과 동일한 수준으로 감면하는 상호주의가 적용된다.

Ⅱ. 관세감면의 적용절차

1. 관세감면 신청

법, 기타 관세에 관한 법률 또는 조약에 의하여 관세의 감면을 받고자 하는 자는 해당 물품의 수입신고수리 전(부과고지의 경우에는 해당 납부조치를 받는 날부터 5일 이내)에 감면 등이 필요한 사항을 기재한 신청서를 세관장에게 제출하여야 한다. 다만, 관세청장이 정하는 경우에는 감면신청을 간이한 방법으로 하게 할 수 있다(영 제112조 ①, ②항).

그림 8-1 관세감면의 신청절차

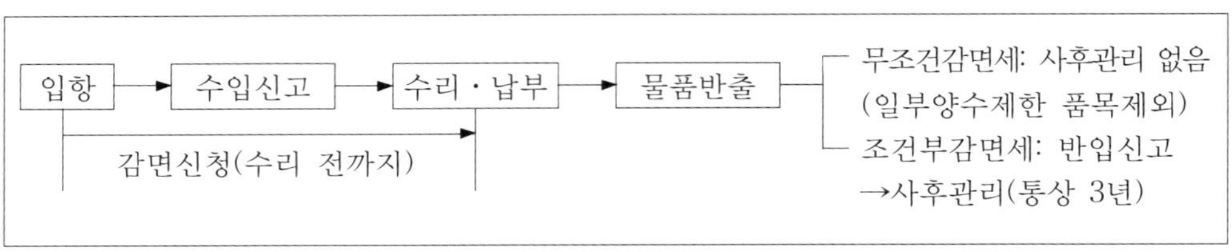

2. 담보제공

세관장은 필요하다고 인정되는 때에는 대통령령이 정하는 범위 안에서 관세청장이 정하는 바에 의하여 이 법, 기타 법령·조약·협정 등에 의하여 관세의 감면 승인을 얻은 물품에 대하여 그 물품을 수입하는 때에 감면되는 관세액에 상당하는 담보를 제공하게 할 수 있다(법 제108조 ①항).

3. 관세경감률의 산정기준

감면세 규정에 의한 관세의 경감에 있어서 경감률의 산정은 실제로 적용되는 관세율을 기준으로 한다. 그러나, 이 법, 기타 법률 또는 조약에 의하여 관세를 면제하는 경우 면세되는 관세의 범위에 대하여 특별한 규정이 없는 때에는 일부 탄력세율(덤핑방지관세, 보호관세, 긴급관세, 특정국물품긴급관세, 농림축산물특별긴급관세, 상계관세)은 명세도는 관세의 범위에 포함시키지 아니한다(영 제111조 ①, ②항).

4. 감면물품의 용도 외 사용 등에 대한 승인신청

사후관리 기간 내에 조건부감면세, 외교관면세 중 양수제한물품, 용도세율 적용물품을 용도 외 사용하거나 양도하고자 하는 경우와 폐기한 물품 및 물품에 대하여 관세를 면제받고자 하는 경우에는 세관장의 승인을 얻어야 한다. 즉, 사후관리 기간내에 용도 외 사용, 용도 외 사용할 자에게 양도 또는 폐기하기 위하여 세관장의 승인을 얻고자 하는 자는 승인신청 이유 등을 기재한 신청서를 해당 물품의 소재지를 관할하는 세관장에게 제출하여야 한다.

Ⅲ. 관세감면의 사후관리

사후관리란 관세의 감면 또는 분할납부 승인을 받거나 용도세율을 적용받은 물품에 대하여 해당 조건대로 사용하고 있는지 또는 세관장의 승인을 받지 않고 무단 양[illegible] 하여 쓴지의 여부 등을 확인, 관리하는 것을 말한다. 감면물품의 사후관리는 일정기간을 정하여 해당 기간 내에 부과된 감면조건의 이행 여부를 확인하는 것이며, 만약 기간 내에 그 조건을 이행하지 않은 경우에는 감면승인하였던 과세를 즉시 징수하게 된다.

1. 용도 외 사용 및 양도 제한

조건부감면세 규정에 의하여 관세를 감면받은 물품(법 제89-91조, 법 제93조, 법 제

95조 물품)은 수입신고수리일부터 3년의 범위 내에서 대통령령이 정하는 기준에 따라 관세청장이 정하는 기간 내에는 그 감면받은 용도 외의 다른 용도로 사용하거나 양도(임대)할 수 없다. 다만, 기획재정부령이 정하는 물품과 대통령령이 정하는 바에 의하여 미리 세관장의 승인을 얻은 물품의 경우에는 그러하지 아니하다(법 제102조 ①항).

2. 관세의 징수

사후관리 기간 내에 감면받은 물품이 다음에 해당하는 경우에는 감면된 관세를 즉시 징수한다. 다만, 재해, 기타 부득이한 사유로 멸실되었거나 미리 세관장의 승인을 얻어 폐기한 때에는 그러하지 아니하다(법 제102조 ②항).

사 유	납세의무자
감면받은 용도 외의 다른 용도로 사용한 때	그 용도 외의 다른 용도로 사용한 자
감면받은 용도 외의 다른 용도로 사용하고자 하는 자에게 양도한 때	그 양도인(임대인 포함) (양도인으로부터 해당 관세를 징수할 수 없는 때에는 양수인(임차인 포함)

3. 징수세액과 징수의 면제

징수하는 세액은 당초 면세받은 금액이지만 변질, 손상 또는 사용으로 인한 가치 감소분은 손상, 감면 규정에 의거 경감받을 수 있다. 세관장의 승인을 받고 멸실, 폐기 또는 수출하거나 감면 승계에 해당하는 경우에는 감면된 관세를 징수하지 아니 한다.

4. 사후관리절차

(1) 조건 이행 확인서류의 제출

이 법, 기타 법률·조약·협정 등에 의하여 관세의 감면 또는 분할납부의 승인을 받은 자는 대통령령이 정하는 바에 의하여 해당 조건의 이행을 확인하는 데에 필요한 서류를 세관장에게 제출하여야 한다(법 제108조 ②항). 즉, 사후관리의 방법은 현물관리와 서면관리의 두 가지가 있는데, 관세법에서는 조건이행을 확인함에 필요한 서류를 세관장에게 제출하여야 한다고 규정함으로써 서면관리를 원칙으로 하고 있다.

(2) 제 의무의 이행

조건부감면세의 감면적용을 받은 자는 수입신고수리일로부터 1년 이내에 사용장소에 반입하여야 하고, 장부를 비치하여야 한다. 또한 설치장소를 변경시에도 변경신고를 제출하고, 1월 내에 설치장소에 반입하여야 한다.

(3) 사후관리의 위탁

관세청장은 조건의 이행을 확인하기 위하여 필요한 때에는 대통령령이 정하는 바에 의하여 해당 물품의 사후관리에 관한 사항을 주무부장관에게 위탁할 수 있다(법 제108조 ③항). 위탁된 물품에 대한 사후관리에 관한 사항을 위탁받은 부처의 장이 관세청장과 협의하여 정한다(영 제46조의 4). 사후관리의 위탁을 받은 부처의 장은 해당 물품의 관세의 징수사유가 발생한 것을 확인한 때에는 즉시 해당 물품의 관할지 세관장에게 징수사유 등을 기재한 통보서를 송부하여야 한다.

(4) 사후관리기간

원칙적인 사후관리기관은 다음과 같다.

구 분	사후관리기관
외교관용 면세의 양수 제한 품목	수입신고수리일~3년의 범위 내에서 관세청장이 정하는 기간
학술연구용품감면세	수입신고수리일~3년의 범위 내에서 관세청장이 정하는 기간
특정물품감면세	수입신고수리일~3년 범위 내에서 관세청장이 정하는 기간
환경오염방지물품감면세	수입신고수리일~3년의 범위 내에서 관세청장이 정하는 기간
종교, 자선, 장애자용품	수입신고수리일~3년의 범위 내에서 관세청장이 정하는 기간
세율불균형감면세	사후관리 없음
재수출면세	수입신고수리일~1년의 범위 내에서 세관세청장이 정하는 기간(1년 연장 可)
재수출감면세	수입신고수리일~3년의 범위 내에서 세관세청장이 정하는 기간(장기 4년 可)
타 법령에 의한 감면	수입신고수리일~5년

(5) 사후관리의 종결

관세의 감면을 받은 물품을 세관장의 승인을 얻어 수출할 때에는 이 법의 적용에 있어서 용도 외 사용으로 보지 아니하고 사후관리를 종결한다. 다만, 다음의 경우에는 사후관리를 계속한다(법 제108조 ④항).

① 관세의 감면을 받은 물품을 가공 또는 수리를 목적으로 수출한 후 다시 수입하여 해외임가공물품의 감세규정에 의하여 감면을 받을 때

② 해외시험 및 연구목적으로 수출한 후 다시 수입하여 다시 재수입면세 규정에 의하여 감면을 받은 때

◈ 사후관리가 종결되는 경우
① 사후관리 대상물품을 사후관리 만료일까지 해당 감면세 용도에 사용되었을 때
② 용도외 사용, 양도 및 임대 승인을 받았을 때
단, 감면이 승계된 경우에는 양수인에게 사후관리기간 동안 사후관리를 계속한다.
③ 폐기 승인 또는 분실된 물품은 폐기 완료 또는 분실사실이 확인되었을 때
④ 감면받은 물품을 세관장의 승인을 얻어 수출한 때(법 제108조 ④항)
다만, 관세의 감면을 받은 물품을 가공 또는 수리를 목적으로 수출한 후 다시 수입하여 재수입면세를 받은 경우에는 재수입 후 사후관리를 계속하며, 이 경우 사후관리기관은 최초 수입신고수리일로부터 기산한다(동조의 ④항 단서).

5. 관세감면물품의 용도외 사용의 경우 감면의 승계

(1) 감면승계의 의의

법률·조약·협정 등에 의하여 관세를 감면받은 물품을 감면받은 용도외에 다른 용도에 사용하거나 감면받은 용도외에 다른용도에 사용하고자 하는 자에게 양도하는 때에 일정한 감면 승계요건에 해당하는 경우에는 관세법의 감면 규정에 의하여 징수하여야 하는 관세를 감면할 수 있다. 다만, 이 법 외의 법령·조약·협정 등에 의하여 그 감면된 관세를 징수하는 때에는 그러하지 아니하다(법 제103조 ①항).

(2) 감면승계의 요건

감면세를 받은 물품을 감면세를 받은 용도외에 사용하거나 용도외에 사용할 자에게 양도하더라도 감면한 관세를 징수하지 아니하고 감면세를 승계시킬 수 있는 요건은 다음과 같다.

① 감면규정 등에 의하여 감면받은 용도외에 다른용도에 사용하는 경우로서
② 용도외에 사용하거나 또는 양수하는 자가 물품을 수입한다면 법령·조약·협약에 의하여 감면받을 수 있는 것
③ 양수인이 감면대상이 아닌 경우에는 계열화 중소기업에 해당될 것
④ 전용에 관하여 세관장의 승인 또는 확인을 받을 것

(3) 계열화 중소기업에 대한 감면승계

㈎ 의 의

상기 규정에도 불구하고 특정의 감면물품을 중소기업의 사업영역 보호 및 기업간 협

력증진에 관한 법률 제2조 제3호의 규정에 의한 계열화 관계에 있는 기업에 양도 할 수 있다(동조 ②항). 다만, 이 법 외의 법령·조약·협정 등에 의하여 그 감면된 관세를 징수하는 때에는 그러하지 아니하다. 이 규정은 당초 관세를 감면받은 자기 관세 감면물품을 계열화 중소기업에 양도하는 경우에 양도받은 자가 감면대상이 아니더라도 감면승계를 허용함으로써 중소기업을 지원하려는 데 그 의의가 있다.

(나) 대상물품

계열화 중소기업에 대한 감면승계의 적용을 받을 수 있는 물품은 다음과 같다.

① 학술연구용품감면세

② 특정물품감면세

③ 환경오염방지물품 등에 대한 감면세

④ 재수출감면세

Ⅳ. 무조건감면세

1. 외교관면세(법 제88조)

(1) 의 의

외교관면세란 외교기관 및 외교사절의 공용품과 자용품, 이들 가족의 자용품을 수입할 때 상호조건에 의하여 관세를 면제하는 것을 말한다.[1)]

외교관면세는 무조건면세이므로 외교관면세를 받은 물품을 수입 후에 임의처분할 수 있으며, 이 경우 면제된 관세를 징수하지 아니한다. 그러나, 일부 특정물품은 외교특권이 남용될 우려가 있을 뿐만 아니라 국내의 산업 또는 국민의 건전한 소비생활이 저해될 우려가 있으므로 이를 보호하기 위하여 일정기간 양수를 금지시키고, 양수한 경우에는 면제한 관세를 양수인으로부터 징수함으로써 간접적으로 양도를 금지하고 있다.

(2) 면세대상물품

(가) 무조건면세 대상

외교관면세 규정에 의한 면세대상은 다음과 같다.

㉠ 외국의 대사관, 공사관, 기타 이에 준하는 기관에 속하는 업무용품

㉡ 외국의 대사, 공사, 기타 이에 준하는 사절 및 그 가족이 사용하는 물품

㉢ 외국의 영사관, 기타 이에 준하는 기관에 속하는 업무용품

---

1) 외교관에 대한 면세특권은 1961년 4월 18일의 "외교관계에 관한 Vienna조약"에 의하여 처음 규정되었는데, 외교공관의 공용품과 개인용품, 그 가족이 사용하는 물품까지도 면세특권을 인정하고 있다.

㉣ 외국의 대사관, 공사관, 영사관, 기타 이에 준하는 기관의 직원중 대통령령으로 정하는 직원과 그 가족이 사용하는 물품

㉤ 정부와의 사업계약을 수행하기 위하여 외국계약자가 계약조건에 따라 수입하는 업무용품

㉥ 국제기구 또는 외국정부로부터 정부에 파견된 고문관·기술단원, 기타 기획재정부령이 정하는 자가 사용하는 물품

(나) 조건부면세대상

외교관면세를 받은 물품 중 다음에 해당하는 물품은 수입신고수리 후 양수가 제한되는 물품이다.

㉠ 자동차(자동삼륜차, 자동이륜차 포함)

㉡ 선박

㉢ 피아노

㉣ 전자오르간과 파이프오르간

㉤ 엽총

(3) 특정물품의 용도 및 양수제한

관세를 면제받은 물품 중 기획재정부령이 정하는 물품은 수입신고수리일로부터 3년의 범위 내에서 대통령령이 정하는 기준에 따라 관세청장이 정하는 기간 내에 감면받은 용도외의 다른용도에 사용하기 위하여 이를 양수할 수 없다. 다만, 대통령령이 정하는 바에 의하여 미리 세관장의 승인을 얻은 때에는 그러하지 아니하다(동조 ②항).

(4) 관세의 징수

기획재정부령이 정하는 물품을 사후관리기간 내에 용도외의 다른용도에 사용하기 위하여 양수한 때에는 그 양수자로부터 면제된 관세를 즉시 징수한다(동조 ③항).

2. 정부용품 등 면세(법 제92조)

(1) 의 의

정부용품 등 면세는 국가기관 또는 지방자치단체에의 기증품, 정부수입군수품, 여행자휴대품, 이사물품, 상용견품 및 소액기증물품 등에 대하여 그 수입목적 및 해당 물품의 특성, 국제적 관례 등을 감안하여 수입시 관세를 무조건 면세해주는 제도이다. 동 감면세제도는 무조건면세에 해당하므로 면세조건 이행 여부의 사후관리나 추징 등의 문제는 따르지 않는다.

(2) 감면대상

다음 각호의 1에 해당하는 물품이 수입되는 때에는 그 관세를 면제할 수 있다(법 제92조).

① 국가기관 또는 지방자치단체에 기증된 물품으로서 공용으로 사용하는 물품
② 정부가 수입하는 군수품(정부의 위탁 수입포함), 국가원수의 경호용으로 사용하는 물품
③ 외국에 주둔하는 국군 또는 재외공관으로부터 변환된 공용품
④ 미래창조과학부장관이 정하는 국가안전보장상 긴요하다고 인정하여 수입하는 비상통신용 및 전파관리용 물품
⑤ 정부가 직접 수입하는 간행물, 음반, 녹음된 테이프, 녹화된 슬라이드, 촬영된 필름, 기타 이와 유사한 물품 및 자료
⑥ 국가 또는 지방자치단체(자회사 포함)의 환경오염(소음 포함) 수입물품
⑦ 상수도 수질의 측정 등을 위한 국가 또는 지방자치단체(자회사포함)의 수입물품
⑧ 국가정보원장 또는 그 위임을 받은 자가 수입하는 물품

3. 소액물품 등 면세(법 제94조)[2]

소액물품 등 면세는 상거래와 직접적으로 관계없는 물품으로서 그 대상은 다음과 같다.

① 우리나라의 거주자에게 수여된 훈장·기장 또는 이에 준하는 포창장 및 상패
② 기록문서 기타의 서류
③ 상용견품 또는 광고용품으로서 기획재정부령이 정하는 물품
④ 우리나라 거주자가 수취하는 소액물품으로서 기획재정부령이 정하는 물품

4. 여행자휴대품 등 감면세(법 제96조)[3]

일반국민 생활과 밀접한 관련이 있는 휴대품, 이사화물 등으로서 일정범위 이내의 것

2) 이를 처음 도입한 것은 2000년 개정 관세법에서 도입하게 된 것이다.
즉, 소액물품(10만원 이하)의 경우 기증여부를 객관적으로 확인(예: 영사관의 확인서 등)하는데 시간과 비용이 소요되나 감면금액이 작으므로 이를 개선하여 징수비용 절감 및 납세자의 편의를 도모하기 위해 개정되었던 것이다.

3) 2001년 개정된 관세법에서 여행자 휴대품 등의 면세는 기존의 '정부용품 등' 면세조항에 들어 있던 감면코드 중에서 주로 여행자 휴대품 등의 물품을 별도로 규정한 것이다.

은 면세통관이 되며, 그 대상은 다음과 같다.[4]

① 여행자의 휴대품 또는 별송품으로서 세관장이 타당하다고 인정하는 물품

② 이사물품으로서 거주이전의 사유, 거주기간, 세관장이 타당하다고 인정하는 물품

③ 외국무역선 또는 외국무역기의 승무원이 휴대하여 수입하는 물품으로서 항행일수·체재기간, 기타의 사정을 고려하여 세관장이 타당하다고 인정하는 물품

그러나 위의 물품을 제외한 휴대품 또는 별송품을 여행자가 기획재정부령으로 정하는 방법으로 자진신고하는 경우에는 15만원을 넘지 아니하는 범위에서 해당 물품에 부과될 관세의 100분의 30에 상당하는 금액을 경감할 수 있다.

참 조 여행자휴대품 및 별송품관련 규정

1. 휴대품 및 별송품의 정의

㉠ 휴대품 – 입국시 여행자와 같이 기(선)편으로 함께 수입하는 여행자의 물품

㉡ 별송품 – 여행자와는 별도의 기(선)편으로 원칙적으로 6월 내에 수입하는 여행자의 물품

2. 여행자휴대품 면세기준

여행자의 휴대품 및 별송품의 면세범위의 기준은 다음과 같다.

㉠ 여행자가 휴대하는 것이 통상적으로 필요하다고 인정되는 신변용품 및 신변장식품일 것

㉡ 비거주자인 여행자가 반입하는 물품으로서 본인의 직업상 필요하다고 인정되는 직업용구일 것

㉢ 세관장이 반출 확인한 물품으로서 재반입되는 물품일 것

㉣ 물품의 성질·수량·가격·용도 등으로 보아 통상적으로 여행자의 휴대품 또는 별송품인 것으로 인정되는 물품일 것

3. 여행자가 신고하지 아니한 휴대품과 과세시 가산세 징수

정부용품 면세규정에 의해 면세되는 여행자 휴대품은 수입신고가 생략된다. 그러나, 여행자가 입국시 여행자 휴대품 중 면세대상 범위에 해당되지 아니한 물품은 신고하지 아니하여 과세하는 경우, 해당 물품에 대하여 납부할 세액의 100분의 10에 상당하는 금액을 가산세로 징수한다.

4. 면세범위

통상적으로 여행자의 휴대품 또는 별송품인 것으로 인정되어 면세되는 물품은 다음과 같다.

㉠ 주류 – 1병(1ℓ 이하이고, 미화 400달러 이하인 것으로 확정)

㉡ 담배 – 지방세법시행령 제176조에서 정한 수량

4) 여행자 또는 승무원 휴대품의 면세범위와 그 절차에 관하여는 관세청 홈페이지(www.customs. go.kr)의 정보자료실/법령/관세청고시/여행자 및 승무원 휴대품통관에 관한 고시를 접속하면 자세히 알 수 있다.

㉢ 향수 - 60밀리리터(60㎖)
㉣ 기타 물품 - 여행자의 해외 총 취득가격 US$600 이하의 물품
㉤ 농림수산물 등 - 농림수산물의 면세통관은 다음의 품목당 기준에 따르되 해외취득가격 10만원 이내

④ 이사물품

이사물품이란 우리나라로 거주를 이전하기 위하여 입국하는 자가 수입하는 물품으로서 거주이전의 사유, 거주기간, 직업, 가족수, 기타의 사정을 고려하여 기획재정부령이 정하는 기준에 따라 세관장이 타당하다고 인정하는 물품이다.[5]

참 조 **이사물품 관련 규정**

1. 면세범위

해당 물품의 성질·수량·용도 등으로 보아 통상적으로 국내에서 사용될 것으로 인정되는 것 중 다음에 해당하는 것은 관세가 면제된다(규칙 제48조 ④항).

㉠ 우리나라에 입국하기 전에 이미 사용하던 물품(자동차 제외)일 것. 이 경우 사용여부가 분명하지 아니한 경우에는 거주 이전의 사유·직업·가족수 등으로 보아 해당입국자가 입국한 후 계속하여 사용할 것으로 인정되는 물품은 사용하던 물품으로 본다.
㉡ 우리나라에 상주하여 취재하기 위하여 입국하는 외국기자가 최초 입국시에 반입하는 취재용품으로서 취재용임이 확인되는 물품일 것
㉢ 우리나라에 수출된 물품(조립되지 아니한 물품으로서 완성품의 관세율표 번호로 분류되어 수출된 것을 포함)이 반입되는 경우로서 관세청장이 정하는 사용기간중에 적합한 물품일 것

2. 과세대상

거주이전자의 이사물품 중 과세대상물품은 다음과 같다.

㉠ 선박·항공기
㉡ 개당 과세가격이 50만원 이상인 보석·진주·별갑·산호·호박 및 상아와 이를 사용한 제품

⑤ 승무원휴대품

외국무역선 또는 외국무역기의 승무원이 휴대하여 수입하는 물품으로서 항해일수,

5) 이사물품의 면세범위와 그 절차에 관하여는 관세청 홈페이지(www.customs.go.kr)의 정보자료실/법령/관세청고시/이사물품의 수입통관사무처리에 관한 고시를 접속하면 더욱 자세히 알 수 있다.

체재기간, 기타의 사정을 고려하여 세관장이 타당하다고 인정하는 물품이다. 다만 기획재정부령으로 정하는 ㉠ 자동차·선박·항공기 및 ㉡ 개당 과세가격 50만원 이상의 보석·진주·별갑·산호·호박 및 상아와 이를 사용한 제품은 과세대상이다.

⑥ 상용견품 또는 광고용품

참 조 상용견품 또는 광고용품의 면세범위

상용견품 또는 광고용 물품으로서 관세를 면제할 물품은 다음과 같다(규칙 제45조 ①항).

1. 물품이 천공 또는 절단되었거나 통상적인 조건으로 판매할 수 없는 상태로 처리되어 견품으로 사용될 것으로 인정되는 물품
2. 판매 또는 임대를 위한 물품의 상품목록·가격표 및 교역 안내서 등
3. 과세가격 250달러 이하의 물품으로서 견품으로 사용될 것으로 인정되는 물품
4. 물품의 형상, 성질 및 성능으로 보아 견품으로 사용될 것으로 인정되는 물품

⑦ 소액기증물품

참 조 소액기증물품의 면세범위

1. 해당 물품의 총 과세가격이 15만원 상당액 이하의 물품
2. 박람회, 기타 이에 준하는 행사에 참가하는 자가 회장안내에서 관람자에게 무상으로 제공할 목적으로 수입하는 물품. 다만, 관람자 1인당 제공량의 정상도착가격이 미화 5달러 상당액 이하의 것으로서 세관장이 타당하다고 인정하는 것에 한한다(규칙 제45조 ②항).

⑧ 수출품 첨부용 증표

⑨ 외국에서 사고로 인한 선박 또는 항공기의 피해복구를 위하여 외국의 가해자가 부담하는 수리부분 및 외국의 매도인이 부담하는 하자 보수용품

⑩ 담배소비세가 부과되는 제조담배

⑪ 환경오염의 측정·분석기계, 기구 상수도 수질의 측정을 위하여 국가·지방자치단체 등이 수입하는 물품

⑫ 국가안전보장 목적수행상 긴요하다고 인정하여 수입하는 물품

5. 손상감세(법 제100조)

(1) 의 의

수입신고에 의하여 과세물건이 확정된 물품이 수입신고수리 전에 변질 또는 손상되거나 조건부감면세를 받은 물품이 감면한 관세의 징수사유가 발생하여 그 관세를 징수할 때 그 물품이 변질 또는 손상되거나 사용으로 인하여 가치가 감소된 때에 감소분에 상당하는 관세를 경감하고 있는데, 이것을 손상감세라 한다.

그림 8-2 손상감세 절차

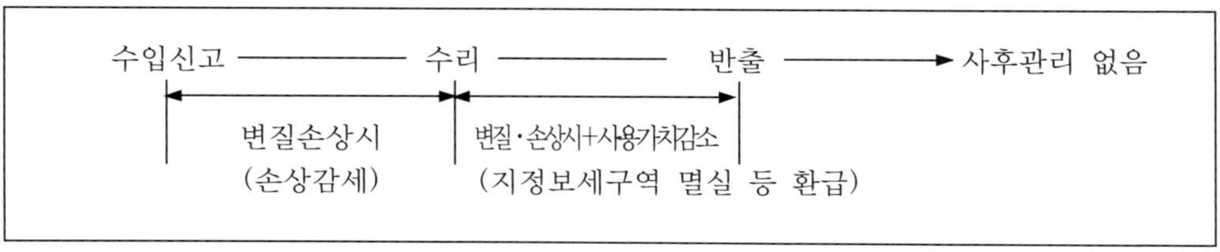

(2) 감면대상

손상감세는 수입신고한 물품이 수입신고수리 전에 변질 또는 손상된 때에 감면하는 경우와 관세 감면받은 물품을 용도 외 사용 또는 양도시 추징하는 경우에 그 물품이 변질·손상 또는 사용으로 인하여 가치가 감소됨으로써 감세하는 경우의 두 가지가 있다.

(가) 수입신고수리 전 손상감세

수입신고수리 전 손상감세라 함은 수입신고에 의하여 과세물건이 확정되었거나 수입신고가 수리되기 전에 변질 또는 손상된 때에 그로 인한 가치감소에 상응한 관세를 경감하는 것을 말한다(법 제100조 ①항).

감세요건은 ㉠ 수입신고한 이후에 변질 또는 손상되어야 하고 ㉡ 수입신고수리 전에 변질 또는 손상되어야 한다.

(나) 감면관세 추징시의 손상감세

이것은 관세법, 기타 법률 또는 조약에 의한 조건부 관세의 감면을 받은 물품에 대하여 관세를 추징하는 경우에 그 물품이 변질 또는 손상되거나 사용으로 인하여 해당 물품의 가치가 감소된 때에 그 가치감소에 상응한 관세를 경감하는 것을 말한다(법 제100조 ②항).

감세요건은 ㉠ 조건부 감면을 받은 물품에 대하여 관세를 추징하는 경우이어야 하고

㉡ 변질·손상 또는 사용으로 인하여 가치가 감소되어야 하며 ㉢ 수출용원재료 등의 용도 외 사용 등으로 추징하는 경우에는 해당 물품이 재해, 기타 부득이한 사유로 변질 또는 손상된 것이어야 한다.

(3) 관세경감액

손상감세액 즉, 관세경감액은 다음 것 중 다액의 것으로 한다(영 제118조의 ①항).

① 수입물품의 변질 또는 손상 사용으로 인한 가치의 감소에 따르는 가격의 저하분에 상응하는 관세액

② 수입물품의 관세액에서 변질·손상 또는 사용으로 인한 가치의 감소 후의 성질·수량에 의하여 산출한 관세액을 공제한 차액

6. 재수입면세(법 제99조)

(1) 의 의

수입되는 물품에 대하여는 관세를 징수하는 것이 원칙이나 우리나라의 물품이 수출되었다가 단시간 내에 재수입되는 물품에 대하여는 관세를 면제하는데, 이것이 재수입면세제도이다. 즉, 가공 또는 수리 목적으로 수출된 일반 수출품 또는 수출품의 용기 등이 일정기간 내에 재수입되는 경우에 감면되는 것이다. 재수입면세는 국산품의 비과세, 소비세의 이중과세방지 및 수출을 촉진하고자 하는 데 그 제도적 의의가 있다.

(2) 면세대상

다음 각호의 1에 해당하는 물품이 수입되는 때에는 대통령령이 정하는 바에 의하여 그 관세를 면제할 수 있다.

㈎ 일반 수출물품

우리나라에서 수출(보세가공수출을 포함)된 물품으로서 수출신고수리일부터 2년 내에 다시 수입되는 물품. 다만, 다음 각목의 1에 해당하는 경우에는 관세를 납부하여야 한다(동조 단서).

① 해당 물품 또는 원자재에 대하여 관세를 감면받은 경우

② 이 법 또는 「수출용원재료에 대한 관세 등 환급에 관한 특례법」에 따른 환급을 받은 경우

③ 이 법 또는 「수출용원재료에 대한 관세 등 환급에 관한 특례법」에 따른 환급을 받을 수 있는 자 외의 자가 해당 물품을 재수입하는 경우. 다만, 재수입하는 물품에 대하여 환급을 받을 수 있는 자가 환급받을 권리를 포기하였음을 증명하는 서류를 재수입하는 자가 세관장에게 제출하는 경우는 제외한다.

④ 보세가공 또는 장치기간경과물품을 재수출조건으로 매각함에 따라 관세가 부과되지 아니한 경우

(나) 수출물품의 용기로서 다시 수입하는 물품

국제상거래의 원활화 및 수출지원 등을 위하여 우리나라에서 수출된 물품의 용기가 다시 수입되는 경우에는 관세를 면제한다.

(다) 해외시험 및 연구목적으로 수출된 후 다시 수입되는 물품

기업의 해외시험 및 연구사업을 지원하기 위하여 이들 물품이 수입되는 경우에는 관세를 면제하고 있다.

7. 해외임가공물품·감면세(법 제101조)

(1) 의 의

최근 국내 기업들이 경제여건의 변화에 대처하기 위하여 국제적인 생산요소를 활용하여 노동집약적인 산업을 중심으로 해외생산을 확대하고 있는 추세이다. 관세법에서는 이를 지원하기 위하여 해외임가공 재수입면세제도를 보완하여 1999년 3월 15일부터 해외임가공물품에 대한 감면을 시행하고 있다. 즉, 원재료 또는 물품을 수출하여 일정한 물품으로 제조 · 가공하여 수입할 때에는 그 관세를 경감하도록 한 것이다(법 제33조의 2).

(2) 대 상

(가) 면세대상(원칙)

다음 각호의 1에 해당하는 물품이 수입되는 때에는 대통령령이 정하는 바에 의하여 그 관세를 경감할 수 있다(동조 ①항).

① 원재료 또는 부분품을 수출하여 기획재정부령이 정하는 물품으로 제조 · 가공한 물품

② 가공 또는 수리할 목적으로 수출한 물품으로서 기획재정부령이 정하는 기준[6]에 적합한 물품

(나) 면세제외대상

① 해당 물품 또는 원자재에 대하여 관세의 감면을 받은 경우

② 이 법 또는 관세환급특례법에 의한 환급을 받은 경우

---

6) 기획재정부령으로 정하는 기준은 다음과 같다.

① 임가공 목적 수출 · 관세를 감면하는 물품은 별표 관세율표 제85류에 해당하는 것으로 한다(규칙 제28조의 2).

② 수리목적수출품

③ 보세가공 또는 장치기간 경과물품을 재수출조건으로 매각함에 따라 관세가 부과되지 아니한 경우

(3) 관세경감액

해외임가공물품에 대하여 경감하는 관세액은 다음 각호와 같다(영 제119조).

㈎ 임가공목적 물품

수입물품의 제조·가공에 사용된 원재료 또는 부분품의 수출신고가격에 해당 수입물품에 적용되는 관세율을 곱한 금액(영 제119조 1호)이다.

관세경감액=원재료(부분품)의 수출신고가격(FOB)×수입물품의 관세율

㈏ 가공수리목적 물품

가공·수리물품의 수출신고가격에 해당 수입물품에 적용되는 관세율을 곱한 금액(영 제119조 2호)이다.

관세경감액=가공·수리물품의 수출신고가격(FOB)×수입물품의 관세율

Ⅴ. 조건부감면세

1. 세율불균형물품의 감면세(법 제89조)

(1) 개 요

㈎ 의 의

세율불균형을 시정하기 위하여 대통령령이 정하는 바에 의하여 세관장이 지정하는 공장에서 항공기 등의 물품을 제조 또는 수리하기 위하여 사용되는 부분품 및 원재료에 해당하는 일정 물품에 대하여는 그 관세를 감면할 수 있다(동조 ①항). 이를 세율불균형

HSK 10단위 일치물품	'기획재정부령이 정하는 기준에 적합한 물품'이라 함은 가공 또는 수리할 목적으로 수출된 물품과 가공 또는 수리 후 수입된 물품의 HSK상 10단위의 품목번호가 일치하는 물품을 말한다(규격 제29조 제④항).
HSK 10단위 불일치 물품	다음에 해당하는 경우에는 HSK 10단위의 품목번호가 일치하지 아니하더라도 재수입면세 대상물품으로 한다(규칙 제29조 제④항). ⅰ. 수율 또는 성능 등이 저하되어 폐기한 물품을 수출하여 응용 과정 등을 거쳐 재생한 후 다시 수입하는 경우 ⅱ. 제품의 제작일련번호 등에 의하여 수입물품이 우리나라에서 수출된 물품임을 세관장이 확인할 수 있는 물품인 경우

물품의 감면세제도라 한다.

(나) 취 지

세율불균형물품의 감면세제도는 외국으로부터 완제품을 수입하는 것보다 부분품이나 원재료를 수입하여 국내에서 조립·가공하게 함으로써 외화절약, 국내고용확대 및 기술의 향상 등을 통해 경제기반을 확고히 하려는 정책적인 배려에서 마련된 것이다.

(2) 감면대상

항공기(부분품포함), 반도체제조용장비(부속기기 포함)를 제조 또는 수리하기 위하여 사용되는 부분품 및 원재료(수출한 후 외국에서 수리·가공되어 수입되는 부분품 및 원재료의 가공·수리분을 포함) 중 기획재정부령이 정하는 물품에 대하여는 그 관세를 감면할 수 있다(동조 ①항).

(3) 감면요건(지정공장제도)

부분품이나 원재료를 감면 수입하여 그것을 감면받은 용도대로 사용하느냐의 여부를 관리하기 위하여 세관장이 지정한 공장에서 제조·가공하는 경우에만 감면할 수 있도록 하고 있는데, 이것을 '지정공장제도'라고 한다.

① 감면요건 – 원칙적으로 항공기 및 반도체제조장비를 제조·수리하기 위하여 수입하는 부분품 및 원재료를 세관장이 지정하는 공장에 반입하는 경우 관세를 감면한다. 그러나 세관장은 항공기의 수리가 일시적으로 행하여지는 공항 내의 특정지역이 감시·단속에 지장이 없고, 세율불균형물품의 감면세 관리업무의 효율화를 위하여 필요하다고 인정되는 경우에는 해당 특정지역을 제조·수리공장으로 지정할 수 있다(영 제113조 ③항).7)

② 지정기간 – 지정공장의 지정기간은 3년내로 하되, 지정받은자의 신청에 의하여 연장할 수 있다(동조 ②항).

③ 지정요건 – 제조공장의 지정을 받고자 하는 자는 제조공장 등 필요사항을 기재한 신청서에 사업계획서 등 서류를 첨부하여 세관장에게 제출하여야 하며, 운영인의 결격사유에 해당하는 자는 제조공장의 지정을 받을 수 없다(영 제113조 ①, ④항).

---

7) 지정공장 운영의 탄력성 제고(2003년 개정)

지정공장의 명칭을 "수리"개념을 명확하게 하고, 항공기의 경우 대부분의 수리가 항공기 계류장에서 이루어지는 현실을 고려하여, 지정공장 외의 장소에서 수리하는 경우에는 감면허용함.

즉, 항공기수리의 경우 계류장에서 일시 계류중 긴급수리를 하거나 경미한 수리를 필요로 하는 경우가 빈번하게 발생하여 공항 내 특정지역을 세율불균형 물품 제조·수리공장으로 지정할 수 있도록 함으로써 항공기의 안전운항을 지원하고 업무간소화를 도모하고자 위함이다.

(4) 준용규정

제 180조 제2항(특허보세구역의 설치·운영에 관한 감독 등) 및 제182조의 규정(특허의 효력 상실시 조치 등) 및 제187조 규정(보세공장의 작업허가)은 제1항의 규정에 의하여 지정된 공장에 대하여 준용한다.

㈎ 지정공장의 설치·운영에 관한 감독 등

세관장은 지정공장의 운영인에 대하여 그 설치·운영에 관한 보고를 병하거나 세관공무원으로 하여금 지정공장의 운영상황을 검사시킬 수 있다(법 제180조 ②항).

2. 학술연구용품 등 감면세(법 제90조)

(1) 의 의

본 감면세제도는 상업적 목적이 아닌 학교·공공직업훈련원·박물관, 기타 기획재정부령으로 정하는 과학기술의 연구개발단체 등에서 수입하는 과학연구용품·교육용품 등에 대하여 감면할 것을 규정하고 있다. 수입의 주체는 주로 정부, 공공기관 등으로서 국가정책상 우리나라의 교육과 학술의 진흥 및 연구·개발을 촉진시키기 위한 소정의 목적을 위해 사용되어야 하며, 감면받은 물품이 해당 용도에 사용되지 않을 경우에는 면제된 관세를 징수하도록 하고 있다.

㈎ 감면대상물품 및 감면율

학술연구용품 등에 대한 감면세 규정에 의한 감면대상물품 및 감면율은 다음과 같다.

감면대상	감면율
① 정부 또는 지방자치단체가 학교 또는 훈련원에서 사용하게 할 목적으로 수입하는 교육, 학술연구용품 및 실험실습용품	90%
② 학교교육, 의료기간 등에서 사용할 표본, 기록물 등 ③ ②호의 기관에서 사용할 학술연구, 교육, 실험실습용품	80%
④ 외국으로부터 ②호의 기관에 기증되는 학술연구용품 등 ⑤ 과학기술개발연구개발용으로 기증되는 물품 ⑥ ⑤호의 기관에서 수입하는 과학기술연구개발용품	90%
⑦ ② 및 ⑤호의 기관을 지원하기 위한 단체가 수입하는 시약류 ⑧ 정신문화의 연구개발용품 ⑨ 산업기술의 등에서 연구, 개발에 사용되는 물품	90%
⑩ 방위산업제품의 연구, 개발을 위한 시험분석용품	전용업체: 90% 전용업체가 아닌 경우: 80%

3. 종교용품·자선용품·장애자용품 등의 면세(법 제91조)

기존의 특정물품의 감면코드에 해당되는 물품 중 사회복지적 성격이 있는 종교단체, 자선구호단체, 평화봉사단체, 장애자용품 등의 물품에 대하여 국가가 특별히 지원할 필요가 있다고 인정되는 사회복지향상에 공하는 물품으로서 그 대상은 다음과 같다.

종교단체에 기증물품	교회·사원 등 종교단체의 예배용품 및 신적용품으로서 외국으로부터 기증되는 물품. 다만, 기획재정부령이 정하는 물품을 제외한다.
자선, 구호목적의 기증물품	자선 또는 구호의 목적으로 기증되는 급여품 및 기획재정부령이 정하는 자선·구호시설 또는 사회복지시설에 기증되는 물품으로서 해당 용도에 직접 사용하는 물품. 다만, 기획재정부령이 정하는 물품을 제외한다.
평화봉사단체에 기증물품	국제적십자사·외국적십자사 및 기획재정부령이 정하는 국제기구가 국제평화봉사활동 또는 제조된 물품 중 기획재정부령이 정하는 물품
장애인용 특수제작물품	시각·청각 및 언어의 장애인, 지체장애인, 만성신부전증환자 등을 위한 용도로 특수하게 제작 또는 제조된 물품 중 기획재정부령이 정하는 물품
재활의료시설사용 의료물품	장애인복지법 제48조의 규정에 의한 장애인복지시설 및 장애인의 재활의료를 목적으로 국가·지방자치단체 또는 사회복지법인이 운영하는 재활 병·의원에서 장애인의 진단 및 치료를 이용하여 사용하는 의료용구

4. 특정물품의 면세(법 제93조)

(1) 의 의

특정물품면세란 특정용도에만 사용하는 물품으로서 주로 다른 면세 조항에 분류하기 곤란한 물품을 모아서 규정하여 정리한 것이다. 동 면세제도는 지정기간 내에 해당 용도에 사용하지 않을 경우에만 면제된 관세를 징수한다. 한편 특정물품의 용도는 법에서 규정하고 있지만 구체적인 감면 대상물품은 기획재정부령으로 지정하거나 제한하고 있다.

(2) 면세대상

특정물품감면세 규정에 의한 감면대상물품 및 감면율은 다음과 같다.

감 면 대 상	감면율
① 동식물의 번식·양식 및 종자개량을 위한 물품 중 기획재정부령이 정하는 물품 ② 박람회·국제경기대회, 기타 이에 준하는 행사에 사용하기 위하여 그 행사에 참	100%

가하는 자가 수입하는 물품 중 기획재정부령이 정하는 물품

③ 핵사고 또는 방사능 긴급 사태시 그 복구지원 및 구호의 목적으로 외국으로부터 기증되는 물품으로서 기획재정부령이 정하는 물품

④ 우리나라 선박이 외국정부의 허가를 받아 외국의 영해에서 채집 또는 포획한 수산물(이를 원료로 하여 우리나라 선박에서 제조·가공한 것을 포함한다. 이하 이 조에서 같다).

⑤ 우리나라 선박이 외국의 선박과 협력하여 기획재정부령이 정하는 방법으로 채집 또는 포획한 수산물로서 해양수산부장관이 추천하는 것

⑥ 해양수산부장관의 허가를 받은 자가 기획재정부령이 정하는 요건에 적합하게외국인과 합작하여 채집 또는 포획한 수산물 중 해양수산부장관이 기획재정부장관과 협의하여 추천하는 것

⑦ 우리나라 선박 등에 의하여 채집 또는 포획된 수산물과 제6호 및 제7호의 규정에 의한 수산물의 포장에 사용된 물품으로서 재사용이 불가능한 것 중 기획재정부령이 정하는 물품

⑧ 중소기업기본법 제2조의 규정에 의한 중소기업이 해외구매자의 주문에 따라 제작한 기계·기구가 해당 구매자가 요구한 규격 및 성능에 일치하는지 여부를 확인하기 위하여 행하는 시험생산에 소요되는 원재료로서 기획재정부령이 정하는 요건에 적합한 물품

⑨ 우리나라를 방문하는 외국의 원수와 그 가족 및 수행원의 물품 100%

⑩ 우리나라의 선박, 기타 운송수단이 조난으로 인하여 해체된 경우 그 해체재 및 장비

⑪ 우리나라와 외국간에 건설될 교량·통신시설·해저통로, 기타 이에 준하는 시설의 건설 또는 수리에 소요되는 물품

⑫ 우리나라와 수출물품의 품질·규격·안전도 등이 수입국의 권한이 있는 기관이 정하는 조건에 적합한 것임을 표시하는 수출물품 첨부용 증표로서 기획재정부령이 정하는 물품

⑬ 우리나라의 선박 또는 항공기가 해외에서 사고로 인하여 발생한 피해를 복구하기 위하여 외국의 보험회사 또는 외국의 가해자의 부담으로 행하는 수리부분에 해당하는 물품

⑭ 우리나라의 선박 또는 항공기가 매매계약상의 하자보수보증기간중에 외국에서 발생한 고장에 대하여 외국의 매도인의 부담으로 행하는 수리부분에 해당하는 물품

⑮ 국제올림픽 및 아시아경기종목에 해당하는 운동용구(부분품을 포함한다)로서 기획재정부령이 정하는 물품

⑯ 국립묘지의 건설·유지 또는 장식을 위한 자재와 국립묘지에 안장되는 자의 관·유골함 및 장례용 물품(2003년 신설)

⑰ 피상속인의 사망으로 인하여 국내 주소를 둔 자에게 상속되는 피상속인의 신변용품(2003년 신설)

5. 환경오염방지물품 등의 감면세(법 제95조)

(1) 의 의

환경오염방지물품 등에 대한 감면세는 환경문제의 중요성에 따라 오염물질의 배출방지, 산업폐기물 등 처리용품 및 산업재해 또는 직업병의 예방에 직접 사용되는 기계·기구 등과 공장자동화 기계 등 환경오염방지 및 산업재해예방과 산업의 생산성제고를 위해 수입되는 물품에 대하여 이들 용도에 사용하는 것을 조건으로 감면해 주는 제도이다.

(2) 감면대상 및 감면율

환경오염방지물품 등의 감면세 규정에 의한 감면대상물품으로서 국내에서 제작하기 곤란한 다음 각호의 1에 해당하는 물품이 수입되는 때에는 그 관세를 감면할 수 있다. 이 규정에 의한 그 감면기관 및 감면율은 기획재정부령으로 정한다.

① 오염물질(소음 및 진동 포함)의 배출방지 또는 처리를 위하여 사용하는 기계·기구·시설·장비로서 기획재정부령이 정하는 것
② 폐기물처리(재활용 경우 포함)를 위하여 사용하는 기계·기구로서 기획재정부령이 정하는 것
③ 기계·전자기술 또는 정보처리기술을 응용한 공장자동화기계·기구·설비(그 구성기기를 포함한다) 및 그 핵심부분품으로서 다음 각목의 1에 해당하는 것
④ 방위산업에 소요되는 물품으로서 다음 각목의 1에 해당하는 것
㉠ 방위산업에 소요되는 시설기계류 및 기초설비품
㉡ 방위산업제품(경찰경비함정 및 이에 장착되는 물품을 포함한다)의 연구·개발을 위한 시험분석용품 및 견품

표 8-1 환경오염방지물품 등의 감면율

감면물품		감 면 율
환경오염 방지물품	(1) 오염물질 배출방지·처리 기계·기구 (2) 폐기물처리 기계·기구	2015년 12월 31일까지 수입신고되는 분에 한하여 100분의 30
공장자동화기계·기구·설비		2015년 12월 31일까지 수입신고되는 분에 한하여 100분의 50. 다만, 제59조 제3항의 규정에 의하여 중소제조업체가 수입하는 물품에 대하여는 100분의 30으로 한다.

방위산업소요물품	2007년 12월 31일까지 수입신고되는 분에 한하여 100분의 40

6. 재수출 면세(법 제97조)

(1) 의 의

재수출면세는 우리나라에 수입된 물품이 단기간 내에 다시 수출되는 것을 조건으로 하는 면세제도로서 조건부면세의 하나이다. 동 면세제도는 일반무역의 증진, 가공무역의 증진, 외화의 절약, 기술의 도입, 관광객의 유치 등의 목적으로 수입된 물품이 단기간 내에 재수출될 물품인 용기, 휴대품, 운송기기 등에 대하여 관세를 면제해주는 제도로 유네스코, WCO, ATA carnet 등의 물품의 일시수입을 위한 국제협약의 내용을 관세법에 반영한 규정이다.

(2) 재수출면세 대상물품

재수출면세대상은 수출물품의 포장용품, 일시수입 신변용품 등 기획재정부령이 정하는 물품으로(규칙 제23조 ①항) 재수출면세규정에 의하여 면세되는 물품은 다음과 같다.

- 수입물품과 수출물품의 포장용품
- 우리나라에 일시 입국하는 자가 본인이 사용하고 재수출할 목적으로 직접 휴대하여 수입하거나 별도 수입하는 신변용품
- 우리나라에 일시 입국하는 자가 본인이 사용하고 재수출할 목적으로 직접 휴대하여 수입하거나 별도 수입한 직업용품, 취재용으로 수입하는 방송용의 녹화되지 아니한 비디오테이프
- 외국선박의 승무원의 후생을 위하여 수입하는 물품
- 박람회, 전시회 등의 행사에 출품 또는 사용하기 위하여 수입하는 물품
- 수출물품 및 수입물품의 검사, 시험을 위한 기계
- 일시 입국자의 승용자동차
- 수출물품을 운송하기 위한 차량
- 이미 수입된 콘테이너의 수리를 위한 부분품
- 수출인쇄물 제작 원고용 필름(노광하여 현상된 것에 한한다)
- 항공기 및 그 부분품의 수리, 검사 또는 시험을 위한 기계, 기구
- 항공화물 및 해상화물 운송용 파레트
- 항공기의 긴급수리를 위한 엔진 및 부분품
- 국제적 회의 등에서 사용하기 위한 물품
- 학술연구용품
- 과학장비용품
- 주문수집을 위한 물품, 시험용품 및 제작용 물품
- 가공 또는 수리를 위한 물품 및 그 재료

(3) 재수출면세기간

재수출면세기간을 정하고자 하는 때에는 다음 각호의 기간을 재수출면세기간으로 한다(영 제115조). 이 경우 재수출면세물품이 행정당국에 의하여 압류된 경우에는 해당 압류기간은 재수출면세기간에 산입하지 아니한다(2003년 후단신설).

구 분		재수출면세기간
일시 입국하는 자가 본인이 사용하고 재수출할 목적으로 직접 휴대하여 수입하거나 별도로 수입하는 신변용품·취재용품 및 이와 유사한 물품의 경우		입국 후 처음 출국하는 날까지의 기간
박람회·전시회·품평회, 기타 이에 준하는 행사에 출품 또는 사용하기 위하여 수입하는 물품		박람회 등의 행사기간종료일에 해당 물품을 재수출하는 데 필요한 기일을 더한 기간
가공 또는 수리를 위한 물품 및 그 재료		가공 또는 수리에 소요되는 것으로 인정되는 기간
기타의 물품	원 칙	해당 물품의 반입계약에 관한 증빙서류에 의하여 확인되는 기간
	반입계약에 관한 증빙서류에 의하여 확인할 수 없는 때	해당 물품의 성질·용도·수입자·내용연수 등을 고려하여 세관장이 정하는 기간

(4) 용도외 사용 제한 및 관세의 징수

(가) 용도외 사용 제한

관세의 면제를 받은 물품은 수입신고수리일로부터 1년의 범위 내에서 용도외의 다른 용도에 사용하거나 양도할 수 없다. 다만, 대통령령이 정하는 바에 의하여 미리 세관장의 승인을 얻은 때에는 그러하지 아니하다(동조 ②항).

(나) 징수 사유와 그 대상

다음 각호의 1에 해당하는 경우에는 수출을 하지 아니한 자, 용도외에 사용한 자 또는 그 양도를 한 자로부터 그 양수인으로부터 면제된 관세를 즉시 징수한다. 다만, 재해, 기타 부득이한 사유로 멸실되었거나 미리 관세장의 승인을 얻어 폐기한 때에는 그러하지 아니하다(동조 ③항).

① 관세를 면제받은 물품을 동항에 규정된 기간 내에 수출하지 아니한 경우

② 용도외에 다른용도에 사용하거나 해당 용도외에 다른용도에 사용하고자 하는 자에게 양도한 경우

㈐ 가산세 징수

세관장은 관세의 면세를 받은 물품 중 기획재정부령이 정하는 물품을 동항에 규정된 기간 내에 수출하지 아니한 때에는 500만원을 초과하지 아니하는 범위 안에서 해당 물품에 부과될 관세의 100분의 20에 상당하는 금액을 가산세로 징수한다(동조 ④항).

7. 재수출감면세(법 제98조)

(1) 의 의

장기간에 걸쳐 사용할 수 있는 물품으로서 그 수입이 임대차계약 및 도급계약의 이행과 관련하여 일시적으로 사용하기 위한 공사용 기계, 기구나 수리, 가공용 기계 · 기구를 외국에서 빌려와 국내에서 사용하다가 다시 반송하거나 외국으로부터 선박을 나용해 와서 사용하다가 다시 반송하는 경우 그 물품 수입에 따른 관세를 감면해주는 제도이다.

이는 과세의 형평상 국내에서 사용소비된 부분에 대해서만 관세를 징수하고 수출되는 잔여분에 상당하는 관세를 경감해주기 위한 것이다.

(2) 감면대상 및 감면율

재수출감면세의 대상은 다음과 같다.

① 장기간에 걸쳐 사용할 수 있는 물품으로서,

② 그 수입이 임대차계약에 의하거나 도급계약의 이행과 관련하여 국내에서 일시적으로 사용하기 위하여 수입하는 물품 중 기획재정부령이 정하는 물품이 다음 각호의 요건을 갖춘 물품이다.

㉠ 법인세법 시행규칙에 의한 내용연수가 3년(금형의 경우에는 2년) 이상인 물품

③ 국내제작이 곤란함을 해당 물품의 생산에 대한 업무를 관장하는 중앙행정기관의 장 또는 그 위임을 받은 자가 확인하고 추천하는 기관 또는 기업이 수입하는 물품에 한한다(규칙 제52조).

또 법 제98조 제①항의 규정에 의하여 관세를 경감하는 경우 그 경감률은 다음과 같다.

① 재수출기간이 6월 이내인 경우에는 그 물품에 대한 관세액의 100분의 85

② 재수출기간이 6월 초과 1년 이내인 경우에는 그 물품에 대한 관세액의 100분의 70

③ 재수출기간이 1년 초과 2년 이내인 경우에는 그 물품에 대한 관세액의 100분의 55

④ 재수출기간이 2년 초과 3년 이내인 경우에는 그 물품에 대한 관세액의 100분의 40

⑤ 재수출기간이 3년 초과 4년 이내인 경우에는 그 물품에 대한 관세액의 100분의 30

(3) 재수출기간

(가) 원 칙

수입신고수리일부터 2년 이내에 재수출되는 것에 대하여는 대통령령이 정하는 바에 의하여 그 관세를 경감할 수 있다.

(나) 예 외

장기간의 사용이 부득이한 물품으로서 기획재정부령이 정하는 것 중 수입 전에 세관장의 승인을 얻은 것은 4년의 범위 안에서 세관장이 정하는 기간

재수출기간을 정하는 방법은 다음과 같다.

구 분	재수출 기간
증빙에 의해 확인되는 때	해당 물품의 반입계약에 관한 증빙서류에 의하여 확인되는 기간을 기준
그 증빙서류에 의하여 확인되는 기간을 기준으로 하기가 적당하지 아니하거나 증빙서류에 의하여 확인할 수 없는 때	해당 감면물품의 성질·용도·임대차기간 또는 도급기간 등을 고려하여 타당하다고 인정되는 기간을 기준

(4) 용도외 사용 및 관세의 징수

상기 규정에 의하여 관세를 감면한 물품에 대하여는 제97조 제②항 내지 제④항의 규정을 준용한다. 즉, 용도 외 사용제한 및 관세의 징수 규정은 진술한 재수출 면세규정을 그대로 적용한다.

표 8-2 재수출면세 및 감면세

	재수출면세	재수출 감면세
공통점	- 일시 수입 후 일정기간 경과한 다음 재수출 조건 - 모두 사후관리 대상 - 기간 내 용도외 사용 및 무단양도. 재수출 불이행시 징수 - 재수출 불이행시 가산세(제세액의 20%)	
재수출기간 (사후관리기간)	- 1년(1년 연장가) - 기획재정부령이 정한 물품(1년 초과가능)	- 2년(장기간 사용물품 : 4년) (연장규정 없음)
대 상	주로 신변용품, 직업용품, 일시입국자 물품(예 : 신변용품, 승용차)	- 장기간 사용(내용연수3년(금형2년)) - 임대차, 도급계약 이행목적

감면율	전액면제	국내사용기간에 따라 과세(일부면제)
승계여부	승계대상 아님	승계가능

8. 타 법령 · 조약 등에 의한 감면세

(1) 개 요

㈎ 의 의

타 법령 등에 의한 감면규정으로는 외자도입법, 조세특례제한법, 해저광물자원개발법 등에 의한 것이 있으며, 조약 협정으로는 SOFA협정 등이 있다. 타 법령 등에 의한 관세감면은 일반적으로 특정용도에 사용할 것을 조건으로 감면하고 있는데, 각 개별법에서 관세추징의 규정이 없는 경우에도 관세법에 의한 추징을 할 수 있도록 규정하고 있다.

㈏ 용도의 제한 및 확인

이 법 외의 법령이나 조약 · 협정 등에 의하여 관세가 감면된 물품을 그 수입신고수리일부터 3년 내에 해당 법령이나 조약 · 협정 등에 규정된 용도외에 다른용도에 사용하거나 해당 용도외의 다른용도에 사용하고자 하는 자에게 양도하고자 하는 때에는 세관장의 확인을 받아야 한다. 다만, 해당 법령이나 조약 · 협정 등에 다른용도에 사용하거나 다른용도에 사용하고자 하는 자에게 양도한 때에는 해당 관세의 징수를 면제하는 규정이 있는 때에는 그러하지 아니하다(법 제109조 ①항).

㈐ 감면된 관세의 징수

세관장의 확인을 받아야 하는 물품에 대하여는 해당 용도외의 다른용도에 사용한 자 또는 그 양도를 한 자로부터 감면된 관세를 즉시 징수하여야 하며, 양도인으로부터 해당 관세를 즉시 징수하여야 하며, 양도인으로부터 해당관세를 징수할 수 없는 때에는 그 양수인으로부터 감면된 관세를 즉시 미리 세관장의 승인을 얻어 폐기한 때에는 예외로 한다.

(2) 기타 법령 등에 의한 관세의 감면

㈎ 외자도입법에 의한 면세

의 의	외자를 효율적으로 유치하기 위하여 도입되는 자본재에 대하여 면세를 하는 제도이다.
면세대상	① 외국인 투자가가 수입하는 자본재 ② 외국인 투자가가 출자한 대외지급수단과 교환으로 외국인투자기업이 수입하는 자본재

	단, 내국인이 도입하는 자본재(차관물자)는 제외된다.
추　징	① 외국인투자가 취소 또는 외국인투자기업 등록이 말소된 때 ② 외자를 인가된 목적 이외에 사용하거나 처분한 때 ③ 인가조건을 불이행한 때

㈏ 조세감면규제법에 의한 감면

의　의	특정한 사업을 일시적으로 지원하기 위하여 수입하는 물품에 대하여 감면하는 제도이다.
감면대상	다음 물품 중 국내제작이 곤란한 것으로서 기획재정부가 정하는 물품 ① 도시철도 건설용품 ② 농업기계제조용 부분품 ③ 태양에너지 이용기기 제조용 부분품 ④ 국·공립 의료기간, 지방공사의료원, 의료법인이 도입하는 첨단의료기기 ⑤ ASEM회의시설의 제작, 건설 및 경기운영에 사용되는 물품으로서 국내제작이 곤란한 것 ⑥ 2002년 월드컵 축구대회경기시설의 제작·건설 및 경기운영에 사용되는 물품으로서 국내 제작이 곤란한 것
관세감면율	① 실행관세율 20% 이하 물품: 65% ② 도시철도 건설용품 및 농기계 제조용 물품 중 이양기제조용 물품은 85%

㈐ 해저광물자원개발법에 의한 면세

의　의	해저천연자원의 개발을 위하여 수입하는 물품에 대하여
면세대상	① 해저광물의 탐사 및 채취사업에 사용하기 위하여 수입하는 기계, 장비 및 자재 ② 해저조광권자의 대리인 또는 도급업자로서 해저광물의 탐사 및 채취사업에 종사하는 자가 탐사 및 채취사업에 직접 사용하기 위하여 해당 해저광권자의 명의로 수입하는 기계, 장비 및 자재
감 면 율	100%, 용도외 사용금지기간: 수입신고수리일로부터 5년

(3) 조약·협정 등에 의한 관세의 감면

㈎ SOFA(status of forces agreement)

한미방위조약에 의하여 우리나라에 주둔하는 미군의 지위에 관한 한미행정협정에 의한 면세제도이다. SOFA는 1967년 2월 9일부터 발효되었다.

이에 따라 미군의 구성원, 군속 및 그 가족들이 수출입하는 물품에 대하여는 SOFA의 제9조에서 정하는 바에 따라 통관처리된다. 그러나, 동 규정에 정한 바가 없는 사항에 대한 통관 및 세관 등의 문제를 규정하고 관세법상의 규정에 대한 특례를 정하기 위하여 우리 정부가 제정한 법률이 SOFA실시에 따른 임시특례법이다.

이 임시특례법에도 규정한 바가 없는 사항에 대하여는 관세법의 규정을 적용한다(협정 제9조 ①항).

㈏ 기타 조약·협정에 의한 관세감면

기타 조약·협정에 의한 관세감면은 다음과 같은 것들이 있다.

① 대한민국과 미합중국간의 대미 경제기술원조 협정

② 한·미간 민간구호활동에 관한 협정

③ 항공운수 협정

④ AID 차관협정

⑤ 한·독 기술협력 협정

⑥ 한·프랑스 기술협정

⑦ 한·일 기술협력 협정

⑧ 항만개발사업을 위한 IBRD 차관 협정

⑨ EDC 등과의 차관협정

⑩ 고리 원자력 발전소 2호기 건설을 위한 차관협정

⑪ 대한민국정부와 뉴질랜드 정부간의 한국 내 육우시범목장 설치를 위한 협정

⑫ 대한민국정부와 벨기에 정부간의 창원직업훈련원을 위한 한·벨기에간의 기술협력에 관한 협정

⑬ 국제통화기금 협정

⑭ 물품의 일시수입을 위한 일시수입통관 증서에 의한 관세협약

제2절 관세분할납부제도

Ⅰ. 분할납부제도의 개요

1. 의 의

관세의 분할납부제도는 특정물품에 대하여 부과된 관세를 일정기간 분할하여 납부하는 제도를 말한다.

분할납부제도는 중요산업시설에 소요되는 자금부담을 분산하여 완화시켜줌으로써 설비투자를 촉진하고 산업시설의 건설을 보호육성하며, 정부·지방자치단체·학교·사회복지기관 및 비영리법인인 연구기관의 공익사업과 사회복지사업 등에 예산 사정을 고려하여 일시에 자금부담이 되는 것을 방지하기 위하여 관세를 5년 이내로 기간을 정하여 분할납부하도록 하고 있는 것이다.

즉, 관세의 분할납부는 수입신고수리 전 또는 후 15일 내에 관세의 전액을 납부함으로써 생기는 자금부담의 집중을 일정한 기간 내에 분산시키고 이의 결과로 오는 자금의 이자부담을 경감시키는 효과가 있을 뿐만 아니라 수입물품을 분할납부기간에도 사용함으로써 생기는 이익금으로 관세를 납부할 수 있는 편익이 있다.

2. 분할납부 대상 및 요건

(1) 천재지변 등의 사유 발생시

세관장은 일정한 사유로 인하여 관세법의 규정에 의한 신고, 신청, 청구 기타 서류의 제출, 통지, 납부 또는 징수를 정하여진 기한까지 할 수 없다고 인정되는 때에는 1년을 초과하지 아니하는 기간을 정하여 관세를 분할하여 납부하게 할 수 있다. 이 경우 납부기한 내에 세관장에게 신청서를 제출하여야 한다.

① 천재·지변

② 전쟁·화재 등 재해나, 도난으로 인하여 재산에 심한 손실을 입은 경우

③ 사업에 현저한 손실을 입은 경우

④ 사업이 중대한 위기에 처한 경우

⑤ 기타 세관장이 인정하는 경우

(2) 특정물품 수입시

다음에 해당하는 물품이 수입되는 때에 세관장은 기획재정부령이 정하는 바에 의하여 5년을 초과하지 않는 기간을 정하여 관세의 분할납부를 승인할 수 있다. 이 경우 수입신고시부터 수입신고수리 전까지 세관장에게 신청서를 제출해야 한다.

(3) 시설기계류 등 중요산업용 물품

중요산업에 소요되는 시설기계류·기초설비품·건설용재료 및 그 구조물과 공사용 장비는 관세를 분할납부할 수 있다. 이들 물품의 관세를 분할납부할 수 있게 한 것은 중요산업의 보호육성에 그 목적이 있다.

시설기계류·기초설비품·건설용재료 및 그 구조물과 공사용 장비로서 다음과 같이 기획재정부장관이 고시하는 물품. 다만, 기획재정부령이 정하는 업종에 소요되는 물품

을 제외한다(규칙 제59조 ①항).

① 관세율표에서 부분품으로 분류되지 아니할 것

② 법, 기타 관세에 관한 법률 또는 조약에 의하여 관세의 감면을 받지 아니할 것

③ 해당 관세액이 500만원 이상일 것. 다만, 중소기업이 수입하는 경우에는 100만원 이상일 것

④ 탄력관세의 적용을 받는 물품이 아닐 것

(4) 정부 · 지방자치단체 물품

정부 또는 지방자치단체가 직접 수입하는 물품으로서 기획재정부령이 정하는 물품

(5) 학교 · 직업훈련원 물품 및 비영리법인의 공익사업용 물품

학교 또는 직업훈련원에서 수입하는 물품 및 비영리법인이 공익사업을 위하여 수입하는 물품으로서 기획재정부령이 정하는 물품

(6) 사회복지기관용품

의료기관 등 기획재정부령이 정하는 사회복지기관 및 시설에서 수입하는 물품 중 기획재정부장관이 고시하는 물품

(7) 기업부설 연구소 등의 연구기관용 기술개발연구용품

기업부설연구소 · 산업기술연구조합 및 비영리법인인 연구기관, 기타 이와 유사한 연구기관에서 수입하는 기술개발연구용품 및 시험실습용품 중 기획재정부장관이 고시하는 물품

(8) 중소제조업체 시설재

중소제조업체가 직접 사용하기 위하여 수입하는 물품으로서 기획재정부령이 정하는 다음의 기준에 적합한 물품이어야 한다. 이 경우 과세를 분할납부할 수 있는 물품은 법 별표 관세율표 제84류 · 제85류 및 제90류에 해당하는 물품으로서 다음 각호의 요건을 갖추어야 한다.

① 법, 기타 관세에 관한 법률 또는 조약에 의하여 관세의 감면을 받지 아니할 것

② 해당 관세액이 100만원 이상일 것

③ 탄력관세의 적용을 받는 물품이 아닐 것

④ 국내에서 제작이 곤란한 물품으로서 해당 물품의 생산에 관한 사무를 관장하는 주무부처의 장 또는 그 위임을 받은 기관의 장이 확인한 것일 것

(9) 기업부설 직업훈련원용품

기업부설 직업훈련원에서 직업훈련에 직접 사용하기 위하여 수입하는 교육용품 및 실험실습용품 중 국내 제작이 곤란한 물품으로서 기획재정부장관이 고시하는 물품

표 8-3 분할납부 대상 수입물품

분할납부대상	요 건
1. 시설기계류, 기초설비품, 건설용 재료, 그 구조물과 공사용장비	1. 관세율표에서 부분품으로 분류되지 않을 것 2. 법률·조약에 의하여 관세를 감면받지 않을 것 3. 관세액이 500만원 이상일 것(단, 중소기업이 수입하는 경우 100만원 이상일 것) 4. 탄력관세의 규정을 적용받는 물품이 아닐 것
2. 중소제조업체가 직접 사용하기 위해 수입하는 물품(한국표준산업분류표상 제조업으로 분류되는 업체에 한한다)	1. 관세율표상 제84류(기계류), 제85류(전기기기류), 제90류(정밀기기류)에 해당하는 물품일 것 2. 법률·조약에 의해 관세를 감면받지 않을 것 3. 관세액이 100만원 이상일 것 4. 탄력관세의 규정을 적용받는 물품이 아닐 것 5. 국내에서 제작이 곤란한 물품으로서 해당 물품의 생산에 관한 사무를 관장하는 주무부처의 장 또는 그 위임을 받은 기관의 장이 확인한 것일 것
3. 정부·지방자치단체, 학교·직업훈련원, 비영리법인, 사회복지기관, 연구기관 등에서 수입하는 물품 중 기획재정부장관이 고시하는 물품(관세법 시행규칙 별표4)	

Ⅱ. 관세분할납부의 적용절차

1. 분할납부신청

(1) 분할납부신청

관세의 분할납부 승인을 얻고자 하는 자는 해당 물품의 수입신고시부터 수입신고 수리 전까지 그 물품의 품명·규격·수량·가격·용도·사용장소와 사업의 종류를 기재한 신청서를 세관장에게 제출하여야 한다(영 제126조).

(2) 담보의 제공

세관장은 필요하다고 인정하는 때에는 대통령령이 정하는 기준 내에서 관세청장이 정하는 바에 따라 이 법, 기타 법률 또는 조약에 의하여 분할납부의 승인을 받은 물품에 대하여 그 물품을 수입할 때에 분할 납부하는 관세액에 상당하는 담보를 제공하게 할 수 있다(법 제108조 ①항). 이 경우 관세청장은 담보를 제공하게 하고자 할 때에는 물품의 성질·종류 및 관세채권의 확보 가능성 등을 기준으로 한다.

2. 납부고지

세관장은 분할납부를 승인한 때에는 납부기한별로 납세고지를 하여야 한다(영 제127조 ①항). 이 경우 그 고지를 받은 자는 고지를 받은 날로부터 15일 내에 해당 세액을 납부하여야 한다.

3. 신고의무

관세의 분할납부 승인을 얻은 법인이 합병·분할·분할합병 또는 해산하거나 파산신고를 받은 때 또는 관세의 분할납부 승인을 얻은 자가 파산신고를 받은 때에는 그 관세를 납부하여야 하는 자는 지체 없이 그 사유를 세관장에게 신고하여야 한다(법 제107조 ④항).

Ⅲ. 분할납부의 조건

관세의 분할납부는 해제조건부 분할납부이며, 그 해제조건은 다음과 같이 용도변경하거나 양도한 때와 일정사유에 해당시 전액 즉시 징수하는 경우 등 두 가지가 있다.

1. 처벌 및 징수조건

(1) 용도변경·양도의 제한

관세의 분할납부 승인을 얻은 자가 해당 물품의 용도를 변경하거나 그 물품을 양도하고자 하는 때에는 미리 세관장의 승인을 얻어야 한다. 즉, 관세의 분할납부 승인을 얻은 물품은 분할납부 기간 내에 세관장의 승인 없이 그 물품의 용도변경 또는 양도가 금지되어 있으며 이를 위반하는 자는 관세법에 의하여 처벌을 받게 된다(법 제107조 ③항).

(2) 관세의 징수

관세의 분할납부 승인을 얻은 물품이 다음에 해당하는 경우에는 관세를 징수한다(법 제107조 ⑤항).

사 유		납부의무자
양도시	동일용도에 사용하는 자	그 양수인
	해당 용도외에 다른용도에 사용하고자 하는 자	그 양도인(양도인으로부터 해당 관세를 징수할 수 없는 때: 그 양수인)

2. 미납 잔여 관세의 즉시 징수 요건

관세를 분할납부하는 중 다음의 사유가 발생하면 미납 잔여 관세의 전액을 즉시 징수한다.

(1) 즉시징수사유

다음 각호의 1에 해당하는 경우에는 납부하지 아니한 관세의 전액을 즉시 징수한다.

① 관세의 분할납부 승인을 얻은 물품을 사후관리기간 내에 용도외에 사용하거나 용도외에 사용할 자에게 양도한 때
② 관세를 지정된 기한까지 납부하지 아니한 때. 다만, 관세청장이 부득이한 사유가 있다고 인정하는 경우는 제외한다.
③ 파산선고를 받은 때
④ 법인이 해산한 때

(2) 즉시 징수방법(납세고지)

세관장은 관세를 징수하는 때에는 15일 이내의 납부기한을 정하여 납세고지를 하여야 한다.

고지한 관세로는 그 납부기한이 납부기한 이후인 것의 납세고지를 이를 취소하여야 한다(영 제127조 ②, ③항).

Ⅳ. 관세분할납부의 사후관리

1. 의 의

사후관리란 분할납부의 승인을 받고 수입신고수리된 물품에 대하여 해당 조건대로 사용하고 있는지 또는 세관장의 승인을 받지 않고 무단양도를 하지 않았는지 등을 세관(타 기관에 위탁한 경우에는 위탁기관)에서 확인 또는 관리하는 것이다. 사후관리의 목적은 용도외 사용이나 세관장의 승인 없이 양도나 임대함으로써 분할납부 받은 물품에 대하여 관세 등을 추징하여 관세 등을 확보함에 있다.

2. 사후관리절차

(1) 조건이행 확인서류의 제출

이 법, 기타 법률·조약·협정 등에 의하여 관세의 분할납부의 승인을 받은 자는 대통령령이 정하는 바에 의하여 해당 조건의 이행을 확인하는 데에 필요한 서류를 세관장

에게 제출하여야 한다(법 제108조 ②항).

(2) 제 의무의 이행

관세의 분할납부규정의 적용을 받은 자는 수입신고수리일로부터 1년 이내에 사용장소에 반입하여야 하고, 장부를 비치하여야 한다. 또한, 설치장소 변경시에도 변경신고서를 제출하고, 1월 내에 설치장소에 반입하여야 한다.

(3) 사후관리대상물품의 이관 및 관세징수

① 사후관리대상물품의 이관: 관세의 감면 또는 분할 납부의 승인을 받은 물품의 통관지 세관과 관할지 세관이 다른 때에는 통관지 세관장은 관세청장이 정하는 바에 의하여 관할지 세관장에게 해당 물품에 대한 관계서류를 인계한다(영 제130조 ①항).

② 관세의 징수: 관계서류를 인계한 물품에 대하여 법 제102조 ②항 및 법 제97조 ③항(법 제98조 ②항에서 준용하는 경우를 포함한다)의 규정에 의하여 징수할 관세는 관할지세관장이 이를 징수한다(영 제130조 ②항).

3. 사후관리의 위탁

관세청장은 조건의 이행을 확인하기 위하여 필요한 때에는 대통령령이 정하는 바에 의하여 해당 물품의 사후관리에 관한 사항을 주무부장관에게 위탁할 수 있다(법 제108조 ③항). 위탁된 물품에 대한 사후관리에 관한 사항은 위탁받은 부처의 장이 관세청장과 협의하여 정한다. 사후관리의 위탁을 받은 부처의 장은 해당 물품의 관세의 징수사유가 발생한 것을 확인한 때에는 즉시 해당 물품의 관할지세관장에게 징수사유 등을 기재한 통보서를 송부하여야 한다(영 제133조 ①, ②, ③항).

Ⅴ. 납부의무의 승계 및 연대납세의무

1. 납세의무의 승계

납세의무의 승계는 분할납부 승인을 받은 자가 관세의 분할납부 중에 다음의 일정사유가 발생하였을 경우에는 그 조세채무가 포괄적으로 승계되는 납세의무의 확장에 해당한다. 납세의무자가 승계되는 경우의 납세의무자는 다음과 같다(법 제107조 ⑦, ⑧항).

승 계 사 유	승 계 자
관세의 분할납부 승인을 얻은 자가 파산선고를 받은 때	그 파산관재인
관세의 분할납부 승인을 얻은 법인이 해산한 때	그 청산인

2. 연대납세의무

관세의 분할납부 승인을 얻은 법인이 합병·분할·분할합병된 때에는 합병·분할·분할합병 후 존속하거나 합병·분할·분할합병으로 인하여 설립된 법인이 연대하여 관세를 납부하여야 한다(법 제107조 ⑥항).

Ⅵ. 기타 분할납부 관련 관세법상 규정

1. 천재지변 등 분할납부

세관장은 천재, 지변, 기타 대통령령이 정하는 사유로 인하여 관세를 납부기한까지 납부할 수 없다고 인정하는 때에는 1년을 초과하지 아니하는 기간을 정하여 분할납부하게 할 수 있다(법 제107조의 ①항). 이 경우, 관세를 분할납부하고자 하는 자는 분할납부에 관한 사항을 기재한 신청서를 납부기한 내에 세관장에게 제출하여야 한다(영 제125조 ①항). 기타의 내용은 제2조(천재지변 등의 기한연장) 규정을 준용한다.

(1) 천재지변 등 분할납부의 사유

천재, 지변 등 분할납부 사유는 다음의 경우를 말한다(영 제2조).

기한 연장 사유	근 거
① 천재·지변	법 제10조
② 전쟁·화재 등 재해나 도난으로 재산에 심한 손실을 받은 경우	영 제2조
③ 사업에 현저한 손실을 받은 경우	
④ 사업이 중대한 위기에 처한 경우	
⑤ 기타 세관장이 상기 ②~④호에 준하는 사유가 있다고 인정하는 경우	

(2) 납세고지

세관장은 관세 등의 분할납부를 승인한 때에는 납세고지를 하여야 하며, 필요하다고 인정시 담보를 제공하게 할 수 있다(영 제2조 ④, ⑤항). 다만, 세관장은 납부기한연장을 취소한 때에는 15일 이내의 납부기간을 정하여 납세고지를 하여야 한다(영 제2조 ⑦항).

(3) 분할납부 승인의 취소

세관장은 분할납부승인의 조치를 받은 납세의무자가 다음 각호의 1에 해당하게 된 때에는 그 승인을 취소할 수 있다(영 제2조 ⑥항).

① 관세를 지정한 기한 내에 납부하지 아니하는 때

② 재산상황의 호전, 기타 상황의 변화로 분할납부를 할 필요가 없게 되었다고 인정

되는 때

③ 파산선고・법인의 해산, 기타의 사유로 해당 관세의 전액을 징수하기 곤란하다고 인정되는 때

2. 내국세의 분할납부

내국세는 관세법의 부과・징수・환급, 결손처분 규정을 준용한다. 그런데 관세 분할납부 승인 물품의 내국세 분할납부에 관하여는 관세법의 준용조항이 별도로 마련되어 있지 않으므로 해당 내국세에 대한 분할납부제도는 각 개별 법규에서 분할납부제도가 없는 한 관세법의 분할납부 규정을 적용하지 않는다. 결국 부가가치세 등 내국세는 분할납부할 수 없으며, 정상적인 납부방식에 따라 전액 납부되어야 한다.

제3절 관세법상 환급

관세환급이란 세관에서 일단 징수한 관세 등을 특정한 요건에 해당하는 경우에 그 일부 또는 전부를 환부하여 주는 것을 말하는데 관세법에 의한 환급과 환급특례법에 의한 환급이 있다.

관세법상 관세환급의 종류는 ① 과오납금의 관세환급(법 제46조), ② 위약물품의 관세환급(법 제106조), ③ 지정보세구역 내 멸각물품의 관세환급(법 제106조 ④항), ④ 수출용원재료 등의 관세환급(환특법)이 있다.

1. 과오납금의 환급

(1) 의 의

과오납금의 환급이란 착오로 납부하여야 할 세액보다 과다하게 납부하였음을 사후에 발견하고 이를 납세의무자에게 돌려주는 것을 말한다. 이러한 과오납은 부적법한 납부로서 일종의 부당이득에 속하며 납세자는 이에 대한 반환청구를 할 수 있는 바 그 환급청구권은 민법상의 부당이득반환청구권이라 할 수 있다.

실무상 과오납금의 환급사유로는 다음과 같은 것들이 있다.

① 세관공무원 또는 납세의무자가 세율적용의 착오, 세액계산의 착오 등으로 과다고지(납부)한 세액을 사후에 발견하여 직권으로 정정하였을 때

② 납세의무자가 고지된 세액을 납부한 후 행정심판 또는 행정소송을 제기하여 용인 의결을 받거나 승소하였을 때

③ 업무착오 등으로 이중징수 또는 이중납부하였을 때

(2) 환급요건

납세의무자가 관세·가산금·가산세 또는 체납처분비의 과오납금의 환급을 청구한 때에는 지체없이 환급하여야 한다. 또한, 세관장이 직접 확인한 과오납금은 납세의무자가 청구가 없는 경우에도 이를 환급하여야 한다.

·과오납금의 환급요건

① 납세의무자가 과오납금의 환급을 청구한 때

② 세관장이 관세 등이 과오납 되었음을 직접 확인한 때

(가) 과오납금의 충당

세관장은 과오납금을 환급하는 경우에 환급받을 자가 세관에 납부하여야 할 관세 및 제세·가산금·가산세 또는 체납처분비가 있을 때는 환급할 금액에서 이를 충당할 수 있다(법 제46조 ②항). 과오납금을 다른 과세 등에 충당한 때에는 그 사실을 권리자에게 통지하여야 한다(영 제54조).

(나) 과다환급금의 징수

① 의 의

세관장은 과세·가산금·가산세 또는 체납처분비의 과오납금의 환급에 있어서 그 환급액이 과다한 것을 안 때에는 과다 지급된 금액을 해당 관세·가산금·가산세 또는 체납처분비의 환급을 받은 자로부터 징수하여야 한다(법 제47조 ①항).

② 과다환급 가산금의 징수

세관장은 관세·가산금·가산세 또는 체납처분비의 과다 환급액을 징수하는 때에는 과다환급한 날의 다음날부터 징수결정을 하는 날까지의 기간에 대하여 대통령령이 정하는 이율에 따라 계산한 금액을 과다환급액에 가산하여야 한다(동조 ②항).

과다환급가산금(이자)=과다 관세환급금×이자율×이자계산기간

* 이자율 : 1년만기 정기예금이자율의 평균을 감안 관세청장 고시이자율
* 이자계산기간 : 과다환급한 날의 다음날부터 징수결정을 하는 날까지의 기간

(3) 환급가산금

① 의 의

관세환급가산금은 환급금에 대하여 법정이자 상당액을 국가가 변상하는 제도이며,

이는 납세의무자가 국세를 체납했을 때 가산금을 징수하는 제도와 형평을 이룬다. 환급가산금은 환급금에 붙는 이자성격을 지니는 것으로 환급가산금은 가산금이 부과되지 않는 물품에 대하여는 적용되지 아니한다(법 제48조 단서).

② 환급액의 결정

관세환급가산금은 다음과 같이 계산된다.

관세환급가산금(이자)=관세환급금×이자율×이자계산기간

㉠ 이자율: 은행법에 의한 은행업의 인가를 받은 금융기관으로서 서울특별시에 본점을 둔 금융기관의 1년만기 정기예금이자율의 평균을 감안하여 관세청장이 정하여 고시하는 이자율로 한다.

㉡ 이자계산기간: 세관장은 관세·가산금·가산세 또는 체납처분비의 과오납금을 환급 또는 충당하는 때에는 과오납부한 날의 다음날로부터 환급 또는 충당결정을 하는 날까지의 기간과 대통령령이 정하는 이율에 따라 계산한 금액을 환급금에 가산하여야 한다(법 제47조의 2).

③ 환급가산금 부적용 대상

환급가산금은 다음과 같은 가산금이 부과되지 않는 물품에 대하여는 적용되지 아니한다.

㉠ 국가 또는 지방자치단체가 직접 수입하는 물품

㉡ 국가 또는 지방자치단체에 기증되는 물품

㉢ 우편물

2. 위약물품에 대한 환급

(1) 의 의

위약물품의 관세환급이란 수입신고가 수리된 물품이 계약내용과 상이하여 수출자에게 반환(수출)하거나 세관장의 승인을 얻어 멸각 또는 폐기하는 경우에 이미 납부한 관세의 전부 또는 일부를 환급하는 것을 말한다.

(2) 환급요건

① 수입신고수리를 받은 물품이라야 한다: 수입신고수리를 받지 않은 물품은 관세납부가 없기 때문에 환급의 문제는 없다. 수입신고수리를 받았더라도 무세품은 환급의 문제는 있을 수 없고 감면을 받은 물품도 감면세액의 납부란 있을 수 없고 일부세액에 대한 환급은 가능한 것이다. 징수유예나 분할납부중에 물품은 환급 대신에 부과취소를 한다.

② **수입물품이 계약내용과 상이하여야 한다:** 계약 내용이 상이하다는 것은 일반적으로 클레임이 발생한 경우를 말한다. 예컨대 품질이 나쁜 물품이 수입된 경우 또는 품명·규격·수량 등이 상이한 물품이 수입된 경우를 말한다.

③ **수입신고수리 당시의 성질 또는 현상이 변경되지 아니한 물품을 보세구역에 반입하여 수출하여야 한다:** 수입물품 보관중에 성질이 바뀌거나 제조·가공 등의 작업으로 형상이 바뀌는 경우는 환급을 받을 수 없다. 이는 수입신고수리된 물품인지 여부를 확인하기가 곤란하기 때문이다.

④ **수입신고 수리일로부터 1년 이내에 그 물품을 보세구역에 반입하여야 한다:** 수입신고수리일로부터 1년 내에 보세구역(제156조 ①항의 규정(보세구역 외 장치의 허가)을 준용하여 보세구역 외 장치 허가를 받은 때에는 그 허가받은 장소를 포함한다)에 반입하여야 한다(2003년 관세법 일부개정).

⑤ **수출하여야 한다:** 즉, 수출신고수리를 받고 선적 또는 기적이 되어야 한다. 「1년 내에 보세구역에 반입하여 수출하여야 한다」는 것은 보세구역에의 반입은 1년 내에 하면 되고 수출을 하는 것은 1년이 경과하여도 된다.

(3) 환급 절차

㈎ 환급요건의 충족 증명

1) 수출의 경우

수입신고가 수리된 물품이 계약내용과 상이하고 수입신고 당시의 성질 또는 형태가 변경되지 아니한 경우 해당 물품을 수출하거나 보세공장에 반입하려는 자는 수출신고서 또는 보세공장물품반입신고서에 해당 물품의 품명·규격·수량·가격과 수출 또는 반입 사유를 적은 사유서, 해당 물품 수입에 관한 계약내용의 증빙서류와 수입신고필증 또는 이에 대신하는 세관의 증빙서류를 첨부하여 세관장에게 제출하여야 한다(영 제121조 ①항).

2) 폐기의 경우

물품의 폐기의 승인을 얻고자 하는 자는 폐기사유 등을 기재한 신청서를 해당 물품의 수입신고필증 등 증명서류와 폐기 등 증명서류를 첨부하여 세관장에게 제출하여야 한다(영 제122조 ①항).

㈏ 환급신청

1) 수출의 경우

물품을 수출하거나 보세공장에 반입하고 관세의 환급을 받고자 하는 자는 당해 물품의 품명·규격·수량·수입신고수리 연월일·수입신고번호와 환급받고자 하는 관세액을 기재한 신청서에 수출신고필증·보세공장반입승인서 또는 이에 대신하는 세관의 증명서를 첨부하여 세관장에게 제출하여야 한다(영 제121조 ②항).

2) 폐기의 경우

폐기물품에 대한 환급액은 그 물품에 대하여 이미 납부한 관세액으로 한다. 다만, 폐기에 의하여 생긴 잔존물에 대하여는 그 폐기한 때의 해당 잔존물의 성질, 수량 및 가격에 의하여 부과될 관세액을 공제한 금액으로 한다(영 제122조 ③항).

(4) 관세미납 위약물품의 부과 취소

위약물품을 재수출하는 경우, 보세구역에 반입하여 폐기하는 경우 및 수입신고수리 후 계속하여 지정보세구역에 장치중에 물품이 수입신고 수리시에 징수유예중이거나 분할납부기간이 종료하지 아니하여 해당 물품에 대한 관세가 징수되지 아니한 때에는 세관장은 해당 관세의 부과를 취소할 수 있다(법 제106조 ⑤항). 이 경우 해당 기간 종료 전에 신청서를 제출하여야 한다.

(5) 과오납금 규정준용

제46조(과오납금의 환급) 및 제47조 규정(과다환급관세의 징수), 제48조(환급가산금)는 위약물품에 대한 환급에 관하여 이를 준용한다(법 제106조 ⑥항). 즉, 다음과 같은 경우에 과오납금 환급의 규정을 따른다.

① 환급금의 충당

② 환급청구권의 양도

③ 예산총계주의의 예외

④ 내국세의 관세환급 규정 준용

⑤ 과다환급금의 징수

⑥ 기타 환급금의 지급절차

3. 멸실·변질·손상에 의한 환급

(1) 의 의

수입신고가 수리된 물품이 수리 후에도 계속 지정보세구역에 장치되어 있는 중에 재해로 인하여 멸실되거나 변질 또는 손상으로 인하여 그 가치가 감소된 때에는 대통령령이 정하는 바에 의하여 그 관세의 전부 또는 일부를 환급할 수 있다(법 제106조 ④항).

(2) 환급요건

① 수입신고수리 후 계속 지정보세구역에 장치되어 있어야 한다.

* 수입신고 수리 후부터 반출 전까지 계속 장치되어 있어야 하며, 특허보세구역(보세창고)와 타소

장치장 및 종합보세구역은 여기에 해당되지 않는다.

② 지정보세구역의 장치중에 다음과 같은 사유가 발생되어야 한다.

i. 재해로 인하여 멸실하거나, ii. 변질 또는 손상으로 인하여 그 가치가 감소

* 여기에서 멸실이란, 화재 등 천재지변 등의 사유로 물품이 소실 또는 유실되는 경우를 말하고 변질이란 화학적 변화로 인해 물품 가치가 감소되는 것, 손상이란 물리적 변화로 인해 물품 가치가 감소되는 것을 말한다. 따라서 분실이나 인위적 폐기로 인한 가치 감소는 환급대상이 아닌 것이다.

③ 입항 전 수입신고 수리물품의 멸실에 대한 환급의 경우(장치의 예외)

입항 전 수입신고가 수리되고 보세구역 등으로부터 반출되지 아니한 물품에 대하여는 해당 물품이 지정보세구역에 장치여부를 불문하고 이미 납부한 관세의 전부(또는 일부)를 환급한다.

(3) 환급절차 및 금액

① 환급의 신청

관세의 환급을 받고자 하는 자는 환급관세액 등을 기재한 신청서에 해당 물품의 수입신고필증 등 증명서류를 첨부하여 세관장에게 제출하여야 한다.

② 환급액의 계산

멸실·변질·손상물품의 환급액은 다음의 구분에 의한 금액으로 한다(영 제123조항).

㉠ 멸실된 물품에 대하여는 해당 물품에 대하여 이미 납부한 관세의 전액

㉡ 변질 또는 손상된 물품에 대하여는 영 제118조 규정(변질, 손상 등의 관세경감액)을 준용하여 산출한 금액

참 조 변질·손상 등의 관세경감액

손상감세 규정에 의하여 경감하는 관세액은 다음 각호에 게기하는 것 중 다액의 것으로 한다.

1. 수입물품의 변질·손상 또는 사용으로 인한 가치의 감소에 따르는 가격의 저하분에 상응하는 관세액
2. 수입물품의 관세액에서 그 변질·손상 또는 사용으로 인한 가치의 감소 후의 성질 및 수량에 의하여 산출한 관세액을 공제한 차액

(4) 부과의 취소

징수유예중이거나 분할납부기간이 종료하지 아니하여 해당 물품에 대한 관세가 징수되지 아니한 경우에는 세관장은 해당 관세의 부과를 취소할 수 있다. 이 경우 해당 기간의 종료 전에 신청서를 세관장에게 제출하여야 한다(영 제124조).

4. 수출용원재료 등의 환급

(1) 의 의

수출용원재료 중의 관세의 환급은 관세를 납부한 수출용원재료와 외화획득용 물품의 원재료를 사용하여 제조·가공한 물품을 일정기간 내에 수출 또는 판매한 때 그 납부한 관세를 환급하는 것을 말한다.

(2) 환급 요건

다음의 경우에 해당하는 물품을 수입신고수리일로부터 1년 내에 그 수출 또는 판매를 하거나 그 공사에 공할 것을 조건으로 수입시 관세를 납부한 물품에 대하여는 이미 납부한 관세액의 범위 안에서 대통령령이 정하는 바에 의하여 관세를 환급한다.

① 수출물품을 제조·가공하기 위한 원재료

② 국내에서 외화로 판매하는 물품

③ 국내외화 판매물품의 원재료

④ 외화를 받는 공사에 공하는 물품

5. 기타 환급 관련 관세법상 규정

(1) 내국세의 관세환급

수입물품에 대하여 세관장이 부과하는 내국세와 가산금 및 가산세는 관세와 같이 과오납금 환급규정에 의하여 환급된다(법 제46조 ①항). 그러나 부가가치세에 대한 관세법에 의한 환급은 관세와 더불어 세관장이 환급하지만, 수출용 원재료에 대한 관세환급은 부가가치세법의 규정에 따라 세무서장에 의하여 환급된다.

(2) 과세형벌(부정환급죄)

부정한 방법으로 관세의 환급을 받은 자는 3년 이하의 징역 또는 환급받은 세액의 5배 이하에 상당하는 벌금에 처한다(법 제270조 ⑤항).

㈎ 성립요건

부정한 방법으로 관세의 환급을 받은 자(동조 ⑤항)

(나) 벌 칙

㉠ 3년 이하의 징역 또는 환급받은 세액의 5배 이하에 상당하는 벌금에 처한다. 이 경우 세관장은 사위, 기타 부정한 방법으로 환급받은 세액을 즉시 징수한다.

㉡ 정상에 의하여 벌금과 징역을 병과할 수 있다(법 제275조).

㉢ 교사, 방조자는 정범에 준해 처벌하고 예비, 미수범은 본죄에 준하여 처벌한다(법 제271조).

기 출 문 제

1. 관세법상 산업기술감면세 제도에 대하여 설명하라(관세사, 제3회).
2. 첨단기술산업 및 방위산업 감면을 논하라(관세사, 제4회).

예 상 문 제

1. 논술형
   - 관세감면제도에 관하여 논하라.
   - 환경오염방지 물품에 대한 감면세를 논하라.
   - 관세의 분할납부제도에 관하여 논하라.
   - 관세법상 납부의무(관세채무)가 완화된 내용을 논하라.
   - 관세법상 환급제도에 대하여 논하라.
   - 용도세율 적용제도에 대하여 논하라.
   - 관세감면 및 분할납부 물품의 사후관리에 관하여 논하라.

2. 서술형
   - 무조건감면세와 조건부감면세를 비교 설명하라.
   - 감면물품의 승계제도에 대하여 설명하라.
   - 위약물품 등의 환급에 대하여 설명하라.
   - 관세감면 물품에 대한 사후관리에 대하여 설명하라.
   - 관세법 이외의 타 법령 등에 의한 관세감면에 대하여 설명하라.
   - 재수출면세와 재수출감면세를 설명하라.
   - 특정물품의 감면세를 설명하라.
   - 관세감면 물품을 용도외 사용하거나, 용도외 사용할 자에게 양도하는 경우 이에 대한 제반절차 및 추징 등에 대하여 설명하라.

3. 약술형

- 외교관면세의 양수제한물품
- 관세경감률의 산정기준
- 용도세율의 조건
- 분할납부 대상물품
- 감면세 효력의 승계요건
- 위약물품 관세환급의 종류
- 사후관리 대상물품
- 관세감면의 문제점

제09장

납세자의 권리 및 불복절차

제1절 납세자의 권리

Ⅰ. 개 요

1. 납세자의 권리보호의 확대

국제관세협약인 교토협약내용을 반영하고 성실납세자 권리보호의 확대를 위하여 납세자가 보호받을 수 있는 기본원칙인 납세자권리헌장이 제정되고 납세자권리보호를 위한 규정이 새로이 도입되었다.

2001년 관세법에서 신설된 납세자의 권리헌장에는 관세법에 의해 보장 규정을 둔 납세자의 권리를 구체적으로 명문화 하였으며, 이를 법으로 규정함으로써 세관당국 및 관련 공무원은 법의 기속을 받게 되며 이를 위반하였을 때에는 위법사유를 구성하게 되어 행정구제를 받을 수 있게 되었다.

지금까지 관세법의 규정이 지나치게 과세관청 위주로 되어 있어 납세자의 의무만이 강조되고 권리는 무시되어 왔다는 비판이 있었다. 이에 납세자권리헌장의 제정근거를 마련하고 납세자의 기본적 권리를 규정하기 위한 '일련의 제도'는 납세자의 권리를 보다 충실히 보호하는 데 그 의의가 있다.

2001년에 신설된 '납세자권리헌장'에서는 세관공무원이 납세자에 대한 조사 등을 하는 경우 사전에 동 권리헌장의 내용을 제시하도록 함으로써 납세자의 권리를 적정하게 보장받을 수 있게 되었다. 즉, ① 세무조사는 충분한 기간 전에 사전통지를 하여야 하며 납세자에 불가피한 사유가 있는 경우 조사의 연기를 신청할 수 있고, ② 세관공무원으로부터 조사, 검사를 받은 경우 전문가의 조력을 받을 권리가 있고 조사과정에서 납세자가 제공한 자료는 비밀을 보장받을 수 있도록 함으로써 납세자의 권리보호를 확대하게 된 것이다.

> ◈ 납세자 권리보호의 확대(2001년 관세법 신설)
> '납세자권리헌장'의 제정근거를 신설하고, 세관공무원이 납세자를 조사 등을 하는 경우 사전에 권리헌장의 내용을 제시하도록 하였다.
> 즉, 납세자의 권리 및 불복절차를 신설하여 세관공무원들이 납세자가 요구하는 정보를 신속히 제공하도록 하고 납세자가 반드시 알아야 하는 정보는 요구가 없어도 제공하게 하였으며(법 제117조), 납세자권리헌장의 제정근거와 납세자 보호규정을 도입하고자 신설되었다(법 제110조).

2. 도입배경

영국, 미국 등 구미 선진국들은 1986년, 1988년 이미 세무행정절차의 투명성을 보장하기 위하여 일찍부터 납세자의 권리에 관심을 갖고 동 조항을 신설하였다. 반면 우리나라는 1996년 내국세법(국세기본법, 지방세법)에 납세자의 권리조항을 도입한 바 있다.

더욱이 과거 관세행정은 재정수요의 충당과 수출입물품의 적정한 관리를 위한 관세의 징수측면과 규제측면에 치중함으로써 관세를 부담하는 납세자의 권리는 상대적으로 소홀히 취급되어 왔다. 즉, 지금까지는 세관당국에 의한 '세무조사'와 대응되는 납세자의 권리보장에 관한 제도가 매우 미비하였고, 세관당국은 조세에 착수하기 전에 최소한 일정기간 전에 사전통지를 해줘야 할 의무가 있음은 물론 조사가 끝난 후 결과 통지를 해야 하나 종전에는 그러하지 못했다. 따라서 2001년 관세법의 개정에서는 국세기본법의 관리규정을 대부분 수용하여 조사의 사전통지, 조사결과 통지 및 납세자에 대한 정보제공 등에 관한 규정이 신설되었다.

따라서 2001년 관세법에 새로 규정된 납세자권리의 법적 의의는 납세자가 조세절차법상의 적정성을 보장받을 권리를 의미하며, 이는 행정부의 조세남용으로부터 국민의 재산권 보호와 국민의 법적안정성 및 예측가능성을 보장한다는 측면에서 그 의의가 크다고 할 수 있다.

Ⅱ. 납세자의 권리헌장 및 보호규정

1. 의　　의

납세자권리헌장은 납세자권리의 보호를 천명한 선언서이다. 이는 납세자에게 납세자

권리헌장을 교부하여 납세자로 하여금 사전에 자신의 권리행사 범위에 대해 인지하게 하여 재정민주주의를 실현하는 데 그 목적이 있다.

2. 납세자의 권리헌장 제정 및 교부(법 제110조)

(1) 납세자의 권리헌장의 제정

관세청장은 제111조-제117조(관세조사권남용 금지~정보의 제공)에 규정한 사항 기타 납세자의 권리보호에 관한 사항을 포함하는 납세자권리헌장을 제정하여 고시하여야 한다.

참 조 납세자권리헌장(관세청고시 제2001-2호)

납세자로서의 귀하의 권리는 헌법과 법률이 정하는 바에 의하여 존중받고 보장되어야 합니다. 이를 위하여 관세공무원은 귀하가 신성한 납세의무를 성실하게 이행할 수 있도록 필요한 정보와 편익을 최대한 제공하며, 귀하의 권리가 존중되고 실현될 수 있도록 최선을 다하여 협력할 의무가 있습니다.

이 헌장은 귀하에게 납세자로서 보장받을 수 있는 권리를 알려드리기 위한 것입니다.

1. 귀하는 수출입신고 등의 의무를 이행하지 않았거나 구체적인 관세포탈 등의 혐의가 없는 한 성실한 납세자이며 귀하가 제출한 자료는 진실한 것으로 추정됩니다.
2. 귀하는 법령에서 정하는 경우를 제외하고는 관세조사의 사전통지와 조사결과의 통지를 받을 권리가 있으며, 불가피한 사유가 있는 경우에는 조사의 연기를 신청할 권리가 있습니다.
3. 귀하는 관세공무원으로부터 조사를 받게되는 경우 관세사 등 전문가로 하여금 입회하게 하거나 의견을 진술하게 할 수 있는 권리가 있습니다.
4. 귀하는 법령에서 정한 경우를 제외하고는 이미 조사받은 사안에 대하여 다시 조사받지 아니할 권리가 있습니다.
5. 귀하는 자신의 과세정보에 대한 비용을 보호받을 권리가 있으며, 자신의 권리행사를 위해 필요한 정보를 신속하게 제공받을 권리가 있습니다.
6. 귀하는 위법·부당한 처분을 받거나 필요한 처분을 받지 못함으로써 권리나 이익을 침해받은 경우에는 심사청구 등을 통해 공정하고 신속하게 구제받을 권리가 있습니다.

(2) 납세자 권리헌장의 교부

세관공무원은 다음 각 호의 어느 하나에 해당하는 경우에는 납세자권리헌장의 내용이 수록된 문서를 납세자에게 내주어야 한다(법 제110조 ②항).

① 관세포탈, 부정감면 또는 부정환급(「수출용원재료에 대한 관세 등 환급에 관한 특

레법」 제23조제1항에 따른 부정환급을 포함한다)에 대한 범칙사건을 조사하는 경우

② 관세의 과세표준과 세액의 결정 또는 경정을 위하여 납세자를 방문 또는 서면으로 조사(제110조의2)에 따른 통합조사를 포함한다.

③ 징수권의 확보를 위하여 압류를 하는 경우

④ 보세판매장에 대한 조사를 하는 경우

세관공무원은 납세자를 긴급히 체포·압수·수색하는 경우 또는 현행범인 납세자가 도주할 우려가 있는 등 조사목적을 달성할 수 없다고 인정되는 경우에는 납세자권리헌장을 내주지 아니할 수 있다(동조 ③항).

3. 관세조사 관련 납세자의 보호규정

(1) 통합조사의 원칙

세관공무원은 특정한 분야만을 조사할 필요가 있는 등 아래의 경우를 제외하고는 신고납부세액과 이 법 및 다른 법령에서 정하는 수출입 관련 의무이행과 관련하여 그 권한에 속하는 사항을 통합하여 조사하는 것을 원칙으로 한다.

① 세금탈루혐의, 수출입 관련 의무위반혐의, 수출입업자 등의 업종·규모 등을 고려하여 특정 사안만을 조사할 필요가 있는 경우

② 조세채권의 확보 등을 위하여 긴급히 조사할 필요가 있는 경우

③ 그 밖에 조사의 효율성, 납세자의 편의 등을 고려하여 특정 분야만을 조사할 필요가 있는 경우로서 기획재정부령으로 정하는 경우

(2) 관세조사 대상자 선정

세관장은 정기적으로 신고의 적정성을 검증하기 위하여 대상을 선정(이하 "정기선정"이라 한다)하여 조사를 할 수 있다. 이 경우 세관장은 객관적 기준에 따라 공정하게 그 대상을 선정하여야 하며, 선정 대상은 아래와 같다.

① 관세청장이 수출입업자의 신고내용에 대하여 정기적으로 성실도를 분석한 결과 불성실 혐의가 있다고 인정하는 경우

② 최근 4년 이상 조사를 받지 아니한 납세자에 대하여 업종, 규모 등을 고려하여 대통령령으로 정하는 바에 따라 신고내용이 적정한지를 검증할 필요가 있는 경우

③ 무작위추출방식으로 표본조사를 하려는 경우

세관장은 정기선정에 의한 조사 외에 다음 각 호의 어느 하나에 해당하는 경우에는 조사를 할 수 있다.

① 납세자가 이 법에서 정하는 신고·신청, 과세가격결정자료의 제출 등의 납세협력 의무를 이행하지 아니한 경우
② 수출입업자에 대한 구체적인 탈세제보 등이 있는 경우
③ 신고내용에 탈세나 오류의 혐의를 인정할 만한 자료가 있는 경우

세관장은 부과고지를 하는 경우 과세표준과 세액을 결정하기 위한 조사를 할 수 있으며, 최근 2년간 수출입신고 실적이 일정금액 이하인 경우 등 대통령령으로 정하는 요건을 충족하는 자에 대해서는 제1항에 따른 조사를 하지 아니할 수 있다. 다만, 객관적인 증거자료에 의하여 과소 신고한 것이 명백한 경우에는 그러하지 아니하다.

(3) 관세조사권 남용 금지

세관공무원은 적정하고 공평한 과세를 실현하고 통관의 적법성을 보장하기 위하여 필요한 최소한의 범위에서 관세조사를 하여야 하며 다른 목적 등을 위하여 조사권을 남용하여서는 아니 된다. 또한 다음 각 호의 어느 하나에 해당하는 경우를 제외하고는 해당 사안에 대하여 이미 조사받은 자를 다시 조사할 수 없다.

① 관세포탈 등의 혐의를 인정할 만한 명백한 자료가 있는 경우
② 이미 조사받은 자의 거래상대방을 조사할 필요가 있는 경우
③ 이 법에 따른 이의신청·심사청구 또는 심판청구가 이유 있다고 인정되어 내려진 필요한 처분의 결정에 따라 조사하는 경우
④ 그 밖에 밀수출입, 부정·불공정무역 등 경제질서 교란 등을 통한 탈세혐의가 있는 경우

(4) 관세조사의 경우 조력을 받을 권리(법 제112조)

세관공무원으로부터 조사를 받은 경우에 변호사·관세사 조사에 참여하게 하거나 의견을 진술하게 할 수 있다.

4. 기타 납세자권리 보호규정

(1) 납세자의 성실성 추정(법 제113조)

(가) 원 칙

세관공무원은 납세자가 이 법이 정하는 신고 등의 의무를 이행하지 아니하였거나 납세자에 대한 구체적인 관세포탈 등의 혐의가 있는 경우 등 대통령령이 정하는 다음의 경우를 제외하고는 납세자가 성실하며 납세자가 제출한 신고서 등이 진실한 것으로 추정하여야 한다(제113조 ①항, 영 제138조 ①항).

① 납세자가 이 법에서 정하는 신고 및 신청, 과세자료의 제출 등의 납세협력의무를

이행하지 아니한 경우
② 납세자에 대한 구체적인 관세포탈 등의 혐의가 있는 경우
③ 신고내용에 탈루나 오류의 혐의를 인정할 만한 명백한 자료가 있는 경우
④ 납세자의 신고내용이 관세청장이 정한 기준과 비교하여 불성실하다고 인정하는 경우

㈏ 성실성 추정 등의 배제 사유

여기서 납세자의 성실성은 추정에 그치는 것이므로 명백히 납세자의 불성실이나 신고서 등이 진실과 부합되지 아니한 것으로 판명된 경우에는 더 이상 성실성이나 신고서 등의 진실이 인정되지 않는다.

(2) 납세자 성실성 추정 등의 배제사유

납세자가 성실하며 납세자가 제출한 신고서 등이 진실한 것으로 추정되는 납세자의 성실성 추정 규정은 세관공무원이 납세자가 제출한 신고서 등의 내용에 관하여 질문을 하거나 신고한 물품에 대한 확인 등 다음과 같이 대통령령이 정하는 행위를 하는 것을 제한하지 아니한다(동조 ②항)(영 제138조 ②항).

① 법 제38조 ②항의 규정에 의한 세액심사를 위한 질문이나 자료제출의 요구
② 법 제246조의 규정에 의한 물품의 검사
③ 법 제268조 ①항의 규정에 의한 장부 또는 자료의 제출
④ 기타 이 법(환급특례법 포함) 규정에 의한 자료조사나 자료제출의 요구

5. 관세조사의 통지(법 제114조)

(1) 관세조사의 사전통지(법 제114조 ①항)

세관공무원은 범칙사건 등(법 제110조 ②항 각호)을 조사를 위하여 해당 장부·서류·전산 처리장치, 기타 물품 등을 조사하는 경우에는 조사를 받을 납세자(그 위임을 받은 자를 포함)에게 조사개시 7일 전에 조사대상 및 조사사유, 기타 대통령령이 정하는 사항을 통지하여야 한다. 다만, 다음 각호의 1에 해당하는 경우에는 그러하지 아니하다(법 제114조 ①항 단서).

① 범칙사건에 대한 조사를 하는 경우 ② 사전통지를 하는 경우 증거 인멸 등으로 조사목적을 달성할 수 없는 경우

(2) 관세조사의 연기신청(동조 ②항)

사전통지를 받은 납세자가 천재·지변, 기타 대통령령이 정하는 다음과 같은 사유[1]로 인하여 조사를 받기 곤란한 때에는 대통령령이 정하는 바에 의하여 해당 세관장에게 조사를 연기하여 줄 것을 신청할 수 있다(영 제140조 ①항).

(3) 관세조사의 결과통지(법 제115조)

세관공무원은 상기의 범칙사건 등(법 제110조 ②항 각호)에 해당하는 조사를 종료한 때에는 그 조사결과를 서면으로 납세자에게 통지하여야 한다. 다만, 폐업 등 대통령령이 정하는 다음과 같은 경우에는 그러하지 아니하다(영 제41조).

① 납세자에게 통고처분을 하는 경우
② 범칙사건을 고발하는 경우
③ 폐업한 경우
④ 납세자의 주소 및 거소가 불명하거나 기타의 사유로 통지를 하기 곤란하다고 인정되는 경우

6. 비밀유지 및 정보제공

(1) 과세정보의 비밀유지(법 제116조)

㈎ 의 의

세관공무원은 납세자가 이 법이 정한 납세의무를 이행하기 위하여 제출한 자료나 관세의 부과·징수 또는 통관을 목적으로 업무상 취득한 자료 등(이하 '과세정보')을 타인에게 제공 또는 누설하거나 사용목적외의 용도로 사용하여서는 아니된다(법 제116조 ①항).

㈏ 과세정보의 제공의 예외

세관공무원은 관세자로부터 취득한 과세정보를 타인에게 제공 또는 누설하여서는 아니되나 다음 각호의 1에 해당하는 경우에는 그 사용목적에 맞는 범위 안에서 납세자의 과세정보를 제공할 수 있다(법 제116조 단서).

① 국가기관이 관세에 관한 쟁송 또는 관세범의 소추 목적을 위하여 과세정보를 요구하는 경우
② 법원의 제출명령 또는 법관이 발부한 영장에 의하여 과세정보를 요구하는 경우

---

1) ① 화재, 기타 재해로 사업상 심한 어려움이 있는 경우
② 납세자 또는 그 위임을 받은 자의 질병, 장기출장 등으로 관세조사가 곤란하다고 판단되는 경우
③ 권한 있는 기관에 의해 장부·증빙서류가 압수 또는 영치된 경우
④ 기타 제1호 내지 제3호에 준하는 사유가 있는 경우

③ 세관공무원 상호간에 관세의 부과·징수·통관 또는 질문·검사상의 필요에 의하여 과세정보를 요구하는 경우

④ 다른 법률의 규정에 의하여 과세정보를 요구하는 경우

(다) 과세정보제공 방법 등

1) 서면요구

①항 제1호(소추목적 과세정보 요구) 및 제4호(다른 법률의거 과세정보 요구) 규정에 의하여 과세정보의 제공을 요구하는 자는 문서에 의하여 해당 세관장에게 이를 요구하여야 한다. 세관공무원은 ①항(사용범위) 및 ②항(문서로서 요구)의 규정에 위반하여 과세정보의 제공을 요구하는 때에는 이를 거부하여야 한다.

2) 목적외 사용금지 등

과세정보를 알게 된 자는 이를 타인에게 제공 또는 누설하거나 그 목적외의 용도로 사용하여서는 아니된다. 이 조의 규정에 의하여 과세정보를 제공받아 알게 된 자 중 공무원이 아닌 자는 형법, 기타 법률에 의한 벌칙의 적용에 있어서는 이를 공무원으로 본다(법 제116조 ④, ⑤항).

(2) 고액·상습체납자의 명단 공개(법 제116조의 2)

관세청장은 체납발생일부터 1년이 지난 관세 및 내국세등(이하 이 항에서 "체납관세등"이라 한다)이 5억원 이상인 체납자에 대하여는 그 인적사항과 체납액 등을 공개할 수 있다. 공개는 관보에 게재하거나 관세청장이 지정하는 정보통신망 또는 관할 세관의 게시판에 게시하는 방법으로 한다. 다만, 체납관세등에 대하여 이의신청·심사청구 등 불복청구가 진행 중이거나 체납액의 일정금액 이상을 납부한 경우 등 대통령령으로 정하는 사유에 해당하는 경우에는 그러하지 아니하다.

체납자의 인적사항과 체납액 등에 대한 공개 여부를 심의하거나 재심의하기 위하여 관세청에 관세정보공개심의위원회(이하 이 조에서 "심의위원회"라 한다)를 두며, 심의를 거친 공개대상예정자에게 체납자명단 공개대상예정자임을 통지하여 소명할 기회를 주어야 한다. 관세청장은 통지한 날부터 6개월이 지나면 심의위원회로 하여금 체납액의 납부이행 등을 고려하여 체납자의 명단 공개여부를 재심의하게 한다.

(3) 납세증명서의 제출 및 발급(법 제116조의3)

납세자(미과세된 자 포함)는 아래에 해당하는 경우에는 납세증명서를 제출하여야 하며, 세관장은 납세자로부터 납세증명서의 발급신청을 받았을 때에는 그 사실을 확인하고 즉시 납세증명서를 발급하여야 한다.

① 국가, 지방자치단체 또는 대통령령으로 정하는 정부관리기관으로부터 대금을 지

급받을 경우

② 관세를 납부할 의무가 있는 외국인이 출국할 경우

③ 내국인이 외국으로 이주하거나 1년을 초과하여 외국에 체류할 목적으로 외교부장관에게 거주목적의 여권을 신청하는 경우

(4) 정보의 제공(법 제117조)

세관공무원은 납세자가 납세자의 권리의 행사를 필요한 정보를 요구하는 경우 이를 신속하게 제공하여야 한다. 이 경우 세관공무원은 납세자가 요구한 정보와 관련되어 관세청장이 정하는 바에 의하여 납세자가 반드시 알아야 된다고 판단되는 기타 정보도 함께 제공하여야 한다.

이 조항은 납세자가 관세 관련 정보제공을 요구할 경우, 세관공무원은 관련정보를 신속히 제공하여 정부부재로 인한 불이익이 없도록 하기 위해 동 조항이 신설되었다.

가령, 수입신고대상 물품의 품목분류에 대하여 납세자(통상 수입신고자)가 판단하기 어려운 경우, 납세자는 이를 세관에 질의하면 세관공무원은 해당 물품의 품목분류에 대한 정보를 제공하는 동시에 관련 정보를 납세자에 알려주어야 한다.

Ⅲ. 과세전적부심사제도

1. 의　　의

과세전적부심사제도는 세관장이 부족세액을 징수하고자 하는 때에 미리 납세자에게 그 내용을 서면으로 통지하고, 납세자가 이에 대해 적법성 여부에 관한 심사를 청구할 수 있도록 한 제도로서, 사전적구제제도의 성격을 가지고 있다.

사전청문제도로서 과세전적부심사제도가 관세청 훈령에 의하여 운영되었는 바, 이는 과세관청의 시혜적 성격으로 인식되어 납세자의 권리구제가 미흡했었다. 그러나 2000년부터 이를 법률규정으로 격상하여 명실공히 납세자의 권리구제를 실질적으로 보장받게 되었다. 과세전 적부심사제도는 세관장이 과세전에 납세자에게 통지하고 납세자로 하여금 이에 대한 적법성여부를 청구할 수 있도록 하는 제도이다(법 제118조).

2. 과세전적부심사 절차

(1) 과세전 통지

세관장은 납부세액이나 납부하여야 하는 세액에 부족한 금액을 징수하고자 하는 때에는 미리 납세의무자에게 그 내용을 서면으로 통지하여야 한다.

다만, 각호에 해당하는 때에는 그러하지 아니한다(법 제118조 ①항, 영 제142조).

① 통지하고자 하는 날부터 3월 이내에 관세부과의 제척기간이 만료되는 경우
② 잠정가격신고 규정에 의하여 납세의무자가 확정가격의 신고를 한 경우
③ 수입신고수리 전에 세액심사를 하는 경우로서 그 결과에 따라 부족세액을 징수하는 경우
④ 재수출기간 내에 수출을 하지 아니하거나 사후관리기간 내에 용도외 사용 또는 양도한 경우에 감면된 관세를 징수하는 경우
⑤ 관세포탈죄로 고발되어 포탈세액을 징수하는 경우
⑥ 기타 관세의 징수가 곤란하게 되는 등 사전통지가 부적당한 경우로서 대통령령이 정하는 다음의 경우
㉠ 납부세액의 계산착오 등 명백한 오류에 의하여 부족하게 된 세액을 징수하는 경우
㉡ 감사원법 제33조의 규정에 의한 감사원의 시정요구에 따라 징수하는 경우
㉢ 납세의무자가 부도·휴업·폐업 또는 파산한 경우
㉣ 관세품목분류위원회의 의결에 따라 결정한 품목분류에 의하여 수출입물품에 적용할 세율이나 품목분류의 세번이 변경되어 부족한 세액을 징수하는 경우

(2) 과세전적부심사청구

㈎ 청구인

세관장으로부터 부족세액징수에 대한 사전통지를 받은 납세의무자와 대리인으로 선임된 변호사 또는 관세사가 과세전적부심사청구를 할 수 있다.

대리인은 청구의 취하를 제외한 본인을 위하여 청구에 관한 모든 행위를 할 수 있다(법 제118조 ⑤항).

㈏ 청구대상

납세의무자는 세관장으로부터 부족세액징수에 대한 사전통지를 받은 경우에 과세전적부심사청구를 할 수 있다. 다만, 다음의 경우에는 관세청장에게 과세전적부심사청구를 할 수 있다(법 제118조 ②항, 영 제143조).

① 관세청장의 훈령·예규·고시 등과 관련하여 새로운 해석이 필요한 경우
② 관세청장의 업무감사결과 또는 업무지식에 따라 세액을 경정하거나 부족한 세액을 징수하는 경우
③ 관세평가분류원장의 품목분류 및 유권해석에 따라 수출입물품에 적용할 세율이나 물품분류의 세번이 변경되어 세액을 경정하거나 부족한 세액을 징수하는 경우
④ 동일납세의무자가 동일사안에 대하여 둘 이상의 세관장에게 과세전적부심사를 청

구 하여야 하는 경우

⑤ 규정에 해당되지 아니한 경우로서 과세전적부심사 청구금액이 5억원 이상인 것

㈐ 청구제기기간

납세의무자가 세관장으로부터 부족세액징수의 사전통지를 받은 때에는 그 통지를 받은 날로부터 30일 이내에 기획재정부령이 정하는 세관장에게 통지내용에 대한 적법성여부에 대한 심사를 청구할 수 있다(법 제118조 ②항).

㈑ 심사청구서류

1) 심사청구서

심사청구를 하는 때에는 관세청장이 정하는 심사청구서에 다음 각 호의 사항을 기재하여야 한다. 이 경우 관계증거서류 또는 증거물이 있는 때에는 이를 첨부할 수 있다(영 제145조 ①항).

① 심사청구인의 주소 또는 거소와 성명

② 처분이 있는 것을 안 연월일(처분의 통지를 받은 경우에는 그 받은 연월일)

③ 처분의 내용

④ 심사청구의 요지와 불복의 이유

2) 경위서

괴세전적부심사청구에는 해당 청구의 대상이 된 처분에 관계되는 통관절차 등을 대행한 관세사(합동사무소·관세사법인 및 통관취급법인을 포함한다)의 경위서를 첨부하여야 한다. 다만, 세관장 또는 관세청장이 필요 없다고 인정하는 때에는 그러하지 아니하다(영 제145조 ②항).

(3) 과세전적부심사청구에 대한 심사

㈎ 심사기관

관세청장 및 세관장에게 제기된 과세전적부심사청구에 대한 심사는 과세전적부심사위원회가 한다.

㈏ 심사청구서의 보정

관세청장 또는 세관장은 심사청구의 내용이나 절차가 규정에 적합하지 아니하지만 보정할 수 있다고 인정되는 때에는 30일 이내의 기간을 정하여 보정할 것을 요구할 수 있다. 다만, 보정할 사항이 경미한 때에는 직권으로 이를 보정할 수 있다.

보정기간은 과세전적부심사청구기간에 산입하지 아니한다.

㈐ 서류의 열람 및 의견진술

심사청구인은 그 청구에 관계되는 서류를 열람할 수 있으며 해당 재결정에 의견을

진술할 수 있다.

(4) 과세전적부심사에 대한 결정

㈎ 결정내용 및 결정기간

과세전적부심사의 청구를 받은 세관장 또는 관세청장은 청구를 받은 날부터 30일 이내에 과세전적부심사위원회의 심사를 거쳐 다음 각호에 의한 결정을 하고 그 결과를 청구인에게 통지하여야 한다(법 제118조 ③, ④항).

① 청구가 이유 없다고 인정되는 경우: 채택하지 아니한다는 결정

② 청구가 이유 있다고 인정되는 경우: 채택한다는 결정 다만, 청구의 일부가 이유 있다고 인정되는 경우에는 일부를 채택하는 결정을 할 수 있다.

③ 청구기간을 경과하거나 보정기간 내에 보정을 하지 아니하는 경우: 심사하지 아니한다는 결정

그림 9-1 과세전적부심사절차

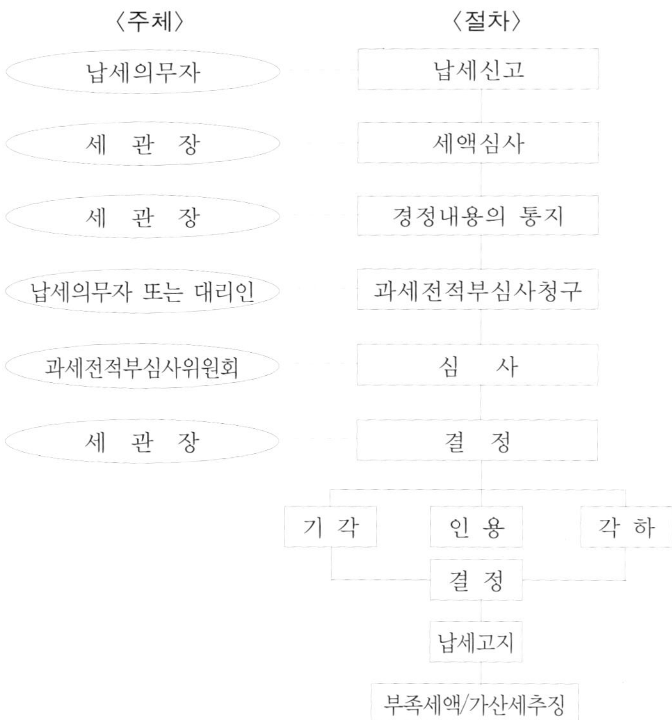

표 9-1 과세전 적부심사청구 결정형태

구 분	사 유	결 정
① 심사거부	청구기간을 경과하거나 보정기간 내에 보정을 하지 아니하는 경우	심사하지 아니한다는 결정
② 불채택	청구가 이유 없다고 인정되는 경우	채택하지 아니한다는 결정
③ 채 택	청구가 이유 있다고 인정되는 경우	채택한다는 결정(단, 청구의 일부가 이유 있다고 인정되는 경우에는 일부 채택하는 결정)

㈏ 불이익변경금지

불복청구에 대하여 결정기관(세관장 또는 관세청장 등)이 결정을 함에 있어 청구인(대리인을 포함한다)이 불복하는 내용 또는 처분보다 불이익한 결정을 할 수 없다(관세불복청구 및 처리에 관한 고시 제2조).

㈐ 결정에 대한 불복

과세전적부심사청구에 대한 결정은 불복청구의 대상이 되는 처분에 해당되지 아니하며, 그 결정에 따른 세관장의 처분(납부고지서 교부 등)을 대상으로 하여 이의신청·심사청구·심판청구 또는 감사원 심사청구를 할 수 있다(관세불복청구 및 처리에 관한 고시 제4조).

보 충 과세전적부심사위원회

① 의의 및 구성

과세전적부심사의 청구를 심사하기 위하여 관세청 및 기획재정부령이 정하는 세관에 과세전적부심사위원회를 둔다.

	관세청에 두는 위원회	세관에 두는 위원회
위원장	관세청 차장	세관장
위 원	① 관세청장이 소속 2급 또는 3급 공무원 중에서 임명하는 자 4인 이내 ② 재정·경제에 관한 학식과 경험이 풍부한 자 중에서 관세청장이 위촉하는 자 7인 이내(임기 2년 연임 가능)	① 세관장이 소속 3·4급 또는 5급 공무원 중에서 임명하는 자 3인 이내 ② 재정·경제에 관한 학식과 경험이 풍부한 자 중에서 세관장이 위촉하는 자 4인 이내(임기 2년 연임 가능)

② 의결방식

위원회의 회의는 위원장을 포함한 재적위원 과반수의 출석으로 개의하고 출석위원 과반수의 찬성으로 의결한다.

제2절 행정쟁송제도

Ⅰ. 행정쟁송제도의 개요

1. 행정쟁송제도의 기본개념

(1) 의 의

행정쟁송(구제)제도란 행정기관의 위법 또는 부당한 행정처분으로 인하여 권리·이익을 침해받은 자가 그 처분청이나 상급 감독청에 대하여 그 처분의 정당여부를 재심사·결정하는 것을 말한다. 관세행정도 역시 위법, 부당하게 납세자의 권리나 이익을 침해하는 경우 이를 신속, 적정하게 구제할 수 있는 제도가 있는데, 이를 관세행정쟁송 또는 구제제도라고 한다.

관세의 부과·징수 및 관세와 관련된 처분은 국민의 재산권에 직접 영향을 미치며, 관세가 갖는 특수성 때문에 관세법은 행정심판법과 별도로 관세에 관한 행정구제제도를 따로 규정하고 있다.

(2) 행정구제방법

- 행정구제제도
  - 직권에 의한 구제
  - 쟁송구제
    - 행정적 구제
      - 행정심판법, 국세기본권, 관세 등에 의한 구제
      - 감사원법에 의한 구제
    - 사법적 구제
      - 행정소송
      - 민사소송

행정적 구제방법으로는 이의신청, 심사청구, 심판청구 및 감사원법에 의한 감사원 심사청구가 있고, 사법적 구제방법으로는 취소소송, 무효확인 소송 등의 행정소송과 부당이득 반환청구소송, 손해배상 청구소송 등의 민사소송이 있다.

관세법에서는 관세가 갖는 특수성 때문에 행정심판법과 별도로 관세에 관한 행정구제제도를 따로 규정하고 있으며, 동 제도는 행정심판 전치주의를 채택하고 있으므로 행정심판절차를 거친 후에 행정소송을 제기할 수 있다.

2. 행정쟁송(구제)의 필요성

법원에 대한 행정소송 이외에 행정구제제도인 행정심판이 존재하는 이유는 신중하고 공정하기는 하지만 시간·노력·비용이 많이 드는 사법심보다 1차적으로 행정청 자신에게 맡겨서 그 스스로가 전문성과 기술성을 가지고 간편·신속하게 권리를 구제함으로써 사법상의 결함을 보완할 필요성이 있으며 처분청 자신의 자기반성의 기회를 갖게 하고, 재결청이 처분청의 상급 감독청인 경우 그 구제절차를 통하여 하급관서의 업무를 감독하는 자율적 행정통제기능을 수행한다는 점에서도 행정구제제도는 필요하다.

행정기관이 국민에 대하여 위법·부당한 행정처분을 하여 국민의 권리 또는 이익을 침해한 경우 사법적 구제 절차를 통한 구제도 가능하지만 좀더 간이하고 신속한 구제절차에 의하여 저렴하고 효율적인 구제를 달성하기 위하여 행정심판제도를 두고 있으며, 우리나라는 소송을 하기 전에 반드시 조세심판을 거치도록 하는 이른바 행정심판 전치주의를 채택하고 있다.

보 충 행정심판전치주의란

행정심판전치주의란 행정소송의 제기를 위한 필요적 전심절차로서 행정심판에 의해 행정청 자신의 재결을 거치도록 하는 것을 말한다. 그러나, 관세법에서는 관세에 관한 불복에 있어서는 행정심판법이 적용이 배제되며, 관세법 및 국세기본법이 불복절차를 거쳐야 한다. 따라서, 이 법에 의한 쟁송절차나 국세기본법의 심판청구 및 감사원 심사청구를 경유하지 않으면 행정쟁송을 제기할 수 없도록 규정하고 있다.

3. 관세에 관한 행정구제

(1) 직권구제

직권구제는 처분청 스스로 위법·부당한 처분을 발견하여 스스로 이를 취소변경함으로써 납세자의 권리를 사전구제하는 직권시정을 말한다.

관세심사업무처리규정(관세청 훈련 제96-572호) 제17조에는 이의신청서, 심사청구서 또는 감사원 심사청구서를 접수한 세관장은 불복청구가 다음 각호의 1에 해당하여 불복청구가 이유 있다고 인정되는 경우에는 즉시 직권으로 시정하고 청구인에게 그 결과를 서면으로 통지하도록 규정하고 있다.

① 법 · 고시 · 훈령 · 예규 · 통첩 등에 위배된 처분

② 과세자료, 세액 등이 착오로 계산된 처분

③ 청구인이 정당한 검증을 제시한 경우

④ 처분당시 명백한 사실판단을 그르친 경우 등이다.

(2) 행정구제

행정구제는 관세행정상의 처분으로 권익을 침해받은 자가 세관장에게 이의신청, 관세청장에게 심사청구, 국세심판소장에게 심판청구를 제기하여 그 처분의 취소 또는 변경이나 필요한 처분을 청구하는 것이다.

예외적으로 감사원법에서는 감사원장에게 심사청구를 할 수 있으며, 감사원장의 결정에 대하여 불복하는 자는 국세심판소장의 심판청구를 거치지 않고 바로 행정소송을 제기할 수 있다.

4. 행정구제(쟁송)절차

행정구제절차는 처분에 있는 것을 안 날로부터 90일(외국에 주소를 둔 경우에도 90일 이내에 서류를 제출하여야 하며, 1단계 절차에서 권리구조가 되지 않으면 2, 3단계 절차를 거칠 수 있으나, 그 때마다 결정통지를 받은 날(결정통지를 받지 못한 경우에는 결정기간이 경과한 날)로부터 90일 이내에 청구하여야 한다.

제1단계 구제절차는 이의신청, 심사청구 또는 심판청구, 감사원 심사청구 중 어느 방법을 선택하여도 무방하지만, 이의신청 및 심사청구서류의 제출은 일단 처분행정청에 제출하여야 한다(다만, 관세청장이 결정한 처분에 대해서는 심사청구만 가능).

그리고 2, 3단계 구제절차인 심판청구나 행정소송은 반드시 전단계 구제절차를 거친 후 제기하여야 한다.

그림 9-2 행정구제(쟁송)절차

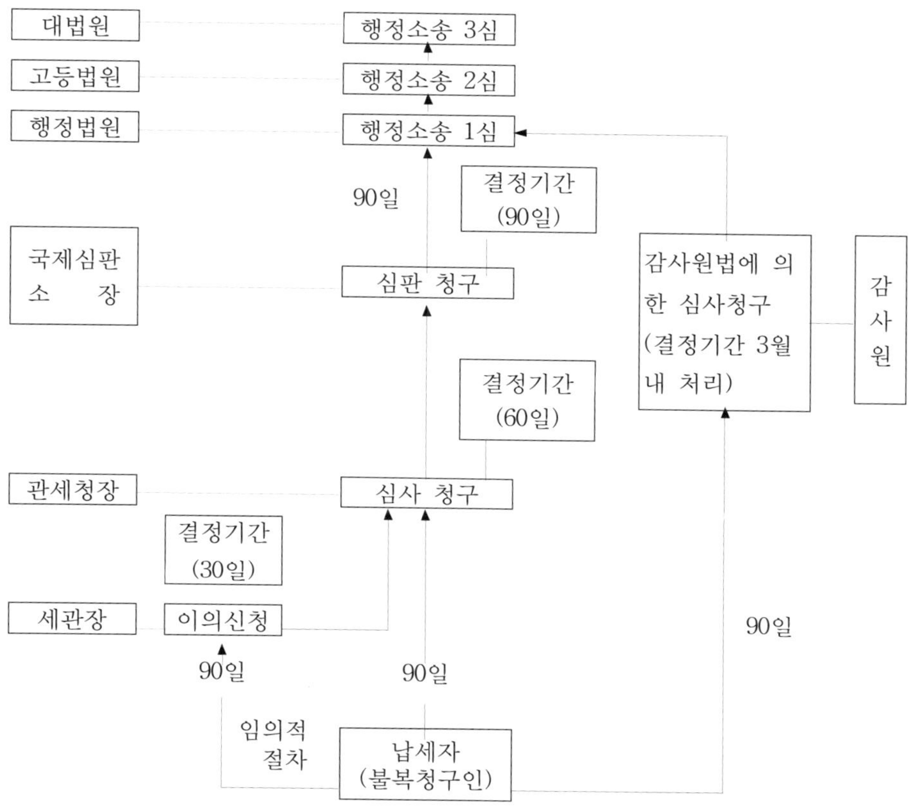

Ⅱ. 관세법상 행정심판제도

1. 관세법상의 행정심판 개요

(1) 행정심판의 의의

행정심판이란 위법 또는 부당한 처분 그밖에 공권력의 행사·불행사 등으로 인한 국민의 권리 또는 이익의 침해를 구제하기 위한 행정기관에 의한 심판절차를 가리킨다. 행정심판은 일반적으로 분쟁에 대한 심판작용으로서 재판에 준하는 성격을 갖고 있으며, 동시에 그 자체가 행정기관에 의하여 다툼있는 행정법관계를 규율하여 행정법질서를 유지 또는 형성함으로써 행정목적을 실현하는 한 수단이라는 점에서 행정행위로서의 성질도 가진다.

(2) 행정심판전치주의

행정소송법은 행정심판전치주의를 폐지하되 다른 법률에서 특별한 규정이 있는 경우에는 이를 인정하고 있다. 관세법에서는 위법한 관세 처분에 대하여 관세법상의 심사청구・심판청구와 그에 대한 결정, 감사원법에 의한 심사청구와 그에 대한 결정을 거쳐야 행정소송을 제기할 수 있도록 특례규정을 두고 있다.

(3) 관세법상의 행정심판제도

관세법 기타 관세에 관한 법률 또는 조약에 의한 처분으로서 위법 또는 부당한 처분을 받거나 필요한 처분을 받지 못함으로써 권리 또는 이익의 침해를 당한 자는 심사청구 또는 심판청구를 하여 그 처분의 취소 또는 변경이나 필요한 처분을 청구할 수 있다. 다만, 그 처분이 관세청장이 조사결정 또는 처리하였거나 처리하였어야 할 것인 경우를 제외하고는 그 처분에 대하여 심사청구 또는 심판청구에 앞서 이의신청을 할 수 있다. 이의신청을 심의하기 위하여 세관에 이의신청심의위원회[2]를 둔다. 한편, 감사원법에 의

그림 9-3 관세행정심판제도

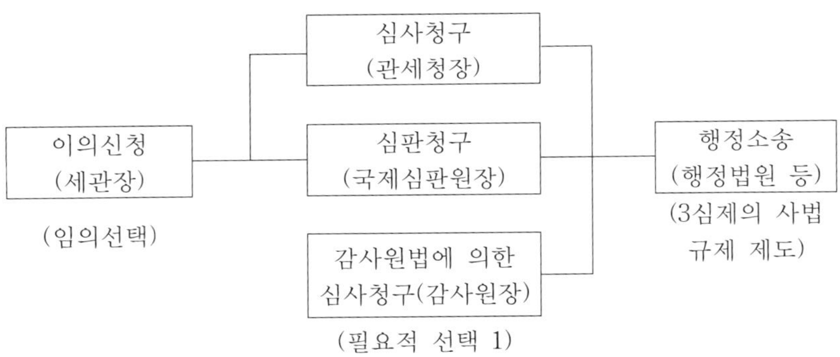

2) (1) 위원회의 구성
이의신청심의위원회의 위원장은 세관장이 되고, 위원은 다음의 자가 된다. 위원의 임기는 2년으로 하되, 연임할 수 있다.
① 다음 구분에 해당하는 자
㉠ 서울세관・인천공항세관・부산세관・인천세관・대구세관・광주세관 : 해당 세관의 세관장이 소속 3급 내지 5급 공무원 중에서 임명하는 자 6인 이내

한 심사청구를 통해서도 침해당한 권익을 구제받을 수 있다.

① 관세법에 의한 행정구제제도 : 이의신청, 심사청구, 심판청구

② 감사원법에 의한 행정구제제도 : 감사원법에 의한 심사청구

2. 관세법상 심판제도의 기능과 특수성

관세심판제도는 그 본질에 있어서는 행정심판이므로 행정심판의 기능과 크게 다를 것이 없으나 조세법률 관계 특성상 다음과 같은 기능과 특수성이 있다.

(1) 자율적 통제기능

위법·부당한 과세·징수처분에 대하여 권리 또는 권익의 침해를 받은 자가 불복청구를 하는 경우, 과세관청은 자기가 처분한 것에 대하여 스스로 반성하는 기회를 가지며 특히 재결청이 상급감독기관인 경우 그 구제절차를 통하여 일선관서의 업무집행을 감독하는 기능까지 추가하게 되어 국민의 침해된 권리를 구제해 주면서 관세행정의 적법성과 합목적성을 동시에 보장할 수 있다.

또한 관세심판은 행정기관 내부의 전문적이고 기술적인 지식을 활용하여 신속·저렴하게 납세자의 권익을 보호한다는 측면에서 사법적 기능을 보완하고 있다고 볼 수 있다.

(2) 독립적 행정심판 기능

관세의 부과·징수에 대한 관세심판도 원칙적으로 행정심판법을 적용하여야 할 것이나, 조세의 전문성, 기술성을 고려하여 행정심판법을 배제하고 관세법 절차에 의하여 독립적으로 운용하고 있다. 구체적으로 보면 관세에 관한 행정구제제도 중 이의 신청과 심사청구는 관세법에 의하여, 심판청구는 국세기본법에 의하여, 감사원 심사청구는 감사원법에 의하여 각각 그 절차를 따르도록 되어 있다.

(3) 선택적 3심제

2000년 개정관세법에서 납세자의 선택에 따라 심사청구 및 심판청구 중 하나만 거치면 행정소송을 제기할 수 있도록 하여, 종전의 필수적 2단계인 행정심단계를 1단계로 단축함으로써 신속한 권리 구제를 도모하였다.

아울러 심사청구 및 심판청구의 2심제를 원칙으로 하고 있으며, 납세자가 원하는 경

ⓛ 그 외의 세관 : 해당 세관의 세관장이 소속 5급 또는 6급 공무원 중에서 임명하는 자(해당 세관의 소속 공무원 중에서 임명할 수 없는 경우에는 다른 세관소속공무원 중에서 위촉하는 자를 포함) 6인 이내

② 관세와 무역에 관한 학식과 경험이 풍부한 자 중에서 세관장이 위촉하는 자 8인 이내

(2) 위원회의 회의

이의신청심의위원회의 회의는 위원장과 위원장이 매 회의마다 지정하는 6인으로 구성하되, 관세와 무역에 관한 학식과 경험이 풍부한 자 중에서 세관장이 위촉하는 자가 4인 이상 포함되어야 한다.

우에만 심사청구 이전에 이의신청을 할 수 있도록 하여 선택적 3심제를 채택하고 있다. 여기서, 이의신청은 임의적 절차이며, 심사 및 심판청구는 행정소송의 필요적 전심절차로 규정하고 있다. 그러나 심사청구 및 심판청구는 중복하여 제기할 수 없도록 하여, 결국 심사청구 및 심판청구 중 하나만 거치면 행정소송을 제기할 수 있으므로 원칙적 단심급제도라고 할 수 있다. 관세불복청구는 특별행정심판절차라 할 수 있으므로 관세법 및 국세기본법에 따라야 할 것이다.

(4) 불복대상의 개괄주의

불복청구의 대상은 개괄주의와 열거주의가 있는 바, 관세법에서는 개괄주의를 선택하고 있다.

즉, '관세법, 기타 관세에 관한 법률 또는 조약에 의한 처분으로서 위법 또는 부당한 처분을 받거나 필요한 처분을 받지 못함으로써 권리 이익을 침해당한 경우'를 말한다(법 제119조 ①항).

이 개괄주의는 위법, 부당한 처분에 의하여 권리, 이익을 침해받은 사항이면 처분이 무엇이든 불복청구의 대상이 되는 반면에, 열거주의는 열거된 사항만을 불복할 수 있도록 하는 것을 말한다. 따라서 개괄주의는 권리, 이익의 구제범위가 넓다는 장점이 있다.

3. 관세법상 행정심판제도의 내용

(1) 불복청구의 대상

관세법 · 기타 법률 · 조약에 의한 위법 · 부당한 처분 및 부작위로 인해 권익을 침해당한 경우에 이의신청, 심사청구, 심판청구를 할 수 있다.

(2) 불복청구의 대상이 아닌 것

이의신청, 심사청구 및 심판청구를 하기 위해서는 그 대상에 처분성이 존재하여야 하는데, 다음의 경우에는 처분성이 존재하지 않는 것으로 보아 관세법상 행정심판제도의 불복청구의 대상에서 제외한다.

① 이의신청 · 심사청구 또는 심판청구에 대한 처분[3)]

② 관세법의 규정에 의한 통고처분

③ 감사원법의 규정에 의하여 심사청구를 한 처분이나 그 심사청구에 대한 처분

(3) 불복청구인

직접적인 처분의 당사자 또는 위법 · 부당한 처분을 받거나 필요한 처분을 받지 못하

---

3) 이의신청에 대한 처분에 대하여 심사청구 또는 심판청구를 하는 경우, 이를 처분으로 보므로 불복청구의 대상이 된다.

여 권리·이익의 침해를 받은 자

① 이해관계인

직접적인 처분의 당사자가 아닌 제2차 납세의무자로서 납부통지서를 받은 자, 양도담보재산의 물적 납세의무를 지는 자로서 납부통지서를 받은 자, 납세보증인 등 이해관계인도 불복청구를 할 수 있다.

② 대리인

이의신청인, 심사청구인, 심판청구인은 관세사 또는 변호사를 대리인으로 선임할 수 있다. 대리인의 권한은 서면으로 증명하여야 하며, 대리인은 본인을 위하여 청구에 관한 모든 행위를 할 수 있다. 다만 청구의 취하는 특별한 위임을 받은 경우에 한한다. 대리인을 해임한 때에는 그 뜻을 서면으로 해당 재결청에 신고하여야 한다.

(4) 불복청구기간

관세법상 행정심판제도의 불복의 청구는 다음의 기간 내에 하여야 한다.

① 이의신청, 이의신청을 거치지 않은 심사청구·심판청구

(a) 처분이 있는 것을 안 날부터 90일 이내

(b) 처분의 통지를 받은 때에는 통지를 받은 날부터 90일 이내

② 이의신청을 거친 심사청구·심판청구

(a) 이의신청에 대한 결정의 통지를 받은 날부터 90일 이내

(b) 결정기간 내에 결정의 통지를 받지 못한 때에는 결정기간이 경과한 날부터

(5) 불복청구에 대한 결정

이의신청을 심의하기 위하여 세관에 이의신청심의위원회를 둔다. 심사청구가 있는 경우 관세청장은 관세심사위원회의 심의를 거쳐 결정을 한다. 관세심사위원회의 회의는 공개하지 않는 것이 원칙이지만, 위원장이 필요하다고 인정하는 때에는 이를 공개할 수 있다. 심판청구의 경우 국세심판관회의·국세심판관합동회의의 의결을 거쳐 국세심판원장이 결정을 한다. 결정의 내용은 다음과 같다.

① 각 하

불복청구의 본안 심리를 하지 아니하는 결정이다. 즉 행정청의 처분이 존재하지 않거나 청구기간이 경과한 후에 불복청구가 제기되었거나 보정기간 내에 필요한 보정을 하지 않았을 때 신청 자체를 무시하는 결정이다.

② 기 각

일정한 청구요건은 갖추었으나 청구주장의 내용 및 이유 등을 심리한 결과 불복청구가 이유 없다고 판단하는 결정이다. 즉 처분청의 처분이 타당하므로 원처분을 지지한다

는 결정이다.

③ 인 용

불복의 청구가 이유있다고 인정하여 처분의 원처분을 취소하거나 경정하거나 필요한 처분을 내리는 결정이다.

4. 관세법상 심판제도의 종류

관세법상 불복절차에는 세관장의 처분에 불복하여 청구하는 이의신청, 관세청장에게 청구하는 심사청구, 국세심판소장에게 청구하는 심판청구가 있으며 감사원법상 불복절차에 감사원 심사청구가 있다.

(1) 이의신청

(가) 의 의

관세법, 기타 관세에 관한 법률 또는 조약에 의한 처분에 불복하여 그 처분을 한 세관장에게 그 처분의 재심사를 요구하는 제도이다.

이의신청은 세관장이 자기가 행한 처분에 대하여 재심사하고 결정한다는 점에서 권리구제측면에서 실효성이 적으므로, 청구권자는 이의신청을 거치지 않고 바로 관세청장에게 심사청구를 할 수 있는 선택적 불복제도이다. 그러므로 이의신청은 해당 처분을 한 세관장이 재결권자이고 처리기간이 30일 이내인 점을 제외하고는 심사청구 관련 규정을 준용하고 있다(법 제132조).

(나) 불복(청구)대상

관세에 관한 세관장의 위법 또는 부당한 처분을 받거나 필요한 처분을 받지 못함으로써 권리 또는 이익의 침해를 당한 자는 그 처분취소 또는 변경이나 필요한 처분을 청구할 수 있다.

관세의 이의신청의 대상을 세분하면 ① 위법한 관세부과처분, ② 위법한 관세징수처분, ③ 부당한 관세부과처분, ④ 부당한 관세징수처분, ⑤ 필요한 관세처분의 부작위 등 다섯 가지로 대별할 수 있다.

그러나 다음의 처분에 대해서는 이의신청을 할 수 없다.

㉠ 관세청장의 조사・결정・처리에 의한(할) 처분 ㉡ 이의신청・심사청구・심판청구에 대한 처분 ㉢ 관세법상 통고처분(통고요지를 이행하지 않으면 검찰에 고발되어 형사절차를 밟게 되므로 대상에서 제외됨) ㉣ 감사원법에 의한 심사청구를 한 처분이나 그 심사청구 결정에 대한 처분

㈐ 이의신청기간

처분이 있는 것을 안 날(처분통지를 받은 때에는 그 통지를 받은 날)로부터 90일내에 처분청인 세관장에게 청구하여야 한다.

㈑ 이의신청기간

처분한(할) 세관장에게 제출하여야 한다. 세관장은 신청받은 날로부터 30일 내(부득이한 경우에는 예외)에 결정(각하, 기각, 용인)을 신청인에게 통지하여야 한다.

㈒ 재결에 대한 불복

이의신청 결정에 대하여 이의가 있을 때에는 결정서를 받은 날로부터 90일 이내에 관세청장에 심사청구 또는 심판청구를 하여야 한다. 그러나, 이의신청일로부터 30일 내에 결정통지를 받지 못한 때에는 그 날로부터 심사청구 또는 심판청구를 할 수 있다.

그 밖에 이의신청의 절차, 대리인, 결정, 불복방법의 통지 등에 관하여는 심사청구에 관한 규정을 준용하고 있다.

(2) 심사청구

㈎ 의 의

관세법, 기타 관세에 관한 법률 또는 조약에 의한 처분으로서 위법 부당한 처분을 받거나 필요한 처분을 받지 못함으로써 권리 또는 이익의 침해를 당한 자가 그 처분을 하였거나 하였어야 할 세관장을 경유하며 관세청장에게 그 처분의 취소변경 또는 필요한 처분을 요구하는 행정구제 수단이다.

표 9-2 심사청구와 과세전적부심사와의 차이

절차적인 측면	과세전적부심사제도는 행정처분이 있기 전에 사전적인 "과세예고 통지형식"으로 행하며 이런 의미에서 사전적 조세불복절차라고 하며, 심사 및 심판청구제도는 "구체적인 부과처분 등 행정처분"이 있은 후에 제기할 수 있기 때문에 사후적인 불복절차라고 한다.
청구의 대상	과세전적부심사청구를 한 후에 그 청구가 기각결정이 난 경우에는 그 "기각결정"을 대상으로 심사청구 및 심판청구를 제기하지 못한다. 이는 당초 처분한 "내용"을 대상으로 쟁송을 제기하여야 하는 것이다. 또한 과세전적부심사의 경우에는 "세액통지의 범위"(즉, 적부심사청구대상)를 시행령으로 정해 놓은 반면에, 심사청구 및 심판청구는 "과세관청의 처분"이면 모두 심사 및 심판 청구대상이 된다.
청구인 적격	과세전적부심사청구는 "사전통지"를 받은 당사자가 제기할 수 있는 반면에 심사 및 심판청구는 당사자뿐만 아니라 기타 이해관계인까지 청구인이 확대된다.

(나) 타 법령과의 관계

1) 행정소송법 등과의 관계

관세법, 기타 관세에 관한 법률 또는 조약에 의한 처분으로서 위법, 부당한 처분 또는 부작위에 대하여는 행정심판법의 규정을 적용하지 아니한다(법 제120조 ①항). 따라서, 관세에 관한 행정쟁송은 관세법에 의한 심사청구 또는 심판청구와 감사원법에 의한 심사청구를 거쳐야만 행정소송을 제기할 수 있는 것이다.

2) 내국세 등의 불복

수입물품에 부과하는 내국세 등의 부과, 징수, 감면, 환급 등에 관한 세관장의 처분에 대하여 불복이 있는 자는 이의신청, 심사청구, 심판청구를 할 수 있다(법 제119조 ⑦항), 즉, 내국세에 대하여는 원칙적으로 국세기본법의 규정에 의한 행정쟁송절차가 있으나 세관장이 수입물품에 부과하는 내국세 등의 부과, 징수, 감면, 환급에는 관세법상의 행정상 쟁송절차에 따르도록 하였다.

(다) 심사청구의 대상여부

1) 심사청구의 대상

심사청구의 대상은 관세에 관한 위법 또는 부당한 처분 및 부작위이다. 즉, '관세법, 기타 관세에 관한 법률 또는 조약에 의한 처분으로서 위법 또는 부당한 처분을 받거나 필요한 처분을 받지 못함으로써 권리 이익을 침해당한 경우'를 말한다(법 제119조 ①항). 현행 관세법은 심사청구의 대상에 있어서 포괄주의를 채택하고 있으므로 관세징수뿐만 아니라, 통관에 관한 사항도 청구의 대상이 될 수 있다.

2) 심사청구에서 제외되는 처분

다음과 같은 처분은 심사청구의 대상에서 제외된다(법 제119조 ②항).

① 심사청구에 대한 처분 ② 심판청구를 한 처분이나 그 심판청구에 대한 처분 ③ 관세법에 의한 통고처분 ④ 감사원법에 의한 심사청구를 한 처분이나 그 심사청구 결정에 대한 처분

(라) 심사청구인의 자격요건

1) 청구권자

① 이 법, 기타 관세에 관한 법률 또는 조약에 의한 처분으로 위법·부당한 처분 또는 부작위로서 권리·이익의 침해를 당하는 자

② 이 법, 기타 관세에 법률 또는 조약에 처분으로서 위법·부당한 처분 또는 부작위

로서 권리 · 이익의 침해를 받게 될 대통령령이 정하는 다음 각호의 1에 해당하는 이해관계인(법 제119조 ⑦항)

㉠ 제2차 납세의무자로서 납부통지서를 받은 자

㉡ 물적납세의무를 지는 자로서 납부통지서를 받은 자

㉢ 납세보증인

㉣ 기타 기획재정부령이 정하는 자

2) 그 대리인

이의신청인 · 심사청구인 또는 심판청구인은 변호사 또는 관세사를 대리인으로 선임할 수 있다. 대리인의 권한은 서면으로 증명하여야 한다(법 제126조). 대리인은 본인을 위하여 청구에 관한 모든 행위를 할 수 있다. 다만, 청구의 취하는 특별한 위임을 받은 경우에 한한다. 대리인을 해임한 때에는 그 뜻을 서면으로 해당 재결청에 신고하여야 한다(동조 ③, ④항).

㈐ 심사청구의 절차 및 효력

1) 청구기한

① 이의신청을 거치지 않은 경우

심사청구는 해당 처분이 있은 것을 안 날(처분의 통지를 받은 때에는 받은 날)로부터 90일 이내에 제기해야 한다(법 제121조 ①항).

② 이의신청을 거친 경우

이의신청을 거친 후 심사청구를 하고자 하는 때에는 이의신청에 대한 결정의 통지를 받은 날로부터 90일 이내에 제기해야 한다. 다만, 이의신청 결정기간 내에 결정의 통지를 받지 못하는 때에는 결정의 통지를 받기 전이라도 그 결정기간이 경과한 날부터 심사청구를 할 수 있다(동조 ②항).

③ 청구기한의 연장

심사청구인이 제10조에 규정하는 사유(신고, 신청, 청구, 기타 서류의 제출 및 통지에 관한 기한연장사유에 한한다)로 인하여 청구기간내에 심사청구를 할 수 없는 때에는 그 사유가 소멸한 날부터 14일 이내에 심사청구를 할 수 있다. 이 경우 심사청구인은 그 기간 내에 심사청구를 할 수 없었던 사유, 그 사유가 발생한 날 및 소멸한 날, 기타 필요한 사항을 기재한 문서를 함께 제출하여야 한다(동조 ④항).

2) 심사청구서의 제출기관

① 처분청 경유

심사청구는 해당 처분을 하였거나 하였어야 할 세관장을 거쳐 관세청장에게 하여야 한다. 심사청구기간 계산에 있어서 해당 청구서가 세관장에게 제출된 때에 심사청구가 있은 것으로 본다.

② 처분청 이외의 기관에 제출시

해당 청구서가 처분을 하였거나 하였어야 하는 세관장 외의 세관장 또는 관세청장에게 제출된 때에도 또한 같다. 심사청구서가 처분하였거나 또는 하였어야 하는 세관장 외의 세관장 또는 관세청장에게 제출된 때에는 해당 청구서를 관할 세관장에게 지체 없이 송부하고 그 뜻을 해당 청구인에게 통지하여야 한다.

③ 관세청장에게 송부

해당 청구서를 제출받은 세관장은 이를 받은 날로부터 7일 내에 그 청구서에 의견서를 첨부하여 관세청장에게 송부하여야 한다(법 제122조). 관세청장은 상기 규정에 따라 송부받은 의견서의 부본을 지체 없이 해당 청구인에게 교부하여야 한다. 심사청구인은 관세청장에게 상기 규정에 따라 교부받은 의견서에 대하여 반대되는 증거서류 또는 증거물을 제출할 수 있다(2002년 시행령 개정).

3) 심사청구서의 제출

① 청구서 및 증거서류 첨부

심사청구를 하는 때에는 관세청장이 정하는 심사청구서에 다음 각호의 사항을 기재하여야 한다. 이 경우 관계증거서류 또는 증거물이 있는 때에는 이를 첨부할 수 있다(영 제145조).

1. 심사청구인의 주소 또는 거소와 성명
2. 처분이 있은 것을 안 연월일(처분의 통지를 받은 경우에는 그 받은 연월일)
3. 처분의 내용
4. 심사청구의 요지와 불복의 이유

② 경위서의 첨부

심사청구에는 해당 청구의 대상이 된 처분에 관계되는 통관절차 등을 대행한 관세사(합동사무소・관세사법인 및 통관취급법인을 포함한다)의 경위서를 첨부하여야 한다(영 제145조 ②항).

4) 청구서의 보정

이 경우 관세청장은 심사청구의 내용이나 절차가 이 절의 규정에 적합하지 아니하지만 보정할 수 있다고 인정할 때에는 20일 내의 기간을 정하여 보정할 것을 요구할 수 있다. 다만, 보정할 사항이 경미한 경우에는 직권으로 이를 보정할 수 있다(법 제123조).

보정기간은 심사청구기간에 산입하지 아니하며(법 제123조 ②항) 또한 심사청구의 결정기간에 산입하지 아니한다(법 제128조 ④항).

5) 심사청구의 효력

① 집행부정지의 원칙

이의신청·심사청구 또는 심판청구는 법령에 특별한 규정이 있는 경우를 제외하고는 해당 처분의 집행에 효력을 미치지 아니한다(법 제125조). 그 취지는 납세자들이 처분의 집행을 일시적으로 모면하는 방편으로 불복청구제도를 남용하는 것을 방지하기 위하는 데 있다.

② 집행부정지 원칙의 예외

다만, 해당 재결청이 필요하다고 인정하는 때에는 그 처분의 집행을 중지하게 하거나 중지할 수 있다(법 제125조 단서). 국세기본법에는 다음과 같은 예외를 인정하고 있다.

> ㉠ 해당 재결청은 불복청구인이 심한 재해를 입은 경우에 이를 정부가 조사하기 위하여 상당한 시일이 필요하다고 인정되는 때에 한하여 그 처분의 집행을 중지하게 하거나 중지할 수 있다(국기법 제57조).
> ㉡ 국세기본법에 의한 불복이 계류중에 있는 국세의 체납으로 인하여 압류한 재산에 대하여는 그 불복에 대한 결정이 확정되기 전에는 이를 공매할 수 없다(국징법 제61조).

㈓ 심사청구의 심리

청구내용을 심사하고 사실, 증거 등의 자료를 수집하여 신청 요건이 갖추어 졌는지는 여부의 내용 등을 검토, 심리하는 것을 말한다.

1) 심리방법

요건심리	심사청구가 전술한 형식적 요건을 갖추었는지를 심리하여 수리여부를 결정하는 외형적 심리를 말한다. 즉, 처분의 존재, 청구자 적격, 기간요건 등을 심리한다.
본안심사	요건심리 결과 그 청구가 적법하게 청구되었다고 인정하여 수리하였을 때에 실체적 내용에 관해 심리하는 것을 본안심리라고 한다.

2) 보정요구

관세청장은 심사청구의 내용이나 절차가 이 절의 규정에 적합하지 아니하나 보정할 수 있다고 인정할 때에는 20일 내의 기간을 정하여 보정할 것을 요구할 수 있다. 다만, 보정할 사항이 경미한 경우에는 직권으로 이를 보정할 수 있다(법 제123조). 보정기간은 심사청구기간에 산입하지 아니한다(법 제128조 ④항).

(사) 심사청구의 결정

1) 결정기관과 결정기간

심사청구가 있는 때에는 관세청장은 관세심사위원회의 심의를 거쳐 이를 결정하여야 한다.

다만, 심사청구기간이 경과된 후에 심사청구가 제기된 경우 등 대통령령이 정하는 사유에 해당하는 경우에는 관세심사위원회의 심의를 생략할 수 있다(법 제127조). 결정은 심사청구를 받은 날로부터 90일 내에 하여야 한다. 다만, 부득이한 사유가 있는 경우에는 그러하지 아니하다(법 제128조 ②항).

표 9-3 심판청구관련 결정기간

구 분	결정기간
이의신청	90일 이내
심사청구	90일 이내
감사원법에 의한 심사청구	3월
심판청구	90일 이내

2) 결정의 종류

심사청구에 대한 결정은 다음 각호의 규정에 의한다(법 제128조 ①항 각호).

종 류	결 정 내 용
각 하	심사청구가 청구기간을 경과하여 제기되었거나 보정기간 내에 필요한 보정을 하지 않았을 때 또는 기타 형식적요건을 불비하였을 때 그 청구를 반려하는 결정
기 각	본안심리 결과 청구가 이유 없으면 원처분이 정당하다고 인정하는 결정
인 용	청구가 이유 있다고 인정하는 경우에 다음의 처분을 하는 것을 말한다. ① 세관장의 원처분을 취소 ② 경정 또는 필요한 처분을 결정

3) 결정통지의 내용

심사청구에 대한 결정을 한 때에는 결정기간 내에 그 이유를 기재한 결정서에 의하여 심사청구인에게 통지하여야 한다(법 제128조 ③항).

① 청구에 대한 결정을 한 경우

이의신청 · 심사청구 또는 심판청구의 재결청은 결정서에 다음 각호에 사항을 함께 기재하여야 한다(법 제129조 ①항).

㉠ 이의신청의 경우: 결정서를 받은 날부터 90일 이내에 심사청구 또는 심판청구를 제기할 수 있다는 뜻

㉡ 심사청구 또는 심판청구의 경우: 결정서를 받은 날부터 90일 이내에 행정소송을 제기할 수 있다는 뜻

② 결정기간 내에 결정을 하지 못한 경우

이의신청·심사청구 또는 심판청구의 재결청은 해당 신청 또는 청구에 대한 결정기간이 경과할 때까지 결정을 하지 못한 때에는 지체 없이 신청인 또는 청구인에게 다음 각호의 사항을 서면으로 통지하여야 한다(동조 ②항).

㉠ 이의신청의 경우에는 결정의 통지를 받기 전이라고 그 결정기간이 경과한 날부터 심사청구 또는 심판청구를 제기할 수 있다는 뜻 ㉡ 심사청구 또는 심판청구의 경우에는 결정의 통지를 받기 전이라도 그 결정기간이 경과한 날부터 행정소송의 제기를 할 수 있다는 뜻

4) 결정통지의 방법

① 인편 또는 등기우편: 법 제128조(결정) 또는 법 제129조(불복방법의 통지)의 규정에 의하여 결정 또는 불복방법의 통지를 하는 때에는 인편 또는 등기우편에 의하여야 하며, 인편에 의하는 경우에는 수령증을 받아야 한다(영 제151조 ①항).

② 공시송달: 심사청구인의 주소 또는 거소가 불명하거나 기타의 사유로 인하여 제1항의 규정에 의한 방법으로 결정 등을 통지할 수 없는 때에는 그 요지를 해당 재결관서의 게시판, 기타 적절한 장소에 공고하여야 한다. 공고를 한 때에는 그 공고가 있은 날부터 10일을 경과한 날에 결정 등의 통지를 받은 것으로 본다(동조 ②, ③항).

참 조 **결정의 효력**

① **불가쟁력** - 형식적 확정력으로서 불복청구의 결정은 형식적으로 확정되어 더 이상 다툴수 없다.
② **불가변력** - 불복청구의 결정은 쟁송절차를 거친 준법률적 행위이므로 일단 결정을 한 이상 재결청 자신도 이를 취소 변경할 수 없다.
③ **기속력** - 불복청구의 결정은 청구인으로 하여금 그 내용대로 이행토록 하는 기속력을 발생하게 된다.
④ **공정력** - 결정이 당면 무효가 아닌 이상 행정소송 절차를 거쳐 취소될 때까지는 결정은 일단 적법한 것으로 추정되어 유효하게 적용된다.

(3) 심판청구

㈎ 의 의

심판청구는 심사청구에 대한 결정에 이의가 있거나 결정을 받지 못한 경우에 세관장과 관세청장을 거쳐 국세심판소에 처분의 취소 또는 변경이나 필요한 처분을 청구하는 쟁송으로서 행정소송의 필요적 전심제도이다. 심판청구에 대한 심리, 결정에는 특히 공정성과 신중성을 기하기 위하여 이의신청이나 심사청구와는 달리 준사법적 절차에 가까운 여러 가지 장치를 규정하고 있는 것이 특징이다.

보 충

심판청구와 다른 행정심판과의 관계는 이의신청을 한 경우에는 관세법에 의한 심사청구를 거치지 아니하고 바로 심판청구를 할 수 없으며, 관세법에 의한 심사청구를 거친 후에 심판청구를 할 수 있고, 심판청구를 한 때에는 그 청구에 대한 결정에 대하여 이의가 있거나 결정기간 내에 그 결정의 통지를 받지 못한 경우에는 행정소송을 제기할 수 있다. 따라서, 심판청구를 거치지 아니하고는 행정소송을 제기할 수 없다.

㈏ 심판청구 제기요건

심판청구 제기요건은 청구인, 심판청구대상 제기기간, 제기절차 등이다. 이러한 제기요건을 갖추어 심판기관에 제기하여야 그 효력이 있다. 심판청구 제기요건은 전술한 「심사청구」의 내용과 거의 같으므로 차이나는 부분만 살펴보기로 하자.

1) 심판청구의 대상

심사청구결정에 대한 이의가 있거나 결정을 받지 못한 경우가 심판청구의 대상이 된다. 그러나, 다음의 처분에 대해서는 심판청구를 할 수 없다.

① 심판청구에 대한 처분

② 관세법에 의한 통고처분

③ 감사원법에 의한 심사청구를 한 처분이나 그 심사청구에 대한 처분

2) 제기기간

심사청구 결정통지를 받은 날로부터 90일(외국에서의 심판청구는 90일) 이내에 제기하여야 하고, 결정기간 경과시까지 결정을 받지 못한 경우에는 결정기간 경과일로부터 90일(외국에서의 심판청구는 90일) 이내에 제기하여야 한다. 이 90일은 불변기간이다.

3) 제기절차

심판청구는 처분을 하거나 하였어야 할 세관장과 관세청장을 거쳐서 국세심판소에 제출하여야 한다. 이 때 관세청장은 의견서를 첨부하여 전달한다.

(다) 심판청구의 심리

1) 심리의 방법

행정심판의 심리는 구술심리 또는 서면심리로 한다. 심리는 당사자가 주장하지 아니한 사실에 대하여도 심리할 수 있으며, 당사자가 구술심리를 신청한 때에는 서면심리만으로 결정할 수 있다고 인정되는 경우 외에는 구술심리를 하여야 한다(행정심판법 제26조 준용).

2) 심리의 원칙

① **불이익변경의 금지:** 국세심판관회의 또는 국세심판관 합동회의는 심판청구를 한 처분보다 청구인에게 불이익되는 결정을 하지 못한다.

② **불고불리의 원칙:** 국세심판관회의 또는 국세심판관 합동회의는 심판청구를 한 처분 이외의 처분에 대하여는 그 처분의 전부 또는 일부를 취소 또는 변경하거나 새로운 처분의 결정을 하지 못한다.

③ **자유심증주의:** 국제심판관은 심판청구에 대한 조사 및 심리의 결과와 과세형평을 참작하여 자유심증으로 사실을 판단한다(국세기본법 제77조).

(라) 심판청구의 결정

1) 결정기관과 결정

국세심판원장의 심판청구를 받은 때에는 국세심판관회의가 그 심리를 거쳐 심판청구를 받은 날로부터 90일 이내에 이를 결정한다. 심판청구에 대한 결정유형은 심사청구와 같이 각하, 기각, 인용이 있으며(국세기본법 제81조) 심판청구에 대한 국세심판원의 결정은 관계행정청을 기속한다(국세기본법 제80조 ①항). 따라서, 심판청구에 대한 결정이 있는 때에는 해당 행정청은 결정의 취지에 따라 즉시 필요한 처분을 하여야 한다(동조 ②항).

2) 결정통지

심판청구에 대한 결정을 한 때에는 결정기간 내에 그 이유를 기재한 결정서에 의하여 심판청구인에게 통지하여야 한다.

① **심판청구에 대한 결정을 한 경우:** 심판청구의 재결청은 결정서에 심판청구인이 그 결정를 받은 날부터 90일 이내에 행정소송을 제기할 수 있다는 뜻을 함께 기재하여야 한다.

② 결정기간 내에 결정을 하지 못한 경우: 심판청구 재결청은 해당 신청 또는 청구에 대한 결정기간이 경과하여도 그 결정을 하지 못한 때에는 지체 없이 심판청구인은 행정소송의 제기를 결정의 통지를 받기 전이라도 그 결정기간이 경과한 날부터 할 수 있다는 뜻을 서면으로 해당 신청인 또는 청구인에게 통지하여야 한다(법 제43조의 4 ②항).

(4) 감사원법에 의한 심사청구

(가) 의 의

감사원의 감사를 받은 자의 직무에 관한 처분, 기타 행위에 관하여 이해관계가 있는 자는 감사원에 심사의 청구를 할 수 있도록 감사원법에 규정하고 있다. 관세청장과 세관장은 감사원의 감사를 받는 자이며 관세청장과 세관장의 주된 직무는 관세법, 기타 관세에 관한 법률 또는 조약을 집행하는 것이므로 이 직무를 집행하기 위한 관세청장과 세관장의 처분 또는 기타 행위에 대하여는 감사원에 심사청구를 할 수 있다.

보 충

감사원법에 의한 심사청구와 다른 행정심판과의 관계는 감사원법에 의한 심사청구를 한 처분이나 그 심사청구에 대한 처분에 대하여는 다른 행정심판을 제기할 수 없다. 다만, 심판청구와 감사원법에 의한 심사청구의 결정 중 위법한 처분에 대한 결정에 이의가 있거나 결정기간 내에 그 결정의 통지를 받지 못한 경우에는 행정소송을 제기할 수 있으므로 감사원법에 의한 심사청구를 할 것인지 또는 이의신청, 관세법에 의한 심사청구를 거쳐 심판청구를 할 것인지 여부는 이해관계가 있는 당사자가 선택적으로 결정할 수 있다.

(나) 심사청구의 제기와 결정

1) 심사청구의 제기

제기대상은 감사원의 감사를 받은 자의 직무에 관한 처분 및 기타 행위로서, ① 위법한 조세처분, ② 부당한 조세처분, ③ 필요한 처분의 거부처분 또는 부작위이다. 심사청구는 과세처분이 있는 것을 안 날 또는 처분통지를 받은 날로부터 90일 이내에 제기한다.

2) 심사청구의 결정

감사원장은 그 청구를 수리한 날로부터 3월 이내에 결정하여야 한다. 감사원 심사결정에 대하여 이의가 있을 때에는 그 심사청구에 대한 결정통지를 받은 날(결정통지를 받지 못한 경우에는 결정기간이 경과한 날)로부터 90일 이내에 처분청을 당사자로 하여

행정소송을 제기하여야 한다.

㈐ 결정통지와 불복

① **결정통지에 대한 처리:** 결정에 대한 처리기간은 특별한 사유가 없는 한 2월 내에 결정에 따른 조치를 취하여야 하고 세관장이 직접 감사원장에게 처리전말을 보고하지 않고 관세청장이 세관장으로부터 2부의 보고서를 받아 지체 없이 1부를 감사원장에게 송부한다.

② **결정에 대한 불복:** 감사원 심사결정에 대하여 이의가 있을 때에는 그 심사청구에 대한 결정통지를 받은 날(결정통지를 받지 못한 경우에는 결정기간이 경과한 날)로부터 60일 내에 처분청을 당사자로 하여 행정소송을 제기할 수 있다(관세법 제38조 ⑤항).

표 9-4 행정구제제도 및 행정소송의 개요

구 분	이의신청	심사청구	심판청구	감사원심사청구	행정소송
근거법	관세법	관세법	관세법 국세기본법	감사원법	행정소송법
성격	임의적 절차	필수적 절차	필수적 절차	필수적 절차	필수적 절차
불복대상	관세에 의한 위법·부당한 처분 또는 필요한 처분의 부재로 인하여 권리·이익을 침해당한 경우(제외사항 있음)	관세에 관한 위법·부당한 처분 또는 필요한 처분의 부재로 인하여 권리·이익을 침해당한 경우(제외사항 있음)	심사청구에 이의가 있거나 결정을 받지 못한 경우	관세에 관한 위법·부당한 처분 또는 필요한 처분의 부재로 인하여 권리·이익을 침해당한 경우	위법한 처분에 대한 심판청구 및 감사원심사 청구결정에 이의가 있거나 결정기간(90일) 내에 결정통지를 받지 못한 경우
재결기관	해당 세관장	관세심사위원회 심의를 거쳐 관세청장이 결정	국제심판관회의 의결에 따라 국세심판소장이 결정	감사위원회의를 거쳐 감사원장이 결정	관할고등법원
제출기관	처분한(할) 세관장	처분한(할) 세관장을 거쳐 관세청장에게	국세심판관회의 의결에 따라 국세심판소장이 결정	감사위원회 회의를 거쳐 김사원장이 결정	관할고등법원
청구서 부수	이의신청서 1부(정본)	심사청구서 2부(정본1, 부본1)	심판청구서 3부(정본1, 부본2)	임의서식 3부(정본1, 부본2)	소장 2부
청구기간	처분이 있은 것을 안 날(처분의 통지를 받은 때는 그 통지를 받은 날)로부터 60일내(납세자가 외국에 주소를 둔 경우는 90일)	1. 이의신청을 거치는 경우: 결정의 통지를 받은 날(결정의 통지를 못 받은 경우는 결정기간(30일) 경과일로부터 60일 내) 2. 이의신청을 안 거치는 경우: 처분이 있는 것을 안 날(처분의 통지를 받은 때는 그 받은 날로부터 60일 내)	1. 심사청구에 대한 처분의 통지를 받은 때에는 그 받은 날로부터 60일 내 2. 심사청구기간 결정기간(60일)내에 처분의 통지를 받지 못한 경우는 결정기간(60일) 경과일로부터 60일 내	처분이 있은 것을 안 날(처분의 통지를 받은 때에 통고 받은 날)로부터 60일내에(납세자가 외국에 주소를 둔 경우는 90일)	1. 심판청구 및 감사원심사 청구의 결정통지를 받은 날로부터 90일 내 2. 심판청구 및 감사원심사청구의 결정기간(90일)내에 처분의 통지를 받지 못한 경우는 결정기간(90일) 경과일로부터 90일 내
결정기간	받은 날로부터 30일 내	받은 날로부터 60일 내	받은 날로부터 90일 내	받은 날로부터 90일 내	-
청구인	납세자·관세사·변호사	납세자·관세사·변호사	납세자·관세사·변호사	납세자·관세사·변호사	납세자·변호사
결정 또는 재결	각하·기각·용인	각하·기각·용인	각하·기각·용인	각하·기각·용인	관세부과처분 취소 등

기출문제

1. 관세법상의 행정쟁송제도를 논하라(관세사, 제4회).

예상문제

1. 논술형
   - 납세자의 권리보호를 위한 관세법상의 내용에 대하여 논하라.
   - 관세법상 납세자의 권리보호에 관하여 논하라.
   - 관세법상 행정구제도에 대하여 논하라.
   - 관세법상 세관공무원의 직권에 대하여 논하라.
   - 관세법상 행정구제를 비교하여 논하라.
   - 관세법상 심판청구에 대하여 논하라.
   - 관세법상 행정구제제도와 행정소송에 대하여 비교 논하라.

2. 설명형
   - 납세자의 권리헌장에 대하여 설명하라.
   - 이의신청과 심사청구에 대하여 비교 설명하라.
   - 심사청구에 대하여 설명하라.
   - 심사청구의 결정효력에 대하여 설명하라.
   - 운수기관의 출발정지 또는 진행중지에 대하여 설명하라.
   - 통관의 보류에 대하여 설명하라.
   - 감사원법에 의한 심사청구에 대하여 설명하라.
   - 보세구역반입 명령제도에 대하여 설명하라.
   - 관세심판제도에 대하여 설명하라.

3. 약술형
   - 납세자의 성실성 추정
   - 총기의 사용
   - 내국세 등에 관한 볼복
   - 심사청구대상
   - 보세구역반입 명령대상
   - 직권구제
   - 행정구제
   - 심사청구
   - 심판청구
   - 이의신청

제 3 부

관세법[Ⅱ]

제10장

운송 및 보세구역제도

제1절 운송수단

I. 운송수단의 관리

관세법은 통관법적 성격에 따라 수출입물품을 규제대상으로 하고 있으며, 또한 수출입물품의 효과적인 규제를 위하여 수출입물품을 운송하는 운송수단도 그 규제대상으로 하고 있다.

관세법에서 규제대상에서 하고 있는 운송수단은 선박, 항공기, 차량이며, 이들 운송수단에 대한 규제는 그 운송수단의 용도에 따라 다르다. 즉, 운송수단은 그 용도에 따라 외국을 왕래하는 것과 내국을 왕래하는 것으로 크게 구분할 수 있는데 외국을 왕래하는 운송수단은 관세법의 규제대상이지만 내국에서만 왕래하는 운송수단은 원칙적으로 관세법의 규제대상이 되지 않는다. 다만, 내국운송수단이 외국물품을 운송하는 경우는 관세법의 규제대상이 된다.

관세법의 규제대상이 되는 선박 또는 항공기를 관세법에서는 외국무역선 또는 외국무역기로 규정하고 있는 바 외국무역선 또는 외국무역기는 무역을 위하여 우리나라와 외국을 왕래하는 선박 또는 항공기를 말한다.

운송수단에 대하여 규제를 하는 이유는 그 운송수단이 보세구역과 같은 성격을 갖고 있으므로 외국물품에 대한 무단반출 및 밀항을 방지하며 통관질서를 확립하고 외국물품에 대한 관세징수를 확보하기 위한 것이다.

Ⅱ. 선박과 항공기

1. 개 요

관세법상 운송수단이라 함은 선박·항공기 및 차량을 말하며 특히 운송수단 가운데 규제의 대상이 되는 것은 주로 외국무역선과 외국무역기이다. 관세법에서 외국무역선(기)을 규제하는 이유는 이러한 운송수단이 외국물품을 운송하기 때문에 운송되는 외국물품에 대하여 우리나라 영해에 도착되는 시기로부터 시작하여 반출될 때까지 일정한 법칙규제를 하기 위해서이다. 또한 외국무역선(기) 이외의 선박이나 항공기로서 외국에 왕래하는 선박 또는 항공기에 대하여는 외국무역선 또는 외국무역기에 관한 규정을 준용하여 규제된다. 다만, 군함·군용기와 국가원수 또는 정부를 대표하는 외교사절이 전용하는 선박·항공기는 관세법의 규제대상이 되지 않는다.

그리고 국경하천만을 항해하는 내국선박 또는 원칙적으로 관세법의 규제대상이 되지 않는다.

2. 개항과 불개항의 출입

(1) 개항과 불개항

(가) 개 항

개항이란 국내의 항구 또는 공항 중 외국무역선(기)이 자유로이 출입항할 수 있는 항구 또는 공항으로 대통령령이 지정한 항구 또는 공항을 말하는 바, 수출입화물의 적재와 하역이 이루어지고 내외국여행자들이 출입국하는 장소이다. 대통령령으로 지정된 개항은 다음과 같이 24개 항구와 8개 국제공항이다(법 제133조).

1) 항 구

인천항, 부산항, 마산항, 여수항, 목포항, 군산항, 제주항, 동해·묵호항, 울산항, 통영항, 삼천포항, 장승포항, 포항항, 장항항, 옥포항, 광양항, 평택·당진항, 대산항, 삼척항, 진해항, 완도항, 속초항, 고현항, 경인항

2) 공 항

인천, 김포, 김해, 제주, 청주, 대구, 무안, 양양공항

(나) 불개항

불개항이란 관세법상 개항으로 지정되지 아니한 항만·공항·기타 장소를 말한다.

개항은 관세법에 의해 지정되는 것인 바 개항질서법과 항공법에 의하여 개항으로 지정되는 것은 관세법상 불개항으로 취급된다(예 : 서귀포항, 속초항).

(2) 개항과 불개항의 출입

외국무역선(기)은 개항에 의하지 아니하고는 왕래할 수 없다(법 제134조 ①항). 그러나 불개항에 출입항하여야 할 특별한 사유가 있는 경우에는 예외적으로 세관장의 허가를 받아 출입항할 수 있다. 이 경우에는 기획재정부령으로 정하는 바에 의하여 허가수수료를 납부하여야 한다(법 제134조 ②항).

3. 입출항 절차

(1) 입항절차

㈎ 입항보고

외국무역선(기)이 개항에 입항하였을 때에는 선(기)장은 대통령령이 정하는 사항이 기재된 선(기)용품목록, 여객목록, 여객명부, 승무원 명부, 승무원 휴대품목록 및 관세청장이 정하는 적하목록을 첨부하여 지체 없이 세관장에게 입항보고를 하여야 한다. 다만, 세관장은 감시·단속에 지장이 없다고 인정되는 경우에는 선(기)용품목록, 승무원휴대품 목록의 첨부를 생략하게 할 수 있다(법 제135조 ①항).

㈏ 입항 전 적하목록 등의 제출

세관장은 신속한 입항 및 통관절차의 이행과 효율적인 감시·단속을 위하여 필요한 경우에는 관세청장이 정하는 바에 따라 입항하는 해당 선박 또는 항공기가 소속된 선박회사 또는 항공사(그 업무 대행자 포함)에게 여객명부 또는 적하목록 등을 입항하기 전에 제출하게 할 수 있다(법 제135조 ②항).

(2) 출항절차

㈎ 출항허가

외국무역선(기)은 개항을 출항하고자 할 때에는 선(기)장은 출항하기 전에 세관장에게 출항보고를 하고 출항허가를 받아야 한다(법 제136조 ①항).

㈏ 적재목록의 제출

선(기)장은 출항허가를 받고자 할 때에는 그 개항에서 적재한 물품의 목록을 제출하여야 한다. 다만, 세관장이 출항절차의 신속을 위하여 필요하다고 인정하고 출항허가 후 7일의 범위 내에서 따로 기간을 정하는 경우에는 그 기간 내에 그 목록을 제출하여야 한다(법 제136조 ②항).

(3) 간이 입출항 절차

㈎ 입항 후 24시간 내 출하의 경우

세관장은 다음의 경우에는 적하목록, 선(기)용품목록, 여객명부, 승무원 명부 및 승무원 휴대품목록, 입항보고시 또는 출항보고시 제출하는 적재목록의 제출을 생략할 수 있다(법 제137조 ①항).

① 외국무역선 또는 외국무역기가 개항에 입항하여 승무원의 휴대품 및 선(기)용품 이외의 물품을 하선(기)하지 아니하고,

② 입항한 때로부터 24시간 이내에 출항할 때

㈏ 다른 개항에 재입항의 경우

세관장은 외국무역선 또는 외국무역기가 개항에 입항하여 입항절차를 완료한 후 다시 우리나라의 다른 개항에 입항한 경우에는 상기 규정을 준용하여 서류제출의 생략 등 간소한절차로 입출항절차를 하게 할 수 있다(법 제137조 ②항).

4. 재해, 기타 부득이한 사유로 인한 면책 등

(1) 의 의

엔진고장, 환자발생, 폭풍우 등 재해, 기타 부득이한 사유가 발생한 경우에는 관세법에 규정된 입출항절차(허가, 신고, 보고 등)의 의무 불이행에 따른 처벌과 징수를 하지 않는다.

(2) 면책내용

입출항절차(법 제134조~제137조) 및 물품의 하역(법 제140조~제143조의 규정)은 재해, 기타 부득이한 사유에 의한 경우에는 적용하지 아니한다(법 제138조).

① 법134조 개항 등에의 출입(개항에 의한 입항, 불개항 출입시 허가)
② 법135조 입항절차(입항보고와 서류제출)
③ 법136조 출항절차(출항허가와 서류제출)
④ 법137조 간이 입출항절차(입출항수속)
⑤ 법140조 물품의 하역
-(하선신고와 공무원확인, 통로제한, 내(외)국물품의 적재제한)
-(선기용품 및 선내판매용품 적재절차의 이행과 적재허가된 물품이 적재되지 아니하였을 때의 관세징수)
-(항외에서의 물품의 하역제한)
⑥ 법141조 외국물품의 일시양륙 등(일시양륙 제한, 승선제한, 이적과 교통제한)

(3) 이행절차 및 종료 보고

재해, 기타 부득이한 사유로 인해 입출항 및 하역 등을 하는 경우에는 선장 또는 기장은 지체 없이 그 이유를 세관공무원 또는 경찰공무원(세관공무원이 없는 때에 한한다)에게 신고하여야 하며, 경찰공무원은 지체 없이 그 요지를 세관공무원에게 통보하여야 한다. 선장 또는 기장은 재해, 기타 부득이한 사유가 종료된 때에는 지체 없이 세관장에게 그 경과를 보고하여야 한다(법 제138조).

(4) 외국기착의 보고

재해, 기타 부득이한 사유로 내항선 또는 내항기가 외국에 기항하고 우리나라로 되돌아 온 때에는 선장 또는 기장은 지체 없이 그 사실을 세관장에게 보고하여야 하며 외국에서 적재한 물품이 있는 때에는 그 목록을 제출하여야 한다(법 제139조).

5. 물품의 하역(또는 환적)

(1) 하역의 시기

외국무역선 또는 외국무역기는 제135조의 규정에 의한 입항절차를 종료한 후가 아니면 물품을 하역하거나 환적할 수 없다. 다만, 세관장의 허가를 받은 경우에는 그러하지 아니하다(법 제140조 ①항).

(2) 하역(또는 환적)의 절차

㈎ 적재·하선 등의 신고

외국무역선 또는 외국무역기에 물품을 하역하거나 환적하고자 하는 때에는 세관장에게 신고하여 현장에서 세관공무원의 확인을 받아야 한다. 다만, 세관공무원이 확인할 필요가 없다고 인정하는 때에는 그러하지 아니하다(동조 ②항). 다만, 수출물품의 경우에는 관세청장이 정하는 바에 따라 물품목록의 제출로써 이에 갈음할 수 있으며 항공기인 경우에는 현장세관공무원에 대한 말로써 신고하여 이에 갈음할 수 있다(영 161조 ②항).

㈏ 통로제한

세관장은 감시·단속을 위하여 필요한 때에는 물품을 하역하는 장소 및 통로(이하 하역통로라 한다)와 기간을 제한할 수 있다(동조 ③항).

㈐ 내·외국물품의 적재

외국무역선 또는 외국무역기에는 내국물품을 적재할 수 없으며, 내항선 또는 내항기에는 외국물품을 적재할 수 없다. 다만, 세관장의 허가를 받을 때에는 그러하지 아니하다(동조 ④항).

세관장은 다음 각호의 1에 해당하는 허가를 하거나 신고를 한 때에는 외국무역선 또는 외국무역기에 내국물품을 적재하거나 내항선 또는 내항기에 외국무품을 적재하게 할 수 있다(영 제161조 ⑤항).

1. 선(기)용품의 하역허가를 받은 경우 2. 보세운송신고를 하거나 보세운송승인을 받은 경우 3. 내국운송신고를 하는 경우 4. 수출신고가 수리된 경우

(3) 외국물품의 일시양륙 등

다음 각호의 1에 해당하는 행위를 하고자 하는 때에는 세관장에게 신고를 하고, 현장에서 세관공무원의 확인을 받아야 한다. 다만, 관세청장이 감시·단속에 지장이 없다고 인정하여 따로 정하는 경우에는 간소한 방법으로 신고 또는 확인하거나 이를 생략하게 할 수 있다(법 제141조).

① 외국물품을 운송수단으로부터 일시적으로 육지에 내려놓고자 하는 경우
② 해당 운송수단의 여객·승무원 또는 운전자가 아닌 자가 타고자 하는 경우
③ 외국물품을 적재한 운송수단에서 다른 운송수단으로 물품을 환적 또는 복합환적하거나 사람을 이동시키는 경우

보 충 **외국물품의 일시양륙이란**

'외국물품의 일시양륙'이라 함은 선하증권(항공화물운송장을 포함한다)상의 수하인 및 목적지가 제3국으로 기재된 외국물품을 운송수단 등의 변경을 위해 우리나라에 일시적으로 양륙(하선 또는 하기를 포함한다)하는 것을 말한다.

외국물품의 일시양륙은 주로 통과화물의 단계에서 우리나라 공항에서는 수출입화물뿐만 아니라 외국화물의 통과가 많이 이루어지고 있다. 통과화물의 관리는 일반적으로 다음과 같은 단계로 이행된다. 첫째 단계는 수입물품을 적재한 외국무역선이 입항하는 단계이며, 둘째는 하선완료된 물품이 입항지 보세구역에 반입되는 단계, 셋째는 출항지보세구역에 반입하는 단계, 넷째는 적재한 외국무역선이 출항하는 단계이다. 우선 EDI에 의한 수출입화물관리시스템 운영으로 전산에 의한 통과화물관리가 가능하도록 동일항만 동일부두내 환적의 경우 이적허가제도가 폐지되었다(전산에 의한 대사 기능). 이번 개정으로 이적 완료보고제도 폐지 등 세관관리 절차가 간소화되었다. 이로 인해 항만 적재 현상과 보세구역에 따른 비용절감 효과를 가져오고 시간, 인력면에서도 낭비요소가 줄어들게 되었다.

(4) 항외하역

외국무역선이 개항의 바깥에서 물품을 하역하거나 환적하고자 하는 때에는 선장은 세관장의 허가를 받아야 한다(법 제142조). 선장은 허가를 받고자 하는 때에는 기획재정부령이 정하는 바에 의하여 허가수수료를 납부하여야 한다(동조 ②항).

(5) 선(기)용품 등의 적재

㈎ 선(기)용품의 정의

'선용품'이라 함은 음식물·연료·소모품·밧줄·수리용 예비부분품 및 부속품·집기, 기타 이와 유사한 물품으로서 해당 선박에서만 사용되는 것을 말한다. '기용품'이라 함은 선용품에 준비하는 물품으로서 해당 항공기에서만 사용되는 것을 말한다.

㈏ 선(기)용품의 범위

선용품 또는 기용품과 외국무역선 또는 외국무역기 안에서 판매할 물품의 종류 및 수량은 선박 또는 항공기의 종류·톤수 또는 무게·항행일수 및 여객과 승무원의 수 등을 고려하여 세관장이 타당하다고 인정하는 범위이어야 한다(법 제143조의 ③항).

㈐ 선(기)용품 등의 하역

1) 내국물품의 적재 등

선용품 또는 기용품과 외국무역선 또는 외국무역기 안에서 판매하는 물품 중 위 각호의 하나에 해당하는 물품을 외국무역선 또는 외국무역기에 하역하거나 환적하고자 하는 때에는 세관장의 허가를 받아야 한다(법 제143조 ①항).

2) 외국물품의 적재 등

외국무역선 또는 외국무역기에 적재하는 경우에 한하여 그 외국물품 그대로 적재할 수 있다(법 제143조 ②항).

상기물품의 종류 및 수량은 선박 또는 항공기의 종류·톤수 또는 무게·항행 또는 운행일수, 여객과 승무원의 수 등을 고려하여 세관장이 타당하다고 인정하는 범위이어야 한다(동조 ③항).

㈑ 관세의 징수

외국물품인 선용품 또는 기용품과 외국무역선 또는 외국무역기 안에서 판매할 물품이 하역허가의 내용대로 운송수단에 적재되지 아니한 때에는 해당 허가를 받은 자로부터 즉시 그 관세를 징수한다. 다만, 다음 각호의 1에 해당하는 경우에는 그러하지 아니하다(법 제143조의 ④항).

① 세관장이 지정한 기간 내에 그 물품이 다시 보세구역에 반입된 경우

② 재해, 기타 부득이한 사유에 의하여 멸실된 경우

③ 미리 세관장의 승인을 받고 폐기한 경우

6. 외국무역선의 내항선으로의 전환 등

외국무역선 또는 외국무역기를 내항선 또는 내항기로 전환하거나, 내항선 또는 내항기를 외국무역선 또는 외국무역기로 전환하고자 하는 때에는 선장 또는 기장은 세관장의 승인을 얻어야 한다(법 제144조). 한편, 선장 또는 기장에게 적용할 규정은 선장 또는 기장을 대리하여 그 직무를 행하는 자에게 적용한다(법 제145조).

7. 기타 선박 또는 항공기

(1) 기타 선박 또는 항공기

외국무역선 또는 외국무역기 외의 선박이나 항공기로서 외국에 운항하는 선박 또는 항공기에 대하여는 외국무역선이나 외국무역기에 관한 규정을 준용한다(법 제146조 ①항).

(2) 국경하천을 운항하는 선박

국경하천을 운항하는 내국선박에 대하여는 외국무역선에 관한 규정을 적용하지 아니한다(법 제147조). 다만, 대통령령으로 정하는 선박 및 항공기(① 군함 및 군용기 ② 국가원수 또는 정부를 대표하는 외교사절이 전용하는 선박 또는 항공기)에 관하여는 그러하지 아니하다.

Ⅲ. 차　　량

1. 개　　요

관세법에서 규제하는 차량은 국경을 출입하는 차량에 한한다. 그리고 국경을 출입하는 차량은 철도차량과 철도차량이 아닌 것으로 구분하는데 선박, 차량 또는 항공기가 아닌 운수기관은 철도차량이 아닌 차량으로 본다. 우리나라에는 현재 남북이 분단되어 있으므로 인접국경이 없다. 그러나 남북통일에 대비하여 관세법에서는 인접국경을 출입하는 차량에 관한 규정을 두고 있다.

특히 이번 개정에서는 남북교류 활성화에 대비하여 국경 출입차량의 도착 및 출발절차를 신설하고, 동 차량에 대한 물품의 적재 및 하차절차를 보완하는 등 육상운송수단의 입출국절차를 개선하여 새로운 행정수요에 대처하고, 절차간소화 등 관세행정 선진화에 역점을 두고 있다.

2. 관세통로(법 제148조)[1]

(1) 경유 및 정차의무

국경을 출입하는 차량은 관세통로를 경유하여야 하고 통관역 또는 통관장에 정차하여야 한다(동조 ①항). 관세통로는 육상국경으로부터 통관역에 이르는 일반수송용 철도와 육상국경으로부터 통관장에 이르는 육로 또는 수로 중에서 세관장이 지정한다(동조 ②항).

(2) 통관역과 통관장의 지정

통관역은 국외와 연락되고 국경에 근접한 일반 수송용 철도역 중에서 관세청장이 지정한다(동조 ③항). 통관장은 관세통로에 접속한 장소 중에서 세관장이 지정한다(동조 ④항).

3. 국경출입차량의 도착절차

(1) 목록제출 및 도착보고

국경출입차량이 통관역 또는 통관장에 도착한 때에는 통관역장 또는 도로차량의 운전자는 차량용품 목록·여객명부·승무원명부 및 승무원 휴대품목록과 관세청장이 정하는 적하목록을 첨부하여 지체 없이 세관장에게 도착보고를 하여야 하며, 최종 출발지의 출발허가서 또는 이에 갈음하는 서류를 제시하여야 한다. 다만, 세관장은 감시·단속에 지장이 없다고 인정되는 때에는 차량용품목록 또는 승무원 휴대품목록의 첨부를 생략하게 할 수 있다(법 제149조 ①항).

(2) 도착 전 목록 등 제출

세관장은 신속한 입국 및 통관절차의 이행과 효율적인 감시·단속을 위하여 필요한 때에는 관세청장이 정하는 바에 의하여 도착하는 해당 차량이 소속된 회사(그 업무를 대행하는 자를 포함)에 여객명부·적하목록 등을 도착하기 전에 제출하게 할 수 있다(동조 ②항).

---

1) 관세법 제59조의 규정에 의거 관세통로를 다음과 같이 지정공고합니다(서울세관공고 제2000-32호).
① 지정통로
㉮ 청화대-통일로(국도 1호선)-판문점 접경지역
㉯ 남북회담사무국 전방사무소-통일로(국도 1호선)-판문점 접경지역
② 지정통로 통관물품 종류 : 남북한 왕래가 휴대 반출입 물품 및 별송품
③ 지정기간 : 2000년 5월 30일~2000년 6월 17일

4. 물품의 하역 등

통관역 또는 통관장에서 외국물품을 차량에 하역하고자 하는 자는 세관장에게 신고를 하고, 현장에서 세관공무원의 확인을 받아야 한다. 다만, 세관공무원이 확인할 필요가 없다고 인정하는 때에는 그러하지 아니하다(법 제151조 ①항). 차량용품과 국경출입차량 안에서 판매할 물품을 해당 차량에 하역하거나 환적하는 때에는 제143조의 규정(선기용품의 하역)을 준용한다(동조 ②항).

5. 철도차량 외의 차량

국경을 출입하는 철도차량 외의 차량은 세관장으로부터 그 자격을 증명하는 서류를 받아 출입시마다 세관공무원에게 제시하고 사증을 받아야 한다(법 제152조 ①, ②항). 사증을 받고자 하는 자는 기획재정부령으로 정하는 바에 의하여 수수료를 납부하여야 한다(동조 ③항).

참 조 **육로운송 남북한 교역물품 세관관리절차**

2001년 관세법 개정에서는 향후 남북간의 육로운송 활성화에 대비하여 육로운송수단을 통한 입국절차·출국절차를 보완·정비하였다. 이를 요약하여 정리하면 다음과 같다.

관세법상 반출(수입) : 북한 → 한국	관세법상 반입(수출) : 한국 → 북한
[남북 경계선 도착] ↓ · 세관출입차량증명서 입국사증 [운　송] ↓ · 지정된 관세통로로 운송 [통관역 · 통관장 도착] ↓ · 차량도착보고 및 적재물품제출(세관) [창고 등 반입] ↓ · 물품하차 및 창고반입신고(세관)/ · 적재목록대조 확인 [반입(수입)신고 및 수리] ↓ · 수입신고 및 수리절차에 준하여 처리 [물품반출] ↓ · 창고 등으로부터의 물품반출 확인	[반출(수출)신고] ↓ · 반출신고(물품소재지세관) [운　송] ↓ [통관역 · 통관장 도착] ↓ · 물품 반입신고 [통관장 등 반출] ↓ · 물품상차 및 창고반출신고, 확인(세관)/ · 세관차량사증 발급(국경출입차량증명서) [경계선 도착] ↓ · 세관차량증명서, 출국사증 및 반출(수출)신고서 확인 · 차량 출입경 기록과 세관사증 발급사실 대조확인 [반출(수출)] ↓ · 창고 등으로부터의 물품반출 확인

제2절 운 송

Ⅰ. 보세운송

1. 보세운송의 개요

(1) 보세운송의 의의

보세운송이란 외국물품을 보세구역간에 보세상태로 국내에서 운송하는 것을 말한다. 외국물품을 국내에서 운송함에 있어서는 수입관세 징수확보, 수입신고수리 전 반출의 방지 등을 위하여 보세운송의 발송지와 도착지를 한정하여 개항, 보세구역, 타소장치장, 세관관서, 통관역 및 통관장소간에만 보세운송할 수 있게 하고 있으며, 필요시에는 보세운송시 담보를 제공하도록 하고 있다.2)

(2) 보세운송의 목적

보세운송은 업체의 경비절감, 신속통관 등 수출입업체의 지원과 공·항만지역 장치장소난해소, 통관업무 분산 등 세관업무 편의상 확대할 필요가 있으나, 한편으로는 보세화물의 이동에 따른 감시의 어려움 때문에 제한적으로 허용해야 할 양면성을 가지고 있다. 그리하여 세관은 보세화물이 세관의 관리·통제로부터 이탈하게 되므로 관세채권의 확보 등을 위해 담보를 제공토록 하거나 도착지 보세구역 설영인의 반입신고를 통해 감시업무를 수행하고 있다.

특히, 수입업자는 경제상 여러 가지 사정으로 수입물품을 지정장소에 장치한 후 이를 다른 보세구역으로 이동이 필요할 때가 있다. 예를 들면 보세공장에서 제조, 가공할 목적이나 자가용 보세창고에 보관한 후 필요에 따라 수입통관하여 사용하는 경우이다. 이러한 경우 수입물품상태 그대로 보세운송한다면 외국무역과 국내상거래 등의 기업활동을 촉진시킨다.

---

2) 보세화물의 운송에 관한 자세한 내용은 관세청 홈페이지(www.customs.go.kr)의 정보자료실/법령/관세청고시/보세운송에 관한 고시를 접속하면 더욱 자세한 내용을 알 수 있다.

보 충

근대국가 초기에는 국가영역의 경계선에 세관을 설치하고 관세를 부담함으로써 관세선의 개념이 명확했지만 보세운송제도로 인하여 그 의미가 감소되었다. 수입물품은 원칙적으로 최초 도착지에서 통관을 하여야 하나 화주 회사 가까운 곳까지 또는 화주의 공장 내 자가보세장치장에까지 화물을 보세운송하여 통관할 수 있도록 허용함으로써 화주는 수입화물을 공장소재지 세관에서 통관할 수 있게 됨으로써 장치장 반출입비용, 창고료, 원거리 출장비용 등 통관부대경비를 절감할 수 있고 서류송달 등 절차 간소화로 인한 신속통관의 편의를 얻을 수 있게 되었다.

또한, 세관측에서도 공・항만에 도착한 물품을 신속히 운송처리함으로써 통관업무의 지역적 균형을 유지하고 분산처리함으로써 공・항만의 장치장소 부족난과 화물적체현상을 해소할 수 있다.

2. 보세운송의 구간

외국물품은 다음 각호의 장소간에 한하여 외국물품 그대로 운송할 수 있다. 다만, 수출신고가 수리된 물품은 해당 물품이 장치된 장소에서 다음 각호의 장소로 운송할 수 있다(법 제213조 ①항).[3)]

1. 개항	2. 보세구역
3. 제156조의 규정(보세구역 외 장치의 허가)에 의하여 허가된 장소	
4. 세관관서	5. 통관역
6. 통관장	7. 통관우체국

3. 보세운송의 신고인

보세신고 또는 승인신청은 ① 화주 ② 관세사 등 ③ 보세운송을 업으로 하는 자(이하 보세운송업자라 한다) 중 위 각호의 하나에 해당하는 자의 명의로 하여야 한다(법 제214조).

4. 보세운송절차

(1) 보세운송 신고 및 승인

㈎ 의 의

보세운송을 하고자 하는 자는 관세청장이 정한 바에 따라 세관장에게 보세운송의 신

3) 관세법에는 명시되어 있지 아니하나 자유무역지역도 해당 법률의 규정에 의해 외국물품의 보세운송 목적지가 되는 것으로 볼 수 있다.

고를 하여야 한다(법 제213조 ②항).

또한, 보세운송업자가 전자문서로 신고하면 세관화물정보시스템에서 신고내역을 심사한 후 이상이 없는 경우 자동으로 수리되도록 하는 보세운송신고 자동수리제도도 1999년에 도입되었다.

(나) 승인대상

다음의 물품의 감시 등을 위하여 필요하다고 인정하여 대통령령이 정하는 경우에는 세관장의 승인을 얻어야 한다(법 제213조 ②항 단서, 영 제236조 ③항). 다음의 물품 중 관세청장이 보세운송 승인대상으로 하지 아니하여도 화물관리 및 불법 수출입의 방지에 지장이 없다고 판단하여 정하는 물품에 대하여는 신고만으로 보세운송할 수 있다(영 제226조 ③항).

① 보세운송된 물품 중 다른 보세구역 등으로 재보세운송하고자 하는 물품
② 검역법・식물방역법・가축전염병예방법 등의 규정에 의하여 검역을 요하는 물품
③ 위험물 안전관리법에 의한 위험물, 화학물질 관리법에 의한 유해화학물질
④ 비금속설
⑤ 화물이 국내에 도착된 후 최초로 보세구역에 반입된 날부터 30일 경과한 물품
⑥ 통관이 보류되거나 수입신고수리가 불가한 물품
⑦ 법 제236조의 규정에 의하여 통관지가 제한되는 물품
⑧ 귀석・귀금속・한약재・의약품・향료 등과 같이 부피가 작고 고가인 물품
⑨ 화주 또는 화물에 대한 권리를 가진 자가 직접 보세운송하는 물품
⑩ 보세구역외장치 허가를 받은 장소로 운송하는 물품
⑪ 적하목록상 동일한 화주의 선하증권 단위의 물품을 분할하여 보세운송하는 경우 그 물품
⑫ 불법 수출입의 방지 등을 위하여 세관장이 지정한 물품
⑬ 이 법 및 이 법에 의한 세관장의 명령을 위반한 보세운송업자가 운송하는 물품

(다) 신고의 생략

수출신고가 수리된 물품에 대하여는 관세청장이 따로 정하는 것을 제외하고는 보세운송절차를 생략한다(법 제213조 ④항).

(2) 담보의 제공[4]

세관장은 보세운송신고를 하거나 승인을 얻고자 하는 물품에 대한 관세의 담보를 제공하게 할 수 있다(법 제218조).

보세운송을 하는 외국물품은 세관의 감시·단속으로부터 일시 벗어날 뿐만 아니라 운송기간 내에 운송목적지에 도착하지 아니하는 등 사고가 발생하여 그 물품의 관세를 징수하여야 할 경우도 생기므로 관세채권 확보를 위하여 관세 및 제세상당액의 담보를 제공토록 하고 있다.

(3) 신고서류의 제출

보세운송신고를 하거나 승인을 얻고자 하는 자는 목적지, 운송기간 등을 기재한 신고(또는 신청)서를 세관장에게 제출하여야 한다. 다만, 외국무역선 또는 외국무역기에의 효율적인 적재·하선(기)을 위하여 필요하거나 세관감시단속상의 애로가 없다고 인정하여 관세청장이 따로 정하는 경우에는 그 정하는 바에 의한다(영 제110조 ①항).

(4) 검 사

㈎ 의 의

세관공무원은 감시·단속을 위하여 필요하다고 인정하는 경우에는 관세청장이 정하는 바에 의하여 해당 물품에 대한 검사를 할 수 있다(법 제213조 ③항).

㈏ 검사장소

법 제247조(통관단계의 검사장소) 규정은 '보세운송'의 경우에도 준용한다(법 제213조 ⑤항). 따라서 보세운송물품의 검사는 보세구역에 장치된 물품은 보세구역에서 검사를 하고 보세구역 이외의 장소에 장치된 물품은 그 장소에서 행한다. 다만, 수출물품인 경우에는 해당 물품이 장치되어 있는 해당 장소에서 행한다.

(5) 보세운송신고의 처리

㈎ 보세운송 신고수리

화물관리 공무원은 보세운송 신고사항을 심사한 후 신고내용이 타당한 때에는 즉시 세관화물정보시스템에 수리등록을 하여야 한다(보세운송고시 제29조).

---

4) 보세운송시 담보제공 대상(관세기본 통칙)

세관장은 관세채권 확보를 위하여 보세운송 승인신청한 물품에 대하여는 관세 및 제세 상당액을 담보로 제공하게 하여야 한다. 다만, 다음 각 호의 경우에는 그러하지 아니하다.

① 무세 또는 관세가 면제될 것이 확실하다고 인정하는 물품
② 수출용보세공장에 반입하는 물품
③ 다른 규정에 의하여 화주가 신용담보 또는 포괄담보를 제공하거나 해당 물품에 대하여 이미 담보를 제공한 물품
④ 간이보세운송업자가 보세운송의 승인을 신청한 물품

㈏ 보세운송 신고의 취하(법 제213조)

제250조(신고의 취하 및 각하)의 규정은 보세운송에 이를 준용한다(법 제213조 ⑤항). 즉, 보세운송신고는 정당한 이유가 있는 경우에 한하여 세관자의 승인을 얻어 취하할 수 있으며 신고 취하에 대한 세관장의 승인을 얻은 경우에는 그 보세운송 신고의 효력은 상실된다.

(6) 통로와 기간제한[5)]

세관장은 보세운송물품의 감시·단속을 위하여 필요하다고 인정하는 경우에는 관세청장이 정하는 바에 따라 운송통로를 제한할 수 있다(법 제216조 ①항). 보세운송은 관세청장이 정한 기간 내에 종료하여야 한다. 다만, 세관장은 재해, 기타 부득이한 사유로 필요하다고 인정한 경우에는 그 기간을 연장할 수 있다(동조 ②항).

(7) 보세운송 도착보고

보세운송신고를 하거나 승인을 얻은 자는 해당 물품이 운송목적지에 도착한 때에는 관세청장이 정하는 바에 따라 도착지의 세관장에게 보고하여야 한다(법 제215조).

외국물품을 보세운송할 때에는 세관의 감시·단속에서 일시 벗어날 뿐만 아니라 그 물품이 지정된 운송기간 내에 운송목적지에 도착하지 아니할 때에는 그 물품의 관세를 징수하거나 기타 관세법 위반 여부를 조사하여야 하므로 이와 같이 보세운송물품의 도착보고를 하도록 하고 있다.

5. 보세운송기간 경과시 추징

보세운송신고를 하거나 승인을 얻고 보세운송하는 외국물품이 그 지정한 기간 내에 운송목적지에 도착하지 아니한 때에는 즉시 그 관세를 징수한다. 다만, 해당 물품이 재해, 기타 부득이한 사유로 망실되었거나 미리 세관장의 승인을 얻어 폐기한 때에는 예외로 한다(법 제217조).

---

5) 보세운송기간(보세운송고시 제6조) : 보세운송기간은 신고수리일로부터 다음 각호의 1에 정하는 기간으로 한다. 다만, 이 기간을 5일 이내에 추가할 수 있다.
① 해상화물 : 보세운송 신고수리일로부터 10일
② 항공화물 : 보세운송 신고수리일로부터 5일

표 10-1 신고시기 구분에 따른 통관절차 비교표

과세요건	추징내용
납세의무자	보세운송신고인(승인을 받은 자)
과세물건 확정	보세운송의 신고(승인)를 할 때
적용법령의 시기	보세운송의 신고(승인)를 할 때
관세부과제척기간 기산일	보세운송의 신고(승인)를 한 날의 다음날

6. 간이보세운송

세관장은 보세운송을 하고자 하는 물품의 성질 및 형태, 보세운송업자의 신용도등을 감안하여 관세청장이 정하는 바에 의하여 보세운송업자 또는 물품을 지정하여 다음 각 호의 조치를 할 수 있다(법 제220조).

① 제213조 제2항의 규정에 의한 신고절차의 간소화

② 제213조 제3항의 규정에 의한 검사의 생략

③ 제218조의 규정에 의한 담보제공의 면제

7. 보세운송 신고서

(1) 보세운송신고인

① 화주(다만, 전매된 경우에는 그 취득자이며, 통과운송화물의 경우에는 그 화물에 대한 권리를 가진 자)

② 보세운송업자

③ 관세사, 관세사법인, 통관취급법인

(2) 구비서류

① 수입화물 보세운송시

㉠ 전자문서로 작성한 '보세운송신고서'를 세관화물 정보시스템에 전송

㉡ 물품검사대상, 무환물품 등 보세운송 제한물품 여부의 확인, 관세채권의 확보 등을 위해 필요한 경우에는 추가서류 제출

② 수출화물 보세운송시

수출신고가 수리된 물품에 대하여는 보세운송절차를 생략한다.

(3) 기타 사항

보세운송신고필증을 받은 자는 보세운송 물품을 기간 내에 도착지에 도착시킨 후 즉시 도착지 세관공무원에게 도착보고용 보세운송신고서를 제출하여 도착보고를 하여야

한다. 처리시간은 특별한 사유가 없는 한 3일 이내에 처리가 가능하다.

(4) 보세운송 절차를 요하지 않는 물품

① 우편법에 의거 체신관서의 관리하에 운송되는 물품

② 검역법에 의한 검역대상물

③ 국가기관에 의해 운송되는 압수물품

Ⅱ. 조난물품의 운송

1. 의 의

재해, 기타 부득이한 사유로 인하여 선박 또는 항공기로부터 내린 외국물품은 그 물품이 있는 장소로부터 법 제213조 ①항 각호(개항, 보세구역, 보세구역 외 장치의 허가를 받은 장소, 세관관서, 통관역, 통관장, 통관우체국)에까지 운송할 수 있다(법 제219조 ①항).

2. 조난물품의 운송신고 및 승인

외국물품을 운송하고자 하는 자는 승인을 얻어야 한다. 다만, 긴급을 요하는 때에는 세관공무원 또는 경찰공무원(세관공무원이 없는 때에 한한다)에게 신고하여야 한다(법 제219조 ②항). 신고를 받은 경찰공무원은 지체 없이 그 내용을 세관공무원에게 통보하여야 한다(동조 ③항).

3. 보세운송의 준용

제215조 내지 제218조의 규정은 ①항의 경우에 이를 준용한다(법 제219조 ④항). 즉, 보세운송에 있어서 보세운송신고, 보세운송통로, 보세운송기간 및 기간경과시의 징수, 보세운송의 담보 등의 규정을 준용한다.

Ⅲ. 내국운송

1. 의 의

내국운송이란 내국물품을 세관장에게 신고를 한 후에 외국무역선(기)에 국내운송하는 것을 말한다(법 제221조). 내국물품은 원칙적으로 관세법상 규제대상이 아니나 외국무역선(기)에 적재된 내국물품은 관세법에 규정된 통관절차를 거치지 않고 외국에 밀수출 될 우려가 있으므로 보세운송규정의 일부조항을 준용하여 규제하는 것이다.

2. 내국운송의 물품의 보세구역 장치

내국운송의 승인을 얻고자 하는 내국물품은 보세구역에 장치하여야 한다. 다만, 크기나 무게의 과다, 기타 사유로 보세구역에 장치하기 곤란하다고 부적당하여 보세구역이 아닌 장소에 장치하는 데 대하여 세관장의 허가를 받은 경우에는 보세구역이 아닌 장소에 장치할 수 있다(법 제155조의 ①항).

3. 내국운송의 신고와 승인 절차

내국물품을 외국무역선 또는 외국무역기에 의하여 운송하고자 하는 때에는 대통령령이 정하는 바에 의하여 세관장에게 내국운송의 신고를 하여야 한다(법 제221조 ①항). 내국운송에는 제215조·제216조·제246조·제247조 및 제250조의 규정을 준용한다(동조 ②항).

· 법 제215조(보세운송 보고)
· 법 제216조(보세운송 통로)
· 법 제246조(검사)
· 법 제247조(검사장소)
· 법 제250조(신고의 취하, 각하)

Ⅳ. 보세운송업자 등

1. 보세운송업자의 등록

(1) 등록 대상자

다음 각호의 1에 해당하는 자(이하 보세운송업자 등이라 한다)는 대통령령이 정하는 바에 의하여 관세청장 또는 세관장에게 등록하여야 하며(법 제222조 ①항), 등록의 기준·절차 등에 관하여 필요한 사항은 대통령령으로 정한다(동조 ②항).

① 보세운송업자
② 보세화물을 취급하려는 자로서 다른법령에 따라 화물운송의 주선을 업으로 하는자.

③ 외국무역선 또는 외국무역기, 국경을 출입하는 차량에 물품을 하역하는 것을 업으로 하는 자

④ 외국무역선 또는 외국무역기 국경을 출입하는 차량에 선용품·기용품·차량용품·선박 또는 항공기 안에서 판매할 물품 또는 용역을 공급하는 것을 업으로 하는 자

⑤ 개항 안에 있는 보세구역에서 물품 또는 용역을 제공하는 것을 업으로 하는 자

⑥ 외국무역선 또는 외국무역기를 이용하여 상업서류, 기타 견품 등을 송달하는 것을 업으로 하는 자

(2) 보세운송업자 등의 등록요건

보세운송업자 등은 다음 각호의 요건을 갖춘 자이어야 한다(법 제223조).

① 특허보세구역의 운영인이 결격사유에 해당하지 아니할 것

② 항만운송사업법 등 관련 법령에 의한 면허·허가 지정 등을 받거나 등록을 할 것

③ 관세 및 국세의 체납이 없을 것

④ 보세운송업자 등이 등록이 취소된 후 2년이 경과될 것(미성년자, 피성년후견인과 피한정후견인, 파산신고를 받고 복권되지 아니한자는 제외)

(3) 등록증의 교부

세관장은 등록신청을 한 자가 상기의 등록요건을 갖추고 다음 각호에 해당하는 경우에는 해당 등록부에 필요한 사항을 기재하고 등록증을 교부한다(영 제231조 ②항).

① 보세운송, 하역물품의 제공, 국제운송 등에 필요하다고 관세청장이 정하는 운송수단 또는 설비를 갖추고 있는 경우

② 관세청장이 정하는 일정금액 이상의 자본금 또는 예금을 보유한 경우

③ 법 및 법에 의한 세관장의 명령에 위반하여 관세범으로 조사받고 있거나 기소중에 있지 아니한 경우

(4) 영업의 보고 등

관세청장 또는 세관장은 필요하다고 인정하는 때는 제①항 각호의 자에 대하여 그 영업에 관하여 보고를 하게 하거나 장부, 기타 서류의 제출을 명할 수 있다(동조 ③항).

(5) 등록의 취소

세관장은 보세운송업자 등이 다음 각 호의 어느 하나에 해당하는 경우에는 등록의 취소, 6개월의 범위에서의 업무정지 또는 그 밖에 필요한 조치를 할 수 있다. 다만, 제1호 및 제2호에 해당하는 경우에는 등록을 취소하여야 한다.

① 거짓이나 그 밖의 부정한 방법으로 등록을 한 경우

② 특허보세구역의 운영인의 결격사유에 해당하는 경우

③ 항만운송사업법 등 관련 법령에 따라 면허·허가·지정·등록 등이 취소되거나 사업정지처분을 받은 경우

④ 보세운송업자 등(그 임직원 및 사용인 포함)이 보세운송업자등의 업무와 관련 하여 이 법이나 이 법에 따른 명령을 위반한 경우

⑤ 보세운송운자의 명의대여 금지를 위반한 경우

⑥ 보세운송업자등(그 임직원 및 사용인을 포함한다)이 보세운송업자등의 업무와 관련하여 「조세범 처벌법」 제4조제4항에 따른 과태료를 부과받은 경우

(6) 과징금의 부과

세관장은 보세운송업자의 업무정지가 그 이용자에게 심한 불편을 주거나 공익을 해칠 우려가 있을 경우에는 보세운송업자등에게 업무정지처분을 갈음하여 해당 업무 유지에 따른 매출액의 100분의 3 이하의 과징금을 부과할 수 있다. 이 경우 매출액 산정, 과징금의 금액 및 과징금의 납부기한 등에 관하여 필요한 사항은 대통령령으로 정한다.

과징금을 납부하여야 할 자가 납부기한까지 납부하지 아니한 경우 과징금의 징수에 관하여는 제26조를 준용한다.

2. 보세화물운송주선 등

(1) 신고의무

보세화물을 취급하는 선박회사 또는 항공사(그 업무를 대행하는자 포함)는 대통령령이 정하는 바에 의하여 세관장에게 신고하여야 한다(법 제225조 ①항).

(2) 신고절차

보세화물을 취급하는 선박회사 또는 항공사(그 업무를 대행하는자 포함)하는 자는 다음 각호의 요건을 갖추어 주소 · 성명 · 상호 및 영업장소 등을 기재한 신고서를 세관장에게 제출하여야 한다(영 제232조 ①항).

① 특히, 보세구역 운영인의 결격사유에 해당되지 아니할 것

② 해운법, 항공법 등 관련 법령에 의한 등록을 할 것

(3) 업무 등의 보고의무

세관장은 통관의 신속을 기하고 보세화물의 관리절차를 간소화하기 위하여 필요하다고 인정되는 때에는 대통령령이 정하는 다음 사항을 선박회사 또는 항공사로 하여금 해당 업무에 관하여 보고하게 할 수 있다(법 제225조 ②항)(영 제232조 ②항).

① 신고인의 주소 및 성명

② 신고인의 상호 또는 영업장소
③ 신고한 등록사항.

제3절 보세제도 개설

Ⅰ. 보세제도의 개요

1. 보세제도의 의의

(1) 보세제도의 개념

보세라 하면 대체로 관세유보 또는 관세미납의 뜻으로 해석하는 것이나, 관세의 부과대상이 아닌 무세품도 수입신고수리 이전에는 보세화물이라고 부르고 있다는 사실에 보세의 의의를 엄격히 정의하면 보세란 수입신고수리가 종료되지 않은 상태, 즉 수입신고수리 미필 상태라고 보는 것이 통설이다.

(2) 보세제도의 기능

㈎ 관세징수권의 확보

보세구역 또는 보세운송은 보세화물을 세관의 엄격한 통제하에 둠으로써 부정유출을 방지하고, 원칙적으로 관세담보를 제공하고 수입신고수리를 받기 전에는 보세구역을 벗어나지 못하게 함으로써 운송도중 화물의 부정유출을 방지하고 있다.

또한, 보세운송 역시 도착관리 등을 함으로써 운송도중 화물의 부정유출을 방지하고 있다.

㈏ 통관업무의 효율화

보세구역은 세관의 감시와 단속이 용이한 일정한 장소만을 지정·특허하고, 모든 수입통관물품을 이곳에 집중적으로 반입시켜서 세관장에게 관세징수, 수출입 허가사항 확인이라는 통관절차를 효율적으로 달성할 수 있도록 하고 있다.

㈐ 수출 및 산업지원

보세구역은 외국물품을 보세상태로 반입하여 관세납부, 수입신고수리 등을 받지 않고도 보세구역에서 제조·가공하여 외국에 반출할 수 있도록 함으로써 가공무역의 진흥 등 수출지원에 이용되는 보세공장이 있고, 외국물품 그대로 사용하여 산업시설을 신속히 건설할 수 있는 보세건설장이 있어 국내산업 건설과 발전을 지원하고 있다.

2. 보세제도의 종류

(1) 종　류

보세제도는 보세구역제도와 보세운송제도로 나눌 수 있는데, 보세구역은 보세화물을 반입·장치·가공·건설·전시·판매하는 구역을 말하고, 보세운송은 보세화물을 보세상태에서 운송하는 것을 말한다. 전자를 정적 보세제도라 하고, 후자를 동적 보세제도라 한다.

- 보세제도
  - 보세구역제도(정적)
    - 지정보세구역
      - 지정장치장
      - 세관검사장
    - 특허보세구역
      - 보세창고
      - 보세공장
      - 보세전시장
      - 보세건설장
      - 보세판매장
    - 종합보세구역
  - 보세운송제도(동적)
  - 유사보세제도
    - 보세구역외장치장
    - 자유무역지역

(2) 유사보세제도

유사보세구역이란 관세법에 규정된 '보세구역'은 아니나 외국물품이 보세상태로 반입되어 장치되거나 사용·소비 등이 허용되어 사실상 보세구역과 같은 역할을 하는 지역 또는 장소를 말한다.

㈎ 자유무역지역

1) 의 의

자유무역지역이란 특정구역을 관세영역 밖에 둠으로써 관세법에 의한 관리와 규제를 완화하거나 배제시켜 제조, 물류, 무역업 등을 진흥할 목적으로 설정한 구역을 말한다. 기존의 자유무역지역이 자유무역지역으로 대체 입법되면서 자유무역지역에 제조업, 무역업, 물류업(하역, 운송, 창고, 판매 등) 등 다양한 업종의 입주가 허용됨으로써 종전의 제조업 중심의 자유무역지역이 제조, 물류기능을 망라한 종합형 자유무역지역으로 개편된 것이다. 또한 2003. 12. 관세법 개정을 통해 "국제물류기지육성을 위한 관세자유지역의 지정 및 운영에 관한 법률"을 흡수하여 종전 관세자유지역도 자유무역지역에 포함하였다.

한편 자유무역지역 인근의 항만 및 그 배후지와 물류 단지도 자유무역지역으로 지정될 수 있게 하여(단, 항만은 산업단지와 연계되는 경우에만 지정할 수 있도록 함) 산업단지의 제조기능과 항만의 물류기능을 연계하여 그 기능을 더욱 활성화 할 수 있도록 하였다. 또한, 자유지역의 지정권자인 산업통상자원부와 사전 협의토록 함으로써 관세자유지역과의 중복을 피하도록 하였다.

2) 자유무역지역의 기능과 특징

자유무역지역은 자유로운 제조 및 무역활동 등을 보장함으로써 외국인투자의 유치, 국제무역의 진흥 및 지역개발 등을 촉진하여 국민경제의 발전에 이바지함을 목적으로 하고 있으며 이 목적을 달성하기 위한 다음과 같은 기능과 특징이 있다.

① 입주기업체 영업활동의 자유보장

제조업 중 대통령령이 정하는 업종(수출을 목적으로 하는 것에 한한다) · 물류업종 대통령령이 정하는 업종 · 수출입거래를 주 목적으로 하는 도매업 · 입주기업체의 사업을 지원하는 업종으로 대통령령이 정하는 업종을 영위하고자 하는 외국인투자기업이 이 지역에 입주하여 각자의 사업을 영위한다. 이 경우 산업통상자원부장관 또는 세관장은 자유무역지역법에 정한 경우를 제외하고는 입주기업체의 제조 · 물류 · 무역, 기타 이 지역 안에서 이루어지는 영업활동 및 물품이동에 대하여 신고 또는 허가 등을 요구하여서는 아니되며, 이 지역 안에서 영업활동이 자유롭게 이루어질 수 있도록 보장하여야 한다.

② 물품반입절차의 완화

외국물품(관세법상의 외국물품을 말한다. 이하 같다)을 세관장에게 신고하고 이 지역에 반입할 수 있다. 그러나 자유무역지역의 설치목적에 부합하지 아니하는 사용 또는 소비를 위한 일부 외국물품은 수입신고를 하고 관세를 납부한 후에 반입하여야 한다.

내국물품(관세법상의 내국물품을 말한다. 이하 같다) 중 대통령령으로 정하는 내국물품을 이 지역 안으로 반입하거나 반입한 자는 해당 물품이 내국물품임을 확인받기 위하여 세관장에게 신청하여 확인을 받을 수 있다.

③ 관세법에 의한 수출 · 수입 · 반송절차의 이행

이 지역 안에서 외국물품의 전부 또는 일부를 사용하여 제조 · 가공 · 조립 등의 과정을 거친 물품 · 이 지역에 반입할 때 반입신고를 한 외국물품과 관세환특법의 규정에 의하여 관세 등을 환급받고 이 지역으로 공급한 물품을 그대로 관세지역으로 반출하고자 하는 경우에는 세관장에게 수입신고를 하고 관세를 납부하여야 하며, 내국물품을 반출하고자 하는 경우에는 세관장이 확인한 내국물품확인서 또는 거래명세서, 세금계산서 등 내국물품임을 확인할 수 있는 증빙서류를 세관장에게 제출하여야 한다.

자유무역지역에 반입할 때 반입신고를 한 외국물품을 그대로, 이 지역 안에서 외국물품의 전부 또는 일부를 사용하여 제조・가공・조립 등의 과정을 거친 물품 및 이 지역 안의 내국물품을 국외로 반출하고자 할 경우에는 세관장에게 수출 또는 반송신고를 하여야 한다(동법 제29조).

④ 관세법 적용배제 원칙

이 지역에 있어서는 자유무역지역법에 규정된 사항을 제외하고는 관세법을 적용하지 아니한다. 다만, 이 지역 안의 외국물품을 관세지역으로 반출하는 경우에는 자유무역지역법에 정한 사항을 제외하고는 관세법을 적용한다.

3) 자유무역지역에 대한 관세법의 적용과 물품의 반출입

① 관세법의 적용

자유무역지역은 대외무역업・관세법 등 관계법률에 의한 규제를 완화하여 자유로운 제조・유통・무역활동 등이 보장되는 지역이므로 자유무역지역에 있어서는 자유무역지역법에 규정된 사항을 제외하고는 관세법을 적용하지 아니한다. 다만, 자유무역지역 안의 외국물품을 관세지역으로 반출하는 경우에는 자유무역지역법에 정한 사항을 제외하고는 관세법을 적용한다(동법 제3조・30조). 관세지역이라 함은 자유무역지역 외의 지역으로서 관세가 부과되는 지역을 말한다.

② 물품의 반입

자유무역지역 입주기업체가 동 지역에서 영업활동을 자유롭게 할 수 있도록 하기 위하여 동 지역 안으로 물품을 반입할 때에는 관세법상의 외국물품(이하 외국물품이라 한다)은 세관장에게 반입신고를 하고 반입한다. 그러나 외국물품이라 하더라도 자유무역지역 안에서 사용 또는 소비되는 성격 또는 반입주체의 성격에 따라 수입신고를 하고 관세를 납부한 후에 반입할 수 있는 것이 있다.

관세법상의 내국물품(이하 내국물품이라 한다)에 대하여는 반입절차에 제한이 없으나 해당 물품이 내국물품임을 확인받는 절차가 있다(동법 제20조 ①, ②, ③항)

③ 물품의 반출

자유무역지역 안에 있는 물품의 반출은 관세지역으로 반출되거나 국외로 반출되는 두 가지 경우가 있다.

외국물품을 관세지역으로 반출하고자 할 때에는 수입신고를 하고 관세를 납부하여야 하며 국외로 반출하고자 할 때에는 반송신고를 하여야 하고, 내국물품은 관세지역으로

반출하고자 할 때에는 내국물품임을 증빙할 수 있는 서류를 세관장에게 제출하여야 하며 국외로 반출하고자 할 때에는 수출신고를 하여야 한다.

4) 물품의 관리

입주기업체는 자유무역지역으로 반입한 물품 및 자유무역지역에서 사용 또는 소비하거나 생산한 물품과 반출한 물품에 대하여 그 품명·규격·수량·가격 등 재고관리에 필요한 사항을 기록하여야 하며 그 기록한 자료는 일정기간 보존하여야 하는데 그 보존기간은 물품을 반입한 경우에는 반입한 날부터 5년간, 반출한 경우에는 반출한 날부터 3년간으로 한다.

외국물품 및 관세환특법의 규정에 의하여 관세 등을 환급받을 수 있는 물품을 동법의 규정에 의하여 자유무역지역의 입주기업체에 공급하고 관세 등을 환급받은 물품(공급물품이라 한다)을 멸실 또는 분실한 경우에는 세관장에게 그 사실을 신고하여야 하고, 물품의 수리, 견본품의 전시, 시험, 검사 등의 목적으로 물품을 자유무역지역에서 일시반출하거나 반입하고자 하는 경우에는 세관장의 승인을 얻어야 한다(동법 제28조). 자유무역지역의 물품을 다른 자유무역지역·관세자유지역 또는 관세법에서 규정하는 보세운송을 할 수 있는 곳(관세법 제213조 ①항 1호 내지 7호)으로 운송하는 경우에는 관세법의 규정을 준용한다.

5) 역외가공과 관리

자유무역지역에 있는 외국물품을 자유무역지역에서 가공함에 있어서 자유무역지역 안에 일관작업의 시설이 없거나 기타 사유로 자유무역지역에서는 가공할 수 없는 경우도 있다. 이러한 경우에는 관세지역으로 일시반출하여 가공한 후에 다시 자유무역지역으로 반입할 수 있다. 이것을 역외가공이라 한다.

입주기업체는 외국물품을 관세지역으로 반출하여 물품을 가공한 후에 다시 반입하고자 할 경우에는 외국물품을 반출하기 전에 산업통상자원부장관의 승인을 얻어야 한다. 역외가공 승인을 얻은 물품으로서 외국으로부터 직접 반출장소에 반입하고자 하거나, 가공장소에서 가공된 물품을 국외로 직접수출 또는 관세지역으로 반출하고자 하거나, 가공공장에서 발생한 폐품을 처분하고자 하는 경우에는 세관장에게 신고하여야 한다(동법 제27조 ②항). 이와 같이 세관장에게 신고함으로써 이들 행위를 할 수 있도록 한 것은 절차간소화를 통하여 입주기업체의 시간·인력·비용을 절감하기 위한 것이다. 세관장은 역외가공의 승인을 얻은 물품을 반출하거나 반입하는 경우에는 이를 검사 또는 확인할 수 있다.

산업통상자원부장관은 ① 역외가공승인을 하거나 그 승인내용을 변경한 경우, ② 역외가공작업의 완료보고를 받은 경우, ③ 역외가공승인을 얻은 자가 그 기간 내에 역외가공을 완료하지 못한 경우에는 해당 자유무역지역을 관할하는 세관장에게 이 사실을 지체 없이 통보하여야 한다(동법 시행령 제23조). 세관장은 이러한 통보에 의하여 보다 효율적인 역외가공물품의 관리를 할 수 있다.

(나) 보세구역외장치장

외국물품과 내국운송의 신고를 하고자 하는 내국물품은 원칙적으로 보세구역이 아닌 장소에 장치할 수 없으나 세관장의 허가를 받으면 보세구역 외의 일정한 장소에도 장치가 가능하다. 이때 허가받은 장소를 보세구역외장치장이라 한다. 보세구역외장치장은 통상 선하증권(B/L)건별로 통관에 필요한 기간 동안 허가되고 있다. 허가를 받기 위해서는 담보를 제공하여야 하며, 일정한 허가수수료를 납부하여야 한다. 그러나 외국물품을 입항지로부터 즉시 보세운송하여 이 장치장에 반입한 다음 적정시기에 통관할 수 있으므로 물류측면에서 상당한 도움이 될 수 있다. 특히 이 제도는 보세창고를 특허할만큼 무역규모가 크지 아니한 중소기업이 유용하게 활용할 수 있는 제도이다. 보세구역외장치허가의 대상은 다음과 같다.[6]

◈ 보세구역외장치허가의 대상

① 물품이 거대・중량으로 보세구역의 창고 내에 장치하기 곤란한 물품
② 다량의 산물(散物)로서 보세구역에 장치후 다시 운송하는 것이 불합리하다고 인정하는 물품
③ 부패, 변질의 우려가 있거나 부패, 변질하여 다른 물품을 오손(汚損)할 우려가 있는 물품과 방진, 방습 등 특수보관이 필요한 물품
④ 귀중품, 의약품, 살아있는 동・식물 등으로 보세구역에 장치하는 것이 곤란하다고 인정하는 물품
⑤ 보세구역이 아닌 검역시행장에 반입한 검역물품
⑥ 보세구역과의 교통이 불편한 지역에 양륙된 물품으로서 보세구역으로 운반하는 것이 불합리하다고 인정하는 물품
⑦ 중계무역물품으로서 보수작업이 필요한 경우 시설미비, 장소협소 등의 사유로 인하여 보세구역 내에서 보수작업이 곤란하고 감시단속상 문제가 없다고 세관장이 인정하는 물품
⑧ 자가공장 및 시설(용광로 또는 전기로, 압연시설을 말한다)을 갖춘 실수요자가 수입하는 고철
⑨ 관세법 제106조의 규정에 의한 수입계약과 상이한 물품으로서 수출하고자 하는 물품
⑩ 기타 세관장이 보세구역외장치를 허가할 필요가 있다고 인정하는 물품

6) 보세구역외장치허가의 절차, 화물의 장치와 관리 등에 관한 자세한 내용은 관세청 홈페이지(www.customs.go.kr)의 정보자료실/법령/관세청고시/보세화물관리에 관한 고시를 접속하면 더욱 자세히 알 수 있다.

표 10-2 수출지원제도의 비교

구 분	자유무역지역	관세자유지역(폐지)	종합보세제도
근 거	자유무역지역의 지정 및 운영에 관한 법률	관세자유지역 설치법	관세법 제197조
담당기관	산업통상자원부	기획재정부	기획재정부 지정, 관세청 관리
주요기능	제조업을 중심으로 무역법, 물류법(하역, 운송, 창고, 판매 등) 등	물류기능을 중심으로 장치, 저장에서부터 상표부착, 재포장, 가공조립, 제조, 전시, 재수출	특허보세구역의 개별기능을 종합적으로 수행(보관, 제조, 가공, 전시, 판매, 건설)
주요특혜	보세구역의 성격(관세면제)	관세법상 외국지역(관세, 내국세 면제 등)	관세부과 유보
관리주체	자유무역지역관리소장	해당 부처장	운영인

Ⅱ. 보세화물의 관리(보세구역의 통칙)

1. 물품의 장치

(1) 보세구역 장치 원칙

외국물품과 내국운송승인을 받고자 하는 내국물품은 보세구역이 아닌 장소에 장치할 수 없다(법 제155조 ①항). 보세구역에 장치하도록 한 이유는 일정 장소에 화물이 장치되어야 안전한 화물관리와 화주가 신속하고 손쉽게 물품을 통관해 갈 수 있을 뿐 아니라 세관의 감시·단속을 용이하게 할 수 있기 때문이다.

(2) 보세구역 외 장치

(가) 타소장치 대상물품

다음 각호의 1에 해당하는 것은 보세구역이 아닌 장소에 장치할 수 있다(법 제155조).

㉠ 수출신고가 수리된 물품
㉡ 거대중량, 기타의 사유로 보세구역에 장치하기 곤란하거나 부적당한 물품
㉢ 재해, 기타 부득이한 사유로서 임시 장치한 물품
㉣ 검역물품
㉤ 압수물품
㉥ 우편물품

보세화물은 원칙적으로 보세구역에 장치해야 하지만, 화물의 성질상 보세구역에 반

입할 수 없거나 보세구역에 반입할 실익이 없는 경우에는 보세구역이 아닌 장소에도 장치할 수 있도록 하고 있다.

㈏ 보세구역외장치의 허가

제155조 ①항 제2호에 해당하는 물품(크기나 무게의 과다, 기타의 사유로 보세구역에 장치하기 곤란하거나 부적당한 물품)을 보세구역이 아닌 장소에 장치하고자 하는 자는 세관장의 허가를 받아야 한다(법 제156조 ①항). 세관장은 외국물품에 대하여 ①항의 허가를 하고자 하는 때에는 그 물품의 관세에 상당하는 담보를 제공, 필요한 시설의 설치 등을 명할 수 있다(동조 ②항). 상기 규정에 의한 허가를 받고자 하는 자는 기획재정부령이 정하는 금액·방법 등에 의하여 수수료를 납부하여야 한다(동조 ③항).

(3) 타소장치허가신청서

수출, 수입 또는 반송통관을 하고자 하는 자는 통관하고자 하는 물품을 보세구역에 반입하여야 하나 거대중량, 기타의 사유로 보세구역에 장치하기 곤란한 물품 등에 대하여는 세관장의 허가를 받아 보세구역이 아닌 장소에 장치할 수 있는데, 이를 타소장치라고 부른다(관세법 제66조 ①항의 단서). 타소장치허가를 받으면 수출입하고자 하는 물품을 보세구역에 반입하지 아니하고 수입신고를 할 수 있으며, 세관의 직원이 출장해서 검사를 하는 등의 특혜를 받게 되는 것이므로 수입 검사시 부담하는 파출검사수수료 이외에도 타소장치허가 수수료를 납부하여야 한다. 또한, 타소장치장이 세관의 감시와 규제가 적게 미치는 곳이므로 관세채권 확보를 위하여 장치물품에 대한 관세 등 제세액에 상당하는 담보를 제공하여야 하며, 이 경우 담보설정기간은 타소장치허가 기간에 2월을 연장한 기간으로 하여야 한다. 다만, 세관장이 타소장치허가 대상물품 또는 해당업체의 성실도 등을 감안하여 관세채권확보에 지장이 없다고 판단하는 경우에는 담보제공을 생략할 수 있다.

(4) 보세구역외장치 대상물품의 장치물품에 대한 규정준용

제155조 ①항 1호 내지 4호에 해당하는 물품에 대하여는 제157조 내지 제161조·제163조·제172조·제177조·제208조 내지 제212조 및 제321조의 규정을 준용한다.

즉, 보세구역 외 장치하는 물품 중에서 ① 수출신고가 수리된 물품 ② 거대중량, 기타의 사유로서 보세구역에 장치하기가 곤란하거나 부적당한 물품 ③ 재해, 기타 부득이한 사유로서 일시장치한 물품 ④ 검역물품 ⑤ 압수물품 ⑥ 우편물품에 해당하는 물품은 다음과 같은 보세구역 장치물품에 대한 규제사항을 준용한다.

· 법 제157조(물품의 반출입)
· 법 제158조(보수작업)

- 법 제159조(해체・절단 등의 작업)
- 법 제160조(장치물품의 폐기)
- 법 제161조(견본품반출)
- 법 제162조(물품취급자에 대한 단속)
- 법 제172조(물품 보관책임)
- 법 제177조(장치기간)
- 법 제208조 내지 제212조(장치기간 경과물품 매각)
- 법 제321조(세관의 업무시간, 물품취급시간)

2. 물품의 반출입

물품의 반출입 절차는 다음과 같다(법 제157조).

(1) 반출입 신고

보세구역에 물품을 반입・반출하고자 하는 자는 대통령령이 정하는 바에 의하여 세관장에게 신고하여야 한다.

(2) 입회의 검사

보세구역에 물품을 반입 또는 반출을 하고자 하는 때에는 세관장은 세관공무원을 입회시킬 수 있으며, 세관공무원 해당 물품에 대하여 검사를 할 수 있다.

(3) 반출입의 제한

세관장은 보세구역에 반입할 수 있는 물품의 종류를 제한할 수 있다.

3. 보수작업

(1) 의 의

보세구역에 장치한 물품에 대하여는 그 물품의 현상유지를 위하여 수송도중에 파손된 포장을 보수하거나 녹슨 기계에 기름을 치는 등 보수를 할 필요가 있으며, 하역 또는 통관을 위하여 물품의 포장을 바꾸거나 개장・구분・분할・합병 등의 조치를 할 필요가 있다.

이처럼 보세화물의 현상을 보존, 유지하기 위하여 물품의 성질이 변하지 않는 범위에서 물품에 대하여 가하는 작업을 보수작업이라 한다(법 제158조).

◈ 보세장치물품의 보수작업 범위
① 물품의 보존을 위해 필요한 작업(부패, 손상 등을 방지하기 위한 보존작업 등)
② 물품의 상품성 향상을 위한 개수작업(포장개선, 라벨표시, 단순절단 등)
③ 선적을 위한 준비작업(선별, 분류, 용기변경 등)
④ 단순한 조립작업(간단한 셋팅, 완제품의 특성을 가진 구성요소의 조립 등)
⑤ 기타 ①항 내지 ④항과 유사한 작업

(2) 보수작업의 한계와 재료

보수작업의 허용범위는 물품의 보존을 위해 필요한 작업 등 보세화물고시 제19조 ①항에 근거한 범위에 한하여 HS상품분류의 변화를 가져오는 것은 보수작업으로 인정할 수 없다. 외국물품은 수입될 물품의 보수작업의 재료로 사용할 수 없으며 이러한 보수작업으로 외국물품에 부가된 내국물품은 외국물품으로 본다(법 제158조 ③, ④항).

Tip 중계무역에도 활용

이처럼 보수작업은 중계무역의 경우에도 활용할 수 있다. 즉, 외국으로부터 우리나라의 보세구역에 반입된 물품에 대해 이와 같은 보수작업을 한 다음 외국으로 다시 반출할 수가 있는 것이다. 이 경우 물류비 등의 절감에 큰 효과를 얻을 수 있다. 그러나 이러한 보수작업으로 인해 HS 품목분류에 변화를 가져오는 경우에는 보수작업으로 인정되지 아니하고, 중국산 섬유제품에 대해 한국산으로 원산지를 표시하는 작업과 같이 원산지를 허위로 표시하는 작업은 불법적인 행위로서 금지되어 있다.

(3) 보수작업의 절차

㈎ 보수작업의 승인

보수작업을 하고자 하는 자는 세관장의 승인을 얻어야 하며(동조 ②항), 보수작업 승인을 얻고자 하는 자는 보수작업에 필요한 사항, 사용할 재료의 품명·규격, 수량 및 가격, 보수작업의 목적·방법 및 예정기간과 장치장소를 기재한 신청서를 세관장에게 제출하여야 한다(영 제177조 ①항).

㈏ 보수작업의 완료

보수작업을 완료한 때에는 해당 물품의 품명·규격, 수량 및 가격, 포장의 종류·기호·번호 및 개수, 사용한 재료의 품명·규격, 수량 및 가격, 잔존재료의 품명·규격, 수량 및 가격과 작업완료연월일을 기재한 보고서를 세관장에게 제출하여 그 확인을 받아야 한다(영 제177조 ②항).

(4) 보세구역 외 보수작업

(가) 의 의

보세구역에서의 보수작업이 곤란하다고 세관장이 인정하는 때에는 기간 및 장소, 물품 등을 지정받아 보세구역 밖에서 보수작업을 할 수 있다(법 제158조 ①항 후단). 역외 보수작업을 하는 경우 해당 물품에 관한 반출검사 등에 관여하는 제187조 ③항, ④항, ⑥항의 규정을 준용한다.

(나) 역외 보수작업 절차

① 물품의 검사

보수구역 밖에서 보수작업을 하고자 하는 물품이 반출될 때에 세관공무원이 이를 검사할 수 있다(법 제187조 ③항).

② 보세구역 의제

허가를 받아 지정된 장소에 반입된 외국물품은 지정된 기간이 만료될 때까지는 해당 보세공장에 있는 것으로 본다(동조 ④항).

(다) 기간경과시 관세징수

보세구역 밖에서의 보수작업에 있어서 지정된 기간이 경과한 경우 그 지정된 장소에 허가된 외국물품 또는 그 제품이 있을 때에는 해당 물품의 허가를 받은 보세공장 운영인으로부터 그 관세를 즉시 징수한다(동조 ⑤항).

4. 해체 · 절단 등의 작업

(1) 의 의

보세구역에 장치된 물품에 대하여는 세관장의 허가를 받은 후에 그 원형을 변경하거나 해체 · 절단 등의 작업을 할 수 있으며(법 제159조 ①항), 작업을 할 수 있는 물품의 종류는 관세청장이 정한다(법 동조 ③항).

예를 들면 외국에서 수입한 자동차엔진을 '고철'로 수입허가받아 수입한 경우에 그 엔진에서 사용가능한 부품을 가려내어 자동차부품으로 판매할 수 없으므로 자동차엔진을 '고철'로 통관하기 위해서는 '고철'상태로 원형을 변경하거나 해체 · 절단 등의 작업을 하여야 한다.

(2) 해체 · 절단 등의 작업대상물품

원형변경 · 해체 또는 절단할 수 있는 물품은 이러한 작업을 하지 아니하면 아니되는 특수한 물품에 한하여야 하므로 이들 작업을 할 수 있는 물품은 관세청장이 정하도록 되어 있다.

관세청장이 정하는 물품은 해체용 선박, 각종 설(屑) 중 세관장이 원형변경·해체·절단 등의 작업이 필요하다고 인정하는 물품 및 세관장이 견품진정화 작업이 필요하다고 인정하는 물품 등이다.

(3) 작업명령

세관장은 수입신고한 물품에 대하여 필요하다고 인정되는 때에는 화주 또는 그 위임을 받은 자에게 해체·절단 등의 작업을 명할 수 있다(동조 ④항).

(4) 작업절차

해체·절단 등의 작업의 허가를 받고자 하는 자는 다음 각호의 사항을 기재한 신청서를 세관장에게 제출하여야 하며 작업을 완료한 때에는 작업완료 보고서를 세관장에게 제출하여 그 확인을 받아야 한다(영 제178조 ①, ②항).

5. 장치물품의 멸실 및 폐기

(1) 폐기의 승인

부패·손상, 기타의 사유로 보세구역에 장치된 물품을 폐기하고자 하는 자는 세관장의 승인을 얻어야 한다(법 제160조 ①항).

(2) 멸실, 폐기 물품의 징수

㈎ 일반적인 경우

보세구역에 장치된 외국물품이 멸실되거나 폐기된 때에는 그 운영인 또는 보관인으로부터 즉시 그 관세를 징수한다(동조 ②항). 다만, 재해, 기타 부득이한 사유로 인한여 멸실된 때와 미리 세관장의 승인을 얻어 폐기한 때에는 예외로 한다(동조 ②항).

㈏ 잔존물품에 대한 관세징수

①항의 규정에 의한 승인을 얻은 외국물품 중 폐기 후에 남아 있는 부분에 대하여는 폐기 후의 성질과 수량에 따라 관세를 부과한다(동조 ③항).

(3) 장치화물에 대한 세관장의 폐기

㈎ 의 의

세관장은 보세구역에 장치된 물품 중 폐기사유(부패하거나 사람의 생명을 해할 우려가 있는 물품들)에 해당하는 것은 화주 등에게 이를 반송 또는 폐기할 것을 명하거나 화주 등에게 통고한 후 이를 폐기할 수 있다(법 제160조 ④항 단서).

㈏ 폐기사유

다음에 해당하는 것은 폐기할 수 있다(법 제160조 ④항 단서).

① 사람의 생명이나 재산을 해할 우려가 있는 물품

② 부패 또는 변질한 물품

③ 유효기간이 경과한 물품

④ 상품가치를 상실한 물품

⑤ 제①호 내지 제④호에 준하는 물품으로서 관세청장이 정하는 물품

㈐ 폐기절차

1) 폐기명령

세관장은 보세구역에 장치된 물품 중 폐기사유에 해당하는 것은 화주나 반입자, 그 위임을 받은 자 또는 국세기본법 제38조 내지 제41조의 규정에 의한 제2차 납세의무자(이하 화주 등)에게 이를 반송 또는 폐기할 것을 명하거나 화주 등에게 통고한 후 이를 폐기할 수 있다. 다만, 급박하여 통고할 여유가 없는 때에는 폐기한 후 즉시 통고하여야 한다.

2) 폐기공고

폐기 통고를 함에 있어서 화주 등의 주소 및 거소가 불명하거나 기타의 사유로 인하여 통고할 수 없는 때에는 공고로써 이를 갈음할 수 있다(동조 ⑤항).

3) 폐기 비용

세관장이 물품을 폐기하거나 화주 등이 물품을 폐기 또는 반송한 경우 그 비용은 화주 등이 부담한다(동조 ⑥항).

6. 견본품반출

보세구역장치물품을 견품으로 반출하는 경우는 상거래 등의 필요에 의하여 반출하는 경우와 세관의 물품검사상의 필요에 의하여 반출하는 경우로 나뉘며, 그 사유는 다음과 같다(법 제161조).

(1) 견품반출의 사유

㈎ 상거래 등의 필요에 의한 견품의 반출

보세구역에 장치된 외국물품의 전부 또는 일부를 견품으로 반출하고 할 때에는 세관장의 허가를 받아야 한다(법 제161조 ①항).

㈏ 검사상 필요에 의한 견품의 직권채취

세관공무원은 보세구역에 반입된 물품에 대하여 검사상 필요가 있을 때에는 그 물품의 일부를 견품으로 채취할 수 있다(동조 ②항). 채취된 견품이 사용·소비된 때에는 수입신고를 하여 관세를 납부하고 수리된 것으로 본다(동조 ③항).

(2) 관세의 징수

보세구역 장치물품을 견품으로 반출하여 사용·소비한 경우에 관세징수는 다음과 같다.

① 화주의 요청에 의하여 견품 반출한 경우 : 사용·소비한 자로부터 관세를 징수한다.

② 검사상 필요에 의해 채취된 물품의 경우 : 수입신고를 하여 관세를 납부하고 수리된 것으로 본다(법 제161조 ③항).

7. 물품 취급자에 대한 단속

(1) 물품 취급자에 대한 단속

다음 각호의 1에 해당하는 자는 물품 및 보세구역감시에 관한 세관장의 명령을 준수하고 세관공무원의 지휘를 받아야 한다(법 제162조).

① 제155조 ①항 각호의 물품(보세구역 장치물품을 취급하는 자)

② 보세구역에 출입하는 자

(2) 세관공무원의 파견

세관장은 보세구역에 세관공무원을 파견하여 세관사무의 일부를 처리하게 할 수 있다(법 제163조).

8. 자율관리보세구역의 지정 등

(1) 의 의

보세구역 중 물품의 관리와 세관감시에 지장이 없다고 인정되는 보세구역에 대하여는 물품관리에 대하여는 물품관리에 관한 세관절차의 일부를 생략하고 세관공무원의 파견도 하지 아니하는 대신 보세구역의 관리인 또는 설영인이 보세화물에 관한 경험 또는 지식이 있는 보세사를 채용하여 보세물품 관리업무를 자율적으로 하도록 한 것을 보세화물의 자율관리라 하며, 이러한 보세구역을 자율관리보세구역이라 한다(법 제164조).

즉, 자율관리보세구역은 지정보세구역 또는 특허보세구역 중 물품의 관리 및 세관감시에 지장이 없다고 인정되고 보세사를 채용하여 장치물품의 관리업무에 종사하게 하는 보세구역을 말한다.

(2) 자율관리보세구역의 지정절차

㈎ 지정신청

지정보세구역 또는 특허보세구역의 화물관리인 또는 운영인은 자율관리보세구역의 지정을 받고자 하는 때에는 세관장에게 지정을 신청하여야 한다. 자율관리보세구역의 지정을 신청하고자 하는 자는 해당 보세구역에 장치된 물품을 관리하는 자(이하 보세사라 한다)를 채용하여야 한다(동조 ③항).

(나) 지 정

세관장은 지정신청을 받은 경우 해당 보세구역의 위치·시설상태 등을 확인하여 자율관리보세구역으로 적합하다고 인정되는 때에는 해당 보세구역을 자율관리보세구역으로 지정할 수 있다(동조 ④항).

보 충 자율관리보세구역의 지정 신청시 제출서류

자율관리보세구역의 지정을 받고자 하는 자는 다음의 사항을 기재한 신청서에 채용된 보세사의 보세사등록증 및 관세청장이 정하는 서류를 첨부하여 세관장에게 지정신청을 하여야 한다(영 제192조 ①항).

① 보세구역의 종류·명칭·소재지·구조·동수·평수
② 장치하는 물품의 종류 및 수용능력

(3) 자율관리보세구역의 감독 및 취소

(가) 감 독

자율관리보세구역의 지정을 받은 자는 물품의 반출입 상황을 장부에 기재하여야 한다(⑤항).

(나) 취 소

세관장은 자율관리보세구역의 지정을 받은 자가 이 법의 규정에 의한 의무를 위반하거나 세관감시에 지장이 있다고 인정되는 사유가 발생한 때에는 지정을 취소할 수 있다(⑥항). 세관장은 자율관리보세구역의 지정취소 처분을 하고자 하는 때에는 청문을 실시하여야 한다(법 제328조).

9. 외국물품에 대한 통제

(1) 외국물품의 하역

외국무역선 또는 외국무역기에 물품을 하역(荷役)하거나 환적하고자 하는 때, 또는 통관역이나 통관장에서 외국물품을 차량에 하역하고자 하는 경우에는 세관장에게 신고하고, 현장에서 세관공무원의 확인을 받아야 한다. 외국물품을 외국무역선 또는 외국무역기로부터 일시 양륙하는 경우에도 이와 같다. 외국무역선이 개항 바깥에서 물품을 하역하거나 환적하고자 하는 때에는 세관장의 허가를 받아야 한다. 선용품이나 기용품을 적재하거나 환적하고자 하는 때에도 이와 같다.[7]

(2) 외국물품 취급업

외국물품을 업으로서 취급하는 다음 각호의 1에 해당하는 자는 관세청장 또는 세관장에게 사전에 등록하여야 한다.

① 보세운송업자
② 외국무역선 또는 외국무역기에 물품을 하역하는 것을 업으로 하는 자
③ 외국무역선 또는 외국무역기에 선용품, 기용품, 선박 또는 항공기 안에서 판매할 물품, 용역을 공급하는 것을 업으로 하는 자
④ 개항 안에 있는 보세구역에서 물품 또는 용역을 제공하는 것을 업으로 하는 자
⑤ 외국무역선 또는 외국무역기를 이용하여 상업서류 기타 견품 등을 송달하는 것을 업으로 하는 자

(3) 외국물품의 운송

외국물품을 보세운송할 수 있는 장소는 보세구역 등으로 제한된다. 보세운송을 하고자 할 때는 세관장에게 신고를 하거나 승인을 받아야 하며, 해당 물품이 목적지에 도착한 때에는 도착지의 세관장에게 보고하여야 한다.

(4) 보세구역장치 물품의 수입신고

수입 또는 반송을 하고자 하는 물품을 지정장치장 또는 보세창고에 반입하거나 보세구역외장치장에 장치한 자는 그 반입일 또는 장치일로부터 30일 이내에 수입 또는 반송신고를 하여야 한다. 관세법에는 만일 이 기간 내에 수입신고를 하지 아니한 경우에는 해당 물품의 과세가격의 100분의 2에 상당하는 금액의 범위 안에서 대통령령이 정하는 금액을 가산세로 부과하도록 하고 있다.[8] 그러나 이 규정에 의해 실제 가산세가 부과될 수 있는 물품은 다음 각호의 보세구역에 반입된 물품으로 반입일로부터 30일 이내에 수입 또는 반송신고를 하지 아니한 경우이다.

7) 보세구역에 반출입하는 외국물품을 세관화물정보시스템(CACIS : Customs Automated Cargo In- formation System)으로 관리함에 있어 핵심고리는 화물관리번호이다. 이 번호는 적하목록상의 적하목록관리번호(Manifest Reference Number)에 Master B/L 일련번호와 House B/L 일련번호를 조합한 것으로 부여된다.

8) 관세법 제241조

◈ 수입신고 미이행시 가산세 부과대상 장소
① 인천국제공항과 김해국제공항의 하기(下機)장소 중 지정장치장 및 보세창고
② 부산항과 인천항의 하선장소 중 부두 내와 부두 밖의 컨테이너 CY와 CFS(지정장치장과 보세창고)
③ 부산항 및 인천항의 재래부두 내 지정장치장

한편 이들 장소에 반입된 물품이라 할지라도 수출용원재료나 정부 또는 지방자치단체가 직접 수입하거나 이에 기증되는 물품, 외교관 면세물품, SOFA[9] 적용대상물품에 대해서는 가산세가 부과되지 아니한다.

제 4 절 지정보세구역

Ⅰ. 개 요

1. 보세구역의 의의

보세구역은 외국물품을 장치·전시·판매하거나 이것을 사용·소비하여 물품을 제조·가공하거나 산업시설을 건설할 수 있고, 반송신고수리 또는 내국운송 승인을 받고자 하는 내국물품을 장치할 수 있는 장소로서 관세청장 또는 세관장이 지정하거나 세관장이 특허한 장소를 의미한다.

2. 보세구역의 종류

(1) 설치형식에 의한 분류

보세구역은 관세청장이 지정하는 종합보세구역, 세관장이 지정하는 지정보세구역 및 세관장이 특허하는 특허보세구역으로 분류된다.

9) SOFA(Status of Forces Agreement)란 우리나라에 주둔하는 미군의 지위에 관한 한·미간의 행정협정으로 1967. 2월 발효되었다. 정식명칭은 '대한민국과 아메리카 합중국간의 상호 방위조약 제4조에 의한 시설·구역 및 대한민국에서의 합중국군대의 지위에 관한 협정'이다. 이 협정에는 주한미군, 주한미군의 기관·구성원·군속 및 그 가족의 수출입물품에 대한 과세, 면세, 통관에 관한 규정이 있다.

구 분	의 의	종 류
종합보세구역	관세청장이 일정한 지역전체를 보세구역으로 지정한 곳으로서 외국물품을 통관하지 않은 상태에서 장치・보관・제조・전시・판매 등을 할 수 있는 구역	
지정보세구역	국가・지방자치단체 또는 공공단체의 시설 중에서 세관장이 지정한 구역	지정장치장, 세관검사장
특허보세구역	민간인이 영리를 목적으로 하는 시설 중에는 신청에 의한 세관장이 특허한 구역	보세창고, 보세공장, 보세전시장, 보세건설장, 보세판매장

(2) 설치목적에 의한 기준

보세구역은 설치목적에 따라 소극적 보세구역과 적극적 보세구역으로 구분된다.

구 분	의 의	종 류
소극적 보세구역	수출입통관절차의 편의를 위하여 물품을 일시세관의 감독하에 두어야 할 필요에 의하여 설치한 보세구역	지정보세구역과 특허보세구역 중 과거 보세장치장
적극적 보세구역	물품의 통관절차의 이행을 유예하여 상기의 포착, 물품의 제조・가공, 박람회의 개최, 출국자에 대한 판매, 산업시설을 건설함으로써 무역을 진흥시키고 산업시설의 건설을 신속히 하는 등의 경제적 목적으로 설치하는 보세구역	특허보세구역 중 과거 보세장치장을 제외한 보세구역(보세창고, 보세공장, 보세전시장, 보세건설장, 보세판매장) 및 종합보세구역

3. 지정보세구역의 의의

지정보세구역이란 통관을 하고자 하는 물품을 일시장치 또는 검사하기 위한 장소로서 국가・지방자치단체・공항 또는 항만시설을 관리하는 법인이 소유 또는 관리하는 토지・건물, 기타의 시설 중에서 세관장이 지정하는 구역을 말한다. 지정보세구역에서는 지정장치장과 세관검사장이 있다(법 제154조).

Ⅱ. 지정보세구역의 지정 · 취소 · 처분

1. 지정보세구역의 지정·취소·처분

세관장은 다음 각호의 1에 해당하는 자기 소유 또는 관리하는 토지 · 건물, 기타의 시설(이하 '토지 등')을 지정보세구역으로 지정할 수 있다(법 제166조 ①항). 세관장은 해당 세관장이 관리하지 아니하는 토지 등을 지정보세구역으로 지정하고자 하는 때에는 해당 토지 등의 소유자 또는 관리자의 동의를 얻어야 한다. 이 경우 세관장은 임차료 등을 지급할 수 있다(법 제166조 ②항).

① 국가

② 지방자치단체

③ 공항시설 또는 항만시설을 관리하는 법인

2. 취　　소

세관장은 수출입물량의 감소, 기타의 사유로 인하여 지정보세구역의 전부 또는 일부를 보세구역으로 존속시킬 필요가 없어졌다고 인정되는 때에는 그 지정을 취소하여야 한다(법 제167조).

3. 지정보세구역의 처분

지정보세구역의 지정을 받은 토지 등의 소유자 또는 관리자는 다음 각호의 1에 해당하는 행위를 하고자 하는 때에는 미리 세관장과 협의하여야 한다. 이 경우 세관장은 협의에 대하여 정당한 이유 없이 이를 거부하여서는 아니된다(법 제168조 ②항). 다만, 해당 행위가 지정보세구역으로서의 사용에 지장을 주지 아니하거나 지정보세구역으로 지정된 토지 등의 소유자가 국가 또는 지방자치단체인 때에는 그러하지 아니하다(법 제168조 ①항).

① 해당 토지 등의 양도 · 교환 · 임대, 기타 처분 또는 그 용도의 변경

② 해당 토지에 대한 공사 또는 해당 토지 안에 건물, 기타 시설이 신축

③ 해당 건물, 기타 시설의 개축 · 이전 · 철거, 기타의 공사

Ⅲ. 지정보세구역의 종류

1. 지정장치장

(1) 의 의

지정장치장은 소극적 보세구역의 일종으로서 통관하고자 하는 물품을 일시장치하기 위한 장소로 세관장이 지정한 구역을 말한다(법 제169조).

(2) 장치물품

지정장치장에 장치되는 물품은 통관하고자 하는 물품으로서 다음과 같다.

① 수입신고수리를 받고자 하는 외국물품

② 반송신고수리를 받고자 하는 외국물품

③ 내국운송승인을 받고자 하는 내국물품

④ 검사물품

(3) 장치기간

지정장치의 물품장치기간은 6월의 범위 내에서 관세청장이 정한다. 다만, 관세청장이 정하는 기준에 의하여 세관장은 3월의 범위 안에서 그 기간을 연장할 수 있다(법 제170조).[10]

(4) 세관규제

㈎ 장치 물품의 수입·반송 의무

수입 또는 반송을 하고자 하는 물품을 지정장치장 또는 보세창고에 반입하거나 보세구역이 아닌 장소에 장치한 자는 그 반입일 또는 장치일부터 30일 이내에 수입·반송신고를 하여야 한다(법 제241조 ③항).

(5) 장치물품의 보관책임

㈎ 화주의 보관책임

지정장치장에 반입한 물품에 대하여는 화주 또는 반입자가 그 보관의 책임을 진다(법 제172조 ①항).

㈏ 화물관리인의 지정

세관장은 지정장치장의 질서유지와 화물의 안전관리를 위하여 필요하다고 인정하는 때에는 대통령령이 정하는 바에 의하여 화주에 갈음하여 보관의 책임을 지는 화물관리

---

10) 지정장치장의 장치기간 연장(2003년 개정)
이번 개정에서는 개정교토협약 내용을 반영하여 지정장치장의 장치기간을 연장하여 수입자의 부담을 완화하였다.

인을 지정할 수 있다.

다만, 세관장이 관리하는 시설이 아닌 때에는 세관장은 해당 시설을 소유자 또는 관리자와 협의하여 화물관리인을 지정하여야 한다(법 제172조 ②항). 세관장은 불가피한 사유로 화물관리인을 지정할 수 없는 때에는 화주를 대신하여 직접 화물 관리를 할 수 있다. 이 경우 화물관리비용을 화주로부터 징수할 수 있다(법 제172조 ⑤항).

㈐ 관리비용의 징수

지정장치장의 화물관리인은 화물관리에 필요한 비용(세관설비사용료를 포함)을 화주로부터 징수할 수 있다. 다만, 그 요율에 대하여는 세관장의 승인을 얻어야 한다(법 제172조 ③항). 지정장치장의 화물관리인은 징수한 비용 중 세관설비사용료에 해당하는 금액을 세관장에게 납부하여야 한다(동조 ④항).

2. 세관검사장

(1) 의 의

세관검사장이란 통관을 하고자 하는 물품을 검사하기 위한 장소로서 세관장이 지정한 보세구역을 말한다(법 제173조 ①항). 다른 보세구역은 물품의 장치와 검사를 동시에 할 수 있는 데 반하여 세관검사장은 통관하고자 하는 물품의 검사만을 목적으로 설정된 장소이다.

(2) 반입대상물품

세관검사장에 반입될 수 있는 물품은 통관하고자 하는 물품 중에서 검사하기 위한 물품이다. 세관검사장에 반입하여 검사할 수 있는 물품의 일부 수량의 검사만으로 검사목적을 달성할 수 있는 물품과 전량을 세관검사장에 반입하여 검사할 수 있는 물품이어야 한다(동조 ②항).

(3) 검사대상물품의 채취 및 운반

세관검사장에 반입되는 물품의 채취・운반 등에 관한 내용은 화주가 부담하며, 여기에 반입하기 위하여 일부 수량을 채취하는 데 있어서는 물품에 따라 전문적인 지식과 경험이 필요한 경우가 있으며 세관검사장에 반입하는 과정에서 물품의 동일성이 보장되어야 한다. 따라서, 세관검사장에 반입될 물품은 다음 각호의 요건을 갖춘 자가 채취 또는 운반하여야 한다(동조 ③항).

① 세관에서 수출입물품의 검사 또는 감정업무(분석업무 포함)에 5년 이상 종사한 자
② 교육법에 의한 이공계고등학교 이상의 학교에서 상품학에 관련된 교과과정을 이수하여 졸업한 자

③ 관세사

3. 지정장치장과 세관검사장의 비교

지정장치장과 세관검사장은 지정보세구역인 점은 공통적이나, 세관검사장인 경우 검사를 목적으로 지정된 지역이므로 물품의 장치는 할 수 없다. 반면에 지정장치장은 통관을 목적으로 하는 장소로서 통관하고자 하는 물품의 장치뿐만 아니라 검사도 할 수 있다.

◈ 세관검사장과 지정장치장

① **공통점** - 세관검사장과 지정장치장은 모두 지정보세구역이며 또는 소극적 보세구역이다.

② **차이점** - 세관검사장과 통관하고자 하는 물품을 검사하기 위한 보세구역인 점에서 그 물품을 장치하기 위한 보세구역인 지정장치장과 구분된다. 물론 지정장치장에서도 물품을 검사할 수 있으나 주목적은 물품 장치에 있다.

제 5 절 특허보세구역

Ⅰ. 개 요

특허보세구역이란 사인의 신청에 의해 주로 사인의 토지, 시설 등에 대하여 세관장이 보세구역으로 특허한 장소를 말한다. 특허보세구역은 외국물품이나 통관하려는 물품의 장치, 보세가공, 보세전시, 보세건설, 보세판매 등의 목적에 따라 보세창고, 보세공장, 보세건설장, 보세전시장, 보세판매장으로 구분된다. 여기서 보세장치장은 소극적 보세구역이며 기타의 보세구역은 적극적 보세구역이다.

특허보세구역은 타인의 물품을 장치하기 위한 보세구역인 영업용 보세구역과 설영인의 물품을 장치하기 위한 보세구역인 자가용 보세구역으로 구분된다.

◈ 보세제도 간소화(2000년 개정 관세법)

보세장치장과 보세창고를 통합하고, 특허보세구역의 장치기간 및 특허기간을 일원화하는 등 보세제도를 간소화 했다. 이는 종전 수출입 화물관리를 엄격히 하던 것을, 현재는 수출입 화물을 납세자가 자율관리하도록 하고 있으므로 보세제도 또한 간소화할 필요가 있기 때문이다.

Ⅱ. 특허보세구역의 설치·운영에 관한 특허

1. 설치·운영에 관한 특허

(1) 의 의

특허보세구역을 설치·운영하고자 하는 자는 세관장의 특허를 받아야 한다. 기존의 특허를 갱신하고자 하는 경우에는 또한 같다. 특허보세구역의 설치·운영에 관한 특허를 받고자 하는 자와 특허보세구역을 설치·운영하는 자 및 이미 받은 특허를 갱신하고자 하는 자는 기획재정부령으로 정하는 바에 의하여 수수료를 납부하여야 한다(법 제174조 ①, ②항).

보 충 보세구역 설영·특허의 성격

① 보세구역의 설치·운영에 관한 특허는 세관장의 재량행위로서 특허요건을 갖추었다 하더라도 관세행정 목적에 부합되지 아니하면 특허를 아니할 수 있다.

② 보세구역의 설치·운영에 관한 특허는 보세구역의 설치, 경영에 관한 권리를 설정하는 공기업의 특허로서 그 특허의 부여 여부는 세관장의 재량에 속하며, 특허기간이 만료된 때에 특허는 당연히 실효되는 것이어서 특허기간의 갱신은 실질적으로 권리의 설정과 같으므로 그 갱신여부도 세관자의 재량에 속한다.

설치·운영의 형태는 타인의 물품을 장치하는 것을 목적으로 하는 영업용 보세구역(영업용 보세창고)과 운영인 자신의 물품만을 반입·장치하는 자가용 보세구역(자가용 보세창고 및 기타의 특허 보세구역)으로 구분한다.

(2) 특허기준

특허를 받을 수 있는 요건은 보세구역의 종류별로 대통령령이 정하는 기준에 따라 관세청장이 정한다(동조 ③항). 법 제174조 ③항의 규정에 의한 보세구역 설치·운영의 특허기준은 다음과 같다(영 제197조).

㈎ 체납요건

체납된 관세 및 내국세가 없을 것

㈏ 인적 요건

운영인 결격사유가 아닐 것(법 제175조).

다음 각호의 1에 해당하는 자는 특허보세구역을 설치·운영할 수 없다(법 제175조).

① 미성년자
② 피성년후견인과 피한정후견인
③ 파산선고를 받고 복권되지 아니한 자
④ 이 법을 위반하여 징역형의 실형을 선고받고 그 집행이 종료(집행이 종료된 것으로 보는 경우를 포함)되거나 면제된 후 2년이 경과되지 아니한 자
⑤ 이 법을 위반하여 징역형의 집행유예의 선고를 받고 그 유예기간중에 있는 자
⑥ 특허보세구역의 설치·운영에 관한 특허가 취소된 후 2년이 경과되지 아니한 자
⑦ 벌금형 또는 통고처분을 받은 자로서 그 벌금형을 선고받거나 통고처분을 이행한 후 2년이 경과되지 아니한 자. 다만, 제279조 또는 제280조의 규정에 의하여 처벌된 본인 또는 법인을 제외한다.
⑧ 상기 제2호 내지 제7호에 해당하는 자를 임원(해당 보세구역의 운영업무를 직접 담당하거나 이를 감독하는 자에 한한다)으로 하는 법인

㈐ 위험요건

위험물품을 장치, 제조, 전시 또는 판매하는 경우에는 위험물품의 종류에 따라 관계 행정기관의 장기 허가 또는 승인 등을 받을 것

㈑ 물적 요건

관세청장이 정하는 바에 따라 보세화물의 보세 및 관리에 필요한 자본금, 수출입규모 및 장치면적 등에 관한 요건을 갖출 것

2. 특허기간

(1) 원 칙

특허보세구역의 특허기간은 10년 이내로 한다(법 제176조 ①항).

(2) 예 외

보세전시장 및 보세건설장의 특허기간은 다음 각호의 1과 같다. 다만, 세관장은 전시목적의 달성 또는 공사의 진척을 위하여 부득이하다고 인정할 만한 사유가 있는 때에는 그 기간을 연장할 수 있다(동조 ②항).

① 보세전시장 - 해당 박람회 등의 기간을 고려하여 세관장이 정하는 기간
② 보세건설장 - 해당 건설공사의 기간을 고려하여 세관장이 정하는 기간

보 충 특허기간의 갱신신청(영 제198조)

특허기간은 10년의 범위 내에서 해당 특허보세구역의 설치·운영을 위하여 특허를 신청한 자가 신청한 기간으로 한다. 다만, 관세청장은 보세구역의 합리적 운영을 위하여 필요한 경우에는 신청인의 신청한 기간과 달리 특허기간을 정할 수 있다(영 제198조 ①항). 특허의 갱신을 받고자 하는 자는 그 사유와 갱신기간을 기재한 신청서에 기획재정부령이 정하는 서류를 첨부하여 그 기간만료 30일 전까지 세관장에게 제출하여야 한다(동조 ②항).

3. 장치기간

특허보세구역의 물품의 장치기간은 다음 각호의 1과 같다(법 제177조 ①항).

(1) 보세공장

보세공장 장치물품의 장치기간은 다음과 같다. 다만 세관장은 물품관리상 필요하다고 인정되는 때에는 장치기간 내에도 운영인에 대하여 그 반출을 명할 수 있다(동조 ②항).

① 외국물품 - 1년의 범위 내에서 관세청장이 정하는 기간(세관장 인정시 1년 범위 내 연장)

② 내국물품 - 1년(수입신고가 수리된 물품은 수입신고 수리일부터 6월)

③ 정부비축용물품 등 - 비축에 필요한 기간

(2) 기타 보세구역의 경우

기타 특허보세구역은 해당 특허보세구역이 특허기간에 의한다.

(3) 명의대여금지

특허 보세구역 운영인을 다른 사람에게 자신의 성명, 상호를 사용하여 특허보세구역을 운영하게 해서는 아니된다.

4. 반입의 정지 등과 특허의 취소

(1) 반입정지 등

세관장은 특허보세구역의 운영인이 다음 각호의 1에 해당하는 때에는 관세청장이 정하는 바에 따라 6개월의 범위에서 해당 특허 보세구역에의 물품반입을 정지시키거나 보세건설·보세판매·보세전시 등을 정지시킬 수 있다(법 제178조 ①항).

① 장치물품에 대한 관세를 납부할 자금능력이 없다고 인정되는 경우

② 본인 또는 그 사용인이 이 법 또는 이 법에 의한 명령에 위반한 경우

③ 해당 시설의 미비 등으로 특허보세구역의 설치목적을 달성하기 곤란하다고 인정되는 경우

(2) 특허의 취소

세관장은 특허보세구역의 운영인이 다음 각호의 1에 해당하는 경우에는 그 특허를 취소할 수 있다(법 제178조 ②항).

① 거짓이나 그 밖의 부정한 방법으로 특허를 받은 경우
② 제175조 각호(운영인이 결격사유)에 해당하게 된 경우
③ 1년 이내에 3회 이상 물품반입의 정지처분을 받은 경우
④ 1년 이상 물품의 반입실적이 없어서 세관장이 특허보세구역의 설치 목적을 달성하기 곤란하다고 인정하는 경우
⑤ 특허보세구역 운영인의 명의대여 금지를 위반한 경우

5. 특허의 효력상실 및 승계

(1) 특허의 상실 사유

특허보세구역의 설치·운영에 관한 특허는 다음 각호의 1에 해당하는 때에는 그 효력을 상실한다(법 제179조 ①항).

① 운영인이 특허보세구역을 운영하지 아니하게 된 때
② 운영인이 해산 또는 사망한 때
③ 특허기간이 만료한 때
④ 특허가 취소된 때

(2) 보고의무

상기 규정 중 제①항 제1호(특허보세구역을 운영하지 아니한 때) 및 제2호의 경우(해산 또는 사망한 때)에는 운영인, 그 상속인, 청산법인 또는 합병·분할·분할 합병 후 존속하거나 합병·분할·합병으로 인하여 설립된 법인(이하 '승계법인')은 지체 없이 세관장에게 그 사실을 보고하여야 한다(동조 ②항).

(3) 신고 및 승계

㈎ 상속인의 신고의무

특허보세구역의 설치·운영에 관한 특허를 받은 자가 사망 또는 해산한 경우 상속인 또는 승계법인이 계속하여 그 특허보세구역을 운영하고자 하는 때에는 피상속인 또는 피승계법인이 사망 또는 해산한 날부터 30일 이내에 특허요건을 갖추어 대통령령이 정하는 바에 따라 세관장에게 신고하여야 한다(동조 ③항).

㈏ 특허의 승계

상속인 또는 승계법인이 상기 규정에 의한 신고를 한 때에는 피상속인 또는 피승계법인이 사망한 날부터 신고를 한 날까지의 기간에 있어서 피상속인의 특허보세구역의 설치・운영에 관한 특허는 이를 상속인 또는 승계법인에 대한 특허로 본다(동조 ④항).

(4) 특허의 효력 상실시 조치 등

㈎ 물품반출 의무

특허보세구역의 설치・운영에 관한 특허의 효력이 상실된 때에는 운영인 또는 그 상속인은 해당 특허보세구역 안에 있는 외국물품을 지체 없이 다른 보세구역으로 반출하여야 한다(법 제182조 ①항).

㈏ 특허의 의제

특허보세구역의 설치・운영에 관한 특허의 효력이 상실된 때에는 해당 특허보세구역에 있는 외국물품의 종류・수량 등을 고려하여 6월의 범위 안에서 세관장이 지정하는 기간 동안 해당 구역은 특허보세구역으로 보며, 운영인 또는 그 상속인에 대하여는 해당 구역과 장치물품에 관하여 특허보세구역의 설치・운영에 관한 특허가 있는 것으로 본다(법 제182조 ②항).

6. 특허 보세구역의 설치・운영에 관한 감독 등

(1) 운영에 관한 감독

세관장은 특허보세구역의 운영인을 감독한다(법 제180조 ①항).

(2) 운영에 관한 보고와 검사

세관장은 특허보세구역의 운영인에 대하여 그 설치・운영에 관한 보고를 명하거나 세관공무원으로 하여금 특허보세구역의 운영상황을 검사시킬 수 있다(동조 ②항).

(3) 설비의 명령

세관장은 특허보세구역의 운영에 관하여 필요한 시설・기계 및 기구의 설치를 명할 수 있다(동조 ③항).

(4) 반출명령권

특허보세구역에 반입된 물품이 해당 특허보세구역의 설치목적에 합당하지 아니한 때에는 세관장은 해당 물품에 대하여 다른 보세구역으로 반출을 명할 수 있다(동조 ④항).

Ⅲ. 특허보세구역의 종류

1. 보세창고

(1) 의 의

보세창고에는 외국물품 또는 통관을 하고자 하는 물품을 장치한다(법 제183조 ①항). 보세창고는 통상 장기간에 걸쳐 장치할 수 있는 보세구역으로서 보세창고도 거래(BWT) 방식의 수출입시에 적절히 활용하기도 한다.

> ◈ **보세장치장을 보세창고에 통합**(2001년 개정관세법)
>
> 보세장치제도를 폐지하여 보세창고와 통합하고 특허 및 장치기간을 일원화했다(법 제176조. 제177조, 제183조).
>
> 보세장치장은 일시장치기능을, 보세창고는 보관기능만을 수행하는 등 보세구역별 기능이 단순화되어 있고 제도 자체도 너무 복잡하며, 보세장치장의 장치기간 확대 및 보세장치장과 보세창고의 기능이 유사하여 구분하는 데 실익이 없었고, 또한 보관기능을 수행하는 보세구역(지정장치장, 영업용장치장, 자가용보세창)과 소규모 보세장치장이 전국에 산재하여 보세화물관리가 비효율적으로 이루어지고 있으므로 보세창고와 보세장치장을 하나로 통합하게 된 것이다.

(2) 장치물품

(가) 외국물품

보세창고는 장기간에 걸쳐 장치해야 할 외국물품을 장치하는 보세구역이므로 단시일내에 통관하고자 하는 물품을 장치할 수 없다. 따라서, 보세창고에는 다음과 같은 물품이 장치된다.

① 중계물품

② Bonded Warehouse Transaction(보세창고도거래)조건으로 수입하는 물품

③ 정부비축용으로 수입하는 수출용 원재료

④ 정부비축용 물품

⑤ 정부의 계약이행을 위하여 비축하는 방위산업용품

(나) 내국물품

1) 장치의 신고

운영인은 미리 세관장에게 신고를 하고 물품의 장치에 방해되지 아니하는 범위 안에서 보세창고에 내국물품을 장치할 수 있다. 다만, 동일한 보세창고에 장치되어 있는 동

안 수입신고가 수리된 물품은 신고 없이 계속하여 장치할 수 있다(동조 ②항).

2) 장치의 승인

운영인은 보세창고에 1년(②항 단서의 규정에 의한 물품은 6월) 이상 계속하여 내국물품만을 장치하고자 하는 때에 세관자의 승인을 받아야 한다(동조 ③항).

3) 적용의 제외

승인물품이 있는 보세창고에 내국물품만을 장치하는 기간에는 제161조(견품반출) 및 제177조(장치기간)의 규정을 적용하지 아니한다(동조 ④항).

(3) 장치기간 경과한 내국물품

신고 후 장치된 내국물품으로서 장치기간이 경과한 물품은 그 기간경과 후 10일 내에 그 운영인의 책임으로 반출하여야 한다(법 제184조 ①항). 승인 후 장치 규정에 의하여 승인을 얻은 내국물품으로서 그 승인기간이 경과한 때에도 또한 같다(동조 ②항).

2. 보세공장

(1) 의 의

보세공장(bonded factory)이라 함은 가공무역의 진흥을 위하여 관세법상 설정된 보세구역의 일종으로서, 외국물품 또는 외국물품과 내국물품을 원료로 하거나 재료로 하여 제조·가공, 기타 이와 유사한 작업을 하기 위한 구역을 말한다(법 제185조 ①항).

보세공장제도는 외국물품만을 원료 또는 재료로 하여 제품을 제조·가공하거나, 내·외국물품을 혼용하여 제품을 제조·가공하여 수출하거나 국내로 수입하기 때문에 가공무역진흥, 관련기술개발촉진, 고용창출, 소득증대효과 등을 통해 국민경제에 기여하게 된다. 제조·가공 등의 작업을 하기 위한 구역이라는 점에서 물품장치를 목적으로 하는 보세창고와 구별되며, 외국물품의 전시·건설 및 판매를 목적으로 하는 보세전시장, 보세건설장 및 보세판매장과 구별된다.

◈ **특별보세공장제도의 폐지**(2001년 개정관세법)

개정관세법에서는 보세공장 외에서의 작업을 수출용 보세공장뿐 아니라 내수용 보세공장에도 허용하고, 보세공장 외 작업시 보세공장에 반입 후 반출하지 않고 항구 등에서 공장 외 작업장으로 직접 반입을 허용하며(법 제187조), 보세공장에 시설재의 반입시 반입후 통관이 가능하도록 하고, 보수작업의 개념과 특별보세공장제도를 폐지하였다(법 제185조).

이는 보세공장에서 사용되는 시설재의 신속한 통관 등으로 물류비를 절감하고 절차를 간소화하며, 각종 절차의 완화로 일반보세공장과 특별보세공장의 구분이 무의미하므로 특별보세공장제도를 폐지하게 된 것이다.

(2) 보세공장의 기능

㈎ 가공무역의 진흥

보세공장에 반입될 외국물품은 관세를 납부하지 않은 보세상태 그대로 사용하여 물품을 제조·가공한 후에 다시 반송(수출)하거나 국내로 수입할 수 있도록 함으로써 가공무역의 진흥을 위하여 마련된 제도이다.

㈏ 수출지원

보세공장에서 물품을 제조, 가공하여 외국으로 반송하게 되면 외국에서 수입한 원재료에 관세의 부담을 주지 아니하므로 수출물품의 국제경쟁력이 재고되어 수출이 진흥된다.

㈐ 통관절차의 간소화

수출용 보세공장의 경우 관세환급제도와 비교하면 관세의 부과와 징수는 물론 환급에 따른 복잡한 절차를 거치지 아니하므로 업무 간소화의 효과가 크다. 특히 내수용 보세공장의 경우 제조하고자 하는 제품이 다종, 다량의 원재료를 필요로 하는 경우 반입시마다 수입통관을 거치게 되면 업무부담과 과세기술상 난점을 초래하게 된다. 따라서, 이런 문제점을 해결하기 위해 제품이 완성되면 과세통관하도록 하는 제도를 둔 것이다.

㈑ 특정산업 육성 및 기술개발 촉진

보세공장의 운영에 따른 제조·가공기술의 개발촉진, 고용과 소득의 창출, 제품의 생산에 따른 부가가치의 창출, 금융업, 화물운송, 보관업 등의 발달을 가져오는 효과가 있다.[11]

특정산업(해외 의존 원자재와 제품이 국내에서 필요)을 육성하기 위해 필요하며, 이것은 타업종에 비해 비교우위에 있기 때문에 국가의 업종 전문화 정책과도 맥락을 같이 한다고 본다.

㈒ 관세환급제도의 보완

관세환급제도는 수출용원자재의 수입시 관세를 일단 납부하였다가 수출 후 세액을 환급받는 제도로서 제조기간 동안은 납부세액만큼 자금부담을 받을 뿐 아니라 수입통관, 관세환급 등 복잡한 절차를 거쳐야 한다는 점에서 이러한 절차를 거치지 않는 보세공장제도보다 불리하다.

(3) 보세공장의 종류

보세공장은 수출용 보세공장과 내수용 보세공장, 수출·내수겸용 보세공장 및 일반보세공장과 특별보세공장 등으로 나눌 수 있다.

---

11) 여주호, 논술관세법, 고시학회 21, 2001, p. 644.

㈎ 수출용 보세공장

수출용 보세공장은 외국물품 또는 내・외국물품을 원재료로 하여 제조・가공한 물품을 외국에 수출하는 공장을 말한다. 보세공장의 원래 취지는 수출용 보세공장에서 찾아볼 수 있으며, 오늘날에도 개도국에서 수출지원 방안의 하나로 널리 이용하고 있다.12)

이러한 수출용 보세공장에서 만든 제품을 외국으로 수출하는 것을 관세법상으로는 '반송'이라 하는데, 대외무역법상으로는 '수출'이라고 한다.

㈏ 내수용 보세공장

내수용 보세공장은 수입할 물품을 제조・가공하는 것을 목적으로 하는 보세공장을 말하며, 제조・가공 후 이를 수입통관하여 국내에서 사용하는 것이다.

보 충 내수용 보세공장과 지정공장과의 구별

지정공장이란 세관장이 지정한 공장(예 : 항공기 제조 및 부분품제조 지정공장)에서 특정한 용도를 가진 제품을 제조・가공할 것을 목적으로 그 제품의 제조・가공에 사용되는 원재료 중 총리령이 정하는 물품에 대하여는 그 관세를 감면하여 통관하는 제도이다.

내수용 보세공장제도와 지정공장제도는 면세정책을 보완하는 제도로 유사한 기능을 갖지만 보세공장의 경우에는 제도・가공에 사용되는 모든 원재료가 수입통관 절차 없이 보세상태로 반입하여 제조・가공한 후에 제품으로 수입통관하여 사용하는 데 비하여, 지정공장제도는 총리령이 지정한 물품만이 감면을 받고 모든 원재료를 원재료 상태로 수입통관하여 항공기 등의 제품을 제조하는 것이다. 그러므로 보세공장제도가 지정공장보다 면세면이나 통관절차면에서 훨씬 편리하고 유리하다.

표 10-3 내수용 보세공장과 지정공장의 비교

구 분	내수용 보세공장	지정공장
성 격	외국에서 원재료 또는 부분품을 반입하여 제조, 가공한 물품을 수입하는 공장	국내에서 원재료를 조달하여 완제품을 제조하는 것을 원칙으로 하되, 국내생산이 없는 원재료에 대해서는 수입하고 해당 원재료수입시 역관세 현상을 시정하는 제도

12) 수출용 보세공장은 보세구역(보세공장) 내에서 수입원재료를 제조・가공하여 외국으로 반송(대외무역법상 수출)하므로 수입원재료에 대한 관세가 부과되지 않는다. 그러므로 수출용 보세공장은 1) 상품가공에 사용되는 원재료를 대부분 수입에 의존하고, 2) 내수시장보다는 해외시장에 물품을 공급하는 비중이 큰 기업에게 유리하다.

공통점	내수용으로 사용・소비	내수용으로 사용・소비
차이점	수입원재료를 보세상태로 보세공장에서 반입하여 세관장의 관리하에서 제조・가공한 후 완제품상태에서 수입통관하고 관세를 납부하여 내수용으로 사용소비한다.	항공기제조용 원료용품을 수입통관하고 감면승인을 얻어 지정공장에 반입하여 세관장의 관리하에서 제조・가공한 후 수입통관절차 없이 내수용으로 사용소비한다.

㈐ 내수・수출겸용 보세공장

내수・수출겸용 보세공장은 수출용품과 수입물품 모두를 제조・가공하는 것을 목적으로 하는 보세공장이다.

가령 하나의 조선공장을 가지고 수출용 선박과 함께 내수용 선박을 제조하고자 할 때에는 하나의 조선공장을 수출・내수겸용 보세공장으로 특허하여 수출용 선박과 내수용 선박을 동시에 제조할 수 없으므로 업계에게는 대단히 유익한 제도이다.

내수・수출겸용 보세공장의 특허요인은 다음과 같다.

① 원재료 및 제품을 용도별로 각각 구분하여 장치할 수 있는 별도의 창고가 있을 것

② 작업공장을 각각 분리하여 실시되어야 하며 해당 원재료를 다른 용도에 사용하지 않을 것. 다만, 소요원재료와 생산제품이 수출・내수용 모두 동일한 경우로서 동일공정에서 작업하더라도 세관장이 감시단속상 지장이 없다고 인정한 경우에는 그러하지 아니하다.

③ 보세공장 설영특허 대상물품 및 공장에 합당할 것

Tip 제품과세와 원료과세

(1) **제품과세**

외국물품 또는 외국물품과 내국물품을 원료로 하거나 재료로 하여 작업을 하는 때에는 그로써 생긴 물품은 외국으로부터 우리나라에 도착된 물품으로 본다. 다만, 대통령령이 정하는 바에 의하여 세관장의 승인을 받고 외국물품과 내국물품을 혼용하는 때에는 그로써 생긴 제품 중 해당 외국물품의 수량 또는 가격에 상응하는 것은 외국으로부터 우리나라에 도착된 물품으로 본다.

(2) **원료과세**

보세공장에서 제조된 물품을 수입함에 있어서 해당 물품의 원료인 외국물품에 대하여 보세공장에 반입 당시 미리 신청을 한 것은 관세법 제16조(과세물건의 확정시기)의 규정에 불구하고 보세공장에 반입하는 때의 그 원료의 성질 및 수량에 의하여 관세를 부과한다.

(4) 설치 · 운영 특허의 절차

㈎ 특허의 신청

보세공장의 설치 · 운영에 관한 특허를 받고자 하는 자는 공장의 명칭, 소재지, 구조, 동수 및 평수, 작업설비, 그 능력, 작업의 종류, 작업의 원재료와 설치 · 운영의 기간을 기재한 신청서에 사업계획서와 그 구역 및 부근의 도면을 첨부하여 세관장에게 제출하여야 한다(영 제188조 ②항).

㈏ 수수료의 납부

특허보세구역의 설치 · 운영에 관한 특허를 받고자 하는 자와 이미 받은 특허를 갱신하고자 하는 자는 기획재정부령으로 정하는 바에 의하여 수수료를 납부하여야 한다(법 제174조 ②항).

(5) 설치 · 운영 특허의 요건

특허를 받을 수 있는 요건은 보세구역의 종류별로 대통령령이 정하는 기준에 따라 관세청장이 정한다. 법 제174조 ③항의 규정에 의한 보세구역의 설치 · 운영 특허기준은 다음과 같다(관세청 고시).

① 운영인의 결격사유에 해당하지 아니할 것
② 체납된 관세 및 내국세가 없을 것
③ 자본금 2억원 이상의 법인이거나 특허를 받으려는 토지 및 건물(2억원 이상)을 소유하고 있는 개인(다만, 자가용 보세창고는 제외한다)
④ 신청인이 보세사 자격증을 취득했거나 1명 이상의 보세사를 관리자로 채용할 것
⑤ 특허갱신의 경우에는 해당 보세구역의 갱신 신청 직전 법규수행능력평가가 B등급 이상일 것
⑥ 위험물품을 장치 · 제조 · 전시 또는 판매하는 경우에는 위험물품의 종류에 따라 관계행정기관의 장의 허가 또는 승인 등을 받을 것

(6) 특허 및 장치기간

보세공장의 설치 · 운영 특허기간 및 장치기간은 10년 이내로 한다(법 제176조 ①항).

(7) 특허보세구역의 '통칙' 내용의 준용

보세공장의 경우에 다음과 같은 사항은 특허보세구역의 '통칙' 내용과 같다.

① 반입의 정지 등과 특허의 취소
② 특허의 효력상실 및 승계
③ 특허보세구역의 설치 · 운영에 관한 감독 등

(8) 보세공장의 작업

㈎ 보세작업절차

1) 사용신고 및 검사

운영인은 보세공장에 반입된 물품에 대하여 그 사용 전에 세관장에게 사용신고를 하여야 한다. 이 경우 세관공무원은 그 물품에 대하여 검사를 할 수 있다(법 제186 ①항).

2) 허가 및 승인조건 구비

사용신고를 한 외국물품이 법 226조의 규정에 의하여 허가·승인·표시, 기타 조건의 구비를 요하는 것인 때에는 이를 구비한 것임을 증명하여야 한다(동조 ②항).

3) 소요량의 계산서 등 제출

세관장은 물품의 성질, 보세작업의 종류, 기타의 사정을 고려하여 감시상 필요하다고 인정할 때에는 보세작업으로 생산된 제품에 소요된 원자재 소요량을 계산한 서류를 제출하게 할 수 있다(영 제199조 ③항). 원자재 소요량을 계산한 서류의 작성 및 그에 필요한 소요량 책정 등에 관하여 필요한 사항은 관세청장이 정한다(동조 ④항).

4) 기장의무 등

보세공장의 운영인은 물품에 관한 장부를 비치하고 반입물품, 보세작업 등에 관한 내용을 기재하여야 한다(영 제206조). 세관장은 제출한 원자재 소요량을 계산한 서류의 적정여부 및 기장의무의 성실한 이해 여부 등을 확인하기 위하여 필요한 경우 보세공장에 대한 재고조사를 실시할 수 있다(영 제207조).

㈏ 보세작업의 제한

1) 내국물품의 작업제한

보세공장에서는 세관장의 허가를 받지 아니하고는 내국물품만을 원료로 하거나 재료로 하여 제조·가공·기타 이와 비슷한 작업을 할 수 없다(법 제185조 ②항). 허가를 득한 후 내국물품 작업을 할 때에는 외국물품을 사용하는 작업과 구별하여 실시하여야 한다(영 제200조 ①항).

2) 내수용 업종제한

보세공장 중 수입하는 물품을 제조·가공하는 것을 목적으로 하는 보세공장의 업종은 기획재정부령이 정하는 바에 의하여 이를 제한할 수 있다(법 제185조 ③항).

3) 통관절차 이행 후 사용

세관장은 수입통관 후 보세공장에서 사용하게 될 물품에 대하여는 보세공장에 직접 반입하여 수입신고를 하게 할 수 있다(동조 ④항).

㈐ 내수용 물품의 과세

1) 제품과세

① 원 칙

외국물품 또는 외국물품과 내국물품을 원료로 하거나 재료로 하여 작업을 하는 때에는 그로써 생산 물품은 외국으로부터 우리나라에 도착된 물품으로 본다(법 제188조).

② 혼용승인

다만, 대통령령이 정하는 바에 의하여 세관장의 승인을 받고 외국물품과 내국물품을 혼용하는 때에는 그로써 생긴 제품 중 해당 외국물품의 수량 또는 가격에 상응하는 것은 외국으로부터 우리나라에 도착된 물품으로 본다(법 제188조 단서).

2) 원료과세

보세공장에서 제조된 물품을 수입함에 있어서 해당 물품의 원료인 외국물품에 대하여 보세공장에 반입 당시 미리 신청을 한 것은 제16조의 규정(과세물건 확정시기)에도 불구하고 보세공장에 반입하는 때의 그 원료의 성질 및 수량에 의하여 관세를 부과한다. 이 경우 세관공무원은 신청된 물품에 대한 검사를 할 수 있다(법 제189조).

(9) 보세공장 외 작업

㈎ 작업허가

세관장은 가공무역 또는 국내산업의 진흥에 필요한 때에는 대통령령이 정하는 바에 의하여 기간·장소·물품 등을 정하여 해당 보세공장 외에서 보세작업을 허가할 수 있다(법 제187조 ①항).

㈏ 검사

허가를 한 경우 세관공무원은 해당 물품이 보세공장에서 반출되는 때에 이를 검사할 수 있다(동조 ③항).

㈐ 보세공장의 의제

허가를 받아 지정된 장소(이하 공장 외 작업장이라 한다)에 반입된 외국 물품은 지정된 기간이 만료될 때까지는 보세공장에 있을 것으로 본다(동조 ④항).

㈑ 작업재료의 직접 반입

세관장은 허가를 받은 보세작업에 사용될 물품에 대하여는 관세청장이 정하는 바에 의하여 공장 외 작업장에 직접 반입하게 할 수 있다(동조 ⑤항).

㈒ 관세의 징수

지정된 기간이 경과한 경우 해당 공장 외 작업장에 허가된 외국물품 또는 그 제품이 있는 때에는 해당 물품의 허가를 받은 보세공장의 운영인으로부터 그 관세를 즉시 징수한다(동조 ⑥항).

3. 보세전시장

(1) 의 의

보세전시장에서는 박람회·전람회 등의 운영을 위하여 외국물품을 장치·전시 또는 사용할 수 있다(법 제190조). 즉, 박람회 등으로 들어오는 물품을 그 전시장을 보세구역으로 지정하여 전시한 후 관세 부담 없이 다시 외국으로 반출하게 하는 제도를 말한다.

(2) 세관규제

㈎ 장치장소의 제한 등

세관장은 필요하다고 인정할 때에는 보세전시장 내의 장치물품에 대하여 장치할 장소를 제한하거나 그 사용사항을 조사하거나 운영인으로 하여금 필요한 보고를 하게 할 수 있다(영 제209조 ①항).

㈏ 판매용품의 수입신고 수리 전 사용금지

보세전시장에 장치된 판매용 외국물품은 수입신고가 수리되기 전에는 이를 사용하지 못한다(동조 ②항).

㈐ 직매된 전시용품의 통관 전 반출금지

보세전시장에 장치된 전시용 외국물품을 현장에서 직매하는 경우에도 수입신고가 수리되기 전에는 이를 인도하여서는 아니된다(동조 ③항).

Tip 반입이 허용되는 외국물품의 범위

(1) **건설용품** : 해당 보세전시장 내에 설치될 전시관, 사무소, 창고, 기타의 건조물의 건설유지 또는 철거를 위하여 사용될 물품을 말하며, 여기에는 시멘트, 도료류, 접착제, 볼트, 합판 등의 건축자재와 토목기계, 건축기계, 각종공구 및 이에 사용될 연료나 기계류 등이 포함된다.

(2) **업무용품** : 해당 박람회 등의 주최자 또는 출품자가 보세전시장 내에서 그 업무수행을 위하여 사용할 물품을 말하며 여기에는 사무소 또는 전시관 내에 비치된 가구, 장식품, 진열용구, 사무용비품 및 소모품 등이 포함된다.

(3) **오락용품** : 해당 보세전시장 내에서 불특정다수의 관람자에게 오락용으로 관람시키거나 사용하게 할 물품을 말하며 영화필름, 슬라이드, 회전목마 등이 포함된다.

(4) **전시용품** : 해당 보세전시장 내에서 전시할 물품을 말한다.

(5) **판매용품** : 해당 보세전시장 내에서 불특정다수의 관람자에게 판매할 것을 목적으로 하는 물품을 말하며, 판매될 물품이 전시할 기계류의 성능 실연을 거쳐서 가공제조되는 것인 때에는 이에 사용될 원료도 포함된다.

(6) **증여물품** : 해당 보세전시장 내에서 불특정다수의 관람자에게 증여할 것을 목적으로 하는 물품을 말하며, 다음과 같은 것이 이에 포함된다.
- 광고용의 팜플렛, 카탈로그, 포스터 또는 이와 유사한 인쇄물
- 관세법 제94조 제3호에서 관세가 면제될 진정견본
- 관세법 제94조 제4호에서 관세가 면제될 소액 증여품

4. 보세건설장

(1) 의 의

보세건설장에서는 산업시설의 건설에 소요되는 외국물품인 기계류, 설비품 또는 공사용 장비를 장치·사용하여 해당 건설공사를 할 수 있다(법 제191조). 즉, 산업시설의 건설에 소요될 외국물품인 기계류, 설비품 또는 공사용 장비를 장치, 사용하여 해당 건설공사를 하는 구역을 말한다. 보세건설장에서 시설물을 공사, 완료 후 시설물 단위로 수입통관하게 되면 일반적으로 ① 통관절차의 간편 ② 회사의 자금부담경감 ③ 관세상의 편익 등의 이점이 있다.

보세건설장은 발전소와 같은 대규모의 산업시설의 건설시에 사용되는 미조립상태의 외국설비품 또는 기계류 등이 부분품이나 소재상태로 수입되는 경우, 이러한 부분품들을 하나하나 개별적으로 수입신고가 수리된 다음에 공사에 투입하면 대단히 번잡하기 때문에 이와 같은 물품들은 외국물품 상태로 공사장에 반입하여 수입신고만 해놓고 공사에 투입하면 산업시설 등의 공사를 진행하고 부분적으로 하나의 과세단위가 되는 시설물이 완성될 때마다 수입신고의 수리를 받도록 하는 제도이다.

보 충 보세건설장 활용시 유리한 점

① **통관의 신속화를 통한 건설기간 단축** - 산업시설건설에 소요되는 수입외국물품을 통관하지 아니하고 외국물품 그대로 산업시설의 건설에 먼저 사용하고 사후에 과세요건이 확정되는 대로 수입통관함으로써 사전수입통관에 소요되는 기간만큼 건설기간을 단축시켜 산업시설의 신속한 건설을 할 수 있게 한다.

② **통관절차의 간편화 및 과세의 편의** - 산업시설용 기계류나 설비부품을 부분품 상태로 하나하나 수입통관하지 아니하고 일정규모의 과세단위로 조립된 후의 완제품상태에서 수입신고를 수리하게 함으로써 통관절차가 간편해지고 또한 과세가 용이하다.

③ **회사의 자금부담 경감** - 보세건설장에 시설재를 반입하여 수입신고만 하고, 관세를 납부하지 않고 바로 건설공사에 투입하여 공사한 후, 단위공사가 완공된 뒤에 부과고지하여 관세를 납부하게 되므로 그 건설기간만큼 관세징수 유예효과가 있어 회사자금 부담이

적어지게 된다.

④ **관세상의 편익** - 부분품의 과세율은 높고 조리된 시설물의 관세율은 낮을 경우 또는 부분품은 과세대상이나 조립된 시설물은 면세대상으로 되어 있는 경우에 높은 세율의 부분품 상태로 수입신고수리를 받지 않고 이를 외국물품상태로 공사에 사용·조립한 후 시설물의 상태에서 수입신고수리를 받게 함으로써 낮은 세율을 적용받거나 면세대상이 될 수 있다.

(2) 보세작업 절차

㈎ 사용 전 수입신고

운영인은 보세건설장에 외국물품을 반입할 때에는 사용 전에 해당 물품에 대하여 수입신고를 하고 세관공무원의 검사를 받아야 한다. 다만, 세관공무원이 필요가 없다고 인정하는 때에는 검사를 하지 아니할 수 있다(법 제192조).

㈏ 반입물품의 장치제한

세관장은 보세건설장에 반입된 외국물품에 대하여 필요하다고 인정되는 때에는 보세건설장 안에서 그 물품을 장치할 장소를 제한하거나 그 사용상황에 관하여 운영인으로 하여금 보고하게 할 수 있다(법 제193조).

㈐ 건설공사 완료보고

수입신고를 한 물품을 사용한 건설공사가 완료된 때에는 그 보세건설장 운영인은 지체 없이 그 공사가 완료되었음을 세관장에게 보고하여야 한다(영 제211조).

㈑ 보세건설 물품의 가동제한

운영인은 보세건설장에서 건설된 시설의 전부 또는 일부를 수입신고가 수리되기 전에 가동하여서는 아니된다(법 제194조).

(3) 보세건설장 외 작업허가

㈎ 의 의

세관장은 보세작업상 필요하다고 인정되는 때에는 대통령령이 정하는 바에 의하여 기간·장소·물품 등을 정하여 해당 보세건설장 외에서의 보세작업을 허가할 수 있다(법 제195조 ①항).

㈏ 보세건설자 외 작업절차

제187조 ③항 내지 ⑥항 규정의 제1호의 경우에 준용한다. 즉, 물품의 검사, 담보의 제공, 역외작업의 보세작업 의제, 역외작업 기간 경과 물품의 관세징수(법 제100조 ②항 내지 ⑤항) 규정은 보세건설장 역외 작업규정에도 준용된다.

5. 보세판매장

(1) 의 의

보세판매장에서는 외국으로 반출하거나 제88조 ①항 1호의 내지 4호의 규정(외교관용 면세물품 중 대사관 등 사용물품) 면세규정에 의하여 면제를 받을 수 있는 자가 사용하는 것을 조건으로 외국물품을 판매할 수 있다(법 제196조). 즉, 보세판매장은 관광사업의 진흥, 외화의 획득 및 원활한 국제외교를 위해 필요한 보세구역이다.

(2) 세관규제

세관장은 보세판매장에서 판매할 수 있는 물품의 종류・수량・장치장소 등을 제한할 수 있다(동조 ②항). 보세판매장에서 판매하는 물품의 반입・반출・인도 및 관리에 관하여 필요한 사항은 대통령령으로 정한다(동조 ③항).

표 10-4 보세구역에서 외국물품이 멸실・폐기 또는 사용・소비된 경우의 관련 규정

구 분	멸실・폐기	사용・소비
납세의무자	보세구역의 운영인 또는 보관인	소비 또는 사용한 자
과세물건의 확정시기	멸실 또는 폐기된 때	소비 또는 사용한 자
적용법령의 확정시기	멸실 또는 폐기된 때	소비 또는 사용한 자
관세부과 제척기간의 기산일	멸실 또는 폐기된 날의 다음날	소비 또는 사용한 날의 다음날

표 10-5 보세구역

종 류		의 의	주요내용	특허기간	장치기간
지정 보세 구역	지정 장치장	통관하고자 하는 물품의 일시 장치를 위한 장소로서 세관장이 지정한 구역	1. 공항, 부두의 세관구내창고 2. 수입 및 반송신고수리를 받은 물품장치 3. 화주가 보관책임부담(관리인 지정 可) 4. 내국물품 장치 불허 5. 수입신고수리물품의 15일 내 반출의무	없음	6월 내 관세청장이 정하는 기간
	세관 검사장	통관하고자 하는 물품의 검사를 위한 장소로서 세관장이 지정한 구역	1. 견본심사 또는 수입물품 전부 반입 가능한 물품의 검사 2. 채취운반 비용은 화주 부담	없음	없음
특허 보세 구역	보세 창고	통관하고자 하는 물품의 단기 장치하거나 외국물품을 장기간 장치하기 위한 구역으로 세관장의 특허를 받는 곳	1. 세관장에 신고로 내국물품장치가능 2. 1년 이상 계속 내국물품 장치시 : 승인 3. 제조업체에서 수출입업체까지 특허 확대 4. 중계무역의 진흥이 목적	10년 내 (갱신 可) 의제 : 6월 내	외국물품 : (1년 내) 내국물품 : 1년 (수입신고수리물품 -6월)

				정부비축물품 : 필요기간
보세공장	외국물품 또는 내외국물품을 원재료로 하여 제조, 가공작업을 하기 위한 장소로서 세관장의 특허를 받는 곳	1. 반입 후, 사용신고 허용 2. 제품과세와 원료과세(사전에 : 신청분-모두 원료과세) 3. 내수용 보세공장 업종 확대 4. 내수용, 수출용, 겸용, 기내식, 귀금속류보세공장 있음	10년 내 (갱신 可) 의제 : 6월 내	설치·운영에 관한 특허기간
보세전시장	박람회 등의 운영을 위하여 외국물품의 장치, 전시, 사용하는 구역으로서 세관장의 특허를 받는 곳	1. 반입신고만으로 물품확인 2. 외국물품 반입즉시 세관검사 요함 3. 특허소멸 후의 외국물품은 운영인이 다른 보세구역으로 반출	기간고려 세관장 정함 (의제 : 6월 내)	특허기간과 동일
보세건설장	산업시설의 건설에 소요될 외국물품인 기계류, 설비품, 공사용장비를 장치, 사용하여 건설공사를 하는 구역으로 세관장의 특허를 받은 곳	1. 반입신고 후 반입, 사용 전 수입신고, 검사 2. 적용법령시점 : 수입신고가 수리된 날 3. 환율적용시점 : 수입신고시점 4. 시설재 : 부가세 면제 5. HS단위별로 조립한 후 건설완료 보고 후 과세	공사기간 고려 세관장 정함 (연장 可) 의제:6월 내	특허기간과 동일
보세판매장	외국으로 반출하거나 외교관이 사용할 물품을 판매하는 구역으로서 세관장의 특허를 받는 곳	1. 반입신고만으로 반입하고 그 물품을 검사 可 2. 세관장은 판매할 물품의 종류, 장치, 장소 등을 제한할 수 있음 3. 출국장, 시내, 모피류, 귀금속류, 면세매점 등	10년 내 (갱신 可) 의제 : 6월 내	특허기간과 동일

제6절 종합보세구역제도

I. 개 요

1. 도입배경

현행 관세법상 보세구역은 보세창고, 보세공장, 보세건설장, 보세전시장, 보세판매장 등으로 주로 기능별로 일정 장소 위주로 지정되어 있다. 그러나 세계 각국은 국제무역을 증진하고 외국인 투자를 유치하기 위하여 주요 공항·항만을 물류기능과 생산기능을 동시에 보유한 복합거점으로 육성하려고 많은 노력을 기울이고 있는 실정이며, 우리나라도 우리 경제의 세계화와 외환위기 극복을 위해 필요한 외국인 직접투자를 유치하기 위한 외국인투자촉진법에 의한 외국인 투자지역과 광양항, 부산 가덕 신항 개발, 영종도

국제공항의 건설 등에 따라 이들 지역을 국제적인 생산 거점화 또는 물류 거점화할 수 있도록 지원할 필요성이 지속적으로 제기되어 왔다.

2. 종합보세구역의 의의

종합보세구역은 특허보세구역에서 수행되는 기능을 복합적으로 수행할 수 있도록 지정된 지역을 말한다. 즉, 특허보세구역의 개별적으로 특허를 받아 보세창고, 공장, 전시, 건설, 판매하는 기능 중 둘 이상의 기능을(이하 '종합보세기능') 관세청장이 일정지역을 지정하여 그 지역 내에서 특허보세구역의 기능을 종합적으로 수행하도록 한 것이다(법 제197조 ②항).

관세유보상태로 외국물품을 기간제한 없이 장치 · 보관하면서 제조 · 가공 등 생산행위와 포장 · 수리 등 보수작업 및 보세화물의 국제적인 상설 전시(sample mart) 및 판매(stock sale)행위를 수행하고 물품의 자율관리로 세관절차의 간소화 및 물류비 절감을 기할 수 있다.

Ⅱ. 종합보세구역의 지정 및 설치 · 운영

1. 지 정

(1) 의 의

관세청장의 직권 또는 관계중앙 행정기관의 장이나 지방자치단체의 장의 요청에 의하여 무역진흥에의 기여 정도, 외국물품의 반입 · 반출 물량 등을 고려하여 일정한 지역을 종합보세구역으로 지정할 수 있다(법 제197조 ①항).

한편 세관장은 종합보세구역의 설치 · 운영절차와 반출입, 물품관리에 관한 업무를 담당하도록 하고 있다.

(2) 지정요건

종합보세구역의 지정요건은 다음 각호의 1에 해당하는 지역으로서 외국인 투자촉진 · 수출증대 및 물류촉진 등의 효과가 있을 것으로 예상되어 종합보세구역으로 지정할 필요가 있다고 관세청장이 인정하는 지역으로 한다(영 제214조 ①항). 또한 관세청장이 직권으로 종합보세구역을 지정하고자 하는 경우에는 관계중앙기관의 장 또는 지방자치단체의 장과 협의하여야 한다(영 제214조 ③항).

① 외국인투자촉진법 제18조 ①항의 규정에 의하여 지정된 외국인 투자지역

② 산업입지 및 개발에 관한 법률의 규정에 의한 산업단지

③ 유통산업발전법에 의한 공동집배송센터
④ 물류시설의 개발 및 운영에 관한 법률에 따른 물류 단지
⑤ 기타 종합보세구역으로 지정됨으로써 외국인투자촉진·수출증대 및 물류촉진 등의 효과가 있을 것으로 예상되는 지역

2. 입주업체의 설치·운영 신고 등

(1) 설치·운영 신고

종합보세구역에서 종합보세기능을 수행하고자 하는 자는 그 기능을 정하여 세관장에게 종합보세사업장의 설치·운영에 관한 신고를 하여야 한다(법 제198조 ①항). 종합보세구역의 입주업체의 설치·운영 신고의 절차에 관여하는 운영인의 특허보세구역의 특허신청의 규정을 준용한다(영 제215조 ①항).

(2) 입주의 제한

제175조(운영인이 결격사유)에 해당하는 자는 종합보세사업장의 설치·운영에 관한 신고를 할 수 없다(법 제198조 ②항).

(3) 종합보세기능의 변경

종합보세사업장의 운영인은 그가 수행하는 종합보세기능을 변경하고자 하는 때에는 세관장에게 이를 신고하여야 한다(법 제198조 ③항).

Ⅲ. 물품의 반출입

1. 보세구역 내에서의 반출입의 제한

(1) 수입통관 대상물품

종합보세구역에서 소비 또는 사용되는 물품으로서 기획재정부령이 정하는 물품은 수입통관 후 이를 소비 또는 사용하여야 한다(법 제200조 ①항)(규칙 제39조의 2).
① 제조 또는 가공에 사용되는 시설기계류 및 그 수리용 물품
② 연료·윤활유·사무용품 등 제조 또는 가공에 직접적으로 사용하지 아니하는 물품

(2) 반출입의 제한

세관장은 종합보세구역에 반입·반출되는 물품으로 인하여 국가 안전·공공질서·국민보건 또는 환경보전 등에 지장이 초래되거나 종합보세구역의 지정목적에 부합되지 아니하는 물품이 반입·반출되고 있다고 인정되는 때에는 해당 물품의 반입·반출을 제

한 할 수 있다(법 제200조 ③항).

(3) 장치기간

종합보세구역에 반입한 물품의 장치기간은 이를 제한하지 아니한다(법 제200조 ②항).

2. 반출입 신고

종합보세구역에 물품을 반입·반출하고자 하는 자는 대통령령이 정하는 바에 의하여 세관장에게 신고하여야 한다(법 제199조 ①항). 다만, 종합보세구역에 반입·반출되는 물품이 내국물품인 때에는 기획재정부령이 정하는 바에 의하여 제1항의 규정에 의한 신고를 생략하거나 간이한 방법으로 반입·반출하게 할 수 있다(동조 ②항).

Ⅳ. 운영인의 물품 관리 및 설비유지

1. 운영인의 물품 관리

(1) 기능별 관리

운영인은 종합보세구역에 반입된 물품을 수행하고자 하는 기능(공장, 판매, 건설 등)에 따라 구분하여 관리하여야 한다(법 제201조 ①항).

(2) 물품의 기록 유지 의무

운영인은 종합보세구역에 반입된 물품을 종합보세구역 안에서 이동·사용 또는 처분을 하는 때에는 장부 또는 전산처리장치를 이용하여 그 기록을 유지하여야 한다. 이 경우 기획재정부령이 정하는 물품에 대하여는 미리 세관장에게 신고하여야 한다(동조 ③항).

2. 운영인의 설비, 장비 등의 유지

운영인은 대통령령이 정하는 바에 의하여 종합보세기능의 수행에 필요한 시설 및 장비 등을 유지하여야 한다(법 제202조 ①항).

3. 보수작업

종합보세구역에 장치된 물품에 대하여 보수작업을 하거나 종합보세구역 밖에서 보세작업을 하고자 하는 자는 대통령령이 정하는 바에 의하여 세관장에게 신고하여야 한다(법 제202조 ②항). 이 경우 담보제공·반출검사 등에 관하여 제187조의 규정을 준용한다(동조 ③항).

즉, 보수작업을 하거나 종합보세구역 밖에서 보세작업을 하고자 하는 경우 해당 물품에 관한 담보제공, 반출검사 등에 관하여는 제69조(보수작업), 제100조(보세공장 외 작업허가) 및 제103조(보세공장에서의 보수작업)의 규정을 준용한다(법 제116조의 8 ③항).

Ⅴ. 종합보세구역에 대한 세관의 관리

1. 출입통제 및 물품검사

세관장은 관세채권의 확보, 감시·단속 등 종합보세구역의 효율적인 운영을 위하여 종합보세구역에 출입하는 인원, 차량 등의 출입을 통제하거나 휴대 또는 운송하는 물품을 검사할 수 있다(법 제203조 ①항).

2. 검사 및 보고

세관장은 종합보세구역에 반입·반출되는 물품의 반입·반출 상황, 그 사용 또는 처분내역 등을 확인하기 위하여 제201조 ③항의 규정에 의한 장부나 전산처리장치를 이용한 기록을 검사 또는 조사할 수 있으며, 운영인으로 하여금 업무실적 등 필요한 사항을 보고하게 할 수 있다(동조 ②항).

3. 시설설치 등의 요구

관세청장은 종합보세구역 안에 있는 외국물품의 감시·단속에 필요하다고 인정되는 때에는 종합보세구역의 지정을 요청한 중앙행정기관의 장이나 지방자치단체의 장에게 보세화물의 불법유출, 분실, 도난방지 등을 위한 시설의 설치를 요구할 수 있다. 이 경우 관계중앙행정기관의 장 또는 지방자치단체의 장은 특별한 사유가 없는 한 이에 응하여야 한다(동조 ③항).

4. 긴급공매 해당물품의 매각

세관장은 종합보세구역에 장치된 물품 중 제208조 ①항 단서의 규정에 해당되는 물품은 동조의 규정에 의하여 이를 매각할 수 있다(법 제201조 ②항).

Ⅵ. 긴급공매 해당물품의 매각

1. 지정취소

관세청장은 종합보세구역에 반입·반출되는 물량의 감소, 기타 대통령령이 정하는 다음 각호의 1에 해당하는 사유로 인하여 종합보세구역을 존속시킬 필요가 없다고 인정되는 때에는 종합보세구역의 지정을 취소할 수 있다(법 제204조 ①항)(영 제218조 ①항).

① 종합보세구역의 지정요청자가 지정취소를 요청한 경우
② 종합보세구역의 지정요건이 소멸한 경우

2. 기능중지

세관장은 종합보세사업장의 운영인이 다음 각호의 1에 해당하는 때에는 운영인의 종합보세기능의 수행을 중지시킬 수 있다(법 제204조 ②항).

① 1년 동안 계속하여 외국물품의 반입·반출실적이 없는 경우
② 운영인이 법 제202조의 ①항의 규정에 의한 설비유지 의무에 위반한 경우

Ⅶ. 타 보세구역과의 차이점

종합보세구역은 지정 및 설치·운영 신고절차, 수행하는 기능면에서 다음과 같은 차이가 있다.[13]

1. 기능과 설치·운영 신고

지정보세구역이나 특허보세구역이 종류별로 각각 하나의 기능만을 수행하는 데 비해 종합보세구역은 동일 장소에서 특허보세구역의 6가지 기능을 복합적으로 수행할 수 있으며, 종류별로 별도의 지정 및 설치·운영에 관한 특허를 받아야 하는 지정 및 특허보세구역에 비하여 종합보세구역은 한 번의 설치·운영 신고만 하면 된다.

13) 여주호, 전게서, pp. 656~657.

2. 장치기간 및 설치·운영 기간

종합보세구역은 장치기간 및 설치·운영 기간의 제한이 없고, 가능한 물품이동에 대한 세관신고가 생략되며, 지정 및 특허보세구역에서 승인 또는 허가를 받아야 하는 보수작업 및 역외작업이 종합보세구역에서는 신고만으로 가능하다는 점이 다른 보세구역과의 또 다른 차이점이다.

3. 수수료 징수

종합보세구역은 외국인 투자유치, 수출증대 및 물류촉진에 기여할 목적으로 지정되는 보세구역이므로 종합보세구역 지정이나 종합보세사업장 설치·운영신고에 있어 특허보세구역의 특허신청 수수료나 설치·운영 수수료를 징수하지 않는다.

제 7 절 유치 및 처분

Ⅰ. 유치 및 예치

1. 유 치

(1) 의 의

여행자 또는 우리나라와 외국을 왕래하는 운수기관에 종사하는 승무원의 휴대품으로서 필요한 허가·승인·표시, 기타 조건이 구비되지 아니한 것은 세관장이 이를 유치할 수 있다(법 제206조 ①항).

여기서 유치란 휴대품의 수출입 통관을 일시 보류하고 세관장에게 관리하는 장소에 그 물품을 보관하는 것을 말한다. 통관이 보류되는 경우는 일반적으로 법령에서 정한 요구조건을 구비하지 못한 경우들이 여기에 해당한다.

(2) 유치사유

㈎ 수출입의 허가 등을 받지 못한 경우

상품견본이나 여행자 휴대품 및 발송품 등 이른바 수출입특례 해당물품은 수출입허가나 승인이 필요없지만 고가품이거나 수량이 과다하면 세관장이 견품이나 휴대품 등으로 인정할 수 없어 관계기관의 수출입추천 등을 요구하게 되는데, 이러한 허가(승인)나 추천을 받지 못하면 유치가 된다.

(나) 법령에서 요구하는 조건서류를 구비하지 못하는 경우

세관장이 휴대품으로 인정하는 범위 내의 물품이라 하더라도 특별법에서 필요한 허가나 승인을 갖춘 경우에만 수입을 허용하고 있는 경우에는 그 허가나 승인을 받지 못하면 유치가 되는 것이다.

예를 들면 엽총은 행자부장관의 수입허가가 있어야 수입허가가 가능하고, 동식물에 대하여는 검역관계법에 의하여 검역을 필하였다는 증명서를 제시하여야 통관이 되며, 이러한 수입허가나 검역필증이 없으면 통관이 보류되어 유치된다.

(다) 통관은 가능한 물품이나 관세 등을 납부하지 않아서 유치하는 경우

휴대품인 경우 그 물품에 부과되는 관세 등 제세를 납부하지 않아서 수입신고를 못하는 경우가 많고, 현장에서 과세가격 등을 결정하지 못하여 현장에서 세액을 산출하지 못하는 경우에는 일시적으로 유치한 후 과세가격 등을 조사, 세액을 산출, 납세하게 하여 수입통관을 하게 한다.

실제적으로 이와 같이 현장에서 세액산출이 즉시 되지 않아 유치되는 경우가 가장 많다.

이러한 유치물품에 대하여 구비조건인 수입허가서나 추천을 받은 경우 또는 고지된 관세 등을 납부하는 등으로 유치사유가 해소되면 유치를 해제하여 통관할 수 있으며, 만약 국내로의 통관이 불가하여 외국으로 반송하는 경우에도 유치를 해제할 수 있다(법 제206조 ②항).

2. 예 치

(1) 의 의

여행자 또는 우리나라와 외국을 왕래하는 운수기관에 종사하는 승무원의 휴대품으로서 수입할 의사가 없는 물품은 세관장에게 신고하여 일시 예치시킬 수 있다(법 제206조 ③항). 예치기간은 6개월의 범위 안에서 관세청장이 정한다.

즉, 예치란 우리나라를 일시 여행하는 자가 그의 휴대품을 입국지 세관에 일시 보관해두는 것을 말한다. 따라서, 예치는 수입할 의사가 없는 물품의 일시보관이라는 점에서 수출 또는 수입의 통관을 목적으로 한 휴대품을 수출입의 허가 등 조건을 갖추지 못하여 유보되는 유치와 다르다.

(2) 물품의 유치·예치 및 해제절차

세관장이 물품을 유치 또는 예치한 때에는 해당 물품의 포장종류·개수·품명·규격·수량·유치 또는 예치사유와 보관장소를 기재한 유치증 또는 예치증을 교부하여야

한다(영 제219조 ①항).

그리고 유치물품을 수입허가 등의 구비조건을 갖추어 통관하기 위하여 유치를 해제하거나 출입할 때 예치물품의 반환을 받고자 하는 자는 유치증 또는 예치증 세관장에게 제출하고 물품을 인도하여야 한다(영 제219조 ②항).

(3) 유치 또는 예치물품의 관리

㈎ 보관 및 관리

유치 또는 예치된 휴대품은 지정장치장, 즉 세관구내 창고에 보관하며, 세관장이 지정하는 화물관리인(관우회)이 관리하고, 여기에 따른 경비료 등을 화주가 부담하게 된다.

그러나 보관물품 중 화폐류·유가증권·귀금속 등은 한국은행에 보관을 의뢰하거나, 세관의 물품출납 공무원이 보관하기도 한다.

㈏ 장치기간 및 매각

유치물품은 신속한 반출촉구를 위하여 장치기간은 1월로 하되, 여행자 휴대품검사요령에 의거 반송을 제한하는 경우에는 반송제한기간에 1월을 가산한 기간으로 하고, 예치물품의 장치기간은 예치증에 기재된 출국예정시기에 1월을 가산한 기간으로 하고 있다(보세화물장치기간 및 체화관리 고시 제3조 ③항).

이러한 장치기간이 경과될 때까지 그 물품을 수출·수입·반송하지 않으면 장치기간 경과물품의 매각규정(법 제208조~212조)에 의거 매각하고, 매각대금 중 세액 등에 충당하고 남은 잔액은 일정기간 보류하였다가 화주에게 교부하며 매각되지 않은 물품은 국고에 귀속된다.

또 유치·예치된 물품이 생명이나 재산을 해할 우려가 있는 등 특정한 경우에는 장치기간이 경과하지 않더라도 세관장은 이를 폐기할 수 있다.

㈐ 반출통고

유치 및 예치물품은 별도 반출통고하는 불편이 없도록 유치할 때나 예치한 경우에 반출통고되도록 하고 있는데, 유치서나 예치서에 기재된 장치기간이 경과될 때까지 수출·수입 또는 반송하지 않을 때에는 관세법의 규정에 의하여 체화공매를 하게 된다는 요지를 통고하고 있다(법 제207조 ③항).

Ⅱ. 체화물품의 처리

1. 의 의

세관장은 보세구역에 반입한 외국물품이 장치기간을 경과한 때에는 공고한 후 매각할 수 있다(법 제208조 ①항). 여기서 체화물품이란 장치기간이 경과한 물품을 말한다.

외국으로부터 우리나라에 도착된 수입화물은 부두를 포함한 보세구역을 경유하게 되는데 이런 보세구역에 수입물품이 장기간 방치될 경우 다른 정상 수출입화물의 물류흐름을 저해하고, 관세징수에도 차질을 초래할 수 있다. 따라서, 보세구역에 장기간 방치된 이러한 수입화물을 처분함으로써 물류원활화를 도모하고 관세징수권을 확보하며, 보세구역의 활용효율을 높이기 위해서 체화처분제도를 운영하고 있다.

또한, 보세구역에 장치되어 있는 외국물품이 사람의 생명을 해할 우려가 있는 등의 사유가 있을 때에는 그 외국물품을 폐기처분할 수 있다.

2. 보세장치화물의 매각

(1) 의 의

세관장은 보세구역에 반입한 외국물품이 장치기간을 경과한 때에는 해당 물품을 공고한 후 매각할 수 있다(법 제208조 ①항 본문). 매각대상은 ① 보세구역 장치물품 ② 보세구역 외 장치된 물품 ③ 여행자 승무원 휴대품 유치 및 예치품으로서 장치기간이 경과한 물품이다.

> ◈ **인터넷을 통한 매각제도 신설**(2001년 개정관세법)
>
> 장치기간 경과물품을 사이버몰(Cybermaill) 등 인터넷을 통하여도 매각할 수 있도록 보완하여 새로운 행정수요에 대처하고, 절차간소화 등 관세행정 선진화를 도모하였다.
>
> 이는 종전 보세구역(보세창고 등) 반입 후 장치기간(6월~2년)이 경과하여도 수입통관을 하지 않는 물품은 세관장이 직접 매각하거나, 자산관리공사 또는 보훈복지공단 등으로 하여금 매각을 대행토록 하고 있었으나 2001년부터는 매각대행기관으로 인터넷 경매공단(Cybernaill)을 통하여도 매각할 수 있도록 하여 시간과 경비절감을 도모함과 동시에 매각의 신속·효율화를 꾀하고자 하는 것이다.

(2) 매각절차

㈎ 반출통고

세관장은 장치기간 경과물품을 매각하는 경우 그 물품의 화주나 반입자·그 위임을 받은 자 또는 제2차 납세의무자에 대하여 통고일로부터 1월 내에 수출·수입 또는 반송될 것을 통고하여야 한다(법 제209조 ①항). 화주 등이 분명하지 않거나 그 소재 등이 불명하여 통고를 할 수 없을 때에는 공고로서 이에 갈음할 수 있다(동조 ②항).

(나) 매각공고

세관장은 매각을 할 때에는 매각물건 · 매각수량 · 매각예정가격 등을 매각 개시 10일에 공고하여야 한다(법 제210조 ⑦항).

(다) 긴급공매

다음 물품을 대하여는 장치기간 경과 전이라도 공고할 매각을 할 수 있으며(법 제208조 ①항 단서) 급박하여 공고할 여유가 없을 때에는 매각한 후 공고할 수 있다(법 동조 ②항).

① 살아있는 동식물
② 부패하거나 부패할 우려가 있는 것
③ 창고나 다른 외국물품을 해할 우려가 있는 것
④ 기간경과로 사용할 수 없게 되거나 상품가치가 현저히 감소할 우려가 있는 것
⑤ 관세청장이 정하는 물품 중 화주의 요청이 있는 물품

그림 10-1 체화물품의 매각절차

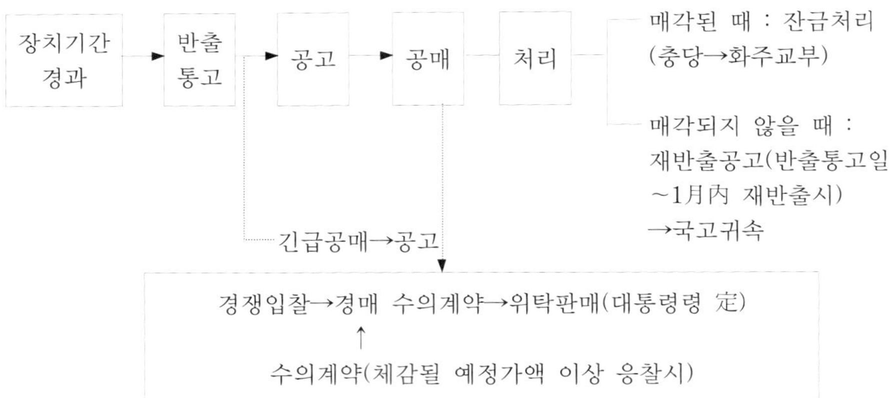

(3) 매각방법

장치기간 경과물의 매각은 일반경쟁입찰, 지명경쟁입찰, 수의계약, 경매 및 위탁판매에 의해야 한다(법 제210조 ①항).

㈎ 경쟁입찰

1) 개 요

경쟁입찰에 의한 매각시 매각되지 아니한 경우 5일 이상의 간격을 두어 다시 입찰을 붙일 수 있으며 그 예정가격은 최초 예정가격의 100분의 10 이내의 금액을 입찰시마다 체감할 수 있다. 이 경우 체감될 예정가격 이상의 응찰자가 있을 때에는 그 금액으로 수의계약을 할 수 있다(법 제210조 ②항).

2) 예정가격의 체감

예정가격의 체감은 제2회 경쟁입찰 때부터 하되, 그 체감 한도액은 최초예정가격의 100분의 50으로 한다. 다만, 관세청장이 정하는 물품을 제외하고는 최초예정가격을 기초로 하여 산출한 세액 이하의 금액으로 체감할 수 없다(영 제222조 ①항).

㈏ 수의계약

1) 대 상

일정사유에 해당되어 경쟁입찰의 방법에 의하여 매각할 수 없는 때에는 경매 또는 수의계약에 의하여 매각할 수 있으며, 그 사유는 다음과 같다(법 제210조 ③항) (영 제222조 ⑨항).

㉠ 2회 이상 경쟁입찰에 붙어도 매각되지 아니한 때

㉡ 다음과 같이 매각물품을 성상・용도 등에 따라 경쟁입찰의 방법에 의하여 매각할 수 없는 때

- 부패, 손상, 변질 등의 우려가 현저한 물품으로서 즉시 매각하지 아니하면 상품가치가 저하할 우려가 있을 때
- 물품의 매각 예정가격이 50만원 미만일 때
- 경쟁입찰방법에 의하여 매각함이 공익에 반하는 때

2) 예정가격의 결정과 참가 제한

수의계약을 체결하지 못하고 재입찰에 붙인 때에는 직전 입찰에서 최고응찰가격을 다음 회의 예정가격으로 한다(영 제222조 ③항). 수의계약을 할 수 있는 자로서 그 체결에 응하지 아니하는 자는 해당 물품에 대한 차회 이후의 경쟁입찰에 참가할 수 없다(영 제222조 ④항).

㈐ 경 매

경매란 물품을 매수할 청약자에게 구두 등으로 순차, 매수 신청하는 것을 말한다. 경매절차를 관여하는 국세징수법을 준용한다(법 제210조 ⑥항).

(라) 위탁판매

1) 다음에 해당하는 물품은 위탁판매 방식에 의하여 매각할 수 있다(법 제210조 ④항).

㉠ 경매 또는 수의계약에 의하여 매각되지 아니한 물품

㉡ 대통령령이 정하는 다음의 물품(영 제222조 ⑤항)

· 부패하거나 부패의 우려가 있는 물품 · 기간경과로 실용가치가 없어지거나 현저히 감소할 우려가 있는 물품 · 공매하는 경우 매각의 효율성이 저하되거나 공매에 전문지식이 필요하여 직접 공매하기에 부적합한 물품

2) 판매가격

매각할 물품의 예정가격의 산출방법과 위탁판매에 관한 사항은 다음과 같이 대통령령이 정하고, 경매절차에 관하여는 국세징수법을 준용한다(법 제210조 ⑥항)(영 제222조 ⑥항).

㉠ 위탁판매하는 경우에 그 판매가격은 해당 물품의 최초예정가격(단, 상기의 시행령으로 지정한 물품(영 제222조 ⑤항 물품)은 관세청장이 정하여 산출한다)

㉡ 기타 매각한 물품의 예정가격과 매각된 물품의 과세가격은 관세청장이 정하는 바에 의하여 산출한다.

(4) 매각대금의 처리

(가) 매각대금의 제세충당

세관장은 매각대금 중에서 물품매각 비용 · 관세 및 제세순으로 필요한 금액을 충당하고 잔금이 있을 때에는 화주에게 교부한다(법 제211조 ①항).

(나) 매각된 물품의 과세가격

매각된 물품에 대한 과세가격은 제30조 내지 제35조의 규정에 불구하고 그 물품의 최초예정가격을 기초로 하여 과세가격을 산출한다(법 제210조 ⑤항).

(다) 매각대금의 잔금처리

1) 질권자, 유치권자의 물품인도의무

매각된 물품에 대한 질권자 또는 유치권자는 다른 법령의 규정에 불구하고 그 물품을 매수인에게 인도하여야 한다(법 제208조 ③항).

2) 잔금교부방법

① 권리증명 서류의 제출

매각하는 물품에 대한 질권자 또는 유치권자는 해당 물품을 매각한 날로부터 1월 내에 그 권리를 증명하는 서류를 세관장에게 제출하여야 한다(법 제211조 ②항).

② 질권자, 유치권자에 대한 교부

매각한 물품에 대한 질권자 또는 유치권자가 있을 때에는 그 잔금을 화주에게 교부하기 전에 그 질권 또는 유치권에 의하여 담보된 채권의 금액을 질권자 또는 유치권자에게 교부한다(동조 ③항).

3) 배분 순위 및 금액

질권자 또는 유치권자에게 공매대금의 잔금을 교부할 경우 그 잔금액이 질권 또는 유치권자에 의하여 담보된 채권액에 미달하고 교부받을 권리자가 2인 이상인 때에는 세관장은 민법, 기타 법령의 규정에 의하여 배분할 순위와 금액을 정하여 배분하여야 한다(동조 ④항).

㈑ 잔금교부의 보류

매각대금을 제세에 충당하고 질권자나 유치권자에게 해당 채권액을 교부하고 남은 잔금을 화주에게 교부함에 있어서는 관세청장이 정하는 바에 의하여 그 교부를 일시 보류할 수 있다(법 제211조 ⑤항).

㈒ 잔금처리의 대행

매각대행기관이 매각을 대행한 경우 세관장이 매각대금의 잔금처리는 매각대행기관이 이를 대행할 수 있다(법 제211조 ⑥항).

(5) 매각의 제한과 대행

㈎ 매각의 제한

매각규정에 의하여 매각한 물품으로 다음 각호의 1에 해당하는 물품은 수출하거나 외화를 받고 판매하는 것을 조건으로 매각한다. 다만, 제②항 물품으로서 관세청장이 필요하다고 인정하는 물품은 주무부장관 또는 주무부장관이 지정하는 기관의 장과 협의하여 수입하는 것을 조건으로 판매할 수 있다(영 제222조 ⑧항).

① 법률에 의하여 수입이 금지된 물품

② 기타 관세청장이 지정하는 물품

㈏ 매각업무의 대행

세관장은 매각을 함에 있어 다음 각호의 1에 해당하는 경우에는 대통령령이 정하는 기관('매각대행기관')으로 하여금 이를 대행하게 할 수 있다(법 제208조 ④항).

① 신속한 매각을 위하여 사이버몰 등에서 전자문서를 통하여 매각하고자 하는 경우

② 매각에 전문지식이 필요한 경우

③ 기타 특수한 사정이 있어 직접 매각하기에 적당하지 아니하다고 인정하는 경우

매각대행기관이 매각을 대행하는 경우(매각대금의 잔금처리를 대행하는 경우를 포함)에는 매각대행기관의 장을 세관으로 본다.

Ⅲ. 보세장치화물의 국고귀속

1. 국고귀속의 의의

장치기간이 경과한 외국물품 또는 타소장치물품 등을 매각하려고 공매에 붙였으나 매각되지 않는 경우에 장치장소에서 그 물품을 반출할 수 있는 기회를 다시 한 번 부여하고 그래도 반출되지 않을 때에는 부득이 국민의 사유재산권이 다소 제한되더라도 그 물품의 소유권을 국고에 귀속시킬 수 있다.

2. 국고귀속 대상

세관장은 매각절차에 의하여 처분되지 아니한 다음 외국물품은 국고귀속절차를 거쳐 국고귀속시킬 수 있다.

① 보세구역의 장치물품

② 타소 장치된 것으로서 다음에 해당하는 물품

㉠ 수출신고가 수리된 물품 ㉡ 거래 중량, 기타 사유로 보세구역에 장치하기 곤란하거나 부적당한 물품 ㉢ 재해, 기타 부득이한 사유로 임시 장치한 물품 ㉣ 검역물품

③ 여행자 · 승무원의 휴대품으로서 수출입요건을 구비하지 않아 유치된 물품

④ 여행자 · 승무원의 휴대품으로서 수입할 의사가 없어 일시 예치한 물품

3. 국고귀속 절차

세관장은 경쟁입찰 · 경매 또는 수의계약 · 위탁판매 등에 의하여 처분되지 아니한 물품에 대하여는 그 물품의 화주 등에 대하여 장치장소로부터 지체 없이 반출할 것을 통고하여야 한다(법 212조 ①항).

Ⅳ. 보세장치화물의 폐기

1. 의 의

세관장은 보세구역에 장치된 물품 등이 부패하거나 사람의 생명을 해할 우려가 있는 등 특별한 사유가 있을 때에는 그 물품의 장치기간에도 불구하고 폐기처분할 수 있다(법 제160조 ④항 단서).

2. 폐기대상

세관장은 다음에 해당하는 물품이 사람의 생명을 해할 우려가 있는 등 특별한 사유가 있을 때에는 폐기처분할 수 있다.

① 보세구역의 장치물품

② 타소 장치된 것으로서 다음에 해당하는 물품

㉠ 수출신고가 수리된 물품 ㉡ 거래중량, 기타 사유로 보세구역에 장치하기 곤란하거나 부적당한 물품 ㉢ 재해, 기타 부득이한 사유로 임시 장치한 물품 ㉣ 검역물품

③ 여행자·승무원의 휴대품으로서 수출입조건을 구비하지 않아 유치된 물품

④ 여행자·승무원의 휴대품으로서 수입할 의사가 없어 일시 예치한 물품

3. 폐기사유

세관장은 보세구역에 장치된 물품 등이 다음에 해당하는 것은 화주 등에게 이를 반송 또는 폐기할 것을 명하거나 화주 등에게 통고한 후 이를 폐기할 수 있다. 다만, 급박하여 통고할 여유가 없을 때에는 폐기한 후 즉시 통고하여야 한다(법 제160조 ④항 단서).

① 사람의 생명이나 재산을 해할 우려가 있을 물품

② 부패 또는 변질한 물품

③ 실용시효가 경과한 물품

④ 상품가치를 상실한 물품

⑤ 제①호 내지 제④호에 준하는 물품으로서 관세청장이 정하는 물품

4. 폐기절차

세관장은 보세구역 장치물품 등 전술한 폐기사유에 해당하는 경우에는 그 화주 등에게 해당물품을 반송 또는 폐기할 것을 명하는 통고를 하여야 한다. 이러한 통고를 함에 있어 화주 등의 주소 및 거소가 불명하거나 기타 사유로 인하여 통고할 수 없을 때에는 공고로써 이를 갈음할 수 있다(법 제160조 ⑤항).

5. 폐기비용

세관장이 폐기하거나 화주 등이 폐기 또는 반송한 경우에는 그 비용은 화주 등이 부담한다(법 제160조 ⑥항).

표 10-6 보세구역의 종류

장치기간 경과 전 매각사유	폐기사유
· 살아있는 동식물 · 부패하거나 부패할 우려가 있는 것 · 기간의 경과로 실용가치가 없어지거나 · 현저히 감소할 우려가 있는 것 · 화주의 요청이 있는 것	· 사람의 생명 · 재산을 해할 우려가 있는 물건 · 부패 또는 변질한 물품 · 실용시효가 경과한 물품 · 상품가치를 상실한 물품

기출문제

1. 보세제도의 설치목적에 대하여 설명하시오(관세사, 81년).
2. 보세구역의 종류와 특성에 대하여 논하시오(관세사, 85년).
3. 타소장치에 대하여 설명하시오(관세사, 87번).
4. 원료과세에 대하여 설명하시오(관세사 83, 89년).
5. 국고귀속에 대하여 설명하시오(관세사, 93년).
6. 보세건설장에 대하여 설명하시오(관세사, 98년).

예상문제

1. 논술형
   - 수출지원과 관련된 보세제도와 그 유사제도
   - 관세법상 보세운송을 설명하고, 보세운송업자의 등록제도

· 관세법상 종합보세제도와 타 보세제도의 차이점
· 종합보세구역과 특허보세구역을 비교 설명
· 보세운송제도의 문제점 및 개선점
· 선박 · 항공기 등 관세법상 운송수단에 대한 관리
· 관세법상 국고귀속
· 자율관리 보세구역
· 종합보세구역의 설치 · 운영에 관하여 논하라.
· 관세법상 수출지원제도의 일환인 자유무역지역, 관세자유지역에 대하여 논하라.

2. 서술형

· 보세구역과 관련된 통칙적 법적 규제
· 지정보세구역의 지정과 그 종류
· 특허보세구역과 그 종류
· 특허보세구역의 설치 · 운영에 관한 특허와 특허취소
· 보세공장제도의 배경 및 그 종류별 기능
· 보세구역 장치기간 경과물품에 대한 처리방법 및 절차
· 내수용 보세공장과 지정공장의 비교

3. 약술형

· 개항과 불개항
· 외국물품의 일시양륙
· 관세통로
· 내국운송
· 관세자유지역
· 자유무역지역
· 자율관리보세구역
· 보세사
· 지정장치장
· 보세창고
· 보세건설장
· 보세판매장
· 내수용 보세공장

제 11 장 통관 및 수출입물품의 관리

제 1 절 통관 및 통관절차

Ⅰ. 통관제도의 개요

1. 통관의 의의와 목적

(1) 통관의 의의

통관(Customs Clearance)이란 세관(customs house)을 통과하는 것을 의미하는 바, 통관이 화물의 이동 즉, 수출입에 관한 국가의 규제 사항을 서류 및 현물과 대조 확인하는 것이라면, 통관절차란 이러한 확인 절차를 의미한다.

화물의 국가간 이동에는 국가마다 여러 가지 규제를 가하고 있고, 각국은 이러한 규제내용을 세관이라는 관문을 통하여 실현시키고 있다.

우리나라도 국제수지의 균형과 국민경제발전을 위하여 대외무역법, 외국환거래법, 관세법, 수출입관련법 등에 따라 무역에 관한 규제 사항을 두고 있으며, 이러한 규제 내용을 세관에서 실제로 확인, 집행하는 제도가 통관제도이다.

관세법상 통관이란 '관세법에서 규정한 절차를 이행하여 수출 · 수입 및 반송하는 것을 말한다'라고 규정하고 있으므로 통관은 수출입하고자 하는 물품이 관세법상의 제반 절차 즉, 세관에 수출 · 수입 · 반송의 신고를 하고 법령규제사항을 세관에서 확인 후 신고수리를 하는 일련의 과정을 말한다.

(2) 통관의 목적

통관제도는 수출입되는 물품에 대하여 관세, 내국세 등 제세를 부과 징수하여 재정수입을 확보하는 것 외에 국가정책상 필요한 각종의 규제사항에 대한 실효성 확보에도 그 목적이 있다.

Tip 무역절차와 통관관계

수출입통관은 무역과 밀접한 연관관계가 있다. 통관이 무역의 완성이나 무역비용의 절감, 국제물류의 원활한 이행과 깊은 관련이 있듯 여타 무역과정도 통관과 밀접한 관련이 있다.

무역은 수출상과 수입상이 계약조건에 따라 행해지는 것이나 무역의 각 과정에 참여하는 주체는 상당히 다양하다.

이러한 주체들이 원활하고 효율적인 업무처리를 원한다면 각 과정의 단위업무뿐 아니라 통관을 포함한 무역과정 전반에 대한 종합적이고 체계적인 이해가 필요하다. 무역의 흐름과 통관의 연계과정을 요약하면 [그림 11-1]과 같다.

2. 통관의 대상

무역거래에서 통관의 대상이 되는 것은 물품인데, 원칙적으로 외국으로부터 우리나라에 도착된 물품으로 수출신고가 되기 전의 것과 수출신고가 된 물품, 즉 외국물품을 말한다.

관세행정상으로 모든 물품을 외국물품과 내국물품으로 구분한다.

(1) 외국물품

관세법에서 외국물품이란 외국으로부터 우리나라에 도착된 물품(외국의 선박 등에 의하여 공해에서 채포된 수산물을 포함)으로서 수입신고가 수리되기 전의 것과 수출신고가 수리된 물품을 말한다.

◈ **외국물품**(원칙)
- 외국으로부터 우리나라에 도착된 물품으로서 수입신고 수리되기 전의 것(외국선박에 의해 공해에서 채포된 수산물 등 포함)
- 수출신고가 수리된 물품

◈ **외국물품 의제**(외국물품으로 간주하는 사항)
- 보세공장에서 외국물품과 내국물품을 원재료로 혼합하여 작업을 하여 생긴 제품
- 보세구역 내에서 보수작업의 결과 외국물품에 부가된 내국물품
- 관세환급을 목적으로 보세공장 또는 자유무역지역에 반입한 물품

그림 11-1 무역절차와 통관

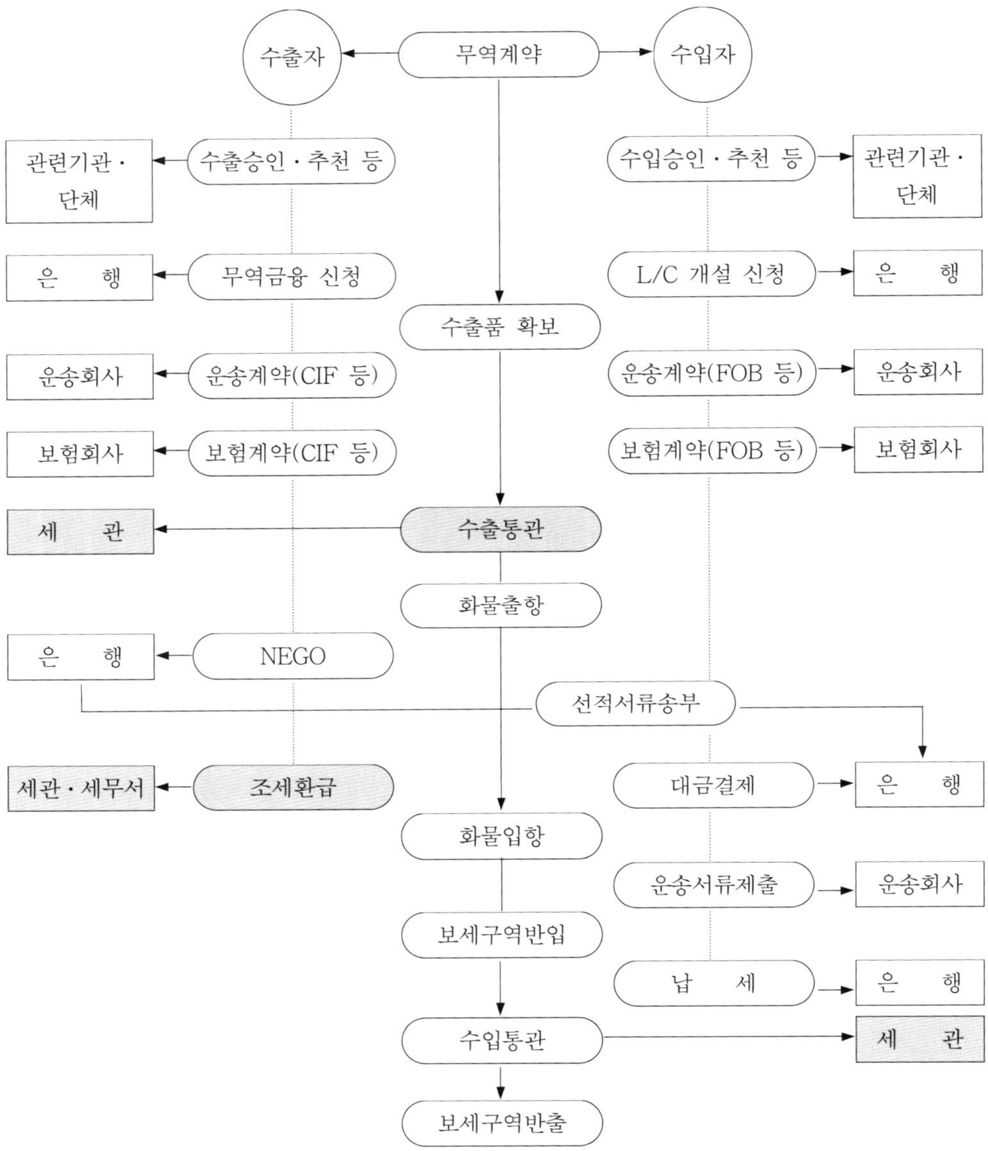

(2) 내국물품

관세법에서 내국물품이란 우리나라에 있는 것으로 외국물품이 아닌 것과 우리나라의 선박 등에 의하여 공해에서 채포된 수산물 등 및 입항 전 수입신고가 수리된 물품 등을 말한다.

◈ 내국물품(원칙)
- 우리나라에 있는 물품으로 외국물품이 아닌 것(우리나라 선박에 의해 공해에서 채포된 수산물 등 포함)
- 입항 전 수입신고가 수리된 물품

◈ 내국물품 의제(내국물품으로 간주하는 사항)
- 우리나라에 있는 물품으로 외국물품이 아닌 것(우리나라 선박에 의해 공해에서 채포된 수산물 등 포함)
- 입항 전 수입신고가 수리된 물품

◈ 내국물품
- 매각된 물품
- 체신관서가 수취인에게 교부한 우편물
- 국고에 귀속된 물품
- 통고처분으로 납부된 물품
- 몰수된 물품
- 몰수에 갈음하여 추징된 물품
- 보세구역에 반입된 물품을 검사상 필요에 의해 사용 소비한 견품
- 수입신고 수리 전 반출승인을 얻은 물품
- 수입신고 전 반출신고를 하고 반출된 물품

3. 통관의 기능

(1) 수출입관련법령의 실효성 확보

신고를 받은 세관장이 신고사항 및 현품이 부합하는지의 여부와 물품의 수출입 등과 관련하여 제반 법규정을 충족하였는지의 여부를 확인한 후 수출입 등을 현실적으로 가능하도록 함으로써 수출입관련법령의 실효성을 확보한다.

(2) 재정수입의 확보

수출입되는 물품에 대하여 통관이라는 과정을 거치게 함으로써 관세법 및 내국세법

에서 관세 및 내국세를 납부하도록 규정한 물품에 대하여 관세 및 내국세 등을 부과 징수함으로써 국가의 재정수입을 확보하는 기능이 있다.

4. 통관의 형태

(1) 대상물품의 성질과 이동경로에 따른 분류

통관은 대상물품의 성질과 이동경로에 따라 수출통관, 수입통관, 반송통관으로 구분할 수 있다.

① 수입통관 - 물품이 외국에서 국내로 이동하는 경우의 통관

② 수출통관 - 물품이 국내에서 외국으로 이동하는 경우의 통관

③ 반송통관 - 외국물품이 국내에 이동을 했다가 외국물품 상태대로 다시 외국으로 이동하는 경우의 통관

(2) 대금결재방식에 따른 분류

① 유환통관 - 수입한 물품의 소유권 이전에 대한 대금을 결재하는 방식에 의한 통관(일반 수입물품)

② 무환통관 - 수입한 물품의 대금을 결재하지 않는 방식에 의한 통관(별송품, 탁송품, 여행자 휴대품)

(3) 통관절차의 편의도에 따른 분류

① 일반(정식)통관 - 관세법상 규정된 제반절차를 정식으로 거쳐 통관하는 것을 말한다(일반 수입물품).

② 간이통관 - 통관절차의 일부를 생략하고 간이한 방법으로 통관하는 것을 말한다(예 : 우편물, 여행자휴대품, 이사화물 등).

Ⅱ. 통관절차의 개요

1. 통관절차의 의의

통관절차는 수출, 수입, 반송에 관한 국가 규제사항을 서류 및 현품과 대조를 확인하는 절차를 말하는데, 크게 협의 통관절차와 광의의 통관절차로 구분할 수 있다.

첫째, 협의의 통관절차란 수출입하고자 하는 물품이 수출입신고로부터 수출입신고수리에 이르기까지 일련의 절차만을 의미한다.

둘째, 광의의 통관절차는 수출입하고자 하는 물품을 보세구역 등에 물품을 장치한 후 수출입신고를 하고 수출입신고수리를 받아 보세구역 등으로부터 물품을 반출하기까지

의 일련의 절차를 말한다.

Tip 통관시 적용되는 법령과 조약

수출입물품의 통관에 있어 기본이 되는 법률은 관세법이다. 관세법은 국회에서 제정된 법률이고, 그 아래 행정부의 법규명령으로 대통령령인 관세법시행령, 기획재정부령인 관세법시행규칙, 그리고 기획재정부장관과 관세청장이 행정규칙으로서 정한 각종 고시, 훈령, 예규, 통첩 등이 있다. 이들은 모두 관세법령으로서 통관시에 적용된다. 법학계의 다수설에 따르면 행정규칙도 법규로서의 성질을 가지므로 고시, 훈령, 예규, 통첩 등도 당연히 관세법령에 해당하는 것으로 보아야 한다. 통관에는 관세법령 외에도 대외무역법, 외국환거래법 등 다수의 법률과 그 법규명령, WTO협정과 같은 다수의 국제조약도 적용된다. 이들 법률 또는 조약에 의해 수출입이 제한되거나, 통관 또는 과세상의 특혜가 부여되는 것이다. 그러나 말할 것도 없이 통관에 있어 중심이 되는 것은 관세법이다.

2. 통관요건

(1) 허가, 승인 등의 증명 및 확인

㈎ 의 의

수출입에 있어서 법령이 정하는 바에 의하여 허가·승인·표시, 기타 조건의 구비를 요하는 물품은 세관에게 그 허가·승인·표시, 기타 조건을 구비한 것임을 증명하여야 한다(법 제226조 ①항).

㈏ 확인방법의 공고

통관에 있어서 구비조건에 대한 세관장의 확인이 필요한 수출입물품에 대하여는 다른 법령의 규정에 불구하고 그 물품과 확인 방법을 대통령령이 정하는 바에 의하여 미리 공고하여야 한다(동조 ②항). 상기 규정에 의한 증명에 관하여는 제245조 ②항(신고서류의 제출)의 규정을 준용한다(동조 ③항).

(2) 의무이행의 요구

㈎ 의 의

세관장은 다른 법령의 규정에 의하여 수입 후 특정한 용도에의 사용 등 의무를 이행하도록 되어 있는 물품에 대하여는 문서로 해당 의무를 이행할 것을 요구할 수 있다. 의무의 이행을 요구받는 자는 특별한 사유가 없는 한 해당 물품에 대하여 부가된 의무를 이행하여야 한다(법 제227조).

㈏ 의무이행의 면제

수입신고 수리시에 부과된 의무를 면제받고자 한 자는 다음 각호의 1에 해당하는 경우에 한하여 해당 의무이행을 요구한 세관장의 승인을 얻어야 한다(영 제234조).

① 법령이 정하는 허가·승인·추천, 기타 조건을 구비하여 의무이행이 필요하지 아니하게 된 경우

② 법령의 개정 등으로 의무이행이 해제된 경우

③ 관계행정기관의 장의 요청 등으로 부가된 의무를 이행할 수 없는 사유가 있다고 인정된 경우

3. 통관표지

(1) 의 의

세관장은 관세보전을 위하여 필요하다고 인정할 때에는 대통령령이 정하는 바에 의하여 수입하는 물품에 통관표지의 첨부를 명할 수 있다(법 제228조).

(2) 첨부대상 물품

세관장은 다음 각호의 1에 해당하는 물품에 대하여는 관세보전을 위하여 통관표지의 첨부를 명할 수 있다(영 제235조).

① 법에 의하여 관세의 감면 또는 용도세율의 적용을 받는 물품

② 관세의 분할납부 승인을 얻은 물품

③ 부정수입물품과 구별하기 위하여 관세청장이 지정하는 물품

4. 통관의 제한

(1) 수출입의 금지

㈎ 의 의

무역관련 법규에서는 수출입에 관련하여 각각 법의 실효성을 확보하기 위하여 일정한 제한을 하고 있다. 관세법에서는 수출입을 금지하는 품목은 절대적 금지 품목에 해당하며, 대외무역법 등 기타 무역관련법규에서 규제하는 품목은 상대적 금지 품목이라고 할 수 있다. 관세법상 일부 수출입 품목의 금지 목적은 국가의 재정수입 확보나 관세행정 질서유지에 있는 것이 아니라 국가안전, 사회공공의 안전, 통화의 안전등을 확보하려는 데 있다.

㈏ 수출입 금지품목

다음 각호의 1에 해당하는 물품은 수출 또는 수입할 수 없다(법 제234조).

① 헌법질서를 문란하게 하거나 공공의 안녕, 질서 또는 풍속을 해치는 서적·간행물·도화·영화·음반·비디오물·조각물, 기타 이에 준하는 물건
② 정부의 기밀을 누설하거나 첩보활동에 사용되는 물품
③ 화폐·채권, 기타 유가증권의 위조품·변조품 또는 모조품

(다) 수입시 금지품목의 수출입시 제재

① 10년 이하의 징역 또는 2천만원 이하의 벌금에 처한다.
② 몰수할 물품의 전부 또는 일부를 몰수할 수 없는 때에는 물품의 범칙 당시의 국내 도매가격에 상당한 금액을 범인으로부터 추징한다.
③ 벌금과 징역을 병과할 수 있다.
④ 밀수출입죄, 관세포탈죄 등의 죄를 범할 목적으로 그 예비를 한 자와 미수범은 본죄에 준하여 처벌하도록 하고 있다.

(2) 통관물품 및 통관절차와 제한

관세청장 또는 세관장은 감시상 필요하다고 인정할 때에는 통관 및 통관장 또는 특정한 세관에서 통관할 수 있는 물품을 제한할 수 있다(법 제236조).

(3) 통관의 보류

세관장은 다음 각호의 1에 해당하는 경우에는 해당 물품의 통관을 보류할 수 있다(법 제237조).

① 수출·수입 또는 반송에 관한 신고서의 기재사항의 보완이 필요한 경우
② 수출입신고서의 제출서류 등이 미비되어 보완이 필요한 경우
③ 이 법의 규정에 의한 의무사항을 위반하거나 국민보건 등을 해칠 우려가 있는 경우
④ 기타 필요한 사항을 확인할 필요가 있다고 인정하여 다음과 같이 관세청장이 정하는 경우
㉠ 관세범칙 혐의로 조사의뢰한 경우
㉡ 기타 통관심사 결과 신고수리의 요건을 구비하는 데 장시간이 소요되는 경우

5. 지적재산권의 보호

(1) 통관단계의 지적재산권 보호

지적재산권이란 새로운 물질의 발견, 개발, 디자인, 기능, 문학, 미술 등 예술적, 상업적 시장가치를 지니는 창작물에 대한 배타적 소유권으로서 관세법에서는 통관단계에서 상표권, 저작권만을 보호대상으로 규정하고 있다. 또 외국물품 중 원산지가 우리나라로

허위 표시된 물품이 상표권 등을 침해하는 경우나 수출입신고 수리된 물품이 상표권 등을 침해하는 경우 등도 관세법상 행정제재를 가하여 지적재산권을 보호하고 있다(법 제235조).

(2) 보세구역 반입명령

㈎ 의 의

관세청장 또는 세관장은 수출신고가 수리되어 외국으로 반출되기 전에 있는 물품과 수입신고가 수리되어 반출된 물품으로서 이 법의 규정에 의한 의무사항을 위반하거나 국민보건 등을 위해할 우려가 있는 경우에는 해당 물품을 보세구역으로 반입할 것을 명할 수 있으며 반입명령(Recall)을 받은 자는 해당 물품을 지정 받은 보세구역에 반입하여야 한다(법 제238조).

㈏ 반입명령 대상물품

관세청장 또는 세관장은 수출입신고가 수리된 물품이 다음에 해당하는 경우에는 해당 물품을 보세구역으로 반입할 것을 명할 수 있다. 다만, 상기 규정에도 불구하고 해당 물품이 수출입신고가 수리된 후 3개월이 경과되었거나 관련 법령에 의하여 관계행정기관의 장의 시정조치가 있는 경우에는 반입명령 대상에서 제외한다(영 제245조 ①항).

① 원산지 표시가 적법하게 표시되지 아니하였거나 수출입 신고수리 당시와 다르게 표시되어 있는 경우

② 수입 후 의무이행의 요구를 하였으나 이를 이행하지 아니한 경우

③ 지적재산권을 침해한 경우

㈐ 반입절차

1) 반입명령서의 송달

관세청장 또는 세관장이 반입명령을 하는 경우에는 반입대상물품, 반입할 보세구역, 반입사유, 반입기한을 기재한 명령서를 화주 또는 수출입신고자에게 송달하여야 한다(영 제245조 ②항).

2) 명령사항의 공시

관세청장 또는 세관장은 명령서를 받을 자의 주소 또는 거소가 불분명한 때에는 관세청 또는 세관의 게시판 및 기타 적당한 장소에 반입명령사항을 공시할 수 있다. 이 경우 공시한 날부터 2주일이 경과한 때에는 명령서를 받을 자에게 반입명령서가 송달된 것으로 본다(영 제245조 ③항).

3) 물품의 반입

반입명령서를 받은 자는 관세청장 또는 세관장이 정한 기간 내에 반입명령 대상 물

품으로서 명령서에 기재된 물품을 지정받은 보세구역에 반입하여야 한다. 다만, 반입기한 내에 반입하기 곤란한 사유가 있는 경우에는 관세청장 또는 세관장의 승인을 얻어 반입기한을 연장할 수 있다(영 제245조 ④항).

(3) 반입물품의 처리(조치)

㈎ 반송 또는 폐기

세관장은 반입된 물품에 대하여 명령을 받은 자에게 그 물품을 반송 또는 폐기할 것을 명하거나 보완 또는 정정 후 반출하게 할 수 있다. 이 경우 반송 또는 폐기에 소요되는 비용은 명령을 받은 자가 이를 부담한다(영 제245조 ⑤항).

㈏ 반송 또는 폐기의 효과

반입된 물품이 반송 또는 폐기된 경우에는 당초의 수출입신고수리는 취소된 것으로 본다. 상기 규정에 의하여 반송 또는 폐기된 물품에 대하여는 법 제46조(과오납금의 환급) 및 법 제48조(환급가산금) 규정에 준용한다(영 제245조 ⑥, ⑦항).

6. 통관의 예외 적용

(1) 수입으로 보지 아니하는 소비 또는 사용

㈎ 의 의

원칙적으로 수입물품에는 관세를 부과한다. 그러나 물품이 국내에 반입된 것이라고 볼 수 없는 경우나 또는 수입이 이루어졌으나 과세를 하는 것이 불리한 경우가 있다. 이러한 경우에는 수입이 아닌 소비로 규정하여 수입통관절차를 거치지 않고 과세대상에서 제외시키고 있다(법 제239조).

㈏ 수입이 아닌 소비의 유형

외국물품의 소비 또는 사용이 다음의 하나에 해당하는 경우에는 수입으로 보지 아니한다(법 제239조).

① 선용품·기용품 또는 차량용품 등을 운송수단 내에서 그 용도에 따라 소비 또는 사용하는 경우

② 여행자가 휴대품을 관세통로·운송수단에서 소비 또는 사용하는 경우

③ 관세법의 규정에 의하여 인정된 바에 따라 소비 또는 사용하는 경우

(2) 수출입의 의제

㈎ 의 의

원칙적으로 수출입물품은 통관절차를 거친 후에 국내에 반입할 수 있다. 그러나 수출입되는 물품의 특수성과 관세징수의 확보 등 관세법의 목적에 지장이 없는 경우에는 통

관절차를 거치지 않고도 적법한 절차에 의해 수출입신고수리를 받은 것으로 간주하는데 이를 수출입의 의제라고 한다(법 제240조).

㈏ 수입의제

다음 각호의 1에 해당하는 외국물품은 이 법의 규정에 의하여 적법하게 수입된 것으로 보고 관세 등은 따로 징수하지 아니한다(법 제240조 ①항).

① 체신관서가 수취인에게 교부한 우편물
② 이 법에 의하여 매각된 물품
③ 이 법에 의하여 몰수된 물품
④ 밀수출입죄 등에 해당하여 이 법에 의한 통고처분으로 납부된 물품
⑤ 법령에 의하여 국고에 귀속된 물품
⑥ 몰수 규정에 의하여 몰수에 갈음하여 추징된 물품

㈐ 수출 또는 반송의 의제

체신관서가 외국으로 발송한 우편물은 이 법의 규정에 의하여 적법하게 수출되거나 반송된 것으로 본다(법 제240조 ②항).

7. 통관절차의 자동화

(1) 통관절차 자동화의 필요성

무역규모의 증가와 이에 따른 물류비용의 증대 및 국제적인 통관자동화요구 등의 문제를 효율적으로 해결하기 위하여 관세청은 1992년 통관자동화를 위한 마스터플랜을 수립하였다. 마스터플랜은 단순한 관세행정전산화보다는 전체적인 법과 제도의 개선에 역점을 두었다.

통관자동화시스템은 서류 없는 관세행정을 위한 시스템 개발을 전제로 개발되었기 때문에 민원인과 세관간에 서류 대신에 전자문서를 사용하는 EDI 방식을 도입하여 구축되었다.

업무적으로 구분을 하면 수출통관, 수입통관, 수출화물 및 수입화물 시스템으로 구성되었으며, 추가로 관세환급을 위한 관세환급시스템이 있다.

(2) EDI방식에 의한 통관자동화

㈎ EDI에 의한 통관업무의 변화

EDI는 지금까지 종이로 된 문서에 필기구를 사용하여 처리하던 모든 업무를 컴퓨터 화면에 나타나는 전자서류에 키보드를 두드려 처리하는 업무로 바꾸는 것을 말한다. 구매자와 판매자간에는 구매신청서, 계약서, 물품인도서 등의 서류를 주고받으며, 민간과

정부간에는 각종 허가신청서와 허가승인서 등의 서류를 주고 받는데, EDI란 이러한 서류를 컴퓨터를 통해서 주고받으며 종이서류를 전달하는 것을 필요 없게 하는 것이다.

이러한 EDI에 의한 통관자동화에 의하여 통관업무의 변화를 구체적으로 나타내면 다음과 같다.

첫째, 수출업자의 의뢰를 받은 관세사가 자신의 컴퓨터에서 수출입신고서를 작성하여 세관으로 전송하는 키를 누르면 전송이 되는데 이로써 수출입신고서가 세관에 제출되는 것이다.

둘째, 세관직원이 자기 책상의 컴퓨터를 켜고 제출된 신고서가 있는지를 알아보는 키를 몇 개 누르면 신고서가 화면에 나타난다. 그러면 화면에 나타난 신고서 내용을 검토하여 수정사항이 있으면 수정해야 할 부문을 지적하고, 수정사항이 없이 면허하는 경우에는 면허했다는 내용을 입력한 후 관세사에게 보내는 키를 누르면 면허가 되는 것이다.

다시 말해서 세관에서 하는 일 중에서 볼펜으로 기재하는 것이 컴퓨터화면에 키보드로 입력하는 것으로 바뀌고 도장찍는 것이 없어지게 되나 업무의 내용(수출입신고서 심사처리)은 변함이 없다.

컴퓨터로 자료를 입력하고 출력하는 것은 수십 년 전부터 해온 일이다. 그렇다면 EDI에 의해서 통관업무를 처리하는 것은 어떠한 점에서 차이가 나는가. 크게 두 가지 측면에서 다른 점이 있다. 첫째, 컴퓨터의 기술적인 측면에서 볼 때 재래식은 Host Computer와 Terminal간에 이루어지는 자료교환인 데 비하여 EDI는 타 기종간의 자료교환이라는 점이다.

둘째, 업무에의 이용 측면에서 볼 때 재래식은 일단 종이에서 처리한 자료의 신속한 집계 내지 여러 가지 관련자료의 집계, 분석, 판단 등의 수단으로 컴퓨터를 이용하는 데 비하여 EDI는 처음부터 컴퓨터에서 업무를 처리하고 종이의 사용을 필요 없게 하는 점에서 다르다.

㈏ EDI통관의 필요성

국제무역 업무는 서류처리 업무와 물품의 운송보관 업무로 나누어 볼 수 있는데 서류처리 업무에 소요되는 비용이 전체 물품대금의 7~15%를 차지한다. 이 부문을 줄여야 원가절감을 기할 수 있다. 유엔보고서에 의하면 1건의 무역거래에 27개 기관 또는 업자가 관련서류를 상호간에 작성, 전달, 접수하고 40종류의 서류가 만들어지며, 평균 200개의 항목을 기재하여야 하고, 그 중에 20번 이상 반복해서 기재되는 항목이 약 30개가 되며 관련되는 정부기관이나 업자가 자기업무를 전산처리를 하기 위하여 이들 항목의 60%~70%를 각각 별도로 입력을 하고 있다. 서류처리비용은 서류의 작성(타자), 전달

(우편 또는 인편), 접수처리로 나누어지는데 전달과 접수 처리에 많은 인력과 시간지연이 수반된다. EDI는 이와 같은 물류비용을 최소화하기 위한 유일한 해결책이다.

그러나 항만관련업계나 무역업계가 모두 EDI를 한다고 하여도 세관이 빠지면 위에서 열거한 그 어느 효과도 제대로 달성할 수가 없을 뿐만 아니라 막대한 돈을 들인 시스템이 제구실을 하지 못하게 되어 국가적으로 커다란 손실이 될 것이므로 통관절차가 가장 먼저 EDI화가 된 것이다.

㈐ EDI형 통관절차의 요체

EDI형 통관절차는 사전통보와 우범물품집중검사(Selectivity)를 핵심으로 하고 있다. 사전통보에 의해서 facilitation of trade를 향상시키고, 우범물품집중검사에 의해서 화물관리를 더욱 효과적으로 할 수 있고, 동시에 신속한 통관을 기할 수도 있게 된다.

보충설명 **사전통보와 우범물품집중검사**

사전통보(pre-clearance)란 수입화물의 경우는 입항 전에 우범화물이 집중 관리되도록 하기 위해서 수입물품을 적재한 선박이나 항공기의 화물정보를 입항 전에 입수하도록 하고 있어 세관의 우범화물선별제도의 적용을 위해 필수적인 정보가 된다. 또한 이것은 보세화물관리의 참고자료가 되어 세관이 충분한 시간을 갖고 심사를 하게 되어 정확성과 신속한 통관이 가능하게 되었다. 이에 의하여 사전수출제도와 입항 전 수입신고제도 및 입항 후 보세구역반입 전 수입신고제도를 운용하게 되어 수출입물류의 신속한 흐름이 가능하게 되었다.

우범물품집중검사(Selectivity)란 수출화물의 경우는 수출신고물품에 대한 검사를 원칙적으로 생략하고, 위조상품수출 등 지적재산권 침해의 우려가 있거나 관세환급과 관련하여 위장수출우려가 있는 경우 혹은 불법수출에 대한 우려가 있는 경우에만 현품검사를 할 수 있도록 하여 검사의 효율성을 제고시켰다. 만일 이 제도에 의해서 검사대상으로 분류된 경우에는 보세구역 또는 타소장치의 허가를 받은 곳에서 검사를 하도록 하였다. 수입화물의 경우는 신속한 통관을 위하여 모든 화물에 동일한 방법을 적용하여 검사하지 않고 고 위험화물과 저위험화물로 분류하여 차등관리하기 위하여 이 제도를 이용하고 있다.

Ⅲ. 관세관련 원산지제도

1. 원산지제도의 개요

(1) 의 의

원산지란 물품이 성장하거나 생산·제조·가공된 국가 즉, 물품의 국적을 말하는 것이며 일정한 기준에 의하여 판정하게 된다. 원산지규정이란 원산지규정의 인정기준에 의하여 상품의 국적을 판정하기 위한 제반 법령과 절차를 말한다. 원산지규정의 구성은 원산지를 결정하기 위한 기준, 그 기준을 적용하기 위하여 필요한 증명서류, 확인절차, 결정된 원산지를 소비자가 쉽게 알아볼 수 있도록 표시하는 방법 및 원산지를 허위로 신고하거나 오인하도록 표시한 경우 등 원산지규정의 위반에 대한 처벌 규정으로 이루어진다.

- 원산지규정
  - 원산지 판정기준
    - 1국內－완전생산기준
    - 2국內－실질적 변형기준(세번변경기준, 부가가치기준, 주요공정기준)
    - 특수물품의 원산지 결정기준
  - 원산지 확인절차
    - 확인대상물품, 확인요청
    - 원산지증명서, 제출, 판정절차
    - 허위신고에 대한 처벌규정 등(통관불허 · 매각 등)
  - 원산지 표시제도
    - 표시대상물품
    - 표시의 요건
    - 표시의 확인절차 등

(2) 필요성

수입물품에 원산지를 표시하는 이유는 일반적으로 다음과 같다.[1)]

(가) 소비자의 피해방지

원산지표시는 임금이 싼 국가로부터 저가 수입품 급증 및 OEM방식으로 생산한 수입품이 국산품으로 둔갑하는 것을 방지하게 된다. 또한, 생산활동의 세계화 현상으로 인해 생산활동이 2개국 이상에서 이루어지는 경우가 빈번해지고 있는데 이에 따른 상품의 품질 저하 우려도 제거한다. 즉, 구매과정에서 소비자가 피해를 보지 않게 해주고, 특정지역 생산품 또는 양질의 물품을 생산하는 자(국가)는 원산지를 표시함으로써 소비자로부터 우선 구매의 혜택을 받게 된다.

(나) 국민보건 등 보호 기능

병충해 발생지역(국가)으로부터 반입되는 물품에 대하여는 검역과 검사를 강화하고, 멸종위기에 처한 동식물 등이 특정지역에서 반입되는 것을 막아주므로 국민보건과 자연환경에 대한 보호기능을 해준다.

(다) 양허 및 할당제 적용 등 정책적 기능

특정국가나 지역으로부터 수입하는 특정물품에 대하여 호혜적으로 관세양허 등 특혜

1) 여주호, 전게서, pp. 689~692.

조치를 취하거나 저가 수입물품에 대한 덤핑방지관세 부과, 긴급수입제한조치 또는 수입수량을 할당할 때는 해당 물품의 원산지가 기준이 되므로 원산지표시는 산업 및 무역정책에서 아주 중요한 기능을 담당하게 된다.

(3) 분류체계

"원산지규정(Rules of origin)이라 함은 회원국이 물품의 원산지국가를 결정하기 위하여 적용하는 각종의 법률, 규정 및 일반적으로 적용되는 행정적인 결정으로 정의된다"고 WTO "원산지규정에 관한 협정" 제1조에서 규정하고 있다.

(개) 특혜규정

"특혜규정(Preferential rules of origin)"은 특정국 생산물품에 대하여 관세특혜를 부여하기 위한 규정을 말하며 동 규정은 일방적 특혜규정과 쌍방적 특혜규정으로 분류할 수 있다. 일방적 특혜규정은 특혜공여국이 수혜국으로부터 아무런 대가없이 저율의 관세를 적용하기 위한 규정으로서 선진국이 개발도상국 생산품에 대하여 적용하는 일반특혜관세(GSP), 미국과 유럽제국이 속령이나, 과거 식민지에 대하여 적용하는 규정이 있다.

쌍방적 특혜규정은 특혜무역협정체결 당사국간에 상호간 특혜를 제공하기 위한 규정으로 한·칠레 FTA, 유럽연합 FTA, 유럽연합(EU), 북미자유무역협정(NAFTA) 회원국간에 적용되는 규정이 그 예이다.

(내) 비특혜규정

"비특혜규정(Non-preferential rules of orighin)"은 원산지표시, 쿼타 운영 등 관세특혜목적 이외에 적용되는 모든 규정을 말한다. 이러한 비특혜규정은 원산지표시, 특정국가산 물품에 대한 수입제한, 반덤핑관세·상계관세부과, 수출입물품에 대한 무역통계작성 등 여러 가지 목적으로 물품의 원산지를 구별할 필요가 있는 경우에 적용되는 규정이다.

2. 원산지규정의 연혁과 체계

(1) 국제원산지규정의 연혁

(개) 의 의

국제적인 원산지관련규정은 1883년 등장한 파리협정이다. 파리협정의 제10조에 원산지 또는 생산자에 관하여 허위의 표시를 한 수입품은 압류된다고 규정하고 있다.

이후 유럽 및 미국 등에서 원산지제도를 자국의 의도대로 입법화하면서 이의 통일화를 위하여 1947년 GATT 제9조에 원산지표시(Marks of Origin)규정을 두었다.[2)]

㈏ 교토협약(Kyoto Convention)

GATT에서 원산지제도의 국제적 통일화를 이루지 못하고 있는 상황에서 관세협력이사회(CCC, 현재 WCO)에서는 1973년 관세행정의 표준화와 세관절차의 간소화를 다룬 「통관절차의 간소화 및 조화에 관한 국제협약(International Convention on Simplification and Harmonization of Customs Procedures)」(일명 교토협약 : Kyoto Convention) 부속서에 원산지결정기준, 원산지증명서류, 원산지증명서류관리에 관한 규정 등 3개의 부속서(D1, D2, D3)를 마련하였다. 그러나 여러 가지 의견이 주장되고 있는 민감한 분야에 있어서는 해결책을 제시하지 못하였고 다수의 대안을 제시하고 이 중에서 선택하도록 하고 있었기 때문에 진정한 의미의 원산지제도의 통일화된 기준을 제시하기에는 미흡했다.

㈐ 원산지규정에 관한 협정(Agreement on Rules of Origin)

국제적으로 통일되고 조화된 원산지제도의 제정의 필요성이 논의되었으며 우루과이라운드협상 과정에서 "원산지규정에 관한 협정(Agreement on Rules of Origin)"이 WTO협정의 부속협정으로 1994년에 제정되었다.

그러나 동 협정은 과도기적인 규율로 원산지제도의 조화를 위하여 3년 내에 작업을 완료하기로 하고(제9조) 새로운 원산지제도의 제정시까지 지켜야 할 원칙 및 일정을 정하고 있을 뿐 원산지제도의 통일화는 이루지 못한 한계가 있다.

새로운 원산지제도는 WTO에 설치되는 원산지규정위원회에서 수행하도록 하되, 기술적인 문제는 WCO에 설치되는 원산지규정에 관한 기술위원회에서 수행하여 WTO의 원산지규정위원회에 제출하도록 하고 있다.

㈑ 개정교토협약 및 WTO의 원산지제도의 통일화작업

교토협약(1973)은 모든 조항에 대하여 가입국의 자유로운 유보를 허용하여 상당수의 체약국에서 핵심조항을 유보하여 실질적인 구속력을 갖지 못하였으며, 발전된 환경과 정보기술을 세관절차에 도입하여야 할 필요성이 대두하는 등 새로운 문제가 제기되어 1994년부터 Kyoto협약의 전면 개정작업에 착수하여 1999년 6월 WCO 총회에서의 승인으로 새로운 「개정 Kyoto협약」을 마련하게 되었다.

개정교토협약은 WCO의 다른 협약 또는 구교토협약에 비하여 협약 내용의 이행을 의무화하고 있을 뿐 아니라 많은 국가의(40개국) 가입을 전제조건으로 하여 발효가 지연되었으나, 2005년 11월 3일 인도가 40번째 국가로 개정교토협약에 가입의향서를 제출

2) 박병호, 관세무역종합실무, 한국관세무역개발원, 2006, pp. 570～574.

함에 따라 협약의 조건에 따라 3개월 이후인 2006년 2월 3일 개정교토협약이 정식으로 발효하게 되었다.

개정교토협약의 특별부속서 K는 원산지 결정기준·증명서 발급·증명서 확인방법 등을 내용으로 하고 있으나 우리나라는 WTO에서 통일원산지규정을 마련 중이므로 동 규정이 마련된 후 교토협약의 원산지규정 수락여부를 검토하여 수락여부를 결정하는 것이 바람직하다는 입장에서 수락하지 아니하였다.

한편, WTO에서는 상이한 원산지판정기준의 국제적인 통일기준의 제정에 대한 필요성이 제기되어 원산지규정에 관한 협정(Agreement on Rules of Origin, 1994)을 근거로 1995년부터 다자간 비특혜원산지 분야에 대한 WTO통일원산지규정(HRO : Harmonized Rules of Origin)의 제정을 위한 협상을 추진하고 있다. WTO통일원산지규정이 제정되기 전까지는 개정교토협약의 특별부속서 K의 원산지관련규정이 국제적으로 가장 유력한 원산지해석기준으로 볼 수 있다.

(2) 국내 원산지규정의 체계

㈎ 대외무역법 · 대외무역법시행령 · 대외무역관리규정(비특혜규정)

수출입물품의 원산지 표시·판정 및 확인에 관한 기본법이며 대외무역관리규정(산업통상자원부고시)은 원산지표시대상물품, 원산지 세부표시방법 및 세부판정기준 등을 규정하고 있다.

㈏ 관세법 · 관세법시행령 · 관세법시행규칙 · 원산지운영에 관한 고시(특혜 · 비특혜규정)

수입물품의 관세를 부과·징수하기 위한 원산지 결정(판정) 및 확인을 하기 위하여 원산지 허위물품 등에 대하여 통관을 제한하고 있다. 그리고 원산지제도 운영에 관한 고시(관세청 고시)는 대외무역법령 및 대외무역관리규정과 관세법령상의 원산지관련 사항의 집행을 위하여 필요한 세부사항을 정하고 있다.

㈐ 농 · 수산물품질관리법 · 시행령 · 시행규칙(비특혜규정)

국산 농·수산물의 원산지 표시·판정·조사를 하기 위하여 수입 농수산물의 원산지 표시·판정 기준은 대외무역법령상의 원산지표시 및 판정기준을 준수하고 있다. 그리고 농산물원산지표시요령(농림부고시), 수산물원산지표시업무처리요령(해양수산부고시)는 국산 농·수산물의 원산지 세부표시방법, 세부판정기준을 정하고 있다.

㈑ 남북교역물품관련(특혜규정)

① 남북교류협력법

② 남북교류협력법시행령

③ 남북교역대상물품 및 반출반입승인절차에 관한 고시

④ 남북 사이에 거래되는 물품의 원산지확인절차에 관한 합의서
⑤ 남북교역물품의 원산지확인에 관한 고시, 남북교역물품통관관리에 관한 고시

㈐ 한 · 칠레 FTA관련(특혜규정)

① 대한민국정부와 칠레공화국정부 간의 자유무역협정
② 대한민국정부와 칠레공화국정부 간의 자유무역협정의 이행을 위한 관세법의 특례에 관한 법률
③ 대한민국정부와 칠레공화국정부 간의 자유무역협정의 이행을 위한 관세법의 특례에 관한 시행령
④ 대한민국정부와 칠레공화국정부 간의 자유무역협정의 이행을 위한 관세법의 특례에 관한 시행규칙

표 11-1 대외무역법상 원산지제도

근거 법령	원산지표시	원산지판정	원산지확인
법 령	수출입물품 등의 원산지의 표시(법 제23조)	원산지판정 등(24조) 수입원료를 사용한 국내생산물품 등의 원산지판정기준(24조의2)	수입물품 등의 원산지증명서의 제출(25조) 수출물품의 원산지증명서의 발급 등(25조의2)
시행령	수출입물품의 원산지 표시방법(53조) 원산지표시방법의 확인(54조) 원산지표시위반물품에 대한 시정조치(54조의2) 과징금의 부과 및 납부(54조의3) 과징금을 부과할 위반행위의 종별과 과징금의 금액(54조의4)	수출입물품의 원산지 판정기준(55조) 수입물품의 원산지 사전판정(56조) 이의제기(57조) 원산지판정위원회의 구성 · 운영(58조)	수입물품의 원산지증명서의 제출(60조) 수출물품의 원산지증명서 발급기준 등(60조의 2)
관리 규정	제2절 원산지표시	제3절 원산지판정	원산지의 확인(제6-3-5조) 원산지증명서 등의 제출면제(제6-3-6조) 원산지확인에 있어서의 직접운송원칙(제6-3-7조)

⑤ 대한민국정부와 칠레공화국정부 간의 자유무역협정의 이행을 위한 관세법의 특례 사무처리고시

(바) 한 · 싱가포르 FTA관련(특혜규정)

대한민국정부와 싱가포르공화국정부 간의 자유무역협정(2006년 3월 2일 발효)

3. 원산지확인제도

(1) 의 의

"원산지확인"이라 함은 통합공고에 의한 수입제한물품, 원산지표시 위반물품 등을 단속하기 위해서나 특혜관세를 적용하기 위하여 원산지증명서 등 관계자료를 제출받는 것을 말한다.

특혜관세를 적용하기 위해서는 수출국의 권한있는 기관에서 발행한 원산지증명서를 제출받아 선적서류 및 현품과 대조하여 원산지를 확인하게 되며, 일반적인 경우에는 선적서류에 표시된 원산지(선적국)와 현품포장에 표시된 상태를 비교 확인하는 간이검사를 원칙으로 하고 있다.

그러나 수입신고서의 적출국과 수입물품의 원산지가 상이한 경우나 원산지 허위표시 등 우범성이 있다고 인정하는 물품은 선적서류뿐만 아니라 원산지증명서 등 관계자료를 징구하여 원산지를 정밀심사하고 있다. 또한 수입신고시 특혜관세적용신청서 또는 증명서발급번호, 발급기관명 등을 송신토록 하여 수입신고수리후 적정한 증명서가 제출되었는지 검증하고 있다.

(2) 원산지 증명서류

① 일반원산지증명서(Certificate of Origin)

일반적으로 원산지표시 등 특혜관세적용 이외의 목적으로 사용되는 것으로서 주로 상공회의소에서 발행되며, 특정국의 천연생산물이나, 제조 과정에서 사용된 원재료의 형상, 본질, 형식 또는 용도가 어느 특정국에서 영구적이고 실질적으로 변화되었을 경우, 해당 물품이 그 국가산이라는 것을 인정하여 발급하는 증명서를 말한다.

② 특혜용원산지증명서(Certificate of Origin of GSP/Form A 양식)

특혜공여국의 법령(GSP) 또는 협정 등에 의거하여 특정국가에서 생산된 특정물품에 특혜관세 혜택을 공여하는 나라(협정)의 원산지기준에 합치되는 것이 입증되는 경우에 발급하는 증명서로서 주로 수출국(원산국)의 국가기관 등 특혜용증명서 발급권한이 있는 기관에서 발행하며, 각 협정에 따라 다소 양식이 다르나 대개 8번란에 협정 등의 원산지기준에 맞는 것임을 입증하는 기호(P, A, B, C, D, W 등)와 부가가치(%)가 기재되

어 있다.

③ 가공원산지증명서(Certificate of Origin/Processing)

특정국에서 수행된 제조과정이 불충분하여 그 국가산이라고 할 수 없는 경우에 발행하는 증명서로서 이것은 그 국가에서 어떤 가공과정을 거쳤다는 것을 의미한다.

④ 재수출원산지증명서(Certificate of Origin/Re-Export)

타국이 원산지인 수입물품이 별도의 가공을 거치지 않고 재수출되는 경우에 발급하는 증명서를 말한다.

⑤ 원산지소명서류

원산지증명서만으로 그 물품의 정확한 원산지를 확인할 수 없을 경우에는 원산지소명서 및 제조자가 확인한 부품명세서 등 증빙자료를 추가로 징구하여 확인하고 있다. 부가가치기준(또는 부품의 가격비율에 의한 원산지 기준)을 적용하여 원산지를 결정하는 품목은 원산지증명서만으로는 원산지를 결정하기가 곤란하므로 제조자 또는 수출자가 작성·날인한 부품가격명세표(Part List)를 제출받아 원료 및 구성품을 제조한 국가별 주가가치비율(또는 부품의 가격비율)을 산정하여 원산지를 결정·확인하고 있다.

(3) 원산지확인대상

대외무역법령 등의 규정에 의하여 원산지를 확인하여야 할 물품을 수입하는 자는 수입신고 전까지 원산지증명서 등 관계자료를 제출하고 확인을 받아야 한다.

① 통합공고에 의하여 특정지역으로부터 수입이 제한되는 물품(예 : 식물방역법상 수입금지식물, 식품위생법상 우제류 동물의 것 등)

② 원산지 허위·오인·혼동표시 등을 확인하기 위하여 세관장이 필요하다고 인정하는 물품

③ 법·조약·협정 등에 의하여 다른 국가의 생산물품에 적용되는 세율보다 낮은 세율을 적용받고자 하는 물품(예 : 남북교류법상이 북한반입물품, 관세법상의 각종 특혜관세대상품목)

4. 원산지판정제도

(1) 개 요

원산지판정의 기준은 대통령령이 정하는 바에 따라 산업통상자원부장관이 정하여 공고한다(대외무역법 제24조 제2항). 여기서 대통령령이 정하고 있는 수입 또는 수출물품에 대한 원산지판정은 다음의 하나의 기준에 의하여야 한다(대외무역법 시행령 제55조).

① 수출입물품의 전부가 하나의 국가에서 채취 또는 생산된 물품(이하 “완전생산물

품"이라 한다)인 경우에는 그 국가를 해당 물품의 원산지로 할 것

② 수출입물품의 생산·제조·가공과정에 2 이상의 국가가 관련된 경우에는 최종적으로 실질적변형을 행하여 그 물품의 본질적 특성을 부여하는 활동(이하 "실질적변형"이라 한다)을 수행한 국가를 해당 물품의 원산지로 할 것

③ 수출입물품의 생산·제조·가공과정에 2 이상의 국가가 관련된 경우 단순한 가공활동을 수행하는 국가를 원산지로 하지 아니할 것

(2) 완전생산물품의 기준

완전생산기준은 어느 상품이 타국의 관여 없이 전적으로 1개국 내에서 생산되는 경우 해당 생산국을 원산지로 한다는 것이다. 이 기준은 주로 천연산품(농산품, 동식물, 지하자원 등)과 「천연산품만을 원재료로 하여 제조된 물품」에 적용된다.

공산품 중에서도 원재료 생산국에서 완제품을 생산한 경우에는 이 기준이 적용되나, 수입원료 또는 원산지 불명의 원재료를 사용한 경우 또는 당초 생산국 이외의 국가에서 비교적 단순한 공정(건조, 염장 등)이라도 이루어진 경우에는 이 기준을 적용할 수 없다.

상기 규정을 적용할 물품의 범위, 구체적 확인기준 등 기타 필요한 사항은 기획재정부령으로 정한다. 따라서, 시행규칙의 규정에 따라 해당 물품의 전부를 생산한 나라를 원산지로 한다. 이러한 기준이 적용되는 물품은 다음과 같다(규칙 제74조 ①항).

① 당해 국가의 영역에서 생산한 광산물과 식물성 생산물
② 당해 국가의 영역에서 번식 또는 사육한 산동물과 이들로부터의 채취한 물품
③ 당해 국가의 영역에서의 수렵·어로로 채포한 물품
④ 당해 국가의 선박에 의하여 채포한 어획물, 기타의 물품
⑤ 당해 국가에서 제조·가공의 공정중에 발생한 부스러기
⑥ 당해 국가 또는 당해 국가의 선박에서 상기 각호의 물품을 원재료로 하여 제조 가공한 물품

(3) 실질적 변형기준

㈎ 원 칙

2개국 이상의 국가에서 생산된 원재료 또는 구성품으로 생산된 물품에 대해서는 실질적변형기준을 적용하여 원산지를 결정한다. 즉, 해당 물품이 2개국 이상에 걸쳐 생산·가공·제조된 경우에는 그 물품에 대하여 실질적인 변화를 가져오게 하고, 새로운 특성을 부여한 행위를 최종적으로 행한 나라를 원산지로 한다(법 제229조 ①항 2호).

㈏ 예외(최소 가공시)

다음 각호의 1에 해당하는 작업이 수행된 국가는 상기의 '실질적변형'규정에 의한 원

산지로 인정하지 아니한다(규칙 제74조 ④항).

① 운송 또는 보세구역 장치 중에 있는 물품의 보존을 위하여 필요한 작업
② 판매를 위한 물품의 포장개선 또는 상표표시 등 상품성 향상을 위한 개수작업
③ 단순한 선별 · 구분 · 절단 또는 세척작업
④ 재포장 또는 단순한 조립작업
⑤ 물품의 특성이 변하지 아니하는 범위 안에서의 원산지가 다른 물품과의 혼합작업
⑥ 가축의 도축작업

그림 11-2 원산지기준의 적용절차

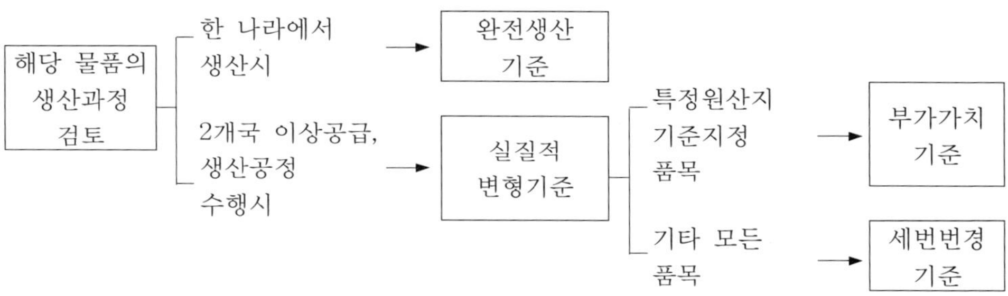

(4) 특수물품의 원산지결정기준

일반적인 원산지결정기준에도 불구하고 촬영된 영화용 필름, 부속품 · 예비부분품 및 공구와 포장용품은 다음과 같이 원산지를 인정한다(규칙 제75조).

㈎ 기계 · 기구 · 장치 또는 차량에 사용되는 부속품 등

기계 · 기구 · 장치 또는 차량에 사용되는 부속품 · 예비부품 및 공구가 다음 요건을 모두 갖춘 경우에는 해당 기계 · 기구 · 장치 또는 차량의 원산지와 동일한 것으로 본다.

① 부속품 등이 기계 · 기구 · 장치 또는 차량 등과 함께 수입되어야 한다.
② 부속품 등이 해당 기계 · 기구 · 장치 또는 차량 등과 동시에 판매되어야 한다.
③ 그 종류 및 수량으로 보아 부속품 · 예비부분품 및 공구라고 통상적으로 인정되는 물품이어야 한다.

㈏ 포장용품

포장용품의 원산지는 해당 내용품의 원산지와 동일한 것으로 본다. 다만, 관세율표상 포장용품과 내용품을 각각 별개로 구분하여 품목분류를 하도록 규정된 경우에는 그러하

지 아니한다.

㈐ 촬영된 영화용 필름

촬영된 영화용 필름에 대하여는 그 영화 제작자가 속하는 나라를 원산지로 한다.

(5) 직접운송원칙

원산지를 결정함에 있어서 해당 물품이 원산지 외의 국가('비원산지')를 경유하지 아니하고 직접 우리나라에 운송반입된 물품에 한하여 그 원산지로 인정한다. 다만, 다음의 하나에 해당하는 경우로서 해당 물품이 비원산지의 보세구역에 환적되었거나 일시적으로 장치되었음이 인정되는 경우에는 이를 우리나라로 직접 반입하는 것으로 본다(규칙 제76조).

① 지리적 또는 운송상의 이유로 단순 경유한 것

② 원산지가 아닌 국가에서 관세당국의 통제하에 보세구역에 장치된 것

③ 원산지가 아닌 국가에서 하역, 재선적, 또는 그 밖의 정상상태를 유지하기 위하여 요구되는 작업외에 추가적인 작업을 하지 아니한 것

④ 박람회・전시회, 기타 이에 준하는 행사에 전시하기 위하여 비원산지로 수출하였던 물품으로 해당 물품이 전시목적에 사용된 후 우리나라로 수출된 경우

5. 원산지의 증명서제도

(1) 의 의

관세법, 조약・협정 등에 의하여 원산지확인이 필요한 물품을 수입하는 자는 해당 물품의 원산지를 증명하는 서류인 원산지증명서(C/O : Certificate of Origin)를 제출하여야 한다. 세관장은 원산지확인이 필요한 물품에 대하여 원산지증명서를 제출하지 아니하는 때에는 관세법, 조약・협정 등에 의한 관세율을 적용함에 있어서 일반특혜관세・국제협력관세 또는 편익관세를 배제하는 등 관세의 편익을 적용하지 아니할 수 있다.

(2) 제출대상자

다음 각호에 해당하는 자는 해당 물품의 수입신고시에 해당 물품의 원산지를 증명하는 서류를 세관장에게 제출하여야 한다(영 제236조 ①항).

① 이 법・조약・협정 등에 의하여 다른 국가의 생산(제조・가공을 포함한다) 물품에 적용되는 세율보다 낮은 세율을 적용받고자 하는 자로서 원산지확인이 필요하다고 관세청장이 정하는 자

② 관세율의 적용 등 기타 사유로 인하여 원산지확인이 필요하다고 관세청장이 지정한 물품을 수입하는 자

(3) 원산지증명서 미제출시 처리

세관장은 원산지증명서를 제출하지 아니하는 때에는 이 법, 조약·협정 등에 의한 과세율을 적용함에 있어서 일반특혜관세·국제협력관세 또는 편익관세를 배제하는 등 과세상의 편익을 적용하지 아니할 수 있다(법 제232조 ②항).

(4) 원산지 확인자료의 제출(법 제232조)

(가) 의 의

세관장은 원산지확인이 필요한 물품의 수입한 자로 하여금 제출받은 원산지증명서의 내용을 확인하여 위하여 필요한 자료('원산지증명서 확인자료')를 제출하게 할 수 있다(③항).

(나) 미제출시 불인정

원산지확인이 필요한 물품을 수입한 자가 정당한 사유 없이 원산지증명서 확인자료를 제출하지 아니하는 때에는 세관장은 수입신고시 제출받은 원산지증명서의 내용을 인정하지 아니할 수 있다(③항 후단).

(다) 자료 비공개의 요청

세관장은 원산지증명서 확인자료를 제출한 자가 정당한 사유를 제시하여 그 자료를 공개하지 아니할 것을 요청한 때에는 그 제출인의 명시적 동의 없이는 해당 자료를 공개하여서는 아니된다(④항).

(5) 원산지증명서의 제출면제

다음 각호의 1에 해당하는 물품에 대하여는 제①항의 규정은 이를 적용하지 아니한다(영 제236조 ②항).

① 물품의 종류·성질·형상 또는 그 상표·생산국명·제조자 등에 의하여 원산지가 인정되는 물품
② 우편물(수출입신고대상에 해당하는 것을 제외한다)
③ 과세가격(종량세의 경우에는 이를 법 제15조의 규정에 준하여 산출한 가격)이 15만원 이하인 물품
④ 개인에게 무상 송부된 탁송품·별송품 또는 여행자의 휴대품
⑤ 기타 관세청장이 관계행정기관의 장과 협의하여 인정하는 물품

(6) 세관장의 원산지증명서 등의 확인요청

(가) 의 의

세관장은 원산지증명서를 발행한 국가의 세관, 기타 발급 권한이 있는 기관에게 제출된 원산지증명서 및 원산지증명서 확인자료의 진위 여부, 정확성 등의 확인을 요청할 수

있다. 이 경우 세관장의 확인요청은 해당 물품의 수입신고가 수리된 이후에 행하여야 한다(법 제233조).

(나) 원산지증명서의 요건

1) 발급권자

세관장에게 제출하는 원산지증명서는 다음 각호에 1에 해당하는 것이어야 한다(영 제236조 ③항).

> **① 원산지국가의 발급기관의 발행**
> 원산지국가의 세관, 기타 발급권한이 있는 기관 또는 상공회의소가 해당 물품에 대하여 원산지국가(지역을 포함)를 확인 또는 발행한 것
> **② 제3국 경유시**
> 원산지국가에서 바로 수입되지 아니하고 제3국을 경유하여 수입된 물품에 대하여 그 제3국의 세관, 기타 발급권한이 있는 기관 또는 상공회의소가 확인 또는 발행한 경우에는 원산지국가에서 해당 물품에 대하여 발행된 원산지증명서를 기초로 하여 원산지국가(지역을 포함한다)를 확인 또는 발행한 것
> **③ 관세청장이 정한 물품의 경우**
> 관세청장이 정한 물품의 경우에는 해당 물품의 상업송장 또는 관련 서류에 생산자·공급자·수출자 또는 권한 있는 자가 원산지국가를 기재한 것

2) 유효기간

원산지증명서는 해당 수입물품의 품명, 수량, 생산지, 수출자 등 관세청장이 정하는 사항이 기재되어 있어야 하며, 수입신고일부터 1년 이내에 발행된 것이어야 한다(영 제236조 ④항).

3) 확인요청 사항

세관장이 원산지증명서에 대한 진위여부 등의 확인을 원산지 발행 또는 확인기관 등에 요청할 경우에는 다음 각호의 사항을 포함하여야 한다(영 제236조의 7). 이 경우 원산지발행 또는 확인기관이 통보한 내용 또는 자료는 공개되어서는 아니되며 관세행정의 목적으로만 사용되어야 한다.

6. 특혜원산지제도

(1) 의 의

특혜원산지제도는 협정을 체결한 국가들이 체약국이 원산지인 물품에 대하여 특혜를 제공하기 위하여 특혜국의 원산지인지의 여부를 결정하는 기준을 정하고 특혜를 공여하

는 제도이다. 즉, 원산지 "특혜규정(Preferential rules of origin)"은 특정국 생산물품에 대하여 관세특혜를 부여하기 위한 규정을 말하며 동 규정은 일방적특혜규정과 쌍방적 특혜규정으로 분류할 수 있다.

일방적특혜규정은 특혜공여국이 수혜국으로부터 아무런 대가없이 저율의 관세를 적용하기 위한 규정으로서 선진국이 개발도상국 생산품에 대하여 적용하는 일반특혜관세(GSP), 미국과 유럽제국이 속령이나, 과거 식민지에 대하여 적용하는 규정이 있다.

쌍방적특혜규정은 특혜무역협정체결 당사국간에 상호간 특혜를 제공하기 위한 규정으로 한・칠레 FTA, 유럽연합 FTA, 유럽연합(EU), 북미자유무역협정(NAFTA) 회원국간에 적용되는 규정이 그 예이다.

(2) 우리나라의 특혜원산지제도

우리나라의 특혜원산지제도 관련 법령은 다음과 같다.

표 11-2 WTO양허관세규정의 체계

조 문	별 표	
제1조 목 적		
제2조 WTO협정 일반양허관세(GSP)	별표1의 가	공산품・수산물 및 농림축산물에 대한 양허관세
	별표1의 나	국내외 가격차에 상당한 율로 양허하거나 국내시장 개방과 함께 기본세율보다 높은 세율로 양허한 농림축산물에 대한 양허관세
	별표1의 다	단순양허한 농림축산물 중 시장접근물량 설정물품에 대한 양허관세
제3조 WTO협정 개발도상국간 양허관세(TNDC)	별표2	
제4조 방콕협정 개발도상국간 양허관세(ESCAP)	별표3의 가	방콕협정 일반양허관세
	별표3의 나	파푸아뉴기니의 가입에 따른 일반양허관세
	별표3의 다	녹차의 일반양허관세
	별표3의 라	방글라데시에 대한 양허관세
	별표3의 마	라오스에 대한 양허관세
제5조 개발도상국간 특혜무역제도의 양허관세(GSTP)	별표4	

■ 표 11-3 한 · 칠레 FTA협정

협정명	관련법령
한 · 칠레 FTA협정	① 대한민국정부와 칠레공화국정부 간의 자유무역협정 ② 대한민국정부와 칠레공화국정부 간의 자유무역협정의 이행을 위한 관세법의 특례에 관한 법률 ③ 대한민국정부와 칠레공화국정부 간의 자유무역협정의 이행을 위한 관세법의 특례에 관한 시행령 ④ 대한민국정부와 칠레공화국정부 간의 자유무역협정의 이행을 위한 관세법의 특례에 관한 시행규칙 ⑤ 대한민국정부와 칠레공화국정부 간의 자유무역협정의 이행을 위한 관세법의 특례사무처리고시

■ 표 11-4 한 · 싱 FTA협정

구분	품목수	공산품	농산물	수산물	임산물
즉시 철폐	6,724	반도체, 컴퓨터, 통신기기, 철강, 자동차, 선박, 섬유류 등	제분용 밀, 사탕무수수, 팜유 등	연어, 홍합, 냉동해조류 등	석재류, 원목, 단판 등
5년 철폐	2,009	석유아스팔트, 글리세롤 등 유기화학품, 면도기, 전기다리미 등	곡류가공품, 커피, 초콜렛 등	염장품, 통조림 등	대바구니, 부채살 등
10년 철폐	1,582	염화수소, 염화암모늄, 포름산 등의 유기화학품, 전동기 등	살구, 딸기, 콩, 감자, 무, 인삼, 주류 등	고등어, 대구 등 일부 냉동품, 쥐치포 등	제재목, 성형목재, 파레트 등
양허 제외	946	휘발유, 등유, 경유 등 석유제품, 볼베어링, TV 수신기 등	쌀, 사과, 배, 양파, 마늘, 쇠고기 등	양식용 활어 및 패류, 열대관상어 등	합판, 섬유판 등

(3) 특혜관세 적용시 원산지적용기준 및 대상국

특혜관세의 종류	적용기준	적용국가 및 품목
관세법 제76조 최빈국 일반특혜관세(R)	FOB 50% 이상	아프가니스탄, 방글라데시, 미얀마, 앙골라 등 49개국 활어, 당밀 등 88품목(HS 6단위 기준) (대통령령17,489호, 2001.12.31)
세계무역기구협정(GATT) 개발도상국간 양허관세(D)	FOB 50% 이상	방글라데시, 브라질, 페루, 이집트 등 13국 잎담배, 페인트 등 13품목(HS 6단위 기준)
UNCTAD 77개도국간 GSTP 특혜관세(G)	FOB 50% 이상 (최빈국 40%)	방글라데시, 짐바브웨, 이라크 등 43국 샤프란, 밀납 등 29품목(HS 6단위)

방콕협정(ESCAP) 아시아개도국 특혜관세(E)	FOB 50% 이상	중국, 인도, 방글라데시, 스리랑카, 라오스(5국) 절화, 코코넛, 여자의류 등 209품목(HS 6단위)
한-칠레 FTA협정에 따른 칠레산 특별양허관세(Y)	FOB 45% 이상 가공공정기준 HS변경기준 등	칠레(1국) 협정품목 전체

Ⅳ. 통관단계의 지적재산권 보호

1. 지적재산권의 의의

지적재산권이란 새로운 물질의 발견, 개발, 디자인, 기능, 문학, 미술 등 예술적, 상업적 시장가치를 지니는 창작물에 대한 배타적 소유권으로서 관세법에서는 상표권, 저작권만을 보호대상으로 규정하고 있으며 나머지 지적재산권은 WTO지적재산권협정이 정하는 바에 따라 보호된다.

참 조 WTO지적재산권 협정(TRIPs)

국제교역에서 지적재산권이 차지하는 비중이 확대되고 국가간의 무역경쟁이 격화되고 있음에도 지적재산권 보호가 미흡하고 지적재산권이 비교우위에 있는 선진국의 보호압력이 가중됨에 따라 GATT, UR에서 선진국 주도로 지적재산권의 보호가 논의되기 시작하여 WTO 탄생과 함께 WTO TRIPs 협정이 체결되었다. 이 협정의 기본원칙은 최소보호수준의 원칙, 내국민대우의 원칙, 최혜국대우의 원칙, 투명성의 원칙이 있으며 절차적 규정으로는 일반적의무와 국경조치(세관에 의한 통관보류조치), 형사절차, 분쟁예방 및 해결 조항이 있다. 이에 따라 각국은 지적재산권의 보호와 침해방지를 위하여 효과적이고 공정하며 형평성을 추구할 수 있는 국경조치를 반드시 규정(51조~60조)하도록 하고 있다. 우리나라 관세법에서도 상표권, 저작권 침해물품에 대한 국경조치사항이 포함되어 있다.

2. 통관단계의 지적재산권 보호제도

(1) 보호대상

지적재산권법에 의하여 등록된 "지식재산권을 침해하는 물품"은 수출 또는 수입할 수 없다(법 제235조 ①항).

(2) 상표권 신고

관세청장은 상표권을 침해하는 물품의 효율적인 단속을 위하여 필요한 경우에는 지식재산권을 등록한 자로 하여금 상표권에 관한 사항을 신고하게 할 수 있다(법 제235조 ②항).

(3) 상표권침해 인정시의 통보

세관장은 수출입신고된 물품이 신고된 지식재산권을 침해하였다고 인정되는 경우에는 그 상표권을 신고한 자에게 수출입신고 사실을 통보하여야 한다(법 제235조 ③항).

(4) 통관의 보류요청

① 의 의

세관장으로부터 지식재산권 침해물품이 수출입 신고되었다는 통보를 받은 지식재산권을 보호받고자 하는 자는 세관장에게 담보를 제공하고 해당 물품의 통관의 보류를 요청할 수 있다(법 제235조 ④항).

② 담보의 제공

통관보류를 요청하고자 하는 자는 해당 물품의 과세가격의 100분의 120에 상당하는 금액을 다음 각호의 담보물 등으로 제공하여야 한다(영 제241조 ①항).

i. 금 전 ii. 국가 또는 지방자치단체가 발행한 채권 및 증권 iii. 은행지급보증 iv. 한국증권거래소에 상징되고 있는 대통령령이 지정하는 증권

(5) 통관보류조치

① 의 의

통관보류 요청을 받은 세관장은 수출입신고된 물품이 지식재산권을 침해한 물품이라고 인정되는 경우에는 해당 물품의 통관을 보류하여야 한다(법 제235조 ⑤항)(영 제239조 ①항). 다만, 지식재산권의 권리자가 해당 물품의 통관에 동의하는 경우에는 관세청장이 정하는 바에 따라 통관을 허용할 수 있다(영 제239조 ①항 단서).

② 통 보

세관장은 통관을 보류한 경우 그 보류사실을 보류를 요청한 자 및 수출입신고자에게 통보하여야 한다(영 제239조 ②항).

③ 통관보류의 계속

세관장은 통관의 보류를 요청한 자가 해당 물품의 통관의 보류사실을 통보받은 후 10일(휴일 및 공휴일을 제외) 이내에 법원에서의 제소사실을 입증하는 경우에는 해당 통관의 보류를 계속할 수 있다(영 제239조 ③항).

그림 11-3 지적재산권의 보호절차

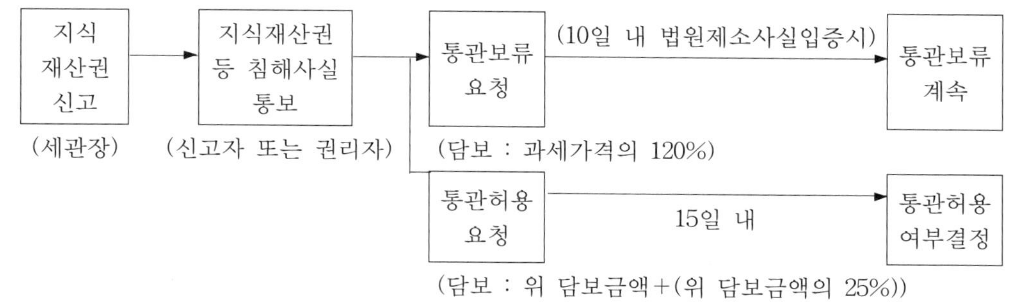

④ 통관보류의 연장

통관의 보류를 요청한 자가 부득이한 사유로 인하여 10일 이내에 법원에 제소하지 못하는 때에는 상기 입증기간은 10일간 연장될 수 있다(영 제239조 ③항).

⑤ 법원의 가보호조치에 의한 보류기간

해당 통관의 보류가 법원의 가보호조치에 의하여 시행되는 상태이거나 계속되는 경우 통관의 보류기간은 다음 각호의 1에 의한다(동조 ④항).

i. 법원에서 가보호조치기간을 명시한 때	그 마지막 날
ii. 법원에서 가보호조치기간을 명시하지 아니한 때	가보호조치 개시일부터 31일

⑥ 통관보류물품의 보관

통관이 보류된 물품은 통관이 허용될 때까지 세관장이 지정한 장소에 보관하여야 한다(영 제239조 ⑥항).

(6) 통관 허용요청

① 의 의

수출입신고인은 통관이 보류된 물품에 대하여 담보를 제공하고 통관을 요청하는 때에는 해당 물품의 통관을 허용할 수 있다(법 제234조 ⑤항).

② 통관허용 요청의 방법

수출입신고자가 통관을 요청하고자 하는 경우에는 관세청장이 정하는 바에 따라 신청서와 해당 물품이 지식재산권을 침해하지 아니하였음을 소명하는 자료를 세관장에게 제출하여야 한다(영 240조 ①항).

③ 담보의 제공

통관의 허용요청을 하고자 하는 수출입신고자는 통관보류 요청자의 담보금액에 그 담보금액의 100분의 120에 상당하는 금액의 담보를 금전, 채권 및 증권 등 전술한 담보물로 제공하여야 한다(영 제241조 ①항).

④ 통보 및 결정

통관의 요청을 받은 세관장은 그 요청사실을 지체 없이 통관의 보류를 요청한 자에게 통보하여야 하며, 그 통보를 받은 자는 침해와 관련된 증거자료를 세관장에게 제출할 수 있다(영 제240조 ②항).

⑤ 통관허용여부의 결정

세관장은 통관요청이 있는 경우 해당 물품의 통관 허용여부를 통관허용 요청일로부터 15일 이내에 결정한다. 이 경우 세관장은 관계기관과 협의하거나 전문가의 의견을 들어 결정할 수 있다(영 제240조 ③항).

⑥ 담보의 반환

세관장은 통관 보류된 물품의 통관을 허용한 때 또는 통관요청에 불구하고 통관보류를 지속하는 때에는 제공된 담보를 담보제공자에게 반환하여야 한다(영 제241조 ④항).

(7) 지식재산권의 침해여부 확인

세관장은 수출입물품의 지식재산권 침해여부를 판단하기 위하여 필요하다고 인정되는 경우에는 해당 지식재산권의 권리자로 하여금 지식재산권에 대한 전문인력 또는 검사시설을 제공하도록 할 수 있으며(영 제242조 ①항), 지식재산권의 권리자 등이 해당 물품에 대한 검사 및 견본품의 채취를 요청하는 경우에는 해당 물품에 관한 영업상의 비밀보호 등 특별한 사유가 없는 한 이를 허용하여야 한다(동조 ②항).

(8) 적용의 배제

여행자휴대품 또는 우편물 등 상업적 목적이 아닌 개인용도에 사용하기 위하여 소량으로 수출입되는 물품에 대하여는 법 제235조 ①항의 규정(지적재산권 보호규정)을 적용하지 아니한다(영 제243조).

3. 지적재산권 침해에 대한 기타의 조치

지식재산권을 침해한 물품에 대하여는 관세법 제235조에 의하여 통관을 불허하고 있다. 그러나 원산지표시 위반물품과 마찬가지로 지적재산권 침해물품은 관세법상 통관불허 원칙 외의 처벌은 없고 각 개별법에 의하여 처벌된다.

(1) 통관불허

지식재산권을 침해한 물품에 대하여는 통관을 불허하고, 수출입통관과 관련한 지적재산권 침해사범에 대한 수사권이 세관직원에게 부여되어 있으므로 지적재산권 관련법 위반으로 입건하여 조사가 가능하다.

(2) 지적재산권 침해사범의 처벌

(가) 관세형벌의 적용

위조상품 및 부정한 방법으로 상표권을 침해한 물품의 밀수출입행위는 밀수출입죄(법 제269조)로 처벌하고, 상표를 기재하지 않거나 허위신고한 경우에는 허위신고죄(법 제276조)로 처벌한다. 한편 수출입통관과 관련된 지적재산권 침해행위는 상표권, 저작권법 등 지적재산권 관련법 위반으로 처벌된다.

(나) 범칙물품에 대한 처리

① 유통단계에서 적발시 보세구역 반입명령

관세청장 또는 세관장은 수출입신고가 수리된 물품이 "지식재산권을 침해한 경우"에는 보세구역으로 반입할 것을 명할 수 있다.

② 환적물품 등에 대한 유치 등 조치

지식재산권 등을 침해하는 물품이 원산지가 우리나라로 허위표시된 경우에는 세관장이 이를 유치할 수 있다(법 제231조).

제2절 수입통관절차

Ⅰ. 수입통관의 개요

1. 수입의 의의

수입이란 관세법에서 외국물품을 우리나라에서 반입하는 것이라고 규정하고 있다. 여기에서 반입란 외국물품이 관세법에 의한 구속에서 해제되어 내국물품화하는 것을 말한다. 관세법에서 외국물품은 우리나라에 도착된 물품으로 수입신고가 수리되지 않은 물품과 수출신고가 수리되어 외국물품화한 물품을 말하고 있다. 이러한 외국물품은 수입신고수리를 위한 통관절차를 필해야만 내국물품이 되어 국내로 들어 올 수 있다.

2. 수입통관절차의 의의

수입통관이란 수입신고를 받은 세관장이 신고사항을 확인하여 일정한 요건을 갖추었을 때 신고인에게 수입을 허용하는 것으로 수입신고사항과 현품이 부합한지 여부와 수입과 관련하여 제반 법규정을 충족하였는지 여부를 확인한 후 외국물품을 내국물품화하는 행정행위를 말한다. 수입통관은 현재 수입면허제를 수입신고제로 전환하여 그 절차를 대폭 간소화하고, 수입신고수리 후 관세납부제를 도입하여 통관절차와 과세절차를 분리·운용하고 있다.

또한 수입통관에서는 수출통관과 달리 관세의 부과·납부의 과정이 있다. 우리나라 관세법에는 모든 수입물품에 관세를 부과한다고 규정하고 있다. 관세는 수입가격 × 관세율로 산정되므로 수입통관시 세관공무원은 수입가격이 적정하며, 관세율의 적용이 제대로 되어 있는지를 면밀히 검토하게 된다. 수입가격은 보통 과세가격이라 하는데 우리나라에 도착할 때까지의 모든 비용을 포함한 CIF가격을 기준으로 한다.

한편 신속한 통관을 위한 제도로 EDI통관, 인터넷통관 및 관세의 인터넷 납부제도 등이 있다.

(1) EDI통관

수출입신고는 EDI 수출입통관시스템을 이용하여 할 수 있다. 이 시스템을 이용하기 위하여는 전자문서중계사업자인 KTNET(한국무역정보통신) 등과 약정을 체결하고 레디코리아, 엔컴 등이 공급하는 소프트웨어를 탑재한 통관용 전산시스템을 갖추어야 한다. 현재 모든 수출입신고는 전자서류를 제출하는 방식인 P/L(paperless)신고방식을 취하고 있다.

(2) 인터넷통관

수출입신고는 인터넷을 통하여도 할 수 있다. 세관이 인정하는 공인인증서를 통관업무용 PC에 설치하고 관할세관의 확인을 받은 후, 관세청 인터넷 통관포탈(http://portal.customs.go.kr)에 접속하여 수출입신고를 할 수 있다.

(3) 관세의 인터넷 납부

관세의 인터넷 납부는 인터넷뱅킹을 통하여 관세를 납부하는 것으로서 정식명칭은 '관세 계좌이체 납부제'이다. 관세 계좌이체 납부제는 관세청과 수납은행간 전산망연계로 납세자가 자신의 사무실에서 인터넷/뱅킹으로 전자납부서를 조회하고 이체하는 방식으로 세금을 납부하는 제도이다. 각 은행의 메뉴에서 '인터넷뱅킹>공과금>관세'를 찾아 납세의무자가 직접 관세를 납부할 수 있으며, 관세사가 같은 방법으로 여러 사업자의 관세를 일괄하여 납부할 수도 있다.

참 조

우리나라는 1996년부터 EDI 수입통관자동화시스템을 운영하여 수입통관절차를 매우 간소화하였다. 종전에는 서류에 의한 수입통관제도로서 통관물품의 흐름과 통관서류의 흐름이 연결되어 있어 각 단계별로 물품이 정지된 상태에서 진행됨으로써 통관대상물품의 흐름이 원활하지 못하였다. 이러한 문제점을 극복하기 위해서 EDI수입통관제도에서는 선적항을 출항하여 도착항에서 입항전에 수입신고를 할 수 있게 하고(입항전 수입신고제도), 수입신고수리 후 15일 이내에 관세 및 내국세를 납부하도록 되어 있어 통관절차와 과세절차가 분리되어 있다(관세사후납부제도). 또한 수입화물의 원활한 흐름을 위하여 우범화물 선별제도를 도입하여 전체 수입화물 모두를 검사하지 않고 선별검사시스템(cargo selectivity system : C/S)을 통해 미리 등록된 기준에 따라 우범가능성이 높다고 예상되는 물품을 골라 집중적으로 검사함으로써 검사의 효율성을 높이고 있다.

3. 수입통관 절차도

수입될 화물의 이동단계에 따른 수입신고종류별, 세관심사과정별, 세금납부형태별, 신고수리의 일반적 흐름도를 도표로 나타내면 다음과 같다.

그림 11-4 수입통관 절차도

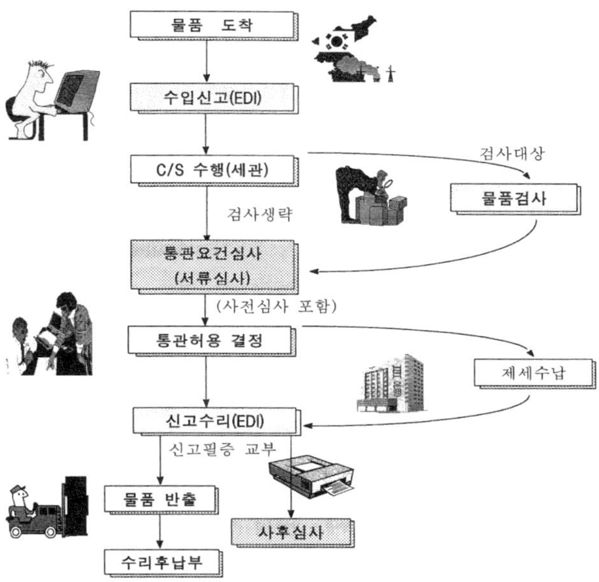

Ⅱ. 일반 수입통관 절차

1. 수입신고 전 준비

(1) 상품의 세번분류와 HS

무역거래에서 상품분류방법이 각각 다를 경우 상품의 국제적 비교나 통계의 집계가 어렵고, 상품분류 자체가 하나의 비관세장벽으로 무역의 장애요인이 된다.

이에 각국은 국제적으로 통일된 품목분류표와 통계표의 사용에 관심을 갖게 되었고 1931년 국제연맹의 주관하에 제네바 상품분류표가 제정되었다. 이 제네바 상품분류표는 그후 SITC(Standard International Trade Classification : 표준국제무역분류), BTN(Brussel Tariff Nomenclature : 브뤼셀 관세품목분류), CCCN(Customs Cooperation Council Nomenclature : 관세협력이사회 상품분류표), HS(Harmonized System : 조화제도) 등으로 발전해 왔다.

현재 우리나라는 HS를 채택하고 있는데, 이는 관세협력이사회(CCC, WCO)에서 CCCN을 근간으로 하여 1983년 제정하여 1988. 1. 1부터 국제협약으로서 발효된 것이다.

물품을 수입하기 위해서는 거래하고자 하는 상품의 세번분류를 하는데, 이는 품목분류 결과에 따라 수출입의 제한여부와 관세율이 결정되기 때문이다.

따라서 무역계약을 체결하기 전에 먼저 이를 확인하여 수출입가능 여부와 수입시 부과·징수될 조세(관세, 부가가치세, 개별소비세 등)가 어느 정도인지를 미리 파악하는 것이 바람직하다.

(2) 관세 등 산출

물품이 수입될 때 부과·징수되는 조세의 종류는 관세, 개별소비세, 주세, 교통·에너지·환경세, 농어촌특별세, 교육세, 부가가치세 등이다. 이는 모든 물품에 부과·징수되는 것은 아니며, 세율에도 차이가 있을 수 있다. 부과·징수되는 각 조세는 다음과 같이 산출된다.

㈎ 관 세

관세는 가격을 기초로 정율로 부과되는 종가세와 수입물품의 수량 또는 중량 등에 따라 정액으로 부과되는 종량세의 두 가지가 있다. 종량세는 현재 영화용 필름과 VTR 테이프, 그리고 일부 농수산물에 적용된다.

관세=과세가격×관세율

(나) 개별소비세

수입물품에 개별소비세가 부과되는 물품은 개별소비세법시행령에 열거되어 있다. 개별소비세도 종가세와 종량세의 두 가지가 적용되는데, 유류와 액화가스가 종량세 적용대상이다. 종가세의 경우 개별소비세의 과세가격은 관세의 과세가격에 관세를 가산한 금액이다. 다만, 보석류나 고급가구 등 개별소비세법시행령에서 별도로 정하고 있는 물품에 대해서는 기준가격을 초과하는 가격이 과세가격이다.

> 개별소비세=(관세의 과세가격+관세)×개별소비세율(10%~30%)

(다) 교통·에너지·환경세

교통·에너지·환경세는 휘발유 및 이와 유사한 대체 유류와 경유에 대해 부과된다. 교통·에너지·환경세는 종량세로서 ℓ당 일정액으로 정해져 있다.

(라) 농어촌특별세

농어촌특별세는 관세가 감면되는 물품과 개별소비세가 부과되는 물품에 대하여 다음과 같이 산출하여 부과된다.

> · 개별소비세 관련 농어촌특별세=개별소비세액×농어촌특별세율(10%)
> · 관세감면 관련 농어촌특별세=관세의 감면액×농어촌특별세율(20%)

(마) 주 세

주세는 주류에만 부과된다. 주류 중 주정은 종량세가 적용되고, 기타 주류는 관세의 과세가격에 관세를 가산한 금액을 과세가격으로 한다.

> 주세=(관세의 과세가격+관세)×주세율(5%~72%)

(바) 부가가치세

부가가치세는 재산적 가치가 있는 재화가 수입될 때 부과된다. 단, 일부 농수산물 등에 대하여는 부가가치세가 면세될 수 있다. 부가가치세의 과세가격은 관세의 과세가격에 수입물품에 부과되는 모든 조세를 합산한 금액이다.

> 부가가치세=
> (관세의 과세가격+과세+개별소비세+주세+교통·에너지·환경세+
> 농어촌특별세+교육세)×부가가치세율(10%)

(사) 교육세

교육세는 개별소비세, 교통·에너지·환경세, 주세 부과 물품에 대하여 추가하여 부과한다.

- 개별소비세 관련 교육세=개별소비세액×교육세율(30% 단, 등유는 15%)
- 교통·에너지·환경세법 관련 교육세=교통·에너지·환경세액×교육세율(15%)
- 주세 관련 교육세=주세액×교육세율(10%~30%)

(3) 수입신고에 필요한 서류의 준비

수입신고를 할 때 세관에 제출하여야 하는 서류는 다음과 같다.

- 수입신고서
- 수입승인서 또는 수입인정서. 단, 대외무역법에 의한 대상품목의 경우에 한한다.
- 송품장
- B/L 또는 AWB 부본
- 포장명세서. 단, 세관장이 필요 없다고 인정하는 경우는 제외
- 원산지증명서(C/O). 단, 해당 물품의 경우에 한함
- 통합공고에 의한 요건확인서. 단, 통합공고에 의해 요건확인을 받아야 하는 품목 중 관세청장이 관세법 제145조의 규정에 의해 세관장 확인 대상품목으로 고시한 경우
- 가격신고서. 단, 가격신고가 생략되는 물품은 제외
- 관세감면 또는 분할납부신청서. 단, 해당물품의 경우에 한함

2. 수입화물정보의 수입신고 전 제시

EDI수입통관제도에서는 수입화물의 흐름을 원활히 하기 위하여 입항전 수입신고제도와 우범화물선별제도를 운영하고 있어 항공기나 선박이 입항하기 전에 화물에 대한 정보를 세관에 미리 보고하여야 한다. 이를 위하여 해상수입의 경우에 선박회사는 수입화물을 적재항에서 선박에 적재하기 24시간 전까지, 항공수입인 경우에는 항공사는 항공기가 입항하기 4시간 전까지 관할세관장에게 수입대상화물에 대한 적하목록(Manifest)을 제출해야 한다.

그림 11-15 수입통관절차 주요내용

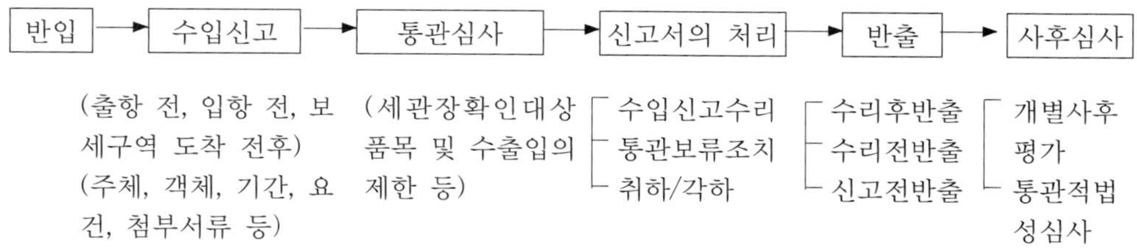

세관은 적화목록 기재사항의 누락 여부, 세관의 특별감시가 필요한 우범화물에 해당하는지 등의 요건을 심사한 후 이 적화목록을 토대로 하역, 운송, 보관, 통관별로 수입화물을 총괄 관리한다.

3. 수입화물의 하역 및 장치 등

(1) 수입화물의 하역

수입화물을 적재한 선박(항공기)이 입항하면 선박회사와 항공회사는 선하증권과 항공운송장 단위의 적화목록을 기준으로 하선장소를 정하여 세관장에게 하선신고를 제출해야 한다. 하역된 수입물품은 선박회사, 검수업자, 하역업자가 물품검수하여 만약 적화목록과 상이할 경우 이를 세관장에게 즉시 보고한다.

(2) 보세구역 등에 장치 및 보세운송

㈎ 보세구역에 장치

수입예정신고를 하고 검사대상물품이 아닌 경우에는 모든 화물은 수입통관을 위하여 보세구역에 장치하여야 한다. 이는 수입물품을 일정한 장소에 한정하여 수입통관을 필하기 전까지 관세징수권을 확보하고 통관업무의 효율화를 기하기 위한 것이다.

㈏ 보세구역 이외의 장치

모든 수입화물은 통관절차를 밟기 위해서 보세구역에 장치하는 것이 원칙이지만 수입화물의 특수한 성질이나 특별한 사유가 있는 경우에는 보세구역 이외의 장소에 장치를 허락하게 되는데 이를 타소장치나 선상신고라고 한다.

㈐ 보세운송

보세운송이란 수입의 경우 수입신고를 하기 전 단계에서 이루어지는 국내운송을 의미하는 것으로, 만약 수입업자가 내륙에 위치한 자신의 공장에 수입화물을 장치하고 관할 세관에게 통관하기를 원하면 항만에서 내륙공장까지 수입화물의 보세운송이 허용된다.

4. 관세 등의 감면 및 분할 납부 승인신청

(1) 관세감면 신청시 구비서류

- 관세감면신청서
- 관할지세관장 설치장소 확인서(해당물품의 경우)
- 주무부장관 확인(추천)서(해당물품의 경우)
- 원자재 소요량증명서(해당물품의 경우)
- 지정공장신청서(해당물품의 경우)
- 기증사실증명서(해당물품의 경우)
- 해당 수혜기관 확인서(정부용품 등의 경우)

(2) 관세분할납부신청서 구비서류

- 분할납부승인 신청서
- 중소제조업체 확인서(해당물품의 경우)
- 국산대체불가 확인서(해당물품의 경우)

5. 수입신고

(1) 수입신고의 의의

물품을 수입하고자 하는 자는 세관장에게 수입신고를 하여야 한다. 이러한 수입신고는 물품을 수입하려는 의사를 세관장에게 표시하는 것으로, 수입신고를 함으로써 적용법령, 관세물건 및 납세의무자가 확정된다. 물품을 수입하고자 할 때에는 다음 사항을 세관장에게 신고하여야 한다(법 제241조 ①항).

① 해당 물품의 품명, 규격, 수량 및 가격
② 포장의 종류·번호 및 개수
③ 목적지·원산지·선적지
④ 원산지표시 대상물품인 경우에는 표시유무·방법 및 형태
⑤ 상표
⑥ 납세의무자 또는 화주의 상호(개인은 성명) 사업자등록번호·통관고유부호·해외공급자부호
⑦ 물품의 장치장소

⑧ 기타 참고사항

㈎ 적용법령의 확정

관세는 수입신고 당시의 법령에 의한다. 그러므로 수입물품 통관과정에 관세율의 변경, 환율의 변경 또는 관세감면 및 분할납부 코드의 개정이 있더라도 보세건설장 반입물품과 특정물품의 경우를 제외하고는 수입신고 당시의 법령에 의하여 관세를 부과한다.

㈏ 과세물건의 확정

관세는 원칙적으로 수입신고를 하는 때의 물품의 성질과 그 수량에 의하여 부과된다.

㈐ 납세의무자의 확정

수입신고시에 납세신고를 이행함으로써 납세의무자가 확정되며, 이는 수입화주가 된다. 수입화주라 함은 ① 물품의 수입을 위탁받아 수입업자가 대행 수입한 물품일 때에는 그 물품의 수입을 위탁한 자, ② 수입신고 전에 양도한 때에는 그 양수인을 말한다.

㈑ 관세부과제척기간 기산일의 기준

관세의 부과권은 원칙적으로 수입신고한 날의 다음날부터 5년간 행사하지 아니하면 이를 행사하지 못한다. 따라서, 수입신고일은 관세부과 체척기간 기산일의 기준일이 된다.

㈒ 과세환율결정의 기준시점

외국통화로 표시된 과세가격을 내국통화로 환산하고자 할 때에는 수입신고일이 속하는 주의 전주의 외국환 매도율을 평균하여 관세청장이 그 율을 정하는 바, 수입신고일은 과세환율 결정의 기준시점이 된다.

(2) 수입신고의 시기

수입신고는 해당 물품을 선(기)적한 선박 또는 항공기가 입항된 후에 하는 것이 원칙이나, 수입하고자 하는 물품의 신속한 통관이 필요한 경우에는 해당 물품을 선(기)적한 선박 또는 항공기가 입항하기 전에 수입신고할 수 있다.[3]

선박 또는 항공기가 입항하기 전에 수입신고하는 경우에는 해당 물품을 선(기)적한 선박 또는 항공기가 출항한 후에 하는 것이 원칙이나, 출항부터 입항까지의 기간이 단기간인 경우 등 해당 선박 등이 출항한 후에 신고하는 것이 곤란하다고 인정되어 출항하기 전에 신고하게 할 필요가 있거나 출항부터 입항까지의 기간이 장기간인 경우 등 신고기간을 제한할 필요가 있는 경우에는 관세청장은 그 신고시기를 조정할 수 있다.[4]

3) 관세법 제243조(신고의 요건), 제244조(입항 전 수입신고).
4) 관세법 시행령 제260조(입항전수입신고).

표 11-5 수입신고의 시기

구 분	신고시기	비 고
원 칙	보세구역 장치후 신고	장치후 30일 이내
예 외 (신속통관을 위함)	보세구역 도착전 신고	우리나라 입항후, 보세구역 도착전
	입항전 신고 출항전 신고	입항하기 5일전(항공기의 경우 1일전) 항공수입 또는 일본, 중국, 대만, 홍콩에서 수입

수입하고자 하는 자는 출항전신고, 입항전신고, 보세구역 도착전신고, 보세구역 장치후신고 중에서 필요에 따라 신고방법을 선택하여 수입신고할 수 있다.

㈎ 출항전수입신고

1) 의 의

"출항전신고"라 함은 항공기로 수입되는 물품 또는 일본, 중국, 대만, 홍콩으로부터 선박으로 수입되는 물품을 선(기)적한 선박 또는 항공기(이하 "선박 등"이라 한다)가 해당 물품을 적재한 항구 또는 공항에서 출항하기 전에 수입신고하는 것을 말한다(관세청장 고시)

2) 수입신고

수입신고는 해당 물품을 선(기)적한 선박 또는 항공기가 동 물품을 적재한 항구 또는 공항에서 출항한 후에 하여야 한다. 다만, 출항부터 입항까지의 기간이 단기간인 경우 등 해당 선박 등이 출항한 후에 신고하는 것이 곤란하다고 인정되어 출항하기 전에 신고하게 할 필요가 있는 경우에는 관세청장이 정하는 바에 따라 그 신고시기를 조정할 수 있다(영 제249조 ②항).

3) 신고대상

· 항공기로 수입되는 물품

· 일본, 중국, 대만, 홍콩으로부터 선박으로 수입되는 물품

㈏ 입항전수입신고

1) 의 의

"입항전신고"라 함은 수입물품을 선(기)적한 선박 등이 물품을 적재한 항구 또는 공항에서 출항한 후 입항(법 제140조의 규정에 의한 하역신고시점을 기준으로 함)하기 전에 수입신고하는 것을 말한다.

2) 수입신고

수입하고자 하는 물품의 신속한 통관이 필요한 때에는 제243조 제1항(입항후수입신고)의 규정에 불구하고 대통령령이 정하는 바에 의하여 해당 물품을 적재한 선박 또는 항공기가 입항하기 전에 수입신고를 할 수 있다. 이 경우 입항전수입신고가 된 물품은 우리나라에 도착된 것으로 본다(법 제244조 ①항).

3) 입항전수입신고 시기

입항 전 수입신고는 해당 물품을 선(기)적한 선박 또는 항공기가 동 물품을 적재한 항구 또는 공항에서 출항하여 우리나라에 입항하기 5일 전(항공기의 경우 1일 전)부터 할 수 있다(영 제249조 ①항)

4) 멸실, 변질, 손상에 대한 관세의 환급

입항전수입신고가 수리되고 보세구역 등으로부터 반출되지 아니한 물품에 대하여는 해당 물품이 지정보세구역에 장치되었는지 여부에 관계없이 제106조 제4항(보세구역 멸실, 폐기물품의 환급)을 준용한다(동조 ⑤항). 즉, 지정보세구역의 장치여부에 상관없이 재해로 인하여 멸실, 변질, 손상으로 인하여 가치가 감소된 때에는 관세의 전(일)부를 환급할 수 있다.

5) 도착 후 수입신고물품

상기의 규정에도 불구하고 다음 각호의 1에 해당하는 물품은 해당 물품을 적재한 선박 등이 우리나라에 도착된 후에 수입신고하여야 한다(영 제249조 ③항).

① 세율이 인상되거나 새로운 수입요건을 갖추도록 요구하는 법령이 적용되거나 적용될 예정인 물품

② 수입신고하는 때와 우리나라에 도착하는 때의 물품의 성질과 수량이 달라지는 물품으로서 관세청장이 정하는 물품

(다) 보세구역 도착 전 신고

수입물품을 선(기)적한 선박 등이 입항하여 해당 물품을 통관하기 위하여 반입하고자 하는 보세구역(부두 밖 콘테이너 보세장치장 및 콘테이너 내륙통관기지・선상 포함)에 도착하기 전에 수입신고하는 것을 말한다.

(라) 보세구역 장치후신고

수입물품을 보세구역에 장치한 후 수입신고하는 것을 말하는데, 가장 일반적인 수입신고형태로 볼 수 있다.

(3) 신고자료의 전송 및 결과 통보

수입신고를 하고자 하는 자는 신고자료를 통관시스템에서 인정한 관세청 사서함으로

전송한 후 신고를 첨부서류와 함께 제출하여야 하며, "전자자료교환방식에 의한 수입신고요청서"를 관할세관장에게 제출하여 사용자 ID를 부여받아야 한다. 신고인이 전송한 신고자료에 대하여 오류발생사실을 통보받거나 기타 사유로 신고자료의 내용을 정정하고자 하는 경우에는 접수결과를 통보받기 전까지 정정 전과 동일한 신고번호로 다시 전송하여야 한다.

표 11-6 수입신고시기 구분에 따른 통관절차 비교표

구 분	출항전신고	입항전신고	입항후 보세구역 도착전신고	보세구역 장치후신고
신고시기	선박(항공기)출항전	선박(항공기) 출항후 입항(하선(기) 신고)전		해당 물품이 보세구역 도착후
신고대상 물품	항공기로 수입되는 물품과 일본·중국·대만·홍콩으로부터 선박으로 수입되는 물품	제한 없음	제한 없음	제한 없음
신고대상 업체	담보면제 및 포괄담보 운영에 관한 고시에 의한 담보면제한도액 또는 담보사용한도액이 있거나 신고수리 전에 담보를 제공하거나 미리 관세를 납부하고자 하는 업체(FCL, LCL화물 모두 가능함)	좌동	제한 없음	제한 없음
신고세관	입항예정지 세관 (부산항은 부산세관 검사 1, 2관)	입항예정지 세관(부산항은 부산세관 검사 1, 2과)	입항지·내륙지 세관 불문	보세구역을 관할하는 세관
검사대상 여부 통보시기	선박(항공기)이 출항하였음을 입증하는 자료제출일 (출항신고서 및 적하목록)	수입신고일	수입신고일	수입신고일
검사생략 물품의 신고수리 시기	적하목록 제출 후	적하목록 제출 후	보세구역 도착일	수입신고일 이후
검사대상 물품의 신고수리' 시기	검사 후	검사 후	검사 후	검사 후

참 조 P/L(Paper Less)신고

일반적으로 수입신고를 할 때에는 수입신고서에 선하증권, 송품장 등 필요한 서류를 첨부하여 제출하지만 다음 각호의 1에 해당하는 물품에 대하여는 신고서 및 첨부서류를 제출하지 아니하고 전자서류에 의하여 수입신고(P/L신고)할 수 있다.

(1) 수입P/L 신고업체로 지정된 업체가 수입하는 물품(다음 물품은 제외)

① 신고서에 품명·규격사항의 일부만 기재한 물품

② 법 제226조의 규정에 의한 세관장 확인물품으로서 해당 요건확인 구비서류 발급기관이 관세청 전산망으로 수입요건확인내역을 전산으로 통보하지 아니한 물품

③ 할당관세 또는 양허관세 적용을 위하여 관련기관의 추천을 받아야 하는 물품으로서 해당 추천서 발급기관이 관세청 전산망으로 추천내역을 전산으로 통보하지 아니한 물품

④ 관세감면(분납) 대상물품으로서 별도의 서류를 구비해야 하는 물품

⑤ 법 제39조의 규정에 의한 부과고지 대상물품

⑥ 물품검사대상으로 선별된 물품

⑦ 일시수입통관증서(A.T.A Carnet)에 의하여 수입하는 물품

⑧ 기타 세관장이 서류제출이 필요하다고 인정하는 물품

(2) 간이신고 특송물품으로서 신고납부 대상물품 중 신고수리 전 관세납부물품(다만, 법 제226조의 규정에 의한 세관장 확인물품은 제외한다)

P/L신고는 누구나 사용할 수 있는 완전개방형시스템이 아니라 일정한 요건을 갖춘 경우에만 제한적으로 허용하는데, 세관장은 다음 각호의 요건을 갖춘 업체에 대하여 수입P/L신고업체로 지정할 수 있다.

① 최근 2년 내에 법 제269조 내지 제276조 및 수출용원재료에 대한 관세환급에 관한 특례법 제23조 위반으로 처벌받은 사실이 없는 업체. 다만, 세관장이 재범의 우려가 없다고 인정하는 경우를 제외한다.

② 최근 3년 내에 관세 등 제세의 체납이 없는 업체. 다만, 세관장이 체납의 우려가 없다고 인정하는 경우를 제외한다.

③ 최근 1년 동안 수입실적이 있는 업체로서 수입신고 정확도 등이 관세청장이 별도로 정하는 기준에 부합하는 업체

수입P/L 신고업체로 지정을 받고자 하는 자는 수입P/L 신고업체 지정신청서를 관할 세관장에게 제출하여야 하며, 세관장은 수입P/L 신고업체로 지정받은 업체에 대하여 반기별로 신고정확도 등을 재검증하여 지정 기준에 미달될 경우 수입P/L 신고업체 지정을 취소하거나 3월 범위 내에서 P/L신고를 정지할 수 있다.

(4) 신고의 효력발생시점

수입신고의 효력발생시점은 전송된 신고자료가 통관시스템에 접수된 시점이다. 다만

수작업에 의하여 신고한 때에는 신고서가 통관지세관에 접수된 시점으로 한다.

(5) 수입신고세관

수입신고는 원칙적으로 해당 물품을 통관하고자 하는 세관에 한하여야 한다. 그런데, 출항전신고 또는 입항전신고는 수입물품을 적재한 선박 등의 입항예정지를 관할하는 세관장에 하여야 하고, 보세구역 도착전신고는 해당 물품이 도착할 보세구역을 관할하는 세관장에게 하여야 한다. 또한 보세구역 장치후신고는 해당 물품이 장치된 보세구역을 관할하는 세관장에게 신고하여야 한다.

(6) 수입신고인

수입신고는 관세사, 관세사법 제17조의 규정에 의한 관세사법인, 관세사법 제19조의 규정에 의한 통관취급법인(이하 '관세사 등'이라 한다) 또는 수입화주의 명의로 하여야 한다.

(7) 수입신고기간

㈎ 반입일로부터 30일 내의 신고의무

수입 또는 반송하고자 하는 물품을 지정장치장 또는 보세장치장에 반입하거나 타소장치 허가를 받아 보세구역 아닌 장소에 장치한 자는 그 반입일 또는 허가일로부터 30일 이내에 수입 또는 반송의 신고를 하여야 한다(법 제241조 ③항).

㈏ 가산세 부과

세관장은 대통령령이 정하는 물품을 수입 또는 반송하는 자가 법 제136조 제3항에 규정하는 기간(반입일 또는 타소장치 허가일로부터 30일)을 경과하여 수입신고 또는 반송신고를 하는 경우에는 해당 물품의 과세가격의 100분의 2에 상당하는 금액의 범위 안에서 대통령령이 정하는 금액을 가산세로 징수한다(법 제241조 ④항).

다음 각호의 보세구역에 반입된 물품은 반입일로부터 30일 이내에 수입 또는 반송신고하여야 한다. 이 신고기한을 경과하도록 수입 또는 반송신고를 하지 아니한 때에는 관세법 제241조 및 동법 시행령 제120조의 3의 규정에 따라 가산세를 징수한다.

① 김포공항과 김해공항의 하기장소 중 지정장치장 및 보세장치장

② 부산항과 인천항의 하선장소 중 부두 내와 부두 밖의 컨테이너 CY와 CFS(지정장치장과 보세장치장)

③ 부산항 및 인천항 재래부두 내 지정장치장

(8) 신고시 제출서류

수입신고를 하는 자는 과세자료 외에 대통령령이 정하는 서류를 제출하여야 한다(법 제245조 ①항).

㈎ 제출서류

수입신고를 할 때에는 신고인은 가격신고 규정에 의한 과세자료 외에 다음 정하는 서류를 제출하여야 한다(영 제250조 ①, ②항).

① 해당 물품의 선하증권 사본, 또는 항공화물운송장 사본, 원산지증명서, 기타 참고 서류

② 수출입신고를 하는 물품이 '허가 등 증명 확인 대상'에 해당되어 증명을 필요로 하는 것인 때에는 관련 증명서류를 첨부(단, 세관장이 필요 없다고 인정할 때에는 생략가능)

㈏ 수입신고서류의 생략

서류를 제출하여야 하는 자가 해당 서류를 관세사 등에게 제출하고, 관세사 등이 해당 서류를 확인한 후 수출·수입 또는 반송에 관한 신고를 하는 때에는 해당 서류의 제출을 생략하게 하거나 해당 서류를 수입신고수리 후에 제출하게 할 수 있다(법 제245조 ②항).

㈐ 자료의 제출 요구

서류의 제출을 생략하게 하거나 수입신고 수리 후에 서류를 제출하게 하는 경우 세관장이 필요하다고 인정하여 신고인에게 관세청장이 정하는 장부, 기타 관계 자료의 제시 또는 제출을 요청하는 때에는 신고인은 이에 응하여야 한다(동조 ③항).

6. 수입통관심사 및 물품검사

(1) 통관심사(서류심사)

㈎ 의 의

수입통관심사라고 하는 것은 수입신고된 해당물품에 대하여 세번·세율과 과세가격 등 신고사항의 적정여부, 법령에 의한 수입요건의 충족여부 등을 확인하기 위하여 관련 서류나 분석결과를 검토하는 것을 말한다. 수입심사 후 필요한 경우는 분석의뢰를 할 수 있으며, 미비사항이 있는 경우에는 보완요구를 하게 되며, 중요사항 미비·법규위반·조사대상·요건구비에 상당한 시일을 요하는 경우 등에는 통관보류를 할 수도 있다. 또한, 심사과정에서 발견된 경미한 신고오류 등에 대하여는 신고사항을 정정할 수도 있다.

수입요건의 충족여부에 대한 확인으로 관세법 제226조의 규정에 의한 세관장확인 업무, 지적재산권보호관련 침해여부, CITES 물품해당여부, 원산지 관련업무 등이 있다.

㈏ 심사방법

1) 형식적요건 심사

세관장은 수입신고서를 접수한 때에는 신고서의 형식적 요구의 구비여부를 심사한다(관세청 고시). 형식적인 요건 심사결과 이상이 없는 때에는 즉시 이를 수리하여야 한다.

형식적요건 심사에는 ① 신고내용이 수출신고서 작성요령에 의하여 정확하게 작성되었는지 여부, ② 수출신고시 서류 제출대상 물품인지의 여부, ③ 세번의 정확여부, ④ 기타 수출물품 통관을 위하여 필요한 사항 등에 관하여 심사하게 된다.

2) 실질적요건 심사

신고서류의 구비요건이 충족되면 실질적요건 심사를 하게 된다. 즉, 수입신고시에 서류제출 대상인 물품, C/S 조회 결과 우범성 정보가 있는 물품인 경우 등이 그 대상이다. 실질적인 요건심사에는 ① 수출신고시 서류제출대상 물품인 경우, ② 위조상품수출 등 지적재산권 침해 우려가 있는 경우, ③ 관세환급과 관련하여 위장수출의 우려가 있는 경우, ④ 기타 불법수출에 대한 우범성정보가 있는 경우 등에 관한 사항을 심사한다.

㈐ 심사절차

수입신고서의 배부를 받은 접수담당은 수입통관시스템에 조회하여 C/S결과 우범성 정보 등 주의를 요구하는 사항이 있는지를 확인한 후 즉시수리대상, 심사대상, 물품검사대상 중 한 가지를 선택하여 신고서의 처리방법을 결정한다. 이 경우 서류제출대상 물품과 검사대상물품인 경우에는 실질적인 내용을 심사한 후 이를 수리하여야 한다(관세청 고시).

◈ 즉시수리란?

즉시수리란 수입신고 내용 중 세번, 세율, 과세가격, 원산지표시, 지적재산권 침해 등과 관련하여 세관공무원이 물품검사를 하지 아니하고 신고서의 형식적요건의 구비여부만 확인하고 지체 없이 수입신고를 수리하는 것을 말한다. 즉, 신고서 및 제출서류의 형식적요건을 구비하였는지의 여부만 확인한 후 심사를 종결한다.

보충설명 신고수리 전 세액심사

신고한 세액에 대하여 관세채권의 확보가 곤란하다고 인정되거나, 신고수리 후에 세액심사를 하는 것이 부적당하다고 인정되는 경우에는 신고수리 전에 세액심사를 할 수 있다. 신고수리 전에 세액을 심사할 수 있는 물품은 다음과 같다. 다만, 감면·분납물품의 과세가격에 대한 심사는 신고수리 후에 할 수 있다.

① 법률 또는 조약에 의하여 관세 및 내국세의 감면을 받고자 하는 물품

② 관세의 분할납부승인 신청물품
③ 관세체납중에 있는 자의 신고물품
④ 부과고지대상 물품
⑤ 기타 관세채권확보를 위하여 관세청장이 신고수리 전 세액심사가 필요하다고 따로 정하는 물품

(2) 물품검사

㈎ 물품검사의 의의

수입신고물품에 대한 검사의 목적은 수입신고사항과 현품이 일치하는지의 여부와 마약 등 기타 밀수품이 은닉되어 있는지의 여부를 검사하는 데 있다.

세관공무원은 수출입하고자 하는 물품에 대하여 검사를 할 수 있으며 관세청장은 검사의 효율을 거두기 위하여 검사대상 · 범위 · 방법 등 필요한 사항을 정할 수 있다(법 제246조). 세관장은 수입신고를 하지 아니한 물품에 대하여는 관세청장이 정하는 바에 의하여 직권으로 이를 검사할 수 있다(영 제251조 ①).

㈏ 검사대상

우범화물 자동선별시스템(cargo selectivity : C/S)에서 우범성이 있어 검사대상으로 선별된 물품과 무작위 추출방식에 의하여 선별된 물품이 주로 검사대상이 된다.

세관장은 C/S 등에 의해 검사대상여부를 결정한 때에는 즉시 이를 수입신고인에게 통보하고 통관시스템에 입력하여야 한다.

보 충 **다자간 관세시대의 출현**

C/S란 cargo seletivity의 약자로서 수출입되는 물품 중에서 전산에 미리 등록된 기준에 따라 우범가능성이 높다고 예측되는 물품을 골라 집중적으로 검사함으로써 검사의 효율성을 높이고자 하는 검사관리기법을 말한다. 그러므로 C/S는 제한된 검사인원으로 수출입통관 물량 증가에 대처하여 검사가 필요한 최소한의 물품만을 중점검사하여 전체수출입 물품에 대한 검사비율은 낮추고 적발비율을 높여서 화물의 신속한 유통으로 물품비용을 경감시키며 위법, 부당한 물품의 통관기도를 효과적으로 적발하고 예방하기 위한 제도이다.

㈐ 검사방법

검사방법은 단수검사와 복수검사, 전량검사와 발췌검사 및 분석검사가 있다. 단수검

사를 원칙으로 하되 우범성정보가 있는 물품 등은 예외적으로 복수검사를 실시한다.

또한, 수입화주의 신용도, 물품의 성질, 수량, 가격, 장치장소 및 C/S결과 검사유의사항 등을 참작하여 결정하지만, 물품의 검사는 시간와 인력상 일반적으로 발췌검사를 원칙으로 하되, 다음 각호의 1에 해당하는 물품의 경우에는 전량검사를 실시한다.

> ① 우범성 정보가 있거나 불성실업체에서 수입신고한 물품
> ② 변질 또는 손상된 물품
> ③ 종량세물품
> ④ 부과고지대상물품
> ⑤ 기타 일부 발췌검사로는 물품의 수량, 규격, 성질 등을 확인하기 곤란하다고 세관장이 인정한 물품

발췌검사시 검사해야 할 물품과 수량의 결정은 수입담당과장이 검사지시에서 특별히 정한 경우를 제외하고 해당 검사담당 세관공무원이 결정하되, 물품의 품명, 규격 등의 동일성과 포장 단위별 수량의 동일성 및 포장상태 등을 종합판단하여 동일한 포장상태별 수송포장 단위를 기준으로 2개 이상을 검사하여야 한다.

㈑ 검사장소

수입물품의 검사대상으로 결정된 물품의 검사장소는 다음과 같다.

1) 장치가능 장소 검사원칙

제186조 ①항(보세공장 사용신고 물품검사) 또는 제246조의 규정(수입신고물품의 검사)에 의한 검사는 보세구역장치 원칙(보세구역 외 장치 포함)에 의거 장치할 수 있는 장소에서 행한다(법 제247조 ①항).

2) 보세구역 반입 후 검사

상기 규정에도 불구하고 세관장은 효율적인 검사를 위하여 부득이 하다고 인정되는 때에는 관세청장이 정하는 바에 의하여 해당 물품을 보세구역에 반입하게 한 후 검사할 수 있다(동조 ②항). 상기 규정에 의한 검사장소가 지정장치장, 세관검사장 또는 보세창고(운영인 자신의 물품을 보관하기 위한 곳을 제외한다)가 아닌 경우 신고인은 기획재정부령이 정한 바에 의하여 수수료를 납부하여야 한다(동조 ③항).

> ◈ 선상검사
> 정부에서 직접 수입하는 군수품 및 물자수급계획상 긴급 도입물품과 선상에서 검사가 가능한 물품은 선상에서 적재한 상태로 검사할 수 있다.

7. 수입신고의 처리

(1) 수입신고수리

(개) 의 의

수입신고수리는 행정법상 준법행위적 행정행위로서, 수입신고자의 수입신고행위를 유효한 행위라고 판단하여 해당 법령에 의하여 수령하는 행위를 말한다. 수입신고의 수리에 의하여 외국물품이 비로소 내국물품이 되고, 관세납부 유무와는 관계없이 물품을 반출할 수 있다.

(내) 신고필증교부 등

1) 신고필증교부

세관장은 수입신고(입항 전 수입신고 포함)가 이 법의 규정에 적합하게 이루어진 때에는 이를 지체 없이 수리하고 신고인에게 신고필증을 교부하여야 한다(법 제248조 ①항). 다만, 제327조 ②항 규정(전산처리설비를 이용한 신고 등)에 의하여 전산처리설비를 이용하여 신고를 수리하는 경우에는 관세청장이 정하는 바에 따라 신고인이 직접 전산처리설비로 이용하여 신고필증을 교부받을 수 있다(동조 단서 신설).[5)]

2) 신고사항의 보안

세관장은 다음 각호의 1에 해당하는 경우에는 수입신고가 수리되기 전까지 이를 보완하게 할 수 있다. 다만, 미비된 사항이 경미하고 신고수리 후에 보완이 가능하다고 인정되는 경우에는 관세장이 정하는 바에 의하여 신고수리 후 이를 보완하게 할 수 있다(법 제249조).

① 수입신고(입항전 수입신고 포함) 규정에 의한 수출·수입 또는 반송에 관한 신고서의 기재사항이 미비된 경우

② 제245조의 규정(수입신고시 제출서류)에 의한 제출서류가 미비된 경우

(대) 담보의 제공

세관장은 관세를 납부하여야 하는 물품에 대하여는 수입신고를 수리할 때에 다음 각호의 어느 하나에 해당하는 자에게 관세에 상당하는 담보의 제공을 요구할 수 있다.

① 이 법 또는 「수출용원재료에 대한 관세 등 환급에 관한 특례법」 제23조를 위반하여 징역형의 실형을 선고받고 그 집행이 끝나거나(집행이 끝난 것으로 보는 경우를 포함한다) 면제된 후 2년이 지나지 아니한 자

② 이 법 또는 「수출용원재료에 대한 관세 등 환급에 관한 특례법」 제23조를 위반하

5) 이 단서는 전산처리설비에 의한 수출입신고제도의 보완을 위해 2003년에 개정된 조항이다.

여 징역형의 집행유예를 선고받고 그 유예기간 중에 있는 자

③ 제269조부터 제271조까지, 제274조, 제275조의2, 제275조의3 또는 「수출용원재료에 대한 관세 등 환급에 관한 특례법」 제23조에 따라 벌금형 또는 통고처분을 받은 자로서 그 벌금형을 선고받거나 통고처분을 이행한 후 2년이 지나지 아니한 자

④ 제241조 또는 제244조에 따른 수입신고일을 기준으로 최근 2년간 관세 등 조세를 체납한 사실이 있는 자

⑤ 수입실적, 수입물품의 관세율 등을 고려하여 대통령령으로 정하는 관세채권의 확보가 곤란한 경우에 해당하는 자

㈑ 수리전 반출금지

수입신고수리 전에는 운송수단·관세통로·하역통로 또는 이 법에 규정된 장치장소로부터 신고된 물품을 반출하여서는 아니된다(법 제248조 ③항).

(2) 수입신고의 취하 및 각하

㈎ 수입신고의 취하

1) 취하방법 및 시기

수입신고는 정당한 이유가 있는 때에 한하여 세관장의 승인을 얻어 이를 취하할 수 있다. 다만, 수입 및 반송은 운송수단·관세통로·하역통로 또는 이 법에서 규정된 장치장소에서 물품을 반출한 후에는 이를 취하할 수 없다(법 제250조 ①항).

2) 취하승인의 효력

수입신고를 수리한 후 상기 규정에 의하여 신고의 취하를 승인한 때에는 신고수리의 효력은 상실된다(법 제250조 ②항).

㈏ 수입신고의 각하

1) 의 의

세관장은 수입신고(입항 전 수입신고 포함)가 그 요건을 갖추지 못하였거나 부정한 방법으로 된 때에는 해당 수출·수입 또는 반송의 신고를 각하할 수 있다(법 제250조 ③항).

2) 신고각하의 대상

신고를 각하할 수 있는 경우는 다음 각호와 같다(관세기본총칙).

① 수출·수입·반송의 신고가 형식적인 요건을 갖추지 못한 경우

② 신고된 물품에 대해 멸각, 폐기, 공매, 경매낙찰, 몰수확정 또는 국고귀속이 결정된 경우

③ 부정한방법으로 신고한 경우

④ 출항신고나 입항전 신고항 화물이 도착하지 아니한 경우
⑤ 기타 수입신고의 형식적요건을 갖추지 못한 경우
3) 신고각하의 통지
세관장은 신고를 각하한 때에는 즉시 그 신고인에게 신고의 종류, 신고연월일, 신고번호와 각하 사유를 기재한 통지서를 송부하여야 한다(영 제254조).

8. 관세납부

통관심사과정이 끝나면 과세가격이 결정되고 관세가 부과된다. 수입물품에 대한 관세 등의 징수는 신고납부의 원칙으로 하여 관세의 납부자는 수입신고시 과세표준,세율, 납부세액을 세관장에게 신고해야 한다. 수입신고수리 후 즉, 신고납부서 또는 고지서 발부 후 15일 이내에 세관 또는 수입업자 소재 관할 행정구역 협력 금융기관에 자진 납부한다.

9. 수입신고필증 교부 및 물품반출

수입신고수리 후 관세를 납부하고 납부서를 세관에 제출하면 수입신고서에 신고서 수입신고수리인과 처리담당 세관공무원의 인장을 날인한 수입신고필증을 교부한다. 관세사가 수입통관을 위탁받아 EDI 방식으로 신고한 때에는 관세사가 신고수리 여부를 전산으로 조회한 다음 수입신고필증을 발급한다. 이 때는 신고필증의 세관기재란에 「본 수입신고필증은 수입통관사무처리에 관한 고시 제2-1-8조 규정에 의거 수입 P/L 신고에 의하여 수리된 것임」이란 고무인을 날인하고, 수입신고 수리인란에 관세사 인장을 날인한 후 수입자에게 교부한다.

수입신고필증이 교부됨으로써 일련의 수입통관절차는 종료가 되고, 수입상은 해당 수입신고필증을 보세구역 설영인에게 제시하고 물품을 반출하여 사용・소비할 수 있게 된다.

한편, 통관된 컨테이너 내장물품 등의 반출의 경우에는 컨테이너 보세장치장에서 컨테이너에 내장된 상태로 수입신고가 수리된 컨테이너 수입물품은 신고수리일로부터 10일 이내에 컨테이너 보세장치장에서 반출하여야 하며, 컨테이너에 내장된 상태로 수입신고가 수리된 컨테이너 수입물품을 컨테이너에서 적출하고자 하는 경우에는 컨테이너 화물조작장(CFS)에서 하여야 한다.

◈ 수입신고전 물품반출절차(즉시반출제도)

1. 의 의

즉시반출제도란 수입신고전 물품반출제도라고도 하며, 수입하고자 하는 물품을 수입신고전에 운송수단·관세통로·하역통로 또는 관세법의 규정에 의한 장치장소로부터 즉시 반출하는 제도를 말한다. 즉시반출제도를 이용하기 위하여는 미리 세관장으로부터 지정을 받아야 하며, 수입신고전에 세관장에게 즉시반출신고서를 제출(전송)하여야 한다. 이 경우 세관장은 납부하여야 하는 관세에 상당하는 담보를 제공하게 할 수 있다. 수입신고전 즉시반출신고를 하고 반출된 물품은 내국물품으로 본다.

2. 즉시 반출업체 및 물품의 지정기준

㈎ 즉시반출업체로 지정받을 수 있는 자는 다음 각호와 같다.

1) 시행령 제257조 제2항 제1호의 규정에 의한 제조업체 또는 외국인투자촉진법 제21조에 의한 외국인투자기업에 해당하는 경우로서 다음 각목의 요건을 갖춘 자

① 포괄담보업체

② 최근 2년간 관세 등 제세의 체납이 없는 업체. 다만, 체납의 사유가 일시적인 자금사정이거나 업무착오인 경우로서 납부기한 경과 7일 이내에 제세를 자진납부한 경우를 제외한다.

③ 최근 2년간 법 제269조 내지 제276조, 제277조 및 수출용원재료에 대한 관세등 환급에 관한 특례법(이하 "환특법"이라 한다) 제23조 위반으로 처벌받은 사실이 없는 업체. 다만, 세관장이 재범의 우려가 없다고 인정하는 경우를 제외한다.

④ 최근 3년간 수출입실적이 있는 업체

2) 시행령 제257조 제2항 제2호의 규정에 의하여 지정받고자 하는 경우에는 다음 각목의 1에 해당하는 자

① 정보기관 등

② 무담보기관

③ 신용담보업체

㈏ 즉시반출물품으로 지정받을 수 있는 물품은 다음 각호에 해당하지 아니하는 물품으로 한다.

1) 법 제226조의 규정에 의한 세관장확인대상물품

2) 법 제51조, 제63조, 제65조, 제68조, 제73조, 제74조의 덤핑방지관세·보복관세·특정국물품긴급관세·긴급관세·특별긴급관세·상계관세·편익관세·국제협력관세 해당물품

3) 수입통관고시 제2-2-6조의 규정에 의한 사전세액심사대상물품

4) 법 제234조의 규정에 의한 수출입금지물품

5) 법 제235조 ①항의 규정에 의한 상표권 침해물품에 해당되어 수입이 금지되는 물품

6) 기타 통관여건상 즉시반출물품으로 적합하지 아니하다고 세관장이 인정하는 물품

3. 즉시반출대상의 지정신청 및 지정기간

㈎ 즉시반출제도를 적용받고자 하는 자는 '즉시반출업체(물품)지정신청(결과통보)서' 2부를 작성하여 다음 각호의 첨부서류와 함께 세관장에게 제출하여야 한다. 다만, 정부기관 및 지방자치단체, 신용담보업체의 경우에는 첨부서류의 제출을 생략할 수 있다.

1) 사업자등록증 사본
2) 외국인투자촉진법 제21조의 규정에 의한 외국인투자기업등록증(외국인투자기업에 한한다)
3) 정부투자기관관리기본법 제2조의 규정에 의한 정부투자기관임을 증명하는 서류(정부투자기관에 한한다)
4) 법 제90조 ①항 제2호 내지 제5호의 규정에 해당하는 자임을 증명하는 서류(무담보기관에 한한다)
5) 기타 세관장이 필요하다고 인정하는 서류

㈏ 즉시반출지정신청은 다음 각호의 1에 해당하는 세관에 하여야 한다.

1) 신청자가 신용담보업체인 경우에는 신용담보업체로 지정받은 세관
2) 신청자가 포괄담보업체인 경우에는 포괄담보를 제공한 세관
3) 기타의 경우에는 주사업장이나 본사 또는 주통관지를 관할하는 세관

㈐ 즉시반출업체 지정기간은 즉시반출업체로 지정하거나 즉시반출업체의 지정기간을 갱신하는 경우 그 지정기간은 3년으로 한다.

4. 즉시반출업체 및 물품의 지정취소

㈎ 관할지세관장은 즉시반출업체가 다음 각호의 1에 해당하는 경우 즉시반출업체의 지정을 취소한다.

1) 반출신고일로부터 10일 이내에 수입신고를 하지 아니한 업체. 다만, 업무 착오인 경우로서 수입신고기한 경과 후 5일 이내에 수입신고한 경우를 제외한다.
2) 법 제269조 내지 제276조, 제277조 및 환특법 제23조를 위반한 업체. 다만, 세관장이 재범의 우려가 없다고 인정하는 경우를 제외한다.
3) 관세 등 제세를 체납한 업체. 다만, 체납의 사유가 일시적인 자금사정이거나 업무착오인 경우로서 납부기한 경과 7일 이내에 제세를 자진납부한 경우를 제외한다.
4) 신용담보업체의 지정이 취소된 업체
5) 포괄담보업체인 경우 포괄담보가 전부 해제된 업체

㈏ 관할지세관장은 즉시반출물품이 즉시반출 지정제외대상 품목에 해당하게 된 경우 즉시반출물품의 지정을 취소한다.

㈐ 즉시반출업체 또는 즉시반출물품이 지정취소사유에 해당하게 된 사실을 안 통관지세관장 등은 그 사실을 즉시 관할지세관장에게 통보하여야 한다.

㈑ 관할지세관장은 제2항의 규정에 의하여 즉시반출업체 또는 즉시반출물품의 지정을 취소한 경우 통관시스템에 등록하고 즉시 그 사실을 해당업체에 통지하여야 한다.

5. 반출신고의 시기

반출신고는 해당 수입물품이 법 제135조 ②항의 규정에 의하여 적하목록이 제출된 후

부터 법 제140조의 규정에 의하여 물품의 하역 전 또는 보세구역에 장치된 후에 할 수 있다.

6. 반출신고

반출신고는 수입화주, 관세사, 관세사법인, 통관취급법인의 명의로 하여야 하며, 반출신고는 B/L 1건에 대하여 반출신고서 1건으로 한다. 반출신고를 하고자 하는 자는 수입신고 전 물품반출신고서를 관세청 사서함으로 전송한 후 다음 각호의 서류를 첨부하여 세관장에게 제출하여야 한다.

㈎ 선하증권(B/L)사본 또는 항공화물운송장(AWB) 사본

㈏ 송품장(INVOICE) 사본

7. 물품의 검사

세관장은 수입물품선별검사에 관한 시행세칙의 규정에 의하여 반출신고한 물품에 대한 검사대상을 선별하여 물품검사를 하며, 수입신고하는 때의 물품검사 대상선별은 생략한다.

8. 반출신고의 정정 및 신고취하

반출신고사항의 정정 또는 신고취하를 하고자 하는 자는 '수입신고 전 물품반출신고 정정(취하) 신청(승인)서' 2부를 작성하여 반출신고서 및 제출서류를 첨부하여 반출지세관장에게 제출하여야 한다.

반출신고사항에 대한 정정신청은 수입신고수리전까지, 신고취하신청은 보세구역으로부터 해당물품을 반출하기전까지 하여야 한다. 세관장은 반출신고의 정정 또는 신고취하사유가 다음 각호의 1에 해당하는 경우에는 이를 승인한다.

㈎ 물품의 분석, 서류보완 등이 요구되는 경우로서 이의 처리에 상당한 시일이 소요되어 수입화주에게 관세 등 제세 납부기한의 불이익이 우려되는 경우

㈏ 정당한 이유가 있는 경우

9. 반출신고 심사

심사자는 반출신고서에 대하여 다음 각호의 사항을 심사한다.

㈎ 첨부서류 구비여부 및 신고내용이 첨부서류의 내용과 일치하는지 여부

㈏ 반출신고서가 작성요령에 따라 정확히 작성되었는지 여부

㈐ 반출신고업체 및 물품이 즉시반출제도 적용대상으로 지정된 업체 및 물품에 해당되는 여부

㈑ 신고내용과 적하목록정보와의 일치여부

㈒ 검사대상인 경우에는 물품이 신고내용과 일치하는 여부

㈓ 관리대상화물의 경우에는 관리대상화물의 검사결과 이상이 없는지 여부

10. 반출신고수리

세관장은 반출신고내역 심사결과 이상이 없는 경우 반출신고를 수리하며, 반출신고를 수리한 경우에는 신고필증에 반출신고수리인과 처리담당자의 인장을 날인하여 신고인에게 교부하고, 반출수리내역을 해당 보세장치장에 전송한다.

11. 물품반출

보세구역설영인은 즉시반출업체가 반출신고수리물품을 반출하고자 하는 때에는 전산시스템을 통하여 반출신고의 수리여부를 확인한 후 물품을 반출시켜야 한다.

즉시반출업체는 입항전반출신고하여 수리된 경우에는 해당물품이 부두에서 반출이 가능하도록 하선신고서의 하선물품구분부호를 'FD(수입신고전 물품반출)'로 기재하도록 선사 또는 항공사에 통보하여야 한다.

12. 수입신고

㈎ 즉시반출업체는 반출신고 수리물품에 대하여 반출신고일로부터 10일 이내에 수입신고서에 다음 각호의 서류를 첨부하여 물품반출지 세관자에게 수입신고하여야 한다.

1) 반출신고서
2) 수입통관사무처리에관한고시에서 정한 신고시 제출서류

㈏ 수입신고는 반출신고번호와 동일한 수입신고번호로 반출신고를 한 관세사가 신고하여야 한다.

㈐ 즉시반출업체는 반출신고한 관세사의 폐업 등으로 해당 관세사가 수입신고를 할 수 없는 경우에는 다른 관세사를 통하여 수입신고할 수 있다.

㈑ 수입과장은 물품반출신고인과 다른 관세사에 의한 수입신고를 받은 경우에는 해당물품의 반출신고번호와 동일한 수입신고번호로 수입신고사항을 통관시스템에 등록하고, 제출된 수입신고서의 수입신고번호를 반출신고번호와 동일하게 정정한다.

13. 제세 및 가산세의 부과고지

㈎ 세관장은 즉시반출업체가 반출신고하여 반출한 물품에 대하여 수입신고기한 내에 수입신고하지 아니한 경우에는 다음 각호의 1에 의하여 관세 등 제세 및 가산세를 부과고지하여야 한다.

1) 수입신고기한 경과 5일 이내인 경우에는 즉시반출업체로부터 수입신고를 받아 부과고지
2) 제1호 이외의 경우에는 세관장이 부과고지

㈏ 세관장은 관세 등 제세 및 가산세를 징수하고자 하는 때에는 해당물품의 세액을 결정하여 세액계산명세서와 납부고지서를 납세의무자에게 교부하여야 한다.

14. 수입신고 이행 사전안내

세관장은 납세의무자가 수입신고기한을 경과하여 가산세를 부담하는 불이익을 사전에 예방하기 위하여 수입신고기한 도래 2일 전에 반출신고 수리물품의 수입신고기한 만료예정일을 신고인에게 전산통보한다.

15. 수입신고 미이행 관리

즉시반출업체가 수입신고기한 내에 수입신고를 이행하지 아니한 사실이 있는지 여부를 확인하여야 하며, 수입신고 미이행 사실을 확인한 경우에는 수입신고 미이행 사실 및 5일 이내 수입신고할 것을 신고인 또는 즉시반출업체에게 통지(전화 또는 FAX)하여야 하다. 즉시반출업체는 통지내용이 사실과 다른 경우 즉시 이를 입증할 수 있는 자료(수입신고서

등)를 수입과장에게 제출하여야 한다.

16. 수입신고 미이행관리의 종결

수입신고 미이행 관리는 ① 수입신고가 수리된 때, ② 세관장이 납부고지를 한 때, ③ 기타 세관장이 종결의 필요가 있다고 인정한 때 종결한다.

세관장은 수입신고 미이행관리를 종결하는 경우에는 통관시스템에 종결사유를 등록하여야 한다.

10. 수입통관 질서의 확립

(1) 관세범칙조사 의뢰

수입물품에 대한 심사 및 검사결과 신고사항이 다음 각호의 1에 해당할 때에는 관세법 등 위반혐의로 조사의뢰하여야 한다.

① 수입신고에 있어 품명, 규격, 수량, 가격, 원산지 등 주요사항을 정당한 사유 없이 허위로 신고하였을 때

② 신고물품 이외의 물품이 수입되었을 때(다만, 범칙혐의가 있는 경우에 한함)

③ 수입승인서, 송품장, 포장명세서, 원산지증명서 등 서류를 위조 또는 변조한 것으로 인정하였을 때

④ 관세법상 수입금지품목이나 타 법령에서 수입을 제한하고 있는 품목이 불법 수입되었을 때. 다만, 범칙혐의가 있는 경우에 한한다.

⑤ 출항전 또는 입항전 수입신고를 하고 정당한 사유없이 신고취하 신청을 한 경우

⑥ 해체용 선박 중 분리과세 대상물품으로 신고하지 아니한 물품을 추가신고 없이 원형대로 유출하거나 사용한 때

⑦ 제41조 1항의 규정에 위한 서류의 보관 및 제출을 이행하지 아니한 때

⑧ 보세구역 반입명령을 이행하지 아니한 경우

⑨ 기타 세관장이 범칙혐의가 있다고 인정할 때

(2) 제 재

세관장은 관세사 등 신고인이 다음 각호의 1에 해당하는 때에는 해당 신고인에 대하여 수입신고를 제한하거나 관세사 업무 및 통관업무 운영에 관한 고시에 따라 제재할 수 있다.

① 전자자료교환방식에 의한 통관업무처리 승인을 받지 않고 신고한 경우

② 관세청장에게 등록된 프로그램을 임의로 변경하거나 등록되지 아니한 프로그램으

로 수입신고서를 작성하여 전송한 경우

③ 신고자료 전송 후 당일 또는 그 익일까지 제2-1-7조 규정에 의한 서류를 제출하지 아니하는 경우

④ 전자서류에 위한 수입신고물품이 심사과정에서 서류제출대상으로 변경되어 서류제출을 통보하였으나 통보일로부터 익일이 경과할 때까지 서류를 제출하지 아니하는 경우

⑤ 기타 수입신고인이 신고서 등 세관에 제출하거나 전송하는 서류 또는 자료의 작성, 송부와 관련하여 빈번하게 오류를 발생하게 하여 신속통관을 저해하는 경우

(3) 보세구역반입 명령(Recall)제도

증가하는 수출입물품에 대한 신속한 통관에 따라 불가피하게 발생할 수 있는 불법물품의 반출입과 국내유통 가능성을 신속히 방지하기 위해 1994년 1월 수출신고수리를 받은 물품에 대한 보세구역 반입명령제를 새로이 도입하였다.

보세구역 반입명령제도는 수출입신고수리를 받은 물품이라 하더라도 신고수리 후에 불법수입물품으로 파악된 경우에는 해당 물품을 보세구역에 반입시켜 위법사실을 치유한 후 반출허가하거나 통관이 허용될 수 없는 경우에도 반송 또는 폐기하는 것이다.

이러한 보세구역 반입명령제도는 미국에서도 운용하고 있다. 즉, 수입자가 통관해간 물품 중 원산지표시가 없거나 품질표시가 되지 않은 경우 및 수입금지품 등 수입이 될 수 없는 사유가 있는 경우에는 이들 물품을 세관 보세구역에 다시 반입하도록 하고 있다.

만일 수입자가 동 물품을 보세구역에 반입시키지 못하면 수입물품가격에 상응하는 벌과금을 지불하도록 하고 있다.

종전에는 세관에서 수출입신고수리한 이후에는 동 물품에 대한 위법사실이 적발되더라도 이를 즉각 시정조치할 수 있는 제도가 미비되어 수출입물품에 대한 효율적인 감시기능이 미흡하였다. 즉, 수출입자의 고의가 아니더라도 해당 수출입물품이 통관되어서는 안 될 사유가 있는 경우에는 동 물품의 유통을 긴급히 억제시킬 필요가 있는 것이다.

따라서 앞으로는 통관절차 간소화에 따른 세관의 감시, 단속상의 허점이 발생하지 않도록 관련 법규에 위반되는 물품에 대하여는 신고수리 후에도 단속할 수 있도록 하기 위하여 보세구역반입명령제도를 도입하게 되었다.

㈎ 반입명령 대상

① 원산지표시를 위반한 물품(예 : 벌크상태로 수입되는 농산물을 통관한 후 소포장 판매시 표시를 하지 않은 경우)

② 수입신고수리 당시 세관이 부여한 조건을 위반한 물품(예 : 사료용으로 수입된 곡물이 통관 후 식용으로 사용되는 경우)

③ 지적재산권을 침해한 물품 등

㈏ 반입명령 발동 및 처리절차

반입명령제도는 수출입신고수리 받은 물품과 관련, 상거래 질서를 조속히 안정시키기 위해 반입명령 발동이 가능한 시간을 수출입신고수리 후 3개월까지로 한정하며, 반입명령은 반입기한 및 반입할 보세구역을 지정하여 수출입신고수리를 받은 자에게 명령서를 전달하게 된다.

반입명령의 발동 및 처리절차는 우선 세관은 반입사유, 대상물품, 반입할 보세구역, 반입기한 등을 기재한 반입명령서를 수출입신고수리 받은 자에게 송달하게 되며, 명령서를 받은 명령수령인은 관리하고 있는 대상물품을 지정된 기간 내에 보세구역에 반입하여야 한다.

그림 11-6 보세구역 반입명령절차

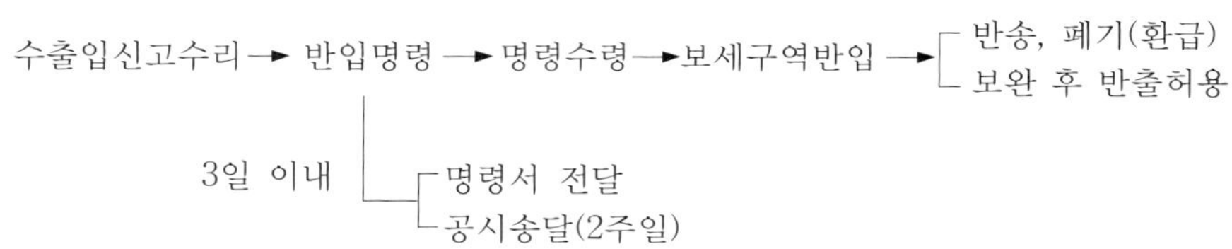

㈐ 반입명령의 효과

보세구역에 반입된 물품에 대해서는 원산지표시가 되는 등 치유가 될 수 있는 경우에는 보완한 후 반출을 허용하게 될 것이나, 수출입신고수리가 될 수 없는 물품의 경우에는 반송하거나 폐기하게 될 것이며, 이 때는 동 물품에 대한 수출입신고수리는 취소되게 되며 수입물품의 경우 납부한 관세는 환급된다.

보세구역 반입명령제 도입으로 수출입물품에 대한 사후 감시기능이 보완됨으로써 검사 생략 등을 통한 신속한 통관이 가능해 질 수 있으며 위법 수출입물품도 관세선만 통과하면 세관의 통제를 벗어날 수 있다는 생각을 갖지 못하도록 함으로써 보다 실효성이 있는 세관감시가 가능하게 되었다.

11. 임시개청제도

(1) 세관의 개청시간 및 물품취급시간

① 세관의 개청시간 및 운송수단의 물품취급시간 : 공무원복무규정에 의한 공무원의 근무시간

② 보세구역의 물품취급시간 : 24시간. 다만, 감시·단속을 위하여 필요한 경우 세관장은 그 시간을 제한할 수 있다.

(2) 임시개청 및 시간외 물품취급

① 공휴일 또는 개청시간 외에 통관절차·보세운송절차 또는 입출항절차를 밟고자 하는 자는 사무의 종류 및 시간과 사유를 기재한 통보서를 세관장에게 제출하여야 한다.

② 물품취급시간 외에 물품의 취급을 하고자 하는 자는 다음에 해당하는 경우를 제외하고는 통보서를 세관장에게 제출하여야 한다.

i. 우편물(수출입신고를 하여야 하는 것은 제외)을 취급하는 경우

ii. 통보한 시간 내에 해당 물품의 취급을 하는 경우

iii. 보세공장에서 보세작업을 하는 경우. 다만, 감시·단속에 지장이 있다고 세관장이 인정할 때에는 예외로 한다.

iv. 보세전시장 또는 보세건설장에서 전시·사용 또는 건설공사를 하는 경우

v. 수출신고수리시 세관의 검사가 생략되는 수출물품을 취급하는 경우

vi. 재해 기타 불가피한 사유로 인하여 해당 물품을 취급하는 경우. 이 경우에는 사후에 경위서를 세관장에게 제출하여 그 확인을 받아야 한다.

(3) 수수료의 납부

세관의 개청시간 외에 통관절차·보세운송절차 또는 입출항절차를 밟고자 하는 자 또는 운송수단의 물품취급시간 외에 물품의 취급을 하고자 하는 자는 미리 세관장에게 통보하고, 기획재정부령이 정하는 바에 의하여 수수료를 납부하여야 한다.

Ⅲ. 간이 수입통관절차

간이통관절차란 무역업자가 아닌 일반인이 개인용으로 사용하기 위하여 외국에서 구입하여 휴대·반입하거나 우편·인터넷 등으로 주문하여 구입하는 물품, 면세대상물품, 10만원 이하의 견본 또는 외국의 친지 등이 보낸 선물 등을 정식 수입신고절차를 거치지 않고 간이세율에 의한 세금을 납부한 뒤 통과하는 것을 말한다.

(별지 제1-3호)

(갑지)

수 입 신 고 서

※ 처리기간 : 3일

①신고번호	②신고일	③세관.과	⑥입항일	⑦전자인보이스 제출번호
④B/L(AWB)번호	⑤화물관리번호		⑧반입일	⑨징수형태

⑩ 신 고 자 ⑪ 수 입 자 ⑫ 납세의무자 (주소) (상호) (전화번호) (이메일주소) (성명) ⑬ 운송주선인 ⑭ 해외거래처	⑮통관계획	⑲원산지증명서 유무	㉑총중량
	⑯신고구분	⑳가격신고서 유무	㉒총포장갯수
	⑰거래구분	㉓국내도착항	㉔운송형태
	⑱종류	㉕적출국	
		㉖선기명	
	㉗MASTER B/L 번호 X		㉘운수기관부호

㉙검사(반입)장소

● 품명 · 규격(란번호/총란수: 999/999)

㉚ 품 명 ㉛ 거래품명	㉜ 상 표

㉝모델·규격	㉞성분	㉟수량	㊱단가( )	㊲금액( )

㊳세번 부호		㊵순중량		㊸C/S 검사		㊺사후확인기관	
㊴과세가격(CIF)		㊶수 량		㊹검사변경			
		㊷환급물량		㊻원산지		㊼특수세액	
㊽수입요건확인 (발급서류명)							

㊾세종	㊿세율(구분)	51감면율	52세액	53감면분납부호	감면액	* 내국세종부호

54결제금액(인도조건-통화종류-금액-결제방법)				56환 율	
55총과세가격		57운임	59가산금액	64납부서번호	
		58보험료	60공제금액	65총부가가치세과표	

61세 종	62세 액	※관세사기재란	66세관기재란
관 세			
특 소 세			
교 통 세			
주 세			
교 육 세			
농 특 세			
부 가 세			
신고지연가산세			
미신고가산세		- 전화번호 - 이메일주소	

63총세액합계		67담당자		68접수일시		69수리일자	

세관 · 과 : 신고번호 : Page:

(갑지)

UNI-PASS

수 입 신 고 필 증

※ 처리기간 : 3일

①신고번호	②신고일	③세관.과	⑥입항일	⑦전자인보이스 제출번호
④B/L(AWB)번호	⑤화물관리번호		⑧반입일	⑨징수형태

⑩ 신 고 자 ⑪ 수 입 자 ⑫ 납세의무자 (주소) (상호) (전화번호) (이메일주소) (성명) ⑬ 운송주선인 ⑭ 해외거래처	⑮통관계획	⑲원산지증명서 유무	㉑총중량	
	⑯신고구분	⑳가격신고서 유무	㉒총포장갯수	
	⑰거래구분	㉓국내도착항		㉔운송형태
	⑱종류	㉕적출국		
		㉖선기명		
	㉗MASTER B/L 번호		㉘운수기관부호	

㉙검사(반입)장소

● 품명 · 규격(란번호/총란수: /)

㉚ 품 명 ㉛ 거래품명	㉜ 상 표

㉝모델·규격	㉞성분	㉟수량	㊱단가(XXX)	㊲금액(XXX)

㊳세번 부호		㊵순중량		㊸C/S 검사		㊺사후확인기관
㊴과세가격(CIF)		㊶수 량		㊹검사변경		
		㊷환급물량		㊻원산지		㊼특수세액
㊽수입요건확인 (발급서류명)						

㊾세종	㊿세율(구분)	51감면율	52세액	53감면분납부호	감면액	* 내국세종부호

54결제금액(인도조건-통화종류-금액-결제방법)				56환 율	
55총과세가격	57운임		59가산금액	64납부서번호	
	58보험료		60공제금액	65총부가가치세과표	

61세 종	62세 액	※신고인기재란	66세관기재란
관 세			
특 소 세			
교 통 세			
주 세			
교 육 세			
농 특 세			
부 가 세			THE REPUBLIC OF KOREA
신고지연가산세			
미신고가산세		- 전화번호 - 이메일주소	
63총세액합계		67담당자	68접수일시 / 69수리일자

발행번호: ( ) 세관 · 과 : 신고번호 : Page:

1. 간이 통관대상

다음의 하나에 해당하는 물품은 대통령령이 정하는 바에 의하여 신고를 생략하게 하거나 관세청장이 정하는 간소한 방법으로 신고를 하게 할 수 있다(법 제241조 ②항).

(1) 여행자 휴대품, 탁송품 또는 별송품

· 여행자가 개인용물품이나 선물을 휴대하여 반입하는 경우

· 여행자 개인용품은 화물로 탁송하여 반입하는 경우

(2) 우편물

· 외국의 친지나 친구가 우편으로 보낸온 선물

· 국내 거주자가 대금을 송금하고 구입하여 반입한 우편물

단, 1,000불을 초과하는 경우에는 정식으로 수입신고를 하여야 한다.

(3) 탁송품 또는 특급탁송품

· 외국의 친지나 관계회사에서 보내온 선물, 견본 또는 하자보수용 물품 등

· 국내 거주자 개인용으로 사용하기 위하여 인터넷 등 통신을 통하여 대금을 지불하고 구입하여 반입한 화물(정식 수입신고절차에 따라 세금 납부)

(4) 관세가 면제되는 물품

(5) 국제 운송을 위한 컨테이너(기본 세율이 무세인 것으로 한정)

2. 간이 통관절차대상물품의 반출

수입신고가 생략되거나 간이한 방법으로 수입신고하는 물품 중 관세가 면제되거나 무세인 물품은 그 물품에 대한 세관공무원의 검사가 끝나는 때에 그 물품에 대한 수입신고가 수리된 것으로 보고 그 즉시 운송수단·관세통로 또는 관세법에 규정된 장치장소에 반출하여 수입할 수 있다.

3. 수입신고의 생략 및 간이한 신고

(1) 수입신고의 생략(B/L제시 즉시인도물품)

다음 각호의 1에 해당하는 물품 중 관세가 면제되거나 무세인 물품은 수입신고를 생략한다. 다만, 특급탁송화물의 우편물의 통관은 별도로 정한다.

① 외교행낭으로 반입되는 면세대상 물품

② 우리나라에 내방하는 외국의 원수와 그 가족 및 수행원에 속하는 면세대상물품(법 제93조 ⑩호)

이것은 외교관의 면세특권과 내방하는 외국원수에 대한 국빈자격으로서 예우에 따른

간편한 통관절차의 적용이다.

③ 유해(유골)와 유체 – 유해(유골) 인도시에는 유족의 신분 등을 파악하여 안보 위해물품이 위장반입되지 아니하도록 주의하여야 한다.

④ 신문, 뉴스를 취재한 필름·녹음테이프로서 문화체육관광부에 등록된 언론기관의 보도용품

⑤ 재외공관 등에서 외교부에 발송되는 자료

⑥ 기록문서와 서류 – 이에 해당하는 물품에 대한 검사는 무작위선별방식에 의하여 선별된 물품만을 검사한다.

⑦ 외국에 주둔하는 국군으로부터 반환되는 공용품(군함, 군용기(전세기 포함)에 적재되어 우리나라에 도착한 경우에 한함)

(2) 수입신고서에 의한 간이신고

B/L제시 즉시인도물품 중 과세되는 물품과 다음 각 호의 어느 하나에 해당하는 물품은 첨부서류없이 신고서에 수입신고사항을 기재하여 신고한다.

① 국내거주자가 수취하는 해당물품의 총 과세가격이 15만원 이하의 물품으로서 자가사용물품으로 인정되는 면세대상물품
② 해당물품의 총 과세가격이 미화 250불 이하의 면세되는 상용견품
③ 설계도중 수입승인이 면제되는 것
④ 「외국환거래법」에 따라 금융기관이 외환업무를 영위하기 위하여 수입하는 지급수단

위의 경우 품명과 규격이 각기 다른 소액물품으로서 물품의 관세 등이 면제되거나 합의세율을 적용하는 경우에는 주요물품명 ○○ 등이라고 표기할 수 있다.

(3) 목록통관특송물품

다음의 목록통관특송물품의 수입통관은 특송업체가 제출하는 통관목록 2부에 의한다.

① 법 제94조 제4호의 우리나라 거주자에게 기증되는 소액물품으로서 기획재정부령이 정하는 물품 중 해당 물품의 총과세가격이 60불 이하의 소액면제 대상물품

② 법 제94조 제3호의 상용견품 또는 광고용 물품으로서 총리령이 정하는 물품 중 해당 물품의 총과세가격이 60불 이하이면 면세되는 상용견품. 이는 수입신고시 제출서류로 통관목록 2부를 제출하며, 검사대상 선별은 무작위 선별방식에 의한다.

(4) 우편물 목록통관물품

우편물 중 수입승인면제물품의 수입통관은 우체국장이 제출하는 국제우편통관목록

및 수령통지서(우편물목록)에 의한다.

이 우편물목록에는 품명·규격·수량·가격·관세 등 최소한의 필요한 사항만을 기재한다.

4. 신고의무 및 가산세

(1) 수입신고기간

㈎ 반입일~30일 내 신고의무

수입 또는 반송을 하고자 하는 물품을 지정장치장 또는 보세창고에 반입하거나 보세구역이 아닌 장소에 장치한 자는 그 반입일 또는 장치일부터 30일 이내에 신고를 하여야 한다(법 제241조 ③항).

㈏ 신고지연 가산세

세관장은 대통령령이 정하는 물품을 수입 또는 반송하는 자가 기간 내에 수입 또는 반송의 신고를 하지 아니하는 때에는 해당 물품의 과세가격의 100분의 2에 상당하는 금액의 범위 안에서 대통령령이 정하는 금액을 가산세로 징수한다(법 제241조 ④항).

(2) 여행자휴대품 등 미신고가산세

세관장은 다음 각호의 1에 해당하는 경우에는 해당 물품에 대하여 납부할 세액(관세 및 내국세를 포함한)의 100분의 20(제1호의 경우에는 100분의 40으로 하되, 반복적으로 자진신고를 하지 아니하는 경우 등 대통령령으로 정하는 사유에 해당하는 경우에는 100분의 60)에 상당하는 금액을 가산세로 징수한다(법 제241조 ⑤항).

① 여행자가 과세대상 휴대품(제96조 제1호: 여행자 휴대품 면세물품 제외)을 신고하지 아니하여 과세하는 경우

② 우리나라로 거주를 이전하기 위하여 입국하는 자가 입국하는 때에 수입하는 이사물품(제96조 제2호: 이사물품 등 면세물품 제외)을 신고하지 아니하여 과세하는 경우

Ⅳ. 여행자휴대품 등의 통관

1. 여행자휴대품이란?

여행자휴대품이란 일시적으로 출입국하는 여행자가 출입국시에 휴대하여 반출입하는 물품(특수한 사정으로 선·후착된 휴대품을 포함한다)으로서 여행자의 입국목적·체류기간, 입국자의 직업, 기타의 사유를 종합 감안하여 판단하되, 물품의 수량 또는 가격이 과다하거나 전매할 것으로 인정되는 것은 해당되지 아니한다.

따라서 여행자가 반입한 물품 중 휴대품에 해당하지 아니하는 물품은 일반적인 수입물품의 통관절차를 적용한다.

2. 면세와 과세대상물품

(1) 면세대상물품

관세법 제96조 '여행자의 휴대품·별송품으로서 여행자의 입국사유·직업, 기타의 사정을 고려하여 기획재정부령이 하는 기준에 따라 세관장이 타당하다고 인정하는 물품'은 면세가 된다고 규정하고 있다.

그리하여 시행규칙 제48조 ③항 및 여행자 및 승무원 휴대품 통관관리에 관한 고시 제3-5조에 의거 여행자가 반입하는 물품으로서 관세를 면제하는 물품은 다음 각호의 1과 같다.

① 여행자가 휴대한 것이 통상적으로 인정되는 신변용품 및 신변장식용품

② 비거주자인 여행자가 반입하는 물품으로서 본인의 직업상 필요하다고 인정되는 작업용구

③ 세관장이 반출확인한 물품으로서 본인이 재반입하는 물품

④ 물품의 성질·수량·가격·용도 등으로 보아 통상적으로 여행자의 휴대품 또는 별송품인 것으로 인정되는 다음 각목의 물품. 다만, 만 19세 미만인자가 반입하는 주류 및 담배는 제외한다.

㉠ 주류: 1병(1ℓ 이하, US$400 이하의 것, 단 우범여행자 및 쿠리어는 1ℓ 이하로서 US$60 이하의 것 1병)

㉡ 담배: 지방세법 시행령 제64조 제2항에서 정한 수량

담배종류	수 량
궐련	200개비
엽궐련	50개비
기타 담배	250g
전자 담배	니코틴용액 20㎖

㉢ 향수: 2온스(60㎖)

㉣ 기타 물품: 여행자 1인당 해외가격 US$400(1인당 면제금액)을 과세가격에서 면제한다(두 개 이상의 휴대품 금액합계가 US$400 이상인 경우에 1인당 면제금액은 고세율품으로부터 적용한다).

㉤ 농림수산물 등의 휴대통관면세 범위

· 농림수산물의 면세통관은 다음 품목당 기준에 따르되 농림수산물 전체의 해외취득가격 10만원 이내로 한다.

품 목	면세허용량	품 목	면세허용량
참기름	5kg	잣	1kg
참깨	5kg	백삼	300g
꿀	5kg	기타	품목당 5kg
고사리, 더덕	5kg		

· 면세범위 초과하는 농림수산물의 과세통관은 관계기관(농림부장관, 산림청장 등)의 수입허가나 추천을 받은 경우에 한하여 이용한다. 다만, 다음 각호의 품목은 선물용에 한하여 수입허가나 추천 없이 통관을 허용할 수 있다.

– 모시, 삼베 : 각 3필(규격 : 50cm×6m)

– 녹용 : 500g 이하

참 조 여행자휴대품 신고대상

1. 외화 및 원화 등
   - 1만불상당액을 초과하는 외화 또는 원화
   - 원화표시 자기앞·당좌수표, 우편환 등
2. **해외·국내면세점에서 구입했거나 취득(무상포함)한 개인물품(상용물품·회사용품은 제외됨)으로서 전체 구입가격 합계액이 면세범위인 US$400을 초과한 물품**

〔면세허용범위〕

※ 해외·국내면세점에서 구입했거나 취득(무상포함)한 개인물품(상용물품·회사용품·술·담배·향수는 제외됨)으로서 전체구입가격 합계액 중 US$400까지 면세

○ 주류·담배·향수는 상기 US$400까지의 면세허용범위와 별도로 주류 1병(1ℓ 이하로서 US$400 이하인 것). 담배 200개비, 향수 2온스 범위 내에서 추가적으로 면세(단, 여행자가 만 19세 미만인 경우 주류·담배는 면세되지 않음)

○ 상기 US$400까지의 면세허용범위 내의 것이라도 품목별 수량 및 가격의 제한을 받는 물품은 다음과 같다.

- 농림축수산물의 경우 : 총 구입금액 10만원 이내로서 잣 1kg, 쇠고기 10kg, 기타 물품은 품목당 5kg 이내에서 면세허용
- 한약재의 경우 : 총 구입금액 10만원 이내로서 인삼 300g, 녹용 150g, 기타 한약재는 품목당 3kg 이내에서 면세허용

3. 주류, 담배, 향수(과세품목)
- 위스키 · 브랜디(꼬냑) · 포도주 · 삼페인 등 주류로서 1병(1ℓ 이하로서 US$400 이하)을 초과하는 경우
- 궐련 200개비, 엽궐련 50개비를 초과하는 경우
- 향수 60㎖를 초과하는 경우

4. 농림축수산물(검역대상)
- 참깨 · 고추 등 농산물
- 개 · 고양이 등 동물류
- 쇠고기 · 돼지고기 · 햄 등 육류 및 육가공품
- 종자류, 모목류, 채소류, 화훼류, 과일류(오렌지, 망고, 파파야 등) 등

5. 한약재 등(과세품목)
- 인삼 300g, 녹용 150g, 기타 품목당 3kg을 초과하는 한약재
- 모발재생제 200㎖, 제조환160g, 녹용복용액 36앰풀, 소염제 150알, 인삼봉황 30알 등을 초과하는 한약

6. 수입이 금지된 물품(수입금지품목)
- 헌법질서문란 또는 미풍양속 저해물품(불온 · 음란서적, CD, 사진, 비디오테이프 등)
- 정부의 기밀누설 또는 첩보에 공하는 물품
- 화폐, 유가증권 등의 모조 · 변조 · 위조품 등

7. 수입이 제한되는 물품(수입제한품목)
- 총기 · 도검 · 화약류(모의 또는 장식용품 포함)
- 마약 · 향정신성의약품 · 오남용우려의약품류
- 멸종위기에 처한 야생동식물 및 이들로 만든 제품(호랑이, 코브라, 거북, 악어, 산호, 웅담, 사향 등) 등

---

(2) 무세물품

여행자휴대품으로 주로 반입되는 물품 중 관세법 별표 관세율표에서 정한 주요 무세물품은 다음 각호와 같다.

① 서적, 신문, 잡지, 지도, 설계도, 우표 등(다만 그림엽서, 캘린더는 제외)
② 컴퓨터소프트웨어를 수록한 디스켓, 디스크, 마그네틱테이프 등
③ 그림, 조각, 제작 후 100년을 초과한 골동품

이 여행자 휴대품은 간이세율을 적용한다.

관세액=실제거래가격×간이세율

그리고 1997년 1월 1일부터 해외여행자가 과세대상물품(구입가격 US$400 이상)을

신고하지 않고 세관을 통과하려다 적발되면 10%의 가산세를 물리고 있다.

(3) 별송품신고

입국하는 여행자의 휴대품 중 별송품이 있는 경우에는 휴대품신고서 2매를 작성하여 1매는 세관에 제출하고, 1매는 세관검사공무원의 확인을 받아 보관하고 있다가 차후 별송품 수입통관시 이를 제출함으로써 관세법 시행규칙 제25조 ⑤항의 규정에 의한 주요물품 통관내역서의 제출에 갈음할 수 있다.

3. 통관절차

(1) 보세구역에 유치 및 예치

세관장은 법령에서 요구하는 조건이 구비되지 아니한 휴대품은 유치할 수 있으며, 휴대품으로서 수입할 의사가 없는 물품은 세관장에게 예치시킬 수 있다.

1) 유치대상

세관장은 다음 각 호의 어느 하나에 해당하는 물품은 유치할 수 있다. 이 경우 휴대품유치증(세금계산서)(별지 제4호 서식) 1매를 여행자에게 발급하여야 한다.

① 여행자휴대품으로서 제1-3조에 따른 수입요령에 적합하지 아니한 물품이거나, 수입제한물품으로 수입에 관하여 허가·승인·표시 그 밖의 요건이 구비되지 아니한 물품

② 그 밖에 세관장이 유치할 필요가 있다고 인정하는 물품

2) 예치대상

여행자가 휴대반입한 물품 중에서 수입할 의사가 없는 물품은 관세법 제206에 따라 예치할 수 있으며, 다음 각 호의 어느 하나에 해당하는 물품은 세관장이 타당하다고 인정하는 경우에 한하여 예치할 수 있다.

① 우범여행자로 지정된 자의 물품

② 국내반입을 목적으로한 상용품이라고 인정되는 물품

③ 국내거주 내국인이 반입한 물품. 다만, 세관장이 여행자의 직업, 물품의 종류 등을 감안하여 예치하는 것이 합당하다고 인정하는 경우에는 예치를 허용할 수 있다.

④ 위험물품 및 손상변질이 우려되는 검역대상 농림축수산물 등

(2) 간이통관대상

여행자가 휴대반입한 물품 중에서 여행자의 신분·직업·연령·성별·여행목적·체류기간 등을 감안하여 여행자가 통상적으로 휴대하는 것이 타당하다고 세관장이 인정하는 물품에 대해서는 전체 과세가격에서 1인당 US$400을 면제해주는 한편 통관절차를 간이하게 함으로써 신속한 통관이 이루어지도록 하고 있다.

(3) 구체적인 통관절차

그림 11-7 입국시 휴대품 통관절차

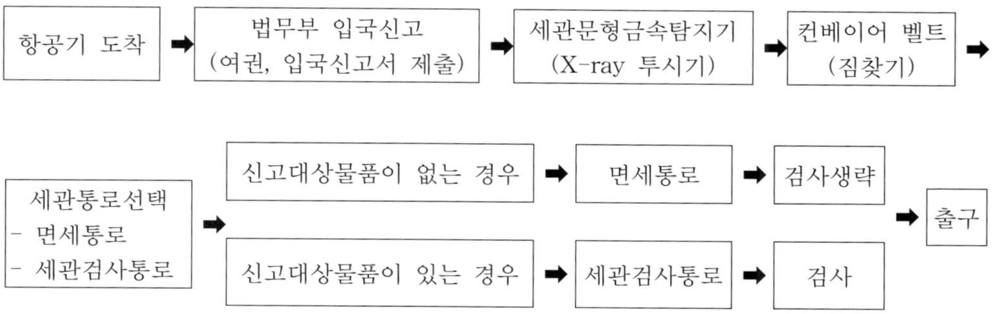

1) 여행자 휴대품 신고

여행자의 자발적인 법규준수를 위해 여행자가 휴대품신고서를 성실하게 작성해 세관에 신고하면 신속통관, 신고가격 인정, 세금사후납부 등 각종편의를 제공하는 자진신고제도를 시행하고 있다.

우리나라에 입국하는 여행자가 ① 필수과세품목 ② 통관규제품목 ③ 기타 여행자휴대품 면세범위를 초과하는 물품을 반입하는 경우에는 여행자 신고서에 반드시 기재하여 서면으로 신고하여야 한다.

2) 수입제한조건의 심사

수입으로 보지 아니하는 소비 또는 사용	여행자 휴대품을 관세통로, 운송수단에서 사용 또는 소비하는 경우에는 수입으로 보지 아니하여 관세를 징수하지 아니한다.
지적재산권 침해 물품 배제	상업적 목적이 아닌 개인 용도로 소량 수입되는 여행자 휴대품은 상표권을 침해하는 물품이라도 수출 또는 수입할 수 있다.
반출입금지 및 제한 물품의 통관	음란물, 모조·위조·변조화폐 및 유가증권 등은 반출입이 금지되어 있으며, 총기·마약·멸종위기의 야생동식물보호에 관한 국제협약(CITES)에서 규정한 동식물 및 이들의 제품 등 반출입 제한물품은 세금납부와 관계없이 통관에 필요한 제반요건을 구비해야 통관이 가능하다.

① 허가, 승인 등 조건구비여부

다음 각호의 1에 해당하는 물품을 여행자휴대품으로 통관하고자 하는 여행자는 해당 법령에서 정한 허가, 승인 또는 조건구비에 관한 증명을 하여야 한다.

1. 총포・도검・화약류 등 단속법 또는 방위사업법에서 규제하는 총포, 도검(장식용, 일본도 포함), 화약류 등
2. 마약류 관리에 관한 법률에서 규제하는 아편, 대마초, 마약 등
3. 개, 고양이 등 동물류, 쇠고기・돼지고기・햄・소세지 등 육류 및 육가공품과 종자류, 모목류, 채소류, 절화류, 과일류(망고, 파파야, 오렌지 등) 등 식물류 및 그 가공품 등 검역법, 식물방역법, 가축전염병 예방법에서 규제하는 검역대상물품, 이들 물품은 해당 검역기관에 인계하여야 한다.
4. 멸종위기에 처한 야생동・식물종의 국제거래에 관한 협약(CITES), 자연환경보전법, 약사법에서 규제하는 물품
5. 기타 관세법 제226조의 규정에 의한 "세관장확인물품 및 확인방법지정고시"에서 정하는 물품

② 반송조치 등

세관장은 다음에 해당하는 물품은 반송조치 등 통관규제 조치를 하여야 한다.

- 관세법에 의하여 수입이 금지된 물품
- 여행자휴대품으로 인정되지 아니하는 물품과
- 상기 제1항의 "수입제한조건" 심사 물품으로서 허가, 승인 또는 조건구비를 증명하지 못한 물품

(4) 세관통로(면세통로 및 검사통로)

여행자 스스로 세관검사통로(자진신고, 면세)를 선택할 수 있는 Dual Channel System을 도입 운영하고 있다. 세관장은 대다수의 선량한 여행자는 신속히 통관시키고, 우범여행자는 철저히 검사할 수 있도록 세관통로를 면세통로, 세관검사통로로 구분운영한다. 여행자가 면세통로를 선택하여 이용하면 세관에 신고대상물품이 없다고 구두신고하는 것으로 간주하며, 그 신고시점은 면세통로의 세관벨트(Customs Belt) 통과시로 한다.

(5) 과세통관(간이통관, 간이세율적용)

여행자 휴대품으로 인정하여 면세에 해당되는 물품과 이사물품으로 인정하여 면세에 해당되는 물품을 제외하고 나머지 관세대상 여행자 휴대품에 대하여는 수입신고서를 작성, 제출하고 관세 등을(간이세율 적용) 납부한 후 통관하며 납기는 고지일로부터 15일로 한다.

1) 면세초과물품의 과세통관

여행자휴대품으로서 1인당 면제금액 또는 면세범위를 초과한 물품은 "수입제한조건(허가, 승인 등)"의 심사를 거친 후 과세통관한다. 다만, 녹용의 과세통관범위는 면세통관분을 포함하여 500g까지로 한다.

여행자휴대품 중 모시와 삼베는 면세통관을 불허하고 각 3필(규격 : 50cm×16m)까지 과세통관을 허용할 수 있다.

2) 과세가격의 결정

여행자휴대품의 과세가격은 제3-4조, 제3-9조에서 정하는 바에 의하여 결정한다. 다만, 이 고시에서 정하는 규정이 없는 경우에는 "수입물품 과세가격 결정에 관한 고시"에서 정하는 바에 따른다.

① 신고금액인정

자진신고한 여행자・승무원이 제시한 영수증 가격은 특별한 사유가 없는 한 구입가격으로 인정하며, 영수증이 없는 경우에도 신고한 가격이 세관장이 특별히 낮은 가격이 아니라고 판단한 경우에는 이를 인정한다.

② 여행자1인당 관세면제금액 초과시 고세율품목부터 적용

원칙적으로 여행자 1인당 400달러 초과하는 경우에 과세되고, 두 개 이상의 휴대품금액합계가 US$400 이상인 경우에 1인당 면제금액은 고세율품목부터 적용한다. 1인당 면세기준을 초과한 주류, 담배, 향수의 과세하는 경우와 판매를 목적으로 반입하는 상용물품, 수리용품・견본품 등 회사용품에 대하여는 1인당 면제금액을 적용하지 아니한다.

③ 세액의 계산

여행자휴대품의 세액은 신고한 금액을 US$로 환산한 금액에서 US$400을 공제한 후, 잔여금액을 원화로 환산하고 해당물품의 세율을 적용하여 계산한다.

3) 세금의 사후납부

① 대상자

세금을 사후납부할 수 있는 자는 휴대품을 자진신고한 모든 내국인여행자 중 다음 각호의 1에 해당하는 자는 제외한다.

1. 체납자
2. 우범여행자
3. 만 19세 미만인자
4. 그밖의 세관장이 사후납부가 곤란하다고 인정한 자

② 세금사후납부의 신청

세금을 사후납부하고자 하는 여행자는 휴대품 검사(통관) 담당 공무원에게 전화번호, 주소 및 주민등록번호(또는 여권번호)등의 체납관리에 필요한 정보를 제공하여야 한다.

③ 납부고지서 발급 등

납부고지서를 발급할 경우에는 세액, 납기일자, 납부장소, 가산금 등을 표시하여야 한다. 납부장소는 국고수납 대리점으로 하며, 납기는 납부고지서를 받은 날부터 15일로 한다.

만일 납세의무자가 관세 등 제세를 납부기한까지 납부하지 아니한 때에는 관세법 제41조의 규정을 적용하여 가산금을 부과하며 납부를 독촉하여야 한다. 납세의무자가 납부독촉을 받고도 납부하지 아니한 때에는 체납정리 사무처리에 관한 시행세칙에 따라 처리하여야 한다.

4. 승무원 휴대품 통관

우리나라와 외국간을 왕래하는 선박 또는 항공기의 승무원이 해당 선박 또는 항공기에 승무하여 출입국할 때에 반출입하는 개인용품으로서 세관장이 타당하다고 인정하는 물품은 승무원 휴대품으로 인정되어 통관 및 면세처리된다. 이 통관 및 면세범위는 여행자 휴대품보다 더 제한적이다(해외 총 취득가격이 항공기 승무원은 US$100이하 상당 물품으로 하되, 품목당 1개 또는 1조에 한한다).

5. 내국지급수단 휴대반출한도

한국은행의 허가 없이 대외지급수단, 내국통화, 원화표시 여행자수표, 원화표시 자기앞수표 등 내국지급수단을 휴대반출할 수 있는 한도는 미화1만불까지 허용되도록 되어 있다.

Ⅴ. 특급탁송물품의 통관

1. 개　　요

"특급탁송물품"이라 함은 특송업체에 의하여 수입되는 물품을 말하며, "특급탁송물품 운송업체"라 함은 상업용의 속달서비스에 의하여 물품을 운송하는 법인으로서 규정에 의하여 등록된 업체를 말한다. DHL, UPS 등 특급 탁송업체가 운송하는 화물은 서류, 카타로그, 수출입물품의 샘플 등으로 신속통관이 필요한 경우가 대부분이므로 다음과 같이 구분하여 통관한다.

2. 특송물품의 구분

특송물품에 대한 통관절차는 다음과 같이 구분하여 운영한다.

(1) 목록통관특송물품

국내거주자가 수취하는 자가사용물품 또는 면세되는 상용견품 중 물품가격이 미화 100불(미합중국과의 협정에 따른 특송물품 통관의 특례에 해당하는 물품은 미화 200달러) 이하로서 세관장 확인대상이 아닌 물품

(2) 간이신고특송물품

물품가격이 미화 100불(미합중국과의 협정에 따른 특송물품 통관의 특례에 해당하는 물품은 미화 200달러)을 초과하고 2,000불 이하인 물품으로서 다음의 제한물품에 해당하지 않는 물품

① 사전세액심사 대상물품, 합의세율 적용신청 물품, 원산지증명서류 제출대상물품, 납세담보확인서 제출대상 물품

② 할당·양허관세 신청물품

③ 용도세율 적용신청물품 중 사후관리대상물품

④ 세관장확인대상물품

⑤ 신고취하 또는 신고각하된 후 다시 수입신고하는 물품

⑥ 해체·절단 또는 손상·변질 등에 의해 물품의 성상이 변한 물품

⑦ 이사물품 수입통관 사무처리에 관한 고시 적용대상 물품

⑧ 수입신고서 기재사항 중 품명·규격·수량·가격 등이 부정확하여 세관장이 간이신고가 부적당하다고 인정하는 물품

(3) 일반신고특송물품

물품가격이 미화 2,000불을 초과하는 물품과 위 (2)에서의 제한물품

3. 통관장의 지정

세관장은 특송업체별로 통관장을 지정하여야 하며, 세관장은 통관장에 특송물품만을 전담하여 처리하는 담당자를 지정하여 파출근무를 시킬 수 있다. 이 경우에 특송업체는 세관에 시설 및 장비 등을 무료로 제공하고, 시설 및 장비운영에 관한 비용을 부담하여야 한다.

4. 수입통관시 제출서류

목록통관 특송물품의 수입통관은 특송업체가 제출하는 통관목록에 의하여 처리하며, 간이신고 특송물품을 신고하고자 하는 자는 신고서에 의한 간이신고사항을 기재한 신고서를 세관장에게 제출한다. 다만 협정체결을 하지 아니한 특송업체의 물품은 일반신고 특송물품과 같이 처리한다. 일반신고 특송물품을 신고하고자 하는 자는 신고서에 일반수입통관과 같이 신고시의 제출서류를 세관장에게 제출하여야 한다.

5. 검사대상

(1) 특송물품 중 다음 각호의 1에 해당하는 물품에 대하여 검사를 실시한다.

① B/L 통관 및 목록통관 특송물품은 무작위선별방식에 의하여 선별된 물품. 다만, 특송업체가 X-Ray 투시기 등 검사시설과 인원을 갖추고 자체적으로 X-Ray 검사를 실시하여 이상이 없다고 보고한 물품은 세관검사를 생략한다.

② 간이신고 및 일반신고 특송물품은 검사대상으로 선별된 물품

(2) 특송업체는 수입하고자 하는 특송물품에 대한 검사대상여부를 자체적으로 선별하여 수입신고시 통관지 세관장에게 검사요청하여야 하며 다음에 해당하는 물품에 대하여는 반드시 검사를 요청하여야 한다.

① 송하인이나 수하인이 주소가 호텔, 사서함과 같이 통상적인 주소로 보기어려운 장소이거나 불분명하게 기재된 경우

② 합산과세 기준에 해당되는 물품

③ 동일 주소지 또는 전화번호로 여러건의 물건이 분할하여 배송되는 경우

④ 은닉포장 등 특송물품에 이상 징후가 발견된 경우

⑤ 마약・총기류・국민건강위해물품 등 불법 물품의 밀수에 관한 정보를 취득한 경우

위의 ①, ②, ③ 물품이 제조업체에서 수입하는 견본품, 원자재・부자재에 해당되는 때에는 세관검사요청을 생략할 수 있다.

6. 특급탁송물품의 통관절차

목록통관특송물품은 통관목록 세관기재란에 면세여부를 기재하고 담당자의 인장을 날인하여 통관목록 1부를 특송업체에게 교부한다. 이 때 목록통관 특송물품에 해당되지 아니하는 물품은 간이신고 특송물품 및 일반신고 특송물품의 규정에 따라 신고하도록 조치하여야 한다. 간이신고 특송물품은 신고수리필증 세관기재란에 검사생략, 현품확인 또는 물품검사 등 내용을 기재하고 담당자의 인장을 날인하여 1부를 화주에게 교부하고

1부는 장치장주에게 교부한다.

7. 제 재

통관지세관장은 특송업체가 ① 등록이 취소된 경우, ② 특송업체가 검사에 필요한 정보를 적기에 제공하지 않을 경우 ③ X-Ray 투시기에 의하여 검사생략으로 통관된 물품에서 이상이 있음에도 이를 세관에 즉시 통보하지 않은 경우 ④ 간이통관절차를 적용받기 위하여 특송물품을 임의로 분할한 경우 등에 해당하는 경우에는 기간을 정하여 통관편의를 제한할 수 있다.

Ⅵ. 우편물의 통관

1. 의 의

우편물은 일반적으로 소액·소량의 물품으로서 대부분의 경우 관세가 면제되며(정부용품 등 면세), 수취인의 편의를 위하여 간이통관절차를 취하고 있다. 우편물은 통관하기 위해서는 통관우체국을 경유해야 하며 통관우체국이 우편물을 접수한 때에는 우편물목록을 작성하여 세관장에게 제출, 통관에 관한 결정을 받아야 한다. 세관장이 결정사항을 통관우체국에 통보한 후 통관우체국에서 이를 수취인에게 통지하게 되면 수취인은 관세를 납부한 후에 우편물을 교부받게 된다.

2. 우편물에 대한 부과·징수

(1) 과세요건

우편물의 과세요건은 다음과 같다.

① 과세물건 확정시기는 통관우체국에 도착한 때이다.

② 납세의무자는 해당 우편물의 수취인이다.

③ 적용법령의 시기는 통관우체국에 도착한 때이다.

(2) 관세의 부과·징수

① 세액결정방식은 관세액=실거래가격×간이세율

② 세액확정방식은 부과고지방식(단, 대외무역법에 의한 수출입승인을 얻은 것은 제외)

③ 관세부과 제척기간의 기산일은 통관우체국에 도착한 날의 다음날

④ 가산금 및 가산세는 부과되지 않는다.

⑤ 우리나라 거주자에게 기증되는 과세가격 10만원 상당액 이하의 소액물품 등은 면세된다.

> ◈ 우편물의 종류
> ① 통상우편물
> 보통 2kg 이내의 물품(서적, 소책자 등은 5kg 이내)으로 배달증명을 요하지 않는 편지, 우편엽서, 서적, 카타로그, 신문 등
> ② 특급(EMS)
> 20kg 이내의 물품(통상특급, 소포특급 등 2종류)으로 당일 또는 익일 오전중 특사 배달을 요하는 샘플, 카타로그, 서류 또는 수출용 원재료 등
> ③ 소포 우편물
> 30kg 이내의 물품으로 선박 또는 항공편을 통해 반입되는 배달을 요하는 물품

3. 우편물 통관절차

우편물은 외국에서 항공기나 선박을 통하여 반입된 우편물은 행낭상태로 국제우체국에 운송된다. 목록과 개수를 비교하여 이상 없으면 X-ray 투시기에 투입하여 과세대상이나 제한물품이 없는지를 확인한다. 이상이 있는 물품은 개봉하여 내용물을 확인하며 지방수취인의 우편물은 해당 주소지의 통관우체국으로 운송된다.

그림 11-8 우편물 통관절차

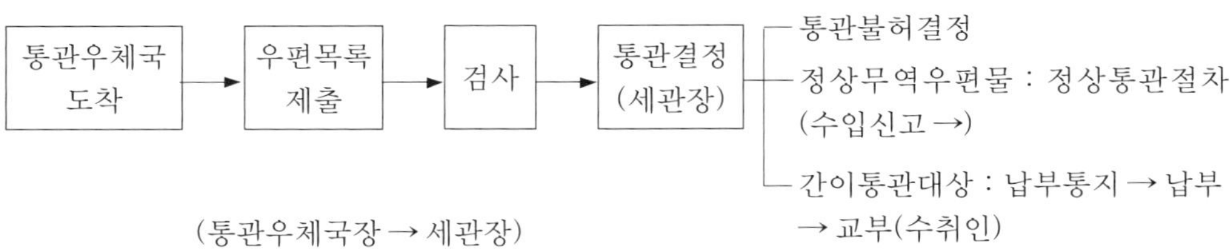

(1) 통관우체국 경유

수출·수입 또는 반송하고자 하는 우편물(서신은 제외)은 통관우체국을 경유하여야 한다. 통관우체국은 체신관서 중에서 관세청장이 지정한다(법 제256조).

(2) 우편물 검사

통관우체국이 우편물을 접수한 때에는 세관장에게 우편물목록을 제출하고 해당 우편물에 대한 검사를 받아야 한다. 다만, 관세청장이 정하는 우편물에 대하여는 이를 생략할 수 있다(법 제257조).

(3) 우편물통관에 대한 결정

1) 통관불허결정

통관우체국은 세관장이 우편물에 대하여 수출・수입 또는 반송을 할 수 없다고 결정하였을 때에는 그 우편물을 발송하거나 수취인에게 교부할 수 없다(법 제258조 ①항).

2) 수출입 신고대상 우편물

우편물은 간이한 방법에 의하여 통관되나 다음 하나에 해당하는 경우 해당 우편물의 수취인 또는 발송인은 정식 수출입 또는 반송의 신고를 하여야 한다(법 제258조 ②항, 영 제261조).

① 법령에 의하여 수출입이 제한되거나 금지되는 물품
② "통관요건 확인대상" 규정에 의하여 세관장의 확인이 필요한 물품
③ 판매를 목적으로 반입하는 물품 또는 대가를 지급하였거나 지급하여야 할 물품(통관허용 여부 및 과세대상 여부에 관하여 관세청장이 정한 기준에 해당하는 것에 한한다)
⇒ 관세청장이 정한 기준에 해당하는 물품이라 함은 판매를 목적으로 반입하는 물품 또는 대가를 지급하였거나 지급하여야 할 물품 중 미화 1,000불을 초과하는 우편물을 말한다(수입통관고시).
④ 가공무역을 위하여 우리나라와 외국간에 무상으로 수출입하는 물품 및 그 물품의 원・부자재
⑤ 그 밖에 수출입신고가 필요하다고 인정되는 물품으로서 관세청장이 정하는 금액을 초과하는 물품(2003년 시행령 신설)

3) 세관장의 통지

세관장은 통관 불허의 결정을 하였을 때에는 그 결정사항을, 관세를 징수하고자 할 때에는 그 세액을 통관우체국에 통지하여야 한다(법 제259조 ①항). 통관우체국은 우편물의 수취인 또는 발송인에게 통관불허 또는 납부세액을 통지하여야 한다(동조 ②항).

3. 우편물의 납세절차

(1) 납부방법

통관우체국으로부터 납세통지를 받은 자는 정상무역우편물인 경우에는 세관장에게

기타의 경우에는 체신관서에 관세를 각각 금전으로 납부하여야 한다. 체신관서는 관세를 징수할 우편물을 관세징수 전에 수취인에게 교부할 수 없다(법 제260조).

(2) 납세의무의 소멸

우편물에 대한 관세의 납세의무는 해당 우편물이 반송됨으로써 소멸한다(법 제261조).

4. 우편물 통관에 대한 예외 규정(수출입의 의제)

수출입의 의제 규정에 의하여 우편물은 정식 수출입 통관절차 없이 통관우체국에서 교부한 우편물은 수입신고가 수리된 것으로 간주되고 또한 체신관서가 외국으로 발송한 우편물은 수출 또는 반송이 이루어진 것으로 본다(법 제240조).

Ⅶ. 이사물품 통관

1. 이사물품의 요건

관세법령상 이사물품이 되려면 당해 물품이 이사물품의 범위에 들어야 하고 그 물품의 반입자(주거이전자)가 주거이전의 인정기준에 합당하여야 한다.

(1) 이사물품의 범위

① 우리나라로 거주를 이전하기 위하여 입국하는 자가 입국할 때 수입하는 이사물품으로서 거주 이전의 사유, 거주기간, 직업, 가족 수, 그 밖의 사정을 고려하여 기획재정부령으로 정하는 기준에 따라 세관장이 타당하다고 인정하는 물품

② 관세가 면제되는 이사물품은 우리나라 국민(재외영주권자를 제외)으로서 외국에 주거를 설정하여 1년(가족을 동반한 경우에는 6개월) 이상 거주하였거나 외국인 또는 재외영주권자로서 우리나라에 주거를 설정하여 1년(가족을 동반한 경우에는 6개월) 이상 거주하려는 사람이 반입하는 다음 각 호의 어느 하나에 해당하는 것으로 한다. 다만, 자동차(제3호에 해당하는 것은 제외), 선박, 항공기와 개당 과세가격이 200만원 이상인 보석・진주・별갑・산호・호박・상아 및 이를 사용한 제품은 제외한다.

1. 해당 물품의 성질・수량・용도 등으로 보아 통상적으로 가정용으로 인정되는 것으로서 우리나라에 입국하기 전에 3개월 이상 사용하였고 입국한 후에도 계속하여 사용할 것으로 인정되는 것
2. 우리나라에 상주하여 취재하기 위하여 입국하는 외국국적의 기자가 최초로 입국할 때에 반입하는 취재용품으로서 문화체육관광부장관이 취재용임을 확인하는 물

품일 것

3. 우리나라에서 수출된 물품(조립되지 아니한 물품으로서 법 별표 관세율표상의 완성품에 해당하는 번호로 분류되어 수출된 것을 포함한다)이 반입된 경우로서 관세청장이 정하는 사용기준에 적합한 물품일 것
4. 외국에 거주하던 우리나라 국민이 다른 외국으로 주거를 이전하면서 우리나라로 반입(송부를 포함한다)하는 것으로서 통상 가정용으로 3개월 이상 사용하던 것으로 인정되는 물품일 것

③ 사망이나 질병 등 관세청장이 정하는 사유가 발생하여 반입하는 이사물품에 대해서는 거주기간과 관계없이 관세를 면제할 수 있으며, 별송품과 이사물품 중 별도로 수입하는 물품은 천재지변 등 부득이한 사유가 있는 때를 제외하고는 여행자 또는 입국자가 입국한 날부터 6월 이내에 도착한 것이어야 한다.

④ 관세를 부과하는 물품은 자동차(이륜자동차와 삼륜자동차를 포함)·선박·항공기 및 개당 과세가격 50만원 이상의 보석·진주·별갑·산호·호박 및 상아와 이를 사용한 제품으로 한다.

(2) 거주확인의 기간

① 우리나라 국민은 여행자정보시스템 또는 행정정보공동이용 업무 포탈을 통하여 출입국 일자를 확인하는 것을 원칙으로 하며, 이사자등이 출입국사실증명서를 미리 발급받아 제출하는 경우에는 제출서류로 확인

② 재외영주권자는 취업을 위한 입국시 고용계약서, 영구귀국을 위한 입국시 외교통상부장관이 발행한 여권실효확인서 등으로 확인

③ 외국인은 출입국관리사무소장이 발행하는 외국인등록증(발급되기 전인 때에는 VISA) 또는 국내 고용계약서 등으로 확인

2. 통관절차

(1) 이사물품의 수입신고

이사물품 등의 수입신고는 신고인의 명의로 수입신고 하여야 한다. 다만, 이사물품 반입내역서는 다음 각 호의 자가 작성할 수 있다.

① 이사자 또는 단기체류자

② 이사자등의 동반가족

③ 이사자등의 위임을 받은 자 또는 가족관계증명서 등으로 가족임이 입증된 자

이사물품등의 수입신고를 하고자 하는 자는 다음 각 호의 서류를 세관장에게 제출하

여야 한다. 이 경우 제1호 및 제2호는 관세청 전자통관시스템을 통해 전송하여야 한다.

① 수입신고서

② 이사물품 반입내역서

③ 포장명세서

④ 선하증권(B/L) 또는 화물운송장(Airway Bill)

⑤ 거주기간 확인 서류

⑥ 자동차 관련 서류

⑦ 입국시 휴대반입(별송품 포함) 신고한 서류(휴대반입신고가 있는 경우에 한함)

⑧ 그 밖에 세관장이 필요하다고 인정하는 서류

(2) 이사물품의 반입기간

이사물품으로 인정받기 위해서는 이사자가 입국한 날부터 6개월 이내에 우리나라에 도착(해당 이사물품을 적재한 선박이나 항공기의 입항일)하여야 한다.

입국 후 영주권을 포기하는 재외영주권자, 귀화자 또는 국적회복자의 이사물품은 다음 각 호의 어느 하나에 해당하는 날부터 6개월 이내에 우리나라에 도착하여야 한다.

① 입국 후 영주권포기자: 영주권 포기일

② 귀화자: 외국국적말소일 또는 우리나라 국적취득일

③ 국적회복자: 국적회복일 또는 외국국적상실일

세관장은 다음 각 호에 해당하는 경우에는 이사자가 입국한 날부터 6개월을 경과하여 우리나라에 반입하는 물품을 이사화물로 인정할 수 있다.

① 기존 거주지에서의 천재지변, 운항선사의 부도 등 부득이한 사유가 인정되는 경우

② 제2항의 기간이 경과하고도 거주지에서 일정기간 거주한 사실이 인정되는 경우

③ 그 밖에 세관장이 타당하다고 인정하는 경우

(3) 이사화물 통관지세관

이사물품등은 도착한 항만세관 또는 공항세관에서 통관하는 것을 원칙으로 하되, 이사자등의 편의를 위하여 다음 각 호의 세관으로 보세운송하여 통관할 수 있다.

① 서울세관

② 인천세관

③ 용당세관

④ 대전세관

(4) 과세 및 면세

㈎ 필수과세물품

① 세관장은 관세가 면제되는 물품에 해당되지 않는 물품으로서 이사자가 반입하는 다음 각 호의 물품(우리나라에서 출국할 때 반출한 것으로 확인되는 물품은 제외)에 대하여는 과세하여야 한다. 이 경우 제1호부터 제4호까지 및 제6호에 해당하는 물품은 사용여부를 불문한다.

① 선박

② 항공기

③ 자동차 (우리나라에서 수출된 차량과 외국 국적을 가진 기자가 반입하는 경우로 문화체육관광부장관이 취재용임을 확인하는 차량은 제외)

④ 보석, 진주, 별갑, 산호, 호박, 상아 및 이를 사용한 제품으로서 개당 과세가격이 200만원 이상인 것

⑤ 통상적으로 가정용으로 인정되는 것으로서 우리나라에 입국하기 전에 3개월 미만 사용한 물품

⑥ 이사화물 인정범위를 초과하는 물품

위의 물품들의 과세대상을 선정하는 때에는 화주에게 유리하게 적용하며, 자동차 통관시에는 다음의 기준을 적용한다.

① 수입승인 없이 이사화물로 통관할 수 있는 자동차는 다음 각 호의 요건을 충족하여야 하며, 이 경우 자기인증, 배출가스 및 소음인증 면제는 관련 법령에 따른다.

가.「자동차관리법」 제3조에 따른 승용자동차 또는 이륜자동차

나. 이사자(동반가족이 있는 경우 동반가족) 명의로 등록하여 3개월 이상 경과한 것

다. 이사자(동반가족이 동일세대를 구성한 경우 포함) 가구당 1대

② 자동차 보유기간의 계산은 다음 각 호에 따른다. 다만, 선적일이 입국일보다 7일 이상 빠른 경우에는 선적일을 적용한다.

가. 전거주지에서 이사자 본인 또는 동반가족 명의로 등록한 날(임시등록일을 포함)부터 등록명의인의 입국일까지의 기간

나. 동반가족 중 일부가 등록명의인보다 늦게 입국하면서 자동차를 반입한 때에는 그 입국일

③ 보유기간의 확인은 자동차등록증(임시등록증 포함) 또는 소유증명서에 의하며, 거주한 국가별 특성에 따라 그 밖의 자동차 등록사항을 확인할 수 있는 서류가 있는 때에는 그에 따른다.

(나) 과세가격의 결정

이사물품 또는 단기체류자 반입물품의 과세가격은 수입물품 과세가격 결정에 관한 고시에 따르며, 이사물품의 인정범위를 초과한 과세대상 이사물품에 대해서는 다음의 기준을 적용할 수 있다.

① 사용기간이 3월 미만인 인우: 신품가격의 80%

② 사용기간이 6월 미만인 경우: 신품가격의 60%

③ 사용기간이 6월 이상, 1년 미만인 경우: 신품가격의 40%

④ 사용기간이 1년 이상인 경우: 신품가격의 20%

3. 세액납부

관세를 납부하여야 하는 이사물품등에 대하여는 수입신고 수리후 납부를 원칙으로 한다. 다만, 다음 각 호의 어느 하나에 해당하는 자가 신고한 경우에는 수입신고 수리 전에 세액을 납부하여야 한다.

① 수입신고일부터 2년 이내에 법 위반으로 처벌받은 사실이 있는 자

② 수입신고일부터 2년 이내에 관세등 제세의 체납이 있는 자

③ 납부해야 할 관세 등 세액이 200만원을 초과하는 자

④ 세관장이 이사자등의 직업, 국내 거주지 등을 고려하여 사후납부가 곤란하다고 인정하는 자

이사자등은 납세고지를 받은 날로부터 15일 이내에 납부하여야 한다. 또한 세관장은 이사자등이 납부기한까지 세금을 납부하지 아니한 때에는 가산금을 부과하여 납부를 독촉하여야 하며, 체납자에 대한 독촉장의 송달을 완료한 때에는 체납처분을 하는 서울세관장 또는 부산세관장에게 체납내역을 즉시 통보하고 관련서류를 송부하여야 한다.

Ⅷ. 기타 통관절차의 특례

1. 전자상거래 물품 등의 특별통관

관세청장은 전자문서로 거래되는 수출입물품에 대하여 대통령령이 정하는 다음 항목에 대하여 수출입신고·물품검사 등 기타 통관에 필요한 사항을 따로 정할 수 있다(법 제254조)(영 제258조).

① 특별통관 대상 거래물품 또는 업체

② 수출입신고 방법 및 절차

③ 관세 등에 대한 납부방법

④ 물품검사 방법

⑤ 기타 관세청장이 필요하다고 인정되는 사항

참 고 전자상거래 특별통관절차(2001년 도입)

인터넷 상거래가 급증하고 신용장 없는 사이버 무역시대가 도래하였다. 그러므로 수출, 수입신고의 서류가 전자문서 형태로 제출되고 관세납부 및 환급이 전자화폐에 의해 이루어진다면 관세사가 직접 세관에 나올 필요가 없이 모든 통관업무가 온라인 상에서 이루어지는 가상세관의 출현이 가능하게 되었다. 결국 전자상거래는 국제무역의 거래비용을 줄이는 역할이므로 이에 상응하는 통관절차의 전자화를 이루지 못하게 되면 국가경쟁력의 걸림돌이 될 것이다. 따라서 관세법 규정으로서 "전자상거래 물품의 신속통관절자"를 도입하여 새로운 행정수요에 대처하고, 절차간소화 등 관세행정 선진화를 도모하기 위함이다.

전자상거래의 경우 현재 On-line 거래(예 : 인터넷으로 download)는 관세를 부과하지 않는 반면 Off-line 거래는 일반 수입화물과 같이 관세 등을 부과하고 있으나 소액 전자상거래 물품의 경우 세관신고 절차를 간소화하여 통관을 신속히 처리할 수 있도록 하기 위함이다.

2. 상호주의에 의한 간이통관

(1) 의 의

국제무역 및 교류를 증진하고 국가간의 협력을 촉진하기 위하여 우리나라에 대하여 통관절차의 편의를 제공하는 국가에서 수입되는 물품에 대하여는 상호조건에 따라 대통령령이 정하는 바에 의하여 간이한 통관절차를 적용할 수 있다(법 제240조의 5).

(2) 적용대상국가

통관절차의 특례를 받을 수 있는 국가는 다음과 같다. 관세청장은 통관절차의 특례가 부여될 절차에 관한 사항, 통관절차의 특례 부여 중지, 기타 필요한 사항을 정할 수 있다(영 245조의 4).

① 우리나라와 통관절차의 편익에 관한 협정 체결국

② 우리나라와 무역협정 등을 체결한 국가

◈ ATA Carnet 제도(통관절차의 편익에 관한 협정)[6)]

1. ATA Carnet의 의의

일시수입통관증서(ATA Carnet)는 1961년 12월 6일 '물품의 일시수입을 위한 일시수입통관증서에 관한 관세협약(ATA협약)'을 WCO(World Customs Organization)에서 채택함에 따라 탄생하였다. 또한 현행 일시수입에 관한 모든 협약을 통합한 표준화된 일시수입문서를 채택하여 일수수입절차를 용이하게 하고자 1990년 6월 터키 이스탄불에서 '일시수입에 관한 협약'을 채택하였다.

ATA는 일시수입의 의미인 불어 Adimission Temporaire와 같은 뜻의 영어인 Temporary Admission의 두 문자를 결합하여 만든 것이며, Carnet은 제도를 의미한다. 그러므로 ATA Carnet제도는 "물품의 일시수입통관증서" 제도라 할 수 있다.

ATA Carnet는 빈번하게 각국의 국경을 넘나드는 일시수입·재수출되는 물품에 대한 통관절차를 간소화하기 위해 수출입신고서와 면세신청서 서식을 국제적으로 통일하고 재수출조건부면세에 따르는 담보제공을 국제적인 보증조직을 이용하여 면제하는 일시수입통관 증서를 말한다.

2. ATA Carnet의 이용

각국에서 발급 및 보증된 ATA Carnet는 제도를 채택하고 있는 회원국에서는 그것이 일시수입통관서류 및 관세 등의 담보로서 받아들여지고, 만일 물품이 각국에서 정하는 일정기간에 재수출되지 않을 경우에는 일시수입국의 세관당국도 자국에 있는 보증단체(상공회의소)에 관세 등의 납부를 청구하고, 이 단체는 국제상업회의소(ICC) 산하 국제상의 사무국(IBBC)를 통하여 ATA Carnet 소지인의 거주국에 있는 보증단체에 자기가 납부한 금액의 지불을 청구하게 된다.

ATA Carnet를 이용하고자 할 경우 발급단체(대한상공회의소, 대구상공회의소, 안양상공회의소, 부산상공회의소)에 가서 ATA Carnet 발급신청 및 수수료 등을 납부하고 이를 발급받는다. 이 때 수출국이 ATA Carnet협약가입국인지 여부와 수출국에서 ATA Carnet를 이용할 수 있는 것으로 지정한 일시수입협약은 무엇인지 확인해야 한다.

이용자는 발급받은 ATA Carnet에 세부사항을 기재한 후 이를 국내세관에서 일시 수출통관한 후 수출국(전국)으로 선적 및 운송한 후 상대국 수입세관에서 일시수입통관한 뒤에 상대국에서 전시 또는 시험 등을 한 후에 일정기간 내에 재수출을 이행하고, 국내세관으로 재수입신고하여 수입통관절차를 마친 후 발급단체에 ATA Carnet를 반납하고 담보금을 환불받는다.

3. ATA Carnet 협약

용도별로 11개 협약으로 구성되었으며, 우리나라는 직업용구, 상품견본, 전시회 및 선원후생용품 협약에 가입하여 반입을 허용하고 있다.

일시면세수입할 수 있는 물품을 정한 국제협약으로는 상품견본협약, 직업용구협약, 전시회협약, 과학용기구협약, 교육용자재협약, 포장용품협약, 선원후생용품협약, 자동차협약, 항공기·유람선협약, 관광여행협약, 콘테이너협약 등이다.

---

6) 통관절차의 편익에 관한 협정 : 이 협정에 의하여 ① 일시수입을 위한 ATA Carnet협약, ② 직업용구 일시수입에 관한 협약, ③ 세관절차의 간소화 및 조화에 관한 국제협약, ④ 외교관계에 관한 비엔나협약 등이 있다.

4. ATA Carnet 적용대상

ATA Carnet 협약 제3조에 의하면 ATA 협약국은 '작업용구의 일시수입에 관한 관세협약' 및 '전시회 · 박람회 · 회의, 기타 이와 유사한 행상에서의 전시 또는 사용될 물품의 수입상의 편의에 관한 관세협약'에 의하여 일시적으로 수입된 물품에 대하여는 ATA 협약국은 반드시 ATA Carnet 이용을 허용하도록 되어 있다.

또한 각 협약당사국은 기타 일시수입국제협약 및 국내법령 해당물품에 대하여 ATA Carnet 사용을 수락할 수 있으며, 그 사실은 WCO 사무총장에게 통고하여야 한다.

우리나라는 2가지 일시수입국제협약 이외에 '상품견본 및 광고용 물품의 수입편의를 위한 국제협약' 해당 물품과 관세법 제29조(재수출면세) 제1항 및 동법 시행규칙 제23조(재수출면세 대상물품) 각 호에 해당하는 물품은 ATA Carnet에 의해 수시 수입할 수 있다.

다만, 가공 또는 수리를 목적으로 하는 물품은 ATA Carnet에 의해서 수입하지 못한다. 그러나 우리나라는 보세운송 및 우편물의 경우까지도 이 제도의 적용을 허용하고 있다.

5. ATA Carnet 유효기간

ATA Carnet 유효기간은 발급일로부터 1년으로 연장할 수 없으며 수입국 세관에서 정한 재수출기간 내 재수출되어야 한다. 재수출기간은 아래 기간 범위에서 각국 세관이 결정한다.

우리나라가 가입하고 있는 협약과 재수출기간은 다음과 같다.

① 직업용구 : 6개월 이내
② 전시회, 박람회 : 6개월 이내
③ 상품견본 : 12개월 이내

6. ATA Carnet 신청절차

(1) 양식수령

발급기관을 방문하여 방문국, 사용목적 등에 관하여 상담 후 관련 서류를 수령(서명등록을 하지 않은 업체 또는 개인은 서명등록 양식도 함께 수령하여야 한다)

(2) 서류접수

ATA Carnet증서를 작성하여 발급기관에 접수 신청, 발급기관은 신청한 서류의 항목, 가격을 심사하여 담보금 확정, 신청자는 담보금을 현금 또는 이행지급보증보험증권과 발급수수료 입금표를 제출함으로써 접수가 완료된다.

(3) 발급된 서류수령

신청한 서류는 접수 후 5일 이내 발급받을 수 있다.

(4) 서류반납

사용 후 즉시 발급기관에 ATA Carnet증서를 반납하여 심사를 받아 이행지급 보증보험해지 또는 입금된 담보금의 반환 여부를 결정하며, 특히 사용상 하자가 있을 경우 발급기관과 같이 미리 대비하여야 손실을 예방할 수 있다.

7. ATA Carnet의 올바른 사용법(클레임 방지)

(1) 우리나라에서의 출국 전 유의사항

- 발급받은 ATA Carnet서류를 복사하여 보관함으로써 분실에 대비하여야 한다.
- ATA Carnet표지(녹색용지)의 우측하단에 "명의인 싸인"이 되어있는지를 확인한다.
- 공항에 일찍 도착하여 세관에서 반출물품과 함께 수출신고용 황색용지로 수출신고를 하고 ATA Carnet(녹색용지)의 좌측하단의 "명의인 싸인"이 되어있는지를 확인한다.
- 공항에 일찍 도착하여 세관에서 반출물품과 함께 수출신고용 황색용지로 수출신고를 하

고 ATA Carnet 표지(녹색용지)의 좌측하단의 "세관에 의한 증명"난에 세관의 확인을 받아야 ATA Carnet 서류가 유효하다.

(2) 외국에 입국 전 유의사항

· 백색 수입 Voucher(절취선 하단부 용지)의 F항(일시수입신고)의 a)난에 일시수입되는 물품이 총괄목록상의 품목번호를 기재한다.

· ATA Carnet서류의 총괄목록상의 품목 중 일시수입되지 않는 품목이 있을 경우에는 해당 품목에 횡선을 그어 삭제한다.

· 백색 수입용지의 상단부에 세관에서 기재한 사항(일시 수입된 물품의 품목번호, 수입일자, 세관의 스탬프 등)을 확인하고 Voucher의 우측 하단부에 서명한다.

· 세관에서는 사용인이 서명한 수입 Voucher를 절취하여 보관한다.

(3) 외국에서의 출국 전 유의사항

· 백색 재수출용지 절취선 하단부의 수출 Voucher의 F(재수출신고)의 a)난에 재수출되는 물품의 총괄목록상의 품목번호를 기재한다.

· 공항에 일찍 도착하여 세관을 찾아 재수출신고를 하여야 하며 세관이 문을 여는 시간이 아닐 경우에는 사전에 세관에 전화를 하여 재수출신고 방법을 문의하여 출국수속을 하여야 한다.

· Voucher에 서명하기 전에 수입시와 마찬가지로 세관에서 기재한 사항(재수출된 물품의 품목번호, 재수출일자, 세관의 스탬프 등)을 확인하고 서명한다.

· 세관에서 사용인이 서명한 재수출 Voucher를 절취하여 보관토록 세관원에게 주의를 환기시킨다.

· 입국시 세관이 지정한 재수출일은 ATA증서의 유효기간이 유효할지라도 Carnet소지인은 반드시 재수출일 이전에 반출하여야 한다.

(4) 우리나라로 입국 전 유의사항

· 황색 재수입용지에 세관의 재수입 물품 확인을 반드시 받아야 한다.

· 이는 불가피한 사유로 재수출신고를 필하지 못하였을 경우 우리나라 세관의 재수입확인이 방문국에서의 재수출을 입증할 수 있는 최후의 방법이기 때문이다.

(5) 사후 관리

· ATA Carnet는 사용(물품의 재수입) 후 즉시 발급기관에 반납하여야 한다.

· 이는 사용 내역의 검토를 통하여 하자가 있을 시에는 발급기관의 관계자와 사전 대책을 수입하여 조치함으로써 사용자의 불이익을 최소화할 수 있기 때문이다.

· 또한, 사용상의 하자가 없을 경우에는 발급시 가입한 이행(지급)보증보험을 해지하여 보험의 잔여기간에 대한 보험료를 보험회사에서 환불받는 등 금전상의 이득도 거둘 수 있다.

(6) 클레임 발생 예방

· 클레임은 외국세관에서 ATA Carnet의 사용방법을 준하지 않았다고 판단할 경우 관세 및 제세의 환수를 목적으로 제기되는 것이다.

· 예를 들면 ATA Carnet의 유효기간 또는 입국시 세관에서 정한 재수출기간 내에 재수출이 이루어지지 않았을 경우에 발생한다.

· ATA Carnet로 재수출신고를 하지 않고 물품을 반출하였을 경우에는 당연히 클레임이 발생되므로 정확하게 기재하여야 한다.

· 또한 총괄목록상의 물품에 관해 부정확하게 기재하였을 때도 클레임이 발생되므로 정확

하게 기재하여야 한다.

· 세관 신고를 필할 수 있도록 공항에 일찍 가고 또 세관에 신고를 할 수 있는지 사전에 전화로 확인하는 것은 명의인의 의무이다.

· 분실, 도난의 경우 관련기관에 신고하였을 경우도 클레임이 발생하니 각별한 주의가 요구된다.

그림 11-9 ATA Carnet 운용절차

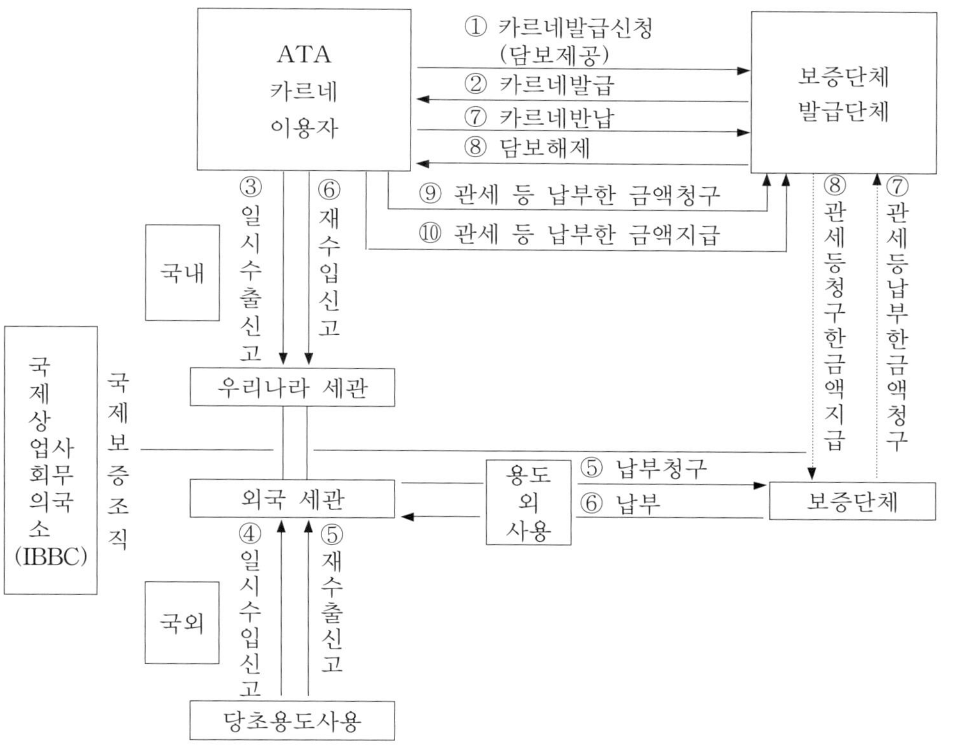

제3절 수출통관절차

Ⅰ. 수출통관절차의 개요

1. 수출의 의의

"수출"이라 함은 내국물품을 외국으로 반출하는 것을 말하는데, 즉 내국물품을 외국으로 반출하는 것이라고 정의하며 수출은 연속적인 행위에 의하여 이루어진다고 볼 수 있다.

그러나 관세법의 적용에 있어서는 구체적으로 수출이 완성되는 시기가 있어야 한다. 수출이 완성되는 시기는 일반적으로 외국으로 떠나고자 하는 선박 또는 항공기에 외국으로 보내기 위하여 물품을 적재한 때라고 해석하고 있다.

물품을 수출하고자 할 때에는 세관장에게 수출신고를 하여야 하고, 그 신고를 세관장이 수리하여야 수출할 수 있다. 이것을 담보하기 위하여 세관장에게 수출신고를 하지 아니하고 물품을 수출하면 처벌한다. 이와 같이 물품을 수출하고자 할 때에는 세관장에게 수출신고를 하도록 의무를 부과하고, 그 의무를 이행하지 아니하고 물품을 수출하면 처벌하는 제도는 관세행정의 한 핵심을 이루는 제도라 할 수 있다.

2. 수출통관절차의 의의

우리나라에서 물품을 수출하고자 할 때에는 반드시 관세법상의 절차를 거쳐야 하는데 이를 수출통관절차라 한다.

수출통관절차란 수출하고자 하는 해당 물품의 품명, 규격, 수량 및 가격 등을 수출자의 제조공장이나 제품창고 등 세관검사를 받고자 하는 장소에 장치한 뒤 세관에 수출신고한 후 필요한 검사를 거쳐, 수출신고수리에 의한 수출신고필증을 교부받아 물품을 외국무역선(기)에 적재하기까지의 일련의 절차를 말한다. 즉, 수출통관은 내국물품을 외국으로 반출하는 것을 허용하는 세관장의 처분을 뜻한다.

현재 수출통관절차는 EDI방식의 수출통관절차를 도입하여 시행하고 있으므로 간단하고 신속한 통관이 이루어지고 있으며 수출신고 수리된물품은 수리일로부터 30일 이내에 외국무역선 또는 무역기에 선(기)적하여야 한다.

현재 수출통관절차는 물품의 장치, 수출신고, 물품의 검사(또는 검사생략), 심사, 신고수리라는 일련의 흐름으로 이루어진다. 그러나 수출통관절차는 과세의 문제가 없기 때문에 수입통관절차에 비해 매우 간편하다.

그림 11-10 수출통관 절차도

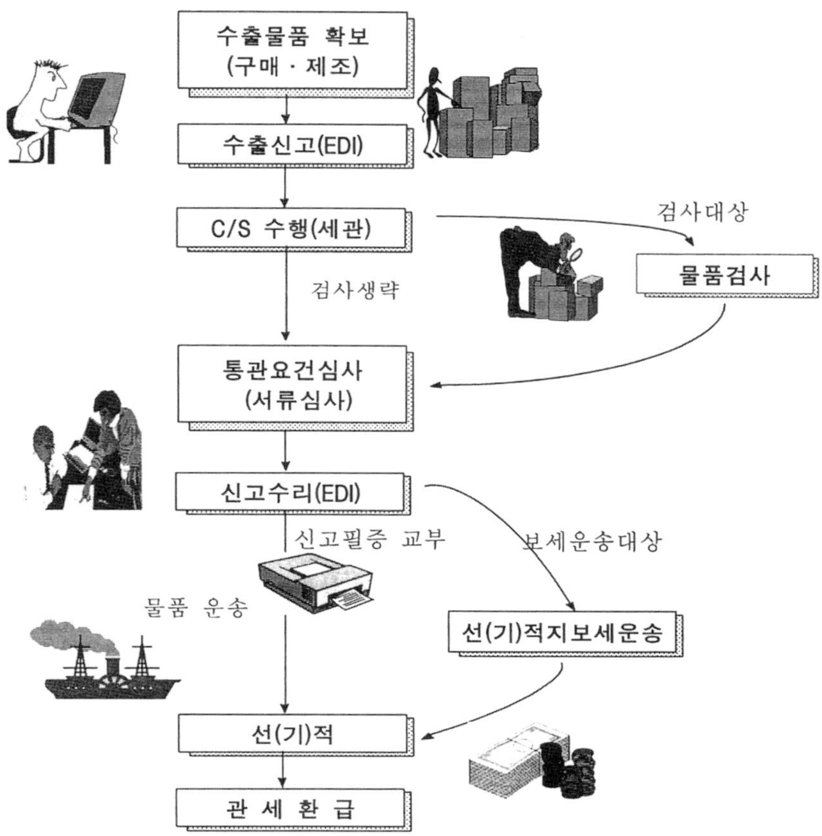

Ⅱ. 일반 수출통관 절차

1. 수출신고 준비

(1) 수출신고 세번분류

수출품도 수출신고에 앞서 HS에 의한 수출품의 품목분류가 필요하다. 이러한 품목분류는 수입과는 달리 과세의 문제는 없으나, 수출제한 여부의 확정, 수출 후 환급(정액환급의 경우)에 있어 환급금액의 확정과 관련이 있다.

(2) 수출신고에 필요한 서류의 준비

수출신고를 할 때 세관에 제출하여야 하는 서류에는 다음과 같은 것이 있는데, 이러한 서류는 수출신고인(또는 수출상)이 직접 작성하거나, 관련 기관에서 미리 발급 받아야 한다.

① 수출신고서

② 수출승인서 또는 전략물자수출허가서. 단, 해당물품에 한한다.

③ 통합공고에 의한 요건확인서. 단, 통합공고에 의해 요건확인을 받아야 하는 품목 중 관세청장이 관세법 제226조 규정에 의해 세관장확인 대상품목으로 고시한 품목의 경우

④ 위약수출 및 재수출조건 이행사실 입증서류. 단, 위약수출 및 재수출 물품의 경우

2. 수출신고

(1) 수출신고 시기

수출하려는 자는 해당 물품이 장치된 물품소재지를 관할하는 세관장에게 수출신고를 하여야 한다. 다만 선상수출신고 및 잠정수량신고・잠정가격신고 대상물품의 수출신고는 별도로 정한 특수형태의 수출인 경우에는 해당 규정을 따른다.

(2) 수출신고인

수출신고는 관세사, 관세법인, 통관취급법인 또는 수출 화주의 명의로 하여야 한다. 또한 수출신고를 하려는 자는 관세사의 직무수행에 관한 고시 제12-1조(신고인 관리) 및 국가관세종합정보망의 이용 및 운영 등에 관한 고시 제4조(국가관세종합정보망 서비스 이용 신청)에 따라 전자방식에 의한 수출입신고업무처리를 위하여 신고자부호(ID)를 부여 받아야 한다. 다만, 관세청장이 별도로 지정하는 업체(전년도 수출실적 하위 50% 해당업체 또는 미화 80,000이하 수출업체)는 대한상공회의소 또는 한국무역협회(본부,

지부 등 포함) 등에 설치된 '수출신고지원센터'의 전산설비를 이용하여 직접 신고할 수 있다.

(3) 수출신고

수출신고를 하려는 자는 전자문서로 작성된 수출신고서 등 신고자료와 함께 송품장 등 관련서류를 전자제출하거나 전자이미지로 통관시스템에 전송하여야 한다. 다만, 전자제출 또는 전자이미지로 전송할 수 없는 수출신고건에 대하여는 서류로 제출할 수 있다. 그러나 수출화주가 직접 신고하는 경우로서 세관장으로부터 수출신고필증을 발급받고자 하는 때에는 수출신고서를 세관장에게 제출할 수 있다.

수출신고의 효력발생시점은 통관시스템에서 신고번호가 부여된 시점으로 한다.

(4) 제출서류

수출신고인은 다음 각 호의 어느 하나에 해당하는 물품에 대하여는 수출신고자료 등을 통관시스템에 전송한 후 수출신고서 및 해당호에서 정하는 구비서류를 세관장에게 제출하여야 한다(수출신고서상 신고구분은 '서류제출'로 기재). 다만, 해당 구비서류를 전자이미지로 전송한 경우에는 그러하지 아니하다.

① 세관장확인물품 및 확인방법 지정고시에 따른 수출물품: 각 개별법령별 요건확인 서류(단, 수출요건내역을 전산망으로 확인할 수 없는 경우에 한함)

② 계약내용과 상이하여 재수출하는 물품 또는 재수출조건부로 수입통관되어 수출하는 물품: 계약상이 및 재수출조건부 수출 심사에 필요한 서류

③ 수출자가 재수입시 관세 등의 감면, 환급 또는 사후관리 등을 위하여 서류제출로 신고하거나 세관검사를 요청하는 물품: 각 사실관계 확인 서류(다만, 단순반복 사용을 위한 포장용기는 제외)

④ 수출통관시스템에서 서류제출대상으로 통보된 물품: 수출신고 심사에 필요한 서류 등

수출신고인은 전송 또는 제출한 신고자료에 대하여 오류사항을 통보받은 경우에는 오류를 수정하여 당초 제출번호로 다시 전송 또는 제출하여야 하며, 구비서류는 사본(FAX, COPY)을 제출 할 수 있다. 서류제출대상 중 선적일정 촉박 등 긴급한 경우에는 신고서 및 첨부서류를 FAX로 제출하여 우선통관할 수 있으며, 이 경우 익일 세관근무시간내에 정식신고서류를 제출하여야 한다. 다만, 선적일정 촉박의 사유로 인한 우선통관은 선박회사 등의 선적일정표 기타 사실을 증빙할 수 있는 서류로 확인된 경우에 한한다.

3. 수출신고서의 처리 및 심사

(1) 신고서의 배부 및 처리방법

수출통관업무 담당과장은 신고서처리방법에 따라 소속공무원의 업무처리능력, 미결사항, 물품의 장치장소, 검사생략 여부 등을 종합적으로 감안하여 신고서를 처리할 심사담당 세관공무원과 검사담당 세관공무원을 통관시스템에 등록한다.

수출업무담당과장은 접수·심사 및 검사자의 미결사항을 수시점검하고 신고서별로 미결 사유를 규명하여 수출통관업무가 신속히 처리되도록 하여야 한다

수출신고물품에 대한 신고서의 처리방법은 자동수리, 심사, 물품검사 세 가지 방법으로 수출업무담당과장은 결정된 처리방법을 변경할 수 있으며, 이 경우 변경된 사항을 시스템에 정정등록한다. 또한 서류제출없는 신고물품의 신고사항을 검토한 결과 심사 또는 물품검사가 필요하다고 판단되는 경우에는 서류제출대상으로 선별하고, 필요시 서류의 제출을 요구할 수 있다. 다만, 서류를 전자제출 하였거나 전자이미지 전송한 경우에는 서류제출을 생략할 수 있다

(2) 수출심사

㈎ 심사의 의의

심사란 신고된 세번과 신고가격 등 신고사항의 적정여부, 법령에 의한 수출요건의 충족여부 등을 확인하기 위하여 관련 서류나 분석결과를 검토하는 것을 말한다.

㈏ 심사사항

심사자는 다음 각 호의 사항을 심사한다.

① 신고서를 수출신고서 작성요령에 따라 정확하게 작성되었는지 여부

② 세관장이 수출요건을 확인하는 물품의 품목분류의 적정여부 및 수출요건의 구비여부

③ 원산지 표시 및 지식재산권 침해여부

④ 분석의뢰가 필요한 물품인지 여부

⑤ 그 밖에 수출신고수리여부를 결정하기 위하여 필요한 사항

㈐ 계약상이 수출신고서의 처리

계약내용과 상이한 물품의 재수출신고를 수리하는 세관공무원은 해당 물품이 수입신고 당시의 성질 또는 형태가 변경되지 아니하였음을 심사하고, 수출입신고필증에 다음 각 호의 내용을 기재하여야 한다.

① 수입신고필증: 수출신고번호 ×××-××-×××××××××호(××.××.×× 수리)로 전량(또는 일부 ××개)을 계약상이로 수출

② 수출신고필증: 수입신고번호 ×××××-××-×××××××호(××.××.×× 수리)의 전량(또는 일부 ××개)을 계약상이로 수출

계약상이 수출신고물품이 납세심사 사무처리에 관한 고시에 따라 환급을 받기 위하여는 수입당시에 분석을 한 물품은 수출신고수리시 또는 보세공장 재반입시에도 분석을 의뢰한 후 그 결과에 따라 처리한다.

㈑ 분석의뢰

수출업무담당과장은 신고물품을 물리적, 화학적 실험에 의하여 그 내용을 확인하여야 하는 등 전문적인 지식과 기술이 필요한 때에는 세관분석실에 분석의뢰하거나 해당물품에 관한 전문가의 의견을 받아 처리할 수 있으며, 분석의뢰 등에 관한 사항은 관세청장이 별도로 정하는 바에 따른다. 분석대상 시료는 세관담당직원이 직접 채취하고 봉인한 후 제출하도록 하여 시료의 임의교체 및 분실 등이 일어나지 않도록 하여야 한다. 분석의뢰시에는 분석의뢰 사실을 통관시스템에 입력하여야 하며, 분석한 물품의 분석결과 신고사항과 일치하지 아니하는 경우에는 이를 정정한다. 분석은 신고수리후 분석을 원칙으로 한다. 다만, 다음 각 호의 어느 하나에 해당하는 경우에는 신고수리전에 분석한다.

① 물품의 특성상 수출제한품목일 가능성이 있는 경우

② 계약상이 신고물품인 경우

㈒ 보완요구

수출업무담당과장은 신고인이 제출한 서류 및 자료에 의하여 심사사항의 확인이 곤란한 경우에는, 보완요구할 사항을 통관시스템에 입력하고 보완요구서를 신고인에게 통보하여야 한다. 보완요구를 하는 경우에는 보완요구서에 보완을 하여야 할 사항, 보완을 요구하는 이유 및 보완기간 등을 구체적으로 기재하여야 한다.

보완하여야 할 사항이 경미한 것으로서 사후에 이를 보완하더라도 신고수리를 할 수 있다고 세관장이 인정한 때에는 신고인 또는 수출화주의 신청을 받아 수리 후에 이를 보완하게 할 수 있으며, 이 경우 신고인 또는 수출화주는 세관장이 지정한 기간내에 관련서류를 제출하여야 한다. 세관장은 신고인 또는 수출화주가 보완기간내에 보완요구사항을 구비하지 아니하는 경우에는 통관을 보류하여야 한다.

㈓ 통관보류

세관장은 심사결과 수출물품이 다음 각 호의 어느 하나에 해당하는 경우에는 해당물품의 통관을 보류할 수 있으며 통관을 보류한 경우 이를 통관시스템에 입력한다

① 신고서 기재사항 또는 신고시 제출서류 등 중요한 사항이 미비되어 보완이 필요

한 경우
② 법에 따른 의무사항을 위반하거나 국민보건 등을 위해할 우려가 있는 경우
③ 범칙혐의로 자체조사가 진행중이거나 고발의뢰한 경우
④ 그 밖에 통관심사결과 신고수리의 요건을 구비하는데 장시일이 소요되는 경우

4. 수출검사(필요한 경우 실시)

(1) 의의

세관공무원은 수출하려는 물품에 대하여 검사를 할 수 있다(법 제246조). 수출신고물품에 대한 검사는 생략한다. 다만, 물품을 확인할 필요가 있는 경우에는 물품검사를 할 수 있다. 수출물품의 검사는 신고수리 후 적재지에서 검사하는 것을 원칙으로 하며, 적재지 검사가 부적절하다고 판단되는 물품이나 반송물품, 계약상이물품, 재수출물품 및 원상태수출물품, 국제우편 운송 수출물품 등은 신고지 세관에서 물품검사를 실시할 수 있다.

(2) 검사대상

수출신고물품 중 검사대상은 수출통관시스템에 제출된 수출신고자료에 의해 선별하거나 신고서 처리방법에 따른 결정 시 수출업무담당과장이 선별한다.

수출신고물품에 대한 검사대상물품의 선별은 수출물품 선별검사에 관한 시행세칙에서 정하는 바에 따른다. 그럼에도 불구하고 다음 각호의 어느 하나에 해당하는 업체가 수출하는 물품은 수출물품 선별검사에 관한 시행세칙에서 정하는 바에 의하여 검사대상으로 선별하지 아니할 수 있다.

① 최근 2년간 법 위반사실 및 수출용원재료에 대한 관세 등 환급에 관한 특례법 위반사실이 없는 외국인 투자 촉진법에 따른 외국인투자기업
② 월별납부제도 운영에 관한 고시에 따른 월별납부업체 승인 요건에 해당하는 업체
③ 전분기 수출실적 상위 10% 해당업체로서 최근 1년간 수출검사에 따른 적발실적이 없고 법 및 환특법 위반사실이 없는 업체
④ 관세청장이 따로 정하는 기준에 의하여 법규준수도가 높다고 인정된 업체
⑤ 종합인증우수업체 공인 및 관리업무에 관한 고시에 따라 "종합인증우수업체"로 공인된 업체

(3) 검사방법

세관장은 효율적인 물품검사를 위하여 컨테이너검색기 또는 차량이동형검색기 등을 활용하여 검사할 수 있으며, 물품확인이 필요한 경우 전량검사, 발췌검사 또는 분석검사

등을 실시한다. 적재지 관할 세관장은 필요하다고 인정되는 경우 물품검사 생략대상으로 수출신고수리된 물품에 대하여도 컨테이너검색기검사 등의 검사를 실시할 수 있으며, 수출물품의 효율적인 검사를 위하여 필요한 경우 포장명세서 등 관계자료의 제출을 요구할 수 있다.

(4) 검사장소

㈎ 당해물품의 장치장소

수출신고물품에 대한 검사는 해당 물품이 장치되어 있는 장소에서 하는 것이 원칙이다(법 제241조 ①항).

㈏ 보세구역

세관장은 효율적인 검사를 위하여 부득이하다고 인정될 때에는 관세청장이 정하는 바에 따라 해당 물품을 보세구역에 반입하게 한 후 검사할 수 있다. 다음 각 호의 어느 하나에 해당하는 경우에는 물품을 보세구역에 반입하게 한 후 검사할 수 있다.

① 부정수출 또는 부정환급 등 우범성 정보가 있는 경우
② 물품의 성질, 업체의 성실도 등을 감안하여 물품의 효율적인 검사를 위하여 필요하다고 세관장이 인정하는 경우

검사 장소가 지정장치장이나 세관검사장이 아닌 경우 신고인은 기획재정부령으로 정하는 바에 따라 수수료를 납부하여야 한다. 다만, 보세창고의 경우 신고인이 운영인과 다른 경우에는 수수료를 납부하지 아니한다.

5. 수출신고수리 및 물품선적

(1) 수출신고수리

㈎ 의의

세관장은 수출신고가 이 법에 따라 적합하게 이루어졌을 때에는 이를 지체 없이 수리하고 신고인에게 수출신고필증을 발급하여야 한다. 다만, 국가관세종합정보망의 전산처리설비를 이용하여 신고를 수리하는 경우에는 관세청장이 정하는 바에 따라 신고인이 직접 전산처리설비를 이용하여 신고필증을 발급받을 수 있다(법 제248조 ①항). 수출신고수리는 신고서 처리방법에 따라 자동수리대상은 통관시스템에서 자동으로 신고수리, 심사대상은 심사후 수리, 검사대상은 검사후 수리. 다만, 적재지검사대상은 수출물품을 적재하기 전에 검사를 받는 조건으로 신고를 수리할 수 있다.

㈏ 신고사항의 보완

세관장은 다음 각 호의 하나에 해당하는 경우에는 수출신고가 수리되기 전까지 갖추

어지지 아니한 사항을 보완하게 할 수 있다. 다만, 해당 사항이 경미하고 신고수리 후에 보완이 가능하다고 인정되는 경우에는 관세청장이 정하는 바에 따라 신고수리 후 이를 보완하게 할 수 있다(법 제249조).

① 수출신고 규정에 따른 수출·수입 또는 반송에 관한 신고서의 기재사항이 갖추어지지 아니한 경우

② 수출신고시 제출서류가 갖추어지지 아니한 경우

㈐ 수출신고필증의 교부

세관장은 수출신고를 수리한 때에는 세관특수청인에 관한 규정(기획재정부 훈령)에 따른 세관특수청인을 전자적으로 날인한 수출신고필증을 교부한다. 다만, 다음 각 호의 사유가 있을 때에는 해당 각 호의 방법으로 교부한다.

① 부득이한 사정으로 신고필증을 전자적으로 교부할 수 없는 경우 : 수출신고서에 세관특수청인을 직접 날인하여 교부

② 신고물품의 규격수가 50개를 초과하여 전산으로 입력하지 않고 신고서 및 신고필증에 상세내역사항을 별도의 붙임서류로 첨부하여 신고하는 경우 : 세관특수청인을 전자적으로 날인한 신고필증과 붙임서류의 경계면에 신고서 처리담당자 인장을 날인하여 교부

교부된 신고필증이 통관시스템에 보관된 전자문서의 내용과 상이한 경우에는 통관시스템에 보관된 전자문서의 내용을 원본으로 한다.

수출신고사항을 정정함에 따라 신고서를 정정하는 때에는 수출신고필증을 다시 교부하며, 이 경우 세관장은 수출신고사항 정정에 따라 제출한 증빙자료를 수출신고정정 승인(신청서)와 함께 보관하여야 한다.

세관장은 수출신고를 수리한 때에는 적재전 수출신고필증과 수출이행 수출신고필증을 구분하여 교부할 수 있다. 다만, 수출이행 수출신고필증은 출항이 완료된 이후에 교부 한다.

세관장은 적재지검사건에 대하여 수출신고를 수리한 때에는 적재지검사 안내문을 기재하여 신고인에게 교부하여야 한다. 다만, 수출검사의 목적 달성을 위하여 필요한 경우 신고수리시점에서의 안내문의 기재는 생략할 수 있다.

㈑ 물품선적

수출신고가 수리된 물품은 수출신고가 수리된 날부터 30일 이내에 운송수단에 적재하여야 하며, 기간 내에 적재되지 아니한 물품에 대하여는 수출신고의 수리를 취소할 수 있다. 적재기간의 연장승인을 얻고자 하는 자는 수출신고번호 · 품명 · 규격 및 수량, 수

출자·신고자 및 제조자, 연장승인신청의 사유, 기타 참고사항을 기재한 신청서를 세관장에게 제출하여 1년의 범위에서 적재기간의 연장승인을 받은 것은 그러하지 아니하다.

6. 수출신고의 취하 및 각하

(1) 신고취하

수출신고를 하였으나 수입자의 사정 등으로 수출물품을 인수하기 어려운 상황이 발생하면 수출신고를 취하해야 한다. 신고취하는 정당한 사유가 있는 경우에 한하여 세관장의 승인을 받아야 한다. 수출신고 취하는 신고 이후부터 해당 물품을 선적한 선박이 출항하기 전까지 가능한다.

수출 신고를 수리한 후 상기 규정에 의하여 신고의 취하를 승인한 때에는 신고수리의 효력은 상실된다(법 제250조 ②항). 따라서 수출신고수리로 외국물품이 된 물품은 다시 내국물품이 된다.

① 수출신용장이 취소된 경우

② 기타 부득이한 사유로 신고한 물품을 수출할 수 없게 되었다고 세관장이 인정하는 경우

(2) 신고각하

세관장은 다음 각호의 1에 해당하는 경우 수출신고를 각하할 수 있다.

① 세관장으로부터 수출신고서 또는 첨부서류의 보완을 요구받고 지정된 기간 내에 보완하지 아니한 경우(예 : 전략물자 수출허가서 등)

② 보세구역 반입지시를 받고 지정된 보세구역에 반입하지 아니하는 경우

③ 기타 관세법의 위반혐의 등으로 수출신고 수리를 할 수 없다고 판단되는 경우

(3) 수출신고수리의 취소

세관장은 수출신고수리된 물품을 수출신고일로부터 30일 이내에 선(기)적하지 않은 물품에 대하여는 수출신고 수리를 취소할 수 있다(법 제251조의 ②항). 다만, 다음의 경우에는 그러하지 아니하다(영 제255조의 ①항).

① 신고취하 승인의 신청이 정당한 사유가 있다고 인정되는 경우

② 선(기)적기간 연장승인의 신청이 정당한 사유가 있다고 인정되는 경우

③ 세관장이 수출신고의 수리를 취소하기 전에 해당 물품의 적재를 확인한 경우

④ 기타 세관장이 선(기)적기간 내에 선(기)적이 곤란하다고 인정되는 경우

세관장이 수출신고의 수리를 취소하는 경우에는 즉시 신고인에게 그 내용을 통지하여야 한다.

Ⅲ. 특수형태의 수출통관

1. 선상수출 신고

(1) 신고대상 물품

① 선적한 후 공인검정기관의 검정서(SURVEYER REPORTS)에 의하여 수출물품의 수량을 확인하는 물품(예 : 산물 및 광산물)

② 물품의 신선도 유지 등의 사유로 선상수출신고가 불가피하다고 인정되는 물품(예 : 내항선에 적재된 수산물을 다른 선박으로 이적하지 아니한 상태로 외항선으로 자격변경하여 출항하고자 하는 경우)

③ 자동차운반 전용선박에 적재하여 수출하는 신품자동차

(2) 신고시기

출항전까지 출항지세관에 신고. 다만, SURVEYER REPORTS에 의하여 수량을 확인하는 물품으로서 다음에 충족하는 출항 후 최초근무시간까지 수출신고를 할 수 있다.

· 법 제140조 ④항 단서의 규정에 의하여 세관장의 허가를 받아야 하는 물품
· 제7조 제2항 1호부터 제2호에 해당하지 않은 물품
· 세관근무시간 외에 적재 및 출항을 해야 하는 경우

(3) 신고정정신청 및 승인

수출신고가 수리된 물품이 실제 적재수량 또는 중량 등에 차이가 있을 때에는 선박 출항 다음날까지 출항지 세관장에게 적하목록 또는 선하증권 사본을 첨부하여 수출신고 정정승인신청을 하고 그 승인을 받아야 한다.

(4) 신고철자

선상수출 신고절차는 다음과 같다.

① 내국물품적재, ② 선상수출신고, ③ 출항, ④ 신고정정신청 및 승인

2. 현지수출 어패류 신고

(1) 신고대상

어패류를 법 제136조의 규정에 의한 출항허가를 받은 운반선에 의하여 현지에서 판매한 후 대금을 정산하는 수출

[별지 제1호 서식]

수 출 신 고 서 (갑지)

※ 처리기간 : 즉시

제출번호	⑤신고번호	⑥신고일자	⑦신고구분	⑧C/S구분
①신 고 자				
②수 출 대 행 자 (통관고유부호) 수출자구분 수 출 화 주 (통관고유부호) (주소) (대표자) (소재지) (사업자등록번호) 999-99-99999	⑨거래구분 ⑫목적국 ⑮선박명(항공편명) ⑱운송형태 ⑳물품소재지	⑩종류 ⑬적재항 ⑯출항예정일자 ⑲검사희망일	⑪결제방법 ⑭선박회사(항공사) ⑰적재예정보세구역	
③제 조 자 (통관고유부호) 제조장소 산업단지부호	㉑L/C번호 ㉓사전임시개청통보여부	㉒물품상태 ㉔반송 사유		
④구 매 자 (구매자부호)	㉕환급신청인(1:수출대행자/수출화주, 2:제조자) 간이환급			

• 품명 · 규격(란번호/총란수: 999/999)

㉖품 명 ㉗거래품명				㉘상표명	
㉙모델 · 규격		㉚성분	㉛수량	㉜단가(XXX)	㉝금액(XXX)
㉞세번부호		㉟순중량	㊱수량	㊲신 고 가 격(FOB)	
㊳송품장번호		㊴수입신고번호	㊵원산지	㊶포 장 갯 수(종류)	
㊷수출요건확인(발급서류명)					
㊸총중량		㊹총포장갯수		㊺총신고가격(FOB)	
㊻운임(₩)		㊼보험료(₩)		㊽결제금액	
㊾수입화물관리번호				㊿컨테이너번호	
※신고인기재란				⑤①세관기재란	

⑤②운송(신고)인 ⑤③기간 부터 까지	⑤④적재의무기한		⑤⑤담당자		⑤⑥신고수리일자	

(1) 수출신고수리일로부터 30일내에 적재하지 아니한 때에는 수출신고수리가 취소됨과 아울러 과태료가 부과될 수 있으므로 적재사실을 확인하시기 바랍니다.(관세법 제251조, 제277조) 또한 휴대탁송 반출시에는 반드시 출국심사(부두, 초소, 공항) 세관공무원에게 제시하여 확인을 받으시기 바랍니다.

(2) 수출신고필증의 진위여부는 관세청 인터넷통관포탈에 조회하여 확인하시기 바랍니다.(http://portal.customs.go.kr)

관세청 KOREA CUSTOMS SERVICE 1878 / UNI-PASS

수출신고필증(수출이행, 갑지)

※ 처리기간 : 즉시

①신 고 자	⑤신고번호	⑥세관과	⑦신고일자	⑧신고부분	⑨C/S구분

②수 출 대 행 자 (통관고유부호) 수출자구분 수 출 화 주 (통관고유부호) (주소) (대표자) (소재지) (사업자등록번호) 999-99-99999	⑩거래구분	⑪종류	⑫결제방법
	⑬목적국	⑭적재항	⑮선박회사 (항공사)
	⑯선박명(항공편명)	⑰출항예정일자	⑱적재예정보세구역
	⑲운송형태		⑳검사희망일
	㉑물품소재지		
③제 조 자 (통관고유부호) 제조장소 산업단지부호	㉒L/C번호		㉓물품상태
	㉔사전임시개청통보여부		㉕반송 사유
④구 매 자 (구매자부호)	㉖환급신청인(1:수출대행자/수출화주, 2:제조자) 간이환급		

품명 · 규격(란번호/총란수: 999/999)

㉗품 명 ㉘거래품명	㉙상표명

㉚모델 · 규격	㉛성분	㉜수량	㉝단가(XXX)	㉞금액(XXX)

㉟세번부호		㊱순중량	㊲수량	㊳신고가격 (FOB)	$ ₩
㊴송품장번호		㊵수입신고번호	㊶원산지	㊷포장갯수 (종류)	( )
㊸수출요건확인 (발급서류명)	( )	( )	( )	( )	
㊹총중량		㊺총포장갯수		㊻총신고가격 (FOB)	$ ₩
㊼운임(\)		㊽보험료(\)		㊾결제금액	
㊿수입화물관리번호				51컨테이너번호	X

※신고인기재란	52세관기재란

53운송(신고)인 54기간 부터 까지	55적재의무기한		56담당자		57신고수리일자	

THE REPUBLIC OF KOREA

발 행 번 호 : 9999999999999(YYYY.MM.DD) Page : 999/999

(1) 수출신고수리일로부터 30일내에 적재하지 아니한 때에는 수출신고수리가 취소됨과 아울러 과태료가 부과될 수 있으므로 적재사실을 확인하시기 바랍니다.(관세법 제251조, 제277조) 또한 휴대탁송 반출시에는 반드시 출국심사(부두,초소,공항) 세관공무원에게 제시하여 확인을 받으시기 바랍니다.

(2) 수출신고필증의 진위여부는 관세청 인터넷통관포탈에 조회하여 확인하시기 바랍니다.(http://portal.customs.go.kr)

(2) 신고시기

· 수출 후 대금결제 전까지 출항허가를 받은 세관장에게 신고
· 신고서류에 수출실적을 증명하는 서류(예 : Cargo Receipt)를 첨부하여 제출하여야 한다.

(3) 신고절차

어패류의 현지수출 신고절차는 다음과 같다.

① 출항허가, ② 어패류적재, ③ 수출국입항 및 판매, ④ 신고자료전송, ⑤ 어패류 신고

3. 원양수산물 신고

(1) 신고대상

우리나라 선박이 공해에서 채포한 수산물을 현지 판매하는 경우

(2) 신고시기

수출자가 수출 후 대금결제 전까지 수출사실을 증명하는 서류[예 : Cargo Receipt, B/L, Final(Fish) Settlement]가 첨부된 수출실적보고서(수출신고서 양식 사용)를 한국원양어업협회를 경유하여 서울세관장에게 신고

(3) 신고절차

원양수산물의 신고절차는 다음과 같다.

① 공해상에서 채포한 수산물, ② 현지판매, ③ 수출사실을 증명하는 서류[Cargo Receipt, B/L, Final(Fish)], ④ 원양어업협회, ⑤ 서울세관

Ⅳ. 간이수출통관

1. 간이수출신고

다음 해당 물품은 적하목록, 송품장, 간이통관목록, 우편물목록 제출로 수출신고를 갈음할 수 있다.

① 유해 및 유골
② 외교행낭으로 반출되는 물품
③ 외교부에서 재외공관으로 발송되는 자료
④ 외국원수 등이 반출하는 물품
⑤ 신문, 뉴스 취재필름, 녹음테이프 등 언론기관 보도용품

⑥ 카탈로그, 기록문서와 서류
⑦ 외국인 관광객이 구입한 물품
⑧ 환급대상이 아닌 물품가격 FOB 200만원이하의 물품 다만, 서류제출 대상물품은 제외된다.

2. 전자문서에 의한 간이수출신고

특송업체는 간이수출신고 대상물품에 대하여 전자문서에 의한 간이수출 통관목록 자료를 통관시스템에 전송하여 수출신고를 할 수 있으며, 간이통관목록자료는 항공기 출항시간 및 세관검사 소요시간을 고려하여 적재하기 전까지 통관시스템에 전송하여야 한다.

3. 처리 담당자의 지정

세관장은 간이수출신고물품에 대한 통관업무를 원활하게 하기 위하여 특송업체별, 주기별(예 : 주・월별)로 처리담당자를 지정하여 운영할 수 있다.

4. 검사대상물품 선별

특송업체 또는 수출화주 등이 간이통관목록 등을 서류로 신고하는 경우 처리담당자는 신고서류를 확인하여 간이수출신고요건 및 반출사유, 가격 등을 참고하여 검사대상물품을 선별할 수 있다.

간이통관목록자료로 신고하는 물품에 대한 검사대상선별은 통관시스템에서 무작위 선별방식으로 선별한다. 또한 세관장은 간이통관목록자료로 신고하는 물품에 대하여 검사비율을 지정하여야 하는데, 이 경우 검사 결과 등 특송업체별 성실도를 감안하여 검사비율을 5% 이내에서 차등 적용할 수 있다.

5. 간이수출신고 물품의 심사

심사자는 간이수출신고물품에 대하여 간이통관목록 등 신고내용의 적정성을 심사하여야 하며, 간이통관목록자료에 의한 신고 물품은 검사대상으로 선별된 경우를 제외하고는 별도의 심사를 생략하고 자동수리할 수 있다.

6. 간이수출 신고물품의 검사

검사자는 검사대상물품으로 선별된 물품에 대하여는 간이통관목록 등 서류에 의하여 현품검사를 하여야 한다. 다만, 간이통관목록자료에 의한 신고물품은 검사대상 간이수출통관목록을 전산출력하여 현품검사를 하여야 한다.

또한 특송업체 등은 검사대상으로 선별된 물품에 대하여 세관검사가 용이하도록 구분·장치하여야 한다.

7. 간이수출 신고물품의 심사·검사결과 등록

① 세관장은 간이통관목록 등 또는 전자문서 신고물품에 대한 심사·검사결과 간이수출신고대상물품에 해당하지 아니하거나 이상이 있는 경우 간이통관목록 등 서류에 신고취하표시를 하거나 전산등록하여 직권신고취소 등 조치를 하여야 한다.

② 신고취하 또는 직권신고취소 등의 조치를 한 세관장은 이를 즉시 특송업체 등에게 서면 또는 전산에 의한 방식으로 통지하여야 한다.

③ 세관장은 간이통관목록 등 또는 전자문서 신고물품을 심사·검사한 결과 이상이 없는 물품에 대하여는 간이통관목록 등에 고무인을 날인하거나 전산등록하여 신고 수리할 수 있다.

8. 우편물 목록의 특례

세관장은 간이수출신고대상 우편물에 대하여 우편물목록의 제출, 심사 및 검사를 생략할 수 있다. 다만, 검사가 필요하다고 인정되는 경우에는 우편물목록을 제출받아 검사를 할 수 있다.

9. 휴대반출 견본품의 특례

해외 수출상담·전시 등을 위하여 여행자가 휴대 반출하는 견본품으로서 세관장이 타당하다고 인정하는 물품(환급대상물품, 귀금속류, 지급수단 및 관세법 제145조의 규정에 의한 세관장 확인대상물품은 제외)에 대하여는 구두 신고를 수출신고에 갈음하여 즉시 이를 수리할 수 있다.

또한 휴대반출물품을 해외 수출상담·전시 후 재수입하고자 할 경우에는 송품장 등 품명·규격, 수량이 기재된 서류 또는 휴대물품반출신고서에 출국심사 세관공무원의 반출확인을 받아 이를 재수입면세통관시 증빙자료로 사용할 수 있다.

10. 적하목록의 제출

특송업체 등은 간이통관목록자료를 전송하여 신고수리된 물품에 대하여 출항적하목록의 제출을 생략할 수 있다. 다만, 간이통관목록 등 서류제출신고물품에 대하여는 그러하지 아니하다.

Ⅴ. 수출물품의 선(기)적 이행관리

1. 수출물품의 선(기)적

수출자는 수출신고가 수리된 물품을 수출신고가 수리된 날부터 30일 이내에 외국무역선 또는 외국무역기에 선(기)적하여야 한다. 다만, 출항 또는 선(기)적 일정변경 등 부득이한 사유가 있는 경우에는 선(기)적기간 연장승인을 받을 수 있는데, 선(기)적기간 연장승인을 받고자 하는 자는 선(기)적기간 내에 선(기)적기간 연장승인(신청)서를 통관지 세관장에게 제출하여야 한다. 이에 세관장은 선(기)적기간 연장승인(신청)서를 접수한 때에는 연장승인 신청사유 등을 심사하여 타당하다고 인정하는 경우에는 30일의 범위 내에서 선(기)적기간 연장을 승인할 수 있으며, 연장을 승인한 때에는 즉시 통관시스템에 연장사유 및 연장기간을 기록하여야 한다.

2. 휴대탁송물품의 선(기)적 관리

수출신고를 하여 수리된 물품을 출국시 휴대하여 반출하고자 하는 때에는 출국심사세관공무원(외국선원(어선포함), 관광객 등이 부두초소를 통하여 출국하는 경우에는 부두초소 근무 세관공무원)에게 수출신고필증 사본을 제출하고 선(기)적 확인을 받아야 하며, 수출신고필증 사본을 제시받은 출국심사 세관공무원은 반출물품과 대조 확인하고 이상이 없는 때에는 선(기)적 일자, 선(기)명, 반출 개수, 중량을 기재하고 고무인을 날인한 후 다음날까지 출항지세관 휴대탁송물품의 선(기)적등록 담당부서에 인계하여야 한다. 이에 또한 선(기)적 확인을 받은 수출신고필증 사본 인계 받은 휴대탁송물품의 선(기)적등록 담당부서의 세관공무원은 통관시스템에 선(기)적일자, 선(기)명, 반출개수, 중량 등을 기록하여야 한다.

한편, 통관지 세관장은 휴대탁송품의 미선(기)적 확인 과정에서 수출자로부터 선(기)적 사실이 기재된 수출신고필증 사본을 제출받은 경우에는 선적지 세관장에게 동 자료를 송부하여 선(기)적 사실확인 및 선(기)적 내용이 등록될 수 있도록 하여야 한다.

3. 우편물품 등의 선(기)적 관리

수출신고수리된 물품을 우편발송하고자 하는 자는 관세청장이 지정하는 통관우체국의 세관공무원 또는 관세청장이 인정하는 수출우편물 발송확인업무 취급우체국장에게 현품 및 수출신고필증 등을 제출하여 우편발송 완료여부를 확인받아야 하며, 이를 확인한 세관공무원은 선(기)적 내용을 직접 등록하거나 선(기)적 사실을 확인한 수출신고필증 사본을 선(기)적 담당부서에 인계하여야 하며 수출우편을 발송확인 취급우체국장으로부터 우편발송확인서를 송부받은 세관장은 발송내역에 이상이 없는 경우에는 통관시스템에 수출이행사실을 등록하여야 한다.

한편, 세관장은 항공기, 선박 등이 국내수리 후 또는 외국에서의 수리목적으로 수출하는 경우 등 적하목록을 제출하지 아니한 수출인 경우에는 출항허가서를 확인하여 선적확인 등록을 하여야 하며, 현지수출 어패류·원양수산물 및 국내보세공장에서 건조된 국적취득조건부 나용선의 수출은 신고수리와 동시에 통관시스템에서 자동으로 선적처리한다. 다만, 외국무역선(기)이 국내수리 후 개항에 입항한 경우에는 입항보고서를 확인하여 선(기)적 등록할 수 있다.

제 4 절 반송통관절차

Ⅰ. 반송통관의 개요

1. 의 의

반송이란 함은 우리나라에 도착한 물품을 어떠한 사정에 의하여 수출신고수리를 받지 아니하고 보세구역에서 다시 외국으로 반출하는 것을 말한다. 이는 외국물품 그대로 반출하는 점에서 내국물품을 외국으로 수출하는 수출과 구분된다. 수출신고가 수리된 외국물품을 외국으로 반출하는 것은 내국물품을 수출하기 위한 한 과정에서 외국물품이 된 것을 외국으로 반출하는 것이므로 반송이라 하지 아니하며, 세관장의 일시양륙 허가를 받아 일시양륙한 외국물품을 외국으로 반출하는 것은 수송편의에 의하여 일시양륙하였다가 본래의 목적지로 반출되는 것이므로 반송에서 제외한다.

그러나 관세법의 적용에 있어서는 구체적으로 반송이 완성되는 시기가 있어야 한다. 구체적인 반송이 완성되는 시기는 일반적으로 외국으로 떠나고자 하는 선박 또는 항공기에 외국으로 보내기 위하여 물품을 적재한 때라고 해석하고 있다.

물품을 반송하고자 할 때에는 세관장에게 반송신고를 하여야 하고, 세관장이 그 신고를 수리하여야 반송할 수 있다. 이것을 담보하기 위하여 세관장에게 반송신고를 하지 아니하고 물품을 반송하면 처벌한다.

따라서 반송통관이란, 물품을 반송하고자 하는 자가 해당 물품을 세관에게 신고하고, 세관장은 반송신고가 적법하게 이루어진 경우에는 지체 없이 반송신고를 수리하여 물품이 반출될 수 있도록 하는 일련의 과정을 말한다.

2. 반송물품의 적용범위

관세법상 반송물품이란 다음 각호의 1에 해당하는 물품을 말한다.

(1) 단순반송물품

"단순반송물품"이라 함은 외국으로부터 보세구역에 반입된 물품으로서 다음 각목의 1의 사유로 수입신고를 하지 아니한 상태에서 다시 외국으로 반출되는 물품을 말한다.

① 주문이 취소되었거나 잘못 반입된 물품

② 수입신고 전에 계약상이가 확인된 물품

③ 수입신고 전 수입요건 미구비가 확인된 물품

④ 선사(항공사)가 외국으로 반출하는 선(기)용품 또는 선(기)내 판매용품

⑤ 기타 사유로 반출하는 물품

(2) 통관보류물품

"통관보류물품"이라 함은 외국으로부터 보세구역에 반입된 물품으로서 수입하고자 수입신고를 하였으나 수입신고수리요건 등의 불비로 통관이 보류된 물품을 말한다.

(3) 위탁가공물품

"위탁가공물품"이라 함은 해외에서 위탁가공 후 보세구역에 반입된 물품으로서 외국으로 반출될 물품을 말한다.

(4) 중계무역물품

"중계무역물품"이라 함은 대외무역법령에 의하여 수출할 것을 목적으로 보세구역(관세법 제156조의 규정에 의하여 세관장이 허가한 장소 포함)에 반입하여 외국으로 반출하는 물품을 말한다.

(5) 보세창고 반입물품

"보세창고 반입물품"이라 함은 외국으로부터 보세창고에 반입된 물품으로서 국내 수입화주의 결정지연 등으로 수입하지 아니한 상태에서 다시 외국으로 반출될 물품을 말한다.

(6) 장기비축 수출용원재료 및 수출물품 사후 보수용품

"장기비축 수출용원재료 및 수출물품 사후 보수용품"이라 함은 법 제177조 ①항 제1호 다목 및 수출용원재료에 대한 관세 등 환급에 관한 특례법(이하 "환급특례법"이라 한다) 제4조 제3호의 규정에 의하여 보세창고에 반입된 해외조립용 수출용원재료 또는 이미 수출한 물품의 사후보수, 수리를 위한 물품(법 제159조 ①항의 규정에 의하여 해체·절단 등의 작업을 한 구성품을 포함한다)을 말한다.

(7) 보세전시장 반출물품

"보세전시장 반출물품"이라 함은 우리나라에서 개최하는 박람회 등을 위하여 보세전시장에 반입된 후 전시종료 후 외국으로 반출될 물품을 말한다.

(8) 보세판매장 반출물품

"보세판매장 반출물품"이란 보세판매장에 반입되어 판매중인 외국물품이 변질, 고장, 기타 유행의 변화 등의 사유로 판매하지 못하여 운영인이 외국으로 반출하고자 하는 물품을 말한다.

(9) 수출조건부 미군불하물품

"수출조건부 미군불하물품"이란 미군교역처에서 수출조건부로 불하한 보세물품을 말한다.

Ⅱ. 반송물품 통관절차

반송통관절차라 함은 이와 같이 세관장에게 반송신고를 하고 그 신고를 수리하는 일련의 세관절차를 말한다. 물품의 반송통관절차는 세관장에게 반송신고를 함으로써 시작되고 세관장이 그 신고를 수리함으로써 끝난다.

물품의 반송통관은 원칙적으로 전국 어느 세관에서나 할 수 있다. 그러나 감시상 필요하다고 인정할 때에는 관세청장 또는 세관장은 물품에 따라 통관세관을 제한할 수 있다.

반송신고 (반송신고서류제출)	→	물품심사 및 검사	→	반송신고수리	→	신(기)적

1. 반송신고

(1) 반송신고의 의의

물품을 반송하고 할 때에는 해당 물품의 품명·규격·수량 및 가격, 기타 대통령령이 정하는 사항을 세관장에게 신고하여야 한다(법 제241조 ①항).

그런데 반송하고자 하는 물품을 지정장치장에 반입하거나 타소장치 허가를 받아 보세구역이 아닌 장소에 장치한 자는 그 반입일 또는 허가일로부터 30일 이내에 반송신고를 하여야 한다(법 제241조 ③항). 이는 반송대상물품의 보세구역장치 의무제가 시행되고 있는 것이다.

이와 같이 반송물품의 내역과 관련사항을 세관장에게 신고하는 것을 반송신고라고 하며, 반송신고는 세관장에게 물품을 반송하고자 하는 최초의 의사표시를 하는 것이다.

(2) 반송신고의 요건

㈎ 물품의 장치

반송의 신고는 해당 물품이 보세구역 또는 보세구역 외 장치장에 있는 경우에 한하여 할 수 있다(법 제243조 ①항). 반송을 하고자 하는 물품은 보세구역(보세구역외 장치 포함)이 아닌 장소에 장치할 수 없으므로 "이 법에 정한 장치장소"에서 하여야 한다.

㈏ 반송방법의 제한

세관장 확인대상 규정에 의하여 허가, 승인, 표시, 기타 조건이 구비되지 아니한 여행자 휴대품 중 관세청장이 정하는 물품에 대하여는 관세청장이 정하는 바에 따라 반송방법을 제한할 수 있다(법 제243조 ①항).

(3) 반송신고인

반송신고는 관세사, 관세법인, 통관취급법인 또는 화주의 명의로 하여야 한다.

◈ 반송 신고인의 범위(관세기본통칙)

반송신고를 할 수 있는 자는 다음 각호의 1에 해당하는 자를 말한다.

1. 적하목록, B/L, AWB상의 수하인 또는 해당 물품의 화주
2. 해당 물품을 운송한 선박(항공)회사로부터 물품처리에 관한 동의를 받은 자
3. 제1호 또는 제2호에 규정된 자로부터 통관의뢰를 받은 관세사, 관세사법 제17조의 규정에 의한 관세사법인 및 동법 제19조의 규정에 의한 통관취급법인

(4) 반송신고기간

㈎ 반입일로부터 30일 내의 신고의무

반송하고자 하는 물품을 지정장치장 또는 보세창고에 반입하거나 타소장치한 자는

반입일 또는 타소장치 허가일로부터 30일 이내(허가·승인, 기타 필요조건을 구비하지 않아 유치된 여행자 휴대품에 해당하는 물품에 대하여는 관세청장이 정하는 바에 의하여 반송신고를 할 수 있는 날부터 30일 이내)에 반송신고를 하여야 한다(법 제241조 ③항).

㈏ 가산세 부과

물품을 반송하는 자가 반입일 또는 타소장치 허가일로부터 30일 내에 수입신고를 하지 않는 경우에는 해당 물품의 과세가격의 2/100에 상당하는 금액을 가산세로 징수한다(법 제241조 ④항).

1) 가산세 대상물품

물품의 신속한 유통이 긴요하다고 인정하여 보세구역의 종류와 물품의 특성을 감안하여 관세청장이 정하는 물품

2) 가산세액

가산세액은 다음의 율에 의하여 산출한다.

구 분	가산세율
신고기한이 경과한 날로부터 20일 이내에 신고	과세가격의 5/1,000
신고기한이 경과한 날로부터 50일 이내에 신고	과세가격의 10/1,000
신고기한이 경과한 날로부터 80일 이내에 신고	과세가격의 15/1,000
신고기한이 경과일로부터 80일을 초과하여 신고	과세가격의 20/1,000

다만, 가산세액은 500만원을 초과할 수 없으며 신고기한 경과한 후 보세운송된 물품의 경과 일수 계산은 신고기한(30)일이 경과한 날로부터 보세운송신고를 한 날까지로 하며 세액은 반송신고를 한 때에 징수한다.

(5) 반송신고시 제출서류

㈎ 제출서류

반송신고를 하는 자는 과세가격 결정자료 외에 대통령령이 정하는 수출신고에 준하는 서류를 제출하여야 한다(법 제245조 ①항).

1) 공통서류

반송신고서(수출신고서 사용)

2) 단순반송물품

· 해당 물품의 적하목록과 최초의 선하증권(항공화물인 경우에는 항공화물상환증 사본)

・송품장 및 포장명세서
・반송요건 입증하는 서류(계약서, 위임장 등)
3) 통관보류물품
・수입신고 취하승인서
・반송요건 입증서류
4) 위탁가공물품
・최초의 수출입인증서류
・수출계약 등 증빙서류
5) 중계무역물품
・수출입인증서류
6) 보세창고반입물품
・최초의 선하증권사본, 송품장 및 포장명세서
・반송요건 입증서류(계약서, 위임장 등)
7) 장기비축 수출용원재료 및 수출품사후보수용품
・수출승인서(해당물품)

㈏ 수출신고서류의 생략

서류를 제출하여야 하는 자가 해당 서류를 관세사 등에게 제출하고, 관세사 등이 해당 서류를 확인한 후 수출에 관한 신고를 하는 때에는 해당 서류의 제출을 생략하게 하거나 해당 서류를 반송신고 수리 후에 제출하게 할 수 있다(법 제245조 ②항).

㈐ 자료의 제출요구

서류의 제출을 생략하게 하거나 반송신고 수리 후에 서류를 제출하게 하는 경우 세관장이 필요하다고 인정하여 신고인에게 관세청장이 정하는 장부, 기타 관계자료의 제시 또는 제출을 요청하는 때에는 신고인은 이에 응하여야 한다(동조 3항).

2. 심사와 검사

(1) 통관심사

㈎ 심사의 의의

심사는 세액심사와 통관심사로 구분하는 바, 심사란 신고된 세번, 반송승인사항과 신고사항의 일치여부, 법령에 의한 수출요건의 충족여부 등을 검토하기 위하여 관련 서류나 분석 결과를 확인하는 것을 말한다.

㈏ 심사방법

1) 형식적요건심사

세관장은 반송신고서를 접수한 때에는 신고서의 형식적요건의 구비여부를 심사한다(관세청 고시). 형식적인 요건심사 결과 이상이 없는 때에는 즉시 이를 수리하여야 한다.

2) 실질적요건심사

신고서류의 구비요건이 충족되면 실질적요건심사를 하게 된다. 즉, 반송신고서에 서류제출 대상인 물품, C/S 조회 결과 우범성 정보가 있는 물품인 경우 등이 그 대상이다.

㈐ 심사절차

반송신고서의 배부를 받은 접수담당은 수출입통관시스템에 조회하여 C/S결과 우범성 정보 등 주의를 요하는 사항이 있는지를 확인한 후 즉시수리대상, 심사대상, 물품검사대상 중 한 가지를 선택하여 신고서 처리방법을 결정한다. 이 경우 서류제출대상물품과 검사대상물품인 경우에는 실질적인 내용을 심사한 후 이를 수리하여야 한다(관세청고시).

(2) 물품검사

㈎ 의　의

세관공무원은 반송하고자 하는 물품에 대하여 검사를 할 수 있다(법 제246조).

반송신고물품에 대한 검사의 목적은 반송신고물품이 당초 반입된 물품의 품명·규격 등과 일치하는지의 여부와 마약류 등 부정물품의 혼재 또는 은닉여부를 확인하는 데 있다.

㈏ 검사방법

1) 파출검사

파출검사는 반송물품이 장치되어 있는 장소에 세관직원이 출장하여 검사하는 방법으로 검사시에 발췌검사를 한다.

2) 견본검사

반송검사에 있어서 반송물품의 성질·수량·장치장소·반송자의 신용도 등을 감안하여 견본검사에 의하여도 부정반송의 우려가 없다고 안정될 때에는 파출검사를 생략하고 견본검사를 할 수 있다.

㈐ 검사장소

1) 관세법 규정에 의한 장치장소

반송신고한 물품에 대한 검사는 보세구역 또는 타소장치사유에 해당되어 타소장치된 경우에는 그 물품이 장치된 장소에서 행한다(법 제247조)

2) 보세구역

세관장이 효율적인 검사를 위하여 필요하다고 인정하는 경우에는 해당 물품을 보세구역에 반입하게 한 후 검사할 수 있다(법 제247조 ②항). 검사장소가 지정장치장 또는 세관검사장이 아닌 경우에는 반송신고인은 일정수수료를 납부하여야 한다.

3. 반송신고의 처리

(1) 반송신고수리

㈎ 신고필증 교부

세관장은 반송신고가 관세법의 규정에 따라 적법하고 정당하게 이루어진 경우는 이를 지체 없이 수리하고 신고인에게 반송신고필증을 교부하여야 한다(법 제248조 ①항).

㈏ 반송신고수리 전 반출 금지

반송의 신고를 한 자는 반송신고수리 전에 운수기관·관세통로 또는 관세법에 규정된 장치장소로부터 신고된 물품을 반출하여서는 안 된다(법 제248조 ③항).

(2) 반송신고의 취하 및 각하

반송신고의 취하는 반송신고인이 취하신청을 하고 세관장이 이를 승인함으로써 반송신고의 효력이 상실되는 것을 말하며, 반송신고의 각하는 세관장이 직권으로 반송신고의 효력을 상실시키는 것을 말한다.

반송신고는 정당한 이유가 있는 경우에 한하여 세관장의 승인을 얻어 취하할 수 있다. 반송신고를 취하하고자 하는 물품을 운수기관·관세통로 또는 관세법에서 규정된 장치장소에서 반출한 후에는 취하를 할 수 없다. 취하할 수 있는 정당한 이유라 함은 예컨대 반송신고한 물품이 우리나라에서 수입하게 된 경우 등이라 할 수 있다.

반송신고를 수리한 후에 반송신고의 취하를 승인하였을 때에는 그 신고수리의 효력은 상실된다.

반송신고의 각하는 반송신고가 그 요건을 갖추지 못하였거나 사위, 기타 부정한 방법으로 된 경우에는 세관장은 직권으로 반송신고를 각하할 수 있다.

4. 반송의 의제

물품을 반송하고자 할 때에는 세관장에게 반송신고를 하고, 그 신고가 수리되어야 한다. 그러나 체신관서가 외국으로 발송하는 외국물품인 우편물은 그 취급기관이 국가기관이고, 물품의 가격이 적으므로 간이한 방법으로 반송이 되어야 하는 특수성이 있기 때문에 반송신고와 그 신고의 수리철자 없이 반송할 수 있다. 따라서 체관관서가 외국으로 발송한 외국물품인 우편물은 관세법의 규정에 따라 적법하게 반송이 이루어진 것으로 보도록 관세법에 특별한 규정을 따로 두고 있다.

5. 선(기)적 확인 등

반송신고수리 세관장은 반송신고수리물품의 보세운송기간 경과 즉시 전산시스템을 조회하여 해당 물품의 선(기)적 사실을 확인하여야 한다.

반송신고수리 세관장은 반송신고수리물품이 수리일로부터 30일을 경과하였을 때에는 다시 선(기)적 여부를 확인하여 선(기)적되지 아니한 경우에는 장치장소 관할 세관장에게 미선(기)적 사실을 통보하여야 한다.

통보를 받은 세관장은 해당 물품에 대하여 필요한 관리를 하여야 하며 체화처리 등 절차를 완료하였을 때에는 반송신고수리 세관장에게 동 사실을 즉시 통보하여야 한다.

6. 반송물품에 대한 관리

(1) 보세운송

보세운송기간은 7일로서 간이보세운송업자 명의로 하여야 한다.

(2) 선적확인

선적완료 후 7일 이내에 선적수령증(M/R)이나 적하목록사본 등으로 세관에서 선적 확인을 실시하고 있다.

제 5 절 부두직통관절차

Ⅰ. 부두직통관의 개요

1. 부두직통관의 의의

최근 들어 수출입 물류비용이 증가함에 따라 수출입업체의 부담이 증가하고 있으며, 화물유통 절차가 복잡해져 혼란이 가중되고 있다.

부두직통관제도란 복잡한 수출입화물의 유통체계 합리화방안의 일환으로 기존의 수출입 컨테이너 화물 유통체계를 단순화하여 부두에서 직접 수출입 통관하거나 보세운송 신고수리를 해주는 제도이다.

현재 대부분의 화물이 부두 밖 ODCY(Off Dock Container Yard)로 이송되고, 일부는 다시 일반 보세창고로 옮겨져서 통관됨에 따라 시간과 비용이 낭비될 뿐만 아니라 전반적 통관지체 및 물류비용 증가의 한 원인이 되어 왔다. 동 제도는 선박이 입항한 부두에서 컨테이너화물에 대한 모든 수입절차를 신속하게 완료하고 반출을 허가하는 제도로서, ODCY 및 보세창고로 운송하는 절차 생략으로 시간과 경비절감의 효과가 있다. 현재는 컨테이너 전용부두에서만 시행중에 있으나 점차 일반부두로 확대 요청된다.

우리나라의 경우는 1992년 7월 9일부터 인천항 및 부산항의 부두를 활용하여 동부두 내에서 컨테이너 수출입화물을 직접 통관·반출하거나 화주가 희망하는 목적지로 운송할 수 있도록 시행하였다.

2. 부두직통관제도의 장점

① 수송의 효율성
② 운송료, 하역료 등 기업들의 직접경비 부담 감소
③ 도로파손, 소음공해 등 사회적 비용이 감소
④ 물류비용의 감소
⑤ 통관소요시간 단축

3. 부두직통관 대상화물

① 선박에 적재되어 부산항 및 인천항의 부두에 반입되는 컨테이너화물 중 컨테이너에 들어 있는 화물전부를 1명의 화주가 소유하고 있는 컨테이너 수입화물
② 인천항 및 부산항의 컨테이너 전용부두에서 선박에 적재되어 반출되는 컨테이너 수출화물

◈ 제외대상
· 수입예정신고 가능물품이 아닌 물품
· 컨테이너에 적입된 상태로 부두에서 검사가 불가능하다고 세관장이 판단한 물품
· 소방법 등 관련법규에 의해 컨테이너에 적입된 상태로 검사가 불가능하다고 인정되는 물품
· 입항단계에서 보세화물 관리세칙에 의하여 우범성화물로 선별된 특별감시 대상물품

Ⅱ. 부두직통관절차

부두직통관의 주요 절차는 다음과 같다. 즉 ① 입항 전 수입신고(하선계획 작성), ② 입항, ③ 하선신고, ④ 하역, ⑤ ON- DOCK CY, ⑥ OFF-DOCK CY, ⑦ 보세창고, ⑧ 화주공장(입항서부터 화주공장까지 3일 소요)

그림 11-11 부두반출차 비교

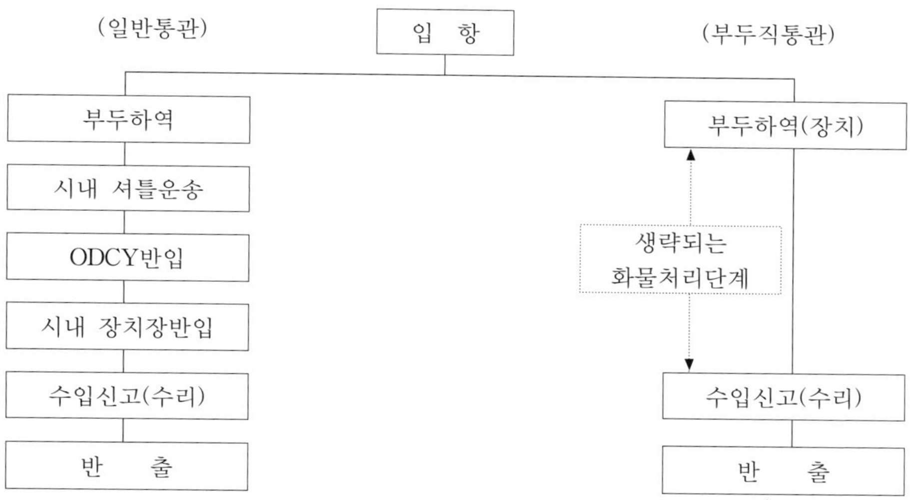

1. 부두 배정

(1) 화주가 선박입항전에 선박회사에 부두배정요청

(2) 선박회사는 화주가 배정 요청한 화물을 부두에 배정

① 자성대 컨테이너부두

재래부두 및 자성대 컨테이너 부두에 입항예정인 선박에 적재된 화물

② 신선대 컨테이너부두

신선대 컨테이너부두에 입항예정인 선박에 적재된 화물

(3) 화주는 선박회사에서 배정한 부두에 하역 전 세관을 배정보고하고, 하역회사 및 부두공사에 배정사실 통보

① 부두통관 또는 부두보세운송 배정화물의 적하목록사본을 세관에 제출

② 배정보고를 받은 세관은 부두 내 세관에 배정사실을 즉시 통보

2. 수입예정신고 또는 보세운송신고

(1) 해당 화물을 적재한 선박의 출항 후 하역 전까지 부두 내 세관에 수입예정신고 또는 보세운송 신고

(2) 세관에서 하역 전에 미리 검사여부를 결정하고 검사대상 컨테이너를 선별

① 컨테이너 수가 10개 이하는 1개, 11~20개는 2개, 21개 이상은 3개

② 검사생략 화물은 즉시 보세운송 신고수리

(3) 세관에서는 수입신고 또는 보세운송 신고된 화물목록을 선박별로 작성

3. 하 역

(1) 하역회사, 부두공사에서 하역개시 전에 부두 내 세관(재래부두는 자성대 부두내 세관)으로부터 부두통관 및 부두보세운송 목록 인수

(2) 목록상에 게재된 화물은 하역과 동시에 지정된 장소로 운송

① 검사대상 컨테이너는 세관검사장으로 운송

② 검사생략 컨테이너는 해당부두 내 통관장으로 운송

(3) 검사생략 보세운송 컨테이너는 화주가 원하는 경우 하역즉시 부두에서 반출가능

4. 부두 내 통관장 장치

(1) 수입신고 및 납부서 교부

① 사전 수입신고된 화물은 해당 화물이 부두에 반입된 후 5일 이내에 수입신고 세액란을 기재한 수입신고서를 제출하여야 한다.

② 신고수리 전 반출승인물품은 납부서 교부 후 15일 이내에 세금납부

③ 납부서 교부 당일에 세금을 납부해야 하며, 미납한 화주에 대하여는 향후 부두통관 및 부두보세운송 제한

(2) 수입신고수리 및 신고필증 교부

① 수입신고수리 또는 신고수리 전 반출승인화물, 보세운송신고수리된 화물은 부두에서 반출하기 전에 화주가 부두공사에 수입신고필증, 신고수리 전 반출승인서 또는 보세운송 신고필증을 제시한다.

② 부두공사에서 수입신고필증 등을 확인하고 관련요금 등을 징수한 후 반출증을 발급

③ 부두반출시 부두출입구 근무 부두공사 직원이 반출증을 운송인으로부터 회수

5. 화물의 부두반출

부두에서 직반출하고자 하는 자(지정운송인을 제외한다)가 부두운영공사 등에 수입신고필증 또는 보세운송신고필증(승인서 포함)을 제시하여 반출증을 발급받아야 하며, 부두반출시 부두 출입구에 근무하는 부두운영공사 등의 소속직원에게 제출하여야 한다.

다만, 통관장 등에 장치되기 전에 수입신고 또는 보세운송신고가 수리되어 부두에서 반출하는 화물은 수입신고필증 또는 보세운송 신고필증을 부두반출시 부두 출입구에 근무하는 부두운영공사 등의 소속직원에게 제시한다.

기 출 문 제

1. 수출입통관절차를 설명하라(관세사, 제1회).
2. 수출입검사제도를 논하라(관세사, 제2회).
3. 면허 전 반출제도를 설명하라(관세사, 제8회).
4. 수출입신고제도를 설명하라(관세사, 제11회).
5. 수출입신고의 각하(관세사, 제12회)
6. 수입이 아닌 소비(관세사, 제14회)
7. 입항 전 수입신고제도(관세사, 제14회)

예 상 문 제

1. 논술형
   - EDI 통관시스템에 대하여 논하라.
   - EDI 수출통관시스템에 관하여 논하라.
   - 부두직통관제도에 대하여 논하라
   - 간이수입통관절차를 논하라
   - 즉시반출제도에 대하여 논하라.
   - 현행 수출입통관절차와 즉시반출제도를 비교 논하라.
   - 보세구역 반입명령제도에 대하여 논하라
   - 관세법상 지적재산권 보호제도에 대하여 논하라.
   - 우범화물의 자동선별제도에 대하여 논하라.

· 수출입신고제를 논하라.

2. 설명형

· 출항전수입신고와 입항전수입신고를 설명하라.
· 수입통관절차 중 심사제도에 대하여 설명하라.
· 수입신고수리를 설명하라.
· 수출신고제도를 설명하라.
· 수입신고의 요건에 대하여 설명하라.
· 수입신고의 취하와 각하에 대하여 비교 설명하라.
· 수입신고수리 전 반출제도에 대하여 설명하라.
· 수입신고수리 후 확인을 설명하라.
· 반송통관의 적용범위에 대하여 설명하라.
· 컨테이너 내륙기지(ICD) 직반출을 설명하라.

제 12 장

관세관련 벌칙 등

제 1 절 세관공무원의 직권

Ⅰ. 세관장의 직권

1. 운송수단의 출발중지 또는 진행중지

관세청장 또는 세관장은 이 법 또는 이 법에 의한 명령을 집행하기 위하여 필요하다고 인정할 때에는 운송수단의 출발을 중지시키거나 그 진행을 정지시킬 수 있다(법 제262조). 여기서, 운송수단이라 함은 선박·항공기·철도차량을 포함한 일반 차량을 말하며, 국적·외국무역선(기) 또는 내항선(기)을 불문한다.

2. 서류의 제출 또는 보고 등의 명령

관세청장 또는 세관장은 이 법(수출용원재료에 대한 관세 등 환급에 대한 특례법을 포함) 또는 이 법에 의한 명령을 집행하기 위하여 필요하다고 인정되는 때에는 물품·운송수단 또는 장치장소에 관한 서류의 제출, 보고, 기타 필요한 사항을 명하거나 세관공무원으로 하여금 수출업자·판매자, 기타 관계자에 대하여 관계자료를 조사하게 할 수 있다(법 제263조).

3. 과세자료의 요청

관세청장은 국가기관 및 지방자치단체 등 관계기관에 대하여 관세의 부과·징수 및 통관에 관계되는 자료 또는 통계를 요청할 수 있다. 이 경우 요청을 받은 기관의 장은 다른 법령에 특별한 제한이 없는 때에는 정당한 사유가 없는 한 이에 협조하여야 한다

(법 제264조).

Ⅱ. 세관공무원의 직권

1. 물품 · 운송수단 · 장치장소 · 장부서류의 검사 등

세관공무원은 이 법 또는 이 법에 의한 명령에 위반한 행위를 방지하기 위하여 필요하다고 인정할 때에는 물품 · 운송수단 · 장치장소 및 관계장부서류를 검사하거나 봉쇄, 기타 필요한 조치를 할 수 있다(법 제265조).

2. 장부 또는 자료의 제출 등

(1) 장부 또는 자료제출 요구권

세관공무원은 관세법에 규정된 직무를 집행하기 위하여 필요하다고 인정할 때에는 수출입업자 · 판매업자, 기타 관계업자에 대하여 장부, 기타 관계자료를 조사하거나 그 제시 또는 제출을 요구할 수 있다(법 제266조 ①항).

(2) 자료의 비치

상설영업장을 갖추고 외국에서 생산된 물품을 판매하는 자로서 백화점 등 기획재정부령이 정하는 기준에 해당하는 자는 해당 물품에 관하여 부가가치세법 제16조의 규정에 의한 세금계산서 또는 수입사실 등을 증명하는 자료를 갖추어 이를 영업장에 비치하여야 한다(법 제266조 ②, 규칙 제41조).

참 조 기획재정부령이 정하는 기준

① 백화점
② 최근 1년간 수입상품의 매출액이 5억원 이상인 수입물품만 취급하거나 수입물품을 할인판매하는 상설영업장
③ 상설판매하는 자로서 최근 1년간 수입물품의 매출액이 10억원 이상인 상설영업장
④ 관세청장이 정하는 물품을 판매하는 자로서 최근 1년간 수입물품의 매출액이 전체 매출액의 30퍼센트를 초과하는 상설영업장
⑤ 상설영업장의 판매자 또는 그 대리인이 최근 3년 이내에 관세법 또는 관세사법 위반으로 처벌받은 사실이 있는 경우 그 상설영업장

(3) 영업에 관한 보고

㈎ 보고의무

관세청장 또는 세관장은 이 법 또는 이 법에 의한 명령을 집행하기 위하여 필요하다고 인정되는 때에는 상설 영업장의 판매자, 기타 관계인에 대하여 대통령령이 정하는 바에 의하여 영업에 관한 보고를 하게 할 수 있다(법 제266조 ③항).

㈏ 보고내용

관세청장 또는 세관장은 관세법 또는 관세법에 의한 명령을 집행하기 위하여 필요하다고 인정할 때에는 상설영업장의 판매자, 기타 관계인에 대하여 판매물품에 관한 다음 각호의 사항에 관한 보고서의 제출을 명할 수 있다.

① 판매물품의 품명・규격・수입대상국・생산국 또는 원산지・수량・수입가격 또는 구입가격

② 수입자 또는 구입처

③ 구입일자・해당영업장 반입일자・판매일자

(4) 신고자료의 보관의무

이 법의 규정에 의하여 가격신고・납세신고・수출입신고 또는 보세운송신고를 한 자는 해당 신고에 관한 자료를 신고일부터 5년의 범위 내에서 대통령령이 정하는 기간 동안 이를 보관하여야 한다(법 제12조). 상기 규정된 자료는 관세청장이 정하는 바에 따라 마이크로 필름・광디스크 등 자료전달매체에 의하여서도 보관할 수 있다(영 제3조 ③항).

㈎ 수입관련서류

해당 신고에 대한 수리일부터 5년간 보관하여야 하는 자료는 다음과 같다(영 제3조 ①항).

① 수입신고필증

② 수입물품 가격결정에 관한 자료

③ 수입거래관련 계약서 또는 이에 갈음하는 서류

④ 지적재산권 거래관련 계약서 또는 이에 갈음하는 서류

㈏ 수입신고필증 등 기타자료

수출신고필증 등의 자료보관 기간은 다음과 같다(동조 ②항).

자료명	보관기간
수출신고필증, 반송신고필증 관련계약서 또는 이에 갈음하는 서류 가격결정에 관한 자료(수출물품, 반송물품)	신고에 대한 수리일~3년
보세화물 반출입 및 적하목록에 관한 자료 보세운송에 관한자료	신고에 대한 수리일~2년

3. 총기의 휴대와 사용

관세청장 또는 세관장은 직무를 집행하기 위하여 필요하다고 인정되는 때에는 그 쪽 공무원으로 하여금 총기를 휴대하게 할 수 있다(법 제267조 ①항). 세관공무원은 그 직무를 집행함에 있어서 특히 자기 또는 다른 사람의 생명 또는 신체의 보호와 공무집행에 대한 방해 또는 저항의 억제를 위하여 필요한 상당한 이유가 있는 경우 그 사태에 응하여 부득이 하다고 판단되는 때에는 총기를 사용할 수 있다(동조 ②항).

4. 관계기관의 장에 대한 원조요구

(1) 의 의

세관공무원은 해상에서 직무를 집행하기 위하여 필요하다고 인정되는 때에는 다음 각호의 1에 해당하는 자의 협조를 요청할 수 있다(법 제267조의 2 ①항).

① 육군·해군·공군의 각 부대장

② 국가경찰관서의 장

③ 해양경비안전관서의 장

(2) 검문, 검색 등

협조요청을 받은 자는 밀수관련 혐의선박에 대하여 추적감시 또는 진행정지명령을 하거나 세관공무원과 협조하여 해당 선박에 대하여 검문·검색을 할 수 있으며, 이에 응하지 아니하는 경우 강제로 그 선박을 정지시키거나 검문·검색을 할 수 있다(법 제267조의2 ②항).

제2절 벌　　칙

Ⅰ. 관세행정벌제도의 개요

1. 의　　의

행정법규상의 의무위반에 대한 제재로서 일반통치권에 의거하여 과하는 처벌을 행정벌이라고 한다. 따라서, 관세법상의 의무위반에 대한 제재로서 과하는 처벌을 관세행정벌이라고 한다. 각종 행정법규에서는 행정의 실효성을 확보하기 위하여 여러 가지 명령, 금지 및 동 규정을 위반하였을 경우의 처벌규정을 두고 있는데, 이와 같은 행정법상의 처벌을 관세행정벌이라 한다. 한편 관세벌은 관세에 관한 범죄에 대하여 과해지는 형벌로서 이에는 죄형법정주의의 원칙이 적용된다. 관세형벌을 규정하고 있는 법원으로는 관세법이 있으며, 특별법으로는 특정 범죄 가중 처벌 등에 관한 법률, SOFA 임시특례법, 자유무역지역 설치법 등이 있고, 기타 관계법규로는 대외무역법과 외국환거래법이 있다.[1]

2. 관세행정벌의 존재 의의

관세법을 처벌하는 것은 과거의 관세 관련 법규 위반행위에 대하여 처벌함으로써 관세법규의 실효성을 보장하고자 하는 데 직접적 목적을 두고 있으며, 나아가 납세의무자에게 심리적 압박을 가함으로써 장래 그 의무의 이행을 확보하려는 데 간접적 목적이 있다.

관세법령의 실효성은 관세징수절차가 규정하고 있는 자력장제(강제집행), 납부독촉에 과하는 가산금, 중가산금, 관세법에 규정되어 있는 여러 가지 가산제 제도 그리고 관세범의 처벌 등에 의해 담보되고 있다.

1) 여주호, 전게서, p. 780.

Ⅱ. 관세행정벌의 종류

관세행정벌은 처벌의 내용에 따라 관세행정형벌과 관세행정질서벌로 구분되는데 편의상 관세형벌·관세질서벌이라고 한다.

1. 관세형벌

관세법상의 의무위반에 대한 제재로서 형법상 형명이 있는 형벌을 과하는 것을 말한다. 즉, 징역·벌금·몰수 등의 형을 과하는 관세법 제269조 내지 제276조가 이에 해당하는 벌칙이며 관세법상 특별한 규정이 없는 것은 형법총칙이 적용된다(형법 제8조).

2. 관세질서벌

관세법상의 의무위반에 대한 제재이기는 하나 형법에 형명이 없는 벌, 즉 '과태료'를 과하는 경우로서 관세법 제277조가 이에 해당된다.

과태료에 대하여는 형법총칙이 적용되지 않으며 관세법상 특별한 규정이 있는 것을 제외하고는 비송사건절차법이 정하는 바에 의한다.

Ⅲ. 관 세 범

1. 의　　의

관세범이라 함은 관세법 또는 관세법에 의한 명령에 위반하는 행위로서 관세법에 의하여 처벌되는 것을 말한다(법 제283조 ①항).

관세법은 국가재정수입 확보와 통관질서 유지 등 관세행정목적 달성의 실효성 확보를 위한 관세행정벌이 과하여지는 비행으로서, 행정적 합목적성이 강조되는 행정법이며 경제법(조세법·재정법)의 일종으로 그 형벌에 있어서는 재산형을 과하는 것이 원칙이라 하겠다.

그러나 행정범도 사회적·경제적 여건의 변화에 따라 자연범화하는 경향이 있어 관세범 중 밀수범 등 일부 중대한 범죄는 행정의 합목적성 추구에 반하는 범죄라기보다는 반사회적 성격을 강하게 띠고 있어 징역형과 벌금형을 선택적으로 과하거나 병과할 수 있으며 특정관세범에 대하여는 최근 사형까지 과하도록 규정하고 있다.

보 충

일반적으로 형법상에 규정된 범죄를 형사범이라 하고 행정법규에 규정된 범죄를 행정범이라고 하는 바, 형사범은 범죄행위 그 자체가 반도덕성·반사회성을 지니고 있어 이를 자연범이라고도 하는 반면, 행정범은 그 행위 자체가 반도덕성이나 반사회성을 지닌 것은 아니나 그 법규가 행정목적 실현을 위하여 규정한 명령, 금지사항을 위반한 범죄로서 법정범이라고도 한다. 따라서, 형사범은 윤리성이 강조되고 행정범은 행정의 합목적성이 강조되는 것이다.

2. 관세범에 대한 형의 종류

형법상 형의 종류에는 ① 사형, ② 징역, ③ 금고, ④ 자격상실, ⑤ 자격정지, ⑥ 벌금, ⑦ 구류, ⑧ 과료, ⑨ 몰수 등 9종이 있다.

그러나 관세법상에는 징역·벌금·몰수의 3종이 규정되고 특정범죄 가중처벌 등에 관한 법률 제6조(관세법 위반행위의 가중처벌)에는 사형·징역·벌금의 3종을 규정하고 있어 관세범에 대하여 과할 수 있는 형은 사형·징역·벌금·몰수의 4종이며, 과태료는 형법에 형명이 없는 것이므로 형이 아니다.

3. 관세범의 분류

관세범이라 함은 관세법 또는 관세법에 의한 명령에 위배하는 행위로서 관세법에 의하여 처벌되는 것을 말한다(법 제283조 ①항). 관세범을 분류하면 다음과 같이 분류할 수 있다.

(1) 실직범인 밀수범 등

관세범죄는 관세청구권을 직접 침해하여 관세징수권의 적정행사를 저해함으로써 관세수입의 감손을 기도하는 광의의 밀수범인 금지품 수출입범, 무신고수입범, 무신고수출범 및 반송범, 부정신고 후 관세포탈범, 부정수출입범, 부당관세감면·환급범 및 밀수품취득범 등이 있다.

(2) 형식범인 질서범

통관질서를 유지하기 위하여 부과된 각종 명령과 금지 규정에 위반하여 자기 또는 제3자에 대한 관세청구권의 적정행사를 방해하는 관세질서범인 각종 의무, 명령 위반범 등이 있다.

제3절 관세형벌

Ⅰ. 관세형벌의 개요

1. 관세형벌과 형법총칙

형법 제8조에 '본법 총칙은 타법령에 정한 죄에 적용한다. 단, 그 법령에 특별한 규정이 있는 때에는 예외로 한다'라고 규정하고 있으므로 관세형벌을 과함에 있어서도 관세법에 특별한 규정이 있는 것을 제외하고는 형법총칙 규정과 그 이론이 그대로 적용된다.

그 중 중요한 것을 열거하면 ① 죄형법정주의, ② 형법의 효력, ③ 범죄의 개념, ④ 범죄의 성립요건, ⑤ 고의·과실, ⑥ 조의 수(단순일죄, 상상적 경합, 법조경합, 경합범, 누범), ⑦ 미수범, ⑧ 공범, ⑨ 형벌의 의의와 종류 등이다.

그러나 관세범은 국가재정수입 확보와 통관질서 유지를 위한 행정적 합목적성이 강조되는 행정범 중 재정범의 일종으로서 재산형을 과하는 것이 원칙이므로 일반형사범과는 다른 특질이 있다.

관세범을 처벌함에 있어 관세형벌의 특수성으로 인하여 형법규정을 그대로 적용할 수만은 없으므로 형법규정의 적용을 일부배제하고, 대신에 형법에는 없는 양벌규정·법인처벌 등의 특별한 규정을 두고 있다.

2. 형법총칙규정의 일부배제

관세법 제278조에서 관세범에 대하여는 형법규정 중 일부의 적용을 배제하되, 징역형에 처할 때에는 예외로 하도록 규정하고 있다. 따라서, 관세범을 벌금형에 처할 때에는 형법규정의 일부가 적용이 배제된다.

이는 재정범인 관세범 처벌의 합목적성을 확보하기 위한 것이라 할 수 있다.

(1) 미성년자 처벌

형법 제9조에 '14세 되지 아니한 자의 행위는 벌하지 아니한다'라고 규정하고 있어 만 14세 미만자는 형사상 책임무능력자로 인정하여 처벌하지 않으나, 관세범에 대하여는 만 14세 미만자도 징역형이 아닌 벌금형으로는 처벌한다.

(2) 심신미약자에 대한 불경감

형법 제10조 ②항에서는 심신장애로 인하여 사물을 판별할 능력과 의사를 결정할 능력이 미약한 자의 행위는 형을 경감하도록 규정하고 있으나, 관세범을 벌금형에 처할 때에는 형을 감경하지 아니한다.

그러나 심신상실자에 대하여는 형법규정대로 벌하지 아니한다(형법 제10조 ①항).

(3) 농아자에 대한 불경감

형법 제11조에서는 '농아자의 행위는 형을 경감한다'고 규정하고 있으나 관세범을 벌금형으로 처벌할 때에는 경감하지 아니한다.

(4) 종범에 대한 불경감

형법 제32조 ①항에서는 종범의 형은 정범의 형보다 감경하도록 규정하고 있으나 관세범을 벌금형에 처할 때에는 감경하지 아니한다.

(5) 경합범의 형량합산

형법 제38조 ①항 제2호에서는 경합범을 동시에 판결함에 있어서는 '각 죄에 정한 형이 사형 또는 무기징역이나 무기금고 이외의 동종의 형인 때에는 가장 중한 죄에 정한 장기 또는 다액에 그 2분의 1까지 가중하되 각 죄에 정한 형의 장기 또는 다액을 합산한 형기 또는 액수를 초과할 수 없다'라고 규정하고 있으나 관세범을 벌금형에 처할 때에는 모두 합산하여 처벌한다.

(6) 형의 작량경감 불인정

형법 제53조에서는 형을 양정함에 있어 '범죄의 정상에 참작할 만한 사유가 있는 때에는 작량하여 그 형을 경감할 수 있다'라고 규정하고 있으나, 관세범을 벌금형으로 처벌할 때에는 작량경감이 인정되지 않는다.

(7) 법률의 착오 불인정

형법 제16조에서는 '자기의 행위가 법령에 의하여 죄가 되지 아니하는 것으로 오인한 행위는 그 오인에 정당한 이유가 있는 때에 한하여 벌하지 아니한다'라고 규정하고 있으나 관세범을 벌금형으로 처벌할 때에는 그 법률의 착오에 정당한 이유유무를 불문하고 처벌한다.

3. 양벌규정

(1) 의 의

관세법의 규제대상에 관련되는 업무를 하는 자의 사용인이 그 업무를 수행함에 있어서 행한 행위가 관세법에 의한 처벌의 대상이 될 경우에는 그 사용인을 처벌함과 동시에 업무주체인 본인도 처벌한다.

이는 사용인의 행위로 인한 이익이 업무주체에 귀속될 뿐만 아니라 사용인은 업무주체의 지휘감독을 받는 입장에 있는 자이므로 사용인의 위법행위에 대한 업무주체의 과실책임을 인정함으로써 업무주체의 감독의무를 부여하는 범죄를 미연에 방지하려는데 그 목적이 있다.

(2) 적용대상

법인의 대표자나 법인 또는 개인의 대리인, 사용인, 그 밖의 종업원이 그 법인 또는 개인의 업무에 관하여 관세법에서 규정한 벌칙(제277조의 과태료는 제외)에 해당하는 위반행위를 하면 그 행위자를 벌하는 외에 그 법인 또는 개인에게도 해당 조문의 벌금형을 과(科)한다. 다만, 법인 또는 개인이 그 위반행위를 방지하기 위하여 해당 업무에 관하여 상당한 주의와 감독을 게을리하지 아니한 경우에는 그러하지 아니하다.

① 특허보세구역 또는 종합보세사업장의 운영인 ② 수출·수입 또는 운송을 업으로 하는 사람 ③ 관세사 ④ 개항 안에서 물품 및 용역의 공급을 업으로 하는 사람 ⑤ 국가관세종합정보망 운영사업자 및 전자문서중계사업자

4. 미수범 등 처벌

(1) 교사범의 처벌

교사범이란 타인을 교사하여 범죄를 실행하게 하는 범죄자를 말한다. 이 교사범에 관하여 형법총칙 규정에서는 타인을 교사하여 죄를 범하게 한 자는 죄를 실행한 자와 동일한 형을 처벌한다고 규정하고 있다(형법 제31조 ①항). 이에 대하여 관세법에서는 정황을 알고 밀수출입죄·관세포탈죄만으로 되어 있으나 형법총칙에서는 타법령에 특별규정이 없는 한 모든 범죄의 처벌이 적용된다는 원칙에 따라 형법의 규정은 모든 관세범에도 적용되는 관세법상 어떤 범죄에도 교사범은 성립되는데, 그 처벌은 정범에 준하여야 한다.

(2) 종범의 처벌

종범이란 타인의 범죄실행을 방조한 범죄자를 말하며 방조범이라고도 한다. 이 종범에 대하여 형법총칙 규정에서는 종범은 처벌하되 정범의 형보다 경감한다고 규정하고 있다(형법 제32조). 이에 대하여 관세법에서는 정황을 알고 밀수출입죄·관세포탈죄(법

제269조・270조)를 방조한 자는 정범에 준하여 처벌한다고 규정하고 있다(법 제271조 ①항). 따라서, 이들 관세범의 종범은 징역형이든 벌금형이든 정범에 준하여 처벌하여야 하고, 그 이외의 관세범의 종범은 관세법 제278조(형법규정의 배제)의 규정에 따라 징역형에 처할 때에는 경감할 수 있고 벌금형에 처할 때에는 경감하지 아니한다.

(3) 예비범의 처벌

예비범이란 범죄를 실행하기 위한 물적 형태의 준비를 하였으나 실행의 착수에 이르지 아니한 범인을 말한다. 이 예비범에 관하여 형법총칙규정에서는 법률에 특별한 규정이 없는 한 벌하지 아니한다고 규정하고 있다(형법 제28조). 이에 대하여 관세법에서는 밀수출입죄・관세포탈죄(법 제269조・270조)의 예비범은 본죄에 준하여 처벌한다고 규정하고 있다(법 제271조 ②항). 따라서, 밀수출입죄 및 관세포탈죄 이외의 관세범에 관한 음모 예비행위는 그것이 실행에 이르지 아니한 때에는 처벌할 수 없다. 다만, 관세법 제274조(밀수품의 취득죄) ②항에 그 예비를 한 자에 대하여는 본죄에 준하여 처벌한다고 규정하고 있어, 밀수품의 취득죄의 예비법은 본죄에 준하여 처벌한다.

(4) 미수범의 처벌

미수범이란 범죄의 실행에 착수하여 행위를 종료하지 못하였거나 결과가 발생하지 아니한 경우의 범죄자를 말한다. 이 미수범에 관하여 형법총칙규정에서는 미수범은 형법 각 본죄에 그 처벌을 정한 경우에 한하여 처벌하되 그 형은 기수범보다 경감할 수 있다고 규정하고 있다(형법 제25조・29조). 이에 대하여 관세법에서는 밀수출입죄・관세포탈죄(법 제269조・270조)의 미수범은 본죄에 준하여 처벌한다고 규정하고 있다(법 제271조 ②항). 따라서, 이들 관세법의 미수범에 대하여는 기수범의 형보다 경감할 수 없고 기수범에 준하여 처벌하여야 한다. 이들 관세범 이외의 미수범은 형법총칙에 따라 기수범의 형보다 경감할 수 있다. 다만, 관세법 제274조(밀수품의 취득죄) ②항에 미수범은 본죄에 준하여 처벌한다고 규정하고 있어 밀수품의 취득죄의 미수범은 본죄에 준하여 처벌한다.

5. 징역과 벌금의 병과

관세법 제269조・제270조・제271조 또는 제274조의 죄를 범한 자는 정상에 의하여 징역과 벌금을 병과할 수 있다(법 제275조).

관세법의 각 처벌에 관한 조항에는 몇 년의 징역 또는 얼마의 벌금이란 형식으로 규정되어 자유형과 재산형을 선택적으로 과할 수 있게 하고 있으나 밀수범 등과 같이 범죄가 악질적인 경우에는 한 가지 형태의 처벌만으로 불충분하므로 자유형과 재산형을 병과하여 그 처벌의 실효를 거두려고 하고 있다.

자유형과 재산형을 병과할 수 있는 경우의 관세범의 종류는 다음과 같다.

① 밀수출입죄(법 제269조)

② 관세포탈죄(법 제270조)

③ 미수범 등(법 제271조)

④ 밀수품의 취득죄(법 제274조)

7. 몰수와 추징

(1) 몰수의 의의

몰수란 범죄행위에 제공하였거나 범죄로 생긴 물건 등에 대한 사회적 유통을 억제하고 범죄로 인한 재산적 이익을 환수하기 위하여 그 소유권을 박탈하는 재산형의 일종으로서 주형에 부과하여 과하는 것이 원칙이나 예외적으로 몰수만을 과할 수 없고 몰수불능일 때에는 그 가액을 추징하는 제도이다.

(2) 범죄물품의 몰수와 추징

㈎ 몰수의 대상

1) 수출입금지품목

다음에 해당하는 경우에는 범인이 소유 또는 점유하든 제3자가 소유 또는 점유하든 전부 몰수한다(법 제282조 ①항).

- 국헌을 문란하게 하거나 공안 또는 풍속을 해할 서적・간행물・도서・영화 등 이에 준하는 물품
- 정부의 기밀을 누설하거나 첩보에 공하는 물품
- 화폐・지폐・은행권・채권, 기타 유가증권의 위조품・변조품 또는 모조품

2) 밀수출입죄・밀수품의 취득죄 해당 물품

다음의 경우에 해당하는 경우에는 범인이 소유 또는 점유하는 그 물품을 몰수한다.

① **밀수출입죄**(법 제269조 ②, ③항)

・수입신고를 하지 아니하고 수입한 자. 단, 수입신고 전에 반출신고를 한 자를 제외한다. ・수입신고를 하였으나 해당 수입물품과 다른 물품으로 신고하여 수입한 자 ・수출・반송신고를 하지 아니하고 물품을 수출하거나 반송한 자 ・수출・반송신고를 하였으나 해당 물품과 다른 물품으로 신고하여 수출 또는 반송한 자

② 밀수품의 취득죄(법 제274조 ①항 1호)

밀수출입죄에 해당하는 물품을 취득・양도・운반・보관・알선하거나 감정한 자

㈏ 추 징

몰수한 물품의 전부 또는 일부를 몰수할 수 없을 때에는 그 몰수할 수 없는 물품의 '범칙 당시의 국내도매가격에 상당한 금액'을 범인으로부터 추징한다(법 제282조 ③항). 여기서 '국내도매가격'이란 도매업자가 수입물품을 무역업자로부터 매수하여 국내도매시장에서 공정한 거래방법에 의하여 공개적으로 판매하는 가격을 말한다(영 제266조).

㈐ 본인 및 법인에 대한 몰수와 추징

법 제279조(양벌규정)의 개인 및 법인은 범죄물품의 몰수와 추징 규정의 적용에 있어서는 이를 범인으로 본다(법 제282조 ④항). 이는 사용인이 업무에 관련하여 밀수 등을 범하였기 때문에 범칙물품을 몰수하거나 몰수에 갈음하여 추징을 하는 경우에 사용인으로부터 몰수 또는 추징함은 물론이지만 업무주체인 본인으로부터도 몰수 또는 추징할 수 있으며, 법인의 임직원이 업무에 관련하여 밀수 등을 범하였기 때문에 몰수 또는 추징을 하는 경우에는 해당 법인도 범인으로 간주하여 법인으로부터 몰수 또는 추징할 수 있다.

(3) 밀수전용 운반기구 몰수

관세법 제269조(밀수출입죄) 및 제270조(관세포탈죄)의 죄에 전용되는 선박・자동차, 기타 운반기구는 그 소유자가 범죄에 사용하는 정황을 알고 다음에 해당하는 경우에는 이를 몰수한다(법 제272조).

① 범죄물품을 적재하거나 적재하고자 한 때

② 검거를 기피하기 위하여 권한 있는 공무원의 정지명령을 받고 정지하지 아니하거나 적재된 범죄물품을 해상에서 투기, 파괴 또는 훼손한 때

③ 범죄물품을 해상에서 인수하거나 인수하고자 한 때

④ 범죄물품을 운반한 때

(4) 범죄 공용물품 몰수 등

① 특수가공물품의 몰수: 관세법 제269조(밀수출입죄) 및 제270조(관세포탈죄)의 죄에 공하기 위하여 특수한 가공을 한 물품은 누구의 소유이든지 이를 몰수하거나 그 효용을 소멸시킨다(법 제273조 ①항).

② 밀수품을 은닉한 물품의 몰수: 관세법 제269조 및 제270조의 죄에 해당하는 물품이 다른 물품 중에 포함되어 있을 때에는 그 물품의 범인이 소유인 경우에는 다른 물품도 몰수할 수 있다(법 제273조 ②항).

Ⅱ. 관세범의 유형별 처벌

1. 전자문서 관련죄[2)]

(1) 전자문서 위·변조죄

㈎ 성립요건

제327조의 3 제1항(전자문서 등 관련정보에 관한 보안)규정에 위반하여 전자문서중계사업자의 전산처리설비에 기록된 전자문서 등 관련정보를 위조 또는 변조하거나 위조 또는 변조된 정보를 행사함으로써 성립하는 범죄이다.

㈏ 처 벌

① 1년 이상 10년 이하의 징역 또는 1억원 이하의 벌금에 처한다(법 제268조의 2)

② 본죄를 범할 목적으로 예비를 한 자와 미수범은 본 죄에 준하여 처벌한다(법 제271조 ②항).

(2) 미지정 중계업무·비밀침해죄 등

㈎ 성립요건

본죄는 다음과 같은 해당하는 자에 대한 처벌이다.

① 미지정 전자문서 중계업무죄

제327조의 2 제1항(전자문서 중계업무의 지정)의 규정에 위반하여 관세청장의 지정을 받지 아니하고 동조 동항의 규정에 의한 전자문서 중계업무를 행한 자

② 전자문서 등 정보훼손·비밀침해죄

제327조의 4 제2항(전자문서 정보의 훼손금지)의 규정에 위반하여 전자문서 중계사업자의 전산처리설비에 기록된 전자문서 등 관련정보를 훼손하거나 그 비밀을 침해한 자

③ 업무상 비밀 누설 및 도용죄

제327조의 4 제3항(업무상 지득정보 비밀 누설금지)의 규정에 위반하여 업무상 지득한 전자문서 등 관련정보에 관한 비밀을 누설하거나 도용한 전자문서 중계사업자의 임원 또는 직원이거나 임원 또는 직원이었던 자

㈏ 처 벌

① 5년 이하의 징역 또는 5천만원 이하의 벌금에 처한다(법 제268조 ②항).

---

2) 전자문서 위·변조죄 등 신설(2003년 개정관세법) 관세법 제268조의 2(전자문서 위·변조죄)의 죄를 범할 목적으로 그 예비를 한 자와 미수범은 본죄에 준하여 처벌하도록 신설하였다.

② 본죄를 범할 목적으로 예비를 한 자와 미수범은 본 죄에 준하여 처벌한다(법 제271조 ②항).

2. 밀수출입죄

(1) 의 의

이는 국가의 안전과 사회공공의 안녕 및 공서양속, 경제질서를 해치는 수출입이 금지된 물품을 수출입함으로써 성립되는 범죄로서, 수출입물품의 검사·통관업무를 관장하고 있는 세관에서 이를 효율적으로 용이하게 적발·저지하기 위한 것이다.

따라서 본죄는 그 보호법익이 국가재정수입 확보나 관세행정질서 유지에 있는 것이 아니라 국가안보, 사회공공의 안정, 통화의 안정 등을 확보하려는 데 있는 형사범적 성질의 범죄로서 형법 등에서도 규제대상이 되고 있다.

관세법 제269조 ①항에 '제234조 각호의 물품을 수출하거나 수입한 자는 7년 이하의 징역 또는 7,000만원 이하의 벌금에 처한다'라고 금지품 밀수출입죄를 규정하고 있다.

(2) 금지품 수출입죄

㈎ 범죄의 성립요건

다음에 해당하는 물품을 수출 또는 수입함으로써 성립하는 범죄이다(법 제269조 ①항).

㉠ 국헌을 문란케 하거나 공공의 안녕질서 또는 풍속을 해할 서적·간행물·도화·영화·음반·비디오물·조각물, 기타 이에 준하는 물품

㉡ 정부의 기밀을 누설하거나 첩보에 공하는 물품

㉢ 화폐, 채권이나 기타 유가증권의 위조품·변조품 또는 모조품

㈏ 처 벌

7년 이하의 징역 또는 7천만원 이하의 벌금에 처하고 그 물품을 몰수한다. 또한, 그 정을 알고 범죄를 교사하거나 방조한 자도 정범과 동일하게 처벌하여 미수범과 예비범도 정범에 준하여 처벌한다. 정상에 따라 징역과 벌금을 병과할 수 있다.

(3) 밀수입죄

㈎ 범조의 성립요건

다음에 해당하는 경우에는 밀수입죄에 해당한다(법 제269조 ②항).

㉠ 수입신고를 하지 아니하고 수입한 자

㉡ 수입신고를 하였으나 해당 수입물품과 다른 물품으로 신고하여 수입한 자

㈏ 처 벌

5년 이하의 징역 또는 관세액의 10배와 물품원가 중 높은 금액 이하에 상당하는 벌금을 처할 수 있으며, 범인이 소유 또는 점유하는 그 물품은 몰수한다. 이 죄의 교사범과 종범은 준하여 처벌하고, 예비범과 미수범은 본죄에 준하여 처벌한다. 또한, 정상에 의하여 징역과 벌금을 병과할 수 있다.

(4) 밀수출죄

㈎ 범죄의 성립요건

밀수출죄는 다음에 해당하는 경우에 성립된다(법 제269조 ③항).

㉠ 수출·반송신고를 하지 아니하고 물품을 수출하거나 반송한 자

㉡ 수출·반송신고를 하였으나 해당 물품과 다른 물품으로 신고하여 수출 또는 반송한 자

㈏ 처 벌

3년 이하의 징역 또는 물품원가 이하에 상당하는 벌금에 처하며 범인이 소유 또는 점유하는 그 물품은 몰수한다. 이 죄에 교사범과 종범은 정범에 준하여 처벌하고, 예비범과 미수범은 본죄에 준하여 처벌한다(법 제271조). 또한, 정상에 의하여 징역과 벌금을 병과할 수 있다(법 제275조).

3. 관세포탈죄

(1) 의 의

본죄는 무역서류를 부정한 방법으로 구비하여 수출입하는 것으로서 본죄의 보호법익은 수출입통관의 적정을 기하는 동시에 관세징수권의 안정적 확보에 있다.

관세법 제270조 ①항에 수입신고는 하였으나, 다음 각호에 해당자는 3년 이하의 징역, 관세포탈액의 5배와 물품원가 중 높은 금액 이하에 상당하는 벌금에 처한다.

① 과세가격, 관세율 등 과세요소의 허위신고 또는 미신고자 ② 법령에 의한 허가, 추천 등 요건, 절차를 구비하지 않거나 부정한 방법으로 구비하여 수입한 자 ③ 법령에 정한 수입제한 회피 수입자

또한 동 제270조 ②항에는 수출신고를 하였으나 부정한 방법으로 수출한 자는 1년 이하의 징역 또는 물품원가 이하의 벌금에 처하도록 규정하고 있으며 동조 제270조 ③항에서는 부정한 방법으로 관세감면, 면탈한 자는 3년 이하의 징역 또는 감면관세액 5배 이하에 상당하는 벌금에 처하도록 되어 있다. 그리고, 동 제270조 ④항에는 부정한 방법

으로 환급받은 자는 3년 이하의 징역 또는 환급받은 세액의 5배 이하에 상당하는 벌금에 처한다.

(2) 범죄의 성립요건

㈎ 성립요건

부정수입죄는 다음에 해당하는 경우에 성립된다(법 제270조 ①항).

㉠ 수입신고를 한 자 중 세액결정에 영향을 미치기 위하여 과세가격, 세율 등의 허위신고 또는 무신고하여 수입한 자

㉡ 수입신고를 한 자 중 허가·승인·추천·증명, 기타 조건을 구비하지 아니하거나 부정한 방법으로 구비하여 수입한 자

㉢ 수입신고를 한 자 중 수입제한사항을 회피할 목적으로 부분품으로 수입하거나 주요 특성을 갖춘 미완성·불완전한 물품 또는 완제품을 부분품으로 분해하여 수입한 자

㈏ 처 벌

3년 이하의 징역 또는 3천만원 이하의 벌금에 처한다. 범인이 소유 또는 점유하는 그 물품을 몰수한다. 이 죄의 교사범과 종범은 정범에 준하여 처벌하고, 예비범과 미수범은 본죄에 준하여 처벌한다.

(3) 부정수출죄

㈎ 범죄의 성립요건

수출신고를 한 자 중 수출에 필요한 허가·승인·추천·증명, 기타 조건을 구비하지 아니하거나 부정한 방법으로 구비하여 수출한 자는 부정수출죄가 적용된다(법 제270조 ③항).

㈏ 처 벌

1년 이하의 징역 또는 2000만원 이하의 벌금에 처하며 범인이 소유 또는 점유하는 그 물품을 몰수한다. 이 죄의 교사범과 종범은 정범에 준하여 처벌하고, 예비범과 미수범은 본죄에 준하여 처벌한다. 또한, 정상에 의하여 징역과 벌금을 병과할 수 있다.

(4) 부정감면죄

㈎ 범죄의 성립요건

부정한 방법으로 관세를 감면받거나 관세감면물품의 관세에 대한 징수를 면탈한 자는 부정감면죄가 성립된다(법 제270조 ④항).

㈏ 처 벌

3년 이하의 징역 또는 감면받거나 면탈한 과세액의 5배 이하에 상당하는 벌금에 처

하여 범인이 소유 또는 점유하는 그 물품을 몰수한다. 이 죄의 교사범과 종범은 정범에 준하여 처벌하고, 예비범과 미수범은 본죄에 준하여 처벌한다. 또는, 정상에 의하여 징역과 벌금을 병과할 수 있다.

(5) 부정환급죄

(가) 범죄의 성립요건

부정한 방법으로 관세를 환급받은 자는 부정환급죄가 성립된다(법 제270조 ⑤항).

(나) 처 벌

3년 이하의 징역 또는 환급받은 세액의 5배 이하에 상당하는 벌금에 처한다. 이 경우 세관장은 부정한 방법으로 환급받은 세액을 즉시 징수한다. 이 죄의 교사범과 종범은 정범에 준하여 처벌하고, 예비범과 미수범은 본죄에 준하여 처벌한다. 또한, 정상에 의하여 징역과 벌금을 병과할 수 있다.

4. 밀수품의 취득죄(법 제274조)

(1) 의 의

본죄의 보호법익은 밀수품의 유통을 방지함으로써 근본적으로 밀수를 봉쇄하는데 있다. 따라서 본죄는 밀수출입죄, 부정방법에 의한 수입신고죄 및 부정방법에 의한 수출신고죄에 해당하는 물품(밀수품)을 취득·양도·운반·보관·알선·감정한 경우에 성립되는 것으로 본범(밀수범)의 발생을 억제하고 이를 조장·유발하게 하는 행위를 배제하는 데 그 목적이 있다.

(2) 범죄의 성립요건

다음에 해당하는 물품을 취득·양도·운반·보관·알선하거나 감정한 경우에는 밀수품의 취득죄가 성립된다.

① 수입신고를 한 자 중 허가·승인·추천·기타 조건을 구비하지 아니하거나 부정한 방법으로 구비하여 수입한 자에 해당하는 물품

② 수입신고를 한 자 중 수입제한사항을 회피할 목적으로 부분품으로 수입하거나 주요특성을 갖춘 미완성·불완전한 물품 또는 완제품을 부분품으로 분해하여 수입한 자에 해당하는 물품

③ 수출신고를 한 자 중 수출에 필요한 허가·승인·추천·증명, 기타 조건을 구비하지 아니하거나 부정한 방법으로 구비하여 수출한 자에 해당하는 물품

(3) 처 벌

3년 이하의 징역 또는 그 물품 원가 이하에 상당하는 벌금에 처하며 범인이 소유 또

는 점유하는 물품을 몰수한다. 이 죄의 교사범과 종범은 정범에 준하여 처벌하고, 예비범과 미수범은 본죄에 준하여 처벌한다. 또한, 정상에 의하여 징역과 벌금을 병과할 수 있다.

5. 허위신고죄(법 제276조)

(1) 의 의

본죄는 관세법상에 기술된 각종 규정을 위반한 경우에 대한 처벌로서 각각의 규정위반에 따라 관세벌칙의 형량을 차등하여 처벌하고 있다.

(2) 성립요건

본죄는 관세법상에 기술된 각종 규정을 위반한 경우에 대한 처벌로서 각각의 규정위반에 따라 관세벌칙의 형량을 차등으로 처벌하고 있다.

(3) 처 벌

규정위반의 종류에 따라 다음과 같이 차등하여 처벌하고 있으며 일정한 경우에는 고의와 과실을 구분하여 처벌하고 있다.

- (제1항) 물품원가 또는 2천만원 중 높은 금액 이하의 벌금
- (제2항) 2천만원 이하의 벌금(다만, 과실로 2~4호 해당시: 300만원 이하)
- (제3항) 1천만원 이하의 벌금(다만, 과실로 2~4호 해당시: 200만원 이하)

① 다음에 해당하는 자는 물품 원가 또는 2천만원 중 높은 금액 이하의 벌금에 처한다.

㉠ 보세건설장물품 수입신고수리 전 가동금지규정에 위반한 자
㉡ 수입신고수리 전 반출금지 규정에 위반한 자
㉢ 수출입신고 또는 입항 전 수입신고 규정에 의한 신고를 함에 있어서 법령에 규정된 사항을 신고하지 아니하거나 허위신고를 한 자
㉣ 보세구역 반입명령을 불이행한 자

② 부정한 방법으로 적하목록을 작성하거나 제출한 자는 2천만원 이하의 벌금에 처한다.

③ 다음에 해당하는 자는 2천만원 이하의 벌금에 처한다. 다만, 과실로 인한 경우에는 300만원 이하의 벌금에 처한다.

㉠ 세관장의 의무이행요구를 이행하지 아니한 자

㉡ 외교관 면세, 준외교관 면세 규정에 의한 양수제품 품목을 양수한 자

㉢ 감면물품을 용도외에 사용하거나 용도외에 사용할 자에게 양도한 자

㉣ 수출용원자재 감면물품을 용도 외에 사용하거나 용도 외에 사용할 자에게 양도한 자

㉤ 용도세율 적용물품을 용도외에 사용하거나 용도외에 사용할 자에게 양도한 자

㉥ 재수출감면물품 용도외에 사용하거나 용도외에 사용할 자에게 양도한 자

㉦ 타 법령에 의한 감면물품을 용도외에 사용하거나 용도외에 사용하고자 하는 자에게 양도한 자

㉧ 불개항의 출입허가를 받지 않고 외국무역선(기)이 불개항을 출입한 자

㉨ 출항허가시 적재물품의 적하목록 제출의무를 위반한 자

㉩ 보세운송업자 등의 등록의무에 위반한 자

㉪ 보세화물 운송주선업자 등의 신고의무에 위반한 자

㉫ 보세건설장 반입물품을 사용 전에 신고하지 않은 자

④ 세관공무원의 질문에 대하여 허위의 진술을 하거나 그 직무의 집행을 거부 또는 기피한 자는 1,000만원 이하의 벌금에 처한다.

⑤ 다음 규정에 위반한 자는 1,000만원 이하의 벌금에 처한다. 다만, 과실로 인한 경우에는 200만원 이하의 벌금에 처한다.

- 외국무역선(기)이 허가 없이 출항한 경우
- 입항절차 종료 전에 허가 없이 하역을 한 외국무역선(기)
- 외국물품의 일시 양륙시, 선장 또는 기장이 세관장의 허가를 받지 않은 경우
- 허가 없이 외국물품 적재선박과 타 선박과의 물품을 이적 또는 교통한 자
- 외국무역선이 허가 없이 항외 하역을 한 경우
- 외국 기착의 보고를 하지 아니한 내항선(기)
- 자격변경 승인을 받지 않고 내항선(기)으로 운항한 경우
- 외국물품과 내국운송 승인을 받고자 하는 내국물품을 보세구역이 아닌 장소에 장치한 자
- 수출신고가 수리된 물품을 30일 이내에 선(기)적항의 보세구역에 반입하지 않은 자
- 사전허가를 받지 않고 타소장치를 한 자
- 세관장 승인 없이 보수작업을 한 자
- 세관장의 허가 없이 보세구역 장치물품을 해제, 절단 등의 작업을 한 경우
- 세관장 허가 없이 보세구역 장치물품의 견품을 반출한 자

- 사용신고 없이 보세공장에 반입된 물품을 사용한 자
- 보세공장 및 보세건설장 또는 종합보세구역 또는 지정공장 외 작업할 물품을 검사받지 않고 반출한 자
- 부정한 방법으로 제248조 ③항의 규정에 의한 전자문서 중계사업자가 전자문서를 위·변조한 자
- 승인 없이 보세공장 외 보수작업을 한 자
- 세관장의 승인을 얻지 않고 보세운송을 한 자
- 화주, 관세사 등 또는 보세운송업자가 아닌 자가 보세운송신고를 한 경우
- 보세운송승인을 얻지 않고 조난 외국물품을 운송한 자
- 내국운송의 승인을 얻지 않고 조난 외국물품을 운송한 자
- 관세청장 또는 세관장의 운송기관에 대해 출발중지 또는 진행 정지명령을 위반한 경우
- 입항보고 또는 출항보고를 허위로 한 자
- 보세공장 외 작업허가 또는 보세건설장 외 역외작업허가를 받지 아니하고 보세공장 또는 보세건설장 이외의 장소에서 보세작업을 한 자

표 12-1 관세형벌 요약

죄 명		법 정 형
제268조의 2 (전자문서 관련죄)	전자문서 위·변조죄 등 ·위조·변조죄 ·정보훼손·비밀누설죄 등	-1년 이상 10년 이하 징역 또는 1억원 이하의 벌금 -5년 이하의 징역 또는 5천만원 이하의 벌금
제269조 (밀수출입죄)	금지품 수출입죄(1항)	10년 이하의 징역 또는 2천만원 이하의 벌금
	밀수입죄(2항)	5년 이하의 징역 또는 관세액의 10배와 물품원가 중 높은 금액 이하 벌금
	밀수출죄(3항)	3년 이하의 징역 또는 물품원가 이하에 상당한 벌금
제270조 (관세포탈죄 등)	허위세액신고수입(1항 i) 허위분할신고수입(1항 ii)	3년 이하의 징역 또는 포탈세액의 5배와 물품원가 중 높은 금액 이하에 상당한 벌금
	부정신고수입(2항)	3년 이하의 징역 또는 3천만원 이하의 벌금
	부정신고수출(3항)	1년 이하의 징역 또는 2천만원 이하에 상당하는 벌금
	부정감면(4항)	3년 이하의 징역 또는 감면받거나 면탈한 관세액의 5배 이하에 상당하는 벌금

	부정환급(5항)	3년 이하의 징역 또는 환급받은 세액의 5배 이하에 상당하는 벌금
제274조 (밀수품 취득죄 등)	· 밀수출입물품취득 · 허위분할 신고물품취득 · 부정신고 수입물품취득 · 부정신고 수출물품취득	3년 이하의 징역 또는 물품원가 이하에 상당하는 벌금

6. 관세질서벌(과태료; 법 제277조)

(1) 관세질서벌의 개요

㈎ 관세질서벌의 의의

관세법상의 의무위반에 대한 제재로서 일반통치권에 의하여 과하는 처벌을 관세행정벌이라 하고 그 처벌의 내용에 따라 관세형벌과 관세질서벌로 구분된다.

관세질서벌은 관세법상의 의무위반에 대한 제재이긴 하나 형법상에 형명이 없는 과태료를 부과하는 것으로서, 이는 직접적으로 관세행정 목적을 침해하는 것이 아니고 일정한 보고·신고·등록 등의 의무를 태만히 함으로써 간접적으로 행정목적 달성에 장해를 미치는 위험성이 있는 행위, 즉 경미한 관세행정질서 위반행위에 대하여 과중한 형벌인 벌금 대신 과태료로 처벌하여 과벌의 형평을 도모하는 데 그 의의가 있다.

㈏ 형법총칙의 배제

형법상의 형벌이 아닌 과태료를 부과하는 관세질서벌에 대하여는 형법총칙이나 형법이론이 적용되지 않는다.

㈐ 양벌규정 또는 법인처벌규정의 비적용

과태료를 부과하는 관세질서벌에 대하여는 관세법상의 양벌규정이나 법인처벌규정은 적용되지 않는다.

(2) 관세질서벌의 내용(과태료 부과)

① 제37조의4 ①항에 따라 자료제출을 요구받은 특수관계에 있는 자가 제10조에서 정하는 정당한 사유 없이 제37조의4 ②항에서 정한 기한까지 자료를 제출하지 아니하거나 거짓의 자료를 제출하는 경우에는 1억원 이하의 과태료를 부과한다. 이 경우 제276조는 적용되지 아니한다.

㈎ 1000만원 이하의 과태료

1. 제139조(제146조 ①항에서 준용하는 경우를 포함한다), 제143조 ①항(제146조 ①항에서 준용하는 경우를 포함한다), 제152조 ①항, 제155조 ①항, 제156조 ①항, 제

159조 ②항, 제160조 ①항, 제161조 ①항, 제186조 ①항(제205조에서 준용하는 경우를 포함한다), 제192조(제205조에서 준용하는 경우를 포함한다), 제200조 ①항, 제201조 ①항·③항, 제219조 ②항 또는 제266조 ②항을 위반한 자

2. 제187조 ①항(제89조 ④항에서 준용하는 경우를 포함한다) 또는 제195조 ①항에 따른 허가를 받지 아니하거나 제202조 ②항에 따른 신고를 하지 아니하고 보세공장·보세건설장·종합보세구역 또는 지정공장 외의 장소에서 작업을 한 자

㈏ 500만원 이하의 과태료

① 유통이력 물품의 신고를 위반하여 유통이력을 신고하지 아니하거나 거짓으로 신고한 자

② 유통이력 신고 의무자가 유통이록을 장부에 기록 1년 동안 보관의무를 위반하여 장부기록 자료를 보관하지 아니한자

㈐ 200만원 이하의 과태료

① 특허보세구역의 특허사항을 위반한 운영인

② 제38조 ③항, 제83조 ①항, 제107조 ③항, 제140조 ③항, 제157조 ①항, 제158조 ②항·④항, 제172조 ③항, 제194조(제205조에서 준용하는 경우를 포함한다), 제198조 ③항, 제199조 ①항, 제202조 ①항, 제214조, 제215조(제219조 ④항 및 제221조 ②항에서 준용하는 경우를 포함한다), 제216조 ②항(제219조 ④항 및 제221조 ②항에서 준용하는 경우를 포함한다), 제221조 ①항, 제222조 ③항, 제225조 ①항 후단 또는 제251조 ①항을 위반한 자

③ 용도세율 적용 물품, 외교관 물품등의 면세, 재수출면세물품, 관세감면 물품, 다른 법령등에 의한 관세감면 물품등을 용도외 사용으로 위반한 자 중 해당 물품을 직접 수입한 경우 관세를 감면받을 수 있고 수입자와 동일한 용도에 사용하려는 자에게 양도한 자

④ 입항절차 또는 승객예약자료의 제출 요청을 위반한 자 중 과실로 여객명부 또는 승객예약자료를 제출하지 아니한 자

⑤ 보세구역에 장치된 물품에 대하여는 그 원형을 변경하거나 해체·절단 등의 작업, 특허보세구역의 운영에 필요한 시설·기계 및 기구의 설치, 보세판매장의 판매물품 제한, 보세운송업자의 등록 및 보고, 보세화물 취급 선박회사등의 신고 및 보고, 통관표지, 상설영업장의 영업에 관한 장부 또는 자료의 제출등에 따른 관세청장 또는 세관장의 조치를 위반한 자

⑥ 세관의 업무시간·물품취급시간을 위반하여 운송수단에서 물품을 취급한 자

㈑ 100만원 이하의 과태료

① 적재물품과 일치하지 아니하는 적하목록을 작성하였거나 제출한 자

다만, 다음 각목의 어느 하나에 해당하는 자가 투입 및 봉인한 것이어서 적하목록을 제출한 자가 해당 적재물품의 내용을 확인하는 것이 불가능한 경우에는 해당 적하목록을 제출한 자는 제외한다.

가. 부정한 방법으로 적하목록을 작성하였거나 제출한 자

나. 적재물품을 수출한 자

다. 다른 선박회사·항공사 및 화물운송주선업자

② 신고서류의 보관기간을 위반하여 신고필증을 보관하지 아니한 자

③ 잠정가격신고기간 내에 해당 물품의 확정된 가격을 세관장에게 신고를 하지 아니한 자

④ 관세분할납부승인을 얻은 법인이 합병 또는 해산하거나 파산선고를 받은 때 또는 관세의 분할납부승인을 얻은 자가 사망하였거나 파산선고를 받은 때에는 관세를 납부하여야 할 자가 세관에 신고하여야 할 의무가 있는데 이를 위반한 자

⑤ 보세구역에 장치된 물품 중 반송 또는 폐기할 것을 명하거나 화주등에게 통고한 후 폐기할에 따른 세관장의 명령을 이행하지 아니한 자

⑥ 보세장치장, 특허보세구역에 장치기간 내 세관장의 반출명령 또는 수출신고사항 보완에 따른 세관장의 명령이나 보완조치를 이행하지 아니한 자

⑦ 특허보세구역의 운영, 반입물품의 장치제한, 종합보세구역의 관리에 따른 세관장의 감독·검사·보고지시 등에 응하지 아니한 자

기 출 문 제

1. 관세법의 형법적용배제(관세사, 제4회)
2. 무면허 수출입죄의 구성요건(관세사, 제10회)
3. 관세범 처벌에 있어서의 추징(관세사, 제11회)
4. 관세법상 수출입 금지대상(관세사, 제12회)
5. 관세포탈죄(관세사, 제13회)

예상문제

1. 논술형
   - 관세행정벌에 대하여 논하라.
   - 관세형벌과 형법총칙규정의 배제에 대하여 논하라.
   - 관세형벌과 관세질서벌에 대하여 비교 논하라.
   - 관세법상 몰수와 추징을 논하라.
   - 특정범죄가중처벌법상의 가중처벌되는 특정관세범에 대해 논하라.
   - 관세포탈죄에 대해서 논하라.
   - 양벌규정과 법인처벌에 대하여 논하라.

2. 설명형
   - 관세질서벌인 과태료에 대해 설명하라.
   - 밀수출입죄에 대해 설명하라.
   - 관세질서벌에 대해 설명하라.
   - 징역과 벌금의 병과에 대해서 설명하라.
   - 미수범 등의 처벌에 대해서 설명하라.
   - 밀수품 취득죄에 대하여 설명하라.
   - 과태료의 부과·징수에 대하여 설명하라.

3. 약술형
   - 관세범
   - 몰수
   - 양벌규정
   - 교사범의 처벌
   - 미수범의 처벌
   - 부정수입죄의 성립요건
   - 허위신고죄
   - 통고처분

제 13 장
조사와 처분

제 1 절 관세범 조사와 처분

Ⅰ. 관세범 조사 · 처분 전담권

1. 의 의

일반형사범은 검사와 그 지휘를 받는 사법경찰 관리의 수사를 거쳐 공소를 제기하여 법관의 재판을 통하여 처벌받게 되지만, 관세범은 그 범죄의 특질 때문에 전문적인 지식과 능력을 가진 세관공무원이 조사하여 그 조사결과 범죄사실이 확인되면 관세청장 또는 세관장이 통고처분하여 통고의 요지를 이행하면 그것으로 처벌이 끝나게 된다.

관세법은 관세범에 대하여 관세법상의 절차에 따라 조사하여 통고처분할 수 있도록 규정하고 있으며, 이를 확보하기 위하여 여러 가지 법적 장치를 두고 있다.

이와 같이 관세범에 대한 일차적인 조사처분권을 관세청장 및 세관장과 세관공무원에게 주고 있는 것은 관세행정에 정통한 세관공무원이 신속하게 조사하여 행정처분으로 재산형을 과함으로써 번거로운 사법절차를 거치지 않고도 실질적으로 징벌효과를 거두는 한편 침해된 재정수입권을 조속히 회복하려는 데 그 목적이 있다.

보 충

통고처분을 이행할 것인지의 여부는 피처분자의 임의에 따르도록 하고 통고처분을 이행하면 사건이 종결되고 일사부재리의 원칙이 적용되며(법 제317조), 만약 통고를 이행하지 않거나 통고처분으로 과형권을 행사하기 곤란한 중요범죄 등에 대하여는 검찰에 고발하여 일반 형사소송절차에 따라 재판을 받도록 하고 있다.

또한 관세범에 관한 조사처분은 세관공무원이 행하며(법 제283조 ②항), 세관공무원은 관세범이 있다고 인정할 때에는 범인·범리사실·증거를 조사하여야 하고(제390조), 다른 기관에서 관세범에 관한 사건을 발견하거나 피의자를 체포하면 즉시 관세청이나 세관에 인계하여야 하며(법 제284조 ②항), 누구든지 현행범을 체포한 때에는 지체 없이 세관공무원에 인계하여야 하고(법 제298조), 검사는 관세청장이나 세관장의 고발이 없으면 원칙적으로 공소를 제기할 수 없도록 함으로써(법 제284조 ①항) 관세청장이나 세관장과 세관공무원이 관세범에 대한 조사와 처분을 전담하도록 하고 있다.

2. 형사소송법과의 관계

형사소송에 관한 법 관계를 형사소송법이라 하며 실체적 진실발견을 위한 제 규정과 피고인 또는 피의자의 인권보장에 관한 제 규정을 두고 있다.

관세범도 고발되어 공소가 제기되면 당연히 형사소송법 절차에 따라 재판을 받게 되지만 세관공무원이 관세범을 조사처분할 때에는 형사소송법을 적용하지 않고 관세법 제10장 조사와 처분에 관한 규정을 적용한다.

그러나 관세법상의 조사절차규정은 행정처분을 위한 기본적이고 특별한 사항만을 정하고 있을 뿐이므로 관세법에 규정이 없는 것은 형사소송법의 절차에 따라야 하고(법 제235조), 더욱이 강제조사나 고발을 전제로 하는 조사는 반드시 형사소송법의 규정에 따라야 한다.

3. 검사와 세관공무원의 관계

관세청장이나 세관장이 통고처분권 행사를 목적으로 하는 세관공무원의 조사는 관세법에 의한 독자적인 권한이므로 형사소송법과 검찰청법에 따라 형사처분을 의한 수사를 주재하는 검사의 지휘·감독대상이 아니다.

그러나 관세청장이나 세관장의 제청에 의하여 사법경찰관리로 지명을 받은 세관공무원이 관세범에 대하여 구속·압수·수색 등 강제조사를 할 때에는 그 지휘·감독을 받아야 하고, 동 지명을 받았든 받지 않았든 관세범을 고발한 경우는 형사소송절차에 따라 검사가 수사・소추하게 되므로 동 사건조사에 관한 한 검사의 지휘감독을 받게 된다.

관세법 제295조(사법경찰관)의 입법취지가 인신구속 등 강제조사권을 부여하기 위한 것이므로 사법경찰관리로 지명받는 자라 할지라도 세관공무원 본연의 신분으로서 통고처분을 목적으로 하는 임의조사를 할 때에는 검사의 지휘감독 대상이 아니라고 본다.

4. 관세범에 대한 공소시효

확정판결 전에 범죄가 있었던 때로부터 일정기간이 경과하면 그 범죄에 대한 국가의 과형권이 소멸되고 검사는 공소제기를 할 수 없다.

관세범의 공소시효에 관하여 관세법에 규정이 없으므로 형사소송법 제249조(공소시효의 기간)의 규정을 준용하여야 한다(법 제284조).

① 사형에 해당하는 범죄에는 25년

② 무기징역 또는 무기금고에 해당하는 범죄에는 15년

③ 장기 10년 이상의 징역 또는 금고에 해당하는 범죄에는 10년

④ 장기 10년 미만의 징역 또는 금고에 해당하는 범죄에는 7년

⑤ 장기 5년 미만의 징역 또는 금고, 장기 10년 이상의 자격정지 또는 벌금에 해당하는 범죄에는 5년

⑥ 장기 5년 이상의 자격정지에 해당하는 범죄에는 3년

⑦ 장기 5년 미만의 자격정지, 구류, 과료 또는 몰수에 해당하는 범죄에는 1년

시효는 범죄행위 종료시부터 진행하고 공범의 경우는 최종행위의 종료시부터 전공범에 대하여 기산한다(형소법 제252조).

시효는 공소제기로 진행이 정지되고 공소기간 또는 관할위반의 재판이 확정된 때로부터 진행한다(형소법 제253조 ①항).

관세범에 관하여 통고처분을 한 때에는 공소시효가 중단된다(법 제311조 ③항).

제2절 관세범의 조사

Ⅰ. 관세범의 조사전담권

1. 의 의

관세법은 「관세범에 관한 조사처분은 세관공무원이 이를 행한다(관세법 제283조)」라고 규정하여 세관공무원만이 관세범 조사를 전담하도록 하였다.

관세범칙사건의 조사는 범칙사실에 관한 증빙을 수집하여 범칙사실의 존부 및 범칙자를 확정하기 위한 일련의 절차를 뜻한다. 즉, 관세의 구성요건에 해당하는 사실의 혐의가 있을 경우 이를 범칙사건이라고 하고, 이를 규명하기 위하여 행하는 조사를 범칙조사라고 한다. 범칙의 조사는 형식적으로 관세행정상의 절차에 속하지만 실질적으로 형사 절차의 전단계 절차로서 그 성격이 형사절차에 가까우므로 질문조사와는 그 수단 등에 있어서 현저한 차이가 있다.[1)]

2. 공소의 요건

관세범의 조사·처분권이 세관공무원에게 일차적으로 부여됨으로써 관세법에 관한 사건은 관세청장 또는 세관장의 고발이 없는 한 검사는 공소를 제기할 수 없다(법 제284조 ①항).

3. 관세범 인계

관세범의 일차적인 조사·처분권이 세관공무원에게 있으므로 타 기관이 관세범에 관한 사건을 발견하거나 피의자를 체포하였을 때는 즉시 관세청 또는 세관에 인계하여야 한다(법 제284조 ②항).

1) 한휘선, 관세법 및 환급특례법, 한국고시학원.

4. 사법경찰권 부여

관세공무원의 관세범에 관한 조사전담권을 보장하기 위하여 세관공무원으로 하여금 관세범에 관하여 사법경찰관리의 직무를 행할 자와 그 직무범위에 관한 법률이 정하는 바에 의하여 사법경찰 관리의 직무를 행할 수 있도록 하고 있다(법 제295조).

Ⅱ. 조사방법

세관공무원이 관세범이 있다고 인정할 때에는 범인·범죄사실 및 증거를 조사하여야 한다(법 제290조). 관세범에 관한 조사에 있어서 조사방법은 임의조사와 강제조사로 구분할 수 있다.

1. 임의조사

(1) 의 의

범칙 조사권자가 조사의 대상이 되고 있는 범칙혐의자 또는 참고인의 동의를 받아 범칙사건을 조사하는 방법을 임의조사라고 한다. 임의조사란 피의자의 승낙을 받아 행하는 조사로서 관세법상 임의조사의 방법에는 신문·소환·출석 또는 동행요구, 임의제출 물품이나 유류품의 압수, 임검, 개시요구 등이 있다.

(2) 임의조사의 방법

㈎ 심 문

세관공무원이 관세범 조사상 필요하다고 인정할 때에는 피의자·증인·참고인을 심문할 수 있다(법 제291조).

㈏ 소환·출석·동행

소환이란 지정한 일시에 지정한 장소에 출두하는 것을 말하며, 출석이란 지정된 장소까지 출두하는 것이고 동행이란 지정된 장소까지 가는 것을 말한다.

세관공무원이 관세범 조사상 필요하다고 인정할 때에는 피의자·증인·참고인을 소환할 수 있고 지정한 장소에 출석 또는 동행을 명할 수 있다(법 제294조). 이들을 소환할 때에는 소환장을 발부하여야 한다.

㈐ 임의제출물품과 유류품의 압수

압수란 증거물 또는 몰수할 것으로 인정되는 물품을 보전하기 위하여 국가에서 점유를 취득하는 처분을 말한다. 압수는 점유를 취득하는 것이므로 그 물품이 소유권에서는 영향을 주지 않는다.

소유자·점유자 또는 보관자가 임의로 제출한 물품이나 유류한 물품은 영장 없이 압수할 수 있다(법 제296조 ②항). 단, 관세법에 의하여 압수할 때에는 관할지방법원 판사의 영장을 받아야 한다(법 제296조 ①항).

㈑ 검증수색

세관공무원은 관세범의 조사에 필요하다고 인정할 때에는 선박·차량·항공기·창고, 기타 장소검증하거나 수색할 수 있다(법 제300조).

㈒ 신변수색 등

세관공무원은 피의자가 범죄사실을 증명하기에 충분한 물품을 신변에 은닉하였다고 인정할 때에는 이를 내보이도록 요구할 수 있으며, 이에 응하지 아니할 때에는 신변의 수색을 할 수 있다(법 제301조 ①항). 여성의 신변을 수색할 때에는 성년의 여성을 참여시켜야한다(동조 ②항).

2. 강제조사

(1) 의 의

강제조사란 조사를 받아야 할 상대방의 의사에 불구하고 물리적으로 상대방을 제약하여 조사를 하는 것으로 주로 사법경찰관리의 지명을 받은 세관공무원이 한다. 관세법상 강제조사에는 피의자의 구속, 압수와 수색 등이 있다.

(2) 피의자에 체포 또는 구속

㈎ 체 포

관세범이 현행범인인 경우 세관공무원은 발견 즉시 체포하여야 한다(법 제297조). 관세범의 현행범인이 그 장소에 있을 때에는 누구든지 체포할 수 있다. 이 경우에는 체포한 자가 세관공무원이 아닌 때에는 지체 없이 세관공무원에게 체포한 범인을 인도하여야 한다(법 제298조).

㈏ 구 속

구속은 구인과 구금을 포함한 뜻으로, 피의자를 일정한 장소에 실력을 행사하여 인치하는 강제처분을 구인이라 하고 일정한 장소(교도소·구치소)에 감금하는 강제처분을 구금이라 한다. 사법경찰관리의 직무를 행하는 세관공무원이 법령에 의하여 피의자를 구속한 때에는 세관관서·경찰관서 또는 교도관서에 유치하여야 한다(영 제267조).

(3) 압수 또는 수색

㈎ 압 수

세관공무원이 관세범 조사에 의하여 발견한 물품이 범죄의 사실을 증명하기에 충분하거나 또는 몰수할 것으로 인정할 때에는 압수할 수 있다(법 제303조 ①항). 관세법에 의하여 압수할 때에는 관할지방법원판사의 영장을 받아야 한다(법 제297조 ①항). 압수물품은 편의에 의하여 소재지 또는 시・군・읍 면사무소에 보관시킬 수 있다.

(나) 수 색

조사상 필요하거나 개시요구에 불응하는 때에는 신변의 수색을 할 수 있으며 관세법에 의하여 수색할 때에는 관할지방법원 판사의 영장을 받아야 한다. 세관공무원은 관세범 조사상 필요하다고 인정하는 때에는 선박・차량・항공기・창고 기타의 장소를 검증 또는 수색할 수 있다(법 제300조). 세관공무원은 피의자가 범죄사실을 증명하기에 충분한 물품을 신변에 은닉하였다고 인정되는 때에는 이를 내보이도록 요구하고 이에 응하지 아니하는 때에는 신변을 수색할 수 있다(법 제301조 ①항).

Ⅲ. 기타 조사상의 내용

1. 야간집행의 제한

일몰로부터 일출까지는 검증・수색 또는 압수를 할 수 없다. 다만, 현행범인 경우에는 예외로 한다.

또한, 이미 개시한 검증・수색 또는 압수는 일몰로부터 일출시까지의 검증・수색・압수제한규정을 적용하지 않는다(법 제306조).

2. 조사중의 출입금지

세관공무원은 피의자・증인 또는 참고인에 대한 신문・검증・수색・압수중에는 누구를 막론하고 그 장소에 출입을 금할 수 있다(법 제307조).

3. 신분증명

세관공무원이 신문・검증・수색 또는 압수를 할 때에는 제복을 착용하거나 그 신분을 증명할 증표를 휴대하고 그 처분을 받을 자의 요구가 있을 때에는 제시하여야 한다(법 제308조 ①항). 세관공무원이 제복을 착용하지 아니한 경우 그 신분을 증명하는 증표제시요구에 응하지 아니하는 때에는 처분을 받을 자는 그 처분을 거부할 수 있다(동조 ②항).

4. 경찰원조의 요구

세관공무원이 심문·검증·수색 또는 압수를 함에 있어서 필요하다고 인정할 때에는 경찰관리의 원조를 요구할 수 있다(법 제309조).

5. 조사결과의 보고

세관공무원이 조사를 종료한 때에는 관계서류를 첨부하여 관세청장 또는 세관장에게 서면으로 그 결과를 보고하여야 하며, 세관공무원이 결과보고를 할 때에는 이와 동시에 관계서류를 제출하여야 한다(법 제310조).

제3절 관세범의 처분[2)]

Ⅰ. 통고처분

1. 의 의

관세법상 통고처분이란 관세청장 또는 세관장이 관세범에 대한 조사결과 범죄의 확증을 얻었을 때 그 범인에 대하여 그 이유를 명시하고 벌금에 상당한 금액, 몰수에 해당하는 물품 또는 추징금에 해당하는 금액을 납부할 것을 통고하는 행정처분이다(법 제311조 ①항).

통고처분은 형사소송절차의 전단계에서 행정관청에게 일차적인 처분권을 부여하여 전문지식을 가진 소속공무원에게 조사하도록 한 결과 범죄의 확증을 얻으면 통고처분을 받은 자가 수락하는 것을 전제로 처벌할 수 있는 특별절차이다.

그러나 관세범이 징역형에 처할 경우 또는 충고처분을 받은 자가 그 이행을 거부하거나 기타 사유로 통고처분으로서는 사건을 종결할 수 없는 경우에는 검사에게 고발하여 형사소송절차에 따라 처리할 수 있도록 함으로써 행정목적의 실효성을 확보하고 국민이 재판받을 권리를 보장하면서 능률적으로 징벌의 효과를 거두는 데 그 의의가 있다.

---

2) 관세범의 처분이란 세관공무원이 관세범이 있다고 인정하여 범인, 범죄사실, 증거를 조사한 결과, 범죄의 존재에 관하여 확증을 얻었을 때 관세청장이나 세관장이 행하는 통고, 고발 등의 행정처분을 말한다.

2. 통고처분의 대상

관세청장 또는 세관장은 관세범의 조사결과 범죄의 확증을 얻은 때에는 그 이유를 명시하고 다음 각호의 1에 해당하는 금액 또는 물품을 납부할 것을 통고할 수 있다(법 제311조 ①항).

① 벌금에 상당하는 금액
② 몰수에 해당하는 금액
③ 추징금에 해당하는 금액

3. 통고처분의 요건

통고처분의 요건은 다음과 같다.

① 통고처분을 할 수 있는 자는 관세청장 또는 세관장이다.

② 통고처분은 범죄의 심증을 얻어야 하며, 이는 인적, 물적 증거에 의하여 범칙사실이 입증되는 것을 말한다.

③ 통고처분의 대상은 벌금에 상당하는 금액, 몰수에 해당하는 물품, 추징금에 해당하는 금액 등이다.

④ 통고이행기간을 명시하여야 한다(통고의 이행기간을 통고처분일로부터 15일 내로 한다).

4. 통고처분의 절차

(1) 통고서의 작성

통고처분은 요식행위로서 반드시 통고서를 작성해 서면으로 하여야 한다(법 제314조 ①항). 통고서에는 다음 사항을 기재하고 처분을 한 자가 이에 서명·날인하여야 한다(법 제314조 ②항).

㉠ 처분을 받을 자의 성명·연령·성별·직업과 주소
㉡ 벌금에 상당한 금액·몰수에 해당하는 물품 또는 추징금에 상당한 금액
㉢ 범죄사실
㉣ 적용법조
㉤ 이행장소
㉥ 통고처분 연월일

(2) 통고서의 송달

통고서의 고지는 통고서의 송달에 의하여야 하며(법 제315조), 그 송달방법은 인편

또는 등기우편으로 하여야 하고(법 제288조), 송달하였을 때에는 수령증을 받아야 한다(법 제289조).

(3) 예납제도

예납제도란 통고의 요지를 이행할 것을 전제로 벌금 또는 추징금에 상당한 금액을 통고처분을 받기 전에 미리 관세청장이나 세관장에게 보관시켜주는 제도이다(법 제311조 ②항). 벌금 또는 추징금에 상당한 금액을 예납하고자 하는 자는 예납금액과 신청사유를 기재한 신청서를 제출하여야 하고 예납금을 받은 경우에는 보관증을 교부해야 한다.

5. 통고처분의 효과

통고처분은 관세의 징수권의 소멸시효와 공소시효를 중단시키는 효과가 있다.

(1) 관세징수권이 소멸시효 중단

관세의 징수권에 대한 소멸시효는 통고처분으로 인하여 중단된다. 중단된 소멸시효는 통고이행기간인 15일이 경과하면 그 익일부터 다시 새로이 징수권의 소멸시효가 진행된다.

(2) 공소시효의 중단

통고처분의 통고가 있을 때에는 그 관세범의 공소시효는 중단된다(법 제311조 ③항).

6. 통고처분의 이행 및 불이행

(1) 통고처분이행의 효과

관세범인이 통고처분의 요지를 이행한 때에는 동일사건에 대하여 다시 처벌을 받지 아니한다(법 제317조). 즉, 일사부재리의 원칙이 적용된다.

통고처분의 이행이라 함은 통고서에 기재된 모든 내용을 이행하고, 그 사건에 대한 형벌책임의 해제를 요구하는 사실적 행위를 말한다. 통고처분의 이행은 통고서의 송달을 받은 날부터 15일 이내에 이행하여야 한다. 그러나, 15일이 경과하였다 하더라도 고발 전에 이행하면 15일 내에 이행한 것과 같은 효과가 있다(법 제316조).

(2) 통고처분 불이행의 효과

관세범인이 통고처분의 통과서를 받은 날로부터 15일 이내에 이를 이행하지 아니하면 관세청장 또는 세관장은 즉시 고발한다. 그러나 15일이 경과하였다 하더라도 고발 전에 통고처분을 15일 내에 이행한 것으로 간주되어 고발하지 아니한다(법 제316조).

Ⅱ. 고　　발

1. 의　　의

관세법상 고발이란 관세범이 관세법상의 고발요건을 갖추었을 때 관세청장 또는 세관장이 검사에게 하는 고발로서 검사가 고소제기를 할 수 있는 조건이 된다.

즉, 관세법상의 고발은 관세청장 또는 세관장만이 할 수 있으며 고발요건을 갖춘 관세범은 반드시 고발하여야 한다. 관세범에 관한 사건은 관세청장 또는 세관장의 고발이 없는 한 검사는 공소를 제기할 수 없다.

2. 고발요건

(1) 통고의 불이행과 고발

관세범인이 통고서의 송달을 받은 때에는 그 날부터 15일 이내에 이를 이행하여야 하며, 이 기간 내에 이행하지 아니한 때에는 관세청장 또는 세관장은 즉시 고발하여야 한다. 다만, 15일이 경과된 후 고발이 되기 전에 관세범인이 통고처분을 이행한 때에는 그러하지 아니한다(법 제316조).

(2) 무자력 고발

관세청장 또는 세관장은 다음 각호의 1에 해당하는 때에는 즉시 고발하여야 한다(법 제318조).

① 관세범인이 통고를 이행할 수 있는 자금능력이 없다고 인정되는 때

② 관세범인의 주소 및 거소의 불명, 기타의 사유로 인하여 통고를 하기 곤란하다고 인정되는 때

(3) 즉시고발

관세청장 또는 세관장은 범죄의 정상이 징역형에 처하여질 것으로 인정되는 때에는 즉시 고발하여야 한다(법 제312조).

3. 고발의 방법

관세청장 또는 세관장이 관세범을 소관 검찰청에 고발하는 경우에 압수물품에 있을 때에는 압수물품조서를 첨부하여 인계하여야 한다(영 제155조 ①항).

4. 고발의 효과

고발은 관세징수권의 소멸시효를 중단시키는 효과와 통고처분의 효력을 상실시키는 효과가 있다.

(1) 관세징수권의 소멸시효중단

관세의 징수권의 소멸시효는 고발에 의하여 중단된다. 중단된 소멸시효는 중단사유가 소멸하면 다시 새로이 기산되어 진행한다.

(2) 통고처분의 효력상실

통고처분을 하였으나 피처분자가 이를 이행하지 아니하여 고발한 경우에는 고발한 후에 통고처분을 이행하고자 하더라도 이행할 수가 없다. 따라서, 고발에 의하여 통고처분의 효력이 상실된다.

Ⅲ. 압수물품의 처분

세관공무원이 관세범 조사에 의하여 발견한 물품의 범죄의 사실을 증명하기에 충분하거나 몰수할 것으로 인정되어 압수한 물품은 다음과 같이 처리된다.

1. 압수물품의 매각

관세청장 또는 세관장은 압수물품이 다음에 해당하는 경우에는 피의자 또는 관계인에게 통고한 후 매각하여 그 대금을 보관 또는 공탁할 수 있다. 다만, 통고할 여유가 없을 때에는 매각한 후 통고하여야 한다(법 제303조 ③항).

- 부패 또는 손상, 기타 실용기간이 경과될 우려가 있는 경우
- 보관상 극히 불편하다고 인정되는 경우
- 처분지연으로 상품가치가 크게 감소될 우려가 있는 경우
- 피의자 또는 관계인이 매각을 요청하는 경우 범죄의 정상이 징역형에 처할 것으로 인정될 경우(법 제312조)

2. 압수물품의 폐기

관세청장 또는 세관장은 압수물품이 다음에 해당하는 경우에는 피의자 또는 관계인에게 통고한 후 폐기할 수 있다. 다만, 통고할 여유가 없을 때에는 폐기한 후 즉시 통고하여야 한다.

- 사람의 생명 또는 재산을 해할 우려가 있는 물품
- 부패 또는 변질
- 실용시효가 경과된 물품
- 상품가치를 상실한 물품부패 또는 손상, 기타 실용기간이 경과될 우려가 있는 경우

3. 압수물품의 환부

관세청장 또는 세관장은 압수물품을 몰수하지 아니할 때에는 그 압수물품 또는 그 물품이 환가대금을 환부하여야 한다. 압수물품에 대하여 관세가 미납된 때에는 환부받을 자로부터 해당 관세를 징수한 후 그 물품 또는 환가대금을 환부하여야 한다(법 제313조 ①, ④항).

4. 압수물품의 국고귀속

(1) 압수물품의 국고귀속

밀수출입죄, 관세포탈죄, 밀수품의 취득죄에 해당되어 몰수할 것으로 인정되는 물품을 압수한 경우에 몰수일로부터 6월 이내에 해당 물품의 소유자 및 범인을 알 수 없는 경우에는 해당 물품을 유실물로 간주하여 유실물의 공고를 하여야 한다. 이 때 공고일로부터 1년이 경과하여도 소유자 및 범인을 알 수 없는 경우에는 해당 물품은 국고에 귀속된다.

(2) 압수물품의 환부 미청구시의 국고귀속

압수물품을 몰수하지 아니할 때 그 압수물품 또는 그 물품의 환가 대금을 환부하여야 하는 바 환부받을 자의 주소 및 거소가 불명하여 환부를 공고한 경우에 그 공고일로부터 6월이 경과하여도 환부의 청구가 없을 때는 그 물품은 국고에 귀속된다(법 제313조 ③항).

예상문제

1. 논술형
   - 관세법상 조사와 처벌에 대하여 논하라.
   - 관세법상 통고처분에 대해 논하라.
   - 관세법상 고발에 대해 논하라.
   - 몰수품 또는 국고귀속된 물품의 처분에 대해 논하라.

· 압수물품의 폐기 및 국고귀속에 대하여 논하라.

2. 설명형
· 관세범의 처분을 설명하라.
· 관세법상 공소요건에 대해 설명하라.
· 관세법상 관세범의 조사전담권에 대해 설명하라.
· 관세법상 관세범의 고발사유에 대해 설명하라.
· 관세범의 조사방법에 대하여 설명하라.

3. 약술형
· 관세범에 대한 공소시효
· 관세범의 조사전담권
· 임의조사
· 강제조사
· 통고처분의 효과
· 통고처분이행의 효과
· 압수 · 수색
· 압수물품의 국고귀속

제 4 부

관세환특법 등[Ⅲ]

제 14 장

관세환급특례법

제 1 절 관세환급의 개요

Ⅰ. 관세환급의 기본개념

1. 관세환급의 의의

관세환급이라 함은 세관에서 일단 징수한 관세 등을 특정한 요건에 해당하는 경우에 그 전부 또는 일부를 되돌려 주는 것을 말한다.

현행 관세법상에는 납세의무의 형평과 징수행정의 공평을 기하기 위한 관세 · 가산금 또는 체납처분비의 과오납금을 납세의무자에게 환급하는 제도(과오납환급)와 위약물품을 재수출한 경우 수입시 납부한 관세를 환급하는 제도(위약물품의 관세환급)가 있으며, '수출용원재료에 대한 관세 등 환급에 관한 특례법(환급특례법)'에 의거 원재료를 수입할 때에 일단 관세 등을 납부하였거나 징수유예받은 물품 또는 이를 원료로 하여 제조 · 가공한 물품을 수출의 용도에 공한 때에 이미 납부한 관세를 환급해 주는 제도가 있는데 일반적으로 관세환급이라 하면 환급특례법상의 환급을 말한다.

참 조 **용어의 정의**

- '관세 등'이라 함은 관세, 임시수입부가세, 개별소비세, 주세, 교통 · 에너지 · 환경세 및 농어촌특별세를 말한다.
- '수출 등'이라 함은 관세법 등에도 불구하고 수출신고가 수리된 수출, 우리나라 안에서 대가를 외화로 받고 판매 또는 공사 중 기획재정부령이 정하는 것, 관세법에 의한 보세

구역 중 기획재정부령이 정하는 구역 또는 자유무역지역의 지정 및 운영에 관한 법률에 의한 자유무역지역 안의 입주기업체의 공급 등을 말한다.
- '수출물품'이라 함은 수출 등의 용도에 제공되는 물품을 말한다.
- '수출용원재료'라 함은 수출물품 또는 이를 제조·가공하는 데 소요되는 원재료를 말한다.
- '환급'이라 함은 수출용 원재료를 수입하는 때에 납부하였거나 납부할 관세 등을 관세법 등의 규정에 불구하고 이 법에 의하여 수출자 또는 수출물품의 생산자에게 되돌려 주는 것을 말한다.
- '정산'이라 함은 환급특례법 제5조 ②항의 규정에 의하여 수출용원재료에 대하여 일정기간별로 일괄납부할 관세 등과 환급특례법 제16조 ③항이 규정에 의하여 지급이 보류된 환급금을 상계하는 것을 말한다.

2. 관세환급의 실시배경

환급특례법에 의하여 수출물품에 대하여 관세환급을 해주는 이론적 배경을 살펴보면 다음과 같다.

(1) 소비자 과세원칙에 따른 국경세조정

수출용 원자재를 수입하여 제품을 생산하여 수출하게 되면 수입한 수출용 원자재는 국내에서 사용·소비되지 않고 해외에서 소비된다.

물품의 소비행위에 대하여 과세하는 소비세를 수출되는 재화에 대하여 부과·징수할 경우 해당 수출국뿐 아니라 그 물품을 수입하는 국가에서도 소비를 이유로 또 다시 소비세를 부과하게 되어 하나의 소비행위에 대하여 이중과세하는 결과가 초래된다. 따라서, 수출되는 물품에 대하여는 수출국 내에서 부과된 제 소비세를 환급하는 것이다.

※ 수출에 따른 직접세의 환급은 WTO 협정상 금지보조금으로 분류될 성격의 것이나, 간접세인 소비세의 환급은 보조금으로 분류되지 아니하기 때문에 대부분 국가들이 환급 또는 면세제도를 통하여 수출시의 조세부담을 제거하고 있다.

(2) 관세상의 수출지원 및 촉진

관세상의 수출지원제도는 수출의 경우에 관세부담을 제거시키는 방법에 따라 보세공장제도, 자유항, 자유무역지역제도, 수출용원재료에 대한 면세제도, 관세환급제도 등이 있다. 이들 각 제도는 각각의 장단점이 있으며 각국의 경제여건(경제발전단계 등)에 따라 이용되는 제도가 달라진다.

관세환급제도는 수출용 원재료에 대하여도 수입시에 관세 등을 부과·징수하여 사후관리를 간소화하고, 동 수입원재료로 제조·가공된 물품을 수출 등에 제공한 경우 소요원재료의 수입시에 납부한 관세 등을 되돌려 주어 수출의 경우에는 관세장벽을 제거하게 되며, 외국으로부터 수입되는 원재료에 대하여는 수입시부터 수출 등에 제공 후 환급시까지 관세 등의 금액에 상당하는 자금부담을 주게 되므로 이러한 자금부담이 없는 국산원재료의 사용 및 개발을 촉진하는 장점이 있는 것이다.

보 충 **관세상의 수출지원제도**

① **자유무역지역 및 보세공장제도**—자유무역지역 및 보세공장은 위치상으로는 우리나라 국경선 안에 있으나 의도적으로 관세선 밖에 존치시킴으로써 수입한 수출용 원재료를 관세선 밖에서 수출물품을 제조·가공케 하여 관세부담을 주지 않으려는 제도로서 관세선을 통과하는 경우에 수반되는 사후관리절차를 제거하여 수출입절차가 간편한 장점이 있는 반면에 국산원재료의 사용보다 외국산 원재료의 수입을 촉진시키는 결점이 있다.

② **종합보세구역**—종합보세구역은 최근 국제무역조류에 맞추어 국제무역을 증진하고 외국인 투자를 유치하기 위하여 주요 공항, 항만에 물류기능과 생산기능을 동시에 보유한 복합 거점으로서 동 지역 전체를 종합보세구역으로 지정한 구역을 말한다.

③ **보세운송제도**—보세운송제도는 수입물품의 화주에게 경비의 절감, 절차의 간소화, 자금부담의 완화 등 편의를 주는 데 그 목적이 있다. 외국물품을 국내에서 운송함에 있어서는 관세징수의 확보 등의 견지에서 여러 가지 제한을 가하고 있는 데(예: 보세운송 기간 등) 반하여 수출보세운송 제도는 보세운송절차를 생략하여 물류를 촉진하고 수출업자의 편의를 도모하도록 하였다.

④ **관세자유지역**—관세자유지역은 공항, 항만 등을 중심으로 하는 일정한 지역을 관세상의 부담이 없는 자유지역으로 지정, 운영함으로써 국가간 물류를 원활하게 하고 동 지역을 국제적인 물류 중심지로 육성하기 위하여 제정되었다. 관세자유지역제도는 우리나라가 국제 물류 흐름에 있어 중요한 경유지 또는 중심항으로서 역할을 용이하게 하는 이점을 살려 국제적인 물류 중심지로 육성할 수 있도록 지원하기 위해 도입된 것이다.

3. 관세환급의 실시효과

(1) 국산원재료의 사용 및 개발촉진

수출용원재료에 대한 사전면세제도에서 일단 관세를 납부하고 일정요건을 충족한 경우에 사후에 납부한 관세 등을 환급하는 환급제도로 바뀜에 따라, 수출용 원재료에 대하여 관세를 부과함으로써 국내시장에서의 관세액만큼의 물품가격을 인상시켜 동종의 국내산업을 보호하게 되고, 수출업자에게는 수입시로부터 수출 후 환급을 받을 때까지 동액의 이자부담을 주게 되어 가능한 한 불요불급한 외국원재료의 수입을 억제하는 효과가 있다.

그리고 현행 관세율구조가 물품의 가공단계별로 차등적용되고 있어 기초원재료로부터 가공단계가 높을수록 고율의 관세가 부과되기 때문에 수출물품의 제조를 위하여 원재료를 수입할 경우에도 관세율이 높은 고가공 원재료를 수입하여 제조(가공)수출하는 것보다는 관세율이 낮은 저가공의 기초원재료를 수입·사용하는 것이 수출업자에게 유리하게 된다.

(2) 사후관리절차의 간편화

관세환급제도가 실시되기 전의 사전면세제도하에서는 수출용원재료의 수입시에 수출조건부로 면세되는 것이므로 해당 물품이 대응수출에 공하여지는지의 여부를 수시로 조사·확인 등의 절차와 면세수입 원재료를 가지고 중간제품을 만들고 이를 다른 수출물품 제조업체에 공급하는 내국신용장 등의 거래인 경우에는 물품의 공급시마다 관할세관에서 양수도승인을 받아야 하는 등의 사후관리절차에 많은 인력과 비용이 소요되었다. 그러나 관세환급제의 실시로 모든 물품에 대하여 수입시에 과세하기 때문에 양수도승인이나 대응수출에 관한 사후관리를 할 필요가 없게 되어 대폭적인 절차의 간소화를 가져왔다.

Ⅱ. 환급특례법의 개요

1. 현행 환급특례법의 성립배경

1960년대 우리나라 경제발전 초기의 수출진흥에 크게 기여한 수출용원재료에 대한 면세제도는 1970년대에 들어서면서 무역의 규모가 확대되어 100억 달러를 초과함에 따라 실물 사후관리가 불가능하게 되고, 제철·제강·석유화학 등의 소재산업이 발달하기 시작함에 따라 수출용원재료의 국산화를 위하여 1975. 7. 1부터 관세환급제도로 전환하게 되었다.

1996. 12. 30 공포되어 1997. 7. 1부터 시행하는 개정 환급특례법에 의하여 정액환급제도 중 업체별·품목별 정액환급제도가 폐지되는 대신 연산품 정액환급제도가 도입되었고, 선환급·후정산제도 및 상계제도가 폐지되면서 수출용원재료에 대한 관세 등 정산제도가 도입되었다. 그리고 현재 서류에 의해 환급신청하는 것은 1997. 7. 1부터는 전산(EDI 또는 디스켓)에 의해 환급신청하는 환급업무 전산처리제도가 시행되고 있다.

그림 14-1 단계별 환급특례법 체제

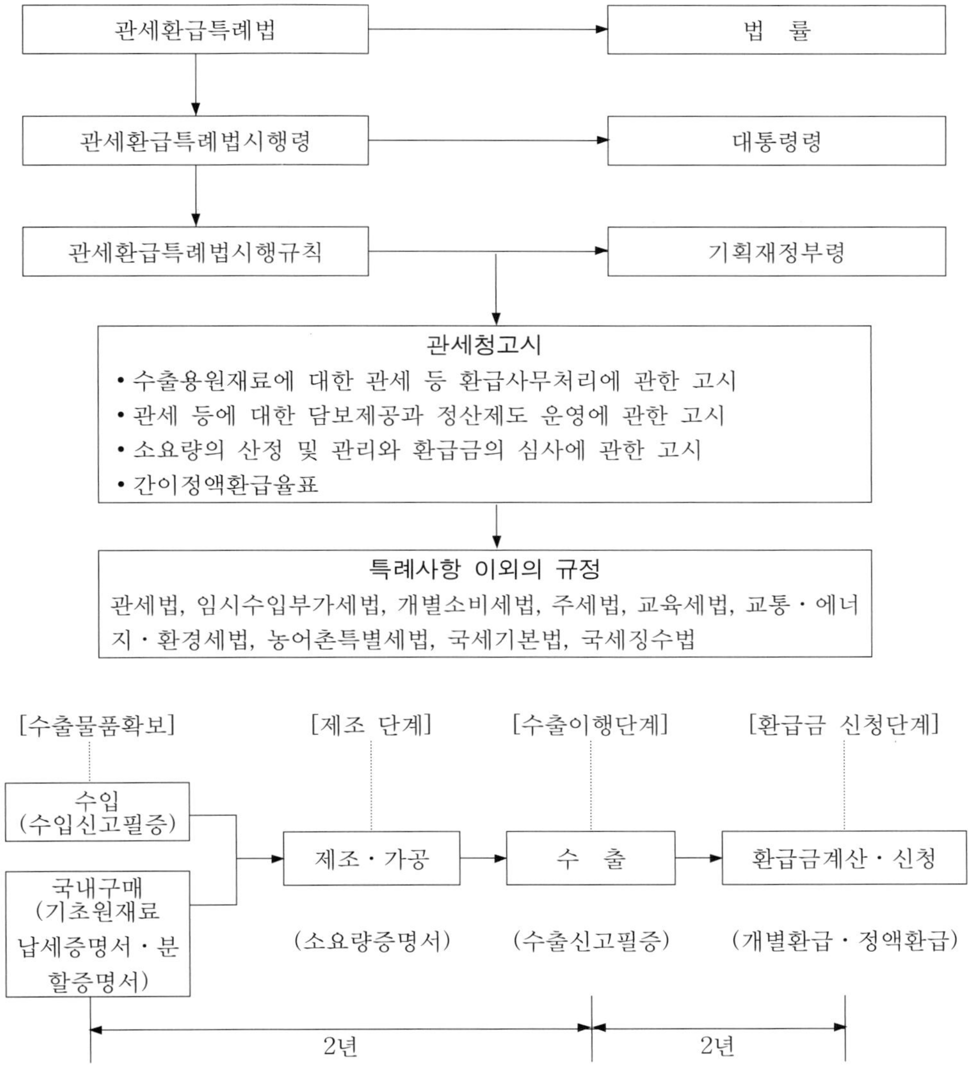

2. 환급특례법의 체계 및 구성

관세 등의 적정한 환급을 통해 능률적인 수출지원과 균형 있는 산업발전에 이바지함을 목적으로 하는 관세환급특례법은 관세환급행정의 기본법이다.

이러한 관세환급특례법은 관세환급특례법에서 위임한 사항과 관세환급특례법의 시행에 필요한 사항을 규정한 관세환급특례법 시행령과 관세환급특례법 또는 관세환급특례법시행령의 위임한 사항이나 동법과 동 시행령의 시행에 필요한 사항을 규정한 관세환급특례법 시행규칙으로 관세환급특례법령의 체계를 이루고 있다.

관세환급특례법은 총 24조의 환급특례법 규정과 33조의 시행령, 15조의 시행규칙으로 구성되어 있다.

3. 환급특례법의 성격

(1) 타 세법의 특례적 성격

수출용 원재료의 수입시에 부과되는 조세에는 관세 이외에도 개별소비세, 주세, 교통·에너지·환경세, 농어촌특별세, 부가가치세 및 교육세가 있다. 관세환급특례법은 다른 세법에 대한 특례법으로서의 성격을 갖고 있으므로 관세환급특례법에서 규정되지 아니한 사항에 대하여는 해당 세법의 규정을 적용하여야 한다.

(2) 부가가치세의 환급 배제

환급특례법에서 특례를 정하지 않은 부가가치세는 해당 동법의 규정에 의하여 환급하여야 한다. 따라서, 수출용원재료의 수입시 부가세 징수는 세관장이 하나 환급은 세무서장이 담당하고 있다.

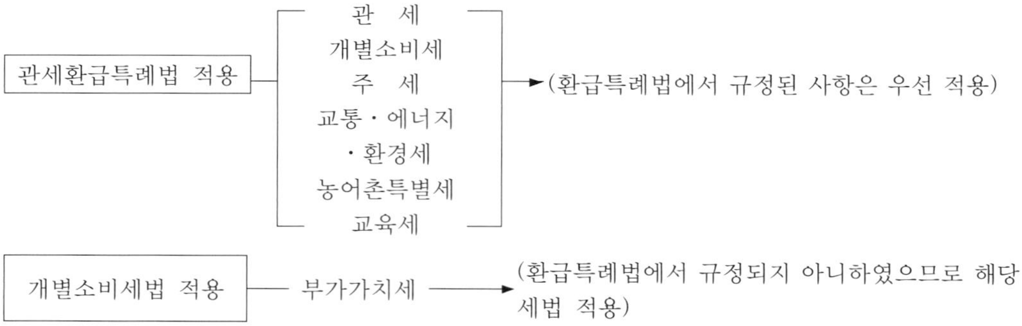

표 14-1 관세관련 환급되는 조세

구 분	근 거 법	환급되는 조세
수출용원재료에 대한 환급	환급특례법	관세, 임시수입부가세, 개별소비세, 주세, 교통·에너지·환경세, 교육세, 농어촌특별세
	부가가치세법	부가가치세

과오납 또는 위약물품 등에 대한 환급	관세법	관세, 임시수입부가세, 부가가치세, 개별소비세, 주세, 교통·에너지·환경세, 교육세, 농어촌특별세 (가산금, 가산세, 체납처분비 포함)

(3) 형사법적 성격

환급특례법은 형법 등의 형사법적인 성격을 가지고 있다. 즉, 환급특례법에서는 벌칙과 조사 및 처분에 관한 조항을 가지고 있는데, 이는 관세환급의 적정을 기하기 위해 규정한 것으로 관세법, 기타 환급관련 조세법 또는 형법과는 별도로 처벌관계규정을 두고 있다.

Ⅲ. 환급특례법상의 환급세목

1. 수입물품에 대한 조세의 징수

외국으로부터 물품을 수입하게 되면 상술한 바와 같은 여러 가지 조세가 부과·징수되는데 그 구체적인 항목과 내용은 다음과 같다.[1)]

(1) 관 세

수입물품에 대한 관세는 물품의 가격+운송비+보험료가 기초가 되는 과세가격에 관세율을 곱한 금액(종가세), 또는 수입물품의 수량단위로 정해진 과세가격에 수입물품의 수량을 곱한 금액(종량세)이 된다(관세법 제15조).

종가세: 과세가격×관세율=관세 종량세: 수입물품의 수량×수량단위당 관세액=관세

(2) 임시수입부가세

임시수입부가세는 수입물품에 대하여 관세 이외에 임시수입부가세를 부과함으로써 국제수지를 개선하기 위한 목적으로 1973년에 제정되었으나 아직까지 부과된 적은 없다.

임시수입부과세는 모든 관세의 과세대상 수입물품이 그 대상이 되며, 세율은 관세 과세가격의 30% 범위 안에서 대통령령으로 정하도록 하고 있지만(임시수입부가세법 제4조) 대통령령은 제정되지 않고 있다.

1) 한휘선, 전게서, pp. 688~691.

(3) 부가가치세

부가가치세는 재산적 가치가 있는 모든 유체물과 무체물(즉, 재화)이 수입되거나 재화 또는 용역이 공급될 때 부과된다(부가가치세법 제14조).

따라서, 수입물품에 대한 부가가치세는 다음과 같이 산출하여 부과된다.

(관세의 과세가격＋관세＋개별소비세＋주세＋교육세＋교통・에너지・환경세＋농어촌특별세)×부가가치세율(10%)=부가가치세

일반적으로 부가가치세는 상반기와 하반기의 2기로 과세기간을 나누어 납부토록 되어 있으나, 재화의 수입에 대한 부가가치세는 세관장이 관세징수의 예에 의하여 징수하도록 하고 있으므로 매 수입통관시에 징수하게 된다.

(4) 개별소비세

개별소비세는 특정한 물품, 특정한 장소에의 입장행위 및 특정한 장소에서의 유흥음식행위에 대하여 부과한다. 이 중 수입물품과 관련이 있는 것은 특정한 물품에 대한 부과로 과세물품은 5개종으로 나뉘어 규정하고 있다. 세율은 종가세의 경우 10~20%의 세율이 적용되고, 유류와 액화가스에 대하여는 종량세가 적용된다.

수입되는 물품에 대한 개별소비세의 과세가격은 관세를 부과하기 위한 과세가격에 해당 물품에 부과하여야 할 관세에 상당하는 금액을 가산하는 금액이다. 다만, 학술연구용품으로 관세가 감면되는 물품은 관세를 부과하기 위한 과세가격만을 과세가격으로 한다. 그러나 제4종에 분류되는 보석류, 고급가구 등은 개별소비세법시행령 제4조에 정해진 기준가격을 초과하는 가격이 과세가격이 된다. 따라서, 수입물품에 대한 개별소비세는 다음과 같이 산출하여 부과된다.

・제1종 내지 제3종, 제5종물품: (관세의 과세가격＋관세)×개별소비세율 (10%~20%)＝개별소비세 ・제4종물품: 기준가격을 초과하는 가격×개별소비세율(15%~20%)＝개별소비세

개별소비세는 매월분 개별소비세를 납세의무자가 다음달 말일까지 신고 납부하는 것이 원칙이나 수입물품에 대하여는 관세법의 규정에 따라 매 수입통관시에 세관장에게 납부하여야 한다.

(5) 주　세

주세는 주정과 알콜분 1도 이상의 음료를 의미하는 주류에 대하여 부과된다.

여기에서 주류란 주정, 탁주, 약주류, 맥주, 과실주, 소주류, 위스키류, 브랜디류, 일반증류주, 리큐르, 기타 주류가 포함하는 것이다. 주세는 주류를 제조하여 제조장으로부터 출고하는 자와 주류를 수입하는 관세납세의무자가 납세의무를 지게 된다.

수입되는 주류에 대한 과세가격은 관세의 과세가격에 해당 주류에 부과될 관세에 상당하는 금액을 가산한 금액이다. 다만, 주정은 종량세가 적용된다.

따라서, 수입주류에 대한 주세는 다음과 같이 산출하여 부과된다.

- 주정: 수입물량×주세율(1kℓ당 57,000원. 다만, 알콜분 95도 초과시 그 초과하는 1도마다 600원 가산)=주세
- 주정을 제외한 주류: (관세의 과세가격+관세)×주세율(5~72%)=주세

교육세는 교육의 질적 향상을 도모하기 위하여 필요한 교육재정 확충에 소요되는 재원 확보를 위해 부과되는데 수입물품과 관련하여서는 개별소비세, 교통·에너지·환경세 또는 주세가 부과되는 수입물품이 부과의 대상이 되고 세율은 10~30%로 되어 있다.

따라서, 수입물품에 대한 교육세는 다음과 같이 산출하여 부과된다.

- 개별소비세액×교육세율(30%, 다만 경유는 15%)=교육세액
- 교통·에너지·환경세액×교육세율(15%)=교육세액
- 주세액×교육세율(10%, 다만 주세율이 70% 이상인 주류는 30%)=교육세액

개별소비세액, 교통·에너지·환경세액, 주세액에 부과되는 교육세에 대하여는 세무서장이 개별소비세, 교통·에너지·환경세 또는 주세의 부과·징수의 예에 의하여 이를 부과·징수하도록 하고 있으나, 수입물품과 관련한 교육세의 부과·징수에 관하여는 교육세법상 아무런 규정이 없고, 관세법 제26조의 규정에 의거 수입물품에 부과되는 교육세 등의 부과·징수·환급 등에 관하여서 관세법의 규정을 우선하여 적용한다.

(6) 교통·에너지·환경세

교통·에너지·환경세는 도로 및 도시철도 등 교통시설의 확충에 소요되는 재원확보를 위해 종량세로 부과되는데 과세대상이 되는 물품과 세율은 휘발유 및 이와 유사한 대체유류와 경유이다.

따라서, 수입물품에 대한 교통·에너지·환경세는 다음과 같이 산출하여 부과된다.

> ·휘발유와 이와 유사한 대체유류의 수입물량×교통·에너지·환경세율(리터당 475원)=교통·에너지·환경세
> ·경유의 수입물량×교통·에너지·환경세율(리터당 340원)=교통·에너지·환경세

수입물품에 대한 교통·에너지·환경세의 부과·징수에 관하여서는 교통·에너지·환경세 제8조에서 관세법을 적용토록 규정하고 있다. 휘발유 및 이와 유사한 대체유류의 리터당 475원은 기본세율이며, 교통시설투자 재원의 조달과 해당 물품 수급상 필요한 경우 그 세율의 범위 내에서 대통령령으로 세율을 조정할 수 있다.

(7) 농어촌특별세

농어촌특별세는 농어업의 경쟁력강화와 농어촌산업기반시설의 확충 및 농어촌지역 개발사업을 위하여 필요한 재원을 확보하기 위하여 부과된다.

수입물품과 관련한 농어촌특별세의 과세대상과 세율은 다음과 같다.

> ·조세감면규제법 및 관세법에 의하여 관세의 감면을 받는 물품: 관세의 감면세액×농어촌특별세율(20%)=농어촌특별세
> ·개별소비세법의 규정에 의하여 개별소비세를 납부하는 물품: 개별소비세액×농어촌특별세율(10%)=농어촌특별세

수입물품에 대한 농어촌특별세의 부과·징수에 관하여는 농어촌특별세법 제8조 ②항에 의하여 관세법의 부과·징수 관련 규정이 적용된다.

2. 환급대상 세목

(1) 환급특례법에 의해 환급되는 조세

물품수입시 징수된 조세 중 수출지원을 목적으로 환급특례법에 의하여 환급되는 조세는 현행법상 관세, 임시수입부가세, 개별소비세, 주세, 교육세, 교통·에너지·환경세, 농어촌특별세의 7종이다. 환급특례법에 의한 환급금액은 정부가 정해서 고시하는 정액환급의 경우 외에는 수출물품별로 해당 물품제조에 소요된 수출용원재료의 수량을 산정해 내고(소요량계산), 소요량에 해당하는 수입원재료에 대한 관세 등의 납부액을 계산하여 결정한다.

즉, 관세·임시수입부가세·개별소비세·주세·교육세·농어촌특별세는 세관에서 환급특례법에 정한 절차에 따라 환급한다.

(2) 부가가치세법에 의해 환급되는 조세

물품수입시 징수된 조세로서 수출지원을 목적으로 환급되는 조세 중 부가가치세는 부가가치세법의 규정에 의하여 환급된다. 따라서, 부가가치세는 수출물품에 대하여 영세율이 적용되므로 세무서장이 환급 또는 납부할 세액에서 공제하고 있다.

(3) 가산세 등의 환급여부

수입물품에 대하여 부과되는 가산세는 관세법상의 의무를 자진하여 이행하지 아니한 납세의무자를 제재하기 위한 일종의 부과금이다.

이러한 가산세는 관세의 세목에 포함되지만, 관세의 일부를 구성하는 것은 아니다. 또한, 환급특례법이나 수입시 부과되는 각종 조세의 해당 세법에도 가산세의 환급에 대하여 따로 규정을 두고 있지 아니하고 있으므로 원재료 수입시 의무 불이행으로 가산세를 납부한 것에 대하여는 물품 수출시에도 환급을 받지 못하게 된다.

가산세와 유사한 것으로 관세 등의 납부고지서에 기재된 납부기한을 어겨 부과되는 가산금 또한 환급의 대상이 아니다.

제 2 절 관세환급의 요건

Ⅰ. 환급대상 수출

1. 환급대상 수출의 범위

수출용원재료에 대한 관세 등을 환급받을 수 있는 수출은 다음에 해당되는 것으로 한다. 원칙적으로 대가를 수반한 유상수출에 한하며, 무상수출인 경우에는 기획재정부령으로 정한 것만 해당된다.

(1) 일반유상수출

관세법의 규정에 의하여 수출신고가 수리된 물품으로 대가를 받은 유상수출은 다음과 같다(법 제4조).

① 취소불능신용장에 의한 수출
② 추심결제 방법에 의한 수출
③ 송금방식에 의한 수출
④ 임대 수출

⑤ 연계무역에 의한 수출

(2) 기획재정부령을 정한 무상수출(제4조 제1호 단서)

무상수출 중 외화 획득측면에서 환급대상으로 인정하고 있는 수출은 ㉠ 해외박람회 등에의 출품물품 중 외화 판매 물품, ㉡ 무상으로 송부하는 견본용 물품, ㉢ 위약물품의 대체 수출 등이다(법 제4조 1호 단서).

또한 무상수출 중 외화 유출방지 측면에서 환급대상으로 인정하고 있는 수출은 ㉠ 해외공사용 자재 및 장비, ㉡ 외항선(기)용 선(기)용품, ㉢ 원양어선용 선수품 등이다.

㈎ 박람회, 전시회 등에 출품 물품

외국에서 개최되는 박람회, 전시회, 견본시장, 영화제 등에 출품하기 위하여 무상으로 반출되는 물품의 수출. 다만, 외국에서 외화를 받고 판매된 경우에 한한다.

㈏ 해외공사용 자재 및 장비

해외에서 투자, 건설, 용역, 기타 이에 준하는 사업을 행하고 있는 우리나라의 국민(법인을 포함한다)에게 무상으로 송부하기 위하여 반출하는 기계, 시설자재 및 공사용 장비로서 주무부장관(또는 그가 지정한 자)이 확인한 물품의 수출

증명서류
수출신고필증의 세관기재란에 다음과 같이 확인된 수출신고필증(선적, 기적 등 확인 필요)

㈐ 외항선(기)에 선(기)용품 공급

우리나라와 외국 간을 왕래하는 선박 또는 항공기 안에서 직접 그 선박 또는 항공기용으로 사용되는 물품의 공급

증명서류
선(기)적이 확인된 선(기)용품 선(기)적 허가서

㈑ 원양어선용 선수품

수산업법 제13조 또는 제42조의 규정에 의하여 수산청장의 또는 수산청장이 지정하는 기관의 장의 허가를 받은 자가 그 원양어선(외국무역선인 경우에 한한다)에 무상으로 송부하기 위하여 반출하는 물품(우리나라에서 제조가공한 것에 한함)으로서 수산청장 또는 수산청장이 지정하는 기관의 장이 확인한 물품의 수출

증명서류
- 선(기)용품 선(기)적 확인서 또는
- 수출신고필증의 세관기재란에 다음과 같이 확인된 수출신고필증(선적, 기적 확인 필요)

※수출신고시에 수산청장(위임 기관장)의 확인서 제출 및 확인 요청

㈑ 대체물품의 수출

수출된 물품이 계약 조건과 상이하여 반출된 물품에 대체하기 위한 물품의 수출은 환급대상 수출이다. 만일 수출된 물품이 계약조건과 달라 클레임(claim)이 제기되었으나 해당 물품이 국내로 반품되지 아니하고 가격인하조치에 의해 타결되었을 때는 해당 물품은 일반적인 유상수출로서 환급이 이루어질 수 있다. 또한 클레임이 제기된 물품을 반품받아 수리하여 재수출하는 경우에는 최초 수출물품에 대하여는 일반적인 유상수출로서 환급이 가능하고, 반품되는 해당 물품은 수입을 할 때 관세법상 재수출조건부로 면세 수입한 다음 수리하여 재수출할 수 있다. 한편, 클레임 제기로 인해 완전히 국내로 반품되는 물품은 국내 반입을 할 때 수입통관을 하여야 한다. 이때 해당 물품이 수출한 날부터 2년 이내에 수입되는 경우에는 관세법 제99조의 규정에 의하여 재수입 면세를 받을 수 있다. 그러나 수출한 날부터 2년이 초과되어 수입되거나, 2년 이내일지라도 해당 물품을 당초 수출한 다음 이미 관세를 환급받았을 때는 해당 관세를 납부하여야 한다.

증명서류
- 최초 수출신고필증
- 재수입신고필증
- 대체수출신고필증

㈒ 수탁(위탁)가공무역 및 위탁판매 수출

해외로부터 가공임을 받고 국내에서 가공할 목적으로 반입된 수입원재료의 가공물품과 해외에서 위탁가공할 목적으로 반출하는 물품의 수출

위탁판매를 위하여 무상으로 반출하는 물품의 수출(외국에서 외화를 받고 판매된 경우에 한한다)

(3) 기획재정부령으로 정한 국내 외화판매·공사

물품이 외국으로 반출되지 아니하고 국내에 거주하는 자에게 외화를 받고 판매되거나, 외화를 대가로 공사를 한 때는 해당 판매물품 또는 공사에 사용·소비된 원재료를 수입할 때 납부한 관세가 환급될 수 있다. 국내에서의 판매 또는 공사로서 환급대상으로

인정되는 것은 물품을 공급받거나 공사를 발주하는 기관이 외국으로부터 그 물품을 직접 수입하는 경우 관세가 감면된다는 점과, 물품의 판매 또는 공사에 대한 대가는 외화로 영수된다는 두 가지 특징을 가지고 있다. 그러므로 국내에서의 외화판매 또는 외화공사 등에 대하여 관세를 환급하는 것은 국내의 판매 또는 공급자가 외국 경쟁자에 비해 불리하지 않도록 지원하는 역할을 하는 것이다.

우리나라 안에서 대가를 외화로 받는 판매 또는 공사 중 기획재정부령이 정하는 것은 다음과 같다.

① 주한미군에 대한 외화판매
② 주한미군 또는 주한외교기관 등이 시행하는 외화 공사
③ 외화판매 국산승용차
④ 외국인 투자 기업에 대한 외화판매 자본재
⑤ 차관자금에 의한 낙출물품의 외화 판매
⑥ 해외 취업 근로자에 대한 외화 면세 판매 물품

〈공통의 요건〉

수요자가 수입시 관세감면 국내에서 외화를 받은 판매・공사	외국의 공급자와 동등한 경쟁조건

(가) 주한민군 외화판매

주한미군에 대한 물품의 판매 중 대가를 외화로 받는 판매는 환급대상이 된다. 주한미군의 범위는 SOFA 협정이 적용되는 우리나라에 주둔하는 미국의 육・해・공군이다. 이에는 주한미군의 초청계약자와 주한미군 영내의 PX・사교클럽・극장・신문등 비세출기관(Non-Appropriated Fund Organization)이 포함된다.

> 증명서류
> ・납품완료증명서(주무부장관 또는 해당 수출조합장이 확인)
> ・외화입금증명서(외국환은행)

(나) 외화공사

주한미군 또는 관세법 제88조의 규정에 의해 인정되는 주한 외교기관이 시행하는 공사중 대가를 외화로 받는 공사는 환급대상이다. 관세법의 규정에 의한 주한 외교기관이란 우리나라에 있는 외국의 대사관・공사관・영사관과 기타 이에 준하는 기관을 말한

다. 따라서 주한미군이나 주한 외국대사관 · 공사관 · 영사관과 이에 준하는 기관이 시행하는 공사 중 대가가 외화로 지급되는 공사에 사용 · 소비된 원재료를 수입할 때 납부한 관세는 이 조항에 의해 환급의 대상이 된다.

증명서류
· 공사완료증명서(주무부장관 또는 해당 수출조합장이 확인)
· 외화입금증명서(외국환은행)

㈐ 외화판매 국산승용자동차

관세법 제88조(외교관면세) 및 정부와 사업계약을 한 외국인 국제기구 또는 외국정부가 우리나라 정부에 파견한 원조사절, 정부가 초청한 고문관 · 기술단원 등의 수입품 면세와 SOFA협정(주한미군의 지위에 관한 협정)의 규정에 의하여 수입하는 승용자동차에 관세 등의 면세를 받을 수 있는 자가 수입에 갈음하여 국산승용차를 구입하는 경우. 다만, 외화로 구입하는 것으로서 주무부장관의 면세추천서를 제출하는 경우에 한한다.

증명서류
· 외화입금증명서(외국환은행)
· 주무처장의 장 또는 주한미군사령부 통관장교가 면세추천한 국산승용차 면세추천서
· 자동차검사증 또는 등록 사실을 증명할 수 있는 서류

㈑ 외화판매자본재

외국인투자촉진법의 규정에 의하여 외국인 투자 또는 출자의 신고를 한 자에 대한 자본재의 판매 중 대가를 외화로 받는 판매는 환급대상이 된다. 다만, 해당 자본재는 우리나라에서 생산된 것이어야 하며, 그 자본재가 수입되는 경우 외 조세특례제한법 제121조의3의 규정에 의하여 관세가 감면되는 경우이어야 한다. 자본재가 수입될 때 관세가 감면되는 경우는 다음 각호의 자본재 중 해당 사업에 직접 사용되는 것으로서 외국인투자 또는 출자의 신고를 한 날부터 3년 이내에 관세법에 의한 수입신고가 완료된 것에 한한다.[2)]

---

2) 외국인투자촉진법 제10조, 동법 시행령 제13조

증명서류
- 납품(공사)완료증명서(주무부장관 또는 해당 수출조합장이 확인)
- 외화입금증명서(외국환은행)
- 관세감면증명서류

┌ 자본재 등 도입물품명세서
├ 해당 자본재가 법 제15조 ①항 해당 증명서류
└ 해당 사업의 소득세감면대상임을 증명하는 서류

㈎ 국제경쟁입찰에서 낙찰된 물품의 외화 판매

국제금융기관으로부터 제공되는 차관자금에 의한 국제경쟁입찰에서 낙찰(낙찰받은 자로부터 도급을 받는 경우를 포함한다)된 물품(우리나라에서 제조·가공된 것에 한함)의 판매 중 대가를 외화로 받는 판매. 다만, 해당 물품이 수입되는 경우 관세법에 의하여 관세가 감면되는 때에 한한다.

증명서류
- 물품인도증명서(주무부처장이 확인)
- 외화입금증명서(외국환은행)
- 기타 업종확인에 필요한 서류(제조장 관할지 세관장)
- 반입확인서(세관장)

㈏ 해외취업근로자에 대한 외화면세 판매물품

개별소비세법 시행령 제2조 제1호 마목의 규정에 의한 해외취업근로자에 대한 외화면세 판매물품임을 증명하는 서류에 의한 판매

(4) 보세공장 등에 대한 물품공급

보세구역에는 여러 사유로 내국물품이 반입될 수 있다. 이와 같은 내국물품의 공급을 환급특례법상 수출로 인정하는 것은 보세창고, 보세공장, 보세판매장에 대한 공급과 종합보세구역, 자유무역지역 입주기업체에 대한 물품의 공급이다. 보세구역 등에 물품을 공급하는 것 자체가 직접적으로 외화를 획득하는 것은 아니다. 그러나 이들 구역에서 보관, 생산 또는 판매된 상품은 궁극적으로 수출을 하게 되거나 수출한 것과 같은 효과를 주게 되므로 결과적으로 외화획득에 공해지는 것으로 간주하고 있는 것이다. 이들 지역에 대한 물품의 공급은 유·무상을 불문하고 관세환급의 대상이 된다.

한편, 이들 구역에 공급된 물품으로 환급을 받은 물품은 관세법 등의 적용에 있어 이

를 외국물품으로 본다. 따라서 이러한 물품을 해당 보세구역에서 국내로 반입하고자 할 때는 관세법의 규정에 따라 수입통관 절차를 거쳐야 하며, 이를 위반하면 관세범(關稅犯)으로서 처벌의 대상이 된다.

(가) 보세창고에 대한 물품의 공급

관세법의 규정에 의한 보세창고에 물품을 반입할 경우 환급대상이 된다. 다만, 수출한 물품에 대한 수리·보수 또는 해외조립생산을 위하여 부품 등을 반입하는 경우만 그 대상이 된다. 해외조립용 수출용원재료 및 이미 수출한 물품의 하자보수용 물품의 보세창고 반입을 수출로 인정하면 그 비축기간만큼 조기환급효과를 가져와 특히 자동차 등 해외조립용 물품의 수출지원이 보다 효율적으로 이루어질 수 있다. 또한 장기간 비축후 수출됨에 따라 2년으로 제한된 수출이행기간의 경과로 환급을 받지 못하는 사례를 방지할 수 있다.

(나) 보세공장에 대한 물품의 공급

보세공장에 대한 물품의 공급은 환급대상이 된다. 다만, 수출용원재료로 사용될 목적으로 공급되는 경우에 한한다. 보세공장에 대한 물품의 공급을 수출로 보아 환급대상이 되도록 한 것은 이들 공장에 대한 수출용원재료의 공급에 있어 국내 공급자가 외국의 공급자에 비하여 불리한 입장에 서지 않도록 함으로써 원재료의 국산화를 촉진하기 위해서이다. 보세공장에 대한 물품의 공급은 수출물품의 제조를 목적으로 하는 경우만 환급대상이 될 수 있다. 즉, 최종제품이 외국으로 수출되지 않고 오로지 국내에 판매될 것을 목적으로 하는 내수용 보세공장에 반입하는 물품은 관세환급 대상이 될 수 없다. 보세공장에서 생산된 물품도 외국물품으로 '반송'의 절차를 거쳐 수출된다.

(다) 보세판매장에 대한 물품의 공급

관세법의 규정에 의한 보세판매장에 대한 물품의 공급은 환급대상이 된다. 보세판매장에서는 외국인 또는 출국하는 내국인을 상대로 물품을 판매하고 판매된 물품은 출국시 반출하게 하거나, 외국물품 수입시 관세를 면제받을 수 있는 외교관 등에게 판매하는 특징이 있다. 이러한 특징을 고려하여 보세판매장에 대한 물품의 공급을 환급대상 수출로 인정하고 있는 것이다.

(라) 종합보세구역 입주업체에 대한 물품의 공급

관세법의 규정에 의한 종합보세구역 입주기업체에 대한 물품의 공급은 환급대상이 된다. 다만, 수출용원재료로 공급하거나 수출한 물품에 대한 수리, 보수 또는 해외조립생산을 위하여 부품 등을 반입하는 경우 또는 보세구역에서 판매하기 위하여 반입하는 경우에 한한다. 종합보세구역 입주기업체에 대한 물품의 공급은 보세공장의 경우와 유사한 이유에서 환급대상이 되고 있다.

㈒ 자유무역지역에 대한 물품의 공급

자유무역지역 입주기업체에 대한 물품의 공급은 환급대상이 된다. 자유무역지역은 그 목적에 다소의 차이는 있으나 무역을 진흥하고 국제물류를 촉진시킨다는 점 등에서는 큰 차이가 없다. 이들 지역에 대한 물품의 공급을 환급의 대상으로 하고 있는 이유는 보세공장의 경우와 같다.

(5) 기타 환급대상 수출

위에서 열거한 것 외에 기획재정부장관이 환급대상 수출로 정하고 있는 것으로서 선(기)용품의 공급과 원양어선에 대한 물품의 무상공급이 있다.[3]

(6) 북한에의 물품반출

㈎ 의 의

남북교류협력에 관한 법령에 의거 북한으로 반출한 물품도 환급대상 수출로 인정하고 있다. 다만, 북한에서 임가공 등을 거친 후 다시 남한으로 반입되는 물품은 제외된다. 이는 남북교류를 촉진시키기 위함이다.

물품의 반출입에 관련하여서는 동법에 특별히 규정되지 아니한 사항에 대하여는 대외무역법령과 관세법령 등을 준용하도록 규정하고 있다. 그런데 북한에서 반입되는 물품에 대하여는 수입이 아니므로 관세의 부과, 징수에 관한 규정을 배제하고 있으며, 내국세(부가가치세) 등은 부과되고 있다. 한편, 환급대상수출에 관한 법적 근거는 '이 법에 의한 물품의 반출은 환급특례법상의 수출 등으로 본다'라고 규정하여 북한에 반출물품도 환특법을 준용하도록 규정하여 환급대상수출로 보고 있다.

㈏ 환급대상 인정배경

북한에 수출하는 외국의 공급자는 수출 후 관세환급을 받게 되나, 남한의 공급자는 북한으로서의 물품반출은 수출이 아니므로 관세환급을 받을 수 없는 경우, 원재료 수입시 납부한 관세액만큼 불리한 위치에 놓이게 된다. 따라서, 관세부담만큼 환급해 주어 남한의 공급자를 외국의 공급자와 동등한 경쟁여건을 마련해 줌으로써 남북 교류를 촉진시키기 위함이다.

㈐ 환급대상수출의 요건

환급대상이 되기 위해서는 다음의 세 요건을 모두 갖추어야 한다.

① 북한 반출입 승인을 받아야 한다.

---

3) 외국군함(군용기)에 선(기)용품을 공급한 것으로서 세관공무원의 확인을 받은 물품도 환급대상이 될 수 있다(수출용원재료에 대한 관세등 환급사무처리에 관한 고시 제1-2-2조).

② 북한으로 물품을 반출하여야 한다.
③ 남한에서 북한으로 반출한 물품 또는 동 물품으로 제조된 물품이 우리나라에 반입되지 않아야 한다.

2. 수출종류별 관세환급

(1) 유환수출과 관세환급

유환수출은 전부 관세환급대상 수출에 해당한다. 수출신고필증으로 유환수출의 확인방법은 다음과 같다.

① 수출신고필증상의 수출승인서의 번호란에 승인번호가 기재된 수출신고필증은 모두 유환수출에 해당한다.
② 수출승인번호가 기재되지 않았다 하더라도 L/C번호란에 신용장의 번호가 기재된 수출신고필증은 모두 유환수출에 해당한다.
③ 위 ①과 ②에 해당하지 않더라도 결제금액란에 금액이 기재되어 있고 결제방법란에 "GN"이라고 표시되지 아니한 수출신고필증은 유환수출에 해당한다.

(2) 무환수출과 관세환급

무환수출은 외화가 획득되지 아니하는 것이므로 수출계약을 위한 견본용 물품의 수출을 제외하고는 대부분 환급대상수출에 해당하지 아니한다. 그러나 일부의 경우에는 외화유출방지의 차원에서 환급대상수출에 해당하는 경우가 있다.

(3) 환급대상수출의 표시

무환수출의 경우에는 대부분의 경우 환급대상수출에 해당하지 아니하며 일부분이 경우에만 환급대상이 되므로 환급신청시에 환급대상수출임을 증명하여야 한다. 이를 증명하는 방법에는 수출신고시에 입증자료를 제출하여 수출통관세관에서 수출신고필증의 세관기재란에 다음과 기재하여 증명하는 방법과 환급신청시에 입증자료를 첨부하여 제출하는 방법이 있다(규칙 제3조 참조).

종전 고시에서는 전자의 방법을 채택하고 있었으나 1997. 7. 1. 개정된 고시에는 후자의 방법을 채택하고 있다. 두 방법 간에는 장 · 단점이 있으나 수출신고시에는 현품이 있으므로 확인이 좀더 용이하다고 하겠다.

3. 수출신고시 소요원재료의 표시

(1) 의 의

수출품을 구성하고 있는 원재료의 종류와 양을 수출신고필증 등에 표시하는 것을 소요원재료표시라 한다. 이를 통상 영어로 "Material"이라고 부르기도 한다. 수출신고필증 등에는 수출품 등의 품명과 규격을 기재하는 것이며, 수출품을 구성하는 원재료의 종류와 양을 표시하지 않음이 원칙이고, 수출품 제조에 소요된 원재료의 종류와 양은 소요량 계산서에 표시함이 정상적이다.

그러나 수출품에 따라서는 수출할 때마다 소요원재료의 종류와 수량이 달라 이를 수출신고시에 신고하지 않고는 수출품 제조에 소요된 원재료의 종류와 양을 확인할 수 없는 경우가 있어, 부득이 이를 수출신고서에 기재하도록 하고 있다. 예를 들어 의류를 수출하는 경우, 수출신고서에 의류의 규격을 아무리 자세히 표시하여도 수출신고필증으로 소요원재료(원단 등)의 종류와 사용량을 확인할 수 없다. 이는 원단 등의 종류와 사용량은 의류의 패션에 따라 수시로 달라지기 때문이다.

(2) 소요량 확인방법 변경과 소요원재료 표시

소요량 확인방법이 소요량증명제도에서 소요량신고제도로 변경된 이후에도 소요원재료표시가 계속 필요한 것인가에 대하여는 의견이 다를 수 있다. 관세환급제도가 수출품제조에 소요된 원재료의 납부세액을 확인함에 있어 실물로 확인하지 아니하고 서류상으로 관리하는 점으로 미루어보면 수출신고필증상의 품명과 규격만으로 수출품을 정확히 알 수 없는 품목에 대해서는 소요원재료를 표시함이 타당한 것으로 사료된다.

Tip 소요량제도란?

소요량(所要量)이란 수출물품을 생산하는 데 소요되는 원재료의 양으로서 생산과정에서 정상적으로 발생되는 손모량을 포함한 것을 말한다. 생산의 개념에는 수출물품의 가공・조립・수리・재생 또는 개조하는 것을 포함한다.

여기에서 손모량(損耗量)이란 수출물품을 정상적으로 생산하는 과정에서 발생하는 원재료의 손실량이다. 이때의 원재료의 양에는 불량품 생산에 소요된 원재료의 양은 제외된다. 즉, 소요량이란 수출물품을 구성하고 있는 원자재의 실량(實量)에 해당 수출물품의 정상적인 생산과정에서 허비되는 손모량을 더하여 파악하는 것으로 수출물품 생산과정에서 소비된 원재료의 총량을 의미하게 된다. 의류 생산을 예로서 보자. 의류의 경우 실량은 옷본에 따라 원단이 재단되어 옷으로 만들어지는 부분이다. 이때 재단 과정에서 버려지는 설(屑)은 손모량이다. 따라서 [옷+설]로 이루어지는 원단 소비량이 소요량이 된다. 그러나 완제품인 의류에 흠이 있어 상품으로서 가치를 갖지 못하는 불량품이 발생하면 그 불량품의 생산에 소요된 원재료의 양은 손모량에서 제외되어 소모량에 포함되지 아니한다. 소요량은 기업에 따라, 그리고 생산시기에 따라 차이가 날 수 있다. 제조공법과 기술수준 등의 차이가 있으면 소요량 특히 손모량이 달라지기 때문이다. 관세환급은 수출물품에 소요된 원재료를 파악하여 그 원재료가 수입될 때 납부한 관세를 되돌려 주는 것이므로 '소요된 원재료'의 파악이 관건이 된다. 특히 개별환급방법에 의할 경우 품목과 수량으로 표시되는 원재료의 소요량이 확정되어야 수출품과 원재료의 동일성 인정 여부가 결정되고 환급금액도 계산될 수 있다. 소요량의 적정 여부는 환급의 적정 여부와 직결되는 것이므로 소요량제도는 개별환급에서 큰 의미를 갖는 것이다.

* 소요량제도에 대한 자세한 내용은 관세청 홈페이지(www.customs.go.kr)/정보자료실/법령/관세청고시/소요량의 산정 및 관리와 환급금 심사에 관한 고시를 접속하면 알 수 있다(한국무역협회 참조).

그러하지 아니하면 세관뿐만 아니라 수출품 제조업체에서도 수출신고필증별로 수출품을 구분할 수 없어 환급신청서류의 관리가 불가능하기 때문이다. 수출신고서 작성요령(수출통관고시 별표)에도 품명과 규격란에 소요자재 명세 등 상세규격을 기재토록 하고, 상세규격을 기재할 수 없는 경우에는 송품장에 상세규격을 기재하고 송품장의 번호를 수출신고서에 기재하도록 규정하고 있다.

(3) 소요량 계산방법과 소요원재료 표시

소요원재료 표시는 수출품제조에 소요된 원재료의 종류와 양을 산출하기 위한 것이므로 소요량 계산방법과 밀접한 관련이 있다.

(가) 단위실량 산정방법을 적용하는 경우

단위실량을 수출신고시에는 반드시 신고하여야 한다. 손모량은 소요량에 포함되지 않도록 유의하여야 한다. 이 경우에는 수출신고서상의 단위실량에 수출품 수량을 곱하면 소요량이 산출된다.

(나) 단위설계 소요량산정방법을 적용하는 경우

소요원재료를 표시해야 하는 섬유제품 등의 수출품에는 대부분 단위설계소요량 산정방법을 이용하는 경향이 있다. 이 경우에는 단위설계소요량을 단위실량으로 신고하지 아니하도록 유의하여야 한다. 단위설계소요량에는 손모량이 포함되어 있기 때문이다.

이 경우 소요량은 단위실량에 불구하고 단위설계소요량에 수출품의 수량을 곱하여 산출한다. 이 방법에 이어 소요원재료 표시는 어느 단위설계소요량을 적용할 것인가를 확인시켜주는 역할을 하게 된다.

(다) 기타 산정방법을 적용하는 경우

기타 방법에 의한 소요량 산정방법을 적용하는 때에도 소요원재료 표시는 수출물품을 구분해서 확인시켜주는 역할을 함은 단위설계소요량 산정방법과 같다.

(4) 소요원재료 표시 대상 수출품목

수출신고필증 등에 소요원재료를 표시하여야 하는 물품인지 여부는 수출할 때마다 수출품 1단위당 소요원재료의 종류와 양이 일정한지 여부로 확인할 수 있다. 수출할 때마다 일정하다면 수출신고서에 이를 표시할 필요가 없으며, 그렇지 아니한 때에는 소요원재료 표시를 하여야 한다.

㈎ 소요원재료의 표시품목의 예

· 의류(섬유제 또는 혁제)

· 모자류

· 신발류(섬유제 또는 혁제)

· 기타

① 장갑류

② 접착테이프

③ 인형류

④ 기타 수출품 제조과정에서 대체사용이 가능한 원재료를 사용하는 수출물품

㈏ 소요원재료 표시가 불필요한 품목

위에서 살펴본 바와 같이 소요원재료 표시를 요구하고 있는 품목을 제외한 나머지 수출품은 수출신고필증에 소요원재료 표시를 할 필요가 없다. 이를 열거해 보면 다음과 같다.

① 화공약품류 ② 원사료 ③ 직물류

④ 전기제품류 ⑤ 기계류 ⑥ 금속제품류 등

위의 물품도 경우에 따라서는 소요원재료를 수출신고필증에 표시해야 하는 경우가 있을 수 있음을 유의하여야 한다.

Ⅱ. 수출용원재료

1. 수출용원재료의 요건

환급특례법상 환급의 정의는 '수출용원재료를 수입하는 때에 납부한 관세 등을 대통령령이 정하는 기간 내에 수출 등에 제공한 때에 수출자 등에게 되돌려 주는 것'이라고 할 수 있으므로 환급대상이 될 수 있는 원재료는 다음 세 가지 요건을 모두 갖추어야 한다.

① 수출용원재료에 해당하여야 하고,

② 외국으로부터 수입하는 때에 관세 등을 납부한 물품이어야 하며,

③ 수입신고수리일로부터 일정한 기간 내에 수출 등에 제공하여야 한다. 이러한 요건들을 보다 자세히 설명하면 다음과 같다.

(1) 환급대상 원재료

(가) 환급대상 원재료(수출용원재료)의 정의

환급대상 원재료란 수출물품의 제조·가공에 사용된 원재료 또는 수출물품의 제조 가공에 사용할 원재료 중 환급특례법에 의하여 환급대상이 되는 수출용 원재료를 말한다.

환급특례법 제3조에서 관세 등의 환급을 받을 수 있는 수출용원재료라 함은 수출물품을 생산한 경우에는 해당 수출물품에 물리적으로 결합되거나 화학적 반응 등으로 수출물품을 형성하는 데 소요되는 원재료를 말하고, 수입한 상태 그대로 수출한 경우에는 수출물품 그 자체도 수출용원재료에 포함하며, 국내에서 생산된 원재료와 수입된 원재료가 동일한 질과 특성을 가지고 상호대체 사용이 가능하여 생산과정에서 구분하지 않고 사용되는 경우에도 수출용원재료로 인정하고 있으며 내수용으로 수입된 원재료도 수출물품 제조 가공에 사용되면 수출용원재료로 인정된다.

(나) 환급대상원재료의 인정범위

1) 관련규정(환급특례법 제3조)

① 수출물품을 생산한 경우에는 생산시의 물리적, 화학적 변화과정에서 해당 수출물품에 물리적으로 결합되거나 화학적 반응 등으로 수출물품을 형성하는 데 소요되는 원재료를 말함

② 수입한 상태 그대로 수출한 경우에는 수출물품

③ 국내에서 생산된 원재료와 수입된 원재료가 동일한 질과 특성을 가지고 상호 대체사용이 가능하여 수출물품의 생산과정에서 이를 구분하지 아니하고 사용되는 경우에는 수출용원재료가 사용된 것으로 본다.

2) 기획재정부 유권해석

환급대상원재료라 함은 수출물품 생산시의 물리적, 화학적 변화과정에서 해당 수출물품을 형성(체화)하거나 화학반응에 직접 사용되어 수출물품을 형성하는 데 소비되는 것으로서 환급특례법에 의해 그 소요량을 객관적으로 산출할 수 있는 원재료를 말한다 (기획재정부 관세47000-90, '99. 6. 30).

3) 물리적 결합

물리적으로 수출물품을 형성(체화)하는 경우 환급대상원재료에 해당되고 이형지,

Copper Frame 등 수출물품에 형성(체화)하지 않는 물품은 환급대상원재료에서 제외된다.

4) 화학적 반응

화학적 수출물품을 형성(체화)하는 경우 환급대상원재료에 해당되지만, 화학반응에 직접 사용되어 수출물품을 형성하는 데 소비되는 경우 환급특례법에 의해 그 소요량을 객관적으로 산출할 수 있는 원재료여야 한다.

즉, 수출물품 형성에 직접 사용되면서 소비되어야 하며 환특법령에 의해 그 소요량 파악이 객관적으로 가능하여야 하므로 소요량의 산정 및 관리와 환급금의 심사에 관한 고시 제2-1조 내지 제2-6조의 소요량 산정방법에 의하여 소요량 계산이 가능해야 한다.

참 조 환급대상원재료에 해당하지 않은 경우의 예

- 화학적 반응시 제품에 체화되지 않는 물품
  - · 이형지
  - · 연마제
- 화학적 반응 중에 사용되는 보조원재료로 소요량 파악이 불명확한 물품
  - · 장기간(1년 이상) 계속 반복사용이 가능한 촉매류
  - · 리드프레임 생산에 은도금의 질을 향상시켜주는 역할을 하는 백금망(장기간 반복 사용되면서 도금용액에서 도포된 백금이 점차 사라져 그 기능이 상실)
- 작업 공정중에 사용되는 연료, 압착가스, 윤활유, 절삭유 등의 소모품
  - · 생산과정에서 사용된 에너지인 연료, 기름, 가스, 코크스 등
  - · WIRE 신선 · 인발공정에서 사용되는 윤활유(LUBRICANT)
  - ※ 관세관계 국제협약(교토협약)에서는 윤활유 등의 단순 제조용 보조 재료는 통상 관세 환급대상으로 보지 않고 있다.
- 수출물품 생산용 기계, 공구, 사무용품 등의 설비용품
  - · 반도체 제조용 포토마스크
- 제조공정에 단용으로 사용된 후 폐기되는 소모성 기자재
  - · 반도체 제조에 사용되는 필름형 리드프레임을 지지하는 역할을 하며, 1회 사용 후 폐기하는 COPPER FRAME

〔예제〕 **종자(씨앗)를 수입하여 싹을 내어 어린 묘를 수출할 경우에 종자 수입시 납부한 관세를 환급받을 수 있는지?**

〈답〉 관세환급은 수출용 원재료를 수입하는 때에 납부하였거나 납부할 관세 등을 돌려 받는 것으로서 수입원재료를 물리적으로 결합하거나 화학적 반응 등으로 수출물품을 형성하는 경우에만 환급이 가능하다. 따라서 동물의 사육 또는 식물의 재배 등에 의한 성장, 번식, 과실은 자연력 또는 생물의 고유능력에 의하여 생육된 것이지 원재료의 가공에 의한 생산으로 볼 수 없기 때문에 관세환급이 불가능합니다.

보 충

탄력관세율 적용물품은 탄력관세율을 정하는 대통령령에서 수입신고수리 조건이 없는 경우에는 일반 수입물품과 같이 환급대상으로 취급이 가능하나 조건이 부여된 경우 해당 용도 외에 사용하고자 하는 때(예: '내수용에 한한다'고 조건이 부여된 수입 신고필증을 환급용에 사용하고자 하는 때)에는 사전에 세관장의 용도세율적용물품 용도 외 사용승인을 받고 기본 세율과의 차액 관세를 납부한 후 수출물품 제조에 사용한 때에만 환급대상수입으로 인정함이 가능하다.

환급에 갈음하는 인하세율(환급특세율이라고 한다)을 적용한 수입물품은 환급에 갈음하여 인하한 세율을 적용한 수입물품이므로 환급대상수입에 해당하지 아니한다.

(2) 대체환급제도

국내에서 생산된 원재료와 수입된 원재료가 동일한 질과 특성을 가지고 상호 대체사용이 가능하여 수출물품의 생산과정에서 이를 구분하지 아니하고 사용되는 경우에는 수출용원재료가 사용된 것으로 본다. 대체환급제도란 수입원재료와 동종·동질의 국산원재료를 사용하여 생산된 수출물품에 대하여 관세 등의 환급을 가능하게 하는 제도이다. 생산과정에서 수입원재료와 국산원재료가 혼용되므로 이를 구분하는 것이 현실적으로 불가능하여 고안한 제도이므로, 순수 국산원재료만으로 물품을 생산·수출한 경우에는 이 제도의 적용이 배제된다.

2. 수출이행기간

(1) 의 의

수출이행기간이란 원재료를 수입한 후에 일정 기간 이내에 수출해야 환급이 가능토록 정한 기간인데 현행 환급특례법에서는 일반적인 경우로서 수출신고수리일이 속하는 달의 말일부터 소급하여 2년 이내에 수입된 해당 물품의 수출용원재료 등에 대해 관세 등을 환급한다. 관세환급을 할 때 수출이행기간의 계산은 원재료의 구매형태에 따라 서로 다르다.

(2) 원 칙

세관장은 물품이 수출 등에 제공된 때에는 다음 수출이행기간 기준일이 속하는 달이 말일로부터 소급하여 2년 이내에 수입된 해당 물품의 수출용원재료에 대한 관세 등을 환급한다(환특법 제9조 ①항).

① 수출신고가 수리된 수출의 경우에는 수출신고를 수리한 날

② 우리나라에서 대가를 외화로 받는 판매 또는 공사
③ 보세구역과 자유무역지역 입주 기업체에 대한 공급
④ 외국무역선의 선용품 공급 또는 원양어선의 선수품 무상공급의 경우에는 수출, 판매, 공사 또는 공급을 완료한 날

> ◈ 수입 기준일(영 제9조 ②항)
> 관세 등을 환급하는 수출용원재료는 수출이행기간 기준일부터 소급하여 2년 이내에 다음 각 호의 1에 해당하는 수입신고수리 · 반출승인 · 즉시반출신고 · 거래 등이 행하여진 것이어야 한다.
> ① 관세법 규정에 의한 수입신고수리
> ② 관세법 규정에 의한 수입신고수리 전 반출승인
> ③ 관세법 규정에 의한 수입신고 전 즉시반출신고
> ④ 수출용원재료가 내국신용장 등에 의하여 거래된 경우에는 최후의 거래

(3) 수출용원재료가 국내거래를 거치는 경우

㈎ 국내에서 제조가공 후 거래되는 경우

수출용원재료가 수입된 후 내국신용장에 의해 거래되고, 그 거래가 직전의 내국신용장 등에 의한 거래(내국신용장 거래가 없는 경우에는 수입)가 있는 날로부터 1년 이내에 이루어진 때에는 수입된 날로부터 내국신용장 등에 의한 최후 거래가 있는 날까지의 기간은 이를 산입하지 아니한다.

㈏ 국내에서 원상태로 거래되는 경우

수출용원재료가 수입되는 국내에서 수출용원자재가 수입된 상태(매입 포함) 그대로 거래하는 경우에는 국내거래기간을 수출이행기간에 산입하여 계산한다.

(4) 수출이행기간의 단축 등

관세청장은 관세 등을 환급함에 있어서 수출용원재료의 관세율 변동 등으로 수입하는 때에 납부하는 세액보다 현저히 과다 또는 과소환급이 발생할 우려가 있는 경우에는 기획재정부령이 정하는 바에 따라 환급을 받을 수 있는 수입신고필증의 유효기간을 수출이행기간보다 짧게 정하거나, 업체별 수출용원재료의 재고 물량과 수출비율을 기준으로 하여 환급에 사용할 수 있는 수출용원재료의 물량을 정하여 환급하게 할 수 있다(법 제10조 ④항).

3. 환급대상 조세

물품을 수출한 다음 수출자가 환급받을 수 있는 조세는 수출물품 생산에 사용 소비된 원재료를 수입할 당시 부과・징수된 조세와, 국내거래단계에서 징수된 조세의 두 가지가 있다. 이 두 가지는 환급방법과 환급을 하는 기관이 다르다. 전자(前者)는 환급특례법에 의하여 세관장이 환급하고, 후자는 세무서장이 환급한다. 내국세 중 부가가치세의 경우는 양자가 혼합되어 원재료 수입시 징수된 부가가치세와 국내거래단계에서 징수된 부가가치세를 모두 세무서장이 환급하게 된다. 그러나 부가가치세를 제외한 나머지 내국세가 국내거래단계에서 징수된 다음 수출을 이유로 실제 환급이 이루어지는 경우는 거의 없다. 대개 생산업체가 수출면세규정을 적용하여 직접 수출하기 때문이다. 물품 수출에 따른 환급은 수출한 날부터 2년 이내 어느 때나 세관장에게 신청하여 환급받을 수 있다. 관세환급은 수출용원재료가 수입된 날부터 2년 이내 즉, 수출이행기간 내에 수출이 되거나 환급특례법에서 규정하고 있는 판매・공사 또는 공급이 이루어져야 한다.

그러나 물품이 수입될 때 부과・징수되는 것은 관세 등의 조세만이 아니다. 대표적인 것이 관세법상의 가산세와 가산금이다. 또한 행정벌 또는 행정형벌 성격의 벌금, 과태료, 과징금 등이 관세법이나 대외무역법 등에 의해 부과될 수 있다. 이러한 것들은 수입자가 이행하여야 할 의무를 해태하거나, 법령의 위반 등에 대한 제재로서 부과되는 것이므로 해당 물품을 수출하더라도 환급대상에서 제외된다.

표 14-2 환급시 우선적용 법률

구 분	경합 세법	우선적용 세법
환급특례법	관세법, 임시수입부가세법, 개별소비세법, 주세법, 교통・에너지・환경세법, 농어촌특별세법, 교육세법, 국세기본법, 국세징수법	환급특례법
환급특례법	부가가치세법	부가가치세법

(1) 환급특례법에 의하여 환급되는 조세

관세, 임시수입부가세, 개별소비세, 주세, 교통・에너지・환경세, 농어촌특별세 및 교육세는 환급특례법의 규정에 의하여 환급한다.

(2) 부가가치세의 환급

부가가치세의 환급은 부가가치세법과 국세기본법의 규정에 따라 사업자의 관할세무서장이 행한다. 부가가치세의 환급은 과세기간 단위로 환급하는 일반환급과 환급세액

확정 이전에 추후 정산을 전제로 미리 환급하는 조기환급으로 구분된다.

Tip 일반환급과 조기환급

부가가치세제에서 환급은 주로 매출세액에 대한 영세율의 적용으로 인해 발생한다. 그러나 영세율의 적용과는 관련 없이도 물품의 판매부진, 재고의 증가, 원재료 비축 등의 사유로 매입세액이 매출세액을 초과하게 되면 환급이 발생할 수 있다. 이러한 경우를 후술하는 조기환급에 대응하여 일반환급이라 한다.

한편, 조기환급이란 확정세액을 과세기간별로 사후 정산할 것을 전제로 하여 과세기간중에 미리 환급하는 것을 말한다. 조기환급 대상은 사업설비를 신설·취득·확장 또는 증축하는 경우나 수출 등으로 인한 영세율이 적용되는 경우이다. 조기환급기간은 매월 또는 매 2월 단위이다. 이러한 조기환급기간 종료일로부터 25일 이내에 조기환급을 신고하면 신고기한 경과 후 15일 이내에 환급을 받을 수 있다. 만일 수출에 따른 영세율 적용 환급을 예정신고기간 또는 과세기간별로 받고자 한다면 각 기간별로 예정신고서 또는 확정신고서를 제출하는 것으로 충분하다.

조기환급세액은 영세율이 적용되는 공급분에 관련된 매입세액·시설투자에 관련된 매입세액 또는 국내공급분에 대한 매입세액을 구분하지 아니하고 사업장별로 해당 매출세액에서 매입세액을 공제하여 계산한다.

(3) 가산세의 환급

환급특례법에서는 가산세의 환급에 대하여 별도로 규정하고 있지 않다. 그러므로 원재료 수입시 의무불이행으로 납부한 가산세에 대하여는 물품 수출시에도 환급을 받지 못한다.

Tip 영세율제도란?

국세액을 산출하기 위하여 과세표준에 곱하는 비율(종가세의 경우) 또는 과세표준의 단위당 금액(종량세의 경우)을 세율이라 한다. 이러한 세율이 영(zero)인 것이 영세율이다. 따라서 영세율이 적용되는 경우에는 해당 과세표준의 크기에 관계없이 산출한 세액은 항상 0이 된다. 현행 세법 중에서 영세율에 관한 규정을 두고 있는 대표적인 것이 부가가치세법이다.

부가가치세법에서는 과세표준에 세율을 적용하여 계산한 금액이 매출세액이 되며, 이는 곧 거래상대방으로부터 거래징수하여야 할 부가가치세가 된다. 따라서 영의 세율이 적용되는 재화 또는 용역을 공급한 때에는 납부세액의 계산에 있어서도 해당 재화 또는 용역의 공급에 대한 매출세액은 영이 되므로 매입세액은 항상 부(負)의 납부세액이 된다. 이 부(負)의 금액이 곧 환급세액이다. 부가가치세법상 수출하는 재화는 영세율이 적용된다.

4. 원재료의 수입통관과 관세환급

(1) 원재료의 품명 · 규격 및 수량의 표시

(가) 수입신고필증에 원재료의 품명 · 규격 · 수량이 누락되지 않도록 표시하여야 한다.

관세환급제도는 수출품 제조에 소요된 원재료의 수입시 납부세액을 제품의 수출 후에 환급신청하는 것이므로 어떤 원재료가 얼마나 수입되었으며, 관세 등은 얼마나 납부하였는지는 수입신고필증에 의하여 확인할 수밖에 없기 때문이다.

(나) 필수규격이 누락되지 않도록 유의하여야 한다.

① 필수규격의 의의

환급신청하는 수입신고필증 등에 반드시 표시되어야 할 규격을 필수규격이라 한다. 이 필수규격은 수입신고필증에 누락될 경우 관세환급이 불가능하다.

② 필수규격 지정의 배경

관세환급제도는 수출품 제조에 사용된 원재료를 서류상으로 확인하는 것이므로 동 원재료가 다른 유사 원재료와 다른 점을 규격으로 모두 표시하여야 함이 원칙이다.

그러나 이렇게 할 경우 규격이 너무 복잡하여 환급절차를 복잡하게 할 우려가 있으므로 환급절차 간소화를 위하여 원재료의 가격결정에 영향이 큰 규격만을 표시하도록 하고 있다. 이를 필수규격이라고 하는 바, 수출용원재료의 필수규격은 수입통관시에 반드시 신고되어야 한다. 필수규격의 기재생략을 방치할 경우 부정환급이나 부당환급이 발생할 소지가 있기 때문이다.

> 예를 들면 값이 싼 저급의 수출용원재료(납부세액이 적으므로 환급액이 적음)로 제조된 물품을 수출하고도 내수용으로 사용된 고급원재료(납부세액이 많으므로 환급액이 많음)로 수출물품을 제조한 것으로 잘못된 환급신청이 가능할 수도 있기 때문이다.
>
> 수출업계의 무역관행을 보면 신용장에 기재된 수입물품의 품명과 규격이 그대로 수입신고시에 신고되는 점을 감안한다면 신용장의 개설시에 필수규격의 기재를 빠뜨리지 않도록 유의하여야 할 것이다.

③ 원재료별 필수규격의 확인

수출용원재료의 필수규격은 관세청장이 정한 "수출품 및 원자재의 필수규격집"에 품목별로 규정하고 있는 바, 동 책자의 활용이 곤란하다면 거래계약시 가격 결정의 기준이 되는 규격이 필수규격이 된다. 한 품목에도 필수규격은 둘 이상이 대부분이다.

④ 필수규격 누락시의 대책

수입신고필증 등에 필수규격이 누락된 경우에는 수입신고필증 정정신청서를 수입통관세관장에게 제출하여 승인을 받아야 한다. 그러나 현품이 수출되고 없는 상태에서 누락된 규격의 확인은 쉽지 않으므로 현실적으로는 어려움이 많다(필수규격이 누락된 수입신고필증 등의 관세환급사례를 참조하기 바람).

(2) 환급제한물품

덤핑방지관세 등(보복관세와 상계관세를 포함하며 이하 같다)이 부과되는 물품은 수출품 제조용 원재료로 사용한 때에도 납부세액 전부를 환급받을 수 없도록 환급특례법 제17조에서 규정하고 있으므로 동 원재료는 수입하지 않도록 유의하여야 한다.

제3절 일괄납부 및 사후정산제도

Ⅰ. 개 요

1. 실시배경

현행 관세환급제도는 원재료를 수입할 때 관세 등을 징수하고 그 원자재로 만든 제품을 수출한 경우 해당 관세 등을 환급하고 있음에 따라 관세를 납부하고 환급금을 지급받기까지 수출업자에게 자금부담 및 금융비용을 발생시키는 문제점이 있었다. 이에 환급업무의 전산화 시행 등의 주변여건의 성숙에 따라 수출기업 편의 증진 및 비용절감을 통한 국제경쟁력강화를 지원하기 위하여 동 제도를 도입하게 되었다.

2. 의 의

세관장은 수입하는 수출용원재료에 대하여 관세법 등의 규정에 불구하고 수입하는 때에 해당 관세 등을 징수한다(법 제5조 ①항). 그러나 수입하는 자가 신청하는 경우 해당 원재료에 대한 관세 등을 6개월 범위 내에서 대통령령으로 정하는 기간별로 환급액과 상계, 정산하여 그 차액을 납부 또는 환급할 수 있다. 이를 일괄납부제도라 한다(동조 ②항).

3. 단계별 주요내용

일괄납부제도의 단계별 주요 내용은 다음과 같다.

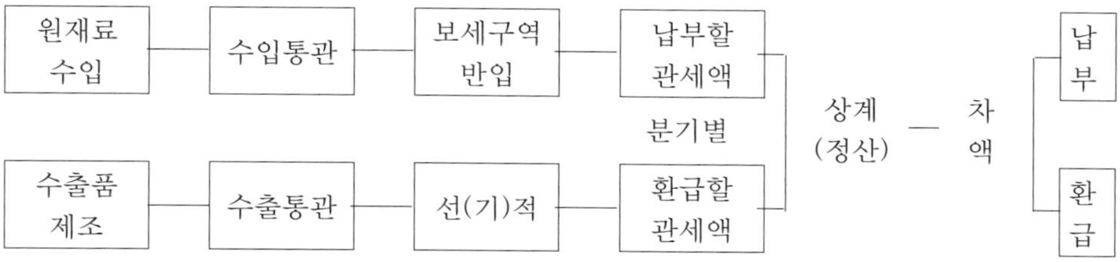

① 일괄납부업체는 일괄납부기간중에 수입한 수출용원재료에 대하여 관세 등을 납부하지 않으며, 동 기간중에 발생한 환급금은 환급받을 수 없다.

② 일괄납부업체는 일괄납부기간중에 납부하여야 할 관세 등과 환급이 보류된 관세 등을 정산하여 일괄납부기간이 끝나는 날이 속하는 달의 다음달 15일까지 관할 세관에 정산신고를 한다.

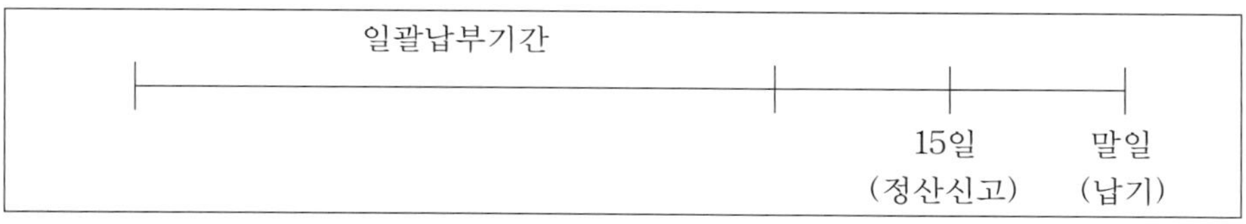

③ 납부할 세액이 환급받을 세액보다 많아 납부세액이 발생하면, 일괄납부기간종료 다음달 말까지 차액을 납부한다.

(납부할 세액 > 환급받을 세액 → 납부세액발생 ⇒ 일괄납부기간이 끝나는 날이 속하는 달의 다음달 15일까지 납부)

④ 환급받을 세액이 납부할 세액보다 많아 환급액이 발생하면, 정상신고 즉시 환급받을 수 있다.

(납부할 세액 < 환급받을 세액 → 환급세액발생 ⇒ 정산신고 즉시 환급)

⑤ 세관장은 정상신고한 사항을 심사한 결과 신고한 정산금액에 과부족이 있는 것을 안 때에는 이를 경정할 수 있다.

Ⅱ. **사후정산 및 일괄납부 수출의 대상**(국내거래에 대한 사후정산제도의 적용)

관세 등의 일괄납부 및 정산이 가능하다고 관세청장이 인정하는 경우에는 관세법 등의 규정에도 불구하고 내국신용장 등에 의하여 공급하는 것은 수출로, 공급받는 것을 수입으로 볼 수 있다(법 제5조 ③항).

사후정산제도의 시행 효과는 국내거래단계까지 일괄하여 적용할 때 그 효과가 극대화될 수 있다. 이는 특히 중간재 가공산업의 지원 및 중소제조업체의 지원 등을 위해서도 불가피한 것이다. 따라서, 국내거래단계에도 일괄납부제도를 적용하도록 한 것이다.

그러나 국내거래단계의 적용은 매 거래단계마다 수만 개의 중소제조업체에 대한 전산관리가 필요하므로 충분한 준비기간과 여건의 성숙이 필요하므로 국내거래단계에 대한 사후정산제도시행의 시기를 관세청장이 정하도록 하고 있다.

그림 14-2 수출용 원재료의 로컬공급시 관세납부

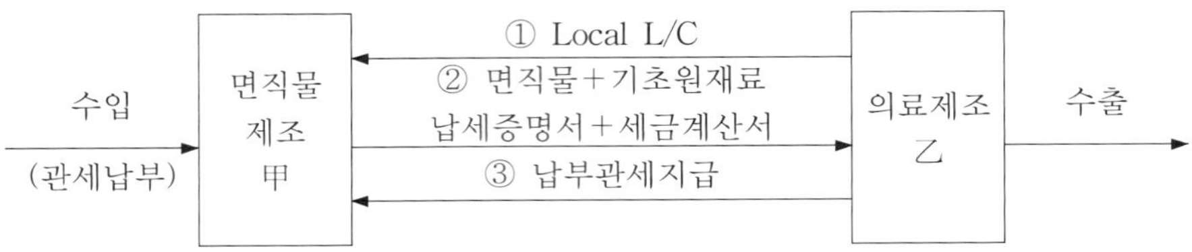

Ⅲ. 일괄납부기간(환특법 제5조)

1. 개　　요

수출용 원재료의 수입시 납부할 관세 등의 금액과 수출 후 환급받을 관세 등의 금액을 상계하고 정산하는 기간을 일괄납부기간이라 한다. 일괄납부기간은 원재료의 수입통관으로부터 수출 후 환급에 이르기까지의 기간이 적합하다.

즉, 세관장은 관세법 등의 규정에 불구하고 수출용 원재료를 수입하는 자가 신청하는 경우 해당 원재료에 대한 관세 등을 6월의 범위 내에서 대통령령이 정하는 일정기간(일괄납부기간)별로 일괄납부할 수 있도록 하였는데(영 제2조), 이 경우 관세 등의 일괄납부기한은 해당 일괄납부기간이 종료되는 날의 다음달 15일까지가 된다.

2. 일괄납부기간의 형태

일괄납부기간은 수출용원재료의 수입신고수리일이 속하는 분기로 한다. 다만, 정산업무를 효율적으로 수행하기 위하여 필요하다고 인정하여 기획재정부령이 정하는 경우에는 6월의 범위 내에서 일괄납부기간을 따로 정할 수 있다(영 제2조).

즉, 기획재정부령(규칙 제4조)에서는 다음과 같이 반기별 일괄납부방식과 4월 일괄납부방식을 정하고 있다.

(1) **분기별 일괄 납부**(원칙)

수출용원재료의 수입신고수리일이 속하는 분기를 일괄납부기간으로 한다(1/1~3/31, 납기: 4/30).

(2) **반기별 일괄 납부**

주로 수출하는 물품 또는 수출물품을 생산하는 자에게 공급하는 물품의 생산 기간이 3월 이상 소요되는 업체가 수입하는 수출용원재료의 경우에는 수입신고수리일이 속하는 반기를 일괄납부 기간으로 한다.

(3) **4월 일괄 납부**(중소기업)

중소기업자가 수입하는 수출용원재료의 경우에는 일괄납부기간을 최초로 관세 등의 일괄납부를 신청한 날이 속하는 달의 1일부터 계산하여 4월로 한다. 다만 해당 중소기업자가 분기로 하기를 희망하는 경우에는 수출용원재료의 수입신고 수리일이 속하는 분기를 일괄납부기간으로 할 수 있다(3/1~10/30, 납기: 11/30).

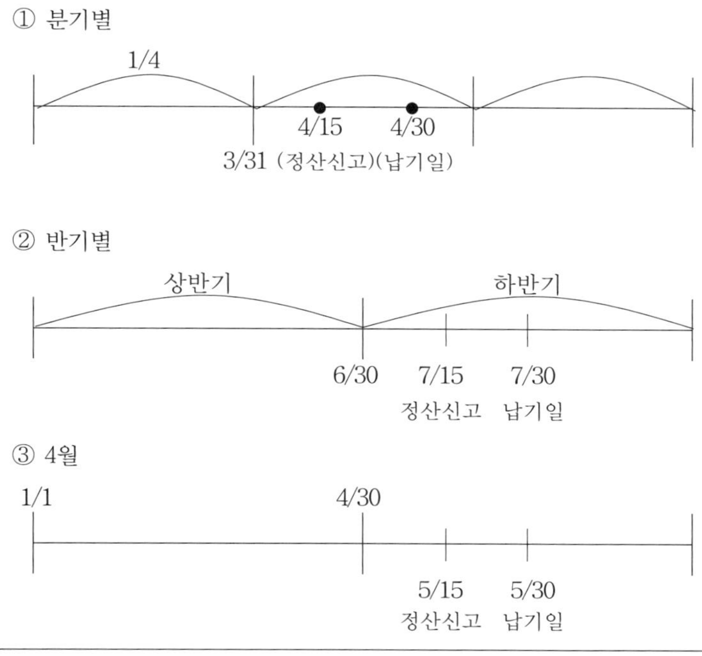

Ⅳ. 일괄납부업체

1. 개　　요

관세 등의 일괄납부업체가 수입신고한 수출용원재료에 대하여 신용담보업체의 경우에는 즉시, 담보제공이 필요한 업체의 경우에는 담보를 제공한 후 수입신고수리되고 해당 원재료는 관세가 미납된 상태에서 반출된다.

2. 담보의 제공업체

관세 등을 일괄납부하고자 하는 자는 일괄납부하고자 하는 세액에 상당하는 금액의 담보를 제공하여야 한다. 관세 등을 일괄 납부하고자 하는 자(이하 '관세 등의 일괄납부업체')는 대통령령이 정하는 바에 따라 일괄납부하고자 하는 세액에 상당하는 금액의 담보를 제공하여야 한다(법 제6조 ①항).

3. 담보물의 종류 및 담보제공방법

(1) 담보물의 종류

수출용원재료에 대한 관세 등의 일괄납부를 위하여 제공할 수 있는 담보는 관세채권의 신속한 확보 및 담보물의 관세 등에 대한 충당을 용이하게 하고 실제기업에서 세관에 제공하는 담보로 가장 많이 이용하고 있는 것으로 한정하였는데 그 담보물의 종류는 다음과 같다.

① 금전
② 국가 또는 지방자치단체가 발행한 채권 및 증권
③ 은행지급보증
④ 납세보증보험증권
⑤ 신용보증기금법 또는 지역신용보증재단법에 의한 신용보증
⑥ 기술신용보증기금법의 규정에 의한 신용보증

(2) 담보제공방법

수출용원재료에 대한 관세 등의 일괄납부를 위하여 관세 등의 담보를 제공하고자 하는 자는 담보제공서에 제공할 담보의 종류, 수량, 금액 등을 기재하여 세관장에게 제출하여야 한다(영 제3조 ②항).

① 포괄담보의 제공

수출용원재료에 대한 관세 등에 대한 담보는 일정기간 동안 수입할 원재료에 대한 세액에 상당하는 담보를 포괄하여 제조장을 관할하는 세관장에게 제공하는 것이 원칙이다.

② 개별담보의 제공

수출용원재료의 수입실적이 그리 많지 않은 기업의 경우 수출용원재료를 수입신고할 때마다 통관지 세관장에게 수입건별로 담보를 제공할 수 있다.

4. 신용담보업체

(1) 의 의

수출용원재료에 대한 관세 등을 일괄하여 납부하고자 할 때에는 미리 담보를 제공하는 것이 원칙이다. 그러나 기업의 입장에서 보면 담보제공에 따른 비용이 발생되기 때문에(예: 납세보증보험증권을 담보로 제공하기 위하여 기업은 보험회사에 수수료를 납부해야 함) 신용있는 기업에 대하여는 기업의 신용을 담보로 하고 별도의 물적담보를 제공받지 않는 것이 신용담보제공이다.

신용담보업체는 신용을 담보로 제공하는 것이어서 실질적으로는 담보제공을 면제받는 것이므로 정부로부터 성실업체로 인정된 업체에서만 이용할 수 있다. 신용담보업체로 지정을 받기 위하여는 다음 기준에 적합함을 증명하는 서류를 갖추어 관할세관장에게 제출하여야 한다.

(2) 신용담보업체 지정기준

세관장으로부터 신용담보업체로 지정을 받기 위해선 다음의 세 요건을 모두 갖추어야 한다.

수출용원재료의 수입시에 납부할 관세 등을 수출 후 환급액과 서로 상계하는 일괄납부제도를 이용하고자 하는 수출업체에서는 다음의 요건에 관세범 처벌사실이 없는 기간(3년), 수출실적(매년 50만불 이상)과 환급실적(매년 500만원 이상) 요건이 강화된다.

㈎ 최근 3년간 관세법으로 처벌받은 사실이 없는 자

다만, 관세법 제270조(관세포탈죄), 제276조(허위신고죄), 제277조(과태료) 위반자 중 세관장이 재범의 우려가 없다고 인정하는 자는 처벌받은 사실이 없는 것으로 본다.

㈏ 최근 2년간 관세 등 제세를 체납한 사실이 없는 자

다만, 체납발생일로부터 15일 이내에 납부할 경우는 체납한 사실이 없는 것으로 본다.

㈐ 다음 각 호 중 하나에 해당하는 성실업체

① 최근 3년 계속하여 수출입실적이 있는 제조업체(종합무역상사와 외국인 투자기업 포함)로서 다음 각 호의 1에 해당하는 업체

> · 최근 2년간 계속하여 이익이 발생한 업체
> · 증권거래소 상장법인(관리종목 제외)
> · 5년 이상 제조업을 영위한 업체(적자업체 포함)

② 관세청장이 지정한 녹색신고업체

③ 신용평가기관에서 평가한 신용등급이 관세청장이 정하는 등급 이상인 제조업체

Ⅴ. 환급의 신청과 결정

1. 환급의 신청과 결정

관세 등의 일괄납부업체도 사후정산제도를 적용하지 아니하는 업체와 동일하게 현행과 같은 기본적인 환급신청 절차는 거쳐야 한다. 기본 절차는 소요량계산서를 작성하여 환급금을 산출한 다음 세관에 환급신청을 하고, 세관에서는 사후심사를 적용하여 환급금을 결정하게 된다.

2. 환급금의 지급보류

관세 등의 일괄납부업체가 신청하여 결정된 환급금을 해당 환급금 결정일이 속하는 일괄납부기간 별로 정산신고시까지 그 지급을 보류한다(법 제16조 ②항). 세관장은 환급금 지급을 보류한 때에는 그 사실을 해당 환급신청인에게 통지하여야 한다(영 제24조).

Ⅵ. 수출용원재료에 대한 관세 등과 환급액의 정산

1. 정산의 의의

정산이란 수출기업이 납부하여야 할 세액과 그 기업이 지급받아야 할 환급금을 서로 상계처리하고 차액만 징수 또는 환급하는 것을 말한다.

수출용원재료는 수출물품으로 제조되어 수출되고 수출된 경우 수출물품의 제조・가공에 사용된 원재료에 대한 관세 등을 환급받게 된다. 관세 등의 정산제도는 수출용원재

료를 수입할 때 관세 등을 징수하지 않고(분기별 또는 관세청장이 정하는 기간이 종료하는 다음달 말일까지 일괄 사후납부를 허용) 해당 업체가 수출물품에 대하여 그 기간중에 환급신청하여 결정된 환급금은 지급을 보류하게 된다.

즉, 수출기업이 납부하여야 할 세액과 그 기업이 지급받아야 할 환급금을 서로 상계처리하고 차액만 징수 또는 환급하는 것이 '수출용원재료에 대한 관세 등 정산제도'이다.

2. 정산신고

관세 등의 일괄납부업체는 일정기간 동안 관세 등을 납부하지 않고 수입한 수출용원재료에 대한 세액과 그 기간중에 환급신청하여 지급이 보류된 환급금을 정산하고 그 결과를 세관장에게 신고하여야 한다(법 제7조 ①항).

(1) 정산신고사항

정산신고를 하고자 하는 자는 다음 각호의 사항을 기재한 신고서를 관할지 세관장에게 제출하여야 한다(영 제6조).

① 법 제5조 ②항의 규정에 의하여 일괄납부하여야 할 관세 등의 내역

② 법 제16조 ③항의 규정에 의하여 지급이 보류된 환급금의 내역

③ 정산결과 납부하여야 할 관세 등의 세액 또는 지급하여야 할 환급액

(2) 정산신고기한

정산신고는 일괄납부기간이 종료되는 달의 다음달 15일까지 관할 세관장에게 하여야 한다. 즉, 일괄납부기간이 분기로 지정된 업체의 경우 매분기 종료 다음달 15일까지, 일괄납부기간이 반기로 지정된 업체의 경우 매 반기 종료 다음달 15일까지이다.

(3) 정산신고서의 처리

관세 등의 일괄납부업체가 세관장에게 정산신고를 하고자 하는 경우 정산신고서를 작성하여 EDI 방법에 의하여 관세청 전산시스템에 송부하여야 한다. 관세청 전산시스템은 기업이 송부한 정산신고내역과 전산관리하고 있는 관세 등의 세액 내역 및 환급금 지급 보류내역을 즉시 확인하고 징수하여야 할 금액이 있는 경우 납부서번호를 당업체에 EDI방식으로 알려주고 환급해야 할 금액이 있는 경우 즉시 환급금 지급지시서를 작성하여 정산신고인의 계좌에 입금이 되도록 조치한다. 그리고, 세관장이 정산신고사항을 심사한 결과 신고한 정산금액에 과부족이 있는 것을 안 때에는 이를 결정할 수 있다.

3. 세액의 일괄납부 및 환급

(1) 세액의 일괄 납부

관세 등의 일괄납부업체는 정산결과 납부하여야 할 관세 등이 있는 경우에는 일괄납부기간이 종료되는 날의 다음달 15일까지 이를 납부하여야 한다(법 제7조 ③항).

(2) 세액의 환급

정산신고를 받은 세관장은 지급하여야 할 환급금이 있는 경우 즉시 환급금 지급절차에 따라 해당 금액을 지급하여야 한다(동조 ④항).

(3) 경 정

세관장은 정산신고한 사항은 심사한 결과 신고한 정산금액에 과부족이 있는 것을 안 때에는 이를 경정할 수 있다(동조 제⑤항).

4. 세관장의 직권정산

(1) 의 의

세관장은 일정한 사유가 발생하는 경우에 관세채권의 확보를 위하여 정산신고기간이 도래하기 전이라도 납부할 관세 등과 지급이 보류된 환급금을 직권으로 정산할 수 있다.

(2) 직권정산사유

세관장의 직권정산사유는 다음과 같다(영 제7조 ①항, 규칙 제7조).

① 부정환급범 또는 관세법 제268조의2 내지 제276조의 위반으로 처벌을 받은 경우

② 관세 등의 체납이 발생된 경우

다만, 독촉기간 내 자진납부하는 경우를 제외한다.

③ 파산선고, 어음부도 등으로 인하여 관세채권확보가 필요한 경우

④ 기타 관세 등의 채권확보를 위하여 기획재정부령이 따로 정한 경우

㉠ 정산기간이 종료된 날로부터 7일 이내에 정산신고를 하는 경우로서 세관장이 정산처리에 지장이 없다고 인정하여 직권정산을 하지 아니한 경우로서 그 날로부터 1년 이내에 다시 동일한 사례가 발생하는 경우

㉡ 일괄납부업체가 세관장에게 일괄납부의 적용정지를 요청하는 경우

(3) 통 지

세관장은 상기 각호의 사유가 발생하여 직권정산하고자 하는 경우에는 해당 업체에 그 사실을 통지하여야 한다(영 제7조 ②항).

(4) 세액의 징수 및 환급

(가) 세액의 징수

세관장은 직권정산결과 징수하여야 할 관세 등이 있는 경우에는 납세고지를 하여야 한다. 납세고지를 받은 자는 그 고지를 받은 날로부터 10일 이내에 해당 세액을 세관장에게 납부해야 한다.

(나) 세액의 환급

세관장은 직권정산과 결과 지급하여야 할 환급금이 있는 경우 즉시 환급금의 지급절차에 따라 환급금을 지급하여야 한다(법 제8조 ②항). 세관장은 담보를 제공한 관세 등의 일괄납부업체로서 제3항의 납부고지를 받은 자가 관세 등을 납부하지 아니한 때에는 그 담보물 해당 관세 등에 충당하여야 한다(법 제8조 ④항).

(5) 직권정산시 일괄납부제한

세관장은 직권정산한 경우에는 직권정산 대상업체가 직권정산일 이후에 수입하는 수출용원재료에 대하여는 3년의 범위 내에서 다음과 같이 기획재정부령이 정하는 기간 동안 일괄 납부규정을 적용하지 아니한다(영 제8조, 규칙 제8조).

제 4 절 관세환급의 방법

Ⅰ. 정액환급제도

1. 정액환급의 개요

(1) 의 의

정액환급제도는 국가가 수출물품별로 전년도 평균환급액 또는 원재료의 평균납부세액을 기초로 환급액을 책정하고 기업은 국가가 책정한 금액을 수출물품의 제조·가공에 소요된 원자재의 납부세액으로 보고 환급받는 방법이다.

따라서, 정액환급제도는 환급액과 실제 납부세액간에 차이가 있는데도 중소기업 등의 수출지원을 위하여 간편하게 환급하려는 데 그 제도적 의의가 있다.

(2) 정액환급의 효과

정액환급제도는 수출물품 제조에 소요된 원재료의 수입시 납부세액과 환급액이 일치하지 않는다는 단점은 있으나 환급절차 간소화와 수출용원재료의 국산화 촉진이라는 큰 효과를 거둘 수 있다.

㈎ 환급절차 간소화

정액환급에서는 소요원재료별로 납부세액을 산출하지 않고 정액환급률표에 정해진 환급률을 적용하여 환급액을 산출하는 것이므로 환급신청서류를 작성 및 확인절차가 간편하여 환급소요인력, 시간 및 용지 등 환급비용을 절감할 수 있다. 또한, 소량의 원재료를 구입하는 등의 사유로 수입면장이 없거나 소요량 산출이 어려운 중소기업의 경우 개별환급방법을 이용하면 환급받을 수 없는 경우에도 환급을 받을 수 있기 때문에 특히 중소기업에 유용한 제도라고 볼 수 있다.

㈏ 수출용원재료의 국산화 촉진

정액환급은 물품을 수출하였을 때 수출물품별로 미리 정하여진 일정한 금액을 소요원재료의 수입시 납부세액으로 하고 환급금을 산출한다. 따라서, 정액환급제도에서는 동일한 수출물품에 대하여는 수입원재료 또는 국산원재료 사용을 불문하고 동일한 금액을 환급하는 것이므로 국산원재료를 많이 쓸수록 과다환급의 폭이 크게 되어 수출용원재료의 국산화를 촉진하게 된다.

2. 정액환급의 종류

정액환급제도는 분류기준에 따라 여러 가지로 분류할 수 있다.

(1) 운용범위에 따른 분류

적용범위를 기준으로 보면 간이정액, 특수공정물품정액으로 나눌 수 있다. 간이정액은 중소기업의 수출을 지원하기 위하여 최근 2년간 매년도 총환급액이 6억원 이하인 중소기업에서 제조한 수출물품에만 적용되는 정액환급제도이다. 특수공정물품정액은 적용대상업체에 제한이 없는 완전정액환급제도이다.

(2) 정액환급률의 책정방법에 따른 분류

정액환급제도는 정액환급률의 책정방법에 따라 종가환급과 종량환급으로 나눌 수 있다. 종가환급은 수출물품의 가격에 따라 정액환급률을 책정하는 제도이다.

현행 정액환급률표에서는 간이정액환급률표는 종가환급을 원화 10,000원당 환급액(1999. 2. 1 이전에는 미화 10달러당 환급액이었음)을, 정액환급률표는 종량환급을 채택하고 있다.

(3) 업체 구분여부에 따른 분류

정액환급률을 책정 또는 적용할 때 업체 구분여부에 따라 물품별 정액과 업체별 정액으로 나눌 수 있다.

현행 환급제도상 간이정액환급률표는 물품별 정액으로 동일한 수출물품에 대하여는 업체구분 없이 동일한 환급액을 지급하는 것이며, 연산품 정액환급률표는 업체별 정액으로 동일한 수출물품이라 하더라도 수출업체에 따라 환급액을 달리 지급하고 있다.

표 14-2 정액환급제도의 분류

분류방법	정액환급 종류	내 용
적용범위	간이정액환급	최근 2년간 매년도 총환급액(기초원재료 납세증명서 발급 실적 포함)이 3억원 이하인 중소기업에서 제조한 수출물품에 적용
	특수공정정액환급	단일 수출용원재료에 의해서 2가지 이상의 제품이 동시에 생산되는 물품에 적용(예: 원유)
환급률표 책정방법	종가환급	수출금액을 HS 10단위로 구분하여 수출금액 10,000원당 정액환급을 책정
	종량환급	수출물품으로 수량으로 정액환급률을 책정
업체구분	간이정액환급	동일 수출물품은 업체 구분 없이 환급액이 동일
	특수공정정액환급	업체별 정액으로 동일 수출품에 대하여 수출업체에 따라 환급액이 다름

3. 정액환급률표의 산정

(1) 의 의

관세청장은 단일수출용 원재료에 의하여 2 이상의 제품이 동시에 생산되는 등 생산공정이 특수한 수출물품과 중소기업 수출물품에 대한 관세 등의 환급절차를 간소화하기 위하여 필요하다고 인정하는 때에는 수출용원재료에 대한 관세 등의 평균환급액 또는 평균납부세액 등을 기초로 수출물품별로 정액환급률표를 정하여 고시할 수 있다. 정액환급률표에 정하여진 금액은 해당 물품을 생산하는 데 소요되는 수출용원재료를 수입하는 데 납부한 관세 등으로 보아 이를 환급한다(법 제13조).

(2) 정액환급률표의 고시요청

정액환급률표의 적용을 받을 수 있는 자는 정액환급률표의 고시를 요청할 수 있다. 고시요청을 받은 관세청장은 환급실적 등을 기초로 이를 고시하여야 한다. 다만, 해당 물품의 거래의 특수성 등으로 현저히 과다·과소 환급의 우려가 있는 경우에는 이를 고시하지 아니할 수 있다.

(3) 정액환급률표의 책정

정액환급률표는 수출물품의 품목번호를 기준으로 정하되, 필요한 경우에는 수출물품의 품명 또는 규격별로 정할 수 있다. 또한 적정한 환급을 위하여 관세 및 환율의 변동 등을 감안하여 일정률을 가감할 수 있다.

(4) 정액환급률의 적용

수출물품 또는 내국신용장 등에 의하여 거래된 물품이 정액환급률표에 기재된 경우 수출 등에 제공된 날 또는 내국신용장 등에 의하여 거래된 날에 시행되는 정액환급률표에 정하여진 바에 따라 환급하거나 기초원재료 납세증명서를 발급한다.

4. 정액환급의 방법

(1) 간이정액환급제도

㈎ 의 의

간이정액환급제도는 중소기업의 수출을 지원하고 환급절차를 간소화하기 위하여 도입된 제도로서 환급신청일 속하는 연도의 직전 2년간 매년도 환급액이 6억원 이하인 중소기업에서 제조한 수출물품에 대한 환급액 산출시에 정부가 정하는 일정금액(간이정액환급률표상의 금액)을 수출물품 제조에 소요된 원재료의 수입시 납부세액으로 보고 환급액 등을 산출토록 한 제도이다.

간이정액환급률을 수출물품의 세번・부호(HS 10단위)별로 전년도 평균환급액을 기준으로 수출업체 구분 없이 책정・적용하는 것이어서 개별 수출업체의 입장에서 보면 과다 또는 과소환급이 발생하게 된다. 국산 원재료를 상대적으로 많이 사용하는 업체에서는 과다환급으로 수출 확대함으로써 수출용원재료의 국산화를 촉진할 수 있으나 지나친 과소환급업체에게는 수출 자체를 불능케 할 우려가 있어 수출업체가 과소환급 등으로 원하는 경우에는 수출업체의 신청(간이정액비적용신청)에 의거 수출업체별로 간이정액환급률표를 적용하지 아니할 수 있도록 허용하고 있다.

◈ 간이정액환급제도의 기본원리

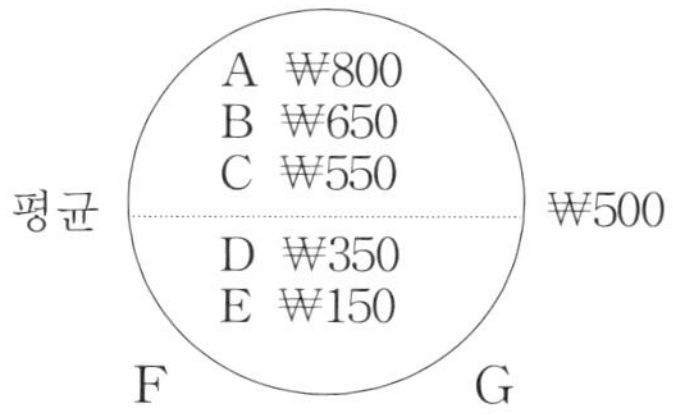

・수출품목(HS10단위)별 전년도의 개별환급 실적의 평균금액(수출금액 10,000원 당)

・F와 G는 수출실적만 있고 개별환급실적이 없는 업체임

(나) 적용대상

1) 적용대상업체

간이정액환급률표를 적용할 수 있는 수출업체는 중소기업기본법 제2조의 규정에 의한 중소기업체로서 최근 2년간 계속 연간 환급실적(기초원재료 납세증명서 발급실적을 포함)이 6억원 이하인 수출업체에 한정된다.

환급신청업체가 중소기업인지 환급액 3억원 이하인지 여부는 1997년 6월 30일 이전에는 환급기관에서 대기업 명부에 의거 확인하였으나 1997년 7월 1일 관세환급전산시스템 운영 이후 전산시스템에서 자동 확인하고 있다.

2) 적용대상물품

① 수출신고수리에 시행되는 간이정액환급률표에 기재된 HS 10단위 수출물품

② 내국신용장(원자재) 등에 의하여 국내 거래된 물품 중 국내 거래일에 시행되는 간이 정액환급률표에 기재된 HS 10단위에 해당하는 물품

③ 적용제외물품

· 수입한 상태 그대로 수출하는 물품(원상태 수출물품)

· 비적용업체로 승인받은 수출업체에서 직수출, 완제품 공급 또는 수출위탁한 물품

참 조 중소기업자의 확인

(1) 확인방법

환급신청시에 전산환급시스템(간이정액/비적용화면)에 의하여 중소기업자 해당여부와 간이정액 적용승인업체인지의 여부가 확인 가능하므로 환급신청서류에 중소기업자임을 증명하는 서류를 제출할 필요가 없다. 다만 관세청의 전산에 오류가 있어 중소기업자의 증명이 필요한 경우에는 다음의 방법에 의한다.

(2) 중소기업 확인 서류

중소기업자는 종업원수와 자산총액에 의하여 결정되므로 다음의 서류에 의하여 확인한다.

상용종업원수……세무서장이 확인한 소득세징수액집계표(표준율 코드가 명기된 것)
3개월 이내의 것(확인신청일이 속하는 달 포함)

자산총액…………해당 업체의 대표자가 확인한 대차대조표
최근 회계연도의 것

소득세징수액집계표상에 표준율 코드가 명기되도록 요구한 것은 해당 업종의 주된 업종을 확인함에 따른 분쟁을 예방함에 목적이 있으며, 동일기업이 2개 이상의 서로 다른 사업을 겸영하는 경우는 그 중 매출액이 가장 많은 업종이 주업종이 되며, 주업종이 정해지면 겸영하는 업종에 상관없이 해당기업 전체의 상시근로자수, 자본금 또는 매출액을 산정하여 주업종의 중소기업기준에 따라 중소기업 해당여부를 확인한다.

간이정액환급대상 업종은 제조업에 한하므로 상시근로자수 300인 미만 또는 자본금 80억원 이하가 중소기업범위 기준이다. 따라서 일부업체를 제외하고는 상시근로자수나 자본금확인을 위해 서류를 제출할 경우는 드물 것이다.

(3) **중소기업의 기준**

중소기업기본법 제2조 및 동 법령의 규정에 의거 정해진 기준에 의한다. 동 법령의 규정을 보면 상시근로자수 또는 자본금의 규모에 의하여 판단토록 정하고 있다. 구체적인 판단기준은 간이정책환급률표의 부록을 참고하기 바란다.

㈐ 간이정액환급의 장단점

1) 장 점

첫째, 간이정액환급제도는 중소기업의 수출을 지원하고 환급절차를 간소화하는 효과가 있다.

둘째, 수출신고시 환급신청 사항을 간략히 기재하여 환급에 갈음할 수 있다.

세관장은 간이정액환급율표가 적용되는 수출물품에 대하여는 관세청장이 정하는 바에 따라 수출신고시 수출신고서에 환급신청 사항을 간략히 기재함으로써 환급신청에 갈음할 수 있도록 할 수 있다.

2) 단 점

첫째, 실제환급액보다 적은 과소환급을 감수해야 한다.

개별환급에 의해 확정되는 환급액보다 간이정액환급액으로 책정・고시되는 금액이 대체로 낮아 경우에 따라서는 과소환급을 감수해야 하며, 고시되지 않는 품목에 대하여는 같은 중소기업일지라도 개별환급에 의해 환급액을 결정하여야 한다.

둘째, 비적용승인에 따라 재적용신청 불가

정액환급에 의하면, 수입원재료 및 고가공원재료를 사용한 업체는 과소환급되는데 이러한 업체는 비적용승인을 받아 개별환급이 가능하도록 하였다. 일단 비적용승인을 얻은 자의 모든 수출물품에 대하여는 정액환급율표를 적용하지 않으며, 승인일부터 2년 이내에는 재적용 신청을 할 수 없다.

㈑ 간이정액환급율표

1) 의 의

관세청장은 간이정액환급율표를 정할 때에는 최근 6월 이상 기간 동안의 수출물품의 품목번호별 평균환급액 또는 평균납부세액 등을 기초로 하여 적정한 환급액을 정해야 한다.(해당 간이정액환급율표가 적용되는 해의 전전년도 11월부터 전년도 10월까지 환급 및 기초원재료 납세증명서 발급실적을 기초로 작성) 다만, 최근 6월 이상의 기간 동안 수출물품의 품목번호별 환급실적(간이정액환급실적 제외)이 없거나 미미하여 해당 물품의 품목번호별 평균환급액 또는 평균납부세액 등을 기초로 간이정액환급율표의 환급액을 정하는 것이 불합리한 것으로 판단되는 경우에는 직전의 간이정액환급율

표 14-3 간이정액환급율표(예시)

세 번 (HS code)	품 명	수출금액(FOB) 1만원당 환급액
2005.99-1000	김치	130
3304.99-1000	기초화장용 제품류	130
4414.00-0000	목제의 그림틀 · 사진틀 · 거울틀 또는 이와 유사한 틀	160
8471.60-2023	액정모니터	30

표의 환급액을 기초로 하여 적정한 환급액을 정할 수 있다.

> 환급액의 산출
> 환급액＝(FOB원화금액×간이정액환급율표의 해당금액)÷10,000

2) 간이정액환급율표의 고시요청

간이정액환급을 받을 수 있는 중소기업자는 자신이 수출하는 품목을 간이정액환급율표상에 고시하도록 관세청장에게 요청할 수 있다. 간이정액환급율표의 고시를 요청하고자 하는 자는 다음의 서류를 첨부한 간이정액환급율표고시요청서를 매년 10월 말까지 관세청장에게 제출하여야 한다.

① 고시요청사유서
② 수출물품의 품목번호별 소요원재료의 내역
③ 원재료별 최근 1년 동안의 관세 등 납부내역
④ 기타 간이정액환급율표 고시 요청의 필요성을 입증하는 서류

(마) 환급금 산출방법

1) 환급금 산출의 경우

간이정액환급률표는 종가정액환급률표(수출액 10,000원당 환급액을 표시)이므로 다음의 공식에 의거 환급금을 산출한다.

$$\frac{\text{수출금액}(FOB₩)}{10,000} \times \text{간이정액환급액}(₩)$$

2) 기초원재료 납세증명세액 산출의 경우

간이정액환급률표에 의하여 양도세액의 산출시에 적용하는 국내거래금액은 공급물품의 가격만을 말하는 것이며 국내거래에 따른 전가세액(tax)은 포함되지 아니한다.

수출의 경우에는 수출에 따른 관세 등의 전가가 없으므로 수출신고필증상의 금액이 수출물품의 순수한 가격으로 볼 수 있지만, 기초원재료 납세증명서 발급시의 국내거래금액에는 물품대금만이 아니라 동 공급물품을 제조하는 데 소요된 원재료의 수입시 납부세액을 포함하는 것이 일반적이다.

간이정액환급률표는 물품대금에 대한 정액환급률을 정하고 있는 것이므로 동 공급액에서 전가세액을 공제한 금액으로 양도세액을 산출하여야 한다.

그러므로 국내거래증명서류(내국신용장, 구매승인서 및 특수신용장에 한함)상의 물품대금과 전가세액이 구분표시된 때에는 어려움이 없으나, 구분표시되지 아니하거나 전가세액 포함여부가 확실치 않을 때에는 다음의 공식에 의거 물품대금을 산출하여야 한다.

$$\frac{\text{Local/LC}(\text{물품대금})}{10,000} \times \text{간이정액환급액}$$

(2) 연산품 정액환급제도(특수공정물품의 정액환급)

㈎ 의　의

연산품이란 하나의 원재료로 생산되는 제품이 여러 가지인 물품을 말한다. 즉, 원유와 같이 원유를 정제하면 비등점에 따라 휘발유, 경유, 등유, 벙커씨유 등 여러 가지 제품이 생산되는데 이러한 물품을 연산품(특수공정물품이 정액환급)이라 한다.

관세환급은 수출물품제조에 사용된 원재료에 대한 관세 등을 되돌려 주는 것이므로 원유와 같이 한 가지 원재료에서 여러 가지 제품이 생산되고 이 중에서 경유와 벙커씨유가 수출되었다면 개별환급의 경우 부산물 공제방법을 적용하여 수출되는 물품과 수출되지 않은 물품에 대한 원재료의 세액을 배분해야 하는데 이러한 세액의 배분이 너무 복잡하므로 연산품에 대한 정액환급제도를 도입하여 환급절차를 간소화하기 위한 것이다.

즉, 각 업체별로 최근 6월 이상 기간 동안 수입하거나 내국신용장 등에 의하여 로컬

매입한 원재료에 대한 평균세액을 기초로 각 연산품별로 환급액을 관세청장이 고시하고 연산품을 수출한 경우 정액환급을 하게 된다.

㈏ 특수공정물품 정액 환급률표

관세청장은 단일수출용 원재료에 의하여 2 이상의 제품이 동시에 생산되는 등 생산공정이 특수한 수출물품에 대한 관세 등의 환급절차를 간소화하기 위하여 특수공정물품 정액환급률표를 정하여 고시할 수 있다. 특수공정물품 정액환급률표가 적용되는 물품에 대하여는 간이정액 환급률표를 적용하지 아니한다(영 제14조 ④항).

㈐ 적용대상물품

1) 수출물품에 대한 환급신청시

환급신청하고자 하는 수출물품의 수출신고 수리일에 시행되는 정액환급률표가 적용되며 연산품정액환급률표는 업체별로 수출물품별로 고시되므로 수출신고 수리일에 유효한 정액환급률표에 업체별로 제기된 수출물품이 적용대상이 된다.

2) 내국신용장 등에 의해 로컬공급된 물품의 기초원재료 납세증명서 발급신청시

내국신용장 등에 의해 로컬공급된 물품에 대하여 기초원재료 납세증명서의 발급을 신청하고자 하는 경우에도 환급과 같이 연산품 정액환급률표가 적용되며 이 경우 적용기준은 국내 거래일(양도일)에 시행되는 정액환급률표가 적용된다.

㈑ 환급금 등의 산출방법

연산품정액환급률표는 수출, 수량, 단위당 환급액이 책정고시되기 때문에 환급금 등을 산출할 때에는 수출신고필증의 수출수량이나 내국신용장 등의 공급수량이 기준이 된다.

1) 환급금의 산출

・수출신고필증상의 수출수량×정액환급률표상 금액

・수출수량은 선적수량을 기준으로 함

2) 기초원재료 납세증명서의 증명세액 산출

・내국신용장 등의 공급수량×정액환급률표상 금액

・공급수량은 내국신용장물품수령증 등의 실제 공급수량을 기준으로 함

5. 정액환급의 비적용

(1) 의 의

간이정액환급은 최근 6개월 이상 기간 동안의 수출물품별 평균환급액에 의해 환급액이 책정되므로 국산원재료 및 저가공 기초원재료를 사용하여 수출물품을 생산한 경우에

는 수출물품의 제조, 가공에 사용된 원재료의 세액보다 환급액이 많이 책정되고, 수입원재료 및 고가공 원재료를 사용한 업체는 과소 환급되는데, 이러한 업체는 간이정액환급비적용승인을 받아 개별환급이 가능하도록 하였다.

(2) 비적용승인신청

정액환급률의 적용을 받는 수출업체의 신청에 의하여 정액환급률표를 적용하지 않고 개별환급을 적용할 수 있다. 이 경우 비적용승인을 얻은 자의 모든 수출물품(내국신용장거래물품 포함)에 대하여는 정액환급률표를 적용하지 아니한다(영 제14조 ⑤항).

(3) 비적용 유예

비적용승인을 얻은 자가 관세청장이 정하는 바에 따라 정액환급률표의 적용을 신청하거나 정액환율표의 적용승인을 얻은 자가 다시 비적용승인을 신청하는 경우에는 비적용승인 또는 적용승인을 얻은 날부터 2년 이내에 이를 신청할 수 없다. 다만, 생산공정의 변경등으로 인하여 소요량계산서의 작성이 곤란하게 된 경우와 정액환급율표에 의한 환급액이 환급금 산출규정에 의하여 산출된 환급액의 70퍼센트에 미달하게 된 때에는 관세청장이 정하는 바에 따라 2년 이내에도 신청할 수 있다(영 제14조 ⑥항).

Ⅱ. 개별환급제도

1. 개별환급의 개요

(1) 의 의

개별환급방법이란 수출품을 제조하는 데에 소요되는 원재료의 수입시 납부한 관세 등의 세액을 소요원재료별로 확인하여 환급금을 산출하는 방법을 말한다.

수출품의 가격 또는 수량에 따라 정부가 정하는 환급액으로 환급금을 산출하는 정액환급방법에 대비하여, 수출물품 제조에 소요된 원재료별로 납부세액을 개별적으로 확인하여 환급액을 산출한다는 뜻에서 개별환급이라 한다.

환급특례법령상 환급이란 수출용원재료를 수입하는 때에 납부한 관세 등을 일정한 기간 내에 수출 등에 제공한 때에는 수출자 등에게 되돌려 주는 것이므로, 관급신청건별로 환급금을 산출하는 경우에는 개별환급방법에 의하여 환급금을 산출하는 것이 가장 정확하다고 하겠다. 그러나 구비서류가 복잡하고 환급금을 산출에 많은 시일이 소요됨이 결점으로 지적되고 있다.

(2) 개별환급 적용대상

개별환급방법은 정액환급률표가 적용되지 아니하는 수출물품의 환급 및 국내 거래물품의 기초원재료 납세증명서 발급신청시에 적용된다.

(3) 환급금의 산출

개별환급방법에 의하여 환급금을 산출하기 위하여는 수출물품제조에 소요된 원재료의 품명·규격·수량을 확인하여야 하는데, 이를 위하여 대외무역법의 규정에 의한 소요량 증명제도를 환급특례법령에서 이용하고 있다.

소요량 증명서류에 의거 소요원재료의 품명·규격·수량이 확인되면 동 원재료의 수입시 납부세액은 수입신고필증 등에 의해 산출하게 된다.

이를 도표로 설명하면 다음과 같다.

그림 14-3 개별환급금의 산출시 필요서류

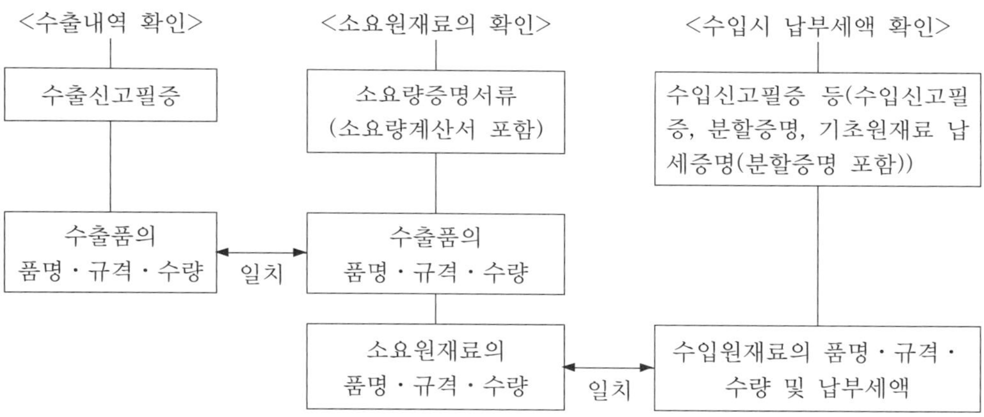

수출 등에 제공한 물품(이하 '수출품'이라 한다)은 수출신고필증 또는 이에 갈음하는 서류(이하 '수출신고필증'이라 한다)에 의하여 품명·규격·수량을 확인하고 동 수출물품이 제조에 소요된 원재료의 품명·규격·수량은 소요량 증명서류에 의하여 확인하며, 수입시 납부세액은 동 소요원재료의 수입신고필증 등에 의하여 확인한다.

2. 환급제한제도

(1) 개별환급금 지급제한제도

㈎ 의 의

국산원재료 사용 및 개발촉진 등 국내산업을 보호하기 위하여 수출물품에 제조에 사용된 수출원재료의 수입시에 납부한 관세 등을 기획재정부령이 정하는 원재료에 대하여는 환급 등을 제한할 수 있다(법 제17조 ①항), 개별환급금 지급제한제도는 관세 등을 환급하는 경우에 기획재정부장관이 정하는 일정 물품에 대하여 일정 비율로 환급금의 지급을 제한하는 제도로서 국내산업보호를 목적으로 한다. 그러나, 이 제도는 지나치게 국내생산 보호에 치우쳐 가격 품질면에서 불리한 국내원재료를 수출물품 제조업체에 강요하는 결과가 되므로 수출물품 대외경쟁력에 차질을 초래할 위험성도 있다는 문제점도 있다.

㈏ 지급제한 대상물품과 비율

환급제한물품과 제한비율은 다음과 같다. 다만, 보세공장과 자유무역지역 안의 입주기업체에서 생산하여 수입된 수출용원재료를 제외한다(규칙 제14조).

대상물품	지급제한비율	비 고
1. 덤핑, 상계, 보복관세대상, 적용물품(보세공장, 자유무역지역 내 입주기업에서 생산하여 수입된 수출용원재료를 제외한다(환특칙 제14조).	$\frac{\text{덤핑·보복·기본세율에 상계관세액－의한 관세액}}{\text{덤핑·보복·상계관세액}}$	환특법시행규칙 제12조 및 별표
2. 기획재정부에서 정하는 물품	1991. 7. 1 이후 지정 물품 없음	

㈐ 지급제한 물품과 비율의 적용시점

관세의 환급을 제한하는 물품과 제한비율은 기획재정부령으로 정한다(법 제17조 ②항).

㈑ 환급제한의 절차

환급금의 지급제한 절차는 다음과 같다.

1) 환급제한의 요청

관계행정기관의 장 또는 이해관계인은 해당 물품의 품명, 이유 등 요청에 필요한 자료를 기획재정부장관에게 제출하여 환급의 제한을 요청할 수 있다(환특령 제25조 ①항).

2) 협조의 요청

환급의 제한을 요청받은 기획재정부장관은 관세 등의 환급의 제한에 관하여 필요한 사항을 조사하기 위하여 필요하다고 인정하는 경우에는 관계기관·수출자·수입자, 기타 이해관계인 등에 대하여 관계자료의 제출, 기타 필요한 협조를 요청할 수 있다(영 제25조 ②항).

(2) 부산물공제제도

㈎ 의 의

개별환급방법은 수출업체에서 수출물품을 제조에 소요된 원재료의 수입시 납부세액을 개별적으로 확인하여 환급받는 것이므로 원재료 수입시에 납부한 관세 등을 환급받아야 한다. 그런데, 수출품 제조과정에서 경제적 가치가 있는 부산물이 발생하는 경우에는 원재료 수입시 납부한 관세 등의 금액에서 부산물의 가치에 해당하는 관세 등의 금액을 제공한 후 잔액을 환급하는데, 이를 부산물 공제제도라 한다.

㈏ 적용대상

부산물의 공제는 개별환급방법에 의한 환급시 또는 기초원재료 납세증명서 발급시에 적용된다. 정액환급의 경우에는 정액환급률의 책정, 고시할 때에 부산물이 공제된 전년도 평균환급액을 기준으로 책정한 것이므로 적용대상이 되지 아니하며 수출용 원재료의 수입시 납부세액을 확인하여 지급하는 개별환급의 경우에만 적용된다.

부산물은 다음 각호와 같이 경제적인 재화로 활용된 것을 말한다.

① 제품, 잉여물품, 부산물 등의 명칭으로 판매되는 경우

② 자사에서 타 공정에 재투입한 경우

③ 기타 자사에서 사용한 경우

㈐ 공제세액 산출방법

다음 공식에 의거 공제세액을 산출한다.

$$\text{부산물공제비율} = \frac{D}{A \times (C/B) + D}$$

A: 부산물이 발생하는 해당 공정에서 생산된 제품의 가격
B: 부산물이 발생하는 해당 공정에서 소요된 총원재료의 가격
C: 부산물을 발생시킨 해당 원재료의 가격
D: 부산물의 가격

즉, 부산물의 양과 가격을 곱한 값이 해당 부산물을 발생시킨 원재료의 양과 가격을 곱한 값의 100분의 3을 초과하는 경우에 적용한다.

$$\frac{\text{부산물의 금액}}{\text{부산물을 발생시킨 원재료의 금액}} > 3\%$$

㈑ 평균세액증명서에 의한 관세 등의 환급

1) 수출이행기간의 기산일(매월 초일)

평균세액증명서는 매월 수입 및 로컬매입한 수출용원재료에 대하여 월별로 총합계세액을 총물량으로 나누어서 원재료 1단위당 평균세액을 증명한 서류로서 관세환급에 있어서 원재료 수입신고필증 등과 같이 납부세액을 증명하는 것이다. 따라서, 평균세액증명서에 의하여 관세 등의 환급을 신청할 경우 매월 초일(해당 수출용원재료의 수입일 또는 매입일이 속하는 달의 초일)을 기준으로 수출이행기간을 계산토록 되어 있다(법 제11조 ①항).

2) 수입신고필증 등에 의한 환급의 불가

평균세액증명서는 매월 수입 또는 로컬매입한 원재료의 HS 10단위별로 수입신고필증, 기초원재료 납세증명서 및 분할증명서의 총합계 세액을 총합계 물량으로 나누어서 수출용원재료 1단위당 평균세액을 증명한 서류이기 때문에 평균세액증명서로 발급시에 사용한 수입신고필증 등은 환급에 사용할 수 없으며, 반드시 평균세액증명서로 환급신청하여야 한다. 즉, 평균세액증명서의 발급을 받아야 할 수출용원재료에 대한 수입신고필증 및 기초원재료 납세증명서 등은 관세 등의 환급신청 또는 다음 국내거래단계에 따른 기초원재료 납세증명서 등의 발급신청시 납부세액증명자료로 사용하지 못한다(영 제12조 ⑥항).

3) 평균세액 증명서의 환급 등 사용방법

동일품목의 수출용원재료(HS 10단위)에 대한 평균세액증명서는 월별 순서에 따라 환급에 사용하여야 한다. 다만, 선순서월의 평균세액증명서를 환급 등에 전부 허용하지 않고 후순서월의 평균세액증명서를 사용할 수는 있으나 후순서월의 평균세액증명서를 환급 등에 사용하다가 다시 선순서월의 평균세액증명서는 환급 등에 사용할 수 없다(고시 제4-4조 ①항).

(3) 내수용 수입신고필증의 환급

㈎ 내수용 수입신고필증의 환급 사용 제한

평균세액증명서는 기업에서 수출용으로 수입하거나 내국신용장 등에 의하여 로칼구매한 원자재의 물량에 대하여 발급되며 내수용으로 수입한 것은 평균세액증명서 발급대상이 되지 아니한다. 평균세액증명서가 발급되는 수출용원자재와 동일품목번호(HS 10단위)의 내수용 수입신고필증은 관세 등의 환급에 사용할 수 없고 해당 월의 평균세액증명서가 전부 환급 등에 사용된 것이 확인된 경우에 한하여 환급 등에 사용이 허용된다(법 제11조 ②항).

㈏ 내수용 수입신고필증에 의한 환급시 환급액

물품별 환급액은 해당 물품이 수입된 달의 평균세액증명서에 기재된 수출용원재료의 평균세액을 초과할 수 없다. 이 경우 수입된 달의 평균세액증명서에 기재된 수출용 원재료가 없는 때에는 해당 물품이 수입된 달부터 소급하여 최초로 해당 물품과 품명 같은 수출용원재료가 수입된 달의 평균세액증명서에 기재된 수출용원재료의 평균세액을 말한다(법 제11조 ②항).

1) 기업이 원자재 구매목적대로 제품을 생산판매한 경우
(내수용 수입신고필증 환급사용 필요성이 발생하지 아니함)

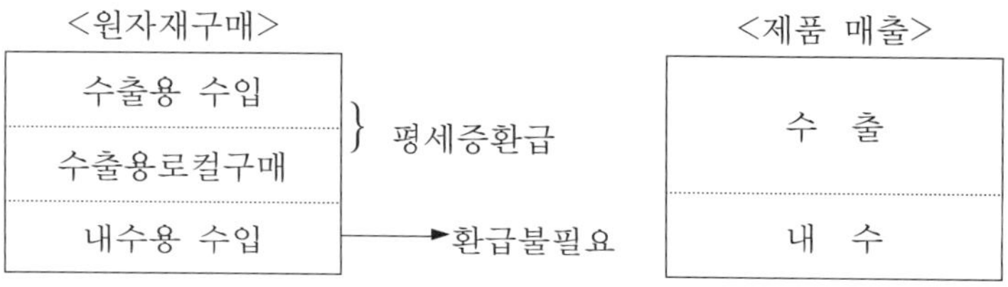

2) 사정변경에 의하여 원자재 구매목적보다 더 많이 제품을 수출한 경우
(내수용 수입신고필증 환급사용 필요성이 발생하지 아니함)

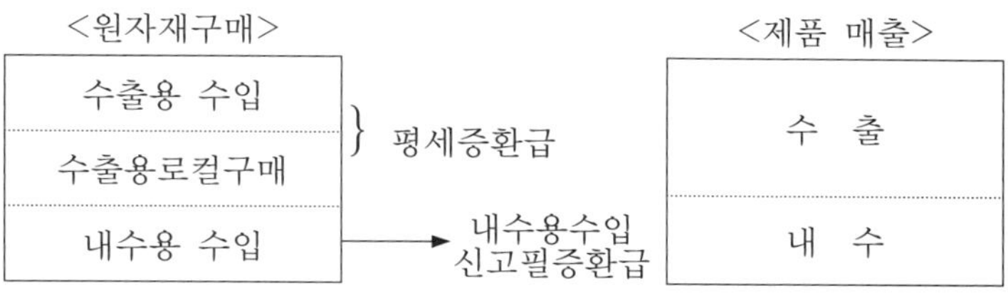

3. 개별환급의 보완제도

(1) 평균세액증명제도

㈎ 의 의

평균세액증명제도는 해당 수출업체에서 그 달에 외국으로부터 수입하거나 국내에서 매입한 수출용원재료를 HS 10단위별로 통합함으로써 규격확인을 생략하고, 전체물량의 단위당 평균세액을 산출하여 환급함으로써 환급절차를 간소화하는 제도이다. 이는 개별환급방법에 의한 환급액 산출에 있어서 규격확인 때문에 구비서류와 환급절차가 복잡해짐을 개선하기 위하여 고안된 제도이다.

평균세액증명서의 예를 들면 다음과 같다.

예 단추 HS 960629-9000

월일	규격	수량	세액		규격	수량	세액		평균세액
2001.1.10 1.15 1.21 1.23	1cm 2cm 3cm 5cm	10 20 50 20	100원 150원 800원 550원	→	×	100개	1,600원	=	1개당 16원 환급
계		100	1,600원						

(나) 평균세액증명서의 발급대상물품

평세증을 발급받고자 하는 자는 관할지 세관장에게 평균세액증명 대상물품의 지정을 받아야 한다. 평균세액증명서의 발급대상물품은 업체별로 지정하는데 다음에 해당하는 물품에 대하여는 평균세액증명서 발급대상으로 지정할 수 없다.

① 수출용원재료의 HS 10단위가 관세율표상 '기타의 기타'로 분류되는 물품

② 수출용원재료의 규격에 따라 소요량이 달라지는 것으로서 그 규격을 통합한 경우에 평균세액결정이 곤란한 물품

③ 관세환급특례법에 의하여 환급제한대상이 되는 물품(덤핑방지관세 · 보복관세 · 상계관세 적용대상 물품)

④ 수출물품의 생산과정에서 부산물이 발생하는 원재료와 발생되지 아니하는 원재료가 동일 HS 10단위에 분류되는 물품

(다) 평균세액증명서의 발급

1) 발급신청기간

평균세액증명서를 발급받고자 하는 자는 다음 사항을 기재한 신청서에 관련 증명서류를 첨부하여 수출용원재료를 수입한 날 또는 내국신용장 등에 의하여 매입한 날이 속하는 달의 다음달 1일 이후에 관할지 세관장에게 제출하여야 한다.

① 지정받은 물품별 수입량 및 관세 등의 세액

② 지정받은 물품별 내국신용장 등에 의한 매입량 및 관세 등의 세액

③ 기타 관세청장이 정하는 사항

2) 일괄신청 원칙

평균세액증명서는 HSK 품목번호를 기준으로 매월 수입하거나 내국신용장 등에 의하여 매입한 수출용원재료에 전량에 대하여 일괄신청하여야 한다. 다만, 다음의 경우에

는 그러하지 않다.

① 평균세액증명서의 발급을 신청할 때에 신청대상에서 누락된 수출용원재료에 대하여 신청하는 것으로서 아래에 해당하는 경우

-수출용원재료 수입시 세번분류 오류로 인하여 최초 발급 신청에서 누락된 경우 -수입신고필증 등의 분실 등으로 인하여 최초 발급 신청에서 누락된 경우 -평균세액증명서 발급 후에 관세 등이 추징되어 추징세액에 대하여 추가발급을 신청하는 경우 -기타 세관장이 추가발급이 타당하다고 인정하는 경우

② 평균세액증명서를 발급받고자 하는 자의 신청에 의하여 사업장 또는 사업분야별로 구분하여 발급신청할 수 있도록 관세청장으로부터 인정받아 그 사업장 또는 사업분야별로 일괄 신청하는 경우

보 충 내수용 수입신고필증의 환급시 세액적용순서

① 해당 수입신고필증에 의한 단위당 세액이 해당 월의 평균세액증명서상의 평균세액보다 적은 경우에는 그대로 적용하고 많은 경우에는 해당 월의 평균세액을 적용한다.
② 해당 월의 평균세액증명서가 추가 발급되어 평균세액증명서가 2건 이상인 경우에는 평균세액이 적은 것은 첫번째 방법을 적용한다.
③ 해당 월에 발급된 평균세액증명서가 없는 경우에는 해당 월부터 소급하여 가장 가까운 평균세액증명서 중 평균세액이 적은 것을 기초로 하여 첫번째 방법을 적용한다. 이상의 방법을 적용할 평균세액증명서가 없는 경우에는 해당 수입신고필증에 의한 세액을 그대로 적용하여 환급금을 계산한다.

㈑ 평균세액증명서 발급대상물품의 재심사 및 지정취소

세관장은 평균세액증명서에 의하여 환급 또는 기초원재료납세증명서 등을 발급하는 것이 수출용 원재료 등에 대한 관세 등의 세액과 현저한 차이가 있는 경우에 평균세액증명서 발급대상물품의 지정을 취소하여야 한다. 세관장은 해당 여부를 매 2년마다 심사하여야 한다. 또한, 지정받은 자의 요청이 있는 경우에도 발급대상물품의 지정을 취소할 수 있다. 따라서, 지정물품에 대하여는 지정취소가 되기 전까지는 계속하여 평균세액증명서의 발급을 신청하여야 하고 평균세액증명서의 발급을 받아야 할 수출용원재료에 대한 수입신고필증 또는 기초원재료 납세증명서 등은 관세 등의 환급신청 또는 다음 국내거래단계에 따른 기초원재료 납세증명서 등의 발급 신청자료로 사용하지 못한다.

(2) 기업자율관리 소요량제도

(가) 의 의

관세환급이란 수출물품의 제조·가공에 소요된 수출용원재료에 대한 관세 등을 수출자 또는 수출물품제조자에게 되돌려 주는 것이다. 소요량은 수출물품을 형성하고 있는 원재료의 양(단위실량)과 생산과정에서 발생하는 손모량을 합한 개념으로서 관세환급금을 결정하는 가장 중요한 요소이다. 이러한 소요량을 기존의 소요량증명제도하에서는 정부기관에서 기준소요량을 고시함으로써 많은 인력과 비용이 소요될 뿐만 아니라 기업이 실제 수출물품의 생산에 사용된 원재료의 소요량과 차이가 많아서 과다환급 또는 과소환급이 되는 경우가 많았다. 또한, 기업이 소요량증명서류를 발급받는 데 많은 비용과 시간이 소요된다. 따라서, 수출물품에 대한 소요량은 국가에 의해 고시하거나 확인하는 것보다 기업이 자율책정하는 것이 정확할 뿐만 아니라 시간과 비용을 절감할 수 있기 때문에 소요량계산제도가 도입되었다.

소요량=실량+손모량

참 조 용어정리

- **소요량**: 수출물품을 생산하는 데 들어가는 원재료의 종류별 양을 말하며, 완성된 수출물품에 들어가 있는 원재료의 양(단위실량)에 생산과정에서 손실된 손모량을 더한 것임. 관세환급이란 수출물품 생산에 필요한 원재료를 수입할 때 납부한 관세 등을 수출자에게 되돌려 주는 제도이므로 관세환급 금액을 계산하기 위해서는 반드시 소요량을 계산해야 함
- **단위실량**: 수출물품 한 개에 실제로 들어가 있는 원재료의 양
- **손모량**: 수출물품을 정상적으로 생산하는 과정에서 발생하는 원재료의 손실량. 불량품 생산에 소요된 원재료의 양은 제외
- **단위소요량**: 수출물품 1단위를 생산하는 데 소요된 원재료별 양으로서 단위실량과 손모량을 합한 양
- **자율소요량**: 환급신청자(수출자 또는 생산자)가 관세환급을 받기 위해서 수출물품을 생산하는 데 들어간 원재료의 소요량을 관세청장이 정한 소요량 산정기준과 관리절차에 따라서 자율적으로 산정한 소요량을 말한다. 자율소요량을 산정하기 위해서는 환급신청 전까지 환급신청 세관에 자율소요량 산정방법을 신고해야 함
- **연산품**: 원유 정제공정에서 나오는 휘발유, 등유, 경유 등과 같이 특수공정물품 중에서 동일 원재료에 의해 생산된 개별적인 기능과 경제적인 가치를 가진 제품들이 주산물과 부산물로 구별할 수 없을 때 이 제품들을 한꺼번에 일컫는 말임

(나) 자율소요량 산정방법 선택

자율소요량에 의해 소요량계산을 하려고 하는 업체는 HS번호별 6가지 자율소요량 산정방법 가운데 하나를 선택하여 산정할 수 있다. 그러나 농·수·축·임산물 등을 원재료로 1차 가공품을 생산할 때는 수출건별 총소요량, 위탁건별 총소요량만 선택할 수 있고, 시제품 생산단계와 같이 소요량이 안정되지 않았을 때는 일정기간별 또는 1회계연도 소요량을 선택할 수 없다. 석유화학제품 등 특수공정에 의해 제품을 생산하는 연산품 등은 제조공정의 특수성을 인정하여 일정기간별 단위소요량이나 1회계연도 단위소요량만 선택할 수 있다. 그러나 새로 생산되는 연산품에 대해서는 수출건별 소요량으로만 산정할 수 있다.

1회계연도 단위소요량은 전회계연도 동안의 수출물품 1단위당 평균소요량을 이번 회계연도에 적용하는 소요량이므로 소요량이 안정성을 유지할 수 있으려면 매월 1회 이상 또는 연간 6월 이상 생산활동을 하는 업체만 선택할 수 있다. 단, 천재지변, 노사분규 등 불가항력으로 인해 생산활동을 하지 못했을 때는 1회계연도 단위소요량을 선택할 수 있다.

(다) 산정방법의 신고

자율소요량 적용업체는 최초 환급신청 전에 환급신청 세관에 소요량 산정방법에 대하여 신고해야 함. 환급신청 세관을 변경했을 때는 소요량 산정방법을 변경한 세관에 다시 신고해야 함. 산정기간이 지났으나 변경신고를 하지 않았을 때는 종전에 신고한 산정방법을 적용하는 것으로 본다.

그러나 2000년 1월 1일부터는 종전의 기준소요량을 이용할 수 없으며, 환급신청업체는 관할 세관에 최초 환급신청 전까지 자율소요량 산정방법을 신고하고 환급을 신청해야 환급을 받을 수 있다.

(라) 자율소요량 산정방법

1) 단위실량

수출물품을 구성하고 있는 실제 원재료의 양인 단위실량만으로 소요량으로 산정하는 방법이다. 즉, 수출물품(견본)을 분해하여 재거나 수출물품 1단위를 생산하는 데 사용되는 설계도면상의 원재료의 실면적이나 부품내역서상의 실량 등을 세어서 산정한다.

(보기) 컴퓨터 모니터에는 브라운관(CPT)이 1개 있으므로 CPT의 단위실량은 1개임. 모니터의 회로도에 트랜지스터가 10개 있다면 트랜지스터의 단위실량은 10개임

2) 단위(설계)소요량

수출물품을 생산하는 데 있어 가장 기본이 되는 자료인 제조사양서에 있는 원재료중 환급을 받고자 하는 원재료의 종류별양이다. 일반적으로 단위(설계)소요량은 단위실량에 최적의 생산공정에서 발생하는 최소한의 손모량을 합친 소요량으로서 원재료의 종류에 따라서는 단위실량과 같은 양일 수도 있다.

(보기) 브라우스의 제조사양서에 브라우스 1장을 생산하는 데 필요한 면직물이 3야드라고 적혀 있으면 이 브라우스의 단위 설계소요량은 3야드임

3) 수출건별 등 총소요량

수출건별로 수출물품을 생산하는 과정에서 사용한 원재료의 종류별 총량으로 불량품 등에 소요된 원재료의 사용량을 제외한 소요량. 수출건별이란 수출신고수리필증별, 기초원재료 납세증명서별, 또는 수출계약서나 내국신용장의 수출물품의 수량단위이다.

(보기) 수출계약서에 의해 미국 XY상사에 신발 100켤레를 생산하여 수출했을 때, 이 수출건의 신발 100켤레를 생산하는데 원재료의 가죽 10야드를 사용했다면 신발 100켤레에 대한 수출건별 등 총소요량은 가죽 10야드임

4) 일정기간별 단위소요량

① 일정기간 동안 생산된 수출물품 1단위에 대한 평균소요량을 말한다. 일정기간이란 1개월 이상 6개월 이내의 범위에서 산정대상기간 초월의 초일부터 산정대상기간 말월의 말일까지이다.

② 일정기간별 단위소요량은 수출물품에 원재료가 물리적으로 결합되느냐 화학적으로 통합되느냐에 따라 산정방법이 구분된다.

㉠ 물리적으로 결합되는 원재료 : 일정기간 동안 제품생산에 사용된 원재료의 종류별 총량을 그 기간 동안에 생산된 제품의 원재료별 환산량으로 나눈 값에 단위실량을 곱한 양으로 산정하며, 불량품 생산에 소요된 원재료 사용량은 제외한다.

일정기간별 단위소요량 = (일정기간 동안 사용된 원재료별 총량÷일정기간 동안 생산된 제품의 원재료별 총량)×단위실량

(보기) 2006. 7. 1~12. 31 사이 6개월 동안 생산된 제품이 500개, 원재료 갑이 1,200개, 을이 2,100개 사용되고, 단위실량이 갑 2개, 을 4개일 때 갑의 일정기간별 단위소요량은 {1,200÷(2×500)}×2 = 2.4개, 을의 일정기간별 단위소요량은 {2,100÷(4×500)}×4 = 4.2개임

㉡ 화학적으로 결합되는 원재료 : 단위실량을 계산할 수 없으므로 일정기간 동안 사용된 원재료별 총량을 그 기간 동안 생산된 제품 총량으로 나누어 산정한다.

일정기간별 단위소요량 = 일정기간 동안 사용된 원재료별 총량÷그 기간 동안 생산된 제품 총량

(보기) 2006. 7. 1~12. 31 사이 6개월 동안 생산된 제품이 500개, 원재료 갑이 1,200Kg 사용되었을 때 갑의 일정기간별 단위소요량은 1,200÷500 = 2.4Kg, 을의 일정기간별 단위소요량은 2,100÷500 = 4.2Kg임

5) 1회계연도 단위소요량

1회계연도 동안 생산된 수출물품 1단위에 대한 평균소요량을 말한다.

① 원재료가 물리적으로 결합하는 경우 : 1회계연도 동안 제품생산에 사용된 원재료의 종류별 총량을 그 기간 동안 생산된 제품의 원재료별 환산량으로 나눈 다음 단위실량을 곱하여 산정한다. 불량품 생산에 들어간 원재료 사용량은 제외된다.

1회계연도 단위소요량 = (1회계연도 동안 사용된 원재료별 총량÷1회계연도 동안 생산된 제품의 원재료별 총량)×단위실량

(보기) 2006. 1. 1~12. 31 1회계연도 사이 생산된 제품이 500개, 원재료 갑이 1,200개, 을이 2,100개 사용되고, 단위실량이 갑 2개, 을 4개일 때 갑의 1회계연도 단위소요량은 {1,200÷(2×500)}×2 = 2.4개, 을의 1회계연도 단위소요량은 {2,100÷(4×500)}×4 = 4.2개임

② 원재료가 화학적으로 결합하는 경우 : 1회계연도 동안 제품생산에 사용된 원재료의 종류별 총량을 그 기간 동안 생산된 제품의 총량으로 나누어 산정한다. 불량품 생산에 들어간 원재료 사용량은 제외된다.

1회계연도 단위소요량 = 1회계연도 동안 사용된 원재료별 총량÷1회계연도 동안 생산된 제품 총량

(보기) 2006. 1. 1~12. 31 1회계연도 사이 생산된 제품이 500개, 원재료 갑이 1,200Kg, 을이 2,100Kg 사용되었을 때 갑의 1회계연도 단위소요량은 1,200÷500 = 2.4Kg, 을의 1회계연도 단위소요량은 2,100÷500 = 4.2Kg임

6) 위탁건별 총소요량

수출물품의 생산을 위탁한 업체가 생산업체(수탁업체)에 공급한 원재료 중 생산업체가 수출물품을 생산하는 데 사용한 원재료의 종류별 총량으로 산정한다.

(보기) 갑회사가 을회사에 수출품인 신발 100켤레를 위탁생산하는 위탁가공계약을 맺고 가죽 10야드를 공급했는데 을회사가 이 가운데 9야드를 사용했을 때 위탁건별 총소요량은 가죽 9야드임. 불량품 생산에 들어간 원재료 사용량은 제외

㈒ 표준소요량제도

관세청장이 소요량계산업무 등의 간소화를 위하여 필요하다고 인정하는 경우 수출물품별 평균소요량 등을 기준으로 한 표준소요량을 고시하여 환급신청자로 하여금 이를 선택적으로 적용할 수 있도록 하고 있는데 이는 기존의 기준소요량과는 별개의 개념이다. 이는 자율관리소요량 제도를 보완하여 소요량이 일정한 물품에 대한 소요량계산업무의 간소화를 위해 부분적으로 활용하는 것이다(법 제10조 ②항).

㈓ 기준소요량제도

기준소요량이란 수출물품의 생산을 관장하는 중앙행정기관이 수출물품 1단위를 생산하는 데 소요되는 원자재의 양으로서 단위실량과 평균소요량을 합산하여 고시한 소요량을 말한다. 그러나 동일한 물품을 생산하더라도 수출업체의 기술수준, 시설정도, 원재료의 품질 등 다양한 요인에 의하여 소요량이 다르므로, 이를 평균하여 책정・고시한 기준소요량은 과다・과소환급의 요인이 되고, 기술 및 산업이 급속히 발전하는 현실에 있어 수시로 변동하는 소요량을 국가에서 관리하는 것은 불합리하므로 97. 7. 1부터는 전면 기업자율소요량체제로 전환하도록 환급특례법이 개정되었다.

■ 표 14-3 소요량제도의 비교

구 분	기준소요량	표준소요량	자율소요량
근거	대외무역법	환급특례법 제10조 ②항	환급특례법 제10조 ①항
산정기관	국립기술품질원 등 국가기관	관세청장	업체자율적 산정
산정방법	국가기관이 소요량을 고시	관세청장이 정한 고시	업체에서 자율산정(관세청장이 정한 산정방법에 따라)
산정기간	국가에서 정함	국가에서 정함	자유소요량 산정방법에 따라 다양
적용기간	기준소요량 고시일 이후 수출된 물품에 대하여 개정고시일까지 계속 적용	기존기준소요량을 한시인정(99. 12. 31)	해당 수출물품에 대하여 적용
변경주체	국가	국가	자율(업체)
환급심사	사전심사	사전심사	사후심사
소용량 성격	업체별(품목별) 평균소요량	좌동	업체별 품목별 실제 평균소요량
확정여부	확정	확정	미확정(환급금 심사확인됨)
적용순위	고시품목은 우선 적용 및 강제적용	수출업체에 선택적 사용	

제 5 절 수출용원재료의 국내거래(간접환급)

Ⅰ. 개 요

1. 의 의

수출용원재료를 수입한 자가 직접 수출물품을 제조하여 수출하는 직수출의 경우를 제외하고는 수출용원재료를 수입자와 동 원재료로 제조된 물품의 수출자가 다르게 되며, 이 경우에는 수입업체, 제조업체 및 수출업체간에 수출용 상태 또는 이를 제조·가공한 상태에서 양도·양수가 있었다고 할 것이다. 이를 수출용원재료의 국내거래라고 한다. 이러한 국내거래제도는 외국의 환급제도에서는 예를 찾기가 쉽지 않다. 우리나라 관세환급제도에서 복잡한 국내거래제도를 인정함은 수출용원재료의 국산화를 촉진하기 위함이다.

이렇게 직수출자가 수출물품을 형성하는 원재료를 항상 해외에서 조달하는 것은 아니며 국내 타 업체가 수입한 원재료를 원상태로 혹은 제조·가공을 거친 중간원재료로 공급을 받아 수출품을 제조하기도 한다.

이러한 때에는 국내 공급된 원재료가 수입시에 납부한 세액 또는 국내 공급물품을 제조하는 데 소요된 원재료의 수입시 납부세액이 확인·증명되어야 관세환급이 가능하다. 그러나, 수출용 원재료수입에 대한 납부세액을 증명하는 수입신고필증이 없어 환급이 불가능하게 된다.

ABS수지수입	우리산업	튜너공급	나라전자	TV수출
관세납부	튜너제조	납부(양도)세액증명	TV제조	관세환급

이러한 문제점을 해소하기 위하여 수입한 원재료를 수입한 상태대로 수입자가 수출물품 제조업체에 수출용원재료로 공급할 때에 수입신고필증에 갈음하여 납부세액증명서류를 세관장으로부터 발급받아 환급을 가능하게 하는 바 거래형태에 따라 증명서류가 구분된다.

Tip 수출용원재료의 거래와 양도세액증명

수출용원재료의 수입자와 해당 수출용원재료를 사용하여 생산한 물품 또는 수입한 상태 그대로 수출하는 자가 반드시 동일한 것은 아니다. 수입자와 수출자가 달라지는 것은 수출용원재료가 국내에서 거래되기 때문이다. 수출용원재료가 국내에서 거래되는 이유로 가장 일반적인 것은 국내에서 추가적인 가공을 거친 다음 수출물품이 생산되는 경우이다. 예로써 원면(raw cotton)이 수입되어 면직물이 생산되고, 면직물은 다시 의류생산에 사용되어 최종적으로 의류가 수출되는 경우, 원면을 수입하여 면직물을 생산하는 방직업체와, 이러한 면직물을 공급받아 의류를 생산하여 수출하는 봉제업체는 대개 다른 업체이기 마련이다. 국내에서 여러 단계의 가공을 거치게 되면 원재료를 단순 가공하여 수출하는 것에 비해 더욱 높은 부가가치를 창출하게 되므로 우리나라는 금융, 세제 등 여러 면에서 지원을 하고 있다. 내국신용장에 의한 무역금융의 제공, 부가가치세의 영세율 적용과 조기환급, 관세 등의 환급을 위한 양도세액 증명제도 등이 이와 같은 지원에 속한다. 이러한 지원이 가능하기 위해서는 '수출용원재료'로서 거래되었다는 사실이 서류로서 입증되어야 한다. 수출용원재료는 최종적으로 수출이 되고 그에 따라 당초 납부한 관세를 최종수출자(또는 최종수출자에게 완제품을 공급한 자)가 국가로부터 환급받을 수 있으므로 해당 물품이 국내에서 거래될 경우 원재료의 수입자로부터 최종 물품생산자까지의 실거래 가격에는 궁극적으로 환급받을 관세가 가산(加算)되어 있다고 볼 수 있다. 이와 같이 수출용원재료를 공급받는 자가 물품을 수출하였을 때 궁극적으로 환급받을 수 있는 세액을 양도세액(讓渡稅額) 또는 전가세액(轉嫁稅額)이라고 한다.

2. 거래형태와 전가세액 증명서류

수출용원재료의 국내거래형태는 제조・가공을 거치는 국내거래와 원상태 국내거래로 크게 나눌 수 있다.

(1) 제조・가공 국내거래

㈎ 의 의

외국으로부터 수입 또는 국내에서 매입한 원재료를 제조, 가공한 후 수출물품제조업체에서 수출용원재료로 공급하는 경우이다. 이 경우 수입신고필증에 갈음하여 수출용원재료에 대한 납부세액을 증명받을 수 있는 서류로서 기초원재료 납세증명서가 발급된다.

㈏ 수출용원재료의 국산화 촉진을 위한 지원조치

우리나라 입장에서 외화가득액을 증가시키기 위해서는 경제정책 목표를 수출물품에 대한 국내 부가가치의 증대에 역점을 두어야 한다. 즉 수입되는 물품의 국내가공과정에서 국내생산물품을 사용토록 하여 부가가치가 창출되도록 유도하는 것을 수출용원재료의 국산화촉진이라고 한다. 따라서 국내에서 제조, 가공을 거치는 국내거래에 대하여 다음과 같은 지원조치를 하고 있다.

표 14-4 원자재 구매형태별 증명서류

원자재 구매 형태	증빙서류
외국에서 수입시	수입신고필증
국내제조업체에서 구매	기초원재료 납세증명서
국내도매업체에서 구매 (수입원자재)	수입필증, 분할증명서
국내도매업체에서 구매 (국산원자재)	기초원재료 납세증명서, 분할증명서

보충설명 **직접환급과 간접환급**

수출용원재료를 수입한 자가 직접 수출물품을 제조하여 수출하는 직수출의 경우에는 관세의 납부자와 환급자가 동일하여 문제가 없으나, 위 그림에서 보는 바와 같이 수출용 원재료의 수입자와 제품의 수출자가 다른 경우에는 관세의 납부자와 환급자가 다르게 되어 납부자가 환급자로부터 관세를 받아야 한다. 수출 후 세관으로부터 받는 관세환급을 직접환급이라 한다면 수출용원재료의 수입자가 수출자로부터 받는 환급은 간접환급이라 할 수 있을 것이다.

수입한 원재료로 제조한 물품을 수출품 제조업체에 수출품 제조용 원재료로 공급하는 경우, 즉 원자재내국신용장 또는 국산원자재구매확인서에 의하여 제품을 공급하는 때에는 이를 내국수출이라 하여 부가가치세 환급, 수출실적 인정 및 무역금융 지원 등을 하고 있으나 관세환급대상수출에서는 제외하는 것이 원칙이다.

이를 관세환급대상으로 인정하면 공급하는 업체에서는 편리할 것이나 정부의 입장에서는 동 물품이 수출품 제조용에 사용되는지 여부를 사후관리하여야 하므로 물량이 방대하여 관리비용이 많이 들고 현실적으로 사후관리가 불가능하기 때문이다.

관세환급제도가 수출용원재료의 수입으로부터 제품의 수출에 이르는 과정을 서류로 확인하여 납부한 관세 등을 되돌려 주는 제도이므로 국내구매한 원재료로 제조한 물품을 수출한 때에는 국내구매한 원재료의 국내거래가 서류로 증명되고 동 국내거래 물품에 포함된 관세 등의 금액이 서류로 증명되어야 한다.

수출용원재료의 국내거래 형태는 원재료 상태 또는 이를 제조·가공한 상태에서 이루어지고 한 단계뿐만 아니라 두 가지 형태가 여러 단계를 거치기도 한다. 이러한 국내거래제도는 외국의 환급제도에서는 예를 찾기가 쉽지 않다. 우리나라 관세환급제도에서 이렇게 복잡한 국내거래제도를 인정함은 수출용원재료의 국산화를 촉진하기 위함이다.

1) 수출이행 기간의 연장

제조, 가공을 거치는 단계마다 1년의 범위 내에서 실제 소요된 기간만큼 연장이 가능하다. 따라서 제조가공을 거치는 국내거래형태의 경우에는 수출이행기간에 구애받지 아니하고 국내거래가 가능한 것이다.

원유수입 → 나프타 → 폴리에스터칩 → 사 → 폴리에스터직물 → 의류수출
1년 1년 3년 2년 2년

2) 부가가치세 환급(영세율)

부가가치세법에서는 수출을 진흥하기 위하여 수출물품에 대하여는 영의 세율을 적용함으로써 수출용원재료의 수입시에 납부한 부가가치세를 환급해 주고 있다. 그러나 직수출이 되지 않았더라도 국내에서 제조, 가공을 거쳐 수출용원재료로 공급하는 국내거래의 경우에는 부가가치세 영세율을 적용, 환급한다.

3) 수출금융의 지원

국내에서 제조, 가공한 수출용 원재료의 판매를 촉진하기 위하여 내국신용제도를 이용하여 정부가 수출용원재료의 구매, 제조자금을 지원한다.

4) 수출실적으로 인정

수출용원재료를 제조, 가공하여 국내에서 공급한 경우에도 수출한 것으로 간주하여 수출실적에 포함한다. 수출실적은 정부가 수출업체를 지원하는 데 있어서 그 기준이 되고 있다.

(2) 원상태 국내거래의 경우

(가) 의　의

수출용원재료의 원상태 국내거래란 외국으로부터 수입 또는 국내에서 매입한 원재료를 제조, 가공을 거치지 아니하고 수입 또는 매입한 원상태로 수출용원재료로 공급하는 형태이다. 이 경우 수입신고필증에 갈음하여 수출용원재료에 대한 납부세액을 증명받을 수 있는 것으로 분할증명서가 발급한다.

(나) 지원조치

수출용원재료의 원상태 국내거래는 수입원재료를 제조·가공하지 않고 원상태로 거래된 경우, 국내 가공산업육성 및 부가가치의 창출효과는 없으나 중소수출업체가 수출물품의 생산에 필요한 원자재를 적기에 쉽게 구매할 수 없으나 중소수출업체가 수출물품의 생산에 필요한 원자재를 쉽게 구매할 수 있는 장점이 있다. 분할증명서의 발급은 기초원재료 납세증명서의 발급과 마찬가지로 국내거래임에도 불구하고 수출거래로 인정받을 수 있기 때문에 부가가치세 영세율을 적용받는다. 그러나 수출이행기간은 연장되지 않으며, 완제품으로 조달되기 때문에 무역금융을 수혜받을 수 없다.

(3) 양도세액증명서의 종류

수출용원재료를 국내에서 거래하는 형태에는 추가적인 제조·가공을 거쳐 거래하는 추가가공 국내거래와, 수입상태 또는 직전 단계에서 공급받은 상태 그대로 거래하는 원상태 국내거래의 두 가지 형태가 있다. 추가 가공을 거치는 경우의 거래는 공급받는 물품과 공급하는 물품의 형태가 달라지지만 원상태 거래의 경우에는 물품의 형태가 동일하다.

양도세액의 증명은 거래단계별로 이루어진다. 그러므로 동일 업체 내에서 몇단계의 가공이 이루어지거나, 원재료를 하청업체에 위탁 가공하는 임가공거래의 경우에는 양도세액증명서가 불필요하다.[4] 그러나 동일업체 내일지라도 제조장 간에 물품이 공급될 때는 양도세액증명서가 발급될 수 있다. 한편, 종합상사가 원재료를 수입하여 수입상태 그대로 여러 생산업체에 분할 공급하는 원상태 거래의 경우에도 양도세액증명서가 필요하다. 양도세액증명서에는 국내거래 형태에 따라 기초원재료 납세증명서(기초원재료 납세증명서), 수입신고필증 분할증명서(수입분할증명서), 기초원재료 납세증명 분할증명서(기납분할증명서), 그리고 평균세액증명 분할증명서(평균세액분할증명서) 등이 있다. 거래의 형태는 다양하게 이루어질 수 있으나 기본적인 거래관계의 판단은 원재료의 추가가공 여부에 있으며, 그에 따른 양도세액증명서는 기초원재료납세증명서와 분할증명서로 대별된다. 거래형태에 따른 양도세액증명서는 다음과 같다.

① 수출용원재료를 원상태로 공급하는 경우

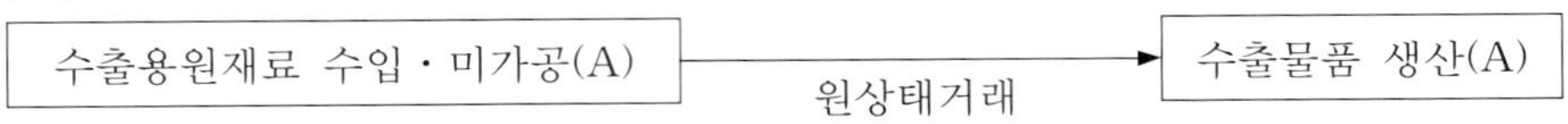

② 수출용원재료를 원상태로 거래한 후 추가 가공하여 공급하는 경우

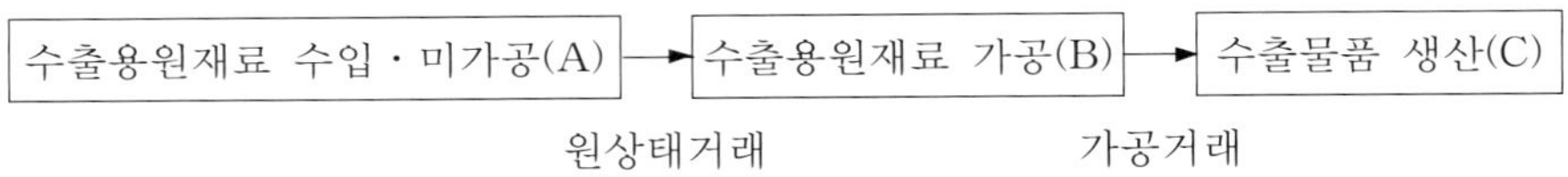

③ 수출용원재료를 추가 가공하여 공급하는 경우

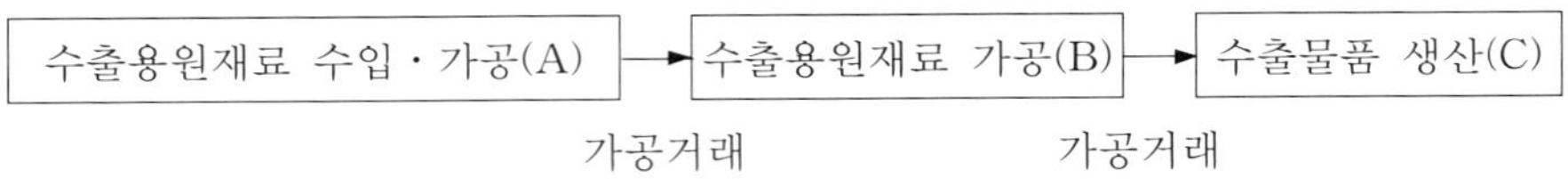

④ 수출용원재료를 추가 가공하여 공급한 것을 원상태로 공급하는 경우

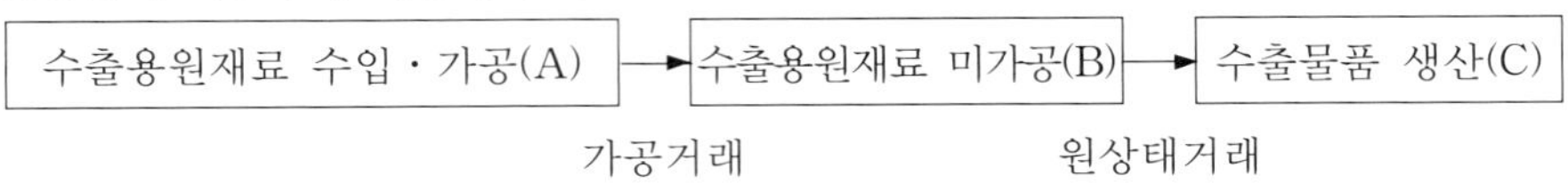

②내지 ④의 거래형태에서 수출용원재료의 가공과정에 경제적 가치가 있는 부산물이

4) 원재료를 무상으로 공급하고 가공임을 대가로서 위탁 가공하는 것을 임가공거래라 한다. 임가공거래는 소유권 자체가 이전되는 것은 아니므로 관세환급에서는 국내거래로 보지 아니하고 임가공을 위탁하는 업체가 생산한 것으로 간주한다.

발생하고, 이러한 부산물을 주된 물품의 거래와 별개로 국내 거래할 때는 부산물을 다시 추가하여 공급하면 기초원재료 납세증명서이, 추가가공이 없이 공급하면 기납분할증명서가 발급된다.

Ⅱ. 기초원재료 납세증명서제도

1. 개 요

(1) 의 의

외국으로부터 수입한 원재료를 제조·가공한 후 이를 수출물품 제조업체에 수출용원재료로 공급하는 때(중간원재료를 제조·가공하여 공급하는 경우 포함)에 국내거래공급자의 신청에 의거 동 공급물품에 포함되어 있는 기초원재료의 수입시 납부세액을 세관장이 증명하는 제도이다.

기초원재료 납세증명서 제도는 기초원재료를 수입하여 국내에서 제조·가공 후 수출예정을 전제로 하여 공급함으로써 부가가치 창출에 기여하게 되고, 결국 국내고용증대, 외화가득률제고 및 국내산업발전 등을 가져오게 하는데 그 제도적 의의가 있다.

(2) 기초원재료 납세증명서의 발급요건

세관장은 수출용원재료가 내국신용장 등에 의하여 거래된 경우 관세 등의 환급업무를 효율적으로 수행하기 위하여 다음과 같은 요건을 갖춘 경우에 그 거래된 수출용원재료에 대한 납부세액을 증명하는 서류('기초원재료납세증명서')를 발급할 수 있다(법 제12조 ①항).

① 수출용원재료로 공급하여야 한다.

② 공급물품은 공급업체에서 수입원재료로 제조한 물품이어야 한다.

③ 원재료의 수입(구매)일로부터 1년 이내에 수출품 제조용으로 공급하여야 한다.

2. 기초원재료 납세증명서 발급대상 물품

또한 다음 각호에 해당하는 물품을 수입신고수리일(중간원재료의 경우에는 구매일)로부터 1년 이내에 수출물품을 생산하는 자에게 양도하거나 수출물품의 중간원재료를 생산하는 자에게 양도하는 경우에 기초원재료 납세증명서를 발급할 수 있다.

① 수입원재료를 사용하여 생산한 물품

② 수입원재료와 중간원재료를 사용하여 생산한 물품

③ 수출물품의 중간원재료를 사용하여 생산한 물품

3. 기초원재료 납세증명서의 발급

(1) 발급신청과 기관

기초원재료 납세증명서를 발급받고자 하는 자는 제조물품을 수출품 제조용 원재료로 공급하였다는 증명서류와 소요량증명서류 및 납부세액증명서류를 양도일자, 세액 등을 기재한 신청서에 첨부하여 제출하여야 한다(영 제13조 ①항).

기초원재료 납세증명서 발급신청시 구비하여야 하는 서류는 다음과 같다.

① 기초원재료 납세증명서

② 수출용원재료의 국내거래 인정서류(내국신용장, 구매승인서, 수출신용장 또는 수출계약서, 기타 매매계약서)

③ 양도일자 확인서류

④ 소요량계산서류

⑤ 소요원재료에 대한 납부세액 확인서류

(④, ⑤: 정액환급률표 적용시 필요하다.)

(2) 발급방법

㈎ 세액공제

관세 등의 환급이 제한되는 물품에 대하여는 환급이 제한된 세액을 공제하고 기초원재료 납세증명서를 발급하여야 한다(영 제13조 ②항).

㈏ 분할공급되는 경우

하나의 내국신용장 등에 의하여 거래되는 물품이 2회 이상 분할공급되는 경우의 기초원재료 납세증명서는 최초의 물품이 거래된 날에 해당 수출용원재료가 전부 거래된 것으로 보아 기초원재료 납세증명서를 발급하여야 한다. 다만, 내국신용장 등에 의하여 수출용원재료를 공급하는 자가 원하지 아니하는 경우에는 그러하지 아니하다(영 제13조 ③항).

4. 양도세액산출방법

수출용원재료의 국내 공급시에 포함되어 양도되는 관세 등의 세액산출방법은 관세환급액산출방법과 동일하다. 양도세액은 국내공급물품제조에 소요된 원재료의 수입시 납부세액을 산출하는 것인 바, 환급액이 수출물품제조에 소요된 원재료의 수입이 납부세액을 산출하는 점과 비교하면 동일하다는 것이 자명해진다. 제조·가공을 거친 국내거래물품에 대한 양도세액 산출방법은 제조·가공을 거친 수출물품에 대한 환급액산출방법과 같으며, 원상태 국내거래물품에 대한 양도세액 산출방법은 원상태수출물품에 대한 환급액산출방법과 같다.

즉, 기초원재료 납세증명서의 발급 신청시에는
① 간이정액환급률표
② 개별환급방법의 순으로 양도세액을 산출하고,

분할증명서의 발급 신청시에는 수입신고필증서의 $\frac{\text{납부세액}}{\text{수입물량}}$×공급수량의 공식에 의거 양도세액을 산출하며, 기초원재료 납세증명 분할증명서의 발급 신청시에는 기초원재료 납세증명서상의 $\frac{\text{양도세액}}{\text{양도물량}}$×공급수량의 공식에 의거 양도세액을 산출한다.

5. 국내거래일과 수출이행기관

(1) 국내거래일

수출용원재료의 국내거래일은 정액환급률표 적용시에는 정액환급률표의 적용기준일이 되고, 개별환급방법에 의한 양도세액산출시에는 수출이행기간의 계산기준일이 되는바, 국내거래일은 다음과 같다.

(2) 수출이행기간

수출용원재료의 수입신고수리일로부터 1년 또는 국내거래일로 1년 이내에 양도 양수된 기초원재료 납세증명서를 관세환급시 납부세액증명서류로 사용하려면 양수일로부터 2년 이내에 수출이 이행되어야 하고, 기초원재료 납세증명서 발급 신청시 납부세액증명서류로 사용할 경우에는 양수일로부터 1년 이내에 양도하여야 한다.

구 분	국내거래일
신용장에 의하여 거래된 경우	내국신용장 물품수량증상의 인수일
신용장 이외의 방법에 의하여 거래된 경우	세금계산서상의 물품공급일
위의 서류에 기재된 인수일 또는 물품공급일과 실제공급일이 다른 경우	실제공급일

6. 기초원재료 납세증명서

(1) 실무상 유의사항

㈎ 발급기관

기초원재료 납세증명서를 발급받고자 하는 자(양도자 포함)는 전국세관 및 출장소(김포, 김해, 세관 및 우편출장소 제외) 중 발급신청인의 관할세관에 신청하면 된다.

㈏ 구비서류

① 기초원재료 납세증명서(4-4호 서식)

② 소요량계산서

③ 수입신고필증 또는 이에 갈음할 서류(분할증명서 혹은 전단계 기초원재료납세증명서)

④ 거래관계 입증서류(내국신용장, 구매승인서 등)

※ 공급한 중간원재료가 간이정액환급 대상물품일 경우에는 간이정액환급률표의 적용을 받아 기초원재료 납세증명서가 발급되므로 소요량계산서 및 수입신고필증(전단계 기초원재료 납세증명서)을 제출할 필요가 없음

⑤ 신청인은 전자문서를 전송하고 접수통지를 받아 접수번호가 기재된 기초원재료 납세증명서를 접수 통보를 받은 날로부터 3일 이내에 관할지 세관장에게 제출하여야 한다.

(2) 서식의 구성

① 기초원재료 납세증명서(갑): 내국신용장(구매승인서)에 의해 공급하는 물품에 내역 및 총양도세액을 기재하는 서식

② 기초원재료 납세증명서(을): 공급물품의 소요원재료별로 산출한 세액 및 수입신고필증 등의 원재료에 대한 잔량을 기재하는 서식

Ⅲ. 분할증명서제도

1. 의 의

외국으로부터 수입한 원재료를 제조·가공하지 않고 수입한 상태대로 수출용원재료로 국내 공급하는 경우에 공급자의 신청에 의거 세관장이 증명하는 제도이다(영 제10조 ②항). 또한 수입신고필증 등 분할증명서는 원상태로 공급하는 때에 발급하는 것이므로 소요량 증명서류가 필요하지 아니하며 정액환급률표도 적용되지 않는다.

원상태 국내거래는 수출물품의 외화가득률 제고에 전혀 도움이 되지 아니하므로 수출이행기간의 연장 등 각종 지원조치의 대상이 되지 아니함이 원칙이다.

2. 분할증명서의 발급 및 발급 대상

(1) 분할증명서의 발급

관세 등의 납부세액을 증명하는 서류를 발급받고자 하는 자는 양도일자, 세액 등을

기재한 신청서를 관할지 세관장에게 제출하여야 한다.

(2) 분할증명서 발급대상물품

분할증명서를 발급할 수 있는 경우는 다음과 같다(수출용원재료 환급 고시 제53조).

① 원재료를 수입 또는 구매한 상태 또는 그대로 수출물품의 생산자 또는 수출물품을 생산하는 데 사용할 중간원재료를 생산하는 자에게 양도한 경우

수입(신고필증)	→ (수입분할증명서발행)	원상태거래

② 평균세액증명서가 발급된 물품의 전부 또는 일부를 제조・가공하지 아니하고 (1)과 같이 양도한 경우(평균세액분할증명서발급)

수입(평균세액증명서)	→ (평균세액분할증명서발행)	원상태거래

③ 기초원재료 납세증명서 발급대상 물품을 양수한 자가 구매한 상태대로 (1)과 같이 양도한 경우

수입(수입신고필증)	→ (수입분할증명서 발행)	제조, 가공거래	→ (기납분할증명서 발행)	원상태거래

3. 분할증명서의 발급

분할증명서 발급신청시 구비하여야 하는 서류는 다음과 같다(고시 제54조).

・분할증명서
・수출용원재료의 국내거래 인정서류(내국신용장, 구매승인서, 양도승인서, 매매계약서 등)
・양도일자 확인서류
・수입신고필증 등 분할하고자 하는 물품 및 납부세액을 확인할 수 있는 서류(기초원재료 납세증명서・평균세액증명서류)

4. 양도세액 산출방법

분할증명서에 의하여 확인되는 양도세액은 해당 공급물품에 포함된 세액과 양도자가 양수자로부터 받아야 되는 세액이다. 또한, 분할증명서는 간이정액환급률표에 의한 정액 환급이 적용되지 아니하며 소요량계산은 할 필요가 없게 되며, 계산방식은 다음과 같다.

수입신고필증상의 단위당 납부세액(납부세액/수입수량)에 공급량을 곱하여 산출

5. 기초원재료 납세증명 분할증명서

기초원재료 납세증명 분할증명서란 수출용원자재를 내국신용장 등으로 구매하여 기초원재료 납세증명서가 발급된 물품을 매입한 상태 그대로 수출용원재료로 공급하는 경우에 세관장이 증명하는 서류이다. 기납분할증명서는 기초원재료 납세증명서 발급대상 물품을 수입 또는 구매 상태대로 수출에 공할 물품에 사용할 원재료를 생산하는 자에게 양도하는 경우에 발급된다.

$$\frac{\text{기초원재료 납세증명서 양도세액}}{\text{기초원재료 납세증명서 양도물량}} \times \text{공급수량}$$

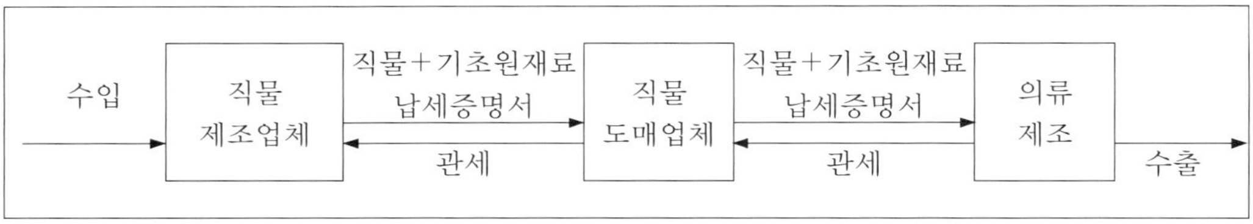

6. 분할증명서

(1) 실무상 유의사항

㈎ 용 도

수출자(완제품제조자 포함)가 수출한 물품에 대해 개별환급을 받으려면 수출신고필증과 수출용원재료를 수입했을 때 관세를 납부한 사실을 증명하는 서류를 제출해야 한다.

이러한 납세사실 증명서류로는 수출자가 직접 수출용원재료를 수입했을 때는 수입신고필증이 있고, 다른 국내업체로부터 수입원재료를 일차 가공한 중간원재료를 공급받은 경우에는 기초원재료 납세증명서가 있다. 또한, 국내업체로부터 수입원재료를 가공하지 않은 원상태로 양도받거나, 중간 원재료를 중간 도매상을 통해 원상태로 공급받은 경우

에는 분할증명서를 제출해야 한다.

㈏ 발급기관

분할증명서의 발급기관은 세관장으로 해당 수출용원재료의 수입신고세관이나 신청인의 주소지 관할세관에서 발급받을 수 있다.

㈐ 신청서류

① 분할증명신청서(4-5호 서식)

② 수입신고필증 또는 기초원재료 납세증명서

③ 국내거래사실 증명서류

요약정리 국내거래형태별 양도세액증명서류

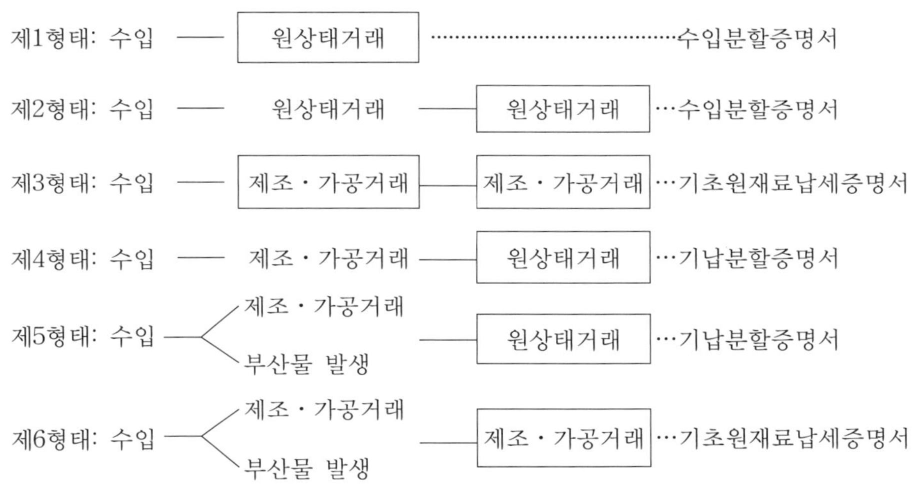

Ⅳ. 기초원재료납세증명서 등의 자율발급

1. 의 의

기초원재료의 납세증명서 등의 발급을 간소화하기 위하여 관세청장이 필요하다고 인정하는 경우에는 내국신용장 등에 의하여 물품을 공급한 자 또는 관세사로 하여금 자기 명의로 기초원재료 납세증명서를 발급하게 할 수 있다(법 제12조 ①항 단서).

그림 14-4 기초원재료 납세증명서 등 자율발급절차

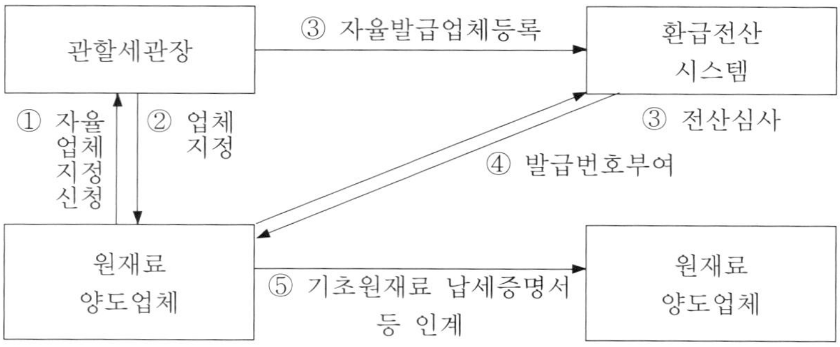

2. 자율발급업체 지정

기초원재료 납세증명서를 자율발급할 수 있는 자는 다음에 해당하는 자로서 관할지세관장의 지정을 받아야 한다.

3. 자율발급업체의 요건

기초원재료 납세증명서 등 자율발급업체의 요건은 다음과 같다.

① 수출용원재료에 대하여 일괄납부할 수 있는 신용담보업체의 지정요건을 갖춘 업체

② 자체 전산시스템에 의하여 기초원재료 납세증명서, 분할증명서, 평균세액증명서를 작성하고 전자문서로 발급신청을 하는 자

③ 자율소요량 산정방법 등을 관할 세관장에게 신고한 자

④ 기타 세관장이 자율발급업체로 지정한 자

4. 자율발급관세사

① 세관장에게 업무개시를 신고한 관세사

② 자체 관세환급시스템에 의하여 기초원재료 납세증명서를 작성하고 전자문서로 발급신청할 수 있는 자

5. 자율발급대상 제 증명서

자율발급업체 또는 자율발급관세사로 지정받은 자는 다음의 증명서를 자율발급 할

수 있다. 다만 정정, 추가 및 재발급은 제외한다.

① 기초원재료 납세증명서

② 분할증명서

③ 평균세액증명서

제 6 절 환급금의 환급절차

Ⅰ. 환급신청

수출물품에 대하여 관세 등 환급을 받고자 하는 자는 대통령령이 정하는 바에 따라 물품을 수출 등에 제공한 날로부터 2년 이내에 관세청장이 지정한 세관에 EDI에 의하여 환급신청을 하여야 한다(법 제9조).

1. 환급신청인

환급신청권은 수출물품의 제조에 소요된 원재료의 수입시 납부세액을 되돌려 줄 것을 청구하는 권리로서 이는 헌법상 보장된 재산권의 일종이다. 환급신청권은 수출 등에 제공한 자에게 있음이 원칙이며, 유상수출의 경우에는 수출품제조자도 환급을 신청할 수 있다.

환급대상수출의 유행별로 환급신청인을 검토해 보면 다음과 같다.

(1) 유상수출물품에 대한 환급신청권자

관세법의 규정에 의하여 수출신고가 수리된 유상수출품에 대한 환급신청권은 수출자와 수출품제조자간의 합의에 의하여 수출신고필증상 ⑤ 환급신청인란에 기재된 자에게 있다.

수출한 경우에는 수출자와 수출품제조자 중 수출신고필증 ⑤ 환급신청인란에 기재된 자로 정당하게 환급신청인으로 기재된 자를 말하며, 수입물품을 그대로 원상태로 수출하는 경우에는 수출자를 말하고 기타의 경우는 제조자(수출자와 동일한 경우를 포함)를 말한다. 그러나 간이정액환급의 경우에는 수출신고필증상의 제조자가 실제로 생산하여 수출한 물품에만 간이정액환급의 신청권자가 된다(통칙 14-18…1).

수출자와 수출품제조자간의 거래형태는 다음과 같다.

(가) 제조자수출

1) 거래형태

수출품의 제조자와 수출자가 동일한 형태로서 수출품제조자가 대외무역법 제10조의 규정에 의거 신고된 무역업자인 경우에 가능하다. 대외무역법 제10조의 규정에 의하면 산업통상자원부장관(현재는 한국무역협회장에게 위임)에게 신고한 무역업자만이 수출입을 할 수 있도록 제한하고 있기 때문이다.

2) 환급신청인 표시방법

제조자수출의 경우는 수출신고필증상 ② 수출자란과 ③ 제조자란에 모두 제조자가 기재되므로 제조자 명의로 환급 신청할 수밖에 없으며, 간이정액 환급신청의 경우에는 수출물품을 실제로 생산한 자를 수출신고필증상의 제조자로 신고하여야 한다.

(나) 위탁수출

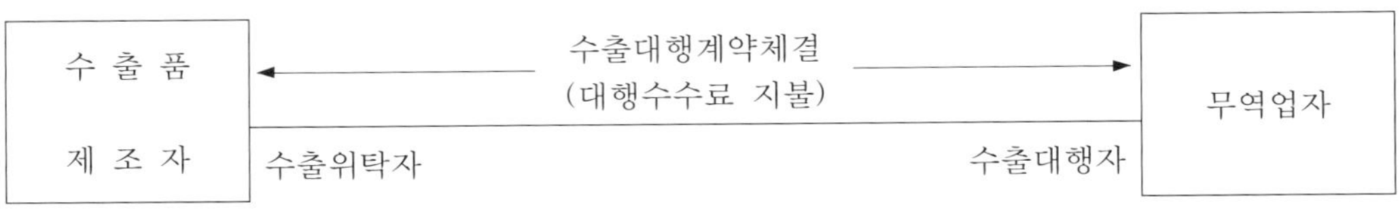

1) 거래형태

수출품제조자가 무역업신고가 되지 아니한 등의 사유로 무역업자에게 수출절차를 대행해 주도록 요청하는 거래형태이다. 즉 수출물품에 대한 소유권은 수출품제조자가 가지고 있으면서 수출절차만을 무역업자에게 맡기는 형태이다.

이를 위하여는 수출대행계약을 체결하고 수수료를 지불하게 되며, 이 경우 수출품제조자를 수출위탁자라 하고 무역업자를 수출대행자라 한다.

2) 환급신청인 표시방법

이 형태는 수출신고필증상 ② 수출자란에 무역업자, ③ 제조자란에는 수출품제조자가 기재되는 바, 단순히 수출절차만 위탁한 것이기 때문에 수출물품의 소유권자인 제조자를 ⑤ 환급신청인란에 표시하여 신고하게 된다. 수출자는 수출절차만 대행해 주는 것이므로 환급신청권을 가질 수 없다고 하겠다.

3) 환급신청인 정정

수출신고필증상 ⑤ 환급신청인란에 환급신청인을 기재하지 아니하였거나 잘못 신고된 때에는 관련증빙자료를 갖추어 통관세관장에게 수출신고필증 정정을 신청하여 승인을 받아야 한다.

㈐ 완제품 공급

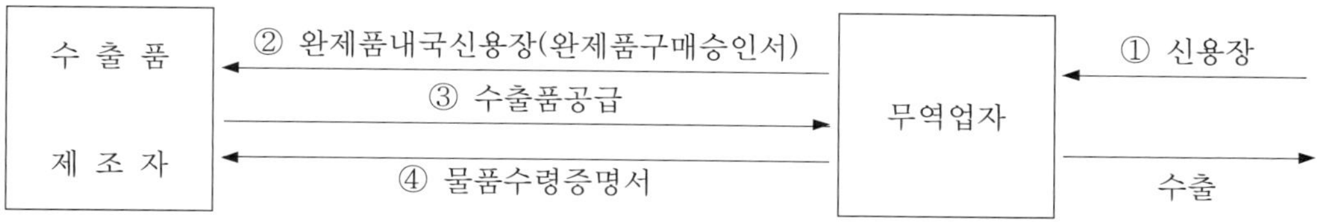

1) 거래형태

수출품제조자가 무역업신고가 되지 아니하였거나 무역업자가 수출품을 국내에서 구매하는 때에 이용되는 거래형태로서 수출품제조자가 물품대금을 받고 수출품을 판매하는 것을 완제품공급이라 한다.

2) 완제품거래시의 증명서류

완제품의 거래시에는 물품의 공급계약시에 무역업자가 수출신용장을 담보로 제출하고 외국환은행에서 완제품내국신용장 또는 완제품구매승인서를 발급받아 수출품 제조자에게 인도하여야 한다.

완제품내국신용장으로 거래한 때에는 무역금융이 지원되는 것이므로 무역업자가 발급한 물품수령증명서와 내국신용장으로 개설은행에 물품대금을 청구하게 된다. 완제품내국신용장과 완제품구매승인서로 거래한 때에는 영세율이 적용되는 것이므로 원재료 구매시 부가가치세를 납부한 경우에는 부가가치세를 환급받게 된다.

3) 환급신청인 표시방법

이 형태는 수출신고필증상 ② 수출자란에는 무역업자, ③ 제조자란에는 수출품제조자가 기재되는 바, 누가 환급신청인이 되는지는 합의하여 수출신고시에 ⑮ 환급신청인란에 신고하여야 한다.

관세청의 통칙에서는 환급신청인의 범위를 원상태수출의 경우에는 수출자, 그 이외에는 제조자로 제한하고 있다(통칙 14-18…1).

수출품제조자가 수출품을 수출자에게 판매하는 완제품공급의 경우에도 환급신청권을 제조자로 제한하는 데 대하여는 이의를 제기하는 견해도 있을 수 있다. 환급신청권은 헌법이 보장하는 재산권의 일종이고, 수출자와 제조자 간에 누가 환급신청권을 가질 것인가 하는 문제는 수출물품의 판매가격에 관세가 포함되는지 여부로 결정되어야 할 성질이기 때문이다.

간이정액환급률표를 적용하는 경우에는 중소제조업체를 지원하기 위한 제도본연의 취지상 수출품제조자만이 환급을 신청할 수 있도록 제한하고 있고, 개별환급방법에 의하는 경우에도 소요량계산은 수출품제조자만이 할 수 있으며, 원재료 수입시 납부세액 증명서류도 제조자가 소유하고 있어 수출품제조업체가 환급신청함이 간편하므로 대부분의 경우 제조자가 관세환급을 신청하고 있다.

4) 판매가격의 결정과 관세환급

이 형태는 관세환급신청권을 누가 가지는가에 따라 완제품공급가격에 관세의 포함여부를 결정하여야 하는 것이므로 물품가격의 결정 전에 환급신청인을 결정하여야 한다.

(2) 기타 수출물품에 대한 환급신청권자

㈎ 무상수출

기획재정부령으로 정하는 무상수출 등의 경우에는 수출자가 환급신청권자가 되며, 완제품공급자나 수출위탁자는 인정되지 아니한다. 이는 무상수출은 무역업자가 아니라도 누구나 수출할 수 있기 때문이다. 다만, 외국에서 개최되는 박람회·전시회 등에 출품하기 위하여 무상으로 반출하는 물품은 대한무역진흥공사 명의로 수출신고필증이 발급되므로 박람회 등에의 출품자가 환급신청자가 되며, 외항선 등에 판매하는 물품의 경우에는 판매자가 환급신청권자가 된다.

㈏ 국내에서 외화판매·공사

총리령으로 정하는 외화판매·외화공사 물품에 대하여는 해당 용도에 제공한 자가 환급신청할 수 있다. 다만, 주한미군에 외화를 받고 납품한 물품의 경우에는 공급자와 제조자 중 납품완료증명서에 환급신청인으로 기재된 자가 환급신청할 수 있다.

㈐ 보세공장 등에 물품공급

보세공장·보세판매장·특수보세창고 또는 자유무역지역 입주기업체에 물품을 공급한 경우에는 보세공장 등에 물품을 공급한 자가 환급신청권자가 된다.

㈑ 북한에의 반출

북한에의 반출물품에 대한 환급신청인은 유상수출과 동일하다.

(3) 임가공수출물품에 대한 환급신청권자

㈎ 전부임가공의 경우

임가공위탁자가 환급신청인이 된다. 수출품제조자만이 환급신청인이 될 수 있다는 관세청의 통칙과 관련하여 수출품의 제조자가 아닌 임가공위탁자가 환급신청인이 될 수 있는가에 대하여 의문이 제기될 수 있으나 임가공위탁자를 수출품제조자로 보아야 한다. 위탁자가 가공을 맡기기는 했지만 원재료의 구입과 가공료의 지급 및 제조에 따른 위험을 부담하고 있기 때문이다.

㈏ 부분임가공의 경우

소요원재료 전부를 위탁자가 수탁자에게 무상으로 공급하여 전부임가공의 형태를 취하든지, 아니면 소요원재료 전부를 수탁자가 구입하여 국내거래형태를 취하여야 관세환급이 가능하며, 이에 따라 환급신청권자도 앞에서 살펴본 바와 같이 결정된다.

(4) 환급신청권의 양도

관세환급신청권은 헌법(제23조)에서 보장하는 재산권의 일종으로서 법률이 정하는 바에 의하여 보장되고 있으므로 법률이 정하는 경우를 제외하고는 양도가 불가능한 권리이다.

환급신청권의 양도가 가능한 경우를 살펴보면 다음과 같다.

㈎ 환급특례법령에 의한 양도

환급특례법령에 의하면 환급신청권을 수출자와 수출품제조자 중에서 합의에 의하여 수출신고필증에 환급신청인으로 게기된 자가 행사하도록 규정하고 있으므로(법 제14조 ①항 및 영 제18조 ①항) 수출품제조자 이외에는 양도할 수 없다.

㈏ 민법에 의한 양도

1) 의 의

민법의 규정에 의한 환급신청권의 양도가 인정되는 것은 자연인의 사망 또는 법인의 소멸로 인한 포괄승계를 들 수 있다. 이는 환급신청권의 주체가 사망 또는 해산으로 인하여 환급신청권의 승계되는 것이므로 엄밀한 의미에서 환급신청권의 양도로 볼 수 없는 것이다.

이러한 경우의 환급신청권의 승계는 자연인과 법인으로 나누어 살펴볼 수 있다.

2) 자연인의 승계

자연인인 환급신청권자의 사망에 따른 환급신청권은 민법의 규정에 의거 상속인에게 상속될 수 있으며, 이러한 때에는 호적등본 및 주민등록등본 등에 의하여 이를 확인할 수 있다.

3) 법인의 승계

법인인 환급신청권자의 신청권은 청산으로 인하여 청산인에게 승계될 수 있다. 또한 환급신청권자인 법인이 다른 법인과의 합병으로 권리·의무가 포괄적으로 승계되는 때에는 환급신청권도 합병한 법인에게 승계된다.

위와 같은 사실이 발생한 때에는 정당한 환급신청권자임을 증명하기 위하여 해당 사실을 증명하는 서류를 갖추어 환급신청시에 함께 제출하면 된다. 법인이 합병 등으로 소멸되거나 명의 변경되어 권리·의무가 포괄승계되는 때에는 등기부등본의 제출 등으로서류구비에 어려움이 없으나 개인으로 운영하던 수출업체를 법인으로 전환하는 경우에는 이러한 사실의 증명이 어렵게 된다. 예규통첩이 필요한 부분으로 사료된다.

2. 환급신청기관

일반적으로 환급신청은 환급신청인의 제조장을 관할하는 세관장에게 한다. 관세청장은 관세 등의 환급업무를 효율적으로 수행하기 위하여 필요하다고 인정하는 경우에 환급신청인의 신청 또는 직권에 의하여 관세 등의 환급을 신청할 세관을 지정하거나 그 지정을 변경할 수 있다(영 제19조).

3. 환급신청기간과 요건

(1) 신청기간

관세 등의 환급을 받고자 하는 자는 대통령령이 정하는 바에 따라 물품이 수출 등에 제공된 날부터 2년 이내에 관세청장이 지정한 세관에 환급신청을 하여야 한다(법 제14조).

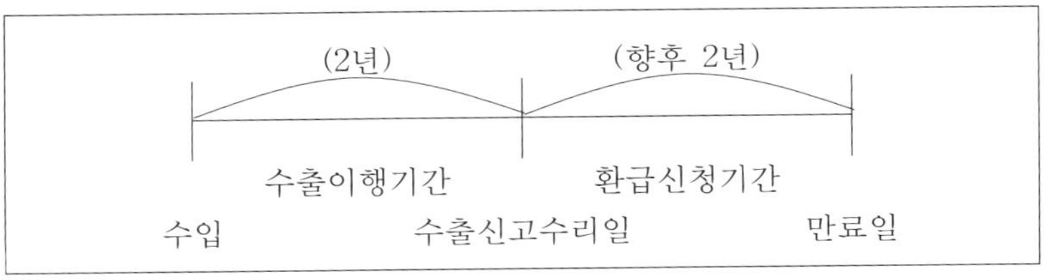

(2) 환급신청의 요건

물품이 수출된 경우 환급신청할 수 있는 바, 관세법상 수출은 물품이 외항선(기)에 적재된 경우 수출된 것으로 보고 있으므로(선적주의) 각 수출유형별로 환급신청할 수 있는 경우는 다음과 같다.

㈎ 법 제4조 1호(일반유상수출)의 수출

수출물품이 선적 또는 기적된 경우에 환급신청할 수 있다. 1997. 6. 30까지는 수출물품의 선(기)적 여부는 환급신청인이 직접 선적사실을 수출신고필증에 기재하여 환급신청토록 되어 있었으나 수출보세화물 전산시스템의 개발운영에 따라 1997. 7. 1부터 관세청의 전산시스템에 의해 수출물품의 선(기)적 여부를 확인하고 있다.

㈏ 법 제4조 2호 내지 4호의 수출

국내외화판매 및 공사, 보세공장이나 자유무역지역에 수출용원재료의 공급 및 기타 수출의 경우에는 해당 수출물품의 수출, 판매, 공사 또는 공급을 완료하고 세관장의 확인을 받은 경우에 환급신청할 수 있다.

4. 환급신청방법

(1) 일괄환급신청(영 제18조 ③항)

(가) 원 칙

수출물품에 대한 환급신청은 해당 수출물품의 생산에 소요된 원재료 전부에 대하여 한꺼번에 일괄하여 환급신청함이 원칙이다. 예를 들어, TV 100대를 수출하였을 경우 그 TV 생산에 소요된 원재료가 100가지 일 경우 TV 100대 생산에 소요된 100가지 원재료에 대한 환급액을 계산하여 1건으로 환급신청하여야 한다.

표 14-5 환급신청의 유형

구 분	수 출 의 유 형				
	수출신고가 수리된 유상수출	기획재정부장관이 정하는 무상수출	우리나라 안에서 대가를 외화로 받는 판매 또는 공사	보세구역 또는 자유무역지역에 대한 공급	기타 환급 대상 수출로 인정되는 경우
환급신청권자	수출신고필증에 환급신청인으로 기재된 자		관세청장이 정하는 서류에 해당 물품을 수출, 판매, 공사 또는 공급 등을 하거나 공사를 한 자로 기재된 자		
환급신청기관	원칙: 제조장을 관할하는 세관장				
신청의 요건	수출물품이 선적 또는 기적된 경우		수출물품의 수출, 판매, 공사 또는 공급 등을 완료한 경우		
환급신청기관	수출신고수리일~2년 이내		수출, 판매, 공사 또는 공급 등을 완료한 날~2년 이내		
수출이행기간 기준일	수출신고수리일이 속하는 달의 말일		수출, 판매, 공사 또는 공급을 완료한 날이 속하는 달의 말일		

(나) 예 외

일괄 환급신청 원칙에 따라 수출물품(HS 10단위 기준) 전량에 대하여 환급받을 원재료에 대한 세액을 일괄하여 환급신청함이 원칙이나 다음의 경우에는 분할하여 환급신청할 수 있다.

① 1건의 수출신고필증에 제조자가 2인 이상인 경우 각 제조자가 생산한 수출물품을 분할하여 환급신청하는 경우

② 1건의 수출신고필증에 정액환급 및 개별환급 대상품목이 함께 수출되어 각 환급방법별로 환급신청하는 경우

(2) 추가환급신청

수출물품(HS 10단위 기준)에 대하여는 일괄 환급신청하는 것이 원칙이나 환급신청인의 권리보호 측면에서 다음의 경우 추가로 한 번 더 환급신청할 수 있다.

① 환급신청시 일괄환급신청하였으나 환급기관의 계산 착오 등으로 환급금을 부족지급한 경우

② 수입시에 원재료에 대한 관세율의 적용 착오 등으로 추징한 세액이 환급신청시에 빠졌거나 환급된 후에 추징된 경우

③ 수출물품을 제조·가공할 수 없는 원재료로 환급하여 그 세액이 추징된 경우 수출물품을 생산할 수 있는 소요원재료에 의한 추가 환급신청

④ 환급신청인의 착오로 수출이행기간이 경과된 수입신고필증 등으로 환급한 것이 추징된 경우 유효한 수입신고필증 등으로 추가환급신청

5. 환급신청시 제출서류

환급신청시에는 소정의 환급신청서에 다음 각호의 서류를 첨부하여 관할세관장에게 제출하여야 한다.

(1) 개별환급의 경우

① 수출신고필증 등 수출사실 증명서류

② 소요량계산서

③ 소요원재료의 납부세액을 확인할 수 있는 서류

- 수입신고필증
- 기초원재료 납세증명서
- 수입신고필증 분할증명서
- 평균세액증명서

④ 기타 관세청장이 정하는 서류

(2) 정액환급의 경우

정액환급의 경우 정부가 정한 정액환급률표에 의한 환급금을 계산하므로 소요량계산서 및 원재료납부세액을 확인할 수 있는 서류의 제출은 필요하지 아니하며 수출신고필증 등 수출사실 증명서류만 제출한다.

Ⅱ. 환급금에 대한 심사

1. 의 의

심사는 사후심사를 원칙적으로 하되 부정환급 등을 방지하기 위하여 총리령(규칙 제13조)으로 정하는 경우만 환급금 결정 전에 사전심사를 하도록 하였다. 또한, 심사는 환급 신청일로부터 2년 이내 종료하도록 하여 일정기간이 경과하면 더 이상 심사대상으로 삼을 수 없도록 함으로써 환급업체에 대한 법적인 안정성을 기할 수 있도록 하였다.

2. 형 태

(1) 환급금 지급 후 심사

수출업체에서 전산에 의해 환급신청하면 환급전산시스템에서 환급의 기본요건, 수출입내역 등을 자동으로 심사하게 되는데, 환급금의 결정에 가장 중요한 요소인 소요량을 전산에 의해 확인할 수가 없다. 따라서 환급에 사용하는 소요량은 기업 자율정책 소요량에 의해 우선 환급한 후 심사하게 된다.

세관장은 업체가 전산에 의해 세관에 전송한 환급신청사항을 컴퓨터 시스템으로 확인하여 환급금을 지급하고 각종 통계자료 및 정보를 분석하여 과다환급 우려가 있는 업체를 선별하여 서류심사 또는 기업실지조사를 통해 환급금의 정확여부를 사후심사하게 된다.

세관장은 환급금의 정확여부에 대한 사후심사는 환급신청일로부터 5년 이내에 완료하여야 한다.

(2) 환급금 지급 전 사전심사

관세환급업무의 전산처리에 따라 환급금의 정확여부는 환급금을 지급한 후에 하는 것이 원칙이나 부정환급의 정보가 있거나 관세법령을 위반한 불성실업체가 환급신청하는 경우에는 환급금 지급 전에 사전심사를 하게 된다.

즉, 과다환급 우려 등 환급 후에 심사하는 것이 부적당한 경우로서 기획재정부령이 정하는 사항에 대하여 환급 전에 이를 심사한다(법 제14조 ③항).

기획재정부령에서 정하는 환급 전 심사대상은 다음과 같으며(규칙 제10조 ①항) 사전심사대상은 환급관련 모든 서류를 제출하여야 한다.

① 법 제23조(부정환급범)의 규정을 위반하여 처벌받은 자가 환급 또는 기초원재료 납세증명서의 발급을 신청하는 경우

② 수출용원재료 소요량산출의 특수성 등으로 과다 또는 부정환급의 우려가 있어 관세청장이 따로 정한 품목의 환급

③ 기타 세관장이 환급 후에 심사하는 것이 적합하지 아니하다고 인정되는 경우 이상의 사전심사 후 환급하는 품목은 2년의 범위 내에서 관세청장이 그 기간을 정한다.

Ⅲ. 환급금의 결정 및 지급

1. 의　　의

관세 등의 환급금은 예산회계법 제182조의 규정에 불구하고 한국은행이 환급금의 지급을 규정한 세관장의 소관 세입금계정에서 이를 지급한다(법 제16조 ①항). 세관장이 소관 세입금 계정에 부족이 있는 경우에는 관세청장은 대통령령이 정하는 바에 따라 세관장 소관 세입금 계정간의 조정을 한국은행에 요청할 수 있다(동조 ②항).

2. 지급절차

그림 14-5 환급금 지급절차

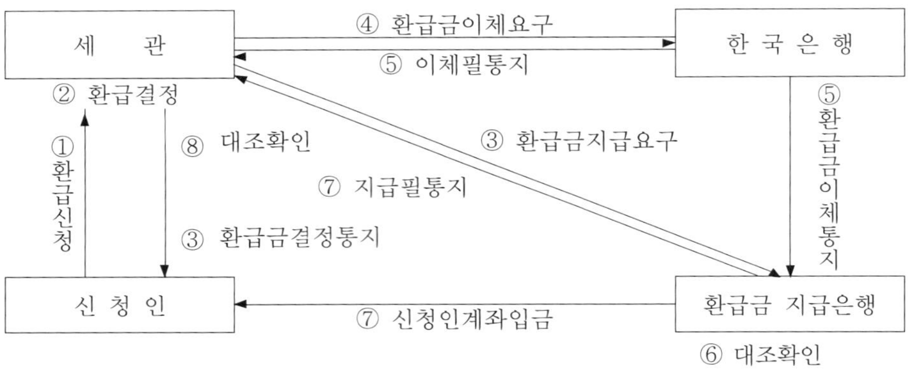

① 신청인이 환급을 EDI로 신청하면

② 세관에서는 전산에 의거 요건확인 후 환급결정을 하게 되며

③ 환급결정과 동시에 신청인에게는 EDI로 환급결정을 통지하고 환급금지급은행에는 EDI로 환급금지급요구를 하게 된다.

④ 매일 11시와 15시에 세관장은 하루 두 차례 환급결정된 분을 일괄하여 한국은행에 환급금이체요구를 하게 되고

⑤ 한국은행에서는 이체요구를 받은 즉시 환급금지급은행에 EDI로 환급금이체통지를 함과 동시에 세관에는 이체필통지를 하게 된다.

⑥ 환급금지급은행에서는 세관의 환급금지급요구내역과 한국은행의 환급금 이체내역을 대조하여 이상이 없으면

⑦ 신청인의 계좌에 입금시키고 세관에 지급필통지를 하게 된다. 신청인 계좌에 입금 후 신청인에게는 입금통지를 하지 않는 바, 신청인은 환급 신청 후 이상이 없으면 환급금이 입금되므로 환급금전용계좌에 입금여부를 확인하면 가능하다.

⑧ 세관에서는 환급금지급요구내역과 한국은행의 이체필통지 및 지급은행의 지급필통지를 대조하여 정확하게 지급되었는지를 검증하게 된다.

3. 지급보류

세관장은 관세 등의 일괄납부업체가 환급신청하여 결정된 환급신청하여 결정된 환급금은 해당 환급금 결정일이 속하는 일괄납부기별로 정산신고까지 그 지급을 보류한다(동조 ③항).

4. 환급금의 관세 등에의 충당

세관장은 환급신청인이 세관에 납부하여야 할 체납된 관세 등과 가산금, 가산세 및 체납처분비가 있는 때에는 결정한 환급금을 체납된 관세 등과 가산금, 가산세 및 체납처분비에 우선 충당할 수 있으며, 충당 후의 잔여금은 해당 신청인에게 지급하여야 한다(법 제16조 ④항).

5. 미지급 잔금의 정리

환급금지급은행은 지급을 요구받은 환급금 중 신청인의 계좌에 입금시키지 못한 환급금이 있는 경우에는 그 사실을 즉시 해당 세관장에게 통지하여야 한다(영 제23조 ①항). 통지를 받는 세관장은 즉시 환급신청인의 계좌 등을 조사하여 환급금이 지급될 수 있도록 조치를 취하여야 하며 환급금 결정일부터 1년이 경과될 때까지 지급되지 아니한 환급금은 그 기간이 종료된 날이 속하는 회계연도의 세입에 편입되도록 조치하여야 한

다(동조 ②항).

6. 환급신청서류 등의 제출 및 관리

(1) 환급신청서류의 제출

㈎ 환급신청은 전자문서(EDI)로 제출

관세환급신청을 전자문서(EDI)로 세관장에게 전송하고, 접수통보를 받아 접수번호를 기재한 환급신청서(종이문서)와 구비서류(수출신고필증, 소요량계산서 및 수입신고필증 등)를 접수통지를 받은 날로부터 3일 이내에 관할지세관장에게 제출토록 규정하고 있다.

이는 환급요건심사 중 전산으로 확인이 가능한 부분은 전산으로 확인하여 환급절차를 간소화하고 신속히 환급하기 위함이다.

㈏ EDI 전송준비

1) EDI이용방법의 선택

환급신청업체는 관세환급을 직접 EDI전송할 것인지 여부를 결정하고 관세사를 이용하는 경우에는 환급업무를 전부 대행시킬 것인지, 전송업무만 대행시킬 것인지 우선 결정하여야 한다.

구 분		방 법	비 고
환급신청업체가 직접 EDI 전송하고자 하는 경우		· EDI시스템을 개발하고 전산장비를 구입하며 환급업무처리용 S/W를 자체개발하거나 구입하여야 함 · KTNET에 가입하여야 함	EDI 시스템 구축필요
관세사에게 위임하고자 하는 경우	업무대행	· 환급신청서의 작성에서부터 자료의 전산입력과 EDI전송업무를 전부 관세사에게 대행	EDI 시스템 구축불필요
	전송대행	· 환급신청서작성과 디스켓에 입력은 신청인이 담당하고 관세사에서는 EDI전송만 대행 · 디스켓의 입력형태는 관세청의 파일형태와 동일하여야 함	〃

2) EDI시스템 구축

무역업체(관세사)의 EDI시스템 개발방법에는 STAND-ALONE 방식, PC-LAN방식, FEP(FRONT END PROCESSOR) 방식, HOST 방식 등 4가지가 있으며, 업체의 필요에 따라 시스템을 선택하여 구축할 수 있다. 무역업체와 KTNET와의 통신망 연결방식은 기존전화선을 이용하는 DIAL-UP 접속방식과 별도의 전용선을 이용하는 2가지 접속방법이 있다.

(2) 환급신청서류 등의 정리 및 보관

환급액 등(양도세액을 포함)의 산출과 관련된 소요량과 환급액 등을 수출업체가 자율적으로 책정·산출하고 EDI로 신청하게 하며, 세관에서는 환급 등의 요건에 적합여부만 전산으로 확인한 후 즉시 환급금을 지급하는 것이므로 수출업체에서 정확하고 성실하게 신청되었는지 여부를 확인할 필요가 있다.

이를 위하여 수출업체에게 환급신청 등과 관련된 서류를 정리·보관하는 의무를 부여하고 이를 지키지 않을 때에는 다음 7절에서와 같이 처벌을 받게 된다.

제 7 절 환급절차 간소화에 따른 의무 및 벌칙

Ⅰ. 개 요

1997. 7. 1 시행된 개정 환급특례법에는 환급절차를 대폭 간소화하여 환급신청 즉시 환급금을 지급하되 환급절차 간소화에 따른 수출업체의 의무와 불성실 환급신청자에 대한 제재도 강화하였다.

즉, 성실한 환급신청자에게는 환급신청에 따른 서류 제출생략, 소요량자율정책, 환급금지급 후 심사 등 혜택을 부여하지만 과다환급이나 부정환급을 도모하는 불성실 환급신청자에 대하여는 사후실지조사를 통한 과다환급의 징수, 가산급부과 부정환급범으로 처벌 등 엄격한 제제를 가하도록 환급특례법을 개정하였다.

1. 환급신청시 제출서류의 생략

① 수출입신고필증 및 원재료수입신고필증 등

② 소요량계산서

③ 원재료의 환급사용내역에 대한 수입신고필증의 분할사용 기록내역

2. 소요량의 자율책정

국가에서 고시하거나 확인을 받은 소요량증명서에 의해 환급금을 계산하던 것을 기

업이 자율적으로 소요량을 책정하여 환급금계산에 사용토록 소요량자율관리제도를 도입하고 있다.

3. 환급금 지급 후 환급금의 정확여부 심사(환급사후심사)

수출업체에서 EDI 방식이나 디스켓 제출방식으로 전산환급신청하면 관세청의 환급전산시스템이 자동심사하여 환급금을 결정하고 환급금이 결정된 즉시 지급은행에 EDI 망을 통하여 신청인계좌에 입금되도록 환급신청, 심사, 지급업무의 전산처리에 따라 전산으로 처리할 수 없는 소요량 등을 환급금 지급 후에 심사하는 환급사후심사제도를 도입하고 있다.

4. 로컬거래된 원재료에 대한 기초원재료 납세증명서 등의 자율발급제도

내국신용장이나 구매승인서 등에 의해 수출업체에 로컬공급한 원재료의 전가세액을 증명하는 기초원재료 납세증명서나 수입분할증명서는 세관에 나와서 발급받았으나 관세청장이 지정하는 업체에 대하여는 자율발급을 허용하게 된다.

즉, 관세청장의 지정을 받은 업체가 내국신용장 등에 의해 원재료를 로컬공급한 후 업체 사무실에서 EDI 방식에 의해 기초원재료 납세증명서 등은 발급을 신청하면 세관직원의 개입 없이 관세청의 전산시스템이 기본요건을 자동확인한 후 발급신청자에게 발급번호를 부여하면 기업은 세관을 방문하지 않고 사무실에서 기초원재료 납세증명서를 출력하여 기초원재료 납세증명서를 스스로 발급하게 된다.

Ⅱ. 환급신청자의 의무

1. 성실한 환급신청 의무

수출물품에 대한 관세 등의 환급을 관련증빙서류 없이 전산에 의해 신청을 받아 컴퓨터시스템에서 기본요건 심사만 거쳐 환급금을 지급토록 환급제도를 개선한 것은 기업의 성실한 환급신청을 전제로 한 것이므로 환급신청자는 국가가 확인하던 각종 환급요건, 소요량의 적정여부를 환급신청 전에 스스로 확인하여 성실하게 환급신청해야 한다.

2. 환급관련서류의 보관 및 제출의무

관세환급에 따른 관련서류 제출생략 및 소요량의 자율정책은 기업의 성실한 환급신청을 전제로 한 것이므로 1997. 6. 30까지 환급신청시에 세관에 제출하던 서류는 기업이

성실히 보관해야 한다.

환급특례법 제20조의 규정에서는 “이 법에 의해 관세 등의 환급에 관한 서류로서 대통령이 정하는 서류는 환급 등의 신청일로부터 5년의 범위 내에서 대통령령이 정하는 기간 동안 이를 보관해야 한다”고 규정하고 있다. 따라서, 환급신청자가 보관하여야 할 서류와 보관기간은 다음과 같다.

(1) 서류의 보관 및 보관기간

① 수출물품별 원재료의 소요량계산 근거서류 및 계산내역에 대한 서류: 5년

② 내국신용장 등 수출용원재료의 거래관계서류: 3년

③ 수출신고필증 등 환급특례법 제4조에서 정한 수출사실증명서류: 3년

④ 수입신고필증 등 원재료의 납부세액을 증명할 수 있는 서류: 3년

⑤ 기타 관세청장이 정하는 서류: 3년

다만, 중소기업기본법 제2조 ①항의 규정에 의한 중소기업자가 보관하여야 하는 원재료 수불대장 및 수출물품 수불대장의 보관기간은 3년으로 한다(영 제28조 ①항).

이상의 환급관련서류는 서류의 원본을 보관하는 것이 원칙이나 기업이 서류보관에 따른 비용과 관리에 제공하기 위하여 이들 서류는 관세청장이 정하는 바에 따라 마이크로필름, 광디스크, 기타 자료보관매체에 의해 보관할 수도 있다(법 제20조 ②항).

(2) 환급관련서류의 제출(법 제20조 ③항)

앞에서 설명한 바와 같이 환급관련서류 없이 전산에 의해 환급신청한 사항을 전산심사에 의해 환급금을 지급하고 환급금의 정확여부는 환급금을 지급한 후에 심사토록 함에 따라 관세청장 또는 세관장은 환급금의 적정여부를 심사하는 데 필요한 경우 업체가 보관하고 있는 서류의 제출을 요구할 수 있다.

관세청장 또는 세관장의 서류제출요구를 받은 환급신청자, 수출용원재료의 수입자, 내국신용장 등에 의한 원재료 공급자, 기타 이와 관련된 자는 관련서류를 즉시 관세청장 또는 세관장에게 제출하여야 한다.

Ⅲ. 과다환급금의 징수 및 자진신고

1. 관다환급금의 징수

(1) 의 의

세관장은 지급한 환급금이 다음 각호의 1에 해당하는 경우에는 해당 환급금액 또는 과다 환급금액(이하 ‘과다환급금 등’)을 관세 등을 환급받은 자(기초원재료 납세증명서

발급받은 자를 포함)로부터 이를 징수한다(법 제21조 ①항).

① 이 법의 규정에 의하여 환급받아야 할 금액보다 과다하게 환급받은 경우

② 기초원재료 납세증명서 관세 등의 세액을 과다하게 증명받은 경우로서 해당 기초원재료 납세증명서 등이 환급 등에 이미 사용되어 수정・재발급이 불가능한 경우

③ 선적 또는 기적을 하지 아니하고 관세 등을 환급받은 경우. 다만, 해당 금액을 징수하기 전에 선전 또는 기적된 경우에는 그러하지 아니하다.

④ 정액환급률표를 적용할 수 없는 물품을 정액환급률표에 의하여 환급받은 경우

(2) 가산금의 징수

과다환급금 등을 징수하는 때에는 환급한 날의 다음날부터 징수결정을 하는 날까지의 기간에 대하여 대통령령이 정하는 이율에 따라 계산한 금액을 과다환급금 등에 가산하여야 한다(법 제21조 ②항). 과다환급금 등 및 과소환급금에 가산할 금액의 이율은 징수할 금액 1일 10만분의39로 한다(영 제30조 ①항).

2. 과다환급금의 자진신고(환특법 제21조 ③항)

(1) 자진신고

관세 등의 환급을 받은 자 또는 법 제7조 ①항의 규정에 의하여 정산신고한 자가 과다환급 받은 사실을 알았거나 정산신고시 납부해야 할 관세 등을 부족신고할 것을 안 때에는 대통령령이 정하는 바에 의하여 세관장에게 그 사실을 신고하고 해당 과다환급금을 자진하여 납부할 수 있다.

과다환급금을 자진신고하고자 하는 경우 다음 사항을 기재한 신고서를 세관장에게 제출해야 하며 자진신고한 관세 등의 납부는 신고한 날로부터 15일 이내에 납부하여야 한다.

◈ 과다환급금의 자진신고시 기재사항

① 과다환급받은 환급신청내역

② 과다환급금의 계산내역

③ 과다환급받은 사유

④ 기타 관세청장이 정하는 사항

(2) 자진신고시 징수할 가산금의 경감

환급제도는 업체의 성실한 신청을 전제로 운영되는 것이므로 환급신청시에 착오로 과다환급받은 경우 이를 자진신고할 수 있는데, 자진신고하여 과다환급금을 납부하는

경우에는 가산금의 경감혜택을 주어 과다환급자진신고를 활성화하도록 하였다.

첫째로 과다환급받은 사실을 환급받은 날로부터 3일 이내에 자진신고하는 경우에는 가산금을 징수하지 않는데 이는 과다환급자진신고에 따른 업체의 불이익을 없도록 하기 위함이다.

둘째로 과다환급받은 사실을 환급받은 날로부터 3월을 경과하여 신고할 경우에는 가산금은 추징금액의 10만분의39로 하였다.

과다환급받은 경우 가산금은 과소환급시 지급하는 가산금과 동일하게 징수하는 것이 조세형평상 합당하지만 과다환급자진신고에 따른 업체 불이익을 최소화하고 자진신고를 활성화하기 위하여 과다환급금의 10만분의39로 하였다.

3. 과소환급금의 지급 및 환급가산금 지급

환급신청이 정당하게 환급신청하였으나 세관장의 귀책사유로 인하여 신청한 환급금보다 과소하게 환급금을 지급한 사실을 세관장이 알았거나 환급신청인의 신청이 있는 경우 이를 심사하여 지체 없이 과소환급금을 지급한다. 세관장이 과소환급금을 지급하는 때에는 환급한 날의 다음날부터 과소환급금의 지급을 결정하는 날까지 10만분의39로 환급가산금도 함께 지급해야 한다.

Ⅳ. 용도 외 사용시 관세 등의 징수

1. 의 의

세관장은 제1조 제2호(외화판매 또는 외화공사 등)의 용도에 제공되어 관세 등의 환급을 받은 물품이 해당 용도에 제공된 날부터 3년의 범위 내에서 관세청장이 정하는 기간 내에 관세 등의 환급을 받은 용도외에 사용된 경우에는 그 용도외에 사용한 자로부터 환급받은 관세 등을 즉시 징수한다. 다만, 재해 등 부득이한 사유로 멸실되었거나 미리 세관장의 승인을 얻어 멸각한 때에는 그러하지 아니하다(법 제18조 ②항).

2. 보세구역 또는 자유무역지역 반입물품의 외국물품 간주

제4조 제3호(보세구역 또는 자유무역지역 등)의 용도에 제공되어 관세 등의 환급을 받은 물품은 관세법 등의 적용에 있어 이를 외국물품으로 본다(법 제18조 ②항).

Ⅴ. 환급에 갈음하는 세율인하제도

1. 의 의

수출 등에 제공되는 물품의 생산에 주로 사용하기 위하여 수입되는 물품에 대하여는 그 수출 등에 제공되는 비율을 참작하여 관세 등의 세율을 인하할 수 있다(법 제19조 ①항).

2. 인하세율 적용절차

인하세율은 적용절차는 다음과 같다.

(1) 세율인하의 요청

관계행정기관의 장 또는 이해관계인은 해당 물품에 대한 수입금액, 사용실적 등을 기재한 자료를 기획재정부장관에게 제출하여 관세 등의 세율 인하를 요청할 수 있다(영 제27조 ①항).

기획재정부장관은 환급에 갈음하는 관세 등의 세율인하에 관하여 필요한 사항을 조사하기 위하여 필요하다고 인정하는 경우에는 관계기관·수출자·수입자, 기타 이해관계인 등에 대하여 관계자료의 제출, 기타 필요한 협조를 요청할 수 있다(영 제27조 ②항).

(2) 인하대상과 세율

관세 등의 세율을 인하하는 물품과 세율은 대통령령으로 정한다(법 제19조 ②항).

(3) 관세 등의 일괄 납부 및 환급의 제한

관세 등의 세율이 인하된 물품에 대하여는 이 법에 의한 관세 등의 일괄 납부 및 환급을 하지 아니한다(법 제19조 ③항).

3. 세율인하품목의 관리

(1) 개 요

관세행정기관의 장은 인하세율이 적용된 원재료에 대하여 수출용과 내수용의 비율변동 등 수출입업체에 부당한 이익 또는 손해방지를 위하여 관세 등의 인하의 기초가 되는 사항이 일정하게 유지되도록 관세 등의 세율인하의 기초가 된 수출 및 내수비율에 따라 수출용·내수용별 수입허가비율 또는 승인 비율을 정하는 등 인하세율에 대한 관리를 할 수 있다(영 제27조 ③항).

(2) 관세율 인하 전에 수입된 물품

관세 등의 세율이 인하되기 전에 수입한 수출용원재료를 관세 등의 세율이 인하된 후 수출 등에 제공하고 관세 등의 환급을 받고자 하는 자는 수출용으로 수입된 해당 물품의 물량과 관세 등의 세액을 기획재정부령이 정하는 바에 따라 관세 등의 세율이 인하된 날로부터 30일 이내에 관할지 세관장에게 신고하여 확인을 받아야 한다(영 제27조 ⑥항).

Ⅵ. 부정환급에 대한 제재(환급특례법 관세행정벌)

1. 의　　의

환급특례법상의 처벌규정은 행정벌의 일종으로 능률적인 수출지원과 균형 있는 산업발전에 이바지함을 목적으로 하는 환급특례법의 실효성 확보를 위해 신설되었다. 즉, 제7차 개정(97년)시 소요량계산에서 환급금의 결정에 이르기까지 전반적인 환급과정을 기업의 자율에 의하도록 하고, 환급금의 정확 여부에 대하여도 환급 후 심사를 원칙으로 함에 따라 관세법과는 다른 환급특례법상 벌칙규정이 신설된 것이다.

2. 환급관련 행정벌 종류

(1) 부정환급죄

부정한 방법으로 관세 등의 환급을 받은 자는 3년 이하의 징역 또는 환급받은 세액의 5배 이하에 상당한 벌금에 처한다. 이 경우 환급받은 관세 등을 즉시 징수한다(법 제23조 ①항).

(2) 부정소요량계산서 작성죄 및 부정 기초원재료 납세증명서 발급죄

㈎ 부정소요량계산서 작성죄

부정한 방법으로 소요량계산서를 작성한 자는 3년 이하의 징역 또는 2천만원 이하의 벌금에 처한다. 이 경우 환급받은 관세 등을 즉시 징수한다(법 제23조 ②항).

위 죄는 소요량계산서의 작성자와 환급절차가 다를 경우 선의의 환급신청을 구제함과 동시에 부정환급의 원인이 되는 행위를 한 자는 처벌함으로써 환급절차를 확립하기 위한 것이다.

㈏ 부정기초원재료납세증명서 발급죄

부정한 방법으로 기초원재료 납세증명서를 발급받은 자는 3년 이하의 징역 또는 2천만원 이하의 벌금에 처한다. 이 경우 환급받은 관세 등을 즉시 징수한다(법 제23조 ②

항).

이 죄는 일반인(관세사 등)도 자율적으로 증명서를 발급받도록 함에 따라 부정환급을 방지하고자 하는 데 그 취지가 있다.

(3) 환급관련서류 보관의무 위반죄

정당한 사유 없이 환급관련서류의 보관의무를 위반한 자는 2,000만원 이하의 벌금에 처한다(법 제23조 ③항). 즉, 이 죄는 환급금의 적정 여부에 대한 확인을 사후에 심사함을 원칙으로 함에 따라 심사를 원활하게 하기 위하여 환급받은 자, 수출용원재료 수입자, 수출용원재료의 공급자, 기타 이와 관련된 자에 대하여 부과하고 있는 관련 서류 등의 보관의무에 대한 실효성 확보를 위한 것이다.

(4) 환급관련서류 제출거부죄

정당한 사유없이 관세청장 또는 세관장이 요청한 서류, 기타 관계자료를 제출하지 아니한 자는 1천만원 이하의 벌금에 처한다(법 제23조 ④항).

이 죄는 정당한 사유없이 관세청장 또는 세관장의 환급금 적정여부를 심사하기 위하여 필요하다고 인정하여 환급에 관한 서류, 기타 관계자료의 제출을 요구하였으나 이를 제출하지 아니한 자를 처벌하기 위한 것이다.

(5) 환급금의 즉시 징수

부정환급죄와 부정소요량계산서 작성죄, 부정기초원재료 납세증명서 발급죄의 경우 그 범죄에 대한 처벌과는 별개로 환급받은 관세 등은 즉시 징수한다(법 제23조 ⑤항).

기 출 문 제

1. 관세환급제에 있어서 수출의 범위(관세사, 제3회)
2. 정액환급률표는 어떠한 사항을 기호로 고사되는가(관세사, 제3회)
3. 개별환급의 지급제한(관세사, 제5회)
4. 환급에 갈음하는 관세율 인하제도(관세사, 제6회)
5. 평균세액증명서제도(관세사, 제7회)
6. 상계업체의 자격요건(관세사, 제7회)
7. 개별환급률표(관세사, 제7회)
8. 기초원재료 납세증명서 제도(관세사, 제8회)
9. 소액수출 간이정액환급제도(관세사, 제8회)
10. 관세환급특례법상 수출 및 국내 거래기간 인정범위(관세사, 제8회)
11. 선환급 후정산제도를 설명(관세사, 제9회)

12. 부산물에 대한 환급공제(관세사, 제9회)
13. 관세환급 신청을 위한 소요량증명서의 요건(관세사, 제10회)
14. 상계원재료의 국내거래(관세사, 제10회)
15. 수출용원재료에 대한 관세환급의 필요성(관세사, 제11회)
16. 정액환급의 경제적 효과(관세사, 제11회)
17. 평균세액증명제도와 개산환급제도(관세사, 제12회)
18. 간이정액환급제도의 정부차원의 효과(관세사, 제12회)
19. 수출용원재료의 국산화 조치(관세사, 제13회)
20. 간이정액환급(관세사, 제13회)
21. 수출용원재료에 대한 일괄납부제도에 관해 논하라(관세사, 제14회).

예 상 문 제

1. 논술형
   - 관세행정벌에 대하여 논하라.
   - 관세환급의 의의 및 실시배경과 효과에 대하여 논하라.
   - 수출용원재료에 대한 관세 등의 일괄납부에 대하여 논하라.
   - 일괄납부할 관세 등에 대하여 담보제공에 대하여 논하라.
   - 수출용원재료에 대한 관세 등과 환급액의 정산제도에 대하여 논하라.
   - 연산품정액환급제도에 대하여 논하라.
   - 기업자율관리 소요량제도에 관하여 논하라.
   - 개별환급제도에 대하여 논하라.
   - 간이정액환급제도에 관하여 논하라.

2. 설명형
   - 관세환급특례법의 의의와 성격에 대하여 논하라.
   - 관세환급의 요건을 설명하라.
   - 평균세액증명서제도에 대하여 설명하라.
   - 개별환급금 지급제한제도에 대하여 설명하라.
   - 환급대상 수출에 대하여 설명하라.
   - 환급대상 수입에 대하여 설명하라.
   - 기초원재료 납세증명서제도에 대하여 설명하라.
   - 환급신청방법에 대하여 설명하라.
   - 자율소요량산정방법에 대하여 설명하라.

3. 약술형

- 환급대상 수출의 범위
- 환급대상 수입의 요건
- 정액환급의 효과
- 정액환급률표
- 간이정액환급 적용대상
- 기초원재료 납세증명서 발급대상 물품
- 분할증명서 제도
- 기초원재료 납세증명서 등의 자율발급
- 환급금에 대한 심사
- 과부족환급에 대한 추가징수 및 환급
- 단위실량과 단위소요량
- 자율소요량
- 표준소요량

부록

Ⅰ. 시험정보

1. 응시자격

• 제한 없음

※ 단, 제2차시험 합격자 공고일기준 관세사법 제5조 각호의 결격사유에 해당하는 자는 시험에응시할수 없음(결격사유 해당자는 시험에 합격하더라고 원천 무효 됨)

• 결격사유

관세사 결격사유자
1. 미성년자 2. 금치산자와 한정치산자 3. 파산선고를 받고 복권되지 아니한 자 4. 관세사법 또는 관세법을 위반하여 징역의 실형을 선고받고 그 집행이 종료(집행이 종료된 것으로 보는 경우를 포함한다)되거나 집행이 면제된 날부터 3년이 경과되지 아니한 자) 5. 관세사법 또는 관세법을 위반하여 징역형의 집행유예선고를 받고 그 유예기간 중에 있는 자 6. 관세사법 제29조 및 관세법 제269조 내지 제271조 및 제274조의 규정에 의하여 벌금형 또는 통고처분을 받은 자로서 그 벌금형의 선고를 받거나 통고처분을 이행한 후2년을 경과하지 아니한 자. 다만, 관세사법 제30조 및 관세법 제279조의 규정에 의하여 처벌된 자를 제외 ※ 관세사법 제30조(양벌규정) 법인의 대표자 또는 법인이나 개인의 대리인·사용인, 기타 종업원이 법인 또는 관세사의 업무에 관하여 제29조에 위반되는 행위를 한 대에는 그 행위자를 처벌하는 외에 그 법인 또는 관세사에 대하여도 해당 벌금형을 과함

※ 관세법 제279조(양벌규정) 다음 각 호의 1에 해당하는 자의 사용인이 본인의 업무에 관하여 이 법에 규정한 벌칙에 위반되는 행위를 한 대에는 그 행위자를 처벌하는 외에 본인도 처벌. 다만, 제277조에 해당되는 때에는 그러하지 아니함

- 특허보세구역 또는 종합보세사업장의 운영인
- 수출(「수출용원재료에 대한 관세 등 환급에 관한 특례법」 제4조의 규정에 의한 수출 등을 포함한다) · 수입 또는 운송을 업으로 하는 자
- 관세사
- 개항 안에서 물품 및 용역의 공급을 업으로 하는 자
- 제327조의2 제3항의 규정에 의한 전자문서중계사업자

7. 징계처분에 의하여 그 직으로부터 파면 또는 해임당한 자로서 파면 또는 해임 후 2년을 경과하지 아니한 자

2. 시험과목 및 방법

<table>
<tr><th>구 분</th><th>교시</th><th>시험과목</th><th>문항수</th><th>시험시간</th><th>시험방법</th></tr>
<tr><td rowspan="2">제1차 시험</td><td>1</td><td>1. 관세법개론(자유무역협정 이행을 위한 관세법의 특례에 관한 법률 포함)
2. 무역영어</td><td>과목 당 40문항 (총80문항)</td><td>80분 (09:30～10:50)</td><td rowspan="2">객관식 5지 선택형</td></tr>
<tr><td>2</td><td>3. 내국소비세법 (부가가치세법, 개별소비세법, 주세법에 한함)
4. 회계학(회계원리, 회계이론에 한함)</td><td>과목 당 40문항 (총80문항)</td><td>80분 (11:20～12:40)</td></tr>
<tr><td rowspan="4">제2차 시험</td><td>1</td><td>1. 관세법(관세평가 제외, 수출용원재료에 대한 관세등 환급에 관한 특례법 포함)</td><td rowspan="4">과목당 6문항</td><td>80분 (09:30～10:50)</td><td rowspan="4">논술형</td></tr>
<tr><td>2</td><td>2. 관세율표 및 상품학</td><td>80분 (11:20～12:40)</td></tr>
<tr><td>3</td><td>3. 관세평가</td><td>80분 (14:00～15:20)</td></tr>
<tr><td>4</td><td>4. 무역실무(대외무역법 및 외국환거래법 포함)</td><td>80분 (15:50～17:10)</td></tr>
</table>

3. 합격기준

구 분	합 격 결 정 기 준
1, 2차 시험 공통	매 과목 100점을 만점으로 하여 매 과목 40점 이상, 전 과목 평균 60점 이상 득점한자 ※ 다만, 매 과목 40점 이상, 전 과목 평균 60점 이상을 득점한 자가 최소합격인원에 미달하는 경우에는 동 최소합격인원의 범위 안에서 매 과목 40점 이상을 득점한자 중에서 전 과목 평균득점에 의한 고득점자순으로 합격자를 결정

※ 합격자를 결정함에 있어서 동점자로 인하여 최소합격인원을 초과하는 경우에는 당해 동점자모두를 합격자로 결정. 이 경우 동점자의 점수계산은 소수점 이하 둘째자리까지 계산

4. 응시수수료(관세사법 시행령 제11조 제2항)

-1, 2차 통합: 10,000원

Ⅱ. 기본정보

1. 개요

- 관세사란 무역 및 통관관련분야에 전문지식을 가진 자에게 국가가 시험을 거쳐 관세사 자격을 부여하며, 관세사는 화주로부터 위탁을 받아 수출입업체를 대리하여 다음과 같은 관세사의 직무를 대행함
  - 수출입 신고는 화주가 직접 신고하는 것이 바람직하나 시시각각으로 변하는 수출입 관련 법령을 알기 어렵고, 국가간 무역에서 HS분류체계를 이용하여 상품을 분류하나 일반인의 입장에서는 분류가 쉽지 않으며, 세관의 입장에서도 수출입신고서 등 관계서류의 작성과 구비서류의 정확을 기할 수 있어 업무의 능률성을 기할 수 있음

2. 수행직무

- 수출입물품에 대한 세번·세율의 분류, 과세가격의 확인과 세액의 계산
- 1의2. 「관세법」제38조 제3항의 자율심사 및 그에 따른 자율심사 보고서의 작성
- 관세법에 의한 수출·수입 또는 반송의 신고와 이와 관련되는 절차의 이행
- 2의2. 「관세법」 제226조에 따라 수출입하려는 물품의 허가·승인·표시나 그 밖의

조건을 구비하였음을 증명하기 위하여 하는 증명 또는 확인의 신청
- 관세법에 의한 이의신청 · 심사청구 및 심판청구의 대리
- 관세에 관한 상담 또는 자문
- 「수출용원재료에대한관세등환급에관한특례법」에 의한 환급청구의 대리 등 세관의 조사 또는 처분 등과 관련된 화주를 위한 의견진술의 대리
- 제2호 · 제2호의2 및 제3호 외에 「관세법」에 따른 신고 · 보고 또는 신청 등과 이와 관련되는 절차의 이행

3. 진로 및 전망
- 개인 관세사사무소의 개설
- 합동관세사사무소에 참여
- 관세법인 취업
- 통관취급법인에 취업
- 개인(합동)관세사 또는 관세법인에 취업 등

4. 시험통계

구 분		2010	2011	2012	2013	2014
1차	대상	1,765	1,894	2,055	2,689	2,952
	응시	1,266	1,324	1,520	1,857	2,208
	응시률(%)	71.7%	69.9%	74.0%	69.1%	74.8%
	합격	187	225	274	539	571
	합격률(%)	14.8%	17.0%	18.0%	29.0%	25.9%
2차	대상	439	436	516	819	1,080
	응시	327	343	419	678	867
	응시률(%)	74.5%	78.7%	81.2%	82.8%	80.3%
	합격	75	75	75	77	90
	합격률(%)	22.9%	21.9%	17.9%	11.4%	10.4%

Ⅲ. 관세사 기출문제

관세법(논술형)

■ 제31회(2014년)

1. 세관장이 관세법에 의해 부과하는 가산세, 가산금, 과징금의 ① 부과대상, ② 부과절차, ③ 부과금액의 결정, ④ 미납시 조치사항의 차이점과, 이러한 것의 부과사유와 관세법 제6조의 신의성실원칙과의 관계에 대하여 논하시오(50점).
2. 중소기업자 A가 자신이 수입한 원재료와 국내에서 구매한 원재료를 혼용하여 중간재를 가공한 다음 수출물품 생산자인 B에게 수출용원재료로 공급하였다.A가 공급한 수출용 원재료에 대해 납부세액을 증명하는 서류의 발급절차와 해당 납부세액을 계산하는 방법을 설명 하시오(10점).
3. 간이세율이 적용될 수 있음에도 '납세의무자가 원하여' 간이세율을 적용하지 않는 경우와 관세법에 규정된 '합의에 따른 세율적용'의 경우를 설명하고, 양자가 어떤 차이가 있는지 비교하시오(10점).
4. 관세법상 원산지규정의 입법목적을 설명하고, 원산지허위표시 물품 등의 통관제한 규정 및 환적제한 규정의 내용과 이때 해당 물품의 원산지 판단기준은 각각 어떤 법을 적용해야 하는지 설명하시오(10점).
5. 관세 분할납부제도의 입법취지와 분할납부 대상, 분할납부의 요건에 대하여 설명하시오(10점).
6. 관세법상 비밀유지의무와 고액 · 상습체납자의 명단 공개제도의 내용 및 그 상호관계에 대하여 설명하시오(10점).

■ 제30회(2013년)

1. 관세법령상 관세감면의 사후관리제도를 운영하는 의의와 사후관리시 담보제공을 요구하게 되는 경우를 기술하고, 사후관리의 적용대상이 되는 물품과 사후관리물품 중 사후관리의 면제 대상이 되는 물품, 사후관리기간의 기준, 관세감면 승인을 받은 자의 의무사항에 대하여 논하시오(50점).
2. 관세법령상 차량을 통한 국경출입절차로서 관세통로, 도착절차, 출발절차, 물품의 하역, 차량 전환에 대하여 각각 설명하시오(10점).
3. 관세법령상 원산지 확인에 있어서 직접운송원칙과 예외가 되는 단서 조항을 설명하시오(10점).

4. 수출용원재료에 대한 관세 등 환급에 관한 특례법령상 개별환급신청의 의의 및 신청기간, 환급신청인, 환급관련 제출서류, 환급 신청방법 및 신청시기에 대하여 각각 설명하시오(10점).
5. 관세법령상 지식재산권의 보호대상이 되는 권리와 보호방법, 보호대상에 해당하는 물품의 범위를 각각 설명하시오(10점).
6. 보세구역장치 물품을 세관장이 직권 폐기할 수 있는 경우와 이들 폐기물품에 대한 관세부담 및 과세물건의 확정시기에 대하여 설명하시오(10점).

■ 제28회(2011년)

1. 관세율 적용의 우선순위를 설명하고 최근 WTO, FTA의 체결로 인한 국제협력관세, 협정관세의 적용확대가 기본관세율을 반영하고 있는 실행관세율 구조를 어떻게 변화시키는지 그리고 그 변화의 의미가 무엇인지 논하시오(50점).
2. 과세전적부심사 제도와 관세행정심판 제도의 공통점과 차이점을 설명하시오 (10점).
3. 손상감세에 대하여 설명하시오(10점).
4. 관세법 적용의 원칙에 대하여 설명하시오(10점).
5. 수입한 상태 그대로 수출한(원상태 수출) 물품의 경우 "관세법"에 의한 관세 환급과 "수출용원재료에 대한 관세 등 환급에 관한 특례법"에 의한 관세 환급 가능성에 대해 설명하시오(10점).
6. "관세법"상 과다환급관세의 징수 시 적용하는 가산금과 "수출용원재료에 대한 관세 등 환급에 관한 특례법"상 과다환급금의 징수 시 적용하는 가산금에 대하여 서로 비교하여 설명하시오(10점).

■ 제24회(2007년)

1. 당해 물품의 거래가격을 기초로 한 과세가격(제1평가방법)을 결정하기 위한 5가지 요건과 가산요소에 대하여 설명하시오(50).
2. 정상통관절차로 수입하는 물품 중 일반수입물품, 원료과세물품, 수입신고 전 물품 반출신고에 의하여 반출된 물품으로 구분하여 각각의 과세물건의 확정시기와 그 확정시기의 취지에 대하여 설명하시오(10).
3. 환급특례법상 수출용 원재료의 수출이행기간을 두는 의의와 동기간의 연장과 축소에 대하여 설명하시오(10).
4. 관세조사시 납세자의 권리에 대하여 설명하시오(10).

5. 용도세율에 대하여 설명하시오(10).
6. 해외임가공물품 등의 감세에 대하여 설명하시오(10).

■ 제23회(2006년)

1. 과세가격 신고제도에 대하여 설명하고 가격신고의 법률적 효과 및 발전방향에 대해 논하시오(50).
2. 관세부과의 제척기간과 관세징수권의 소멸시효를 비교 설명하시오(10).
3. 관세법상 관세의 납부기한 등에서 규정하는 일괄납부(월별납부)제도와 환급특례법에서 규정하는 일괄납부제도를 비교·설명하시오(10).
4. 관세법상 탄력관세제도의 의미와 그 종류에 대하여 열거하고, 상계관세제도에 대하여 상세히 설명하시오(10).
5. 관세법상 세관장의 처분에 불복하여 청구할 수 있는 행정구제제도(행정소송 제외)의 의의, 재결기관, 제출기관, 청구기간, 결정기간에 대해 설명하시오(10).
6. 환급특례법상 관세 등의 환급제한에 대하여 설명하시오(10).

■ 제22회(2005년)

1. 관세법상 관세징수권 및 환급청구권의 소멸시효와 시효의 중단 등에 관하여 논하고, 시효 제도에 관하여 국가재정법(구 : 예산회계법) 등 일반법의 적용 여부를 설명하시오(50).
2. 관세감면에 관한 각종 법적 근거를 설명하시오(10).
3. 납세의무의 확장에 관하여 설명하시오(10).
4. 수출·수입 및 반송의 신고에 관하여 설명하시오(10).
5. 환급특례법상 과다환급금 징수와 관세법상 과다환급금 징수의 차이점을 설명하시오(10).
6. 평균세액증명제도에 대하여 설명하시오(10).

■ 제21회(2004년)

1. 위법 · 부당한 관세부과 등과 같은 세관장의 처분에 대하여 납세의무자가 권리구제를 받을 수있는 방법 · 내용 · 절차에 대해 논술하시오(50).
2. 소급과세금지 원칙의 개념과 적용기준에 대해 설명하시오(10).
3. 관세환급의 개념과 유형에 대해 설명하시오(10).
4. 신고납세제도와 부과납세제도의 차이점에 대해 설명하시오(10).

5. 재수입 면세제도의 정책적 목적과 재수입 면세대상에 대해 설명하시오(10).
6. 담보물의 관세충당방법과 절차에 대해 설명하시오(10).

관세법(객관식)

■ 제31회(2014년)

1. 관세법상 신고서류의 보관기간에 관한 설명으로 옳은 것은?

① 수입신고필증 및 수출신고필증: 해당 신고에 대한 수리일부터 3년
② 수입거래관련 계약서 및 수출거래관련 계약서: 해당 신고에 대한 수리일부터 5년
③ 지식재산권의 거래에 관련된 계약서: 해당 신고에 대한 수리일부터 5년
④ 보세운송에 관한 자료: 당해 신고에 대한 수리일부터 3년
⑤ 반송신고필증: 해당 신고에 대한 수리일부터 2년

2. 관세법상 세관장이 세액심사시 특수관계에 있는 자가 수입하는 물품의 과세가격의 적정성을 심사하기 위하여 해당 특수관계자에게 과세가격결정자료의 제출을 요구한 때, 자료제출을 요구받은 특수관계에 있는 자가 거짓의 자료를 제출하는 경우에 과태료의 범위는?

① 3천만원 이하 ② 5천만원 이하 ③ 1억원 이하
④ 3억원 이하 ⑤ 5억원 이하

3. 관세법상 정상(情狀)에 따라 징역과 벌금을 병과를 할 수 있는 범죄가 아닌 것은?

① 체납처분면탈죄 ② 관세포탈죄 ③ 가격조작죄
④ 밀수출입죄 ⑤ 밀수품의 취득죄

4. (　　) 안에 들어갈 내용이 순서대로 옳은 것은?

입항전수입신고를 한 자 중 법령에 따라 수입에 필요한 허가·승인·추천·증명 또는 그 밖의 조건을 갖추지 아니하거나 부정한 방법으로 갖추어 수입한 자는 ( ) 이하의 징역 또는 (　) 이하의 벌금에 처한다.

① 1년, 1천만원 ② 2년, 2천만원 ③ 3년, 2천만원
④ 3년, 3천만원 ⑤ 5년, 5천만원

5.

관세법상 특허보세구역에 해당하는 것을 모두 고른 것은?

ㄱ. 경제자유구역	ㄴ. 종합보세구역	ㄷ. 보세건설장
ㄹ. 세관검사장	ㅁ. 보세전시장	ㅂ. 지정장치장

① ㄱ, ㄴ ② ㄷ, ㅁ ③ ㄹ, ㅂ
④ ㄴ, ㄷ, ㅁ ⑤ ㄷ, ㅁ, ㅂ

6.

자유무역협정의 이행을 위한 관세법의 특례에 관한 법률상 수입신고 수리 후 협정관세의 적용신청에 관한 설명 중, ( ) 안에 들어갈 내용이 순서대로 옳은 것은?

- 수입신고의 수리 전까지 협정관세의 적용을 신청하지 못한 수입자는 해당 물품의 수입신고 수리일부터 ( ) 이내에 대통령령으로 정하는 바에 따라 협정관세의 적용을 신청할 수 있다.
- 수입신고수리 후에 협정관세의 적용을 신청한 수입자로부터 보정신청이나 경정청구를 받은 세관장은 그 신청이나 청구를 받은 날부터 ( ) 이내에 협정관세의 적용 및 세액의 보정이나 경정 여부를 신청인 또는 청구인에게 통지하여야 한다.

① 6개월, 1개월 ② 6개월, 2개월 ③ 1년, 1개월
④ 1년, 2개월 ⑤ 2년, 1개월

7.

관세법상 보세사의 직무에 해당하지 않는 것은?

① 견품의 반출 및 회수
② 보세구역의 출입자관리에 대한 감독
③ 보세구역출입문의 개폐 및 열쇠관리의 감독
④ 보세구역 외 장치의 허가
⑤ 보세구역안에 장치된 물품의 관리 및 취급에 대한 입회 및 확인

8.

관세법상 구매자가 실제로 지급하였거나 지급하여야 할 가격에 가산하여야 하는 권리사용료가 당해 물품과 관련되는 것으로 볼 수 없는 것은?

① 권리사용료가 특허권에 대하여 지급되는 때에는 수입물품이 방법에 관한 특

허에 의하여 생산된 물품인 경우

② 권리사용료가 특허권에 대하여 지급되는 때에는 수입물품이 특허발명품인 경우

③ 권리사용료가 특허권에 대하여 지급되는 때에는 수입물품이 방법에 관한 특허를 실시하기에 적합하게 고안된 설비·기계 및 장치인 경우

④ 권리사용료가 상표권에 대하여 지급되는 때에는 수입물품에 희석·혼합·분류·단순조립·재포장 등의 경미한 가공을 초과하여 제작한 후에 상표가 부착되는 경우

⑤ 권리사용료가 저작권에 대하여 지급되는 때에는 수입물품에 가사·선율·영상·컴퓨터소프트웨어 등이 수록되어 있는 경우

9. 우리나라에서 수출된 물품으로서 해외에서 제조 · 가공 · 수리 또는 사용되지 아니하고 수출신고 수리일부터 2년 이내에 다시 수입되는 물품에 대해 재수입 면세를 받을 수 있는 경우에 관한 설명으로 옳은 것은?

① 해당 물품 또는 원자재에 대하여 관세를 감면받은 물품의 경우 재수입면세를 받을 수 있다.

② 보세가공 또는 장치기간경과물품을 재수출조건으로 매각함에 따라 관세가 부과 되지 아니한 경우 재수입면세를 받을 수 있다.

③ 수출용 원재료에 대한 관세 등 환급에 관한 특례법에 따른 환급을 받은 물품의 경우 재수입면세를 받을 수 있다.

④ 재수입하는 물품에 대하여 관세법에 따른 환급을 받을 수 있는 자가 환급받을 권리를 포기하였음을 증명하는 서류를 재수입하는 자가 세관장에게 제출하는 경우 재수입면세를 받을 수 있다.

⑤ 관세법 또는 수출용 원재료에 대한 관세 등 환급에 관한 특례법에 따른 환급을 받을 수 있는 자 외의 자가 해당 물품을 재수입하는 경우 재수입면세를 받을 수있는 것이 원칙이다.

10. 관세법상 납세자의 권리 및 불복절차에 관한 설명으로 옳은 것은?

① 이의신청인·심사청구인 또는 심판청구인은 변호사, 관세사, 공인회계사를 대리인으로 선임할 수 있다.

② 이의신청·심사청구 또는 심판청구는 법령에 특별한 규정이 있는 경우를 제외 하고는 해당 처분의 집행에 효력을 미치지 않는 것이 원칙이다.

③ 용도외 사용으로 인하여 감면된 관세를 징수하는 경우, 세관장은 과세하기 전에 미리 납세의무자에게 그 내용을 서면으로 통지하여야 한다.
④ 관세법이나 그 밖의 관세에 관한 법률 또는 조약에 따른 처분으로서 위법한 처분을 받아 권리 또는 이익을 침해당한 경우 행정심판법을 적용한다.
⑤ 관세법에 따른 처분으로서 위법한 처분을 받아서 권리를 침해당한 자가 심판청구를 하기 위해서는 관세청에 심사청구를 먼저 하여야 한다.

11. **관세법상 보세공장에서 보세작업을 하기 위하여 반입되는 원료 또는 재료(이하 '보세공장원재료'라 함)에 관한 설명으로 옳은 것은?**
① 당해 보세공장에서 생산하는 제품의 포장용품은 보세공장원재료에 포함되지 않는다.
② 당해 보세공장에서 생산하는 제품에 물리적으로 결합되는 물품은 보세공장원재료에 포함되지 않는다.
③ 당해 보세공장에서 생산하는 제품의 제조·가공 공정에 투입되어 소모되는 물품은 보세공장원재료에 포함되지 않는다.
④ 기계·기구 등의 작동 및 유지를 위한 물품 등 제품의 생산에 간접적으로 투입되어 소모되는 물품은 보세공장원재료에 포함된다.
⑤ 당해 보세공장에서 생산하는 제품에 소요되는 수량을 객관적으로 계산할 수 있는 물품이어야 보세공장원재료로 인정받을 수 있다.

12. **관세법상 특정물품에 적용되는 품목분류의 변경 및 적용에 의한 품목분류 변경 고시일 전에 수출입신고가 수리된 물품에 대하여도 변경된 품목분류를 적용할 수 있는 경우에 해당하는 것은?**
① 사전심사 신청인이 아닌 자가 관세청장이 결정하여 공표한 품목분류에 따라 수출입신고를 한 경우로서 수출입신고인에게 유리할 때
② 관계 법령의 개정에 따라 품목분류를 변경한 경우로서 수출입신고인에게 유리할 때
③ 사전심사 신청인에게 자료제출의 미비 등의 귀책사유가 있는 경우로서 수출입 신고인에게 유리할 때
④ 품목분류체계의 수정에 따라 품목분류를 변경한 경우로서 수출입신고인에게 유리할 때
⑤ 과학기술 또는 생산방법의 발달 등에 따라 상품의 주 기능이 변하여 품목분

류를 변경한 경우로서 수출입신고인에게 유리할 때

13. 관세법상의 내용으로 옳지 않은 것은?

① 담보제공이 없거나 징수한 금액이 부족한 관세의 징수에 관하여는 관세법에 규정된 것을 제외하고는 국세기본법과 국세징수법의 예에 따른다.

② 세관장이 관세의 체납처분을 할 때에는 체납처분비를 징수할 수 있다.

③ 세관장은 납세담보의 제공을 받은 관세 · 가산금 및 체납처분비가 납부되었을 때에는 지체없이 담보해제의 절차를 밟아야 한다.

④ 납세의무자가 체납처분의 집행을 면탈할 목적으로 재산을 은닉한 때에는 1년 이하의 징역 또는 1천만원 이하의 벌금에 처한다.

⑤ 관세의 체납정리에 관한 사항을 심의하기 위하여 세관에 관세체납정리위원회를 둘 수 있다.

14. 관세가 면제되는 휴대품 등에 관한 설명으로 옳은 것은?

① 우리나라 국민(재외영주권자 제외)으로서 외국에 주거를 설정하여 가족동반 없이 6개월 이상 거주한 사람이 반입하는 우리나라에서 수출된 국산 자동차는 면제된다.

② 우리나라 국민이 사망이나 질병 등 관세청장이 정하는 사유가 발생하여 반입하는 이사물품에 대해서는 3개월 이상의 외국 거주 조건을 갖출 경우 면제된다.

③ 1년 이상 외국에 거주하던 우리나라 국민이 다른 외국으로 주거를 이전하면서 우리나라로 반입하는 것으로서 통상 가정용으로 3개월 이상 사용하던 것으로 인정되는 물품은 면제된다.

④ 재외영주권자가 우리나라에 주거를 설정하여 1년 이상 거주하려는 사람이 반입하는 보석(개당 과세가격 300만원)은 면제된다.

⑤ 우리나라에 취재하기 위하여 수시로 입국하는 외국국적의 기자가 입국할 때마다 반입하는 취재용품은 면제된다.

15. 관세법상 운송에 관한 설명으로 옳지 않은 것은?

① 재해나 그 밖의 부득이한 사유로 선박 또는 항공기로부터 내려진 외국물품은 그 물품이 있는 장소로부터 보세구역으로 운송될 수 있다.

② 재해나 그 밖의 부득이한 사유로 선박 또는 항공기로부터 내려진 외국물품을

운송하려는 자는 관세청장이 정하는 바에 따라 세관장에게 보세운송의 신고를 하고, 승인을 받아야 한다.

③ 재해나 그 밖의 부득이한 사유로 선박 또는 항공기로부터 내려진 외국물품의 운송이 긴급한 때에 세관공무원이 없는 경우 국가경찰공무원에게 신고하여야 하며, 신고를 받은 국가경찰공무원은 지체 없이 그 내용을 세관공무원에게 통보하여야 한다.

④ 화주 또는 화물에 대한 권리를 가진 자가 직접 보세운송하는 물품은 세관장에게 보세운송의 승인을 받을 필요가 없다.

⑤ 세관공무원은 감시·단속을 위하여 필요하다고 인정될 때에는 관세청장이 정하는 바에 따라 보세운송을 하려는 물품을 검사할 수 있다.

16. 수입물품에 대한 화주가 불분명하고, 대행수입이 아닌 경우 상업서류에 적힌 수하인이 관세의 납세의무자가 될 수 있다. 이러한 상업서류에 해당할 수 있는 것을 모두 고른 것은?

ㄱ. 송품장	ㄴ. 항공화물운송장	ㄷ. 포장명세서
ㄹ. 선하증권	ㅁ. 창고증권	

① ㄱ, ㄴ, ㄹ ② ㄱ, ㄷ, ㅁ ③ ㄴ, ㄷ, ㄹ
④ ㄴ, ㄹ, ㅁ ⑤ ㄷ, ㄹ, ㅁ

17. 보세운송제도에 관한 설명으로 옳은 것은?

① 외국물품은 보세구역 간에 외국물품 그대로 운송할 수 있다.

② 보세운송을 하려는 자는 관세청장에게 신고를 하거나 승인을 받아야 한다.

③ 수출신고가 수리된 물품은 세관장이 정하는 것을 제외하고는 보세운송절차를 생략한다.

④ 보세운송은 세관장이 정하는 기간 내에 끝내야 한다.

⑤ 세관장은 보세운송의 신고를 하거나 승인을 받으려는 물품에 대하여 관세의 담보를 반드시 제공하게 하여야 한다.

18. 편익관세에 관한 설명으로 옳지 않은 것은?

① 관세에 관한 조약에 따른 편익을 받지 아니하는 나라의 생산물로서 우리나라에 수입되는 물품에 대하여 이미 체결된 외국과의 조약에 따른 편익의 한도

에서 관세에 관한 편익을 부여할 수 있다.
② 편익관세를 부여할 수 있는 대상 국가, 대상 물품, 적용 세율, 적용방법, 그 밖에 필요한 사항은 대통령령으로 정한다.
③ 관세에 관한 편익을 받을 수 있는 중동국가로는 이라크, 이란, 레바논, 시리아, 예멘이다.
④ 기획재정부장관은 편익관세의 적용으로 국민경제에 중대한 영향이 초래되거나 초래될 우려가 있는 때는 편익관세의 적용을 정지시킬 수 있다.
⑤ 관세청장은 편익관세의 적용에 관하여 필요한 사항을 조사하기 위하여 필요하다고 인정되는 때에는 관계행정기관·수출자·수입자 기타 이해관계인에게 관계자료의 제출 기타 필요한 협조를 요청할 수 있다.

19. 관세법상 세관장이 관세의 분할납부를 승인할 수 있는 시설기계류로 인정되기 위한 요건에 해당하지 않는 것은?

① 관세법 별표 관세율표에서 부분품으로 분류되지 아니하여야 한다.
② 관세법 기타 관세에 관한 법률 또는 조약에 의하여 관세를 감면받지 아니하여야 한다.
③ 중소기업기본법에 의한 중소기업이 수입하는 경우에는 관세액이 100만원 이상이어야 한다.
④ 계절관세의 적용을 받는 물품이 아니어야 한다.
⑤ 편익관세의 적용을 받는 물품이 아니어야 한다.

20. A사는 최초수입물품이 매매계약상의 하자보수보증 기간내(수입신고수리후 1년내)에 고장이 발생하여 외국의 매도인 부담으로 수리하기 위하여 수출하였고, 이후 수리된 당해 물품의 수입 시 해외임가공물품 감세를 신청하고자 한다. 다음과 같이 가격 및 비용이 정해진 경우 해외임가공물품에 대한 관세경감액은?

- 최초수입신고가격: ₩1,000,000
- 수출신고가격: ₩900,000
- 수출물품의 양륙항까지의 운임·보험료: ₩10,000
- 수리후 물품의 선적항에서 국내 수입항까지의 운임·보험료: ₩100,000
- 국내 수입항에서 A사 공장까지의 운임·보험료: ₩100,000
- 수입물품에 적용되는 관세율: 8%

① ₩1,000,000 × 0.08 ② ₩1,010,000 × 0.08 ③ ₩1,020,000 × 0.08
④ ₩1,110,000 × 0.08 ⑤ ₩1,120,000 × 0.08

21. **관세법상 과세표준 및 과세물건 확정의 시기에 관한 설명으로 옳지 않은 것은?**

① 관세의 과세표준은 수입물품의 가격 또는 수량으로 한다.

② 보세운송기간이 경과하여 그 관세를 즉시 징수하는 물품은 보세운송을 신고하거나 승인받은 때가 과세물건 확정의 시기이다.

③ 수입으로 보지 아니하는 외국물품의 소비 또는 사용을 제외하고, 수입신고가 수리되기 전에 소비하거나 사용하는 물품은 해당 물품을 소비하거나 사용한 때가 과세물건 확정의 시기이다.

④ 관세법에 따라 매각되는 물품은 해당 물품이 매각된 때가 과세물건 확정의 시기이다.

⑤ 도난물품 또는 분실물품은 해당 물품이 도난되거나 분실된 것을 신고한 때가 과세 물건 확정의 시기이다.

22. **수입물품의 과세가격은 우리나라에 수출하기 위하여 판매되는 물품에 대하여 구매자가 실제로 지급하였거나 지급하여야 할 가격에 다음 '각 항목'의 금액을 더하여 조정한 거래가격으로 한다. 여기에서 '각 항목'에 해당하지 않는 것은?**

① 구매자가 부담하는 수수료와 중개료(단, 구매수수료 제외)

② 해당 수입물품과 동일체로 취급되는 용기의 비용과 해당 수입물품의 포장에 드는 노무비와 자재비로서 수출자가 부담하는 비용

③ 특허권, 실용신안권, 디자인권, 상표권 및 이와 유사한 권리를 사용하는 대가로 지급하는 것으로서 대통령령으로 정하는 바에 따라 산출된 금액

④ 해당 수입물품을 수입한 후 전매·처분 또는 사용하여 생긴 수익금액 중 판매자에게 직접 또는 간접으로 귀속되는 금액

⑤ 수입항까지의 운임·보험료와 그 밖에 운송과 관련되는 비용으로서 대통령령으로 정하는 바에 따라 결정된 금액

23. **관세법상 보조금등의 특정성과 범위에 관한 설명으로 옳지 않은 것은?**

① 특정성이라 함은 보조금등이 특정기업이나 산업 또는 특정기업군이나 산업군에 지급되는 경우를 말한다.

② 보조금등이 일부 기업 등에 대하여 제한적으로 지급되는 경우, 특정성이 있

는 것으로 본다.

③ 보조금등의 금액은 수혜자가 실제로 받는 혜택을 기준으로 하여 기획재정부령이 정하는 바에 따라 계산한다.

④ 보조금등이 제한된 수의 기업 등에 의하여 사용되어지는 경우, 특정성이 없는 것으로 본다.

⑤ 지분참여의 경우 당해 지분참여와 통상적인 투자와의 차이에 의하여 발생하는 금액상당액을 기준으로 하여 보조금등의 금액을 산정한다.

24. 내국세등의 부과 · 징수에 관한 설명으로 옳지 않은 것은?

① 수입물품에 대하여 세관장이 부과 · 징수하는 내국세등의 체납이 발생하였을 때에는 징수의 효율성 등을 고려하여 필요하다고 인정되는 경우 대통령령으로 정하는 바에 따라 납세의무자의 주소지를 관할하는 세무서장이 체납세액을 징수할 수 있다.

② 수입물품에 대하여 세관장이 부과 · 징수하는 내국세등에 대한 담보제공 요구, 국세충당, 담보해제, 담보금액 등에 관하여는 관세법 중 관세에 대한 담보 관련 규정을 적용한다.

③ 체납자의 체납액 중 관세의 체납은 없고 내국세등만이 체납되어 있거나, 체납된 내국세등의 부과 · 제척기간이 만료되었을 경우 또는 체납된 내국세등의 합계가 1천만원을 초과하여야 하는 세 가지 요건 중 하나라도 해당되면 납세의무자의 주소지를관할하는 세무서장이 체납된 내국세등을 징수할 수 있다.

④ 수입물품에 대하여 세관장이 부과 · 징수하는 부가가치세의 부과 · 징수 · 환급 등에관하여 부가가치세법의 규정과 관세법의 규정이 상충하는 경우에는 관세법의 규정을 우선하여 적용한다.

⑤ 관세법에 따른 가산금 · 가산세 및 체납처분비의 부과 · 징수 · 환급 등에 관하여는 관세법 중 관세의 부과 · 징수 · 환급 등에 관한 규정을 적용한다.

25. (   ) 안에 들어갈 내용이 옳은 것은?

잠정가격신고를 하였으나 관세법령에서 정하고 있는 기간 내에 확정된 가격을 신고하지 아니하는 경우에는 ( )의 다음날부터 5년이 지나면 관세를 부과할 수 없다.

① 수입신고일 ② 수입신고 수리일 ③ 잠정가격 신고일
④ 잠정가격신고 수리일 ⑤ 해당 기간의 만료일

26. 자유무역협정의 이행을 위한 관세법의 특례에 관한 법률상 세관장이 협정관세의 적용을 보류할 수 있는 사유에 해당하지 않는 것은?

① 원산지증빙서류의 작성에 불성실 혐의가 있다고 세관장이 인정하는 경우
② 세관장이 수집한 증거, 자료 등으로 수입자, 생산자 또는 수출자의 신고 또는 신청내용이 원산지결정기준을 충족하지 못한 것으로 인정하는 경우
③ 원산지증빙서류를 속임수 또는 그 밖의 부정한 방법으로 작성 또는 발급받은 경우
④ 탈세 등의 혐의를 인정할 만한 자료 또는 구체적인 제보가 있는 경우
⑤ 협정관세의 적용신청에 관하여 착오가 있다고 세관장이 인정하는 경우

27. 관세법상 수입신고전의 물품 반출에 관한 설명으로 옳지 않은 것은?

① 수입하려는 물품을 수입신고 전에 운송수단, 관세통로, 하역통로 또는 관세법에 따른 장치 장소로부터 즉시반출하려는 자는 세관장에게 즉시반출신고를 하여야 한다.
② 즉시반출을 할 수 있는 자 또는 물품은 대통령령으로 정하는 바에 따라 세관장이 지정한다.
③ 즉시반출신고를 하고 반출을 하려는 자는 즉시반출신고를 한 날부터 10일 이내에 수입신고를 하여야 한다.
④ 세관장은 즉시반출신고를 하고 반출을 한 자가 기간 내에 수입신고를 하지 아니한때에는 관세를 부과·징수하나, 가산세는 징수하지 않는다.
⑤ 세관장은 즉시반출신고를 하고 반출을 하려는 자에게 납부하여야 하는 관세에 상당하는 담보를 제공하게 할 수 있다.

28. 관세법상 보세구역 반입명령에 관한 설명으로 옳지 않은 것은?

① 관세청장 또는 세관장은 해당 물품이 수출입신고가 수리된 후 3개월이 지난 경우에는 반입할 것을 명할 수 없다.
② 물품에 원산시표시가 적법하게 표시되지 아니하였거나 수출입신고 수리 당시와 다르게 표시되어 있는 경우 반입명령대상이 될 수 있다.
③ 반입된 물품이 반송 또는 폐기된 경우에는 당초의 수출입신고수리는 취소된 것으로 본다.
④ 반송 또는 폐기에 소요되는 비용은 명령을 받은 자가 이를 부담한다.

⑤ 반입명령서를 받을 자의 주소 또는 거소가 불분명한 때에는 관세청에 반입명령사항을 공시할 수 있으며, 공시한 날부터 10일이 경과한 때에는 명령서를 받을 자에게 반입명령서가 송달된 것으로 본다.

29. 관세법상 관세감면에 관한 설명으로 옳은 것은?

① 관세를 감면받으려는 자는 해당 물품의 수입신고 수리 전에 신청서를 세관장에게 제출하여야 한다.

② 사후관리 대상인 관세감면 물품을 세관장의 승인 없이 감면받은 용도외 사용하거나 양도하는 경우 1천만원 이하의 벌금에 처하고, 과실인 경우에는 500만원 이하의 벌금에 처한다.

③ 국제적인 회의에서 사용하기 위한 물품으로 재수출면세를 받은 물품이 기간내에 재수출되지 아니한 경우에는 300만원을 넘지 아니하는 범위에서 해당 물품에 부과될 관세의 100분의 10에 상당하는 금액을 가산세로 징수한다.

④ 수입신고 수리일부터 1년을 초과하여 수출하여야 할 부득이한 사유가 있는 물품으로서 관세청장이 정하는 기간에 다시 수출하는 물품에 대하여는 그 관세를 면제할 수 있다.

⑤ 수입신고한 물품이 수입신고가 수리되기 전에 변질되거나 손상되더라도 그 관세를 경감할 수 없다.

30. 관세법상 산정가격을 기초로 한 과세가격의 결정에 관한 설명으로 옳지 않은 것은?

① 해당 물품의 수입항까지의 소요되는 운임·보험료와 그 밖의 운송관련 비용으로서 결정된 금액은 산정가격에 포함된다.

② 우리나라에서 개발된 기술·설계·고안·디자인 또는 공예에 소요되는 비용을 생산자가 부담하는 경우에는 당해 비용이 산정가격에 포함되지 않는다.

③ 납세의무자가 산정가격의 기초금액을 확인하는 데 필요한 자료를 제출하지 않은 경우에는 산정가격을 기초로 한 과세가격의 결정방법을 적용하지 않을 수 있다.

④ 수출국 내에서 해당 물품과 동종·동류의 물품의 생산자가 우리나라에 수출하기 위하여 판매할 때 통상적으로 반영하는 이윤 및 일반 경비에 해당하는 금액은 산정가격에 포함된다.

⑤ 해당물품의 생산에 사용된 원자재 비용은 산정가격에 포함된다.

31. 관세법상 원산지증명서에 관한 설명으로 옳지 않은 것은?

① 원산지국가의 세관 기타 발급권한이 있는 기관 또는 상공회의소가 당해 물품에 대하여 원산지국가(지역을 포함)를 확인 또는 발행한 것이어야 한다.

② 원산지국가에서 바로 수입되지 아니하고 제3국을 경유하여 수입된 물품에 대하여 그 제3국의 세관 기타 발급권한이 있는 기관 또는 상공회의소가 확인 또는 발행한 경우에는 원산지국가에서 당해 물품에 대하여 발행된 원산지증명서를 기초로 하여 원산지국가(지역을 포함)를 확인 또는 발행한 것이어야 한다.

③ 관세청장이 정한 물품의 경우에는 당해 물품의 상업송장 또는 관련서류에 생산자・공급자・수출자 또는 권한 있는 자가 원산지국가를 기재한 것이어야 한다.

④ 원산지증명서에는 해당 수입물품의 품명, 수량, 생산지, 수출자 등 관세청장이 정하는 사항이 적혀 있어야 한다.

⑤ 세관장은 원산지증명서확인자료를 제출한 자가 정당한 사유를 제시하여 그 자료를 공개하지 아니할 것을 요청한 경우라도 그 제출인의 명시적 동의 없이 해당 자료를 공개할 수 있다

32. 관세법상 심사와 심판에 관한 설명으로 옳은 것은?

① 심사청구나 심판청구에 따른 결정을 결정기간 내에 통지받지 못한 경우에는 결정기간이 경과하더라도 행정소송을 제기할 수 없다.

② 세관장이 수입물품에 부과하는 내국세등의 부과, 징수, 감면, 환급 등에 관한 불복청구는 국세청장에게 하여야 한다.

③ 심사청구는 대통령령으로 정하는 바에 따라 불복하는 사유를 심사청구서에 적어 해당 처분을 하였거나 하였어야 하는 세관장을 거쳐 관세청장에게 하여야 한다.

④ 행정소송은 심사청구나 심판청구에 따른 결정을 통지받은 날부터 60일 이내에 제기하여야 하며, 이는 불변기간이다.

⑤ 심사청구를 청구기한 내에 우편으로 제출하는 경우라도 청구기간 내에 심사청구서가 세관장 또는 관세청장에게 반드시 도달하여야 효력이 있다.

33. 관세법 제93조(특정물품의 면세 등)와 관련하여 물품이 수입될 때에 관세를 면제 받을 수 있는 것이 아닌 것은?

① 우리나라 선박이 외국 정부의 허가를 받아 외국의 영해에서 채집하거나 포획한 수산물
② 우리나라의 선박이나 항공기가 매매계약상의 하자보수 보증기간 중에 외국에서 발생한 고장에 대하여 우리나라 매수인의 부담으로 하는 수리 부분에 해당하는 물품
③ 피상속인이 사망하여 국내에 주소를 둔 자에게 상속되는 피상속인의 신변용품
④ 우리나라와 외국 간에 건설될 교량, 통신시설, 해저통로, 그 밖에 이에 준하는 시설의 건설 또는 수리에 필요한 물품
⑤ 우리나라의 선박이나 그 밖의 운송수단이 조난으로 인하여 해체된 경우 그 해체재(解體材) 및 장비

34. 자유무역협정의 이행을 위한 관세법의 특례에 관한 법률상 협정관세 적용보류에 관한 설명으로 옳지 않은 것은?

① 세관장은 원산지조사를 하는 경우 관세청장이 정하는 기간 동안 조사대상자가 추가로 수입하는 모든 물품에 대하여 협정관세 적용을 보류할 수 있다.
② 협정관세 적용 보류의 절차・방법과 그 밖에 필요한 사항은 대통령령으로 정한다.
③ 세관장이 협정관세의 적용을 보류하고자 하는 때에는 조사대상 수입자에게 협정 관세 적용보류 통지서를 통보하여야 한다.
④ 세관장이 협정관세의 적용을 보류할 수 있는 기간은 수입자에게 서면조사를 통지한 날부터 원산지조사 결과를 통지한 날까지로 한다.
⑤ 세관장은 원산지조사를 한 결과 수입자가 신고한 내용이 원산지결정기준을 충족한것으로 확인되는 경우에는 협정관세를 적용받지 못한 물품에 대한 세액을 경정하고 관세를 환급하여야 한다.

35. 관세법상 외국 물품의 일시 양륙에 해당하지 않는 것은?

① 외국물품을 운송수단으로부터 일시적으로 육지에 내려놓으려는 경우
② 해당 운송수단의 여객・승무원 또는 운전자가 아닌 자가 타려는 경우
③ 선용품・기용품을 운송수단 안에서 그 용도에 따라 소비하거나 사용하는

경우

④ 외국물품을 적재한 운송수단에서 다른 운송수단으로 물품을 환적 또는 복합 환적하려는 경우

⑤ 외국물품을 적재한 운송수단에서 다른 운송수단으로 사람을 이동시키는 경우

36. 관세법상 납세의무자가 신고납부한 세액에 대한 수정신고 및 세관장의 경정에 관한 설명으로 옳은 것은?

① 납세의무자는 신고납부한 세액이 과다한 것을 알게 되었을 때에는 최초로 납세신고를 한 날부터 2년 이내에 신고한 세액의 경정을 청구할 수 있다.

② 세관장은 납세의무자가 신고납부한 세액, 납세신고한 세액, 경정청구한 세액을 심사한 결과 과부족하다는 것을 알게 되었을 때에는 대통령령으로 정하는 바에 따라 그 세액을 경정하여야 한다.

③ 수정신고를 한 납세의무자는 수정신고한 날까지 관세를 납부하여야 한다.

④ 납세의무자는 최초의 신고 또는 경정에서 과세표준 및 세액의 계산근거가 된 거래 또는 행위 등이 그에 관한 소송에 대한 판결에 의하여 다른 것으로 확정되어 납부한 세액이 과다한 것을 알게 되었을 때에는 그 사유가 발생한 것을 안 날부터 3개월이내에 경정청구를 할 수 있다.

⑤ 경정의 청구를 받은 세관장은 그 청구를 받은 날부터 3개월 이내에 세액을 경정하거나 경정하여야 할 이유가 없다는 뜻을 청구한 자에게 통지하여야 한다.

37. 관세법상 세율의 조정에 관한 설명으로 옳지 않은 것은?

① 덤핑방지관세의 잠정조치는 특별한 경우를 제외하고 잠정조치일 이후 수입되는 물품에 대하여 적용된다.

② 상계관세의 잠정조치는 특별한 경우를 제외하고 잠정조치일 이후 수입되는 물품에 대하여 적용된다.

③ 보복관세의 부과 범위는 보복관세 부과 대상 국가로부터 수입되는 물품에 대하여 피해상당액의 범위를 초과하여 부과할 수 있다.

④ 긴급관세 또는 잠정긴급관세를 부과하여야 하는 대상 물품, 세율, 적용기간, 수량, 수입관리방안, 그 밖에 필요한 사항은 기획재정부령으로 정한다.

⑤ 농림축산물에 대한 특별긴급관세는 국내외 가격차에 상당한 율로 양허한 농림축산물의 수입물량이 급증하거나 수입가격이 하락하는 경우에 부과할 수 있다.

38. 자유무역협정의 이행을 위한 관세법의 특례에 관한 법률상의 내용으로 옳지 않은 것은?

① 정부는 체약상대국이 협정에 따른 관세양허 의무를 이행하지 않은 경우에는 체약상대국 정부와 협의할 수 있고, 협의가 이루어지지 않거나 일정 기간 내에 합의가 이루어지지 아니하는 경우에는 협정에 따라 대항조치를 할 수 있다.
② 미합중국과의 협정에 따라 수리 또는 개조를 위하여 체약상대국으로 수출하였다가 다시 수입하는 물품에 대하여 관세를 면제할 수 있다.
③ 협정에서 다르게 규정하는 경우를 제외하고 원산지증명서의 기재사항 및 기재방법은 영문으로 작성되어야 한다.
④ 칠레와의 협정에 따라 칠레를 원산지로 하는 특정 농산물에 대한 잠정긴급관세 조치의 기간은 120일을 초과할 수 없다.
⑤ 유럽연합당사자와의 협정에 따라 원산지인증수출자가 상업송장 또는 이에 갈음하는 서류에 기재된 사항에 대한 서면확인서를 관세청장 또는 세관장에게 사전에 제출한 경우에도 원산지증명서의 서명을 생략할 수 없다.

39. 자유무역협정의 이행을 위한 관세법의 특례에 관한 법률상 체약상대국에서 수입된 물품의 원산지에 관한 조사방법이 바르게 연결된 것은?

① 유럽연합당사자로부터 수입된 물품: 유럽연합당사자의 관세당국에 조사를 요청하는 방법
② 유럽자유무역연합회원국에서 수입된 물품: 조사대상자를 직접 서면조사 또는 현지조사하는 방법
③ 칠레에서 수입된 물품: 칠레의 관세당국에 조사를 요청하는 방법
④ 섬유관련 물품을 제외한 미합중국에서 수입된 물품: 미합중국의 관세당국에 조사를 요청하는 방법
⑤ 터키에서 수입된 물품: 조사대상자를 직접 서면조사 또는 현지 조사하는 방법

40. 관세법상 비밀유지 및 비밀유지의무에 관한 설명으로 옳은 것은?

① 관세청장은 지방자치단체에 대하여 관세의 부과·징수 및 통관에 관계되는 자료 또는 통계를 요청할 수 없다.
② 세관공무원은 국가기관이 관세범에 대한 소추를 목적으로 과세정보를 요구할 경우에도 이를 제공하여서는 안 된다.

③ 제출받은 과세자료를 타인에게 제공 또는 누설하거나 목적외의 용도로 사용한 자는 3년 이하의 징역 또는 1천만원 이하의 벌금에 처한다.
④ 과세자료 비밀유지의무 위반에 대한 처벌은 징역과 벌금을 병과할 수 없다.
⑤ 수입하는 물품에 대하여 낮은 관세율을 적용받을 수 있도록 허가, 승인, 추천 등을한 경우 그에 관한 자료로서 관세의 부과·징수와 통관에 직접적으로 필요한 자료는 비밀유지의무대상 과세자료가 아니다.

■ 제30회(2013년)

1. 관세의 과세가격 결정에서 구매자와 판매자가 특수관계인 경우에 해당하지 않는 것은?
① 특정인이 구매자 및 판매자의 의결권 있는 주식을 직접 또는 간접으로 5퍼센트이상 소유하거나 관리하는 경우
② 구매자 및 판매자가 동일한 제3자에 의하여 직접 또는 간접으로 지배를 받거나 또는 동일한 제3자를 직접 또는 간접으로 공동지배하는 경우
③ 구매자와 판매자가 상호 사업상의 임원 또는 관리자인 경우
④ 구매자와 판매자가 전략적 제휴관계에 있는 경우
⑤ 구매자 및 판매자 중 일방이 상대방에 대하여 법적으로 또는 사실상으로 지시나 통제를 할 수 있는 위치에 있는 등 일방이 상대방을 직접 또는 간접으로 지배하는 경우

2. 관세법의 규정 또는 관세법에서 사용하는 용어의 정의로 옳지 않은 것은?
① '선용품'이란 외국물품인 음료, 식품, 연료, 소모품, 밧줄, 수리용예비부분품 및 부속품, 집기, 그 밖에 이와 유사한 물품으로서 해당 선박에서만 사용되는 것을 말한다.
② 선용품·기용품 또는 차량용품을 운송수단 안에서 그 용도에 따라 소비하거나 사용하는 경우에는 이를 '수입'으로 보지 아니한다.
③ 우리나라의 선박 등이 공해에서 채집하거나 포획한 수산물 등은 '내국물품'에 해당한다.
④ 종합보세사업장의 설치·운영에 관한 신고를 한 자는 '운영인'에 해당한다.
⑤ 수입하려는 물품을 수입신고 전에 하역통로로부터 반출하기 위하여 즉시반출신고를 하고 반출된 물품의 경우에는 '내국물품'으로 본다.

3. 국내외 가격차에 상당한 율로 양허한 농림축산물의 수입물량이 급증하거나 수입가격이 하락하는 경우에는 대통령령으로 정하는 바에 따라 양허한 세율을 초과하여 관세를 부과할 수 있다. 이러한 관세를 무엇이라 하는가?

① 긴급관세
② 특정국물품 긴급관세
③ 농림축산물에 대한 조정관세
④ 할당관세
⑤ 농림축산물에 대한 특별긴급관세

4. 관세법상 벌칙위반을 이유로 처벌시 양벌규정의 적용대상이 되는 개인이 아닌 것은?

① 관세사
② 지정장치장의 운영인
③ 종합보세사업장의 운영인
④ 수출을 업으로 하는 사람
⑤ 국가관세종합정보망 운영사업자

5. 수출입 안전관리 우수 공인업체에 관한 설명으로 옳지 않은 것은?

① 수출입 안전관리 우수 공인업체에 대하여는 수출입 물품에 대한 검사의 완화 등 통관절차상의 혜택을 제공할 수 있다.
② 관세청장은 수출입 안전관리 우수 공인업체가 안전관리 기준을 충족하지 못하게되는 경우 공인을 취소할 수 있다.
③ 관세청장이 안전관리 기준 충족 여부에 대한 심사업무를 위탁할 수 있는 기관이나 단체는 안전관리 기준의 심사에 필요한 전문인력 및 전산설비 요건을 갖춘 기관이나 단체 중에서 기획재정부령으로 정한다.
④ 수출입 안전관리 우수 공인업체가 되려면 관세 등 영업활동과 관련한 세금을 체납하지 않는 등 재무건전성을 갖출 것이 요구된다.
⑤ 관세청장은 「국제항해선박 및 항만시설의 보안에 관한 법률」 제12조에 따른 국제선박보안증서를 교부받은 국제항해선박소유자에 대하여는 안전관리 기준 중 일부에 대하여 심사를 생략할 수 있다.

6. 다음 ( )안에 들어갈 내용이 순서대로 옳은 것은?

보세건설장에 반입된 외국물품의 수입통관시 환율은 ( )이 속하는 주의 전주(前週)의 ( )을 평균하여 관세청장이 그 율을 정한다.

① 수입신고를 한 날, 외국환매도율

② 사용전 수입신고가 수리된 날, 외국환매도율
③ 사용전 수입신고가 수리된 날, 외국환매입율
④ 수입신고를 한 날, 외국환매입율
⑤ 사용전 수입신고가 수리된 날, 수입어음결제율

7. 수입물품에 대한 관세의 납세와 관련하여 제공될 수 있는 관세법상 담보의 종류에 해당하지 않는 것은?

① 서울특별시가 발행한 채권
② 납세보증보험증권
③ 토지
④ 세관장이 인정하는 유가증권
⑤ 납세의무자가 발행한 우량 전환사채

8. 수출입 통관 등에 관한 설명으로 옳지 않은 것은?

① 세관장은 다른 법령에 따라 수입 후 특정한 용도로 사용하여야 하는 등의 의무가 부가되어 있는 물품에 대하여는 문서로써 해당 의무를 이행할 것을 요구할 수 있다.
② 여행자가 외국물품인 휴대품을 관세통로에서 소비하거나 사용하는 경우에는 이를 수입으로 본다.
③ 관세청장이나 세관장은 수입신고가 수리되어 반출된 물품이라도 국민보건 등을 해칠 우려가 있는 물품은 이를 보세구역으로 반입할 것을 명할 수 있다.
④ 조약에 따라 보호대상으로 지정된 지리적표시권을 침해하는 물품은 수출할 수 없다.
⑤ 정부의 기밀을 누설하는 물품은 수출하거나 수입할 수 없다.

9. 보세구역의 특허기간 또는 보세구역 반입물품의 장치기간에 관한 설명으로 옳은 것은?

① 보세창고에 외국물품을 장치하는 경우의 장치기간은 3년의 범위에서 관세청장이 정하는 기간(세관장이 필요하다고 인정할 경우 1년의 범위에서 연장가능)
② 보세건설장의 특허기간은 해당 건설공사 기간을 고려하여 세관장이 정하는 기간
③ 보세전시장의 특허기간은 해당 박람회 등의 기간을 고려하여 관세청장이 정하는 기간
④ 보세창고에 내국물품을 장치하는 경우의 장치기간은 1년의 범위에서 관세청

장이 정하는 기간(세관장이 필요하다고 인정할 경우 1년의 범위에서 연장 가능)

⑤ 보세판매장의 특허기간은 20년의 범위 내에서 관세청장이 정하는 기간

10. 관세가 면제되는 여행자휴대품의 범위에 해당되지 않는 것은?

① 거주자인 여행자가 반입하는 물품으로서 대외무역법상 수입승인이 면제되는 미화 1천 달러 상당액의 물품

② 비거주자인 여행자가 반입하는 물품으로서 본인의 직업상 필요하다고 인정되는 직업용구

③ 물품의 성질・수량・가격・용도 등으로 보아 통상적으로 여행자의 휴대품 또는 별송품인 것으로 인정되는 물품

④ 세관장이 반출 확인한 물품으로서 재반입되는 물품

⑤ 여행자가 휴대하는 것이 통상적으로 필요하다고 인정하는 신변용품 및 신변장 식품

11. 과세물건 확정의 시기에 관한 설명으로 옳지 않은 것은?

① 수입신고가 수리되기 전에 소비하거나 사용하는 물품: 해당 물품을 소비하거나 사용한 때

② 차량용품과 국경출입차량 안에서 판매할 물품이 허가된 내용대로 운송수단에 적재되지 아니하여 관세를 징수하는 물품: 하역허가를 받은 때

③ 우편으로 수입되는 물품: 통관우체국에 도착한 때

④ 보세건설장 외 작업허가 기간을 경과하여 관세를 징수하는 물품: 보세건설장 외 작업이 완료된 때

⑤ 수입신고전 즉시반출신고를 하고 반출한 물품: 수입신고전 즉시반출신고를 한 때

12. 관세의 감면에 관한 설명으로 옳지 않은 것은?

① 외국에 주둔하는 국군으로부터 반환된 공용품이 수입될 때에는 그 관세를 면제할 수 있다.

② 국가정보원장의 위임을 받은 자가 국가의 안전보장 목적의 수행상 긴요하다고 인정하여 수입하는 물품은 그 관세를 면제할 수 있다.

③ 교회의 예배용품을 구매하여 수입할 때에는 관세법 제91조의 종교용품 면세

규정에 따라 그 관세를 면제할 수 있다.

④ 우리나라의 거주자에게 수여된 기장(紀章)이 수입될 때에는 그 관세를 면제할 수 있다.

⑤ 항공기를 제조 또는 수리하기 위하여 사용하는 부분품과 원재료 중 기획재정부령으로 정하는 물품에 대하여는 그 관세를 면제할 수 있다.

13. 자유무역협정 이행을 위한 관세법의 특례에 관한 법령상 협정관세의 적용신청과 관련한 설명으로 옳지 않은 것은?

① 협정관세의 적용을 신청한 수입자로부터 보정신청을 받은 세관장은 그 신청을 받은 날부터 3개월 이내에 협정관세의 적용 여부를 신청인에게 통지하여야 한다.

② 세관장이 원산지증빙서류의 제출을 요구하였을 때, 수입자가 제출한 원산지증빙서류만으로 해당 물품의 원산지를 인정하기가 곤란한 경우 세관장은 협정관세를 적용하지 아니할 수 있다.

③ 관세청장 또는 세관장은 과세가격이 미화 1천달러 이하인 물품일지라도 관세탈루의 우려가 있는 경우로서 기획재정부령으로 정하는 사유가 있는 경우에는 수입자에게 원산지증빙서류의 제출을 요구하여야 한다.

④ 세관장은 동종·동질물품을 계속 반복적으로 수입하는 경우로서 해당 물품의 생산공정상 원산지의 변동이 없는 물품 중 관세청장이 정하여 고시하는 물품에 대하여는 원산지증빙서류의 제출을 요구하지 아니한다.

⑤ 수입신고 수리 전까지 협정관세의 적용을 신청하지 못한 수입자는 해당 물품의 수입신고 수리일부터 1년 이내에 대통령령으로 정하는 바에 따라 협정관세의 적용을 신청할 수 있다.

14. 다음 (　　)안에 들어갈 내용이 순서대로 옳은 것은?

공공의 안녕질서를 해치는 영화, 비디오물 등의 밀수입물품을 취득·양도·보관한 자는 (　　) 이하의 징역 또는 (　　) 이하에 상당하는 벌금에 처한다.

① 1년, 물품원가　　② 2년, 1천만원　　③ 2년, 물품원가

④ 3년, 물품원가　　⑤ 5년, 5천만원

15. 보세창고에 대한 물품의 장치기간과 관련하여 '비축에 필요한 기간'을 장치기간으로 하는 물품이 아닌 것은?

① 정부비축용물품
② 장기간 비축이 필요한 수출용원재료로서 세관장이 인정하는 물품
③ 정부와의 계약이행을 위하여 비축하는 방위산업용물품
④ 장기간 비축이 필요한 수출품보수용 물품으로서 세관장이 인정하는 물품
⑤ 장기간 비축이 필요한 분할납부 대상물품

16. 다음 (　　)안에 들어갈 내용이 순서대로 옳은 것은?

관세 부과처분과 관련한 심사청구는 해당 처분을 안 날부터 (　　)일 이내에 제기하여야 한다. 이때 관세청장은 심사청구의 내용이나 절차가 적합하지 아니하지만 보정할 수 있다고 인정되는 경우에는 (　　)일 이내의 기간을 정하여 해당 사항을 보정할 것을 요구할 수 있다.

① 30, 15　　② 60, 20　　③ 60, 30
④ 90, 20　　⑤ 90, 30

17. 외국물품의 보세운송에 관한 설명으로 옳은 것은?

① 여러 세관의 관할구역을 통과하는 외국물품을 운송할 때에는 관세청장에게 보세운송의 신고를 하여야 한다.
② 세관공무원은 필요시 보세운송물품을 검사할 수 있다. 단, 수입신고를 할 때 사전심사 및 검사 대상물품을 보세운송하는 경우에는 검사대상에서 제외된다.
③ 「위험물안전관리법」에 의한 위험물을 보세운송 하고자 할 때에는 세관장의 승인이 있어야 한다.
④ 보세운송의 도착보고는 보세운송 신고를 한 출발지 관할세관장에게 하여야 한다.
⑤ 보세운송통로는 보세운송인이 결정하며, 세관장은 그 운송통로를 제한할 수 없다.

18. 수입신고수리전 세액심사 대상물품으로 옳은 것은?

① 물품의 가격변동이 크거나 기타 수입신고 수리 후에 세액을 심사하는 것이 적합하지 아니하다고 인정하여 기획재정부령으로 정하는 물품

② 조약에 의하여 내국세를 감면받고자 하는 물품
③ 관세 체납액이 3만원이고 체납기간이 7일된 자가 신고하는 물품
④ 납세자의 성실성 등을 참작하여 대통령령에서 정하는 기준에 해당하는 불성실신고인이 신고하는 물품
⑤ 자유무역협정에 의해 협정관세가 적용되는 물품. 단, 기획재정부령으로 정하는 물품은 제외한다.

19. 국내 판매가격을 기초로 한 관세의 과세가격 결정에서 국내판매가격의 요건에 해당되지 않는 것은?

① 해당 물품, 동종·동질물품 또는 유사물품이 수입된 것과 동일한 상태로 국내에서 판매되는 단위가격이어야 한다.
② 해당 물품의 수입신고일 또는 수입신고일과 거의 동시에 국내에서 판매되는 단위가격이어야 한다.
③ 특수관계가 없는 자에게 국내에서 판매되는 단위가격이어야 한다.
④ 가장 많은 수량으로 국내에서 판매되는 단위가격이어야 한다.
⑤ 해당 물품을 특정인에게만 판매 또는 임대하도록 한다는 제한이 없이 국내에서 판매되는 단위가격이어야 한다.

20. 과오납금에 대한 관세환급청구권을 행사할 수 있는 날에 관한 내용으로 옳은 것은?

① 경정으로 인한 환급의 경우에는 경정결정일의 다음날
② 관세의 이중납부로 인한 환급의 경우에는 그 납부일
③ 수입신고를 하고 관세를 납부한 후 신고가 각하된 경우에는 수입신고수리일
④ 계약과 상이한 물품 등에 대한 환급의 경우에는 당해 물품의 수출신고일의 다음날
⑤ 착오납부로 인한 환급의 경우에는 수입신고수리일

21. 관세의 분할납부에 관한 설명으로 옳은 것은?

① 세관장은 천재지변이나 그 밖에 대통령령으로 정하는 사유로 관세법에 따른 신고, 신청, 청구, 그 밖의 서류의 제출, 통지, 납부 또는 징수를 정하여진 기한까지할 수 없다고 인정될 때에는 2년을 넘지 아니하는 기간을 정하여 대통령령으로 정하는 바에 따라 관세를 분할하여 납부하게 할 수 있다.

② 정부나 지방자치단체가 수입하는 물품으로서 기획재정부령으로 정하는 물품이 수입될 때에는 세관장은 관세청장이 정하는 바에 따라 4년을 넘지 아니하는 기간을 정하여 관세의 분할납부를 승인할 수 있다.
③ 관세의 분할납부를 승인받은 법인이 합병·분할 또는 분할합병된 경우에는 합병·분할 또는 분할합병 후에 존속하거나 합병·분할 또는 분할합병으로 설립된 법인이 연대하여 관세를 납부하여야 한다.
④ 관세의 분할납부를 승인받은 법인이 해산한 경우에는 그 분할납부 승인을 받은 법인이 관세를 납부하여야 한다.
⑤ 관세의 분할납부를 승인받은 물품을 동일한 용도로 사용하려는 자에게 양도한 경우에는 그 양도인이 관세를 납부하여야 한다.

22. 관세청장이 필요하다고 인정한다 하더라도 종합보세구역으로 지정할 수 있는 지역이 아닌 것은?

① 「외국인투자촉진법」에 의한 외국인 투자지역
② 「산업입지 및 개발에 관한 법률」에 의한 산업단지
③ 「물류시설의 개발 및 운영에 관한 법률」에 따른 물류단지
④ 「자유무역경제지역촉진법」에 의해 지정된 경제자유지역
⑤ 「유통산업발전법」에 의한 공동집배송센터

23. 자유무역협정에 의한 협정관세 적용에 사용될 원산지증명서의 발급기관은 신청자가 원산지증명서의 발급을 속임수 또는 부정한 방법으로 신청한 사실을 알았을 경우 관세청장에게 지체 없이 통보하여야 한다. 이때 통보해야 하는 내용에 해당되지 않는 것은?

① 품명 ② 금액 ③ 수입국명
④ 품목번호 ⑤ 원산지결정기준

24. A직원은 자율관리보세구역에서 근무하는 경력 7년의 보세사이다. A직원이 수행하는 보세사의 직무에 해당하지 않는 것은?

① 견품의 반출 및 회수
② 보세구역 출입문의 개폐 및 열쇠관리의 감독
③ 해당 보세구역을 오염시킬 우려가 있는 부패하거나 변질된 보세화물의 폐기 명령

④ 보세구역 출입자관리에 대한 감독
⑤ 보세구역내 장치물품의 취급에 대한 입회 및 확인

25. 자유무역협정의 이행을 위한 관세법의 특례에 관한 법령상 원산지증명서의 유효기간에 관한 설명으로 옳은 것은?

① 각 협정에 따른 원산지증명서의 유효기간은 원칙적으로 그 발급일로부터 3년이다.
② 아세안회원국과의 협정에 따른 원산지증명서의 유효기간은 해당 물품의 수입신고가 수리된 날부터 1년이다.
③ 칠레와의 협정에 따른 원산지증명서의 유효기간은 그 발급일로부터 2년이다.
④ 페루와의 협정에 따른 원산지증명서의 유효기간은 그 발급일로부터 2년이다. 다만, 기재된 물품이 비당사국 관세당국의 관할하에 일시적으로 보관된 경우의 유효기간은 1년이다.
⑤ 미합중국과의 협정에 따른 원산지증명서의 유효기간은 해당 물품의 수출신고가 수리된 날부터 4년이다.

26. 관세청장은 자유무역협정 체약당사국으로부터 수출물품에 대한 원산지조사 요청이 있는 경우 일정한 기간 내에 조사결과를 통지해야 한다. 조사결과 통지기한으로 옳은 것은?

① 인도의 관세당국으로부터 요청을 받은 경우: 그 요청을 받은 날부터 3개월 이내
② 태국의 관세당국으로부터 요청을 받은 경우: 현지조사를 시작한 날부터 10개월 이내
③ 싱가포르의 관세당국으로부터 요청을 받은 경우: 서면조사 또는 현지조사를 완료한 날부터 10개월 이내
④ 페루의 관세당국으로부터 요청을 받은 경우: 그 요청을 받은 날부터 6개월 이내
⑤ 유럽연합당사자의 관세당국으로부터 요청을 받은 경우: 그 요청을 받은 날부터 12개월 이내

27. 지정보세구역에 관한 설명으로 옳은 것은?

① 세관장은 관세청장이 정하는 바에 따라 검사를 받을 물품의 전부 또는 일부

를 세관검사장에 반입하여 검사할 수 있으며, 이 때 세관검사장에 반입되는 물품의 채취·운반 등에 필요한 비용은 화주가 부담한다.

② 지정장치장은 통관을 하려는 물품을 일시 장치하기 위한 장소로서 관세청장이지정하는 구역으로 한다.

③ 지정장치장에 물품을 장치하는 기간은 3개월의 범위에서 관세청장이 정한다. 다만, 관세청장이 정하는 기준에 따라 세관장은 1개월의 범위에서 그 기간을 연장할 수 있다.

④ 지정장치장에 반입한 물품은 화물관리인이 그 보관의 책임을 진다.

⑤ 관세청장은 특허보세구역을 설치·운영하는 자가 소유하거나 관리하는 토지·건물 또는 그 밖의 시설을 지정보세구역으로 지정할 수 있다.

28. 관세징수권 소멸시효의 기산일에 관한 설명으로 옳은 것은?

① 신고납부한 세액이 부족한 경우로서 수정신고를 하고 납부하는 관세에 있어서는 수정신고일의 다음날의 다음날

② 부과고지하는 관세에 있어서는 납세고지를 받은 날부터 15일이 경과한 날의 다음날의 다음날

③ 부족한 세액에 대해 보정을 신청하고 납부하는 관세에 있어서는 부족세액에 대한 보정신청일의 다음날

④ 즉시반출신고를 하고 반출을 한 다음 수입신고를 하고 신고납부하는 관세에 있어서는 수입신고가 수리된 날부터 15일이 경과한 날의 다음날의 다음날

⑤ 기타 법령에 의하여 납세고지하여 부과하는 관세에 있어서 납부기한을 정한 때에는 그 납부기한이 만료된 날의 다음날의 다음날

29. 관세법에 의한 처분의 심사청구, 심판청구, 이의신청에 관한 설명으로 옳은 것은?

① 이의신청에 대한 결정은 이의신청을 받은 날부터 90일 이내에 하여야 한다. 단, 부득이한 사유가 있을 때에는 그러하지 아니하다.

② 심사청구는 대통령령으로 정하는 바에 따라 불복하는 사유를 심사청구서에 적어 해당 처분을 하였거나 하였어야 하는 세관장을 거쳐 관세청장에게 하여야 한다.

③ 심사청구서를 제출받은 세관장은 이를 받은 날로부터 10일 내에 그 심사청구서에 의견서를 첨부하여 관세청장에게 보내야 한다.

④ 관세청장은 심사청구의 내용이나 절차가 '관세법 제5장 제2절 심사와 심판 규정'에 적합하지 아니하지만 보정할 수 있다고 인정되는 경우에는 30일 이내의 기간을 정하여 해당 사항을 보정할 것을 요구할 수 있다. 다만, 보정할 사항이 경미한 경우에는 직권으로 보정할 수 있다.
⑤ 이의신청인·심사청구인 또는 심판청구인은 관세사나 세무사를 대리인으로 선임할 수 있다.

30. 관세법에 따라 보세운송업자 등이 관세청장 또는 세관장에게 등록하는 것과 관련한 설명이다. 관세법상 등록대상자가 아닌 것은?

① 보세화물을 취급하려는 자로서 다른 법령에 따라 화물운송의 주선을 업으로 하는 자
② 외국무역기에 물품을 하역하는 것을 업으로 하는 자
③ 외국무역기에 기용품을 공급하는 것을 업으로 하는 자
④ 개항 인근에서 외국인에게 물품이나 용역을 제공하는 것을 업으로 하는 자
⑤ 외국무역기를 이용하여 상업서류 등을 송달하는 것을 업으로 하는 자

31. 어떤 수입물품에 대하여 다음과 같은 여러 관세율이 경합될 때 가장 우선 적용되어야 하는 관세율은?

① 기본관세율 ② 일반특혜관세율 ③ 계절관세율
④ 조정관세율 ⑤ 상계관세율

32. 수입물품에 대해 세관장이 부과 및 징수하는 내국세에 해당하는 것은?

① 수입판매세 ② 법인세 ③ 농어촌개발세
④ 지방소비세 ⑤ 유류세

33. 우리나라와 자유무역협정을 체결한 국가로서 협정관세 적용을 위한 원산지증명서를 발급할 때 기관발급방법을 적용하는 국가는?

① 에스토니아 ② 스리랑카 ③ 라오스
④ 몰타 ⑤ 동티모르

34. 보세운송을 할 때 세관장의 승인을 얻어야 하는 물품이 아닌 것은?

① 통관이 보류되거나 수입신고수리가 불가능한 물품
② 관세법에 따른 즉시반출신고 대상물품
③ 화주 또는 화물에 대한 권리를 가진 자가 직접 보세운송하는 물품
④ 「유해화학물질관리법」에 따른 유해화학물질
⑤ 화물이 국내에 도착된 후 최초로 보세구역에 반입된 날부터 30일이 경과한 물품

35. 안양시에 소재하는 A업체가 미국에 소재하는 B업체로부터 'DAP 안양 US$ 25,000' 조건으로 물품을 수입하였다. DAP US$ 25,000 내역을 검토해보니 수입자가 부담한 비용은 다음과 같고, 그 세부내역은 무역서류에 구분하여 표기되어 있었다. 이 경우 관세의 과세표준은 얼마인가?

가. 물품 가격: US$ 20,000
나. 해상운임: US$ 3,000
다. 부산항에서의 하역료: US$ 500
라. 해상보험료: US$ 300
마. 선적항에서의 검사비용: US$ 100
바. 부산항에서 안양까지의 보세운송료: US$ 1,000
사. 부산항에서 안양까지의 보험료: US$ 100

① US$ 23,300 ② US$ 23,400 ③ US$ 23,900 ④ US$ 24,900 ⑤ US$ 25,000

36. 수입물품의 과세가격을 우리나라에 수출하기 위하여 판매되는 물품에 대하여 구매자가 실제로 지급하였거나 지급하여야 할 가격에 법률로 정한 요소의 금액을 더하여 조정한 거래가격으로 결정한다고 할 때 그 가산요소금액에 해당하지 않는 것은?

① 구매자가 부담하는 중개료
② 해당 수입물품을 수입한 후 전매·처분 또는 사용하여 생긴 수익금액 중 판매자에게 직접 또는 간접으로 귀속되는 금액
③ 해당 수입물품과 동일체로 취급되는 용기의 비용
④ 수입물품이 국내에서 판매되는 때에 통상적으로 부가되는 이윤 및 일반경비에 해당하는 금액
⑤ 특허권, 실용신안권, 디자인권, 상표권 및 이와 유사한 권리를 사용하는 대가

로 지급하는 것으로서 대통령령으로 정하는 바에 따라 산출된 금액

37. 보세구역에 장치한 물품의 수입신고 시기가 다음과 같을 때, ( )안에 들어갈 적용가산세율이 옳은 것은?

• 신고기한이 경과한 날부터 10일이 되는 시기에 신고를 한 때: 해당 물품 과세가격의 (ㄱ) • 신고기한이 경과한 날부터 60일이 되는 시기에 신고를 한 때: 해당 물품 과세가격의 (ㄴ) • 신고기한이 경과한 날부터 90일이 되는 시기에 신고를 한 때: 해당 물품 과세가격의 (ㄷ)

① ㄱ: 1천분의 3, ㄴ: 1천분의 5, ㄷ: 1천분의 10
② ㄱ: 1천분의 4, ㄴ: 1천분의 10, ㄷ: 1천분의 15
③ ㄱ: 1천분의 4, ㄴ: 1천분의 15, ㄷ: 1천분의 20
④ ㄱ: 1천분의 5, ㄴ: 1천분의 10, ㄷ: 1천분의 20
⑤ ㄱ: 1천분의 5, ㄴ: 1천분의 15, ㄷ: 1천분의 20

38. 긴급관세 부과와 관련된 설명으로 옳지 않은 것은?

① 긴급관세의 부과기간은 4년을 초과할 수 없으며, 잠정긴급관세는 200일을 초과할 수 없다. 다만, 재심사결과에 따라 부과기간을 연장하는 경우에는 그러하지않다.

② 긴급관세의 부과여부 및 그 내용은 무역위원회의 부과건의가 접수된 날부터 1월이내에 결정하여야 한다. 다만, 주요 이해당사국과 긴급관세의 부과에 관한 협의 등을 하기 위해 소요된 기간은 이에 포함되지 않는다.

③ 긴급관세는 산업구조의 변동으로 물품 간의 세율불균형이 심하여 이를 시정할 필요가 있는 경우에 100분의 50에서 해당 물품의 기본세율을 뺀 율을 기본세율에 더한 율의 범위에서 부과할 수 있다.

④ 긴급관세는 해당 국내산업의 보호 필요성, 국제통상관계, 긴급관세 부과에 따른 보상수준 및 국민경제 전반에 미치는 영향 등을 검토하여 부과여부와 그 내용을 결정한다.

⑤ 기획재정부장관은 부과중인 긴급관세에 대하여 무역위원회가 그 내용의 완화・해제 등을 건의하는 때에는 그 건의가 접수된 날부터 1월 이내에 재심사를 하여 긴급관세부과 완화 등의 조치여부를 결정하여야 한다. 다만, 기획재

정부장관이 필요하다고 인정하는 때에는 20일의 범위 내에서 그 결정기간을 연장할 수 있다.

39. 수입물품의 과세가격은 '우리나라에 수출하기 위하여 판매되는 물품' 이어야 함을 전제로 한다. 이러한 물품에 해당하지 않는 것을 모두 고른 것은?

ㄱ. 임대차계약에 따라 수입하는 물품
ㄴ. 무상으로 임차하는 수입물품
ㄷ. 산업쓰레기 등 수출자의 부담으로 국내에서 폐기하기 위하여 수입하는 물품
ㄹ. 거래관행상 거래가 성립된 때부터 일정기간이 지난 후에 가격이 정해지는 수입물품
ㅁ. 별개의 독립된 법적 사업체가 아닌 지점 등에서 수입하는 물품

① ㄱ, ㄴ, ㄷ ② ㄱ, ㄷ, ㄹ ③ ㄱ, ㄴ, ㄷ, ㅁ
④ ㄱ, ㄴ, ㄹ, ㅁ ⑤ ㄴ, ㄷ, ㄹ, ㅁ

40. 외국무역선에 대한 물품의 하역 등에 관한 설명으로 옳지 않은 것은?

① 외국무역선은 관세법 제135조에 따른 입항절차를 마친 후가 아니면 물품을 하역하거나 환적할 수 없다. 다만, 세관장의 허가를 받은 경우에는 그러하지 아니하다.
② 외국물품을 운송수단으로부터 일시적으로 육지에 내려 놓으려는 경우 세관장에게 신고를 하고 현장에서 세관공무원의 확인을 받아야 한다. 다만, 관세청장이 감시·단속에 지장이 없다고 인정하여 따로 정하는 경우에는 간소한 방법으로 신고 또는 확인하거나 이를 생략하게 할 수 있다.
③ 외국무역선이 개항의 바깥에서 물품을 하역하거나 환적하려는 경우에 선장은 세관장의 허가를 받아야 한다.
④ 선용품을 외국무역선에 하역하거나 환적하려면 세관장에게 신고를 하고 현장에서 세관공무원의 확인을 받아야 한다. 다만, 관세청장이 감시·단속에 지장이 없다고 인정하여 따로 정하는 경우에는 간소한 방법으로 신고 또는 확인하거나 이를 생략하게 할 수 있다.
⑤ 입항하는 외국무역선의 외국물품을 다른 세관의 관할구역으로 운송하여 출항하는 외국무역선으로 옮겨 싣는 복합환적을 하는 경우에는 세관장에게 신고를 하고 현장에서 세관공무원의 확인을 받아야 한다. 다만, 관세청장이 감시·단속에 지장이 없다고 인정하여 따로 정하는 경우에는 간소한 방법으로 신고 또는 확인하거나 이를 생략하게 할 수 있다.

■ 제29회(2012년)

1. 관세법 제94조에서 규정하고 있는 소액물품 등의 면세 대상이 아닌 것은?

① 과세가격이 미화 400달러 이하인 물품으로서 견품으로 사용될 것으로 인정되는 물품
② 기록문서 또는 그 밖의 서류
③ 물품이 천공 또는 절단되었거나 통상적인 조건으로 판매할 수 없는 상태로 처리되어 견품으로 사용될 것으로 인정되는 물품
④ 우리나라의 거주자에게 수여된 훈장・기장 또는 이에 준하는 표창장 및 상패
⑤ 판매 또는 임대를 위한 물품의 상품목록・가격표 및 교역안내서 등

2. 관세법상 가격신고를 할 때에 제출하여야 하는 과세가격의 결정에 관계되는 과세자료로 대통령령에서 직접 규정하고 있는 것이 아닌 것은?

① 계약서
② 송품장
③ 수입물품의 사용설명서
④ 각종 비용의 금액 및 산출근거를 나타내는 증빙자료
⑤ 기타 가격신고의 내용을 입증하는데에 필요한 자료

3. 다음 사례에서 A회사의 수입물품에 대한 관세감면 가능 여부는 어느 시점의 법령에 의하여 판단하여야 하는가?

A회사가 미국으로부터 수입하는 PCB(Printed Circuit Board) 검사기기는 현재 감면대상이나, 관세감면 대상에서 제외될 예정으로 입법예고되어 있다.

① 계약 시점의 법령
② 수입신고 당시의 법령
③ 우리나라 입항시의 법령
④ 선화증권(B/L) 발행일의 법령
⑤ 선적일의 법령

4. 관세불복청구에 관한 설명으로 옳지 않은 것은?

① 이의신청은 해당 처분을 하였거나 하였어야 할 세관장에게 하여야 한다.
② 관세청장이 처리하였거나 처리하였어야 하는 처분인 경우를 제외하고는 그 처분에 대하여 심사청구 또는 심판청구에 앞서 이의신청을 할 수 있다.

③ 동일한 처분에 대하여는 심사청구와 심판청구를 중복하여 제기할 수 없다.
④ 심사청구는 그 처분을 한 것을 안 날부터 90일 이내에 하여야 한다.
⑤ 수입물품에 대하여 세관장이 부과하는 내국세 등의 부과, 징수, 감면, 환급 등에 관한 불복청구는 국세청장에게 하여야 한다.

5.

다음 관세법상 설명으로 옳지 않은 것은?

① 국제무역 및 교류를 증진하고 국가 간의 협력을 촉진하기 위하여 우리나라에 대하여 통관절차의 편익을 제공하는 국가에서 수입되는 물품에 대하여는 상호조건에 따라 대통령령으로 정하는 바에 의하여 간이한 통관절차를 적용할 수 있다.
② 관세청장은 수출입물품의 제조・운송・보관 또는 통관 등 무역과 관련된 자가 시설, 서류 관리, 직원 교육 등에서 대통령령으로 정하는 안전관리기준을 충족하는 경우 수출입 안전관리 우수업체로 공인할 수 있다.
③ 디자인보호법에 따라 설정등록된 디자인권은 관세법상의 지식재산권 보호대상에 포함되지 않는다.
④ 세관장은 보세운송을 하고자 하는 물품의 성질 및 형태, 보세운송업자의 신용도 등을 고려하여 관세청장이 정하는 바에 따라 보세운송업자를 지정하여 신고절차의 간소화 조치를 할 수 있다.
⑤ 관세청장은 물품의 신속한 통관과 관세법을 위반한 물품의 반입을 방지하기 위하여 세계관세기구에서 정하는 수출입 신고항목 및 화물식별번호를 발급하거나 사용하게 할 수 있다.

6.

관세법상 외국물품에 해당되는 것을 모두 고른 것은?

ㄱ. 입항 전 수입신고가 수리된 물품 ㄴ. 수출신고가 수리된 물품 ㄷ. 보수작업으로 외국물품에 부가된 내국물품 ㄹ. 수입신고 수리 전 반출승인을 받아 반출된 물품 ㅁ. 수입신고 중에 있는 물품 ㅂ. 수출신고를 하였으나 각하처분을 받은 물품 ㅅ. 보세운송 중에 있는 물품 ㅇ. 체신관서가 수취인에게 교부한 물품

① ㄱ, ㄷ, ㅁ, ㅂ ② ㄱ, ㄹ, ㅅ, ㅇ ③ ㄴ, ㄷ, ㄹ, ㅂ
④ ㄴ, ㄷ, ㅁ, ㅅ ⑤ ㄴ, ㄹ, ㅁ, ㅇ

7. 다음 ( )안에 들어갈 내용으로 옳은 것은?

> 납세의무자 또는 납세의무자의 재산을 점유하는 자가 체납처분의 집행을 면탈할 목적 또는 면탈하게 할 목적으로 그 재산을 은닉·탈루하거나 거짓 계약을 하였을 때에는 ( )에 처한다.

① 1년 이하의 징역 또는 물품원가 이하에 상당하는 벌금
② 2년 이하의 징역 또는 물품원가 이하에 상당하는 벌금
③ 3년 이하의 징역 또는 물품원가 이하에 상당하는 벌금
④ 2년 이하의 징역 또는 3천만원 이하의 벌금
⑤ 3년 이하의 징역 또는 3천만원 이하의 벌금

8. 관세협력이사회의 권고 또는 결정이나 새로운 상품의 개발 등으로 인하여 관세율표상의 품목분류를 변경할 필요가 있고, 그 세율이 변경되지 아니하는 경우 새로 품목분류를 하거나 다시 품목분류를 할 수 있는 권한이 있는 자는?

① 관세청장 ② 기획재정부장관
③ 지식경제부장관 ④ 중앙관세분석소장
⑤ 관세평가분류원장

9. 다음 ( )안에 들어갈 내용으로 옳은 것을 모두 고른 것은?

> 세관장은 납세의무자가 ( )·( )·( ) 또는 ( )의 과오납금의 환급을 청구할 때에는 대통령령으로 정하는 바에 따라 지체 없이 이를 환급하여야 하며, 세관장이 확인한 과오납금은 납세의무자가 환급을 청구하지 아니하더라도 환급하여야 한다.

① 관세, 가산금, 가산세, 체납처분비 ② 관세, 가산금, 수수료, 부가가치세
③ 관세, 가산세, 가산금, 과징금 ④ 관세, 과태료, 가산금, 가산세
⑤ 관세, 가산세, 가산금, 체납액

10. 자유무역협정의 이행을 위한 관세법의 특례에 관한 법률 제18조(상호협력)에 따라 관세청장이 할 수 있는 행위로 옳지 않은 것은?

① 체약상대국의 관세당국에 필요한 자료의 제공을 요청
② 체약상대국과 동시에 원산지 조사
③ 체약상대국에 세관공무원을 파견하여 직접 원산지 조사를 하게 하거나 체약

상대국의 원산지 조사에 참여

④ 체약상대국의 관세당국이 협정에 따라 원산지 조사에 협력해 줄 것을 요청하는 경우 이를 수락

⑤ 체약상대국의 관세당국과 협력활동을 하거나 필요한 조치를 한 경우에는 60일이내에 기획재정부장관에게 그 결과를 보고

11. 관세법상 국제협력관세율에 속하는 것은?

① 조정관세율 ② 계절관세율 ③ 보복관세율

④ 상계관세율 ⑤ 농림축산물에 대한 양허세율

12. 관세율을 인하하는 할당관세에 관한 설명으로 옳지 않은 것은?

① 100분의 50의 범위의 율을 기본세율에서 빼고 관세를 부과할 수 있다.

② 수입가격이 급등한 물품의 국내가격의 안정을 위하여 필요한 경우 부과할 수 있다.

③ 산업의 경쟁력 강화를 위하여 특정물품의 수입을 촉진시킬 필요가 있는 경우 부과할 수 있다.

④ 유사물품간의 세율이 현저히 불균형하여 이를 시정할 필요가 있는 경우 부과할수 있다.

⑤ 기획재정부장관은 전년도 할당관세 부과실적 등을 국회 소관 상임위원회에 보고하여야 한다.

13. 자유무역협정의 이행을 위한 관세법의 특례에 관한 법률상 체약상대국의 긴급관세조치 등에 대한 우리나라의 대항조치에 관한 설명으로 옳지 않은 것은?

① 긴급관세조치를 하는 경우에는 체약상대국 정부와 해당 조치에 대한 체약상대국의 적절한 보상방법 등에 관하여 협의를 할 수 있다.

② 체약상대국의 적절한 보상방법 등에 관한 협의 대상에는 잠정긴급관세에 상응하는 조치는 포함되지 않는다.

③ 보상방법 등에 관하여 협정에서 다르게 규정하지 아니하는 한, 협의 개시일부터 30일 이내에 합의가 이루어지지 아니하는 경우에는 협정에 따라 체약상대국의 조치에 상응하는 수준의 대항조치를 할 수 있다.

④ 대항조치는 체약상대국의 긴급관세조치에 대응하는 것으로서 필요한 범위로 한정한다.

⑤ 대항조치의 시기·내용과 그 밖에 필요한 사항은 대통령령으로 정한다.

14. 관세법상 원산지증명서 제출 대상이 될 수 있는 물품은?

① 과세가격이 15만원 이하인 물품
② 개인에게 무상으로 송부된 탁송품·별송품 또는 여행자 휴대품
③ 세관장이 물품의 종류·성질·형상 또는 그 상표·생산국명·제조자 등에 의하여 원산지를 확인할 수 있는 물품
④ 관세청장이 관계행정기관의 장과 협의하여 원산지증명서 제출 면제 대상으로 정하는 물품
⑤ 국제협력관세율을 적용받고자 하는 물품

15. 관세법상의 관세환급 대상이 아닌 것은?

① 환급요건을 충족하는 계약상이물품을 수출한 경우
② 환급요건을 충족하는 계약상이물품을 세관장의 승인을 받아 폐기한 경우
③ 수입신고수리된 물품이 지정보세구역에 계속 장치 중 재해로 멸실·변질된 경우
④ 재수출이행기간이 경과한 재수출조건면세 물품에 대하여 관세납부 후 재수출한 경우
⑤ 신고납부한 물품에 대하여 과오납한 경우

16. 다음 사례의 자동차에 대한 수입통관처리로 적합한 것은?

자동차 브레이크시스템을 제조하는 K사는 자사 생산제품인 브레이크시스템의 성능을 시험하기 위하여 외국에서 자동차를 수입하여 이 자동차에 브레이크시스템을 장착하여 도로주행 등 성능 시험을 실시하고자 한다.

① 재수출면세 통관
② 재수출감면세 통관
③ 관세등 과세 통관
④ 해외임가공물품 등의 감세 통관
⑤ 특정물품 면세 통관

17. 관세법상 과세물건 확정시기에 관한 설명으로 옳지 않은 것은?

① 수입신고를 하지 않고 밀수입된 후 적발된 물품은 해당물품이 적발된 때
② 도난물품 또는 분실물품은 해당물품이 도난되거나 분실된 때

③ 관세법에 따라 매각되는 물품은 해당물품이 매각된 때
④ 보세구역에 장치된 외국물품이 멸실되거나 폐기되어 관세를 징수하는 물품은 해당물품이 멸실되거나 폐기된 때
⑤ 보세운송신고 또는 승인받은 외국물품이 지정된 기한내 목적지에 도착하지 아니하여 관세를 징수하는 물품은 보세운송을 신고하거나 승인을 받은 때

18. 세관장은 납세의무자인 甲이 신고납부한 세액을 심사한 결과 납부한 세액이 부족한 것을 발견하여 가산세를 징수하고자 한다. 부족세액은 100만원이고 당초납부기한의 다음 날부터 납세고지일까지 기간은 100일이라고 가정할 경우 징수하는 가산세는 얼마인가?

① 100,000원 ② 110,000원 ③ 112,000원 ④ 113,000원 ⑤ 115,000원

19. 관세법에서 규정하고 있는 통관절차의 특례 제도가 아닌 것은?

① 전자상거래물품 등의 특별통관 ② 탁송물품의 특별통관
③ 수입신고전의 물품 반출 ④ 검역물품의 통관
⑤ 수입신고수리전 반출

20. 다음 ( )안에 들어갈 내용을 순서대로 바르게 나열한 것은?

부정한 방법으로 관세를 환급받은 자는 ( )년 이하의 징역 또는 환급받은 세액의 ( )배 이하에 상당하는 벌금에 처한다. 이 경우 세관장은 부정한 방법으로 환급받은 세액을 즉시 ( )한다.

① 2, 3, 몰수 ② 3, 3, 몰수 ③ 2, 5, 징수 ④ 2, 4, 독촉 ⑤ 3, 5, 징수

21. 세관장은 납부세액이나 납부하여야 하는 세액에 미치지 못한 금액을 징수하는 경우에는 미리 납세의무자에게 그 내용을 서면으로 통지하여야 하나 법령상 통지를 생략할 수 있는 경우가 있다. 세관장이 통지를 생략할 수 있는 경우가 아닌 것은?

① 납부세액의 계산착오 등 명백한 오류에 의하여 부족하게 된 세액을 징수하는 경우
② 관세품목분류위원회의 의결에 따라 결정한 품목분류에 의하여 수출입물품에 적용할 세율이나 품목분류의 세번이 변경되어 부족한 세액을 징수하는 경우

③ 법률에 의하여 관세를 감면받은 물품에 대하여 감면규정의 해석 차이로 인한 부족세액을 신고수리 후에 발견하여 감면된 관세를 징수하는 경우
④ 관세법 제270조에 따른 관세포탈죄로 고발되어 포탈세액을 징수하는 경우
⑤ 관세법 제28조 제2항에 따라 잠정가격으로 가격 신고 후 납세의무자가 확정가격을 신고함에 따라 징수하는 경우

22. 입항전 수입신고에 관한 설명으로 옳은 것은?

① 입항전 수입신고는 당해물품을 적재한 선박이 그 물품을 적재한 항구에서 출항하여 우리나라에 입항하기 10일전부터 할 수 있다.
② 입항전 수입신고가 된 물품은 우리나라에 도착하기 전 물품이라서 적용법령은 입항한 날의 법령을 적용한다.
③ 검사대상으로 결정되지 아니한 입항전 수입신고물품은 입항과 동시에 수입신고를 수리하여야 한다.
④ 세율이 인상되거나 새로운 수입요건을 갖추도록 요구하는 법령이 적용되거나 적용될 예정인 물품도 입항전 수입신고를 할 수 있다.
⑤ 입항전 수입신고 수리 후 보세구역 등으로부터 반출되지 아니한 물품이 재해로 멸실되거나 변질 또는 손상되어 그 가치가 떨어졌을 때에는 해당물품이 지정보세구역에 장치되어 있는지 여부와 관계없이 그 관세의 전부 또는 일부를 환급받을 수 있다.

23. 자유무역협정의 이행을 위한 관세법의 특례에 관한 법률(이하 '관세특례법'이라 함)에 관련한 설명으로 옳은 것은?

① 시행규칙에서 정의하고 있는 '생산'은 재배・채굴・수확・어로・번식・사육・수렵・제조・가공・조립 또는 분해 등의 과정을 거쳐 물품을 획득하는 행위를 말한다.
② 협정관세율이 기본관세율보다 높은 경우 협정관세율을 우선하여 적용한다.
③ 자유무역에 관한 협정 및 관세특례법에 따른 협정관세적용을 위한 원산지결정기준은 체약상대국에 상관없이 동일하다.
④ 협정관세를 적용받고자 하는 자는 수입신고수리 전까지 협정관세적용을 신청하여야 하며 수입신고수리 후에는 협정관세의 적용을 신청할 수 없다.
⑤ 자유무역에 관한 협정과 관세특례법이 상충되는 경우 관세특례법을 우선하여 적용한다.

24. 관세법상 관세범의 조사와 처분에 관한 설명으로 옳지 않은 것은?

① 관세범에 관한 사건에 대하여는 관세청장이나 세관장의 고발이 없으면 검사는 공소를 제기할 수 없으며 다른 기관이 관세범에 관한 사건을 발견하거나 피의자를 체포하였을 때에는 즉시 관세청이나 세관에 인계하여야 한다.

② 관세청장이나 세관장은 관세범을 조사한 결과 범죄의 확증을 얻었을 때에는 벌금에 상당하는 금액, 추징금에 해당하는 금액이나 몰수에 해당하는 물품을 납부할 것을 통고할 수 있으나, 범죄의 정상이 징역형에 처해질 것으로 인정될 때에는 즉시 고발하여야 한다.

③ 세관공무원은 관세범 조사에 필요하다고 인정할 때에는 피의자·증인 또는 참고인을 조사할 수 있으며 관세범의 현행범인을 발견하였을 때에는 즉시 체포하여야 한다.

④ 관세청장이나 세관장은 관세범인이 통고를 이행할 수 있는 자금능력이 없다고 인정되는 경우나 주소 및 거소가 분명하지 아니하거나 그 밖의 사유로 통고를 이행하기 곤란하다고 인정되는 경우에는 즉시 고발하여야 한다.

⑤ 관세청장이나 세관장은 관세범인이 통고서의 송달을 받은 날로부터 10일내에 이를 이행하지 않았을 때에는 즉시 고발하여야 하는 규정은 강행규정이므로, 10일이 지난 후 고발이 되기 전에 통고처분을 이행한 경우에도 즉시 고발하여야 한다.

25. 관세감면대상물품에 관한 설명으로 옳지 않은 것은?

① 세율불균형을 시정하기 위하여 대통령령이 정하는 바에 따라 세관장이 지정하는 공장에서 항공기제조업자 또는 수리업자가 항공기와 그 부분품의 제조 또는 수리에 사용하기 위하여 수입하는 부분품 및 원재료는 관세법 제89조(세율불균형 물품의 감면세)의 감면 대상이다.

② 관세율표 제92류에 해당하는 파이프오르간은 교회, 사원 등 종교단체의 예배용품과 식전용품으로서 외국으로부터 기증되는 물품에 해당되어도 관세법 제91조(종교용품 등의 면세)의 면세 대상이 아니다.

③ 관세율표 제8703호에 해당하는 승용자동차는 국가기관이나 지방자치단체에 기증된 물품으로서 공용으로 사용하는 물품이라도 관세법 제92조(정부용품 등의 면세)의 면세 대상이 아니다.

④ 해당물품의 총 과세가격이 15만원 상당액 이하의 물품으로서 자가사용물품으로 인정되는 것이라 하더라도 반복 또는 분할하여 수입되는 물품으로서 관

세청장이 정하는 기준에 해당하는 것은 관세법 제94조(소액물품 등의 면세)의 면세 대상이 아니다.

⑤ 비거주자인 여행자가 반입하는 물품으로서 본인의 직업상 필요하다고 인정되는 직업용구로서 세관장이 타당하다고 인정하는 물품은 면세 대상이다.

26. 관세법 제30조에 따라 구매자가 실제로 지급하였거나 지급하여야 할 총금액에서 공제할 요소에 해당하지 않는 것은?

① 수입물품의 거래조건으로 구매자가 지급하는 외국교육비
② 수입항 도착 후 해당 수입물품의 운송관련비용
③ 우리나라에서 해당 수입물품에 부과된 관세 등 세금
④ 연불조건의 수입인 경우에는 해당 수입물품에 대한 연불이자
⑤ 수입 후에 하는 해당 수입물품에 관한 기술지원비용

27. 농림축산물이 아닌 일반물품의 관세율이 경합될 경우에 적용할 세율로 옳지 않은 것은?

① 잠정세율이 10%이고 기본세율이 8%인 경우 잠정세율 10% 적용
② WTO협정에 의한 국제협력관세율이 10%이고 기본세율이 8%인 경우 국제협력관세율 10% 적용
③ 기본세율이 8%이고 할당관세율이 5%인 경우 할당관세율 5% 적용
④ 긴급관세율 20%이고 국제협력관세율 10%인 경우 긴급관세율 20% 적용
⑤ 덤핑방지관세율 20%이고 기본세율 10%인 경우 덤핑방지관세율 20%적용

28. 관세청장 또는 세관장이 원산지 증빙서류의 진위여부와 그 정확성 등에 관한 확인을 체약상대국의 관세당국에 요청한 사항에 대하여 체약상대국 관세당국이 일정한 기간 이내에 그 결과를 회신하지 않는 경우 협정관세를 적용하지 아니할수 있다. 다음 중 체약당사국의 조사결과 회신기간에 관한 설명으로 옳지 않은 것은?

① 유럽자유무역연합회원국의 관세당국에 요청한 경우: 관세청장 또는 세관장이 원산지의 확인을 요청한 날부터 10개월
② 아세안회원국의 관세당국에 요청한 경우: 관세청장 또는 세관장이 원산지의 확인을 요청한 날부터 6개월
③ 인도의 증명서 발급기관에 요청한 경우: 관세청장 또는 세관장이 원산지의

확인을 요청한 날부터 6개월
④ 유럽연합당사자의 관세당국에 요청한 경우: 관세청장 또는 세관장이 원산지의 확인을 요청한 날부터 10개월
⑤ 페루의 관세당국에 요청한 경우: 관세청장 또는 세관장이 원산지의 확인을 요청한 날부터 150일

29. 조정관세를 부과할 수 있는 경우가 아닌 것은?
① 산업구조의 변동 등으로 물품 간의 세율 불균형이 심하여 이를 시정할 필요가 있는 경우
② 유사물품 간의 세율이 현저히 불균형하여 이를 시정할 필요가 있는 경우
③ 국민보건, 환경보존, 소비자보호 등을 위하여 필요한 경우
④ 국내에서 개발된 물품을 일정 기간 보호할 필요가 있는 경우
⑤ 농림축산물 등 국제경쟁력이 취약한 물품의 수입증가로 인하여 국내시장이 교란되거나 산업기반이 붕괴될 우려가 있어 이를 시정하거나 방지할 필요가 있는 경우

30. 보세구역 장치물품의 폐기에 관한 설명으로 옳지 않은 것은?
① 세관장은 유효기간이 지난 물품, 상품가치가 없어진 물품은 폐기할 수 있다.
② 보세구역에 장치된 외국물품이 멸실되거나 폐기되었을 때에는 화주로부터 즉시 그 관세를 징수한다.
③ 보세구역장치물품이 부패되어 세관장이 이를 폐기한 경우 그 비용은 화주 등이 부담한다.
④ 세관장은 사람의 생명이나 재산에 해를 끼칠 우려가 있는 물품인 경우 폐기할수 있다.
⑤ 부패·손상되거나 그 밖의 사유로 보세구역에 장치된 물품을 폐기하려는 자는 세관장의 승인을 받아야 한다.

31. 국가기관에서 수입하는 다음 물품 중 관세가 면제되는 것은?
① 경찰청장이 국가의 안전보장을 위하여 긴요하다고 인정하여 수입하는 비상통신용 물품
② 정부가 외국으로부터 수입하는 군수물품 중 군수관리법 제3조 규정에 의한 통상품

③ 국가기관이 사용할 학술연구용품·교육용품 및 실험실습용품으로서 개당 또는 세트당 과세가격이 50만원인 기기
④ 국가가 환경오염(소음 및 진동 포함)을 측정하거나 분석하기 위하여 수입하는 개당 또는 세트당 과세가격이 50만원인 기계·기구
⑤ 정부가 직접 수입하는 간행물, 음반, 녹음된 테이프, 촬영된 필름

32. 관세법상 벌칙에 관한 설명으로 옳은 것은?
① 그 정황을 알면서 제269조(밀수출입죄) 및 제270조(관세포탈죄 등)에 따른 행위를 교사하거나 방조한 자는 미수범에 준하여 처벌한다.
② 제269조(밀수출입죄)에 해당되는 물품이 다른 물품 중에 포함되어 있는 경우 누구의 소유이든 그 다른 물품을 몰수할 수 있다.
③ 제276조(허위신고죄 등)의 죄를 범한 자는 정상에 따라 징역과 벌금을 병과할수 있다.
④ 관세법에 따른 벌칙에 위반되는 행위를 한 자에게는 형법 제38조(경합범과 처벌례) 제1항 제2호 중 벌금경합에 관한 제한가중규정을 적용하지 아니한다.
⑤ 관세법상 몰수할 물품의 전부 또는 일부를 몰수할 수 없을 때에는 그 몰수할 수 없는 물품의 범칙 당시 정상거래가격을 범인으로부터 추징한다.

33. 관세법상 운송에 관한 설명으로 옳지 않은 것은?
① 수출신고가 수리된 물품은 관세청장이 따로 정하는 것을 제외하고는 보세운송절차를 생략한다.
② 보세운송된 물품을 다른 보세구역으로 재보세운송하고자 하는 경우에는 세관장의 승인을 받아야 한다.
③ 보세운송 중인 물품이 재해 기타 부득이한 사유로 멸실되어 지정된 기간 내에 목적지에 도착하지 아니한 경우에는 보세운송신고인으로부터 그 관세를 징수한다.
④ 내국물품을 외국무역선이나 외국무역기로 운송하려는 경우 세관장에게 내국운송신고를 하여야 한다.
⑤ 세관장은 보세운송물품의 감시·단속을 위하여 필요하다고 인정될 때에는 관세청장이 정하는 바에 따라 운송통로를 제한할 수 있다.

34. 관세법상 물품의 검사에 관한 설명으로 옳지 않은 것은?

① 세관장은 효율적인 검사를 위하여 부득이하다고 인정될 때에는 수출하려는 물품도 보세구역에 반입하게 한 후 검사할 수 있다.
② 화주는 수입신고를 하려는 물품에 대하여 수입신고 전에 확인할 수 있다.
③ 세관장은 수입신고인이 검사에 참여할 것을 신청하거나 신고인의 참여가 필요하다고 인정하는 때에는 검사에 참여할 것을 통지할 수 있다.
④ 세관장은 수입신고를 하지 아니한 물품에 대해서는 직권으로 이를 검사할 수 없다.
⑤ 검사장소가 지정장치장이나 세관검사장인 경우 신고인은 수수료를 납부하지 아니한다.

35. 관세법상 장치기간경과 외국물품의 매각에 관한 설명으로 옳은 것은?

① 매각된 물품의 질권자나 유치권자는 관련법령에 따라 자신의 권리를 행사하기 위하여 매수인에게 물품 인도를 거부할 수 있다.
② 장치기간 경과물품은 수의계약으로 매각할 수 없다.
③ 장치기간이 경과되어 매각된 물품의 과세가격은 관세법 제30조부터 제34조까지의 규정을 적용한다.
④ 법률에 의하여 수입이 금지된 물품은 수출하거나 외화를 받고 판매하는 조건으로 매각한다.
⑤ 세관장은 소정의 매각방법으로 매각되지 아니한 물품에 대하여 화주에게 통고 없이 국고 귀속한다.

36. 관세법 제30조에 따라 해당 물품의 거래가격을 기초로 과세가격을 결정할 수 있는 수입물품은?

① 수출자의 책임으로 국내에서 판매하기 위하여 수입하는 물품
② 수입물품을 특정인에게만 판매할 수 있도록 제한하고 있는 물품
③ 구매자가 판매자에게 판매하는 다른 물품의 가격에 따라 당해 물품의 가격이 결정되는 물품
④ 구매자와 판매자가 특수관계에 있으나 거래가격이 당해 산업부분의 정상적인 가격결정 관행에 부합하는 방법으로 결정된 물품
⑤ 해당 물품을 수입 후 전매, 처분 또는 사용하여 생긴 수익의 일부(금액으로

환산불가)가 판매자에게 직접 또는 간접으로 귀속되는 물품

37. 관세법상의 기간과 기한에 관한 설명으로 옳지 않은 것은?

① 수입신고수리전 반출승인을 받은 경우에는 그 승인일을 수입신고의 수리일로 본다.

② 관세법에 의한 기간의 계산은 관세법에 특별한 규정이 있는 것을 제외하고는 국세기본법에 의한다.

③ 관세법에 따른 기한이 공휴일에 해당되는 때에는 그 다음날을 기한으로 한다.

④ 세관장은 도난으로 인하여 재산에 심한 손실을 입어 정하여진 기한까지 납부 또는 징수를 할 수 없다고 인정되는 경우 기한을 연장할 수 있다.

⑤ 관세청장이 정하는 요건을 갖춘 성실납세자는 납부기한이 동일한 달에 속하는 세액에 대하여는 그 기한이 속하는 달의 말일까지 한꺼번에 납부할 수 있다.

38. 보세구역에 관한 설명으로 옳지 않은 것은?

① 보세구역은 지정보세구역, 특허보세구역, 종합보세구역으로 구분한다.

② 지정보세구역은 지정장치장 및 세관검사장으로 구분하며, 특허보세구역은 보세창고·보세공장·보세전시장·보세건설장 및 보세판매장으로 구분한다.

③ 외국물품은 수입될 물품의 보수작업의 재료로 사용할 수 있다.

④ 보세구역에 장치된 물품에 대하여 그 원형을 변경하거나 해체·절단 등의 작업을 하려는 자는 세관장의 허가를 받아야 한다.

⑤ 종합보세구역에서는 보세창고·보세공장·보세전시장·보세건설장 또는 보세판매장의 기능 중 둘 이상의 기능을 수행할 수 있다.

39. 자유무역협정의 이행을 위한 관세법의 특례에 관한 법률에 의해 협정관세를 적용한 후 협정관세 적용 제한사유가 발견되어서, 세관장이 납부하여야 할 세액과 납부한 세액의 차액을 부과 징수함에 있어 적용할 관세부과 제척기간과 제척기간의 기산일은? 관세부과 제척기간 관세부과 제척기간의 기산일

① 2년 수입신고수리한 날

② 2년 협정관세 적용신청한 날의 다음날

③ 3년 수입신고한 날

④ 5년 협정관세 적용신청을 한 날
⑤ 5년 수입신고한 날의 다음날

40. 보세건설장에 반입된 외국물품의 과세물건 확정시기와 적용법령에 관하여 순서대로 바르게 나열한 것은?
① 수입신고하는 때, 사용 전 수입신고가 수리된 날의 법령
② 사용신고하는 때, 수입신고하는 때의 법령
③ 사용 전 수입신고가 수리된 날, 수입신고수리하는 때의 법령
④ 수입신고하는 때, 수입신고하는 때의 법령
⑤ 수입신고하는 때, 사용신고하는 때의 법령

■ 제28회(2011년)

1. 물품을 수입하면서 다음의 관세율이 경합될 경우 가장 먼저 적용되는 세율은?
① 긴급관세 15% ② 양허세율 5% ③ 할당관세 7%
④ 기본세율 10% ⑤ 국제협력관세 8%

2. 관세법에 따른 기간 및 기한을 계산할 때의 설명으로 옳지 않은 것은?
① 기한이 근로자의 날 제정에 관한 법률에 따른 근로자의 날과 토요일을 포함한 공휴일에 해당될 경우에는 그 다음날을 기한으로 한다.
② 기간의 계산은 관세법에 특별한 규정이 있는 것을 제외하고는 국세기본법에 따른다.
③ 수입신고 수리전 반출 승인을 받은 경우에는 그 승인일을 수입신고의 수리일로 본다.
④ 세관장은 천재지변 등으로 관세법에 따른 신고, 신청 등을 정하여진 기한까지할 수 없다고 인정되는 경우에는 1년을 넘지 아니하는 기간을 정하여 그 기한을 연장할 수 있다.
⑤ 국가관세종합정보망 또는 전산처리설비가 정전, 프로그램의 오류 등으로 인해 신고, 신청 등을 할 수 없게 되는 경우에는 그 장애가 복구된 날의 다음날을 기한으로 한다.

3. 관세청장에게 청구할 수 있는 과세전적부심사의 범위에 해당하지 않는 것은?

① 관세청장의 업무감사 결과 또는 업무지시에 따라 세액을 경정하거나 부족한 세액을 징수하는 경우
② 동일 납세의무자가 동일한 사안에 대하여 과세전적부심사를 청구하고자 하는 세관장이 2이상인 경우
③ 관세청장의 훈령・예규・고시 등과 관련하여 새로운 해석이 필요한 경우
④ 납세의무자가 과세가격 결정에 의문이 있어 세관장에게 미리 과세가격을 확인한 경우
⑤ 관세평가분류원의 품목분류 및 유권해석에 따라 수출입물품에 적용할 세율이나 물품분류의 관세율표번호가 변경되어 세액을 경정하거나 부족한 세액을 징수하는 경우

4. 밑줄 친 부분에 해당하는 물품만을 열거한 것은?

소정의 물품을 그 물품의 특성으로 인하여 일정한 시설 또는 장치 등을 이용하여 수출・수입 또는 반송하는 자는 1개월을 단위로 하여 해당 물품에 대한 수출・수입 또는 반송신고 사항을 다음 달 10일까지 신고하여야 한다.

① 전기, 용수(用水), 전자
② 전기, 가스, 휘발유
③ 용수(用水), 용액, 철강
④ 수출용원재료, 부품류
⑤ 전기, 전자, 자동차

5. 납세의무자에 관한 설명으로 옳지 않은 것은?

① 수입신고를 한 물품으로 화주가 분명한 경우에는 그 물품을 수입한 화주가 관세의 납세의무자이다.
② 보세구역을 설치하여 운영하는 자는 납세의무자가 될 수도 있다.
③ 보세구역 밖에서 보수작업을 실시하였으나, 기간의 경과 등으로 관세를 징수하는 경우에는 보세구역 밖에서의 보수작업 승인을 받은 자가 납세의무자가 된다.
④ 수입물품의 화주와 우편으로 수입되는 물품의 수취인 사이에 납세의무자가 경합될 경우에는 우편물의 수취인이 납세의무자가 된다.
⑤ 관세의 담보로 제공된 것이 없고 납세의무자와 관세의 납부를 보증한 자가 납세의무를 이행하지 아니하는 경우에는 수입신고인이 납세의무자가 된다.

6. 다음 ( )안에 들어갈 내용을 순서대로 바르게 나열한 것은?

> 수출신고가 수리된 물품은 수출신고가 수리된 날부터 ( )일 이내에 운송수단에 적재하여야 한다. 다만, 기획재정부령으로 정하는 바에 따라 1년의 범위에서 적재기간의 연장승인을 받은 것은 그러하지 아니하다. 세관장은 위에서 정한기간 내에 적재되지 아니한 물품에 대하여는 대통령령으로 정하는 바에 따라 수출신고의 수리를 ( )할 수 있다.

① 30, 취소 ② 30, 각하 ③ 30, 취하
④ 60, 취소 ⑤ 60, 각하

7. 관세징수권의 소멸시효가 중단되는 사유에 해당하지 않는 것은?

① 통고처분
② 행정소송에 의한 판결
③ 납세독촉
④ 경정처분
⑤ 특정범죄 가중처벌 등에 관한 법률에 따른 공소제기

8. 다음 ( )안에 가장 적합한 관세에 해당하는 것은?

> 정부는 기상이변, 국제 원자재가격 급등으로 인한 물가상승에 대응하기 위해 오는 6월 1일부터 버터, 치즈 등 24개 품목에 새로 ( )를 적용하기로 하였다.

① 할당관세 ② 긴급관세 ③ 상계관세
④ 편익관세 ⑤ 조정관세

9. 관세법상 용어 정의에 관한 설명으로 옳은 것은?

① 우리나라와 자유무역협정을 체결한 국가의 선박에 의해 협정국 인근의 공해상에서 채집 또는 포획한 수산물을 우리나라에 반입한다면 관세법상 수입이라고 볼수 없다.
② 입항전수입신고가 된 물품은 내국물품으로 간주한다.
③ 복합환적이란 동일한 세관의 관할 구역에서 입국 또는 입항하는 운송수단에서 출국 또는 출항하는 운송수단으로 물품을 옮겨 싣는 것을 말한다.
④ 기용품이란 선용품에 준하는 물품으로 해당 항공기에서만 사용되는 것을 말한다.

⑤ 우리나라 선박에 의해 외국영해에서 채집 또는 포획한 수산물을 우리나라에 반입한다면 관세법상 수입이라고 볼 수 없다.

10. 보세건설장에 관한 설명으로 옳지 않은 것은?

① 보세건설장 운영인은 수입신고를 한 물품을 사용한 건설공사가 완료된 때에는 지체없이 세관장에게 완료 보고를 하고 가동할 수 있다.

② 보세건설장에 반입할 수 있는 물품은 외국물품 및 이와 유사한 물품으로서 해당 산업시설의 건설에 필요하다고 세관장이 인정하는 물품에 한한다.

③ 세관장은 보세작업상 필요하다고 인정되는 때에는 기간, 장소, 물품 등을 정하여 해당 보세건설장 외에서의 보세작업을 허가할 수 있다.

④ 보세건설장은 세관장으로부터 특허를 받아야 설치・운영될 수 있다.

⑤ 세관장은 보세건설장에 반입된 외국물품에 대하여 필요하다고 인정될 때에는 보세건설장 안에서 그 물품을 장치할 장소를 제한할 수 있다.

11. 세관장이 결손처분을 할 수 있는 사유가 아닌 것은?

① 출납공무원이 아닌 공무원이 현장에서 관세를 수납하였으나 수납한 현금을 분실하였을 경우

② 체납처분이 종결되고 체납액에 충당된 배분금액이 그 체납액에 미치지 못한 경우

③ 관세징수권의 소멸시효가 완성된 경우

④ 체납자의 행방이 분명하지 아니하거나 재산이 없다는 것이 판명되어 체납세액을 징수할 가망이 없는 경우

⑤ 체납처분의 목적물인 총재산의 추산가액이 체납처분비를 충당하고 나면 남을 여지가 없는 경우

12. 납세의무자가 가격신고를 생략할 수 있는 대상이 아닌 것은?

① 지방자치단체가 수입하는 물품

② 관세 및 내국세 등이 부과되지 아니하는 물품

③ 외국으로부터 종교단체에 무상으로 제공되는 물품

④ 수출용원재료

⑤ 특정연구기관육성법의 규정에 의한 특정연구기관이 수입하는 물품

13. 다음 (　　)안에 들어갈 내용을 순서대로 바르게 나열한 것은?

수입신고를 한 자 중 세액결정에 영향을 미치기 위하여 과세가격 또는 관세율등을 거짓으로 신고하고 수입한 자는 (　　) 이하의 징역 또는 포탈한 관세액의 (　　)와 물품원가 중 높은 금액 이하에 상당하는 벌금에 처한다.

① 1년, 3배　② 2년, 3배　③ 2년, 5배
④ 3년, 3배　⑤ 3년, 5배

14. 관세법상 벌칙에 관한 설명으로 옳은 것은?

① 관세범에게 과태료를 부과할 때는 양벌규정에 따라 그 행위자가 소속된 법인의 대표자에게도 동일한 금액의 과태료를 부과한다.
② 수출입이 금지되어 있는 물품을 수출하거나 수입한 자는 10년 이하의 징역 또는 5천만원 이하의 벌금에 처한다.
③ 그 정황을 알면서 밀수출입죄 및 관세포탈죄에 해당하는 행위를 교사하거나 방조한 자는 정범(正犯)의 2분의 1에 해당하게 처벌한다.
④ 납세의무자가 체납처분의 집행을 면탈할 목적으로 거짓 계약을 하였을 때에는 3년 이하의 징역 또는 5천만원 이하의 벌금에 처한다.
⑤ 밀수출입죄에 전용(專用)되는 선박은 그 소유자가 범죄에 사용된다는 정황을 알고 있고, 범죄물품을 운반한 경우에는 몰수한다.

15. 관세법상 세율의 적용에 관한 설명으로 옳은 것은?

① 수출용원재료는 간이세율이 적용될 수 있다.
② 외국에서 항공기의 일부를 수리하기 위하여 사용된 부품에 대한 간이세율 적용시 과세가격은 국내도매시장가격을 기준으로 한다.
③ 합의세율은 매도인과 매수인의 합의에 의해 세율을 정하는 것이나 심사청구나 심판청구의 대상이 될 수 있다.
④ 관세율표상 "주로 …에 사용되는 것"으로 표시된 물품은 용도세율 적용대상에서 제외된다.
⑤ 용도세율 적용물품은 수입신고의 수리일부터 원칙적으로 5년간 용도외 사용이나 양도가 금지된다.

16. 관세법상 수입물품의 유통이력 신고에 관한 설명으로 옳지 않은 것은?

① 유통이력 신고대상은 사회안전 또는 국민보건을 해칠 우려가 현저한 물품 등으로 관세청장이 지정하는 물품이다.
② 유통이력 신고물품에 대해서는 유통단계별 거래명세를 관세청장에게 신고하여야 한다.
③ 유통이력 신고의무자는 외국물품을 수입하는 자와 수입물품을 국내에서 거래하는 수입판매업자, 도・소매업자이다.
④ 유통이력 신고의무자는 유통이력을 장부에 기록하여야 하며, 이 때 전자적기록방식을 사용할 수 있다.
⑤ 유통이력을 기록한 자료는 거래일부터 1년간 보관하여야 한다.

17. 자유무역협정의 이행을 위한 관세법의 특례에 관한 법률상 원산지인정과 관련한 직접운송원칙에 위배되는 것은?

① 해당 물품이 경유지국 보세구역에서 운송목적으로 환적 또는 일시 장치되었다고 인정되는 경우
② 해당 물품을 경유지국 보세구역에서 보존을 위한 추가 작업을 시행한 경우
③ 경유지국 보세구역에서 해당 물품의 수입항까지의 국제운송에 필요한 포장작업이 이루어진 경우
④ 경유지국 보세구역에서 해당 물품을 양호한 상태로 보존하는데 필요한 작업이 추가된 경우
⑤ 해당 물품이 일시적인 항만사정으로 보세구역 밖에서 세관의 통제없이 선적된 경우

18. 밑줄 친 (가) – (마)에 관한 설명으로 옳지 않은 것은?

관세청은 (가) 마약류・가짜상품・보석류・(나) 농산물 등을 밀수하거나 (다) 수입가격을 실제가격보다 낮게 신고하여 관세를 포탈하는 행위 및 (라) 불법외환거래 등을 제보한 민간인에게 최근 3년간 (마) 포상금으로 22억원을 지급했다고 밝혔다.

① (가)에 해당하는 물품은 관세법에 수출입금지품목으로 명시되어 있다.
② (나)에 해당하는 참깨를 신고하지 않고 수입한 자는 밀수입죄로 처벌한다.
③ (다)에 해당하는 행위를 한 자는 관세포탈죄로 처벌한다.
④ (라)에 대한 처벌은 관세법이 아니라 외국환거래법에 의한다.
⑤ (마)의 포상금은 관세범을 세관이나 그 밖의 수사기관에 통보하거나 체포한 자로서 공로가 있는 사람에게 지급될 수 있다.

19. 관세의 납세에 관한 설명으로 옳지 않은 것은?

① 부과고지 대상물품인 외국물품을 수입하고자 하는 자도 수입신고를 할 때에 세관장에게 납세신고를 하여야 한다.

② 납세의무자는 신고납부한 세액이 과부족하다는 것을 알았을 때 신고납부한 날부터 6개월 이내에 해당 세액의 보정을 세관장에게 신청할 수 있다.

③ 납세의무자는 보정기간이 경과한 후 신고납부한 세액이 과다한 것을 알게 되었을 때 최초로 납세신고를 한 날부터 2년 이내에 신고한 세액의 경정을 세관장에게 청구할 수 있다.

④ 외국물품인 선용품이 하역허가대로 하역되지 아니한 경우에는 세관장이 관세를 부과 및 징수한다.

⑤ 납세의무자가 납세신고한 세액을 납부하기 전에 그 세액이 과부족하다는 것을 알았을 때에는 납세신고한 세액을 정정할 수 있다.

20. 우리나라와 아세안 회원국과의 자유무역협정에 따른 원산지증명서를 해당 국가의 외교통상부에서 발급하는 국가는?

① 캄보디아　② 필리핀　③ 브루나이
④ 미얀마　⑤ 말레이시아

21. 관세법에 의한 관세의 환급 및 분할납부에 관한 설명으로 옳지 않은 것은?

① 수입신고가 수리된 물품이 수입신고 수리 후에도 지정보세구역에 계속 장치되어 있는 중에 재해로 멸실되거나 변질 또는 손상되어 그 가치가 떨어졌을 때에는 그 관세의 전부 또는 일부를 환급할 수 있다.

② 보세공장에서 생산된 물품으로 수입신고가 수리된 물품이 계약 내용과 다른 경우 수입신고 당시의 성질이나 형태가 변경되지 아니한 상태에서 수입신고 수리일부터 1년 이내에 보세공장에 이를 반입하였다가 재수출해야 그 관세가 환급될 수 있다.

③ 세관장이 관세의 분할납부를 승인한 때에는 납부기한 별로 납세고지를 하여야 한다.

④ 관세의 분할납부를 승인받은 자가 해당 물품의 용도를 변경하거나 그 물품을 양도하려는 경우에는 미리 세관장의 승인을 받아야 한다.

⑤ 관세의 분할납부를 승인받은 자가 파산선고를 받은 경우에는 그 파산관재인이 관세를 납부하여야 한다.

22. 보세운송 등에 관한 설명으로 옳은 것은?

① 세관장은 보세운송물품의 감시・단속을 이유로 그 운송통로를 제한할 수는 없다.

② 내국물품을 외국무역선이나 외국무역기로 운송하려는 자는 세관장에게 내국운송의 승인을 받아야 한다.

③ 외국무역선 등을 이용하여 상업서류나 그 밖의 견본품 등을 송달하는 것을 업으로 하는 자는 관세청장이나 세관장에게 등록하여야 한다.

④ 보세운송의 신고를 하거나 승인을 받은 자는 해당 물품이 운송 목적지에 도착하였을 때에는 보세운송을 승인한 세관장에게 보고하여야 한다.

⑤ 보세운송업자등의 등록이 취소되었다면 그 등록이 취소된 후 3년이 지나야 보세운송업자로 다시 등록할 수 있다.

23. 관세의 부과징수 등에 관한 설명으로 옳지 않은 것은?

① 관세는 원칙적으로 수입신고를 하는 때의 물품의 성질과 그 수량에 따라 부과한다.

② 보세운송하는 외국물품이 지정기간 내에 목적지에 도착하지 아니하여 관세를 징수하는 경우 보세운송 신고를 하거나 승인을 받은 때의 물품의 성질과 그 수량에 따라 관세를 부과한다.

③ 장치기간 경과로 세관장에 의해 공개 매각되는 물품은 보세구역에 반입된 날에 시행되는 법령에 따라 관세를 부과한다.

④ 보세구역 밖에서의 보수작업 승인기간을 경과하여 관세를 징수하는 물품의 경우 해당 보수작업 승인을 받은 때의 물품의 성질과 그 수량에 따라 관세를 부과한다.

⑤ 보세구역에 장치된 외국물품이 멸실되거나 폐기되어 관세를 징수하는 물품은 멸실되거나 폐기된 날에 시행되는 법령에 따라 관세를 부과한다.

24. 관세부과의 제척기간 등에 관한 설명으로 옳지 않은 것은?

① 관세는 원칙적으로 해당 관세를 부과할 수 있는 날부터 2년이 지나면 부과할 수없다.

② 행정소송법에 따른 소송제기가 있은 경우 부과 제척기간이 경과되더라도 소송제기일부터 1년이 지나기 전까지는 경정결정(更正決定)이나 그 밖에 필요

한 처분을 할수 있다.

③ 과세가격의 일부를 신고하지 아니하여 납부하여야 할 세액에 미치지 못한 경우에도 관세를 부과할 수 있는 날부터 5년이 지나면 부과할 수 없다.

④ 부과 제척기간이 경과되더라도 심판청구에 대한 결정이 있은 경우에는 그 결정이 확정된 날부터 1년이 지나기 전까지는 해당 결정에 따라 경정결정(更正決定)이나 그 밖에 필요한 처분을 할 수 있다.

⑤ 부정한 방법으로 관세를 포탈하였거나 환급받은 경우에도 관세를 부과할 수 있는 날부터 5년이 지나면 부과할 수 없다.

25. 보세공장에서 세관장의 승인을 받은 후 다음과 같이 외국물품과 내국물품을 혼용하여 제품을 생산하였다. 제품과세를 한다면 과세가격은 얼마인가?

- 내국원재료 가격: US $ 100
- 외국원재료 가격: US $ 400
- 제품가격: US $ 1,000

① US $ 100　② US $ 400　③ US $ 500
④ US $ 800　⑤ US $ 1,000

26. 자유무역협정의 이행을 위한 관세법의 특례에 관한 법률상 원산지인증수출자로 인증받기 위한 요건으로 열거된 내용에 해당하는 것은?

① 원산지증명서 작성대장을 비치・관리하고, 원산지관리전담자(외부의 전문가를 포함)를 지정・운영하는 자일 것

② 최근 1년간 관세청장 또는 세관장의 원산지에 관한 조사를 거부한 사실이 없는 자일 것

③ 최근 2년간 수출자가 보관하여야 하는 원산지증명서류의 보관의무를 위반한 사실이 없는 자일 것

④ 최근 1년간 관세법에 따른 처벌을 받은 사실이 없는 자일 것

⑤ 최근 1년간 5회 이상 원산지증명서의 발급신청이 반려된 사실이 없는 자일 것

27. 관세법상 물품이 2개국 이상에 걸쳐 생산 · 가공 또는 제조될 경우의 원산지결정기준에 관한 설명으로 옳지 않은 것은?

① 해당 물품이 2개국 이상에 걸쳐 제조된 경우 해당 물품에 본질적 특성이 부여된 생산 등을 최종적으로 수행한 국가가 원산지이며, 이 경우 원칙적으로 관세통계 통합품목분류표상 6단위 변경기준을 적용하여 원산지를 결정한다.
② 주요공정이나 부가가치 기준을 적용하여 원산지를 결정할 수도 있다.
③ 가축은 도축작업 공정이 수행된 국가를 원산지로 인정한다.
④ 촬영된 영화용필름은 그 제작자가 속하는 국가를 원산지로 인정한다.
⑤ 관세율표상 그 내용물품과 동일 품목번호인 포장용품은 그 내용물품의 원산지와 동일하게 원산지를 인정한다.

28. 자유무역협정의 이행을 위한 관세법의 특례에 관한 법률에 규정된 원산지조사에 관한 설명으로 옳지 않은 것은?

① 관세청장은 체약상대국의 관세당국으로부터 원산지증빙서류의 진위 여부와 그 정확성 등에 관한 확인을 요청받은 경우에는 원산지증빙서류 발급기관을 대상으로 수출입물품에 대한 원산지의 확인에 필요한 서면조사 또는 현지조사를 할 수 있다.
② 관세청장이 원산지에 대한 서면조사 또는 현지조사를 마치면 조사 결과와 그에 따른 결정 내용을 조사대상자(체약상대국의 조사대상자가 생산 또는 수출한 물품을 수입한 자를 포함) 및 체약상대국의 관세당국에 서면으로 통지한다.
③ 관세청장은 체약상대국에 거주하는 수출자 등을 대상으로 현지조사를 하는 경우에는 그 조사를 시작하기 전에 조사대상자에게 조사 사유, 조사 예정기간 등을 통지하여 조사대상자의 동의를 받아야 한다.
④ 관세청장은 수출자등을 대상으로 서면조사 또는 현지조사를 할 때에는 수입자 및 체약상대국의 관세당국에 그 사실을 서면으로 통지하여야 한다.
⑤ 원산지 확인에 필요한 현지조사를 받는 조사대상자는 현지 관세공무원을 조사에 참관하게 하거나 의견을 진술하게 할 수 있다.

29. 우편물의 통관에 관한 설명으로 옳은 것은?

① 수출·수입 또는 반송하려는 모든 우편물은 통관우체국을 경유하여야 한다.
② 체신관서는 관세를 징수하여야 하는 우편물은 관세를 징수하기 전에 수취인에게 내줄 수 없다.
③ 통관우체국의 장이 우편물에 대하여 수출·수입 또는 반송을 할 수 없다고 결정하였을 때에는 그 우편물을 발송하거나 수취인에게 내줄 수 없다.

④ 통관우체국은 체신관서 중에서 세관장이 지정한다.
⑤ 우편물에 대한 관세의 납세의무는 납세가 완료되기 전에는 소멸하는 경우가 없다.

30. 구매자와 판매자가 관세법령에서 정하는 특수관계에 있더라도 그 특수관계가 해당 물품의 가격에 영향을 미치지 아니한 것으로 볼 수 있는 요건에 관한 설명으로 옳은 것을 〈보기〉에서 모두 고른 것은?

〈보기〉

가. 당해 산업부문의 정상적인 가격결정 관행에 부합하는 방법으로 결정된 경우
나. 수입가격과 기획재정부령으로 정한 비교가격과의 차이가 비교가격을 기준으로 하여 비교할 때 100분의 10 이하인 경우
다. 수입가격이 기획재정부령으로 정한 비교가격의 100분의 110을 초과하더라도 해당 물품의 특성・거래내용・거래관행 등으로 보아 그 수입가격이 합리적이라고 인정되는 경우

① 가　② 나　③ 가, 다　④ 나, 다　⑤ 가, 나, 다

31. 다음과 같이 보세구역에서 발생한 화재사건을 수습하기 위한 후속조치에 관한설명으로 옳지 않은 것은?

2011. 1. 25. 인천소재의 ○○○물류센터에 화재가 발생하여 동 물류센터 내의보세창고가 전소되었고, 이로 인해 보세창고에 보관 중이던 외국물품인 기계류의 상당량이 소실되었다.

① 소실된 물품에 대해 과세하는 경우, 과세물건의 확정시기는 해당 물품이 소실된 때이다.
② 소실된 물품에 대해 과세하는 경우, 납세의무자는 보세창고 운영인이 된다.
③ 소실원인이 재해 기타 부득이한 사유로 인한 화재 때문이라면 소실된 물품에 대해서는 관세를 징수하지 아니한다.
④ 화재로 손상된 물품을 수입신고할 경우, 관세가 경감될 수 있다.
⑤ 화재 후에 온전하게 남아있는 물품을 수입신고하는 경우, 납세의무자는 보세창고 운영인이다.

32. 관세법상 신고의 취하 및 각하에 관한 설명으로 옳지 않은 것은?

① 신고는 정당한 이유가 있는 경우에만 세관장의 승인을 받아 취하할 수 있다.

② 수출, 수입 및 반송의 신고는 운송수단, 관세통로, 하역통로 또는 관세법에 규정된 장치 장소에서 물품을 반출한 후에는 취하할 수 없다.
③ 수출, 수입 또는 반송의 신고를 수리한 후 그 신고의 취하를 승인한 때에는 신고수리의 효력이 상실된다.
④ 입항전수입신고가 그 요건을 갖추지 못하였거나 부정한 방법으로 신고된 경우, 세관장은 해당 신고를 각하할 수 있다.
⑤ 수입신고 또는 입항전수입신고를 하고 관세를 납부한 후 신고가 취하 또는 각하된 경우, 관세환급청구권을 행사할 수 있는 날은 신고의 취하일 또는 각하일로 한다.

33. 신고납부한 세액에 부족한 세액이 발견되어 이를 징수할 때 가산세도 함께 부과징수할 수 있는 것은?
① 신고납부한 세액의 부족 등에 대하여 납세의무자에게 정당한 사유가 있는 경우
② 납세의무자가 정확한 자료에 의한 잠정가격신고를 기초로 납세신고를 하고 이에 해당하는 세액을 납부한 경우
③ 국가나 지방자치단체가 직접 수입하는 물품으로 가산금 관련 규정을 적용하지 아니하는 경우
④ 관세를 체납하고 있는 자가 신고하는 물품으로 수입신고 수리전 세액심사를 받은 경우
⑤ 수입신고가 수리되기 전에 관세를 납부한 결과 부족세액이 발생한 경우로서 수입 신고가 수리되기 전에 납세의무자가 해당 세액에 대하여 수정신고를 하는 경우

34. 긴급관세 및 특정국물품 긴급관세부과에 관한 설명으로 옳지 않은 것은?
① 긴급관세의 부과와 잠정긴급관세의 부과는 각각의 부과조치 결정 시행일 이후 수입되는 물품에 한정하여 적용한다.
② 긴급관세의 부과기간은 4년을 초과할 수 없으며, 연장기간을 포함하더라도 총 적용기간이 8년을 초과할 수 없다.
③ 국제조약 또는 일반적인 국제법규에 따라 허용되는 한도에서 특정 국가를 원산지로 하는 물품의 수입증가로 국내시장 교란의 중대한 원인이 되는 것이 조사를 통해 확인된 경우에는 피해를 구제하거나 방지하기 위하여 특정국물

품 긴급관세를 추가하여 부과할 수 있다.

④ 특정국물품 긴급관세부과의 원인이 된 세계무역기구 회원국의 조치가 종료된 때에는 그 종료일부터 30일 이내에 특정국물품 긴급관세부과를 중지하여야 한다.

⑤ 특정국물품에 대한 잠정긴급관세는 150일의 범위에서 부과할 수 있다.

35. 우리나라에 수출판매되는 물품에 대하여 구매자가 실제로 지급하였거나 지급하여야 할 가격을 기초로 과세할 때, 만일 구매자가 실제로 지급하였거나 지급하여야 할 가격에서 일정한 금액을 명백히 구분할 수 있을 때에는 해당 금액을 뺄수 있다. 이 경우 뺄 수 있는 금액이 아닌 것은?

① 해당 물품과 동일체로 취급되는 용기의 비용과 해당 물품의 포장에 드는 노무비와 자재비로서 구매자가 부담하는 비용

② 우리나라의 수입항에 도착한 후 해당 수입물품을 국내에서 운송하는 데에 필요한 운임·보험료와 그 밖에 운송과 관련되는 비용

③ 수입 후에 외국의 수출자가 파견한 기술자의 감독 아래 하는 해당 수입물품의 건설, 설치, 조립, 정비, 유지에 필요한 비용

④ 우리나라에서 해당 수입물품에 부과된 관세, 부가가치세 등의 세금과 그 밖의 공과금

⑤ 연불조건으로 수입하면서 지급한 해당 수입물품에 대한 연불이자

36. 관세법상 물품의 하역에 관한 설명으로 옳은 것은?

① 외국무역선 안에서 판매하는 물품을 외국무역선에 하역하려면 세관장에게 신고하고 현장에서 세관공무원의 확인을 받아야 한다.

② 외국무역선이 개항의 바깥에서 물품을 하역하거나 환적하려는 경우에는 선장은 세관장에게 신고하여야 한다.

③ 외국무역선에 선용품을 하역하려면 선장은 세관장에게 신고하고 현장에서 세관 공무원의 확인을 받아야 한다.

④ 세관장의 허가없이 외국무역선이나 외국무역기에는 내국물품을 적재할 수 없으며, 마찬가지로 내항선이나 내항기에 외국물품을 적재할 수도 없다.

⑤ 외국무역선에 물품을 하역하거나 환적하려면 세관장에게 허가를 받아야 하며, 원칙적으로 현장에서 세관공무원의 확인을 받아야 한다.

37. 재수출 또는 재수입되는 물품의 면세에 관한 설명으로 옳지 않은 것은?

① 수입신고일부터 1년을 초과하여 수출하여야 할 부득이한 사유가 있는 물품으로서 세관장이 정하는 기간에 다시 수출하는 물품에 대하여는 그 관세를 면제할수 있다.

② 재수출면세를 받은 물품은 세관장이 정하는 재수출기간 내에 재수출면제 규정에서 정한 용도외에 다른 용도로 사용될 수 없으나 미리 세관장의 승인을 받았을 때에는 용도외 사용이 가능하다.

③ 세관장은 재수출면세 물품이 세관장이 정하는 재수출기간 내에 수출되지 아니한경우에는 500만원을 넘지 아니하는 범위에서 그 물품의 종류와 과세가격을 고려하여 일정한 금액을 가산세로 징수한다.

④ 수출물품의 용기로서 다시 수입하는 물품은 수입될 때 그 관세를 면제할 수 있다.

⑤ 해외시험 및 연구를 목적으로 수출된 후 다시 수입되는 물품은 수입될 때 그 관세를 면제할 수 있다.

38. 입국여행자들에게 배포된 다음 〈보기〉 유의사항 부분의 (　　)안에 들어갈 관세법령 내용을 순서대로 바르게 나열한 것은?

〈보기〉

> 여행자(승무원) 세관신고서
> (생략)
> * 유의사항: 허위신고하거나 불성실하게 신고할 경우 관세법에 따라 5년 이하의 징역에 처해지거나, 납부세액의 (　　)%에 해당하는 (　　) 가(이)부과됩니다. (생략)

① 10, 가산금　② 10, 가산세　③ 30, 가산금　④ 30, 가산세　⑤ 30, 과태료

39. 관세청장이 자유무역협정을 통일적이고 효율적으로 시행하기 위하여 필요한 경우 체약상대국의 관세당국과 협력할 수 있는 범위로 자유무역협정의 이행을 위한 관세법의 특례에 관한 법률에 규정하고 있지 않은 것은?

① 세관기술의 지원

② 통관 절차의 간소화

③ 수출입 신고항목 및 화물식별번호 정보 교환

④ 원산지의 확인에 필요한 상호행정지원에 관한 사항

⑤ 세관공무원과 통관종사자에 대한 교육·훈련에 관한 사항

40. 현행 우리나라 관세율표에 관한 설명으로 옳지 않은 것은?

① 관세율표 해석에 관한 통칙은 관세율표의 일부이다.
② 전기에너지도 관세품목으로 명시되어 있다.
③ 관세율표에는 관세율이 무세인 품목은 포함되어 있지 않다.
④ 관세율표는 관세법의 일부이므로 관세율표의 개정은 관세법 개정으로 이루어진다.
⑤ 관세법상으로는 잠정세율도 관세율표에 포함할 수 있으나 현재는 기본세율만 표시되어 있다.

관세법(객관식)정답

■ 제31회(2014년)

1	3	2	3	3	1	4	4	5	2
6	4	7	4	8	4	9	4	10	2
11	5	12	1	13	4	14	3	15	2, 4
16	1	17	1	18	5	19	5	20	2
21	5	22	2	23	4	24	3	25	5
26	5	27	4	28	5	29	1	30	2
31	5	32	3	33	2	34	1	35	3
36	2	37	3	38	5	39	1	40	3

■ 제30회(2013년)

1	4	2	1	3	5	4	2	5	3
6	1	7	5	8	2	9	2	10	1
11	4	12	3	13	1	14	4	15	5
16	4	17	3	18	2	19	5	20	2
21	3	22	4	23	5	24	3	25	3
26	1	27	1	28	1	29	2	30	4
31	5	32	4	33	3	34	2	35	2
36	4	37	5	38	3	39	3	40	4

■ 제29회(2012년)

1	1	2	3	3	2	4	5	5	3
6	4	7	5	8	2	9	1	10	5
11	5	12	1	13	2	14	5	15	4
16	3	17	1	18	4	19	4	20	5
21	3	22	5	23	1	24	5	25	2
26	1	27	2	28	3	29	2	30	2
31	5	32	4	33	3	34	4	35	4
36	4	37	2	38	3	39	1,2,3,4,5	40	1

■ 제28회(2011년)

1	1	2	2	3	4	4	2	5	5
6	1	7	2	8	1	9	4	10	1
11	1	12	3	13	5	14	5	15	4
16	3	17	5	18	1	19	1	20	3
21	2	22	3	23	3	24	2	25	4
26	1	27	3	28	5	29	2	30	5
31	5	32	2	33	4	34	5	35	1
36	4	37	1	38	4	39	3	40	3

참 고 문 헌

[국내문헌]

〈저　　서〉

곽윤직, 민법총칙, 박영사, 1977.
관세정보센타, 국제관세법, 조사자료 81-6, 1981. 6.
———, 미국의 신관세평가제도, 조사자료 81-8, 1981. 8.
———, 주요국의 관세행정제도, 조사자료 81-5, 1981. 5.
김광용, L.E. Westphal, 한국의 외환・무역정책, KDI, 1976.
김수용, 한국의 무역정책과 물가변동, KIEI, 1980.
김신행, 국제경제론, 법문사, 1982.
김자봉, 관세법수조개정연혁, 한국관세협회, 1984.
김중웅, 대외거래자화와 한국경제, KDI, 1981, 10.
김찬호, 상품학, 무역경영사, 1982.
대한무역진흥공사, GATT협정문집, 무공자료 22-22, 1983. 7.
———, 일반특혜관세제도실무, 무공자료 22-21, 1983. 7.
대한상의 한국경제연구센타, 80년대의 관세정책방향, 1977.
———, 개방경제와 무역자유화에 관한 연구, 1978.
———, 산업구조의 분석과 관세조정방향, 1978.
대한상의, 세계주요국의 관세제도, 1983. 12.
박병호, 무역정책론, 법문사, 1979.
박상태, 관세론, 우아당, 1991.
박종수, 미국의 상계관세제도에 관한 연구, 중앙대학교, 1989. 12.
———, 한국의 장기관세정책에 관한 연구, 성균관대학교, 1980. 6.
박진근, 국제경제학, 박영사, 1984.
성대부설한국산업연구소, 면세판매제도에 관한 연구, 1979. 5.
신유균, 선진국의 관세규제정책과 대책방안, 한국경제신문사, 1989.
신현종, 관세의 실효보호율과 무역관계, 산업경제 제7집(영대산업경제연구소), 1973.
———, 신교무역정책, 박영사, 1983.
안승철, 국제경제의 이론과 정책, 법문사, 1980.
여주호, 논술관세법, 고시학회 21, 2001.
오철환, 관세법, 박문각, 1999.
이성섭, 관세의 상식, 한국경제신문사, 1991.

이영철, 한국의 관세환급제도 실시의 경제적 효과분석, KIEI, 1980. 8.
이정길, 관세환급실무해설, 한국재정경제연구소, 1997.
———, 수출입통관실무, 한국재정경제연구소, 1997.
이종익, 관세법조문해설, 협동문고, 2002.
이진무, 신국제무역규범, KIEI, 1979. 12.
이철재, 세법강의, 세경사, 1999.
이철희, 관세법정해, 한국관세협회, 1979.
———, 무역실무, 한국관세협회, 1978,
임홍근·강이수, 관세법, 삼영사, 1977.
장병철, 관세환급제도, 무역경영사, 1985.
———, 최신관세법, 무역경영사, 1984.
재무부, 국제관세율비교, 조사자료 78-9, 1978.
재무부관세국, 동경라운드종합보고서, 1979. 9.
전경련, 무역자유화와 신관세정책, 연구자료 30, 1979. 12.
———, 한국산업의 실효보호율에 관한 연구, 연구자료 27, 1978. 9.
정기인 외 3인, 최신무역실무, 도서출판 두남, 1998.
정도영, 국제경제, 박영사, 1978.
정인기, 수출입절차해설, 조세통람사, 1999.
최의목·문창권, 무역정책, 삼영사, 1991.
최인섭, 국제조세론, 대왕사, 1991.
최일환, 관세론, 박영사, 1982.
한휘선, 관세법 및 관세환급특례법, 한국고시회, 2001.
홍순균, 관세법론, 법문사, 1975.
홍정식, 관세법(Ⅰ)(Ⅱ), 두남, 1997.
황상득, 관세범조사실무, 한국관세협회, 1974.
한국개발연구원, 산업정책의 기본과제와 지원시책의 개편방안, 1982. 12.
———, 단계적 무역자유화에 대응한 관세율과 관세행정의 개편방향, 1983. 7.
한국관세사회, 관세법, 관세연수원교재 121권, 1990.
한국관세연구소, 21세기 관세행정 발전방향, 관세홍보사, 1998.
———, CCC개황 및 산하 각 위원회의 주요내용, 조사자료 82-13, 1982. 11.
———, Customs Dutiesa Act, 관세홍보사, 2002.
———, HS수출입총람, 관세홍보사, 2002.
———, H·S 품목분류, 조사자료 84-3, 1984.
———, 관세·무역정책개론, 조사자료 83-10, 1983.
———, 관세무역실무수첩, 1984.
———, 관세법, 관세홍보사, 2002.
———, 관세예규집, 관세홍보사, 2002.
———, 관세지 합본 1978(1월~12월).
———, 관세지 합본 1979(1월~12월).

———, 관세지 합본 1980(1월~12월).
———, 관세지 합본 1981(1월~12월).
———, 관세지 합본 1982(1월~12월).
———, 관세지 합본 1983(1월~12월).
———, 관세지 합본 1984(1월~12월).
———, 관세지 합본 1988(1월~12월).
———, 관세지 합본 1990(1월~12월).
———, 관세지, 합본 1985(1월~12월).
———, 대외무역법령집, 관세홍보사, 2002.
———, 미국의 관세환급제도, 조사자료 84-1, 1984. 3.
———, 서독세관의 관세평가제도실무, 조사자료, 1982. 5.
———, 신·구관세평가제도의 비교, 1982. 6.
———, 신관세평가실무, 1984.
———, 신평가협약해설, 1984. 5.
———, 일본세관의 수입실무, 조사자료 83-2, 1983. 2.
———, 일본세관의 수출실무, 조사자료 83-1, 1983. 1.
———, 일본의 신관세평가에 관한 질의응답, 조사자료 82-5, 1982. 6.
———, 종합무역관계법규집, 한국무역협회, 2002.
한국관세협회, 관세율표해설, 1990.
———, 한국관세사, 1969.
———, 미국의 통상법규와 정부조직, 통상자료 84-27, 1984. 12.
———, 수출입절차해설, 1990.
———, 한국무역사, 1972.
한국산업경제연구원, 산업구조고도화에 따른 관세정책의 방향, 1979. 12.

[일본문헌]

〈단행본〉

朝倉弘教, 世界關稅史, 日本關稅協會, 1984.
田中二郎, 租稅法(法律學全集, 第11卷), 1973.
藤井茂, 經濟發展と貿易政策, 1973.
柳田義章外 3人, 世界貿易의 新秩序原理, 晃洋書房, 1982.
池本淸, 國際貿易의 硏究, 千倉書房, 1984.
岡下昌浩, 特惠關稅의 實務, 日本關稅協會, 1976.
津田昇, 關稅制度入門, 1971.
日本大藏省關稅局關稅硏究會, 關稅法精解, 日本關稅協會, 1975.
日本關稅協會, 通關手續(貿易實務新書 1卷), 1968.
日本關稅協會, 通關業法解說, 1968.

日本關稅協會, 保稅制度(貿易實務新書 5卷), 1968.
日本關稅協會, 關稅六法, 1985.
日本關稅協會, 關稅關係基本通達集, 1985.
〈논문 · 기타〉
山木繁綽, 實效保護率に ついて, 關西大學 經濟論集, 第22卷 · 第 1 號, 1972. 5.
日本關稅協會, 貿易と關稅 各號, 1980(4月～12月號).
池本清 · 新國際經濟秩序(NIEO)の硏究, 神戶大學 「經濟學硏究」年報 25, 1978.
小島清 · 小宮隆石郞編, 日本의 非關稅障壁, 1973.

[영 · 미문헌]

〈단행본〉
Bhagwati J. and V. J. Ramaswami, "Domestic Distortions, Tariff and the Theory of Optimum Subsidy," in *Readings in International Economics*, George Allen and Unwin Ltd., 1968.
Corden, W.M., *Trade Policy and Economic Welfare*, Clarendon Press, OXFORD, 1974.
Green away, David, *International Trade Policy: From Tariffs to the New Portectionism*, the Macmillan press Ltd., 1983.
Ingram, James C., *International Economics*, Second edition, John wiley & Sons, Inc., 1986.
Issacs, A., *International Trade, Tariff and Commercial Policies*, 1968.
Kindleberger Charles P. and Peter H. Lindert, *International Economic*, 7th Ed., 1982.
Kolde, Endel J., *International Business Enterprise*, Prentice-Hall Inc., 1968.
Meyer, F.V., *International Trade Policy*, 1978.
Södersten, Bo, *International Economics*, 2th Ed., 1980.
〈논문 · 기타〉
Balassa, B., "Tariff Protection in Industrial Countries, an evaluation," *Journal of political Economy*, Vol, 73, No. 6, 1965.
Baldwin, R.E., *Non-Tariff Distortions of International Trade*, Washington D.C., The Brookings Institution, 1970.
Barber, C.L., "Canadian Tariff Policy," *Canadian Journal of Economics and Political Science*, Vol. XXI, 1965. 11.
Basevi, G., "The U.S. Tariff Srtucture, estimate of effective rates of U.S. Industries and Industrial Labour," *Review of Economies and Statistic*, Vol. XLVIII, No. 2, 1966.

Bhagwati, Jagdish N., *Anatomy and Consequences of Exchange Control Regimes* (Cambridge, mass.: Ballinger-Foreign Trade Regimes and Economic Development, Vol. XT. 1978), Chapter I.

Blackhurst, Richard, Jan Tumlir, *Trade Relations Under Flexible Exchange Rates* (Geneva: GATT-Studies in International Trade, No. 8, 1980), Section I.

C.L. Barber, "Canadian Tariff Policy," *Canadian Journal of Economics and Political Science*, Vol. XXI, 1955.

Cohen, Benjamin I., "The Use of Effective Tariffs," *Journal of Political Economy*, Vol. 79, Jan./Feb., 1971.

GATT, *The Tokyo Round of Multilateral Trade Negotiations* II, Supplementary Report, 1979.

Johnson, H.G., "Optimum Tariff and Retaliation," *Review of Economic Studies*, Vol. 23(2), 1965.

Jones, R.W., "Tariffs and Trade in General Equilibrium," *American Economic Review*, Vol. LIX(June 1969).

Wallter, Ingo, "Non-Tariff Barriers and the Export Performance of Developing Countries," *The Anerican Economic Review*, May 1971.

찾 아 보 기

[ㅅ]

[ㅇ]

[ㅎ]

[저자약력]

• 박종수

경영학학사(동아대학교)
경제학석사(성균관대학교)
경영학박사(중앙대학교)
한국관세연구소 연구원
한국동력자원연구소 연구원
상지대학교 무역학과장
University of California, Berkeley 초빙교수
관세사시험전형위원
관세청행정자문위원
행자부 국가고시전형위원
행자부 중앙제안논문심사전문위원
산자부 TI사업단장
순천향대학교 사회과학대학장
현, 순천향대학교 국제통상학과 명예교수
　주식회사 스타플랙스 사외이사

[저　서]
관세론(법문사)
무역상무론(삼영사)
무역학세미나(공저, 박영사)
국제무역관리(삼영사)
무역창업론(삼영사)
세계지역론(삼영사)
국제통상론(박영사)
국제통상정책(백산)

• 김종권

경제학학사(성균관대학교)
경제학석사(서강대학교)
경제학박사(서강대학교)
대우경제연구소 경제금융연구본부 금융팀 선임연구원
LG투자증권 리서치센타 책임연구원
한국보건산업진흥원 정책전략기획단 책임연구원
한국경제학회 사무차장(2013) 역임
한국국제경제학회 사무차장(2012) 역임
국제금융학회 이사(現) 등 다수
신흥대학교 기획처 부처장
신흥대학교 세무회계학과 책임지도교수
현, 신한대학교 기획처 부처장(2014.12.1)
　신한대학교 글로벌통상경영학과 교수

[저　서]
기업재무의 이해(공저, 세학사)
국제화물운송론(공저, 두남)
알기쉬운 재정학(공저, 탑21북스)
재산세제의 이해(공저, 세학사)

최신 관세론

2015년 8월 20일 초판 인쇄
2015년 8월 25일 초판 1쇄발행

저 자 박 종 수 · 김 종 권

발행인 배 효 선

발 행 처 도서출판 法 文 社

주 소 경기도 파주시 회동길 37-29 ㊝ 413-120
등 록 1957년 12월 12일 제2-76호(倫)
전 화 031-955-6500~6
팩 스 031-955-6525
e-mail(영업) : bms@bobmunsa.co.kr
(편집) : edit66@bobmunsa.co.kr
홈페이지 http://www.bobmunsa.co.kr
조 판 光 岩 文 化 社

정가 38,000원 ISBN 978-89-18-10235-1